TRAITÉ
DES MONNOIES,
ET DE LA JURISDICTION
DE LA
COUR DES MONNOIES,
EN FORME DE DICTIONNAIRE,
QUI CONTIENT

L'HISTOIRE DES MONNOIES des anciens Peuples Juifs, Gaulois & Romains ;

LES MONNOIES DE FRANCE, leurs variations, titre, poids & valeur, depuis le commencement de la Monarchie jusqu'à la fabrication ordonnée par l'Edit du mois de Janvier 1726, avec des Remarques particulieres à la fin de chaque Regne sur les affoiblissemens des Monnoies, les causes qui les ont produits, & les effets qui les ont suivis ;

LES MONNOIES DE COMPTE réelles & courantes de l'Asie, de l'Afrique & de l'Amérique ;

LES MONNOIES ET LES CHANGES des principales Places de l'Europe en correspondance avec Paris, suivant l'ordre alphabétique ;

DES TABLES de la valeur des Marcs d'or & d'argent, des Monnoies, de leur titre, taille, poids & valeur, depuis 1258 jusqu'en 1726 ;

LES ANCIENS GENERAUX DES MONNOIES, la Chambre des Monnoies, jusqu'à son érection en Cour Souveraine, les progrès de son établissement & tout ce qui y a rapport ; ensemble les Edits, Déclarations, Arrêts & Reglemens, qui établissent, confirment & constituent sa Jurisdiction, dans lesquels sont contenus les devoirs, fonctions & obligations de ses Justiciables dans l'emploi des matieres d'or & d'argent ; & l'explication des termes usités dans la fabrique des Monnoies.

Ouvrage utile & nécessaire aux Officiers des Monnoies, aux Changeurs, Affineurs, Fondeurs, Orfévres, Horlogers, Tireurs, Batteurs d'or & d'argent, Négocians, Banquiers, &c. & à tous ceux qui emploient & négocient les matieres d'or & d'argent.

Par M. ABOT DE BAZINGHEN, Conseiller-Commissaire
en la Cour des Monnoies de Paris.

. . . . . Amant meminisse periti. *Essai sur la Critiq. de Pope.*

TOME PREMIER.

❄

A PARIS,

Chez GUILLYN, Quai des Augustins, près du Pont S. Michel, au Lys d'Or.

M. DCC. LXIV.
Avec Approbation & Privilege du Roi.

A MESSIEURS
MESSIEURS
DE LA COUR DES MONNOIES.

MESSIEURS,

En travaillant à cet Ouvrage, mon intention a été de réunir sous un seul point de vue les sources dans lesquelles vous puisez l'esprit &

Tome I.

l'équité de vos Jugemens , & de faciliter aux Officiers des Monnoies & à vos Justiciables l'exécution de vos Reglemens, en leur en rappellant la connoissance. Ce sont vos lumieres , Messieurs , qui décideront de son mérite.

Je suis avec respect,

M ESSIEURS,

Votre très humble & très
obéissant Scrviteur,
ABOT DE BAZINGHEN.

OMISSION ET ADDITION.

BILLETS DE MONNOIES. Page 115, Tome I.

LA réforme ordonnée par Edit du mois de Septembre 1701 , n'ayant pu se faire assez promptement, pour payer comptant toutes les anciennes Especes & matieres d'or & d'argent qui étoient apportées à l'Hôtel des Monnoies, ou aux Changes de Paris , les Directeurs & Changeurs en donnerent leurs billets particuliers. Ces billets devinrent ensuite dettes de l'Etat, dont la valeur entiere montoit à 173 millions qui furent convertis ,

S A V O I R ;

25 Millions en billets de Fermiers Géneraux des Fermes-Unies.
25 Millions en billets de Receveurs Géneraux des Finances.
18 Millions en rentes sur l'Hôtel de Ville de Paris.
33 Millions en rentes sur le Clergé.
Et 72 Millions en nouveaux Billets de Monnoies signés du Prévôt des Marchands , & d'un Syndic ou Député que Sa Majesté permit aux six Corps des Marchands de Paris de nommer , lesquels Billets furent admis en tous paiemens, avec un tiers en argent, suivant la Déclaration du 24 Mai 1707.

Pour supprimer & retirer entierement les 72 millions de billets de Monnoies, le Roi ordonna par Edit du mois de Mai 1709 , que ceux qui en étoient chargés , & qui apporteroient aux Changes des Monnoies cinq sixiemes en especes à convertir , & un sixieme en billets susdits , seroient payés comptant du tout en nouvelles especes.

HUISSIERS DES MINES. Page 597, Tome I.

En 1764 la Cour des Monnoies par Arrêt du 9 Mars , a reçu Blaise Chatelain en qualité d'Huissier des Monnoies, Mines & Minieres aux mêmes charges que celui reçu en 1760 , & sans pouvoir prendre la qualité d'Huissier en la Cour simplement.

DISTRIBUTION

DISTRIBUTION DE CET OUVRAGE
ET AVIS AUX RELIEURS.
TOME PREMIER.

TOME SECOND.

PREFACE

PREFACE.

LA CONNOISSANCE des Monnoies demande un travail assidu &
suivi : la quantité, la diversité *de Monnoies* qui ont été fabriquées, exigent des recherches autant exactes que judicieuses. Le
silence des Historiens, si profond à cet égard, qu'à peine en trouve-
t-on quelque vestige dans les Auteurs qui ont vécu depuis le commencement de la Monarchie jusqu'à Philippe le Bel (tems auquel
commencent seulement les registres de la Cour des Monnoies),
c'est-à-dire, pendant l'espace de 850 ans, le peu de ces Monnoies
qui nous restent de ces tems reculés, rendent ces recherches d'autant plus ingrates qu'elles sont souvent infructueuses. Si cette partie,
qui donneroit de grands éclaircissemens pour l'histoire de ces premiers tems, n'avoit pas été négligée; si l'on avoit conservé avec soin
les Reglemens, les Ordonnances des premiers Chefs ou Souverains,
qui, chargés de l'administration, ont ordonné ou permis la fabrication des Monnoies : ces usages recueillis, ces Ordonnances con-
servées, nous instruiroient de la nature des métaux dont étoient
composées les premieres Monnoies, de leur forme, des marques im-
primées sur chacune d'elles, & donneroient au moins quelque no-
tion sur le tems de leur premiere existence ; on connoîtroit la façon
dont on les fabriquoit, la police que l'on observoit, les loix qui la
regloient, & les fonctions particulieres à chaque Officier préposé
pour les faire exécuter.

De cette négligence naissent les incertitudes sur la vérité de ce
qui nous reste des Monnoies des premiers Peuples & des Reglemens qui les faisoient fabriquer.

Pour retirer au moins quelque profit des Auteurs plus attentifs
& plus exacts qui ont suivi, nous observerons que l'étude des Monnoies peut être rapportée à deux objets principaux : l'un, qui comprend *la partie métallique*, c'est-à-dire, la fonte, les alliages, les
essais, la fabrication, tout le méchanisme des Monnoies ; l'autre,
la partie de Droit qui renferme la connoissance des Ordonnances,
Edits, Déclarations, Arrêts, Reglemens, &c. qui contiennent

les fonctions , les devoirs , les obligations , tant des différens Officiers prépofés pour l'exécution de la partie métallique, tirés de ces mêmes Ordonnances, que ceux des Magiftrats établis pour les faire exécuter ; d'où il dérive un troifieme objet qui forme la *Jurifprudence de ces Magiftrats* par rapport à la manutention de l'exécution de ces Ordonnances , & à leur Jurifdiction fur les Officiers qui leur font fubordonnés , & fur les différens Corps de Métiers , qui , par état , y font foumis.

Cette Jurifdiction confiée d'abord au Généraux des Monnoies, enfuite aux Officiers qui compofent la Cour des Monnoies , & aux Officiers des Monnoies, chacun dans leur Reffort, s'étend fur différentes Communautés qui ont chacune leur Réglement & leur Police particuliere contenue & répandue dans les Ordonnances & Reglemens qui leur font propres : d'où l'on doit inférer que fi la partie métallique des Monnoies demande , comme nous l'avons dit , une étude particuliere & fuivie , celle de la partie de Droit en exige une bien plus étendue par l'immenfité des Ordonnances rendues fur les différens intérêts , difcuffions & fonctions des Jufticiables fur lefquels ces Magiftrats ont tous les jours à prononcer.

Si , peu d'Auteurs ont écrit fur la partie métallique , aucun n'a traité la partie de Droit ; c'eft-à-dire, on n'a point donné une fuite des Ordonnances & Reglemens raffemblés en forme de Code qui , en épargnant les recherches d'autant plus infructueufes que l'on connoît moins les fources où l'on doit puifer , faciliteroit l'étude , empêcheroit les contraventions par la connoiffance aifée qu'on auroit de fes devoirs , & épargneroit un travail que l'on abrege, ou qu'on évite autant par doute de favoir fi on trouvera ces fources , que par incertitude de favoir où les chercher.

Boutteroue a écrit fur les Monnoies Juives, Romaines & Gauloifes.

Le Blanc , en quelque forte le Continuateur de Boutteroue , fe rapproche davantage de nous : on trouve, dans fon Traité Hiftorique des Monnoies, des traits fur l'hiftoire de chaque regne expofée chronologiquement : les circonftances qui ont produit ou fuivi les grandes mutations des Monnoies y font obfervées.

Effai fur les Monnoies.

Ces deux Ecrivains n'ont point traité la partie métallique, c'eft-à-dire, ne font point entrés dans le méchanifme des monnoies, qui comprend , comme nous l'avons dit , la fonte , l'effai , l'alliage & la fabrication.

Boizard y a , en quelque forte , fuppléé , en détaillant les opérarions qui concernent le travail : il donne les premieres idées sur le devoir des Officiers, la délivrance des especes & les différentes opérations pour parvenir au jugement des deniers de boîtes éprouvés à la Cour des Monnoies qui fixe le titre & le poids de chaque fabrication.

Poulain, qui a écrit au commencement du dix-septieme siecle, a traité des Monnoies en politique, par rapport aux changemens que les Princes y font en certaines circonstances, & à la maniere dont ces changemens influent sur un Etat.

La brochure de Malestroit imprimée en 1578, ne roule que sur l'avilissement où l'on croyoit dès-lors que l'or & l'argent étoient tombés par leur multiplication en Europe. L'Auteur essaie de prouver que ces métaux, quoique devenus plus communs, n'avoient rien perdu de leur valeur réelle, puisqu'avec la même quantité de matiere ou de fin on pouvoit encore acquérir les mêmes choses qu'on avoit achetées trois cens ans auparavant, & il soutient que la diminution dans les fortunes, ainsi que l'augmentation du prix des denrées, venoient uniquement de ce que les Monnoies numéraires, qui font la Livre, le Sol & le Denier, contenoient beaucoup moins de fin qu'autrefois.

Bodin, son contemporain, l'a combattu dans une Réponse où il soutient qu'on tiroit bien plus de service d'une certaine quantité d'argent au même titre sous François Premier que sous Henri Second, quoique l'éloignement du tems ne fût pas considérable. Son Ouvrage n'établit rien de précis, & présente à tous momens le faux pour le vrai.

Turcan, le Bégue, Cabans, Pinette, Coquerel, n'apprennent rien.

Haultin & Lautier n'ont donné que les figures de plusieurs de nos Monnoies, sans aucune explication raisonnée, & la plupart de ces empreintes se trouvent dans le Blanc & dans du Cange.

Garrault, dans ses Recherches, a presque tracé le plan de Boutcroue & de Constant.

Les Dissertations, qui sont à la tête du Recueil des Ordonnances rédigées par M. Secousse, le Livre de Budée contiennent des morceaux précieux sur les Monnoies, ainsi que le Discours de Savot sur les Médailles antiques. Tout ce qui a été composé sur cette matiere se trouve dans le Livre qui a pour titre : *Philippi Labbæi Bibliotheca nummaria*, dans Hostus & le P. Bandury.

Ces Auteurs n'ont fait qu'ébaucher la matiere. M. du Pré de

Saint Maur, dans fon Livre intitulé : *Effai fur les Monnoies*, ou *Réflexions fur le rapport entre l'argent & les denrées*, (imprimé à Paris en 1746), n'a pas voulu, dit il, entreprendre de parcourir entierement la carriere, ni même de tenter d'approcher du but, fon immenſité ne le lui a pas permis; il a effayé feulement d'en montrer le chemin, & pour foulager l'imagination qui a befoin de s'appuyer fur quelque chofe, & qui ne fauroit fuivre fans figure un Problême de Géometrie, il s'eſt borné à une Table dans laquelle on trouve la maniere de réfoudre toutes les queſtions qu'on peut faire fur les Monnoies : cette Table eſt précédée de Diſſertations auſſi favantes que judicieufes.

Eſſai fur les Monnoies.

Plan du Dictionnaire.

D'après les difficultés annoncées par ce célebre Auteur, & que nous avons éprouvées nous-mêmes, nous n'avons pas tenté feulement d'entrer en lice, nous nous fommes contentés de ramaſſer ces fragmens précieux épars de tous côtés, & de les placer dans ce Traité aux articles qui leur font propres, perfuadés que les Ouvrages, qui tendent à l'utilité publique, ne fauroient être trop connus & trop publiés : c'eſt de leur publicité que naît leur utilité.

Nous donnons une idée de la fonte, des alliages, des eſſais & de la fabrication des Monnoies, & de tout ce qui a rapport à cette partie, en expofant les procédés des différens Ouvriers qui y font employés.

Quant à la partie de Droit, Conſtant eſt le feul qui foit entré dans de certains détails en expofant les fonctions des différens Officiers occupés dans les Monnoies. Le texte eſt appuyé d'Edits & d'Ordonnances imprimés féparément comme preuves : leur quantité n'eſt pas confidérable, il n'a rapporté qu'une partie de celles qui ont quelque connexité avec les fujets qu'il traite.

Nous eſſayons de continuer fon Ouvrage qui ne paſſe pas l'an 1657, en travaillant fur les mêmes objets, mais fous une autre forme : celle alphabétique nous a paru la plus commode & la plus facile pour trouver fur-le-champ ce que l'on veut ou apprendre ou fe rappeller. En rapportant l'ancienne Jurifprudence telle qu'elle eſt dans le Traité de Conſtant, nous en avons écarté les faits étrangers à celle d'aujourd'hui, & nous l'avons augmentée des Ordonnances & Reglemens qui ont fuivi jufqu'à ce jour & qui l'établiſſent.

Nous traitons de même de tous les Juſticiables de la Cour des Monnoies, en rapportant à chaque article, tant les anciennes que les nouvelles Ordonnances qui reglent leurs fonctions &

leurs obligations, foit par extrait, foit entieres quand nous l'avons jugé néceffaire, autant pour les différens Officiers & Artiftes qui y font foumis, que pour les Magiftrats qui les font exécuter.

Ainfi on trouve au mot *Affineur* les anciennes Ordonnances qui en attribuent la Jurifdiction d'abord aux Généraux des Monnoies, enfuite à la Chambre & à la Cour des Monnoies : celles qui fixent le nombre des Affineurs, leurs devoirs & obligations dans les affinages & départs, déterminés par ces mêmes Ordonnances, les Edits des différentes créations & fuppreffions, &c.

Quelquefois nous rapportons les procedés des Artiftes, quand nous avons pu avoir de bons Mémoires, foit dans les Livres que nous avons confultés, foit par les Artiftes mêmes, ou faire vérifier ce qui étoit à notre connoiffance par les plus experts dans chaque art. Ainfi, au mot *Affinage*, nous détaillons différentes façons d'affiner à Paris l'or, l'argent, le cuivre, l'étain, le fer, le plomb, &c.

Nous donnons de même une idée du procédé en ufage à Lyon pour affiner ces métaux, en rapportant l'extrait d'un Mémoire du Sieur Hellot de l'Académie des Sciences, lu en cette Académie en Mars & Avril 1747, contenant les différentes façons d'opérer en cette Ville dans l'affinage des matieres d'or & d'argent. Cet Académicien, commis par le Confeil en 1746, fut prefent, & fuivit toute cette opération dont il dreffa un procès verbal : nous lui avons l'obligation d'avoir bien voulu nous le confier & nous permettre d'en inférer l'extrait dans cet Ouvrage.

On trouvera la fuite de cette opération aux mots *Départ & Tirer l'or.*

A l'article *Batteurs d'or*, après la citation des Ordonnances, qui foumettent cette Communauté à la Jurifdiction de la Cour des Monnoies, on trouvera les Statuts, les Ordonnances, les Arrêts, tant du Confeil que de cette Cour, qui contiennent leurs différentes fonctions & obligations, cités, extraits ou rapportés en entier.

A celui *Battre l'or*, nous donnons toutes les opérations du Batteur d'or dans le plus grand & le plus clair détail qu'il nous a été poffible, avec l'explication des mots & des outils en ufage dans cet art, & ainfi des autres.

A l'article *Cour des Monnoies*, nous expofons d'après Boizard & Conftant, &c. quels Officiers préfidoient à la fabrication des Monnoies des Romains : quels ont été les premiers Officiers des

Monnoies en France fous les premiers Rois : le nombre & les variations dans le nombre des Généraux des Monnoies dans la Seconde & commencement de la troifieme Race, leur affociation avec les Généraux des Comptes & les Tréforiers de France, leur féparation d'avec ces Officiers. L'érection de la Chambre des Monnoies, compofée des Généraux des Monnoies, le lieu où ils rendoient la juftice, l'augmentation & fuppreffion de leur nombre, les noms de ces premiers Officiers : leurs privileges & prérogatives, les cérémonies où ils ont affifté : l'érection de la Chambre des Monnoies en Cour Souveraine : l'extrait des Edits de cette création, contenant celle des différens Officiers dont elle eft compofée, la qualité de fes Jufticiables, fa Jurifdiction, les noms des Officiers qui ont formé les deux premiers Semeftres : le nombre des Préfidens & Confeillers qui compofent actuellement la Cour des Monnoies, leur nom & la date de leur réception : le lieu où elle rend la juftice, fes jours de Vacations, fes Droits, fes Privileges & prérogatives, fa Jurifdiction privative, concurrente & cumulative; fon rang & féance aux cérémonies, celles où elle a affifté depuis fon érection en Cour Souveraine jufqu'à préfent. Son reffort qui contient les noms des Villes où font établis les Hôtels des Monnoies & lieux du reffort de ces Hôtels, avec le nombre à chaque lieu des Orfévres & Changeurs, dont l'établiffement a été ordonné & fixé par fes Reglemens : ainfi on y trouvera qu'à Amiens il y a un Hôtel des Monnoies & neuf Maîtres Orfévres, fixés à ce nombre par Arrêt de la Cour du 17 Décembre 1727; que cet Hôtel a dans fon reffort Abbeville, où la Cour a fixé le nombre des Orfévres à huit, par Arrêt du 30 Juillet 1742, &c.

Suit la création des deux Cours des Monnoies à Lyon & à Libourne, par Edit du mois de Mars 1645, la fuppreffion de ces deux Cours, les mêmes mois & an.

Nous terminons cet article par l'Edit de création de la Cour des Monnoies de Lyon rapporté en entier, ainfi que les Edits des mois d'Avril, Octobre & Décembre 1705, contenant l'établiffement de cette Cour, fes Officiers, leur nombre, leur Jurifdiction, la Chancellerie près cette Cour, les attributions, privileges, rang, féance & prérogatives des Officiers qui la compofent.

Les noms des Préfidens, Chevaliers d'Honneur, Avocats & Procureurs Généraux depuis fa création jufqu'en la préfente année 1764; & le reffort de cette Cour.

A

A l'article *Change*, nous rapportons l'excellente Diſſertation de M. de Monteſquieu ſur les Changes, extraite de ſon *Eſprit des Loix*, ce Livre ſi connu & ſi eſtimé.

Nous y ajoutons une Table du cours du Change de l'Angleterre, depuis 30 juſqu'à 34 deniers ſterlings pour l'écu de 3 liv. calculé avec toutes les fractions juſqu'aux ſeiziemes, comme il ſe trouve dans le Commerce de Banque.

Et une Table du cours du Change de Hollande depuis 54 juſqu'à 58 deniers de gros de Hollande, pour le même écu de 3 liv. calculé de même avec toutes les fractions juſqu'aux ſeiziemes.

Au mot *Eſpeces*, où l'on traite de la circulation, du ſur-hauſſement & de l'abbaiſſement des Monnoies, nous employons ce qui a été dit dans le Dictionnaire Encyclopedique à l'article *Eſpeces* rédigé par M. du Four, auquel nous joignons un extrait tiré du Traité des Elémens du Commerce par M. de Fortbonney qui contient d'une maniere très préciſe les effets de la circulation des eſpeces.

Nous nous ſommes flattés que ces Auteurs & les autres, dont nous empruntons ce qui a rapport au deſſein de cet Ouvrage, applaudiront à l'intention qui nous guide : c'eſt donner plus de célébrité à leurs Ouvrages, & en ſemer, pour ainſi dire, le fruit, que de les publier davantage.

Au mot *Ecus* nous rapportons toutes les variations qu'a ſubi cette eſpece depuis Louis VII, qui le premier fit ſemer de fleurs-de-lys ſans nombre l'écuſſon de la monnoie qu'il fit fabriquer, & qui delà a porté, la premiere, le nom d'écus, juſqu'à la derniere fabrication ordonnée par l'Edit du mois de Janvier 1726.

Nous y joignons un Tableau du pair de notre écu de compte de trois livres en monnoies étrangeres.

Au mot *Eſſai*, nous entrons dans le plus grand détail concer-nant les Opérations & Procédés uſités par les Eſſayeurs dans leurs eſſais des monnoies & autres matieres d'or & d'argent, les doſes de plomb qu'ils emploient ſuivant les différens titres des matieres, la qualité & compoſition des coupelles dont ils ſe ſervent : nous donnons nos Obſervations en conſéquence des Expériences faites ſur cet objet auxquelles nous avons aſſiſté, Expériences ordonnées par ſa Majeſté qui, informée qu'il ſe trouve fréquemment des diffé-rences notables dans les eſſais des matieres d'or & d'argent, n'ayant point encore eu de loi qui preſcrivit une méthode uni-forme pour les éſſais, & que pour la fixer, il étoit néceſſaire de

Tome I.   b

faire des Expériences pour la déterminer d'une façon invariable, & prévenir fur cette matiere toutes les incertitudes & variations également nuifibles au commerce en général & à l'intérêt des Par-

ticuliers, a ordonné que par-devant M. d'Auvergne Confeiller en la Cour des Monnoies & Nous, & en préfence de M. de Gouve fon Procureur Général en ladite Cour, il feroit procédé par les Srs. Hellot, Macquer & Tillet, de l'Académie Royale des Sciences, que Sa Majefté a commis à cet effet, à toutes les expériences qu'ils jugeroient convenables pour déterminer la meilleure méthode d'effayer les matieres d'or & d'argent, donner leur avis tant fur les dofes de plomb, que fur l'efpece & qualité des coupelles qu'il faut y employer & faire telles obfervations qu'ils jugeroient néceffaires à la perfection defdits effais, dont il feroit dreffé procès verbal, &c.

Ces expériences ont été faites, conformément aux ordres de Sa Majefté, dans le cours des mois de Décembre 1762, Janvier & Février 1763, avec toute l'attention & de la précifion qu'exigeoit l'importance de la matiere, & avec tout le fuccès qu'on pouvoit attendre de la capacité, de l'habileté & la probité des Académiciens commis & prépofés ; elles ont été dirigées par Monfieur Chauvelin Confeiller d'Etat, Intendant des Finances, ayant le Département des Monnoies, qui y a préfidé avec cette intelligence, cette exactitude & ce zèle qui caractérifent cet illuftre Magiftrat dans toutes les fonctions qui lui font confiées. Que ne nous eft-il permis de faire en fon honneur ce que firent autrefois les Romains en pareille occafion ? *Voyez au mot* ESSAI *le dernier article de ce mot. pag.* 455.

L'Article **Monnoie** renferme tout ce qu'en ont dit Bouttcroue, Boizard, le Blanc, & autres. Après avoir donné la définition du mot Monnoie ; fuivant ces Auteurs, nous rapportons ce que nous avons trouvé de plus certain fur fon origine, fur la monnoie des premiers Peuples, des Juifs, des Gaulois, des Romains, toute la police que ces derniers obfervoient dans la fabrication des Monnoies, les noms & la qualité des Officiers qui y préfidoient, & tout ce qui y a rapport.

De-là nous parcourons avec le Blanc & Bouttcroue les Monnoies des Rois de la premiere race, en indiquant feulement les efpeces qui furent faites & qui eurent cours fous ces premiers Rois ; nous la terminons par des remarques fur la police qui s'obfervoit dans la fabrication de ces premiers tems. Nous fuivons le même ordre pour les Monnoies de la feconde & de la troifieme Race :

nous annonçons leurs variation contenues dans les Ordonnances & Mandemens extraits du Receueil des Ordonnances de M. Secouffe. A l'exemple de M. le Blanc, nous femons, par fois, quelques traits hiftoriques tirés de fon Livre, & d'autres Auteurs qui diminuent d'autant la féchereffe de la lecture & du travail.

Pour ne point interrompre l'ordre des fabrications, nous terminons quelques-uns de ces regnes par des remarques fur les grands changemens arrivés dans les Monnoies, les motifs qui les ont occafionnés & les effets qui les ont fuivis : nous détaillons dans le cours de la narration, les prix des marcs d'or & d'argent autant de fois qu'ils ont varié.

Nous continuons de même par une fuite chronologique d'Ordonnances, jufqu'à la fabrication ordonnée par l'Edit du mois de Janvier 1726, qui eft fuivie de l'analyfe de cette fabrication extraite du livre intitulé, *Effai fur les Monnoies*, par M. Dupré de S. Maur.

Nous expofons enfuite les monnoies de Compte de l'Europe, & de l'Afie. On fait que l'Amérique n'en a point de particulieres : les Nations de l'Europe qui y ont des Etabliffemens y ayant porté les leurs ; & que quant à l'Afrique, les Villes de Barbarie & celles de l'Egypte où les Européens font commerce, ne comptent gueres autrement que dans le Levant & dans les Etats du Grand Seigneur.

Après avoir traité de la Monnoie des Médailles, & rapporté les Ordonnances qui la concernent, nous finiffons cet article par celui des Monnoies & des Changes des principales Places de l'Europe en correfpondance avec Paris, dans lequel on trouve le nom des différentes Monnoies, leur valeur en argent du Pays & leur valeur en argent de France, la quantité de jours de faveurs que donne chaque Place pour les lettres de change, & la maniere dont on y tient les écritures.

Nous obfervons, que, comme il n'a pas été poffible de placer à cet article le titre & le poids de chaque efpece, nous les avons employées dans le cours du Dictionnaire chacun à leur mot dans l'ordre alphabétique, quand nous avons pu avoir quelque certitûde à cet égard.

Nous entrons dans le plus grand détail des devoirs prefcrits aux Orfévres par les Reglemens. La délicateffe de leurs fonctions par le précieux des matieres qu'ils emploient, la quantité de Reglemens auxquels ils font foumis, & defquels ils ne peuvent s'écarter fans s'expofer aux peines les plus rigoureufes, l'ont exigé.

Pour éviter la confufion & procurer plus de facilité aux Officiers qui voudront fe rappeller ces Ordonnances, & aux Orfévres qui voudront s'en inftruire, nous avons fuivi l'ordre obfervé dans le Livre intitulé, *Statuts & Privileges du Corps des Marchands Orfévres-Joyailliers de Paris*, *recueillis des textes de tous les Edits*, *Ordonnances*, *&c.* qui conftituent les prérogatives & la police de l'état d'Orfévrerie-Joyaillerie en la Ville de Paris, rédigés en 1732 par Pierre le Roi, ancien Garde des Orfévres. Nous avons joint à cet article les Reglemens intervenus depuis pour la police de ce Corps, & ceux de la Cour des Monnoies qui concernent les Orfévres des Provinces.

Enfin, nous terminons tout l'Ouvrage par des Tables qui expofent les Monnoies fabriquées depuis 1258 fous le regne de Louis IX, jufques fous celui de Charles VI en Novembre 1411. Nous les avons tirées du Recueil des Ordonnances raffemblées par M. Secouffe Avocat en Parlement; elles ont été rédigées par M. Souchet de Biffeaux, & contiennent les années, mois & dates des Mandemens des Rois, les noms des efpeces, l'aloi des efpeces d'or & d'argent-le-Roi; l'aloi, la taille & la valeur des efpeces, le pied de la Monnoie: le prix des marcs d'or & d'argent, tant monnoyés que reçus dans les Monnoies, avec des obfervations. L'exactitude de ces Tables, & la difficulté de fe les procurer, nous ont déterminés à les donner telles que nous les avons trouvées; nous en donnons la fuite telle qu'elle eft dans le Blanc, depuis Septembre 1414 jufqu'en Avril 1652, pour les efpeces d'or, & Décembre 1689 pour les efpeces d'argent, & nous les continuons de même jufqu'en Juin 1726 pour les efpeces d'or, d'argent & de billon.

Nous y joignons une Table détaillée & fuivie des Edits, Déclarations du Roi & Arrêts du Confeil regiftrés en la Cour des Monnoies, qui ont ordonné des fabrications, réformes, augmentations & diminutions fur les efpeces d'or, d'argent & de billon, depuis la refonte générale du mois de Décembre 1689 jufqu'à celle ordonnée par l'Edit du mois de Janvier 1726, avec une récapitulation pour connoître d'un coup-d'œil le tems qu'ont été fabriquées les efpeces mentionnées en cette Table.

Pour plus grande facilité, nous mettons à la fin de ce Dictionnaire, une Table chronologique & alphabétique de tous les Edits, Ordonnances, Chartes, Mandemens, Arrêts du Confeil, Arrêts de la Cour des Monnoies, Reglemens, &c. cités, extraits, ou rapportés en entier dans tout le corps du Dictionnaire.

On peut voir, d'après cet expoſé, de quelle utilité feroit cet Ouvrage, ſi les peines que nous nous ſommes données, ſi les recherches que nous avons faites avoient répondu à notre zèle : quelqu'incomplette que ſoit cette compilation, nous croyons cependant mériter quelqu'indulgence en faveur de notre intention, qui a été de procurer à nos Confreres la facilité de ſe rappeller au beſoin les principes qui guident leurs jugemens par une façon aiſée & commode à les trouver, & à leurs Juſticiables, de s'inſtruire avec la même facilité de leurs obligations contenues dans les mêmes Ordonnances. Peut être y ſerions-nous parvenus ſi nous euſſions pu donner une ſuite complette de ces Ordonnances, dont, malgré nos ſoins, nous n'avons pu nous procurer un plus grand nombre : cette défectuoſité nous auroit même fait ſuſpendre la publicité de cet Ouvrage, & déterminé à attendre du tems & d'autres circonſtances des ſecours qui nous ont manqué juſqu'à preſent, ſi d'un autre côté nous n'euſſions conſidéré que c'étoit rendre notre travail & le but que nous nous ſommes propoſés, totalement infructueux. Nous avons de plus conſidéré qu'en rendant ce Traité public, nous trouverions plus aiſément ces ſecours, qu'en vain nous avons cherchés, ſoit en nous communiquant des réflexions ſur ce qui nous eſt échappé, ou des recherches plus heureuſes ſur ce que nous avons obmis, qui nous mettroient en état d'achever & de perfectionner, ce que nous n'avons fait qu'ébaucher.

Nous aſſurons que nous écouterons avec la plus grande docilité les avis qu'on voudra nous donner ; que nous profiterons de même des conſeils que nous demandons, & que le travail ne nous rebutera jamais quand il s'agira de nous inſtruire & d'être de quelque utilité à une Compagnie, à laquelle nous avons l'honneur d'être attachés.

Enfin, nous aurons au moins approché de notre but, ſi nous pouvons nous flatter d'avoir indiqué la route à ſuivre pour parvenir à cette utilité.

LISTE DES AUTEURS

ET DES LIVRES CITÉS ET EXTRAITS

DANS CE DICTIONNAIRE.

A.

ABREGE' de l'Histoire de Charles VI, étant à la suite de celle de Juvenal des Ursins.

Abregé de l'Histoire de France, par le Président Henault.

ACOSTA.

Actes du Pape Marcellin.

AGATARCHID, *apud Photium.*

ALBERT.

ALEXAND. ab Alex.

ALONSO Barba.

AMM. Marcell.

Annales du Sieur Bertin.

Antiquités de Paris

Antiquités Supplem. Portunc, fol. 20.

Antiquités des Juifs.

ARISTOTE.

Art de convertir le fer, par M de Reaumur.

AUSON.

B.

BACHART.

BALUZE.

Banquier universel.

Bibliotheque de Viguier.

BOIZARD Traité de Monnoies.

BOREL.

BOUTTEROUE, Recherches curieuses des Monnoies de France.

BUDELLIUS.

BUFFON, Histoire naturelle.

BUKER.

Bulles des Papes Clément V, Jean XXII, Clément VI, Gregoire XIII.

Bulle d'or de Charles V.

C.

Capitulaires de Charlemagne.

CASSIODORE.

Catholicon, Rei nummariæ.

Cérémonial du Sacre des Rois, dressé par l'ordre de Louis le Jeune.

Chroniques de Meleac.

Chroniques de Normandie.

Chroniques de Saint Denis.

Code Henri.

Code Théodosien.

Comptes des Bailliages de France.

Conférences des Ordonnances.

CONSTANT, Traité de la Cour des Monnoies & de l'étendue de sa Jurisdiction.

Coutumes de Bretagne.

Coutumes de Loudun.

CUJAC.

D.

DEUTERONOME.

Dictionnaire Universel.

Dictionnaire du Commerce.

Dictionnaire du Citoyen.

Dictionnaire de Trévoux.

DIODORE.

DIPLOMATIQUE.

Dissertations sur les métaux, Edit de 1706.

D'OLIVE.

DROIT Romain.

DUCANGE.

DUCHESNE.

DUMESNIL.

DUMOULIN.

DUVAL, Interpr. des Langues orientales.

E

ECCLESIASTE
Elémens du Commerce par M. de Fortbonney, Inspecteur Général des Monnoies.
ENCYCL. PEDIE.
EPIPH. Cedren.
ERKER.
ESPRIT des Loix, Tome II.
Essai sur les Monnoies.
Essai for the amendment of the silvers coin.
EXODE.

F.

FANNIUS.
FESTUS & Agelle.
FONTANON.
FREZIER.
FRINSEMIUS.
Fonte des Mines, par M. Hellot de l'Académie des Siences.
FROISSARD.

G.

GARRAUT.
GENESE.
GIRAUDEAU.
GOLDAST.
GLOSSAIRE de Ducange.
GOLTZIUS.
GRONOV. de re nummariâ.

H.

HALLEY.
HASTON de Cleves.
HELLOT.
HENAULT (M. le Présid.) Abregé Chronologique, &c.
HENIS. HIUS.
HERODOTE.
Histoire ancienne par M. Rollin.
Histoire de France par M. l'Abbé Velly
Histoire de Charles VI.
Histoire de Normandie, p. 513.
Histoire générale des Voyages.
Histoire des Incas.
Histoire de Joseph.

Histoire véritable du Vicariat de Pontoise.
Histoire d'Angleterre, édit. de Lond. en 1596.
Histoire Univers. par M. de Voltaire.
Histoire Natur. des Indes, par Acosta.
HORACE.

I.

ILIADE.
JOINVILLE.
JOSEPH, Histor.
Instituts de Justinien.
Journal des Savans, Mai 1683.
Journal des Monnoies, année 1350.

K.

KUNCKEL, Chimiste.

L.

LABB.
LAMP. Vie d'Alexandre Severr.
LE BLANC, Traité historique des Monnoies de France.
Lettres édifiantes.
Livre intitulé, Messagerie des Monnoies pour la Monnoie de Paris.
Loi Salique.
LA ROCHE Maillet.
LUCRETIUS.

M.

MACROB.
Manuel des Négocians, édit. de 1761.
MAN. UETUS, de Pœnis, &c.
Manuscrits des Monnoies sous Charles VII.
MARIANA.
Mémor. de la Chambre des Comptes.
Mémoires de Trévoux.
Mémoires de l'Acad. des Sciences.
Mercure de France, Juillet 1726.
MERSENNE (le Pere)
MEZERAY, Histoire de France.
Miroir historial.
Mœurs des Sauvages.
Mœurs & usages des Romains par M. le Febvre de Marsan.
MORERY.

ERRATA.

Page 46 ligne 10 *lisez* ⁷⁄₁₂.
   Idem , ligne 11, *lisez* ¹¹⁄₁₂.
Page 52 ligne 29, *lisez* inférons.
   Idem , ligne 4, ôtez la virgule après le mot moulin.
Page 53 ligne 7 , *lisez* les.
Page 54 ligne 22 , *lisez* devoit.
   Idem ligne 23, *lisez* fabrique.
Page 163 ligne 21 , *lisez* 1501.
Page 379 ligne 13 , *lisez* ductilité.
Page 510 ligne 15 , *lisez* 1726.

TRAITÈ

TRAITÉ
DES MONNOIES.
ET DE LA JURISDICTION DE LA COUR DES MONNOIES.

A

A, en grec A, *alpha*. Cette lettre jointe à celle d'Ω *omega*, se trouve sur quelques Monnoies des Rois de la premiere race : on se servoit assez ordinairement de ces deux lettres dans les premiers siécles du Christianisme, pour exprimer le nom de Dieu.

Sous le regne de Clovis, on fabriqua des tiers de Sols d'or, qui d'un côté représentoient le buste de ce Roi, ceint d'un diadême, avec cette inscription, *Clodovius Rex*, & de l'autre une croix entre A & Ω.

On voit les mêmes lettres sur quelques Monnoies des Rois Dagobert, Robert, Henri I, Philippe I, & Louis XII.

L'Empereur Constantin, après avoir embrassé la Religion Chrétienne, voulant en porter publiquement les marques, fit graver une croix sur son casque, sur son bouclier & sur ses étendarts, entre ces deux lettres A & Ω, avec le monogramme de *Christus*.

Cet Empereur ordonna que la croix seroit aussi gravée sur ses Monnoies : *in figurationibus solidorum & in imaginibus propriis signum crucis jussit inscribi.* Bouteroue, page 113.

ABAISSEMENT ou affoiblissement de Monnoies ; voyez affoiblir les Monnoies, & le mot Especes où il est parlé de l'affoiblissement des Monnoies.

ABASSY, Monnoie d'argent fabriquée en Perse, ainsi appellée du nom du Scah-Abas III, Roi de Perse, qui en ordonna la fabrication. Cette Monnoie eft de la figure & de la grandeur environ qu'étoient autrefois les pieces de quinze fols de France : elle a pour légende d'un côté la Profeffion de foi des Mahométans, & de l'autre le nom d'Abas avec celui de la ville où l'Abaffy a été frappé.

Cette Monnoie a grand cours en Perfe, où elle vaut deux mamamoudis, ou quatre chayés ; le chayé eftimé un peu plus que quatre fols fix deniers, ce qui revient à environ dix-huit fols, quatre à cinq deniers de France.

Il y a des pieces de cinq Abaffis, & des pieces de deux Abaffis qui en valent la moitié ; il s'en fabrique peu, elles n'ont point de cours dans le Commerce, & ne font pour l'ordinaire que ce qu'on appelle, en terme de Monnoie, *piece de plaifir*. La piece de cinq Abaffis eft ronde, un peu plus épaiffe & plus grande que l'écu de France, la demi à proportion ; elle revient à environ quatre livres douze à treize fols de France.

ABRA, Monnoie d'argent fabriquée en Pologne, de la valeur d'environ trois fols fix deniers de France.

L'Abra a cours à Conftantinople & dans tous les Etats du Grand Seigneur : cette Monnoie y eft reçue fur le pied du quart de l'Affelani, ou Daller de Hollande. Voyez DALLER.

ABUKESB, les Arabes & les Turcs, domiciliés au Caire, appellent Abukefb, le Daller ou écu de Hollande, le même qu'à Smirne, à Conftantinople & dans les autres Echelles du Levant on nomme *Aflani*.

Ces différens noms viennent de l'empreinte du Lion, qui eft frappé de chaque côté de ces pieces d'argent appellées en Turc *Aflani*, que les Arabes prennent pour un chien nommé en leur langue *Abukesb*.

L'Abukefb, ou Daller, vaut au Caire trente-trois Meidins en change, & trente-huit, quelquefois plus en efpeces, à raifon de dix-huit deniers de France le Meidin, ou de trois Afpres, monnoie de Turquie : on le reçoit à peu près fur le même pied à Conftantinople & dans le refte de l'Empire Turc.

L'Abukefb eft au titre de huit deniers vingt grains, & vaut argent de France 3 livres 4 fols 2 deniers.

ACIER ; efpece de fer rafiné & purifié par le feu, qui le rend plus blanc, plus folide, & d'un grain plus menu & plus fin.

L'Acier eft de tous les métaux le plus dur, quand il eft préparé & bien trempé, pour y parvenir on jette des lames de fer d'environ un pouce d'épaiffeur, dans un grand fourneau, & on en fait un lit ; on y jette des cornes ou des ongles d'animaux, & du charbon de faule ou de hêtre, dont on fait un autre lit, & ainfi lit fur lit : on fait enfuite un grand feu qui enflamme les ongles & les cornes, & qui calcine le fer de maniere que le foufre des ongles & des cornes venant à pénétrer les pores du fer, il les rend plus refferrés.

Quand le fer eft prêt à fondre on le retire du fourneau, on le trempe enfuite tout rouge dans de l'eau froide, & c'eſt ainſi qu'il devient acier, parce-que les parties du fer qui s'étoient rapprochées lorſqu'elles étoient prêtes à fondre, ſe trouvent tout à coup condenſées par la fraicheur de l'eau qui fixe toutes les parties dans le même arrangement où elles étoient : les pores du métal étant ainſi devenus plus petits, il devient plus ſolide & plus reſſerré, & ſon grain plus petit & plus fin.

Pour rendre l'acier plus poreux, l'expérience fait connoître qu'il ſuffit de le remettre au feu, & de le laiſſer réfroidir inſenſiblement, & c'eſt ce qu'on appelle détremper.

Delà on infere que l'acier doit être plus longtems ſans ſe rouiller que le fer, parceque la rouille n'étant autre choſe qu'une diſſolution des parties, cauſée par l'humidité de l'air qui entre dans les pores du métal, l'acier étant moins poreux que le fer, ſes parties ne ſont pas ſi facilement ébranlées par l'humidité.

On peut auſſi ſe ſervir d'eau préparée pour tremper le fer : on la rend plus aſtringente par l'arſenic, le réagal, ou arſenic rouge, l'orpin, le ſublimé, l'antimoine & la couperoſe blanche.

ADARKON ou DARKEMON, Monnoie des Juifs ; *voyez au mot* Monnoie, les Monnoies des Juifs.

AFFINAGE. L'Affinage des métaux eſt le procédé ou la manœuvre qui les rend plus dégagés des parties hétérogénes, & par conſéquent plus purs, plus fins, plus excellens, & de plus haut prix.

On affine l'Or, l'Argent, le Cuivre, l'Etain, le Fer & le Plomb.

AFFINAGE DE L'OR. L'affinage de l'or peut ſe faire de trois manie-res, ou avec l'antimoine, ou avec le ſublimé, ou avec l'eau forte : comme cette derniere façon d'affiner eſt appellée départ d'or, nous n'en traiterons qu'à l'article du départ : *voyez* Depart.

Pour affiner avec l'antimoine on ſe ſert d'un fourneau à vent, & d'un creuſet ordinaire, de la grandeur à proportion de la quantité de l'or que l'on veut affiner ; enſorte, néanmoins, que l'or & l'antimoine qu'on y veut mettre ne l'empliſſent au plus qu'à demi.

L'Or, dont a chargé le creuſet, étant fondu, on y jette de l'antimoine en poudre, en y mettant en une fois la quantité néceſſaire : la proportion du métal & du minéral, eſt d'une livre d'antimoine par marc d'or, ſi l'or eſt au-deſſous de vingt-deux karats, juſqu'à ſeize : & de cinq quarterons ou en-viron, ſi l'or eſt au-deſſous de ſeize karats ; plus l'or eſt bas, plus il eſt né-ceſſaire de lui donner d'antimoine pour le pouſſer au fin.

Lorſque l'antimoine a été mis dans le creuſet, on le couvre, & après avoir chargé le fourneau de charbon, on lui ajoute ſa chape qu'on lui laiſſe juſqu'à ce que le creuſet paroiſſe à découvert ; la chape alors ayant été levée, & le creuſet s'étant refroidi dans le fourneau même juſqu'à ce que l'on puiſſe l'en retirer avec la main , on le caſſe pour en ôter ce qu'on appeller le culot, qui eſt une maſſe d'or qui ſe trouve au fond , au-deſſus duquel ſont les craſſes de l'antimoine avec l'argent & le cuivre d'alliage , & quelquefois de petites parties d'or.

Cette opération doit ſe recommencer juſqu'à deux & trois fois , dans les proportions ci-deſſus , pour amener l'or au plus fin.

Quoique l'or du culot , après ces différentes opérations , ſoit très fin : l'antimoine lui communique néanmoins une qualité ſi aigre & ſi caſſante, que , pour ainſi dire , il n'eſt plus docile , & qu'il faut l'adoucir au feu avec le ſalpêtre & le borax.

Pour cette opération , on prépare ce qu'on appelle une coupelle ſéche, c'eſt-à-dire, qui eſt faite avec de la terre de creuſet , qui ne s'imbibe pas comme les coupelles de cendres.

Après que la coupelle a été recuite ſur le fourneau de l'affinage , on la charge du culot qu'on couvre de charbon ; & lorſque l'Or eſt en bain , ce qui arrive bientôt à cauſe de l'antimoine qui y eſt reſté , on l'évente avec le ſouflet pour en chaſſer entierement ce mineral qui s'évapore en fumée : on y ajoute , quand les fumées ſont ceſſées , un peu de ſalpêtre & de borax en poudre, qui ramaſſent & détachent les craſſes qui ſont reſtées ſur le bain , & qui fixent l'or dans la coupelle en forme de plaque.

Enfin l'or, au ſortir de la coupelle , ayant été de nouveau fondu dans un creuſet où l'on met deux onces de ſalpêtre & autant de borax en poudre par chaque marc d'or ; on le jette en lingot lorſqu'il ne fume plus , & on le trouve au titre de vingt-trois karats $\frac{16}{32}$.

A l'égard des parties de l'or qui ont pu reſter avec l'alliage dans les craſſes de l'antimoine, on les retire par le moyen de la coupelle ſéche , & des mêmes fontes & ingrédiens qui ont ſervi à adoucir l'or du culot : & quand on eſt aſſuré par l'eſſai de ce que cette matiere tient d'or , on l'affine pour en ſéparer le cuivre , après quoi on en fait le départ. On retire par les lavures l'or qui pourroit être reſté attaché aux coupelles ſéches.

Affinage au ſublimé.   L'affinage de l'or avec le ſublimé ſe fait d'abord comme celui avec l'antimoine , c'eſt-à-dire , au même fourneau , avec même charbon , même feu & dans de ſemblables creuſets.

Quand l'or eſt en bain dans le creuſet , on y jette le ſublimé , non en poudre , mais ſeulement concaſſé & en morceaux. La quantité proportionnelle de ce mineral , avec l'or qu'on veut affiner , eſt d'une once & demie , ou deux onces pour l'or à vingt-deux karats ; de trois onces s'il n'eſt à vingt karats , & de cinq à ſix onces s'il eſt depuis dix-huit karats juſqu'à douze , qui eſt ce qu'on appelle de l'Or bas. En ce dernier cas on partage le

fublimé en deux, on en met une moitié à plufieurs fois avec l'or dans un creufet neuf, ce qui, quand l'opération eft achevée, rend l'or à dix-huit ou
vingt karats, fuivant le titre où il étoit ; après quoi on le pouffe au feu,
ainfi qu'il fuit. Le fublimé concaffé ayant été mis dans le creufet avec l'or
en bain, on couvre le creufet auffitôt pour étouffer le minéral, après quoi
on le charge de charbon, & la chape fe met au fourneau. Un quart d'heure
après on leve la chape, on découvre le creufet & on évente l'Or, c'eft-à-
dire, qu'on écarte toute la craffe & la pouffiere qui peuvent être fur le bain,
en le fouflant avec un fouflet dont le tuyau eft courbé, ce qu'on réitere autant de fois qu'il eft néceffaire, & jufqu'à ce que toute l'impureté de l'or
étant chaffée par la vertu du fublimé, il paroiffe d'une couleur claire & éclat-
tante : alors on retire le creufet & l'on jette l'or en lingot.

L'affinage par le fublimé eft plus beau & de moindre dépenfe que l'affinage à l'antimoine ; mais tous deux font prefque également dangereux à caufe
de leurs vapeurs fulfureufes & arfénicales : la feule différence qui fe trouve
dans leur malignité confiftant en ce que le poifon de l'antimoine eft plus
lent, & celui du fublimé plus prompt.

‘ AFFINAGE DE L'ARGENT. On affine les matieres d'argent dans une
grande coupelle que l'on met dans un fourneau couvert d'un chapiteau de
carreaux ou de briques pour déterminer la flamme à réverbérer fur les matieres, ce qu'on appelle feu de réverbére : on chauffe ce fourneau par un grand
feu de bois, & on met du plomb dans la coupelle à proportion de la quantité
& de la qualité des matieres à affiner. On employe plus ou moins de plomb,
felon que l'argent que l'on veut coupeller eft foupçonné d'avoir plus ou moins
d'alliage.

Pour favoir la quantité de plomb qu'on doit employer, on met une petite partie d'Argent avec deux parties de plomb dans la coupelle, & fi le
bouton d'argent n'eft pas bien net, on ajoute peu-à-peu du plomb jufqu'à ce
qu'on en ait mis fuffifamment ; enfuite on fuppute la quantité de plomb
qu'on y a employé, & on fait combien il en faut pour affiner l'argent.
On laiffe fondre le plomb avant de mettre l'argent, il faut même que la litharge qui fe forme fur le plomb fondu foit auffi fondue : c'eft ce qu'on appelle, en termes d'art, le plomb découvert ou en nappe. Si on y mettoit
l'Argent plutôt, on rifqueroit de faire fauter de la matiere : fi au contraire
on tardoit plus qu'il ne faut pour que le plomb foit découvert, on gâteroit
l'opération, parceque le plomb feroit trop diminué par la calcination.

Le plomb étant découvert, on y met l'argent qu'on enveloppe plus volontiers dans une lame de plomb, que dans une feuille de papier, pouvant
arriver que le papier s'arrête à la coupelle.

L'Argent, dans la coupelle, fe fond & tourne de bas en haut & de haut en bas, formant des globules qui grossissent de plus en plus à mesure que la masse diminue ; & enfin ces globules, que quelques-uns nomment fleurs, diminuent en nombre, & deviennent si gros qu'ils se réduisent à un seul qui couvre toute la matiere, en faisant une corruscation ou éclair, & reste immobile. Lorsque l'argent est dans cet état, on dit qu'il fait l'opale, & pendant ce tems il paroît tourner ; enfin on ne le voit plus remuer, il paroît rouge, il blanchit peu-à-peu, & on a de la peine à le distinguer de la coupelle. Dans cet état il ne tourne plus : si on le tire trop vite pendant qu'il tourne encore, l'air le saisissant le fait *végéter*, ce qu'on appelloit autrefois *vessir*, & il se met en spirale, ou en masse hérissée, & quelquefois il en sort de la coupelle.

Il y a quelque différence entre la façon de coupeller en petit, & celle de coupeller en grand : lorsqu'on coupelle en grand, on souffle sur la coupelle pendant que l'argent tourne : pour le dégager de la litharge, on présente à la litharge un écoulement, en pratiquant une échancrure au bord de la coupelle, & on retire la litharge avec un rateau : ce qui fait que lorsque l'ouvrier ne travaille pas bien, on trouve du plomb dans la litharge, & quelquefois de l'argent ; ce qui n'arrive pas, & ce qu'on ne fait pas lorsqu'on coupelle en petit ; il faut dans cette opération compter sur seize parties de plomb pour chaque partie d'alliage en argent bas.

L'affinage au salpêtre se fait dans un fourneau à vent.

L'argent qu'on veut affiner ayant été réduit en grenailles, c'est-à-dire, en grains de la grosseur d'un petit pois, en le versant lorsqu'il est en bain & bien brassé dans un vase rempli d'eau commune, on le fait recuire dans un bouilloir : ensuite on en charge un creuset en y mettant autant de deux onces de salpêtre qu'il y a de marc d'argent à affiner, si l'argent n'est au-dessous de dix deniers, vingt grains, en augmentant d'un once de salpêtre par chacun marc qui se trouveroit d'un denier plus bas, & ainsi à proportion : après quoi le creuset se couvre d'un couvercle de terre en forme de dôme qu'on lutte exactement ; ce couvercle néanmoins doit avoir une petite ouverture dans le milieu, & plus on est obligé de mettre de salpêtre, moins il faut emplir le creuset, à cause de la détonnation du salpêtre qui pourroit faire sauter le couvercle & emporter de l'argent.

Le creuset ayant été mis au fourneau, & chargé de charbon qu'on n'allume que par dégrés afin que le creuset se recuise doucement, on lui donne enfin le feu assez vif pour mettre le métal en parfaite fusion, ce qu'on renouvelle trois fois de suite de quart d'heure en quart d'heure, ce qui s'appelle donner trois feux.

Quand le troisieme feu est passé on découvre le fourneau, & l'on y laisse réfroidir le creuset qu'on casse pour en retirer l'argent qui s'y trouve raffemblé en un culot dont le fond eſt d'argent très fin, & le deſſus eſt mêlé des craſſes du ſalpêtre, de l'alliage de l'argent, & même de quelque portion d'argent fin.

Lorſque le culot eſt dégagé des craſſes, on le remet fondre dans un nouveau creuſet, où quand il eſt en bain on jette du charbon noir réduit en poudre, qu'on braſſe fortement avec le métal : le creuſet ayant été recouvert & le fourneau chargé de charbon, on lui donne un ſecond feu, après lequel on évente l'Argent, c'eſt-à dire, on en chaſſe, avec un ſouflet, la pouſſiere & la craſſe qui ſont ſur le bain, juſqu'à ce qu'il paroiſſe auſſi clair qu'une glace de miroir, & alors on y jette une once de ſalpêtre ou de borax en morceaux, on peut même les mêler moitié par moitié. Enfin le creuſet ayant été recouvert, on lui donne un dernier feu, après quoi on le jette en lingot, qui ſe trouve au moins au titre de onze deniers dix-huit grains.

Pour retirer l'argent qui peut être reſté dans les craſſes, on les pile & on en fait les lavures ; voyez Lavures.

AFFINAGE DU CUIVRE. Cet affinage ſe fait par pluſieurs lotion que l'on donne à la matierre minérale avant de la fondre, & enſuite par pluſieurs autres fontes réitérées.

AFFINAGE DE L'ETAIN. L'affinage de l'étain ſe fait à peu près comme celui du Cuivre, cependant on peut diſtinguer comme deux ſortes de fin dans ce métal : l'un qui vient de ſa fuſion, l'Etain que l'on tire le premier des chaudieres où les Etamiers le fondent étant toujours le meilleur, & beaucoup plus purifié que celui qui reſte au fond : l'autre dégré de fin eſt celui qu'on lui donne en y ajoutant quelqu'autre métal, ou quelque minéral pour le rendre plus ſonnant & plus brillant, comme l'on fait à l'étain d'antimoine, à l'étain planné, & à l'étain ſonnant.

AFFINAGE DU FER. L'affinage du Fer commence auſſi par la fonte : plus la mine eſt en fuſion, plus le fer eſt épuré. Mais cette premiere fonte ne ſuffit pas. Pour que le Fer ſoit malléable & qu'il ſoufre la lime, il faut le remettre une ſecond fois à la fonderie, & après l'avoir longtems battu avec un gros & peſant marteau que l'eau fait mouvoir, il faut le paſſer à la chauferie, & enſuite le réduire ſur l'enclume en barres de diverſes groſſeurs. Plus le Fer ſe met au feu & plus on le bat, ſoit à chaud, ſoit à froid, plus il prend le dégré de fineſſe.

AFFINAGE DU PLOMB. L'affinage du Plomb ſe fait comme celui de la plus part des autres métaux les moins parfaits, en le mettant ſouvent en fuſion, en l'écumant avant qu'il ſoit refroidi, & en y jettant du ſuif, ou d'autres ſortes de graiſſes.

On fait auſſi un eſſai de plomb, non pour l'affiner, mais pour ſavoir s'il eſt pur & ſans mélange d'aucun autre métal.

Procédé des Affineurs de la Ville de Lyon pour affiner les matieres d'Or &
d'Argent , extrait d'un Mémoire lû à l'Académie des Sciences en Mars &
Avril 1747 , par le Sieur Hellot de la même Académie.

Le Conseil ayant reçû, depuis 1739, des plaintes réitérées de la Communauté des Tireurs d'Or de Lyon, contre les Officiers Affineurs de la
même Ville ; 1°. au sujet de l'aigreur des lingots qu'ils affinoient, qui cau-
soit à cette Communauté des pertes considérables, tant par la rupture trop
fréquente du trait, lorsqu'il est arrivé à une certaine ténuité, que parceque
le trait provenant de quelques lingots se refendoit dans son épaisseur, lorsqu'on l'applatissoit entre les roues d'acier du moulin à écacher, ce qui occasionnoit des déchets d'autant plus forts que cet accident n'arrive pour l'ordinaire qu'au trait déja doré, & très rarement au trait qui reste blanc.

2°. Que les Officiers Affineurs ne leur rendoient pas une justice exacte
sur la quantité d'or à eux rapportée pour être départi de ces traits rompus,
connus sous le nom de *retailles dorées ,* ou des galons d'or usés auxquels on
donne celui de parfilures. Les Officiers Affineurs se fondant sur l'article IX
de l'Edit de création de leurs Offices, prétendoient ne devoir tenir compte
de l'or de ces retailles ou parfilures, que sur le pied de l'essai rapporté par
l'Essayeur de la Monnoye de Lyon ; & il paroissoit, par des comparaisons
faites huit ou dix années auparavant, que cette quantité d'or, indiquée par
un essai fait sur une grenaille d'argent tenant or, du poids de trente six
grains, n'étoit jamais dans un rapport parfait avec la chaux d'or, réellement départie de cinquante ou de cent marcs de retailles dorées, tant parceque les Essayeurs sont dans l'usage de donner le trébuchant de la balance à
celui qui reste possesseur de l'or, que pour d'autres raisons qu'ils ignoroient
alors. Sur ces sujets de plaintes, le Conseil nomma le sieur Hellot, de l'A-
cadémie des Sciences, pour aller découvrir la vérité ; & en ce cas, pour remédier à l'aigreur des lingots par un affinage ou par des fontes plus
exactes.

Il y avoit deux préjugés établis dans Lyon : l'un qu'on ne peut avoir de
trait brillant, si l'argent n'est fondu & travaillé après l'affinage dans des
creusets de terre de larnage, toute autre terre ne pouvant produire cet effet :
l'autre, qu'il falloit que l'argent contînt encore un peu de plomb pour être
doux à la filiere, & pour avoir de l'éclat. Le sieur Hellot ne put, avant de
partir, détruire à Paris ce premier préjugé, parceque n'ayant point un
creuset de cette terre tant vantée, ni pas assez grand pour faire, suivant
l'usage, une fonte au moins de cent marcs à la fois, il fut obligé de céder
à l'usage, qui d'ailleurs a son utilité, comme on le verra dans la suite.

Quant au mélange du plomb que l'on croyoit si nécessaire à la ductilité

&

& à l'éclat de l'argent, le Sieur Hellot s'étoit démontré par de petits essais, que le plomb pouvoit être seul la cause de l'aigreur des lingots : & en effet, pour peu qu'on en laisse dans un bouton d'argent du poids de vingt-quatre grains, huit coups d'un marteau à planer, du poids de deux livres, suffisent pour faire refendre ce bouton applati par les bords; au lieu que quand il est sans plomb, il ne se refend ordinairement qu'au vingt-un ou vingt-deuxiéme coup de marteau. Par d'autres expériences faites depuis, on a reconnu que si l'argent tenant $\frac{1}{288}$ de plomb est aigre, le plomb l'est aussi lui-même s'il tient $\frac{1}{800}$ d'argent, c'est-à-dire, deux marcs d'argent par quintal, & qu'il faut nécessairement retirer cet argent par voie d'affinage, si l'on veut que ce plomb puisse être employé avec succès aux usages ordinaires.

Arrivé le 12 Novembre 1746 à Lyon, on assembla la quantité de matieres d'argent suffisantes pour faire, suivant l'usage, un affinage de 2500 marcs.

Le corps ou massif de la coupelle où il se fait est construit à la hauteur de trois pieds, ayant un arceau sous le bassin de la coupelle. Ce bassin, formé en portion de sphére creuse, a quatre pieds huit pouces de diamétre, & la fléche de cet arc a treize pouces. La bouche de la chauffe ou foyer recevant le bois, est vis-à-vis de la gorge de l'affinage, c'est-à-dire, de l'ouverture par laquelle sort la flamme, après avoir traversé presque parallélement tout le vuide qui est entre les matieres & le ciel de la coupelle dont il sera parlé. Cette bouche est un trou quarré de quinze pouces & demi de large, sur sept pouces de haut, & cette chauffe est élevée d'un pied & demi au-dessus du bassin.

Le soufflet destiné à chasser la litharge est placé à côté de ce bassin, & à la gauche de l'ouvrier Affineur.

L'usage des Ouvriers de Lyon étoit alors de préparer leurs cendres comme il suit : ces cendres, toutes ordinairement de bois de hêtre, étant bien lessivées, dessalées & sans aucun charbon, se mesurent avec un panier à anse qu'on nomme une basle : il en contient quarante-cinq à quarante-six l., poids de Lyon, c'est-à-dire de quatorze onces : on mit, en trois fois, vingt de ces basles sur une aire carrelée & bien nette : à chaque fois elles furent battues par des Ouvriers pour en écraser les mottes avec les pieds & avec des batoirs. Cette quantité ayant été rassemblée en un monceau fut arrosée peu à peu de l'eau d'un arrosoir qui en contenoit huit à neuf pintes, & il n'en fut employé que cette quantité pour toute la préparation de ces cendres ; le monceau en fut rablé, c'est-à-dire, que les cendres en furent séparées peu à peu & mises en cercle par quatre hommes, ayant à leur main une espéce de ratissoire à tirer. L'aire étant restée nette, on jetta au milieu une basle pleine de sable fin du Rhône, passé par un crible de fil fer, pour en séparer les

Nota. On ne rapporte ici qu'une opération faite en présence & sous les ordres du Sieur Hellot, pour donner une idée de la façon d'affiner en usage à Lyon. La suite des opérations de cet Académicien est rapportée au mot DEPART, & à celui de TIRER l'Or.

petits cailloux ou le gravier. Ce fable est d'une couleur grise, mais un peu moins obscure que celle des cendres. On ramena avec les rables ou ratissoires, une partie des cendres écartées en cercle, pour les mêler avec ce fable : on les arrosa, puis on les battit, afin de les humecter également : on ajouta une seconde basle de fable, & enfin une troisième, ramenant à chaque fois les cendres restées dans la circonférence, les mêlant par le moyen des ratissoires, les battant & les arrosant. Le monceau total, étant alors composé de vingt basles de cendres, & de trois basles ou quinze pour cent de fable du Rhône, fut rablé de nouveau & remis en cercle, puis réuni peu à peu en un monceau, & battu comme la première fois, ensuite défuni & remis en cercle pour être porté par basle dans le bassin de la coupelle. Un Ouvrier, monté sur ce bassin, reçut ces basles de cendres mélangées, d'abord une à une, puis deux à deux, trois à trois, jusqu'à vingt basles, ce qui fit à peu près, suivant le poids ci-devant reconnu, la quantité de 900 livres poids de Lyon ; il les arrangea & les pressa avec les pieds & avec les mains, puis il les battit avec de longs pilons de bois arrondis par le bout, & enfin il perfectionna la portion de sphére creuse de cette coupelle avec un couteau courbé en portion de cercle.

Pour charger la coupelle de l'or & de l'argent que l'on devoit affiner, on pesa tout l'argent rassemblé pour cet affinage, consistant en mexiques neuves, réaux, philippines & barres, pesant ensemble 2550 marcs une once six gros, & composant, au titre de dix deniers vingt grains, la quantité de 27558 deniers de fin. A cette première pesée on ajouta 352 marcs une once quatre gros d'argent, en platines, provenant des restes de coupelles des affinages précédens, composans 4138 deniers quatre grains de fin ; ainsi dans la masse totale de cet argent, il y avoit 2641 marcs deux onces d'argent fin, à douze deniers, & 261 marcs une once deux gros d'alliage.

Pour affiner cette quantité d'argent, on pesa 2530 livres de plomb poids de Lyon, ou vingt-un quintaux trente livres, lesquels réduits en poids de marc font dix-sept quintaux quatre-vingt-dix livres, qui, comparés aux matieres d'argent destinées à cet affinage, font encore quatorze un tiers parties de plomb, contre une partie d'alliage à détruire ou scorifier. Mais cette quantité de plomb ne doit pas être regardée comme fixe & déterminée pour tout affinage : on l'augmente lorsque les matieres qu'on veut passer à la coupelle sont plus chargées d'alliage, que ne l'étoient celles de l'affinage.

Ces vingt-un quintaux trente livres de plomb, furent employés en deux fois : on chargea d'abord, avec l'argent, 1257 livres de plomb vieux, c'est-à-dire, ressuscité de litharge, & cendrées par le fourneau à manche ; le reste du plomb fut employé ; c'étoit du plomb neuf d'Angleterre, en saumons : il y en avoit neuf cens dix-sept livres.

L'Ouvrier chargea la coupelle, & versa d'abord sur un lit de paille non brisée, de l'épaisseur d'un pouce ou environ, les espéces monnoyées d'Espagne : il posa dessus les barres & platines d'argent, & sur ces matieres il arrangea les lingots de vieux plomb. On recouvrit le tout d'un couvercle ou chapeau. Ce couvercle est composé de cinq barres de fer, percées de distance en distance pour recevoir de grands clous à grosse tête & à clavette, qui retiennent des carreaux de terre cuite, traversées par ces clous, & dont les côtés ont huit pouces. Ces barres de fer portant par leurs extrémités sur un petit mur circulaire élevé de trois briques, forment par les canaux de terre qu'elles retiennent, le ciel, couvercle ou chapeau plat de la coupelle, à une distance convenable des matieres à mettre en fusion. A ces cinq barres on ajouta un rang de carreaux sans barres, mais semblables aux précédens, pour achever ce ciel ou chapeau, & le joindre exactement à la gorge ou porte de la coupelle, qui est fermée par une barre de fer : les jointures de tous ces carreaux se ferment avec de la terre à four, humectée & pêtrie.

La chauffe ou foyer ayant été remplie de douze demi quartiers de bois de hêtre, non flotté & bien sec, on y mit le feu en allumant un vieux balai sous un panier rempli de fumerons, ou flambeaux de charbons, qui étant embrasés, allumoient le bois dans la chauffe. Il étoit alors 10 heures 45 minutes du matin.

Pour augmenter l'action de l'air dans la chauffe, on construisit en entonnoir quarré l'ouverture de son cendrier, & vis-à-vis de cet entonnoir, qui a six pieds de long, on fit au mur de la cour, une ouverture ou soupirail, qui ne se ferme que quand le plomb commence à se convertir en litharge : il n'y a point de soufflets appliqués à cette chauffe ; sa construction lors actuelle, mais un peu trop haute, suffisoit, avec l'air qui s'introduit par le soupirail, pour rendre l'action du feu très vive ; on mit le bois dans cette chauffe par une ouverture ronde qui est au haut, garnie d'un cercle de fer, ayant une retraite, sur laquelle une chaîne posant sur une poulie, leve & abaisse verticalement une plaque ronde de fer qui, lorsqu'elle est neuve, ferme cette ouverture exactement, & force la flamme, qui ne trouve d'autre issue que la bouche de la chauffe, à se rabattre & à passer par cette ouverture sur les matieres mises dans la coupelle, pour sortir par la bouche de cette espéce de four, qui est du côté de l'Affineur.

Peu à peu le plomb se fond sans rougir. C'est, comme on le sait, une propriété de ce métal, de l'étain & de quelques semi-métaux. Il faut du tems pour que son feu devienne rouge, & ce n'est qu'alors que l'argent commence à se fondre & à se mêler avec lui : quand l'Affineur s'en apperçoit, il agite la matiere avec un instrument de fer qu'on nomme un rable. Le plomb de l'opération que l'on décrit ne fut en cet état qu'à cinq heures, &

tout l'argent ne fe trouva en pleine fufion qu'à cinq heures quarante-cinq minutes. Alors le bain étant devenu clair, & donnant des indices du dégré de chaleur qui lui eft néceffaire, par un léger bouillonnement, on juge que la litharge commencera bientôt à fe former. On ferma l'ouverture du mur, appellé ci-deffus le foupirail, pour modérer la grande activité du feu ; on ouvrit le trou par lequel on introduit le canal du fouflet au côté gauche de la coupelle, & l'on approcha le fouflet pour appliquer fon vent fur la furface du bain. Ce fouflet affujetti dans un chaffis, compofé de deux moutons à patins, retenus par trois traverfes, fe peut approcher & reculer à l'aide de deux pinces qui en pouffent les patins.

Auffitôt qu'on apperçoit fur le bain une pellicule de plomb lithargé, on fait agir le fouflet qui eft double comme celui des Maréchaux, mais beaucoup plus grand ; à cinq heures cinquante-fix minutes, on jetta fur le bain deux longs morceaux de bois fort fecs, que les Ouvriers appellent *flambeaux*, afin d'augmenter la chaleur du bain ; à fix heures trente minutes le bain fe trouva chaud, felon l'expreffion de l'Ouvrier, c'eft-à-dire, clair & bouillant le long des bords de fon difque. Le vent du fouflet, ayant une direction qui faifoit un angle d'environ trente-cinq dégrés avec la furface horifontale du bain, portoit à cinq pouces ou à peu près du bord le plus voifin de l'extrémité de fon canal, & ce vent formant des ondulations circulaires fur le bain, chaffoit vers les bords oppofés la litharge qui fe formoit fenfiblement. Cette agitation la faifant circuler lentement le long des bords du difque, en ramenoit une partie, fucceffivement fuivie d'une autre déja formée, ou qui fe formoit de nouveau devant l'ouvrier Affineur.

Cet Ouvrier commença par ouvrir, avec un crochet de fer, une rainure au bord inférieur de la gorge ou bouche de la coupelle ; puis en frotant cette rainure avec une longue broche de fer, il la rendit unie. Il continua de la creufer peu à peu pendant l'opération, l'entretenant à fleur de la furface du bain, pour n'en laiffer couler que la litharge furnageante, & retenir le plomb qui tient l'argent en fufion, car fans le plomb le feu de la chauffe ne feroit pas affez fort pour tenir l'argent feul en bain. La premiere litharge que l'Ouvrier fit couler étoit mêlée de quelques parties de plomb non encore fcorifié, qui empêchoit qu'elle ne fût friable, & de beaucoup de parties cuivreufes à demi calcinées : ce ne fût que vers les fept heures & demie du foir que la litharge commença de couler plus parfaite.

La continuité de cette opération fut uniforme jufqu'à une heure après minuit, que le bois étant confidérablement diminué, on jugea qu'il étoit tems d'introduire le plomb neuf dans la coupelle pour achever de *laver l'argent*, felon l'expreffion des Ouvriers ; c'eft-à-dire, pour lui enlever ce qu'il pouvoit contenir encore d'alliage excédent ce qu'il en faut pour qu'il foit à onze deniers dix-neuf à vingt grains.

Pour introduire ce nouveau plomb , l'Ouvrier , après avoir fermé d'un bouchon de cendres pêtries la rainure ou rigole , dont il a été parlé ci-devant , plaça une barre de fer fur le bord inférieur de la gorge. Il pofa def-fus deux faumons de plomb pris dans le nombre de ceux qui compofoient les neuf cent dix-fept livres de plomb d'Angleterre , de la pefée précé-demment détaillée. Il poussa ces faumons vers le baffin de la coupelle à mefure qu'ils fe fondoient. A ces deux faumons , d'autres fuccéderent : en-fin en trente ou trente-deux minutes , ces neuf cens dix-fept livres de plomb furent introduites dans le bain dont on avoit augmenté la chaleur par un feu plus vif qu'il n'étoit une demie heure auparavant , enforte que ce bain ne parut pas fe refroidir fenfiblement. L'Ouvrier agita plufieurs fois fa ma-tiere avec le rable , & le nouveau plomb commença à fe convertir en litharge : il ouvrit une nouvelle rigole pour la faire couler ; cette litarge étoit jaune , plus friable que celle du premier bain , & par conféquent plus par-faite parcequ'elle n'entraine avec elle aucune partie de plomb encore en métal , & par conféquent aucune partie d'argent.

Le lendemain à fept heures & demi du matin , (7 Décembre 1746 ,) l'Ouvrier ne pouvant plus tirer de litharge , il ferma fa rigole d'un bouchon de cendres pêtries , & il fit augmenter le feu pour chaffer par évaporation le refte de litharge qui furnageoit ; enforte qu'à fept heures trois quarts l'opéra-tion fe trouva finie , & l'argent en état d'être coulé en lingotons. Cet affi-nage ne dura que vingt heures quinze à feize minutes , quoiqu'il fût or-dinairement de vingt-cinq à vingt-fix heures , même à cent marcs de moins. Cette différence avantageufe pour les Officiers affineurs , ne pouvoit être at-tribuée de leur propre aveu , qu'à ce que , au moyen des trente-deux livres de plomb qu'on avoit mifes le jour précédent fur le fouflet , on avoit procuré un vent égal & continû , au lieu que dans les affinages précédens , il n'é-toit porté fur le bain que par fecouffes , laiffant entr'elles des intervalles de cinq ou fix fecondes.

On avoit placé devant l'ouverture de la coupelle un chaffis de fer , fur lequel on rangea neuf ou dix lingotieres de fer de fonte , de capacité moyen-ne , c'eft-à-dire , contenant depuis feize jufqu'à dix-huit marcs d'argent affi-né. L'Ouvrier puifa l'argent dans le bain , & le verfa dans ces lingotieres avec une cuiller de fer rougie au feu , & d'une capacité proportionnée à celle des lingotieres. Auffitôt que l'argent y eft figé , on jette à terre ces moyens lingots nommés *lingotons* , & l'on replace les mêmes lingotieres fur le chaffis pour les remplir de nouveau : ce que l'on répéte jufqu'à trois fois ; alors ces lingotieres fe trouvant rougies par l'ardeur de l'argent en fufion , on les range à part dans la crainte de les rompre en les frappant contre terre pour en faire fortir le lingoton ; car on fait que le fer de fonte fe caſſe aiſément quand on le frappe rudement lorſqu'il eſt rouge. On place ſur le chaſſis de nouvelles lingotieres froides qui ſervent trois fois comme les premieres : à celles-ci d'autres ſuccédent, & ainſi de ſuite juſqu'à ce qu'on ait tiré du bain tout ce que la cuillier en peut puiſer, car à la fin de ce lingotage, il reſte une portion d'argent en fuſion, laquelle refroidie, forme ce qu'on appelle une *platine*.

Il eſt néceſſaire que l'Ouvrier conduiſe ſagement ſon feu pendant tout le tems que l'on puiſe la matiere ; ce feu doit être vif pour la tenir en fuſion, c'eſt pourquoi il ne faut employer alors que du bois refendu, & gros au plus comme le bras ; ſi l'on jettoit dans la chauffe de gros quartiers, à la flamme interrompue ſuccéderoit de la fumée, qui fourniſſant de la matiere graſſe à la litharge imbibée dans la cendre, reſſuſciteroit une partie de plomb ; c'eſt ce qu'on nomme faire reſuer la coupelle, & l'argent ſe trouveroit recouvert d'un *velamen plumbi*, qui pourroit altérer ſon titre & ſa ductilité.

Cet affinage a fourni cent cinquante-ſix lingotons, plus la platine du reſte du bain. Il n'y a point eu de réſidu de matiere dans la cuillier, qu'ordinairement on trempe rouge dans un ſeau d'eau pour détacher ce réſidu quand il y en a, c'eſt ce que les Ouvriers nomment *le cuilleron*.

Le premier & le dernier des lingotons, eſſayés par l'Eſſayeur de la Monnoie de Lyon, ont été rapportés à onze deniers vingt grains & demi.

Les cent cinquante-ſix lingotons, & la platine de cet affinage, ayant été peſés, il s'eſt trouvé deux mille ſix cens dix-huit marcs quatre onces ſix gros d'argent, au titre, comme on vient de le dire, de onze deniers vingt grains & demi, qui font trente-un mille quarante-un deniers quatre grains de fin. Il manquoit donc ſix cent cinquante-cinq deniers de fin, ou cinquante-quatre marcs quatre onces ſix gros d'argent à douze deniers de fin, qui étoient reſtés dans la cendrée. Le lendemain cette cendrée étant refroidie, on en tira, en grenailles, quatre marcs cinq onces douze deniers ou quatre gros. Ainſi ce qui reſtoit dans cette cendrée des cinquante-quatre marcs quatre onces ſix gros, les grenailles prélevées, n'a pû en être prélevé qu'en le ſcorifiant avec de nouveau plomb dans le fourneau à manche.

On ne doit point être étonné que ces cendres retiennent tant d'argent, ſi l'on ſe reſſouvient que l'on y fait entrer quinze pour cent de ſable. La litharge ſe vitrifie avec ce ſable, & fait autant de petits trous qu'il y a de grains de ſable, & par conféquent toute la coupelle devient une eſpece de crible qui reçoit l'argent en fuſion. Dans d'autres affinages de cinq à ſix cens marcs, on fit ſupprimer le ſable & y ſubſtituer de la chaux lavée d'or calcinée : alors les nouvelles cendrées n'ont retenu, proportion gardée, que le quart de ce qu'elles euſſent ſouſtrait au lingotage, ſi elles euſſent été compoſées de cendres & de ſables.

Fonte des Lingots.

Le 9 dudit mois de Décembre (1746) vers les six heures du matin, ayant pris au hazard, dans les cent cinquante-six lingotons, la quantité qui étoit nécessaire pour en former six lingots de cinquante marcs, ou environ chacun : savoir, quatre pour être dorés, & deux pour rester blanc, le Fondeur prépara six creusets, dont trois étoient destinés à fondre l'argent & le aire *travailler*, c'est-à-dire, bouillir à gros bouillons pendant plusieurs heures, & les trois autres à être tenus rouges dans d'autres fourneaux voisins pour recevoir cet argent en fusion & déja *travaillé*, afin de le *travailler* encore jusqu'au signe indiqué par l'épreuve dont il sera parlé ci-après. Ces creusets, formés sur le tour avec de la terre de larnage en pâte, ont treize pouces de haut, cinq pouces de diamétre à leur ouverture, & quatre pouces quatre lignes dans leur fond.

Leur préparation ou garniture se fait ainsi : le Fondeur a dans un panier plusieurs tessons de creusets, à peu près triangulaires. Il en choisit un qui puisse être arrêté dans le creuset par le sommet de ses angles, à trois pouces au-dessus du fond de ce creuset, & là, il l'assujettit, après avoir mis dessous environ trois pouces de *charbonnaille* ; c'est ainsi qu'on nomme le charbon brisé en morceaux menus, & dont on a ôté la poussiere : cette espéce de pont, servant à soutenir les lingotons jusqu'à ce qu'ils soient fondus, est *l'ame* du creuset, selon le langage des Ouvriers : ils savent que sans elle ils ne pourroient faire bouillir l'argent, mais ils ne savent rien de plus, si ce n'est qu'elle est en usage dans les affinages à Lyon, depuis quarante ans au moins. Lorsque le creuset est ainsi préparé, le Fondeur le place dans le foyer rond d'un fourneau à vent, qui a quatorze pouces de profondeur, neuf pouces d'ouverture par le haut, & environ sept pouces par le bas : ensorte qu'il chauffe beaucoup moins, & consomme plus de charbon qu'il ne feroit, s'il étoit en forme d'œuf coupé par ses deux extrémités. Ce foyer est séparé de son cendrier par quatre barres de fer mobiles sur une coulisse. L'Ouvrier place sur ces barres deux tourteaux de terre cuite, & entr'eux, ainsi que sur le second, il met une poignée de terre de larnage en poudre, afin que le creuset puisse être assis solidement. Lorsqu'il est placé sur ces tourteaux, il y fait entrer verticalement six lingotons qu'il assujettit contre les parois du creuset avec des morceaux de charbons. Il entoure ensuite ce creuset de briques ordinaires, mises de plat & de champ, à la distance de sept à huit pouces, puis il remplit cet intervalle de charbon non allumé, auquel il met le feu en jettant dessus un pelleté de charbon déja embrasé.

Les trois creusets ayant été remplis chacun de six lingotons, les trois autres, dits de recharge, furent placés de même dans trois autres fourneaux pareils aux précédens, & conftruits fur une même ligne. Leurs cendriers ont une ouverture qui reçoit l'air, de onze pouces; & du fol à la grille, il n'y a que treize à quatorze pouces de diftance, au lieu de vingt à vingt-deux que cette diftance devroit avoir pour donner plus de chaffe. Il y avoit dans le premier creufet cent huit marcs fept onces quatre gros d'argent: dans le fecond, ceut huit marcs cinq onces & fept gros: & dans le troifieme, cent huit marcs une once fept gros, le tout au même titre de onze deniers vingt grains & demi.

Le feu fut mis à ces fourneaux à fept heures cinq minutes: mais pendant plus d'une heure, l'air étant rempli de brouillards, la fumée fe rabbattoit, la cheminée s'engorgeoit, & le charbon s'allumoit avec une lenteur extrême: l'argent ne commença à fondre dans le creufet du milieu de la face des fourneaux, qu'à neuf heures, dans celui à gauche qu'à neuf heures fept minutes, & dans celui à droite à plus de dix heures.

Tout l'argent étant en fufion, il fe trouva dans chaque creufet un efpace vuide d'environ trois pouces; auffitôt que le métal fut parfaitement en bain, le Fondeur ajufta fur chacun des trois creufets qui auparavant n'étoient pas couverts, & fur l'argent defquels nageoit le charbon allumé, un grand morceau de creufet arrondi par le côté, & faifant à peu près l'effet d'une moufle: il couvrit de gros charbons cette efpéce de vouffure dont le devant étoit ouvert, & par cette ouverture il retira les charbons nageant fur le bain.

Lorfque l'argent en fufion a acquis un dégré de chaleur fuffifant, on le voit bouillir à gros bouillons élevés, comme de l'eau qu'on auroit mife dans un vaiffeau de femblable capacité. Cette ébullition violente eft le fingulier de cette opération: elle dépend du morceau de creufet qu'ils nomment fon *ame*, & qu'ils ont affujettie avec un peu de lut aux fommets des trois angles; le charbon menu qu'ils ont mis fous cette ame ne peut remonter à la furface du bain, parcequ'il n'y a pas affez d'efpace entre les trois côtés de cette *ame* triangulaire & les parois du creufet; or, comme le charbon, tenu dans le plus grand feu, ne s'y confume jamais fans le contaĉt de l'air extérieur, & que la colonne de métal en fufion qui a, audeffus de ce charbon, environ dix pouces de hauteur, empêche au moins pendant fept à huit heures qu'il n'ait de communication avec l'air, il refte tel à peu près qu'on l'a mis dans tout ce tems, d'où il fuit que l'air, qu'on fait être dans le charbon en très grande quantité, fe dilatant violemment par la chaleur extrême du creufet, eft forcé de s'échapper; alors fes bulles rarefiées ayant à traverfer la colonne du métal liquide, en foulevent les parties pour arriver à leur furface, & c'eft ce foulévement qui fait l'ébulli-

tion,

tion, laquelle dure tout le tems de l'opération dont le terme est désigné par l'épreuve que le Fondeur fait de son métal. Qu'on ne croye pas que cette explication est simplement imaginée, voici la preuve qu'elle est bien fondée.

1°. Lorsque (dit le Sieur Hellot) j'ai fait fondre de l'argent, en même quantité, dans un creuset sans garniture, c'est-à-dire, sans *ame*, ni charbonnaille : quelque feu que j'aie fait donner, je n'ai eu qu'une ondulation rapide, & jamais d'ébullition telle qu'on vient de la décrire.

2°. Ayant fait fondre une autre fois, & fait bouillir pendant deux heures cent marcs d'argent dans un creuset garni, je fis verser subitement cet argent dans les deux lingotieres, & sur-le champ ayant fait détacher l'ame, je trouvai le charbon dans le même état qu'on l'y avoit mis.

Cette garniture du creuset, si l'on suppose l'ébullition nécessaire pour la dépuration de l'argent & la perfection des lingots, est un moyen fort ingénieux d'appliquer sous le bain d'argent un soufflet, pour ainsi dire, perpétuel : car il ne cessera d'agir que par trop d'ouverture entre les côtés de *l'ame* triangulaire & les parois du creuset, qui laisseroit échapper la charbonnaille, ou par le déplacement accidentel de cette ame, parcequ'alors la charbonnaille n'étant plus retenue, remontera très vite à la surface du bain, & y sera bientôt consumée : le bain d'argent n'aura plus alors qu'un mouvement de circulation & d'ondulation.

L'argent des trois creusets ayant travaillé ou bouilli longtems, on y mit la *charge* nécessaire de cuivre de rosette, coupé dans de vieilles planches de Graveur, qu'on étoit dans l'usage jusqu'alors d'y ajouter, toujours plus forte qu'elle n'est nécessaire pour le titre prescrit par les Ordonnances, parceque le plomb qui restoit avec l'argent, en scorifioit une partie.

Le premier creuset contenant, comme il est dit ci-dessus, cent huit marcs sept onces quatre gros d'argent destiné à être doré, en reçut huit onces six gros.

Le second, contenant cent huit marcs cinq onces sept gros, eut six onces six gros de cuivre. Mais l'on n'en mit que deux onces deux gros dans le troisiéme, qui contenoit cent huit marcs une once sept gros, parceque l'argent de celui-ci devoit être tiré en trait blanc.

Ce cuivre étant totalement fondu au bout de trois minutes, on brassa le bain, puis l'Ouvrier jetta dessus environ une cuillerée de salpêtre, qui ne put y faire un grand effet, car il fusa sur-le-champ avec les petits morceaux de charbon embrasé qui nageoient sur le bain.

A une heure après midi, on versa l'argent dans les trois creusets de recharge, placés & déja rougis dans trois autres fourneaux. On mit dessus l'espéce de moufle ou voussure, dont il a été parlé ci-devant, & l'on chargea

Tome I.   C

cette moufle de gros charbons. Ces nouveaux creusets, ayant leur garniture, comme les précédens, l'argent y fut en ébullition presque sur-le-champ.

Pendant toute cette vive ébullition du bain, la portion du plomb restée nécessairement avec l'argent, puisqu'on ne le pousse pas au dernier fin dans la coupelle, dans la crainte qu'il ne s'y fige, se convertit en litharge dans les creusets: on la voit venir à la surface du bain. Elle est facile à distinguer, car elle paroit comme une huile de couleur jaunâtre. On ne pourroit l'enlever seule qu'avec beaucoup de difficulté; mais pour lui donner du corps, on jette sur le bain quelques pincées de terre de larnage en poudre, qui se scorifiant en partie avec cette litharge, fait un volume de matiere hétérogène facile à enlever par le moyen d'une petite palette ronde de fer, forgée au bout d'une longue tringle, & qu'on fait rougir. On nomme cet outil une broche. La dépuration ou l'enlevement du plomb à l'aide de la poudre terreuse, se répéte toutes les fois qu'on voit surnager la litharge. Mais pour obliger ce plomb lithargé à paroître plus aisément à la surface du métal en fusion, le Fondeur soufle de tems en tems sur ce bain avec un soufflet à main, dont le long canal est recourbé presque à angles droits : il brasse aussi, ou brouille ce bain avec la palette rougie, sept ou huit fois pendant l'opération de la fonte, & surtout vers la fin pour mieux mêler le cuivre de l'alliage avec l'argent.

Il est à remarquer que le Fondeur ne soufle que sur le creuset qui contient l'argent dont on doit couler les lingots pour trait blanc, & qui doit être porté à onze deniers vingt grains. Jamais il ne soufle sur l'argent destiné à des lingots qui doivent être dorés, lesquels, selon la prétention des Tireurs d'Or, ne doivent pas excéder le titre de onze deniers dix-huit grains.

Au bout de sept heures de fusion, le Fondeur fait rougir une petite cuiller de fer à long manche. Il prend une cuillerée de son bain d'argent qu'il pose à terre pour le faire figer. Il porte ensuite cette cuillerée d'argent au grand jour. Si elle se trouve sans fossette trop sensible au milieu de son disque, & sans taches rougeâtres, il juge que son argent est bon à couler en lingots, & qu'il ne tient plus de plomb. Si au contraire la fossette est profonde, & la surface de l'argent tachée de pellicules rougeâtres, il laisse le creuset au feu: il y remet quelques pincées de terre de larnage & l'épure de nouveau; il répete cette épreuve quatre ou cinq fois pendant la derniere heure de la fonte, & elle lui fait connoître à l'œil, presque avec exactitude, le titre de l'argent. Il faut observer que l'argent qui est à onze deniers vingt grains, & qu'on destine à des lingots dont on doit faire du trait sans dorure, se fige toujours dans la cuiller avec un cercle formé de rugosités, qu'on appelle *dentelle* , & qui de loin reſſemblent à une guipure. Plus cet argent eſt au-deſſus de ce titre , plus cette dentelle eſt fine & ſerrée. L'argent à onze deniers dix-huit , même à onze deniers dix-neuf grains , qui doit être coulé en lingots pour dorer, n'a jamais cette dentelle dans l'épreuve : ainſi un 288ème. d'alliage de plus ou de moins par marc , eſt la cauſe de cette différence. Cette obſervation eſt commune aux lingots , car le lingot pour trait blanc eſt toujours dentelé d'environ un pouce de large le long de ſes deux bords , & preſque liſſe dans ſon milieu. Les Tireurs d'Or ſont même dans l'uſage de refuſer tout lingot , pour trait blanc, qui n'a pas cette dentelle, quoiqu'il ſoit réellement à onze deniers vingt grains. Eſt-ce préjugé, ou raiſon fondée ſur l'expérience ? C'eſt ce qui ſera examiné dans la ſuite. Toujours, eſt-il démontré par des fontes variées & répétées, qu'un lingot à onze deniers vingt grains , qui n'a pas travaillé ou bouilli, parceque le creuſet n'aura pas été garni d'ame , ni de charbonnaille , n'a point cette dentelle. Ainſi deux cauſes réunies contribuent à la faire paroître : ſavoir , l'ébullition & la fineſſe du titre , puiſque , comme on l'a déja dit , le lingot à onze deniers dix-huit ou dix neuf grains n'a jamais cette dentelle , non plus que ſon épreuve , quoique l'argent, dont on le coule , ait été travaillé comme le précédent.

Avant que de couler les lingots , le Fondeur fait rougir une broche à petit crochet recourbé, avec laquelle il détache l'ame, qui dans l'inſtant monte au-deſſus du bain avec la charbonnaille , que cette ame retenoit aſſujettie : il retire le tout avec la palette rougie : de la même palette il braſſe le bain ; il nétoye encore la ſurface de ce bain , juſqu'à ce qu'elle ſoit comme de l'huile , & ſans la moindre partie étrangére.

Ce fondeur tient ſes lingotieres à un pied ou deux pieds de diſtance de ſes creuſets. Elles y prennent un dégré de chaleur , ſi foible , qu'en les touchant avec la main , on ne les trouve que tiédes. Il les poſe de nouveau ſur deux chevrettes de fer fondu , par le moyen d'un rouleau ou cilindre de bois qu'il met deſſus, & qui doit y reſter fixe , ſans rouler ni d'un côté, ni d'autre. Lorſqu'il coule ſon métal , un autre Ouvrier, aidé du Fondeur, ſe baiſſe , en mettant un genouil en terre, & l'avertit quand la premiere lingotiere eſt pleine. Alors il remplit la ſeconde qui eſt de l'autre côté du fourneau. Avant que de couler l'argent, il poſe ſon creuſet auprès de la premiere lingotiere , & le laiſſe refroidir pendant une ou deux minutes. Le dégré de chaleur de l'argent en fuſion , ne pouvant ſe connoître préciſément par aucun inſtrument, le jugement ou l'eſtime de cette chaleur peut & doit être incertain. Il eſt pourtant de conſéquence de ne pas couler l'argent trop chaud dans la lingotiere , parcequ'il s'en élance , à la hauteur de cinq à ſix pouces, des gouttes de métal , dont partie tombe hors de la lingotiere :

les autres retombant fur l'argent encore fluide , mais déja refroidi par l'air
& par le moule , y forment les mamelons qu'on voit fur la fuperficie de quelques lingots , avec lefquels ils ne peuvent avoir une union intime ; quelques-uns de ces mamelons cédent fi aifément à l'impreffion d'un petit marteau qu'il y a lieu de croire qu'ils contiennent de l'air : de plus , l'argent
coulé trop chaud fait des fouflures quelquefois profondes de deux lignes
fous le lingot , furtout dans l'endroit du jet : ces défauts occafionnent du
déchet à caufe du raclage auquel on eft obligé pour les faire difparoître ,
mais on les évite avec de l'attention.

A trois heures on commença à couler les fix lingots , favoir , comme on
l'a déja dit, quatre pour être dorés , & deux pour trait blanc , dans des lingotieres de fer fondu qui rendent prefque toujours ces lingots de quarante-
huit à cinquante-un marcs , & rarement au deffus.

Prefqu'auffitôt que les lingots font figés , on les fait tomber , encore fort
rouges , fur le carreau , auquel ils ne touchent que par un bout , l'autre portant fur une barre de fer pour les empêcher de contracter quelque défectuofité par un contact continu à une aire trop froide.

On confomme ordinairement pour la fonte de fix lingots dans un feul
laboratoire où il y a fix fourneaux , tant pour fondre que pour tenir rouges
les fix creufets de rechange , quatre facs de charbon , pefant chacun environ
quatre-vingt livres , poids de marc , & qui varient dans leur prix de quarante-cinq à cinquante-cinq fols. On avoit mis dans la coupelle , ainfi qu'il
a été dit ci-devant , deux mille neuf cens deux marcs trois onces fix deniers
de matieres d'argent à affiner, compofans , 31696 deniers 4 grains de fin.

Il y eut , après la refonte des 156 lingotons de cet affinage , cinquante
lingots dont le titre fut rapporté par l'Effayeur : favoir , des quatorze lingots pour trait blanc, pefant enfemble fix cens quatre-vingt-douze marcs cinq
onces un gros , à onze deniers vingt grains de fin, compofans en deniers de
fin , cy. .   .   .   .   .   .   8196 den. 5 grains.

Plus , un lingot d'épreuve , dont il fera parlé ci-après , pefant quarante-
fix marcs fix onces fix gros , au titre de onze deniers vingt grains , compofans en deniers de fin , ...   542 den. 10 grains.

Plus , trente-fix lingots à dorer , pefant enfemble mille huit cens neuf
marcs quatre onces fept gros , poinçonnés par l'Effayeur , au titre de onze
deniers dix-huit grains , pour fe conformer à l'ufage , quoiqu'ils fuffent
réellement à onze deniers dix-neuf grains , compofans en deniers de
fin , ...   21262 den.

Total des deniers de fin , .   .   .   30000 den. 15 grains.

Ainfi il étoit refté , foit dans la coupelle , foit dans les creufets qui font fort poreux, mille six cens quatre-vingt quinze deniers treize grains de fin. Ce déchet se retrouve tant dans les lavures des creusets pilés, que dans la cendrée, lorsqu'on en fait la fonte avec de nouveau plomb dans le fourneau à manche.

Les lingots, en sortant de chez l'Essayeur qui les a poinçonnés, sont portés au Bureau des Officiers Affineurs ; on y insculpe leurs poids, leurs numéros, le millésime & le poinçon de la Compagnie de ces Officiers ; delà on les porte à la Chambre de la Délivrance, où ils sont poinçonnés de nouveau par les Juges-Gardes de la Monnoie, d'un poinçon dit de *Délivrance*, après qu'on a dressé un Procès-verbal du nombre de ces lingots, de leur poids & de leur titre ; ensuite ils reviennent au Bureau des Affineurs, d'où ils sont envoyés aux Propriétaires des matieres, avec un billet contenant le poids, le titre, le nombre des deniers de fin, & ce qui est dû pour le droit d'affinage.

Pour expliquer ce qui a été désigné ci-devant par lingot d'*épreuve*, il faut se rappeller ce qui a été dit plus haut, que les Tireurs d'Or, n'estimant que les lingots provenans d'un argent qui a travaillé ou bouilli dans deux creusets de terre de larnage, croyent que sans cette manipulation, ils seroient aigres, cassans, refendans, ce qu'il leur causeroit des déchets ruineux. Le Sieur Hellot voulant s'assurer si cette ébullition étoit absolument nécessaire à la purification de l'argent & à sa ductilité, fit mettre six lingotons, provenans de l'affinage décrit ci-dessus, dans un creuset de terre de larnage, mais non garni, c'est-à-dire, sans *ame*, ni charbonnaille. Pour pousser cet argent au plus grand feu, jusqu'à la sécrétion complette de tout le plomb qu'il devoit retenir en sortant en bain de la coupelle, il fit élever le creuset de deux tourteaux de plus, afin que son fond pût être mieux entouré de charbon vers la grille, où ces fourneaux sont trop étroits. Le feu ayant été plus violent que de coutume, le creuset se fêla dans sa partie supérieure ; on en versa l'argent dans un autre creuset déja rougi dans un fourneau voisin. Le second creuset se fêla encore, il en fallut un troisieme pour achever l'expérience. Pour éviter les répétitions, le Sieur Hellot conduisit lui-même cette fonte par le salpêtre ; & l'argent éprouvé par la cuilliér donnant un *disque clos*, c'est-à-dire, sans fossette sensible, il en fit couler deux lingots sans dentelle, qui se trouverent, par l'essai, à onze deniers vingt grains ; le plus pesant des deux n'auroit pas été reçu par les Tireurs d'Or, à cause de ce défaut de dentelle. Le second avoit à la place de la dentelle des aiguilles droites, & traversées par d'autres aiguilles figurées à peu près comme une crystallisation de sel ammoniac : les Tireurs d'Or trouverent ce lingot le plus ductile des trois.

Les creusets de terre de larnage ne pourroient pas servir à ces fontes sans

être garnis : ils ne foutiennent que très difficilement le feu violent qu'on
eft obligé de leur donner pour tenir le bain dans une circulation rapide qui
tienne lieu d'ébullition : ils ont encore le défaut, de quelque maniere qu'on
faffe la fonte, de s'imbiber d'argent de telle forte, qu'il s'en trouve quelques-uns, après les fontes finies, dont on retire par lavage jufqu'à fix &
fept onces d'argent. Malgré ces inconvéniens & les déchets qui en réfultent
à la fin de l'année, il feroit peut-être dangereux d'en abroger l'ufage, parcequ'il eft reçu à Lyon, comme une vérité conftatée par l'expérience de
quarante à cinquante années, tant chez les Affineurs, que chez les Tireurs
d'Or & les Fabriquans, qu'on ne peut avoir de trait d'argent qui foit brillant, fi ce métal n'a pas été fondu & travaillé dans des creufets de terre
de larnage qui eft une paroiffe du même nom à une lieue du Rhône.

Voyez la fuite des opérations faites aux affinages de Lyon par le Sieur
Hellot, aux mots DEPART & TIRER L'OR.

AFFINER L'OR ou l'argent, c'eft purifier ces métaux des autres métaux
qui peuvent leur être unis, en les féparant entierement d'eux, & par cette
opération les rendre plus purs, plus fins, plus excellens & de plus haut
prix.

AFFINEUR eft l'Artifte qui affine.

Nota Cette
création a été
faite en 1692.
pour la Ville
de Lyon, en
1693 pour cel-
le de Paris.

L'affinage des matieres d'or & d'argent, avant la création des Affineurs
en titre, étoit un art exercé par des Maîtres qui étoient reçus par lettres & chef-d'œuvre.

Cet art a toujours été confidéré comme une dépendance immédiate des
Monnoies. Les Rois ont pourvû par leurs Ordonnances à ce qu'il ne fe pût
faire que dans les Hôtels des Monnoies, à la vue & fous l'infpection des
Officiers des Monnoies : ils ont même limité le nombre de perfonnes qui
pourroient exercer cet art, & n'ont rien obmis de tout ce qui pouvoit le
maintenir dans la pureté ; mais le luxe augmentant de jour en jour, la
confommation des matieres d'or & d'argent augmenta de même le prix des
lingots affinés, de forte que les Ouvriers qui employent ces matieres à la
fabrication des étoffes d'or & d'argent & autres ouvrages, fe font vus à la
difcrétion des Affineurs, au grand préjudice & dépériffement des manufactures du Royaume ; ce qui a donné lieu à plufieurs autres abus, à quoi
le feu Roi ayant voulu pourvoir, réfolut, pour maintenir la pureté, l'exactitude & la régle dans les affinages, de fixer le nombre des Affineurs &
Départeurs d'or & d'argent, qui pourroient exercer cet art dans le Royaume, de régler la maniere en laquelle ils pourroient travailler aux affinages
& départs, & le prix des lingots affinés, c'eft ce que prefcrit la Déclaration du 25 Octobre 1689, regiftrée en la Cour des Monnoies le 14 Novembre fuivant, ainfi qu'il fuit :

ARTICLE I. » Le nombre des Maîtres Affineurs sera & demeurera fixé,
» savoir, en la Ville de Paris à deux, & en la Ville de Lyon à quatre; &
» les places vacantes, soit par le décès des Maîtres Affineurs ou autrement,
» ne pourront être remplies que par les fils des Maîtres ou Compagnons,
» ayant les qualités requises par les réglemens : lesquels après avoir fait
» chef-d'œuvre de leur art, suivant & conformement aux Ordonnances,
» seront reçus & prêteront serment à Paris en la Cour des Monnoies, &
» à Lyon pardevant le premier des Présidens ou Conseillers trouvés sur les
» lieux, ou en leur absence par-devant les Juges-Gardes de ladite Mon-
» noie, sans que le nombre puisse en être augmenté par quelque cause &
» occasion que ce soit, &c.

II. » Les Affineurs seront tenus, conformément aux anciennes Or-
» donnances, de faire toutes leurs fontes, affinages & départs, dans les
» Hôtels des Monnoies, ès lieux qui sont à ce destinés, sans qu'ils puissent
» fondre, affiner & départir ailleurs, sous les peines portées par les Ordon-
» nances.

III. » Ils tiendront bon & fidelle registre dans lequel ils écriront la
» qualité & le poids de toutes les matieres qu'ils acheteront ou recevront,
» les noms des personnes de qui ils les auront achetées ou reçues, le prix
» qu'ils en auront donné, les lingots qui en seront provenus, & les noms
» de ceux à qui ils les auront vendus : lequel registre sera côtté & paraphé
» en tous ses feuillets, par les Commissaires généraux de notre Cour des
» Monnoies, ou par les Juges-Gardes.

IV. » Les Affineurs ne pourront faire aucun affinage qu'ils n'aient
» auparavant averti les Commissaires généraux de notre Cour des Mon-
» noies, & les Juges-Gardes, de l'heure à laquelle ils mettront le feu à
» leur fourneau, ni y changer les matieres qu'en présence d'un des Juges-
» Gardes au moins, auquel ils les représenteront. Enjoignons aux Juges-
» Gardes de s'y trouver, & d'en écrire la quantité, qualité & le poids :
» ensemble celui des lingots qui en proviendront, dans un registre cotté &
» paraphé par le Commissaire général, ou en son absence par les Juges-
» Gardes, à peine d'être privés de leurs droits, & de répondre des mal-
» versations qui s'y pourront commettre.

V. » Nous faisons défenses aux Affineurs de fondre les Monnoies
» ayant cours dans notre Royaume, à peine de confiscation de corps & de
» biens, même les especes légéres, décriées & étrangéres, non ayant
» cours, qui sont destinées, par nos Ordonnances, pour l'aliment des Mon-
» noies, à l'exception néanmoins des réaux d'Espagne, dont nous avons
» permis de faire commerce dans notre Royaume, ainsi que des autres
» matieres. Enjoignons aux Juges-Gardes de nos monnoies de tenir la main

„ à l'exécution du préfent article, à peine de privation de leurs charges, &
„ d'en répondre en leurs noms.

VI. „ Tous les lingots d'argent affinés par les Affineurs feront au
„ moins à onze deniers dix-huit grains de fin, & ceux d'or à vingt-trois
„ karats vingt-fix trente-deuxieme, conformément aux Ordonnances, dont
„ l'effai fera fait par l'Effayeur de chacune Monnoie, qui demeurera ref-
„ ponfable, avec les Affineurs, du titre des lingots affinés.

VII. „ Pour affurer le titre des lingots, les Affineurs, avant que de les
„ expofer en vente, feront tenus de les faire porter dans la Chambre des
„ Délivrances, où, en préfence du Commiffaire & des Juges-Gardes, après
„ l'effai fait de chacun lingot, le poinçon de l'Affineur qui aura affiné les
„ lingots, & celui de l'Effayeur, y feront appliqués : & enfuite celui de
„ l'Effayeur fera remis dans un coffre qui fera dépofé dans la Chambre des
„ Délivrances, fermant à trois clefs, dont les Juges-Gardes, l'Effayeur &
„ chacun des Officiers en auront une ; lefquels poinçons feront infculpés
„ au Greffe de notre Cour des Monnoies, & à ceux des Hôtels des Mon-
„ noies de Paris ou de Lyon, pour y avoir recours en cas de befoin.

VIII. „ Il fera tenu un regiftre des délivrances, cotté & paraphé par
„ les Commiffaires généraux, dans lequel feront écrits, par les Juges-Gar-
„ des, la quantité, le poids & le titre des lingots affinés fur lefquels les
„ poinçons auront été appliqués : lequel regiftre fera figné à chaque déli-
„ vrance par le Commiffaire général de notre Cour des Monnoies, s'il y
„ eft préfent, par les Juges-Gardes ou l'un d'eux au moins, par l'Effayeur
„ & l'Affineur : & fera enfermé dans le même coffre dans lequel fera le
„ poinçon de l'Effayeur.

IX. „ L'Effayeur de nos Monnoies, où fe feront les affinages d'or &
„ d'argent, aura, tant pour fes droits d'effai, préfences aux délivrances, fi-
„ gnature du regiftre, que pour la garantie du titre & pour l'application
„ de fon poinçon, un fol par marc d'or, & deux deniers par marc d'argent,
„ des lingots qui pafferont en délivrance : lefquels droits lui feront payés
„ de trois mois en trois mois par les Officiers, auxquels il fera tenu de
„ rendre tous les boutons d'Effai, & le reftant de ce qui n'aura point été
„ employé aux effais qu'il aura fait des lingots affinés.

X. „ Pour engager les Juges-Gardes d'affifter affiduement aux affina-
„ ges, de tenir regiftres des matieres affinées, & d'être préfens aux déli-
„ vrances & application des poinçons fur les lingots : les Affineurs leur
„ payeront pareillement à chacun fix deniers pour chacun marc d'or, &
„ deux deniers pour chacun marc d'argent : & en cas d'abfence de
„ l'un d'eux, celui qui fera préfent jouira entierement du fol pour marc
„ d'or, & des quatre deniers pour marc d'argent, qui leur font attribués par
„ le préfent article.   XI.

XI. " Les Affineurs feront tenus, tant que les Tarifs des 2 Mai, 10
" Octobre 1679, & 20 Octobre 1687 subfisteront, de donner les lingots
" affinés des titres ci-deffus ordonnés : favoir, le marc d'argent à trente liv.
" & l'once d'or à cinquante-fix livres fept fols fix deniers, fans qu'ils puif-
" fent en augmenter le prix, qu'à proportion que celui des matieres fera aug-
" menté dans le commerce. Et afin que les Affineurs n'en puiffent pas abu-
" fer, ils feront obligés de recevoir des maîtres Tireurs d'Or & d'Argent,
" marchands, ouvriers & autres, toutes fortes de matieres d'or & d'ar-
" gent, autres que celles ci-deffus prohibées, du prix des Tarifs des 2
" Mai, 10 Octobre 1679, & 20 Octobre 1687 ; & de leur donner en
" payement des lingots affinés au prix porté par le préfent article, fans
" que, fous quelque prétexte que ce puiffe être, les Affineurs puiffent ven-
" dre davantage les lingots à ceux qui leur fourniront les matieres.

XII. " Les Affineurs feront tenus de recevoir, des Tireurs d'Or, toutes
" les retailles provenans des lingots affinés, & de donner d'autres lingots
" affinés en contr'échange ; favoir, de celles d'argent poids pour poids,
" après qu'elles auront été fondues, en payant feulement, par ceux qui les
" apporteront, cinq fols pour chacun marc d'argent, pourvu toutesfois
" qu'elles fe trouvent au titre des lingots par l'effai qui en fera fait en
" préfence de ceux qui les auront apportées ; & au cas qu'elles ne fe trou-
" vent du même titre, elles ne feront reçues par les Affineurs que comme
" les matieres à affiner, fuivant les Tarifs. Et à l'égard des retailles dorées,
" il en fera fait le départ, par l'Affineur, en préfence de ceux qui les au-
" ront apportées, pour être en contr'échange de l'or qui s'y trouvera, don-
" ne des lingots d'or affinés poids pour poids, en payant pour les frais du
" départ & de la fonte, fept fols fix deniers par chacune once d'or, fi
" mieux ils n'aiment convenir de gré à gré de la valeur de l'or qui s'y trou-
" vera ; & pour l'argent provenant du départ, il fera donné des lingots
" d'argent, ainfi que pour les retailles blanches.

XIII. " Tous les lingots affinés, marqués, comme il eft dit ci-deffus ;
" pourront être négociés dans tout notre Royaume par les marchands,
" ainfi qu'ils aviferont bon être ; leur faifant défenfes de négocier aucuns
" lingots affinés fans être marqués des poinçons ci-deffus, à peine de trois
" mille livres d'amende, & de confifcation des lingots affinés : & aux
" Tireurs & Batteurs d'Or, & autres ouvriers qui fe fervent defdites ma-
" tieres, d'employer d'autres lingots que ceux marqués defdits poinçons,
" fous les mêmes peines.

XIV. " Défendons à toutes perfonnes de contrefaire & imiter lefdits
" poinçons, à peine de trois mille livres d'amende & de punition corpo-
" relle.

Tome I.   D

XV. ,, Et conformément aux Ordonnances & à l'Arrêt de notre Con-
,, feil d'Etat du 20 Juillet 1684. Nous faifons défenfes à toutes perfonnes
,, telles qu'elles puiffent être, autres que les Affineurs, même aux Orfé-
,, vres, Tireurs, Batteurs d'Or & autres, de faire aucuns affinages, ni
,, départ des matieres d'or & d'argent, & d'avoir & tenir chez eux aucuns
,, outils & uftencils fervant à cet ufage, fous quelque prétexte & occafion
,, que ce puiffe être : leur enjoignant de prendre, des Affineurs, l'or & l'ar-
,, gent fin dont ils auront befoin, à peine de trois mille livres d'amende,
,, & d'être procédé contr'eux extraordinairement. Défendons pareillement
,, aux Tireurs & Batteurs d'Or d'avoir des fourneaux en leurs maifons, &
,, aux Orfévres d'en avoir ailleurs qu'en leurs boutiques fur rue, & à la vûe
,, du Public.

XVI. ,, Faifons défenfes à tous marchands, ouvriers & autres de quel-
,, que qualité & condition qu'ils foient, d'apporter ou faire venir, en
,, France, des Pays étrangers, & des Principautés enclavées dans notre
,, Royaume, aucuns lingots affinés, gavettes, trait battu & fil d'or & d'ar-
,, gent, ni de les négocier & employer, à peine de confifcation & de trois
,, mille livres d'amende.

XVII. ,, Les lingots affinés & marqués des poinçons, ne pourront être
,, tirés & dégroffis que dans les argues par nous établis, & non ailleurs,
,, à peine de trois mille livres d'amende & de confifcation pour la pre-
,, miere fois, & en cas de récidive de punition corporelle.

XVIII. ,, Et pour empêcher qu'il ne foit tiré & dégroffi dans les argues
,, d'autres lingots que ceux marqués des poinçons ci-deffus, permettons
,, auxdits Affineurs d'établir dans lefdits argues un ou plufieurs commis à
,, leurs frais & dépens, pour examiner & reconnoître les lingots affinés &
,, poinçons, auquel effet ils auront une clef de l'argue, conjointement avec
,, le Fermier de la marque de l'or & de l'argent.

XIX. ,, Et pour éviter les fraudes qui fe peuvent commettre lorfque
,, l'on forge lefdits lingots pour les dégroffir ; enjoignons aux maîtres Ti-
,, reurs d'Or de les repréfenter au commis de l'Affineur qui fera établi dans
,, les argues, pour être lefdits lingots pefés & reconnus, & de prendre
,, un billet de congé dudit commis pour les faire forger aux Forgeurs def-
,, dits argues ; auxquels faifons très expreffes inhibitions & défenfes de
,, forger & dégroffir lefdits lingots fans ledit billet de congé, à peine de
,, cinq cens livres d'amende pour la premiere fois, & de plus grande pu-
,, nition en cas de récidive.

XX. ,, Faifons femblablement défenfes au Fermier de la marque de l'or
,, & de l'argent, fes Commis & Prépofés, de donner aucun trouble ou em-
,, pêchement au Commis des Affineurs, en quelque forte & maniere que

» ce foit, ni de fouffrir qu'il foit tiré & dégroffi aucuns lingots d'or &
» d'argent dans les argues par nous établies, qu'ils ne foient marqués des
» poinçons ci-deffus, à peine trois mille livres d'amende, & d'être refpon-
» fables des dommages & intérêts des Affineurs.

XXI. » Les Affineurs feront tenus d'affiner toutes les matieres d'or &
» d'argent qui feront néceffaires pour nos monnoies, fin pour fin, en leur
» payant par les Maîtres, Fermiers & commis d'icelles ; favoir, pour l'once
» d'or affiné quinze fols, & pour chaque marc d'argent affiné dix fols : &
» pour empêcher que le Maître de nos Monnoies, ou fes Commis, ne puif-
» fent divertir les matieres affinées qui lui feront livrées pour le fervice
» de nos Monnoies ; lefdites matieres affinées feront paffées en délivrance
» par les Commiffaires généraux de notre Cour des Monnoies, ou par les
» Juges-Gardes, fur le rapport de l'Effayeur feulement, fans être mar-
» quées, ni contremarquées, dont il fera tenu un regiftre particulier.

XXII. » Pour conferver l'abondance des matieres d'or & d'argent, en
» augmenter le commerce dans notre Royaume, & donner moyen aux
» Négocians de les tirer plus facilement des Pays Etrangers : nous voulons
» & ordonnons que les matieres d'or & d'argent, barres, bartons, plattes,
» peignes, grenailles, brûlé, parfilures, poudres, vaiffelles d'argent &
» autres, foient franches & exemptes de tous droits d'entrées, traite fo-
» raine, douanne de Lyon, de Valence, fubvention, tiers fur taux, deux
» pour cent d'Arles, & généralement de tous droits & octrois des Villes,
» dont nous les avons déchargés & déchargeons.

XXIII. » Les amendes & confifcations qui feront adjugées pour les
» contraventions faites au préfent Réglement, appartiendront, favoir, un
» tiers au dénonciateur, un tiers aux parties intéreffées qui en auront fait
» la pourfuite, & un tiers à nous, déduction faite, fur le total, des frais de
» Juftice.

XXIV. » Les contraventions faites au préfent Réglement feront jugées
» en premiere inftance, à l'égard de la Ville de Paris en la Cour des Mon-
» noies ; & à l'égard de la Ville de Lyon & des autres du Royaume, par
» les Officiers des Monnoies, dans le département defquels les contraven-
» tions auront été faites, à la charge de l'appel en la Cour des Mon-
» noies.

XXV. » Voulons, au furplus, que les Ordonnances, Edits, Régle-
» mens & Arrêts concernant les affinages, fontes des matieres d'or &
» d'argent, les fonctions des Affineurs, Orfévres, Tireurs, Ecacheurs &
» Batteurs d'Or & d'Argent, & autres ouvriers en or & en argent, le titre
» & façon de leurs ouvrages, & réglemens de leurs arts & métiers, foient
» gardés & obfervés felon leur forme & teneur, en ce qui n'y eft point

» dérogé par le préfent réglement : & pour cet effet enjoignons aux Com-
» miſſaires généraux , & aux autres Officiers de la Cour des Monnoies , &
» aux Juges-Gardes des Monnoies , de faire les viſites & recherches né-
» ceſſaires chez tous les ouvriers , & partout où beſoin ſera , même dans
» les argues par nous établies : d'inſtruire & faire le procès aux délinquans ,
» à la requête de notre Procureur général en ladite Cour & de ſes Subſti-
» tuts , ſuivant la rigueur des Ordonnances ; faiſons défenſes à toutes per-
» ſonnes d'y apporter aucuns empêchemens , & à tous Juges d'en prendre
» aucune connoiſſance , à peine de nullité , caſſations de procédures , dom-
» mages & intérêts , & d'interdiction de leurs Charges. Si DONNONS EN
» MANDEMENT à nos amés & féaux Conſeillers les gens tenans notre Cour
» des Monnoies , &c. Donné à Verſailles le vingt-cinquieme jour d'Oc-
» tobre 1689. Signé LOUIS : Et plus bas, par le Roi, COLBERT «.
Regiſtré en la Cour des Monnoies le 14 Novembre 1689.

Edit du mois d'Oct. 1692.

En 1692, il plût au Roi d'éteindre & de ſupprimer, par Edit du mois de Décembre audit an , regiſtré en la Cour des Monnoies le 13 Octobre ſuivant , l'art & métier d'Affineur & Départeur d'Or & d'Argent dans la Ville de Lyon , & de créer & d'ériger en titre d'office formé & hérédi-taire, quatre Affineurs & Départeurs d'Or & d'Argent, pour faire ſeuls, à l'excluſion de tous autres, dans l'hôtel de la Monnoie de Lyon , & non ail-leurs, toutes les fontes, affinages, & départs d'or & d'argent qu'il convien-

Article II.

dra, tant pour le ſervice des Monnoies, que pour les Orfévres , Mar-chands , Tireurs , Ecacheurs & Batteurs d'Or & d'Argent , & autres ou-vriers qui employent les matieres d'or & d'argent affinées, ſans que ces offices puiſſent être à l'avenir diviſés en ancien., alternatif, triennal & quatriennal.

L'article III porte : » ceux qui ſeront pourvus deſdits offices d'Affi-
» neurs & Départeurs d'Or & d'Argent , feront bourſe commune , & pour-
» ront prendre la qualité de nos Conſeillers , & jouiront des mêmes hon-
» neurs, priviléges, franchiſes, exemptions & immunités dont jouiſſent
» les Officiers de nos Monnoies , ſans qu'ils dérogent à la nobleſſe , &
» ſans incompatibilité d'autres offices , hors ceux de nos Monnoies &
» Cours d'icelles.

» IV. Tous les lingots d'argent affinés par leſdits Affineurs ſeront à
» onze deniers dix-huit grains de fin , à moins qu'ils ne ſoient demandés
» par écrit à plus haut titre par les marchands ou ouvriers , auquel cas les
» grains de fin qui excéderont ce titre , leur ſeront payés à raiſon de deux
» ſols ſix deniers par grains ; & ceux d'or à vingt-trois karats vingt-ſix,
» trente-deuxiemes : conformément aux anciennes Ordonnances , & à no-
» tre Déclaration du 25 Octobre 1689. Deſquels lingots l'eſſai ſera fait

» par l'Essayeur de ladite Monnoie de Lyon, qui demeurera responsable,
» de même que les Affineurs, du titre desdits lingots affinés.

» V. Les Affineurs seront tenus, conformément aux Tarifs des 2 Mai &
» 10 Octobre 1679, & 20 Octobre 1687, de recevoir les matieres qui
» leur seront apportées par les Marchands, Tireurs d'Or & autres ou-
» vriers, & de leurs donner en paiement des lingots affinés du titre ci-
» devant mentionné ; savoir, le marc d'argent à trente livres, & l'once
» d'or à cinquante-six livres sept sols six deniers, conformément à notre
» Déclaration du 25 Octobre 1689.

» VI. Et pour donner plus de facilité au commerce, & entretenir les
» manufactures, permettons auxdits Affineurs de fondre les réaux d'Espa-
» gne, conformément à ladite Déclaration du 25 Octobre 1689, soit qu'ils
» soient décriés, ou qu'ils aient cours dans notre Royaume, même les
» croisats de Genes.

» VII. A l'égard des retailles d'argent provenant des lingots affinés qui
» seront apportés aux Affineurs, nous ordonnons que la valeur en sera
» payée sur le pied porté par l'article XII de la même Déclaration, qui
» sera exécutée selon sa forme & teneur.

» VIII. Et quant aux retailles dorées, attendu qu'il arrive souvent des
» contestations entre les Affineurs & les Tireurs d'Or, touchant le prix
» qui en doit être payé, à cause de la différente qualité des dorures, nous
» ordonnons qu'elles seront payées par les Affineurs, indifféremment &
» sans distinction du doré & du surdoré, sur le pied de cinquante sols par
» marc, outre & pardessus le prix ou la valeur de la matiere d'argent.

» IX. Pour empêcher les fraudes qui pourroient se commettre par les
» Orfévres, Tireurs d'Or, & autres particuliers, nous défendons à tous
» Marchands, Tireurs d'Or & autres, de vendre des retailles d'or ou
» d'argent, à autres qu'aux Affineurs, ou au maître de notre Monnoie de
» Lyon, à peine de confiscation & de trois mille livres d'amende, tant con-
» tre le Vendeur, que contre l'Acheteur.

» X. Jouiront lesdits Affineurs de tous les affinoirs, &c.

» XI. Il sera incessamment procédé à l'inventaire de tous les outils, &c.

» XII. Les amendes & confiscations qui seront poursuivies par les Affi-
» neurs, pour raison de l'or fumé, & autres contraventions, appartien-
» dront, un tiers à notre Fermier du droit de la marque d'or & d'argent,
» un autre tiers aux Affineurs ou autres dénonciateurs, & l'autre tiers aux
» Hôpitaux de la Ville de Lyon, déduction préalablement faite des frais de
» Justice sur le total des amendes : enjoignons au Commissaire, ou en son
» absence aux Juges-Gardes, de faire les visites nécessaires pour avoir la

» connoiſſance des abus qui pourroient être commis au préjudice de nos
» Ordonnances.

» XIII. Les délivrances des matieres affinées pour les Tireurs d'Or ;
» Marchands, Ouvriers, & autres, feront faites & les droits payés aux Ju-
» ges-Gardes & l'Eſſayeur, même les regiſtres des délivrances feront tenus
» tant par ces Officiers, que par les Affineurs, en la forme & maniere preſ-
» crite par notre Déclaration du 15 Octobre 1689.

» XIV. Faiſons très expreſſes inhibitions & défenſes à toutes perſonnes,
» autres que leſdits Affineurs, même aux Orfévres, Tireurs, Eſcacheurs,
» & Batteurs d'Or & d'Argent, de faire aucun affinage, ni départ de ma-
» tieres d'or & d'argent, de tenir aucuns fourneaux ou affinoirs, & autres
» machines & outils propres pour cet uſage, même d'avoir aucun argue,
» ſur les peines portées par nos Ordonnances.

» XV. Défendons à tous Marchands, Ouvriers & Tireurs d'Or de la
» Ville de Lyon, d'employer d'autres lingots que ceux qui ſe trouveront
» marqués des poinçons deſdits Affineurs & de l'Eſſayeur, en la maniere
» portée par notre Déclaration du 15 Octobre 1689, à peine de confiſ-
» cation des lingots, & de trois mille livres d'amende applicable comme
» deſſus. Enjoignons aux Commis prépoſés à l'argue, de ſaiſir & arrêter
» tous les lingots qui ne ſe trouveront pas marqués deſdits poinçons.

» XVI. Ordonnons aux Commiſſaires généraux de notre Cour des
» Monnoies, & autres Officiers de nos Monnoies qu'il appartiendra, de
» faire toutes les viſites & recherches néceſſaires partout où beſoin ſera,
» même dans les argues établis par nos ordres, & de procéder contre les
» délinquans ſuivant la rigueur des Ordonnances. Faiſons défenſes à toutes
» perſonnes d'y apporter aucun trouble ni empêchement, & à tous autres
» Juges d'en prendre connoiſſance.

» XVII. Voulons & ordonnons, conformément à l'Edit du mois d'Oc-
» tobre 1640, que de toutes les contraventions qui ont été & ſeront faites
» ci-après à nos Ordonnances & Réglement ſur le fait des affinages, par
» les Orfévres, Tireurs, Batteurs d'Or & d'Argent, & autres particuliers :
» il ſoit informé à la requête de notre Procureur général en notre Cour
» des Monnoies, ou de ſes Subſtituts, par leſdits Commiſſaires généraux,
» ou autres Officiers de nos Monnoies, à qui il appartiendra : & que le
» procès ſoit par eux fait & parfait aux coupables, ſauf l'appel en notre
» Cour des Monnoies.

» SI DONNONS EN MANDEMENT à nos amés & féaux Conſeillers les gens
» tenant notre Cour des Monnoies, &c.

DONNÉ à Verſailles au mois de Décembre 1691, & regiſtré en la

Cour des Monnoies , les Semestres assemblés ; le 13 Octobre 1693.

Au mois de Novembre 1693 , le Roi supprima les Maîtres Affineurs de Paris , & créa deux Affineurs en titre d'office formé & héréditaire , par Edit du mois de Novembre 1693 , registré en la Cour des Monnoies le 18 du même mois : avec permission aux Affineurs de Lyon d'acquerir ces deux nouveaux Offices , & de les unir à leurs Charges ; cette union fut faite par deux quittances de finance du 7 Octobre 1694 , de vingt mille livres chacune.

Ces quatre Offices d'Affineurs & Départeurs pour la Ville de Lyon ; & les deux pour celle de Paris , furent supprimés & remboursés par Arrêt du Conseil du 9 Décembre 1719 , registré en la Cour des Monnoies le 12 du même mois , pour en être les fonctions réunies à la Compagnie des Indes , dans la vue de pouvoir plus facilement modérer les droits établis sur les affinages ; cette modération fut faite par Arrêt du Conseil du 3 Avril 1720.

En 1721 cette Compagnie fit remontrer au Roi qu'au moyen de ce qu'elle ne jouissoit plus du bénéfice du travail des Monnoies , qui avoit été la raison pour laquelle elle s'étoit chargée des affinages , il ne lui convenoit plus d'en continuer la régie , qui ne lui procuroit aucun des avantages qu'en pouvoient tirer des Particuliers qui les auroient administrés par eux-mêmes. Sa Majesté déchargea cette Compagnie des affinages , & rétablit les six Offices d'Affineurs & Départeurs , qui avoient été ci-devant créés , pour en jouir , par les pourvus , sur le pied fixé par l'Arrêt du 3 Avril 1720 , & aux clauses & conditions portées par l'Edit du mois de Décembre 1721 , registré en la Cour des Monnoies le 29 des même mois & an , ainsi qu'il suit :

» Art. I. Nous avons déchargé & déchargeons la Compagnie des Indes de
» la régie des affinages , à commencer du premier Janvier 1722 ; en fai-
» sant , par ladite Compagnie , rendre , au plus tard un mois après , toutes
» les matieres d'or & d'argent qui peuvent être dûes au Public pour raison
» de ce.

» II. Au lieu de laquelle Compagnie nous avons , par notre présent
» Edit perpétuel & irrévocable , créé & érigé , créons & érigeons en titre
» d'Offices formés & héréditaires , six Affineurs & Départeurs d'Or &
» d'Argent , pour faire seuls à l'exclusion de tous autres , dans les Lieux dé-
» pendans de nos Hôtels des Monnoies de Paris & de Lyon à ce destinés ,
» & non ailleurs , toutes les fontes , affinages & départs d'or & d'argent
» qu'il conviendra , tant pour le service de nos Monnoies , que pour les
» Orfévres , Marchands , Tireurs , Escacheurs , & Batteurs d'Or & d'Ar-
» gent , ou autres Ouvriers qui emploient lesdites matieres affinées.

Edit du mois de Décembre 1721.

» III. Afin d'être en état de choifir , pour remplir ces Offices , des per-
» fonnes de réputation & convenable au commerce, nous avons par le pré-
» fent Edit fixé la finance de chacun d'iceux , à la fomme de quarante-un
» mille fix cent foixante-fix livres treize fols quatre deniers , fans que lef-
» dits Offices puiffent être à l'avenir divifés en anciens , alternatifs , trien-
» naux , & quatriennaux : ni que les pourvus d'iceux foient tenus de nous
» payer aucun fupplément de finance , pour quelque caufe & confidération
» que ce puiffe être , foit que les Acquereurs les poffédent conjointement
» comme nous leur permettons , on féparément.

» IV. Les Pourvus defdits Offices feront bourfe commmune , & joui-
» ront des mêmes honneurs & priviléges , franchifes , exemptions & im-
» munités dont jouiffent les Officiers de nos Monnoies , fans incompati-
» bilité d'autres Offices , hors ceux de nos Monnoies & Cours d'icelles , ni
» qu'ils dérogent à la nobleffe.

Titre.　» V. Tous les lingots d'argent affinés par lefdits Affineurs , feront au
» moins du titre de onze deniers dix-huit grains , & ceux d'or au moins
» de vingt-trois karats vingt-fix trente-deuxiemes : defquels lingots l'effai
» fera fait par les Effayeurs des Monnoies de Paris & de Lyon , chacun à
» leur égard.

» VI. Les Affineurs rendront , au plus tard huit jours après , le même fin
» qui leur aura été livré , moyennant vingt fols par marc d'argent affiné ,
» & dix livres par marc d'or , qui leur feront payés en efpeces & non en
» matieres , par les Marchands & Ouvriers. Leur faifons défenfes d'exiger
» de plus forts droits à peine de concuffion : & feront les affinages nécef-
» faires à la fabrication des Monnoies , moyennant douze fols feulement
» par marc d'argent , & fix livres par marc d'or.

» VIII. Les retailles d'argent provenant du travail des Tireurs d'or , fe-
» ront fondues en préfence de ceux qui les apporteront , pour être , après
» l'effai fait , rendu en échange par lefdits Affineurs , le même fin en lingots
» affinés , moyennant cinq fols par marc pour les frais de fonte : & quant
» au retailles qui , par un plus bas titre que celui de onze deniers dix-huit
» grains , feront reconnues ne pas provenir des mêmes lingots d'affinage ,
» les mêmes cinq fols par marc feront payés pour les frais de fonte , &
» cependant les lingots en provenans ne feront pris que comme matieres
» à affiner.

» IX. A l'égard des retailles & parfilures dorées , ou autres matieres
» d'argent tenant or , elle feront pareillement fondues en préfence des Ti-
» reurs d'Or , ou autres Particuliers qui les apporteront , pour , auffitôt après
» l'effai , le même fin être remis moyennant trois livres dix fols par marc
» de lingot.

　　　　　　　　　　　　　　　　　　　　　　　　» X.

» X. Défendons très expreſſément à toutes autres perſonnes que les Offi-
» ciers Affineurs, créés par notre préſent Edit, ou leurs prépoſés, d'affiner &
» départir en nul lieu de notre Royaume, aucunes matieres d'or ou d'ar-
» gent, ni d'avoir aucuns outils & uſtenſils ſervans à cet uſage, ſous
» quelque prétexte ou occaſion que ce puiſſe être, à peine de trois mille
» livres d'amende, applicable un tiers au dénonciateur, & le reſte aux Affi-
» neurs ; même d'être procédé extraordinairement contre les contrevenans :
» comme auſſi à peine pour les Maîtres Orfévres, Tireurs d'Or & autres ,
» d'être déchus de leurs Maîtriſes, & contre les Compagnons d'être décla-
» rés incapables d'y parvenir.

» XI. Défendons ſous les mêmes peines à tous Marchands, Tireurs
» d'or & autres, de vendre des retailles d'or ou d'argent, à autres qu'aux
» Affineurs, ou aux Directeurs de nos Monnoies ; comme auſſi à tous Ti-
» reurs d'or & autres Ouvriers travaillans leſdites matieres, d'en employer
» d'autres que celles qui ſe trouveront marquées du poinçon des Eſſayeurs
» & des Affineurs.

» XII. Les Affineurs ou leurs prépoſés tiendront bon & fidele regiſtre ,
» dans lequel ils écriront les quantités, qualités & poids de toutes les ma-
» tieres qu'ils acheteront ou recevront, le nom des perſonnes de qui il les
» auront achetées ou reçues, le prix qu'ils en auront donné, les lingots qui
» en ſeront provenus, & les noms de ceux à qui ils les auront vendus ou
» échangés ; lequel regiſtre ſera côté & paraphé en tous ſes feuillets par
» les Commiſſaires de nos Monnoies de Paris & de Lyon.

» XIV. Les Affineurs ne pourront faire aucun affinage qu'ils n'aient au-
» paravant averti les Juges Gardes de nos Monnoies, de l'heure à laquelle
» ils entendront mettre le feu à leur fourneau, ni y charger les matieres
» qu'en préſence des Juges-Gardes, auxquels nous enjoignons auſſi de s'y
» trouver, ou du moins l'un d'eux, pour écrire la quantité, la qualité &
» le poids des matieres, dans un regiſtre cotté & paraphé par l'un deſdits
» Commiſſaires, à peine d'être privés de leurs droits , & de répondre des
» malverſations qui s'y pourroient commettre.

» Pour aſſurer au Public le titre des lingots, les Affineurs, avant que de
» les expoſer en vente, ſeront tenus de les faire porter dans la chambre
» des Délivrances ; où en préſence des Juges-Gardes, après l'eſſai fait de
» chacun lingot, le poinçon des Affineurs, & celui des Eſſayeurs particu-
» liers, y ſeront appliqués avec la marque du titre auquel ſeront trouvés
» les lingots : & enſuite le poinçon de l'Eſſayeur ſera remis dans la cham-
» bre des Délivrances, en un coffre fermant à trois clefs, dont les Juges-
» Gardes, l'Eſſayeur & les Affineurs auront chacun une : leſquels poinçons

Tome I.   E

» feront infculpés aux greffes de nos Cours des Monnoies de Paris & de
» Lyon, pour y avoir recours en cas de befoin.

» XVI. Il fera tenu regiftre des délivrances cotté & paraphé par les
» Commiffaires, dans lequel feront écrits, par les Juges-Gardes, la quan-
» tité, le poids & le titre des lingots affinés fur lefquels les poinçons au-
» ront été appliqués : lequel regiftre fera figné à chaque délivrance par les
» Juges-Gardes, ou l'un d'eux au moins, par l'Effayeur & par le porteur de
» Procuration des Affineurs ; enfuite de quoi le regiftre fera enfermé dans
» un même coffre, dans lequel fera enfermé le poinçon de l'Effayeur.

» XVII. L'Effayeur particulier de celle de nos Monnoies où fe feront
» les affinages d'or & d'argent, aura tant pour fes droits d'effai, préfen-
» ce aux délivrances & fignature du regiftre, que pour la marque & ga-
» rantie du titre, un fol par marc d'or, & deux deniers par marc d'argent
» des lingots qui pafferont en délivrance pour le commerce feulement,
» lefquels droits lui feront payés de trois mois en trois mois par les Affi-
» neurs, auxquels il fera tenu de rendre tous les boutons d'effai, & le ref-
» tant de ce qui ne fera pas employé en effai, à peine de concuffion : de
» laquelle remife il fera tenu de prendre des décharges fuffifantes.

» XVIII. Pour engager les Juges-Gardes d'affifter affiduement aux affi-
» nages, de tenir regiftre tant des matieres à affiner, que de celles affi-
» nées, & d'être préfens aux délivrances & marques des poinçons fur les lin-
» gots ; les Affineurs leur payeront pareillement à chacun fix deniers par
» marc d'or, & deux deniers par marc d'argent fur les matieres du com-
» merce feulement : & en cas d'abfence de l'un d'eux, celui qui fera pré-
» fent jouira entierement d'un fol par marc d'or, & de quatre deniers par
» marc d'argent, qui leur font attribués par le préfent article.

» XIX. Tous les lingots affinés, marqués comme il eft dit ci-deffus,
» pourront être négociés dans tout notre Royaume par les Marchands, ainfi
» qu'ils aviferont bon être ; leur faifons défenfes de négocier aucuns lingots
» affinés fans être marqués des poinçons ci-deffus, fons les peines portées
» par l'Article X de notre préfent Edit.

» XX. Défendons à toutes perfonnes de contrefaire & imiter lefdits
» poinçons à peine de faux & de trois mille livres d'amende applicable
» comme deffus.

» XXI. Défendons à tous Marchands, Ouvriers & autres, d'apporter
» ou faire venir en France des Pays étrangers & des Principautés enclavées
» dans notre Royaume, aucuns lingots affinés, gavettes, trait battu, &
» fil d'or & d'argent, ni de les négocier & employer à peine de confifca-
» tion & de trois mille livres d'amende, dont la moitié appartiendra au
» dénonciateur ou faififfant, & l'autre aux Affineurs.

» XXII. Voulons qu'il ne puiſſe être tiré ni dégroſſi aucuns lingots que
» dans les argues par nous établis, & non ailleurs, dans leſquels argues
» il n'en ſera tiré que de ceux marqués, comme il eſt dit ci-deſſus, le
» tout à peine de trois mille livres d'amende, & de confiſcation pour la
» premiere fois, même de punition corporelle en cas de récidive.

» XXIV. Les contraventions faites au préſent Réglement ſeront jugées
» en premiere inſtance, à l'égard des Villes de Paris & de Lyon en nos
» Cours des Monnoies deſdites Villes ; & à l'égard des autres Villes du
» Royaume, par les Officiers des Monnoies dans les départemens deſ-
» quelles les contraventions auront été faites : à tous leſquels Officiers défen-
» dons de remettre, ni modérer les peines portées par le préſent Edit, ſous
» quelque prétexte & conſidération que ce ſoit.

» XXVIII. Voulons, au ſurplus, que les Ordonnances, Edits, Régle-
» mens & Arrêts concernant les affinages, fontes des matieres d'or &
» d'argent, les fonctions des Affineurs, Orfévres, Tireurs, Ecacheurs, &
» Batteurs d'or & d'argent, & autres ouvriers en or & en argent, le titre &
» façon de leurs ouvrages, & réglement de leur art & métier, ſoient gar-
» dés ſelon leur forme & teneur, en ce qui n'y eſt point dérogé par le
» préſent Edit : & pour cet effet enjoignons à nos Cours des Monnoies de
» Paris & de Lyon, & aux Juges-Gardes de nos Monnoies & autres Villes,
» de faire les viſites & recherches néceſſaires chez tous les ouvriers, &
» par tout où beſoin ſera, même dans les argues par nous établis : d'inſ-
» truire & faire le procès aux délinquans, à la requête de nos Procureurs
» généraux & de leurs Subſtituts eſdites Cours, ſuivant la rigueur des Or-
» donnances ; faiſons défenſes à toutes perſonnes d'y apporter aucun em-
» chement, & à tous autres Juges d'en prendre connoiſſance à peine de
» nullité, caſſation de procédures, dépens, dommages & intérêts, &
» d'interdictions de leurs Charges. Si DONNONS EN MANDEMENT, &c. DON-
» NE à Paris au mois de Décembre 1721 «.

Cet Edit a été vérifié au greffe de la Cour des Monnoies, les ſemeſtres
aſſemblés, le 19 des mêmes mois & an.

La finance de ces Offices fixée au prix de quarante-un mille ſix cens
ſoixante-ſix livres treize ſols quatre deniers, par l'Article III de l'Edit rapporté par ci-deſſus, a été augmenté par Edit du mois de Mai 1733, vérifié en
la Cour des Monnoies le 5 Juin ſuivant, & portée à cent dix mille livres
pour chacun de ces Offices ſupprimés & créés de nouveau par le même
Edit, avec attribution des mêmes droits & priviléges rapportés ci-
deſſus.

Au mois d'Août 1757, Sa Majeſté ſupprima ces Offices, & les créa
de nouveau à la même finance de cent dix mille livres chacun, & diminua

d'un cinquieme les droits à la décharge de ses Sujets & à l'avantage du commerce, aux mêmes conditions que celles contenues dans l'Edit du mois de Décembre 1721, renouvellées dans l'Edit du mois d'Août 1757, vérifié en la Cour des Monnoies le 14 Septembre suivant. Par cette modération Sa Majesté exécuta ce qu'elle s'étoit proposée dès 1719, en confiant la régie des affinages à la Compagnie des Indes, qui étoit la modération de ces mêmes droits.

Par cet Edit du mois d'Août 1757, Article I, Sa Majesté supprime & éteint les six Offices d'Affineurs & Départeurs d'or & d'argent, créés par Edit du mois de Mai 1731.

» Art. III. Et de la même autorité que dessus, avons créé & érigé,
» créons & érigeons six Affineurs & Départeurs d'or & d'argent, quatre
» pour la Ville de Lyon, & deux pour celle de Paris, pour y faire seuls,
» à l'exclusion de tous autres, dans les lieux dépendans de nos Hôtels des
» Monnoies de Paris & de Lyon à ce destinés, & non ailleurs, les fontes
» & départs d'or & d'argent qu'il conviendra, tant pour le service de nos
» Monnoies que pour les Orfévres, Marchands, Tireurs, Ecacheurs &
» Batteurs d'or & d'argent, ou autres ouvriers qui emploieront lesdites
» matieres affinées.

» IV. Nous avons fixé la finance de chacun desdits Offices, qui sera payée
» entre les mains du Trésorier de nos revenus casuels, à la somme de cent
» dix mille livres, sans que le nombre desdits Offices puisse être à l'avenir
» augmenté sous aucun titre, ni prétexte : ni les pourvus tenus de payer
» aucun supplément de finance, pour quelque cause & sous quelque pré-
» texte que ce puisse être. Permettons à ceux qui nous paieront les finances
» pour l'acquisition desdits six Offices, d'en posséder un ou plusieurs par
» une seule & même provision, & de les désunir quand bon leur semblera.

» V. Voulons que ceux qui acquerront lesdits Offices, en jouissent confor-
» mément à notre Déclaration du 9 Août 1722 : portant rétablissement du
» prêt & droit annuel, en exécution de laquelle lesdits six Offices y ont
» été assujettis ; & les pourvus payeront, en nos revenus casuels, le droit
» à nous dû sur le pied de l'évaluation fixée par Arrêt du 5 Avril 1723,
» & le marc d'or conformément au tarif du premier Octobre 1748.

» VI. Les Affineurs seront tenus de rendre, au plutard huit jours après,
» le même fin qui leur aura été livré, moyennant *seize sols* par marc d'ar-
» gent affiné, au lieu de vingt sols : *huit livres* par marc d'or, au lieu de
» dix livres : *& deux livres seize sols* pour le départ de l'or, au lieu de trois
» livres dix sols, qui leur seront payées en especes, & non en matiere,
» par les Marchands & ouvriers. Voulons que tous droits établis sur les-
» dits affinages soient réduits *d'un cinquieme*, ainsi que le sont ceux ci-

» deſſus mentionnés. Faiſons défenſes auxdits Affineurs, ſous quelque prétexte
» & pour quelqu'opération que ce ſoit, d'exiger de plus forts droits, à peine
» de concuſſion. Entendons néanmoins qu'ils ſeront tenus de faire les affi-
» nages néceſſaires à la fabrication des Monnoies, au même prix *de douze*
» *ſols* par *marc d'argent*, & de ſix livres par marc d'or.

» VII. Les pourvus deſdits Offices feront bourſe commune & jouiront
» des mêmes honneurs, priviléges, fonctions, exemptions & immunités
» dont jouiſſent les Officiers de nos Monnoies, ſans incompatibilité d'au-
» tres Offices, hors ceux de nos Monnoies & Cours d'icelles.

» VIII. Jouiront, au ſurplus, de tous les mêmes & ſemblables droits,
» honneurs, &c. accordés aux Offices d'Affineurs par Edit de Décembre
» 1721 : aux diſpoſitions duquel les nouveaux pourvus ſeront tenus de ſe
» conformer pour l'exercice & fonction deſdits Offices. Voulons que tous les
» Articles dudit Edit ſoient exécutés en tout leur contenu, ainſi & de mê-
» me que s'ils étoient rappellés dans le préſent Edit, en ce qui n'y eſt
» point dérogé «.

L'Article IX. ordonne que les anciens Titulaires remettront aux nouveaux pourvus les lieux, & laboratoires, &c.

» X. S'il ſurvient quelque conteſtation entre les anciens Propriétaires &
» les nouveaux Acquereurs, concernant l'exécution de l'Article précédent,
» nous en attribuons la connoiſſance en premiere inſtance, & voulons
» qu'elles ſoient portées en nos Cours des Monnoies de Paris & de
» Lyon «.

L'Article XI. permet aux Acquereurs d'emprunter, &c.

L'Article XII. & dernier, contient & rappelle les diſpoſitions contenues
dans l'Article XXVIII. de l'Edit du mois de Décembre 1721, dont il ordonne l'exécution. Cet Edit, du mois d'Août 1757, a été adreſſé à la Cour
des Monnoies de Paris, & par elle regiſtré le 14 Septembre ſuivant.

Les Affineurs ont été en tous tems ſoumis à la Juriſdiction des Officiers
des Monnoies. Philippe de Valois, dans le dixieme Article de l'Ordonnance par lui rendue ſur le fait des Monnoies à Paris, le ſixieme jour de
Janvier 1347, ordonne que *nuls Changeurs, Orſévres, Affineurs* ne ſoient
ſi hardis de rechaſſer ni affiner ſans le congé des généraux *Maîtres des
Monnoies.*

Charles V, par Lettres-Patentes du 10 Août 1374, fit très expreſſes défenſes
à toutes perſonnes de rechaſſer ou d'affiner aucune matiere de billon, or ou
argent, ſans le congé de ſes Généraux des Monnoies, à peine de confiſcation. Semblables défenſes ſur les mêmes peines, par Lettres-Patentes de
Charles VI en Mars 1384, de Charles VII en Juin 1423, & par l'Ordonnance ſur les Monnoies, donnée à Saumur le 19 Novembre 1443.

Cette même Jurifdiction a été attribuée & confirmée, aux Officiers de la Cour des Monnoies, par les Edits de 1551, 1554, 1565, 1586, & autres fubféquens concernant les Affineurs & ce qui y a rapport.

AFFINEURS DE LYON. Au mois de Décembre 1760 Sa Majefté fupprima, par Edit de ce mois, les Offices d'Affineurs d'or & d'argent, créés pour la Ville de Lyon par Edit du mois d'Août 1757, & attribua les fonctions de ces Offices à la Communauté des Maîtres & Marchands Tireurs d'or de cette Ville, aux conditions énoncées dans les Edits & Déclarations pour l'affinage des matieres d'or & d'argent, & en payant aux Propriétaires de ces Offices une rente du même produit, conformément à la faculté que Sa Majefté s'eft réfervée de rentrer dans la jouiffance du Privilége, ainfi qu'il fuit :

» ARTICLE V. Avons éteint & fupprimé, éteignons & fupprimons les » quatre Offices d'Affineurs & Départeurs d'or & d'argent, créés par Edit » du mois d'Août 1757, pour la Ville de Lyon ; voulons que les fonctions » attribuées auxdits Offices foient & demeurent réunies à la Communauté » des Maîtres & Marchands Tireurs d'or de la Ville de Lyon, pour être » dorénavant par eux exercées exclufivement à tous autres, en fe confor- » mant aux Edits, Déclarations & Réglemens concernant l'affinage des » matieres d'or & d'argent, & nommément à l'Article VI de l'Edit du » mois d'Août 1757, qui fixe les droits d'affinage à feize fols par marc » d'argent affiné, à huit livres par marc d'or, & à deux livres feize fols » par marc pour le départ de l'or ; lefquels droits leur feront payés en ef- » peces & non en matiere par les Marchands & Ouvriers : & à la charge » par ladite Communauté, ainfi qu'elle s'y eft foumife par acte paffé le » 25 Novembre de la préfente année, devant Lhéritier & fon Confrere, » Notaires au Châtelet de Paris, de payer, à commencer du premier Mai » 1768, aux anciens propriétaires defdits Offices fupprimés, une rente an- » nuelle de quarante mille livres : ladite rente franche & exempte de toutes » impofitions préfentes & à venir, & rembourfable de la fomme de huit » cent mille livres ; à la garantie & paiement de laquelle rente, lefdits » droits feront fpécialement & par privilége affectés, & en outre tous les » biens préfens & à venir de ladite Communauté y demeureront obligés & » hypothéqués : nous réfervons néanmoins la faculté de rentrer dans la » jouiffance du privilége & des droits attribués aux Offices fupprimés & » réunis par le préfent Edit à ladite Communauté des Tireurs d'or, en » fourniffant aux anciens propriétaires defdits Offices, à la décharge de » ladite Communauté, des effets du même produit que ladite rente ou capi- » tal d'icelle. Ordonnons, au furplus, que les Edits, Déclarations & Ré- » glemens fur le fait des Affinages & des matieres d'or & d'argent, aux-

» quels il n'eſt dérogé par le préſent Edit, continueront d'être gardés &
» obſervés ſuivant leur forme & teneur, &c. «

Cet Edit a été adreſſé à la Cour des Monnoies de Lyon, & par elle regiſtré le 31 Décembre 1760.

AFFOIBLIR la Monnoie, c'eſt la rendre de moindre valeur.

Il y a pluſieurs moyens d'affoiblir la Monnoie.

1°. En diminuant le poids ou la bonté de la matiere.

2°. En augmentant le prix de l'eſpece.

3°. En changeant la proportion des métaux.

4°. En chargeant les eſpeces d'une forte traite, laquelle ne devroit être
que ſuffiſante pour payer les frais de fabrication.

5°. En augmentant les remédes de poids & de loi.

6°. En faiſant fabriquer une ſi grande quantité de bas billon & de cuivre, hors de la proportion obſervée entre l'or & l'argent, que ces eſpeces, qui
ne ſont faites que pour payer les menues denrées, entrent dans le grand
commerce, & ſoient reçues en nombre au lieu des bonnes eſpeces d'or &
d'argent.

L'affoibliſſement des Monnoies fut très fréquent, particulierement ſous
les Rois de la troiſieme race : dès que ces Rois manquoient d'argent, ils
affoibliſſoient leurs Monnoies pour ſubvenir à leurs beſoins & à ceux de
l'Etat. Il n'y avoit alors ni Aydes, ni Tailles.

Charles VI, dans une de ſes Ordonnances, declare qu'il eſt obligé d'affoiblir ſes Monnoies *pour réſiſter à notre adverſaire d'Angleterre, & obvier à
ſa damnable entrepriſe . . . . attendu qu'à préſent nous n'avons aucun autre revenu de notre Domaine dont nous nous puiſſions aider.*

On lit dans l'abrégé de l'hiſtoire de Charles VI, enſuite de celle de Juvenal des Urſins, un portrait très fidele des maux que cauſa l'affoibliſſement
des Monnoies ſous Charles VI : nous le rapporterons ici mot à mot pour
donner une idée de ces maux toujours inſéparables de l'affoibliſſement des
Monnoies.

» Depuis l'an 1415, que la bataille d'Azincourt ſe donna, il y eut en
» France de grandes tribulations & pertes pour le ſujet des *Monnoies* &
» *Couronnes*, qui ayant au commencement été forgées pour dix-huit ſols
» ſeulement, commencerent inſenſiblement à monter à dix-neuf & vingt
» ſols, depuis toujours à montant petit à petit juſques à neuf francs, avant
» que cette exceſſive valeur fut réglée. Pareillement toute autre Monnoie
» monta au *prorata*, chacune à ſa quantité. Il couroit lors une Mon-
» noie qu'on nommoit Fleurettes ou Flourettes, qui valoit dix-huit deniers :
» mais enfin elles furent remiſes à deux deniers, puis on les défendit tout-
» à-fait, tellement qu'elles n'eurent plus de cours. Pour ce, il y eut pluſieurs

» riches Marchands qui y perdirent grandement. Auffi du tems qu'icelles
» Monnoies avoient cours pour fi grand prix , cela étoit fort au préjudice
» des Seigneurs , car les Cenfiers qui leur devoient argent , ven-
» doient un feptier de bled dix ou douze francs , & pouvoient ainfi payer
» une grande cenfe par le moyen & la vente de huit ou dix feptiers de bled
» feulement: de quoi plufieurs Seigneurs & pauvres Gentilshommes reçu-
» rent de grands dommages & pertes. Cette tribulation dura depuis l'an
» 1415 jufqu'à l'an 1421 , que les chofes fe remirent à un plus haut point ,
» touchant les Monnoies, car un écu fut remis à vingt-quatre fols : puis on
» fit des blancs doubles de la valeur de huit deniers , & toute autre Mon-
» noie fut à l'équipolent remife chacune à fa jufte valeur & quantité. Or ,
» en icelle année que les Monnoies furent de la forte remifes à leur régle &
» légitime valeur , cela fit naître quantité de procès & de grandes diffen-
» tions entre plufieurs habitans du Royaume , à caufe des marchés qui au-
» roient été faits dès le tems de la fufdite foible Monnoie , qui pour ce
» tems couroit : c'eft à favoir l'écu à vingt-quatre fols , & des blancs pour
» huit deniers , comme il vient d'être dit : en quoi il y avoit grande dé-
» cevence, tromperie & confufion pour les acheteurs «.

Le Blanc ,
page 230. Charles VII, dans le grand befoin d'argent où la longueur des guerres
qu'il eût à foutenir l'avoit réduit, poulfa l'affoiblilfement des Monnoies fi
loin , & leva fur elles un fi gros droit, qu'il retenoit les trois quarts d'un
marc d'argent pour fon droit de Seigneuriage, & pour les frais de la fabrication : il prenoit encore une plus groffe traite fur le marc d'or. Ce Prince
ayant chaffé les Anglois du Royaume , commença à y rétablir l'ordre par le
réglement des Monnoies : on lit dans un ancien manufcrit , environ de ce
tems-là, que le peuple fe reffouvenant de l'incommodité & des dommages
infinis qu'il avoit reçus de l'affoibliffement des Monnoies , & du fréquent
changement du prix du marc d'or & d'argent, pria le Roi d'abandonner ce
droit, confentant qu'il impofât les Tailles & les Aydes , ce qui leur fut accordé. Le Roi fe réferva feulement un droit de Seigneuriage fort petit , qui
fut deftiné au payement des Officiers de la Monnoie , & aux frais de la fabrication.

Un ancien regiftre des Monnoies, qui paroît avoir été fait fous le régne
de Charles VII, dit que, *oncques , puis que le Roi meit les Tailles des poffef-
fions , des Monnoies ne lui chalut plus.* Le Blanc , page 92.

Ces affoibliffemens devinrent fi grands, qu'au mois de Mars 1359, on
fit monnoie cinq centieme : le marc d'argent valut cent deux livres , & l'écu
d'or onze livres. Voyez au mot MONNOIE, celles de Charles VI & VII, ou
eft expliqué ce que c'eft que monnoie cinq centieme.

Les grands affoibliffemens qui ont été faits aux Monnoies , n'ont jamais
duré

duré longtems ; le Roi Jean, qui avoit fait fabriquer de la monnoie centieme, revint à la monnoie quarante-huitieme en neuf jours. Charles VII,
qui avoit fait forger de la monnoie quatorze cent quarantieme, revint à la
monnoie quarantieme en un mois.

En 1313 Philippe le Bel ordonna que nul des Prélats & Barons ne puiffent allier, ni empirer leurs monnoies de poids, de loi, du point, & de
l'état ancien, » & s'ils font le contraire, (dit l'Ordonnance du mois de
» Juin) auront dorénavant leurs monnoies forfaites à toujours «.

Suivant l'état donné aux Prélats & Barons en 1315, leurs monnoies n'é-
toient pour la plus grande partie qu'à trois ou quatre deniers de loi, argent le Roi : celle du Mans étoit la feule qui fût à fix deniers, argent le
Roi.

Les grands inconvéniens qui naiffent & qui font inféparables des affoiblissemens des monnoies, font que les Rois perdent plus que les peuples,
qu'ils occafionnent les guerres en appauvriffant leurs Royaumes, donnent
lieu à la fonte des bonnes efpeces, & à l'enchériffement des marchandifes : les
Etrangers ne commercent plus & n'apportent plus leur argent ; c'eft une
taille que le Roi léve fur fes Sujets.   *H. Poulain.*

Par les affoibliffemens des monnoies, qui fe font par un excès de traite ,
le Prince invite l'étranger & le faux monnoyeur à contre faire les efpeces.

Quant aux affoibliffemens qui fe font par la différence de proportion ,
le Regnicole, le Billonneur & l'Etranger tranfportent impunément celles des
efpeces d'or & d'argent qui font le moins prifées dans leur état.

A ceux qui fe font par la diminution du poids de la bonté intérieure ,
& par le furhauffement du prix des efpeces, le Prince en donne le profit
à ceux de fes sujets qui ont le plus de ces efpeces, & lequel ils reçoivent
lors de l'expofition d'icelles.

Le Prince ne doit jamais affoiblir fes monnoies pendant la guerre, les
troubles, ou mouvemens civils qui fe font dans fon état, parceque pen-   *H. Poulain,*
dant ce tems le Prince laiffe la liberté de fabriquer de femblables efpeces,   *Maxime 51.*
& par ce moyen de retirer le profit qu'il croit recevoir feul par cet affoibliffement.

Affoiblir les efpeces d'or, fans affoiblir les efpeces d'argent, *& vice verfâ,*
c'eft de même que fi le Prince affoibliffoit les efpeces d'or & d'argent, puifqu'il eft au choix du débiteur ou du payeur, de payer en efpeces d'or ou
d'argent.

Quand le Prince a affoibli les monnoies, dès qu'il peut revenir à la
bonne & premiere monnoie, il y profite plus qu'aucun de fes Sujets.

AIGNEL, ou denier d'or à l'Aignel, monnoie d'or fabriquée fous le régne de Louis VII, au titre de vingt-trois karats, du poids de trois gros ⅓.

Tome I.   F

S. Louis en fit auffi fabriquer qui étoit d'or fin , du poids de trois deniers cinq grains trébuchans , & valoit douze fols fix deniers tournois ; ces fols étoient d'argent fin , & pefoient environ autant que l'aignel : de forte que l'aignel valoit de notre monnoie courante dix livres dix fols cinq deniers. Cette efpece prit fon nom de fon empreinte , qui repréfentoit un mouton ou aignel , comme on parloit en ce tems, qui étoit marqué fur l'un de fes côtés.

Philippe le Bel, Louis Hutin, Philippe le Long & Charles le Bel, firent fabriquer des aignels d'or de même poids & au même titre que ceux de S. Louis ; ceux que le Roi Jean fit faire étoient , de même , d'or fin , mais ils étoient plus pefans environ de dix à douze grains que ceux de fes prédéceffeurs , puifqu'ils pefoient trois deniers feize grains la piece.

Charles VI & Charles VII en firent auffi fabriquer qui ne pefoient que deux deniers , & n'étoient pas d'or fin.

Voyez, au mot MONNOIE , les différens titre de ces efpeces fous les régnes de ces Rois.

On voit, par ce que nous venons de dire, que les aignels d'or , qu'on nomma auffi *Moutons d'or à la grande laine*, & quelquefois *Moutons d'or à la petite laine* , ont eu cours en France pendant près de deux cens ans. Cette efpece a été non feulement fort célebre en France, mais même dans les autres états ; & les Princes voifins de la France , à l'imitation de nos Rois , firent faire des efpeces auxquelles ils donnerent le nom de Mouton d'or. Le poids & le titre de cette monnoie ayant été fixés jufqu'à Charles VI , les François & les Etrangers aimoient fort à contracter à cette monnoie ; on trouve à tous momens dans les titres & dans les contrats de ces tems éloignés , *mutones aurei.*

AJUSTER les flaons , c'eft les couper , les limer pour leur donner le jufte poids qu'ils doivent avoir quand ils font trop pefans , & les rejetter quand ils font trop légers.

Le Prevot des Ajufteurs leur diftribue les flaons de même qu'aux Taillereffes pour les ajufter au poids que doivent avoir les efpeces : ils fe fervent à cet effet de certains poids , appellés dénéraux , pour les pefer , & de limes en maniere de rape , formées de cannelures par angles entrans & fortans , appellées efcouennes, pour limer les plus pefans jufqu'à ce qu'ils foient conformes aux dénéraux , c'eft ce qu'on appelle , *ajufter la breve.*

AJUSTER CARREAUX , terme dont on fe fervoit quand le monnoyage au marteau étoit en ufage ; c'étoit couper avec des cizoirs , ou cifailles , les angles des carreaux , ou pieces de métal carrés dont on devoit fabriquer les efpeces.

Poulain , page 322.

Celui qui faifoit cet ajuftement ou approche , étoit affis fur un fiege plus haut que les fieges ordinaires ; il avoit devant foi une petite table carrée fur laquelle étoit pofée une lanterne , dans cette lanterne étoient fufpendues en l'air à une guindole de petites balances fines , garnies de leurs baffins : dans le baffin qui répondoit à fa main droite , & foutenue de la planchette de la guindole , étoit un dénéral jufte , du poids du carreau qu'il vouloit ajufter ; le baffin qui répondoit à fa main gauche étoit vuide ; de cette main il prenoit un des carreaux taillés, duquel il effayoit le poids : s'il le trouvoit plus pefant, il en ôtoit fur les pointes & fur les cornes, & cela s'appelloit *approcher le carreau*. S'il en falloit ôter moins, il l'ôtoit pareillement avec les cifoires, & ce moins s'appelloit *rebaiffer* , répétant tant de fois cet approcher & ce rebaiffer que le carreau revenoit au poids jufte du dénéral. Cette façon d'ajufter ou approcher carreaux , étoit une fonction particuliere des filles des Ouvriers & Monnoyers , que l'on nomme Tailleretfes. Voyez Monnoyeurs.

AJUSTOIR. Efpece de petite balance dont on fe fert pour pefer & ajufter les monnoies avant que de les frapper : c'eft avec l'ajuftoir que l'on juge fi les flaons ont trop ou trop peu de poids, ou en terme de Monnoyeur , s'ils font trop forts ou trop foibles ; voyez Monnoyage.

AJUSTEUR eft celui qui ajufte les flaons & les met au jufte poids que doivent avoir les efpeces, en limant ceux qui font trop pefans & rejettant ceux qui font trop légers. Les flaons font mis entre les mains des Ajufteurs pour les faire ajufter , après quoi ils font remis par leur Prevôt au Directeur de la Monnoie avec ceux qui ont été rebutés comme foibles , ou trop forts , avec les limailles : le tout poids pour poids comme il s'en étoit chargé , ce qui s'appelle rendre la breve. Le Directeur paye dans la fuite à ce Prevôt deux fols par marc d'or , & un fol par marc d'argent , pour être diftribué à ceux qui ont ajufté la bréve. Voyez Monnoyeurs.

ALBERTUS , monnoie d'or frappée en Flandre pendant le gouvernement d'*Albert* , Archiduc d'Autriche.

L'Albertus eft du poids de quatre deniers , au titre de vingt-un karats vingt-quatre trente-deuxiemes , fa valeur eft de quatorze livres onze fols fept deniers de France , où néanmoins il n'eft reçu qu'au marc dans les Hôtels des Monnoies , fur le pied de quatre cens quatre-vingt-deux livres quatre fols trois deniers, pour y être fondu & converti en efpeces aux coins & armes de Sa Majefté.

ALLIAGE ou ALLÉAGE , plus ordinairement *Alliage* , mélange de divers métaux ou de plufieurs portions d'un même métal qui fe trouvent à différens titres.

Plufieurs raifons ont donné lieu à l'alliage dans les monnoies & dans les ouvrages d'or & d'argent.

1°. Parceque les métaux que l'on tire des mines n'étant pas, lorsqu'ils en sortent, dans leur entiere pureté, se trouvent au contraire de titres & de qualités très différentes.

2°. Parceque les monnoies & les ouvrages d'or & d'argent ayant un titre fixe & certain, auquel ils doivent être travaillés, le mélange de ces différens métaux est nécessaire pour les réduire & les ramener à ce titre prescrit, auquel ils doivent se trouver.

Les Directeurs des Monnoies, qu'on appelloit anciennement Maîtres des Monnoies, ne fabriquent point d'especes d'or & d'argent sans alliage, & mêlent toujours du cuivre avec ces deux métaux dans la proportion nécessaire, afin que les especes se trouvent au titre prescrit par les Edits qui en ordonnent la fabrication.

Les monnoies de billon se font avec du cuivre que l'on allie avec une certaine quantité d'argent fin, prescrit de même par les Ordonnances.

Deux sortes d'alliages se font dans les monnoies : l'un quand on emploie des matieres d'or & d'argent qui n'ont point encore été travaillées, ce qu'on appelle matieres neuves, & qui sont au même titre ; l'autre, quand on emploie, ou que l'on fond ensemble diverses sortes d'especes ou de matieres à différens titres pour les convertir en especes courantes.

Dans le premier cas l'évaluation, ou plutôt la proportion de l'alliage à y mettre, est facile, puisque sachant par l'essai le titre de ces matieres neuves, il n'y a qu'à y ajouter la quantité d'alliage ou de cuivre nécessaire pour ramener ces matieres au titre prescrit pour les especes.

Dans l'autre cas l'opération est un peu plus longue & plus difficile.

Avant de faire cette sorte d'alliage, ou l'évaluation de l'alliage, il faut savoir premierement que le calcul pour l'alliage de l'or se fait par les trente-deuxiemes qui manquent au titre, ou qui l'excedent dans les matieres qu'on veut employer, & que pour l'argent on compte par grains de fin ; ensuite, il faut dresser un bordereau des matieres qu'on a à fondre, contenant leur qualité, leur poids & leur titre.

Ce bordereau se partage en deux autres dont l'un comprend toutes les matieres qui sont au-dessus du titre auquel se doit faire la fonte, & l'autre toutes celles qui sont au-dessous.

Chaque bordereau étant calculé séparément, on voit par le calcul du premier ce que les matieres fines ont au-dessus du titre ordonné : & par le calcul du second, ce que les matieres basses ont au-dessous ; ensorte que les deux produits étant comparés, on fait précisément, par la soustraction, combien il faut ajouter de fin, ou d'alliage, pour réduire toutes les matieres au titre réglé pour la nouvelle fonte. Exemple.

Le titre des louis d'or, dont la fonte est ordonnée, doit être de 21 K $\frac{1}{4}$.

Pour faire cette fonte, j'ai plufieurs lingots à différens titres ; j'en dreffe d'abord mon premier bordereau.

N°.	marcs.	onces.							karats.	
1.	1.	4.	lingots					à 21.	$\frac{30}{32}$	
2.	2.	6.	•	•	•	•	:	20.	$\frac{1}{2}$	
3.	1.	4.	•	•	•	•	•	18.	$\frac{3}{4}$	
4.	3.	6.	•	•	•	•	•	23.	$\frac{2}{3}$	
5.	1.	4.	•	•	•	•	•	23.	$\frac{3}{4}$	
6.	1.	4.	•	•	•	•	•	21.	$\frac{1}{2}$	
	12.	4.								

J'ai donc douze marcs quatre onces d'or de différens titres qu'il faut que je rende au titre de 21 karats $\frac{1}{4}$.

Dans les fix articles qui compofent le premier bordereau, les premier 4 & 5 fe trouvent au-deffus du titre ordonné, & les 2, 3 & 6 au-deffous : je les fépare, & j'en fais deux bordereaux.

Or haut.

N°.	marcs.	onces.		c'est d'excédent de fin.			32me
1.	1.	4.	à 21. k. $\frac{30}{32}$.	•	•	•	9.
4.	3.	6.	à 23. k. $\frac{2}{3}$.	•	•	•	230.
5.	1.	4.	à 23. k. $\frac{3}{4}$.	:	•	•	96.
Total de l'excédent du fin de ces trois articles.				:	•		335.

Or bas.

N°.	marcs.	onces.			manquent.	32me
2.	2.	6.	à 20. k. $\frac{1}{2}$	: • •		110.
3.	1.	4.	à 18. k. $\frac{2}{4}$	• • •		144.
6.	1.	4.	à 21. k. $\frac{1}{2}$	: • :		12.
Total de ce qui manque.			• • :		:	266.

Comparaifon des deux produits.

Bon · 335.
Manque. 266

Tome I.

Reste 69 ³²emes d'excédens de fin : & pour en profiter il faut que je les allie avec du cuivre : mais pour favoir ce qu'il faut de cuivre pour ces 69 ³²emes, il faut faire la fupputation fuivante :

Suppofés que 696 ³²emes valent un marc de cuivre, ou huit onces de cuivre,

³²emes						onces.	gros.
348.	valent	.	.	.	.	4.	.
174.	.	.	.	.	.	2.	.
87.	.	.	.	.	.	1.	.
43.	$\frac{1}{2}$.	.	.	.	.	.	4.
21.	$\frac{3}{4}$.	.	.	.	.	.	2.
10.	$\frac{7}{8}$.	.	.	.	.	.	1.
5	$\frac{7}{16}$	.	.	.	.	.	$\frac{1}{2}$ gros ou 16 grains de poids.

Partant, je dois mettre en cette fonte quatre gros & demi de cuivre pour équivaloir les 69 ³²emes d'excédent de fin que j'avois trouvés, & par ce moyen cette fonte fe trouvera au titre prefcrit, & augmentera en poids des quatre gros & demi de cuivre qui auront été ajoutés aux douze marcs quatre onces d'or.

Si une fonte, par une fupputation femblable à celle ci-deffus, fe trouvoit à un titre trop bas ; pour lors il faudroit ajouter de l'or plus fin dans la même proportion, c'eft-à-dire, autant de trente-deuxiemes de fin que l'on en trouveroit de manque.

On voit par-là que les alliages d'or fe font par un calcul exact de trente-deuxiemes qui manquent fur les matieres d'or que l'on veut employer à certain titre, & des trente-deuxiemes qui font au-deffus de ce titre fur d'autres matieres d'or, afin de connoître au jufte quelle quantité d'or de moindre titre on doit allier avec d'autre qui eft à plus haut titre : enforte que le plus & le moins mêlés enfemble rendent l'or au titre jufte auquel on veut travailler. Quelques exemples rendront ceci plus fenfible.

J'ai une once d'or à 21 karats $\frac{1}{4}$ ou $\frac{8}{32}$ que je veux mettre à 22 karats.

Et j'ai de l'or à 22 karats $\frac{3}{4}$ ou $\frac{24}{32}$.

Pour y parvenir j'allie une once de l'or qui eft à 22 karats $\frac{3}{4}$ avec l'once de celui qui eft à 21 karats $\frac{1}{4}$, parceque les $\frac{24}{32}$ qui manquent fur l'once à 21 karats $\frac{1}{4}$ fe trouvent fur l'once à 22 karats $\frac{3}{4}$, & par ce moyen j'ai deux onces d'or à 22 karats pour employer en ouvrages à ce titre.

Autre Exemple.

J'ai une once d'or à 20 karats $\frac{1}{2}$ ou $\frac{16}{32}$.

Je veux travailler à 22 karats, & j'ai de l'or à 22 kar. $\frac{3}{4}$ ou $\frac{24}{32}$.

En ce cas, j'allie deux onces de l'or à 22 karats $\frac{3}{4}$ avec l'once à 20 karats $\frac{1}{2}$, parceque le karat & demi qui manque fur l'once à 10 karats $\frac{1}{4}$ fe trouve fur les deux onces à 22 karats $\frac{3}{4}$, étant certain que deux fois $\frac{24}{32}$ donnent le karat & demi qui manquoit.

Les alliages d'argent fe font de même que ceux d'or, avec cette feule différence qu'au lieu de compter par trente-deuxiemes, on doit compter par grains de fin. On fait un calcul exact des grains de fin qui manquent fur les matieres d'argent qu'on veut employer à certain titre, & des grains de fin qui font au-deffus de ce titre fur d'autres matieres d'argent, afin de connoître au jufte quelle quantité d'argent de moindre titre on doit allier avec l'argent qui eft à plus haut titre : enforte que le plus & le moins mêlés enfemble rendent l'argent au titre jufte auquel on veut travailler. Exemple.

J'ai un marc d'argent à dix deniers dix-huit grains.

Je veux travailler à onze deniers ; & j'ai de l'argent à onze deniers fix grains.

Pour réduire tout cet argent à onze deniers, j'allie un marc d'argent à onze deniers fix grains avec le marc qui eft à dix deniers dix-huit grains, parcequ'on trouve les fix grains de fin qui manquent au marc à dix deniers dix-huit grains, fur celui qui eft à onze deniers fix grains, pour employer les ouvrages à onze deniers. Autre exemple.

J'ai un marc d'argent à 10 deniers 17 grains.

Je veux travailler à 11 deniers, & j'ai de l'argent à 11 deniers 3 grains $\frac{1}{2}$.

J'allie deux marcs de l'argent à 11 deniers 3 grains $\frac{1}{2}$ avec le marc qui eft à 10 deniers 17 grains, parceque je trouve les 7 grains qui manquent au marc à 10 deniers 17 grains, fur les deux marcs à 11 deniers 3 grains $\frac{1}{2}$, étant conftant que deux fois trois grains & demi de plus, font les 7 grains qui manquent ; & ainfi on a trois marcs à onze deniers pour employer aux ouvrages dont on a befoin.

C'eft ainfi que les Directeurs des Monnoies font les alliages des matieres d'or & d'argent apportées au change de leur monnoie. Pour n'être pas obligé d'affiner les matieres au-deffous du titre des efpeces à fabriquer, on pefe celles qui font au-deffous, & celles qui font au-deffus du titre des efpeces à fabriquer, & on en fait un calcul exact Exemple.

Pour faire des louis d'or à 21 karats $\frac{16}{32}$, on pefe des matieres d'or qui font au-deffus de ce titre, ainfi qu'il fuit :

Quatre marcs à 21 karats $\frac{21}{32}$ fur lefquels il manque $\frac{3}{32}$, & ainfi $\frac{12}{32}$ fur les 4 marcs.

Six marcs à 21 karats $\frac{20}{32}$, fur lefquels il manque $\frac{4}{32}$ par marc, qui font en tout $\frac{24}{32}$ pour les 6 marcs.

Et 4 marcs à 21 karats $\frac{10}{32}$, fur lefquels il manque $\frac{6}{32}$ par marc, qui font $\frac{24}{32}$ pour les 4 marcs.

Or, fuivant ce calcul il manque 60^{34eme}. fur ces 14 marcs d'or, pour en faire des louis d'or à 21 karats $\frac{26}{32}$.

Mais pour trouver ce qui manque de fin fur ces 14 marcs, on pefe d'autres matieres d'or qui font au-deffus de ce titre, ainfi qu'il fuit. Exemple.

Huit marcs à 21 karats $\frac{28}{32}$, qui font $\frac{2}{32}$ de plus par marc, & $\frac{16}{32}$ fur les 8 marcs.

Six marcs à 21 karats $\frac{30}{32}$, qui font $\frac{4}{32}$ de plus par marc, & fur les 6 marcs $\frac{24}{32}$.

Enfin, 4 marcs à 21 karats $\frac{31}{32}$, qui font $\frac{5}{32}$ de plus par marc, & fur les 4 marcs $\frac{20}{32}$.

On trouve ainfi fur ces 18 marcs d'or 60^{34eme}. au-deffus du titre des louis d'or, & par l'alliage que l'on en fait avec les 14 marcs fur lefquels il manquoit pareil nombre de $\frac{60}{32}$, on a 32 marcs d'or pour en fabriquer des louis à 21 karats $\frac{26}{32}$.

On procede de même pour les alliages d'argent, quand on veut fabriquer des écus à 10 deniers 23 grains : on pefe les matieres d'argent qui font au-deffous de ce titre, & celles qui font au-deffus, & on en fait l'alliage ainfi qu'il fuit :

Huit marcs à 10 deniers 21 grains, où il manque 2 grains par marc qui font 16 grains fur les 8 marcs.

Six marcs à 10 deniers 20 grains, où il manque 3 deniers par marc, & 18 grains fur les 6 marcs.

Et 7 marcs à 10 deniers 17 grains, où il manque 6 grains par marc, & 42 fur les 7 marcs.

Or, fuivant ce calcul, il manque en tout 76 grains de fin fur les 21 marcs pour en faire des efpeces d'argent à 10 deniers 23 grains.

Mais pour trouver ce qui manque de fin fur ces 21 marcs, on pefe des matieres d'argent au-deffus de ce titre, ainfi qu'il fuit :

Douze marcs à 11 deniers 12 grains, qui font 3 grains de plus par marc, & fur les 12 marcs 36 grains.

Seize marcs à 11 deniers, qui font un grain de plus par marc, & fur les 16 marcs, 16 grains.

Et 8 marcs à 11 deniers 2 grains, qui font 3 grains de plus par marc, & 24 grains fur les 8 marcs.

On trouve ainfi les 76 grains de fin fur ces 36 marcs, qui manquoient fur les 21 marcs, & en les alliant enfemble, on a 57 marcs d'argent à 10 deniers 23 grains, pour en fabriquer des efpeces d'argent à ce titre.

Surquoi il eft à remarquer que quand les Directeurs des Monnoies n'ont que de l'or ou de l'argent au-deffus du titre des efpeces à fabriquer, ils

en

en font l'alliage avec du cuivre, à proportion de ce que les matieres tiennent de fin au-deſſus du titre des eſpeces, afin d'avoir des matieres alliées au titre qu'ils veulent fabriquer.

L'alliage au cuivre ſe pratique en faiſant le calcul des trente-deuxie-mes ou des grains de fin, qui ſont au-deſſus du titre des eſpeces à fabri-quer ; en diviſant les trente-deuxiemes ou les grains de fin par le titre mê-me des eſpeces, le produit de la diviſion marquera la quantité de cuivre qu'il faudra allier ſur le tout.

Cela ſuppoſé, quand on veut fabriquer des louis d'or à 21 karats $\frac{16}{32}$, & qu'on a de l'or plus fin que ce titre, il faut réduire en trente-deuxieme les 21 karats $\frac{16}{32}$, & pour cet effet multiplier les 21 karats par les trente-deuxieme dont le karat eſt compoſé.

On trouve par cette multiplication que les 21 karats font 672$^{32\text{eme}}$. auxquels ajoutant les $\frac{16}{32}$ qui ſont de plus que les 21 karats : on trouve en tout 698$^{32\text{eme}}$. par leſquels diviſant les trente-deuxiemes de fin qui ſont au-deſſus du titre des eſpeces, ou trouve qu'autant de fois qu'il y a de 698, il faut allier au-tant de marcs de cuivre avec l'or qui eſt plus fin que le titre des eſpeces. Exemple.

J'ai 80 marcs d'or à 23 karats $\frac{1}{2}$, que je veux allier avec du cuivre pour en faire des louis d'or à 21 karats $\frac{16}{32}$. Je trouve 54$^{32\text{eme}}$. par marc au-deſſus de ce titre, qui font en tout 4320$^{32\text{eme}}$. pour les 80 marcs, leſquels étant diviſés par les 698 qui font le titre des eſpeces, il faut que j'allie 6 marcs 1 once 4 gros 7 grains de cuivre, avec les 80 marcs d'or fin, pour en faire des louis à 21 karats $\frac{16}{32}$. Il en eſt de même de tout autre nombre à propor-tion.

Quant à l'argent on fait le calcul de tous les grains de fin qui ſont au-deſſus du titre des eſpeces à fabriquer ; & on diviſe ces grains de fin par le titre même des eſpeces, après quoi le produit de la diviſion marquera la quantité de cuivre qu'il faudra allier ſur le tout.

Cela ſuppoſé, quand on veut fabriquer des eſpeces d'argent à 10 deniers 23 grains, & que l'on n'a que de l'argent plus fin que ce titre, il faut compter 24 grains pour chaque denier, & ſur ce pied les dix deniers font 240 grains, auxquels ajoutant les 23 grains qui ſont de plus que les dix deniers, on trouve en tout 263 grains ; par leſquels diviſant les grains de fin qui ſont au-deſſus du titre des eſpeces, on trouvera qu'autant de fois qu'il y aura 263, il faudra allier autant de marcs de cuivre avec l'argent qui eſt au-deſſus du titre des eſpeces. Exemple.

J'ai 100 marcs d'argent à 11 deniers 18 grains que je veux allier avec du cuivre pour faire des eſpeces d'argent à 10 deniers 23 grains : je trouve 19 grains par marc au-deſſus de ce titre, qui font 1900 grains de fin pour les 100 marcs : leſquels étant diviſés par 263, je trouverai qu'il faut allier 7 marcs 1 once 6 gros 25 grains de cuivre avec les 100 marcs d'argent fin, pour en faire des eſpeces d'argent au titre de 10 deniers 23 grains : & ainſi de tout autre nombre à proportion.

On doit pratiquer les mêmes opérations pour tous les autres différens titres auxquels on veut travailler, en réduiſant toujours les karats de fin en trente-deuxieme ; & les deniers de fin en grains pour ſervir de diviſeurs, comme il a été dit.

Il eſt à remarquer que ce qui eſt reſté de la diviſion des marcs, tant d'or que d'argent, doit être multiplié par huit pour en faire des onces ; que ce qui eſt reſté de cette ſeconde diviſion, doit être auſſi multiplié par huit, pour en faire des gros, & enfin ce qui eſt reſté des gros par ſoixante & douze pour en faire des grains.

ALLIER ou ALLÉER, plus ordinairement *allier*, c'eſt fondre pluſieurs métaux enſemble pour les mêler ou les joindre l'un avec l'autre, en telle ſorte qu'ils ne forment plus qu'une ſeule & même matiere : l'or & le fer ne peuvent s'allier par la fonte, non pas même ſe ſouder ſans le ſecours du cuivre : l'étain fondu avec l'or s'allie d'une telle maniere qu'il eſt impoſſible de les ſéparer, étant même capable de gâter toute une fonte.

Les Indiens mêlent avec l'or de l'émery d'Eſpagne, pour en augmenter le poids : ce mélange empêche qu'on ne puiſſe connoître, d'une maniere certaine, le titre de l'or ; les Européens allient le cuivre avec la pierre calamine.

Pour déterminer le dégré de l'alliage ou de la pureté de l'argent, on le ſuppoſe diviſé en douze deniers, & lorſqu'il eſt allié avec un douzieme de cuivre, c'eſt un argent à onze deniers : lorſqu'il contient un ſixieme d'alliage, ou deux douziemes, l'argent eſt à dix deniers.

On met environ deux gros de cuivre pour l'alliage ſur chaque marc d'argent. L'argent de monnoie eſt alliée avec une plus grande quantité de cuivre que ne l'eſt l'argent de vaiſſelle, au lieu que l'or de monnoie a moins d'alliage que l'or des bijoux.

ALOI, titre ou bonté intérieure que doivent avoir les monnoies, ou les ouvrages d'or & d'argent, ſuivant les ordonnances du Prince. L'aloi de l'or s'eſtime par karats, & celui de l'argent par deniers.

On ſe ſert plus ordinairement dans les Monnoies des termes de titre, de fin, & de loi. Voyez l'explication de ces mots à leurs lettres.

ALOI, terme de monnoie qui exprime le titre ou la bonté intrinſéque que doivent avoir les monnoies ou les ouvrages d'or & d'argent.

L'aloi de l'or s'eſtime par karats, celui de l'argent par deniers.

Ce mot vient *de loi*, comme ſi l'on diſoit *ad legem*, parceque la bonne monnoie eſt faite ſelon la loi.

ALTERER LA MONNOIE, c'eſt ne la pas faire au titre & du poids portés par les ordonnances; ou quand elle a été fabriquée de bonne qualité, la diminuer de ſon poids en la rognant & la limant ſur la tranche, ou en enlevant quelque partie de ſa ſuperficie avec de l'eau régale, ſi c'eſt de l'or, ou avec de l'eau forte ſi c'eſt de l'argent.

Ce crime, conformément à l'Edit du mois de Mai 1718, & à celui du mois de Février 1726, eſt puni de mort: il y eſt dit, ,, que toutes perſonnes ,, qui contreferont ou altéreront nos eſpeces, contribueront à l'expoſition ,, de celles contrefaites, ou à leur introduction dans le Royaume, ſoient ,, punies de mort ,,. Voyez FAUSSE MONNOIE.

ALTIN, monnoie de compte de Moſcovie, qui vaut environ quatre ſols huit deniers de France.

AMALGAMATION, AMALGAME. Opération chymique par laquelle on réduit l'or ou l'argent dans une eſpece de pâte, en l'incorporant dans le mercure ou vif argent, ſuivant certaine proportion de poids ou de quantité.

AMALGAMER, raſſembler les parties impalpables de quelque métal par le moyen du vif-argent.

Tous les métaux, excepté le fer, s'uniſſent & s'amalgament plus ou moins facilement avec le mercure: mais l'or eſt celui de tous qui le fait le plus facilement; enſuite l'argent, puis le plomb & l'étain; le cuivre aſſez difficilement, & le fer point du tout: il n'eſt pas cependant abſolument impoſſible de le faire, Buker ſemble en avoir connu les moyens.

AMALGAMER DE L'OR, c'eſt le rendre en pâte, l'unir & l'incor- *Encycl.* porer avec le mercure.

L'or amalgamé ne ſe dit pas ſeulement de l'or réduit en pâte, mais auſſi de l'or moulu ou réduit en chaux, mêlé avec le vif-argent pour dorer les métaux, & particulierement l'argent, & en faire ce qu'on appelle vermeil-doré: la proportion du vif-argent & de l'or moulu qu'emploient les Doreurs ſur métal, eſt d'une once de vif-argent ſur un gros d'or; voyez DORURE.

L'amalgamation de l'or ſe fait en mettant dans un creuſet des lames de ce métal les plus déliées qu'il eſt poſſible, avec du mercure, & lorſqu'on les a pouſſés l'un & l'autre fortement au feu, l'or ſe diſſout en parties menues comme de la farine que le mercure, qui eſt humide, réduit en pâte. Quand le creuſet eſt retiré du fourneau, & ſuffiſamment refroidi, on verſe l'or & le mercure dans un vaiſſeau d'eau commune, d'où on le retire en pâte blan-

G ij

che ; c'eſt de cette pâte que les Orfévres font leur vermeil-doré , & que les Doreurs fur métal dorent leurs ouvrages au feu.

L'or ne retire du mercure dans l'amalgamation que trois fois autant qu'il péſe.

Les Directeurs des Monnoies & les Orfévres ſe ſervent également des termes *amalgamer* & *amalgamation* : ils entendent par ces mots l'opération qui ſe fait , dans le moulin , des lavures , lorſqu'on en broye bien les terres , afin que le vif-argent qu'on a jetté dans le tonneau ou tourniquet, étant ainſi agité , attire & empâte les parties d'argent imperceptibles qui ſont engagées avec ces terres.

L'amalgame eſt un moyen dont on ſe ſert dans pluſieurs pays pour tirer l'or & l'argent de leurs mines ; on broye les terres de ces mines avec du mercure, qui ſe charge de ce qu'elles ont de précieux , c'eſt-à-dire des matieres d'or & d'argent qu'elles contiennent, lequel ne ſe mêle point avec la terre , ni avec la pierre qui ſe trouvent dans les mines ; de forte que le mercure étant retiré de ſa terre ou ſable de la mine par ſon propre poids, & par la lotion qu'on en fait, & preſſé pour en retirer ce qui reſte de fluide qui n'eſt point chargé d'or & d'argent, on le retire par la cornue , dans laquelle reſte la matiere d'or ou d'argent , qu'on appelle *caput mortuum*

ANGES, monnoie d'or fabriquée ſous le régne de Philippe de Valois , qui régna en 1328 , juſqu'en 1350. Dans l'Edit qui ordonne la fabrication de cette monnoie , les Anges ſont nommés Angelots ; on diſcontinua de les fabriquer l'an 1342. Ils furent toujours d'or fin , mais ils ne furent pas toujours de même poids. Les premiers peſoient cinq deniers ſeize grains, on les appella *premiers Anges*. On en fit dans la ſuite qui ne peſoient que cinq deniers, on les nomma *ſeconds Anges*. Les derniers peſoient ſeulement quatre deniers treize grains , & c'étoient les *troiſiemes Anges*.

Nous remarquons que l'écuſſon que l'Ange tient de la main droite ſur cette monnoie , n'eſt rempli que de trois fleurs de lys ; nous en inférons que l'uſage de n'employer que trois fleurs de lys étoit déja fort ancien. Dans un ſceau du Roi Jean à une Charte donnée pour les Orfévres le 26 Mai 1355 , il n'y a de même que trois fleurs de lys , & Charles V dans ſon contre-ſcel n'en avoit pas davantage.

Auteur de la Diplomatique, p. 139.

ANGELOTS. Pendant le régne de Charles VI, qui commença à régner en 1380 , le Dauphin & la Reine partageoient le Royaume en deux factions : Henri V, Roi d'Angleterre , deſcendit en France , & ſe rendit maître de la meilleure partie de la Normandie en 1419. Charles VI, dans une Ordonnance du 9 Mars 1420 pour les Monnoies, marquant ce qui l'obligeoit à les affoiblir , parle ainſi de cette invaſion du Roi d'Angleterre : » pour réſiſter à notre adverſaire d'Angleterre , & obvier à ſa damnable en-

» treprife , lequel par force & grande hoftilité s'étoit bouté en notre Royau-
» me , où il avoit conquis & mis en fa fujettion plufieurs Villes & Forte-
» reffes , & prefque tout le pays de la Normandie , & dernierement notre
» bonne Ville de Rouen , en intention de venir devant Paris pour icelle
» mettre en fujettion , & attendu que de préfent nous n'avons aucun au-
» tre revenu de notre domaine , & autrement de quoi nous nous puiffions
» aider , &c. «

La Reine & le Duc de Bourgogne , ennemis mortels du Dauphin , abufans de l'efprit du Roi , lui perfuaderent de donner Catherine de France ,
fa fille , en mariage à Henri , Roi d'Angleterre , qui l'avoit fait demander.
Ce mariage fut fait à Troye le 22 Mai 1420. Charles VI en confidération
de cette alliance déclara fon gendre régent du Royaume de France , & fon
fucceffeur à la couronne ; on revint enfuite à Paris où le Roi d'Angleterre
fut reconnu Régent. Charles VI , dans une de fes Ordonnances pour les
Monnoies , appelle Henri V , *notre fils le Roi d'Angleterre , Héritier & Régent de France.*

Henri V , Roi d'Angleterre , mourut au Bois de Vincennes le 29 Août
1422 , & Charles VI , Roi de France , le 21 Octobre de la même
année.

Henri V laiffa de Catherine de France , fa femme , Henri VI , âgé feulement de deux ans , qui lui fuccéda : il fut proclamé , à Paris , Roi de France
& d'Angleterre le 12 Novembre 1422. Le même jour le Duc de Betfort ,
fon oncle , qui avoit pris la qualité de Régent , du confentement de Charles VI , d'abord après le décès de Henri V , ordonna que les Arrêts feroient
rendus au nom de Henri VI , qu'on fcelleroit avec fon fceau , & que les
monnoies feroient fabriquées à fes coins & à fes armes. Cela dura pendant
l'efpace de quatorze ans que les Anglois furent maîtres de Paris , dont ils ne
fortirent que le 3 Avril 1436.

Ils firent battre plufieurs monnoies d'or , d'argent & de billon , qui avoient
cours dans les Villes qui leur obéiffoient.

Ces monnoies étoient celles que l'on appella , *Saluts , Francs d'Or , Nobles* , Angelots , ainfi appellés de ce qu'un Ange , fur le revers de cette monnoie , tient les écuffons de France & d'Angleterre. On lit dans un ancien
manufcrit , que le Roi d'Angleterre fit faire cette monnoie , qui étoit d'or fin ,
à plus haut titre qu'aucun de fes voifins , efpérant par ce moyen aliéner des
François de Charles VII , qui en même tems avoit été contraint d'empirer
confidérablement fa monnoie : ce que Henri VI ne fit point pendant qu'il
fut maître de Paris.

Le marc d'argent , vers la fin du régne de Charles VI , valoit fept livres ,

& le marc d'or foixante-feize livres cinq fols. Le Roi d'Angleterre ne s'écarta pas de ce poids pendant qu'il fit battre monnoie en France.

Les angelots d'Angleterre repréfentant d'un côté Saint Michel terraffant le Dragon, avec la légende, *Henricus Dei grat. Rex Angl. & Franc.* & de l'autre un vaiffeau avec les armes de France & d'Angleterre, furmontées d'une croix, & autour *Per Crucem tuam falva nos Xpe*, font, dans l'Ordonnance de 1540, du poids de quatre deniers piece, & au titre de 23 karats ½.

Les anciens angelots, fuivant Goldaft page 13, étoient au titre de vingt-trois karats, & de quarante-fix au marc de Cologne.

Fontanon, c. 2. p. 132.

Les angelots d'Angleterre avec l'O fur la barque, ou avec un O dans le flanc de la nef, fuivant l'Ordonnance de 1549, pefoient auffi quatre deniers. Dans l'inftruction donnée aux Changeurs en 1633, ils font du titre de vingt-deux karats neuf grains, & pefent trois efterlins dix as, qui font quatre-vingt-quinze grains deux cinquiemes, poids de marc. La légende eft d'un côté *Henricus Dei grat. Angl. Franc. & Hib. Rex*, & de l'autre : *Per Crucem tuam falva nos Xpe Redem.*

L'angelot avec un O, fuivant Malines, étoit du titre de vingt-trois karats & de foixante-douze à la livre de Troye, qui font quarante-huit à notre marc : ainfi l'once Angloife eft parfaitement égale à la notre.

APPROCHER CARREAUX. Terme de monnoyage au marteau : après avoir coupé les quatre grands angles des carrés du métal qui devoient être fabriquées en efpeces, on en rognoit tout autour les autres petits angles qui reftoient, jufqu'à ce qu'ils approchaffent du poids & de la rondeur des efpeces.

Voyez MONNOYAGE AU MARTEAU.

APPURER L'OR MOULU. Terme de Doreur fur métal ; c'eft après que l'or en chaux a été amalgamé au feu avec le vif-argent, le laver dans plufieurs eaux pour en ôter la craffe & les fcories. Voyez DORURE AU FEU.

ARANNEA, minerai d'argent qui ne fe trouve que dans les mines du Potofi, & encore dans la feule mine de Catemito. Son nom lui vient de quelque reffemblance qu'il a avec la toile d'araignée, étant compofé de fils d'argent pur, qui paroiffent à la vue comme un galon d'argent qu'on auroit brûlé pour en ôter la foie : c'eft le plus riche de tous les minerais.

ARBRE, en terme de monnoyage, fignifie, dans la machine qu'on appelle une jument, qui contient tout enfemble le dégroffiment & le laminoir, une groffe piece de bois pofée perpendiculairement, fur le haut de laquelle eft la grande roue à dents qui donne le mouvement aux lanternes & aux hériffons ; on appelle encore dans cette machine les *arbres du hériff.*

son & de la lanterne , les axes ou effieux de fer qui en traverfent le diamétre par le centre , & qui ont , au bout , des pignons qui s'engrainent dans
les roues du dégroffiment & du laminoir. Voyez ces mots.

On appelle pareillement parmi les ouvriers des monnoies l'*arbre du
coupoir* , une piece de fer pofée perpendiculairement , dont le bout d'en
haut qui eft à viffe , fe tourne avec une manivelle pour la faire baiffer
ou lever , & qui , à fon autre bout , porte le coupoir ; c'eft-à-dire une emporte-piece d'acier bien acéré pour débiter les lames d'or , d'argent , ou
d'autre métal , en flaons convenables aux efpeces que l'on veut fabriquer.
Voyez Coupoir.

ARBRE chez les Tireurs d'Or eft une efpece de cabeftan dont le treuil
eft pofé perpendiculairement à huit ou dix pieds de haut ; deux barres ou
leviers de vingt-quatre pieds de long le traverfent en croix , & fervent à le
tourner. C'eft fur cet arbre que fe roule le cable. Voyez Argue.

AREB , monnoie de compte dont on fe fert dans les Etats du grand Mogol ,
particulierement à Amadabath. Il faut quatre arebs pour un couron , lequel
vaut cent lackes , & un lacke vaut cent mille roupies.

ARGENT. Métal blanc qui tient le fecond rang entre les métaux , &
qui après l'or , eft le plus beau , le plus ductile & le plus précieux.

Il fe trouve des mines d'argent dans les quatre parties du monde ; l'Europe en a quantité , & la France même en a quelques-unes , mais qui ne font
ni riches , ni abondantes , & dont la dépenfe pourroit excéder de beaucoup
le produit.

L'argent en Europe fe fépare de la mine de la même maniere que l'or ,
c'eft-à-dire avec le vif-argent , à la réferve qu'il faut ajouter un quintal de
fel en roche , ou d'autres fels naturels , pour chaque cinquante quintaux de
matiere qu'on veut travailler. *Cette opé-
ration eft au
mot Or.*

Pour féparer enfuite le vif-argent d'avec l'argent avec lequel il eft amalgamé , on dreffe un fourneau femblable à celui des fondeurs de cuivre ,
hors qu'il doit être couvert par en haut , & qu'on y met le feu par en bas :
fur l'ouverture du haut on forme un comble d'argile de figure cylindrique ,
mais qu'on n'engage point dans la conftruction du fourneau , afin qu'il
puiffe s'ôter & fe remettre à volonté.

La maffe d'argent & de vif-argent ayant été mife enfuite au-dedans du
fourneau , le comble fe met au-deffus , & le feu s'allume au-deffous ; enforte
que le vif-argent chaffé par la chaleur s'éleve en fumée dans le comble
d'argile d'où on le tire par un fecond travail , & l'argent refte feul pour être
fondu & purifié.

Le titre de l'argent fin eft à douze deniers , & chaque denier contient
vingt-quatre grains de fin : pour le pouffer à ce titre , quand il fe trouve

au-deſſous ; on le fait affiner, & cet affinage ſe fait ordinairement par le moyen du plomb. On prépare pour cela une terrine de grès qu'on appelle caſſe d'affinage, caſſe à affiner, ou coupelle d'affinage, & qu'on remplit de cendrée compoſée de *charrée* de leſſive, & de cendres d'os de bœuf & autres os. Cette caſſe eſt enſuite miſe ſur le feu où on la fait rougir. Alors on y met l'argent & le plomb enſemble par proportion d'une livre de plomb par marc d'argent, & même d'un peu plus de plomb ſi l'argent eſt de bas alloi, & à meſure que ces métaux ſe fondent à grand feu, le cuivre qui peut être mêlé avec l'argent ſe diſſipe en fumée, ou s'en va avec les craſſes ; ce que fait auſſi le plomb lui-même, l'argent reſtant ſeul dans la caſſe au titre & au dégré de fin.

Charrées, ſont les cendres qui reſtent ſur le cuvier, après qu'on a coulé la leſſive.

On peut affiner juſqu'à deux mille marcs d'argent, & plus, ſuivant la grandeur de la coupelle. L'on retire ce métal des coupelles de deux manieres ; l'une, en plongeant dans la matiere purifiée, & encore liquide, une barre ou groſſe canne de fer au tour de laquelle l'argent s'attache en forme de coquille, ce qu'on fait à pluſieurs fois ; l'autre, en faiſant refroidir la coupelle au fond de laquelle l'argent ſe fige en forme de pain.

La premiere maniere s'appelle retirer l'argent en coquille : la ſeconde, retirer l'argent en plaque.

Outre l'affinage de l'argent au plomb, il y a encore l'affinage au ſalpêtre dont il a été parlé à l'article de l'affinage. Voyez AFFINAGE.

La coupelle eſt l'eſſai que l'on fait de l'argent ſur une partie du métal ; elle s'opere, comme l'affinage, par le moyen du plomb : ſi l'argent, après cette épreuve, conſerve ſon poids, il eſt au titre de fin ; s'il diminue on compte les grains, ou même les deniers de ſa diminution, & par comparaiſon de la partie au tout, on juge de ſa bonté & de ſon prix.

Voyez Eſ-ſai.

Boiſart.

ARGENT LE ROI. On appelle argent le roi celui qui eſt à onze deniers douze grains, parceque nos Rois n'ayant aucunes mines d'or, ni d'argent en France, ont accordé quelques profits aux Etrangers qui en apporteroient, en leur payant l'argent qui étoit à onze deniers douze grains, comme s'il eût été à douze deniers.

Regiſtre Noſter de la Chambre des Comptes.

Suivant Poulain, on appelle argent le roi celui qui eſt de même à onze deniers douze grains, c'eſt-à-dire qui tient une vingt-quatrieme partie d'alliage ; il eſt appellé argent le Roi, parceque nos Rois, de tems immémorial & avant le régne de Philippe le Bel, ſe ſont ſervis de cet argent pour le pied & fabrication de leurs eſpeces d'argent, afin de compenſer les traites qui ſont toujours plus grandes, proportionnément ſur la quantité des marcs d'argent en œuvre, que ſur un marc d'or mis auſſi en œuvre.

D'autres prétendent que ce mot d'*argent le roi* vient de ce qu'anciennement les Barons & les Prélats du Royaume de France, qui avoient pou-

voir

voir de faire battre monnoie, étoient obligés de fabriquer leurs efpeces d'argent à douze deniers de fin, le Roi ne faifant ouvrer les fiennes qu'à onze deniers douze grains fin feulement, & qui avoient cours néanmoins entre le Peuple pour le même prix que celles des Prélats & Barons.

Nous lifons dans le regiftre Nofter, folio 205 : que *l'argent le Roi eft &, doit être à une maille près de l'argent fin, car l'argent fin eft à douze deniers de loi, & l'argent le Roi à onze deniers obole, ou à onze deniers douze grains.*

Toutes les monnoies fe travailloient jufques vers la moitié du fiécle précédent en argent le roi, qui fe compte comme l'argent fin. Pour réduire l'argent fin en argent le roi, il faut ajouter une maille à chaque fol que le marc d'argent vaut, parcequ'une maille eft la vingt-quatrieme partie d'un fol. Si le marc d'argent fin valoit dix fols, le marc argent le roi devoit valoir dix fols dix mailles, ou dix fols cinq deniers. On convertit l'argent fin en argent le roi, en ajoutant un grain fur chaque denier de fin, & la vingt-quatrieme partie d'un grain fur chaque grain ; comme pour convertir de l'argent le roi en argent fin, il en faut retrancher la vingt-cinquieme partie, c'eft-à-dire, rabattre un grain fur vingt-cinq grains ; ce qui refte eft la quantité d'argent pur fin.

ARGENT MONNOYÉ eft de l'argent mis en morceaux ronds & plats, qu'on nomme flaons, qui font enfuite frappés fous le balancier dans les lieux deftinés à cet effet, & marqués de l'image ou des armes des Princes ou Etats qui, comme Souverains, ont droit de faire battre monnoie. La valeur n'en eft point fixe : elle hauffe ou baiffe fuivant que les Souverains le jugent néceffaire pour le bien de leurs Etats, ou l'avantage de leurs Peuples.

Le pouvoir de battre monnoie appartient de droit aux Rois, aux Princes Souverains & aux Républiques. Une invention fi néceffaire & fi utile eut été facilement corrompue fi chaque particulier eut eû la liberté de s'en fervir. Il eft vraifemblable qu'au commencement ce pouvoir fut déféré aux anciens & aux chefs des familles qui avoient les autres prérogatives ; que les familles étant accrues, & les communautés qui en étoient compofées fe foumettant à la conduite d'un chef, lui attribuerent auffi ce droit, joignant le pouvoir de battre & de régler la monnoie, à celui de commander, étant très jufte que ce qui étoit la bafe du commerce & le prix de toute chofe, reçût fa valeur & fon autorité de celui qui devoit être le dépofitaire & le protecteur de l'intérêt public ; c'eft pourquoi ce droit eft eftimé de fa nature incommunicable. D'autres cependant en ont joui fans être Souverains, mais ils avoient quelque dignité attachée à leur perfonne, tels que les Prélats, Ducs, Comtes, Barons, les Communautés & les Villes, foit par ufurpation, ufage, poffeffion immémorial, ou par conceffion des Souverains, qui

Tome I. H

ont toujours confervé, en l'accordant, des marques de dépendance, foit en donnant le titre, le poids & la forme des efpeces, foit en fe réfervant le jugement de leur bonté, ou obligeant d'y faire graver leurs effigies, leurs armes, ou d'autres preuves de conceffion qui n'a jamais été générale pour toute forte de métaux. L'or a prefque toujours été excepté comme le plus précieux : la permiffion de l'employer n'a été accordée que très rarement, & l'on punit rigoureufement ceux qui le font fans autorité.

L'Ordonnance de Louis XII, du mois de Novembre 1506, article VII ; l'Edit de François I, du 21 Septembre 1543, article XIX ; les Lettres-Patente de Henri II, du 14 Janvier 1549, & l'Edit de ce même Prince du mois de Mars 1554, article XVIII, défendent très expreffement à toute forte de perfonnes d'acheter de l'argent monnoyé, foit du coin de France ou autre, pour le fondre, difformer, reffouder, ou recharger, fous peine confifcation & d'amende, même de punition corporelle.

ARGENT TRAIT, autrement fil d'argent, eft l'argent qu'on a tiré au travers des trous de différentes filieres fucceffivement, & qu'on a réduit par ce moyen à n'être pas plus gros qu'un cheveu. Il y a de l'argent trait fin & de l'argent trait faux : ce dernier provient de lingots de cuivre argenté que l'on a pareillement tirés & fait paffer par les différens trous de ces différentes filieres. Voyez TIRER L'OR & L'ARGENT, TIREUR D'OR, &c.

ARGENT EN LAME eft de l'argent trait fin ou faux que l'on a applati entre deux rouleaux d'acier poli pour le difpofer à être filé fur la foie ou fur le fil, ou pour être employé tout plat dans la compofition de certains ouvrages comme boutons, broderies, dentelles, étoffes, &c. pour les rendre plus brillantes & plus riches.

L'argent en lame fe nomme auffi argent battu. Voyez TIREUR D'OR.

ARGENT FILÉ, que l'on appelle ordinairement du filé d'argent, eft de l'argent en lame dont on a couvert un long brin de foie, en le tortillant deffus par le moyen d'une roue. Il y a de l'argent filé fin qui ne doit l'être que fur la foie, & de l'argent filé faux qui ne doit l'être que fur fil.

ARGENT EN FEUILLE, ou argent battu. Cet argent eft celui que les Batteurs d'Or ont réduit en feuilles très minces & très déliées, à l'ufage des Doreurs en bois, en fer, &c. Voyez OR EN FEUILLE.

ARGENT EN COQUILLE eft fait des rognures des feuilles, ou des feuilles même d'argent battu : on s'en fert à argenter quelques ouvrages. L'argent en coquille fe prépare de même que l'or en coquille. Voyez OR EN COQUILLE.

ARGENT FIN eft de l'argent à douze deniers, qui eft le plus haut dégré de bonté où l'on le puiffe pouffer.

ARGENT FUMÉ ; c'eſt de l'argent, ſoit trait , ſoit filé, ſoit battu, & écaché, qu'on expoſe longtems à la fumée pour lui faire prendre couleur & le vendre enſuite pour de l'argent doré. Voyez FUMAGE.

Il eſt très expreſſément défendu par les Arrêts & Réglemens, notamment par les Arrêts du Conſeil des 23 Novembre 1680, 10 Novembre 1691, par les Arrêts de la Cour des Monnoies du 7 Avril 1693, & par celui en forme de Réglement du 8 Avril 1750, à tous Maîtres Tireurs d'Or, Paſſementiers, Tiſſutiers, Rubaniers, Boutoniers, Frangers, & autres Ouvriers, & à toutes perſonnes de quelque condition & qualité qu'elles ſoient, d'employer aucun parfum ou fumage, en quelque ſorte & maniere que ce ſoit, tant ſur les lames, que ſur les traits, ou filés d'or & d'argent, & d'employer dans les galons, dentelles, paſſemens, boutons, & autres ouvrages d'or & d'argent, aucunes lames, traits ou filés qui aient été fumés ou parfumés : & à tous Marchands de vendre ou débiter aucun de ces ouvrages qui aient été fumés ou fabriqués avec des traits, lames ou filés fumés, le tout ſous les peines portées par les Réglemens, &c. Voyez FUMAGE.

ARGENT APPELLÉ FAUX, eſt un lingot de cuivre rouge couvert de feuilles d'argent à pluſieurs fois par le moyen du feu, à l'uſage des Tireurs d'Or. Voyez TIREUR D'OR.

ARGENT BAS ou BAS ARGENT, eſt de l'argent au-deſſous du titre des eſpeces, juſqu'à ſix deniers : quand il eſt plus bas que ſix deniers, on le nomme billon d'argent. Voyez BILLON.

ARGENT TENANT OR. Quand l'or eſt au-deſſous de dix-ſept karats, & qu'il eſt allié ſur le blanc, il perd ſon nom & ſa qualité d'or, & n'eſt plus qu'argent tenant or.

ARGENT DE CENDRÉE. C'eſt une poudre d'argent qui ſe trouve attachée aux plaques de cuivre qu'on a miſes dans l'eau-forte qui a ſervi à l'affinage de l'or, après qu'elle a été mêlée d'une certaine portion d'eau de fontaine. L'argent de cendrée eſt eſtimé à douze deniers, qui eſt le titre de l'argent le plus fin.

ARGENT EN PASTE. C'eſt de l'argent prêt à être mis en fonte dans le creuſet.

ARGENT DE COUPELLE, eſt de l'argent à onze deniers vingt-trois grains.

ARGENT appellé LUNE par les Chymiſtes. Cet argent reçoit pluſieurs préparations ; on tire une teinture d'argent ou de lune lorſqu'on le fait diſſoudre en petites lames, ou grenailles dans de l'eſprit de nitre, & qu'on verſe cette diſſolution dans un autre vaſe rempli d'eau ſalée : par ce moyen l'argent ſe précipite auſſitôt en poudre fort blanche qu'on lave pluſieurs fois dans de l'eau de fontaine. On met cette poudre dans un matras ; on verſe

deſſus de l'eſprit-de vin rectifié, & du ſel volatil d'urine ; on laiſſe digé-
rer cette matiere à quelque chaleur tempérée pendant quinze jours, durant
leſquels l'eſprit-de vin ſe colore d'un bleu céleſte très beau, & on le fait
entrer dans la compoſition de divers remédes : on le nomme ainſi *Lune
potable.*

On transforme encore l'argent en criſtaux par le moyen du même eſprit de nitre, & c'eſt ce qu'on appelle *Vitriol de lune.*

La Lune cauſtique, que l'on nomme plus communément pierre infernale,
n'eſt autre choſe que de l'argent diſſous dans de l'eau-forte qu'on laiſſe criſ-
talliſer.

ARGENT EN BAIN, eſt celui qui eſt en fuſion actuelle.

L'argent eſt, après l'or, le métal le plus fixe. Kunckel ayant laiſſé pendant un mois de l'argent bien pur en fonte dans un feu de verrerie, trouva
après ce tems qu'il n'avoit diminué que d'une ſoixante-quatrieme partie.

Haſton de Claves expoſa de même de l'argent dans un fourneau de verrerie, & l'ayant laiſſé deux mois dans cet état, il le trouva diminué d'un
douzieme, & couvert d'un vert couleur de citron. On ne peut douter que
cette diminution ne provînt de la matiere qui s'étoit ſéparée & vitrifiée à
la ſurface de l'argent, & on peut aſſurer que ce vert n'eſt point un argent
dont les principes aient été détruits par le feu ; c'eſt plutôt un compoſé de
cuivre, de plomb & d'autres matieres étrangeres qui ſe trouvent preſque
toujours dans l'argent.

L'argent eſt moins ductile que l'or, il l'eſt plus qu'aucun des autres métaux. Voyez DUCTILITÉ.

Le pouce cube d'argent peſe ſix onces cinq gros & vingt-ſix grains.

ARGENT, eſt dans notre langue un terme générique, ſous lequel ſont
compriſes toutes les eſpeces de ſignes de la richeſſe, courans dans le commerce, or, argent, monnoies, billets de toute nature, &c. pourvu que
ces ſignes ſoient autoriſés par les Loix de l'Etat.

L'argent, comme métal, a une valeur comme toutes les autres marchandiſes, mais il en a encore une autre, comme ſigne de ces marchandiſes.
Conſidéré comme ſigne, le Prince peut fixer ſa valeur dans quelques rapports & non dans d'autres ; il peut établir une proportion entre une quantité de ce métal, comme métal, & la même quantité comme ſigne : fixer
celle qui eſt entre divers métaux employés à la monnoie ; établir le poids
& le titre de chaque piece, & donner à la piece de monnoie la valeur
idéale, qu'il faut bien diſtinguer de la valeur réelle, parceque l'une eſt
intrinſeque, l'autre d'inſtitution : l'une de la nature, l'autre de la loi. Une
grande quantité d'or & d'argent eſt toujours favorable, lorſqu'on regarde
ces métaux comme marchandiſe : mais il n'en eſt pas de même lorſqu'on

Eſprit des
Loix. tom. II.

les regarde comme signe, parceque leur abondance nuit à leur qualité de signe, qui est fondée sur la rareté.

L'argent est une richesse de fiction: plus cette opulence fictice se multiplie, plus elle perd de son prix, parcequ'elle représente moins : c'est ce que les Espagnols ne comprirent pas lors de la conquête du Mexique & du Pérou. L'or & l'argent étoient alors très rares en Europe. L'Espagne maîtresse tout d'un coup d'une très grande quantité de ces métaux, conçut des espérances qu'elle n'avoit jamais eues. Les richesses représentatives doublerent bientôt en Europe, ce qui parut en ce que le prix de tout ce qui s'acheta fut environ du double : mais l'argent ne pût doubler en Europe, que le profit de l'exploitation des mines considéré en lui-même, & sans égard aux pertes que cette exploitation entraine, ne diminuât du double pour les Espagnols, qui n'avoient chaque année que la même quantité d'un métal qui étoit devenu la moitié moins précieux. Dans le double de tems l'argent doubla encore, & le profit diminua encore de la moitié : il diminua même dans une progression plus forte. En voici la preuve qu'en donne l'Auteur de l'esprit des Loix, (tome II, page 48) : pour tirer l'or des mines, pour lui donner les préparations requises, & le transporter en Europe, il falloit une dépense quelconque. Soit cette dépense, comme un est à soixante-quatre : quand l'argent fut une fois doublé, & par conséquent la moitié moins précieux, la dépense fut comme deux à soixante-quatre : cela est évident ; ainsi les flottes qui apporterent en Espagne la même quantité d'or, apporterent une chose qui réellement valoit la moitié moins & coutoit la moitié plus : si on suit la même proportion, on aura celle de la cause de l'impuissance des richesses de l'Espagne.

Il y a environ deux cens ans que l'on travaille les mines des Indes. Soit la quantité d'argent qui est à présent dans le monde qui commerce, à la quantité d'argent qui y étoit avant la découverte, comme trente-deux est à un, c'est-à-dire qu'elle ait doublé cinq fois : dans deux cens ans encore la même quantité sera à celle qui étoit avant la découverte comme soixante-quatre est à un, c'est-à-dire qu'elle doublera encore. Or, à présent cinquante quintaux de minerai pour l'or donnent quatre, cinq & six onces d'or ; & quand il n'y en a que deux, le Mineur ne retire que ses frais ; dans deux cens ans, lorsqu'il n'y en aura que quatre, le Mineur ne tirera aussi que ses frais ; il aura donc peu de profit à tirer sur l'or. Même raisonnement sur l'argent, excepté que le travail des mines d'argent est un peu plus avantageux que celui des mines d'or.

Si l'on découvre des mines si abondantes qu'elles donnent plus de profit, plus elles seront abondantes, plutôt le profit finira.

Si les Portugais ont en effet trouvé dans le Bresil des mines d'or & d'ar-

gent très riches, il faudra néceſſairement que le profit des Eſpagnols diminue conſidérablement, & le leur auſſi.

J'ai oui déplorer pluſieurs fois, (dit l'Auteur qu'on vient de citer) l'a-
veuglement du Conſeil de François I, qui rebuta Chriſtophe Colomb qui
lui propoſoit les Indes ; en vérité on fit peut-être par imprudence une choſe
bien ſage. En ſuivant le calcul qui précede, ſur la multiplication de l'argent
en Europe, il eſt facile de trouver le tems où cette richeſſe repréſentative
ſera ſi commune qu'elle ne ſervira plus de rien. Mais quand cette valeur
ſera réduite à rien, qu'arrivera-t-il ? Préciſément ce qui eſt arrivé chez les
Lacédémoniens, lorſque l'argent ayant été précipité dans la mer, & le fer
ſubſtitué à ſa place, il en falloit une charreté pour conclure un très petit marché. Ce malheur ſera-t-il donc ſi grand ? Et croit-on que quand ce ſigne
métallique ſera devenu par ſon volume très incommode pour le commerce,
les hommes n'aient pas l'induſtrie d'en imaginer un autre ? Cet inconvénient eſt, de tous ceux qui peuvent arriver, le plus facile à réparer.

Si l'argent eſt également commun partout, dans tous les Royaumes : ſi
tous les peuples ſe trouvent à la fois obligés de renoncer au ſigne, il n'y
a point de mal ; il y a même un bien, en ce que les particuliers les moins
opulens pourront ſe procurer des vaiſſelles propres, ſaines & ſolides. C'eſt
apparemment d'après ces principes, bons ou mauvais, que les Eſpagnols ont
raiſonné, lorſqu'ils ont défendu d'employer l'or & l'argent en dorure &
autres ſuperfluités. On diroit qu'ils ont craint que ces ſignes de la riche-
ſe ne tardaſſent trop longtems à s'anéantir à force de devenir communs.

Il s'enſuit, de tout ce qui précede, que l'or & l'argent ſe détruiſant peu
par eux-mêmes, étant des ſignes très durables, il n'eſt preſque d'aucune
importance que leur quantité abſolue n'augmente pas, & que cette augmentation peut à la longue les réduire à l'état des choſes communes, qui
n'ont de prix qu'autant qu'elles ſont utiles aux uſages de la vie, & par
conſéquent les dépouiller de leur qualité repréſentative, ce qui ne ſeroit
peut-être pas un grand malheur pour les petites Républiques : il n'en eſt
pas de même pour les grands Etats ; car on conçoit bien que ce qu'on a dit
plus haut n'eſt que pour faire ſentir d'une maniere frappante l'abſurdité de
l'Ordonnance des Eſpagnols ſur l'emploi de l'or & de l'argent en meubles,
& étoffes de luxe. Mais ſi l'Ordonnance des Eſpagnols eſt mal raiſonnée,
c'eſt qu'étant poſſeſſeurs des mines, on conçoit combien il étoit de leur intérêt que la matiere qu'ils en tiroient, s'anéantît & devînt peu commune,
afin qu'elle en fût d'autant plus précieuſe, & non préciſément par le danger qu'il y avoit que ce ſigne de la richeſſe fût jamais réduit à rien, à force
de ſe multiplier ; c'eſt ce dont on ſe convaincra facilement par le calcul
qui ſuit.

Si l'état de l'Europe restoit encore, durant deux mille ans , exactement tel
qu'il est aujourd'hui sans aucune vicissitude sensible ; que les mines du Pérou ne s'épuisassent point , & pussent toujours se travailler , & que par leur
produit l'augmentation de l'argent en Europe suivît la proportion des deux
cens premieres années , celle de trente-deux à un : il est évident que dans
dix-sept ou dix-huit cens ans d'ici , l'argent ne seroit pas encore assez commun , pour ne pouvoir être employé à représenter la richesse. Car si l'argent
étoit deux cens quatre-vingt-huit fois plus commun , un signe équivalant à
notre piece de vingt-quatre sols devroit être deux cens quatre-vingt-huit fois
plus grand , ou notre piece de vingt-quatre sols n'équivaudroit alors qu'un
signe deux cens quatre-vingt-huit fois plus petit. Mais il y a deux cens qua-
tre-ving-huit deniers dans notre piece de vingt-quatre sols ; donc notre piece
de vingt-quatre sols ne représenteroit alors que le denier : représentation
qui seroit à la vérité fort incommode , mais qui n'anéantiroit pas encore
tout-à-fait dans ce métal la quantité représentative. Or , dans combien
de tems pense-t-on que l'argent devienne deux cens quatre-vingt-huit fois
plus commun , en suivant le rapport d'accroissement de trente-deux à un ,
par deux cens ans ? Dans dix-huit cens ans , à compter depuis le moment où
l'on a commencé à travailler les mines , ou dans seize cens ans à compter
d'aujourd'hui. Car trente-deux est neuf fois dans deux cens quatre-vingt-
huit : c'est-à-dire que dans neuf fois deux cens ans , la quantité d'argent en
Europe sera à celle qui y étoit quand on a commencé à travailler la mine ,
comme deux cens quatre-vingt-huit à un. Mais on a supposé que dans ce
long intervalle de tems, les mines donneroient toujours également ; qu'on
pourroit toujours les travailler ; que l'argent ne souffriroit aucun déchet par
l'usage , & que l'état de l'Europe dureroit sans aucune vicissitude ; supposi-
tions dont quelques-unes sont fausses , & dont les autres ne sont pas vrai-
semblables. Les mines s'épuisent, ou deviennent impossibles à exploiter par
leur profondeur ; l'argent déchoit par l'usage ce déchet est beaucoup
plus considérable qu'on ne pense , & il surviendra nécessairement dans un
intervalle de deux mille ans , à compter d'aujourd'hui, quelques-unes de ces
grandes révolutions dans lesquelles toutes les richesses d'une nation dispa-
roissent presqu'entierement , sans qu'on sache bien ce qu'elles deviennent.
Elles sont ou fondues dans les embrasemens , ou enfoncées dans le sein de
la terre. En un mot, qu'avons nous aujourd'hui des trésors des peuples anciens ? presque rien. Il ne faut pas remonter bien haut dans notre histoire
pour y trouver l'argent entierement rare , & les plus grands édifices bâtis
pour des sommes si modiques que nous en sommes aujourd'hui tout étonnés.
Tout ce qui subsiste d'anciennes monnoies dispersées dans les cabinets des
Antiquaires , rempliroit à peine quelques urnes : qu'est devenu le reste ? Il

eft anéanti, ou répandu dans les entrailles do la terre, d'où les focs de nos charues font fortir de tems en tems un Antonin, un Othon, ou l'effigie précieufe de quelqu'autre Empereur.

Les Rois ont toujours défendu, fous des punitions corporelles & confifcations, à quelque perfonne que ce fût, d'acheter de l'argent monnoyé, foit au coin de France, ou autre, pour le déformer, altérer, refondre, ou recharger; l'argent monnoyé ne paie point de droits d'entrée, mais on ne peut le faire fortir fans permiffion.

ARGENT BLANC fe dit de toute monnoie fabriquée de ce métal. Notre argent blanc aujourd'hui confifte en écus de fix livres, en demi écus valans trois livres, cinquiemes d'écus, valant vingt-quatre fols, dixiemes d'écus, valans douze fols, & vingtiemes d'écus, valant fix fols.

ARGENT DE PERMISSION, on nomme ainfi dans la plûpart des Villes des Pays-Bas François ou Autrichiens, ce qu'on nomme ailleurs argent de change. Cet argent eft différent de l'argent courant, les cent florins de permiffion valant cent huit florins & un tiers courant. Il en eft de même des livres de gros.

ARGENTER, c'eft appliquer & fixer des feuilles d'argent fur des ouvrages en fer, en cuivre, ou autres métaux, en bois, en pierres, en écailles, fur la toile, fur le papier, &c. pour faire paroître ces ouvrages en tout, ou en partie, comme s'ils étoient d'argent.

L'argenture fur les métaux differe totalement de l'argenture fur les autres matieres: on fait ufage du feu pour argenter les métaux; & pour les autres manieres d'argenter, on fe fert feulement de quelques matieres glutineufes qui prennent fur les feuilles d'argent & fur les pieces qu'on veut argenter.

Nota. On ne parlera ici que de la façon d'argenter les métaux, les autres matieres n'étant point de l'objet de cet ouvrage.

Argenter fur Fer.

Pour argenter fur fer, ou fur cuivre, il y a plufieurs opérations.

La premiere, c'eft d'*émorfiler*: on entend par ce terme, enlever le morfil, ou les vives-arêtes d'un ouvrage qui a été fait autour, ce qui s'exécute avec des pierres à polir, & par les apprentifs.

La feconde, c'eft de *recuire*: quand les pieces font bien émorfilées, les recuire, c'eft les faire rougir dans le feu, pour les plonger, après qu'elles font un peu refroidies dans de l'eau feconde, où on les laiffe féjourner un peu de tems.

La troifieme, c'eft de les *poncer*: les poncer, c'eft après qu'elles ont été recuites, les éclaircir en les frottant à l'eau avec une pierre de ponce.

La quatrieme confifte à faire rechauffer médiocrement la piece éclaircie, & la replonger dans l'eau feconde. Elle fera chaude au dégré fuffifant pour être

être plongée, fi l'ébullition qu'elle caufera dans l'eau en y entrant, eft accompagnée d'un peu de bruit. Le but de cette quatrieme opération eft de difpofer la piece, en lui donnant de petites inégalités infenfibles, à prendre plus fermement les feuilles d'argent qui doivent la couvrir.

Lorfqu'on veut que l'argenterie foit folide & durable, on fait une cinquieme opération qui eft de *hacher* les pieces, c'eft-à-dire d'y pratiquer un nombre prodigieux de traits en tous fens : ces traits s'appellent des *hachures*, & donnent à l'ouvrage le nom d'argent haché ; ils fe font avec le tranchant d'un couteau d'acier, dont la forme & la grandeur font proportionnées aux différentes parties de l'ouvrage à hacher.

La fixieme opération confifte à *bleuir* les pieces hachées : pour cet effet, on les fait rechauffer pour ne plus les laiffer refroidir qu'elles ne foient achevées ; cette opération s'appelle bleuir, parceque le dégré de chaleur qu'il convient de donner, eft celui qui change en bleu la furface de la piece qui étoit auparavant d'une belle couleur jaune, fi c'étoit du cuivre.

Mais comme les pieces doivent être chaudes dans tout le refte du travail, on eft obligé de les monter fur des tiges ou fur des chaffis de fer qu'on appelle *mandrins*. Il y a des mandrins d'une infinité de formes & de grandeurs différentes, felon le befoin & les différentes fortes d'ouvrages qu'il faut argenter. S'il s'agit, par exemple, d'argenter une piece platte, telle qu'une affiette, on la monte fur un mandrin fait en chaffis, ou à couliffe. Si c'eft, au contraire, un pied de chandelier, ou autre piece femblable percée d'un trou, on y fait paffer une broche de fer terminée par une viffe, fur laquelle broche on fixe l'ouvrage par le moyen d'un écrou. Cette broche, qui fe peut mettre dans un étau, quand il en eft befoin, s'appelle auffi un mandrin. Il n'y a gueres de reffemblance entre la forme de ce mandrin, & celle du mandrin précédent ; mais l'ufage étant abfolument le même, on n'a pas fait deux noms, & l'on a eu raifon : on diftingue feulement ces outils par ceux des pieces auxquels ils doivent fervir ; ainfi on dit mandrin à aiguierre, mandrin à affiette, mandrin à plat, mandrin à chandelier.

Les feuilles d'argent, dont on fe fert ici pour argenter, ont cinq pouces en quarré : quarante-cinq de ces feuilles pefent un gros. On commence par en appliquer deux à la fois fur les pieces chaudes que l'on veut argenter : cette opération eft la feptieme : elle confifte proprement à argenter, mais elle s'appelle charger. On prend les feuilles d'argent de la main gauche avec des pinces qu'on appelle *bruxelles* ; on tient de l'autre main un bruniffoir d'acier, qu'on appelle *bruniffoir à ravaler* : l'action de ravaler confifte à preffer avec cet inftrument les feuilles appliquées contre la piece en les frottant.

On a des bruniffoirs à ravaler de différentes formes & grandeurs, pour fervir aux différentes parties des ouvrages; les uns font droits, les autres courbes, mais tous d'un bon acier bien trempé, très polis, & parfaitement arrondis par leurs angles, de maniere qu'ils puiffent aller & venir fur l'ouvrage fans y faire des raies; ils font auffi emmanché de bois : ce manche de bois eft un bâton cylindrique, de longueur & groffeur convenable, garni d'une frette de cuivre par le bout, & percé dans toute fa longueur d'un trou dans lequel eft cimentée la tige d'un bruniffoir : la frette empêche le manche de fendre, ou en contient les parties quand il eft fendu.

S'il arrivoit que la piece eût été trop frappée de feu dans quelques endroits, on la gratebofferoit. *Grateboffer* une piece, c'eft en emporter avec un inftrument de léton, appellé grateboffe, une poufliere noire qui s'eft formée à fa furface; cela fait, on continue d'appliquer des feuilles, ou de charger comme auparavant.

On travaille deux pieces à la fois, & tandis que l'une chauffe, on opere fur l'autre, foit quand on charge, foit quand on brunit : on entend, comme on voit par charger, la même chofe que par appliquer.

Après que la piece eft chargée de deux feuilles d'argent, on la fait rechauffer à peu-près au même dégré de chaleur qu'elle avoit auparavant; puis on la reprend, & on lui applique quatre feuilles d'argent à la fois : ces quatre feuilles deviennent adhérentes entr'elles & aux deux premieres; & pour égalifer par tout cette adhérence, on paffe fur cette feconde application, ou charge, un bruniffoir à brunir : les bruniffoirs à brunir font d'acier, il y en a de différentes grandeurs & figures, ils ne different de ceux à ravaler que par la longueur de leur manche.

Cette premiere bruniffure ne fe donne point à fonds, comme celle qui doit terminer l'ouvrage, & qui fera expliquée plus bas; on continue de charger quatre à quatre feuilles, ou fix à fix, jufqu'à ce qu'on en ait mis les unes fur les autres jufqu'à vingt, trente, quarante, cinquante, foixante, felon que l'on veut donner à la piece une argenture plus durable & plus belle.

Lorfque les pieces font autant chargées qu'on le veut, on les brunit à fonds avec les bruniffoirs cités ci-deffus, & c'eft la derniere opération : pour cela l'ouvrier tient le bruniffoir de la main droite par le manche, & de la main gauche près du fer; avec la droite on éleve le manche, avec la gauche on baiffe le fer, ce qui fait que la gauche fait point d'appui, & que l'autre extrémité du bruniffoir eft fortement appuyée contre la piece.

L'ouvrier fait aller & venir cette extrémité fur toute l'argenture , & l'ouvrage eſt achevé.

On déſargente en faiſant chauffer la piece argentée, & la trempant dans l'eau feconde : la faiſant chauffer & la trempant de rechef, juſqu'à ce que l'eau ait pris toute l'argenture. On pratique cette opération quand il s'agit de fondre des pieces , ou de les réargenter. Il ne faut pas laiſſer longtems féjourner la piece dans l'eau feconde, fur la fin furtout de l'opération : cette eau prendroit infailliblement fur le corps de la piece, & y formeroit des inegalités quand on la réargenteroit, ce qui donneroit à fa furface un air raboteux & défagréable.

ARGENTURE, fe prend en deux fens différens, ou pour l'art d'appliquer des feuilles d'argent fur quelques corps, ou pour les feuilles mêmes appliquées. Voyez l'art de l'argenture à l'article ARGENTIER.

Quant à l'argenture priſe dans le fecond fens, il faut qu'elle foit forte , fortement appliquée, égale partout, bien unie. Le but de cette façon eſt de donner l'apparence de l'argent à ce qui n'en eſt pas. Si donc on appercevoit à l'œil, dans la piece argentée, quelque différence d'avec une pareille piece qui feroit d'argent, l'argenture eſt mal faite. Elle eſt mauvaiſe, ſi elle eſt inégale , non-adhérente, légere, & raboteuſe, & ſi l'argent eſt mauvais.

ARGUE, mot tiré du grec, à cauſe que l'invention & la machine ont été apportées de Gréce : forte de machine dont les Tireurs d'Or fe fervent pour dégroſſir & rendre plus menus leurs lingots d'or & d'argent, ou de cuivre, en les faiſant paſſer de force à travers certaines groſſes filieres dont les pertuis ou trous ronds vont toujours en diminuant de groſſeur. Voyez FILIERE, TIREURS D'OR, &c.

L'argue eſt compoſée d'un billot d'environ huit pouces en quarré fur cinq pieds de haut, & d'un gros arbre ou pivot de neuf à dix pieds auſſi de haut , auquel eſt attaché un cable.

Le billot eſt ſcellé de trois pieds en terre, enforte qu'il n'en paroît hors de terre qu'un bout de deux pieds, que l'on nomme communément la tête de l'argue.

Cette tête a deux entailles de dix-huit pouces de profondeur, l'une en large & l'autre en long. Celle en largeur fert à placer & appuyer les filieres, & celle en longueur eſt deſtinée à faire paſſer les lingots par les pertuis des filieres.

L'arbre eſt placé perpendiculairement entre deux gros poteaux, où il eſt enclavé de maniere qu'on le peut faire tourner quand on veut, par le moyen de deux barres longues de vingt-quatre pieds , qui paſſent au travers en croix, de même que celles d'un cabeſtan.

I ij

Il y a auffi de groffes tenailles courtes, dont les mords font crenelés en dedans, & les branches crochues par les extrémités : les mords fervent à ferrer le bout du lingot, & les crochets pour accrocher les tenailles à l'un des bouts des cables : l'autre extrémité eft attachée au corps de l'arbre que huit hommes font tourner par le moyen des barres, de maniere que le cable venant à fe tortiller fur l'arbre, il fe roidit de telle forte, & avec tant de force, qu'il attire avec lui la tenaille & le lingot qui s'allonge & s'amenuife à mefure qu'il paffe à travers le pertuis de la filiere : on frote le lingot de cire neuve, pour qu'il puiffe paffer avec plus de facilité. Voyez FILIERE & TIRER L'OR.

ARGUE ROYALE, eft le lieu ou le Bureau public établi à Paris, pour la confervation des droits de marque fur les ouvrages d'or & d'argent, où les Tireurs d'Or font tenus de porter leurs lingots d'or & d'argent pour y être tirés & dégroffis, & les droits de marque payés aux Commis prépofés à cet effet, n'étant pas permis aux Orfévres, Tireurs d'Or, & autres, d'avoir en leurs maifons & boutiques, aucunes argues, ni machines propres à tirer & dégroffir les lingots d'or & d'argent.

Par Lettres-Patentes fur Arrêt, du 24 Avril 1725, données à Verfailles le 7 Mai fuivant, Sa Majefté a modéré les Droits de Marque & Contrôle fur les ouvrages d'or & d'argent qui paffent à l'argue de Paris, & a ordonné :

ARTICLE PREMIER.

„ Qu'à commencer du jour de la publication des préfentes, le Droit de „ Marque & Contrôle fur les ouvrages des Tireurs d'Or de notre bonne „ Ville de Paris, fera levé à raifon de vingt-deux fols feulement par marcs „ d'argent qui feront par eux fabriqués, tant fur les lingots d'argent, que „ fur les lingots dorés, à la déduction de deux fols pour les retailles ou „ déchets qui fe trouvent fur lefdits ouvrages, au lieu de quarante fols „ par marc qu'ils payent actuellement à la déduction de trois fols pour „ lefdites retailles ou déchets.

I I.

„ Les Tireurs d'Or de Paris feront tenus, huit jours après la publica-„ tion des préfentes, de remettre au Bureau de l'argue de notre Fermier à „ Paris, toutes les filieres qu'ils ont propres à fervir audit argue, de la-„ quelle remife il fera fait mention fur un regiftre qui fera tenu à cet „ effet par le Receveur audit Bureau, avec une déclaration enfuite, fignée „ defdits Tireurs d'Or, qu'il ne leur en refte aucune de la groffeur des „ trous de celles fervant audit argue. Défendons auxdits Tireurs d'Or, „ ainfi qu'aux Orfévres, & à tous autres Particuliers, d'avoir & tenir

» chez eux, ni partout ailleurs, aucunes defdites filieres de la groffeur des
» trous de celles fervant à l'argue, à peine de confifcation & de
» trois mille livres d'amende, même de déchéance de maîtrife contre
» les Maîtres Tireurs d'Or ou Orfévres chez lefquels lefdites filieres
» feront trouvées; & à tous ouvriers d'en faire ni faire faire aucune defdites
» groffeurs, pour autre que pour notre Fermier defdits Droits, fur les
» mêmes peines; dérogeant à cet effet à l'Arrêt de notre Confeil du 10
» Janvier 1688, qui permet auxdits Tireurs d'Or d'avoir leurs filieres en
» leur poffeffion.

I I I.

» Confirmons, en tant que de befoin feroit, l'Arrêt de notre Confeil du
» 3 Mars 1722, & nos Lettres-Patentes expédiées fur icelui le 22 Avril
» fuivant, portant que l'Arrêt de réglement pour les Affineurs & Tireurs
» d'Or de notre Ville de Lyon, du 10 Février 1711, fera & demeura
» commun avec les Affineurs & Tireurs d'Or de Paris, nonobftant l'op-
» pofition formée par lefdits Tireurs d'Or de Paris, dont nous les avons
» déboutés: & en conféquence ordonnons qu'à compter du jour de la pu-
» blication des préfentes, les Affineurs de Paris feront tenus de marquer
» les lingots affinés par numéro & par années, en recommençant chaque
» année le numéro, & y joignant l'année: defquels lingots ils tiendront
» regiftre, enfemble de la vente & délivrance qu'ils en feront, dont ils
» délivreront, fans frais, chaque mois un extrait ou état certifié d'eux, à
» notre Fermier de la Marque d'or & d'argent, fes Commis & Prépofés;
» comme auffi d'écrire fur leurs regiftres, les ventes, échanges ou remi-
» fes des retailles d'or & d'argent qui leur feront faites, avec le nom &
» qualité des Tireurs d'Or qui les leur auront vendues & remifes, & la
» date de la remife, dont ils délivreront fans frais un extrait certifié d'eux,
» à notredit Fermier, fes Commis & Prépofés, de trois mois en trois
» mois: enjoignons aux Tireurs d'Or, & à tous autres de quelque condi-
» tion qu'ils foient, de tenir pareillement regiftre des lingots affinés qu'ils
» acheteront ou vendront, de leur poids & numéro, avec le nom & qua-
» lité des Acheteurs ou Vendeurs: comme auffi des retailles qu'ils ven-
» dront, échangeront ou remettront aux Affineurs, avec la date de la re-
» mife, & le poids & qualité defdites retailles: lefquels regiftres les Ti-
» reurs d'Or, & autres perfonnes, feront obligés de repréfenter à nos Fer-
» miers, leurs Commis & Prépofés, lors des vifites qu'ils feront. Défen-
» dons aux Tireurs d'Or de vendre ou changer des retailles d'or & d'ar-
» gent, de quelque qualité qu'elles foient, à autres qu'aux Affineurs ou au
» Maître de la Monnoie, conformément à l'article IX de l'Edit du mois

» de Décembre 1692, fous peine de confifcation & trois mille livres d'a-
» mende, tant contre le Vendeur, que contre l'Acheteur, à la réferve
» néanmoins, en cas de dénonciation de la part de l'un des deux, que
» celui qui aura fait ladite dénonciation fera déchargé de ladite amende,
» lefquelles ne pourront être remifes, ni modérées.

I V.

» Défendons, fous les mêmes peines, à tous Tireurs, Batteurs d'Or,
» Doreurs, & autres Ouvriers qui employent les matieres d'or & d'argent
» affinées, d'en employer d'autres que celles provenant des Affineurs; &
» à tous Orfévres, Tireurs d'Or, & autres, d'avoir dans leurs maifons,
» ni ailleurs, aucuns bancs attachés ni fcellés en place, pour tirer aucuns
» ouvrages de quelque nature que ce foit.

V.

» Voulons, au furplus, que les Edits, Ordonnances & Réglemens,
» concernant les affinages & l'art & métier des Tireurs, Batteurs d'Or,
» Doreurs & autres Ouvriers qui employent les matiers d'or & d'argent,
» foient gardés felon leur forme & teneur, en ce qui n'eft point dérogé par ces
» préfentes. SI VOUS MANDONS, &c. DONNÉ à Verfailles le feptieme jour
» de Mai 1725 «.

Ces Lettres-Patentes furent adreffées à la Cour des Aydes, & par elle
regiftrées le 29 Mai 1725 ; & à la Cour des Monnoies, & par elle regiftrées
le 6 Juin fuivant.

Louis XIV ayant jugé à propos de créer, par Edit du mois de Septembre 1705, deux Offices de Receveurs, l'un pour la marque d'or & d'argent,
& l'autre au Bureau de l'argue établi dans la Ville de Paris, avec attribution de gages & de priviléges, il plut à Sa Majefté de fupprimer, par Edit
du mois de Décembre 1728, celui de Receveur des droits de la marque
d'or & d'argent, comme inutile & fans fonctions; & Sa Majefté ayant
été informée de la même inutilité de l'Office de Receveur de l'argue,
elle fupprima cet Office par Edit du mois de Janvier 1730, regiftré en la
Chambre des Comptes le 6 Février fuivant. » Permet, Sa Majefté, aux
» Sous-Fermiers de ce droit, & à ceux qui leur fuccéderont dans la Ferme,
» de faire faire la recette par tels Commis qu'ils voudront choifir, ainfi
» qu'il fe pratiquoit avant l'Edit du mois de Septembre 1705 «.

Les Offices d'Infpecteurs aux argues de Paris & de Lyon, créés par Edit
du mois de Janvier 1708, furent fupprimés par Edit du mois d'Août 1717,
regiftré en Parlement le 15 Décembre fuivant, & en la Cour des Aydes
le 19 Février 1718.

ARGUER, c'est passer l'or, l'argent, ou quelqu'autre métal, par les filieres de l'argue, pour les dégrossir, & commencer à les réduire en fil ; on dit plus ordinairement tirer à l'argue. Voyez l'article précédent, & celui de TIREUR D'OR.

L'article XVII de la Déclaration du mois d'Octobre 1689, registrée en la Cour des Monnoies le 14 Novembre suivant, porte :

» Les lingots affinés & marqués des poinçons ne pourront être tirés & » dégrossis que dans les argues par nous établies & non ailleurs, à peine » de trois mille livres d'amende, & de confiscation pour la premiere fois, » & en cas de récidive de punition corporelle «.

Voyez AFFINEUR ; cette Déclaration y est rapportée en entier.

AS, monnoie des Romains. Voyez au mot MONNOIE, LES MONNOIES DES ROMAINS.

ASLANI. Voyez DALLER de Hollande.

ASPIRER, terme de Doreur ; on dit que l'or couleur aspire l'or, pour dire qu'il le retient ; il se dit pareillement de ce qu'on appelle l'assiette dans la dorure en détrempe.

ASPRE. On appelle ainsi, en Turquie, une petite monnoie qui valoit autrefois huit deniers monnoie de France : lorsqu'elle étoit de bon argent, il en falloit quatre-vingt pour un écu ; à présent il y en a quantité de fausses, & de bas aloi, ce qui fait qu'on en donne jusqu'à cent vingt. Ainsi l'aspre vaut aujourd'hui environ cinq deniers de France : sur ce pied un sequin de Venise & de Turquie vaut quatre cens quatorze aspres, ou dix livres 10 sols de France. Les piastres du Pérou & du Mexique, du poids de cinq cens six grains en France, passent pour deux cens huit à deux cens dix aspres ; la réale ou rixdaler de l'Empire cent trente aspres ou environ ; le rixdaler d'Hollande deux cens aspres.

ASPRE, menue monnoie d'argent de Turquie, d'Alger, &c. qui pouvoit valoir autrefois huit deniers de France. On en donnoit quatre-vingts pour notre écu de soixante sols, mais comme on rencontre beaucoup d'aspres fausses & de bas alloi assez communément, on ne les reçoit plus aujourd'hui que sur le pied de six deniers de France, il en faut cent vingt pour l'écu.

ASSIETTE, en terme de Doreur, signifie une espece de couleur un peu grosse dont on se sert pour asseoir l'or quand on dore en détrempe.

ATCHE. C'est la plus petite monnoie d'argent billon, & celle de moindre valeur entre toutes les especes qui aient cours dans les Etats du Grand Seigneur ; elle vaut quatre deniers ⅓ argent de France, & a pour empreinte des caractéres Arabes.

AVOCATS GÉNÉRAUX de la Cour des Monnoies.

La création de la Charge d'Avocat du Roi en la Chambre des Monnoies, ne fut pas fitôt faite que celle de Procureur du Roi. On lit dans les vieux regiftres de la Chambre, qu'en l'année 1406 Me Pierre du Bo, Avocat en Parlement, étoit Avocat du Roi par commiffion en la Chambre des Monnoies, & exerça jufqu'au 17 Décembre 1436, que Me Philippe Braque fut reçu en cet Office. C'eft la premiere réception qui fe trouve avoir été faite de l'Avocat du Roi en la Chambre des Monnoies, qui prit le titre d'Avocat général lors de l'érection de cette Chambre en Cour Souveraine.

Louis XIII, par Edit donné à Abbeville au mois de Juillet 1639, créa un fecond Avocat général en titre d'Office formée aux mêmes honneurs, autorités, prérogatives, prééminences, exemptions, priviléges, fonctions, droits de franc-falé, livrées, étrennes, entrées, & autres droits femblables dont jouiffoit celui qui étoit pourvu de cet Office, fans aucune diftinction du premier au fecond Avocat général que de leurs réceptions feulement, à l'inftar des Avocats généraux des autres Cours Souveraines, avec attribution de douze cens livres de gages affignés à prendre fur le fonds des Gabelles, ou fur les boëtes des Monnoies de France, enfemble fix cens livres de penfion fur ces boëtes, ainfi que l'autre Avocat général.

Ordonnance de Charles IX du mois de Septembre 1570, article VII. » Enjoignons à nos Avocats & Procureur Généraux en notre Cour des » Monnoies, de fe rendre fujets aux devoirs de leurs Charges, tant pour » la confervation de nos Droits, que pour faire garder & entretenir nos » Ordonnances, Edits & Réglemens, concernant le corps de ladite Cour, » & Officiers inférieurs de nos Monnoies.

Edit du mois de Mars 1554, article XXVI. » Nos Avocats & Procureur » en notre Cour des Monnoies, feront diligence de faire apporter toutes » les boëtes de nos Monnoies, & procéder au jugement d'icelles dans le » tems qui, pour ce, fera ordonné par notredite Cour; feront entretenir, » garder & obferver de point en point nos Ordonnances & Reglemens fur » le fait de nofdites Monnoies & Officiers en icelles, tiendront la main » à ce que nofdites Ordonnancas foient publiées par tous Bourgs, Lieux » & Villes de notre Royaume, de trois mois en trois mois, & qu'en » icelles la Loi ou bonté intérieure de nofdites Monnoies, aufquelles » nous avons donné cours, ne foient manifeftes en aucunes maniere, & » que les peines portées par les Ordonnances ne foient aucunement modérées. »

AVOCATS

Avocats du Roi en la Chambre des Monnoies.

Pierre de Bo, Avocat en Parlement, Avocat du Roi en la Chambre des Monnoies, par commiſſion, en 1406.

Philippe Bracque, reçu Avocat du Roi en ladite Chambre, le 17 Décembre 1436.

Reynault Deſdormans, le 28 Septembre 1461.

Denis le Mercier, le 4 Février 1465.

Etienne Enjorrant, le 20 Décembre 1472.

François Reverend, en 1485.

Louis Enjorrant, en 1498.

François Benehaud, en 1547.

Jean Bazanier, au lieu dudit Benehaud ſon beau-frere, le 14 Octobre 1549.

Avocats Généraux de la Cour des Monnoies.

Robert Dufour étoit Avocat Général en la Chambre des Monnoies, lors de ſon érection en Cour Souveraine, en 1551.

Jean Benehaud, au lieu dudit Dufour, le 9 Mars 1554.

Jean David, par Lettres-Patentes du 19 Juillet 1557, reçu le 24 deſdits mois & an.

Jean de la Haye, pourvu par Lettres du 19 Août 1557, & reçu le 25 Janvier 1558.

Thevenin Favier, reçu au lieu dudit de la Haye, en 1561.

Gervais Meſmin, pourvu le 2 Décembre 1569, par réſignation dudit Thevenin Favier, reçu le 22 dudit mois.

Jean de Murat, reçu le 19 Janvier 1587.

Jean le Beſque, reçu le dernier mars 1599, par réſignation de Jean de Murat.

François le Beſque, reçu en 1617, au lieu de Jean le Beſque ſon pere.

Pierre de Lacour, reçu le 3 Juillet 1632, au lieu dudit François le Beſque.

Charles François du Duict, Seigneur de Plancheville & de Servolles, reçu le 10 Décembre 1637, au lieu dudit de Lacour,

Louis Cartais, reçu le 19 Juillet 1640, en l'Office de ſecond Avocat Général, créé par Edit du mois de Juillet 1639.

Giraut le Roux, pourvu dudit Office au lieu dudit Charles-François du Duict, le 17 Mai 1646.

Tome 1. K

Nicolas Chopin, Seigneur de Peray, reçu le premier Août 1654, au lieu dudit le Roux, pourvu & non reçu.

Gabriel Perlan, reçu le 23 Août 1661.

Nicolas le Vacher, le 13 Septembre 1678.

Louis Guilloire, le 13 Mai 1681.

Dominique Huret, reçu en Février 1686.

Nicolas Poulain, le 24 Juillet 1694.

Jacques Robethon, le 8 Janvier 1698.

Claude Poulain, fils de Nicolas Poulain, reçu Avocat Général le 13 Juin 1708.

Guillaume Gouault, reçu le 28 Août 1717, depuis Procureur Général en 1744.

Antoine Poulain, reçu le 28 Août 1730.

Henri-François de Graverolles, reçu le 8 Mai 1745.

Ifaac René Herault, reçu le 26 Octobre 1746, actuellement exerçant.

Alexandre-Gabriel le Févre, reçu le 13 Juillet 1748, actuellement exer-çant.

AVOCATS DU ROI ÈS HOTELS DES MONNOIES, créés en titre d'Office formé par Edit du mois d'Octobre 1708 pour, par les Pour-vus, porter la parole dans chacun des Siéges de leur établiffement dans les cas requis & accoutumés, & y faire toutes les fonctions que fai-foient les Avocats du Roi dans les autres Compagnies, lefquelles fonc-tions Sa Majefté a défunies, en tant que befoin étoit, de celles des Pro-cureurs du Roi efdits Siéges, avec défenfes à eux, & à tous autres qui au-roient pu jufqu'à préfent s'entremettre dans les fonctions de la parole, de plus s'y immifcer, ni d'y troubler les Avocats du Roi, à peine d'interdic-tion, & de deux mille livres d'amende, & jouir par les Acquereurs de ces Offices, fuivant qu'il eft au long énoncé en cet Edit.

Regiftré le 2 Juin 1709.

Autre Edit donné à Marly au mois d'Avril 1709, par lequel Sa Majefté ordonne que les Offices de Confeillers-Avocats du Roi, créés par l'Edit du mois d'Octobre 1708, feront & demeureront héréditaires dans les Siéges de leurs établiffemens où les Offices des Procureurs du Roi font héredi-taires; ces deux Edits adreffés à la Cour des Monnoies, & par elle regif-trés le 7 Juin 1709.

AVOIR DU POIDS ou AVER DE POIDS: terme dont on fe fert en Angleterre pour défigner une livre de feize onces. La proportion d'une livre *aver du poids* à la livre *Troy*, eft celle de dix-fept à quatorze. Voyez POIDS & LIVRE.

B.

BAAT, monnoie d'argent de Siam, qui sert en même tems de poids: elle est de forme quarrée : elle porte, dans l'empreinte, des caractéres assez ressemblans à ceux des Chinois, mais fort mal frappés. Comme cette monnoie, ou ce poids, est sujet à être altéré par ses angles, il faut en faire l'épreuve avant de le prendre comme monnoie, ou comme poids : le baat pese trois gros deux deniers & vingt grains, poids de marc de France; il est au titre de neuf deniers douze grains, & est appellé *Tical* en Chine, où il a cours.

BAIN, en terme de Monnoyeurs & de Fondeurs, s'entend des métaux qui sont en parfaite fusion : quand l'or, l'argent ou le cuivre sont en pleine fonte, on dit de l'or, de l'argent, du cuivre en bain.

BAJOIRE. On appelle ainsi une piece de monnoie, ou une médaille qui a pour empreinte deux têtes en profil, dont l'une avance sur l'autre : on en voit des Rois Louis I, de Carloman, de Henri IV & de Marie de Médicis, dans les cabinets des curieux.

BAIOQUE, monnoie de cuivre qui a cours à Rome & dans l'Etat Ecclésiastique : il en faut dix pour un Jule. Il y a des demi baïoques, ou pieces de quatre deniers & demi. La baïoque vaut, argent de France, un sol trois cinquiemes.

BALANCES, autrement trébuchets, petites balances dont on se sert pour peser les monnoies d'or & d'argent, & les matieres précieuses, lorsqu'elles sont en petite quantité.

BALANCE SOURDE, dont on sert dans les Monnoies : les deux bouts sont plus bas que le cloud, & la châpe est soutenue en l'air par le moyen d'une guindole, que les ouvriers appellent guinole.

BALANCE D'ESSAI, est une balance de la plus grande justesse & de la plus parfaite précision, qui est suspendue dans une lanterne dont les trois côtés sont fermés chacun d'un carreau de verre, afin que l'air n'y puisse causer aucune agitation : il y en a de si justes & si sensibles qu'elles trébuchent pour la millieme partie d'un grain.

Une balance, après un long travail, devient dure ou sourde, si l'on n'a pas eu la précaution d'avoir proportionné le fléau au poids que l'on veut peser : par exemple, si un poids sémele, ou poids d'essai, est de demi gros poids de marc, il faut que les bras du fléau aient un tiers de ligne de diamétre dans la petite main qui tient les cordons portant les bassins, en augmentant à proportion jusqu'au milieu du fléau où est placé le pivot qui doit balancer ou rouler dans les yeux de la châsse ou porte fléau. Il faut que les pommettes du pivot aient le trenchant médiocrement affilé, que les bassins foient fufpendus d'une longueur proportionnée au fléau, & qu'ils ne foient pas trop matériels. Une balance de cette efpece peut fervir pour un poids fémele de dix-huit grains & au-deffous.

Les Romains fe fervoient des mots *ftatera*, *trutina*, & *libra*, pour exprimer ce que nous entendons par balance : il y avoit cependant quelques différences dans ce que fignifioient ces mots.

Libra étoit une balance femblable aux nôtres, compofée de deux baffins, d'un fléau, languette & châffe, au haut de laquelle il y avoit un anneau pour la fufpendre : mais ils ne pefoient pas comme nous ; les bras du fléau étoient marqués de points ou lignes comme notre pefon : ils mettoient d'un côté dans un baffin ce qu'ils vouloient pefer, & de l'autre un petit poids ; & quand il falloit l'augmenter, ils attachoient avec un crochet d'autres poids fur le bras du fléau, & ne les mettoient pas dans le baffin.

Antiquité, Supplément, Portiunc. fol. 20. M. Petau a donné la figure d'une de ces balances antiques, & le Sieur Duval, autrefois Interprète des Langues Orientales, dans quelques remarques qu'il a faites fur ce livre, dit que *fimilem huic Romæ in Capitolio facram fervatamque vidimus, & ad eam judicatos non legitimi ponderis panes, fifcoque pontificio addictos, non abfque æris multa.*

Trutina eft proprement la languette de la balance, qui marque l'égalité du poids, ou plutôt, *foramen intra quad eft lingua bilancis, ad quod eft examinatio : quod æquilibrium, æquamentum, alii libramentum vocant.*

Cujac, leg. 1. Caput de Ponderator. *Statera* étoit femblable à notre pefon que l'on appelle une romaine, mais au lieu de crochet qui porte le fardeau, il y avoit un baffin. *Statera unam tantum habet lancem, non duas ficut libra.* Cette Loi s'entend du pefement fait avec la romaine, ou *ftatera*, comme il eft nettement expliqué par ces termes *æquâ lance*, qui ne défignent qu'un baffin. Et même encore à préfent les Chinois, pour pefer l'or qu'ils donnent en poudre dans le commerce, ne fe fervent que de petits pefons ou ftateres d'ivoire, qui font plus juftes que toutes fortes de balances.

BALANCIER, Ouvrier qui fait les divers inftrumens qui fervent à pefer toutes fortes de marchandifes, denrées, métaux, & autres chofes qui s'achetent ou fe vendent au poids, ou dont on veut connoître la pefanteur. Les mêmes Ouvriers font & vendent les divers poids de cuivre, de fer, ou de plomb dont on fe fert pour pefer.

Les Balanciers font une Communauté établie à Paris en corps de Jurande ; elle y eft très ancienne, & fous la Jurifdiction privative des Officiers de la Cour des Monnoies : cette Jurifdiction a été d'abord attribuée à la Chambre des Monnoies par Ordonnance de François I, du mois de Mars 1540, par la Déclaration du 18 Septembre fuivant, & confirmée à la Cour par l'Edit de Souveraineté du mois de Janvier 1551, Lettres-Pa tentes du 3 Mars 1554, par Edit du mois de Septembre 1570, par Ordonnances de Henri III, du 14 Juin 1575, données pour le réglement des poids & mesures ; par Lettres-Patentes, du même Roi, données à Compiégne au mois de Septembre 1567, concernant les trébuchets & poids de Limoges ; par Edits des mois de Juin 1635, Décembre 1638 & Mars 1645.

Les Statuts de cette Communauté sont enregistrés à la Cour des Monnoies : c'est à cette Cour qu'ils doivent être reçus à la Maîtrise ; ils y prêtent serment, ils y font vérifier & étalonner tous les poids de marc qu'ils fabriquent, & ils y prennent les petits poids matrices sur lesquels ils coupent ces légeres feuilles de léton dont on se sert dans les trébuchets & les petites balances des Joyalliers pour peser les grains & autres semblables petites parties & diminutions du marc.

Chaque Maître Balancier est tenu d'avoir un poinçon particulier, dont l'empreinte se conserve sur une table de cuivre au Greffe de la Cour des Monnoies, & au Bureau de la Communauté, pour y avoir recours quand le cas y échet, & pour y faire le rengrainement ou vérification desdits poinçons. Arrêt de la Cour des Monnoies du 31 Janvier 1642.

Ce poinçon, sur lequel il n'y a ordinairement que la premiere lettre du nom de chaque Maître, avec une couronne fleurdelisée au-dessus, sert à marquer leurs ouvrages, afin que chaque Maître puisse en répondre s'il se trouvoit quelqu'altération aux poids & aux balances.

Aux balances dont les bassins sont de cuivre, la marque se met au fonds des bassins ; aux autres c'est au fléau.

Quant aux poids, s'ils sont de cuivre, ils se marquent par-dessous, c'est aussi l'endroit où se marque l'étalonnage de la Cour des Monnoies : aux poids de plomb, la marque se met sur le plomb même ; aux poids de fer, qui ordinairement sont quarrés avec un anneau dessus, & une profondeur par-dessous, la marque se met sur le plomb qui est dans cette cavité, & qui sert à la justesse du poids ; les gros, les grains, & les autres diminutions portent de même l'empreinte du poinçon.

L'étalonnage de la Cour des Monnoies se fait pareillement avec un poinçon où seulement est gravée en creux une fleur de lys ; l'on ajoute avec d'autres poinçons des chiffres romains ou des points qui marquent la pesanteur du poids.

Les Maîtres ne sont point obligés de faire étalonner les petites diminutions ; mais ils les dressent sur la matrice étalonnée qu'ils ont chez eux, ils les marquent ensuite de leur propre poinçon avec les chiffres & les points convenables à leur pesanteur.

On appelle chez les Balanciers reméde de poids de marc, ce qu'ils doivent donner à tous les poids qu'ils fabriquent au-delà de leur juste pesanteur , à la réferve néanmoins des diminutions depuis quatre onces jufqu'au demi felin auquelles on ne donne aucun reméde.

Deux feuls Jurés ont foin de la police, des vifites & des affaires de cette Communauté : ils reftent chacun deux ans en charge ; le plus ancien fort chaqu'année , un autre nouvellement élû remplit fa place : c'eft chez l'ancien des Jurés en charge que fe tiennent les affemblées , c'eft à lui de les indiquer.

Chaque Maître ne peut avoir qu'un apprentif : nul apprentif ne peut afpirer à la maîtrife qu'après cinq ans d'apprentiffage , & deux ans de fervice chez les Maîtres comme compagnon.

Nul compagnon ne peut travailler à Paris, s'il n'eft apprentif des Maîtres de la Ville.

Les Afpirans doivent faire chef-d'œuvre , & les fils de Maîtres fimple expérience.

Les Veuves jouiffent des priviléges de la maîtrife, à la réferve de celui de faire des apprentifs.

Ce font les Jurés en charge qui indiquent les poinçons aux nouveaux Maîtres à leur réception.

Aucun poids de marc ne peut-être vendu qu'il n'ait auparavant été marqué du poinçon particulier du Maître qui l'a fabriqué , & qu'il n'ait été vérifié & ajufté fur le poids original & marqué , en la Cour des Monnoies, du poinçon de fleur de lys à ce deftiné.

Ces différentes obligations, auxquelles font tenus & obligés les Maîtres Balanciers, font tirées des difpofitions précifes des Ordonnances de François I, en 1540, art. XLVI, & en 1557, art. II , & de différens Arrêts & Réglemens du Confeil & de la Cour des Monnoies.

La Déclaration du 30 mars 1640, vérifiée en la Cour des Monnoies , ordonne à tous Maîtres Balanciers de Paris d'ajufter leurs poids fur les originaux qui font au greffe de la Cour des Monnoies, ou aux Hôtels des Monnoies du Royaume. Celle du 18 Octobre de la même année 1640, fait défenfes aux Balanciers de vendre des poids pour les monnoies, qui ne foient étalonnés aux Hôtels des Monnoies des principales Villes des Provinces où ils doivent être marqués gratuitement.

Arrêt de la Cour des Monnoies du 17 Janvier 1641 , qui fait défenfes à tous Balanciers, & autres qui vendent & débitent des poids de marc, & autres poids pour pefer or & argent, d'en vendre & expofer aucuns qu'ils ne foient bien & duement ajuftés & étalonnés fur les originaux de la Cour, ou fur ceux tirés du Greffe d'icelle , & , pour plus grande affurance publique, marqués du poinçon de fleur de lys qui eft au Greffe , à peine de confifcation des poids qui ne feront ajuftés , étalonnés & marqués, de trois cens livres d'amende pour la premiere fois , & de punition corporelle en cas de récidive.

Par un autre Arrêt de la même Cour du 31 Janvier 1642 , il eſt enjoint aux Balanciers de Paris de mettre & laiſſer au Greffe de cette Cour une table de cuivre ſur laquelle les Maîtres dudit métier ſeront tenus de graver leurs noms & leurs poinçons, portant la marque dont ils entendront ſe ſervir pour marquer leur poids de marc & autres ouvrages de leur métier ; leur fait défenſes de vendre , débiter aucuns poids qu'ils ne ſoient marqués du poinçon qu'ils auront choiſi , & qu'ils ſoient bien & duement étalonnés & marqués du poinçon de fleur de lys qui eſt au Greffe de la Cour , à peine de faux & d'amende arbitraire.

Arrêt du Conſeil du 30 Janvier 1642 , qui , ſur une inſtance traduite devant le Prevôt de Paris, renvoye les Parties procéder en la Cour des Monnoies , avec toute attribution de Juriſdiction.

Arrêts de la Cour des Monnoies des années 1670, 30 Mai 1672 , portant défenſes de procéder ailleurs qu'en cette Cour ſur les différends des Balanciers.

La Cour des Monnoies a réuni les devoirs des Balanciers dans ſon Arrêt du 23 Septembre 1744, ainſi qu'il ſuit :

» La Cour ordonne qu'en exécution des Ordonnances, Arrêts & Ré-
» glemens du Conſeil & de la Cour , intervenus au ſujet des Maîtres Ba-
» lanciers, tous les Maîtres dudit métier ſeront tenus , à compter du jour
» de la ſignification du préſent Arrêt, de marquer de leur poinçon parti-
» culier tous les ouvrages qu'ils feront ; à l'effet de quoi ſeront tenus de
» faire inſculper leurs poinçons, tant ſur la table de cuivre, étant au Greffe
» de la Cour, que ſur celle étant au Bureau de la Communauté : leur fait
» défenſes de vendre aucun poids de marc qui ne ſoit marqué du poinçon
» particulier du Maître qui l'aura fait , & qu'il n'ait été ajuſté , étalonné &
» marqué , en la Cour, du poinçon de fleur de lys à ce deſtiné ; Ordonne
» pareillement que les Jurés dudit métier, & leurs ſucceſſeurs eſdites char-
» ges , ſeront tenus, dans huitaine après leur élection, de ſe préſenter à la
» Cour, & d'y prêter ſerment, à l'effet ſeulement de faire obſerver par
» les Maîtres de leur Communauté , les Arrêts & Réglemens concernant
» les marques & poinçons qui doivent être ſur leurs ouvrages ; leur en-
» joint de tenir la main à l'exécution du préſent Arrêt, & de faire, à cet
» effet, toutes viſites néceſſaires chez les Maitres , & d'y ſaiſir tout ce
» qu'ils trouveront en contravention à cet égard, leſquelles ſaiſies ils ſe-
» ront pareillement tenus de rapporter au Greffe de la Cour avec les Pro-
» cès-verbaux d'icelles , dans trois jours après qu'elles auront été faites ,

» pour y être pourſuivies & jugées ainſi qu'il appartiendra. « Fait en la Cour des Monnoies le vingt-troiſieme jour de Septembre 1744.

BALANCIER , machine qui ſert à frapper les monnoies , les médailles , les jettons , les pieces de plaiſir , les pieds forts , &c. Cette machine a été inventée vers la fin du ſeizieme ſiécle , mais l'uſage n'en a été entiement établi dans les Hôtels des Monnoies de France , que depuis l'entiere ſuppreſſion du monnoyage au marteau , & l'établiſſement de celui au moulin.

Deſcription de la machine. Les principales parties du balancier ſont la barre ou fléau , la viſſe , l'écrou , la platine & les boëtes d'en haut & d'en bas : toutes ces parties , à la réſerve de la barre , ſont contenues dans le corps du balancier qui eſt quelquefois de fer , mais plus ordinairement de fonte ou de bronze ; ce corps , qui eſt très maſſif pour ſoutenir l'effort du travail , eſt porté par un fort billot ou bloc de bois , de marbre , ou de fer fondu , tel que ſont ceux de la Monnoie des médailles ; la barre qui eſt placée horiſontalement au-deſſus du corps du balancier , eſt de fer quarré , à ſix ou à huit pans , garnie à chaque bout d'une boule de plomb plus ou moins forte , ſuivant la longueur & groſſeur de la barre & du corps du balancier. Les plus groſſes ſont du poids de trois cens livres les deux , & les plus foibles d'environ cent livres. C'eſt dans ces boules que conſiſte la principale force du coup qui marque les monnoies. Ces boules ſont garnies d'anneaux où ſont attachés les cordons avec leſquels on lui donne le mouvement. Dans le milieu de la barre eſt enclavée la viſſe ; elle s'engrenne dans l'écrou qui eſt placé dans le milieu du corps du balancier , & preſſe la boëte coulante , ou d'en haut ; par le moyen d'un collier garni de deux jumelles & d'un boulon , lequel collier embraſſant le bout de la viſſe & le boulon traverſant ladite boëte coulante ou d'en haut , enléve le tout enſemble & lui fait faire ſon effet.

Cette boëte coulante ou d'en haut , qui eſt un gros marteau de fer quarré ou maſſif , traverſe le milieu de la platine , qui eſt un autre morceau de fonte retenu dans le balancier par des tenons & couliſſes , & ſert à empêcher ladite boëte d'en haut d'avoir aucune variation.

A un des bouts de ladite boëte eſt une ouverture quarrée dans laquelle s'introduit l'un des deux quarrées ſervans à frapper les monnoies , qui eſt retenu par le moyen de quatre viſſes.

Enfin , la boëte d'en bas plus petite que la boëte d'en haut , eſt introduite dans le bas du corps du balancier auquel elle eſt retenue par un bout de fer d'environ trois pouces quarrés : elle eſt auſſi percée d'un trou quarré dans lequel ſe place le ſecond quarré à frapper leſdits monnoies qui y eſt

pareillement

pareillement retenu par quatre viffes. A cette feconde boëte eft ajoutée une efpece de porte-reffort dans lequel s'introduit une petite lame mince en forme de croiffant par le bout, & qui s'ajufte fur le bord du quarré pour retenir l'efpece, ce qui s'appelle reffort; ce reffort retient l'efpece, & fert par la force du coup à la détacher & la chaffer de deffus le quarré qui lui a donné l'empreinte.

Ce reffort n'eft point d'un ufage général dans toutes les Monnoies; il en eft dans lefquelles on fe fert d'un jaquemart, qui eft une branche de fer coudée, armée au bout d'une boule de plomb qui lui fert de contrepoids, & terminée à l'autre bout par une fourche qui embraffe la boëte d'en haut, & fert à l'enlever au lieu & place du collier, jumelle & boulon ci-deffus décrits.

Au bas du balancier placé à fleur de terre, & garni d'une forte maçonnerie, eft une profondeur qui s'appelle la foffe où fe tient affis le Monnoyeur qui doit mettre les flaons entre les quarrés, ou les retirer quand ils font marqués.

Lorfqu'on veut marquer un flaon, ou frapper une médaille, on les met fur le quarré d'effigie; & à l'inftant des hommes tirant chacun de leur côté un des cordons de la barre ou fléau, font tourner la viffe qui eft enclavée, qui, par ce mouvement, fait lever & baiffer la boëte d'en haut où tient l'un des carrés, enforte que le flaon qui fe trouve au milieu prend en même tems la double empreinte des deux carrés.

Ce qui fait la différence entre le monnoyage des efpeces & celui des médailles au balancier, c'eft que les efpeces n'ayant pas un grand relief fe marquent d'un feul coup, & que pour les médailles, il faut les rengrener plufieurs fois & tirer plufieurs fois la barre, avant qu'elles aient pris toute l'empreinte, outre que les médailles dont le relief eft trop fort fe moulent toujours en fable, & ne font que fe rengrener au balancier, & quelquefois fi difficilement qu'il faut donner jufqu'à douze ou quinze coups de la barre pour les achever.

La preffe eft une efpece de petit balancier qui a toutes les parties effentielles du grand, avec cette différence que la viffe n'étant qu'à un filet, n'eft que foulante & point afpirante, & que la barre eft, pour ainfi dire, partagée en deux, & ne fe tire que d'un côté.

On a inventé, dans le dix-huitieme fiecle, une nouvelle machine pour frapper la monnoie, qui feroit d'une grande utilité fi le projet & le modéle, qui en furent préfentés à l'Académie des Sciences en 1717, pouvoient auffi facilement s'exécuter, qu'ils paroiffent ingénieufement imaginés.

Cette machine eft une efpece de moulin à qui les forces ordinaires, telles que font le vent, l'eau, ou les animaux, peuvent donner le mouve-

Trémie , vaiſſeau de bois large par en haut & étroit par en bas.

ment, comme aux autres moulins. Une trémie, aſſez ſemblable à celle qui reçoit les grains qu'on veut moudre, contient les flaons, & les porte ſucceſſivement entre les coins qui les doivent marquer, & que les roues du même mouvement approchent & éloignent autant qu'il le faut, & avec l'effort néceſſaire pour que l'empreinte ſoit parfaite.

C'eſt encore par un autre rouage que les flaons frappés ſortent comme d'eux-mêmes d'entre les coins pour faire place à d'autres, enſorte que quand la machine eſt une fois en mouvement, un ſeul ouvrier ſuffit, ſoit pour remplir la trémie des flaons, ſoit pour les ramaſſer quand ils ſont devenus monnoie.

Balancier ſe dit auſſi quelquefois du lieu où ſont établis les preſſes & balanciers pour les médailles & jettons, dans lequel excluſivement à tout autre ils doivent être fabriqués & frappés. En ce ſens on dit porter au balancier, aller au balancier ; c'eſt ce lieu que l'on appelle aujourd'hui la **Monnoie des Médailles**, qui fut établie ſous Louis XIII dans les galleries du Louvre.

Voyez au mot *Monnoie*, Monnoie des Médailles.

Pluſieurs Lettres-Patentes, Arrêts du Conſeil & de la Cour des Monnoies, notamment celui du Conſeil du 15 Janvier 1685, ceux de cette Cour des 18 Janvier & 10 Mars 1672, 14 Juillet 1685, & l'Edit du mois de Juin 1696, défendent à tous Ouvriers, Graveurs & Monnoyeurs, & à toutes autres perſonnes, à l'exception des Commis & Gardes Balanciers du Roi, établis aux galeries du Louvre à Paris, & des Hôtels des Monnoies, d'avoir ni tenir aucun moulin, coupoir, laminoir, preſſes, balancier, & autres ſemblables machines, à peine d'être punis comme Faux-Monnoyeurs, ni faire fabriquer ailleurs qu'au balancier des galeries du Louvre, & des Hôtels des Monnoies, des médailles & pieces de plaiſir, d'or, d'argent, ou d'autre métaux, à peine, contre les ouvriers & fabricateurs, de confiſcation des outils & machines, de mille livres d'amende contre chacun des contrevenans, & de plus grande peine s'il y échet.

Les mêmes défenſes ſous les mêmes peines ſont renouvellées par l'Edit du mois de Juin 1696, regiſtré en la Cour des Monnoies le 30 des mêmes mois & an.

A ce balancier du Louvre, le Roi, par le même Edit du mois de Juin 1696, créa un Directeur ſous le titre de Directeur du balancier du Louvre, & un Contrôleur & Garde de la fabrication des médailles. Cet Edit contient les devoirs & les fonctions de ces Officiers ainſi qu'il ſuit :

A r t. XX.

» Avons pareillement créé & érigé, créons & érigeons en titre d'Of-

» fice formé & héréditaire un notre Conseiller Directeur du balancier du
» Louvre, pour la fabrication des médailles & des jettons d'or, d'argent,
» & de bronze ou de cuivre, lequel ne pourra fabriquer lesdites médail-
» les & jettons d'or & d'argent qu'au titre de l'Ordonnance, à l'effet de
» quoi l'essai en sera fait à chaque fonte par l'Essayeur de notre Monnoie
» de Paris, qui en sera responsable de même que le Directeur : voulons
» que le travail en soit jugé par notre Cour des Monnoies, & qu'au lieu
» de médailles & jettons en nature, il soit emboëté par le Contrôleur &
» Garde, en présence du Directeur & de l'Essayeur, un demi gros de ma-
» tiere d'or, & un gros de matiere d'argent, lesquelles matieres seront
» tirées de chaque fonte, & mises dans un coffre fermé à trois clefs diffé-
» rentes, pour être les boëtes portées le premier Mars de chaque année,
» au Bureau de notredite Cour, avec le registre qui en aura été tenu par le
» Contrôleur & Garde, en la maniere qui s'observe en nos Hôtels des
» Monnoies, & après le jugement & l'état fait de ladite boëte, les matie-
» res seront rendues au Directeur, déduction faite des tarres qui s'y seront
» trouvées pour parvenir au jugement. Pourra le Directeur acheter les
» matieres nécessaires pour ladite fabrication, si mieux n'aiment ceux qui
» feront faire lesdites médailles ou jettons fournir eux-mêmes celles qui
» devront y être employées, & il tiendra registre de la quantité de marcs
» de jettons & médailles qui auront été fabriqués.

X X I.

» Auquel Directeur du balancier du Louvre, nous avons attribué &
» attribuons quinze cens livres pour trois quartiers de deux mille livres
» de gages par an ; lui attribuons en outre, pour la façon des médailles
» & jettons, savoir quarante livres par marc de médailles d'or, seize livres
» par marc de médailles d'argent, seize livres par marc de jettons d'or,
» trois livres par marc de jettons d'argent, & cinquante sols pour chaque
» cent de jettons de cuivre, compris la valeur du cuivre, sans que ledit
» Directeur puisse prétendre de plus grands droits, sous prétexte des dé-
» chets ni autrement ; voulons qu'il ait un logement convenable dans le
» lieu du travail, & qu'il jouisse des mêmes priviléges & exemptions attri-
» buées aux anciens Officiers des Monnoies, Ouvriers & Monnoyeurs, au
» moyen desquels droits il entretiendra de toutes réparations les outils &
» machines servans à la fabrication desdites médailles & jettons, dont il se
» chargera par un inventaire qui sera dressé lors de son installation par
» le Commissaire qui sera député pour cet effet par notredite Cour des
» Monnoies.

X X I I.

» Les matieres néceſſaires pour ladite fabrication des médailles & jet-
» tons d'or & d'argent pourront être fournies au Directeur, ſoit qu'elle ſe
» faſſe pour nous & par nos ordres, pour les Gardes de notre Tréſor
» Royal, ou autres Tréſoriers, Receveurs & Particuliers, auquel cas il
» rendra poids pour poids, & titre pour titre, en lui payant les droits ci-
» deſſus; & s'il fournit leſdites matieres, la valeur lui en ſera payée outre
» & pardeſſus les droits à lui ci-deſſus attribués.

X X I I I.

» Les poinçons, matrices & quarrés ſervant à la fabrication des médail-
» les & jettons d'or & d'argent ſeront payés ſéparément aux Graveurs, ſui-
» vant la qualité de leur travail, ſoit que ladite fabrication ſe faſſe pour nous
» & par nos ordres, ou pour noſdits Tréſoriers, Receveurs & autres
» perſonnes; & à l'égard des quarrés ſervant à la fabrication des jettons
» de cuivre, ils ſeront fournis par le Directeur, au moyen du droit à lui
» attribué.

X X I V.

Conſeiller,
Contrôleur &
Garde de la
fabrication
des médailles.

» Avons pareillement créé & érigé, créons & érigeons en titre d'Of-
» fice formé & héréditaire, un notre Conſeiller, Contrôleur & Garde de
» ladite fabrication des médailles & jettons, qui tiendra regiſtre des fon-
» tes & de la quantité des marcs deſdits médailles & jettons qui ſeront
» fabriqués, & gardera la clef des balanciers, après le travail fini.

X X V.

» Auquel Contrôleur & Garde nous attribuons mille livres pour trois
» quartiers de treize cens trente-trois livres ſix ſols huit deniers de gages
» par an, & pareilles exemptions & priviléges ci-deſſus attribuées au Di-
» recteur de ladite fabrication des médailles & jettons.

X X V I.

» Ordonnons que les poinçons, matrices & quarrés ſervant à la fabri-
» cation deſdites médailles & jettons, ſeront mis dans une armoire fer-
» mant à deux clefs, dont l'une reſtera ès mains du Directeur, & l'autre
» en celles du Contrôleur & Garde qui en tiendra pareillement regiſtre.

X X V I I.

» Faiſons très expreſſes inhibitions & défenſes à tous Ouvriers, Gra-
» veurs, Monnoyeurs, & à toutes autres perſonnes de quelque condition

» & qualité qu'elles puiffent être , à la réferve de celui qui fera pourvu
» dudit Office de Directeur des médailles & jettons , d'avoir , ni tenir au-
» cuns moulins , laminoirs , coupoirs , preffes , balanciers , & autres fem-
» blables machines , en quelques lieux , ni fous quelque prétexte que ce
» foit , hors les Hôtels des Monnoies & le lieu deftiné pour la fabrication
» des médailles & jettons dans nos galeries du Louvre , à peine d'être pu-
» nis comme Faux-Monnoyeurs ; comme auffi de mouler , fabriquer , ni
» faire fabriquer aucuns jettons , médailles , ni pieces de plaifir , d'or , d'ar-
» gent , cuivre , ni autres métaux , à peine , contre les Ouvriers , Fondeurs
» & Fabricateurs , de confifcation des outils & matieres , de mille livres
» d'amende contre chacun des contrevenans , & de plus grande peine s'il
» y échet ; & à tous Marchands & autres , d'acheter , vendre , ni débiter
» aucuns jettons & médailles , tant de dévotion qu'autres , de quelque
» matiere que ce puiffe être , autres que celles qui auront été fabriquées
» dans le lieu deftiné pour ladite fabrication , à peine d'être punis comme
» fauteurs , & adhérans des fabricateurs. Faifons auffi défenfes aux Fermiers
» de nos droits d'entrée & de fortie , & à leurs Commis , de laiffer entrer
» dans le Royaume des jettons de fabrique étrangere , & leur enjoignons
» de les faifir pour être confifqués , fur les mêmes peines.

X X X I.

» Les Directeurs & Contrôleur Garde de la fabrication des médailles
» & jettons , prêteront ferment , & feront reçus en notre Cour des Mon-
» noies , &c. «

Cet Edit fut regiftré en la Cour des Monnoies le 30 Juin 1696.

Par Arrêt du Confeil du 3 Novembre fuivant , le Roi a uni l'Office de
Contrôleur de la fabrication des médailles & jettons à celui de Directeur
du balancier , créé par l'Edit rapporté ci-deffus. Voyez MONNOIE DES
MÉDAILLES.

BALLUCA. χρύσαμμος. *Aurum quod nuper effoffum eft è terrâ.* Ce
font , fuivant Pline , les grains d'or qui fe trouvent dans les puits des mines , ou l'or qui eft tiré de la mine avant qu'il foit préparé & féparé de fon
impureté , dont la livre pefoit quatorze onces ; *cujus libra unciis conftat
quaternis denis.* Lib. 33.
Cap. 4.

BARRES. Quand l'argent a été tiré des mines , qu'il a été purifié &
affiné , on le jette en barres , on y marque le titre , après quoi il devient en
état d'être négocié , & ce négoce fe fait principalement aux Indes & en
Efpagne.

Il y a ordinairement quatre marques fur chaque barre , favoir celle du poids, celle du titre, celle du milléfime, & celle de la douane où les droits ont été acquittés.

En Efpagne le poids eft différent de celui de France de fix & demi pour cent, enforte que cent marcs d'Efpagne fe réduifent à quatre-vingt-treize marcs quatre onces de France, & fur ce pied le poids d'Efpagne eft plus foible d'une demi-once par marc que celui de France.

Quant au titre, les dégrés de bonté de l'argent y font partagés en douze deniers, & chaque denier en vingt-quatre grains comme en France.

On remarque que le poids des barres d'argent eft à proportion de leur titre, par exemple, celles qui font à onze deniers dix-neuf à vingt grains, appellées de toute loi, font de deux cent marcs & plus; & celles de moindre titre qui ne font numerotées que deux mille deux cens, jufqu'à deux mille trois cens, ne font que de cent à cent cinquante marcs.

Le titre eft marqué fur ces barres par des numéros qui repréfentent autant de maravédis: ces maravédis font le compte numéraire en Efpagne où chaque maravédis vaut trois deniers monnoie de France.

Les barres de toute loi font numérotées deux mille trois cens foixante-feize ou deux mille trois cens quatre-vingt, & ces numéros repréfentent autant de maravédis; quand elles font de moindre titre, comme à onze deniers dix-fept grains, elles ne font numérotées que deux mille trois cens cinquante-cinq, parceque les vingt-cinq qui font de moins que les deux mille trois cens quatre-vingt, repréfentent autant de maravédis, qui font fix fols trois deniers.

Le marc des barres de toute loi eft évalué à foixante-dix réaux de plate aux Indes.

Quand les barres que l'on négocie aux Indes ou en Efpagne ne font pas de toute loi, on en fait le compte fur le pied du titre qui y eft marqué, mais comme ce titre n'y eft pas toujours fidéle, on ne doit les recevoir en France que fur le pied de l'effai qui en eft fait. Voyez ARGENT, LINGOT, &c.

L'Arrèt du Confeil du 10 Avril 1726, concernant le commerce des matieres d'or & d'argent, regiftré en la Cour des Monnoies le 3 Mai fuivant, ordonne, article premier, » qu'il ne pourra être vendu, ni acheté, » aucunes matieres d'or & d'argent fondues fans être travaillées, qu'elles » ne foient en barres, barretons, lingots ou culots, fi ce n'eft l'or & l'ar- » gent en chaux provenant des affinages établis dans les Hôtels des Monnoies, à peine de confifcation defdites matieres, & de trois mille livres » d'amende «.

Voyez la fuite de cet Arrèt rapporté au mot LINGOT.

L'Arrêt du Conseil du 30 Avril 1751 porte : » que toutes personnes ayant
» droit ou permission de fondre des matieres d'or & d'argent, & qui feront
» des barres, barretons, lingots & culots, feront tenues, dans l'instant
» même & aussitôt la fonte d'iceux, de les marquer de leur poinçon, à
» peine de confiscation desdites barres, barretons, lingots & culots, qui
» feront trouvés en leur possession sans être poinçonnés. Fait, Sa Majesté,
» défenses à toutes personnes de vendre & exposer, ou acheter à l'avenir,
» aucunes barres, barretons, lingots & culots d'or & d'argent qu'ils ne
» soient marqués du poinçon de ceux qui les auront fondus, sous peine de
» confiscation, & de trois mille liv. d'amende pour chacune contravention.
» Défend pareillement aux Essayeurs de ses Monnoies de vérifier le titre &
» marquer de leur poinçon lesdites barres, barretons, lingots & culots, que
» préalablement il ne leur soit apparu sur iceux du poinçon de ceux qui les
» auront fondus. Permet néanmoins Sa Majesté, conformément à l'article
» VIII de l'Arrêt du 20 Avril 1726, aux Propriétaires desdites barres,
» barretons, lingots & culots, qui ne sont point actuellement marqués, de
» les porter aux Hôtels des Monnoies, où la valeur leur en sera payée comp-
» tant sur le pied du tarif, suivant leurs poids & titre ; enjoint, Sa Ma-
» jesté, aux Officiers de ses Cours des Monnoies, de tenir la main à l'exé-
» cution du présent Arrêt, & leur défend très expressément, ainsi qu'aux
» autres Juges ressortissant esdites Cours, de remettre, ni modérer aucunes
» des amendes & confiscations ordonnées par ledit Arrêt, qui sera lû,
» &c. Fait au Conseil d'Etat du Roi, Sa Majesté y étant, tenu pour les
» finances, le trentieme jour d'Avril 1751 ».

Cet Arrêt a été adressé aux Cours des Monnoies, & registré en celle de
Paris le dix-huitieme jour de Mai suivant.

BATTEURS D'OR ET D'ARGENT, ouvriers qui à force de battre
l'or & l'argent sur le marbre avec un marteau, dans des moules de vélin
& de boyaux de bœuf, les réduisent en feuilles très légeres & très minces
propres à dorer, ou argenter le cuivre, le fer, l'acier, le bois, &c.

Les Batteurs d'or & d'argent font à Paris une Communauté soumise à la
Jurisdiction privative de la Cour des Monnoies, telle & ainsi qu'elle l'é-
toit aux Généraux & à la Chambre des Monnoies. Cette Jurisdiction
privative a été confirmée à cette Cour par les Edits de 1551, 1554, 1570,
1635, 1638, notamment par un Arrêt du Conseil du 12 Octobre 1610,
& par les Edits & Arrêts subséquens.

Les Rois Henri II, en 1554, Henri III, en 1584 & en 1586, ont
donné plusieurs Ordonnances & Réglemens pour la régie, la police &
l'administration de cette Communauté. La Cour des Monnoies a réuni les
dispositions de ces Ordonnances en forme de Réglement & de Statuts, &

en a prescrit l'exécution à cette Communauté par Arrêt du 24 Juillet 1695, qui en fixe le nombre à vingt maîtres, & qui contient les dispositions suivantes :

» Les Maîtres Batteurs d'or & d'argent, le lendemain de la fête de S.
» Eloi en Juin, éliront un d'entr'eux nouveau Garde-Juré du métier, avec
» un des anciens Gardes, lesquels feront serment en la Cour des Monnoies,
» feront les visitations & rapports en ladite Cour.

Réglement
de 1577.
Garaut.

» Aucun ne pourra être reçu maître s'il n'a servi un maître l'espace de
» six ans entiers, fait chef-d'œuvre, icelui présenté à la Cour des Mon-
» noies.

Ordonnan-
ces de 1586.

» Chacun maître n'aura qu'un apprentif à la fois, le fera obliger pour
» six ans, & à l'instant fera enregistrer le brevet d'apprentissage au Greffe
» de ladite Cour : si l'apprentif s'absente avant son tems fini, le maître
» en pourra prendre un autre en sa place. Le maître venant à décéder, &
» la veuve ne voulant continuer le métier, l'apprentif pourra parachever
» son tems chez un autre maître.

» L'apprentif étant fils de maître ne sera tenu & obligé de faire appren-
» tissage que par le tems & espace de cinq ans, lequel tems ne sera compté
» & ne commencera à courir que du jour que les maîtres feront venus dé-
» déclarer, au Greffe de ladite Cour, le commencement dudit appren-
» tissage.

» Ne feront lesdits fils de maîtres, ni autres quelconques, tenus à faire
» ledit apprentissage, sinon qu'ils aient atteint l'âge de douze ans complets
» pour le moins.

» Les maîtres qui auront un ou plusieurs enfans auxquels ils appren-
» dront leur métier, ne pourront prendre aucun apprentif étranger.

» Les fils de maîtres ayant fait leur apprentissage chez leur pere pen-
» dant l'espace de cinq ans, feront préférés aux autres apprentifs en fai-
» fant chef-d'œuvre : lequel terme de cinq ans ne commencera que du jour
» que les peres l'auront déclaré au greffe de la Cour.

» Quand aucun apprentif aura servi chez un maître l'espace de quatre
» ans, le maître en pourra prendre un autre.

» Seront tenus les maîtres d'apporter au Greffe de la Cour des Mon-
» noies les brevets & obligations desdits apprentifs, quinze jours après
» qu'ils auront été passés, pour être enregistrés au Greffe de ladite
» Cour.

» Seront tenus lesdits apprentifs lever brevet de leurdit apprentissage,
» & le bailler aux Jurés pour être enregistré par eux, & le feront enre-
» gistrer au Greffe de la Cour des Monnoies.

» Avenant le décès de leur maître, lesdits apprentifs feront tenus achever

» leur

» leur apprentiſſage avec les veuves, ſi elles continuent ledit métier, leſ-
» quelles veuves ne pourront prendre nouveaux apprentifs.

» Aucun ne ſera reçu à beſogner dudit métier, & faire chef-d'œuvre Compagnons
» pour y être reçu maître, s'il n'a appris ledit métier en la Ville de Paris,
» ou en autre Ville Jurée du Royaume, par le tems & eſpace de ſix ans;
» & où, un apprentif auroit fait ſondit tems d'apprentiſſage en autre
» Ville, ſera tenu au préalable ſervir chez un maître de la Ville de Paris
» par l'eſpace d'un an, avant que de faire chef-d'œuvre, afin de connoître ſa
» prud'hommie & expérience.

» Ne ſera aucun compagnon admis au chef-d'œuvre, s'il n'a atteint
» l'âge de vingt-cinq ans, & où il ſera fils de maître s'il n'a vingt ans
» paſſés.

» Quiconque voudra être reçu & paſſé maître audit métier, être le
» pourra, s'il eſt idoine & ſuffiſant; & pour connoître de ſa ſuffiſance,
» ſera tenu faire chef-d'œuvre tel qu'il lui ſera ordonné par les Jurés dudit
» métier, & outre ſera par notre Cour des Monnoies examiné ſur les
» matieres, façons, alloi, & autres choſes concernant ledit métier.

» Le compagnon, qui voudra être reçu maître, ſera tenu pour ſon chef-
» d'œuvre tirer & affiner au délié, bien & duement ainſi qu'il appartient,
» demi marc d'or & argent fin, & autant de faux.

» Ne travailleront que depuis cinq heures du matin juſqu'à huit heures
» du ſoir, & ne ouvreront que du fin or au remede d'un quart de karat,
« & de fin argent au remede de quatre grains; feront leurs feuilles de la
» grandeur de l'échantillon étant au Greffe de ladite Cour, & ne pourront
» employer en leurdit métier or & argent, ſinon juſqu'à certaine quantité
» qui leur ſera preſcrite par icelle, & ne pourront bailler à travailler aux
» étrangers qu'au refus des compagnons du métier.

Nota. La Déclaration du mois d'Octobre 1689 porte que les Batteurs
d'or travailleront leurs feuilles & ouvrages d'or au titre de vingt-trois karats $\frac{16}{32}$, & ceux d'argent à onze deniers dix huit grains.

» Le maître qui ſera nouvellement reçu payera aux Jurés dudit métier
» pour leurs peines, ſalaires, & vacations d'avoir affiſté à voir beſongner
» & faire ledit chef-d'œuvre, quarante ſols *pariſis*, ſans qu'il ſoit tenu faire
» autres frais, bouquets ni aſſemblées des maîtres dudit métier, ſur peine
» auxdits Jurés, & à ceux qui auront affiſté ou été participans deſdits
» bouquets, d'être privés de leurs maîtriſes, & d'amende arbitraire à la
» diſcrétion de notre Cour des Monnoies, encore que celui qui ſera reçu
» maître le voulût faire volontairement, & à lui d'être déclaré inhabile
» à jamais d'être maître dudit métier.

» Les enfans de maîtres ſeront exempts de payer aucune choſe aux Jurés;

» mais bien feront tenus faire chef-d'œuvre à la difcrétion defdits Jurés ;
» & feront expérimentés & examinés fur les allois.

Réglement
de la Cour des
Monnoies en
1566.

» Les Compagnons du métier, non mariés, ne pourront fe louer pour
» moins d'une année, & les maîtres ne pourront prendre à leur fervice les
» compagnons qui feront loués auparavant à d'autres maîtres, & les maî-
» tres qui auront deux compagnons à leur fervice, feront tenus d'aider
» d'un d'iceux aux maîtres qui n'en auront point, en cas de néceffité.

» Les veuves qui voudront fe remarier aux compagnons dudit métier,
» qui auront été apprentifs par l'efpace de fix ans, affranchiront lefdits
» compagnons leurs maris de payer aucune chofe finon & tout ainfi, &
» par la forme & maniere qu'il a été ci-deffus ordonné des enfans des
» maîtres.

» Les Jurés dudit métier de la Ville de Paris feront tenus de venir
» préfenter en notre Cour des Monnoies celui qui aura fait ledit chef-
» d'œuvre, en laquelle Cour il fera le ferment pour ce requis, & y
» fera reçu, après qu'il aura baillé caution de dix marcs d'argent pour les
» fautes & amendes. Et feront leurs noms & furnoms enregiftrés en no-
» tredite Cour, ainfi que ceux des Orfévres.

» Et quant aux maîtres des autres Villes de notre Royaume, feront le
» ferment pour ce requis par-devant le premier des Généraux de nos Mon-
» noies faifant leurs chevauchées, & en leur abfence par-devant le Pre-
» vôt ou les Gardes établis en la plus prochaine Monnoie.

» Les veuves defdits maîtres, tant qu'elles demeureront en viduité,
» jouiront de pareil privilége que les autres maîtres dudit métier.

» Ne fera fait aucune diftinction ni féparation du métier de Tireur d'or
» & d'argent, Batteur d'or & d'argent trait, autrement appellés Efcacheur,
» ains fera commun. Et partant, s'il y a aucun defdits Efcacheurs & Bat-
» teurs d'or trait, qui ait aufli appris le métier de Tireur d'or & d'argent,
» & foit fuffifant pour être reçu maître Tireur & Efcacheur d'or & d'ar-
» gent, être le pourra aux conditions fufdites.

Ordonnan-
ces de 1549.

» Enjoignons aux Batteurs d'or & d'argent de tenir bon, entier &
» loyal regiftre, auquel ils écriront, de leurs mains, toutes les matieres
» d'or & d'argent qu'ils acheteront & vendront, enfemble les poids, loi,
» noms & furnoms de ceux de qui ils auront acheté, & aufquels ils livre-
» ront & vendront ledit or & argent, foit en œuvre, maffe, ou autre-
» ment, & femblablement le prix qu'ils auront acheté & vendu ledit or
» & argent, pour icelui regiftre repréfenter quand ainfi il fera or-
» donné. «

La Déclaration du 25 Octobre 1669, conformément à l'Ordonnance de
Henri III de 1586, fait défenfes aux Batteurs d'or d'avoir en leurs maifons

aucuns fourneaux propres à faire essai, ni affiner aucunes matieres d'or ou d'argent, sur peine d'amende arbitraire.

Les Arrêts du Conseil, des 9 Avril 1685 & 10 Novembre 1691, la Déclaration du 25 Octobre 1689, défendent expressément à toutes personnes d'apporter & faire venir en France, des Pays Etrangers, ou des Principautés enclavées dans le Royaume, aucun trait battu, ni fil d'or & d'argent, & de les négocier; & à tous Ouvriers, Doreurs, Peintres, & autres, qui se servent dudit or, d'employer d'autre or battu en feuilles, que celui qu'ils acheteront des Maîtres Batteurs d'or; ainsi qu'à tous Marchands & autres, de s'immiscer à vendre aucun or battu en feuilles, le tout à peine de confiscation & d'amende, & d'être procédé extraordinairement contre les contrevenans.

Les mêmes défenses ont été renouvellées par Arrêt du Conseil d'Etat & Lettres Patentes sur icelui, du 21 Février 1736, le tout registré en la Cour des Monnoies, le 12 Avril suivant. Cet Arrêt ordonne l'exécution des Arrêts & Reglemens intervenus sur le fait du commerce des Maîtres Batteurs d'or & d'argent de la Ville de Paris, & du titre des matieres qu'ils emploient. » En conféquence, Sa Majesté fait très expresses inhibitions & défenses à tous Marchands, Ouvriers, Peintres, Doreurs & autres personnes, de quelque qualité & condition qu'ils soient, Etrangers ou Regnicoles, d'apporter ou faire venir des Pays étrangers, ni des Principautés enclavées dans le Royaume, aucun or, argent, ou autres métaux battus en feuilles, ou broyés, sous quelque prétexte que ce puisse être, d'en vendre, distribuer ou employer d'autres que ceux qu'ils acheteront des Maîtres Batteurs d'or de Paris, le tout à peine de confiscation, cinq cens livres d'amende contre chacun des contrevenans, dont le tiers appartiendra aux Dénonciateurs, ou aux Commis & Préposés qui auront fait la saisie des marchandises en contravention, même d'être, en cas de récidive, procédé extraordinairement contre chacun des contrevenans. Enjoint Sa Majesté à son Procureur Général, en sa Cour des Monnoies de Paris, de tenir la main à l'exécution du présent Arrêt, &c. »

Autre Arrêt du Conseil, du 23 Juin 1736, par lequel, conformément à l'Arrêt du Conseil, du 6 Août 1682, Sa Majesté ordonne » qu'aucuns pourvus des Privileges des Batteurs d'or suivant la Cour, ne pourront exercer, ni faire aucune fonction dudit métier de Batteur d'or, qu'ils n'aient auparavant été admis à la Maîtrise de Batteur d'or de la Ville de Paris, en la maniere accoutumée; à l'effet de quoi aucunes Provisions de Batteurs d'or suivant la Cour ne seront expédiées, qu'après qu'il sera apparu des Lettres de Maîtrise de ceux qui seront choisis par le Sieur Grand Prevôt, &c. » Cet Arrêt signifié à Parties le 2 Août 1736.

En 175½, la Cour des Monnoies homologua, par Arrêt du quinze Mai, une Délibération de la Communauté des Maîtres Batteurs d'or & d'argent, du 12 Avril de la même année.

Par cet Arrêt, la Cour, conformément à cette Délibération, a permis aux Batteurs d'or & d'argent, d'avoir, à l'avenir, deux Compagnons, à la charge de prendre, par préférence, un Maître ou Fils de Maître, qui se trouvera obligé de travailler comme Compagnon, dans le nombre susdit de deux, & autant que faire se pourra.

Nota. Il leur étoit défendu d'en avoir plus d'un, par Arrêt de la Cour du 27 Juin 1699, conformément à leur Délibération du 4 Juin audit an.

Le même Arrêt défend aux Maîtres & Veuves d'avoir un troisieme Compagnon, à peine, contre chaque contrevenant de cent cinquante livres d'amende, qui seront employées au soulagement des Pauvres Maîtres & Veuves de la Communauté, comme aussi de prendre, ni de débaucher le Compagnon d'un autre, sans le consentement par écrit de celui d'où il sortira, à peine de trente livres d'amende, qui seront employées comme dessus ; & en cas que le Maître ou la Veuve ne voulût lui donner congé, il sera tenu de se retirer pardevers les Jurés, pour décider s'ils jugent à propos de lui en donner un : que si le Compagnon ne veut retourner chez son Maître ou sa Maîtresse, en cas que les Jurés le jugent à propos, le Compagnon ne pourra travailler chez aucun autre Maître ou Veuve, pendant le tems & espace de trois mois.

A l'égard des Ouvriers Batteurs d'or & d'argent, dans l'Hôpital de la Trinité, gagnans maîtrise par le privilege de cet Hôpital » la Cour des » Monnoies (par Arrêt du 19 Juillet 1668, contradictoirement rendu entre la Communauté des Maîtres Batteurs d'or & d'argent de la Ville de Paris, & les Administrateurs dudit Hôpital de la Trinité), » a ordonné » qu'à l'avenir, les Administrateurs ne pourront admettre audit Hôpital, » qu'un Ouvrier Batteur d'or & d'argent pour l'instruction d'un enfant du- » dit Hôpital, & qu'ils n'en pourront présenter à la Maîtrise, que de » huit ans en huit ans, un, lequel Ouvrier, après ledit tems, sera reçu » Maître dudit Métier, pourvu qu'il ait les qualités requises suivant les » Reglemens, & à cet effet, que ledit Ouvrier, lors de son entrée, avant » qu'il puisse instruire un enfant dudit Hôpital, fera chef-d'œuvre par- » devant les Jurés dudit Métier, en présence desdits Administrateurs, » pour juger s'il est suffisant & capable, comme il se pratique à l'égard » des Orfevres qui sont admis audit Hôpital ; que lesdits Jurés feront leurs » visites à jours & heures non prévus, suivant les Ordonnances, en la » maniere qu'elles se font chez les Orfevres dudit Hôpital, & en consé- » quence, que lesdits Jurés pourront saisir & enlever les Ouvrages trou- » vés défectueux, pour être incessamment remis au Greffe de la Cour, & » y être procédé au Jugement d'iceux en la maniere accoutumée ; que

» ledit Ouvrier fera tenu de garder & obferver les mêmes Statuts, Or-
» donnances, Arrêts & Reglemens que les Maîtres dudit Métier, fous les
» peines y contenues : fait défenfes audit Ouvrier de tenir d'autres Ou-
» vriers, apprentifs, ni compagnons dudit Métier, que l'enfant dudit
» Hôpital, lequel il fera obligé d'inftruire ; & en conféquence enjoint la-
» dite Cour à tous autres Compagnons Batreurs d'or, qui font dans ledit
» Hôpital d'en fortir trois jours après la fignification du préfent Arrêt,
» avec défenfes d'y contrevenir, fous telles peines que de raifon. Fait en
» la Cour des Monnoies, le 19 Juillet 1668. Signifié à Parties les 25 Juil-
» let & 30 Août fuivant. »

En 1762 Sa Majefté, par Lettres-Patentes du 17 Mars, en approuvant,
ratifiant & confirmant les Lettres-Patentes du mois de Juillet 1721, &
celles données par les Rois prédéceffeurs en 1553, 1554 & 1578, a ordonné
leur exécution, pour en jouir par les Gouverneurs & Adminiftrateurs des
pauvres Enfans de l'Hôpital de la Trinité, & leurs fucceffeurs : tout ainfi
qu'ils en ont joui & ufé par le paffé, & jouiffent & ufent encore à préfent ; fait défenfes Sa Majefté à toutes perfonnes de les y troubler : en
conféquence dit & déclare, par ces préfentes, que fon intention eft & a
été que chacun defdits Artifans & Maîtres defdits métiers, admis par les
Adminiftrateurs dudit Hôpital, puiffe prendre avec foi un ferviteur compagnon de fon métier : & en amplifiant lefdits priviléges de fa même grace &
autorité, voulant affimiler en tout lefdits ouvriers inftruifans les pauvres
enfans à ceux qui font dans l'enceinte de la Ville ; veut Sa Majefté, qu'ils
puiffent avoir autant de compagnons qu'en peuvent avoir les Maîtres de
chaque métier. Enjoint très expreffément aux Jurés des Communautés des
Arts & Métiers, d'exécuter ces préfentes fans aucun trouble ni empêchement ; veut qu'à l'avenir les *Batteurs d'Or* qui feront admis audit Hôpital,
& chargés d'un enfant, puiffent avoir autant de compagnons qu'il eft permis aux autres Maîtres d'en avoir, en fe conformant, par lefdits ouvriers,
aux Réglemens des Communautés. Lefdites Lettres adreffées au Parlement
de Paris, Chambre des Comptes, Cour des Aydes, Cour des Monnoies,
Prevôt de Paris ou fon Lieutenant, & à tous autres Jufticiers & Officiers
qu'il appartiendra, pour être regiftré, &c. Donné à Verfailles le 17 Mars
1761.

Regiftré en Parlement le 3 Juillet.

En la Chambre des Comptes le 4 Août.

En la Cour des Aydes le 17 Août.

En la Cour des Monnoies le 11 Septembre 1762.

BATTRE L'OR, L'ARGENT, LE CUIVRE, &c. C'eſt l'action de réduire ces métaux en feuilles extrêmement minces, mais plus ou moins, ſelon le prix qu'on ſe propoſe de les vendre.

Les opérations principales ſont, la fonte, la forge, le tirage au moulin & la batte. On peut appliquer ce que l'on va dire de l'or aux autres métaux ductiles.

L'or qu'on emploie eſt au plus haut titre; il eſt difficile d'en employer d'autre : l'alliage aigrit l'or, & le rend moins ductile; & l'ouvrier qui l'allieroit, s'expoſeroit à perdre plus par l'inutilité de ſon travail, qu'il ne gagneroit par le bas alloi de la matiere. Les Batteurs d'or le prennent en chaux chez l'Affineur. On fond l'or dans le creuſet, avec le borax; & quand il a acquis le degré de fuſion convenable, on le jette dans la lingotiere, qu'on a grand ſoin de faire chauffer auparavant, pour en ôter l'humidité, & de frotter de ſuif.

Ces précautions ſont néceſſaires : elles garantiſſent de deux inconvéniens également nuiſibles; l'un, en ce que les parties de la matiere fondue, qui toucheroient l'endroit humide, pourroient rejaillir ſur l'Ouvrier; l'autre, en ce que les particules d'air, qui s'inſinueroient dans l'efferveſcence cauſée par l'humidité entre les particules de la matiere, y produiroient de petites loges vuides ou foufflures; ce qui rendroit l'ouvrage défectueux. Après la fonte, on le fait recuire au feu, pour l'adoucir, & en ôter la graiſſe de la lingotiere.

Quand la matiere ou le lingot eſt refroidi, on le tire de la lingotiere, pour le forger : on le forge ſur une enclume qui a environ trois pouces de large, ſur quatre de long, avec un marteau qu'on appelle marteau à forger. Il eſt à tête & à panne, il peſe environ trois livres : ſa panne peut avoir un pouce & demi en quarré, & ſon manche ſix pouces de long. Si l'ouvrier juge que ce marteau ait rendu ſa matiere écrouie, il la fait encore recuire.

Ou l'on deſtine la matiere forgée & tirée au marteau à paſſer au moulin, ou non : ſi l'on ſe ſert du moulin, il ſuffira de l'avoir réduite ſur l'enclume, à l'épaiſſeur d'environ une ligne & demie ou deux lignes au plus.

Le moulin eſt compoſé d'un banc très ſolide, vers le milieu duquel ſe fixe, avec de fortes vis, le chaſſis du moulin : ce chaſſis eſt fait de deux jumelles de fer, d'un demi pouſſe d'épaiſſeur, ſur deux pouces & demi de largeur, & quatorze pouces de hauteur. Ces jumelles ſont ſurmontées d'un couronnement, qui, avec la traverſe inférieure, ſervent à conſolider le tout. Le couronnement & les jumelles ſont unis par de longues & fortes vis. Dans les deux jumelles ſont enarbrés deux cylindres d'acier polis, de deux pouces de diametre, fur deux pouces & demi de longueur : le cylindre fupérieur traverfe des pieces à couliffe, qui, à l'aide d'une vis placée de chaque côté, l'approchent ou l'écartent plus ou moins de l'inférieur, felon que le cas le requiert. L'axe du cylindre inférieur eft prolongé de part & d'autre du chaffis ; à fes deux extrêmités équarries s'a-daptent deux manivelles d'un pied & demi de rayon, qui mettent les cylindres en mouvement : les cylindres mobiles fur leur axe, étendent, en tournant, la matiere ferrée entre la furface, & la contraignent de gliffer, par le mouvement qu'ils ont en fens contraires.

L'Artiſte fe propofe deux chofes dans le tirage : la premiere, d'adoucir les coups de marteau qui avoient rendu la furface inégale & raboteufe ; la feconde, d'étendre en peu de tems le métal très également. Les Ou-vriers fuppléoient autrefois au moulin par le marteau, & quelques-uns fui-vent encore aujourd'hui l'ancienne méthode.

Ceux qui fe fervent du moulin obtiennent, par le moyen de cette machine, un long ruban, qu'ils roulent fur une petite latte : ils le pref-·fent fortement fur la latte, afin qu'il prenne un pli aux deux côtés de la latte qu'ils retirent enfuite ; & afin que le ruban ne fe détortille pas, qu'il conferve fon plis aux endroits où il l'a pris, & que les furfaces de fes tours reſtent bien exaĉtement appliquées les unes fur les autres, ils font deux liga-tures qui les contiennent en cet état, l'une à un bout, l'autre à l'autre ; ces ligatures font de petites lanieres de peau d'anguille. Cela fait, avec le même marteau qui a fervi à forger, ils élargiffent la portion du ruban comprife entre les deux ligatures, en chaffant la matiere avec la panne vers les bords, d'abord d'un des côtés du ruban, puis de l'autre ; enfuite ils frappent fur le milieu pour égalifer l'épaiffeur & augmenter encore la largeur.

Lorfque la portion, comprife entre les ligatures, eſt forgée, ils ôtent les ligatures, ils inférent leurs doigts au milieu des plis, & amenent vers le milieu les portions qui étoient d'un & d'autre côté au-delà des ligatures ; de maniere que quand les ligatures font remifes, ce qui eſt précifément au-delà des ligatures eſt la partie forgée qui étoit auparavant comprife entr'elles, & que ce qui a été amené entr'elles, eſt la partie qui n'a pu être forgée, qui formoit le pli, & qui étoit au-delà des ligatures : il eſt évident que cette portion doit former une efpece de croiffant : on forge cette portion comme la précédente, en commençant par les bords, & s'avançant vers le milieu d'un & d'autre côté, puis forgeant le milieu, jufqu'à ce que le ruban fe trouve également épais & large dans toute fa longueur. Cette épaiffeur eſt alors à-peu-près d'une demie ligne, ou même davantage.

Si l'on ne fe fert pas du moulin, on forge jufqu'à ce que la matiere ait à-peu près l'épaisseur d'une forte demi ligne , puis on la coupe tout de suite en parties qui ont un pouce & demi de long sur un pouce de large : ce qu'on ne fait qu'après le tirage au moulin quand on s'en sert. Ces portions, d'un pouce & demi de long sur un pouce de large , & une demie ligne & davantage d'épais , s'appellent quartiers : on coupe ordinairement cinquante-six quartiers. L'ouvrier prend entre ses doigts un nombre de ces quartiers capable de former l'épaisseur d'un pouce ou environ , il les applique exactement les uns sur les autres , & il leur donne la forme quarrée sur l'enclume , & avec la panne du marteau , commençant à étendre la matiere vers les bords , s'avançant ensuite vers le milieu , en faisant autant à l'autre côté , forgeant ensuite le milieu , & réduisant par cette maniere de forger réitérée , tous les quartiers du même paquet , & tout à la fois , à l'épaisseur d'une feuille de papier gris , & à la dimension d'un quarré dont le côté auroit deux pouces.

Lorsque l'or est en cet état , on prend des feuillets de vélin , on en place deux entre chaque quartier : ainsi pour cela seul les cinquante-six quartiers exigent cent douze feuillets de vélin : mais il en faut encore d'autres qu'on met à vuide en dessus & en dessous ; & sur ces feuillets vuides , tant en dessus qu'en dessous , on met encore deux feuillets de parchemin. Cet assemblage s'appelle le *premier Caucher* : & les feuillets vuides avec les feuillets de parchemin , ou sans eux , s'appellent *emplures*.

Premier
Caucher.

Ainsi , voici donc la disposition du premier caucher : deux feuillets de parchemin , une vingtaine , plus ou moins , de feuillets de vélin vuides , un quartier , deux feuillets de vélin , un quartier , deux feuillets de vélin , & ainsi de suite , jusqu'à la concurrence de cinquante-six quartiers , une vingtaine de feuillets de vélin vuides , & deux feuillets de parchemin. L'usage des emplures est d'amortir l'action des coups de marteau sur les premiers quartiers , & de garantir les outils. Les Batteurs d'or entendent par les outils , l'assemblage des feuillets de vélin. Le caucher se couvre de deux fourreaux ; le fourreau est une enveloppe de plusieurs feuillets de parchemin , appliqués les uns sur les autres , & collés par les deux bouts , de maniere qu'ils forment une espece de sac ouvert. On a deux fourreaux : quand on a mis le caucher dans un , on fait entrer le caucher & ce premier fourreau dans le second , mais en sens contraire : d'où il arrive que quoique les fourreaux soient tous les deux ouverts , cependant ils couvrent partout le caucher. Mettre les fourreaux au caucher , cela s'appelle enfourer. Les feuillets de vélin & de parchemin sont des quarrés dont le côté a quatre pouces.

Le caucher ainsi arrangé , on le bat sur un marbre noir qui a un pied en quarré , & un pied & demi de haut : on ajuste , à sa partie supérieure , une

espece

efpece de boëte ouverte du côté de l'ouvrier. Cette boëte s'appelle la caiffe : elle eft faite de fapin, & revetue en dedans de parchemin collé ; le parchemin collé, qui s'étend jufques fur le marbre, n'en laiffe appercevoir, au milieu de la caiffe, que la portion. La caiffe eft embraffée, du côté de l'ouvrier, par une peau que l'ouvrier reléve fur lui, & dont il fe fait un tablier quand il travaille ; cette peau, ou tablier, reçoit les lavures. On entend par les lavures les parties de matiere qui fe détachent d'elles-mêmes, ou qu'on détache des cauchers.

Il faut que la furface du marbre & du marteau foit fort unie, fans quoi les cauchers, ou outils, & les feuilles d'or feroient maculées. On bat le premier caucher pendant une demie heure, en chaffant du centre à la circonférence, le retournant de tems en tems, & appliquant au marbre la furface fur laquelle on frappoit, & frappant fur l'autre. Le marteau dont on fe fert dans cette opération, s'appelle marteau plat ou à dégroffir : il pefe quatorze à quinze livres, fa tête eft ronde & tant foit peu convexe ; il a fix pouces de haut, & va depuis fa tête jufqu'à fon autre extrêmité un peu en diminuant, ce qui le fait paroître cône tronqué : fa tête a cinq pouces de diamétre ou environ. L'ouvrier a l'attention de défourer de tems en tems fon caucher, & d'examiner en quel état font les quartiers. Il ne faut pas efpérer qu'ils s'étendent tous également : il en trouvera qui n'occuperont qu'une partie de l'étendue du feuillet de vélin ; d'autres qui l'occuperont toute entiere ; d'autres qui déborderont : il pourra, s'il le veut, ôter les avant deniers, & il fera bien d'ôter les derniers. Il eft évident qu'après cette fouftraction le caucher fera moins épais, mais on empêchera les fourreaux d'être lâches en inférant de petits morceaux de bois dans les côtés entr'eux & le caucher.

On continuera de battre jufqu'à ce qu'on ait amené les quartiers reftans à l'étendue ou environ des feuilles de vélin qui les féparent : cela fait, la premiere opération de la batte fera finie. Si on laiffoit défaffleurer les quartiers au-delà des outils, ceux-ci pourroient en être gâtés.

Au fortir du premier caucher les quartiers font partagés en quatre parties égales avec le cifeau. On a donc deux cent vingt-quatre nouveaux quartiers, dont on forme un fecond caucher de la maniere fuivante.

Second Caucher.

On met deux feuillets de parchemin, une douzaine de feuillets de vélin vuides ou d'emplures ; un quartier, un feuillet de vélin, & ainfi de fuite jufqu'à cent douze inclufivement : une douzaine d'emplures, deux feuillets de parchemin : deux autres feuillets de parchemin, une douzaine d'emplures ; un quartier, un feuillet de vélin, & ainfi de fuite jufqu'à cent douze inclufivement : douze emplures & deux feuillets de vélin.

D'où l'on voit que le fecond caucher eft double du premier, & qu'il eft féparé par le milieu en deux parts diftinguées par quatre feuillets de parchemin, dont deux finiffent la premiere part, & lui appartiennent; & deux appartiennent à la feconde part, & la commencent. En un mot, il y a dans le milieu du fecond caucher quatre feuillets de parchemin, entre vingt-quatre emplures de vélin, douze d'un côté & douze de l'autre. Au refte, il n'y a pas d'autre différence entre le premier caucher & le fecond; il a fes deux fourreaux auffi, il ne s'enfoure pas différemment, & les feuillets de vélin font de la même forme & de la même grandeur.

Ce fecond caucher enfoure comme le premier, on le bat de la même maniere avec le même marteau, & pendant le même tems que le premier, obfervant non-feulement d'oppofer tantôt une des faces, tantôt l'autre au marteau & au marbre; au marbre celle qui vient d'être oppofée au marteau, au marteau celle qui vient d'être oppofée au marbre; mais encore de défourer de tems en tems, de féparer les deux parts du caucher, afin de mettre en dedans la face de l'une & de l'autre part qui étoit en dehors, & en dehors celle qui étoit en dedans, & d'examiner attentivement quand les quartiers défaffleurent les outils; lorfque les quartiers défaffleurent les outils, alors la feconde opération fera finie.

On défemplit le fecond caucher : pour cet effet on a à côté de foi le caucher même; on écarte les deux parchemins & les emplures : on prend la premiere feuille d'or que l'on rencontre, & on l'étend fur un couffin; on enléve le fecond feuillet de vélin, & on prend la feconde feuille d'or qu'on pofe fur la premiere, mais de maniere que la feconde foit plus reculée vers la gauche que la premiere; on ôte un autre feuillet de vélin, & l'on prend une troifieme feuille d'or que l'on étend fur la feconde, de maniere que cette troifieme foit plus avancée vers la droite que la feconde; en un mot on range les feuilles en échelle : on fait enforte qu'elles ne fe débordent point, en haut, mais qu'elles fe débordent toutes à droite ou à gauche d'un demi pouce ou environ : puis avec un couteau d'acier émouffé par le bout, & à l'aide d'une pince de bois léger, on les prend toutes quatre à quatre, & on les coupe en quatre parties égales, ce qui donne huit cent quatre-vingt-feize feuilles.

Quand cette divifion eft faite, voici comment on arrange ces huit cent quatre-vingt-feize feuilles : on laiffe là les feuillets de vélin : on prend d'une autre matiere qu'on appelle *baudruche*, & dont il fera parlé plus bas, on met deux feuillets de parchemin, quinze emplures de baudruche, une feuille d'or, un feuillet de baudruche : une feuille d'or & un feuillet de baudruche, & ainfi de fuite jufqu'à quatre cens quarante-huit, incluffivement : puis quinze emplures ; puis deux feuillets de parchemin : puis encore deux feuillets de parchemin, puis quinze emplures : puis une feuille d'or, puis un feuillet de baudruche, puis une feuille d'or, puis un feuillet de baudruche, & ainfi de fuite jufqu'à quatre cens quarante-huit, inclufivement : puis quinze emplures de baudruche, & enfin deux feuillets de parchemin : cet affemblage s'appelle *chaudret*.

D'où l'on voit que le chaudret, ainfi que le fecond caucher, eft divifé en deux parts au milieu, dans l'endroit où il fe rencontre quatre feuillets de parchemin, dont deux appartiennent à la premiere part du chaudret & la finiffent, & deux à la feconde part & la commencent.

Le feuillet du chaudret a environ cinq pouces en quarré : il eft de baudruche, matiere plus fine & plus déliée que le vélin ; c'eft une pellicule que les Bouchers ou les Boyaudiers enlevent de deffus le boyau du bœuf ; deux de ces pellicules minces, collées l'une fur l'autre, forment ce qu'on appelle le feuillet de baudruche ; & ces feuillets de baudruche & de parchemin, difpofés comme on vient de le dire, forment le chaudret : le chaudret s'enfoure comme les cauchers.

On bat environ deux heures le chaudret : le marteau eft le même que celui des cauchers. On obferve en le battant tout ce qu'on a obfervé en battant le fecond caucher, je veux dire de défourer de tems en tems ; d'examiner fi les feuilles d'or défaffleurent ou non, de mettre en dedans les faces des deux parts qui font en dehors, & celles qui font en dehors de les mettre en dedans ; de battre felon l'art, en chaffant du centre à la circonférence, &c. Lorfqu'on s'apperçoit que toutes les feuilles défaffleurent, la troifieme opération eft finie.

Alors on prend le chaudret défouré, & on le vuide comme le caucher : on a à côté de foi un couffin d'un pied de large fur deux pieds & demi à trois pieds de long, couvert de peau de veau. On léve les feuillets de baudruche de la main gauche, & de la droite on enléve, avec une pince de bois, les feuilles d'or ; on les range par échelles fur le couffin ; on les divife en quatre parties égales, ce qui donne quatre fois huit cens quatre-vingt-feize feuilles d'or ; on divife ce nombre de quatre fois huit cent quatre-vingt-feize feuilles, en quatre portions d'environ huit cens feuilles chacune, & l'on arrange ces huit cens feuilles d'or de la maniere fuivante, afin de continuer le travail.

On prend deux feuillets de parchemin, vingt-cinq emplures de baudruche, une feuille d'or, un feuillet de baudruche, une feuille d'or, un feuillet de baudruche, & ainfi de fuite, jufqu'à huit cens inclufivement, puis vingt-cinq emplures, & enfin deux feuilles de parchemin. Cet afsemblage forme ce qu'on appelle *une moule*. Les divifions du Chaudret en quatre donnent de quoi former quatre moules, qui fe travaillent l'une après l'autre, & féparément.

La feuille de la moule a fix pouces en quarré, comme difent les ouvriers très improprement, c'eft-à-dire, elle a la forme d'un quarré, dont le côté a fix pouces : on l'enfoure & on la bat plus ou moins de tems : cela dépend de plufieurs caufes, de la difpofition des outils, de la température de l'air, & de la diligence de l'ouvrier. Il y a des ouvriers qui battent jufqu'à deux moules par jour: chaque moule ne contient que huit cens feuilles d'or, quoiqu'il dût y en avoir quatre fois huit cens quatre-vingt-feize pour les quatre; ce qui fait plus de huit cens pour chacune; mais partie de cet éxcédent s'eft brifée dans la batte, quand il eft arrivé que la matiere n'étoit pas affez épaiffe pour fournir à l'extenfion; partie a été employée à étouper les autres. On appelle *étouper* une feuille, appliquer une piece à l'endroit foible où elle manque d'étoffe.

Il faut obferver qu'il importe affez peu que les 56 premiers quartiers qui ont fourni un fi grand nombre de feuilles, foient un peu plus forts, ou un peu plus foibles les uns que les autres ; la batte les réduit néceffairement à la même épaiffeur : la feule différence qu'il y ait, c'eft que dans le cours des opérations, les forts défaffleurent beaucoup plus que les foibles.

On commence à battre la moule avec le marteau rond, qui pefe fix à fept livres, qui porte quatre pouces de diametre à la tête, & qui eft un peu plus convexe qu'aucun de ceux dont on s'eft fervi pour les cauchers

& le chaudret. Il s'appelle *marteau à commencer* ; on s'en fert pendant quatre heures : on lui fait fuccéder un fecond marteau, qui pefe quatre à cinq livres, qui porte deux pouces de diametre à la tête, & qui eft

encore plus convexe que les précédens. On l'appelle *marteau à chaffer ;* & l'on s'en fert pendant une demi-heure : on reprend enfuite le marteau à commencer; on revient au marteau à chaffer, dont on fe fert encore pendant une demi-heure, & l'on paffe enfin au *marteau à achever :* le mar-

teau à achever porte quatre pouces de diametre à la tête, il eft plus convexe qu'aucun des précédens, & pefe douze à treize livres. On a eu raifon de l'appeller marteau à achever; car c'eft en effet par lui que finit la batte.

On obferve auffi, pendant la batte de la moule, de la frapper tantôt fur une face, tantôt fur une autre ; de défourrer de tems en tems, & d'examiner fi les feuilles defaffleurent : quand elles défaffleurent toutes, la batte eft finie ; il ne s'agit plus que de tirer l'or battu d'entre les feuillets de la moule, & de les placer dans les quartiers.

Pour cet effet, on fe fert de la tenaîlle : on ferre avec elle la moule par le coin, & l'on en ferre les feuilles battues les unes après les autres, à l'aide de la pince de bois ; on les pofe fur le couffin ; on fouffle deffus pour les étendre : on prend le couteau, fait d'un morceau de rofeau ; on coupe un morceau de la feuille en ligne droite. Ce côté de la feuille qui eft coupé en ligne droite, fe met exactement au fond du livret, ou quarteron, que la feuille déborde de tous les autres côtés : on continue de remplir ainfi le quarteron ; quand il eft plein, on en prend un autre, & ainfi de fuite. Lorfque la moule eft vuide, on prend un couteau, & l'on enleve tout l'ex- cédent des feuilles d'or, qui paroît hors des quarterons ou livrets, & l'on emporte ce que le couteau a laiffé avec un morceau de drap, qu'on appelle frottoir.

Les quarterons font des livrets de ving-cinq feuilles quarrés : il y en a de deux fortes ; les uns, dont le côté eft de trois pouces & demi, d'autres, dont le côté eft de trois pouces trois quarts. *Quarterons.*

Quatre onces d'or donnent les cinquante-fix quartiers avec lefquels on a commencé le travail. Il y a eu, dans le cours du travail, tant en la- vures, qu'en rognures, ou autrement, dix-fept gros de déchet : ainfi quatre onces moins dix-fept gros, pourroient fournir trois mille deux cens feuilles quarrées, chacune de trente-fix pouces de furface : mais elles ne les don- nent que de feize pouces en quarré ; car les feuilles qui fortent de la moule, de trente-fix pouces en quarré, s'enferment dans un quarteron de feize pouces en quarré : ainfi l'on ne couvriroit qu'une furface de qua- rante-un mille deux cens pouces quarrés avec quatre onces d'or, moins dix-fept gros, ou deux onces un gros ; mais on en pourroit couvrir une de cent quinze mille deux cens pouces quarrés.

Pour avoir de bons cauchers, il faut choifir le meilleur vélin, le plus fin, le plus ferré & le plus uni : il n'y a pas d'autre préparation à lui donner, que de le laver dans de l'eau froide, de le laiffer fécher à l'air, & de le paffer au brun, ce qui eft expliqué plus bas.

Quant à la baudruche ou cette pellicule qui fe leve de deffus le boyau de bœuf, c'eft autre chofe : elle vient d'abord pleine d'inégalités & cou- verte de graiffe : on enleve les inégalités, en paffant légérement fur la furface le tranchant mouffe d'un couteau ; pour cet effet, on la colle fur les montans verticaux d'une efpece de chevalet : le même inftrument em- porte auffi la graiffe. Quand elle eft bien égale & bien dégraiffée, on l'humecte avec un peu d'eau, & l'on applique l'une fur l'autre, deux peaux de baudruche humides : l'humidité fuffit pour les unir indivifiblement. Le Batteur d'or paye foixante-quinze livres les huit cens feuilles, ou en- *Prix des bau- druches.*

viron ; cela eſt cher, mais elles durent quatre mois, ſix mois : huit mois
de travail continu les fatiguent, mais ne les uſent pas.

Préparation des baudruches. Avant que de les employer, le Batteur d'or leur donne deux préparations principales : l'une s'appelle le fonds, & l'autre conſiſte à les faire ſuer.
Il commence par celle-ci : elle conſiſte à en exprimer ce qui peut y reſter
de graiſſe : pour cet effet, il met chaque feuille de baudruche entre deux
feuillets de papier blanc, il en fait un aſſemblage conſidérable, qu'il bat
à grands coups de marteau : l'effort du marteau en fait ſortir la graiſſe,
dont le papier ſe charge à l'inſtant. Donner le fond aux feuillets de baudruche, c'eſt les humecter avec une éponge d'une infuſion de canelle, de
muſcade, & autres ingrédiens chauds & aromatiques. L'effet de ce fond
eſt de les conſolider & d'en reſſerrer les parties. Quand on leur a donné
le fond la premiere fois, on les laiſſe ſécher à l'air, & on leur donne un
ſecond fond, en ajoutant un blanc d'œuf : on les laiſſe ſécher de même,
après quoi on humifie un livre de velin, de forme in-folio, avec du vinaigre ou du vin blanc, dans chaque feuillet duquel on place ſix feuilles
de baudruche, qui s'y humifient, & qui enſuite ſont tirées par les coins,
par deux ouvriers, à l'effet d'en ôter toutes les rides ; ce qui les rend entiérement liſſes : ce procédé s'appelle tirer les ſnalles. On les met enſuite
entre deux vélins, au nombre de quatre cens feuilles, & on les bat avec
le même marteau à dégroſſir : quand elles ſont ſeches, on les cadre à la
grandeur d'environ cinq pouces, enſuite on les met à la preſſe, & on
les emploie.

Les Batteurs donnent en général le nom d'outil aux aſſemblages, ſoit
de vélin, ſoit de baudruche ; & quand ces aſſemblages ont beaucoup travaillé, ils diſent qu'ils ſont las : alors ils ceſſent de s'en ſervir. Ils ont
de grandes feuilles de papier blanc, qu'ils humectent, les uns de vinaigre, les autres de vin blanc ; ils prennent les feuillets de baudruche las ;
ils les mettent feuillets à feuillets, entre les feuilles de papier blanc préparées, ils les y laiſſent pendant trois à quatre heures ; quand ils s'apper-
çoivent qu'ils ont aſſez pris l'humidité des papiers blancs, ils les en retirent, & les diſtribuent dans un outil de parchemin, dont chaque feuillet eſt un quarré dont le côté a douze pouces. Ils appellent cet outil *Plane.*
Pour faire ſécher les feuillets de baudruche enfermés entre ceux de la plane,
ils battent avec le marteau la plane pendant un jour, puis ils les bru-
Donner le brun. niſſent ou donnent le brun, c'eſt-à-dire qu'ils prennent du gypſe ou de
ce foſſile qu'on appelle *Miroir d'âne,* qu'on tire des carrieres de plâtre,
qu'ils le font calciner, qu'ils le broient bien mince ; ils en répandent ſur
les feuillets de baudruche d'un & d'autre côté.

On donne auſſi le brun aux outils de vélin.

Il faut que les outils de baudruche ſoient preſſés & ſéchés toutes les fois qu'on s'en ſert, ſans quoi l'humidité de l'air qu'ils pompent avec une extrême facilité, rendroit le travail penible. Il ne faut pourtant pas les faire trop ſécher, la baudruche trop ſéche eſt perdue.

Quant aux outils de vélin, lorſqu'ils ſont trop humides, on les répand ſur un tambour; c'eſt une boëte faite comme celle où on enfermeroit une chauffrette, avec cette différence qu'elle eſt beaucoup plus grande & plus haute, & qu'au lieu d'une planche percée, ſa partie ſupérieure eſt grillée avec du fil d'archal; on étend les feuillets de vélin ſur cette grille, & l'on met du feu dans le tambour.

Il paroît que les Romains ont poſſédé l'art d'étendre l'or; mais il n'eſt pas auſſi certain qu'ils l'aient pouſſé juſqu'au point où nous le poſſédons. Pline rapporte que, dans Rome, on ne commença à dorer les planchers des maiſons qu'après la ruine de Carthage, lorſque Lucius Mummius étoit cenſeur; que les lambris du Capitole furent les premiers que l'on dora, mais que dans la ſuite, le luxe prit de ſi grands accroiſſemens, que les Particuliers firent dorer les plafonds & les murs de leurs appartemens.

Ancienneté de cet Art.

Le même Auteur nous apprend qu'ils ne tiroient d'une once d'or que cinq à ſix cent feuilles de quatre doigts en quarré, que les plus épaiſſes s'appelloient *Bractea Praneſtina*, parcequ'il y avoit à Preneſte une Statue de la Fortune, qui étoit dorée de ces feuilles épaiſſes, & que les feuilles de moindre épaiſſeur ſe nommoient *Bractea queſtoria*: il ajoute qu'on pouvoit tirer un plus grand nombre de feuilles que celui qu'il a déſigné.

Il étoit difficile d'aſſujettir les Batteurs d'or à la marque, la nature de leur ouvrage ne permet pas de prendre cette précaution contre l'envie qu'ils pourroient avoir de tromper en chargeant l'or qu'ils emploient de beaucoup d'alliage: mais heureuſement l'art même y a pourvu; car l'or ſe travaillant avec d'autant plus de facilité, qu'il eſt plus pur, ils perdent du côté du tems & de la quantité d'ouvrage, ce qu'ils peuvent gagner ſur la matiere, & peut-être même perdent-ils davantage. Leurs ouvrages ſont ſujets au paiement du Droit de Marque & de Contrôle, ainſi que les autres ouvrages d'or & d'argent.

Quoiqu'il ne s'agiſſe que de battre, cette opération n'eſt pas auſſi facile qu'elle le paroît; & il y a peu d'art où le ſavoir-faire ſoit auſſi ſenſible: tel habile ouvrier fait plus d'ouvrage, & plus de bon ouvrage en un jour, qu'un autre ouvrier n'en fait de mauvais en un jour & demi. Cependant le meilleur ouvrier peut avoir contre lui la température de l'air dans les tems pluvieux, humides; pendant les hyvers nébuleux les vélins & les baudruches s'humectent, deviennent molles, & rendent le travail très pénible, & leurs outils se séchent plus ou moins par proportion à la température de l'air.

BATTRE LA CHAUDE, terme d'ancien monnoyage. Avant la découverte du laminoir, on battoit les lingots d'or, d'argent, &c. sur l'enclume à grands coups de marteau, après avoir été retirés du moule : ensuite on les donnoit aux ouvriers afin de recevoir les opérations nécessaires pour être empreints.

BATZ, petite monnoie d'Allemagne qui vaut quatre creuzers; il y en a en Suisse qui ont différens cours, suivant le plus ou le moins d'alliage dont ils sont composés. Ceux de Basle, Schafouse, de Constance & de Saint-Gal, sont les meilleurs de tous; & ceux de Fribourg, Lucerne & Berne, sont les moins bons : neuf des premiers en valent dix des autres, & font une livre.

BATZEN, monnoie d'Allemagne qui a cours sur les bords du Rhin & en Suabe. Un batzen vaut quelque chose de plus que trois sols de notre monnoie; les vingt-deux & demi valent un florin & demi d'Empire, ce qui revient environ à trois livres quinze sols de France.

BAUDEQUIN, petite monnoie de la valeur de six deniers, qui étoit en usage au commencement du quatorzieme siecle.

BAUDRUCHE, c'est une pellicule d'un boyau de bœuf, aprêtée, dont les Batteurs d'or & d'argent, font les feuillets de leurs outils. Voyez à l'article BATTRE L'OR ce que c'est qu'outils, & comme l'on aprête les baudruches.

BAVOIS, ancien terme de monnoie; c'étoit la feuille de compte où l'on marquoit l'évaluation des droits de Seigneuriage, de Brassage, de Foiblage, &c. selon le prix courant, prescrit par le Prince, pour l'or, l'argent, le billon en œuvre ou hors d'œuvre.

BAZZO, petite monnoie de billon d'Allemagne; elle a différentes empreintes selon les différens Etats, & vaut environ un sol six deniers quatre cinquiemes argent de France.

BEISTY ou BISTI. Petite monnoie ancienne, d'argent billon, qui vaut, argent de France, environ un sol cinq deniers $\frac{4}{5}$.

BESORCH. Monnoie d'étain allayée, qui a cours à Ormus, où elle vaut trois deniers argent de France.

Du Peyrat.
Le Blanc.
pag. 157.

BEZANT ou BIZANT. Espece de monnoie d'or frappée à Bizance dans le tems des Empereurs Chrétiens, qui a eu cours en France sous la troisieme race de nos Rois.

Le

Le bézant étoit d'or pur & fin à vingt-quatre karats ; on n'eſt point d'accord ſur ſa valeur : delà vient que ſans ſpécifier la ſomme on donne le nom de bezant ou bizant aux pieces d'or que le Roi d'Angleterre offre à l'autel le jour des fêtes.

Louis le Jeune apporta en France ces eſpeces priſes ſur les Arabes & autres Infidéles qu'il avoit vaincus, & en préſenta treize à l'offrande le jour de ſon ſacre & couronnement ; on le lit ainſi dans le cérémonial du Sacre de nos Rois, dreſſé par l'ordre de ce Roi, *à l'offrande ſoit porté un pain, un barril d'argent plein de vin, & treize bezants d'or.* Du Peyrat.

Cette Coutume s'obſerva dans la ſuite ; Henri II fit faire treize pieces d'or pour ſon ſacre, qui furent nommées bizantines, & qui peſoient environ un double ducat. Le double ducat étoit alors ce que nous appellons un louis.

Les bezans ont eu longtems cours en France ; Louis VII en fit fabriquer en 1148. *Rex præcepit Abbati . . . . . 500 bizantios auri ſibi præparandos fore.* Ducheſ. t. 4. folio 224. & 493.

Sous Philippe Auguſte, entre l'an 1187 & l'an 1205, il eſt fait mention de bezans en pluſieurs articles d'un regiſtre du tréſor des Chartres : *anno domini 1205, menſe Februario, &c. Odo debuit 422 bizantios, &c.* Le Blanc, pag. 157.

Par lettres dattées de l'an 1215, au mois de Novembre, la trente-ſeptieme année du régne de Philippe Auguſte, Guillaume Vigelo devoit donner au Roi tous les ans à la fête de Saint Denis, *unum bizantium de ſervitio.*

Il eſt fait mention dans l'Hiſtoire de France de huit cens mille bezans d'or, payés aux Sarraſins pour la rançon de Saint Louis, & des Seigneurs faits priſonniers avec lui.

En 1282, ſous Philippe le Hardy, le bezant fut évalué à huit ſols tournois, (le denier tournois étoit alors à un denier ſix grains de loi, à la taille de deux cens au marc) ; & ſous Philippe le Bel, en 1297, le bezant fut évalué à neuf ſols. Supplément de Morery par l'Abbé Goujet. Le Blanc, pag. 158.

L'Auteur du Roman de la Roſe, qui écrivoit ſous le régne de Philippe le Bel, parle du bezant en pluſieurs endroits.

Qui l'y donna quatre bezans,
Se faut ſemblant ne fut pris ans. Pag. 567.

Mais une grande bourſe pezant,
Toute farcie de bezans. Page 244.

Tome I. O

Dans le même Roman, Cupidon parlant de Vénus :

Page. 314.
Roman de la
Rose.

Ma Mere est de moult grand prouesse,

Elle a pris mainte forteresse,

Qui coutait plus de mille *bezans*,

Où je ne fusse pas ja présens.

On jugeroit, de cette façon d'écrire, que les bezans étoient alors la monnoie la plus usitée en France ; cependant il n'en est fait aucune mention dans aucune des Ordonnances de Philippe le Bel, où il est souvent parlé des monnoies qui avoient cours, & de celles que ce Prince décrioit. Voyez au mot Monnoie, les Monnoies sous le régne de ce Roi.

BIJOUX. Ce sont les ouvrages d'or & d'argent, & autres ouvrages mêlés de ces métaux, qui ne servent que d'ornement, comme étui d'or, étui d'argent, tabatieres, flacons, tablettes, pommes de canne, navettes, paniers à ouvrages, ou autres que le luxe, le goût & la curiosité font inventer.

Ces sortes d'ouvrages dépendent toujours, pour la forme, du goût de l'ouvrier qui les fait, ou du caprice du particulier qui les commande.

La Déclaration du 23 Novembre 1721, permet la fabrication de ces ouvrages, aux charges & conditions y portées, ainsi qu'il suit :

ARTICLE PREMIER.

„ Qu'il puisse être fabriqué, dans l'étendue de notre Royaume, Pays,
„ Terres & Seigneuries de notre obéissance, des bijoux d'or, comme tabatieres, étuis, & autres, jusqu'au poids de sept onces au plus ; qu'il puisse
„ être pareillement fabriqué, conformément à l'Edit du mois de Mars
„ 1700, & à l'Ordonnance de Police du 19 Juillet 1701, rendue en conséquence dudit Edit, des bassins d'argent de douze marcs, des plats de
„ huits marcs, des assiettes d'argent de trente marcs à la douzaine, des
„ soucoupes de cinq marcs, des aiguieres de sept marcs, des flambeaux &
„ & chandeliers de quatre marcs piece, des écuelles de cinq marcs, des
„ sucriers de trois marcs, des salieres, des poivrieres & autres menues vaisselles pour l'usage des tables, de deux marcs ; des réchauds de six marcs,
„ des caffetieres & chocolatieres de même poids ; des portes-huilliers, jattes, saladiers, boëtes à sucre & tasses couvertes, de trois marcs ; des bassinoires de neuf marcs ; des pots à thé, bassins à barbe, coquemars, pots
„ à l'eau & poëlons, de cinq marcs ; des écritoires garnies de leur encriers, poudrier & sonnette, de six marcs.

I I.

» Faifons défenfes à tous Orfévres, & autres ouvriers, de fabriquer au-
» cuns ouvrages d'or & d'argent excédent les poids ci-deffus marqués, à
» peine de confifcation & de trois mille livres d'amende, & encore con-
» tre les Maîtres, de perte de la maitrife, & contre les compagnons & ap-
» prentifs de ne pouvoir être admis à ladite maîtrife.

I I I.

» Défendons aux Maîtres & Gardes des Orfévres, & à notre Fermier de
» la marque d'or & d'argent, d'appofer aux ouvrages excédent lesdits poids,
» aucuns de leurs poinçons, à peine d'être condamnés folidairement en la-
» dite amende de trois mille livres, & de pareille déchéance de la maî-
» trife, à l'égard defdits Maîtres & Gardes des Orfévres.

I V.

» Voulons que ceux qui vendront & débiteront des ouvrages d'or &
» d'argent, qui n'auront point été effayés, ni marqués du poinçon des
» Maîtres & Gardes des Orfévres de l'une des Villes de notre Royaume,
» où il y a maifon commune établie, foient auffi, outre la confifcation
» defdits ouvrages, condamnés en pareille amende de trois mille livres,
» jufqu'au payement de laquelle ils tiendront prifon.

V.

» Réitérons très expreffément les défenfes portées par ledit Edit du mois
» de Mars 1700, de fabriquer, vendre, ou expofer en vente aucuns des
» ouvrages d'or & d'argent prohibés par ledit Edit, auffi fous les mêmes
» peines de trois mille livres d'amende, de déchéance de la maîtrife, &
» d'incapacité d'y parvenir : lefquelles amendes feront appliquées, un tiers
» à notre profit, un tiers à l'Hôpital général de notre bonne Ville de
» Paris, ou aux Hôpitaux des lieux, & le tiers reftant aux dénonciateurs.
» Enjoignons à nos Lieutenans de Police de tenir exactemeut la main
» pour empêcher les contraventions.

Voyez la Déclaration du 34 Décembre 1689, au mot VAISSEL LE.

V I.

» Permettons aux Orfévres & Horlogers de fabriquer & vendre des
» menus ouvrages d'or fujets à foudures, comme croix, tabatieres, étuis,
» boucles, boutons, boëtes de montres, & autres, au titre feulement de
» vingt karats un quart, au reméde d'un quart de karat. Leur défendons,
» fous quelque prétexte que ce foit, d'en fabriquer & vendre au-deffous du

Titre des bijoux.

O ij

» titre ci-deſſus preſcrit. Voulons que les autres ouvrages d'or ne puiſſent
» être fabriqués qu'au titre de vingt-deux karats un quart de reméde , con-
» formément aux anciennes ordonnances : & qu'il n'en puiſſe être fait au-
» cun du poids excédant ſept onces , ſans notre permiſſion par écrit , le
» tout ſous les peines ci-deſſus ordonnées.

V I I.

» Tous les ouvrages d'or ſeront marqués du poinçon du Maître qui les
» aura fabriqués , & eſſayés & marqués , par les Jurés & Gardes , aux Bu-
» reaux des Maiſons communes des Orfévres , ainſi qu'il ſe pratique pour
» les ouvrages d'argent ; ſeront néanmoins tenus , les Jurés & Gardes , de
» rendre le bouton d'eſſai aux Maîtres qui auront fabriqué les ouvrages
» d'or , en leur payant quarante ſols pour tous droits , ſi mieux n'aiment
» les Ouvriers abandonner ledit bouton d'eſſai : & quant aux menus ou-
» vrages d'or qui ne pourront ſouffrir les eſſais à la coupelle , ils ſeront
» eſſayés aux touchaux , & s'ils ſe trouvent au titre , ils ſeront marqués du
» poinçon deſdits Jurés-Gardes , ſinon ils ſeront rompus. Voulons qu'il ne
» puiſſe être perçu plus de trois ſols des ouvrages au-deſſous de deux onces ,
» & plus de cinq ſols de ceux de deux onces & au-deſſus pour ledit eſſai.

V I I I.

» Permettons néanmoins aux Orfévres & Joyalliers de vendre & expo-
» ſer en vente durant ſix mois , &c.

I X.

» Les ouvrages mentionnés en l'article ci-deſſus , qui ne ſe trouveront
» pas marqués du poinçon du Fermier de nos droits , le ſeront en même
» tems que de celui de la Maiſon commune , &c.

X.

» Défendons auſſi à tous Orfévres , Joyalliers , Tireurs & Batteurs d'or
» & d'argent , & autres employant leſdites matieres , de travailler dans
» des monaſteres & autres lieux clos , ainſi que dans les lieux privilégiés
» ou prétendus tels , ſi ce n'eſt en nos galleries du Louvre , ſous peine de
» trois ans de galere.

X I.

» Voulons que tous les ouvrages ſaiſis à la requête de notre Fermier
» du droit de marque , ſoient remis au Greffe de la Cour des Monnoies ,
» ou des Monnoies les plus prochaines , pour y reſter le tems de quinzaine
» au plus , & être le titre jugé ſuivant l'Ordonnance ; ce que nous vou-

» lons être exécuté, foit que les Juges, qui connoiffent des droits de nos
» Fermes, accordent main-levée des ouvrages faifis, ou qu'ils en ordon-
» nent la confifcation, ou même que les parties s'accommodent. Faifons
» défenfes à tous Greffiers, Gardiens, ou autres dépofitaires, de les re-
» mettre ailleurs, & aux Fermiers de nos droits de les rendre aux parties
» faifies, que le titre n'ait été jugé, à peine d'en répondre, & de mille
» livres d'amende contre chacun des contrevenans. Voulons que les ou-
» vrages qui ne fe trouveront point au titre, foient portés aux Hôtels de
» nos Monnoies, & le prix d'iceux remis fur-le-champ à notredit Fermier,
» en cas que la confifcation defdits ouvrages ait été jugée à fon profit, fauf
» à prononcer telles condamnations qu'il appartiendra contre les Orfévres
» & Ouvriers qui auront fabriqué lefdits ouvrages, & contre ceux qui les
» auront expofés en vente. SI DONNONS EN MANDEMENT, à nos amés &
» féaux Confeillers les gens tenans notre Cour des Monnoies à Paris, &c.
» DONNÉE à Paris le vingt-troifieme jour de Novembre l'an 1721 «.

Regiftrée en la Cour des Monnoies le vingt-troifieme jour de Décembre audit an.

La Cour des Monnoies défendit, par Arrêt du 30 Avril 1755, 1° de fabriquer & de vendre à l'avenir aucunes boëtes ou autres bijoux d'or de différentes couleurs & à différens titres au-deffous de celui prefcrit par les Ordonnances.

2°. D'employer, dans les boëtes & bijoux d'or, des matieres étrangeres & non apparentes, même fous prétexte que la nature de l'ouvrage l'exige, à moins qu'il n'en fût autrement ordonné.

Ce qui donna lieu à ces défenfes, fut une faifie faite le quinze Mars 1755, par les Gardes du Corps de l'Orfévrerie de Paris, & par eux appor-tée au Greffe de la Cour des Monnoies, fur l'un des Maîtres de ce Corps, d'une boëte ou tabatiere compofée à l'extérieur de différens morceaux d'or de différentes couleurs & à différens titres, attachés avec des poin-tes, favoir, le corps fur une bande de cuivre, & les fonds fur des pla-ques de nacre, & la totalité de la boëte revêtue en dedans d'une dou-blure d'or au titre, ce qui étoit contraire à la difpofition précife des Re-glemens, qui défendent expreffément le mélange de différentes matieres, dans un même ouvrage, ainfi que d'y inférer d'une maniere cachée & frau-duleufe d'autres matieres que celles dont l'ouvrage doit être compofé en entier.

Cette faifie donna lieu à une conteftation d'autant plus intéreffante, que le Maître Orfévre prétendit que, loin d'avoir commis aucune contraven-tion, il avoit fait le bien & l'avantage du commerce & de l'Etat, en ce que la main d'œuvre & l'habileté de l'Artifte faifant le principal objet de ces fortes de bijoux , & diminuant le poids de la matiere , qui conféquemment reſte dans le Royaume , cette branche du commerce deviendroit d'autant plus floriſſante , que ces ſortes d'ouvrages ſeroient moins couteux à ceux qui les acheteroient , & attireroient néceſſairement en France l'argent des Etrangers , que la beauté de ces mêmes ouvrages rendroit curieux de faire venir.

Sur un prétexte ſi apparent , quoique directement contraire à l'eſprit & à la lettre des différentes Ordonnances , qui prononcent des peines même capitales contre les ouvriers qui font des ouvrages d'or ou d'argent qui ſe trouvent fourrés de matieres étrangeres , ou dans leſquels ces mêmes matieres ſe trouvent inſérées , la Cour des Monnoies ne crut pas devoir s'armer de ſévérité dans le moment que ces ſortes de bijoux commencerent à paroître , elle jugea néceſſaire de ſe donner le tems convenable pour en faire un examen ſérieux , & pour balancer en connoiſſance ce qui pouvoit être véritablement du bien de l'Etat & de l'avantage du commerce , avec les inconvéniens qui pouvoient réſulter de ce mêlange , par le moyen duquel il paroiſſoit facile de tromper le Public , en lui vendant pour de l'or des matieres qui n'ont preſque aucune valeur ; & pour concilier ces vues du bien public avec la diſpoſition des Reglemens , elle ſe contenta , par ſon Arrêt du 30 Avril 1755 , de faire des défenſes générales , tant au Maître ſaiſi , qu'à tous autres Orfevres.

Cet Arrêt auroit-dû arrêter le cours & la fabrique de ces ouvrages , & les ouvriers attendre que , par une nouvelle déciſion , il y eût été pourvu par la Cour ; mais au contraire , ces mêmes ouvrages ſe multiplierent , & non ſeulement quelques Bijoutiers continuerent de faire des boëtes en cage , & autres bijoux , d'or de différentes couleurs , à différens titres , ils en firent encore de différentes façons , dont quelques uns étoient fourrés de cuivre , de nacre , ou de tole , & ſouvent de ces trois matieres dans une même boëte , ſous prétexte que ces ouvrages ne devant être regardés que comme garniture , n'étoient pas ſujets à la regle étroite , & ne pouvoient être enviſagés par le Public , que comme ouvrages de curioſité & de goût , dont la matiere précieuſe qui s'y trouve , ne fait que l'acceſſoire , & dont la main d'œuvre fait le principal objet du prix.

C'eſt ce qui donna lieu à différens Mémoires qui furent préſentés à la Cour , tant par les Gardes de l'Orfévrerie pour le maintien des Reglemens & du bon ordre , que par quelques Bijoutiers , à l'effet de ſe faire autoriſer dans leur nouvelle entrepriſe.

Ces différens Mémoires furent mis ſous les yeux de la Cour des Monnoies , qui en fit un examen ſcrupuleux.

Cependant le Procureur Général ſui repréſenta que non ſeulement il recevoit tous les jours de nouvelles plaintes au fujet de ces ouvrages fourrés, mais qu'il ·lui étoit tombé entre les mains une tabatiere montée en cage, pefant fix onces, laquelle étoit d'or, tant en dedans qu'en dehors, & qui conféquemment feroit toujours regardée comme une boëte pleine, laquelle néanmoins étoit fourrée dans toutes fes parties, de plaques de cuivre, du poids de deux onces quatre gros, qui tombent en pure perte pour ceux à qui elle a été vendue ; qu'il étoit même informé qu'il fe fait jufqu'à des tabatieres d'argent revêtues de faux émail, & également fourrées de tole.

Que, bien loin que de tels ouvrages puiffent faire honneur à la Nation, loin qu'ils puiffent augmenter & accréditer le commerce de France chez l'Etranger, ils ne peuvent aucontraire que lui caufer un difcrédit total, & le faire entiérement tomber, lorfque l'Etranger s'appercevra d'une fraude auffi criminelle, & principalement lorfqu'il en jugera par comparaifon, avec des ouvrages de même nature, auffi beaux, auffi perfectionnés, auffi légers & auffi folides, lefquels feront d'or en plein & fans aucun mélange.

Que quand même on fuppoferoit affez de bonne foi dans l'ouvrier qui fait, ou dans le marchand qui vend, ces ouvrages fourrés, pour fe perfuader qu'ils les déclarent tels lorfqu'ils les vendent, ces mêmes ouvrages pafferont en mains différentes & à différens particuliers, qui, n'étant point informés de leur défectuofité, les acheteront comme bons, fe trouveront lézés confidérablement, & fouvent même la victime d'ouvriers infideles. De-là la perte du commerce, l'éloignement des Etrangers pour les bijoux de France , & le défaut de rentrée des efpeces étrangeres dans le Royaume.

Qu'un mal auffi dangereux demande néceffairement qu'il y foit remédié, fans cependant préjudicier à l'avantage du commerce, dans la partie qui regarde la main-d'œuvre & l'habileté des Artiftes, toujours favorable dans un Etat, par la réputation qu'elles lui acquierent, & qui le rendent fupérieur à l'étranger.

Pour y parvenir & affurer en même tems l'exécution des Ordonnances, & entretenir, augmenter même, s'il eft poffible, l'émulation des Artiftes, le Procureur Général crut devoir propofer à la Cour l'obfervation fuivante, qui pouvoit entrer dans les motifs de fa décifion.

L'efprit des Ordonnances & des Reglemens a toujours été d'éviter la fraude, & d'empêcher que l'acheteur ne puiffe être trompé par le vendeur : c'eft pour cela que le titre des ouvrages d'or & d'argent a toujours été fixé , & que, pour certifier ce même titre aux acheteurs, il a été prefcrit d'y appofer les marques ou poinçons néceffaires : c'eft pour cela que le mélange des matieres a toujours été très expreffément défendu fous des peines capitales ; & c'est pour cela que les ouvriers qui fourrent & inserent des corps étrangers dans des ouvrages d'or & d'argent, ont toujours été regardés en quelque façon également dangereux & punissables dans leur art, comme ceux qui alterent ou contrefont les monnoies du Roi, parcequ'il n'est personne qui puisse se parer & se mettre à couvert d'une fraude d'autant plus à craindre, qu'elle est plus cachée & difficile à connoître, même par les gens les plus expérimentés dans cet art. Il n'en est pas de même des ornemens extérieurs qui peuvent se trouver sur ces mêmes ouvrages, parceque ces ornemens extérieurs sont visibles, & qu'on ne peut être trompé dans ce qui frappe la vue. Les or de différentes couleurs sont visibles, & leur différence est sensible, les émaux le sont pareillement, les fleurs & autres ornemens, qui pourroient être appliqués, soudés ou incrustés sur les parties extérieures des bijoux, ne peuvent être donnés ni vendus comme faisant corps de ces mêmes bijoux ; mais le corps de ces mêmes ouvrages, soit d'or, soit d'argent, ne doit être composé que d'or ou d'argent au titre des Ordonnances, & sans aucun mélange ni insertion d'aucun corps étranger, d'aucune matiere différente.

Ce ne peut donc être que dans ces parties extérieures qu'il peut être permis de varier les couleurs, d'y souder ou incruster des ornemens de quelqu'autre matiere, mais jamais dans l'intérieur & dans ce qui forme le corps de l'ouvrage ; & comme ce sont ces couleurs variées, ces ornemens extérieurs, qui font la beauté d'un ouvrage, qui peuvent en donner le goût, exciter la curiosité des Etrangers, comme celle des Regnicoles, ainsi que l'émulation des Artistes, dont le plus ou le moins d'habileté ne se fait connoître que dans ces mêmes ornemens extérieurs ; c'est favoriser le commerce, c'est lui donner tout l'avantage qu'on peut lui procurer dans cette partie, c'est procurer à l'Etat le bénéfice qu'il peut retirer de l'excellence des Manufactures de France, & de la main-d'œuvre dans ce genre, que de permettre ces différens ornemens ; mais ce sera favoriser encore plus ce même commerce, dont la sûreté & la bonne-foi sont les principaux fondemens, c'est lui donner les moyens de s'étendre encore davantage, que d'empêcher les abus qui peuvent s'y introduire, & d'arrêter totalement le cours d'une contravention aussi dangereuse que celle du mélange des matieres dans le corps de ces mêmes ouvrages.

Que si, d'après ces observations, il est indispensable de proscrire pour l'avenir la fabrication de ces ouvrages d'or ou d'argent, fourrés & mêlés d'une matiere clandestine, il n'est pas moins nécessaire d'empêcher que le Public ne soit trompé sur ceux qui ont été faits jusqu'à présent, & qui non seulement sont encore entre les mains des Ouvriers, mais qui peuvent être répandus chez les différens Marchands Merciers, Orfevres & Bijou-

tiers ;

tiers, qui les auroient achetés, & qui pourroient en faire commerce.

Pour prévenir & remédier à ces inconvéniens, la Cour des Monnoies, en interprettant en tant que de befoin fon Arrêt du 30 Avril 1755, ordonna par celui du 2 Décembre fuivant » que les Reglemens intervenus
» au fujet des ouvrages d'orfévrerie, tant par rapport au titre des matieres,
» qu'à la confection de ces ouvrages, feroient exécutés felon leur forme
» & teneur, en conféquence fit très expreffes inhibitions & défenfes à tous
» Marchands, Orfevres, Bijoutiers ou autres, & à tous Ouvriers de faire,
» vendre ou débiter aucune boëte & autres ouvrages d'or & d'argent
» de quelque nature qu'ils foient, dans lefquels il foit fourré aucun corps
» ou matieres étrangeres non apparentes, en fraude defdits ouvrages,
» à peine de confifcation, & d'être les contrevenans pourfuivis extraor-
» dinairement, & punis de peines capitales, fuivant la rigueur des Or-
» donnances; pourront feulement fur les parties extérieures des ouvrages
» d'or ou d'argent, en varier les couleurs, ajouter, fouder, appliquer ou
» incrufter en émaux, vernis, nacre, ou autrement, tels ornemens qu'ils
» jugeront convenables, fans cependant qu'à l'occafion defdits ornemens,
» & fous quelque prétexte que ce foit, ils puiffent introduire dans le
» corps defdits ouvrages aucun autre métal, ou corps étranger non apparent,
» fur les mêmes peines; ordonne que dans quinzaine du jour de la publication
» du préfent Arrêt & fignification d'icelui au Bureau de la maifon commune
» de l'Orfévrerie, tous Marchands, Orfevres, Merciers, Bijoutiers, ou
» autres, & tous ouvriers qui ont, ou peuvent avoir actuellement en leur
» poffeffion aucuns ouvrages ou bijoux d'or & d'argent, fourrés d'autres
» matieres non apparentes, feront tenus d'en faire leur déclaration au Bu-
» reau de la maifon commune des Orfevres de cette Ville, & de les y faire
» marquer d'un petit poinçon particulier repréfentant une *quinte-feuille*,
» lequel fera infculpé au Greffe de la Cour, en préfence du Confeiller Rap-
» porteur & de l'un des Subftituts du Procureur Général, fur la Table
» de cuivre à ce deftiné; laquelle marque les Gardes de l'Orféverie feront
» tenus d'appofer fur lefdits ouvrages, en lieu apparent, fans aucuns
» frais; paffé lequel tems de quinzaine, tous lefdits ouvrages prohibés qui
» fe trouveront chez lefdits Marchands & Ouvriers, non marqués dudit
» poinçon, feront cenfés faits depuis, & en contravention du préfent Ar-
» rêt, & comme tels, fujets à confifcation, & iceux Marchands & Ou-
» vriers punis des peines fufdites; & fera le préfent Arrêt, à la diligence
» du Procureur général du Roi, lû en la Chambre commune de l'Orféve-
» rie, regiftré fur les regiftres de la Communauté, diftribué par les Gardes
» à tous les Maîtres du corps, imprimé, publié & affiché partout où il
» appartiendra, à ce qu'aucun n'en puiffe prétendre caufe d'ignorance «.

Le Roi informé des défenses portées par cet Arrêt, conformément aux anciennes Ordonnances, & que ce Réglement, qui n'avoit été fait que pour prévenir la fraude, pouvoit cependant borner l'induſtrie des Ouvriers, & ainſi reſtreindre une branche du commerce, qui dépend totalement du goût des Acheteurs & des changemens introduits par l'uſage ; Sa Majeſté étant d'ailleurs informée que pour la perfection de pluſieurs de ces ouvrages, & pour leur procurer en même tems la légéreté & la ſolidité convenables, il étoit néceſſaire d'introduire des corps étrangers dans l'intérieur d'iceux, & voulant en même tems pourvoir à la ſureté des Acheteurs, & laiſſer aux Ouvriers toute la liberté qui excite l'induſtrie & l'émulation :

» Sa Majeſté, étant en ſon Conſeil, a ordonné que tous ouvrages de
» bijouterie, dont la ſurface ſera entierement d'or ou d'argent, ſeront
» compoſés ſans aucun mélange intérieur de corps étrangers non apparens,
» à peine contre les contrevenans d'être pourſuivis extraordinairement,
» ſuivant la rigueur des Ordonnances : à l'égard des ouvrages de bijoute-
» rie montés en cage, ou compoſés de différentes plaques aſſemblées
» dans une certiſſure d'or ou d'argent, leſquels ſe trouveront en même tems
» revêtus d'un corps étranger apparent, permet, Sa Majeſté, qu'ils puiſſent
» contenir un corps étranger non apparent, à condition que leſdits ouvra-
» ges ne pourront être vendus au poids, & que pour les diſtinguer des au-
» tres ouvrages de même genre qui ſeroient entierement d'or & d'argent,
» on gravera diſtinctement, ſur la fermeture des boëtes & dans le lieu le
» plus apparent deſdits ouvrages, le mot *garni*, de maniere que le poin-
» çon de décharge ſoit appliqué dans le corps de la lettre G ; dérogeant, en
» ce point ſeulement, aux Réglemens preſcrits par l'orféverie & la mar-
» que d'or & d'argent, leſquels ſeront exécutés ſelon leur forme & teneur,
» en ce qu'ils ne portent rien de contraire au préſent Arrêt, lequel ſera
» imprimé, lû, publié & affiché partout où beſoin ſera. Ordonne, Sa
» Majeſté, que toutes Lettres-Patentes, à ce néceſſaires, ſeront expédiées
» ſur le préſent Arrêt. Fait au Conſeil d'Etat du Roi, Sa Majeſté y étant,
» tenu à Verſailles le trentieme jour de Mars 1756 ».

Les Lettres-Patentes, contenant les mêmes diſpoſitions que l'Arrêt du Conſeil rapporté ci-deſſus, furent adreſſées à la Cour des Monnoies, & le tout par elle regiſtré aux charges ſuivantes :

» Regiſtrées au Greffe de la Cour pour être exécutées ſelon leur forme
» & teneur, à la charge que dans les ouvrages mentionnées eſdites lettres,
» chacune des parties montées en cage ou certiſſure, ne pourra être ſuſ-
» ceptible d'un corps étranger non apparent, qu'autant qu'elle ſera chargée
» d'un corps étranger apparent ; & encore à la charge que les ouvriers qui
» uſeront de ladite faculté, ſe conformeront à ce qui leur eſt preſcrit par

» ledit Arrêt du Confeil, & Lettres-Patentes fur icelui, à peine contre
» les contrevenans, tant audit Arrêt du Confeil, qu'aux charges & condi-
» tions ci-deffus, d'être pourfuivis extraordinairement, & punis comme
» pour crime de faux. Fait en la Cour des Monnoies, les Semeftres affem-
» blées, le 4 Mai 1756 «.

BILBOQUET, en terme de Monnoie, eft un morceau de fer allongé
en forme d'oval, au milieu duquel eft un cercle en creux, de la grandeur
du flaon que l'on veut ajufter, avec un petit trou au centre pour repouffer
le flaon au dehors, lorfque ce flaon fe trouve trop attaché au bilboquet; il
y a autour d'une longue table de ces bilboquets où les Tailleresses & les
Ajufteurs liment les flaons.

Bilboquet, en terme de Doreur, eft un morceau d'étoffe, fine attaché à
un morceau de bois quarré, qui fert à prendre l'or pour le mettre dans les
endroits les plus difficiles, comme dans les filets quarrés, dans les gorges
& autres endroits creux.

BILLON, fe dit de toute matiere d'or & d'argent, alliée ou mêlée d'une
portion de cuivre plus forte ou plus confidérable que celle réglée par les
Ordonnances rendues fur le titre des Monnoies. Ce mot vient de *Bulla* ou   Boutteroue,
de Βούλλον, que les nouveaux Grecs ont tiré du mot latin *Bulla*, qui figni-   pag. 141.
fie au pluriel ces efpeces de bouteilles que la pluie fait élever fur l'eau.

L'or & l'argent, au-deffous du titre prefcrit pour les efpeces, favoir l'or
jufqu'à douze karats, & l'argent jufqu'à fix deniers, doivent être appellés
or bas, argent bas: il n'y a que l'or au-deffous de douze karats, & l'argent
au-deffous de fix deniers qui puiffent être nommés billon d'or, ou billon
d'argent, le cuivre l'emportant alors fur ces autres métaux.

On appelle auffi billon toute forte de monnoie dont le cours eft défendu,
de quelqu'aloi & à quelque titre qu'elle puiffe être; en ce fens, on dit
porter la monnoie au billon, ce qui fignifie qu'elle fera fondue pour en
fabriquer d'autre qui aura cours dans le commerce.

On nomme de même billon la monnoie de cuivre mêlée d'un peu de
fin, comme les pieces de dix-huit & de vingt-quatre deniers, & la menue
monnoie de pur cuivre, comme liards, &c.

On appelle encore billon, du bas argent qu'on affine avec la caffe d'Orfévre, fans cependant fe fervir d'eau-forte.

Le mot billon s'entend auffi du lieu où l'on doit porter la monnoie décriée, légere & défectueufe, pour la mettre à la fonte & en recevoir la
jufte valeur, comme font les Bureaux de la Monnoie & du Change; en ce
fens on dit envoyer au billon, porter au billon.

Quoiqu'il fût très expreffément défendu, par l'Arrêt du Confeil du 3
Mai 1736, & l'article V de l'Edit du mois d'Octobre 1738, de faire aucun

mélange de différentes efpeces dans les facs d'argent donnés dans les payé-
mens , & qu'il foit ordonné que ces facs ne feront compofés que d'une feule
efpeces d'argent ou de billon ; cependant la Cour des Monnoies informée
que la difpofition de ces Réglemens ne s'obfervoit plus avec la même exactitude , & que la négligence qu'on apportoit à leur exécution donnoit lieu
aux mêmes abus que Sa Majefté avoit voulu prévenir & arrêter , renouvella ces mêmes défenfes par Arrêt du 20 Juin 1750 : par lequel ,, elle
,, ordonne l'exécution de l'Arrêt du Confeil du 3 Mai 1736 , & de l'article
,, V de l'Edit du mois d'Octobre 1738 , & en conféquence qu'aucuns facs
,, d'argent qui feront donnés dans les payemens , ne pourront être mêlés ,
,, ni compofés de différentes efpeces , mais feront feulement compofés en
,, entier d'écus ou demi écus , de cinquiemes , de dixiemes , ou de ving-
,, tiemes d'écus , fans que dans aucun fac il puiffe être mis différente forte
,, d'efpeces enfemble ; pareillement qu'aucun fac de billon ne pourra être
,, compofé d'efpeces de différentes fabrications ; fait défenfes de mêler ,
,, dans les mêmes facs , aucuns fols des anciennes fabrications , avec les
,, fols de la fabrication ordonnée par l'Edit du mois d'Octobre 1738 : le
,, tout à peine de confifcation , au profit du Roi , de toutes les efpeces dif-
,, férentes qui fe trouveront mêlées dans les mêmes facs ,,

Par autre Arrêt de la même Cour , du 3 Septembre 1757 , il eft défendu
à toutes perfonnes de quelqu'état , qualité & condition qu'elles foient , de
refufer , dans aucun payement , les pieces de vingt-quatre deniers , fabriquées
en exécution de l'Edit du mois d'Octobre 1738 , fur lefquelles de l'un ou
de l'autre côté , il paroîtra quelque marque de l'empreinte fervant à faire
connoître qu'elles ont été fabriquées en exécution de cet Edit ; comme auffi
de les donner ou recevoir pour un moindre prix que celui porté par cet
Edit , à peine contre les contrevenans d'être pourfuivis extraordinairement
comme Billonneurs , & comme tels punis fuivant la rigueur des Ordonnances.

La Cour des Monnoies , conformément aux Arrêts du Confeil des 27
Juillet 1728 , 27 Mars 1729 , & premier Août 1738 , revêtus de Lettres-
Patentes , & regiftrés en fon Greffe : a (par Arrêt du 3 Juin 1758) fait
,, très expreffes inhibitions & défenfes à toutes perfonnes , de faire entrer
,, dans le Royaume aucunes efpeces de billon étrangeres , à peine de trois
,, mille livres d'amende , payables par chacun des contrevenans ou des
,, perfonnes qui auront contribué fciemment à l'introduction defdites efpe-
,, ces , & de confifcation d'icelles , même des marchandifes dans lefquelles
,, elles feront emballées , chevaux , chariots & équipages qui ferviront au
,, tranfport. Fait pareillement défenfes à tous particuliers de donner , ni
,, recevoir en paiement aucunes defdites efpeces dans aucun lieu du Royau-

» me, à peine de confifcation & de cinq cens livres d'amende, payable
» folidairement par ceux qui les auront donnés & par ceux qui les auront
» reçus ; & à tous Marchands, Banquiers, Négocians, Caiffiers, & autres,
» de donner en paiement aucunes efpeces de billon en facs, qu'après les
» avoir réellement comptées & examinées avec ceux à qui fe feront les
» paiemens, à peine de trois mille livres d'amende «.

Voyez au mot MONNOIE l'Edit du mois d'Octobre 1738, qui ordonne
la fabrication des pieces de billon qui ont cours pour vingt-quatre deniers.

Par autre Arrêt du 14 Juin 1760 : » la Cour des Monnoies a fait dé-
» fenfes à toutes perfonnes, de faire entrer dans le Royaume, notamment
» dans la Ville de Philippeville & autres Villes & lieux frontieres, voifi-
» nes & limitrophes des Pays étrangers, aucunes efpeces de billon de
» fabrique étrangere, à peine de trois mille livres d'amende contre chacun
» des contrevenans & de ceux qui auront contribué fciemment à l'introdu-
» ction defdites efpeces, & de confifcation d'icelles, mêmes des marchan-
» difes dans lefquelles elles feroient emballées, chevaux, chariots & équi-
» pages qui ferviroient au tranfport, defquelles amendes & confifcations
» le tiers appartiendra aux Commis, Gardes, Employés ou autres qui
» auront arrêté lefdites efpeces, &c. «.

Les motifs de ces défenfes furent que la Cour des Monnoies fut informée, par le Procureur Général, que nonobftant la difpofition des différens Réglemens intervenus au fujet des efpeces de billon de fabrique
étrangere, & notamment des Arrêts du Confeil des 27 Juillet 1728, 27
Mars 1729, & premier Août 1738, qui en ont défendu l'introduction dans
le Royaume, ainfi que leurs cours & expofition dans aucun paiement, lefquelles défenfes ont encore été renouvellées par l'arrêt de la Cour des
Monnoies du 3 Juin 1758 ; néanmoins il s'en introduifoit journellement une quantité confidérable, & principalement dans les Villes frontieres, voifines & limitrophes du Pays étranger, lefquelles s'expofoient pour
une valeur plus confidérable, & même pour le double de celle qu'elles
avoient dans le lieu de leur fabrication, ce qui caufoit une double perte
à ceux qui les recevoient en paiement de leurs marchandifes ou menues
denrées, en ce que ne pouvant s'en défaire dans le Royaume, où elles n'ont
aucun cours, ils fe trouvoient obligés de les reporter fur les terres étrangeres d'où elles provenoient, & où ils ne pouvoient les donner que pour
leur vraie valeur, & conféquemment fupportoient une perte confidérable,
ou étoient forcés de fouffrir un autre préjudice par l'exaction de certains
Billonneurs, qui fe faifoient payer jufqu'à dix fols & plus par écu de
France pour la converfion de ces efpeces ; pour arrêter le cours de ces con-

traventions, également préjudiciables à l'Etat & au Public, tant de la part de ceux qui introduisoient & exposoient ces especes, que de la part de ceux qui, par un billonnage intolérable, les retiroient pour des especes sur lesquelles ils faisoient un gain illicite par le prix excessif qu'ils s'en faisoient payer; la Cour des Monnoies, par Arrêt du 11 Novembre 1759, avoit réitéré des défenses expresses de cette introduction & exposition dans la Ville de Rocroy, où ces especes avoient commencé de paroître, & ordonné qu'il seroit informé par-devant le Juge Prevôt de cette Ville, contre les introducteurs de ces pieces, Expositeurs & Billonneurs; mais comme les mêmes introductions & contraventions s'étoient faites & commises depuis dans la Ville de Philippeville, & autres Villes frontieres & limitrophes des Pays & Terres étrangeres où se fabriquoient ces especes de billon, la Cour des Monnoies renouvella ces mêmes défenses, ainsi qu'elles sont portées dans l'Arrêt rapporté ci-dessus.

BILLONNER, terme de monnoie qui, selon les circonstances, est pris en bonne ou mauvaise part.

On le prend en bonne part, quand il signifie rechercher les especes décriées & les envoyer au billon, ce qui étoit autrefois permis à certaines personnes préposées à cet effet: mais ordinairement il se prend en mauvaise part, & veut dire négocier, trafiquer des monnoies de billon, substituer de mauvaises especes aux bonnes especes.

Les Ordonnances de 1559, 1574, 1577, 1578, 1629, l'Arrêt de la Cour des Monnoies du 13 Juin 1600, & autres subséquens, en font un crime capital.

Il peut se commettre en neuf différentes manieres; savoir:

1°. Lorsqu'on achete, ou qu'on change la monnoie pour une valeur moindre que celle qu'elle a dans le public, pour la remettre à plus haut prix, soit dans le même lieu, soit dans une autre Province.

2°. Quand les Collecteurs & les Receveurs retiennent les bonnes especes d'or & d'argent qu'ils ont reçus des contribuables, & n'envoyent au Trésor Royal que des especes de billon & de cuivre, ou retiennent les especes pesantes, & ne font leurs paiemens qu'en especes légéres.

Ordonnances de Janvier 1511, & 7 Novembre 1759.

3°. Lorsque les Changeurs remettent dans le commerce les especes défectueuses, étrangeres & décriées, qu'ils ont changées.

4°. Quand on ne veut recevoir les especes qu'au prix de l'Ordonnance, & qu'on ne veut les exposer qu'au prix qu'elles ont par le surhaussement du Peuple.

Ordonnances de 1577. Art. XV.

5°. Lorsque l'on trafique des monnoies étrangeres & décriées, & qu'on leur donne cours dans le Royaume.

6°. Quand les Marchands se transportent sur les ports de mer pour y acheter les efpeces à deniers comptans plus qu'elles ne valent, ou bien qu'ils ftipulent que leurs marchandifes leur feront payées en ces fortes d'efpeces, afin de les paffer enfuite de Ville en Ville, fous la faveur du commerce, jufqu'aux places frontieres, & les tranfporter ainfi dans les Pays étrangers, ou pour les vendre aux Orfévres du Royaume, parcequ'ils les achetent à plus haut prix pour les employer en ouvrages, & fe dédommagent de la perte par les façons.

Arrêt du 1 Juin 1600.

7°. Lorfqu'on choifit les efpeces les plus pefantes pour les fondre, ou les vendre aux Orfévres qui les fondent pour leurs ouvrages.

8°. Quand on change les efpeces qu'on a reçues, & qu'on en achete d'autres pour faire les paiemens.

9°. Enfin lorfqu'on recherche des efpeces d'or ou d'argent dans une Province, & qu'on en donne quelque bénéfice, afin de les remettre à plus haut prix dans une autre Province.

BILLONNEURS. On appelle ainfi ceux qui billonnent. Voyez BILLONNER.

Autrefois les Billonneurs étoient en France des gens prépofés de la part du Roi pour recueillir & raffembler les efpeces décriées pour être mifes au billon. Sous le régne de Charles VI, vers l'an 1385, ces Billonneurs avoient leurs boutiques dans la rue aux Fers, du côté du cimetiere des Innocents : cet endroit fe nommoit le billon.

On nomme à préfent Billonneur celui qui fait un négoce d'or & d'argent, en profitant fur la valeur des efpeces ou monnoies, &c. Les Ordonnances prononcent des peines très rigoureufes contre les Billonneurs ; celles de 1557 & de 1579, portent la peine de mort ; celles de 1574, 1578 & 1629, la confifcation du corps & des biens.

La déclaration du 17 Novembre 1699, regiftrée le 26, porte peine de mort contre les Officiers & Commis des Monnoies, qui feront convaincus d'avoir diverti les deniers du Roi, jufqu'à trois mille livres & au-deffus.

L'Arrêt de la Cour des Monnoies, du 9 Janvier 1702, ordonne l'exécution de la Déclaration citée ci-deffus, porte qu'il fera informé contre ceux qui expofent & reçoivent les anciennes efpeces au même prix qu'aux Hôtels des Monnoies, changes & recettes publiques.

Les Déclarations des 16 Octobre 1703 & 1708, renouvellent les défenfes du billonnage à peine de confifcation des efpeces, & d'amende du double au moins pour la premiere fois, dont moitié au dénonciateur, & de punition corporelle en cas de récidive.

La Déclaration du 8 Février 1716, regiftrée en la Cour des Monnoies le 13 Février fuivant. » Défend à tous fes Sujets, & Etrangers étant dans

» le Royaume, même à ceux qui jouiffent des priviléges des Regnicoles ;
» de faire aucune négociation d'efpeces, commerce ou trafique de matieres
» d'or & d'argent, de les vendre, acheter, ou marchander à plus haut
» prix que celui porté par les Edits, Déclarations & Arrêts, & de faire
» aucune forte de billonnage defdites efpeces & matieres, à peine pour la
» premiere fois du carcan, de confifcation defdites efpeces & matieres,
» d'amende, qui ne pourra être moindre du double de la valeur des efpe-
» ces ou matieres négociées, billonnées, ou marchandées, applicable un
» quart au profit du Roi, & les trois quarts au dénonciateur ; & en cas de
» récidive à peine de galeres à perpétuité. Lefquelles peines ne pourront
» être modérées, & auront lieu tant contre ceux qui auront donné, que
» contre ceux qui auront reçu lefdites efpeces, à plus haut prix que celui
» pour lequel elles auront cours.

A r t. I I.

» Veut néanmoins, Sa Majefté, que celui des Billonneurs ou Négocia-
» teurs qui aura déclaré fes complices à fon Procureur Général en la Cour
» des Monnoies, ou aux Juges des lieux, foit exempt des peines, & reçoive
» la part defdites confifcations & amendes qui doit appartenir au Dénon-
» ciateur «.

BLAFFERT ou PLAFFERT. Monnoie qui a cours dans l'Electorat de
Cologne, où elle vaut quatre albus & 3 fols $\frac{11}{13}$ deniers, argent de France.

BLAMUYSER ou DEMI ESCALIN. Monnoie dont on fe fervoit autrefois dans les Pays-Bas, & qui valoit environ 6 fols 6 deniers, argent de
France.

BLANCS. Monnoie de billon fabriquée d'abord fous Philippe de Valois. Ces blancs valurent communément dix deniers tournois, quelquefois
plus, quelquefois moins. On appelloit grands blancs ou gros deniers blancs,
ceux qui valoient dix deniers tournois, & petits blancs ou demi-blancs,
ceux qui n'en valoient que cinq.

Les blancs, dans leur origine, c'eft-à-dire fous Philippe de Valois &
au commencement du regne du Roi Jean, étoient quelquefois appellés
gros tournois, parcequ'ils tenoient la place des gros tournois, qu'on ne
fabriquoit plus à caufe de la difette d'argent. On leur fubftitua ces efpeces
de billon qui étoient fouvent de fi baffe loi, qu'elles ne tenoient pas deux
deniers d'argent. Cependant, pour cacher en quelque façon ce défaut au
Peuple, on blanchiffoit ces efpeces, afin qu'elles paruffent être d'argent,
& pour les diftinguer des doubles & des deniers, qu'on appelloit communément *Monnoie noire*.

Philippe de Valois, manquant de matiere pour faire faire de gros tournois

nois d'argent fin, & d'ailleurs voulant affoiblir la monnoie, en diminua le titre de telle forte, qu'en 1348, il fit faire de gros tournois d'argent, appellés auſſi blancs, qui n'étoient qu'à fix deniers de loi, & qu'il faiſoit cependant valoir quinze deniers tournois.

Le Roi Jean fit faire, au commencement de ſon regne, en 1350, 1351, des gros tournois, qu'on nomma *blancs*, lefquels n'étoient qu'à environ quatre deniers de loi, & qui avoient cours pour huit deniers tournois. En 1354, il fit faire les blancs à la couronne, qui valurent cinq deniers tournois, & depuis ce tems, ces eſpeces qui n'étoient que de bas billon, furent appellés fimplement *blancs*. On ne fit prefque point d'autre monnoie pendant le regne du Roi Jean.

Sous Charles V, regne ſous lequel les Monnoies furent mieux réglées, les blancs étoient fort diſtingués des gros tournois d'argent fin dont il eſt parlé ailleurs. Pendant tout ſon regne, ils furent à quatre deniers de loi, de quatre-vingt-ſeize au marc, valans cinq deniers tournois la piece.

Sous Charles VI & ſous Charles VII, on fit prefque toujours des blancs valans dix deniers la piece, & des demi-blancs qui n'en valoient que cinq.

Sous Charles VI, commencerent, au même tems que les écus d'or, les blancs & les demi-blancs à l'écu, ſi célebres pendant ces regnes.

Charles VII fit faire une forte de grands blancs, qu'on appella *Karolus*, à cauſe de la lettre K qui étoit gravée ſur cette monnoie : ces blancs valoient dix deniers tournois, comme les autres.

Sur la fin du regne de Louis XI, pendant ceux de Charles VIII, de Louis XII & de François I, les grands blancs valurent douze deniers. On fit à leur place une eſpece de même valeur, qu'on appella douzains, de ce qu'ils valoient douze deniers. Voyez douzains, & les Tables du Livre, où ſont les différens titres, poids & valeur des blancs.

BLANCHIMENT, en terme de Monnoie, eſt une préparation que l'on donne aux flaons, afin qu'ils aient de l'éclat & du brillant, en ſortant du balancier.

Cette préparation ſe fait, en mettant recuire les flaons d'argent, ou pieces d'orfévrerie, dans une eſpece de poële quarrée, ſans manche, faite de tole, en maniere de réverbere, c'eſt-à-dire en ſorte que la flamme paſſe par-deſſus la poële. Les pieces ſuffifamment recuites, & enſuite refroidies, ſe mettent ſucceſſivement bouillir dans deux autres poëles ſemblables, qui ſont de cuivre, qu'on nomme bouilloirs, dans lefquels il y a de l'eau, du ſel commun, & du tartre de Montpellier ; enfin, quand les pieces ont été eſſorées de cette premiere eau, dans un crible de cuivre, on jette deſ-

Tome I. Q

fus du fablon & de l'eau fraîche, après quoi on les effuie avec des torchons, quand elles font bien feches.

Une autre façon de donner les blanchimens, confifte à mettre les flaons, après qu'ils ont été recuits dans un grand vaiffeau rempli d'eau commune & de quelques onces d'eau forte, mais avec différentes proportions pour l'or & pour l'argent. Pour l'or, il faut huit onces d'eau forte, & pour l'argent, feulement fix onces par chaque feau d'eau. On ne fe fert prefque plus de ce blanchiment, parceque les frais en font plus grands, & que l'eau forte diminue quelque chofe de l'argent. Les ouvriers l'appellent tire-poil, à caufe qu'il femble tirer au-dehors ce que les métaux ont de plus vif.

On donne de même le blanchiment aux ouvrages d'orfévrerie qu'on veut avoir mattes, ou dont on ne veut feulement brunir que certains endroits.

Blanchiment fe dit auffi de l'attelier où fe blanchiffent les flaons dans les Hôtels des Monnoies, & l'orfévrerie chez les Orfevres.

BLANCHIR L'ARGENT, c'eft le faire bouillir dans de l'eau forte mêlée avec de l'eau commune, ou feulement de l'eau dans laquelle on a fait diffoudre de l'alun. Les Ouvriers en médailles & en monnoie fablonnent tous les flaons, & les frottent dans un crible de fer, pour en ôter les barbes. Voyez BLANCHIMENT.

BLANCHIR, en terme d'Orfevre en grofferie, c'eft mettre un morceau d'orfévrerie dans de l'eau feconde, pour le délivrer des ordures qui empêcheroient de le polir, & de recevoir tout l'éclat dont la matiere eft fufceptible. On blanchit encore en Allemagne, avec de l'alun bouilli dans de l'eau, ou même de la gravelle & du fel mefuré par portion égale ; mais ce blanchiment ne peut fervir en France, où l'argent eft monté à un titre beaucoup plus haut qu'en Allemagne.

BLANK. Monnoie fictive, qui eft d'ufage pour les comptes en Hollande, où il vaut fix duytes, ou un fol & demi argent de France.

BLANKIL. Petite Monnoie d'argent de billon, qui a cours dans les Royaumes de Fez & de Maroc, & qui vaut environ deux fols fix deniers, argent de France.

BLARE. Petite monnoie, qui fe fabrique à Berne en Suiffe, évaluée à deux fols un denier, argent de France.

BLEUIR UN METAL. C'eft l'échauffer jufqu'à ce qu'il prenne une couleur bleue ; ce que pratiquent les Doreurs qui bleuiffent leurs ouvrages d'acier, avant que d'y appliquer les feuilles d'or ou d'argent.

BOESSE, eft un inftrument de plufieurs fils de léton joints enfemble en forme de broffe ronde, avec lefquels on ébarbe, dans les Hôtels des Monnoies, les lames d'or, d'argent & de cuivre, au fortir des moules, pour les mettre en état d'être paffées au dégroffi & au laminoir.

BOESSER. C'eft nettoyer les lames, au fortir de la fonte, avec la boeffe ou la gratte-boeffe.

BOÊTE, en terme de Monnoie, fe dit du petit coffre où l'on enferme les diverfes efpeces de Monnoies qui ont été effayées, pefées & emboëtées à chaque délivrance, pour être envoyées par les Directeurs des Monnoies, à la fin de chaque année, aux Greffes des Cours des Monnoies, pour leur travail être jugé, tant fur ces deniers emboëtés, que fur les deniers courans, conformément aux Ordonnances fuivantes. Voyez Dé- LIVRANCE.

» Sera donné jour aux Officiers des Monnoies, pour apporter ou envoyer les boëtes de l'ouvrage fait en l'année prochaine précédente les uns après les autres, de huit jours en huit jours, pour éviter confufion. Henri II; 1554.

» Et à faute d'apporter par lefdits Maîtres lefdites boëtes, ou envoyer par homme exprès, garni du debt, huit jours après le tems préfix, feront lefdits Maîtres condamnés en cinquante livres d'amende qui doubleront de mois en mois. » Charles IX; 1563.

» Auquel jour le Maître particulier fera tenu de comparoir en perfonne, avec la Garde qui aura apporté lefdites boëtes, pour affifter à l'ouverture & jugement defdites boëtes, lequel jugement fera de tel effet, comme s'il avoit été donné avec tous les autres Officiers de ladite Monnoie ; & où lefdits Maîtres & Gardes ne comparoîrroient audit jour affigné, ou étant comparus, s'abfenteroient ou l'un d'eux, nonobftant leur abfence fera procédé à l'ouverture & jugement defdites boëtes, en la préfence de notre Procureur en la Chambre defdites Monnoies ; & le jugement qui en fera fait, fera de tel effet, comme s'il avoit été donné avec lefdits Maîtres, Gardes & autres Officiers de la Monnoie, de laquelle le jugement des boëtes fera fait. » Henri II; 1549. Art. IX.

» Les boëtes feront préfentées en plein Bureau, par ceux qui les apporteront, dont fera fait regiftre, enfemble du nom du Porteur, du jour de l'ouverture, de la quantité de l'ouvrage trouvé en icelle, & arrêté du jugement ; & le Maître, & celui qui aura apporté la boëte, ne pourra défemparer la ville fans congé de la Cour, & avoir payé aux Receveurs des boëtes ce qu'il devra par la fin de fon état. » Henri II, 1554.

» Sera procédé au jugement defdites boëtes incontinent après qu'elles feront apportées, & joint audit jugement les deniers courans, pour, fuivant iceux, affurer jugement, s'ils font hors les remedes, & non autrement ; & s'il fe trouve aucune largeffe de loi, n'en fera rien compté au maître, mais feront les Gardes avertis d'en faire boëtes à part. » Idem.

» S'il fe trouve, en procédant au Jugement des boëtes defdites Monnoies, aucun denier noir ou blanc, qui ne foit de poids & loi ordon- Henri II, 1549. Art. V.

» nés & dedans les remedes, en ce cas, tout l'ouvrage defdites boëtes ferá
» jugé de pareil foiblage & écharceté, & feront lefdits Maîtres, Gardes
» & Effayeurs refpectivement privés de leur état & office, & fera procédé
» contr'eux refpectivement par mulctes & amendes, tant pécuniaires que
» corporelles, felon l'exigence des cas ; & au cas qu'il fe trouve aucun de-
» nier d'or ou blanc, courant par les bourfes, plus foibles de poids ou
» échars de loi, que les deniers defdites boëtes, en ce cas, lefdits Maîtres,
» Gardes & Effayeurs feront tenus de telles femblables peines, que les
» Faux-Monnoyeurs, fans y faire difficulté. »

Charles IX,
1566.
» Après le Jugement, fera l'Arrêt écrit en la fin du papier des délivrances,
» de la main du Préfident qui aura affifté au Jugement, & délivré à l'un
» des Généraux, chacun à fon tour, pour dreffer l'état au Maître, tant
» en recette, qu'en dépenfe ; lequel Général en viendra prêt dans deux
» jours, & ne fera que huit jours au plus à faire l'état, lequel il rappor-
» tera à ladite Cour, fera vérifié en plein Bureau, enregiftré ès regiftres
» des états des Monnoies, par le Greffier, collationné & figné defdits Pré-
» fident & Général, qui aura dreffé ledit état, & baillé certification au
» Receveur des boëtes, de la fomme dûe par la fin d'icelui, pour en faire
» le recouvrement. »

François I,
1540, art. 45.
» Dreffant l'état, feront payer aux Maîtres tous remedes & feigneuriages
» de tout l'ouvrage qu'ils auront fait, encore qu'il excédât la quantité de
» l'ouvrage dont ils feront chargés. »

» Au cas qu'il auroit chomage en aucune monnoie excédent le tems
» de trois mois, ceffera le paiement des gages des Gardes, Contre-Gar-
» des, Tailleurs, Effayeurs, pour ledit tems qui fera, par les Généraux,
» diftrait & rejetté defdits Etats. »

Idem, art. 45.
» Et à ce que lefdits Maîtres aient meilleur moyen & occafion de bien
» & loyaument fervir, les exemptons & déchargeons de tous droits &
» épices qu'ils avoient ci-devant coutume de payer, tant aufdits Géné-
» raux de nos Monnoies, au jugement des boëtes ou autrement, que fem-
» blablement aux Clercs & Auditeurs de leurs comptes. Défendant bien
» expreffément aufdits Généraux & Auditeurs refpectivement, que d'iceux
» droits & épices ils n'aient à en demander, pourfuivre ni recevoir aucune
» chofe defdits Maîtres, & aufdits Maîtres particuliers de ne leur bailler,
» réfervant toutesfois à nous lefdits droits plus amplement entendus, d'en
» affigner, & faire ailleurs appointer lefdits Généraux & Auditeurs, ainfi
» que verrons être à faire. »

Henri II,
1554.
» Les états qui feront délivrés aux Maîtres, pour rendre leurs comptes,
» feront collationnés en plein Bureau, & figné par un Général & le
» Greffier. »

» Les Préfidens & Généraux des Monnoies envoyeront chacun en la » Chambre des Comptes, un bref état en récette & dépenfe de toutes les » boëtes jugées, & état fait aux Maîtres des Monnoies durant ladite » année. »

Idem.

» Et le Receveur général des boëtes, de fix mois en fix mois, baillera » ou envoira état au vrai en récette & dépenfe de ce qu'il aura reçu, aux » Gens des comptes & Tréforier de l'épaigne, & fera tenu le communi- » quer aux Généraux des Monnoies quand il lui fera par eux ordonné. »

Idem.

BOLOGNINI. Monnoie de cuivre, qui fe fabrique à Bologne, où elle tient lieu de fols. Ils valent quatre quatini. L'écu de Bologne vaut 85 Bolognini ou Baïoques. Douze Bolognini font un Biana, & fix une Bolognina.

BONTÉ INTÉRIEURE de l'or & de l'argent. L'on exprime par ces mots le titre, le fin, la loi, & la bonté intérieure de l'or & de l'argent. Tous ces mots font fynonymes.

BORAX. Sel ou fubftance foffile, affez reffemblante à l'alun, propre à faciliter la fonte des métaux. Il eft blanc, tranfparent, compofé de criftaux à fix côtés, tronqués par les deux bouts, qui ne font ni fi longs, ni fi réguliers que ceux du nitre, ni fi ferrés que ceux des autres fels. Le goût en eft d'abord affez doux, mais il devient âcre, falin & nitreux. L'odeur que donne le borax eft affez fuave au commencement, mais elle devient enfuite alkaline & urineufe; c'eft ce qui a donné lieu de le ranger au nombre des fels alkalis: il ne fe diffout que dans de l'eau très chaude.

Encycloped.

La propriété principale du borax eft de faciliter la fonte de tous les métaux: cependant avant de s'en fervir pour cet ufage, il eft important de commencer par le faire fondre à part dans un creufet, dont il n'occupe tout au plus que le quart, parcequ'il s'éleve fort haut; il faut auffi ne faire qu'un feu modéré tout autour, & le retirer auffitôt qu'on n'entend plus de bouillonnement: car fi on pouffoit trop le feu, il fe vitrifieroit & feroit moins propre aux différens ufages auxquels on l'emploie. Lorfque les métaux font divifés en particules déliées, féparées & éloignées les unes des autres, le borax eft un véhicule très propre pour les réunir, les rapprocher & les raffembler, pour ne former qu'une même maffe ou régule: la moindre quantité de matieres hétérogenes eft capable d'empêcher cet effet. Pour remédier donc à cet inconvénient, on emploie le borax: ce fel facilite la réunion des parties métalliques, les fait tomber au fond du creufet, & vitrifie les fcories & les faletés qui s'y trouvent, en les pouffant vers la furface. Un autre avantage que les métaux en fonte retirent du borax, c'eft qu'il les environne d'une efpece de verre mince & délié, qui les défend contre les impreffions de l'air & du feu: il difpenfe de plus de faire beaucoup de feu , & il ne fe mêle point aux métaux : c'eft pour cette raifon qu'il eft d'un fi grand ufage pour braffer & fouder tous les métaux, tels que l'or , l'argent, le cuivre & le fer.

Il eft néceffaire d'enduire de borax les creufets & vaiffeaux deftinés à fondre les métaux précieux, comme l'or & l'argent ; parcequ'au moyen de cette précaution, on les en retire plus aifément & avec moins de perte, après la fonte.

Le borax a la propriété de pâlir l'or : c'eft pourquoi , lorfqu'on s'en fert pour la fonte de ce métal, il faut y joindre, ou du nitre , ou du fel ammoniac : ces fels maintiennent l'or dans fa couleur naturelle ; mais il faut prendre garde de ne les point mettre tous deux , parcequ'il arriveroit détonation.

BOUER. Terme de monnoyage au marteau; c'eft la façon que l'on donne aux flaons , en les frappant plufieurs enfemble , placés les uns fur les autres, avec le marteau nommé *Bouer*, afin de les joindre , coupler & toucher d'affiete , pour les faire couler plus aifément au compte & à la main.

L'Ordonnance enjoint de bouer trois fois les flaons ; les deux premieres, après les avoir fait recuire & réchauffer , & la troifieme , avant de les avoir fait recuire. Lorque les flaons ont été boués, on les met entre les mains de celui prépofé pour les blanchir.

BOUILLITOIRE. C'eft proprement ce qu'on appelle blanchiment des flaons. Ainfi donner le bouillitoire, c'eft donner la couleur à l'or , & blanchir l'argent. On l'appelle bouillitoire , du mot de bouilloir, qui eft un grand vaiffeau ou poële de cuivre , dans lequel fe fait le blanchiment. Voyez BLANCHIMENT.

BOUTONS D'ESSAI. C'eft cette petite partie des métaux d'or & d'argent , fur lefquels on en fait l'effai. Chaque bouton d'effai pefe ordinairement dix-huit grains, & eft de la groffeur & de la forme à-peu-près d'un médiocre bouton , dont il a pris fon nom.

Il s'entend auffi d'un morceau d'or ou d'argent de la groffeur d'un petit pois, qui fe forme au fond des coupelles , & qui y refte fixe , dès qu'il ne s'y trouve plus de cuivre , & que l'argent eft à fon plus haut degré de fineffe. Ce bouton eft d'une grande blancheur deffus & deffous : on fe fert de la grate-boeffe , pour ôter ce qui peut être refté de cendre.

BOUTONNIER. Artifan qui fait des boutons. A Paris les Boutonniers font partie de la Communauté des Maîtres Paffementiers.

Les Maîtres Paffementiers-Boutonniers ont la faculté de vendre concurremment avec les Marchands Orfevres , des boutons formés d'une calotte d'or & d'argent, eftampée & foutenue d'un moule de bois, & même d'appliquer ces calottes fur ces moules, à la charge par eux d'acheter des

Orfevres les calottes toutes estampées, perfectionnées & marquées, s'il est possible, du poinçon de l'Orfevre qui les aura vendues ; comme réciproquement les Orfevres peuvent acheter des Boutonniers ou autres, les moules de bois dont ils auront besoin pour la fabrique des boutons. Il doit être tenu registre de part & d'autre de ces ventes & achats : le tout conformément à l'Arrêt du Parlement, du 29 Juillet 1711, rendu contradictoirement entre les Gardes de l'Orfevrerie, les Jurés Boutonniers, & divers Particuliers saisis, Orfevres & Boutonniers.

Les Boutonniers-Passementiers sont soumis à la Jurisdiction de la Cour des Monnoies, quant au titre des matieres d'or & d'argent qu'ils emploient dans les ouvrages de leur profession.

Par Arrêt de cette Cour, du 19 Juillet 1660, il est ordonné ,, que les
,, Maîtres Passementiers-Boutonniers & Enjoliveurs de la Ville de Paris
,, feront leurs ouvrages d'or à vingt-quatre karats un quart de karat
,, de remede, & ceux d'argent, à douze deniers quatre grains de re-
,, mede, suivant les Ordonnances & statuts de leur métier, sur peine de
,, confiscation & d'amende ; à cette fin ne pourront acheter l'or & l'argent
,, trait ou filé, pour employer en leursdits ouvrages, que des tireurs d'or
,, & d'argent de cette Ville ou des Marchands Forains, après que leurs
,, marchandises auront été vues & visitées par les Jurés Tireurs d'or & d'ar-
,, gent, & essais faits d'icelles, conformément aux Ordonnances, Arrêts
,, Statuts & Réglemens : enjoint auxdits Tireurs d'or & d'argent, de don-
,, ner à ceux qui acheteront d'eux or & argent, des bordereaux signés de
,, leurs mains, contenant le titre, poids & prix de ce qu'ils auront vendu,
,, sous telles peines que de raison. Ne pourront lesdits Tireurs d'or &
,, d'argent & Marchands Forains, vendre ledit or & argent à plus haut
,, prix que celui porté par les Ordonnances. Fait défenses à toutes per-
,, sonnes autres que les Maîtres Tireurs d'or & d'argent, de tirer or &
,, argent, excepté aux Orfevres, lesquels en pourront tirer de la grosseur
,, nécessaire pour employer en leurs ouvrages seulement. Ne pourront les-
,, dits Passementiers-Boutonniers être visités d'autres que des Jurés de leur
,, métier, qui seront tenus de faire leurs rapports à la Cour, des abus &
,, malversations qu'ils trouveront ès ouvrages d'or & d'argent chez les
,, Maîtres dudit métier, lesquels néanmoins seront tenus de souffrir les
,, visites des Commissaires de la Cour, pour le fait de leurs ouvrages d'or
,, & d'argent seulement.... Seront tenus les Jurés Passementiers-Bouton-
,, niers de prêter le serment de leur Jurande en la Cour, incontinent
,, après leur élection, & les Compagnons aspirans à la maîtrise, de jurer
,, en ladite Cour de bien & dûement exercer ladite Maîtrise, inconti-
,, nent après qu'ils auront bien & dûement fait leur expérience, & jus-

» qu'à ce , ne pourront s'immifcer au fait & fonction de ladite Jurande
» & Maîtrife , à peine de faux. Fait défenfes à toutes perfonnes de tra-
» vailler dans les lieux prétendus privilégiés , aucuns ouvrages d'or ou d'ar-
» gent , à peine d'être punis fuivant la rigueur des Ordonnances. .... Fait en
» la Cour des Monnoies , le 19 Juin 1660 , & fignifié aux Jurés & Maî-
» tres Boutonniers & Enjoliveurs de Paris , le premier Juillet fuivant.

Par un autre Arrêt de la Cour des Monnoies , du 21 Juin 1729 , il
eft défendu aux Maîtres Boutonniers de travailler du métier de Maître
Orfevre , & de fondre des matieres d'or & d'argent , à peine de 300 livres d'amende contre les contrevenans.

BRASSAGE , appellé dans les vieux titres , *Brazeagium* , eft le pouvoir
accordé par le Souverain , aux Maîtres des Monnoies , de prendre fur chaque
marc d'or , d'argent ou de billon ouvré en efpeces , une certaine fomme
modique , de laquelle le Maître de chaque Monnoie retient environ la
moitié pour le déchet de la fonte , pour le charbon & autres frais ordinaires ; l'autre moitié eft diftribuée aux Officiers des Monnoies & aux
Ouvriers qui ont aidé & contribué de leur miniftere , à la fabrication des
efpeces.

Ce droit n'a commencé à fe payer en France , que fous la troifieme race.
La monnoie fe fabriquoit auparavant aux dépens du Public , moyennant
une légere taille , qui fe levoit fur le peuple ; ce qui rendoit la monnoie
d'un même prix en œuvre & hors d'œuvre.

Il a été d'une fomme plus petite ou plus grande , fuivant les tems. En
1676 , il étoit de trois livres par marc d'or , & dix huit fols par marc
d'argent. Par la déclaration du 28 Mars de cette même année , il fut entierement fupprimé : le Roi fe chargea des frais de la fabrication de la Monnoie , à la décharge de fon peuple : il fut rétabli par Edit du mois de Décembre 1689 , régiftré le 15 du même mois.

Déclaration du 28 Mars 1676.

Pour le lever , il faut que le jufte prix de la Monnoie foit augmenté
de la valeur de ce droit ; ce qui a été toujours fort exactement obfervé
lorfqu'on a fait l'évaluation de la Monnoie.

Les raifons qui ont obligé à lever les droits de braffage & de feigneuriage fur la Monnoie , font :

1°. La néceffité d'empêcher que les efpeces d'or & d'argent fabriquées
dans le Royaume , ne foient tranfportées dans un autre.

2°. Le danger d'expofer les Orfevres ou autres ouvriers en or & en argent , de fondre les efpeces , s'ils pouvoient le faire fans aucune perte , &c.

BRASSER L'OR , L'ARGENT , LE BILLON ET LE CUIVRE. C'eft
remuer ces métaux , lorfqu'ils font en bain dans le creufet , à l'inftant qu'on
fe prépare à les jetter dans les moules , pour les réduire en lames. Cette
façon

façon fe donne avec des inftrumens qu'on appelle *braſſoirs*, qui font des cannes de terre, pour l'or, crainte de l'aigrir, & de fer, pour les autres métaux.

BRASSER, fignifie encore remuer dans des facs ou cribles, l'or, l'argent, ou le Billon, lorfqu'on les a réduits en grenailles, afin de les mêler, avant de les mettre à la fonte.

BREVE. On entend par ce mot le poids des flaons que le Maître donne au Prévôt des Ajufteurs, pour les ajufter, ou au Prévôt des Monnoyeurs, pour les monnoyer. Ce nom a été donné du bref état que le Maître & le Prevôt doivent faire, fuivant l'Ordonnance de 1577, fur leur regiftre, l'un, des poids des flaons qu'il donne, l'autre de celui qu'il reçoit, le Prevôt étant obligé de les rendre poids pour poids, tant ceux qui ont la pefanteur requife, que ceux qui ont été rebutés comme foibles, avec les limailles, ce qui s'appelle *rendre la breve*, ainfi que l'on dit donner la breve, quand le Directeur met les flaons entre les mains du Prevôt. Le Directeur paie dans la fuite au Prevôt deux fols par marc d'or, & un fol par marc d'argent, fur le pied de ce qui eft paffé de net en délivrance, pour être diftribué à ceux qui ont ajufté la breve, c'eft-à dire les flaons, à proportion de leur travail.

On entend encore par breve, la quantité de marcs ou d'efpeces délivrées, provenant d'une feule fonte. Suppofé que de trente marcs, il doive en revenir neuf cens louis, la délivrance de neuf cens louis eft une breve.

BRUNIR L'OR ou L'ARGENT. C'eft le polir pour le rendre brillant & éclatant. Les Doreurs bruniffent l'or ou l'argent avec la dent de loup, la dent de chien ou la pierre fanguine, qu'ils appuient fortement fur les endroits des pieces à brunir. Lorfqu'on brunit l'or fur les autres métaux, on mouille la fanguine dans du vinaigre ; mais lorfqu'on brunit l'or en feuille fur les couches à détrempe, il faut bien prendre garde de ne point mouiller la pierre ou la dent de loup.

BRUNISSOIR. Outil à l'ufage de prefque tous les Ouvriers qui emploient les metaux. Il s'en fervent pour donner de l'éclat à leurs ouvrages, après qu'ils font achevés. Le bruniffoir paffé fortement fur les endroits de la furface de l'ouvrage qu'on veut rendre plus brillant que les autres, produit cet effet, en achevant d'enlever les petites inégalités qui reftent du travail précédent; d'où l'on voit que de quelque matiere que l'on faffe le bruniffoir, cet outil n'emporte rien de la piece, & doit être plus dur qu'elle.

Le bruniffoir de l'argenteur eft un morceau d'acier fin, trempé & fort poli, monté fur un manche de bois : celui des Doreurs eft fait ordinairement d'une dent de loup, de chien ou de la pierre fanguine.

BURBAS. Petite monnoie qui fe frappe à Alger, & qui porte des deux côtés les armes ou enfeignes du Dey. Les douze valent une afpre. Il s'en fait auffi à Tunis, qui font reçus fur le pied de ceux d'Alger.

BUVETIER de la Cour des Monnoies, créé en titre d'office formé & héréditaire fous la dénomination de Concierge Buvetier, par Edit du mois de Mai 1704, régiftré en la Cour des Monnoies le 25 Juin fuivant, pour, par le pourvu de cet Office, faire les mêmes fonctions, & jouir des mêmes profits, émolumens, logement, & autres droits qui ont été jufqu'à préfent attachés à ces commiffions, & en outre de quinze mille livres de gages effectifs à répartir entre les Buvetiers de chacune des Chambres des Enquêtes de la Cour du Parlement de Paris, Requêtes du Palais & Requêtes de l'Hôtel, Chambre des Comptes, Grand Confeil, Cour des Aydes, & de chacune des autres Cours du Royaume, créés par le même Edit, dont l'emploi devoit être fait dans les états, conjointement avec les gages des Officiers de ces Cours, » ordonne en outre Sa Majefté que les
» fonds qui font employés annuellement dans lefdits états, pour la dé-
» penfe de la Buvette, & autres menues néceffités defdites Chambres &
» Cours, foient remis, par chacun an, dans les termes ordinaires, par les
» Receveurs généraux des Domaines, entre les mains de ceux qui feront
» pourvus defdits Offices, pour en faire l'emploi, ainfi qu'il eft accou-
» tumé ; leur permet de commettre à l'exercice defdits Offices, en leur
» lieu & place, en cas d'abfence ou de légitime empêchement, des fujets
» agréables aux Officiers de nofdites Cours, dont ils demeureront civile-
» ment refponfables. . . . Et feront reçus fans frais, en prêtant le ferment
» requis devant les Officiers de nos Parlemens & Cours fupérieures de
» leur établiffement. Et pour donner moyen à tous ceux qui acquerront lef-
» dits Offices, d'y pouvoir vaquer & en remplir les fonctions, Sa Majefté
» leur attribue à chacun un minot de franc falé, & en outre les fait jouir
» de l'exemption de logement de gens de guerre, tutelle, curatelle, no-
» mination d'icelles, guet & gardes, & autres charges publiques, & fans
» qu'ils puiffent être augmentés à la capitation, fous prétexte de l'acqui-
» fition qu'ils auront faite defdits Offices. »

Le 26 Juin 1705, la Cour des Monnoies reçut, conformément à l'Edit ci-deffus, Jean-Baptifte Mouffot, en l'Office de Concierge-Buvetier de la Cour, à la charge qu'il feroit tenu de fe charger par inventaire des meubles & autres chofes appartenantes à la Cour, dont feroit dreffé procès-verbal.

A Jean-Baptifte Mouffot fuccéda Jean Pincemaille de Boisvillet, qui fut reçu au même Office , & aux mêmes conditions, le 30 Décembre 1718.

Et le 17 Février 1729, Nicolas Vaugin fut reçu au lieu & place du sieur Pincemaille de Boisviller, au même office, & aux mêmes conditions, actuellement exerçant.

C

CABOLETTO. Monnoie en usage dans la République de Genes, & qui vaut environ quatre sols tournois.

CALAMINE. Minéral ou Pierre fossile, que les Fondeurs emploient ordinairement pour teindre le cuivre rouge en jaune, après l'avoir fait recuire à la manière des briques : il en augmente le poids, & le rend plus solide & plus compact.

Boisart ; p. 174.

CAMPNER-DALHER. Piece d'argent, qui a cours dans les Provinces-Unies, où elle vaut vingt-huit Stuyvers de Hollande, & environ cinquante-sept sols, monnoie de France.

CARAGROUCH. Monnoie d'argent au titre de dix deniers $\frac{11}{32}$ en usage dans l'Empire : elle a cours à Constantinople pour cent-seize aspres, & vaut argent de France, environ deux livres dix-huit sols cinq deniers.

CARBEQUI. Monnoie de cuivre, fabriquée à Tefflis, Capitale de Georgie, qui vaut un demi-chaoury, ou trois sols quatre deniers d'argent de France.

CARLIN. Petite Monnoie d'argent, qui a cours dans le Royaume de Naples & de Sicile. Le Carlin fait dix grains, & vaut environ huit sols tournois. Il y a aussi le Carlin de Malte, qui fait douze grains : il faut trois de ces Carlins pour un sol de France.

CAROLINE. Monnoie d'argent de Suede, sans effigie, ni cordon, ni marque sur tranche, ayant pour légende, *Si Deus pro nobis, quis contra :* elle vaut environ dix-neuf sols deux deniers tournois.

CAROLUS. Ancienne Monnoie de billon, tenant un peu d'argent, frappée sous Charles VIII, qui regnoit en 1483. Cette Monnoie portoit un K couronné : c'étoit en ce tems la première lettre du mot Karolus, d'où elle a tiré son nom. Les Karolus eurent cours pour dix deniers tournois, lorsque le denier tournois cessa de les valoir. Cette petite monnoie avoit été d'une valeur plus haute, suivant qu'elle tenoit plus ou moins de fin. On fabriqua des Carolus, particulierement en Lorraine, au titre, depuis cinq deniers vingt grains, jusqu'à trois deniers un grain. Ceux de France & de Bourgogne ne tenoient de fin au plus que deux deniers dix-huit grains,

R ij

excepté ceux frappés fous le regne de François Premier , qui étoient au titre de cinq deniers quatre grains.

Ceux qui fe mettent encore dans le commerce en Lorraine, paffent fur le pied des fols de France , de douze deniers.

Les demi-Carolus ont eu pareillement différentes valeurs & différens titres , à proportion de ceux des Carolus : ceux à trois fleurs de lys en barre , qu'on appelloit demi-Carolus vieux , tenoient trois deniers 15 grains de fin , & les neufs feulement deux deniers fix grains.

Le Blanc, p. 265.

Quoique cette monnoie n'ait pas paffé le regne de Charles VIII , & que Louis XI l'ait décriée; elle s'eft convertie , pour ainfi dire, en monnoie de compte , dont on s'eft fervi longtems parmi le peuple, qui, fans avoir d'efpeces qui valût précifément dix deniers , fe fervoit du terme de Carolus , pour fpécifier cette valeur.

On fit de ces efpeces en Dauphiné, qui , au lieu des fleurs de lys qui fe voient à côté du K , avoient des Dauphins : ceux que l'on fabriqua en Bretagne , portoient des hermines.

Il y a eu beaucoup de différens Carolus dans plufieurs Etats de l'Europe; prefque tous ont été de billon tenant argent, au plus haut titre de cinq deniers deux grains , & au plus bas de deux deniers, excepté le Carolus d'Angleterre , piece d'or affez forte , frappée en Angleterre , fous Charles premier , dont elle porte le nom & l'empreinte : elle a eu cours pour vingt-trois fchellings ; quoiqu'on prétende qu'au tems où elle a été fabriquée , elle ne valût que vingt fchellings.

CARREAUX. Terme dont on fe fert dans la fabrication des monnoies au marteau, pour exprimer les lames ou morceaux de métal , particulierement d'or ou d'argent, que l'on coupe, ou'on arrondit, & qu'on prépare pour en faire les flaons , dont enfuite on fabrique les efpeces : en ce fens, on dit tailler carreaux, réduire, ajufter, approcher , rabaiffer , réchauffer , flattir , eflezer , & boiffer carreaux.

TAILLER CARREAUX. C'eft couper les lames avec les cizoires, & les réduire en petites pieces quarrées.

BATTRE OU FRAPPER CARREAUX. C'eft les applattir fur l'enclume, à coups de marteau, pour donner de l'épaiffeur aux flaons.

RÉDUIRE CARREAUX. C'eft les mettre au feu, pour en rendre le métal plus doux & plus facile à ajufter.

AJUSTER , APPROCHER , RABAISSER CARREAUX. C'eft, en les battant , les rognant & les limant, les mettre à leur véritable poids.

RECHAUFFER , FLATTIR , ESLEZER & BOISSER CARREAUX. C'eft les mettre une feconde fois au feu, les arrondir avec le flattoir , & les adoucir avec la gratte-boeffe. Voyez MONNOYAGE AU MARTEAU.

CARRÉS. C'eft en terme de monnoie, la matrice ou coin d'acier gravé en creux, avec lequel on imprime en relief fur les monnoies, les différentes figures qu'elles doivent avoir, pour être reçues & avoir cours dans le Public: on appelle de même carré, ce qui fert au même ufage, dans la fabrique des médailles & des jettons. Voyez MATRICE.

La Cour des Monnoies, par Arrêt du 10 Mai 1745, a ordonné » que » toutes les fois qu'il arrivera quelque changement fur les efpeces, qui » obligera de changer les poinçons originaux, tant de tête ou d'effigie, » que de pile ou de revers, enfemble les matrices faites par le Graveur » général des Monnoies, qui feront entre les mains des Graveurs parti- » culiers de chacune Monnoie, feront, en exécution des Ordonnances, » & conformément à icelles, biffés & difformés en préfence des Juges- » Gardes & du Subftitut du Procureur Général du Roi, en chacune des » Monnoies du reffort de la Cour, après que vérification aura été faite » de leur nombre fur le regiftre qui doit être tenu des envois qui en » ont été faits, dont fera dreffé procès-verbal: Que dorénavant tous les » carrés de chacune année feront repréfentés par les Juges-Gardes ou au- » tres dépofitaires, après que le travail de ladite année aura été jugé, » pour être pareillement biffés & difformés en préfence des Subftituts du » Procureur Général, vérification préalablement faite de la quantité d'i- » ceux fur les états des livraifons qui en auront été faites: Que les Di- » recteurs, Entrepreneurs ou Ouvriers, feront tenus de déclarer aux Ju- » ges-Gardes la quantité qu'ils feront faire des couffinets fur lefquels font » gravés les grenetis & légendes, au fur & à mefure, pour être, à la fin de » chaque année, pareille vérification faite du nombre & qualité d'iceux, » & être ceux qui ne pourront plus fervir, pareillement biffés & diffor- » més, dont du tout fera dreffé procès-verbal ». Le préfent Arrêt publié » & imprimé, &c. »

CARROLIN ou CAROLIN. Monnoie d'or d'Allemagne, fixée à Franc- fort, à neuf florins quarante-deux creutfers, argent de change, pour le paiement des lettres. Cette Monnoie eft à la taille de vingt quatre au marc, poids de marc de Cologne, du poids de 183 grains, poids de marc de France, au titre de 18 karats & demi, & vaut 24 liv. 6 fols 5 den. ar- gent de France.

CASH. Petite Monnoie de cuivre, qui a cours au Royaume de Tun- quin. Sa valeur varie fuivant la quantité qui s'en trouve dans le commerce. Mille cashs font environ cinq livres tournois.

CASSE. Ainfi s'appelle en monnoie un vaiffeau fait de cendres de lef- five & d'os de mouton, ou de toutes fortes d'os calcinés, dont on fe fert dans l'affinage de l'or & de l'argent, & lorfqu'on affeoit le cuivre en bain. Voyez COUPELLE.

CASSE D'AFFINAGE, ou Caſſe à affiner que l'on appelle auſſi coupelle d'affinage, eſt une terrine de grès que l'on remplit de cendres, & dans laquelle après qu'elle a été remiſe dans un grand feu, on met l'argent que l'on veut affiner avec le plomb qui ſert à l'affinage.

CASTILLAN, Monnoie d'or qui a cours en Eſpagne, & qui vaut 14 réaux & 16 quartos, & environ 6 liv. 10 ſ. de France.

C'eſt auſſi un poids dont on ſe ſert en Eſpagne pour peſer l'or : c'eſt la centieme partie d'une livre ; il en faut 50 pour le marc : ce poids eſt pareillement en uſage dans toute l'Amérique eſpagnole ; le Caſtillan répond ordinairement à ce que l'on appelle en Eſpagne un poids d'or.

CAVALIER. Monnoie d'argent qui ſe fabriquoit autrefois en Flandre au titre de neuf deniers 11 grains.

CAVALOTS, Monnoie d'argent fabriquée ſous le regne de Louis XII, au titre de ſix deniers ; elle fut ainſi appellée de ce que ſaint Second y étoit repréſenté à cheval.

Le Blanc, p. 161.

CAVALLO, petite monnoie de billon, ainſi nommée de l'empreinte d'un cheval qu'elle a d'un côté.

Les premiers cavallos furent frappés en Piémont en 1616 : ils tiennent un denier 21 grains de fin ; il y en a d'autres qu'on appelle cavallos à la petite croix, à cauſe d'une croix qui eſt enſre les jambes du cheval : ceux-ci ne tiennent de fin qu'un denier 12 grains : les uns & autres ſont des eſpeces de ſols qui valent 1 d. $\frac{1}{5}$.

CAURIS ou CORIS, petites coquilles que l'on pêche aux Iſles Maldives : elles ſervent de menues monnoies dans les Royaumes de Bengale & de Siam & dans la haute Guinée ; à Bengale il faut 2400 coquilles pour faire une roupie qui vaut environ trois livres tournois.

CAXA, petite monnoie des Indes fabriquée à Chincheu ville de la Chine, elle n'a cours que depuis 1590 : cette monnoie eſt très mince, & n'eſt qu'un mélange de plomb & d'écume de cuivre ; on ne doit la recevoir que pour un ſeizieme de denier.

CAYAS, petite monnoie de cuivre qui a cours dans les Indes, & qui vaut $\frac{5}{6}$ d'un denier tournois.

CEMENTATION, eſt l'opération chymique par laquelle on applique à des métaux enfermés dans un creuſet, &c. un feu tel que ces métaux rougiſſent plus ou moins, mais ſans entrer aucunement en fuſion.

Les Ouvriers qui travaillent l'or & l'argent employent la cémentation pour vérifier la pureté de ces métaux, ou pour l'obtenir ; & c'eſt là même le principal uſage de cette opération : mais des obſervations répétées ont appris qu'elle étoit inſuffiſante pour l'un & pour l'autre objet, c'eſt-à-dire, que les cémens ordinaires n'enlevoient pas exactement à l'or & à l'argent les métaux étrangers qui conftituoient leur impureté, & qu'ils enlevoient une partie du fin. On a obfervé que le fel commun employé aux cémenta- tations répétées de l'argent, fe chargeoit d'une quantité affez confidérable de ce métal qu'on retiroit facilement par la fufion.

CENDRÉE D'AFFINAGE, que l'on appelle auffi Coupelle ou Caffe d'affinage, eft une terrine de grès remplie de cendres ordinairement d'os de bœuf ou autres animaux, dont on fe fert pour faire l'affinage de l'argent au plomb. Voyez COUPELLE.

CEPPEAU, en monnoyage eft le billot dans lequel eft arrêtée la pille ou matrice d'écuffon, fur laquelle fe frappent les monnoies lorfqu'on les fabrique au marteau.

CHAISES, monnoie d'or que Philippe le Bel fit fabriquer à vingt-deux karats, du poids de cinq deniers douze grains trébuchans, & qui eut cours pour trente fols. Cette efpece eut auffi le nom de maffe & de royaux durs : elle fut appellée Chaife, parceque le Roi y paroiffoit affis dans une chaife, & Maffe, de ce qu'il tenoit une maffe de la main droite. Les Succeffeurs de Philippe le Bel firent auffi faire des chaifes d'or ; celles de Philippe de Valois étoient d'or fin & pefoient trois deniers feize grains. Les premieres que Charles VI fit faire pefoient quatre deniers dix-huit grains, & étoient pareillement d'or fin. Il en fit frapper d'autres qui n'étoient qu'à vingt-deux karats un quart. Sous Charles VII, elles furent d'un moindre poids & d'un moindre titre : elles n'étoient qu'à feize karats, & du poids de deux de- niers vingt-neuf grains un quart. Voyez au mot MONNOIE ce qui eft dit de cette efpece fous les regnes de ces Princes.

CHANGE. Eft le prix ou le droit que l'on donne en changeant des mon- noies contre d'autres monnoies. Cette forte de change fe nomme commu- nément change menu & quelquefois change pur , change naturel, change commun ou change manuel : c'eft le dernier qui a été le premier en ufage. Ceux qui exercent ce négoce font appellés Changeurs.

Le change eft une fixation de la valeur actuelle & momentanée des mon- noies.

C'eft l'abondance & la rareté relative des monnoies des divers pays qui forment ce que l'on appelle le change.

L'argent, comme métal, a une valeur comme toutes les autres marchandi- fes, il a encore une valeur qui vient de ce qu'il eft capable de devenir le figne des autres marchandifes ; & s'il n'étoit qu'une fimple marchandife, il ne faut pas douter qu'il ne perdît beaucoup de fon prix.

L'argent, comme monnoie, a une valeur que le Prince peut fixer dans quelques rapports, & qu'il ne fauroit fixer dans d'autres.

1°. Le Prince établit une proportion entre une quantité d'argent comme métal, & la même quantité comme monnoie.

2°. Il fixe celle qui est entre divers métaux employés à la monnoie.

3°. Il établit le poids & le titre de chaque piece de monnoie.

4°. Enfin, il donne à chaque piece une valeur idéale.

Pour bien entendre ceci, il faut se rappeller qu'il y a des monnoies réelles & des monnoies idéales. Les Peuples policés qui se servent presque tous de monnoies idéales, ne le font que parcequ'ils ont converti leurs monnoies réelles en idéales. D'abord leurs monnoies réelles sont un certain poids & un certain titre de quelque métal : mais bientôt la mauvaise foi ou le besoin, font qu'on retranche une partie du métal de chaque piece de monnoie à laquelle on laisse le même nom : par exemple, d'une piece du poids d'une livre d'argent on retranche la moitié de l'argent & on continue de l'appeller livre ; la piece qui étoit une vingtieme partie de la livre d'argent on continue de l'appeller sol, quoiqu'elle ne soit plus la vingtieme partie de cette livre. Pour lors la livre est une livre idéale & le sol un sol idéal, ainsi des autres subdivisions : & cela peut aller au point que ce qu'on appellera livre, ne sera plus qu'une très petite portion de la livre, ce qui la rendra encore plus idéale ; il peut même arriver que l'on ne fera plus de piece de monnoie qui vaille précisément une livre, & qu'on ne fera pas de piece qui vaille un sol : pour lors la livre & le sol seront des monnoies purement idéales. On donnera à chaque piece de monnoie la dénomination d'autant de livres & d'autant de sols que l'on voudra : la variation pourra être continuelle, parce qu'il est aussi aisé de donner un autre nom à une chose, qu'il est difficile de changer la chose même.

Esprit des Loix.

J'appelle, dit M. de Montesquieu, la valeur de la monnoie dans ces quatre rapports *valeur positive*, parcequ'elle peut être fixée par une loi.

Les monnoies de chaque Etat ont de plus une valeur relative dans le sens qu'on les compare avec les monnoies des autres pays ; c'est cette valeur relative que le change établit ; elle dépend beaucoup de la valeur positive. Elle est fixée par l'estime la plus générale des Négocians, & ne peut l'être par l'ordonnance du Prince, parcequ'elle varie sans cesse & dépend de mille circonstances.

Pour fixer la valeur relative, les diverses Nations se regleront beaucoup sur celle qui a le plus d'argent : si elle a autant d'argent que toutes les autres ensemble, il faudra bien que chacun aille se mesurer avec elle, ce qui fera qu'elles se regleront à-peu-près entr'elles, comme elles se sont mesurées avec la Nation principale.

Les Hollandois reglent le

Dans l'Etat actuel de l'Univers c'est la Hollande qui est cette Nation dont nous parlons ; examinons le change par rapport à elle.

Il y a en Hollande une monnoie qu'on appelle un florin, ce florin vaut vingt sols, ou quarante demi-sols ou gros. Pour simplifier les idées, imaginons qu'il n'y ait point de florins en Hollande & qu'il n'y ait que des gros; un homme qui aura mille florins aura quarante mille gros, ainsi du reste. Or, le change avec la Hollande consiste à savoir combien vaudra de gros chaque piece de monnoie des autres pays; & comme l'on compte ordinairement en France par écu de trois livres, le change demandera combien un écu de trois livres vaudra de gros. Si le change est à cinquante-quatre, l'écu de trois livres vaudra cinquante-quatre gros; s'il est à soixante, il vaudra soixante gros : si l'argent est rare en France, l'écu de trois livres vaudra plus de gros; s'il est en abondance, il vaudra moins de gros.

change de presque toute l'Europe, par une espece de délibération entr'eux, selon qu'il convient à leurs intérêts.

Cette rareté ou cette abondance d'où résulte la mutation du change, n'est pas la rareté ou l'abondance réelle : c'est une rareté ou une abondance relative. Par exemple, quand la France a plus besoin d'avoir des fonds en Hollande, que les Hollandois n'ont besoin d'en avoir en France, l'argent est appellé commun en France & rare en Hollande, *& vice versâ.*

Supposons que le change avec la Hollande soit à cinquante-quatre : si la France & la Hollande ne composoient qu'une ville, on feroit comme l'on fait quand on donne la monnoie d'un écu : le François tireroit de sa poche trois livres, & le Hollandois tireroit de la sienne cinquante-quatre gros; mais comme il y a de la distance entre Paris & Amsterdam, il faut que celui qui me donne pour mon écu de trois livres cinquante-quatre gros qu'il a en Hollande, me donne une lettre de change de cinquante-quatre gros sur la Hollande : il n'est plus ici question de cinquante-quatre gros, mais d'une lettre de change de cinquante-quatre gros; ainsi pour juger de la rareté ou de l'abondance de l'argent, il faut savoir s'il y a en France plus de lettres de cinquante-quatre gros destinées pour la France, qu'il n'y a d'écus destinés pour la Hollande. S'il y a beaucoup de lettres offertes par les Hollandois & peu d'écus offerts par les François, l'argent est rare en France, & commun en Hollande, & il faut que le change hausse, & que pour mon écu on me donne plus de cinquante-quatre gros, autrement je ne le donnerai pas; *& vice versâ.*

Il y a beaucoup d'argent dans une place lorsqu'il y a plus d'argent que de papier, il y en a peu lorsqu'il y a plus de papier que d'argent.

On voit que les diverses opérations de change forment un compte de recette & de dépense qu'il faut toujours solder; & qu'un particulier qui doit, ne s'acquitte pas plus avec les autres par le change, qu'un particulier ne paie une dette en changeant de l'argent. Je suppose qu'il n'y ait que trois Etats dans le monde, la France, l'Espagne & la Hollande; que divers Particuliers d'Espagne dussent en France la valeur de cent mille marcs d'argent, & que divers Particuliers de France dussent en Espagne cent dix mille marcs, & que quelque circonstance fit que chacun en Espagne & en France voulût

tout-à-coup retirer fon argent : que feroient les opérations du change ? Elles
acquitteroient réciproquement ces deux Nations de la fomme de cent mille
marcs, mais la France devroit toujours dix mille marcs en Efpagne, & les
Efpagnols auroient toujours des Lettres fur la France pour dix mille marcs,
& la France n'en auroit point du-tout fur l'Efpagne.

Que fi la Hollande étoit dans un cas contraire avec la France, & que pour
folde elle lui dût dix mille marcs, la France pourroit payer l'Efpagne de
deux manieres, ou en donnant à fes créanciers en Efpagne des lettres fur
les débiteurs de Hollande pour dix mille marcs, ou bien en envoyant en
Efpagne dix mille marcs d'argent en efpeces.

Il fuit de là, que quand un État a befoin de remettre une fomme d'argent
dans un autre pays, il eft indifférent par la nature de la chofe que l'on y
voiture de l'argent, ou que l'on prenne des lettres de change; l'avantage
de ces deux manieres de payer dépend uniquement des circonftances actuel-
les. Il faudra voir ce qui dans ce moment donnera plus de gros en Hollande, ou l'argent porté en efpeces, ou une lettre fur la Hollande de pareille
fomme, les frais de la voiture & de l'affurance déduits.

Lorfque même titre & même poids d'argent en France rendent même
poids & même titre d'argent en Hollande, on dit que le change eft au pair.
Dans l'état actuel des monnoies le pair eft affez ordinairement à peu-près
à cinquante-quatre gros par écu. Lorfque le change fera au-deffus de cinquante-quatre gros, on dira qu'il eft haut, lorfqu'il fera au-deffous, on
dira qu'il eft bas.

Pour favoir fi dans une certaine fituation du change, l'Etat gagne ou perd,
il faut le confiderer comme débiteur, comme créancier; comme vendeur,
comme acheteur. Lorfque le change eft plus bas que le pair, il perd comme
débiteur, il gagne comme créancier, il perd comme acheteur, & il gagne
comme vendeur.

On fent bien qu'il perd comme débiteur : par exemple, la France devant
à la Hollande un certain nombre de gros, moins fon écu vaudra de gros,
plus il y faudra d'écus pour payer : au contraire, fi la France eft créaniere
d'un certain nombre de gros, moins chaque écu vaudra de gros, plus elle
recevra d'écus : l'Etat perd encore comme acheteur, car il faut toujours le
même nombre de gros pour acheter la même quantité de marchandifes, &
lorfque le change baiffe, chaque écu de France donne moins de gros; par la
même raifon l'Etat gagne comme vendeur : je vends ma marchandife en
Hollande le même nombre de gros que je la vendois; j'aurai donc plus d'é-
cus en France, lorfqu'avec cinquante gros je me procurerai un écu, que
lorfqu'il m'en faudra cinquante-quatre pour avoir ce même écu : le contraire de tout ceci arrivera à l'autre Etat, fi la Hollande doit un certain

nombre d'écus, elle gagnera, & si on les lui doit, elle perdra; si elle vend, elle perdra; si elle achete, elle gagnera.

Lorsque le change est au-dessous du pair, par exemple, s'il est à cinquante au lieu d'être à cinquante-quatre, il devroit arriver que la France envoyant par le change cinquante-quatre mille écus en Hollande, n'acheteroit de marchandise que pour cinquante mille écus; & que d'un autre côté la Hollande, envoyant la valeur de cinquante mille écus en France, en acheteroit pour cinquante-quatre mille, ce qui feroit une différence de huit cinquante-quatriemes, c'est-à-dire, de plus d'un septieme de perte pour la France, de sorte qu'il faudroit envoyer en Hollande un septieme de plus en argent ou en marchandises qu'on ne faisoit lorsque le change étoit au pair, & le mal augmentant toujours, parcequ'une pareille dette feroit encore diminuer le change, la France seroit à la fin ruinée. Il semble que cela devroit être, & cela n'est pas, parceque les Etats tendent toujours à se mettre dans la balance, & à se procurer leur libération; ainsi ils n'empruntent qu'à proportion de ce qu'ils peuvent payer, & n'achetent qu'à mesure qu'ils vendent: & en prenant l'exemple ci-dessus, si le change tombe en France de cinquante-quatre à cinquante, le Hollandois qui achetoit des marchandises de France pour mille écus, & qui les payoit cinquante-quatre mille gros, ne les payeroit plus que cinquante mille si le François vouloit y consentir: mais la marchandise de France haussera insensiblement, le profit se partagera entre le François & le Hollandois: car lorsqu'un Négociant peut gagner, il partage aisément son profit; il se fera donc une communication de profit entre le François & le Hollandois; de la même maniere, le François qui achetoit des marchandises de Hollande pour cinquante-quatre mille gros & qui les payoit avec mille écus, lorsque le change étoit à cinquante-quatre, seroit obligé d'ajouter un septieme de plus en écus de France pour acheter les mêmes marchandises: mais le Marchand qui sentira la perte qu'il feroit, voudra donner moins de la marchandise de Hollande; il se fera donc une communication de perte entre le Marchand François & le Marchand Hollandois: l'Etat se mettra insensiblement dans la balance, & l'abbaissement du change n'aura pas tous les inconvéniens qu'on devoit craindre.

Lorsque le change est plus bas que le pair, un Négociant peut sans diminuer sa fortune remettre ses fonds dans les Pays étrangers, parcequ'en les faisant revenir, il regagne ce qu'il y a perdu: mais un Prince qui n'envoie dans les Pays étrangers, qu'un argent qui ne doit jamais revenir, perd toujours.

Lorsque les Négocians font beaucoup d'affaires dans un pays, le change y hausse infailliblement; cela vient de ce qu'on y prend beaucoup d'engagemens, & qu'on y achete beaucoup de marchandises, & l'on tire sur le Pays étranger pour les payer.   S ij

Si un Prince fait de grands amas d'argent dans fon Etat, l'argent y pourra être rare réellement & commun relativement : par exemple, fi dans le même tems cet Etat avoit à payer beaucoup de marchandifes dans le Pays étranger, le change baifferoit, quoique l'argent fût rare.

Le change de toutes les places tend toujours à fe mettre à une certaine proportion, & cela eft dans la nature de la chofe même. Si le change de l'Irlande à l'Angleterre eft plus bas que le pair, celui de l'Irlande à la Hollande fera encore plus bas, c'eft-à-dire, en raifon compofée de celui de l'Irlande à l'Angleterre, & de celui de l'Angleterre à la Hollande ; car un Hollandois qui peut faire venir fes fonds indirectement d'Irlande par l'Angleterre ne voudra pas payer plus cher pour les faire venir directement. Quoique cela dût être ainfi, cela n'eft pourtant pas exactement, il y a toujours des circonftances qui font varier ces chofes ; & la différence du profit qu'il y a à tirer par une place, ou à tirer par une autre, fait l'habileté particuliere des Banquiers.

Lorfqu'un Etat hauffe fa monnoie, par exemple lorfqu'il appelle fix livres, ou deux écus, ce qu'il n'appelloit que trois livres ou un écu, cette dénomination nouvelle qui n'ajoute rien de réel à l'écu, ne doit pas procurer un feul gros de plus par le change ; on ne devroit avoir pour les deux écus nouveaux que la même quantité de gros que l'on recevoit pour l'ancien ; & fi cela n'eft pas, ce n'eft point l'effet de la fixation en elle-même, mais de celui qu'elle produit comme nouvelle, & de celui qu'elle a comme fubite. Le change tient à des affaires commencées, & ne fe met en regle qu'après un certain tems.

Lorfqu'un Etat, au lieu de hauffer fimplement fa monnoie par une loi, fait une nouvelle refonte, afin de faire d'une monnoie forte une monnoie plus foible, il arrive que pendant le tems de l'opération, il y a deux fortes de monnoie, la forte qui eft la vieille, & la foible qui eft la nouvelle ; & comme la forte eft décriée & ne fe reçoit qu'à la monnoie, & que par conféquent les lettres de change doivent fe payer en efpeces nouvelles, il femble que le change devroit fe regler fur l'efpece nouvelle : fi par exemple, l'affoibliffement en France étoit de moitié, & que l'ancien écu de trois livres donnât foixante gros en Hollande, le nouvelle écu ne devroit donner que trente gros : d'un autre côté, il femble que le change devroit fe regler fur la valeur de l'efpece réelle, parceque le Banquier qui a de l'argent & qui prend des lettres, eft obligé d'aller porter à la Monnoie des efpeces vieilles pour en avoir de nouvelles, fur lefquelles il perd. Le change fe mettra donc entre la valeur de l'efpece nouvelle & celle de l'efpece vieille : la valeur de l'efpece vieille tombe, pour ainfi dire, & parcequ'il y a déja dans le Commerce de l'efpece nouvelle, & parceque le Banquier ne peut pas tenir rigueur, ayant intérêt de faire sortir promptement l'argent vieux de sa caisse pour le faire travailler, & y étant même forcé pour faire ses paye-mens. D'un autre côté, la valeur de l'espece nouvelle s'éleve, pour ainsi dire, parceque le Banquier avec de l'espece nouvelle se trouve dans une circonstance où il peut avec un grand avantage s'en procurer de la vieille : le change se mettra donc entre l'espece nouvelle & l'espece vieille, pour lors les Banquiers ont du profit à faire sortir l'espece vieille de l'Etat, parcequ'ils se procurent par-là le même avantage que donneroit un change reglé sur l'espece vieille, c'est-à-dire beaucoup de gros en Hollande, & qu'ils ont un retour en change reglé, entre l'espece nouvelle & l'espece vieille, c'est-à-dire plus bas : ce qui procure beaucoup d'écus en France.

Je suppose que trois livres d'especes vieilles rendent par le change actuel quarante-cinq gros, & qu'en transportant ce même écu en Hollande, on en ait soixante ; mais avec une lettre de quarante-cinq gros, on se procurera un écu de trois livres en France, lequel transporté en especes vieilles en Hollande, donnera encore soixante gros ; toute espece vieille sortira donc de l'Etat qui fait la refonte, & le profit en sera pour les Banquiers.

Pour remédier à cela, on sera forcé de faire une opération nouvelle. L'état qui fait la refonte enverra lui-même une grande quantité d'especes vieilles chez la Nation qui regle le change, & s'y procurant un crédit, il fera monter le change au point qu'on aura, à peu de choses près, autant de gros par le change d'un écu de trois livres qu'on en auroit en faisant sortir un écu de trois livres en especes vieilles hors du pays : je dis à peu de chose près, parceque lorsque le profit sera modique, on ne sera point tenté de faire sortir l'espece à cause des frais de la voiture & des risques de la confiscation.

Un exemple donnera une idée plus claire de ceci. Le Sieur Bernard pro-pose ses lettres sur la Hollande, & les donne à un, deux, trois gros plus haut que le change actuel ; il a fait une provision dans les Pays étrangers par le moyen des especes vieilles qu'il a fait continuellement voiturer ; il a donc fait hausser le change au point que l'on vient de dire : cependant à force de donner de ses lettres, il se saisit de toutes les especes nouvelles, & force les autres Banquiers qui ont des payemens à faire, à porter leurs especes vieilles à la Monnoie ; & de plus, comme il a eu insensiblement tout l'argent, il contraint à leur tour les autres Banquiers à lui donner des lettres à un change très haut ; le profit de la fin l'indemnise en grande partie de la perte du commencement.

On sent que pendant toute cette opération, l'Etat doit souffrir une vio-lente crise, l'argent y deviendra très rare.

1°. Parcequ'il faut en décrier la plus grande partie.

2°. Parcequ'il en faudra transporter une partie dans les pays étrangers.

3°. Parceque tout le monde le refferrera , perfonne ne voulant laiffer au Prince un profit qu'on efpere avoir foi-même. Il eſt dangereux de la faire avec lenteur , il eſt dangereux de la faire avec promptitude. Si le gain qu'on fuppofe eſt immoderé , les inconvéniens augmentent la mefure.

On a vu ci-deffus que quand le change eſt plus bas que l'efpece , il y avoit du profit à faire fortir l'argent : par la même raifon , lorfqu'il eſt plus haut que l'efpece , il y a du profit à le faire revenir.

Mais il y a un cas où l'on trouve du profit à faire fortir l'efpece , quoique le change foit au pair , c'eſt lorfqu'on l'envoye dans les pays étrangers , pour la faire remarquer ou la fondre. Quand elle eſt revenue, on fait , foit qu'on l'em- ploie dans le pays , foit qu'on prenne des lettres pour l'étranger , le profit de la monnoie.

S'il arrivoit que dans un Etat on fît une Compagnie qui eut un nombre très confidérable d'actions , & qu'on eût fait dans quelques mois de tems hauffer ces actions vingt ou vingt cinq fois au de-là de la valeur du premier rachat , & que ce même Etat eût établi une banque dont les billets duffent faire la fonc- tion de monnoye , & que la valeur numéraire de ces billets fût prodigieufe pour répondre à la valeur numéraire des actions (c'eſt le fyftême de M. Law); il fuivroit de la nature de la chofe que fes actions & billets s'anéantiroient de la même maniere qu'ils fe feroient établis : on n'auroit pû faire monter tout- à-coup les actions vingt ou vingt cinq fois plus haut que leur premiere valeur , fans donner à beaucoup de gens le moyen de fe procurer d'immenfes richeffes en papier : chacun chercheroit à affurer fa fortune ; & comme le change don- ne la voie la plus facile pour la dénaturer , ou pour la tranfporter où l'on veut , on remettroit fans ceffe une partie de ces effets chez la Nation qui regle le change. Un projet continuel de remettre dans les pays étrangers , feroit baif- fer le change.

Suppofons que du tems du fyftême dans le rapport du titre & du poids de la monnoie d'argent , le taux du change fût de quarante gros par écu ; lorfqu'un papier innombrable fut devenu monnoie , on n'aura plus voulu donner que trente-neuf gros par écu , enfuite que trente-huit, que trente-fept, &c. Cela alla fi loin que l'on ne donna plus que huit gros , & qu'enfin il n'y eut plus de change;c'étoit le change qui devoit en ce cas régler en France la proportion de l'argent avec le papier.Je fuppofe que par le poids & le titre de l'argent l'é- cu de trois livres d'argent valût quarante gros & que le change fe faifant en papier , l'écu de trois livres en papier ne valût que huit gros , la différence étoit de quatre cinquiemes : l'écu de trois livres en papier valoit donc quatre cinquiemes de moins que l'écu de trois livres en argent.

TABLE DU COURS DU CHANGE d'Angleterre depuis trente juſqu'à trente-quatre deniers ſterlings pour l'écu de trois livres, avec
toutes les fractions juſqu'aux ſeiziemes, comme ils ſe trouvent dans le
Commerce de Banque.

Voyez à la fin l'obſervation néceſſaire pour l'intelligence de cette Table.

Le change étant à.	La livre ſterling vaut Livres tournois.			La livre tournois vaut Deniers ſterling.
	l.	ſ.	d.	
30 1/2	23	12	1 15/61	10 1/6
30 1/3	23	14	8 64/91	10 1/9
30 1/4	23	16	0 48/121	10 1/11
30 1/5	23	16	9 119/151	10 1/13
30 1/6	23	17	4 121/181	10 1/18
30 1/7	23	17	8 148/211	10 1/21
30 1/8	23	18	0 241/241	10 1/24
30 1/9	23	18	2 204/271	10 1/17
30 1/10	23	18	4 160/301	10 1/30
30 1/11	23	18	6 198/331	10 1/33
30 1/12	23	18	8 16/161	10 1/36
30 1/13	23	19	9 204/391	10 1/39
30 1/14	23	18	10 114/411	10 1/41
30 1/15	23	18	11 204/451	10 1/45
30 1/16	23	19	0 12/481	10 1/48
30	24			10
30 2/3	23	9	6 13/23	10 2/3
30 2/5	23	18	8 4/19	10 2/15
30 2/7	23	15	5 45/11	10 2/21
30 2/9	23	16	5 11/17	10 2/27
30 2/11	23	17	1 15/83	10 2/33
30 2/13	23	17	6 30/49	10 2/39
30 2/15	23	17	10 58/113	10 2/45
30 3/4	23	8	3 21/41	10 3/4
30 3/5	23	10	7 1/17	10 3/5
30 3/7	23	13	2 61/71	10 3/7
30 3/8	23	14	0 3/5	10 3/8
30 3/10	23	15	2 98/105	10 3/10
30 3/11	23	15	8 4/7	10 3/11
30 3/13	23	16	4 4/113	10 3/13
30 3/14	23	16	7 7/41	10 3/14
30 3/16	23	17	0 16/161	10 3/16
30 4/5	23	7	6 40/77	10 4/15
30 4/7	23	11	0 40/107	10 4/21
30 4/9	23	12	11 143/173	10 4/27

Le change étant à	La livre sterling vaut				La livre tournois vaut
	Livres tournois.				Deniers sterling.
	l.	f.	d.		
30 4/11	23	14	3	5/167	10 4/18
30 4/12	23	15	1	104/197	10 4/13
30 4/13	23	15	9	17/117	10 4/43
30 1/6	23	7	0	11/17	10 1/11
30 5/7	23	8	10	4/41	10 4/13
30 5/8	23	10	2	22/49	10 5/14
30 5/9	23	11	3	5/11	10 5/17
30 5/11	23	12	10	4/67	10 5/13
30 5/13	23	13	5	7/71	10 5/14
30 5/15	23	13	11	7/79	10 5/16
30 5/14	23	14	4	4/17	10 5/43
30 5/16	23	15	0	60/97	10 5/43
30 6/7	23	6	8	9/8	10 6/7
30 6/11	23	11	5	5/7	10 6/13
30 6/13	23	12	8	6/11	10 6/13
30 7/8	23	6	4	144/147	10 7/13
30 7/8	23	7	10	111/179	10 7/17
30 7/10	23	9	0	116/159	10 7/16
30 7/11	23	10	0	110/177	10 6/11
30 7/13	23	10	10		10 7/17
30 7/15	23	11	6	176/185	10 7/13
30 7/16	23	12	7	444/177	10 7/15
30 7/13	23	13	1	101/417	10 7/18
30 8/9	23	6	2	14/113	10 8/17
30 8/11	23	8	7	111/149	10 8/11
30 8/13	23	10	4	44/194	10 8/15
30 8/15	23	11	7	19/143	10 8/41
30 9/10	23	6	0	16/101	10 9/15
30 9/11	23	7	3	2/111	10 9/17
30 9/13	23	9	2	10/113	10 9/11
30 9/14	23	9	11	14/141	10 9/14
30 9/16	23	11	1	164/151	10 9/16
30 10/11	23	5	10	10/19	10 10/11
30 10/11	23	8	0	0	10 10/13
30 11/12	23	5	9	144/141	10 11/12
30 11/13	23	6	9	117/101	10 11/13
30 11/14	23	7	8	444/141	10 11/14
30 11/15	23	8	6	144/141	10 11/15
30 11/16	23	9	2	470/411	10 11/16
40 11/13	23	5	8	4/79	40 11/13

Le change étant à	La livre sterling vaut Livres tournois.			La livre tournois vaut Deniers sterlings.
	l.	s.	d.	
30 $\frac{12}{13}$	23	5	7 $\frac{19}{471}$	10 $\frac{34}{43}$
30 $\frac{13}{14}$	23	6	6 $\frac{216}{463}$	10 $\frac{15}{29}$
30 $\frac{14}{15}$	23	7	4 $\frac{16}{499}$	10 $\frac{36}{48}$
30 $\frac{14}{15}$	23	5	6 $\frac{6}{15}$	10 $\frac{14}{29}$
30 $\frac{14}{15}$	23	5	5 $\frac{1}{11}$	10 $\frac{5}{16}$
31 $\frac{1}{2}$	22	17	1 $\frac{8}{7}$	10 $\frac{1}{2}$
31 $\frac{1}{3}$	22	19	6 $\frac{61}{47}$	10 $\frac{4}{9}$
31 $\frac{1}{4}$	23	0	9 $\frac{3}{5}$	10 $\frac{1}{12}$
31 $\frac{1}{5}$	23	1	6 $\frac{6}{31}$	10 $\frac{5}{7}$
31 $\frac{1}{6}$	23	2	0 $\frac{73}{187}$	10 $\frac{7}{18}$
31 $\frac{1}{7}$	23	2	4 $\frac{61}{109}$	10 $\frac{1}{11}$
31 $\frac{1}{8}$	23	2	7 $\frac{15}{41}$	10 $\frac{3}{5}$
31 $\frac{1}{9}$	23	2	10 $\frac{5}{7}$	10 $\frac{19}{17}$
31 $\frac{1}{10}$	23	3	0 $\frac{56}{311}$	10 $\frac{15}{16}$
31 $\frac{1}{11}$	23	3	1 $\frac{57}{19}$	10 $\frac{4}{11}$
31 $\frac{1}{12}$	23	3	3 $\frac{5}{171}$	10 $\frac{11}{16}$
31 $\frac{1}{13}$	23	3	4 $\frac{60}{108}$	10 $\frac{18}{19}$
31 $\frac{1}{14}$	23	3	5 $\frac{14}{19}$	10 $\frac{5}{14}$
31 $\frac{1}{15}$	23	3	6 $\frac{45}{171}$	10 $\frac{16}{25}$
31 $\frac{1}{16}$	23	3	6 $\frac{386}{297}$	10 $\frac{17}{48}$
31	23	4	6 $\frac{6}{11}$	10 $\frac{9}{11}$
31 $\frac{2}{3}$	22	14	8 $\frac{14}{19}$	10 $\frac{1}{9}$
31 $\frac{2}{5}$	22	18	7 $\frac{24}{117}$	10 $\frac{7}{15}$
31 $\frac{2}{7}$	23	0	3 $\frac{36}{71}$	10 $\frac{5}{9}$
31 $\frac{2}{9}$	23	1	2 $\frac{286}{181}$	10 $\frac{11}{17}$
31 $\frac{2}{11}$	23	1	9 $\frac{197}{141}$	10 $\frac{11}{11}$
31 $\frac{2}{13}$	23	2	2 $\frac{8}{11}$	10 $\frac{1}{15}$
31 $\frac{2}{15}$	23	2	2 $\frac{219}{469}$	10 $\frac{17}{46}$
31 $\frac{2}{4}$	22	13	6 $\frac{65}{117}$	10 $\frac{7}{11}$
31 $\frac{3}{5}$	22	15	8 $\frac{34}{19}$	10 $\frac{7}{11}$
31 $\frac{4}{7}$	22	18	2 $\frac{1}{11}$	10 $\frac{13}{13}$
31 $\frac{3}{8}$	22	18	11 $\frac{111}{11}$	10 $\frac{31}{13}$
31 $\frac{7}{10}$	23	0	0 $\frac{111}{11}$	10 $\frac{15}{16}$
31 $\frac{7}{11}$	23	0	5 $\frac{15}{11}$	10 $\frac{16}{19}$
31 $\frac{7}{13}$	23	1	1 $\frac{7}{101}$	10 $\frac{16}{19}$
31 $\frac{7}{14}$	23	1	3 $\frac{111}{11}$	10 $\frac{17}{46}$
31 $\frac{7}{16}$	23	1	8 $\frac{177}{111}$	10 $\frac{17}{41}$
31 $\frac{5}{8}$	22	13	9 $\frac{14}{11}$	10 $\frac{7}{11}$
31 $\frac{5}{9}$	22	16	1 $\frac{47}{111}$	10 $\frac{11}{11}$
31 $\frac{5}{13}$	22	17	11 $\frac{111}{11}$	10 $\frac{14}{19}$
31 $\frac{5}{11}$	22	19	1 $\frac{14}{11}$	10 $\frac{11}{11}$
31 $\frac{5}{13}$	22	19	11 $\frac{147}{107}$	10 $\frac{17}{19}$
31 $\frac{5}{16}$	23	0	6 $\frac{11}{11}$	10 $\frac{11}{11}$

Le change étant à	La livre sterling vaut Livres tournois. l. s. d.			La livre tournois vaut Deniers sterling.
31 $\frac{1}{2}$	22	12	4 $\frac{56}{151}$	10 $\frac{15}{38}$
31 $\frac{1}{7}$	22	14	0 $\frac{24}{37}$	10 $\frac{4}{7}$
31 $\frac{1}{8}$	22	15	4 $\frac{8}{153}$	10 $\frac{13}{14}$
31 $\frac{1}{9}$	22	16	4 $\frac{4}{7}$	10 $\frac{14}{27}$
31 $\frac{1}{11}$	22	17	9 $\frac{111}{174}$	10 $\frac{16}{33}$
31 $\frac{1}{12}$	22	18	4 $\frac{100}{377}$	10 $\frac{17}{36}$
31 $\frac{1}{13}$	22	18	9 $\frac{15}{17}$	10 $\frac{6}{13}$
31 $\frac{1}{14}$	22	18	11 $\frac{417}{459}$	10 $\frac{19}{41}$
31 $\frac{1}{16}$	22	19	10 $\frac{94}{167}$	10 $\frac{7}{16}$
31 $\frac{6}{7}$	22	12	0 $\frac{48}{223}$	10 $\frac{13}{21}$
31 $\frac{6}{11}$	22	16	5 $\frac{181}{347}$	10 $\frac{17}{33}$
31 $\frac{6}{13}$	22	17	8 $\frac{172}{409}$	10 $\frac{19}{39}$
31 $\frac{7}{8}$	22	11	9 $\frac{3}{17}$	10 $\frac{5}{8}$
31 $\frac{7}{9}$	22	13	1 $\frac{109}{149}$	10 $\frac{16}{27}$
31 $\frac{7}{10}$	22	14	3 $\frac{33}{347}$	10 $\frac{17}{30}$
31 $\frac{7}{11}$	22	15	2 $\frac{2}{19}$	10 $\frac{6}{11}$
31 $\frac{7}{13}$	22	15	11 $\frac{91}{179}$	10 $\frac{12}{26}$
31 $\frac{7}{14}$	22	16	7 $\frac{1}{44}$	10 $\frac{20}{49}$
31 $\frac{7}{15}$	22	17	7 $\frac{51}{19}$	10 $\frac{22}{45}$
31 $\frac{7}{16}$	22	18	0 $\frac{312}{303}$	10 $\frac{23}{48}$
31 $\frac{8}{9}$	22	11	6 $\frac{214}{287}$	10 $\frac{17}{27}$
31 $\frac{8}{11}$	22	13	10 $\frac{146}{149}$	10 $\frac{19}{35}$
31 $\frac{8}{13}$	22	15	5 $\frac{93}{407}$	10 $\frac{7}{53}$
31 $\frac{8}{15}$	22	16	7 $\frac{212}{475}$	10 $\frac{21}{45}$
31 $\frac{9}{10}$	22	11	4 $\frac{196}{219}$	10 $\frac{19}{30}$
31 $\frac{9}{11}$	22	12	6 $\frac{6}{7}$	10 $\frac{10}{53}$
31 $\frac{9}{13}$	22	14	4 $\frac{44}{193}$	10 $\frac{22}{39}$
31 $\frac{9}{14}$	22	15	0 $\frac{420}{483}$	10 $\frac{23}{42}$
31 $\frac{9}{16}$	22	16	2 $\frac{86}{101}$	10 $\frac{25}{48}$
31 $\frac{10}{11}$	22	11	3 $\frac{5}{8}$	10 $\frac{7}{11}$
31 $\frac{10}{13}$	22	13	3 $\frac{93}{423}$	10 $\frac{11}{19}$
31 $\frac{11}{12}$	22	11	2 $\frac{18}{53}$	10 $\frac{12}{16}$
31 $\frac{11}{13}$	22	12	2 $\frac{1}{15}$	10 $\frac{8}{13}$
31 $\frac{11}{14}$	22	13	0 $\frac{16}{45}$	10 $\frac{22}{41}$
31 $\frac{11}{21}$	22	13	9 $\frac{41}{109}$	10 $\frac{24}{45}$
31 $\frac{11}{14}$	22	14	5 $\frac{41}{384}$	10 $\frac{9}{16}$
31 $\frac{12}{13}$	22	11	1 $\frac{2}{7}$	10 $\frac{15}{15}$
31 $\frac{12}{14}$	22	11	0 $\frac{11}{149}$	10 $\frac{2}{24}$
31 $\frac{14}{17}$	22	10	10 $\frac{141}{519}$	10 $\frac{18}{45}$
31 $\frac{14}{24}$	22	12	7 $\frac{411}{509}$	10 $\frac{19}{28}$
31 $\frac{15}{17}$	22	10	11 $\frac{190}{409}$	10 $\frac{4}{25}$
31 $\frac{15}{16}$	22	10	10 $\frac{190}{371}$	10 $\frac{11}{15}$
32 $\frac{1}{5}$	22	3	0 $\frac{12}{19}$	10 $\frac{1}{4}$
32 $\frac{1}{7}$	22	5	4 $\frac{11}{17}$	10 $\frac{7}{9}$
32 $\frac{1}{8}$	22	6	6 $\frac{6}{37}$	10 $\frac{1}{4}$

Le change étant à	La livre sterling vaut				La livre tournois vaut.
	Livres tournois.				Deniers sterlings.
	l.	s.	d.		
32 $\frac{1}{5}$	22	7	2	$\frac{74}{161}$	10 $\frac{11}{15}$
32 $\frac{1}{6}$	22	7	8	$\frac{4}{19}$	10 $\frac{11}{16}$
32 $\frac{1}{7}$	22	8	0		10 $\frac{5}{7}$
32 $\frac{1}{8}$	22	8	2	$\frac{214}{217}$	10 $\frac{13}{16}$
32 $\frac{1}{9}$	22	8	5	$\frac{25}{263}$	10 $\frac{19}{27}$
32 $\frac{1}{10}$	22	8	7	$\frac{19}{107}$	10 $\frac{7}{10}$
32 $\frac{1}{11}$	22	8	8	$\frac{148}{353}$	10 $\frac{11}{11}$
32 $\frac{1}{12}$	22	8	9	$\frac{71}{77}$	10 $\frac{15}{16}$
32 $\frac{1}{13}$	22	8	11	$\frac{7}{199}$	10 $\frac{9}{11}$
32 $\frac{1}{14}$	22	8	11	$\frac{417}{449}$	10 $\frac{19}{41}$
32 $\frac{1}{15}$	22	9	0	$\frac{373}{481}$	10 $\frac{11}{41}$
32 $\frac{1}{16}$	22	9	1	$\frac{9}{16}$	10 $\frac{11}{16}$
32	22	10	0	0	10 $\frac{1}{7}$
32 $\frac{2}{5}$	22	0	9	$\frac{12}{49}$	10 $\frac{8}{9}$
32 $\frac{2}{5}$	22	4	5	$\frac{1}{7}$	10 $\frac{4}{7}$
32 $\frac{2}{7}$	22	6	0	$\frac{24}{118}$	10 $\frac{16}{17}$
32 $\frac{2}{9}$	22	6	10	$\frac{22}{19}$	10 $\frac{19}{27}$
32 $\frac{2}{11}$	22	7	5	$\frac{17}{19}$	10 $\frac{13}{18}$
32 $\frac{2}{13}$	22	7	10	$\frac{14}{209}$	10 $\frac{19}{19}$
32 $\frac{2}{15}$	22	8	1	$\frac{163}{141}$	10 $\frac{12}{41}$
32 $\frac{3}{4}$	22	19	8	$\frac{44}{111}$	10 $\frac{11}{12}$
32 $\frac{3}{5}$	22	1	8	$\frac{100}{163}$	10 $\frac{13}{11}$
32 $\frac{3}{7}$	22	4	0	$\frac{144}{117}$	10 $\frac{17}{11}$
32 $\frac{3}{8}$	22	4	9	$\frac{117}{252}$	10 $\frac{16}{14}$
32 $\frac{3}{10}$	22	5	9	$\frac{275}{322}$	10 $\frac{16}{16}$
32 $\frac{3}{12}$	22	6	2	$\frac{16}{71}$	10 $\frac{14}{77}$
32 $\frac{3}{13}$	22	6	8	$\frac{147}{413}$	10 $\frac{16}{77}$
32 $\frac{3}{14}$	22	7	0	$\frac{16}{413}$	10 $\frac{11}{41}$
32 $\frac{3}{16}$	22	7	4	$\frac{36}{105}$	10 $\frac{13}{48}$
32 $\frac{4}{5}$	21	19	0	$\frac{12}{41}$	10 $\frac{14}{11}$
32 $\frac{4}{7}$	22	2	1	$\frac{5}{19}$	10 $\frac{6}{7}$
32 $\frac{4}{9}$	22	3	10	$\frac{48}{71}$	10 $\frac{16}{27}$
32 $\frac{4}{11}$	22	4	11	$\frac{48}{99}$	10 $\frac{19}{33}$
32 $\frac{4}{13}$	22	5	8	$\frac{4}{9}$	10 $\frac{19}{13}$
32 $\frac{4}{15}$	22	6	3	$\frac{41}{111}$	10 $\frac{14}{45}$
32 $\frac{5}{6}$	21	18	6	$\frac{186}{197}$	10 $\frac{17}{18}$
32 $\frac{5}{7}$	22	0	2	$\frac{12}{115}$	10 $\frac{19}{11}$
32 $\frac{5}{8}$	22	1	4	$\frac{16}{19}$	10 $\frac{2}{8}$
32 $\frac{5}{9}$	22	3	3	$\frac{143}{196}$	10 $\frac{26}{17}$
32 $\frac{5}{11}$	22	3	8	$\frac{44}{119}$	10 $\frac{9}{11}$
32 $\frac{5}{12}$	22	4	2	$\frac{116}{16}$	10 $\frac{16}{16}$
32 $\frac{5}{13}$	22	4	7	$\frac{165}{411}$	10 $\frac{11}{14}$
32 $\frac{5}{14}$	22	5	0	$\frac{60}{111}$	10 $\frac{11}{14}$
32 $\frac{5}{16}$	22	5	7	$\frac{401}{117}$	10 $\frac{17}{41}$

Tij

Le change étant à	*La livre sterling vaut*			*La livre tournois vaut*
	Livres tournois.			Deniers sterlings.
	Lv.	ſ.	d.	
32 $\frac{5}{9}$	21	18	3 $\frac{1}{11}$	10 $\frac{10}{17}$
32 $\frac{6}{11}$	22	2	5 $\frac{17}{179}$	10 $\frac{12}{17}$
32 $\frac{6}{13}$	22	3	7 $\frac{47}{211}$	10 $\frac{13}{17}$
32 $\frac{7}{8}$	21	18	0 $\frac{74}{263}$	10 $\frac{11}{14}$
32 $\frac{7}{9}$	21	19	3 $\frac{11}{19}$	10 $\frac{14}{17}$
32 $\frac{7}{10}$	22	0	4 $\frac{44}{109}$	10 $\frac{9}{10}$
32 $\frac{7}{11}$	22	1	2 $\frac{114}{119}$	10 $\frac{14}{17}$
32 $\frac{7}{12}$	22	1	11 $\frac{117}{191}$	10 $\frac{14}{15}$
32 $\frac{7}{13}$	22	2	6 $\frac{10}{47}$	10 $\frac{17}{15}$
32 $\frac{7}{15}$	22	3	6 $\frac{116}{417}$	10 $\frac{17}{15}$
32 $\frac{7}{16}$	22	3	11 $\frac{19}{173}$	10 $\frac{15}{16}$
32 $\frac{8}{9}$	21	17	10 $\frac{5}{17}$	10 $\frac{10}{17}$
32 $\frac{8}{13}$	22	0	0 0	10 $\frac{10}{11}$
32 $\frac{8}{13}$	22	1	6 $\frac{6}{11}$	10 $\frac{14}{19}$
32 $\frac{8}{15}$	22	2	7 $\frac{22}{61}$	10 $\frac{18}{19}$
32 $\frac{9}{10}$	21	17	8 $\frac{191}{114}$	10 $\frac{17}{10}$
32 $\frac{9}{11}$	21	18	9 $\frac{118}{161}$	10 $\frac{11}{11}$
32 $\frac{9}{13}$	22	0	5 $\frac{11}{17}$	10 $\frac{17}{11}$
32 $\frac{9}{14}$	22	1	2 $\frac{199}{457}$	10 $\frac{11}{11}$
32 $\frac{9}{15}$	22	2	2 $\frac{174}{721}$	10 $\frac{11}{11}$
32 $\frac{10}{11}$	21	17	6 $\frac{150}{181}$	10 $\frac{15}{11}$
32 $\frac{10}{13}$	21	19	5 $\frac{17}{71}$	10 $\frac{15}{11}$
32 $\frac{11}{12}$	21	17	5 $\frac{47}{79}$	10 $\frac{11}{11}$
32 $\frac{11}{13}$	21	18	4 $\frac{186}{417}$	10 $\frac{17}{19}$
32 $\frac{11}{14}$	21	19	2 $\frac{10}{17}$	10 $\frac{11}{14}$
32 $\frac{11}{15}$	21	19	11 $\frac{17}{191}$	10 $\frac{11}{11}$
32 $\frac{11}{17}$	22	0	6 $\frac{116}{117}$	10 $\frac{11}{18}$
32 $\frac{12}{13}$	21	17	4 $\frac{44}{107}$	10 $\frac{11}{11}$
32 $\frac{13}{14}$	21	17	3 $\frac{111}{111}$	10 $\frac{11}{11}$
32 $\frac{13}{15}$	21	18	1 $\frac{119}{491}$	10 $\frac{11}{11}$
32 $\frac{13}{16}$	21	18	10 $\frac{5}{7}$	10 $\frac{15}{19}$
32 $\frac{14}{15}$	21	17	2 $\frac{119}{147}$	10 $\frac{11}{11}$
32 $\frac{15}{16}$	21	17	2 $\frac{119}{137}$	10 $\frac{11}{11}$
33 $\frac{1}{2}$	21	9	10 $\frac{19}{17}$	11 $\frac{1}{2}$
33 $\frac{1}{3}$	21	12	0 0	11 $\frac{1}{3}$
33 $\frac{1}{4}$	21	13	0 $\frac{119}{191}$	11 $\frac{1}{16}$
33 $\frac{1}{5}$	21	13	8 $\frac{48}{19}$	11 $\frac{1}{10}$
33 $\frac{1}{6}$	21	14	2 $\frac{10}{199}$	11 $\frac{1}{16}$
33 $\frac{1}{7}$	21	14	5 $\frac{11}{19}$	11 $\frac{1}{11}$
33 $\frac{1}{8}$	21	14	8 $\frac{17}{11}$	11 $\frac{1}{16}$
33 $\frac{1}{9}$	21	14	10 $\frac{111}{119}$	11 $\frac{1}{17}$
33 $\frac{1}{10}$	21	15	0 $\frac{119}{111}$	11 $\frac{1}{10}$
33 $\frac{1}{11}$	21	15	2 $\frac{11}{11}$	11 $\frac{1}{11}$

Le change étant à	La livre sterling vaut				La livre tournois vaut	
	Livres tournois.				Deniers sterling.	
	l.	f.	d.			
33 $\frac{1}{12}$	21	15	3	$\frac{69}{157}$	11	$\frac{1}{16}$
33 $\frac{1}{16}$	21	15	4	$\frac{8}{43}$	11	$\frac{1}{19}$
33 $\frac{1}{14}$	21	15	5	$\frac{21}{463}$	11	$\frac{1}{47}$
33 $\frac{1}{15}$	21	15	5	$\frac{21}{71}$	11	$\frac{1}{48}$
33 $\frac{1}{16}$	21	15	6	$\frac{146}{719}$	11	$\frac{1}{48}$
33	21	16	4	$\frac{4}{11}$	11	0
33 $\frac{1}{7}$	21	7	8	$\frac{69}{101}$	11	$\frac{2}{9}$
33 $\frac{2}{7}$	21	11	1	$\frac{109}{169}$	11	$\frac{2}{11}$
33 $\frac{3}{7}$	21	12	7	$\frac{97}{133}$	11	$\frac{2}{11}$
33 $\frac{2}{9}$	21	13	5	$\frac{101}{159}$	11	$\frac{24}{11}$
33 $\frac{5}{14}$	21	13	11	$\frac{42}{93}$	11	$\frac{1}{11}$
33 $\frac{1}{14}$	21	14	4	$\frac{28}{452}$	11	$\frac{1}{19}$
33 $\frac{1}{18}$	21	14	7	$\frac{141}{457}$	11	$\frac{1}{48}$
33 $\frac{1}{4}$	21	0	8	0	11	$\frac{1}{4}$
33 $\frac{3}{4}$	21	8	6	$\frac{6}{7}$	11	$\frac{1}{5}$
33 $\frac{1}{7}$	21	10	9	$\frac{7}{18}$	11	$\frac{3}{7}$
33 $\frac{5}{8}$	21	11	5	$\frac{47}{13}$	11	$\frac{1}{8}$
33 $\frac{1}{10}$	21	12	5	$\frac{7}{17}$	11	$\frac{4}{10}$
33 $\frac{7}{13}$	21	12	9	$\frac{27}{61}$	11	$\frac{1}{11}$
33 $\frac{5}{13}$	21	13	4	0	11	$\frac{1}{13}$
33 $\frac{1}{12}$	21	13	6	$\frac{18}{71}$	11	$\frac{1}{14}$
33 $\frac{1}{18}$	21	13	10	$\frac{46}{79}$	11	$\frac{1}{16}$
33 $\frac{4}{5}$	21	6	0	$\frac{72}{169}$	11	$\frac{1}{13}$
33 $\frac{2}{9}$	21	8	11	$\frac{11}{47}$	11	$\frac{4}{11}$
33 $\frac{2}{5}$	21	10	6	$\frac{114}{101}$	11	$\frac{4}{17}$
33 $\frac{4}{11}$	21	11	7	$\frac{107}{149}$	11	$\frac{4}{18}$
33 $\frac{5}{16}$	21	12	5	$\frac{414}{435}$	11	$\frac{4}{19}$
33 $\frac{4}{18}$	21	12	10	$\frac{124}{459}$	11	$\frac{4}{45}$
33 $\frac{5}{6}$	21	5	7	$\frac{79}{103}$	11	$\frac{5}{18}$
33 $\frac{5}{7}$	21	7	1	$\frac{21}{73}$	11	$\frac{1}{11}$
33 $\frac{5}{8}$	21	8	3	$\frac{7}{148}$	11	$\frac{5}{14}$
33 $\frac{5}{9}$	21	9	1	$\frac{101}{711}$	11	$\frac{5}{17}$
33 $\frac{5}{11}$	21	16	5	$\frac{5}{71}$	11	$\frac{5}{19}$
33 $\frac{5}{13}$	21	10	11	$\frac{19}{401}$	11	$\frac{5}{12}$
33 $\frac{5}{17}$	21	11	4	$\frac{5}{117}$	11	$\frac{5}{39}$
33 $\frac{5}{17}$	21	11	8	$\frac{140}{467}$	11	$\frac{5}{41}$
33 $\frac{5}{17}$	21	12	3	$\frac{119}{711}$	11	$\frac{5}{48}$
33 $\frac{5}{9}$	21	5	3	$\frac{44}{73}$	11	$\frac{5}{7}$
33 $\frac{6}{11}$	21	9	3	$\frac{4}{41}$	11	$\frac{6}{11}$
33 $\frac{6}{13}$	21	10	4	$\frac{4}{16}$	11	$\frac{6}{13}$
33 $\frac{7}{8}$	21	5	1	$\frac{11}{171}$	11	$\frac{7}{13}$
33 $\frac{7}{9}$	21	6	3	$\frac{11}{11}$	11	$\frac{7}{17}$
33 $\frac{7}{16}$	21	7	3	$\frac{101}{777}$	11	$\frac{7}{16}$

Le change étant à	La livre sterling vaut Livres tournois.				La livre tournois vaut Deniers sterling.	
	L	s.	d.			
$33 \frac{7}{11}$	21	8	1	$\frac{11}{17}$	11	$\frac{7}{19}$
$33 \frac{7}{12}$	21	8	9	$\frac{165}{205}$	11	$\frac{7}{12}$
$33 \frac{7}{13}$	21	9	4	$\frac{18}{105}$	11	$\frac{7}{13}$
$33 \frac{7}{11}$	21	10	3	$\frac{17}{111}$	11	$\frac{7}{45}$
$33 \frac{7}{16}$	21	10	7	$\frac{91}{107}$	11	$\frac{7}{48}$
$33 \frac{8}{9}$	21	4	11	$\frac{1}{61}$	11	$\frac{8}{19}$
$33 \frac{8}{11}$	21	6	11	$\frac{167}{171}$	11	$\frac{8}{19}$
$33 \frac{8}{13}$	21	8	4	$\frac{110}{417}$	11	$\frac{8}{19}$
$33 \frac{8}{5}$	21	9	5	$\frac{41}{109}$	11	$\frac{8}{45}$
$33 \frac{9}{10}$	21	4	9	$\frac{19}{111}$	11	$\frac{9}{10}$
$33 \frac{9}{11}$	21	5	9	$\frac{21}{73}$	11	$\frac{9}{11}$
$33 \frac{9}{13}$	21	7	4	$\frac{16}{73}$	11	$\frac{9}{13}$
$33 \frac{9}{14}$	21	8	0	$\frac{48}{117}$	11	$\frac{9}{14}$
$33 \frac{9}{16}$	21	9	0	$\frac{108}{179}$	11	$\frac{9}{16}$
$33 \frac{10}{11}$	21	4	7	$\frac{161}{171}$	11	$\frac{10}{11}$
$33 \frac{10}{13}$	21	6	5	$\frac{17}{414}$	11	$\frac{10}{13}$
$33 \frac{11}{13}$	21	4	6	$\frac{102}{207}$	11	$\frac{11}{13}$
$33 \frac{11}{15}$	21	5	5	$\frac{1}{11}$	11	$\frac{11}{15}$
$33 \frac{11}{14}$	21	6	2	$\frac{178}{471}$	11	$\frac{11}{41}$
$33 \frac{11}{15}$	21	6	10	$\frac{114}{451}$	11	$\frac{11}{45}$
$33 \frac{11}{16}$	21	7	5	$\frac{112}{114}$	11	$\frac{11}{48}$
$33 \frac{11}{17}$	21	4	5	$\frac{112}{147}$	11	$\frac{11}{45}$
$33 \frac{11}{14}$	21	4	5	$\frac{1}{19}$	11	$\frac{11}{41}$
$33 \frac{11}{15}$	21	5	2	$\frac{46}{117}$	11	$\frac{11}{45}$
$33 \frac{11}{16}$	21	5	10	$\frac{120}{141}$	11	$\frac{11}{48}$
$33 \frac{14}{15}$	21	4	4	$\frac{175}{109}$	11	$\frac{14}{45}$
$33 \frac{15}{16}$	21	4	3	$\frac{112}{111}$	11	$\frac{1}{16}$
34	21	3	6	$\frac{5}{17}$	11	$\frac{3}{7}$

On voit par cette Table (suivant le cours du change d'Angleterre, depuis trente jusqu'à trente-quatre deniers sterlings pour l'écu de trois livres, avec toutes les fractions jusqu'aux seiziemes, comme ils se trouvent dans le Commerce de Banque) ce que vaut une livre sterling d'Angleterre, argent de France, & sur la même ligne on voit ce que vaut une livre de France, argent d'Angleterre; ainsi on pourra voir par une simple multiplication ce que vaudront argent de France, quelques sommes d'Angleterre que ce soit.

Par exemple, supposé que l'on veuille savoir ce que vaudront argent de France 237 liv. sterlings d'Angleterre, le change étant à 31 ½ deniers sterlings pour trois livres, il faut chercher en la Table 31 ½, où l'on voit qu'une livre sterling vaut 22 liv. 17 f. 1 d. $\frac{5}{7}$ argent de France, ainsi il faut multiplier les 237 liv. sterlings d'Angleterre par 22 liv. 17 f. 1 d. $\frac{5}{7}$ de France, & on trouvera 5417 liv. 2 f. 10 d. $\frac{5}{7}$ de France que vaudront les 237 liv. sterlings d'Angleterre, le change étant, comme nous l'avons dit, à 31 $\frac{1}{2}$ deniers sterlings pour l'écu de trois livres : & pour preuve, il faut voir sur la même ligne de 31 $\frac{1}{2}$ ce que vaut une livre de France argent d'Angleterre, on trouvera 10 $\frac{1}{2}$ deniers sterlings; il faut multiplier les 5417 liv. 12 f. 10 d. par 10 $\frac{1}{2}$ deniers sterlings, valeur de la livre tournois, ou pour plus grande facilité, il faut faire une regle de trois, en disant : si 1 liv. tournois vaut 10 $\frac{1}{2}$ deniers sterlings, combien vaudront 5417 liv. 2 f. 10 d. $\frac{5}{7}$, opérant comme à l'ordinaire pour les regles de trois composées de fractions; on aura pour réponse les 237 liv. sterlings ci-dessus proposées. Il en sera de même à l'égard de toutes sommes de France que l'on voudra changer en monnoie d'Angleterre, de même que de toutes sommes d'Angleterre que l'on voudra changer en argent de France, en cherchant en la Table le prix du change en deniers sterlings. Quoique l'on ne change que par demi, quart, huitiemes & seiziemes, nous avons joint, pour plus grande facilité, toutes les fractions jusqu'aux seiziemes.

TABLE DU COURS DU CHANGE de Hollande, depuis 54 jufqu'à 58 deniers de gros de Hollande pour l'écu de trois livres, avec toutes les fractions jufqu'aux feiziemes, comme ils fe trouvent dans le Commerce de Banque.

Voyez à la fin l'obfervation néceffaire pour l'intelligence de cette Table.

Le change étant à	Le florin vaut			La livre tournois vaut
	l.	f.	d.	Sols pennins.
54 $\frac{1}{16}$	2	4	0 $\frac{48}{104}$	9 1 $\frac{1}{7}$
54 $\frac{1}{8}$	2	4	2 $\frac{10}{145}$	9 0 $\frac{8}{9}$
54 $\frac{3}{16}$	2	4	2 $\frac{129}{217}$	9 0 $\frac{5}{7}$
54 $\frac{1}{4}$	2	4	2 $\frac{29}{171}$	9 0 $\frac{9}{13}$
54 $\frac{5}{16}$	2	4	3 $\frac{9}{91}$	9 0 $\frac{4}{5}$
54 $\frac{3}{8}$	2	4	3 $\frac{111}{173}$	9 0 $\frac{5}{11}$
54 $\frac{7}{16}$	2	4	4 $\frac{44}{415}$	9 0 $\frac{3}{7}$
54 $\frac{1}{2}$	2	4	4 $\frac{215}{417}$	9 0 $\frac{4}{9}$
54 $\frac{2}{16}$	2	4	4 $\frac{119}{141}$	9 0 $\frac{6}{17}$
54 $\frac{1}{11}$	2	4	4 $\frac{12}{119}$	9 0 $\frac{1}{11}$
54 $\frac{1}{12}$	2	4	4 $\frac{113}{243}$	9 0 $\frac{5}{16}$
54 $\frac{1}{13}$	2	4	4 $\frac{951}{951}$	9 0 $\frac{7}{16}$
54 $\frac{1}{14}$	2	4	4 $\frac{475}{719}$	9 0 $\frac{6}{21}$
54 $\frac{1}{15}$	2	4	4 $\frac{148}{111}$	9 0 $\frac{3}{21}$
54 $\frac{1}{16}$	2	4	4 $\frac{114}{171}$	9 0 $\frac{1}{2}$
54	2	4	5 $\frac{2}{3}$	9 0 0
54 $\frac{1}{7}$	2	3	10 $\frac{14}{41}$	9 1 $\frac{7}{8}$
54 $\frac{1}{7}$	2	4	1 $\frac{7}{17}$	9 1 $\frac{4}{17}$
54 $\frac{2}{7}$	2	4	2 $\frac{14}{17}$	9 0 $\frac{14}{17}$
54 $\frac{3}{7}$	2	4	3 $\frac{3}{21}$	9 0 $\frac{16}{17}$
54 $\frac{1}{11}$	2	4	3 $\frac{11}{148}$	9 0 $\frac{16}{17}$
54 $\frac{1}{11}$	2	4	3 $\frac{2}{7}$	9 0 $\frac{16}{17}$
54 $\frac{1}{11}$	2	4	4 $\frac{4}{101}$	9 0 $\frac{16}{41}$
54 $\frac{1}{2}$	2	3	10 $\frac{2}{11}$	9 2 0
54 $\frac{5}{8}$	2	3	11 $\frac{34}{33}$	9 1 $\frac{5}{7}$
54 $\frac{5}{8}$	2	4	1 $\frac{17}{157}$	9 1 $\frac{5}{7}$
54 $\frac{7}{8}$	2	4	1 $\frac{34}{43}$	9 1 0
54 $\frac{1}{10}$	2	4	2 $\frac{70}{111}$	9 0 $\frac{3}{7}$
54 $\frac{1}{11}$	2	4	2 $\frac{118}{143}$	9 0 $\frac{9}{11}$
54 $\frac{1}{11}$	2	4	3 $\frac{1}{47}$	9 0 $\frac{1}{71}$
54 $\frac{14}{14}$	2	4	3 $\frac{17}{171}$	9 0 $\frac{3}{7}$
54 $\frac{13}{16}$	2	4	3 $\frac{141}{143}$	8 0 $\frac{5}{8}$

Le change étant à	Le florin vaut				La livre tournois vaut		
	l.	f.	d.		ftuivers	pennins.	
54 $\frac{4}{7}$	2	3	9	$\frac{71}{117}$	9	2	$\frac{2}{15}$
54 $\frac{4}{7}$	2	3	11	$\frac{143}{191}$	9	1	$\frac{11}{21}$
54 $\frac{4}{9}$	2	4	0	$\frac{48}{49}$	9	1	$\frac{5}{17}$
54 $\frac{4}{11}$	2	4	1	$\frac{229}{299}$	9	0	$\frac{52}{53}$
54 $\frac{4}{13}$	2	4	2	$\frac{110}{353}$	9	0	$\frac{52}{19}$
54 $\frac{4}{15}$	2	4	2	$\frac{290}{407}$	9	0	$\frac{52}{45}$
54 $\frac{5}{6}$	2	3	2	$\frac{75}{327}$	9	2	$\frac{2}{3}$
54 $\frac{5}{7}$	2	3	10	$\frac{142}{383}$	9	1	$\frac{19}{21}$
54 $\frac{5}{8}$	2	3	11	$\frac{101}{417}$	9	1	$\frac{2}{3}$
54 $\frac{5}{9}$	2	3	11	$\frac{441}{491}$	9	1	$\frac{13}{17}$
54 $\frac{5}{11}$	2	4	0	$\frac{518}{599}$	9	1	$\frac{7}{38}$
54 $\frac{5}{12}$	2	4	1	$\frac{158}{653}$	9	1	$\frac{1}{9}$
54 $\frac{5}{13}$	2	4	1	$\frac{397}{707}$	9	1	$\frac{1}{39}$
54 $\frac{5}{14}$	2	4	1	$\frac{611}{761}$	9	0	$\frac{10}{21}$
54 $\frac{5}{16}$	2	4	2	$\frac{210}{869}$	9	0	$\frac{1}{6}$
54 $\frac{6}{7}$	2	3	9	0	9	2	$\frac{2}{7}$
54 $\frac{6}{11}$	2	4	0	0	9	1	$\frac{7}{11}$
54 $\frac{6}{13}$	2	4	0	$\frac{48}{19}$	9	1	$\frac{3}{18}$
54 $\frac{7}{8}$	2	3	8	$\frac{364}{419}$	9	2	$\frac{1}{5}$
54 $\frac{7}{9}$	2	3	9	$\frac{375}{493}$	9	2	$\frac{2}{27}$
54 $\frac{7}{10}$	2	3	10	$\frac{278}{547}$	9	1	$\frac{13}{15}$
54 $\frac{7}{11}$	2	3	11	$\frac{71}{601}$	9	1	$\frac{13}{38}$
54 $\frac{7}{12}$	2	3	11	$\frac{88}{131}$	9	1	$\frac{5}{9}$
54 $\frac{7}{13}$	2	4	0	$\frac{48}{709}$	9	1	$\frac{17}{39}$
54 $\frac{7}{15}$	2	4	0	$\frac{614}{817}$	9	1	$\frac{11}{45}$
54 $\frac{7}{16}$	2	4	1	$\frac{41}{871}$	9	1	$\frac{1}{6}$
54 $\frac{8}{9}$	2	3	8	$\frac{172}{247}$	9	2	$\frac{10}{27}$
54 $\frac{8}{11}$	2	3	10	$\frac{74}{301}$	9	1	$\frac{13}{33}$
54 $\frac{8}{13}$	2	3	11	$\frac{22}{71}$	9	1	$\frac{25}{39}$
54 $\frac{8}{15}$	2	4	0	$\frac{48}{409}$	9	1	$\frac{12}{45}$
54 $\frac{9}{10}$	2	3	8	$\frac{16}{61}$	9	2	$\frac{2}{5}$
54 $\frac{9}{11}$	2	3	9	$\frac{25}{67}$	9	2	$\frac{2}{11}$
54 $\frac{9}{13}$	2	3	10	$\frac{46}{79}$	9	1	$\frac{22}{13}$
54 $\frac{9}{14}$	2	3	11	$\frac{1}{19}$	9	1	$\frac{4}{7}$
54 $\frac{9}{16}$	2	3	11	$\frac{81}{97}$	9	1	$\frac{1}{2}$
54 $\frac{10}{11}$	2	3	8	$\frac{76}{111}$	9	2	$\frac{24}{11}$

Le change étant à	Le florin vaut			La livre tournois vaut		
	l.	c.	d.	ftuivers	pennins	

Le change étant à	l.	c.	d.	ftuivers	pennins
54 $\frac{10}{13}$	2	3	9 $\frac{75}{117}$	9	2 $\frac{1}{39}$
54 $\frac{11}{12}$	2	3	8 $\frac{384}{619}$	9	2 $\frac{4}{9}$
54 $\frac{11}{13}$	2	3	9 $\frac{75}{713}$	9	2 $\frac{10}{39}$
54 $\frac{11}{14}$	2	3	9 $\frac{115}{769}$	9	2 $\frac{21}{11}$
54 $\frac{11}{15}$	2	3	10 $\frac{114}{811}$	9	1 $\frac{43}{45}$
54 $\frac{11}{16}$	2	3	10 $\frac{22}{33}$	9	1 $\frac{5}{6}$
54 $\frac{12}{13}$	2	3	8 $\frac{44}{119}$	9	2 $\frac{6}{13}$
54 $\frac{13}{14}$	2	3	8 $\frac{144}{769}$	9	2 $\frac{10}{21}$
54 $\frac{13}{15}$	2	3	8 $\frac{745}{823}$	9	2 $\frac{14}{45}$
54 $\frac{13}{16}$	2	3	9 $\frac{175}{877}$	9	2 $\frac{1}{6}$
54 $\frac{14}{17}$	2	3	8 $\frac{28}{108}$	9	2 $\frac{23}{45}$
54 $\frac{15}{16}$	2	3	8 $\frac{69}{193}$	9	2 $\frac{1}{3}$
55 $\frac{1}{2}$	2	3	2 $\frac{14}{37}$	9	4 0
55 $\frac{1}{3}$	2	3	4 $\frac{40}{85}$	9	3 $\frac{1}{3}$
55 $\frac{1}{4}$	2	3	5 $\frac{19}{121}$	9	3 $\frac{1}{3}$
55 $\frac{1}{5}$	2	3	6 $\frac{17}{23}$	9	3 $\frac{1}{5}$
55 $\frac{1}{6}$	2	3	6 $\frac{18}{338}$	9	3 $\frac{1}{9}$
55 $\frac{1}{7}$	2	3	6 $\frac{14}{193}$	9	3 $\frac{1}{21}$
55 $\frac{1}{8}$	2	3	6 $\frac{22}{49}$	9	3 0
55 $\frac{1}{9}$	2	3	6 $\frac{18}{11}$	9	2 $\frac{16}{17}$
55 $\frac{1}{10}$	2	3	6 $\frac{178}{551}$	9	2 $\frac{14}{15}$
55 $\frac{1}{11}$	2	3	6 $\frac{78}{101}$	9	2 $\frac{10}{11}$
55 $\frac{1}{12}$	2	3	6 $\frac{558}{661}$	9	2 $\frac{8}{9}$
55 $\frac{1}{13}$	2	3	6 $\frac{163}{179}$	9	2 $\frac{14}{39}$
55 $\frac{1}{14}$	2	3	6 $\frac{246}{257}$	9	2 $\frac{6}{7}$
55 $\frac{1}{15}$	2	3	7 $\frac{1}{413}$	9	2 $\frac{28}{45}$
55 $\frac{1}{16}$	2	3	7 $\frac{37}{881}$	9	2 $\frac{5}{6}$
55	2	3	7 $\frac{7}{11}$	9	2 $\frac{1}{3}$
55 $\frac{2}{3}$	2	3	1 $\frac{61}{167}$	9	4 $\frac{4}{5}$
55 $\frac{2}{5}$	2	3	3 $\frac{117}{277}$	9	3 $\frac{11}{13}$
55 $\frac{2}{7}$	2	3	4 $\frac{40}{43}$	9	3 $\frac{3}{7}$
55 $\frac{2}{9}$	2	3	5 $\frac{269}{497}$	9	3 $\frac{7}{17}$
55 $\frac{2}{11}$	2	3	5 $\frac{111}{607}$	9	3 $\frac{1}{11}$
55 $\frac{2}{12}$	2	3	6 $\frac{42}{119}$	9	3 $\frac{1}{12}$
55 $\frac{2}{13}$	2	3	6 $\frac{106}{117}$	9	3 $\frac{1}{45}$
55 $\frac{1}{4}$	2	3	0 $\frac{112}{121}$	9	4 $\frac{1}{5}$
55 $\frac{1}{5}$	2	3	1 $\frac{117}{119}$	9	4 $\frac{4}{7}$
55 $\frac{1}{7}$	2	3	3 $\frac{17}{77}$	9	3 $\frac{17}{11}$
55 $\frac{1}{8}$	2	3	4 $\frac{40}{443}$	9	3 $\frac{1}{5}$
55 $\frac{3}{10}$	2	3	4 $\frac{440}{513}$	9	3 $\frac{7}{15}$
55 $\frac{3}{12}$	2	3	5 $\frac{1}{15}$	0	3 $\frac{11}{17}$

Le change étant à	La florin vaut			La livre tournois vaut	
	l.	f.	d.	ftuivers	pennins.
55 $\frac{1}{13}$	2	3	5 $\frac{161}{359}$	9	3 $\frac{11}{19}$
55 $\frac{1}{14}$	2	3	5 $\frac{467}{773}$	9	3 $\frac{5}{11}$
55 $\frac{1}{16}$	2	3	5 $\frac{717}{883}$	9	3 $\frac{1}{6}$
55 $\frac{4}{5}$	2	3	0 $\frac{4}{31}$	9	3 $\frac{4}{5}$
55 $\frac{4}{7}$	2	3	2 $\frac{98}{389}$	9	4 $\frac{4}{11}$
55 $\frac{4}{9}$	2	3	3 $\frac{119}{499}$	9	3 $\frac{15}{17}$
55 $\frac{4}{11}$	2	3	4 $\frac{40}{103}$	9	3 $\frac{7}{11}$
55 $\frac{4}{13}$	2	3	4 $\frac{510}{719}$	9	3 $\frac{12}{13}$
55 $\frac{4}{15}$	2	3	5 $\frac{91}{829}$	9	3 $\frac{17}{45}$
55 $\frac{5}{6}$	2	2	11 $\frac{55}{67}$	9	4 $\frac{8}{9}$
55 $\frac{5}{7}$	2	3	0 $\frac{12}{13}$	9	4 $\frac{4}{5}$
55 $\frac{5}{8}$	2	3	1 $\frac{67}{89}$	9	4 $\frac{8}{5}$
55 $\frac{5}{9}$	2	3	2 $\frac{2}{5}$	9	4 $\frac{4}{17}$
55 $\frac{5}{11}$	2	3	3 $\frac{21}{61}$	9	3 $\frac{19}{31}$
55 $\frac{5}{12}$	2	3	3 $\frac{95}{133}$	9	3 $\frac{7}{9}$
55 $\frac{5}{13}$	2	3	4 0	9	3 $\frac{9}{13}$
55 $\frac{5}{14}$	2	3	4 $\frac{8}{31}$	9	3 $\frac{11}{31}$
55 $\frac{5}{16}$	2	3	4 $\frac{40}{39}$	9	3 $\frac{1}{2}$
55 $\frac{6}{7}$	2	2	11 $\frac{219}{393}$	9	4 $\frac{10}{11}$
55 $\frac{6}{11}$	2	3	2 $\frac{302}{611}$	9	4 $\frac{4}{13}$
55 $\frac{6}{13}$	2	3	3 $\frac{201}{721}$	9	3 $\frac{13}{39}$
55 $\frac{7}{8}$	2	2	11 $\frac{65}{149}$	9	5 0
55 $\frac{7}{9}$	2	3	0 $\frac{84}{151}$	9	4 $\frac{10}{17}$
55 $\frac{7}{10}$	2	3	1 $\frac{51}{357}$	9	4 $\frac{9}{13}$
55 $\frac{7}{11}$	2	3	1 $\frac{11}{17}$	9	4 $\frac{4}{11}$
55 $\frac{7}{12}$	2	3	2 $\frac{94}{667}$	9	4 $\frac{2}{9}$
55 $\frac{7}{13}$	2	3	2 $\frac{201}{361}$	9	4 $\frac{4}{19}$
55 $\frac{7}{15}$	2	3	3 $\frac{1}{11}$	9	3 $\frac{41}{45}$
55 $\frac{7}{16}$	2	3	3 $\frac{447}{887}$	9	3 $\frac{1}{2}$
55 $\frac{8}{9}$	2	2	11 $\frac{115}{108}$	9	5 $\frac{1}{17}$
55 $\frac{8}{17}$	2	3	0 $\frac{492}{613}$	9	4 $\frac{10}{31}$
55 $\frac{8}{13}$	2	3	1 $\frac{203}{341}$	9	4 $\frac{14}{13}$
55 $\frac{8}{15}$	2	3	2 $\frac{506}{815}$	9	4 $\frac{4}{45}$
55 $\frac{9}{10}$	2	2	11 $\frac{115}{559}$	9	5 $\frac{1}{11}$
55 $\frac{9}{11}$	2	2	11 $\frac{295}{307}$	9	4 $\frac{18}{19}$
55 $\frac{9}{13}$	2	3	1 $\frac{13}{181}$	9	4 $\frac{10}{19}$
55 $\frac{9}{14}$	2	3	1 $\frac{417}{775}$	9	4 $\frac{1}{11}$
55 $\frac{9}{17}$	2	3	2 $\frac{191}{889}$	9	4 $\frac{1}{6}$
55 $\frac{10}{11}$	2	2	11 $\frac{5}{41}$	9	5 $\frac{1}{11}$

Le change étant à		Le florin vaut			La livre tournois vaut	
		l.	s.	d.	ſtuivers	pennins
55	$\frac{10}{13}$	2	3	0 $\frac{12}{19}$	9	4 $\frac{28}{13}$
55	$\frac{11}{12}$	2	2	11 $\frac{35}{671}$	9	5 $\frac{1}{9}$
55	$\frac{11}{13}$	2	2	11 $\frac{85}{121}$	9	4 $\frac{12}{13}$
55	$\frac{11}{14}$	2	3	0 $\frac{104}{781}$	9	4 $\frac{16}{27}$
55	$\frac{11}{15}$	2	3	0 $\frac{156}{209}$	9	4 $\frac{28}{45}$
55	$\frac{11}{16}$	2	3	1 $\frac{17}{99}$	9	4 $\frac{1}{2}$
55	$\frac{12}{13}$	2	2	10 $\frac{722}{717}$	9	5 $\frac{5}{59}$
55	$\frac{12}{14}$	2	2	10 $\frac{82}{87}$	9	5 $\frac{1}{7}$
55	$\frac{12}{15}$	2	2	11 $\frac{215}{419}$	9	4 $\frac{44}{45}$
55	$\frac{12}{16}$	2	3	0 $\frac{12}{893}$	9	4 $\frac{5}{6}$
55	$\frac{14}{15}$	2	2	10 $\frac{754}{859}$	9	5 $\frac{7}{45}$
55	$\frac{15}{16}$	2	2	10 $\frac{154}{179}$	9	5 $\frac{1}{2}$
56	$\frac{1}{2}$	2	2	5 $\frac{85}{115}$	9	6 $\frac{2}{3}$
56	$\frac{1}{3}$	2	2	7 $\frac{41}{169}$	9	6 $\frac{2}{5}$
56	$\frac{1}{4}$	2	2	8 0	9	6 0
56	$\frac{1}{5}$	2	2	8 $\frac{128}{181}$	9	5 $\frac{17}{15}$
56	$\frac{1}{6}$	2	2	8 $\frac{156}{737}$	9	5 $\frac{7}{9}$
56	$\frac{1}{7}$	2	2	8 $\frac{128}{111}$	9	5 $\frac{5}{7}$
56	$\frac{1}{8}$	2	2	9 $\frac{63}{444}$	9	5 $\frac{2}{3}$
56	$\frac{1}{9}$	2	2	9 $\frac{27}{101}$	9	5 $\frac{17}{27}$
56	$\frac{1}{10}$	2	2	9 $\frac{69}{187}$	9	5 $\frac{3}{5}$
56	$\frac{1}{11}$	2	2	9 $\frac{279}{617}$	9	5 $\frac{19}{13}$
56	$\frac{1}{12}$	2	2	9 $\frac{111}{673}$	9	5 $\frac{1}{9}$
56	$\frac{1}{13}$	2	2	9 $\frac{141}{443}$	9	5 $\frac{7}{13}$
56	$\frac{1}{14}$	2	2	9 $\frac{99}{117}$	9	5 $\frac{11}{21}$
56	$\frac{1}{15}$	2	2	9 $\frac{167}{841}$	9	5 $\frac{34}{45}$
56	$\frac{1}{16}$	2	2	9 $\frac{113}{199}$	9	5 $\frac{1}{2}$
56		2	2	10 $\frac{2}{7}$	9	5 $\frac{1}{3}$
56	$\frac{1}{3}$	2	2	4 $\frac{4}{17}$	9	7 $\frac{1}{9}$
56	$\frac{1}{5}$	2	2	6 $\frac{10}{47}$	9	6 $\frac{2}{7}$
56	$\frac{1}{7}$	2	2	7 $\frac{111}{137}$	9	6 $\frac{2}{11}$
56	$\frac{2}{3}$	2	2	8 $\frac{64}{113}$	9	5 $\frac{15}{17}$
56	$\frac{2}{11}$	2	2	8 $\frac{64}{103}$	9	5 $\frac{2}{11}$
56	$\frac{2}{13}$	2	2	8 $\frac{64}{73}$	9	5 $\frac{12}{19}$
56	$\frac{2}{5}$	2	2	9 $\frac{2}{421}$	9	5 $\frac{11}{45}$
56	$\frac{8}{4}$	2	2	3 $\frac{11}{11}$	9	7 $\frac{1}{5}$
56	$\frac{9}{5}$	2	2	4 $\frac{116}{111}$	9	6 $\frac{14}{15}$
56	$\frac{9}{7}$	2	2	6 $\frac{10}{79}$	9	6 $\frac{10}{11}$
56	$\frac{4}{8}$	2	2	6 $\frac{190}{411}$	2	6 $\frac{1}{8}$

Le change étant à	Le florin vaut			La livre tournois vaut	
	l.	f.	d.	ftuivers	pennins.
56 1/10	2	2	7 307/568	9	6 1/13
56 1/11	2	2	7 491/619	9	6 3/13
56 1/12	2	2	8 128/711	9	5 17/19
56 1/14	2	2	8 256/789	9	5 12/21
56 1/16	2	2	8 512/899	9	5 5/6
56 4/7	2	2	3 3/71	9	7 7/15
56 4/7	2	2	6 1/11	9	6 6/7
56 4/9	2	2	6 10/117	9	6 14/17
56 4/11	2	2	6 30/32	9	6 10/11
56 4/13	2	2	7 19/61	9	6 2/13
56 4/15	2	2	7 179/211	9	6 2/45
56 5/6	2	2	2 254/141	9	7 5/9
56 5/7	2	2	3 323/397	9	7 5/21
56 5/8	2	2	4 92/151	9	7 0
56 5/9	2	2	5 119/309	9	6 22/27
56 5/11	2	2	6 10/69	9	6 6/11
56 5/12	2	2	6 330/677	9	6 4/9
56 5/13	2	2	6 170/733	9	6 16/15
56 5/14	2	2	7 7/263	9	6 2/7
56 5/16	2	2	7 389/901	9	6 5/6
56 6/7	2	2	2 106/199	9	7 13/21
56 6/11	2	2	5 101/311	9	6 16/13
56 6/13	2	2	6 30/167	9	6 22/19
56 7/8	2	2	2 14/91	9	7 2/3
56 7/9	2	2	3 114/118	9	7 11/17
56 7/10	2	2	3 19/63	9	7 2/3
56 7/11	2	2	4 316/613	9	7 1/13
56 7/12	2	2	4 668/679	9	6 8/9
56 7/15	2	2	5 19/49	9	6 10/13
56 17/11	2	2	6 10/847	9	6 16/45
56 7/16	2	2	6 90/901	9	6 1/2
56 8/9	2	2	2 1/4	9	7 15/17
56 8/11	2	2	3 9/15	9	7 3/11
56 8/13	2	2	4 16/17	9	6 18/19
56 8/15	2	2	5 15/11	9	6 14/41
56 9/10	2	2	2 86/169	9	7 11/15
56 9/11	2	2	2 22/15	9	7 17/18
56 9/13	2	2	4 4/717	9	7 7/19
56 9/14	2	2	4 111/798	9	7 1/11
56 9/16	2	2	5 11/188	9	6 5/6
56 10/11	2	2	2 22/111	9	7 21/10

Le change étant à	Le florin vaut			La livre tournois vaut		
	l.	f.	d.	ftuivers	pennins.	
56 $\frac{10}{13}$	2	2	3 $\frac{29}{41}$	9	7	$\frac{15}{18}$
56 $\frac{11}{12}$	2	2	2 $\frac{2}{683}$	9	7	$\frac{7}{9}$
56 $\frac{11}{13}$	2	2	2 $\frac{466}{739}$	9	7	$\frac{29}{39}$
56 $\frac{11}{14}$	2	2	3 $\frac{9}{33}$	9	7	$\frac{5}{7}$
56 $\frac{11}{15}$	2	2	3 $\frac{543}{851}$	9	7	$\frac{13}{45}$
56 $\frac{11}{16}$	2	2	4 $\frac{44}{907}$	9	7	$\frac{1}{6}$
56 $\frac{12}{13}$	2	2	1 $\frac{35}{37}$	9	7	$\frac{11}{19}$
56 $\frac{11}{14}$	2	2	1 $\frac{715}{727}$	9	7	$\frac{17}{21}$
56 $\frac{13}{15}$	2	2	2 $\frac{382}{853}$	9	7	$\frac{29}{45}$
56 $\frac{13}{16}$	2	2	2 $\frac{94}{101}$	9	7	$\frac{1}{2}$
56 $\frac{14}{15}$	2	2	1 $\frac{365}{417}$	9	7	$\frac{37}{45}$
56 $\frac{15}{16}$	2	2	1 $\frac{743}{912}$	9	7	$\frac{5}{6}$
57 $\frac{1}{2}$	2	1	8 $\frac{10}{23}$	9	9	$\frac{1}{3}$
57 $\frac{1}{3}$	2	1	10 $\frac{14}{49}$	9	8	$\frac{8}{9}$
57 $\frac{1}{4}$	2	1	11 $\frac{15}{110}$	9	8	$\frac{2}{3}$
57 $\frac{1}{5}$	2	1	11 $\frac{71}{143}$	9	8	$\frac{8}{15}$
57 $\frac{1}{6}$	2	1	11 $\frac{171}{149}$	9	8	$\frac{4}{21}$
57 $\frac{2}{7}$	2	2	0 0	9	8	$\frac{8}{21}$
57 $\frac{1}{8}$	2	2	0 $\frac{72}{457}$	9	8	$\frac{1}{3}$
57 $\frac{1}{9}$	2	2	0 $\frac{72}{257}$	9	8	$\frac{8}{27}$
57 $\frac{1}{10}$	2	2	0 $\frac{216}{573}$	9	8	$\frac{4}{15}$
57 $\frac{1}{11}$	2	2	0 $\frac{72}{157}$	9	8	$\frac{8}{33}$
57 $\frac{1}{12}$	2	2	0 $\frac{72}{137}$	9	8	$\frac{2}{9}$
57 $\frac{1}{13}$	2	2	0 $\frac{504}{371}$	9	8	$\frac{4}{19}$
57 $\frac{1}{14}$	2	2	0 $\frac{504}{777}$	9	8	$\frac{4}{21}$
57 $\frac{1}{15}$	2	2	0 $\frac{72}{307}$	9	8	$\frac{8}{45}$
57 $\frac{1}{16}$	2	2	0 $\frac{648}{913}$	9	8	$\frac{1}{6}$
57	2	2	1 $\frac{5}{19}$	9	8	0
57 $\frac{2}{3}$	2	1	7 $\frac{71}{175}$	9	9	$\frac{7}{9}$
57 $\frac{2}{5}$	2	1	9 $\frac{213}{287}$	9	9	$\frac{1}{15}$
57 $\frac{2}{7}$	2	1	10 $\frac{598}{403}$	9	8	$\frac{16}{21}$
57 $\frac{2}{9}$	2	1	11 $\frac{51}{101}$	9	8	$\frac{16}{27}$
57 $\frac{2}{11}$	2	1	11 $\frac{413}{613}$	9	8	$\frac{16}{13}$
57 $\frac{2}{13}$	2	1	11 $\frac{67}{743}$	9	8	$\frac{16}{39}$
57 $\frac{2}{15}$	2	2	0 $\frac{72}{817}$	9	8	$\frac{16}{45}$
57 $\frac{3}{4}$	2	1	6 $\frac{54}{77}$	9	10	0
57 $\frac{3}{5}$	57	2	1	8 0	9	9	$\frac{4}{5}$
57 $\frac{3}{7}$	2	1	9 $\frac{13}{17}$	9	9	$\frac{3}{7}$
57 $\frac{3}{8}$	2	1	9 $\frac{47}{11}$	9	9	0

Le change étant à	Le florin vaut				La livre tournois vaut	
	l.	f.	d.		ftuivers	pennins.
57 $\frac{9}{10}$	2	1	10	$\frac{118}{191}$	9	8 $\frac{4}{5}$
57 $\frac{9}{11}$	2	1	10	$\frac{5}{7}$	9	8 $\frac{5}{11}$
57 $\frac{9}{13}$	2	1	11	$\frac{7}{32}$	9	8 $\frac{8}{15}$
57 $\frac{9}{14}$	2	1	11	$\frac{31}{89}$	9	8 $\frac{4}{7}$
57 $\frac{9}{16}$	2	1	11	$\frac{17}{61}$	9	8 $\frac{1}{2}$
57 $\frac{4}{5}$	2	1	6	$\frac{78}{189}$	9	10 $\frac{2}{11}$
57 $\frac{4}{7}$	2	1	8	$\frac{100}{401}$	9	9 $\frac{11}{21}$
57 $\frac{4}{9}$	2	1	9	$\frac{181}{117}$	9	9 $\frac{151}{17}$
57 $\frac{4}{11}$	2	1	10	$\frac{18}{631}$	9	8 $\frac{13}{17}$
57 $\frac{4}{13}$	2	1	10	$\frac{82}{149}$	9	8 $\frac{12}{19}$
57 $\frac{4}{15}$	2	1	10	$\frac{781}{819}$	9	8 $\frac{12}{45}$
57 $\frac{5}{6}$	2	1	5	$\frac{141}{147}$	9	10 $\frac{2}{9}$
57 $\frac{5}{7}$	2	1	7	$\frac{1}{101}$	9	9 $\frac{19}{21}$
57 $\frac{5}{8}$	2	1	7	$\frac{161}{461}$	9	9 $\frac{2}{5}$
57 $\frac{5}{9}$	2	1	8	$\frac{100}{259}$	9	9 $\frac{13}{27}$
57 $\frac{5}{13}$	2	1	9	$\frac{11}{79}$	9	9 $\frac{7}{13}$
57 $\frac{5}{14}$	2	1	9	$\frac{411}{633}$	9	9 $\frac{5}{9}$
57 $\frac{5}{15}$	2	1	9	$\frac{327}{371}$	9	9 $\frac{2}{15}$
57 $\frac{5}{14}$	2	1	10	$\frac{94}{803}$	9	8 $\frac{20}{21}$
57 $\frac{5}{16}$	2	1	10	$\frac{466}{917}$	9	8 $\frac{5}{6}$
57 $\frac{6}{7}$	2	1	5	$\frac{7}{9}$	9	10 $\frac{2}{7}$
57 $\frac{6}{13}$	2	1	8	$\frac{100}{211}$	9	9 $\frac{5}{11}$
57 $\frac{6}{15}$	2	1	9	$\frac{17}{83}$	9	9 $\frac{11}{13}$
57 $\frac{7}{8}$	2	1	5	$\frac{189}{401}$	9	10 $\frac{1}{3}$
57 $\frac{7}{9}$	2	1	6	$\frac{6}{13}$	9	10 $\frac{2}{17}$
57 $\frac{7}{10}$	2	1	7	$\frac{77}{177}$	9	9 $\frac{11}{15}$
57 $\frac{7}{11}$	2	1	7	$\frac{117}{317}$	9	9 $\frac{21}{33}$
57 $\frac{7}{12}$	2	1	8	$\frac{100}{691}$	9	9 $\frac{5}{7}$
57 $\frac{7}{13}$	2	1	8	$\frac{100}{187}$	9	9 $\frac{17}{19}$
57 $\frac{7}{15}$	2	1	9	$\frac{69}{451}$	9	9 $\frac{11}{45}$
57 $\frac{7}{16}$	2	1	9	$\frac{181}{919}$	9	9 $\frac{1}{6}$
57 $\frac{8}{9}$	2	1	5	$\frac{161}{311}$	9	10 $\frac{10}{17}$
57 $\frac{8}{11}$	2	1	6	$\frac{114}{127}$	9	9 $\frac{21}{33}$
57 $\frac{8}{19}$	2	1	7	$\frac{642}{749}$	9	9 $\frac{25}{39}$
57 $\frac{8}{15}$	2	1	8	$\frac{100}{867}$	9	9 $\frac{19}{41}$
57 $\frac{9}{10}$	2	1	5	$\frac{?}{194}$	9	10 $\frac{4}{5}$
57 $\frac{9}{13}$	2	1	6	$\frac{6}{13}$	9	10 $\frac{21}{11}$
57 $\frac{9}{13}$	2	1	7	$\frac{1}{?}$	9	9 $\frac{11}{13}$
57 $\frac{9}{14}$	2	1	7	$\frac{164}{165}$	9	9 $\frac{4}{7}$

CHA

Le change étant à	Le florin vaut			La livre tournois vaut
				Stuivers pennins.
	l.	f.	d.	
57 $\frac{9}{16}$	2	1	8 $\frac{100}{107}$	9 9 $\frac{1}{2}$
57 $\frac{10}{11}$	2	1	5 $\frac{211}{437}$	9 10 $\frac{14}{15}$
57 $\frac{10}{13}$	2	1	6 $\frac{402}{751}$	9 10 $\frac{2}{19}$
57 $\frac{11}{12}$	2	1	5 $\frac{17}{113}$	9 10 $\frac{4}{9}$
57 $\frac{11}{13}$	2	1	5 $\frac{41}{47}$	9 10 $\frac{10}{19}$
57 $\frac{11}{14}$	2	1	6 $\frac{118}{809}$	9 10 $\frac{1}{11}$
57 $\frac{11}{15}$	2	1	6 $\frac{166}{433}$	9 9 $\frac{41}{45}$
57 $\frac{11}{16}$	2	1	7 $\frac{213}{923}$	9 9 $\frac{5}{6}$
57 $\frac{12}{13}$	2	1	5 $\frac{11}{131}$	9 10 $\frac{6}{13}$
57 $\frac{11}{14}$	2	1	5 $\frac{133}{811}$	9 10 $\frac{10}{11}$
57 $\frac{11}{15}$	2	1	5 $\frac{151}{117}$	9 10 $\frac{14}{45}$
57 $\frac{11}{16}$	2	1	6 $\frac{6}{17}$	9 10 $\frac{1}{6}$
57 $\frac{14}{15}$	2	1	5 $\frac{107}{869}$	9 10 $\frac{13}{45}$
57 $\frac{11}{16}$	2	1	5 $\frac{9}{103}$	9 10 $\frac{1}{2}$
58	2	1	4 $\frac{16}{29}$	9 10 $\frac{2}{3}$

Par cette Table qui est le cours de change d'Hollande depuis 54 jusqu'à 58 deniers de gros d'Hollande pour l'écu de trois livres avec toutes les fractions, jusqu'aux seiziemes comme ils se trouvent dans le commerce de Banque on voit ce que vaut un florin d'Hollande argent de France, & sur la même ligne on voit ce que vaut une livre de France, argent d'Hollande : ainsi on pourra voir par une simple multiplication ce que vaudront argent de France, quelque nombre que ce soit de florins d'Hollande ; de même ce que vaudront argent d'Hollande quelque somme de France que ce soit. Exemple, si l'on veut savoir ce que vaudront argent de France 178 florins d'Hollande argent courant, le change étant à 55 $\frac{5}{8}$ deniers de gros pour l'écu de trois livres ; il faut chercher en la Table ci-dessus 55 $\frac{5}{8}$ où l'on voit qu'un florin vaut 2 liv. 3 f. 1 d. $\frac{67}{89}$ de France, ainsi il faut multiplier les 178 florins par la somme de 2 liv. 3 f. 1 d. $\frac{67}{89}$ & on trouvera 384 liv. tournois que vaudront les 178 florins, le change étant au prix ci-dessus : & pour preuve, il faut voir sur la même ligne de 55 $\frac{5}{8}$ deniers, ce que vaut une livre de France argent d'Hollande, on trouvera 9 stuivers, 4 pennins $\frac{1}{3}$ de pennin : il faut multiplier les 384 liv. que l'on a trouvées par 9 stuivers 4 pennins $\frac{1}{3}$, & l'on aura pour réponse les 178 florins proposés. Il faut faire attention en faisant cette derniere multiplication, que 4 pennins font le quart d'un stuiver, parcequ'il faut 16 pennins pour un stuiver, & que le $\frac{1}{3}$ que l'on a au multiplicateur n'est que le tiers d'un pennin. Il en sera de même à l'égard de toutes fommes de France que l'on voudra changer en monnoie de Hollande, de même que de toutes fommes d'Hollande que l'on voudra changer en argent de France, ayant attention de chercher dans la Table le prix du change en deniers de gros.

CHANGEURS, Officiers établis par le Roi ou autorifés par la Cour des Monnoies, pour recevoir dans les différentes Villes du Royaume les monnoies anciennes, défectueufes, étrangeres, hors de cours; en donner à ceux qui les leur portent une valeur prefcrite en efpeces courantes; envoyer aux Hôtels des Monnoies les efpeces décriées, vaiffelles & matieres d'or & d'argent qu'ils ont reçues; s'informer s'il n'y a point de Particuliers qui en retiennent, les faire faifir fur ces Particuliers, veiller dans les endroits où ils font établis à l'état des monnoies circulantes, & envoyer aux Officiers des Monnoies, chacun dans leur reffort, les obfervations qu'ils ont occafion de faire fur ces objets: d'où l'on voit que l'état de Changeurs, pour être bien rempli, demande de la probité, de la vigilance, & quelque connoiffance des monnoies.

Il y a deux fortes de Changeurs, les uns font en titre d'office & exercent en vertus des Provifions qu'ils obtiennent du Roi, regiftrées en la Cour des Monnoies; les autres font Commis par cette Cour pour exercer les fonctions de Changeurs dans les Villes où elle les juge néceffaires.

Les Changeurs ont de tout tems été foumis à la Jurifdiction des Confeillers généraux des Monnoies, qui feuls ont eu le pouvoir de donner lettres & permiffion de faire le change à ceux qu'ils trouvoient fuffifans & capables pour l'exercer, connoiffans par prévention à tous autres Juges, foit de leurs Apprentiffages, Maîtrifes, Receptions, Baillies, Confrairies, débats, & conteftations qu'ils pouvoient avoir envers les Maîtres Orfévres de la Ville de Paris & autres; foit des fautes, malverfations & contraventions aux Ordonnances fur le fait des Monnoies.

Cette autorité des Généraux des Monnoies fur les Changeurs étoit anciennement fi bien établie, que qui que ce foit n'eut ofé s'entremettre de faire fait de change fans leur permiffion; cela eft prouvé par les vingt-quatre & vingt-cinquieme articles de cette vieille Ordonnance en Réglement, que l'on trouve dans les Chartres du Tréfor à Paris, où il eft dit: » Défendons expreffément à tous Changeurs, Merciers & Marchands de tenir » & garder dans leur Hôtel ou ailleurs aucune monnoie des Barons, ou » étrangeres, décriées ou défendues, faites ou contrefaites, fans être coupées, ni de tenir & garder billon d'or & d'argent plus de quinze jours, » auffitôt qu'ils auront dix marcs d'or, ou dix marcs d'argent, de les porter

(marginal note:) Il n'eft queftion ici que de la Cour des Monnoies féante à Paris: la Cour des Monnoies féante à Lyon a les mêmes droits & les mêmes priviIeges.

» en la plus prochaine Monnoie, ou les vendre à autres pour les y porter, &
» que nul, quel qu'il fût, ne fît fait de change s'il n'avoit congé & licence
· » des Généraux Maîtres des Monnoies, & qu'il ne fût applégié ès lieux &
» places accoutumées «.

En 1439 Charles VII, par Ordonnance donnée au Puy le 14 Mai, portant Réglement pour les Changeurs les soumet à la Jurisdiction des Généraux-Maîtres des Monnoies & des Gardes des Monnoies, c'est-à-dire,
des Gardes en premiere instance, & des Généraux-Maîtres des Monnoies
en dernier ressort.

Le troisieme article de l'Ordonnance donnée à Saumur le 19 Novembre
1443, porte; que nul ne se doit entremettre de faire fait de change sans
lettres vérifiées par les Généraux-Maîtres des Monnoies, pardevant lesquels
ou leurs Commissaires, les Changeurs étoient obligés de livrer aux Monnoies du Roi une certaine quantité d'or & d'argent par chacun an.

En la même année 1443, l'Evêque de Paris ayant fait citer pardevant lui
les Changeurs de cette Ville, parcequ'ils avoient mis avant, c'est-à-dire
étalé & changé, à jour de fêtes; le Roi Charles VII par Lettres patentes
données à Paris, le neuf Mars de la même année, fit défenses à l'Evêque & à
tous autres de prendre aucune cour, jurisdiction, ni connoissance sur les
Changeurs, & l'attribue à la Chambre des Monnoies seulement.

Registre de
la Cour fol.
55.

Cette Jurisdiction des Officiers des Monnoies sur les Changeurs se prouve
encore par une quantité de lettres & commissions qui se trouvent dans les
Registres de la Cour, & notamment par le Mandement que le Roi Charles V envoya au Gouverneur de la Rochelle & au Bailli de Xaintonge &
Angoumois, pour faire publier les Ordonnances des Monnoies; par Lettres
patentes du 10 Août 1374, par lesquelles ce Prince leur manda de faire
défenses à toute personne de faire fait de change sans avoir Lettres
du Roi vérifiées par les Généraux des Monnoies, qu'ils seroient obligés de
prendre, & sans avoir été par eux certifiés suffisans & capables; ce Prince
étendit les mêmes défenses & les mêmes conditions à ceux des Changeurs
qui demeuroient dans les Villes nouvellement conquises, de façon qu'il ne
suffisoit pas à ceux qui vouloient exercer ces Offices d'avoir Lettres du
Roi, il falloit encore que ces Lettres fussent vérifiées par les Généraux-
Maîtres des Monnoies, qu'ils fussent examinés sur le fait de leur métier par
ces Officiers, & qu'ils donnassent les cautions portées par leurs Lettres.

Reg. velu,
fol. 39.

Pareilles défenses leur furent renouvellées par autres Lettres des 11 Mars
1384 & 3 Mai 1385, &c.

Le pouvoir d'établir des Changeurs dans les Provinces & Villes du Royaume, a souvent été donné aux Commissaires députés de la Chambre des

Monnoies ; les Commiffions données les 10 Août & 17 Septembre 1374 à deux Généraux des Monnoies en font la preuve. Ces Commiffions leur donnent un plein pouvoir d'établir des Changeurs, d'en donner leurs Lettres avec l'autorité de deftituer ceux qu'ils trouveroient *n'être pas profitables au Roi & à la chofe publique de fon Royaume ;* promettant Sa Majefté de confirmer les Lettres qui feroient *baillées* par les Commiffaires des Monnoies, toutes les fois qu'il en feroit néceffaire.

Charles VI donna pareille Commiffion aux Généraux Maîtres des Monnoies, ou à celui d'entr'eux qu'ils députeroient dans les Provinces, & nommément dans le Duché de Normandie, par Lettres expreffes données à Paris le vingt-cinq Novembre 1384, par lefquelles le Roi leur donne plein pouvoir de défendre tout fait de change à tous ceux qui fe feroient entremis de changer fans avoir leurs Lettres, leur donnant en outre tout pouvoir de faire leur procès, & de les punir fuivant que le cas le requerroit.

Charles VII par Lettres patentes données à Naples le 10 Mai 1445, envoya Commiffion aux Généraux des Monnoies pour députer d'entr'eux à la fin de fe tranfporter dans tout le Royaume pour informer contre tous Changeurs qui auroient fait fait de change fans Lettres du Roi vérifiées par la Chambre des Monnoies.

Louis XII manda pareillement aux Généraux des Monnoies par Lettres données à Blois le 23 Janvier 1505, de députer quelqu'un d'entr'eux en Guyenne, pour faire le procès aux Changeurs & Officiers des Monnoies qui auroient malverfé dans leurs Charges.

Mêmes Lettres en datte du 17 Août 1504 leur furent envoyées, tant pour les Changeurs de Paris qu'autres du Royaume.

François I par Lettres patentes données à Lyon le premier Juin 1522, leur envoya pareille Commiffion.

En 1421 Charles VI, par Lettres patentes du 14 Novembre, commit les Généraux-Maîtres des Monnoies pour recevoir Changeurs en la Ville & Cité de Paris, tous ceux qui, en conféquence d'une bonne & valable information, fe trouveroient avoir été apprentifs fur le Pont au Change, l'efpace de trois ans, ainfi qu'il fe pratiquoit anciennement, & qui feroient par eux trouvés habiles & fuffifans pour faire & exercer le fait de Change ; les Généraux devoient prendre le ferment de ces Apprentifs, recevoir les cautions & leur faire payer les redevances accoutumées : le Roi promet par les mêmes Lettres d'agréer & de confirmer tout ce que les Généraux feroient en exécution de ces Lettres & Mandemens, en conféquence defquelles le 12 Septembre 1422 les Changeurs firent leur élection, & ceux qui y furent élus Maîtres, prêterent ferment en la Chambre des Monnoies.

Reg. velu, fol. 39.

Reg. F fol. 165 & 169.

Reg. H fol. 198.

X ij

Lorfqu'il y avoit quelque augmentation ou diminution du prix du marc d'or & d'argent, ou quelque pied nouveau de monnoie, les Changeurs de Paris étoient mandés ordinairement en la Chambre des Monnoies. Ils le furent ainfi le 16 Octobre 1411. En ce jour les Généraux des Monnoies leur firent part de l'Ordonnance pour la monnoie trente-deuxieme, & du prix qu'ils devoient avoir du marc d'argent qu'ils apporteroient en la Monnoie de Paris : cela fe pratiquoit par les Généraux des Monnoies, à chaque mutation, augmentation ou diminution du marc d'or & d'argent qui fe faifoit dans les Monnoies; la même chofe étoit en ufage dans les Provinces & Villes où réfidoient des Changeurs, pardevant les Commiffaires députés de la Chambre des Monnoies, par les Gardes des Monnoies, ou autres Officiers fubdelegués par les Généraux pour y procéder en leur abfence.

Cette dépendance de tous les Changeurs du Royaume des Généraux-Maîtres des Monnoies, fe juftifie encore par les défenfes que les Ducs de Bethfort & de Glocefter Régens du Royaume de France pour Henry d'Angleterre, ufurpateur de partie de ce Royaume, leur firent faire par Lettres patentes données à Paris le 22 Juin 1423; ces Lettres défendent de faire fait de change en la Ville de Paris & ailleurs, fans avoir Lettres du Souverain & des Généraux-Maîtres des Monnoies, fur peine de perdre tout l'or, l'argent & billon qu'ils auroient achetés & qui feroient trouvés en leur poffeffion, & d'amende arbitraire à la volonté de ces Généraux.

Pareille défenfe par autres Lettres patentes du 23 Mars 1425, comme auffi par l'Ordonnance donnée à Blois par Louis XII du 12 Novembre 1506, & par autre Ordonnance du 2 Juillet 1547.

En 1439 deux Généraux-Maîtres des Monnoies qui étoient députés en la Ville de Touloufe, y firent un Réglement pour le fait de change, en conféquence de l'Ordonnance rendue par Charles VII le 4 Mai de la même année, ils manderent les Changeurs de cette Ville dans le Bureau de la Monnoie le 20 Novembre, & le Réglement leur fut prononcé par ces Confeillers généraux.

Après l'érection de la Chambre des Monnoies en Cour Souveraine, la Jurifdiction privative des Généraux-Maîtres des Monnoies fur les Changeurs lui fut confirmée par l'Edit de Souveraineté donné à Fontainebleau au mois de Janvier 1551, art. V. » La Cour des Monnoies connoîtra fans » appel & en dernier reffort, privativement à tous Juges, foit des Cours » Souveraines, Chambres des Comptes & autres Juges du Royaume, des » fautes & malverfations commifes, & qui fe commettront par les Changeurs & autres Jufticiables y dénommés «.

Cette même Jurifdiction privative lui fut confirmée par Lettres patentes données à Fontainebleau le 3 Mars 1554. Par Edit du mois de Mars suivant, par Arrêt du Conseil en forme de Déclaration en datte du 5 Septembre 1555 ; par autre Edit confirmatif de la Souveraineté donné à Paris au mois de Septembre 1570 ; par Edit de Louis XIII donné à Château-Thierry au mois de Juin 1635 ; par autre Edit portant confirmation de tous les précédens, & attribution des pouvoirs & Jurisdiction accordés par Sa Majesté aux Officiers de la Cour des Monnoies, donné à Saint Germain en Décembre 1638.

Les Changeurs ont été créés en titre d'Office par l'article premier de l'Edit du mois d'Août 1555, qui porte :

» Par l'avis de notre Conseil, avons les états de Changeurs créés &
» érigés, créons & érigeons par ces Présentes en titre d'Office formé pour
» y être par Nous pourvu ci-après de personnes capables & qualifiées, en
» telles Villes de notre Royaume, Pays, Terres & Seigneuries, & en tel
» nombre limité par chacune Ville (excepté Lyon), que par Nous sera
» ordonné, après avoir sur ce préalablement eu l'avis de notre Cour des
» Monnoies, en laquelle voulons toutes les Provisions desdits Offices que
» nous en ferons expédier ci-après être vérifiés & enregistrés, & les Im-
» pétrans d'icelles être reçus esdits Offices s'ils en sont trouvés dignes &
» capables, en faisant par eux le serment pour ce dû & accoutumé parde-
» vant ladite Cour des Monnoies «.

Cet Edit n'ayant point eu d'exécution, le Roi Charles IX par Edit en forme de Déclaration donné à Mouceaux le 10 Juillet 1571, ordonna que l'Edit rapporté ci-dessus du mois d'Août 1555, pour la création des Changeurs en titre d'Office seroit incessamment exécuté ; en conséquence duquel le Roi par Lettres patentes données à Blois le 10 Septembre 1571, & registrées en la Cour le 16 Octobre suivant, ordonna sur la réduction des Changeurs.

Henry III par autre Edit donné à Paris au mois de Mai 1580, confirma les précédens Edits, & ordonna que le nombre des Changeurs seroit fixé & limité en chacune Ville de son Royaume ; » savoir est, en notre bonne
» Ville de Paris jusques au nombre de vingt-quatre, qui seront chargés de
» fait fort chacun d'iceux pour quatre marcs d'or & quarante marcs d'ar-
» gent par chacun an.

» En nos Villes de Rouen, Toulouze, Lyon, pour chacune Ville douze
» Changeurs, chargé aussi chacun d'iceux pour le fait fort, de quatre marcs
» d'or & de trente marcs d'argent.

» En nos Villes de Troyes, Dijon, Reims, Amiens, Caen, Orléans,
» Tours, Angers, Rennes, Nantes, la Rochelle, Bordeaux, Limoges,

Henri II Ed. de 1555 art. 1.

Nous ne rapportons dans cet article que les Ordonn. portant Réglement.

Reg. de la Cour marqué M. fol. 56. conf. fol. 218.

Ordonnance de Fontanon, fol. 554 & 555.

Edit de 1580, art. 1.

Garrault. Constant. p. 535 & 76.

» Montpellier, Marſeille, Aix, Grenoble, & le Puy en Vellay, ſera mis
» en chacune d'icelles, le nombre de ſix Changeurs, chargés chacun d'iceux
» pour le fait fort de trois marcs d'or & de vingt marcs d'argent, & ès au-
» tres bonnes Villes où il y a Siéges de nos Baillifs, Sénéchaux ou Siéges
» Préſidiaux, Siége d'Archevêque ou Evêque, ſera mis en chacune d'icelles
» quatre Changeurs, chargés chacun d'iceux pour le fait fort de deux marcs
» d'or & vingt marcs d'argent, & en chacune des autres Villes cloſes &
» gros Bourgs eſquels il y a marchés fameux & ordinaires, ſera mis deux
» Changeurs, au fait fort pour chacun de deux marcs d'or & dix marcs
» d'argent.

Art. 2.

» Tous leſquels Changeurs juſqu'au nombre ſuſdit en chacune Ville do-
» reſnavant ſeront admiſſibles & héréditaires, & leurs enfans en deſcen-
» dans en droite ligne, pour être tenus & exercés par celui deſdits enfans que
» le pere aura nommé, & où quelques-uns deſdits Changeurs décéderont
» ſans enfans légitimes, que leurs veuves en jouiront pendant leur viduité,
» aux charges du fait fort ſelon les taxes ci-deſſus ſpécifiées ; duquel fait fort
» dont chacun deſdits Changeurs ſera chargé, au cas qu'ils ne pourront li-
» vrer par chacun an en nos Monnoies, le nombre total des marcs d'or &
» d'argent ſpécifié, l'or portant l'argent, & l'argent portant l'or, ils ſeront
» quittes & déchargés de ce qu'ils faudront à livrer en payant notre droit
» de Seigneuriage ſeulement, tel que le prendrons ſur la fabrication des
» eſpeces d'or & d'argent que Nous faiſons de préſent forger en nos Mon-
» noies.

**Henri III,
1580. art. 3.**

Art. 5.

» A la charge que les Impétrans deſdits Offices, après leur ſerment ainſi re-
» çu, & auparavant que s'entremettre à l'exercice d'iceux Offices, ſeront tenus
» de préſenter & faire enregiſtrer leurs Lettres de Proviſion en la plus pro-
» chaine Monnoie de leurs demeures reſpectivement.

Cet Edit fut vérifié après quatre Juſſions par la Cour des Monnoies le
28 Octobre 1581.

**Reg. de la
Cour marqué
V, fol. 106,
107. 108.**

En exécution duquel le Roi par Déclaration donné à Paris le 17 Octobre 1581, ordonna que les Changeurs, qui porteroient argent ſuivant le
précédent Edit, ne pourroient prendre plus grand profit que conformément
aux Ordonnances rendues ſur la conſtitution des rentes faites à prix d'argent en chaque Province du Royaume, &c. Cette Déclaration fût vérifiée
par la Cour des Monnoies par Arrêt du 25 Octobre 1581, à la charge que
les Changeurs ſeroient tenus de préſenter leurs Lettres de Proviſion à la
Cour des Monnoies pour être reçus s'ils y étoient préſens, ſinon renvoyés
pardevant les Gardes de la plus prochaine Monnoie, pour être par eux reçus en la maniere accoutumée, au fait fort qui leur ſeroit ordonné.

Les Changeurs créés en conféquence de cet Edit du mois de Mai 1580, ont été par Lettres patentes du Roi, portant ampliation donnée à Paris le 29·Décembre 1581, » déclarés affranchis & exempts de toutes Commif- » fions Royales & des Communautés ordinaires & extraordinaires de la » Collecte des tailles, emprunts & autres deniers extraordinaires, de Mar- » guilleries & Tréforeries de leur Paroiffe, Confrairies, dépôt & garde de » biens de Juftice, tant meubles qu'immeubles, fi ce n'eft du gré & con- » fentement defdits Changeurs, de tous guets & gardes des Portes, de lo- » gement en leurs maifons, tant à la Ville qu'à la campagne, de tous gens » de guerre foit de pied ou de cheval, paffans ou féjournans, de toutes » corvées & fournitures de chevaux & harnois que l'on prend pour tirer » les chariots, artilleries & munitions de guerre, de contribuer aux cotti- » fations qui pourroient être faites ci-après ès Villes, Bourgs, Bourgades » & lieux de leur demeure, pour la nourriture defdits gens de guerre, paf- » fans ou féjournans : enjoignant Sa Majefté très expreffément à tous fes » Lieutenans Généraux de fes Provinces, Capitaines, Prévôts des Maré- » chaux de Logis, Fouriers & autres membres conduifans les Compagnies » de gens de guerre ; & pareillement à tous fes Baillifs, Sénéchaux, Pré- » vôts, Elus & autres fes Officiers, d'obferver & faire garder & entretenir » la fufdite Ordonnance, à peine d'en répondre en leur propre & privé » nom «.

Ces Lettres furent lues, publiées & regiftrées ès Regiftres de la Cour des Monnoies, pour en jouir par les Changeurs en ce qui concerne la jurifdic- tion de la Cour, & pour le fait fort & droit du Roi, par Arrêt du 25 Fé- vrier 1582.

Ces privileges leur ont été confirmés par autres Lettres patentes du 26 Février 1583.

Henri IV par Edit du mois de Décembre 1601, fupprima les Changeurs établis ès Villes où il y avoit Monnoie, fans qu'à l'avenir il y put être pourvu en aucune maniere, révoquant, caffant & annullant toutes les Provifions qui en avoient été expédiées : par le même Edit, le Roi unit & incorpore à toujours le change aux Fermes & Maîtrifes particulieres de fes Monnoies, » pour être inféparablement exercé par les Maîtres & Fermiers des Mon- » noies, à la charge de faire par eux fonds fuffifans de monnoies d'or, » d'argent & de billon aux coins & armes de Sa Majefté, pour fubvenir au » Peuple, établir Bureau pour le change en lieu le plus apparent & com- » mode des Villes dénommées, outre celui qui y étoit de tout tems ordon- » né dans chacun Hôtel des Monnoies, moyennant que les Fermiers rem- » bourferoient comptant les Changeurs de la finance par eux payée ac-

,, tuellement & fans fraude ni déguifement , pour la compofition de ces Offi-
,, ces , & d'en faire l'avance en entrant efdites Fermes qui feroient à l'avenir
,, publiées à ces conditions. Cet Edit fut vérifié en la Cour des Monnoies le 5
Janvier 1602 , mais le Roi ayant , quelque tems après , eftimé que le chomage de fes Monnoies provenoit de la fuppreffion des Changeurs ordonnée
par l'Edit du mois de Décembre 1601, le révoqua par autre Edit du mois
d'Avril 1607 , & remit & rétablit les Offices de Changeurs héréditaires
aux mêmes honneurs , prérogatives , libertés , franchifes , exemptions ,
fruits , profits , revenus & émolumens qui leur étoient attribués par l'Edit
du mois de Mai 1580 & Déclaration du mois de Décembre 1581 , vérifiée
en la Cour des Monnoies en Février 1582 ; ordonna que les Changeurs
prendroient de nouvelles Provifions , & que leur nombre porté par l'Edit
de création , feroit réduit & reftraint à la moitié pour chaque Ville : favoir,

Conftant p.
378.

à Paris au nombre de douze; fix pour Touloufe , Lyon , Rouen , & autres
Villes du Royaume de deux à quatre , felon la grandeur & commerce d'i-
celles , avec le fait fort porté par le précédent Edit de création ; lequel ils
feroient tenus de livrer en efpeces , l'or portant l'argent & l'argent l'or ,
fans qu'il leur fût permis de payer ce droit en argent monnoyé , à la charge
de tenir bon & fidel regiftre journal de tout ce qu'ils changeroient , de ci-
failler les efpeces décriées fur l'heure fous les peines y contenues ; défendant
aux Maîtres des Monnoies de faire fait de change ailleurs que dans leur
Comptoir établis dans les Hôtels des Monnoies , & à toutes autres perfonnes de faire fait de change , fur peine de 200 écus d'amende pour la premiere
fois , & de punition corporelle pour la feconde , & de vendre ailleurs qu'aux
Fermiers des Monnoies les matieres d'or & d'argent , à peine de la vie ; &
autres portées par cet Edit , lequel fut vérifié en la Cour des Monnoies par
Arrêt du 22 Juin 1607 , à la charge que les Changeurs feroient tenus de
livrer aux Fermiers des Monnoies ; favoir ceux de Paris , vingt-cinq marcs
d'or , & deux cens marcs d'argent chacun pour leur fait fort , ceux de Rouen,
Lyon & Touloufe , vingt-cinq marcs d'or & cent cinquante marcs d'argent , & ceux des autres Villes , chacun vingt marcs d'or & cent marcs d'argent ; & à faute de livrer par les Changeurs , le nombre prefcrit de marc
d'or & d'argent en nature , ils feroient tenus d'en payer le droit Seigneurial
d'iceux qui fera partie du prix des fermes des Monnoies , & par Arrêt de
la Cour du dix-fept Juillet fuivant , rendu en vertu des Lettres de juffion
du 4 du même mois : la Cour des Monnoies modera le fait fort des Changeurs , favoir , ceux de Paris à dix marcs d'or & cent marcs d'argent ; ceux
Rouen , Lyon , & Touloufe à dix marcs d'or & foixante & quinze marcs
d'argent , & ceux des autres Villes chacun à huit marcs d'or & cinquante

marcs

marcs d'argent : le tout pour leur fait fort par chacun an , ordonnant qu'à faute de les livrer , ils en payeroient, comme dit eſt, le Seigneuriage qui feroit partie du prix des fermes des Monnoies. Le rétabliſſement de ces Changeurs héréditaires a été confirmé par Arrêt du Conſeil du 23 Juin 1617. Nous avons dit ci-deſſus que le pouvoir d'établir & de commettre des Changeurs dans les Provinces & Villes du Royaume avoit ſouvent été donné aux Généraux des Monnoies : nous en avons tiré la preuve des Com-miſſions données à cet effet, à deux de ces Généraux en datte des 10 Août & 17 Septembre 1374. Le même pouvoir leur a été confirmé par l'article 19 de l'Ordonnance de François Premier donnée à Blois l'an 1540 , & de-puis aux Officiers de la Cour des Monnoies par l'article premier de l'Edit d'Henri II en 1555 , & par Ordonnance d'Henri III en 1590 , art. V.

Les Changeurs par Commiſſion ſont des Particuliers que la Cour des Monnoies , en vertu des Ordonnances citées ci-deſſus, commet ſous le bon plaiſir du Roi pour faire le change dans les Villes & gros Bourgs où elle les juge néceſſaires. Ces Changeurs jouiſſent durant leur exercice des mêmes pri-vileges que les Changeurs en titres ; ils ſont obligés de faire parapher leur Regiſtre , par le Général Provincial de leur département , ou en ſon abſence par les Juges-Gardes , de faire vérifier leurs poids & balances pardevant les Juges-Gardes de la Monnoie de leur reſſort , le tout ſans frais ; d'obſer-ver les Ordonnances , & d'avoir un tarif du prix des vaiſſelles , matieres & eſpeces , affiché dans leur Bureau.

Arrêt de la Cour des Monnoies du 10 Juin 1709.

Par Edit du mois de Juin 1696 , le Roi révoqua toutes les Commiſſions de Changeurs , & créa trois cens Changeurs en titre d'office formé & héré-ditaire , aux conditions portées aux articles ſuivans.

Art. 18.

X V I I I.

» Nous avons révoqué & révoquons toutes les Commiſſions ci-devant
» délivrées pour la fonction de Changeur , tant par les Officiers des Mon-
» noies, que par les Commis à la régie deſdites Monnoies ; & au lieu &
» place des Commiſſionnaires, Nous avons créé & érigé, créons & éri-
» geons en titre d'office formé & héréditaire, le nombre de trois cens Chan-
» geurs, pour être diſtribués dans les principales Villes du Royaume, ſui-
» vant le rôle qui en ſera arrêté en notre Conſeil Royal des Finances :
» leſquels Changeurs tiendront des regiſtres en bonne forme de toutes les
» anciennes eſpeces à réformer, & des matieres d'or, d'argent & de billon
» à convertir qui tomberont dans leurs Changes ; & ſeront tenus de les
» porter & envoyer aux Hôtels des Monnoies les plus proches de leur réſi-
» dence, où la valeur en ſera payée ſur le pied porté par le tarif de notre

» Cour des Monnoies , fans qu'ils puiffent divertir ni commercer aucune
» defdites matieres & anciennes efpeces , ni les remettre dans le public , à
» peine d'être punis comme Billonneurs , fuivant la rigueur de notre Dé-
» claration du 28 Novembre 1693.

X I X.

Gages &
privileges des
Changeurs. » A chacun defquels Changeurs Nous attribuons cinquante livres pour
» trois quartiers de foixante-fix livres treize fols quatre deniers de gages ,
» Voulons qu'ils jouiffent des droits de change portés par les tarifs &
» Réglemens de notredite Cour des Monnoies , & de l'exemption du lo-
» gement des gens de guerre , tutelles , curatelles & autres charges publi-
» ques.

X X I.

» Les Changeurs de Paris prêteront le ferment , & feront reçus en notre
» Cour des Monnoies : & quant aux autres pardevant les Généraux Pro-
» vinciaux , ou Juges-Gardes des Hôtels des Monnoies.

Ledit Edit regiftré en la Cour des Monoies le 30 Juin 1696. Des trois
cens Charges de Changeurs créées par l'Edit rapporté ci-deffus , il n'en fut
levé que 176 , les 124 reftant furent fupprimées par Edit du mois de Septembre 1705. Le 7 Janvier 1715 la Cour des Monnoies a compris dans un
feul & même Réglement tout ce qui a été ordonné , tant par rapport aux
fonctions & obligations des Changeurs,que pour les droits qu'ils peuvent exiger des Particuliers qui leur apportent des matieres & efpeces , & ce à proportion de l'éloignement de leurs Bureaux des Monnoies ouvertes.

Par ce Réglement tiré des Arrêts & Réglemens du Confeil & de la Cour,
faits & rendus à ce fujet , en datte des 8 Mai 1679 , 14 & 20 Février, 10
& 22 Mai 1690, 14 Décembre 1693, 22 Novembre 1701 , & Déclaration
du Roi du 24 Octobre 1711 , la Cour a ordonné & ordonne :

ARTICLE PREMIER.

» Que les Changeurs en titre ou Commis aux Changes qui font & feront
» établis dans les Villes du Royaume , auront leurs Bureaux dans les lieux
» publics des Villes où ils feront établis & fur rue ; lefquels ils tiendront
» ouverts tous les jours non feriés , en été depuis fix heures du matin juf-
» qu'à huit heures du foir , & en hiver depuis fept heures jufqu'à fix.

I I.

» Ils auront fur leurs Bureaux de juftes & bonnes balances avec le poids

» de marc & les diminutions étalonnés fur le poids original de France
» étant en ladite Cour ; le tarif & évaluation des efpeces, vaiffelles & ma-
» tieres d'or & d'argent ; & des cizoires, taffeaux, coins & marteaux pro-
» pres à cizailler toutesfois & quant il en fera befoin.

I I I.

» Ils feront tenus de recevoir toutes les matieres, ouvrages, vaiffelles,
» & efpeces d'or & d'argent, tant décriées, legeres, fauffes & défectueu-
» fes, que les anciennes non reformées, & d'en payer comptant la valeur
» & le prix fuivant ledit tarif, à la déduction de leurs falaires ci-après dé-
» clarés, avec défenfes d'en payer la valeur en billets, à peine de cinquan-
» te livres d'amende pour chaque contravention.

I V.

» Ils feront tenus de cizailler toutes les efpeces décriées, legeres, dé-
» fectueufes & fauffes, & de difformer les ouvrages & vaiffelles d'or &
» d'argent, en préfence de ceux & de celles qui les leur apporteront, à
» peine de confifcation fur eux defdites efpeces & vaiffelles non cizaillées,
» ni difformées, & d'amende arbitraire.

V.

» Ils auront un regiftre cotté & paraphé dans toutes les feuilles par
» le premier des Préfidens ou Confeillers de la Cour trouvé fur les
» lieux, ou Juges-Gardes des Monnoies, & en leur abfence par le plus pro-
» chain Juge Royal des lieux, que la Cour a commis & commet à cet
» effet feulement, fans tirer à conféquence & fans frais, dans lequel ils
» écriront la qualité, la quantité & le poids des efpeces, vaiffelles & ma-
» tieres qui leur feront apportées avec les noms, furnoms & demeures de
» ceux qui les apporteront, & le prix qu'ils en auront payé.

V I.

» Ils feront tenus d'envoyer de mois en mois, ou plutôt s'il fe peut, &
» s'ils en font requis, les matieres, vaiffelles & efpeces aux Bureaux des
» Changes des plus prochaines Monnoies ouvertes, où la valeur leur en
» fera rendue comptant, & dont ils feront mention fur leurs regiftres, en-
» femble de la qualité, quantité & poids d'icelles.

V I I.

» La Cour leur faifant défenfes de divertir lefdites monnoies, ni de les
» vendre à aucuns Orfévres, Jouailliers, Affineurs, Batteurs & Tireurs d'or

» & d'argent, Banquiers ou autres perfonnes ayant charge de Finance, ni
» d'avoir aucune fociété avec eux, ni autres perfonnes travaillant en or &
» en argent, à peine de confifcation fur eux des matieres, & autres plus
» grandes peines portées par les Ordonnances.

V I I I.

» Comme auffi d'avoir aucuns fourneaux dans leurs maifons ni ailleurs
» propres à fondre & faire effai, fauf à ceux qui auront des vaiffelles ou
» matieres dont le titre ne fera pas connu à fe retirer aux Hôtels des plus
» prochaines monnoies ouvertes pour en faire la fonte & l'effai.

I X.

» Ladite Cour fait pareillement défenfes à tous Orfévres, Jouailliers,
» Affineurs, Batteurs & Tireurs d'or & d'argent, de faire le fait de change
» en quelque forte & maniere que ce foit : & à toutes autres perfonnes de
» le faire fans Lettres de Sa Majefté duement vérifiées en la Cour, & fans
» au préalable y avoir prêté le ferment, à peine d'être punis comme Billon-
» neurs, fuivant la rigueur des Ordonnances.

X.

» Pourront néanmoins, ceux qui feront établis par ordre du Roi & de
» la Cour, prêter le ferment & faire parapher leurs regiftres par le pre-
» mier des Préfidens ou Confeillers de la Cour trouvé fur les lieux, ou
» Juges-Gardes des Monnoies, & en leur abfence par le plus prochain Juge
» Royal des lieux que la Cour a commis pour cet effet feulement, & à la
» charge d'envoyer au Greffe de la Cour une expédition de leur preftation
» de ferment, & du paraphe de leurs regiftres, le tout fans tirer à confé-
» quence.

X I.

» Lefdits Changeurs ou Commis jouiront des privileges & exemptions
» portées par les Ordonnances, Edits & Déclarations, & ne pourront pren-
» dre de plus grands droits & falaires que les fommes portées par le Ré-
» glement de ce jourd'hui, conformément à la Déclaration du Roi du 24
» Octobre 1711, lequel fera imprimé & mis à la fin du préfent Arrêt, &
» écrit fur un tableau qui fera mis dans le lieu le plus apparent de leur
» Bureau, le tout à peine de concuffion, reftitution du quadruple, dom-
» mages & intérêts des Parties, & d'amende arbitraire. Fait en la Cour des
» Monnoies les Semeftres affemblés, le feptieme jour de Janvier 1716.

Enfuivent les droits & falaires accordés aux Changeurs & Commis aux
Changes établis dans les Villes du Royaume.

» Les Changeurs titulaires ou par Commiſſion établis dans les Villes où il y a Monnoie ouverte, prendront un denier pour livre du prix des eſpeces & matieres qui leur ſeront portées.

» Ceux qui ſont dans la diſtance de dix lieues, retiendront deux deniers pour livre.

» Ceux qui ſont éloignés de plus de dix lieues, prendront trois deniers pour livre : le tout ci deſſus à compter de la Monnoie la plus prochaine.

» Fait & arrêté en la Cour des Monnoies le ſeptieme jour de Janvier 1716.

Par Arrêt du Conſeil du 22 Octobre 1729 regiſtré en la Cour des Monnoies le douze Novembre ſuivant, le Roi a ordonné qu'il ne ſera payé doreſnavant ſur le compte de Sa Majeſté aux Changeurs les plus éloignés que quatre deniers pour livre à quelque diſtance qu'ils ſoient au deſſus de dix lieues. Permet ſeulement Sa Majeſté à ceux des Changeurs qui ſont éloignés depuis vingt-cinq lieues juſqu'à quarante, de retenir un denier pour livre ſur le prix des eſpeces & matieres qui leur ſeront portées, & à ceux qui ſont éloignés de plus de quarante lieues de retenir deux deniers pour faire avec les quatre deniers qui leur ſeront payés aux frais de Sa Majeſté, les mêmes droits à eux attribués par l'Arrêt du Conſeil du dernier Décembre 1717, pour les Orfévres de Bretagne.

La Cour des Monnoies par Arrêt du 5 Mai 1727 » a fait défenſes à » Tous Changeurs en titre d'Office pourvu par mort ou par réſignation, » de faire aucunes fonctions de Changeurs, juſqu'à ce qu'ils ſe ſoient faits » recevoir en la Cour, conformément aux anciennes Ordonnances & à » l'Edit du mois de Juin 1696.

L'Edit du mois d'Octobre 1738 regiſtré en la Cour des Monnoies le 5 Novembre ſuivant, qui ordonne une fabrication de ſols de vingt-quatre deniers, permet aux Changeurs de ſe faire payer de leurs droits par le Public ſur le pied de trois deniers pour livre, dans tous les endroits éloignés de moins de dix lieues des Hôtels des Monnoies, & de quatre deniers pour livre par ceux éloignés de dix lieues & au-delà.

Quoique Sa Majeſté, ſur les répréſentations des Négocians du Royaume, eût ci devant accordé à tous ceux qui porteroient des eſpeces & autres matieres d'or & d'argent aux Hôtels des Monnoies, les mêmes quatre deniers pour livre qu'aux Changeurs ; pourvu toutefois que les parties ne fuſſent point au-deſſous de dix mille livres : Sa Majeſté reçut encore en 1755 de nouvelles repréſentations des Négocians pour augmenter la rétribution de ces quatre deniers pour livre, en la rendant plus proportionnée à la valeur des matieres, & l'étendre à toutes les eſpeces vieilles & étrangeres en quelque quantité qu'elles ſoient portées aux Hôtels des Monnoies, ce qui ne pouvant que procurer l'abondance des matieres dans le Royaume,

& fournir aux Hôtels des Monnoies & au Commerce l'aliment qui leur eſt néceſſaire, Sa Majeſté voulut bien y pourvoir, & (par Arrêt de ſon Conſeil du 25 Août 1755) Elle a accordé » à commencer du premier Septembre » ſuivant, juſqu'à ce qu'il en ſoit autrement ordonné, aux Changeurs & » à tous ceux qui remettront, en quelque quantité que ce ſoit, aux Hôtels » des Monnoies des eſpeces vieilles ou étrangeres, & autres matieres d'or » & d'argent, huit deniers pour livre au-deſſus des prix fixés par le tarif, » au lieu des quatre précédemment accordés. Ordonne Sa Majeſté que leſ-» dits huit deniers pour livre ſeront payés aux Propriétaires deſdites ma-» tieres ſur leurs ſimples quittances, contrôlées par les Contrôleurs des » Monnoies, & que leſdits payemens ſeront alloués dans la dépenſe des » comptes des Directeurs des Monnoies, ainſi que dans ceux du Tréſorier » général, partout où beſoin ſera, en raportant ſeulement leſdites quit-» tances avec des états arrêtés : ſavoir, à l'egard des Monnoies de Paris & » de Lyon, par les Comiſſaires du Conſeil, établis pour les Hôtels deſdites » Monnoies ; & pour les autres Monnoies, par les ſieurs Intendans & Com-» miſſaires, départis dans les Provinces & Généralités du Royaume : en-» joint Sa Majeſté aux Officiers des Cours des Monnoies, ainſi qu'aux ſieurs » Intendans & Commiſſaires départis dans les Provinces, de tenir la main, » chacun en droit ſoi, à l'exécution du préſent Arrêt, &c. Fait au Conſeil » d'Etat du Roi, Sa Majeſté y étant, tenu à Verſailles le 25 Août 1755». Suit la commiſſion ſur cet Arrêt en date du même jour : le tout régiſtré en la Cour des Monnoies le dix-ſept Septembre ſuivant.

En 1758, la Cour des Monnoies fut informée que pluſieurs Changeurs des différentes Provinces de ſon reſſort tant en titre que par commiſſion, s'ingéroient à faire le commerce d'orſévrerie, de vendre & débiter plu-ſieurs ouvrages d'or & d'argent, contre la diſpoſition des Ordonnances & Réglemens ; que pluſieurs même deſdits Changeurs en qualité de Merciers, & ſous prétexte du commerce de Mercerie qu'ils prétendent leur donner droit de vendre des mêmes ouvrages d'or & d'argent, étoient abonnés avec le Fermier du Contrôle, & qu'il en étoit quelques-uns qui avoient pris des Baux de ſous-ferme de la Marque ou Contrôle des ouvrages d'or & d'argent, ſoit ſous leur propre nom, ſoit ſous le nom de leurs enfans demeurant avec eux & faiſant le commerce ; ce qui étoit d'autant plus répréhenſible qu'ils pou-voient abuſer des matieres & ouvrages qui ſont apportés à leurs Changes, & les remettre dans le Public à leur profit, au lieu de les porter aux Hôtels des Monnoies, auxquels elles doivent ſervir d'alimens.

Pour remédier à ces abus » la Cour a réitéré les défenſes faites aux Chan-» geurs établis dans les différentes Provinces de ſon reſſort, tant en titre » que par commiſſion, de faire aucun commerce des matieres & ouvrages

» d'orfévrerie d'or & d'argent, & d'en débiter & vendre aucuns : ordonne
» qu'à la Requête du Procureur Général du Roi, pourfuite & diligence
» de fes Subftituts, lefdits Changeurs feront vifités, même à la diligence des
» Jurés & Gardes des différentes Communautés d'Orfévres du départe-
» ment de la Cour, pour être tous les ouvrages d'orfévrerie qui feront
» trouvés chez eux non cifaillés, autres que ceux qui feront à leur ufage &
» marqués à leurs armes, lettres ou chiffres, faifis & portés aux Hôtels des
» Monnoies les plus prochaines, & en être la confifcation pourfuivie, &
» iceux Changeurs condamnés en telles peines qu'il appartiendra, même
» pourfuivis comme Billonneurs. Ordonne en outre que le préfent Arrêt fera
» enrégiftré dans tous les Siéges du reffort de la Cour &c. Fait en la Cour des
» Monnoies le 2 Septembre 1758 ».

CHAÎNETIERS, HAUBERGEONIERS, TREFFLIERS & DEMI-
CEINTIERS.

De ces quatre noms donnés autrefois à cette Communauté, il n'y a plus
de connus dans le Métier que le premier & le dernier. Aucun des Maîtres
modernes n'a connoiffance de l'étymologie des deux autres ; nous penfons
que le nom d'Aubergeonier ou d'Aubergenier vient de l'ancien mot de *Hau-
ber* qui fignifie une *Jacque* ou cotte de mailles, armure autrefois très commune en France qui étoit une efpece de vêtement affez court, à manches &
à gorgerin, fait de l'affemblage de plufieurs petites chaînettes entrelaffées les
unes dans les autres, que les feuls Chaînetiers avoient droit de fabriquer.

A l'égard de la qualité de Trefflier, il y a apparence qu'elle leur venoit de
ces agraffes, où pendoient autrefois les demi-ceints, & dont on voit encore
quelques-unes qui ont pour ornement par en bas, une efpece de fleur de Tref-
fle d'argent, ou de léton, fuivant la matiere du demi-ceint.

En 1739 la Cour des Monnoies, par Arrêt contradictoirement rendu le
vingt-neuf Avril, entre les Maîtres Chaînetiers, les Maîtres & Gardes du
corps des Orfévres & les Tireurs d'or, » a fait défenfes aux Maîtres Chaînetiers
» &c, de faire aucuns ouvrages en or & en argent, ni de s'immifcer à faire
» aucuns ouvrages d'orfévrerie, avec pareilles défenfes de tirer, ni faire tirer
» aucun or, ni argent tant fin que faux, ni de s'immifcer du métier de Tireur
» d'or, le tout à peine de confifcation & d'amende.

Ce qui occafionna ces déffenfes de la part de la Cour des Monnoies fut une
inftance pendante en cette Cour entre les Maîtres Chaînetiers &c. de la Ville de Paris, les Maîtres & Gardes du corps des Orfévres, & les Jurés Gardes
de la Communauté des Maîtres Tireurs d'or de la même Ville.

Les Maîtres Chaînetiers préfenterent Requête à la Cour des Monnoies le
vingt fix Janvier 1739 ; tendante à ce qu'il fût ordonné qu'ils auroient des
poinçons pour marquer les prétendus ouvrages d'or & d'argent de leurs pro-

feſſions, leſquels poinçons ſeroient marqués d'une S pour les diſtinguer des autres Corps & Communautés qui fabriquent des ouvrages d'or & d'argent, & ſeroient inſculpés ainſi que les noms des Demandeurs gravés ſur une planche de cuivre à ce deſtiné, qui ſeroit dépoſée au greffe de la Cour dont ſeroit dreſſé procès verbal en la maniere accoutumé.

Les Maîtres & Gardes du Corps de l'Orfévrerie demanderent par Requête des 26 & 31 Janvier de la même année, & 3 Février ſuivant, l'exécution des Arrêts & Réglemens concernant l'Orfévrerie ; en conſéquence qu'ils fuſſent maintenus dans le droit & poſſeſſion de travailler & faire ſeuls toutes ſortes d'ouvrages d'or & d'argent ; qu'il fût fait défenſes aux Maîtres Chaînetiers, Haubergeoniers, Treffliers, Demi-Ceintiers d'entreprendre ſur leur profeſſion, & en conſéquence de faire aucune chaîne, cachet de montre, ni autres ouvrages ſoit en or, ſoit en argent, à peine de confiſcation des ouvrages & de telle amende qu'il plairoit à la Cour, & de tous dépens, dommages & intérêts, ſans préjudice à eux de faire leurs ouvrages en cuivre, léton, fer, acier & autres métaux ; que les Maîtres Chaînetiers fuſſent déclarés non recevables en leur demande, ou en tous cas déboutés, & que les concluſions priſes par les Gardes Orfévres leurs fuſſent adjugées.

Les Jurés Gardes de la Communauté des Maîtres Tireurs, Fileurs & Batteurs d'or & d'argent tant fin que faux, demanderent par Requête du 11 Avril ſuivant (1739) à ce qu'ils fuſſent reçus partie intervenante dans la conteſtation pendante en la Cour entre les Maîtres & Gardes du corps de l'Orfévrerie, & les Maîtres Chaînetiers ; qu'il leur fût donné acte de ce que pour moyen d'intervention ils employent le contenu en leur Requête ; faiſant droit ſur icelle qu'il fût fait défenſes aux Maîtres Chaînetiers & à tous autres qu'aux Maîtres Tireurs d'or à Paris, de faire tirer chez eux or & argent tant fin que faux, à peine de confiſcation des outils & marchandiſes, 500 livres d'amende & de tous dépens, dommages & intérêts. Ce fut ſur cette conteſtation qu'intervint l'Arrêt de la Cour des Monnoies qui fit les défenſes que nous avons rapportées ci-deſſus, condamna les Maîtres Chaînetiers aux dépens envers toutes les Parties & ordonna que l'Arrêt ſeroit imprimé, lû, publié, affiché & régiſtré ſur les régiſtres du Bureau de l'Orfévrerie, & ſur ceux des Maîtres Chaînetiers &c.

CHAOURY. Monnoie d'argent qu'on nomme auſſi Sain, & que l'on fabrique à Téflis Capitale de Géorgie. Le chaoury revient environ à 5 ſols 6 deniers de France : quatre chaouris valent un abagy : deux chaouris ſont de la même valeur qu'un uſalton : dix carbequis ou aſpres de cuivre font un chaoury & dix chaouris & demi valent autant que la piaſtre.

CHAT. On ſe ſert de ce mot aux Hôtels des Monnoies pour exprimer l'accident qui arrive quand la matiere qui eſt au feu coule du creuſet, ſoit quand le creufet vient à fe caffer, ou quand quelqu'autre accident occafionne cet écoulement.

CHATOUILLER LE REMEDE, terme de Monnoie : c'eft quand le Directeur de la Monnoie dans la fabrication d'efpeces qu'il fait fabriquer, approche tout près du remede qui eft permis , fans néanmoins l'excéder. Voyez REMEDE & FABRICATION.

CHAUDE. Terme de monnoyage : on dit battre la chaude pour dire battre les lingots d'or fur l'enclume à coups de marteau après qu'on les a tirés du moule, avant d'en faire la délivrance aux Ajufteurs & Monnoyeurs. V. MONNOYAGE.

En terme d'orféverie, on dit donner une chaude à la befogne, pour dire , mettre le métal au feu à chaque fois qu'on veut le travailler fur l'enclume.

CHAUDERET. Terme de Batteur d'or , c'eft un livre fait de boyaux de bœuf , contenant 850 feuilles , non compris un cent d'emplures. Le chauderet , ainfi que le caucher & la moule , eft partagé en deux ; chaque partie a cinquante emplures, vingt-cinq deffus & vingt-cinq deffous. Les deux premieres de quelque côté où elles fe trouvent , font toujours plus fortes que les autres. Cette divifion en deux parties égales fe fait afin que , quand on a battu d'un côté, on puiffe retourner l'inftrument de l'autre. Le chauderet commence à donner la perfection, & la moule acheve. Voyez BATTRE l'or où toute cette opération eft amplement expliquée.   *Voyez Battre l'or.*

CHAYÉ , SCHAI , ou CHAY , Monnoie d'argent qui fe fabrique & qui a cours en Perfe : c'eft la plus petite monnoie de ce Royaume.

Quelques-uns prétendent que c'eft le bifty qui vaut felon eux 1 fols 6 deniers de France , quoiqu'il foit prefque certain que le bifty n'eft qu'une monnoie de compte & non une efpece réelle.

Le chayé vaut 4 fols 7 deniers une maille monnoie de France ; il faut deux chayés pour un mamoudi, quatre pour un abaffy , & deux cens pour le toman , monnoie de compte qui vaut cinquante abaffis. Le chayé a pour empreinte d'un côté la Profeffion de foi Mahométane & le nom des douze Imans , ou Saints de la Secte d'Aly : de l'autre côté font les noms du Prince régnant , de la Ville & de la Monnoie où l'efpece a été fabriquée.

CHEDA. Monnoie d'étain ; cette monnoie fe fabrique & a cours dans le Royaume de même nom fitué dans les Indes orientales , dans le voifinage des Etats du grand Mogol.

Il y a deux fortes de cheda , l'un de figure octogone , l'autre de figure ronde. L'octogone pefe une once & demi , & a cours dans le pays pour 2 fols ½ deniers tournois monnoie de France ; le cheda rond vaut 7 deniers. On donne quatre-vingts coris ou coquilles des Maldives pour un de ces cheda ; les uns & les autres font auffi reçus dans le Royaume de Pera où le Roi de Cheda eft pareillement Souverain.

Tome I.   Z

CHEF D'ŒUVRE. Eſt un ouvrage ou expérience particuliere que ceux qui aſpirent à la Maîtriſe de certains Etats ou Profeſſions, ſont obligés de faire en préſence des Maîtres & Gardes des Corps des Marchands ou des Jurés des Communautés, dans leſquelles ils veulent ſe faire recevoir en qualité de Marchands ou de Maîtres, ou des autres Officiers prépoſés à cet effet.

Dans le Corps de l'Orſévrerie, la néceſſité du chef d'œuvre eſt tirée des Ordonnances & Réglemens : l'Edit de 1355 & l'Ordonnance de 1378 ordonnent qu'un aſpirant ne puiſſe lever forge qu'il ne ſoit préalablement *approuvé & témoigné ſuffiſant* par les Gardes ; c'étoit principalement par cette épreuve qu'ils ſe mettoient en état de le certifier capable. L'Arrêt de 1429 veut que les aſpirans *ſachent faire un chef-d'œuvre.* Francois I, dans l'Edit du mois de Septembre 1543, parle auſſi de cette expérience comme de l'épreuve néceſſaire pour juger de la *ſuffiſance* des ſujets qui aſpirent à la Maîtriſe dans le Corps de l'Orſévrerie. Henry II en 1555, ordonne que les *ſix Gardes feront faire chef-d'œuvre aux Aſpirans.* Le Réglement général du 30 Décembre 1679, porte *que le chef-d'œuvre ſera donné par les Gardes aux Aſpirans, & qu'ils le feront en leur préſence.*

Ce chef-d'œuvre conſiſte à faire un ouvrage d'or ou d'argent en la forme, maniere & diſpoſition preſcrite par les Maîtres & Gardes en charge, non-ſeulement en leur préſence, mais encore dans la maiſon commune où de tous tems il y a eu une Chambre appellée la chambre du chef-d'œuvre, uniquement deſtinée à cet uſage, & garnie des outils néceſſaires. Les fils de Maîtres ainſi que les autres Aſpirans ſont obligés à faire chef-d'œuvre. L'Arrêt du Conſeil d'Etat du Roi du 31 Janvier 1669 défend d'admettre & recevoir les fils de Maîtres Orſévres à la Maîtriſe, qu'après avoir fait le chef-d'œuvre accoutumé, à peine de nullité de leur reception.

L'Article II du Réglement général du 30 Décembre 1679, ordonne de même que » les fils de Maîtres, auſſi bien que les Apprentifs ſeront tenus de » faire le chef-d'œuvre qui leur ſera donné, en préſence des Gardes.

Les fils de Maîtres & les Apprentifs des Galeries du Louvre & ceux de la Manufacture Royale des Gobelins, ſont diſpenſés de faire chef d'œuvre. Cette diſpenſe eſt un effet des Priviléges dont ils jouiſſent, & fondée ſur ce que de tels Eleves ſont cenſés avoir été formés ſous d'excellens Maîtres dans ces Manufactures, & qu'ils n'ont pas beſoin de faire preuve de leur capacité par l'expérience du chef-d'œuvre.

Les deux enfans qui font apprentiſſage d'Orſévrerie dans l'Hôpital de la Trinité, ne jouiſſent pas de la même diſpenſe, parcequ'il n'y a pas en la même raiſon de la leur accorder : & quoique par les Priviléges de cette Maiſon, il ſoit dit que les deux Ouvriers ſous leſquels ils font leur apprentiſſage, *ne feront tenus de faire chef-d'œuvre* pour être reçus Maîtres après les huit années

Voyez la néceſſité du chef d'œuvre impoſée aux Aſpirans à la Maîtriſe des Corps & Communautés des juſticiables de la Cour des Monnoies, à l'ordre alphabétique.

Fils de Maîtres obligés au chef-d'œuvre.

Fils de Maîtres & Apprentifs des Galeries du Louvre.

Hôpital de la Trinité.

d'inftruction, c'eft moins une difpenfe de le faire qu'une précaution prife pour empêcher qu'ils ne fuffent obligés de le faire deux fois. Car avant que ces ouvriers foient admis pour inftruire les enfans dont on les charge ; ils doivent préalablement faire expérience par devant les Maîtres & Gardes de l'Orfévrerie, à l'effet d'être par lefdits Gardes certifiés fuffifans & capables pour enfeigner les enfans : ce qui eft réellement un chef-d'œuvre, mais anticipé de huit ans.

CHERIF. Monnoie d'or qui fe fabrique & qui a cours en Egypte : le cherif vaut 6 liv. 17 fols 3 den. tournois.

CHEVALIERS D'HONNEUR. Officiers créés par Edit du mois de Juillet 1702 régiftré en Parlement le vingt dudit mois.

» Nous avons par le préfent Edit perpétuel & irrévocable créé & érigé » créons & érigeons en titres d'Offices formés & héréditaires, deux Chevaliers d'honneur .... en notre Cour des Monnoies, lefquels auront rang & féance tant aux Audiences qu'aux Chambres du Confeil, en habit noir avec le manteau, le collet & l'épée au côté, fur le banc des Confeillers, & avant le Doyen d'iceux .... auront lefdits Chevaliers d'honneur, voix délibérative en toutes matieres civiles, fans néanmoins qu'ils aient aucune part à la diftribution des procès, ni aux épices : Voulons qu'ils jouiffent de tous les privileges, honneurs, prérogatives, droit de committimus & franc falé, dont jouiffent les autres Officiers de nos Cours ; enfemble des gages qui feront reglés par les rôles qui feront arrêtés en notre Confeil, pour la fixation du prix defdits Offices, & afin que lefdits Offices ne puiffent être remplis que de Sujets qui en foient dignes, tant par leur extraction que par leur mérite, Voulons que les acquéreurs n'en puiffent être pourvus qu'après en avoir obtenu notre agrément, & fait preuve de leur nobleffe entre les mains du fieur d'Hozier, Juge général des armes & blafons, & Garde de l'Armorial de France, dont ils feront tenus de rapporter le certificat en la maniere ordinaire, &c.

M. de Feriol de Pont de Veyle, reçu le vingt Août 1738.

M. de Clapeyron, reçu le fix de Février 1751.

CHIMISTE, eft celui qui fait la chimie, art qui enfeigne à diffoudre les corps mixtes naturels, à les réduire féparément aux principes purs dont ils étoient compofés, & à les réunir pour en faire des corps exaltés.

Les Chimiftes font foumis à la Jurifdiction de la Cour des Monnoies, à caufe des fourneaux dont ils fe fervent pour leurs diftillations. Le Roi Charles V, ayant fait très expreffes inhibitions & défenfes à toutes perfonnes de quelqu'état & conditions qu'elles fuffent, de fe mêler du fait de chimie, & fous prétexte de ce, d'avoir ni tenir aucune forte de fourneaux dans

Encycl.

Voyez Diftillateurs, Conft. page 175.

Voyez Dif-
fateurs.

leurs chambres & maifons particulieres , commit pour la punition des con-
traventionsles Généraux Maîtres des Monnoies , qui firent publier ces défenfes en l'année 1380 : ce droit a été confirmé depuis à la Cour des Monnoies par les Rois fucceffeurs.

CHOUSTAKS. Monnoie d'argent ufitée en Pologne, qui vaut environ
8 fols tournois.

CHRISTINE. Monnoie d'argent de Suede qui vaut environ 25 fols
tournois.

CISAILLER , couper avec les cifailles les pieces de monnoie défectueufes , de poids leger , ou mal marquées , afin d'empêcher qu'elles n'aient
cours dans le commerce. Ce font les Juges-Gardes qui cifaillent les pieces
de rebut pour être remifes à la fonte.

CISAILLES. Gros cifeaux dont fe fervent les Ouvriers qui emploient
les métaux.

En terme de monnoie , on entend par cifailles les reftes des lames d'or,
d'argent & de cuivre , après que les Ouvriers des Monnoies en ont taillé
des flaons au coupoir. Les Prévôts des Monnoyeurs & Ajufteurs qui reçoivent les lames au poids , doivent de même rendre au poids les flaons &
les cifailles.

COCKIEN. Monnoie qui a cours au Japon : on l'évalue à 8 livres tournois ou environ.

COINS. Les coins en fait de monnoies s'appellent à prefent Matrice ou
Carrés ; on fe fervoit de ce terme dans l'ancien monnoyage : ils font ainfi que
les carrés , des morceaux d'acier bien trempés , hauts de quatre ou cinq pouces , de figure carrée par le bas , & ronde par le haut , fur lefquels font
gravées en creux avec des poinçons & autres inftrumens , les différentes
empreintes & figures que doivent avoir les monnoies, les médailles ou les
Jettons. Voyez MATRICE.

COMMASSE , petite monnoie qui fe fabrique & qui a cours à Mocha :
elle vaut environ 3 f. 2 d. tournois.

CONPAN , petite monnoie d'argent qui a cours dans quelques endroits
des Indes Orientales : elle vaut 9 f. 5 d. tournois.

CONODIS , petite monnoie de billon fabriquée , & qui a cours dans le
Royaume de Cochin : elle vaut environ fept deniers tournois.

Henri II
1554, art. 54.

CONTREGARDE , CONTROLLEUR. Le Contre-
Garde eft un Officier créé pour avoir dans les Hôtels des Monnoies, l'infpection générale fur tout le travail , tenir regiftre de toutes les
matieres d'or , d'argent & de billon qui font apportées au change des Monnoies, arrêter les comptes d'entre les Commis du change & les Marchands,
tenir la main à ce qu'ils foient payés comptant des matieres qu'ils apportent.

ſuivant les tarifs & évaluations arrêtées en la Cour des Monnoies, con-   Edit de Janvier 1705.
trôler les billets que les Directeurs des Monnoies ſont quelquefois obligés de donner pour les matieres & eſpeces d'or & d'argent apportées au
Change ; enfin viſer les quittances des dépenſes qui regardent le Roi. Ces
Officiers ont rang immédiatement après les Juges-Gardes, dont ils font
toutes les fonctions en cas d'abſence.

Les Contregardes ont été créés en titre d'office par Edit de Philippe-Au-   Boizard.
guſte du mois de Juillet 1214. Par cet Edit il eſt ordonné que ces Officiers
prendroient des Lettres de proviſion des Généraux Maîtres des Monnoies
auxquels il donne la faculté d'y pourvoir, ce qui fut ainſi pratiqué juſqu'en
l'année 1426 que Charles VII accorda des Lettres de proviſions de ces
Offices dont l'adreſſe a toujours été faite aux Généraux Maîtres des Monnoies.

On trouve dans les Ordonnances des années 1554 & 1586 les fonctions & les obligations des Contregardes: il y eſt dit qu'ils ſeront obligés
» de tenir regiſtre exact de toutes les matieres d'or, d'argent & de billon
» qui ſeront apportées dans la Monnoie pour ſervir de contrôle au regiſtre
» du Maître, lequel regiſtre contiendra les noms, les ſurnoms, & les de-
» meures de ceux qui auront apporté leſdites matieres, & le jour auquel
» elles auront été livrées, comme auſſi leur poids & leur titre, & d'arrêter
» le compte entre le Maître & ceux qui auront apporté les matieres.

» De tenir auſſi regiſtre de toutes les breves qui ſeront apportées aux
» Ouvriers & aux Monnoiers, & de ce qui ſera par eux rendu, tant de
» net que de ciſailles.

» D'aſſiſter à toutes les délivrances qui ſeront faites aux Maîtres par les
» Gardes.

» D'arrêter les comptes entre le Maître & les Marchands ou autres, ſur
» le prix des matieres d'or & d'argent, & en cas de conteſtation pour rai-
» ſon du titre, faire fondre les matieres & en faire faire eſſai : & pour
» cette cauſe auront & prendront ſur les Marchands ou autres, quatre de-
» niers pour marc d'or, & deux deniers pour marc d'argent ; de faire payer
» les matieres ſuivant l'ordre de l'apport qui en a été fait.

» D'exercer l'office de Garde au défaut des Gardes par mort ou par ma-
» ladie ; auſſi s'il n'y avoit aucun Contre-garde, l'un des Gardes exercera
» l'office de Contre-garde, deſquels offices ils répondront reſpectivement,
» tout ainſi que de leurs mêmes Charges ; auſſi en prendront reſpective-
» ment les Charges avec ceux de leurs Offices en cas de mort, ou pour un
» légitime empêchement ſeulement ; & en ce cas, feront boëte à part.

Outre ces droits de quatre deniers pour marc d'or, & deux deniers pour
marc d'argent, le Maître étoit tenu de payer au Contre-garde ſoixante-deux

livres dix fols par chacun an, pour fes gages ordinaires, & ce à proportion du tems que la Monnoie avoit travaillé; c'eſt-à-dire, que quand on n'avoit travaillé qu'une fois pendant un quartier, le Maître devoit payer le quartier entier, & ainſi des autres quartiers; & l'année entiere ſi la Monnoie avoit travaillé. Les Contre-Gardes furent ſupprimés par Edit du mois de Juillet 1577, & rétablis par Edit du mois de Juillet 1581, & leurs Offices créés héréditaires.

Par Edit du mois de Juin 1696, regiſtré en la Cour des Monnoies le 30 du même mois, Louis XIV ſupprima dans toutes les Monnoies l'Office de Contre-Garde, & créa des Contrôleurs-Contre-Gardes, ainſi qu'il ſuit:

A r t. XIII.

» Nous avons éteint & ſupprimé, éteignons & ſupprimons dans toutes les
» Monnoies l'Office de Contre-Garde, dont les Titulaires ſeront rem-
» bourſés ſuivant la liquidation qui en ſera faite de leurs finances, par les
» Commiſſaires qui ſeront par nous à ce députés, en rapportant par eux
» leurs quittances de finances, Lettres de proviſions, Arrêts de réception,
» & autres pieces juſtificatives; & au lieu & place deſdits Contre Gardes,
» Nous avons de la même autorité, créé & érigé, créons & érigeons en
» titre d'office formé & héréditaire, un notre Conſeiller Contrôleur &
» Contre-Garde en chacune de noſdites Monnoies de Paris, Rouen, Caen,
» Rennes, Nantes, Tours, Poitiers, Limoges, Bourges, la Rochelle,
» Bordeaux, Bayonne, Pau, Touloufe, Montpellier, Lyon, Aix, Riom,
» Dijon, Beſançon, Metz, Amiens, Lille, Reims & Troyes; leſquels
» Contrôleurs Contre-Gardes tiendront regiſtre de toutes les matieres
» d'or, d'argent & de billon, qui auront été apportées au change deſdites
» Monnoies, feront payer comptant ou à tour de rôle le prix deſdites
» matieres, ſuivant les tarifs arrêtés en notredite Cour des Monnoies:
» aſſiſteront à toutes les délivrances, même à celles qui ſeront faites par les
» Juges-Gardes aux Directeurs, dont ils tiendront auſſi regiſtre, & feront
» la fonction deſdits Juges-Gardes en leur abſence, auquel cas ils en rece-
» vront les droits, & feront au ſurplus les autres fonctions deſdits Contre-
» Gardes ſupprimés, portées par les anciennes Ordonnances, notamment
» par celle du mois de Mars 1554.

XIV.

Gages &
droits.

» Nous avons attribué & attribuons à chacun de noſdits Conſeillers-
» Contrôleurs & Contre-Gardes les gages ci après ſpécifiés; ſavoir, à
» celui de notre Monnoie de Paris quinze cens livres pour trois quartiers
» de deux mille livres; à celui de notre Monnoie de Lyon, douze cens
» livres pour trois quartiers de ſeize cens livres; à chacun de ceux de nos

» Monnoies de Rouen, Rennes, Aix, la fomme de mille livres pour trois
» quartiers de treize cens trente-trois livres, 6 fols, huit deniers ; & à cha-
» cun de ceux des autres Monnoies huit cens livres pour trois quartiers de
» mille foixante-fix livres, treize fols, quatre deniers. Jouiront en outre
» des droits de deux deniers par marc d'argent & de quatre deniers par
» marc d'or, attribués par les anciennes Ordonnances auxdits Contre-
» Gardes fupprimés, lefquels droits leur feront payés par les Marchands
» ou autres Particuliers qui porteront lefdites matieres au change des
» Monnoies : Voulons que lefdits Contrôleurs - Contre - Gardes aient
» leur logement dans nofdits Hôtels des Monnoies qui demeureront af-
» fectés à leurs Charges, pour être par eux entretenus de toutes répara-
» tions néceffaires, & qu'ils jouiffent des mêmes prérogatives, exemp-
» tions & privileges ci-deffus attribués aux Directeurs Particuliers.

Logement.

Cet Edit a été adreffé & regiftré en la Cour des Monnoies le trente Juin
1696.

Quelques-unes des Monnoies mentionnées dans l'Editrap porté ci-deffus
ayant été fermées, & les Contre-Gardes fupprimés par autre Edit du mois
de Janvier 1700 ; le Roi par Edit du mois de Mars 1702, regiftré en la
Chambre des Comptes le 21, & en la Cour des Monnoies le 28, créa un
Confeiller-Contre-Garde en chacune des Monnoies de Caen, Nantes,
Tours, Poitiers, Limoges, Bourges, Montpellier, Grenoble, Riom,
Dijon, Befançon, Metz, Amiens & Troyes, pour faire toutes les fonc-
fonctions attribuées à ces Offices par Edit du mois de Juin 1696 & par
l'Ordonnance du mois de Mars 1554, & fupprimés par Edit du mois de
Janvier 1700, dans toutes les Monnoies qui avoient été fermées.

» Art. II. Voulons que lefdits Contrôleurs-Contre-Gardes qui auront été
» créés par le préfent Edit, & ceux établis par celui du mois de Juin
» 1696 aient rang, féance & voix délibérative avec les Juges - Gardes ;
» qu'ils ayent une infpection générale fur-tout le travail de nos Monnoies,
» & qu'ils foient préfens à toutes les fontes qui fe feront dont ils tiendront
» regiftre ; & qu'à cet effet, les Directeurs foient tenus de les avertir de
» fe trouver à la pefée des matieres qu'ils voudront mettre en fonte ; qu'ils
» tiennent en outre un contrôle exact de toute la dépenfe qui fera faite
» dans lefdites Monnoies, & que les mémoires des Ouvriers & autres
» dépenfes ne puiffent être payées ni acquittées par les Directeurs, &
» allouées dans la dépenfe de leurs comptes, qu'après avoir été vifées def-
» dits Contrôleurs.

» III. Enjoignons aux Changeurs créés par notre Edit du mois de Juin
» 1696, ou à ceux qui exercent lefdits Offices par Commiffion, de tenir
» un regiftre des matieres & efpeces qui leur feront apportées ; Voulons

» que ledit regiſtre ſoit paraphé au commencement de chaque année par
» les Commiſſaires de la Cour des Monnoies, Généraux-Provinciaux, ou
» Juges-Gardes, & en leur abſence par le Contrôleur-Contre-Garde de la
» Monnoie dans le reſſort de laquelle leſdits Changeurs exerceront, &
» que leſdits Changeurs ſoient en outre tenus de le repréſenter pour être
» vérifié par ledit Contrôleur-Contre-Garde dans les ſix mois à peine d'a-
» mende, qui ne pourra être moindre de trente livres, au paiement de
» laquelle ils ſeront contraints à la Requête du Procureur Général, qui
» pourra même informer contre eux en cas de malverſation ; ſans préjudice
» auxd. Commiſſaires Généraux-Provinciaux, ou Juges-Gardes de faire de leur
» part ladite vérification, toutes fois & quantes ils le jugeront à propos ſans
» frais en la maniere accoutumée ; & à l'égard du Contrôleur-Contre-Garde,
» Nous lui avons attribué & attribuons un droit de trois livres pour l'exa-
» men & vérification de chacun deſdits regiſtres, avec défenſes d'exiger
» plus grands droits deſdits Changeurs, à peine de concuſſion.

» IV. Voulons que pour prévenir le dépériſſement & la diſſipation des
» outils, uſtenſiles & meubles ſervant au travail de nos Monnoies, que lorſ-
» que quelque Monnoie tombera en chomage ou ſera fermée par nos or-
» dres, tous les outils, uſtenſiles & meubles, tant des moulins, fonderie,
» ferrurerie que de la délivrance, ſoient mis dans un lieu fermant à clef en
» la garde du Contrôleur-Contre-Garde qui s'en chargera, au bas de l'in-
» ventaire qui en ſera dreſſé, pour les repréſenter toutefois & quantes il
» ſera néceſſaire.

» V. A chacun deſquels nos Conſeillers, Contrôleurs-Contre-Gardes
» Nous avons attribué mille livres de gages effectifs pour trois quartiers
» de 1333 liv. ; den. par marc d'argent ou billon, ſix deniers par marc
» d'or, tant ſur les matieres, que ſur les eſpeces priſes au marc qui ſeront
» apportées au change deſdites Monnoies, payables par les Particuliers,
» lors même que leſdites eſpeces ou matieres monteront à moins d'un
» marc.

» VI. Entendons que leſdits Contrôleurs-Contre-Gardes aient un loge-
» ment dans les Hôtels des Monnoies, qu'ils jouiſſent des exemptions de
» logement de gens de guerre, uſtenſiles, guet, garde, tutelle, curatelle
» & autres charges publiques dont les autres Officiers de nos Monnoies
» ſont exempts.

» VII. Voulons que les Contrôleurs-Contre-gardes, créés par notre
» Edit du mois de Juin 1696, jouiſſent pareillement deſdits trois deniers
» par marc d'argent & billon, & ſix deniers par marc d'or ſur les eſpeces
» & matieres priſes au marc & apportées au change, au lieu de deux de-
» niers par marc d'argent, & quatre deniers par marc d'or qui leur ont

été

" été attribués par ledit Edit, enfemble des droits de vérification des re-
" giftres des Changeurs, & généralement de toutes les fonctions, rang,
" féance & voix déliberative avec les Juges-Gardes, droits, privileges &
" exemptions attribuées aux Contrôleurs-Contre-Gardes créés par le pre-
" fent Edit.

" IX. Les Contrôleurs-Contre-Gardes feront reçus pardevant les Juges-
" Gardes de la Monnoie dans laquelle ils feront établis pour cette fois
" feulement, fans préjudice du droit de notre Cour des Monnoies dans
" la fuite.

" XX. Nous avons attribué & attribuons à chacun des Contrôleurs-
" Contre-Gardes des Monnoies de Bordeaux, Touloufe, Rennes, Lille,
" Bayonne, la Rochelle & Pau, deux cens livres d'augmentation de gages ".

Arrêt du Confeil du 9 Décembre 1702, regiftré le 30 en la Cour des
Monnoies; " Et afin que les Contrôleurs-Contre-Gardes puiffent avec plus
" de connoiffance, certifier avec les Juges-Gardes les états des délivrances
" de chaque année, Sa Majefté leur ordonne fur peine de privation de
" leurs droits d'affifter, & aux Juges-Gardes de les appeller, à toutes les
" délivrances & à toutes les fontes qui fe feront des rebuts & cifailles,
" pour en tenir le contrôle, conformément à l'Article XIII de l'Edit du
" mois de Juin 1696.

Par Edit du mois de Janvier 1705 regiftré le 21 Février fuivant, portant
création de plufieurs Officiers dans les monnoies, Sa Majefté a éteint &
fupprimé l'Office de Contrôleur-Contre-Garde de la Monnoie de Paris, qui
avoit été rétabli par Edit du mois de Juin 1705 regiftré en la Chambre des
Comptes & en la Cour des Monnoies le 15 Juillet fuivant. Autre Edit du
mois d'Avril 1709, regiftré en la Cour des Monnoies le 22 du même mois,
qui réduit les droits de Contrôleurs-Contre-Gardes dans les Monnoies des
Provinces à quatre deniers feulement par marc d'or au lieu de fix deniers,
& à deux deniers par marc d'argent au lieu de trois deniers, ainfi qu'il leur
avoit été attribué par Edit du mois de Juin 1696; & afin que le droit
qui fe perçoit fur les matieres apportées à la Monnoie de Paris n'excede
pas celui qui fe perçoit dans les autres Monnoies, Sa Majefté, le réduit
pareillement à quatre deniers par marc d'or, & à deux deniers par marc d'argent; favoir, deux deniers par marc d'or & un denier par marc d'argent,
pour les deux Offices unis de Receveurs au Change, & deux autres deniers
par marc d'or, & un denier par marc d'argent pour le Contrôleur de ces
deux Offices. Veut Sa Majefté que les matieres demeurent à l'avenir dé-
chargées du furplus des droits qui leur avoient été attribués par les Edits
du mois de Mars 1702, Janvier & Juin 1705.

Ces droits ont été rétablis par la Déclaration du 14 Février 1713, regiftrée

le premier Avril fuivant, qui ordonne » que les droits des Officiers des
» Monnoies fupprimés par Edit du mois d'Avril 1709, foient rétablis à
» commencer du premier Janvier 1712, & que les Contrôleurs-Contre-
» Gardes des Monnoies, en ce qui les concerne, jouiront du droit de trois
» deniers par marc d'argent, & de fix deniers par marc d'or à eux attri-
» bués, par l'Edit de leur création du mois de Mars 1702.

CONTRE-MARQUE, feconde marque que l'on applique à quelque
chofe. Il fe tient à Paris, en la Maifon commune des Orfévres, un Bureau
où les Maîtres Orfévres font obligés d'envoyer tous leurs ouvrages, tant
d'or que d'argent, marqués de leur poinçon, pour y être effayés & enfuite
contre-marqués du poinçon commun par les Gardes en toutes les pieces
des ouvrages qui peuvent *bonnement & facilement* porter les marques &
contre-marques fans difformité.

Ce poinçon commun ou de contre-marque, lequel ne s'appofe qu'après
un rigoureux examen du titre des matieres, eft une double atteftation de
leur bonté. Les Orfévres ont toujours été tenus de faire ainfi contre-marquer leurs ouvrages depuis l'origine de ce poinçon, ce que prouvent les autorités fuivantes.

Ordonnan-
ces des Rois
de la premiere
race, tome 1,
pag. 814 &
529.

Ordonnance de Philippe le Hardy, rendue à Paris au mois de Décembre
1275, Art. XV. » *Volumus quod ... quælibet villa habeat fignum fuum pro-*
» *prium pro fignandis, operibus aureis vel argenteis quæ operabuntur, &*
» *quicumque contra hoc fecerit, amittet argentum.*
Ordonnance de Philippe le Bel à Pontoife du mois de Juin 1313, Art. X.
» Voulons & ordonnons qu'en chaque Ville où il y aura Orfévres, ait
» un *feing* propre pour feingner les ouvrages qui y feront faits ... & qui
» fera trouvé faifant le contraire, il perdra l'argent, & fera puni de corps
» & d'avoir.

Ordonnance de Louis XII à Blois le 22 Novembre 1506. Ce Prince
ayant ordonné par l'Art. X. le renouvellement des poinçons de Maître, ajoute
Art. XI, » qu'il y ait un autre contre-poinçon ès mains des Maîtres & Gar-
» des du métier d'Orfévrerie dont ils marqueront les ouvrages defdits Or-
» févres .... après qu'ils en auront fait effai, & qu'ils auront été poinçon-
» nés de l'Orfévre particulier.

Edit de François Premier donné à Sainte-Menehould, le 21 Septembre
1543, Art. XVIII, » lefquels ouvrages d'argent les Orfévres feront tenus
» figner & marquer de leur poinçon, & de leur contre-poinçon, baillé
» aux Jurés Gardes ... avant qu'iceux expofer en vente.

Edit de Henri III à Poitiers au mois de Septembre 1577, » les Orfé-
» vres ne feront & acheveront en perfection des befognes d'or & d'argent
» avant que de les faire contre-marquer : ainfi feront tenus dès qu'ils

» les auront forgé, & donné leurs premieres formes, les porter toutes
» brutes à la marque.

Lettres Patentes de Henri IV du 22 Décembre 1608 touchant les Privileges des galleries du Louvre. » Les Maîtres Orfévres d'icelle gallerie
» seront tenus d'apporter les besognes qu'ils feront pour le Public, marquées de leur poinçon, pour celles qui le peuvent & doivent être, soit
» en or ou argent, en la maison des Gardes de l'Orfévrerie, pour être
» marquées de la marque desdits Gardes, à l'instar de tous les autres Maîtres
» Orfévres de notre Ville de Paris.

Les Orfévres de l'Hôpital de la Trinité, & ceux de la Manufacture
Royale des Gobelins, sont de même assujettis à ce devoir.

Réglement général du 30 Décembre 1679, Art. XII. » les Maîtres Orfévres seront tenus de marquer chacun de leurs poinçons, & de faire
» contre-marquer du poinçon commun en lieu visible, le plus près l'un
» de l'autre que faire se pourra, tous les ouvrages d'or & d'argent qu'ils
» feront ; & ce tant au corps qu'aux principales pieces d'applique & garnisons mentionnées en l'état qui en a été cejourd'hui arrêté au Conseil.
» Et à cet effet, seront tenus lesdits Maîtres d'envoyer en même tems au
» Bureau lesdites pieces d'applique & garnisons avec les corps & pieces
» principales, pour du tout en être fait essai, & iceux contre-marqués. Défenses aux Gardes de marquer l'un sans l'autre.

Dans l'état arrêté au Conseil & attaché sous le contre-scel du Réglement général du 30 Décembre 1679 cité ci-dessus ; après y avoir déduit tous les ouvrages & distingué les pieces qui les composent, & qui doivent être marquées & contre-marquées, ou seulement marquées du poinçon du Maître, en spécifiant leur poids, il est dit, » & généralement toutes pieces d'or & d'argent des poids susdits ; savoir, d'une once & au-dessus pour l'or, & d'une
» once & demie & au-dessus pour l'argent, soit d'assemblage ou d'application
» que par charnieres, coulisses, goupilles, vis, &c. qui pourront par leur
» grandeur, poids, figures & formes, bonnement & facilement porter les
» marques & contre-marques sans difformité, seront marquées & contre-
» marquées. Voyez au mot *Orfévre*, cet état rapporté en entier.

Déclaration du Roi du 23 Novembre 1721, Art. VII, » tous les ouvrages d'or seront marqués du poinçon du Maître qui les aura fabriqués ; & essayés & contre-marqués par les Jurés & Gardes aux Bureaux
» des Maisons communes des Orfévres, ainsi qu'il se pratique pour les
» ouvrages d'argent.

Lettres Patentes du 12 Novembre 1733, sur Arrêt du 8 Septembre précédent. » Nous avons par ces Présentes signées de notre main, en interprétant en tant que besoin seroit notre Réglement général sur le fait de

» l'orfévrerie du 30 Décembre 1679, &c. ordonné & ordonnons, que tous
» Maîtres & Marchands Orfévres.... & autres travaillans & fabriquans
» en ouvrages d'or & d'argent, seront tenus d'apporter à la Maison com-
» mune de l'orfévrerie pour y être essayés & marqués du poinçon de contre-
» marque à ce destiné, les manches de couteaux, cuillers à caffé, boucles,
» boëtes de montres, étuis, toutes sortes de crochets, poignées d'épées,
» pleines & flacons pleins.

Les Gardes de l'Orfévrerie ne trouvant pas que ce détail exprimât suffisamment toutes les especes de menus ouvrages d'argent qui, selon l'esprit
du nouveau Reglement, devoient être contre-marqués, présenterent leur
Requête au mois de Mars 1734 à la Cour des Monnoies, qui connoît privativement de ces matieres, au Greffe de laquelle ce Réglement avoit été
enregistré, & ils obtinrent l'Arrêt qui suit.

Arrêt de la Cour des Monnoies du 24 Mars 1734; » la Cour a ordon-
» né & ordonne.... que tous les Maîtres & Marchands Orfévres, Jouail-
» liers de la Ville de Paris, seront tenus de porter au Bureau de la Mai-
» son commune de l'Orfévrerie, pour y être essayés & marqués du poin-
» çon commun ordonné par les Arrêts du Conseil du 8 Septembre
» 1733, & Lettres Patentes du 12 Novembre ensuivant, savoir, les man-
» ches de couteaux, les cuilliers à caffé, les boucles, les boëtes de montres,
» les étuis, les crochets de toutes sortes, les poignées d'épées pleines, les
» flacons pleins, les dessus & fonds de tabatieres, tant d'or que d'argent,
» les éteignoirs, les binets, les bougeoirs de trictrac, les brosses à peignes,
» les cornets d'écritoires, les pommes de canne d'argent d'une once &
» au-dessus, les bossettes de brides, & les tire-moeles d'une once & au-
» dessus.

C'est ainsi que les menus ouvrages d'argent, qui ne sont point pieces
d'appliques ni garnisons d'autres ouvrages, mais isolés & subsistans par
eux-mêmes sous une dénomination particuliere, ont été assujettis à la regle
déja prescrite pour ceux d'or, de même espece, par la Déclaration du 23
Novembre 1721 : & que les Orfévres sont tenus de porter les uns & les
autres en la Maison commune pour y être essayés & contre-marqués comme
ceux d'un plus grand poids.

Ouvrages de différentes fontes non confondus. Les ouvrages provenans de différentes fontes, doivent être envoyés à la
contre-marque dans des sacs séparés, afin qu'il en soit fait essai séparé-
ment, & ne peuvent être confondus, à peine de confiscation des ouvrages
en cas qu'il s'en trouve de divers titres hors les remedes, & d'amende contre
le Maître. Il ne seroit pas nécessaire de séparer ainsi les ouvrages qui sont
de différentes fontes, si l'on faisoit essai de chacune des pieces en particulier. Mais cela n'est pas pratiquable, parceque les essais ainsi multipliés à

l'infini augmenteroient prodigieufement les frais des ouvrages : on s'eſt donc toujours reſtraint à un ſeul eſſai pour toutes les pieces qui proviennent d'une même fonte , ce que l'on fait en coupant de chaque piece une legere particule de matiere le plus également qu'il eſt poſſible , pour du tout com-poſer cet unique eſſai. Cet uſage a été ainſi établi & fixé , comme l'on voit, par l'impoſſibilité abſolue de faire autrement , car il feroit aiſé à un Maître Orfévre de ſurprendre la religion des Gardes en leur envoyant confuſé-ment dans un même ſac des pieces de bas titre avec d'autres proportion-nellement ſuperieures au titre preſcrit ; d'où il arriveroit que les unes & les autres ſe trouveroient indiſtinctement contre-marquées au préjudice des Réglemens, puiſque l'eſſai qui en réſulteroit, rapporteroit les ouvrages dans les remedes preſcrits par les Ordonnances.

Les premieres meſures qui paroiſſent avoir été priſes contre cet inconvé-nient , ſont dès l'an 1548. C'eſt un réſultat de l'Aſſemblée des Gardes & Anciens du 21 Mars , par lequel il fut arrêté que tous les Orfévres de Paris, feroient dorénavant tenus , en apportant leurs ouvrages à la marque , de dé-clarer aux Gardes les pieces qui feront de fontes différentes, & de les diſtinguer afin qu'il en ſoit fait autant d'eſſais féparément. En 1658 la Cour des Mon-noies l'ordonna expreſſément par Arrêt du 27 Juillet : » la Cour enjoint à tous » Maîtres Orfévres , portant ou envoyant leurs ouvrages pour être eſſayés » & marqués du poinçon public, de déclarer & marquer aux Gardes les » fontes différentes qu'il y aura pour en faire différens eſſais , à peine, en » cas qu'il ſe trouve dans le même ſac de l'argent de divers titres hors des » remedes, de confiſcation deſdits ouvrages , & de cent livres d'amende, » & de plus grande peine s'il y échet; le tiers applicable aux Maîtres & » Gardes.

Pour obvier à tous inconvéniens à cet égard , il eſt défendu à tous Or-févres d'avoir en leurs maiſons & boutiques aucuns ouvrages montés & aſſemblés, frappés en bord, planés, ou autrement trop avancés, qu'ils n'ayent été préalablement marqués & contre-marqués, ſur peine de con-fiſcation d'iceux ouvrages & d'amende.

Il paroît par l'Ordonnance de Louis XII du 22 Novembre 1506, qu'an-ciennement il ſuffiſoit que les ouvrages d'orfévrerie fuſſent préſentés à l'eſſai & à la contre-marque avant la derniere bruniſſure, ou même feu-lement avant que d'être délivrés; c'eſt-à-dire, étant achevés ou preſqu'a-chevés. Mais cet uſage étoit ſujet à divers inconvéniens : il étoit difficile que des ouvrages ſi avancés ne fuſſent endommagés par la petite portion qu'il en faut couper pour les eſſayer. D'ailleurs la perte étoit plus grande pour le Maître Orfévre, lorſque les ouvrages étant trouvés hors des reme-des , il falloit les rompre en cet état. Mais un inconvénient plus conſidérable encore, étoit qu'en permettant d'avancer ainsi des ouvrages si près de leur perfection, sans être préalablement contre-marqués, c'étoit visiblement s'exposer au risque de les laisser finir & livrer sans contre-marque. Aussi dès le même siécle l'usage fut établi dans l'orfévrerie de Paris de les porter à la marque, bruts & seulement dégrossis; usage qui s'est maintenu par la suite, & qui enfin a été prescrit comme une loi aux Orfévres par le Réglement général du 30 Décembre 1679, Art. XII : » défenses aux Or- » févres d'avoir dans leurs maisons & boutiques aucuns ouvrages montés, » assemblés, frappés en bord ou planés.... qu'ils n'aient été préalable- » ment marqués & contre-marqués.... à peine de confiscation des ouvra- » ges & d'amende ». L'article dix-huit de ce Réglement prononce même pour le défaut de marque & de contre-marque des ouvrages les mêmes peines que pour le défaut de titre ; c'est-à-dire, cinquante livres d'amende pour la premiere fois, outre la confiscation des ouvrages, cent livres pour la seconde fois, & l'interdiction de la Maîtrise à la troisieme fois, sans que les peines puissent être remises ni modérées sous quelque prétexte que ce soit.

Quand les ouvrages apportés au Bureau de la Maison commune pour y être contre-marqués sont jugés au titre par les Maîtres & Gardes, ils doivent alors les contre-marquer en lieu visible, & plus près que faire se peut de l'empreinte du poinçon du Maître apposé sur les ouvrages : & ce en présence du Fermier des droits de marque sur l'or & l'argent, lequel doit représenter à cet effet, toutefois & quantes, la clef du coffre qui renferme la cassette où les poinçons de contre-marque sont déposés.

Ainsi est-il ordonné par les Ordonnances & Réglemens, notamment par l'Ordonnance de Louis XII, donnée à Blois le 22 Novembre 1506, Art. XI : » les Maîtres & Gardes du métier d'Orfévrerie marqueront » de leur poinçon les ouvrages avant qu'ils soient délivrés, après qu'ils » en auront fait essai, & qu'ils auront été poinçonnés de l'Orfévre parti- » culier ».

Déclaration de Louis XII, à Lyon du 14 Juin 1510: » toute maniere » de vaisselle d'argent.... avant que d'en faire la délivrance, sera mar- » quée par les Maîtres-Jurés des deux poinçons, puis aucun tems corri- » gés, en ensuivant l'Ordonnance sur ce dernierement faite ».

Réglement général du 30 Décembre 1679, Art. XII : » les Maîtres » Orfévres, seront tenus de marquer de leurs poinçons, & de faire contre- » marquer du poinçon commun en lieu visible, le plus près l'un de l'autre » que faire se pourra, tous les ouvrages d'or & d'argent, & ce tant au » corps qu'aux principales pieces d'applique, &c. ».

Ordonnance de Louis XIV du 22 Juillet 1681, Titre des droits de mar-

que fur l'or & l'argent, Art. IV : » défendons aux Jurés & Gardes d'ap-
» pliquer leur poinçon fur aucun ouvrage qu'en préfence du Fermier de
» nos droits, à peine de tous dépens, dommages & intérêts ».

Arrêt du Confeil d'Etat du Roi du 7 Août 1685, » le Roi étant en fon
» Confeil a ordonné & ordonne que les clefs du coffre qui renferme la
» caflette où font les poinçons de contre-marque dans la Maifon commune
» feront repréfentées par ledit Fermier, tous les jours de marque ainfi que
» par le paffé ».

Déclaration du Roi du 23 Novembre 1721, Art. VII : » tous les ou-
» vrages d'or feront marqués du poinçon du Maître qui les aura fabriqués,
» & effayés & marqués par les Jurés-Gardes aux Bureaux des Maifons
» communes des Orfévres, ainfi qu'il fe pratique pour les ouvrages d'ar-
» gent».

Art. IX, » défendons aux Jurés-Gardes .... d'appliquer aucuns poin-
» çons fur les ouvrages d'or .... qu'en préfence du Fermier de nos droits...
» à peine de tous dépens, dommages & intérêts ».

Quant aux ouvrages prohibés il eft défendu aux Maîtres & Gardes de
l'Orfévrerie d'appofer leur poinçon de contre-marque fur aucun de ces
ouvrages, foit or ou argent; & ce, fur les peines portées par les Edits &
Déclarations du Roi qui en défendent la fabrication, notamment par l'Edit
du mois de Mars 1700 : » défendons aux Maîtres & Gardes des Orfévres,
» Effayeurs, & notre Fermier de la marque d'or & d'argent, d'appofer
» aux ouvrages dont la fabrication eft prohibée aucuns de leurs poin-
» çons; à peine d'être condamnés folidairement en l'amende de trois mille
» livres : en outre, à l'égard des Orfévres, d'être déchus de la Maîtrife.

Déclaration du Roi du 23 Novembre 1721, Art. III : » défendons aux
» Maîtres & Gardes des Orfévres, & à notre Fermier de la marque d'or
» & d'argent d'appofer aux ouvrages excédans les poids fixés par la préfente
» Déclaration, aucuns de leurs poinçons ; à peine d'être condamnés foli-
» dairement en l'amende de trois mille livres, & de déchéance de la Maî-
» trife à l'égard defdits Maîtres & Gardes des Orfévres ».

Lors donc qu'il fe fabrique quelques-uns de ces ouvrages prohibés, ce
ne peut être qu'en vertu d'une permiffion expreffe du Roi ; alors ils font effayés & contre-marquées fans difficultés ; mais pour y parvenir, il faut
préalablement repréfenter aux Gardes la permiffion, & leur en laiffer copie collationnée en bonne forme ; cette copie eft gardée dans leur Bureau
pour leur décharge.

La bonté du titre des ouvrages d'or & d'argent n'eft ni annoncée, ni
garantie par l'empreinte du poinçon de la Ferme ; celle du poinçon de la
Maifon commune fait feule cet effet, & telle eft la différence entre ce poin-

çon de contrôle & le poinçon de Paris. Or le Public, qui n'eſt pas toujours à portée de diſtinguer ces poinçons, pourroit prendre l'un pour l'autre s'il étoit permis au Fermier d'appliquer ſon poinçon ſur un ouvrage indépendamment de celui qui en doit conſtater la bonté : cet inconvénient ne peut avoir lieu en gardant les défenſes que le Roi a faites à ce ſujet, par Lettres Patentes du 3 Juin 1723 ſur Arrêt du 3 Mai précédent : » faiſons très ex-» preſſes inhibitions & défenſes à notre Fermier du droit de la marque » ſur l'or & l'argent, ſes Commis & Prépoſés, d'appoſer aux ouvrages qui » leur ſeront préſentés, le poinçon appellé de décharge, que celui de la » Maiſon commune des Orfévres n'ait été préalablement appoſé, à peine » de trois mille livres d'amende pour chaque contravention, applicable » moitié à notre profit, & l'autre moitié au profit de l'Hôpital général. ».

On obſervera qu'il n'eſt parlé ici que du poinçon de décharge du Fermier, & non de celui de charge, parceque c'eſt ce poinçon de décharge qui s'applique le dernier ſur les ouvrages lorſqu'on en paie les droits, & que ſans lui ils ne peuvent être expoſés en vente.

Les mêmes défenſes portées par les Lettres Patentes du 3 Juin 1723, ont été renouvellées par Arrêt de la Cour des Monnoies contradictoirement rendu le 21 Juin 1760 à l'occaſion d'une ſaiſie faite par les Maîtres & Gardes ſur un Maître Orfévre, de quatre cachets montés en or, marqués du poinçon de décharge du Fermier de la marque d'or & d'argent, & non au titre preſcrit par les Ordonnances.

Cet Arrêt contradictoire rendu entre les Maîtres & Gardes du Corps de l'Orfévrerie, la Partie ſaiſie, le Fermier du droit de contrôle ſur tous les ouvrages d'or & d'argent, & le Procurer Général du Roi en la Cour des Monnoies, » fait défenſes au Fermier du droit de contrôle des ouvrages » d'or & d'argent d'appliquer ſon poinçon de décharge ſur aucuns ouvra-» ges d'or & d'argent de quelque nature qu'ils ſoient, qu'il ne lui ſoit » préalablement apparu ſur iceux du poinçon de la Maiſon commune des » Orfévres à ce deſtiné ; a déclaré acquis & confiſqué au Roi, au profit » des Gardes de l'Orfévrerie, les ouvrages ſaiſis à leur Requête; ordonne » que leſdits ouvrages ſeront portés à l'Hôtel de la Monnoie, pour être » la matiere fondue & convertie en eſpeces aux coins & armes de Sa Ma-» jeſté, & la valeur remiſe aux Gardes de l'Orfévrerie, & que le préſent » Arrêt ſera lû, imprimé, &c. ».

CONTROLE des ouvrages d'or & d'argent, marque qui s'applique ſur ces ouvrages avant qu'ils ayent cours dans le Public, établie par Ordon-donnances du mois de Juillet 1681, Juillet 1687, Edit d'Août 1696, Let-tres Patentes du 18 Juin 1697. Voyez CONTRE-MARQUE.

CONTROLEUR

CONTRÔLEUR GENERAL DES MONNOIES DE FRANCE,
Officier créé par Edit du mois de Juin 1696.

Art. V. » Avons créé & érigé, créons & érigeons en titre d'office formé
» & héréditaire un notre Conseiller Contrôleur Général des Monnoies de Fonctions
» France, lequel veillera sur tout le travail desdites Monnoies, visera & con- dudit Contrô-
» trôlera toutes les quittances, refcriptions & lettres de change qui seront leur.
» tirées par le Directeur & Tréforier général sur les Directeurs & Tré-
» foriers particuliers de toutes les Monnoies du Royaume, dont il tiendra
» regiftre ; visera & contrôlera pareillement les comptes qui feront rendus
» par les Directeurs particuliers de chacune desdites Monnoies, & se fera
» rendre compte par les Contrôleurs particuliers de tout ce qui s'y passera :
» à l'effet de quoi, ils lui enverront au moins de mois en mois un bor-
» dereau des matieres qui auront été portées au change & mises à la fonte,
» des especes qui auront été passées en délivrance, & de toute la dépense.

Art. VI : » Notredit Conseiller Contrôleur général, jouira de trois Gages &
» mille livres de gages pour trois quartiers de quatre mille livres, & des prérogatives.
» mêmes honneurs, franchises, immunités, prééminences, exemptions,
» droits de *committimus*, franc-salé, & de tous autres droits & préroga-
» tives attribués au Directeur général des Monnoies ».

Voyez Directeur général des Monnoies.

Par Edit du mois de Novembre 1707, il a été créé deux Offices de Contrôleurs généraux des Tréforiers généraux des Monnoies, l'un ancien &
mi-triennal, & l'autre alternatif & mi-triennal.

Par Edit du mois de Janvier 1708, l'Office de Contrôleur général des
Monnoies, créé par Edit du mois de Juin 1696, a été supprimé, & les fonctions en ont été attribuées aux Contrôleurs des Tréforiers généraux desdites Monnoies.

Par autre Edit du mois de Février 1717, Sa Majesté a éteint & supprimé
les deux Offices de Contrôleurs généraux des Monnoies, créés par Edit du
mois de Novembre 1707, & a créé & érigé en titre d'office formé & à
titre de survivance, un Contrôleur général des Monnoies, ainsi qu'il suit.

A R T I C L E X V.

Nous avons créé & érigé, créons & érigeons en titre d'Office formé &
» à titre de survivance, un notre Conseiller Contrôleur général de nos
» Monnoies, dont nous avons fixé la finance à la somme de cent vingt
» mille livres, qui sera payée par le pourvu dudit Office ès mains du
» Tréforier de nos revenus casuels : lequel Contrôleur général tiendra re-
» giftre de tous les fonds qui feront tirés desdites Monnoies par le Tré-

Tome 1.   B b

» forier général, & fera mention de l'enregiftrement au dos des refcripions,
» recepiffés ou autres acquis que ledit Tréforier général expédiera à la décharge
» des Directeurs particuliers : il tiendra pareillement regiftre de tous les paye-
» mens qui feront faits par ledit Tréforier général pour notre compte, dont il
» vifera les pieces juftificatives : il fera tenu de fournir tous les mois au
» Directeur général de nos Monnoies, un état de lui certifié des recettes
» & dépenfes du Tréforier général fuivant les regiftres ; vifera les comptes
» de caiffe qui feront arrêtés entre le Tréforier général, & les Directeurs
» particuliers de nos Monnoies, après avoir vérifié fi toutes les parties y
» contenues font conformes à fondit regiftre ; auquel Contrôleur général
» de nofdites Monnoies, Nous avons attribué & attribuons fix mille li-
» vres de gages actuels & effectifs par chacun an, qui lui feront payés par
» le Payeur des gages des Officiers de nos Monnoies, dont le fonds
» fera fait dans les états defdits gages qui feront arrêtés en notre Confeil :
» & pour indemnifer ledit Contrôleur général de nos Monnoies des frais de
» Bureau & autres qu'il pourra faire pour notre fervice, Nous lui avons en
» outre accordé & accordons la fomme de cinq mille liv. par chacun an, pour
» lui tenir lieu de cayer de frais, laquelle Nous voulons lui être payée fur
» fa fimple quittance par le Tréforier général de nos Monnoies, & qui
» ne fera paffée dans les comptes dudit Tréforier général, qu'en rappor-
» tant avec ladite quittance un certificat dudit Directeur général, conte-
» nant que ledit Contrôleur lui a exactement fourni tous les mois les états
» de fon contrôle : Voulons que ledit Contrôleur général ait un logement
» convenable dans l'Hôtel de notre Monnoie de Paris, qui fera choifi par
» nos ordres, & qu'il jouiffe des mêmes honneurs, franchifes, immunités,
» prééminences, exemptions, droits de *committimus*, franc-falé, & de
» tous autres droits & prérogatives attribués au Directeur général.

X X.

» Le Pourvû de l'office de Contrôleur général de nos Monnoies créé par
» le préfent Edit, prêtera ferment, & fera reçu en notre Cour des Mon-
» noies feulement ».

Cet Edit a été regiftré en la Chambre des Comptes, à la charge que le
Contrôleur général du Tréforier général des Monnoies créé par le préfent
Edit, fera tenu de fe faire recevoir & prêter ferment en la Chambre ; les
Bureaux affemblés le 20 Mars 1717.

Regiftré en la Cour des Monnoies les Semeftres affemblés, le 7 Avril
fuivant.

CONTROLEUR ET GARDE DES MÉDAILLES ET JETTONS,

Officier créé par Edit du mois de Juin 1696, regiſtré en la Cour des Monnoies le 30 du même mois.

Art. XXIV dudit Edit : » Avons créé & érigé, créons & érigeons en » titre d'office formé & héréditaire, un notre Conſeiller Contrôleur & » Garde de la fabrication des Médailles & Jettons, qui tiendra regiſtre des » fontes & de la quantité de marcs deſdites Médailles & Jettons qui feront » fabriqués, & gardera la clef des balanciers après le travail fini ».

Art. XXV : » Auquel Contrôleur & Garde, Nous attribuons mille livres » pour trois quartiers de treize cens trente-trois livres, ſix ſols, huit de- » niers de gages par an, & pareilles exemptions & privileges attribués au » Directeur de la fabrication des Médailles & Jettons ; *voyez* Directeur de la fabrication des Médailles & Jettons.

Gages.

Art. XXVI : » Ordonnons que les poinçons, matieres & carrés, ſervant » à la fabrication deſdites médailles & jettons, feront mis dans une ar- » moire fermant à deux clefs ; dont l'une reſtera ès mains du Directeur, » & l'autre en celles du Contrôleur & Garde, qui en tiendra pareillement » regiſtre ».

Cet Office a été uni à celui du Directeur de la Monnoie des Médailles, par Arrêt du Conſeil du 3 Novembre 1696.

CONVERSION D'ESPECES D'OR ou D'ARGENT, s'entend d'un changement d'eſpeces en d'autres eſpeces, ou d'une nouvelle fabrication d'eſpeces.

Il y a pluſieurs choſes à obſerver dans une converſion d'eſpeces d'or ou d'argent ; ſavoir :

La taille des nouvelles eſpeces.

Le titre de ces eſpeces.

Le prix du marc d'or ou d'argent fin ſur le pied de la derniere évaluation.

Le prix auquel elles doivent être expoſées.

Le titre des eſpeces décriées & deſtinées à convertir en nouvelles eſpeces.

Les remedes de poids & de loi.

Boizard ; p. 296.

Le Seigneuriage.

Le braſſage.

Et les frais d'affinage des eſpeces décriées ſur le pied de la quantité que l'on peut être obligé d'en affiner pour mettre le ſurplus au titre par l'alliage que l'on en fait.

On peut compter les frais de l'affinage ſur le pied de ſix livres par marc d'or, & dix ſols pour marc d'argent, & ce en cas que les nouvelles eſpeces ſoient ordonnées à plus haut titre que celles qui ſont décriées.

Mais ce qui eſt particulierement à conſidérer dans les différens change- mens qui peuvent arriver dans les monnoies, c'eſt la proportion qui doit être obfervée entre les efpeces dont on fait la converfion & celles des pays voifins. Voyez PROPORTION.

Quant à la converfion des efpeces de billon, on examine auffi les circonftances fuivantes, favoir :

La taille des nouvelles efpeces de billon.

La quantité du fin qui y doit être employé par marc.

Le prix du denier de fin fur le pied de la derniere évaluation.

Le cuivre qui doit être employé par marc & fa valeur.

Les remedes de poids & de loi.

Le droit de feigneuriage à proportion des efpeces d'argent.

Le braffage.

Et le prix auquel les efpeces de billon doivent être expofées.

COPEC. Monnoie d'or & d'argent qui fe fabrique en Mofcovie.

Le copec d'or pefe quatorze grains au titre de vingt & un karats, dix-huit trente-deuxiemes; & vaut une livre dix-neuf fols huit deniers, argent de France.

Le copec eft extrêmement petit.

Son empreinte eft, d'un côté, une partie des armes du Prince regnant, & de l'autre la lettre initiale de fon nom.

Le copec d'argent eft oval. Il pefe huit grains au titre de dix deniers douze grains, & vaut argent de France feize deniers. Son empreinte eft la même que celle du copec d'or.

Nous obferverons qu'il n'y a que quatre villes en Mofcovie où l'on bat monnoie, qui font Mofcou, Novogorod, Zwere & Plefcou. On peut préfentement ajouter Peterfbourg, cette Ville célebre de l'Ingrie, que le fameux Czar Pierre Alexiowitz a fait bâtir en 1703, pour y établir le centre du Commerce de fes États, & en faire la Capitale de fon vafte Empire.

COQUILLON, terme de monnoie, eft l'argent fin que l'on retire du creufet en forme de coquille à plufieurs fois au bout d'une efpece de braffoir, lorfque ce métal eft à un certain degré de fufion.

CORDON, en terme de monnoie, eft ce qu'on nomme autrement filet, c'eft-à-dire, ce qui regne fur la circonférence des efpeces, ou pieces de monnoie. Voyez MONNOYAGE.

CORNETS D'ESSAIS D'OR, font de petits morceaux d'or appellés enfuite boutons, que l'on étend plus minces que faire fe peut en les tournant fur un arbre de fer en forme de cornet, pour enfuite en faire l'effai par le moyen du feu & de l'eau forte.

COUPANT, piece d'or ou d'argent du Japon d'une forme ovale, fervant en même tems de poids : le coupant d'or pefe une once fix grains un denier : celui d'argent deux onces.

Il y a des demi-coupans, des tiers & des quarts; leurs différens titres empêchent d'en établir le prix.

COUPELLE, forte de vaiffeau dont on fe fert pour purifier l'or & l'argent des différens métaux avec lefquels ils peuvent être alliés.

On entend encore par ce mot l'effai que l'on fait de l'or & de l'argent pour en connoître le véritable titre, en les féparant de tout autre métal ou alliage.

COUPELLE D'ESSAI, eft une efpece de vaiffeau peu creux, compofé de cendres de farment & d'os de pied de mouton calcinés & bien leffivés, pour en féparer les fels qui feroient petiller la matiere de l'effai. Quelques-uns les compofent de crâne de veau, de cornichons de bœuf, qui eft le dedans de la corne du bœuf; d'autres de toutes fortes d'os calcinés. Au fond de la coupelle eft un petit creux que l'on imbibe d'une forte de liqueur qui eft une efpece de vernis blanc compofé de cornes de cerf, ou de machoires de brochet, calcinées & délayées dans de l'eau. Ce vernis fe met afin que l'or ou l'argent dont on fait l'effai y foit plus proprement, & que ce qu'on appelle bouton d'effai s'en détache plus facilement. V. Essai.

COUPELLE D'AFFINAGE, c'eft une efpece de grand vaiffeau de grès en forme de terrine, au-dedans duquel on fait comme un enduit de cendres bien leffivées, deffalées, féchées, battues & tamifées. C'eft dans cette forte de coupelle qu'on fait ce qu'on appelle les affinages au plomb. On leur donne auffi le nom de caffes & de cendrées: celui de caffe eft le plus en ufage dans les Hôtels des Monnoies. Voyez Affinage.

COUPELLE SECHE. Eft une coupelle faite de terre de creufet, qu'on appelle feche, parcequ'elle ne s'imbibe pas à caufe de la matiere dont elle eft compofée; les Affineurs s'en fervent pour adoucir, avec le falpêtre & le borax, l'or qu'ils ont affiné avec l'antimoine. Voyez Affinage de l'or.

COUPELLE. OR, ARGENT DE COUPELLE. On appelle or de coupelle, & plus communément or d'effai, l'or très fin & qui approche davantage de vingt-quatre karats, qui eft le plus haut titre de l'or.

L'argent de coupelle eft l'argent à onze deniers vingt-trois grains. Voyez Essai.

COUPELLER, faire l'effai de l'or & de l'argent, les mettre à la coupelle pour en connoître le véritable titre.

Quoiqu'on puiffe éprouver ces métaux autrement qu'en les coupellant, & que la pierre de touche, auffi bien que la coupe du burin, fervent aux Monnoyeurs & aux Orfévres à en connoître la bonté jufques à un certain point: il eft cependant certain qu'à moins de les coupeller, il eft difficile, même impoffible, de juger parfaitement de leur titre.

COUPER CARREAUX, c'eft couper & partager en plufieurs morceaux quarrés, à peu près du diametre des pieces à fabriquer les lames d'or, d'argent & de cuivre, après qu'elles ont été réduites à l'épaisseur convenable. Voyez Monnoyage au marteau.

COUPER L'OR, en terme de Batteurs d'or, c'est partager une feuille en quatre pour être battues & amenées chacune à la premiere grandeur qu'elles avoient avant que d'avoir été séparées.

COUPOIR en monnoies, c'est proprement cet instrument de fer bien acéré, fait en forme d'emporte-piece, qui sert à couper les lames d'or, d'argent & de cuivre en flaons; c'est-à-dire, en morceaux de la grandeur & de la rondeur des especes, médailles ou jettons à fabriquer.

On appelle néanmoins Coupoir toute la machine où est enfermé cet emporte-piece, & qui sert à le presser sur les lames.

Cette machine est composée du coupoir même, d'un arbre de fer dont le haut est à vis, & au bas duquel est attaché le coupoir; d'une manivelle pour faire tourner l'arbre; d'un écrou, où s'engraine la partie de l'arbre qui est à vis; de deux platines à travers desquelles l'arbre passe perpendiculairement, & du dessous du coupoir qui est une troisieme platine taillée en creux par le milieu du diametre du flaon qu'on veut couper.

C'est sur cette piece qu'on met les lames, afin que lorsqu'on fait baisser l'arbre par le moyen de la manivelle, le coupoir les coupe à l'endroit qu'elles portent à faux.

Nous observerons 1°. qu'il doit y avoir autant de coupoirs qu'il y a de pieces ou de médailles de différent diametre à couper; 2°. que les médailles d'un volume considérable, où dont les empreintes doivent avoir un grand relief ne se taillent pas au coupoir, mais se fondent & se coulent en fable comme on le dit ailleurs. Voyez Médailles.

COUR DES MONNOIES. La Cour des Monnoies est la Cour Souveraine qui connoît en dernier ressort & souverainement du fait & de la fabrication des monnoies, comme aussi de l'emploi des matieres d'or & d'argent, & de tout ce qui y a rapport tant au civil qu'au criminel, ainsi que de tous les délits qui se commettent par ceux qui employent ces matieres, soit en premiere instance, soit par appel des premiers Juges de leur ressort.

La manutention des Monnoies & l'emploi des matieres d'or & d'argent ont toujours paru de telle importance, que les Souverains ont eu dans tous les tems des Officiers particuliers pour veiller sur ceux qui étoient préposés à leur fabrication.

Quoiqu'il ne nous soit pas possible de déterminer l'origine de cette Police, nous savons à l'égard des Romains que Numa, ayant succédé à Romulus, commença par faire fabriquer de la monnoie de cuivre.

Le nom & la qualité des Officiers qui devoient veiller sur l'ouvrage, regler les Ouvriers, empêcher les fraudes, & juger de la fabrication, nous font inconnus : il eft vrai-femblable que ce foin fût confié aux Tréforiers appellés *Queftores*, qui avoient été établis du tems de Romulus, & qui avoient en dépôt le Tréfor public nommé *Ærarium*, de ce que la monnoie n'étoit alors que de cuivre.

Ce qui donne lieu de le croire, c'eft que ces Officiers appellés *Queftores*, conferverent toujours le droit de faire fabriquer de la monnoie, & le privilege de faire graver leurs noms & leurs qualités fur les efpeces, quoiqu'il y eut d'autres Officiers pour la fabrication.

Cent ans après le fiége de Rome, environ l'an 463 de fa fondation, au même tems que l'on créa les Triumvirs capitaux pour avoir la garde des prifons, & faire exécuter ceux qui étoient condamnés à des peines afflictives, on créa des Magiftrats pour veiller fur la fabrication des monnoies. Ces Officiers furent nommés à caufe de leur nombre & de leurs fonctions, *Triumviri, monetaleis, ære, flando, feriundo*, qu'ils exprimoient en cette forte : IIIVIRI Æ. F. F.

Pomponius, leg. 2. de orig. Juris.

Les Romains commencerent à faire fabriquer de la monnoie d'argent environ l'an 484. Alors les Triumvirs monétaires ajouterent à leurs qualités le mot *argento*, en cette forme, IIIVIRI. Æ. A. F. F. & fi quelqu'autre Officier avoit fait faire la fabrication, il faifoit ajouter à fa qualité, *cur. den. fac.* pour dire, *curavit denarium faciendum*.

Les Romains ayant auffi commencé à faire fabriquer de la monnoie d'or l'an 546, les Triumvirs monétaires ajouterent à leurs qualités le mot *auro*, & les exprimoient par ces lettres, IIIVIRI. Æ. A. A. F. F.

Triumviri ære, argento, auro, flando, feriundo.

Ces Officiers étoient fort confidérés. Ils faifoient partie des *centumvirs*, & étoient tirés du corps des Chevaliers : il femble par les infcriptions qui nous reftent que cet office de Triumvir monetaire fût un dégré néceffaire pour paffer aux plus hautes dignités de la Republique.

Gruterus & autres rapportent plufieurs infcriptions gravées fous l'Empire des premiers Céfars, fous celui de Commode & en fon honneur par les Ouvriers & Monnoyeurs : ces infcriptions contiennent leur nom & leur emploi.

Voyez Monnoies.

Les lieux où l'on fabriquoit les monnoies d'or, d'argent & de cuivre étoient féparés : on le juge ainfi par les Officiers différens qu'avoit chaque fabrique.

Tous ces Officiers & Ouvriers étoient compris fous le nom de *Officinatores moneta* : ils étoient foumis à la Jurifdiction des Triumvirs monetaires :

chaque monnoie avoit les fiens, c'eft ce que prouve l'infcription qui commence en ces terme, IIIVIR. MONET. TRIVERICÆ.

Il eft à préfumer que les Officiers établis à Rome pour la fabrication de la monnoie qui fe faifoit en cette Ville, avoient Jurifdiction fur les Officiers des autres Monnoies, comme depuis la Cour des Monnoies fur les Généraux, Provinciaux & les Juges-Gardes des Monnoies qui lui font fubordonnées.

Ces Officiers nommés *Triumviri* fubfiftoient encore fous Caracalla l'an 212 de *Jefus-Chrift* : quelques infcriptions dénotent que cet emploi étoit joint affez fouvent avec les Charges les plus confiderables de l'Etat.

La ville de Conftantinople ayant été bâtie fur les ruines de Bifance, & dédiée le onzieme Mai 331 de *Jefus Chrift*, Conftantin y transfera le Siege de l'Empire : il le divifa en deux parties, changea l'ordre des Gouvernemens, créa de nouvelles dignités, entr'autres celle de *Comes Sacrarum largitionum*, qui étoit comme l'Intendant des Finances auquel on attribua auffi l'Intendance des Monnoies, après avoir fupprimé les Triumvirs monetaires.

Sous la Jurifdiction de cet Officier étoient les *Procuratores monetarum*, que l'on appelloit auffi *Præpofiti & Magiftri*, qui veilloient fur la fabrication des monnoies, dont la fonction répondoit à celle de nos Juges-Gardes : ils étoient au nombre de fix dans l'Empire d'Occident ; favoir, à Rome, Aquilée, Treves, Lyon, Arles, & *Scifcia*, aujourd'hui Sciceik.

On voit par la loi 9 au Code *Sufceptor* que ce même *Comes facrarum largitionum* en qualité d'Intendant de la Monnoie, étoit le dépofitaire des poids à pefer l'or & l'argent, & que c'étoit par fon ordre qu'on envoyoit dans les Provinces des poids étalonnés fur l'original. Voyez au mot Monnoie, les Monnoies des Romains.

Pharamond, premier Roi de France, ayant été élevé fur le Trône l'an 420, & les François s'étant rendus maîtres de la ville de Trêves, où l'on fabriquoit les monnoies pour les Romains, nous penfons qu'il fuivit pour les monnoies la police de ce Peuple, autant que les affaires & la rareté des matieres pouvoient le permettre.

Pour faire obferver les Réglemens de la fabrication & obliger les Ouvriers à travailler dans l'ordre, il y avoit dans chaque Monnoie un Officier nommé *Monetarius*, dont la fonction répondoit à celle des Juges-Gardes & des Maîtres ou Directeurs des Monnoies : elle avoit auffi quelque rapport avec celle des Officiers que les Romains du bas Empire nommoient *Procuratores & Magiftros Monetarium* : ces Officiers étoient fous la Direction des Comtes des Villes ; l'un & l'autre faifoient mettre fon nom fur la monnoie

Premiere Race.

noie

noie, avec cette différence, que le Monétaire y mettoit toujours sa qualité, & le Comte son nom seulement.

Il y avoit encore un Officier général qui avoit jurisdiction sur tous les bas Officiers : il étoit Commensal de la Maison du Roi, & le dépositaire des poids originaux conservés dans le Palais : il tenoit en quelque façon à cet égard la place du *Comes sacrarum largitionum* des Romains.

Environ l'an 621, il y avoit une Monnoie royale à Limoges qui étoit gouvernée par Abbon Orfévre très habile. On prétend que c'est chez cet Abbon que Saint Eloy fut mis en apprentissage. *Tradidit eum ad imbuendum honorabili viro, Abboni vocabulo, fabro aurifici probatissimo, qui eo tempore in urbe Lemovicinâ* (Limoges) *publicam fiscatis monetae officinam gerebat.* Nous observons que ce texte ne lui donne point la qualité de Monétaire, d'où nous inférons que cette qualité étoit quelquefois différente de celle de Maître de Monnoie.

On trouve sur quelques monnoies du Roi Dagobert, pour nom du Monétaire *Eligius :* on croit que c'est ce même Saint Eloy qui avoit réuni les deux emplois de Maître de Monnoie & de Monétaire à celui d'Orfévre, à l'exemple d'Abbon, chez lequel il avoit été apprentif : il étoit alors Garde ou Intendant de la Monnoie royale de Limoges, & logeoit dans le Palais du Roi Dagobert.

Surius, en la vie de ce Saint, remarque qu'il fut en même tems Garde des trésors du Roi ; ce qui fait juger que les François suivoient encore la police des Romains pour les monnoies, & que celui qui avoit la direction des finances, avoit aussi celle des Monnoies.

Vers la fin de la première Race, les Capitales des Provinces & les Villes les plus considérables avoient des monnoies qui étoient sous la direction des Ducs ou des Comtes des Villes.

Il y avoit aussi une Monnoie dans le Palais où le Roi faisoit sa principale résidence, les especes qui y étoient fabriquées avoient pour légende, MONETA PALATINA.

Le Monétaire ou Intendant de cette Monnoie étoit en même-tems Intendant de la Ville capitale où étoit situé le Palais ; c'est ce que l'on voit sur les pieces fabriquées sous le regne de Dagobert : quelques-unes ont pour légende, MONETA PALATINA, & pour nom du Monétaire ELIGIUS ; d'autres ont pour légende PARISINA CIVITATE, & pour nom du Monétaire, le même ELIGIUS.

Cette Monnoie suivoit le Roi dans tous ses voyages : lorsqu'il résidoit en quelques lieux où l'on avoit la commodité de fabriquer les especes ; elles n'avoient plus pour légende, *Moneta Palatina*, mais le nom du Palais ou de la Maison que le Roi habitoit alors : & comme ces Palais ou Maisons royales étoient des demeures ordinaires, les Monnoyeurs portoient avec eux des coins tout préparés auxquels il ne falloit ajouter que la légende; la tête & le revers y étoient déja gravés. Les Officiers de cette Monnoie étoient réputés Commensaux de la Maison Royale, & la Cour des Monnoies a conservé ce privilege.

Seconde Race. On trouve encore des Monétaires sous la seconde Race; mais on observa une nouvelle police pour la fabrication des monnoies : les Monétaires ne mirent plus leur nom sur les especes; & au lieu de la tête du Roi, on y mit presque toujours le monogramme de son nom.

Ce monogramme étoit la marque dont nos Rois signoient leurs Lettres Patentes & autres Actes; c'est-à-dire, une espece de chifre qu'ils faisoient mettre à la fin de ces actes, & qui étoit composé de toutes les lettres de leur nom entrelassées.

Il est parlé des Monétaires dans l'Edit de Piste du mois de Juillet 864 donné pour le Réglement des Monnoies : cet Edit porte que dans le premier jour de Juillet tous les Comtes dans le ressort desquels les monnoies se fabriqueront, enverront leur Vicomte à Senlis avec leur Monétaire & deux hommes solvables qui aient des biens dans leur ressort, pour recevoir chacun cinq livres d'argent, &c.

Troisieme Race. On ne trouve aucune mention des Monétaires sous les Rois de la troisieme Race, mais seulement des Généraux-Maîtres des Monnoies, qui vraisemblablement prirent la place des Monétaires; l'on ignore le tems de la création & de l'établissement de ces Officiers.

Constant rapporte les termes d'une Ordonnance de Philippe-Auguste de l'an 1211, où il est parlé de ces Généraux-Maîtres des Monnoies.

Nous lisons dans un manuscrit qui commence l'an 1180 & finit en 1546, qu'en 1216 les habitans de Toulouse ayant été soumis par Simon de Beaufort leur Comte, ils furent obligés de lui donner trois mille marcs d'argent pour son indemnité, lesquels ce Comte voulant les faire fabriquer en monnoies usuelles, il prit du même Roi Philippe-Auguste, & de ses Généraux-Maîtres des Monnoies de France, un état par écrit des Ordonnances sur le fait des monnoies, & jura solemnellement de les suivre en tout point.

Il est encore fait mention dans ce manuscrit, d'un Réglement du même Roi Philippe-Auguste de l'an 1225 qui porte, que les Ouvriers des Monnoies seront tenus jurer ès mains des *Généraux-Maîtres des Monnoies*, &c.

Nombre des Généraux. Quoique Constant rapporte dans les preuves de son Traité des Monnoies plusieurs Mandemens de nos Rois, & autres actes dans lesquels il est fait mention des Généraux-Maîtres des Monnoies, on ne trouve que deux Réglemens qui en marquent précisément le nombre, savoir :

Le Réglement fait en 1315 par trois Généraux-Maîtres des Monnoies pour le poids, l'aloi & le coin des monnoies des Prélats & des Barons du Royaume, &c. ces Généraux y sont nommés.

Et le Réglement de Charles le Bel du 15 Décembre 1322 pour la fabrication & le cours de ces monnoies dont l'adresse est à quatre Généraux-Maîtres des Monnoies, qui y sont aussi dénommés.

Suivant ce Réglement de 1315, il n'y avoit dans ces premiers tems que trois Généraux-Maîtres des Monnoies, & en 1322 il y en avoit quatre.

Il paroît par des Lettres clauses de Philippe de Valois du 8 Février 1328, qu'il n'y avoit de même avant ce tems que trois Maîtres des Comptes : on lit dans ces Lettres que le Roi mande au Chancellier " de faire faire " dorefnavant une bourse pour chacun de ses cinq Clercs Maîtres de la " Chambre des Comptes, combien qu'au tems passé, elles n'eussent été " faites que pour trois qui étoient d'ancienneté ". Ces Lettres sont énoncées au Registres V de la Chambre des Comptes, fol. 155.

Ces Généraux-Maîtres des Monnoies qui, au commencement étoient ambulatoires, ainsi que les Maîtres des Comptes & les Tréforiers de France, furent rendus sédentaires, pour résider & tenir leurs séances ensemble dans l'ancien Bureau de la Chambre des Comptes à Paris. Ces Généraux, ainsi que les Maîtres des Comptes & les Tréforiers des Finances étoient, comme nous l'avons dit ci-dessus au nombre de trois, à l'imitation des trois Officiers qui furent anciennement institués à Rome pour présider à la fabrication des monnoies : & empêcher leur falsification & leur altération. Ces Officiers étoient appellés *Triumviri mensarii seu Monetarii, qui auro, argento, ære flando, feriundo præessent : cum esset de origine juris, eratque horum munus numismata probi auri & argenti, justi que ponderis examinare, ut juste militibus distribuerentur.*

Ces trois Compagnies qui composoient anciennement une seule Chambre, connoissoient conjointement & séparément suivant l'exigence des cas, du maniement & distribution des finances, des revenus du Domaine qu'on appelloit Trefor, d'où sont sortis les Tréforiers Généraux de France ; enfin des Monnoies d'où a été tirée la Chambre des Généraux des Monnoies : ce qui se justifie par diverses commissions & mandemens, dont l'adresse leur étoit faite en commun par les Rois.

Quoique ces trois Compagnies travaillassent conjointement en certaine nature d'affaires mixtes ; cependant de toute ancienneté, & dès leur première institution, les Généraux-Maîtres des Monnoies ont eu la Jurisdiction privative & souveraine du fait des monnoies & de leur fabrication, bail à ferme & réception de caution sur les Maîtres, Officiers, Ouvriers, Monnoyeurs, soit pour leurs poids, aloi, remedes, pour le cours & prix, tant

Jurisdiction des Généraux des Monnoies,

des monnoies de France que des étrangeres : comme auffi pour regler le prix du marc d'or & d'argent, faire obferver les Edits & Réglemens fur le fait des monnoies par les Maîtres & Officiers d'icelles, Changeurs, Orfévres-Jouailliers, Affineurs, Départeurs, Or-bateurs, Tireurs & Ecacheurs d'or & d'argent, Lapidaires, Merciers, Fondeurs, Alchimiftes, Officiers des Mines, Graveurs, Doreurs, Horlogers, & généralement par toute forte de perfonnes travaillans ou trafiquans les matieres d'or & d'argent dans toute l'étendue du Royaume.

Ces Généraux-Maîtres des Monnoies, & les Tréforiers des Finances unis & incorporés, comme il eft dit ci-deffus, aux Maîtres des Comptes, avoient leur Chambre féparée de celle des Maîtres des Comptes pour délibérer des affaires de leur compétence : ils s'affembloient avec les Maîtres des Comptes quand les affaires le requéroient.

Ces Officiers demeurerent ainfi unis & incorporés jufqu'à l'établiffement de la Chambres des Monnoies en laquelle les Généraux des Monnoies, devoient connoître feuls privativement à tous autres Juges du fait & police des Monnoies.

ÉRECTION DE LA CHAMBRE DES MONNOIES.

An. 1358. La féparation des Généraux-Maîtres des Monnoies d'avec les Maîtres des Comptes & les Tréforiers des Finances, & leur érection en Chambre, fut faite en l'an 1358, pendant la prifon du Roi Jean, par Charles fon fils aîné qui étoit Régent du Royaume. Ce Prince augmenta & donna des Réglemens aux Généraux & autres Officiers des Monnoies, & les fépara du Corps de la Chambre des Comptes, pour en faire une Compagnie particuliere, qui porta le nom de Chambre des Monnoies.

Cette Chambre fut alors établie dans un lieu au-deffus de la Chambre des Comptes où elle continua de rendre la juftice, même depuis fon érection en Cour Souveraine, jufqu'au mois de Septembre 1686, tems où elle fut transferée par Lettres Patentes du 7 Septembre de la même année, au grand Pavillon neuf du Palais qu'elle occupe aujourd'hui. Cette tranflation n'eut lieu que dans le mois d'Octobre fuivant, & le 16 dudit mois, elle y tint pour la premiere fois fa féance.

Nous jugeons que cette érection fe fit en 1358 de ce que les Lettres claufes des Généraux-Maîtres envoyées aux Officiers des Monnoies, en conféquence du mandement de Charles Dauphin de France, Régent du Royaume en datte du 7 Mai de la même année 1358, font dattées fimplement en ces termes, *écrit à Paris le neuf Mai 1358*, qui étoit le ftyle ordinaire avant cette érection; & les Lettres claufes des mêmes Généraux

Maîtres, en conféquence du mandement du 5 Août de la même année, font dattées en ces termes, *écrit à Paris en la Chambre des Monnoies le huit Août 1358* : ce qui a toujours été le ftyle des Lettres qu'ils ont envoyées depuis, en conféquence des mandemens de nos Rois. Boifard 341.

Avant cet établiffement, ces Généraux-Maîtres des Monnoies, qui, comme on l'a dit ci-deffus, n'étoient originairement que trois, fe trouve-rent par la fuite au nombre de quatre, ainfi qu'il appert par la vérification que firent *Amaulry de Grey, Jacques Fermant, Joffe Simon & Edouard Chadelin*, Généraux-Maîtres des Monnoies, des Lettres que Philippe de Valois donna au Bois de Vincennes le 20 Janvier 1346, portant augmen-tation de dix fols par marc d'argent. Quatre Gé-néraux.

A ces quatre Généraux-Maîtres des Monnoies en fut ajouté un cinquieme, par Ordonnance du Seigneur Régent, donné au Louvre lez-Paris le 28 Novembre 1358. Cinq Géné-raux.

Par autre Ordonnance donnée à Paris en datte du 27 Janvier 1359. Les Généraux furent augmentés de trois, ce qui fit alors huit Généraux-Maî-tres des Monnoies : cette Ordonnance portoit, » en l'Office des Mon-» noyages feront de préfent & dorefnavant huit Généraux-Maîtres des » Monnoies tant feulement ; *item*, un Clerc pour tout l'office des Monnoies. Huit Géné-raux.

Ce Clerc faifoit les fonctions de Greffier, & prenoit le titre de Clerc des Monnoies dès 1296. C'eft à ce tems que l'on peut rapporter l'origine de Greffier en la Cour des Monnoies. Greffier.

De ces huit Généraux-Maîtres des Monnoies, fix étoient deftinés pour la langue *d'Oil*, & deux pour la langue *d'Oc* : ceux de la langue d'Oil étoient réfidens à Paris ; ceux de la langue d'Oc rendoient la juftice dans les Provinces de Guyenne, Languedoc, Provence, & tout ce qui eft au-delà de la riviere de Loire en qualité de Commiffaires : ces Généraux avoient la qualité de Généraux-Maîtres des Monnoies du Royaume de France, qualité qui prouvoit l'étendue & la généralité de leur jurifdiction priva-tive fur le fait des Monnoies.

Quelque tems après, le Roi Jean, par Ordonnance donnée à Paris le 27 Septembre 1361, approuva l'augmentation faite par le Dauphin Régent, des trois Généraux-Maîtres des Monnoies, & regla les fonctions & l'exer-cice des Charges des fix qui réfidoient à Paris.

Dans la fuite Charles VI, par Ordonnance du 7 Janvier 1400, fuppri-ma deux des fix Généraux réfidens à Paris, fans faire aucune mention des deux Commiffaires du Languedoc qui tacitement étoient confirmés dans leur exercice, n'en étant aucunement parlé dans cette Ordonnance. Quatre Gé-néraux à Pa-ris.

Invent. du Tréfor des Chartes.

Ce même nombre de quatre Généraux-Maîtres des Monnoies fut encore confirmé en 1413 dans l'Affemblée convoquée par le Roi, pour entendre Mémor. de la Chambre des Comptes, année 1412, marquée H. fol. 9.

& pourvoir au bien Public du Royaume. *Hi quatuor foli & in folidum ordinati & ſtabiliti generales Magiſtri monetarum Regis ad vadia ordinaria & antiqua duntaxat, amotis abinde quibuslibet & aliis ultra ſupradictum de quatuor, nonobſtantibus oppoſitionibus & appellationibus, per litteras Regis datas vigeſimâ ſextâ Julii, ſic ſignatum:* par le Roi, à la relation du Conſeil, étant en la Chambre des Généraux-Conſeillers & Commiſſaires, &c. *Quarum litterarum virtute præſati quatuor recepti fuerunt, ac ſolitum præſtiterunt in camerâ compotorum juramentum, die ſecundâ Auguſti anno quo ſupra;* d'où l'on voit que ces quatre Généraux furent choiſis dans le nombre ancien, & confirmés dans leurs Charges nonobſtant les oppoſitions de leurs Confreres.

Le déſordre des guerres civiles & l'invaſion faite par les Anglois de la plûpart des Villes de France, & notamment de la Ville de Paris, où la Chambre des Monnoies avoit été établie, avoient fait abandonner à la plûpart des Généraux des Monnoies leur demeure: ils transfererent cette Chambre dans la Ville de Bourges le 27 Avril 1418: ils y travaillerent & jugerent les boëtes de monnoies que le Roi Charles VII, alors Dauphin, faiſoit fabriquer dans les Villes qu'il avoit foumiſes à ſon obéïſſance comme

Fol. 86, 87. Regiſtre entre deux ais de la Cour.

légitime ſucceſſeur de France, juſqu'au 9 Août 1436. Ils ne furent rétablis à Paris qu'en 1437, lorſque le Roi d'Angleterre & les Ducs de Bethfort & de Gloceſter, Régens alors en France pour le jeune Roi Henri d'Angleterre, en furent chaſſés, & la Ville de Paris délivrée de leur uſurpation.

Alors le Roi Charles VII, par Lettres-Patentes données à Iſſoudun le ſix Novembre 1437, ordonna que ſa Chambre des Monnoies transferée à Bourges depuis l'an 1418, ſeroit rétablie en ſon ancien Bureau du Palais à Paris: ce qui fut enſuite exécuté par les Connétable & Chancelier de France.

Pendant l'abſence de ces Généraux, qui compoſoient la Chambre des Monnoies à Bourges: il n'en étoit reſté que deux dans Paris pour regler & gouverner les Monnoies que le Roi Charles VI, & Henri d'Angleterre uſurpateur de la Couronne de France, faiſoient fabriquer, tant dans la Ville de Paris que dans les autres Villes qui leur étoient foumiſes. Charles VI informé que ces deux Généraux ne ſuffiſoient pas pour regler ſes Monnoies, commit par Lettres Patentes données à Paris le 23 Décembre 1419, Guillaume Forêt » pour vaquer, entendre, conſeiller & beſogner audit fait, » conjointement avec les Sires Jean le Maréchal & Louis Culdre » qui étoient les ſeuls Officiers reſtés en la Chambre à Paris.

Dans la ſuite le Roi Charles VII ayant reconnu le dommage que pouvoit apporter au fait de ſes Monnoies la multiplicité d'Officiers qui compoſoient alors le Corps de la Chambre des Monnoies rétablie à Paris, & qui étoit remplie tant par les anciens Officiers dont avoit été compoſée la Chambre transferée à Bourges, que des Généraux reftés à Paris, & autres auxquels avoient été donnés pareils offices de Généraux-Maîtres des Monnoies de langue dO'il & de la langue d'Oc, en limita & regla le nombre par Lettres Patentes en forme d'Edit données à Poitiers le 29 de Janvier 1443, par lesquelles il déclare, veut & entend; » qu'à l'avenir il n'y ait pour tout que » fept Généraux-Maîtres de fes Monnoies ». Ces Généraux font nommés & déclarés par les Lettres Patentes, favoir :

Sept Généraux.

> Gilles de Victry.
> Ravent le Danois.
> Jean Gentian.
> Jean Clerbourg.
> Pierre de Landes.
> Germain Braque.
> Gaucher Vivien.

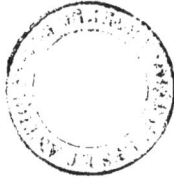

à la charge toutesfois qu'après le décès dudit Gaucher Vivien fon office & lieu foient non impétrables ; lefquels fept Généraux Sa Majefté veut & entend être & demeurer feuls Généraux-Maîtres de fes Monnoies, pour jouir à l'avenir par eux feulement des gages anciens, franchifes & libertés, droits & profits attribués à ces Offices & autres contenus en ces Lettres, qui furent lues & publiées en la Chambre des Comptes à Paris, le 16 Avril 1443, après Pâques.

Le nombre des fept Généraux des Monnoies fut continué jufques en l'année 1455, que le même Roi Charles VII les réduifit au nombre de quatre, par Ordonnance du 18 Septembre 1455; cet ancien nombre de quatre fut confirmé par Louis XI, par Lettres Patentes données à Vannes le 20 Juillet 1461.

Quatre Généraux.

Par autres Lettres Patentes données à l'Abbaye de Notre-Dame de la Victoire lez Senlis le 2 Novembre 1475, le Roi confirma le nombre ancien de quatre Généraux Maîtres des Monnoies qui font nommés dans les Lettres, favoir :

> Nicolas Potier.
> Germain de Marle.
> Denis le Breton.
> Simon Anjorran.

A ces quatre Généraux furent attribués fix cens livres par an pour gages & chevauchées, à prendre fur les deniers des finances du Roi, ainfi que les Généraux des finances qui étoient payés en ce tems par la même affignation de leurs gages & chevauchées.

Charles VIII à fon avenement à la Couronne en 1483 augmenta le nombre des Généraux-Maîtres des Monnoies, & ajouta Jean de Cambray &

Six Généraux.

Jean de Clerboùrg pour compofer le nombre de fix ; & par Lettres Patentes données au Mantil lez Tours le 14 Février 1483, Sa Majefté ordonna que tant en fadite Chambre des Monnoies qu'ailleurs par-tout fon Royaume, il n'y auroit à l'avenir que fix Généraux-Maîtres de fes Monnoies, auquel nombre de fix Sa Majefté les auroit fixés, & ordonné qu'il ne pourroit être excedé. Ces fix Généraux font nommés dans les Lettres, favoir :

Germain de Marle.

Nicolas Potier.

Arnoul Ruze.

Denys Anjorrant.

Jean de Cambray.

Jean de Clerbourg.

ainfi Denys le Breton & Simon Anjorrant furent fupprimés.

Ils furent fixés à ce nombre de fix par autres Lettres en forme d'Edit données au Bois de Vincennes par le même Charles VIII en Juin 1484.

Ce nombre de fix Généraux étoit d'autant plus néceffaire qu'en ce tems il y en avoit toujours deux qui fuivoient la Cour alternativement par commiffion pendant fix mois, pour, conformément à leur premiere inftitution qui étoit d'être Commenfaux de la Maifon du Roi, lorfqu'anciennement les monnoies fe fabriquoient dans le Palais & à la fuite des Rois, les confeiller & les avertir de ce qui étoit néceffaire d'ordonner, tant pour le gouvernement & la police générale des monnoies que pour l'expofition, appréciation ou décri des monnoies étrangeres. Ces deux Généraux étoient encore à la fuite de la Cour en 1473, & prenoient leurs gages & penfions fur le Changeur du Tréfor : ils avoient en outre de très beaux privileges & immunités qui leur étoient accordés en cette qualité de Commenfaux. On

Préfident.
Voyez à la
lettre P, pre-
mier Préfi-
dent.

les trouve réunis dans un mémorial de Charles le Cocq qui le premier fut Préfident de la Chambre des Monnoies ; cette Charge fut créé par Edit du mois de Mars 1522 par François I, qui l'honora de cette Charge, comme il eft dit ci-après.

Huit Géné-
raux.

Le nombre des fix Généraux-Maîtres des Monnoies fut bientôt après augmenté de deux par Lettres Patentes de Charles VIII données à Rome le treize Janvier 1494, par lefquelles Sa Majefté ordonna que le jugement des ouvrages faits dans les Monnoies de Dauphiné, Bourgogne, Provence & Bretagne, feroit fait en fa Chambre des Monnoies à Paris, par les notables Perfonnages en ce expérimentés & connus, dont la Chambre des Monnoies étoit compofée en ce tems.

Ce nombre de huit Généraux eft encore plus particulierement juftifié par l'Ordonnance de Louis XII, donnée à Compiegne le huit Juin 1498, dans
laquelle

laquelle les Officiers de cette Chambre font nommés, lefquels Sa Majefté confirma dans leurs Charges, ainfi qu'il fuit;

» Avons confirmé & confirmons de notre certaine fcience, pleine puif-
» fance & autorité royale, le corps de ladite Cour & Chambre de nos
» Monnoies, & en ce faifant avons continué & continuons tous les Offi-
» ciers & Suppôts d'icelle chacun en leur état & Office; c'eft à favoir nos
» amés & féaux Confeillers,

  » Germain de Marle.

  » Nicolas Potier.

  » Denys Anjorrant.

  » Jean de Cambray.

  » Charles le Cocq.

  » Germain le Maçon.

  » Gilles Accarie.

  » Guillaume Brouxeil, tous Généraux-Maîtres des Monnoies.

  » Guillaume le Sueur, Greffier.

  » Louis Anjorrant, Avocat.

  » Jean Parent, Procureur.

  » François Ra, Receveur des gages, profits & émolumens des Mon-
  » noies.

  » Vital Ferrebœuf, Receveur des Exploits & Amendes d'icelles.

  » Jean Blateau, Huiffier.

  » Germain de Valencienne, Effayeur général des Monnoies,

  » Pour dorefnavant exercer ces offices & états chacun en droit foi,
» aux mêmes honneurs, &c.

Ces Officiers furent pareillement confirmés dans l'exercice de leurs Charges par François I, par Lettres données à Paris en Janvier 1515. Bientôt après Sa Majefté reconnut les Officiers de fa Chambre des Monnoies tellement néceffaires au bien de fon fervice & à l'utilité publique, dans l'adminiftration de la Juftice fur la Police & gouvernement des Monnoies, qu'elle eftima que le nombre qui en étoit fixé en ce tems à huit ne fuffifoit pas pour vaquer, foit au jugement des boëtes de toutes fes Monnoies, foit à voir les comptes des Maîtres Particuliers, corriger les abus qui fe commettoient tant en la fabrication des monnoies, que dans l'emploi des matieres d'or & d'argent par les Maîtres Particuliers des Monnoies, Officiers, Ouvriers & Monnoyeurs, Changeurs, Orfévres, Jouailliers, Affineurs, Départeurs, Orbateurs, Tireurs & Ecacheurs d'or & d'argent, Lapidaires, Graveurs, Balanciers, Fondeurs, Merciers, Alchimiftes, Officiers & Ouvriers des mines, Cueilleurs d'or de paillole; veiller fur ceux qui travaillent ou trafiquent en matieres & ouvrages d'or & d'argent,

Regiftre de la Cour, G fol. 27 & H, fol. 147.

& punir les Billonneurs, faux Monnoyeurs, Expoſireurs, Rogneurs, Laveurs & Fabricateurs des monnoies. Il augmenta le nombre des Officiers de cette Chambre, par Edit donné à Saint Germain le 11 Mars 1522, de

Deux Conſeillers, un Préſident.

deux Conſeillers de robe longue, & d'un Préſident auſſi de robe longue, pour être le chef de la Juſtice qui ſe rendoit en la Chambre des Monnoies :

Dix Généraux, un Préſident.

ce qui fit avec le nombre ancien de huit, un Préſident & deux Conſeillers généraux de plus, faiſant en tout le nombre de onze, leſquels néanmoins en matiere criminelle devoient appeller des Conſeillers du Châtelet pour juger ſouverainement & en dernier reſſort.

Le nombre de ces Officiers fut confirmé par Henri II à ſon avenement à la Couronne, par Lettres Patentes données à Fontainebleau le 19 Février 1547; & ce nombre ſubſiſta juſqu'à l'érection de la Chambre en Cour Souveraine.

Procureur du Roi en la Chambre des Monnoies.

On ne trouve point l'Edit de création du Procureur du Roi en la Chambre des Monnoies; cependant nous liſons dans les vieux Regiſtres de cette Chambre que les 16 Mai 1392 & 12 Septembre 1396, il y avoit un Procureur pour Sa Majeſté : cet office avoit été vrai-ſemblablement créé depuis l'érection de cette Chambre; nous ne trouvons dans les anciens Regiſtres aucune Lettre de proviſions, ni actes de réception ou de commiſſion d'aucun Procureur du Roi, avant le 13 Mai 1413 que Maître Pierre de la Porte fut reçu en cette charge.

Voyez la ſuite des Procureurs Généraux au mot, PROCUREUR GENERAL.

Avocat du Roi en 1406.

La premiere création de la Charge d'Avocat du Roi en la Chambre des Monnoies ne fut pas ſitôt faite que celle de Procureur du Roi. Suivant les mêmes vieux Regiſtres, Maître Pierre de Bo, Avocat en Parlement, étoit Avocat du Roi par commiſſion en 1405 : il exerça juſqu'au 17 Décembre 1436, que Maître Philippe de Braque fut reçu en titre d'office;

Premier Avocat du Roi en charge en 1436.

c'eſt le premier Avocat du Roi reçu en la Chambre des Monnoies. Voyez la ſucceſſion des Avocats Généraux au mot, AVOCAT GENERAL.

Quant aux autres Officiers du Corps de la Chambre, comme Greffier, Receveur général des boëtes, & payeur des gages des Officiers, premier Huiſſier, Receveur des amendes, confiſcations & exploit de la Chambre; Eſſayeur & Tailleur généraux, ils furent créés, & érigés par la ſuite.

Greffier de la Chambre en 1448.

Maître Girard de la Folie fut le premier Greffier de la Chambre des Monnoies. Il avoit été pourvu de cet Office par le Roi Charles VII, & y fut reçu le 22 Avril 1448. Avant lui on ne trouve perſonne qui ait porté le titre & qualité de Greffier, mais ſeulement celui de Clerc de la Chambre des Monnoies; avant l'érection de cette Chambre, il étoit appellé le Clerc des Généraux-Maîtres des Monnoies; c'eſt ce que prouvent les vieux Regiſtres de la Chambre, & nommément la Chartre des privileges octroyés par Philippe le Bel au mois de Juin 1296, en ces mots; *nos fufdits Géné-raux-Maîtres de nos Monnoies, leur Clerc, les Ouvriers & Monnoyeurs du ferment de France, &c.*

Voyez la fuite des Greffiers au mot, GREFFIER en chef.

Huiffier.

Quant à l'Huiffier, fous les premiers Généraux des Monnoies, & pendant la durée de la Chambre des Monnoies, il n'y eut qu'un feul Huiffier qui étoit Huiffier & Portier de la Monnoie de Paris : cette place dépendoit anciennement de la nomination des Généraux de la Chambre qui avoient la faculté d'y pourvoir & de la faire occuper par telle perfonne qu'ils avifoient bon être ; ainfi dans le Journal ou Regiftre commençant en l'année 1350, fol. 24 ; & dans un autre du 21 Janvier 1381, nous lifons que les Généraux-Maîtres des Monnoies donnerent la charge d'Huiffier, vacante par mort à un nommé Reynaut, avant même la féparation des Généraux des Monnoies d'avec les Généraux des Comptes ; ce Pourvu étoit appellé Huiffier, Tabletier, & Varlet de la Chambre des Monnoies. Voyez Huiffier, au mot HUISSIER.

Nous parlerons des autres Officiers, comme du Receveur des boëtes, du Receveur des amendes, du Tailleur ou Graveur général des Monnoies, de l'Effayeur général, dans la fuite de cet article.

PRIVILEGES EE PREROGATIVES DES GENERAUX DES MONNOIES.

Les Généraux-Maîtres des Monnoies de France ont été de tout tems quittes & exempts de toutes impofitions & fubfides conformément aux Ordonnances de nos Rois, notamment,

Par Chartre donnée à Paris par Philippe le Bel en 1296,

Par autre Chartre de Philippe de Valois en Avril 1337,

Par Chartre donnée à Blois par Louis XII en Octobre 1512, vérifiée & regiftrée en la Cour des Aydes le 7 Septembre 1514,

Regiftre G, fol. 14.

Par Lettres de François I, données à St. Germain le 22 Juillet 1523, &c.

Ils ont de tout tems joui du droit de *committimus*, ainfi que tous les autres Officiers des Cours & Compagnies Souveraines ; ces Officiers avoient leurs caufes commifes aux Requêtes de l'Hôtel ou du Palais ; & lorfqu'on a voulu leur contefter ce droit, ils y ont toujours été maintenus : ainfi en 1460 les Maîtres des Requêtes qui tenoient le Sceau, ayant refufé aux Confeilers de la Chambre des Monnoies, l'expédition de leurs *committimus*. Le Chancellier des Urfins, par Lettres expreffes écrites à Boûrges le 12 Février 1460, manda aux Maîtres des Requêtes de les leur faire *fceller*, attendu eft-il dit, » que la Chambre des Monnoies étoit Chambre ordinai-

Committi-mus.

Livre appellé de Committimus, fans datte contenant 27 feuillets.

» re, pour le Roi, comme étoient toutes les autres Chambres ». Dans la
Lettre que ce même Chancelier écrit sur ce sujet à ces Conseillers, il les
appelle & commence sa lettre par ces mots, *très chers freres*, & leur mande
qu'il n'entend pas qu'on leur refuse leur *committimus*.

Regiftre F.
fol. 82.

Franc-falé.

Les Conseillers généraux de la Chambre des Monnoies ont pareillement
joui du droit de franc-salé, ainsi que les anciens Officiers de Justice & des
Finances. Les Lettres Patentes de Charles VII, données à Marmende le
5 Novembre 1443, mandent expressément au Grenetier de Paris, *de bailler*
à chacun des Conseillers généraux de la Chambre des Monnoies, un seslier
de sel sans gabelle, & à leur Clerc une mine; ce droit leur fut de nouveau
accordé & confirmé par Lettres Patentes de François Premier, données à
Romorentin le 22 Janvier 1520, vérifiées par les Généraux-Conseillers le
1 Mai 1521.

Cérémonies
& rang des
Génc aux aux
cérémonies.

Ils ont toujours joui des mêmes honneurs & avantages que les autres
Chambres & Compagnies Souveraines; ils étoient appellés & mandés pour
assister en corps à toutes les cérémonies des Couronnemens, Entrées, enterremens & honneurs funebres des Rois, Reines, Enfans de France,
& à toutes pompes & cérémonies royales, Processions & *Te Deum*; ils y
assistoient avec les Officiers de la Chambre des Comptes, avec lesquels,
comme nous l'avons dit ci-dessus, ils n'avoient fait & composé autrefois
qu'un même Corps, & duquel ils ont été réputés long-tems après leur séparation, ainsi qu'il est prouvé par un certificat des gens des Comptes où
il est dit :

Reg. G, fol.
110.

» Les gens des Comptes du Roi notre Sire, certifions à qui il appar-
» tiendra, que les Officiers de la Chambre des Monnoies, ont été de tout
» tems & ancienneté, comme encore sont de présent, du corps de la Cham-
» bre des Comptes : donné sous nos signets le 7 de Juin 1521, *signé*, CHEVA-
» LIER.

Ce qui est encore justifié par le Registre de la Chambre des Comptes
cotté X fol. *69*, dans lequel est inférée la relation de cette grande Assemblée des Prélats, Archevêques, Evêques, Maîtres des Comptes, Généraux des Monnoies, Clerc des Comptes, Tréforiers de France, &c. faite
en la Chambre des Comptes le 11 Mai 1403, en exécution des Lettres
Patentes de Charles VI, données à Paris le 27 Avril 1403.

On voit par ce Registre que les Généraux des Monnoies avoient rang
immédiatement après les Généraux des Comptes.

Dans le même ordre ces Officiers allerent le 9 Février 1491 au-devant
de la Reine Anne de Bretagne épouse du Roi Charles VIII, à l'entrée qu'elle
fit à Paris lors de son mariage;

En 1513 aux obseques & enterremens de ladite Dame épouse des Rois
Charles VIII & Louis XII;

En 1515 à l'entrée du Roi François I dans sa Ville de Paris ;

En 1517 au Sacre & Couronnement qui fut fait dans l'Eglise de Saint Denis, & à l'Entrée à Paris de la Reine Claude fille de Louis XII, & premiere femme de François Premier ;

En 1526 le 13 Avril au Service & Procession qui fut faite à St Denis en France avec les Corps Saints qui reposent en ce lieu ;

En 1526 le 15 Avril, au-devant du Roi François Premier à son Entrée à Paris lors de son retour d'Espagne ;

En 1530 le six Mars, au-devant de la Reine Eléonore d'Autriche sœur de l'Empereur Charles V, & seconde femme de François Premier ;

En la même année 1530, les Généraux des Monnoies assisterent à l'Entrée de cette Dame dans Paris, & au Festin royal qui fut fait dans la grande salle du Palais.

Dans la relation faite en ce tems par ordre du Roi par Guillaume Bochetel Secretaire d'Etat, nous lisons la marche & le rang qu'y tenoient ces Généraux des Monnoies.

» Premierement, les Huissiers & Messagers de la Chambre des Comptes » deux à deux.

» Les Greffiers vêtus de taffetas noir.

» Messieurs les Présidens deux à deux, vêtus de robes de velours noir.

» Messieurs des Comptes deux à deux vêtus de satin noir.

» Après eux, le Président des Généraux des Monnoies à main dextre, & » avec lui un Correcteur à la senestre.

» Après ce, marchoient les Généraux des Monnoies à main dextre, & » les Auditeurs à main senestre deux à deux, & le reste des Auditeurs deux » à deux, &c. » Ils furent assis & rangés dans le même ordre au souper qui fut donné dans la grande salle du Palais.

Les Présidens & Généraux des Monnoies allerent le premier Février 1539 au-devant de l'Empereur Charles V, frere de la Reine Eléonore d'Autriche Reine de France, M. Charles le Coq Président de la Chambre des Monnoies porta la parole.

Ces Officiers allerent de même aux Obseques & Pompe funebre de l'Enterrement du Roi François Premier, lorsqu'il fut porté de Saint Cloud en l'Eglise de Notre-Dame des Champs le 21 Mai 1547 & de cette Eglise en celle de Notre-Dame de Paris, où le corps fut apporté avec le même ordre & cérémonie le 23 Mai, & de l'Eglise de Notre-Dame en celle de Saint Denis en France ; les Officiers de la Chambre des Monnoies y furent placés suivant leur rang pour assister au Service & Enterrement de ce Prince.

Tous les Officiers, Présidens, Conseillers, Généraux, Avocat & Procureur de Sa Majesté, Greffier & autres de la Chambre des Monnoies furent, ainſi que les Officiers des autres Corps & Compagnies vêtus de robes de deuil ſuivant la coutume de tout tems obſervée en ſemblables occaſions, à chacun deſquels, ſuivant la dignité de ſa charge, fut fourni des étoffes par les Argentiers du Roi, & autres commis & prépoſés pour faire cette dépenſe, ce qui ſe juſtifie par les états de la dépenſe rendus à la Chambre des Comptes à Paris en 1547, lors de la mort de François Premier.

Ces mêmes Officiers allerent le 18 Juin 1549, en corps ſéparé de la Chambre des Comptes, au-devant de la Reine Catherine de Médicis femme de Henry II, à ſon Entrée dans la Ville de Paris, à laquelle harangua le Préſident le Coq comme Chef de la Compagnie.

Le Jeudi 4 Juillet 1549 ils aſſiſterent à la Proceſſion générale qui fut faite pour la Religion par l'ordre & commandement de Henri II.

Ces Officiers étoient appellés dans les occaſions aux Parlemens & convocations des Notables du Royaume, ils aſſiſterent au Parlement tenu le 7 Septembre 1594 dans la grande ſalle de l'Hôtel de Saint Paul : le Roi y ſéant.

A chaque mutation de Regne, les Officiers de la Chambre des Monnoies étoient confirmés dans leurs Charges par Lettres expreſſes des Rois, alors ils réitéroient le Serment qu'ils avoient fait lors de leur reception ; ce ſerment conſiſtoit à jurer de ne jamais ſouffrir ni conſeiller l'empirance des monnoies, ſuivant l'Ordonnance du Roi Charles V, ſur peine de perdre leurs Offices, ſerment que le Roi voulut faire lui-même, avec promeſſes de l'obſerver exactement.

Droit de pied fort   Entre les droits & priviléges dont jouiſſoient les Officiers de la Chambre des Monnoies, le droit de pied fort leur fut particulierement accordé à chaque mutation d'eſpeces de monnoie, ſoit en titre, en poids, en forme, ou figure, & même à chaque mutation de Prince, en conſidération de ce que les originaux des eſpeces nouvelles demeuroient en dépôt, comme dans un lieu Sacré, dans leur Bureau, pour, à l'exemple du Sicle qui étoit gardé dans le Sanctuaire du Temple de Jéruſalem, ſervir de regle & de modele à la fabrication, & tenir toujours ferme & conſtant le pied de la monnoie.

Ces eſpeces appellés *Pied fort*, étoient plus juſtes & plus fortes que les eſpeces courantes, en ce que devant ſervir de modeles, elles renfermoient en elles toute la perfection du titre & du poids, ſans participer nullement des remedes, dans leſquels le Prince permet de fabriquer les eſpeces qui doivent avoir cours. Elles portoient dans leur circonférences ces mots : *Exemplar probati numismatis*, ou *Exemplar probatæ monetæ*.

Les Officiers du Parlement aſſiſtoient à la Chambre des Monnoies lorſqu'ils y étoient invités. Les 30 Septembre 1441, 5 Mars 1443, 5 Février 1444, & 8 Avril 1445, trois Conſeillers du Parlement aſſiſterent au jugement d'un procès en la Chambre des Monnoies, & trois autres les 9 Juin 1452, 11 Décembre 1456, 25 Mai 1460, & premier Mars 1474.

Trois Conseillers au Parlement, ou à leur défaut, trois Conseillers du Châtelet se transportoient au besoin à la Chambre des Monnoies pour completer le nombre de onze Juges qui étoit nécessaire quand on avoit à déliberer sur des affaires de grande importance. C'étoit le vœu des Ordonnances, attendu le petit nombre d'Officiers dont la Chambre étoit composée, & en s'y conformant, les jugemens qu'elle rendoit, étoient souverains & sans appel.

Les Maîtres des Requètes ordinaires de l'Hôtel du Roi s'y transportoient de même quelquefois : ils y venoient faire leur rapport des affaires qui se passoient dans le Conseil du Roi, concernant le fait des monnoies.

Les Maîtres des Comptes & les Trésoriers de France y ont aussi assisté depuis leur séparation, lorsque la nature ou la nécessité des affaires, qui étoient à juger, le requeroient.

Les Conseillers du Châtelet étoient ordinairement appellés en tous les jugemens des procédures criminelles, & vrai-semblablement cela s'est ainsi pratiqué jusqu'au tems de l'érection de la Chambre des Monnoies en Cour & Jurisdiction Souveraine, auquel tems elle fut augmentée d'un nombre suffisant d'Officiers pour juger en dernier ressort.

Henri II, par Lettres Patentes du 25 Mars 1549, donna plein pouvoir aux Conseillers Généraux de la Chambre des Monnoies, de juger en dernier ressort sur le fait des monnoies : il leur permit (au cas qu'il n'y eut alors nombre compétent de Juges) de prendre & appeller des Conseillers du Châtelet pour Assesseurs & Adjoints, afin que les Jugemens souverains de ces Généraux fussent rendus conformément aux Ordonnances intervenues sur le fait & administration de la Justice.

Le Roi Charles VIII, par Lettres Patentes du 13 Janvier 1494, avoit ordonné que toutes les appellations, qui seroient interjettées des Conseillers Généraux de la Chambre des Monnoies, ou de ses Commissaires & Députés dans les Provinces du Royaume, seroient décidées & déterminées au Parlement de Paris seulement, avec défenses à tous les autres Parlemens d'en prendre connoissance, & aux Justiciables des Conseillers-Généraux de s'y pourvoir, sur les peines portées par ces Lettres. Au moyen de ces appellations, les Maîtres Particuliers des Monnoies, Officiers d'icelles, Orfévres, Changeurs, & autres Justiciables, » ne craignoient les jugemens de » la Chambre, & n'étoient curieux de bien user en leurs états, offices & » métiers, se confians par ledit appel (lequel quelquefois prend long trait » de tems) de égarer & déguiser leurs fautes, malversations & abus, au » grand préjudice de l'Etat & des Sujets.

Maîtres des Requêtes à la Chambre.
Mémorial du Président le Cocq, années 1425. 1426.
Régître de la Chambre année 1443. 24 Septemb.
Compte de la monnoie de Paris année 1472.

Termes de l'Edit du mois de Janvier 1551.

Pour obvier à ces abus, Henri II par Lettres Patentes données à Joinville le 25 Mars 1550 avant Pâques, fit défenses à sa Cour de Parlement de Paris, de prendre connoissance des matieres & procès appartenans aux Conseillers-Généraux des Monnoies, & des appellations desquelles le Parlement de Paris avoit auparavant pû connoître, dont il fut entierement déchargé; & confirma de nouveau à ses Conseillers-Généraux pour un an seulement, le pouvoir qu'il leur avoit donné de juger souverainement, comme devant, par autres Lettres Patentes du premier Avril de l'année 1550.

Érection de la Chambre des Monnoies en Cour Souveraine.

Janvier 1551.

L'année suivante le même Roi Henri II, par Edit du mois de Janvier 1551, créa, érigea & établit la Chambre des Monnoies en Cour & Jurisdiction souveraine & Supérieure, comme sont les Cours de Parlement & autres Cours, pour y être jugées, décidées & déterminées par Arrêt & en dernier ressort, toutes matieres tant civiles que criminelles, desquelles les Généraux des Monnoies avoient connu auparavant ou dû connoître suivant les Ordonnances, soit en premiere instance, ou par appel des premiers Juges.

La Chambre des Monnoies n'étoit alors composée que d'un Président & de dix Conseillers Généraux, dont partie étoit souvent députée dans les Provinces pour y visiter l'état des Monnoies & leurs Officiers: ceux qui restoient à Paris, n'étant pas en nombre suffisant pour juger souverainement,

Création d'un Président & de trois Généraux,

le Roi par le même Edit créa, érigea, ordonna & établit un second Président, & trois Généraux de robbe longue, licentiés, expérimentés & entendus au fait de Judicature, & ordonna que » quand vacation adviendroit des Offices de Présidens, qu'il ne seroit pourvu à ces Offices que » personnes de robbe longue & licentiés en Droit, savans & expérimen-» tés au fait de Judicature & Pratique; & que des Généraux tant de l'an-» cienne que de nouvelle création, qui seront treize en nombre, il y en » auroit sept pour le moins de robbe longue & licentiés, savans & expé-» rimentés au fait des Monnoies, tous sujets à examen avant que récep-» tion en soit faite en leursdits états & offices, laquelle réception & ser-» ment sur ce dû & arrêté doit être fait en la Cour des Monnoies & non » ailleurs ».

» Le même Edit attribue à ces Présidens & Généraux privativement à » tous Juges soit des Cours de Parlement, Chambre des Comptes, qu'au-» tres Juges quelconques du Royaume en dernier ressort & sans appel, la » connoissance des deniers ⬛⬛⬛tes des Monnoies, jugemens d'iceux,

» des

» des fautes, malverfations, abus commis, & qui fe commettront par les
» Maîtres-Gardes, Tailleurs, Effayeurs, Contre-gardes, Prévôts, Ou-
» vriers & Monnoyeurs, Changeurs, Affineurs, Départeurs, Batteurs,
» Tireurs d'or & d'argent, Cueilleurs & Amaffeurs d'or de paillole, Or-
» févres, Jouailliers, Mineurs, Tailleurs de gravûres, Balanciers, & autres
» faifant des monnoies, circonftance & dépendance, en ce qui concerne
» leurs Charges, Etats & Métiers, rapports & vifitation d'iceux; les rap-
» ports devant être faits pardevant les Généraux ou leurs Commis & Dé-
» putés & Prevôts des Monnoies, en l'abfence des Généraux, pour procé-
» der contr'eux, & en tous cas ès matieres civiles & criminelles concer- Termes de l'Edit.
» nant le fait des Monnoies, circonftance & dépendance d'icelles, charges
» & métiers des deffufdits, & jufques à condamnation & exécution corpo-
» relle, & mêmement de mort & abciffion de membres inclufivement,
» tant en premiere inftance, que des appellations qui pourront être inter-
» jettées, tant d'aucun des Préfidens & Généraux & Députés par la Cour
» des Monnoies, faifant leurs chevauchées, que des Gardes, Prévôts des
» Monnoies, & Confervateurs des privileges des mines.

» De même, la connoiffance privativement à tous Juges & en dernier
» reffort de tous procès mûs & à mouvoir, touchant les états & Offices
» des Monnoies, Changeurs, Orfévres, Départeurs & autres perfonnes
» fufnommées, fans qu'il en puiffe être appellé, ne reclamé, & en outre
» par prévention & concurrence avec les Baillifs, Sénéchaux, Prévôts des
» Maréchaux & autres Juges, des faux Monnoyeurs, Rogneurs & Altéra-
» teurs d'icelles, Alchimiftes, Tranfgreffeurs & Infracteurs des Ordon-
» nances faites fur le cours & mife, tant des monnoies ayant cours dans le
» Royaume, que des monnoies étrangeres, de quelqu'état, condition &
» liberté qu'ils foient, circonftance & dépendance, & en tous cas civils &
» criminels, par Arrêt & en dernier reffort.

Le même Edit donne aux Généraux tel & pareil pouvoir, autorité prééminence & privileges, tant pour les chofes fufdites, circonftances & dépendances d'icelles, que fur leurs perfonnes, & tout ainfi qu'ont les autres Cours de Parlement du Royaume ès caufes & matieres, non touchant & concernant le fait des Monnoies.

» Veut encore l'Edit que les Généraux connoiffent en premiere inftance,
» privativement à tous Juges, des deniers, confifcations & amendes procé-
» dant de leurs Jugemens & Arrêts, & des faifies & criées des biens com-
» pris ès confifcations & amendes dues & affignations d'icelles.

Cet Edit fut adreffé au Garde des Sceaux de la Chancellerie de France, & aux Confeillers du Grand Confeil & Généraux des Monnoies, pour le faire lire, publier & enregiftrer en leur Cour & Jurifdiction, & par-tout où befoin fera , &c. Donné à Fontainebleau au mois de Janvier 1551. ·

Regiſtré ès Regiſtres du Grand Conſeil du Roi le 11 Février 1551.

Lû en la Chancellerie en la préſence de M. le Garde des Sceaux , du Chancelier & des Notaires & Sécretaires y étant, &c. le 15 Février 1551.

Regiſtré en la Cour des Monnoies le 26 Février 1551.

Second Edit. Au même mois de Janvier de la même année , intervint un autre Edit contenant attribution & juriſdiction ſouveraine en la Cour des Monnoies , tant en matiere civile que criminelle , & augmentation d'Officiers en icelle , adreſſé pour la vérification tant au Parlement de Paris , qu'autres Parlemens de France & Généraux des Monnoies.

Cet Edit crée de nouveau , érige & établit la Chambre des Monnoies ſéante à Paris , en Cour & Juriſdiction Souveraine & ſupérieure , pour y être connu , jugé & décidé par Arrêt en dernier reſſort & ſans appel , de toutes matieres civiles & criminelles , dont la connoiſſance appartenoit & étoit attribuée à cette Chambre par les Ordonnances , ſoit en premiere inſtance , ou par appel des Gardes , Prévôts & Conſervateurs des Mines.

Termes de l'Edit. » Contre leſquels Jugemens & Arrêts , nul ne peut être reçu , ſinon par » la voie de propoſition d'erreur , ès matieres deſquelles il eſt permis de » propoſer erreur , & tout ainſi qu'aux autres Cours Souveraines : à la charge » toutesfois que pour donner les Arrêts , il y aura toujours le nombre

Nombre de dix exigé pour rendre les Jugemens. » de neuf pour le moins des Généraux des Monnoies avec le Préſident , » ou le plus ancien des Généraux pour l'abſence du Préſident , de façon » qu'en leurs jugemens , ils ſoient toujours au nombre de dix.

Et pour completer le nombre de dix malgré l'abſence des Généraux qui pouvoient être députés dans les Provinces , & que les procès civils & criminels ſurvenans en la Cour des Monnoies , fuſſent mieux inſtruits & jugés ſelon le droit & raiſon par ſuffiſant nombre de Juges , & la Cour tenue en meilleure & plus grande autorité ; le Roi crée , érige & établit en

Création d'un Préſident & de trois Conſeillers. icelle un ſecond Préſident & trois Conſeillers Généraux de robbe longue , licentiés , ſavans & expérimentés en fait de judicature , aux gages ci après ordonnés , & à tels autres droits , profits , prééminences , franchiſes , libertés qui y appartiennent , & qu'ont joui & jouiſſent les Préſidens & Généraux de l'ancienne création & inſtitution.

Juriſdiction. » Le même Edit confirme la connoiſſance & Juriſdiction des Conſeillers- » Généraux ſans appel & en dernier reſſort , privativement à tous Juges , » ſoit des Cours Souveraines , Chambres des Comptes ou autres , des de- » niers de boëtes deſdites Monnoies ; enſemble des fautes & malverſations » commiſes , & qui ſe commettront par les Maîtres-Gardes , Prévôts , Eſ- » ſayeurs , Tailleurs , Contre gardes , Ouvriers , Monnoyeurs , Changeurs , » Affineurs , Départeurs , Batteurs d'or & d'argent , Mineurs , Cueilleurs

" d'or de paillole, Orfévres, Jouailliers, Graveurs, Balanciers & autres
" faisant fait des Monnoies, circonstance & dépendance, en ce qui con-
" cerne leurs charges & métiers, visitations & rapports que les Maîtres
" d'iceux métiers seront tenus faire doresnavant, savoir, en la Ville de
" Paris pardevant les Généraux de la Cour des Monnoies, & aux autres
" Villes du Royaume pardevant les Généraux-Gardes & Prévôts des Mon-
" noies chacun à son détroit & ressort, & par prévention & concurrence
" avec les Baillifs, Sénéchaux & autres Juges du fait des faux-Monnoyeurs,
" Rogneurs & autres de quelqu'état & condition qu'ils soient, Infracteurs
" des Ordonnances touchant le fait des Monnoies, & généralement de
" tous autres cas civils & criminels dont la connoissance est attribuée &
" appartient aux Généraux des Monnoies par les Ordonnances rendues sur
" le fait des Monnoies, circonstance & dépendance, le tout par Arrêt &
" en dernier ressort, jusqu'à condamnation & abcission de membres inclusive-
" ment, soit en premiere instance, soit par appel des Commis & Députés par
" la Cour, Gardes, Prévôts desdites Monnoies, & Conservateurs des Pri-
" vileges des Mines, en tous cas desquels ils peuvent connoître en premiere
" instance.

Veut le même Edit » que les Arrêts & Jugemens de la Cour des Mon-
" noies soient exécutés sans demander aucunes Lettres de *visa*, Placet, ne
" *pareatis*, & faire aucunes insinuations aux Cours des Parlemens & autres
" Juges: déclare en outre que les Parties, tant de pays Coutumier que de
" Droit Ecrit, qui auront mal appellé en cette Cour, soient condamnées
" pour le fol appel, en trente livres parisis d'amende qui sera reçue par le
" Receveur des Exploits & Amendes de la Cour ».   **Fol appel.**

Cet Edit fut adressé tant au Parlement de Paris qu'aux autres Cours du
Parlement du Royaume, pour y être lû, publié & registré, &c. Donné à
Fontainebleau au mois de Janvier 1551.

Suivent les enregistremens.

Lecta, publicata & registrata, audito Procuratore generali Regis, de ex-   **Au Parle-**
presso mandato eiusdem domini Regis, excepto quantum ad cognitionem in ul-   **ment.**
timo ressorto materiarum criminalium. Actum Parisiis in Parlamento, duo-
decimâ mensis Aprilis anno 1551 ante Pascha.

Lecta, publicata & registrata de mandatis expressissimis reiteratis, in registro   **Autre en-**
Curia contentis, Parisiis Parlamento, sextâ decimâ die Maii anno 1552.   **registrement**
Cet Edit fut ainsi simplement enregistré au Parlement après deux Lettres   **lement.** simple au Par-
de Jussion des 9 Mars 1551 & 20 Avril 1552, & par autre Arrêt du Par-
lement rendu sur le requisitoire du Procureur Général du Roi en la même
Cour, le 17 Juin 1552.

Lû, publié & registré en la Cour des Monnoies le 27 Juin 1552.

E e ij

Regiſtré ès Regiſtres de la Chancellerie le premier Juillet 1552 ; à la charge que les Expéditions, Jugemens & Arrêts de la Cour des Monnoies portant exécution, feront fignés par un Sécretaire du Roi, & fcellés du fceau de la Chancellerie, commes ès autres Cours Souveraines.

Regiſtré au Parlement de Bordeaux le 25 Juin 1555.

Regiſtré au Parlement d'Aix le 23 Juillet 1555.

Charles IX, par Edit du mois de Septembre 1570, confima l'Edit du mois de Janvier 1551, contenant l'érection de la Chambre des Monnoies en Cour Souveraine, pour connoître de même, juger & décider fouverainement par Arrêt en dernier reffort & fans appel en tous cas ès matieres, tant criminelles & civiles de fa compétence, tant en Jurifdiction particuliere & privative, qu'en Jurifdiction cumulative par prévention, ainfi qu'il eſt fpécifié par cet Edit, lequel Sa Majeſté veut être exécuté, & être entierement gardé, obfervé & entretenu de point en point felon fa forme & teneur fans aucune reſtriction, modification, ni limitation, ceffant & annullant toutes limitations & modifications faites par les Cours de Parlement, en procédant à la publication de cet Edit.

Création de deux Préſidens & cinq Conſeillers.

Par le même Edit, le Roi créa deux Préſidens & cinq Généraux-Conſeillers tous de robbe longue, licentiés en droit & expérimentés au fait des Monnoies, ce qui faifoit alors le nombre de dix-fept, favoir ; quinze Conſeillers & deux Préſidens réſidens à Paris, aux mêmes gages que les autres

Dix - fept Conſeillers deux Préſident.

Préſidens & Généraux plus anciennement créés : favoir ; à chacun des deux Préſidens mille livres tournois, & à chacun defdits Conſeillers & Généraux, cinq cens livres tournois par chacun an, avec augmentation de deux cens livres par an, tant pour chaque Préſident, que pour chaque Conſeiller, tant des ancienne que nouvelle création, payables par le Receveur Général des Boëtes, profits & émolumens des Monnoies, & des depiers de fa recette au bout de chacun mois felon qu'il conviendroit par chacun jour de fervice, & entrée en la Cour, à la charge » que ceux qui fauldront d'y entrer pen-

Petites épi-ces.

» dant l'année de leur fervice, aux jours & heures portés par le Réglement » de la Cour des Monnoies, ou qui étant entrés fe départiront du Bureau » avant l'heure fonnée, fans être licentiés du Préſident, & fans caufe juſte » & légitime, feront piqués & privés du profit de l'augmentation échéante » pour tant de jours & entrées qu'ils auront failli d'entrer & demeurer au » Bureau, & tout ainfi que les Gens de la Chambre des Comptes à Paris » ont accoutumé faire pour la diftribution de leurs épices.

Service alter-natif.

Par le même Edit, il eſt ordonné que tous les Conſeillers, Préſidens & Généraux foient divifés & départis en deux fervices alternatifs également, moitié d'iceux pour fervir un an durant en la Cour des Monnoies à Paris, & l'autre moitié l'année fuivante, continuant ainfi d'an en an fans ceffer »

ni prendre les vacations de la demi-Août jusqu'à la Saint Martin, & quant à ceux qui ne feront de fervice, fix entre les plus favans & expérimentés des Préfidens & Généraux, feront élus par la Cour des Monnoies & par elle commis & députés pour aller & réfider un an durant ès principales Villes & Provinces du Royaume, &c.

Commiffions.

Le même Edit augmente les gages des Avocats & Procureurs Généraux jufqu'à la concurrence de cinq cens livres tournois, confirme la Jurifdiction de la Cour, fur les jufticiables mentionnés en l'Edit de 1551, & fixe les fonctions & droits des Commiffaires départis dans les Provinces.

Conftant aux Preuves.

Cet Edit, donné à Paris au mois de Septembre 1570.

Lu, publié & regiftré, oui fur ce le Procureur Général du Roi, ainfi qu'il eft porté & contenu au regiftre de la Cour, à Paris en Parlement le 22 Janvier 1571.

Lu, publié & regiftré en la Chambre des Comptes le 21 Mars 1571.

Lu, publié & regiftré en la Cour des Monnoies le 9 Juin 1572.

Henri III par Edit du mois de Janvier 1588, créa fix nouveaux Confeillers pour être joints, unis & incorporés au Corps de la Cour des Monnoies aux mêmes honneurs, autorités, privileges, &c. que les autres Confeillers-Généraux.

Création de fix Confeillers.

Cet Edit donné à Paris au mois de Janvier 1588, adreffé à la Chambre des Comptes & à la Cour des Monnoies, & regiftré en la Chambre le 27 Février 1588, & en la Cour des Monnoies le 10 Mars fuivant.

Louis XIII par Edit du mois de Juin 1635, confirma de nouveau la fouveraineté de la Cour des Monnoies : cet Edit porte que celui du mois de Janvier 1551, regiftré au Parlement de Paris purement & fimplement le 16 Mai 1552, fera entierement gardé & obfervé felon fa forme & teneur ; & veut que pour cet effet, la Cour des Monnoies, les Commiffaires députés & fes Juges inférieurs & fubalternes jouiffent entierement de la Jurifdiction, rang & féance à eux attribuées, tant par le préfent Edit, que par les Ordonnances des Rois prédeceffeurs, pour juger fouverainement en dernier reffort & fans appel, de toutes matieres civiles & criminelles dont la connoiffance lui appartient, foit en premiere inftance ou par appel de fes Députés Généraux Provinciaux, Gardes des Monnoies, Confervateurs des Privileges des Mines reffortiffans en la Cour des Monnoies ; & que privativement à tous autres Juges, ils connoiffent de tout ce qui concerne le fait & fabrication des Monnoies, deniers de Boëtes ; enfemble des faures & malverfations commifes, & qui fe commettront par les Maîtres & Gardes, Prévôts, Effayeurs, Contre-Gardes, Tailleurs, Ouvriers, Monnoyers, Changeurs, Affineurs, Départeurs, Batteurs, Tireurs d'or & d'argent,

Jufticiables.

Mineurs , Cueilleurs d'or de paillole , Orfévres , Jouailliers , Graveurs , Balanciers & autres faifant fait des Monnoies , & trafic d'or & d'argent en ce qui concerne leurs charges , états & métiers , vifitations , & rapports que les Maîtres Jurés & Gardes de ces Métiers font tenus faire : favoir ; en la Ville de Paris pardevant les Généraux de la Cour des Monnoies , & aux autres Villes du Royaumes pardevant les Gardes & Prévôt des Monnoies ,

Concurren- chacun en fon détroit & reffort , & par prévention & concurrence avec les
ce. Baillifs , Sénéchaux & autres Juges , du fait des faux Monnoyeurs , Rogneurs , Billonneurs , & autres infracteurs des Edits & Ordonnances fur le fait des Monnoies , de quelqu'état & condition qu'ils foient , & généralement de tous autres cas civils & criminels , dont la connoiffance fouveraine eft attribuée & appartient à la Cour des Monnoies par Edit du mois de Janvier 1551 , & autres Ordonnances , circonftances & dépendances ; le tout par Arrêt en dernier reffort comme deffus , jufques à condamnation & & exécution corporelle , mêmement de mort , abciffion de membres & autres peines de mort afflictives inclufivement , foit en premiere inftance , ou par appel des Commiffaires & Députés par cette Cour , Gardes , Prévôts des Monnoies , & Confervateurs des Privileges des Mines ; & ce nonobftant toutes les modifications & reftrictions faites par les Parlemens & Chambres des Comptes à la vérification de l'Edit du mois de Janvier 1551 ; toutes lefquelles modifications & reftrictions , en tant que befoin eft , ou feroit ,

Nombre de font levées & ôtées , à la charge qu'aux jugemens des procès criminels , af-
dix prefcrit. fifteront du moins dix Confeillers de robbe longue outre les Préfidens.

Création Par le même Edit , le Roi crée & érige en titre d'office formé , un Préfi-
d'un Préfident dent de robbe longue & dix Confeillers-Généraux , & un Subftitut de l'A-
& dix Confeil- vocat & Procureur Général en la Cour des Monnoies , à l'inftar des Subfti-
lers.
Création tuts des Procureurs Généraux ès Parlemens créés par Edit du mois de Mars
d'un Subftitut. 1586 , aux gages favoir , le Préfident de dix-fept cens livres , les Confeillers de mille livres , & le Subftitut de trois cens livres , aux mêmes honneurs & prérogatives attribués aux Officiers ci-devant créés.

Prevôt géné- „ Et pour faciliter l'exécution des Edits & Réglemens fur le fait des
ral des Mon- „ Monnoies , & prêter main-forte aux Députés de la Cour , tant dans la
noies. „ Ville de Paris , que hors d'icelle , & par toute l'étendue du Royaume , le „ Roi par le même Edit crée en titre d'office formé & héréditaire un Pré„ vôt Général des Monnoies , un Lieutenant , trois Exempts , un Greffier,

Douze Huif- „ quarante Archers , un Archer Trompette , & douze Huifliers héréditaires
fiers. „ pour le fervice de ladite Cour , &c ".

Voyez PREVÔT GENERAL DES MONNOIES.

Cet Edit adreffé aux Officiers de la Cour des Monnoies pour y être lu , publié & regiſtré , & donné à Château-Thierry au mois de Juin 1635. .

Par Arrêt du Conſeil d'Etat du 9 Mai 1636, le Roi en interprétant l'Edit du mois de Juin 1635, en ce qu'il y eſt dit qu'aux jugemens de procès, aſſiſteroient du moins dix Conſeillers de robbe longue, outre les Préſidens d'icelle, ordonna; » que pour juger les procès criminels ès quels il » écherra peine de mort ou afflictive de corps, aſſiſteront du moins dix des » Préſidens & Conſeillers licentiés & de robbe longue de cette Cour.

Par Edit du mois de Décembre 1638, le Roi en confirmant l'Edit du mois de Janvier 1551, & les autres ſubſéquens concernant l'autorité & la Juriſdiction de la Cour des Monnoies ſur les Juſticiables énoncés dans les précédens Edits, & les Privileges, ordonna que les Préſidens, Conſeillers & autres Officiers de la Cour des Monnoies ſeroient, par ceux qui ont chargé de faire les convocations, appellés aux Aſſemblés, Cérémonies & Proceſſions publiques, pour y tenir & par-tout ailleurs, le même rang qui leur eſt attribué par les Edits des années 1552 & 1557.

Par le même Edit, le Roi ſupprima ſept des Offices de Conſeillers tant de robbe longue que de robbe courte, créés par l'Edit du mois de Juin 1635, & augmenta les gages des Officiers reſtans, d'une ſomme de vingt mille livres à prendre ſur les Gabelles, & leur permit d'ordonner par an d'une ſomme de trois mille ſix cens livres; ſavoir, quinze cens livres pour les frais de juſtice; quinze cens livres pour le bois & buvette, & ſix cens livres pour les menues néceſſités à prendre ſur les deniers des boëtes, ainſi qu'il a toujours été fait.

Cet Edit fut adreſſé aux Gens tenans le Grand Conſeil, & aux Officiers de la Cour des Monnoies pour y être lu & regiſtré, & donné à Saint Germain en Laye au mois de Décembre 1638.

Par autre Edit du mois de Juillet 1639, le Roi créa en titre d'office formé un ſecond Avocat Général en la Cour des Monnoies aux mêmes honneurs, autorités, prérogatives, &c., que celui ci-devant créé, ſans aucune diſtinction de premier au dernier Avocat Général que leur réception, à l'inſtar des Avocats Généraux des autres Cours Souveraines, auquel Conſeiller Avocat Général furent attribuées douze cens livres de gages, à prendre ſur les Gabelles, ou ſur les Boëtes des Monnoies, & de ſix cens livres de penſion ſur ces Boëtes, ainſi qu'en jouiſſoit l'Avocat Général ci-devant créé.

Par le même Edit le Roi créa encore un Conſeiller aſſeſſeur en la Prévôté des Monnoies, un Procureur du Roi, trois Receveurs, Payeurs, ancien, alternatif & triennal des gages des Officiers de la Prévôté, & trois Contrôleurs ancien, alternatif & triennal des gages, avec attribution de deux mille ſept cens livres d'augmentation de gages héréditaires, à prendre ſur le taillon de la Généralité de Paris , aux Prevôt, fon Lieutenant , Exempts , Greffier & Archers de la Prévôté générale des Monnoies de France.

Cet Edit fut adreffé aux Officiers de la Cour des Monnoies & régiftré en cette Cour le 20 Juillet 1639.

Par Edit du mois de Juillet 1640 , le Roi créa & érigea un Office de Confeiller & Général de Robe courte pour demeurer , à toujours & fes fuc-cesffeurs en cet Office , au comptoir de la Cour des Monnoies , & jouir des mêmes honneurs , droits & priviléges que les autres Confeillers d'icelle , avec attribution de douze cens livres de gages , & fix cens livres de penfion chacun an : Sa Majefté fupprima par Edit du mois de Novembre 1641 cet

Supprimé. Office de Robe courte créé pour être établi au comptoir de la Cour , & en fon lieu & place , créa & érigea en titre d'office formé deux Confeillers de Robe longue en la Cour des Monnoies , aux gages de mille livres chacun par an pour en jouir fans différence des autres &c. Cet Edit fut adreffé à la Cour des Monnoies & par elle regiftré le 14 Novembre 1641.

Le Roi Louis XIV, par Edit du mois de Mars 1645 confirma & maintint la Cour des Monnoies en la Jurifdiction fouveraine à elle attribuée par-tout le Royaume , fuivant les Edits des Rois prédécefffeurs , & créa quatre Con-feillers & Préfidens , & quinze Confeillers avec dix-neuf commiffions pour être remplies par les quatre Préfidens & quinze Confeillers, & les exercer con-jointement avec leurs offices , avec faculté toutes fois de défunir les commif-fions & s'en démettre en faveur des autres Préfidens & Confeillers de la Cour

Second Subf-titut. & non d'autres ; comme auffi un Confeiller Subftitut du Procureur Général : à la charge par ces Officiers tous gradués , fuffifans & capables, de prêter fer-ment en la Cour à la maniere accoutumée , & aux honneurs , droits , auto-rités , prérogatives &c. que les ci-devant crées.

Greffiers Criminels. Le Roi créa par le même Edit en titre d'office formé trois Greffiers crimi-nels pour être , en même-tems , Greffiers des Préfentations , Garde-facs & Receveurs des confignations de la Cour des Monnoies , ancien , alternatif & triennal.

Subftitut Affeffeur. Veut le même Edit que le Subftitut du Procureur Général préfentement créé faffe la fonction de Subftitut & celle de Confeiller & Affeffeur du Prévot général des Monnoies, créé par Edit du mois de Juillet 1639, éteint & fup-primé par le préfent Edit , & la fonction d'icelui unie & incorporée à celle de Subftitut du Procureur Général , avec les mêmes fonctions attribuées par cet Edit à l'Office d'Affeffeur : pareillement fupprime l'Office de Procureur

Subftitut du Procureur du Roi. du Roi en la Prévôté des Monnoies crée par le même Edit du mois de Juillet 1639 & en attribue la fonction au Subftitut du Procureur général en la Cour crée par Edit du mois de Juin 1635, pour en jouir fuivant & confor-mément à l'Edit de 1639 , & faire la fonction de Procureur du Roi en la Pré-

vôté

vôté des Monnoies en vertu des Préfentes , fans d'autres provifions.

Enfuite le préfent Edit diftribue & départit les quinze Confeillers nouvellement créés dans les quinze principales Monnoies des Provinces du Royaume pour y faire actuelle & ordinaire réfidence.

Veut de plus que les Préfidens & Confeillers , réfidens ès départemens dénommés , foient qualifiés de Préfidens & Confeillers en la Cour des Monnoies. *Qualification des Préfident & Confeillers.*

Nota. C'eft à cette époque qu'on peut fixer en vertu de cet Edit la ceffation de la dénomination des Généraux Maîtres des Monnoies , à laquelle a été fubftituée celle de Préfidens & Confeillers en la Cour des Monnoies.

Par le même Edit , il fut encore créé en titre d'office formé & héréditaire en chacun de ces quinze Départemens dix Huiffiers des mines pour exploiter dans les Provinces de leur département , avec pouvoir d'exploiter tous autres Mandemens , Arrêts & Sentences de quelques Juges qu'ils foient émanés , &c. Voyez HUISSIERS. *Huiffiers des mines.*

Ce même Edit attribue à la Cour des Monnoies la connoiffance des crimes que pourroient faire les Officiers pour raifon de leurs Charges , fans qu'ils foient tenus de répondre , ni fubir Jurifdiction ailleurs qu'en la Cour des Monnoies , à laquelle eft attribuée pour ce, toute Cour , Jurifdiction & connoiffance , icelle interdite à toutes autres Cours & Juges. *Officiers jugés par la Cour.*

Il fixe à chacun des quatre Préfidens deux mille livres pour leurs gages & mille livres à chacun des quinze Confeillers ; au Subftitut nouvellement créé huit cens livres , au Subftitut créé par Edit du mois de Juin 1635 , comme Procureur en la Prévôté générale des Monnoies deux cens livres : aux Greffiers Criminels des Préfentations , Gardes-facs , &c. cinq cens livres.

Par le même Edit , le Roi confirme à tous ces Officiers les mêmes honneurs , autorités , pouvoirs , prééminences , préféances , prérogatives , priviléges , franchifes , immunités , exemptions , droits , fruits , revenus , épices , gages & taxations fufdits , franc-falé , droits de jettons , livrées , entrées , étrennes , profits & émolumens , droits nouveaux , tels & femblables dont jouiffent les Officiers des Parlemens , Cours des Aydes & autres Cours Souveraines , & ordonne que les Officiers de la Cour des Monnoies foient convoqués à toutes les Proceffions , Cérémonies , Mariages , Pompes funebres & Affemblés publiques , foit de Police , ou autres , comme les autres Cours Souveraines, pour y avoir rang & féance fuivant les Edits de 1551, 1557 & 1638 , avec robes de velours noir pour les Préfidens , & de fatin noir pour les Confeillers , & pour avoir par les Commiffaires dans les lieux de leur Département , droit de préféance en toutes les Affemblées publiques & particulieres avant les Tréforiers de France , Baillifs, Sénéchaux , Préfidiaux & autres femblables Officiers , & en cas de trouble pour raifon de préféances , *Priviléges.* *Cérémonies.* *Robes des Officiers.* *Préféance.*

que la conteftation fera mue & le débat décidé par les Officiers du Grand Confeil : donnant auffi pouvoir Sa Majefté à tous fes Officiers de Cour Souveraine, des Bureaux des Finances, Baillifs, Sénéchaux, leurs Lieutenans, Préfidens, Confeillers, & autres Officiers gradués des Préfidiaux, Baillages & Sénéchauffés du Royaume, de poffeder ces Offices fans incompatibilité, avec difpenfe des quarante jours pendant deux années du jour de leur réception, fans payer aucun prêt ou avance, ni le droit annuel, avec faculté aux Commiffaires députés par la Cour des Monnoies de tenir leur féance pour rendre la juftice ou ès Hôtels des Monnoies, ou ès Hôtels de Villes, ou dans les Sieges & Chambres des Préfidiaux, Baillifs & Sénéchaux, ès jours où les Juftices ne feront exercées, & autres endroits plus commodes qu'ils aviferont ; & à cet effet Sa Majefté enjoint à tous les Officiers & Magiftrats du Royaume, leur fournir prifons & lieux pour exercer la Juftice, & Exécuteurs d'icelle, affiftance & main-forte pour l'exécution de leurs Jugemens, à peine de défobéiffance, fufpenfion de leurs Charges, & autres peines fuivant les Arrêts de la Cour des Monnoies & Jugemens de fes Commiffaires.

Cet Edit fut adreffé aux Gens tenans le Grand Confeil, Chambre des Comptes, Cour des Aydes, Cour des Monnoies, pour y être lû & regiftré &c. donné à Paris au mois de Mars 1645.

Lu, publié & regiftré en la Chambre des Comptes, du très exprès commandement de Sa Majefté porté par M. le Duc d'Orléans, venu exprès en la Chambre, affifté du Sieur Maréchal de Baffompierre, & des Sieurs Talon & Dirval, Confeillers du Roi en fes Confeils le 11 Septembre 1645.

Regiftré en la Cour des Monnoies, oui fur ce le Procureur Général du Roi, fuivant & aux charges contenues ès Arrêts des 11 Septembre & 15 Décembre 1645.

Le Roi, par Edit du mois de Juin 1646, fupprima deux des Offices des Préfidens avec deux des Commiffions qui devoient être exercées par les Préfidens de la Cour, enfemble huit des Offices de Confeillers & deux Commiffions de Confeillers créés par l'Edit du mois de Mars 1645, fans qu'à l'avenir ces Offices & Commiffions puiffent être rétablis pour quelque caufe & occafion que ce foit, en forte qu'il ne refta de la création faite de ces Offices par l'Edit de 1645 que deux Charges de Préfidens, fept Confeillers & treize Commiffions, fix defquelles le Roi voulut être poffedées par ceux des Confeillers de la Cour des Monnoies qui les voudroient lever ; & que les neuf Commiffions reftantes fuffent exercées par ceux qui feroient pourvus des Charges de Préfidens & Confeillers ou autres de cette Cour pour les exercer dans les Provinces défignées dans le préfent Edit.

Tous lefquels Offices & Commiffions, veut Sa Majefté pouvoir être exer-

Deux Préfidens & huit Confeillers fupprimés.

cés par perfonnes graduées, ou non graduées indifféremment, nonobſtant les Lettres de Déclaration du 9 Juillet 1637, & l'Edit du mois de Mars 1645 à ce contraires.

Le même Edit ſupprime dix Offices d'Huiſſiers en cette Cour, créés par Edit du mois de Mars 1645, avec attribution des vingt mille quatre cens cinquante livres d'augmentation de gages aux anciens Officiers.

Cet Edit fut adreſſé aux Officiers de la Cour des Monnoies, pour y être lu, publié & regiſtré, & donné à Paris au mois de Juin 1646.

Lu, publié & regiſtré en la Cour des Monnoies de l'exprès commandement de Sa Majeſté, porté en la Cour par Meſſieurs d'Ormeſſon & de la Marguerie, Conſeillers du Roi en ſes Conſeils, pour être exécuté ſelon ſa forme & teneur, le treizieme jour d'Août 1646.

Par autre Edit du mois d'Octobre 1647 le Roi créa, érigea & établit par augmentation deux Offices de Conſeillers Préſidens, & un Office de Conſeiller en la Cour des Monnoies aux mêmes honneurs, autorités, pouvoirs, prééminences, prérogatives, que les autres Préſidens & Conſeillers, ſans aucune différence, & pour y avoir voix délibérative, rang & ſéance ſelon l'ordre de leur réception, & être ces Offices tenus & poſſédés par perſonnes graduées on non graduées indifféremment. **Création de deux Préſidens & d'un Conſeiller.**

Comme auſſi par le même Edit, le Roi unit & incorpore au corps de la Cour des Monnoies les deux Offices de Préſidens, & les ſept Offices de Conſeillers reſtans de la création portée par les Edits des mois de Mars 1645 & Juin 1646, pour faire avec les anciens Officiers & ceux créés par le préſent Edit, le nombre de huit Préſidens outre le Premier, & de trente-quatre Conſeillers, dont le Roi veut que la Cour ſoit doreſnavant compoſée, tenue & exercée par deux ſéances & ouvertures ſemeſtres de ſix mois chacune alternativement, la premiere deſquelles veut Sa Majeſté être commencée au premier jour de chacune année & finir au dernier Juin ſuivant, & la deuxieme au premier Juillet & finir le dernier Décembre enſuivant, & ainſi continuer les années ſuivantes, & être les Préſidens, Conſeillers & Avocats Généraux & Subſtituts du Procureur Général, départis par moitié en deux Semeſtres, en ſorte qu'en chacun d'iceux, il y ait quatre Préſidens outre le Premier, dix-ſept Conſeillers, un des Avocats Généraux, le Procureur Général & un des Subſtituts; & que les dix Commiſſions reſtantes ſoient diſtribuées, en ſorte qu'en chacun des Semeſtres, il y ait un Préſident & quatre Conſeillers pourvus de Commiſſions, avec faculté aux Officiers d'un Semeſtre d'entrer en l'autre quand bon leur ſemblera, y prendre leur rang & y avoir voix délibérative; enjoignant à cet effet aux Officiers de ſe départir en la maniere ſuſdite, auſſi-tôt après l'enregiſtre- **Huit Préſidens avec le premier Préſident. 34 Conſeillers. Semeſtres.**

ment du préfent Edit , & aux Officiers du Semeftre de Juillet de continuer le fervice jufques au dernier Décembre fuivant.

Officiers des deux Semeftres.

Et afin que la Cour puiffe mieux obferver l'uniformité en l'inftruction & jugement des Boëtes, veut Sa Majefté que le premier Préfident & le Procureur Général, enfemble celui des Confeillers qui fera nommé annuellement au Comptoir d'icelle, & le Greffier en chef & fes Clercs & Commis, foit en matiere civile & criminelle, fervent en l'un & l'autre des Semeftres, & que le Semeftre des Préfidens, Avocats Généraux & Subftituts du Procureur Général, commence au premier jour d'Octobre pour finir au dernier Mars fuivant, & le deuxieme au premier jour d'Avril & finiffe au dernier Septembre fuivant & ainfi confécutivement, en chacun defquels Semeftres, veut Sa Majefté que la moitié des Boëtes foit jugée, & que le tems de leur apport foit reglé par la Cour & partagé également, & quant aux autres Officiers deftinés pour fon fervice, ordonne qu'ils exerceront leurs Charges fuivant les Réglemens qui feront par elle ordonnés.

Epices communes.

» Veut auffi Sa Majefté que les épices foient communes entre tous les » Préfidens & Confeillers, & diftribuées en la maniere accoutumée, & qu'à » la fin de chaque Semeftre les Procès & affaires qui n'auront été jugées, » foient remifes au Greffe pour être diftribuées & terminées au Semeftre » fuivant.

» Et d'autant que le principal motif du préfent Edit, eft d'empêcher les » abus & malverfation qui s'introduifent au fait des monnoies dans les » Provinces éloignées de la Cour, laquelle par le moyen de la préfente » augmentation d'Officiers, création de Commiffions & établiffement de

Départemens des Commiffions.

» Semeftre, y pourra veiller plus commodément; veut Sa Majefté que les » Préfidens & Confeillers pourvus de Commiffions, foient diftribués & » départis dans toutes les Provinces du Royaume, & qu'à cet effet les » Confeillers pourvus de ces Commiffions, partagent entr'eux les Dépar- » temens ci-après déclarés, lefquels demeureront fixes à leurs Commiffions, » & certifient la Cour du partage qu'ils en auront fait dont ils prendront » acte d'icelle, en vertu duquel Edit & des Lettres de Commiffions ci- » devant expédiées, l'un des Préfidens & les quatre Confeillers pourvus » de Commiffions, fe transporteront dans leurs Départemens, après qu'ils » auront fervi leur Semeftre; & toutes les fois & quantes que le bien du » fervice le requerra & qu'ils aviferont bon être, & faffent leurs chevau- » chées dans les Provinces qui enfuivent, favoir; les Préfidens, ainfi » qu'il eft ordonné par l'Edit du mois de Juin 1646, & un Confeiller dans » la Ville, Monnoie & Généralité de Paris, Ifle de France & Généralité » d'Orleans.

» Un Confeiller dans les Provinces, Villes, Monnoies & Généralités de

» Picardie , Artois , Champagne , Lorraine , Pays Meſſin , Conquis & Re-
» conquis.

» Un Conſeiller dans les Provinces , Villes , Monnoies & Généralités de
» Bourgogne , Bourbonnois , Nivernois & Lyonnois.

» Un Conſeiller dans les Provinces , Villes , Monnoies & Généralités de
» Dauphiné , Provence & bas Languedoc ; un Conſeiller dans les Provinces ,
» Villes , Monnoies & Généralités de Guyenne & haut-Languedoc.

» Un Conſeiller dans les Provinces , Villes , Monnoies & Généralités de
» Limouſin , Angoumois , Poitou , Xaintonge , Pays d'Aunis , haute & baſſe
» Marche & Auvergne.

» Un Conſeiller dans les Provinces , Villes , Monnoies & Généralités de
» Touraine , Pays Blaiſois , Anjou , Maine & Bretagne : pour dans ces dé-
» partemens faire par leſdits Officiers Commiſſaires les fonctions à eux attri-
» buées & déclarées par l'Edit du mois de Mars 1645 , & à leur retour infor-
» mer la Cour de ce qu'ils auront fait en leur Commiſſion , y rapporter les
» procès verbaux pour y être par elle pourvû : toutes leſquelles Commiſſions
» veut Sa Majeſté être poſſédées & exercées indifféremment , tant par ceux
» des anciens que nouveaux Officiers qui en ſeront pourvûs.

Le tout aux gages à eux attribués par le préſent Edit , ſavoir , deux mille
cinq cens livres par an à chacun des Préſidens , & douze cens cinquante livres de gages auſſi par an à chacun des Conſeillers.

Le préſent Edit éteint & ſupprime les cinq Commiſſions créées par les   *Gages.*
précédens Edits , & attribue aux Pourvûs des Commiſſions reſtantes , ſavoir ;
à chacun des Préſidens cinq cens livres pour , avec les autres cinq cens livres
ci-devant à eux attribuées , & les quatre mille livres de taxations anciennes,
faire juſqu'à cinq mille livres de taxations ; & aux deux Commiſſions qui
doivent être exercées ès Provinces de Guyenne & de Provence la ſomme de
mille livres chacun , pour avec les deux cens cinquante livres , & les quatre
mille livres à eux ci-devant attribuées , faire cinq mille deux cens cinquante livres de taxations ; & à chacun de ceux qui ſeront pourvûs des autres
ſix Commiſſions quinze cens livres , pour avec leurs anciennes taxations de
trois mille livres , faire juſqu'à quatre mille cinq cens livres.

Et pour dédommager les anciens Officiers à cauſe du ſemeſtre & augmen-   *Epices.*
tation d'Officiers , il leur eſt attribué par forme de droit d'épices pour l'inſtruction des boëtes , vérification & Arrêt des états d'icelles , ſavoir ; à chacun des Préſidens tant anciens que nouveaux , y compris le Premier , ſix ſeptiemes de denier , & à chacun des Conſeillers tant anciens que nouveaux ,
Avocats & Procureurs Généraux , trois ſeptiemes de denier , ſur le pied de
chacun marc de fabrication d'argent , l'or portant l'argent , qui ſe fera dans
toutes les Monnoies.... leſquels droits d'épices ſeront payés par les Maîtres

des Monnoies , outre le prix de leurs Fermes , &c. Ces Lettres Patentes en forme d'Edit données à Fontainebleau au mois d'Octobre 1647 furent adreſſées aux Gens tenans la Cour des Monnoies pour y être lues & régiſtrées.

Lues , publiées & régiſtrées ès regiſtres de la Cour des Monnoies , pour être exécutées , gardées & obſervées ſelon leur forme & teneur , & aux charges , clauſes & conditions portées par l'Arrêt du 29 Novembre 1647, ſavoir :

» 1°. Que les Offices des Préſidens nouveaux créés ne pourront être tenus » & poſſédés que par perſonnes graduées : & à l'égard de l'Office de Con- » ſeiller , créé par l'Edit rapporté ci-deſſus & les ſept autres Conſeillers unis » & incorporés en la Cour des Monnoies , qu'ils ne pourront être auſſi poſ- » ſédés que par perſonnes graduées , & néanmoins que quatre d'iceux pour- » ront pour la premiere fois , ſeulement , être tenus & poſſédés par perſonnes » non graduées , ſans qu'à l'avenir ces Offices puiſſent l'être par autres que » par des Gradués.

Semeſtres ré-
glés.

» 2°. Que les ſemeſtres des Préſidens , Avocats Généraux & Subſtituts du » Procureur Général commenceront en Janvier & en Juillet , ainſi qu'il eſt » porté pour les Conſeillers.

Conſeiller
au Comptoir.

» 3°. Que l'élection annuelle de l'un des Conſeillers au Comptoir ſe fera au » commencement du mois de Décembre , les deux ſemeſtres aſſemblés , & » ſera alternativement élû un Conſeiller de chacun ſemeſtre.

Commis aux
mandemens.

» 4°. Seront auſſi nommés deux Conſeillers un de chacun ſemeſtre pour » tenir le Regiſtre des Mandemens & Ordonnances de la Cour , enſemble » des Arrêts de condamnations , d'amendes & confiſcations , & à la fin » du ſemeſtre de Janvier , ce Regiſtre mis ès mains du Conſeiller commis » pour le ſemeſtre de Juillet ; & ſeront auſſi les deux ſemeſtres aſſemblés » pour les Edits , Déclarations du Roi , réceptions d'Officiers du Corps de » la Cour & affaires communes d'icelle.

Semeſtres
aſſemblées
pour les Edits
Déclarations.

Jugement
des Boëtes re-
glé.

» 5°. Que partage égal ſera fait par moitié des Boëtes des Monnoies , » le tems de leur apport aſſigné à certain jour aux Maîtres & Fermiers des » Monnoies en chacune année , en ſorte que la moitié ſoit apportée pour » être jugée en chacun ſemeſtre , & que les Boëtes apportées & jugées en » la premiere année au ſemeſtre de Janvier , ſoient apportées & jugées en » l'année ſuivante au ſemeſtre de Juillet , & celle de Juillet apportées & » jugées au ſemeſtre de Janvier , & ainſi continuer à changer de ſemeſtre » à autre.

» 6°. Que les Commiſſions demeureront ſucceſſives , & les exerceront les » Commiſſaires ſuivant l'Edit de Juin 1646 , ſauf à la Cour à continuer les » Commiſſaires ès Départemens auxquels ils auront été départis , & ainſi » qu'elle verra bon être , dont les Départemens ſe feront par elle en la ma- » niere accoutumée ; & ſeront tenus les Commiſſaires exercer leurs Com-

» miffions au defir dudit Edit & Arrêt d'enregiftrément des Commiffions,
» & fans qu'ils puiffent recevoir aucun Officier dépendant de la Cour
» pourvu par Lettres, encore que par furprife ces Lettres leur fuffent
» adreffées, ni outre-paffer les Statuts & Reglemens des Jufticiables de la
» Cour homologués en icelle; & au retour de leur Commiffion informe-
» ront la Cour de ce qu'ils auront fait, & quinze jours après mettront leurs
* procès verbaux au Greffe, & fans néanmoins que les autres Préfidens &
» Confeillers foient exclus de faire les fonctions de leurs Charges & les
» vifites, quand bon leur femblera, en la Ville & Généralité de Paris, &
* en toutes les Provinces du Royaume quand le cas le requerra, fuivant les
» Edits, Arrêts & Réglemens de ladite Cour.

» 7°. Que les nouvelles attributions de gages feront reçues par les Offi-
» ciers fur leurs quittances féparées, & fans que les Receveurs puiffent
» faire confufion de l'ancien fond affecté aux gages, penfions, droits &
* charges anciens des Officiers avec le fonds de la nouvelle attribution.
» Cet Arrêt rendu en la Cour des Monnoies le 29 Novembre 1647 ».

Le 23 Décembre fuivant, la Cour affemblée par convocation expreffe
Pour délibérer fur le Département des femeftres ordonnés par l'Edit du mois
d'Octobre précédent, regiftré en la Cour le 29 Novembre fuivant, dé-
Partit les Confeillers pour fervir au nombre de dix-fept en chacun de ces
femeftres, & demeurer les Offices fixes & arrêtés à toujours, fuivant le
tableau rapporté ci-après, pour être exécuté au premier Janvier prochain,
ainfi qu'il fuit :

Semeftre de Janvier.

Meffieurs,	De Hodic.	Le Breton.
	Defprés.	De Coquerel.
	Le Févre.	Denifon.
	Vaudin.	Bain.
	Frenicle.	D'Hovy.
	Chaffebras.	Regnaudot.
	De la Porte.	Becquas.

Et deux des Confeillers pourvus des Offices réunis au Corps de la Cour,
créés par Edit du mois de Mars 1645, & celui créé par l'Edit d'Octobre
1647, faifant en tout le nombre de dix-fept.

Semeſtre de Juillet.

Meſſieurs,	Le Couſteur.	De Beauſſe.
	Brice.	Boudet.
	Hamelin.	Chauvin.
	Le Brun.	De la Planche.
	De la Mothe.	De Joucas.
	Favier.	La Roche Maillet.
	Turgot.	

Avec les quatre autres Conſeillers nouvellement réunis au Corps de la Cour, créés par Edit du mois de Mars 1645.

Par autre Arrêt de la Cour du 2 Avril 1648 concernant le Département des ſemeſtres, iceux aſſemblés, il fut ordonné, du conſentement des Préſidens que quatre d'entr'eux, non-compris M. le Premier Préſident, ſervi-roient eux & leurs ſucceſſeurs en leurs Offices, & à toujours, pendant les mois de Janvier, Février, Mars : Juillet, Août, Septembre.

Les quatre autres, pendant les mois d'Avril, Mai, Juin : Octobre, Novembre, Décembre.

Avril 1648.   Le tout ainſi reglé, la Cour des Monnoies fut alors compoſée, ainſi qu'il ſuit.

M. le Premier Préſident préſidant les deux Semeſtres. M. de Pajot.

Meſſieurs les Préſidens du Trimeſtre de Janvier, Février, Mars : Juillet, Août, Septembre.

| De Champin. | Le Clerc. |
| Mauguin. | Le Tenneur. |

Meſſieurs les Préſidens des mois d'Avril, Mai, Juin : Octobre, Novembre, Décembre.

| De Silvecane. | Matharel. |
| Charlon. | Pyot. |

Conſeillers du Semeſtre de Janvier.

Meſſieurs,	Le Févre.	Frenicle.
	De Coquerel.	Hamelin.
	De Miſon.	De Beauſſe.
	Bain.	Boudet.
	D'Hovy.	De la Planche.
	Regnaudot.	Thévard.
	Brice.	De Faye.

Avec deux des Conſeillers qui furent pourvus des Offices réunis au Corps

Corps de la Cour créés par Edit du mois de Mars 1645, & celui créé par Edit du mois d'Octobre 1647, faisant le nombre de dix-sept Conseillers pour le Semestre de Janvier.

Conseillers du Semestre de Juillet.

Messieurs,

Després.	De la Mothe.
Le Breton.	Chauvin.
Becquas.	Du Jougas.
Le Cousteur.	Fabret.
Le Brun.	Le Gros.
Marceau.	Du Buisson.
Favre.	Boulanger.

Avec trois autres Conseillers nouvellement réunis au Corps de la Cour, créés par Edit du mois de Mars 1645, faisant également le nombre de dix-sept Conseillers pour le Semestre de Juillet.

Avocat Général du Semestre de Janvier, M. CARTAIS.

Procureur Général des deux Semestres, M. DUDUIT.

Avocat Général du Semestre de Juillet, M.

Substitut du Procureur Général, pendant le Semestre de Janvier, M.

Substitut pendant le Semestre de Juillet, M.

Tels étoient les Officiers qui composoient la Cour des Monnoies en Avril 1648.

Il fut de plus convenu & accordé entre les Conseillers de l'un & de l'autre semestre, qu'il leur seroit loisible de changer leurs semestres pour telle somme qu'ils conviendroient, & sans qu'il y eut après ce tems aucune préférence ni option entr'eux, le tout sous le bon plaisir du Roi, dont il apparoîtroit à la Cour par Lettres à cet effet, bien & duement obtenues, & après qu'elle auroit procedé à la vérification & enregistrement d'icelles. Cet Arrêté est du 23 Décembre 1647.

En 1653 le Roi créa par Edit du mois de Juillet, une Charge & Office de Conseiller en la Cour, sous la dénomination de Conseiller Intendant, & Contrôleur Général des Monnoies de France & œconomie d'icelles.

Par Déclaration en forme d'Edit du mois de Mars 1657, Sa Majesté éteignit & supprima cette Charge, au lieu de laquelle Sa Majesté créa & érigea en titre d'office formé deux Conseillers Contrôleurs généraux du Comptoir & Bureau des Monnoies de France établi en la Cour, pour y servir par semestre aux mêmes honneurs, autorités, pouvoirs, prééminences, franchises, immunités, droits, exemptions, fruits, revenus, épices,

[marginal note: Officiers supprimés & créés.]

gages, franc-falé, droits de jettons, livrées, entréces, étrennes, profits &
émolumens, tels & femblables dont jouiffent les Confeillers de la Cour des
Monnoies, avec voix délibérative en toutes affaires civiles & criminelles,

entrées & féances dans les deux femeftres, & vaquer à l'inftruction & rapport des procès fans aucune différence, excepté que pour la féance, Sa Majefté veut qu'ils l'aient immédiatement après le Doyen, chacun dans leur
femeftre, en forte que les femeftres affemblés ils foient affis enfuite du
Doyen.

» Ordonne en outre que l'ouverture des Boëtes foit faite en leur préfence,
» chacun en leur femeftre, & que de la quantité des deniers d'icelles &
» pefées qui en feront faites, ils tiennent Regiftre exact pour fervir con-
» jointement avec les arrêtés du Confeiller Commis au Comptoir au ju-
» gement des Boëtes„ & qu'il foit procédé en leur préfence au jugement
» defdites Boëtes, tant par provifion que définitivement, dont ils feront
» mention dans leur Regiftre.

» Que les Contrôleurs feront tenus de veiller à ce que les Boëtes foient inf-
» truites en bref par le Confeiller commis au Comptoir, & préfentées au Bu-
» reau de la Cour pour y être jugées dans le tems de l'Ordonnance, & d'au-
» tant que la principale fureté pour le Public au fait des Monnoyes confifte
» aux pefées & effais des deniers courans qui ne doivent être fuppofés;

» veut Sa Majefté que les Contrôleurs ainfi que le Confeiller Commis au
» Comptoir en faffent recherche, & les mettent entre les mains du Con-
» feiller commis, pour, à l'inftant & fans déplacer, en être les pefées faites,
» & effais coupés, difformés & donnés aux Effayeurs général & particulier
» en la préfence des Contrôleurs, lefquels en chargeront leurs Regiftres; &
» à l'égard des rapports des effais, feront obligés les Effayeurs d'en délivrer
» un état figné de leur main aux Confeillers en même-tems qu'ils les re-
» mettront entre les mains du Confeiller commis au Comptoir.

» Qu'il foit procédé au jugement des Boëtes fur les deniers courans,
» ainfi que fur ceux recouvrés par le Confeiller commis au Comptoir mêlés
» en nombre égal, pourvu néanmoins qu'il n'y en ait point parmi les uns

» ni les autres hors des remedes, auquel cas fera jugé feulement par ceux
» qui font hors des remedes fuivant l'Ordonnance.

» Que le Greffier de la Cour, auffitôt après l'apport des Boëtes, fera
» obligé d'en donner avis aux Contrôleurs, defquels apports ils feront
» mention en leurs Regiftres, & auront foin que celles qui n'auront pas
» été apportées dans le tems de l'Ordonnance, le foient inceffamment;
» comme pareillement s'il échet qu'il foit jugé des Boëtes par provifion,
» que les interlocutoires ordonnés foient exécutés fans délai, & à l'égard
» des Boëtes jugées définitivement, que les états foient dreffés aux Maîtres

» & Fermiers des Monnoies, & les debets prononcés au Receveur en exer-
» cice, & qu'il faffe fes diligences pour les recouvremens.

» Que les états feront contrôlés par les Contrôleurs, lefquels figneront
» fur le Regiftre des états, à côté de chacun état particulier, à peine de
» nullité, & tiendront regiftre du debet de chacun état, enfemble des ad-
» judications & baux des Monnoies par extrait, & des encheres faites pour
» y parvenir, comme auffi des actes de réception, de caution & certifica-
» teurs, dont le Greffier fera tenu de leur donner communication.

» Que les Contrôleurs, à caufe de la commodité que leur en fournira la
» connoiffance du Comptoir & recherche des deniers courans, obfervent
» fi les efpeces font bien & duement fabriquées, dont ils feront leur rap-
» port à la Cour, s'il en eft befoin, pour y être pourvu.

» Que les Contrôleurs feront faire le contrôle général des Boëtes des
» Monnoies, au plus tard un mois après la fin de chacune année en la ma-
» niere accoutumée, auquel ils affifteront l'un & l'autre : que l'un & l'autre
» foient auffi appellés à la liquidation des tares qui doit être faite à la fin
» de chacune année des peuilles ou efpeces coupées pour faire les effais, &
» afin que par l'abfence du Contrôleur en femeftre le fervice ne foit retardé,
» ils pourront fervir en l'abfence l'un de l'autre, & en l'abfence des deux
» la Cour commettra un des autres Confeillers en icelle pour faire leurs
» fonctions.

» Aux gages de douze cens cinquante livres à chacun, & trois mille deux   Gages, taxa-
» cens cinquante livres de taxations fixes à chacun, à prendre fur les neuf   tions.
» mille livres d'augmentation de gages attribuées aux Préfidens & Con-
» feillers de la Cour des Monnoies par Edit du mois de Juin 1646; outre
» lefquels neuf mille livres de gages & taxations, il eft attribué à chacun
» des Contrôleurs, pareil droit d'épices que ceux dont jouit chacun des
» Confeillers en la Cour, ou doit jouir à l'avenir, en conféquence de
» l'Edit du mois d'Octobre 1647.

» Veut deplus Sa Majefté que ceux qui feront pourvus des offices de Con-
» feillers-Contrôleurs-Généraux du Comptoir, foient perfonnes graduées
» & fujettes à examen ».

Cette Déclaration en forme d'Edit fut adreffée à la Cour des Monnoies
pour y être lue, regiftrée, obfervée : donnée à Paris au mois de Mars 1657,
& par elle regiftrée, à la charge que les Confeillers-Contrôleurs n'auront
féance qu'après les Doyens de chacun femeftre, & en leur abfence, après
le plus ancien de chaque côté du Bureau de la Cour, & qu'ils ne pourront
néanmoins être appellés aux procès de Commiffaire que fuivant l'ordre de
leur réception; les femeftres affemblés le 28 Avril 1657.

Par Edit du mois de Mars 1671, regiftré en la Cour des Monnoies le 4

Mai fuivant, le Roi éteignit & fupprima une des Charges de Confeiller fer la Cour. Cette Charge a été rétablie par Edit du mois d'Octobre 1761, regiftré le 26 Novembre fuivant. Par autre Edit du mois de Juin 1716, le Roi éteignit & fupprima les offices de Receveur ancien, alternatif & mi-triennal des amendes de la Cour, créés par les Edits de Février 1695 & Novembre 1704, enfemble les Offices de Contrôleur ancien, alternatif & mi-triennal des amendes créées par les Edits de Juillet 1697 & Janvier 1708, avec les gages attribués à ces Offices; » & comme il eft néceffaire, » dit l'Edit, de pourvoir à la recette des amendes & des droits attribués » auxdites Charges; veut & ordonne Sa Majefté que le Receveur des » épices & vacations de la Cour des Monnoies, faffe la recette defdites » amendes & des droits attribués auxdites Charges, dans laquelle recette » il fera tenu d'employer féparément celle qui concernera les amendes, » & celle qui concernera les droits attribués auxdites Charges, pour comp- » ter de la recette des amendes en la maniere dont comptoit le Receveur » fupprimé par notre préfent Edit » : lequel fut regiftré en la Cour des Monnoies le onzieme jour de Juillet 1716.

Tels font les Edits, Déclarations, Lettres Patentes, &c. concernant la création & l'établiffement de la Cour des Monnoies à Paris.

Nous avons démontré par les Ordonnances citées & rapportées ci-deffus la progreffion fucceffive de l'établiffement de cette Cour, la création de fes Officiers actuels, les noms & le nombre de ceux qui la repréfentoient du tems des trois Généraux des Monnoies, dont la création eft inconnue, jufqu'à la féparation de ces Généraux d'avec les Généraux des Comptes : les noms & le nombre des Officiers qui compoferent la Chambre des Monnoies en 1358 & depuis; enfuite l'érection de cette Chambre en Cour Souve- raine en Janvier 1551, les différentes créations & fuppreffions de fes Of- ficiers. Depuis cette érection nous avons pareillement démontré que le nombre des Confeillers eft actuellement de trente-fix, quoiqu'aux termes de l'Edit du mois d'Octobre 1647, & conformément au département fait au mois de Décembre fuivant, le nombre en fût fixé à trente-quatre, mais il faut fe rappeller que par Edit du mois d'Octobre 1653, il fut créé une nouvelle Charge de Confeiller en la Cour, fous le titre d'Intendant & Contrôleur général des Monnoies de France & œconomie d'icelles, que cet Officier ayant été fupprimé par autre Edit du mois de Mars 1657, qui créa en même-tems deux Offices de Confeillers en la Cour & Contrôleurs Généraux du Comptoir & Bureaux des Monnoies de France, il fut encore fup- primé une Charge de Confeiller par Edit du mois de Mars 1671, & ré- tabli par autre Edit du mois d'Octobre 1761; au moyen de la fuppref- fion & création en Mars 1657, & le rétabliffement en Octobre 1761 dela Charge fupprimée en 1671, il exifte trente-fix Charges de Confeillers, defquels Confeillers dix-huit, conformément à l'Edit du mois d'Octobre 1647, font le fervice pendant le femeftre d'hiver, depuis le premier Janvier jufqu'au premier Juillet exclufivement; & dix-huit le femeftre d'été, depuis le premier Juillet jufqu'au premier Janvier exclufivement.

Les Préfidens, non compris M. le Premier Préfident, font au nombre de huit dont quatre font départis dans chaque trimeftre, ainfi qu'il fuit :

Tableau des Officiers qui compofent la Cour des Monnoies en 1763, avec la datte de leur réception.

Meffire Etienne-Alexandre Chopin de Gouzangré, Chevalier, Confeiller du Roi en fes Confeils, Confeiller Honoraire au Grand Confeil, Premier Préfident de la Cour des Monnoies, reçu le 15 Octobre 1727, Premier Préfident des deux Semftres.

Préfidens de fervice,

Les mois de Janvier, Février, Mars : Juillet, Août, & Septembre.

MESSIEURS,

14 Avril 1728,   Charles-Jean Haudigué.
3 Mars 1738,   Robert Sulpice, Commiffaire.
26 Avril 1755,   Antoine Tarboicher de Brezé.
10 Sept. 1760,   Eynaut, Commiffaire.

Préfidens de fervice,

Les mois d'Avril, Mai, Juin : Octobre, Novembre, Décembre.

MESSIEURS,

14 Mai 1740,   Anne-Ange-Gabriel Grout de Beaufort.
5 Août 1754,   Pierre-Charles Pafferat, Commiffaire.
14 Mars 1761,   Chretien de Sainte-Berthe.

Préfident Honoraire.

M. Maffot.

Chevaliers d'Honneur, créés par Edit du mois de Juillet 1702,

20 Août 1738, De Fériol de Pont de Veyle.
6 Février 1751, De Clapeyron.

CONSEILLERS,
Semeſtre de Janvier,

MESSIEURS,

14 Sept. 1735, Viaud des Rouziers, Doyen.
21 Juillet 1761, Regnouf, Contrôleur Général du Bureau des Monnoies de France.
17 Août 1736, Bideaut d'Aubigny, Commiſſaire.
8 Mars 1741, Abot de Bazinghen, Commiſſaire.
22 Déc. 1741, Hautecloque d'Abancourt.
29 Août 1746, Marrin Des Iles.
30 Juin 1749, Tiberge.
14 Mars 1750, Courtois.
26 Juillet 1752, Thierry, Conſeiller-Clerc.
29 Avril 1755, Allou d'Hemecourt.
17 Sept. 1755, De Bray de Fleſſelles.
3 Avril 1756, De la Mere de Sery.
23 Janv. 1758, Le Poivre de Villers aux Nœuds.
26 Août 1758, Le Carlier des Puiſards.
13 Février 1760, Dorigny.
23 Sept. 1760, Le Breton de Baſſou.
20 Janv. 1761, Parent. . . . . 18.
1 Déc. 2762, Dorigny de la Neuville.

Semeſtre de Juillet.

MESSIEURS,

28 Août 1738, Saint de la Soudextrie.
23 Août 1741, Marrier de Voſſery, Contrôleur Général du Bureau des Monnoies de France.
11 Juillet 1739, Dauvergne de Saint-Quentin.
15 Avril 1744, Dartois.
25 Mai 1748, Royer de Belou.
24 Juillet 1748, Cavé d'Haudicourt.
20 Juin 1750, Du Myrat de Bouſſac de Montron.
22 Août 1750, Le Chevalier.
31 Mars 1751, Durand du Boucheron.
7 Déc. 1754, Flayelle Delmotte
27 Sept. 1755, Le Fevre du Plex de Franqueville, Commiſſaire.
13 Mars 1756, Langlois, Commiſſaire.
7 Août 1756, Bachois.
5 Avril 1758, Maine, Commiſſaire.

29 Nov. 1760, Martineau de Soleine.

1 Sept. 1761, Negrier de la Guériviere. 18

22 Janv. 1763, Huez de Pouilly.

Février 1763, Renaudiere.

Conseillers Honoraires.

MESSIEURS,

27 Juillet 1712, Pellegrin de l'Etang.

25 Mai 1719, Collin de Murcy.

5 Mars 1720, Salart de Lormois.

19 Sept. 1722, Le Fouin.

24 Janv. 1731, Courte de la Bougatriere.

9 Déc. 1732, Le Mouton de Nehou.

4 Juillet 1734, Gauvin.

Juin 1761, Pascalis.

Sept. 1761, Petit.

22 Déc. 1762, Martin d'Arzilliers.

Gens du Roi.

MESSIEURS,

26 Nov. 1746, Héraut, Avocat-Général.

Juillet 1762, De Gouve, Procureur Général.

13 Juillet 1748, Le Fevre, Avocat Général.

Substituts.

13 Août 1749, Cressart, Substitut & Assesseur en la Prévôté générale des Monnoies.

5 Août 1754, Bailly de Lardenay, Substitut & Procureur du Roi en la Prévôté générale des Monnoies.

Greffier en Chef, & Secretaire du Roi près la Cour.

28 Mars 1744, M. Gueudré de Ferriere.

Premier Commis du Greffe & Receveur des Amendes.

Le Gendre.

D'Autel, second Commis.

Receveur general, ancien, alternatif & triennal des Boëtes des Monnoies de France, Payeur des Gages & augmentation de gages de Messieurs de la Cour des Monnoies.

3 Juillet 1750, M. Bellaud.

Contrôleurs.

De la Manche, ancien.

Le Fevre, alternatif,

Audinot, triennal.

Huiffiers de la Cour des Monnoies.

1736, Rouffeau, Premier Huiffier.

1738, Parquoi, Doyen.

1742, Dupuis, Syndic.

1742, La Caille.

1745, Bonef.

1745, Laifnel.

1747, Poullet.

1749, Rouffeau, J.

1751, Boudrainghuin.

1751, Petit-Jean.

1753, Lardy.

1756, Adam.

1756, Le Gros.

1756, Paupardin.

1757, De Laville.

1760, Charpentier.

La Cour des Monnoies a une Compagnie de Gardes-Archers, créée pour fon fervice & l'exécution de fes Arrêts par les Edits de 1635, 1645 & autres, compofée d'un Prévôt général, de fix Lieutenans, de huit Exempts, & de foixante-neuf Archers de différente création, dont les fonctions, les obligations, & les privileges font détaillés à l'article PREVOT Général des Monnoies.

Cette Cour rend la Juftice au grand Pavillon du Palais au-deffus du grand Efcalier qui aboutit à la Cour Dauphine : elle y a été transferée par Lettres Patentes du mois de Septembre 1686. Et a commencé à s'y affembler le 16 Octobre fuivant. Les Officiers de cette Cour s'affemblent tous les jours depuis neuf heures jufqu'à midi, & les Mardi & Vendredi de relevée quand les affaires le demandent : les jours d'audience font le Mercredi & le Samedi. Il y a des audiences extraordinaires lorfque les affaires l'exigent, & qu'il plaît à M. le Premier Préfident de les accorder.

Cette Cour a des Réglemens particuliers pour la Police intérieure de la Compagnie, notamment celui du 13 Décemb. 1729 qui les renferme tous.

Elle a fes Prifons à la Conciergerie du Palais, & fait exécuter fes Jugemens à la Croix du Trahoïr.

Vacations de la Cour des Monnoies.

Les jours de Vacations font :

En Janvier.

Le cinq, veille des Rois.

Le treize, Saint Hilaire,

Le vingt-huit, Saint Charlemagne.

En

En Février,

Un jour pour la Foire Saint Germain.

Pendant cette Foire, & celles du Landy, de Saint Laurent & de Saint Denis, la Cour vacque le Mardi & le Vendredi après midi : elle vacque de même depuis le Jeudi gras, jusqu'au premier Lundi de Carême.

En Mars,

Le Jeudi de la mi-Carême.

Le vingt-deux, la Réduction de Paris ;

Et depuis le Mercredi de la Semaine Sainte, jusqu'au lendemain de la Quasimodo.

En Mai,

Le deux, Saint Gatien.

Le neuf, la Translation de Saint Nicolas.

La veille de l'Ascension.

La veille de la Pentecôte jusqu'au lendemain de la Trinité.

En Juin,

Un jour pour la Foire du Landy.

La veille de la Saint Jean.

En Août,

Un jour pour la Foire de S. Laurent.

Le onze, *Susceptio Coronæ.*

Le quatorze, veille de Notre-Dame.

En Octobre,

Depuis la Saint Remy jusqu'au jour de Saint Denis.

Un jour pour la Foire de Saint Denis.

Depuis la Saint Simon Saint Jude, jusqu'au lendemain de S. Martin.

En Novembre,

Le vingt-cinq, Sainte Catherine.

En Décembre,

Le jour de Saint Nicolas.

La veille de Noël.

Les Officiers de la Cour des Monnoies ont toujours été confirmés successivement en leurs Charges, par tous les Rois lors de leur avenement à la Couronne ; & plus particulierement depuis l'érection de la Chambre des Monnoies en Cour Souveraine. Par le Roi Charles IX en 1560. Par Henri III Par Lettres Patentes données à Paris le 10 Juillet 1575, par lesquelles le Roi confirma aux Présidens, Conseillers & autres Officiers de la Cour des Monnoies, leurs droits, privileges & prérogatives, ci-devant à eux attribués. Par Henri IV, après la réduction de la Ville de Paris ils ont été pareillement confirmés en leurs Charges & droits à eux appartenans.

Par Lettres Patentes de Louis XIII, données à Fontainebleau le 25 Avril 1611, regiſtrées en la Cour le 31 Mai ſuivant.

Par le Roi Louis XIV, par les Edits de 1645, 1647, 1657, &c.

Par Sa Majeſté Louis XV en 1719. Cette confirmation eſt contenue dans l'Edit du mois de Mars 1719 rapporté ci-après.

Préféance du Premier Préſident.

Depuis l'érection de la Chambre des Monnoies en Cour Souveraine, M. le Premier Préſident a toujours préſidé & tenu la premiere place, lorſque les Princes, les Conſeillers d'Etat, & autres Grands & Notables, ſont venus au Bureau de la Cour y apporter les Edits & Déclarations de nos Rois. Le Premier Préſident ne peut & ne doit céder cette place qu'à la ſeule perſonne du Roi, ou à celle de ſon Chancelier; & lorſque la Préſidence lui a été conteſtée, comme il arriva le cinq Mars 1636, lorſque MM. de Favier & Monroy, Conſeillers du Roi en ſes Conſeils, vinrent comme députés par le Roi au Bureau de la Cour y apporter & aſſiſter à la vérification d'un Edit ſur le fait & Réglement des Monnoies des mêmes mois & an, il fut ordonné par Lettres Patentes données à Chantilly le vingt-cinq Avril 1636, que les Gens du Conſeil de Sa Majeſté qui ſeroient à l'avenir députés & envoyés en la Cour des Monnoies pour les affaires du Roi, y prendroient leur ſéance après le Premier Préſident, ou après celui qui ſe trouveroit en ſon abſence préſider au Bureau.

M. le Premier Préſident a toujours joui des mêmes attributions & autres dont jouiſſent & qui ſont dépendantes des Charges des Premiers Préſidens de toutes les Compagnies Souveraines, & notamment du droit de diſtribution de toutes les Requêtes, Réceptions d'Officiers, Procès par écrit, & généralement de tout ce qui doit être diſtribué aux Conſeillers de la Cour.

Indépendamment des gages, droits & taxations dont jouiſſent les Officiers de la Cour des Monnoies, conformément aux Edits & Arrêts cités & rapportés ci-deſſus, il leur a été attribué à l'inſtar des Officiers des autres Cours Souveraines leurs droits de cierges, bougies, roſes, jettons, plumes, écritoires, papier & argent, ainſi qu'il eſt contenu dans l'Ordonnance ſur ce donnée par la Chambre des Comptes le douze Mars 1565, par laquelle il eſt alloué & paſſé en compte pour les menues néceſſités de la Cour la ſomme de quatre cens livres tournois : la perception de ces droits, l'ordre & le tems ſont réglés par l'Arrêt de la Cour des Monnoies du vingt-ſix Janvier 1568.

Ce droit de jettons, roſes & bougies leur a été confirmé par Lettres Patentes de l'année 1613, dans la vérification & enrégiſtrement deſquelles la Chambre des Comptes ayant voulu mettre quelque modification par Arrêt du 21 Mai de cette année, le Roi par autres Lettres Patentes données à Pa-

ris le 4 Décembre 1614 , ordonna que nonobſtant les modifications & reſtrictions , faites par les Officiers de la Chambre des Comptes , les Préſidens ,
Conſeillers & autres Officiers de la Cour des Monnoies , jouiroient entierement du ſuſdit droit , & qu'il ſeroit pris ſur le fonds des boëtes des Monnoies de France , par préférence même aux gages des Officiers , & à toutes
autres aſſignations. Ces droits ont été de nouveau confirmés par l'Edit du
mois de Mars 1645.

L'ancien droit & fond établi pour les buvettes des Officiers de la Cour   **Buvette.**
des Monnoies fut augmenté juſqu'à la ſomme de ſix cens livres tournois ,   ſ.
non compris les gages du Buvetier , par Lettres Patentes de Charles IX du 21
Octobre 1570, vérifiées en la Chambre des Comptes le 9 Janvier 1571 :
cette ſomme de ſix cens livres pour ledit droit de buvette & autres menues
néceſſités, leur fut encore augmentée juſqu'à huit cens livres tournois par
Lettres Patentes données à Paris le 25 Juillet 1575, à prendre annuellement
ſur les Receveurs Genéraux des boëtes & Payeurs des gages des Officiers
de la dite Cour , & a été augmenté depuis à proportion de l'augmentation
du nombre des Officiers.

Louis XIII confirma aux Préſidens , Conſeillers & autres Officiers de la   **Franc ſalé.**
Cour des Monnoies , l'ancien droit de ſel qui leur avoit été accordé par
Lettres Patentes de Charles VII du mois de Novembre 1443 , & par le Roi
François I le 22 Janvier 1520 ; & ordonna par Lettres Patentes données
à Paris en Février 1613 que les Préſidens, Conſeillers , Avocats & Procu-
reur Généraux , le Greffier , Receveurs & Contrôleurs Généraux des boëtes ,
Receveurs des amendes , Eſſayeur & Tailleur Général & Huiſſiers de la
Cour , jouiroient de l'ancien droit de ſel à eux attribué par les précédens
Edits , mais reſtraint & limité par les préſentes Lettres Patentes à deux minots pour chacun ; les Eſſayeur & Tailleur Généraux chacun un minot ſeulement , & à tous les Huiſſiers enſemble deux minots pour partager entr'eux :
les mêmes Lettres ordonnent que le ſel ſera diſtribuée par le Receveur Général des boëtes qui ſera en exercice. Ces Lettres furent adreſſées pour la
vérification à la Chambre des Comptes , à la Cour des Aydes , & aux Tréſoriers de France. La Chambre des Comptes ayant voulu y faire quelque
modification lors de leur vérification par Arrêt du 21 Mai 1613 ; le Roi
par Lettres de juſſion du 17 Juillet de la même année , lui manda de
procéder à la vérification de ces Lettres ſans aucune reſtrictions ni modification : en conſéquence de cette juſſion la Chambre procéda à la vérification par Arrêt du 23 Septembre ſuivant , mais aux mêmes charges portées par ſon précédent Arrêt : les mêmes Lettres furent auſſi régiſtrées au
Greffe du Grenier à Sel , & Bureau de la Gabelle de Paris le 28 Septembre
de la même année 1613.

Nonobſtant ces modifications portées par les Arrêts de la Chambre des Comptes , le Roi par autres Lettres Patentes données à Paris le 4 Décembre 1614 , confirma de nouveau aux Préſidens , Conſeillers & autres Officiers de la Cour des Monnoies, tant le droit de franc-ſalé , qu'autres droits de jettons , plumes , écritoires , cierges & roſes dont ils étoient en poſſeſſion de jouir d'ancienneté ; & enjoint très expreſſément aux Officiers de la Chambre des Comptes de procéder à leur enrégiſtrement , & conformément au contenu en icelles faire jouir & uſer pleinement & paiſiblement , ſans aucune modification ni reſtriction les Officiers de la Cour des Monnoies du droit de ſel à eux attribué. En conſéquence la Chambre des Comptes procéda purement & ſimplement à la vérification de ces Lettres Patentes ſur leſquelles fut écrit : » régiſtrées en la Chambre des Comptes , oui , ſur ce , le Procureur Général en icelle , pour jouir par les » impétrans de l'effet & contenu eſdites Lettres , ſelon leur forme & teneur , le 7 jour d'Octobre 1615 : & à côté eſt écrit , » régiſtrées, oui ſur » ce le Procureur Général du Roi , à Paris en la Cour des Monnoies le 10 » Octobre 1615.

Les mêmes droits de franc-ſalé , jettons , plumes , cierges , roſes , &c. furent confirmés de nouveau aux Officiers de la Cour des Monnoies par Edits des mois de Mars 1645 , & Juin 1646 , ainſi que les honneurs , autorités , pouvoirs , prééminences , préſéances , prérogatives , priviléges , franchiſes , immunités , exemptions , droits , fruits , revenus , épices , gages , taxations , livrées , entrées , étrennes , profits & émolumens attribués aux Officiers compoſans la Cour des Monnoies, pour en jouir par eux, ainſi que les Officiers des Parlemens , Cour des Aydes & des autres Cours Souveraines en jouiſſent ; & pour le payement de ces droits , le Roi affecte la ſomme de ſeize cens cinquante livres portée ꝑ l'Edit du mois de Mars 1645.

Les Préſidens , Conſeillers & autres Officiers de la Cour des Monnoies jouiſſent du droit de pied-fort , droit qui leur eſt dû à chaque changement & nouveau pied , ou mutation de monnoie de foible à fort , & ce , en conſidération de ce que ces Officiers ont de tout tems donné leurs avis aux Rois ſur la fabrication de leurs Monnoies , leur facilitant les moyens

de leur donner la proportion de l'une à l'autre avec celle des Princes voiſins. C'eſt de là qu'eſt venue la forme du ſerment particulier que les Préſidens & Conſeillers de cette Cour font lors de leur réception, de ne jamais conſeiller ni conſentir à l'empirance des monnoies. Cet uſage s'eſt toujours pratiqué depuis que le Roi Charles V ayant promis & juré qu'il n'empireroit jamais ſa monnoie, ordonna que tous ſes Officiers des Monnoies jureroient à l'avenir de ne jamais conſentir ni conſeiller l'empirance , ſur peine de privation de leurs charges : de là vint encore que les anciens Maîtres Généraux des Monnoies avoient un droit de robe de la valeur de cinquante livres tournois chacun, ou deniers d'or valans à proportion, toutes les fois que la monnoie du Roi étoit ramenée de foible à fort ; au lieu duquel droit, ces Officiers ont eu depuis des deniers d'or ou d'argent appellés de poids fort, ou pieds forts : nom fignificatif qui défigne la caufe pour laquelle ils ont été inftitués, favoir pour tenir toujours fort le pied de la monnoie.

Ces prérogatives, privileges, droits, honneurs, franchifes, immunités, rang, féances & prééminences attribués aux Officiers de la Cour des Monnoies & confirmés par les Rois prédéceffeurs, le furent de nouveau, comme nous l'avons dit plus haut, par Sa Majefté Louis XV heureufement régnant, par Edit du mois de Mars 1719, Sa Majefté voulut bien y ajoûter par le même Edit la nobleffe avec toutes fes prérogatives, ainfi qu'il fuit :

La nobleffe.

» Nous avons par le préfent Edit perpétuel & irrévocable, dit, ftatué &
» ordonné, difons, ftatuons, ordonnons, Voulons & Nous plaît que le
» Premier Préfident, les Préfidens, Confeillers, Avocats & Procureur
» Généraux de la Cour des Monnoies de Paris qui font actuellement pour-
» vûs & qui le feront ci-après, enfemble leurs veuves pendant leur vi-
» duité, & leurs enfans & defcendans nés & à naître en légitime mariage
» tant mâles que femelles foient nobles, & qu'ils foient tenus & réputés
» pour tels : Voulons auffi qu'ils jouiffent de tous les droits, privileges,
» franchifes, immunités, rang, féances & prééminences dont jouiffent les
» autres Nobles de race de notre Royaume, pourvu que lefdits Officiers
» aient fervi vingt ans, ou qu'ils décédent revêtus de leurfdits Offices ;
» & pour ceux qui feront iffus de race Noble, Voulons que le préfent Edit
» leur ferve d'accroiffement d'honneur, par le témoignage que Nous don-
» nons de l'eftime que Nous faifons des fervices qui Nous font par eux
» rendus dans l'exercice de leurs Charges ; & au furplus maintenons &
» confirmons nofdits Officiers de la Cour des Monnoies de Paris, en la
» jouiffance & poffeffion de tous les droits & privileges qui leur ont été
» ci-devant accordés, & dont ils ont bien & duement joui ou dû jouir,
» quoique non exprimés par le préfent Edit. Si donnons en mandement,
» &c. Donné à Paris au mois de Mars, l'an de grace 1719, & de notre
» Regne le quatrieme ».

Regiftré en Parlement le vingt-feptieme jour de Juin 1719.

Regiftré en la Chambre des Comptes, les Bureaux affemblés le vingt-quatre Juillet 1723.

Regiftré en la Cour des Aydes, les Chambres affemblées, le cinq Février 1720.

Cette Cour eft feule dépofitaire, ainfi que l'étoient les Généraux des Monnoies, enfuite la Chambre des Monnoies, du poids original de France établi du tems du Roi Charlemagne; fur lequel poids on a de tout tems étalonné & vérifié très exactement, comme l'on fait encore aujourd'hui tous les poids dont on fe fert dans le Royaume. Voyez ETALON, ET POIDS DE MARC.

JURISDICTION DE LA COUR DES MONNOIES.

La Jurifdiction privative de la Cour des Monnoies, fuivant les Ordonnances citées & rapportées ci deffus, eft de connoître privativement à toutes autres Cours & Juges, favoir :

De l'enregiftrement des Edits, Déclarations & Réglemens fur le fait des Monnoies, & de leur exécution, circonftances & dépendances.

De la fabrication, du poids & du titre de toutes les monnoies qui fe fabriquent dans les Hôtels des Monnoies qui font dans l'étendue de fon reffort.

Des adjudications des baux des Monnoies, quand les Monnoies font affermées, & des encheres faites en conféquence.

Des conteftations qui naiffent des baux des Monnoies pour raifon des traités, fociétés & marchés faits par les Marchands & autres perfonnes qui apportent des matieres dans les Monnoies, ou qui y fourniffent les chofes néceffaires au travail, circonftances & dépendances.

Des abus & malverfations qui fe commettent par les Maîtres des Monnoies ou leurs Commis, par les Juges-Gardes, les Contre-Gardes, les Effayeurs, les Tailleurs, les Ajufteurs, les Monnoyeurs, & autres Officiers des Monnoies; comme auffi des larcins qui peuvent être faits par les Maîtres des Monnoies ou leur Commis, par les Monnoyeurs, les Ouvriers & par toute perfonne dans les Hôtels des Monnoies.

Des fautes & malverfations qui peuvent être commifes par les Changeurs, Affineurs & Départeurs, Batteurs & Tireurs d'or & d'argent, Mineurs, Cueilleurs d'or de paillole, Orfevres-Jouailliers, Lapidaires, Graveurs, Fondeurs, Mouleurs en fable, Horlogers, Doreurs, Argenteurs-Damafquineurs, Tiffutiers, Rubaniers, Crieurs de Paffemens d'or & d'argent; Merciers, Balanciers, Chimiftes, Diftillateurs d'eau-de-vie & d'eau-forte; Alchimiftes, Fournaliftes-Creufaliftes, Fourbiffeurs, Coutelliers, &c. en ce qui concerne leur état & fonction, par rapport au titre des matieres d'or & d'argent qu'ils emploient; les Marchands vendans or & argent, les Artifans travaillans aux Monnoies & aux métaux, & tous les autres contrevenans aux Ordonnances & Réglemens fur le fait des monnoies, circonftances & dépendances, & généralement tout ce qui eft d'attribution & de Jurifdiction de cette Cour, conformément aux Edits, Déclarations, Lettres Patentes donnés à ce fujet, tant pour les Privileges, Statuts, Réglemens, Réceptions & Jurandes de fes Jufticiables, conformément auxdites Ordonnances, que des faifies faites par leurs Gardes ou Jurés, & des conteftations qui peuvent naître en conféquence, & généralement de toutes celles qui peuvent naître entre ces Marchands, Artifans & autres perfonnes avec eux, pour raifon de leurs fonctions & de l'exercice de leur art & métier dans l'emploi des matieres d'or & d'argent.

Des marques & des contre-marques appliquées fur les ouvrages & matieres d'or & d'argent, avec les poinçons de marque & de contre-marque qui ont été infculpés au Greffe de la Cour, & aux Greffes des Hôtels des Monnoies de fon reffort.

Et enfin des appellations des Jugemens rendus tant en matiere civile que criminelle par les Commiffaires de la Cour, les Généraux-Provinciaux, le Prévôt Général des Monnoies, les Juges-Gardes, les Juges des Mines & Minieres, & par les Juges ordinaires commis par la Cour pour l'abfence des Préfidens & Confeillers de la Cour dans les Provinces du Royaume.

Conformément à l'Arrêt du Confeil du 17 Janvier 1696, cette Cour a le droit de commettre des Commiffaires pour faire des vifites dans les boutiques des Orfévres, Merciers, & autres fes Jufticiables, & en dreffer des procès verbaux dans la Ville de Paris, pour iceux rapportés, être ordonné par la Cour ce qu'il appartiendra; & à l'égard des autres Villes, les Commiffaires Députés & les Juges-Gardes des Monnoies peuvent faire concurremment de pareilles vifites, & juger les conteftations fauf l'appel en la Cour.

La Jurifdiction concurrente & cumulative de la Cour des Monnoies, fuivant les Ordonnances, eft de connoître par concurrence & prévention avec les Baillifs, Sénéchaux & autres Juges Royaux, favoir : des larcins qui peuvent être faits des matieres & ouvrages d'or & d'argent chez les Orfévres, & autres Jufticiables de la Cour des Monnoies par leurs Compagnons & Apprentifs, & des crimes de fabrication & d'expofition de fauffe monnoie, de rognures, & d'altération d'efpeces en quelque façon & maniere que ce foit, de fabrication, vente & commerce d'outils, machines, poudres, ingrédiens pour faire de la fauffe monnoie, ou pour altérer la bonne, & de billonnement & tranfport des efpeces; des tranfgreffeurs & infracteurs des Ordonnances rendues fur le cours & mifes des monnoies, tant de France qu'étrangeres, dont cette Cour a feul le droit de faire les tarifs de leur valeur, conformément aux Ordonnances qui en permettent le cours.

Nota. Le détail de la Jurisdiction de cette Cour sur ses Justiciables, ensemble leurs fonctions, devoirs & obligations, se trouve au mot & à la lettre, suivant l'ordre alphabétique.

Rang & séance aux Cérémonies.

Le Roi Henri II, après avoir érigé la Cour des Monnoies en Cour Souveraine, regla le rang & séance que doit avoir cette Cour aux cérémonies publiques, par Ordonnance donnée à Villers-Cotterets au mois de Septembre 1552, pour le rang & séance des Compagnies Souveraines, vérifiée au Parlement de Paris au mois de Novembre suivant. Par cette Ordonnance le Roi fixe le rang de la Cour des Monnoies immédiatement ment après la Cour des Aydes.

Par autre Edit du mois d'Avril 1557, vérifié en Parlement le 11 Mai suivant sur le rang & séance des Cours Souveraines, il est ordonné qu'en tous Actes & Assemblées publiques soit en la Ville de Paris, soit hors d'icelle, la Cour de Parlement iroit & marcheroit la premiere, après elle immédiatement la Chambre des Comptes, après elle la Cour des Aydes, ensuite la Cour des Monnoies, après elle le Prevôt de Paris & les Officiers du Châtelet, après eux le Prevôt des Marchands &c.

Par Edit donné à Saint Germain au mois de Décembre 1638, il est ordonné que les Officiers de la Cour des Monnoies jouiront des mêmes droits & avantages que les autres Cours Souveraines du Royaume, conformément aux Edits, Ordonnances & Déclarations des mois de Janvier 1551 Septembre 1552, Mars 1554, Avril 1557, Avril 1571, Décembre 1581 Mai 1586, Juin 1635, Décembre 1636, & autres attributifs & confirmatifs des pouvoirs & privileges tant de la Cour des Monnoies, que des Commissaires par elle députés & des Juges y ressortissans.

Par autre Edit du mois de Mars 1645, portant création & augmentation des Présidens & Conseillers de la Cour des Monnoies, il est dit que tant les nouveaux qu'anciens Présidens & Conseillers de la Cour des Monnoies jouiront des mêmes honneurs, autorités, pouvoirs, prééminences, préséances, prérogatives, privileges, franchises, immunités, exemptions droits, fruits, revenus, gages, & taxations, épices, franc-salé, droits de jettons, livrées, entrées, étrennes, profits & émolumens y contenus; ensemble des droits nouveaux attribués aux Parlemens, Cours des Aydes & autres Cours Souveraines : ce faisant qu'ils seront convoqués à toutes les Processions, Cérémonies, Mariages, Pompes funebres, Assemblées publiques, soit de Police, ou autres, & y auront rang & séance conformément aux Edits des années 1551, 1557 & 1638, comme les autres Cours Souveraines; esquelles assemblées & autres cérémonies, est ordonné par cet

cet Edit que les Préfidens y porteront la robe de velours noir , & les Con-feillers la robe de fatin noir , non-feulement dans la Ville , Cité & Vi-comté de Paris , mais par-tout ailleurs dans toute l'étendue du Royaume , où les Commiffaires de cette Cour fe trouveront pour le dû de leurs Char-ges , & y auront droit de préféance en toutes affemblées générales , publi-ques & particulieres avant les Tréforiers de France , Baillifs , Sénéchaux , Préfidiaux , & autres femblables Officiers ; & au cas qu'il furvienne quel-que conteftation pour la préféance , Sa Majefté veut & entend que les Offi-ciers de la Cour des Monnoies aient à fe pourvoir au Grand Confeil , auquel à fes fins en eft attribuée toute Cour , jurifdiction & connoiffance , icelle interdite à toutes autres Cours & Juges.

Conformément à ces Edits , les Officiers de la Cour des Monnoies , ainfi qu'on a vu que les Généraux & les Officiers de la Chambre des Mon-noies avoient été convoqués & avoient affifté aux cérémonies publiques , ont été de même convoqués & ont affifté en toutes occafions à ces céré-monies , ainfi qu'il fuit. **Cérémonies**

Le Premier Janvier 1552 , le Roi Henri II fit convoquer la Cour des Monnoies à l'effet de fe trouver le Mercredi fuivant en l'Eglife de Saint Denis pour , avec les autres Compagnies Souveraines & Principaux Offi-ciers de la Couronne , y rendre graces à Dieu de l'heureux fuccès des affai-res de France , & affifter aux cérémonies qui fe feroient en ce jour pour y dé-pofer les Corps Saints qui font dans cette Abbaye.

Elle fut de même convoquée en 1559 , lors du Mariage de Madame Eli-fabeth de France avec le Roi d'Efpagne pour fe trouver en Corps , ainfi que les autres Cours Souveraines le 22 Juin de cette année , en l'Eglife Métropolitaine , pour y affifter aux cérémonies de la nôce , au fouper & feftin qui s'y fit le même jour.

Juillet & Août 1559 , aux Obfeques & Enterrement du Roi Henri II , à Notre-Dame & à Saint Denis.

Juillet 1559 , la Cour alla féliciter François II , fur fon heureux avene-ment à la Couronne.

Septembre 1569 , à Saint Martin des Champs à la proceffion générale , & aux Auguftins pour la Paix du Royaume.

En 1571 , à la proceffion pour la remife des Corps faints.

En Mars 1571 , à l'Entrée de Charles IX en la Ville de Paris , au Sacre & Couronnement & à l'Entrée de la Reine Elifabeth.

En 1572 , la Cour affifta au fouper que le Roi donna dans la Salle du Palais au Mariage de Henri IV , avec Marguerite de France.

A l'Entrée du Roi de Pologne en la Ville de Paris en 1573.

En Juillet 1574 , la Cour affifta aux Obfeques du Roi Charles IX , en la bits de deuil à elle fournis par les Argentiers du Roi.

En Novembre 1576 , la Cour eut Lettres de Cachet pour affister au Service à Notre-Dame pour le repos de l'ame de l'Empereur.

En Janvier 1590 , la Cour accompagna le Légat à fon Entrée en la Ville de Paris.

En Décembre 1599 , la Cour reçut Lettres de Cachet pour aller en Corps aux funérailles & obfeques du Sieur de Cheverni Chancelier de France.

En 1600 , la Cour affista au mariage de Henri IV , avec Marie de Médicis, fille du Grand Duc de Tofcane.

Regiftre de M. de Saintor. Aux obfeques & enterrement de Henri IV , à Saint Denis & au Service à Notre-Dame en 1610.

En Avril 1615 , la Cour alla jetter de l'eau bénite fur le corps de la Reine Marguerite Ducheffe de Valois , fille de France , fœur du Roi Charles IX , & premiere femme de Henri IV.

En 1616 , la Cour alla complimenter le Cardinal Barberin Légat, à la Porte Saint Jaques.

En Mai 1643 , la Cour affista aux obfeques & funérailles de Louis XIII.

En 1645 , la Cour complimenta la Princeffe Marie fur fon mariage avec le Roi de Pologne.

En 1657 , la Cour alla complimenter la Reine de Suéde.

En 1658 , la Cour alla complimenter le Roi fur fa convalefcence.

En 1660 , elle alla de même complimenter le Roi à la Barriere Saint Antoine , dite le Trône , le jour de fon Entrée dans Paris.

En 1664 , la Cour alla complimenter le Cardinal Chigi.

Elle alla de même en 1666 , complimenter le Roi fur la mort de la Reine mere , & affista à Saint Denis à l'Enterrement de cette Reine.

En 1669 , au Service à Saint Denis pour la Reine d'Angleterre.

Eu 1670 , au Service fait à Saint Denis pour Henriette-Anne d'Angleterre, Epoufe de Philippe Duc d'Orléans.

M. Saintot. La même année , à la Proceffion générale faite par l'Archevêque de Paris, pour l'expiation de l'affaffinat commis en la perfonne d'un Prêtre difant la Meffe à Notre-Dame.

En 1673 , la Cour alla prendre les ordres du Roi avant fon départ pour la continuation de la guerre contre la Hollande , & le complimenta à fon retour.

En 1674 , complimens au Roi à Fontainebleau fur la conquête de la Franche-Comté.

En 1675 , la Cour alla prendre les ordres du Roi avant fon départ pour l'armée , & le complimenta à fon retour.

Complimens au Roi fur fes conquêtes , en 1677.

En 1679 , complimens au Roi fur la Paix : la même année , complimens à la Reine d'Espague.

En 1693 , la Cour alla à Saint Denis à l'Enterrement de Madame de Montpensier.

Le 22 Novembre 1699 , complimens au Roi fur la Paix de Riswick.

Complimens à Monsieur le Chancelier Pont-Chartrain.

Vingt-deux Novembre 1700 , Lettre de cachet & invitation par le Maître des Cérémonies, & complimens en conséquence à Monsieur le Duc d'Anjou Roi d'Espagne , à Versailles.

Vingt un Juin 1701 , compliment au Roi fur la mort de Monsieur.

Vingt-un Juillet 1701 , Lettre de cachet & invitation par le Maître des Cérémonies, pour assister au Service & Enterrement de Monsieur à Saint Denis.

Le 28 Février 1709 , la Cour alla jetter de l'eau-bénite fur le corps de Monsieur le Prince de Conti.

Le 11 Avril 1709 , la Cour alla donner de l'eau-bénite au corps de Monsieur le Prince de Condé.

Le 30 Avril 1711 , Complimens au Roi , à Monsieur le Dauphin & à Madame la Dauphine.

16 Juin 1711 , invitation & assistance de la Cour au Service & Enterrement de Monseigneur à Saint Denis.

Cinq Mars 1712 , Complimens au Roi fur la mort de Monsieur le Dauphin & de Madame la Dauphine.

Avril 1712 , la Cour assista à Saint Denis à l'Enterrement de Monsieur & de Madame la Dauphine.

Complimens au Roi le 16 Juin 1713 , fur la Paix de Riswick.

Onze Mai 1714 , la Cour alla jetter de l'eau-bénite au Louvre au corps de Monsieur le Duc de Berri.

Le 14 Juillet 1714 , la Cour assista à Saint Denis à l'Enterrement de Monsieur le Duc de Berri.

Le 5 Septembre 1715 , la Cour alla complimenter le Roi fur fon avenement à la Couronne.

Le 19 Octobre 1715 , la Cour fut invitée & assista à Saint Denis au Service & Enterrement du Roi Louis XIV , en robbes & chaperons , rabats de deuil , bonnets carrés & gants bronzés. Après le Service & Inhumation les Députés de la Cour furent au festin dans une Salle par bas à une table de vingt couverts , l'Université , le Châtelet & la Ville étoient plus bas dans la même Salle.

Le 31 Août 1719 , la Cour fut invitée par le Maître des Cérémonies aux funérailles de Madame la Duchesse de Berri.

Le 15 Août 1721, la Cour alla complimenter le Roi fur le rétabliffement de fa fanté.

Le 9 Décembre 1722, invitation à la Cour par le Grand Maître des Cérémonies pour aller complimenter le Roi fur fon Sacre, complimens en conféquence le même jour aux Tuilleries.

Le 14 Décembre 1722, complimens au Roi fur la mort de Madame la Ducheffe Douairiere, & à Monfieur le Régent.

Le 31 Janvier 1724, la Cour fut invitée & affifta à l'ordinaire au Service & Pompe funébre de Monfieur le Duc d'Orléans.

Le 7 Septembre 1725, complimens par la Cour au Roi & à la Reine fur leur Mariage : les Députés de la Cour partirent au nombre de dix-huit dans cinq caroffes, & allerent à Melun aux logis marqués par les Fourriers, & le lendemain à Fontainebleau, où ils furent introduits à l'ordinaire le matin à l'audience du Roi : ils dinerent enfuite dans la falle des Suiffes où étoit une table pour la Compagnie, une pour le Grand-Confeil, une autre pour l'Univerfité : après dîner ils furent conduits à l'audience de la Reine, & revinrent enfuite à Paris.

Le 14 Août 1726, la Cour alla jetter de l'eau-bénite fur le corps de Madame la Ducheffe d'Orléans.

Le 13 Mai 1727, fur le corps de Monfieur le Prince de Conti.

Le 5 Septembre 1729, le Clergé de Saint Barthelemi vint chanter le Te Deum à la Chapelle de la Cour des Monnoies pour la naiffance de Monfieur le Dauphin, & le 10 du même mois, la Cour alla complimenter le Roi & Monfieur le Dauphin fur fa naiffance.

Le 29 Novembre 1732, la Cour alla complimenter le Roi, la Reine & Monfeigneur le Dauphin fur la mort du Roi de Sardaigne Ayeul du Roi.

Le 30 Mai 1739, la Cour alla complimenter le Roi fur la paix.

Le 31 Janvier 1740, la Cour alla jetter de l'eau-bénite fur le corps de Monfieur le Duc de Bourbon.

Le 21 Février 1741, fur le corps de Madame la Ducheffe de Bourbon.

En Juin 1742, fur le corps de la Reine d'Efpagne au Luxembourg.

Le 18 Août 1744, le Greffier en Chef de la Cour fut envoyé à Metz s'informer de la fanté du Roi, avec une Lettre de la Cour pour le premier Gentilhomme de la Chambre : à fon retour la Cour fit chanter le Te Deum, pour remercier Dieu de la convalefcence du Roi, affurée par le Greffier en Chef.

Douze Novembre 1744, complimens au Roi au Château des Tuilleries fur fon retour de l'armée.

Le 1 Juin 1745, les Députés de la Cour allerent à Pontachin complimenter le Roi fur le gain de la bataille de Fontenoy.

Le 6 Septembre 1745, complimens au Roi aux Tuilleries fur fon retour de l'armée, & le fuccès de fes armes.

Le 23 Juillet 1746, complimens au Roi, à la Reine & à M. le Dauphin fur la mort de Madame la Dauphine, Marie-Therefe d'Efpagne.

Septembre 1746, la Cour alla à Saint Denis à l'ordinaire au Service & enterrement de Madame la Dauphine.

Le 31 Mai 1747, Lettres de cachet par lefquelles Sa Majefté fait part à la Cour, à M. le Premier Préfident & aux Gens du Roi, de fon Voyage en Brabant pour commander fes Troupes, & difpenfe la Cour d'aller prendre fes ordres : réponfe de la Cour écrite & fignée par le Greffier en Chef adreffée au Roi, & portée par les Gens du Roi à M. le Comte de Maurepas; & la réponfe de M. de Maurepas, contenant qu'il avoit envoyé à Sa Majefté la Lettre de la Cour.

Le 8 Juillet 1747, les Gens du Roi chargés de demander à M. le Chancelier d'obtenir du Roi la permiffion pour la Cour d'aller complimenter Sa Majefté fur la Victoire remportée à Lauffelt ; Lettre de M. le Chancelier contenant qu'il a écrit au Roi & reçu Lettre de Sa Majefté, qui eft contente de l'empreffement de fa Cour des Monnoies, mais la difpenfe d'aller le complimenter, attendu les précautions extraordinaires qu'il faudroit prendre : en conféquence les complimens n'ont été faits que le 28 Septembre fuivant, à Verfailles.

Le 4 Février 1752, la Cour alla jetter de l'eau-benite fur le corps de M. le Duc d'Orléans.

En Février 1752, la Cour alla au Service & Enterrement de Madame Henriette de France à Saint Denis.

Le 7 Septembre 1754, la Cour envoya faire des complimens au Parlement par le Greffier en Chef fur fon retour d'exil à Pontoife.

Le 9 Février 1759, la Cour alla jetter de l'eau-benite fur le corps de Madame la Ducheffe d'Orléans.

Le 29 Juin 1760, fur le corps de M. le Comte de Charolois.

Le 31 Mars 1761, la Cour alla jetter de l'eau-benite fur le corps de M. le Duc de Bourgogne, mort à Verfailles le 22 du même mois, & dépofé au Château des Tuilleries le même jour 22 Mars.

Le Jeudi 7 Mai 1761, la Cour invitée en la maniere ordinaire, affifta à Saint Denis aux Obfeques de Monfeigneur le Duc de Bourgogne, & y fut placée à l'ordinaire après la Cour des Aydes.

RESSORT DE LA COUR DES MONNOIES.

La Cour des Monnoies a pour reſſort les Hôtels des Monnoies établis par le Roi dans les Villes dénommées ci-après où ſe jugent en premiere inſtance , & par appel en cette Cour, les affaires qui concernent les Monnoies & les délits, fautes & malverſations commiſes par ſes Juſticiables : ces Hôtels particuliers ont auſſi leur reſſort, ainſi qu'il ſuit :

NOMS DES VILLES où ſont établis les Hôtels des Monnoies du reſſort de la Cour, & des lieux du reſſort de ces Hôtels , avec le nombre des Orfévres & Changeurs dont l'établiſſement a été ordonné par Arrêt du Conſeil & par les différens Réglemens de la Cour des Monnoies.

AMIENS.

Lettres de
la Monnoie,
X.

Il y a dans cette Ville un Hôtel des Monnoies , dont les Officiers ſont :

Un Directeur.

Un Avocat du Roi.

Deux Juges-Gardes.

Un Eſſayeur.

Un Contrôleur.

Un Graveur.

Un Procureur du Roi.

Neuf Orfévres dans la Ville , fixés à ce nombre par Arrêt de la Cour des Monnoies du 17 Décembre 1727.

Cet Hôtel des Monnoies a pour reſſort ;

Abbeville, huit Orfévres , fixés à ce nombre par Arrêt du 30 Juillet 1742.

Boulogne, trois Orfévres, fixés à ce nombre par Arrêt du 20 Mars 1745 : un Changeur.

Calais, quatre Orfévres, fixés à ce nombre par Arrêt du 2 Mai 1748 : un Changeur.

Corbie, un Changeur.

Doullens , un Changeur.

Mondidier , un Orfévre.

Montreuil ſur mer , trois Orfévres, fixés à ce nombre par Arrêt de 1746.

Neſles , un Changeur.

Noyon, cinq Orfévres, fixés à ce nombre par Arrêt du 29 Janvier 1749 : un Changeur.

Peronne , un Orfévre, un Changeur.

Roye , un Changeur.

Saint-Quentin , quatre Orfévres.

Saint-Vallery , un Changeur.

ANGERS.

Cette Mon-
noie n'eſt pas
ouverte.

Il y a dans cette Ville un Hôtel des Monnoies dont les Officiers ſont :

Un Directeur.

Un Procureur du Roi.

Deux Juges-Gardes.

Un Effayeur.

Un Contrôleur.

Un Graveur.

Douze Orfévres dans la Ville, fixés à ce nombre par Arrêt du 15 Juin 1742 : deux Changeurs.

Cet Hôtel des Monnoies a pour reffort :

Château-Gontier, quatre Orfévres, fixés à ce nombre par Arrêt du 15 Mai 1757.

Laval, fix Orfévres, fixés à ce nombre par Arrêt du 4 Septembre 1670, contenant Statuts augmentés & interprêtés par Arrêt de la Cour des Monnoies des 22 Décembre 1741, 28 Juin 1742 & 21 Octobre 1749.

La Fleche, trois Orfévres, fixés à ce nombre par Arrêt du 15 Mai 1757.

Saumur, cinq Orfévres, fixés à ce nombre par Arrêt du 13 Juillet 1654, confirmés par Arrêt du 27 Octobre 1665, & 18 Juin 1757 : un Changeur.

BESANÇON.

Il y a dans cette Ville un Hôtel des Monnoies, dont les Officiers font :   BB

Un Général Provincial.

Un Procureur du Roi.

Un Directeur.

Un Effayeur.

Deux Juges-Gardes.

Un Graveur.

Un Contrôleur.

BORDEAUX.

Il y a en cette Ville un Hôtel des Monnoies, dont les Officiers font :   K

Un Général Provincial.

Un Procureur du Roi.

Un Directeur.

Un Avocat du Roi.

Deux Juges-Gardes.

Un Effayeur.

Un Contrôleur.

Un Graveur.

Un Garde-Scel.

Il y a dans la Ville vingt Orfévres, fixés à ce nombre par Arrêt de la Cour des Monnoies du   1717, & confirmés par celui du 18 Septembre 1756 : cinq Changeurs.

Cet Hôtel des Monnoies a pour reffort.

Agen, deux Orfévres,

Blaye, un Changeur.

Anera, un Changeur.

Caftaloux, un Changeur.

Barbezieux, un Orfévre; un Chang.

Caftillonnoès, un Changeur.

Bazas, un Changeur.

Clairac, un Orfévre.

Beaumont, un Changeur.

Condom, un Changeur.

Belves, un Changeur.

Coutras, un Changeur.

Bergerac, deux Orfévres un Chang.

Damafon, un Changeur.

Doume , un Changeur.

Eymel , un Changeur.

Fumel , un Changeur.

Iffigeac , un Changeur.

La Linde un Changeur.

La Réolle , un Changeur.

Libourne , un Orfévre , un Chang.

Limeuil , un Changeur.

Marmande , deux Changeurs.

Mirambeau , un Changeur.

Miramont , un Changeur.

Montflanguin , un Changeur.

Montignat , un Changeur.

Monfegur , un Changeur.

Perigueux, trois Orfévres, un Chang.

Ribera , un Changeur.

Sarlat , un Changeur.

Sainte-Foi la Grande , deux Orfévres, un Changeur.

Thomins , un Changeur.

Terraffou , un Changeur.

Villeneuve d'Agenois , un Changeur.

Ville-Réal , un Changeur.

Monpazier , un Changeur.

BOURGES.

Il y a dans cette Ville un Hôtel des Monnoies dont les Officiers font :

Un Général Provincial.

Un Directeur.

Deux Juges-Gardes.

Un Contrôleur.

Un Procureur du Roi.

Un Effayeur.

Un Graveur.

Il y a en cette Ville quatre Orfévres.

Cet Hôtel des Monnoies a pour reffort ,

Annecy, un Changeur.

Argenton , un Changeur.

Aubigny , un Orfévre , un Chang.

Cornes , un Changeur.

Château-Roux , un Changeur.

Clamecy , un Changeur.

Iffoudun , trois Orfévres.

La Charité , trois Orfévres.

Le Blanc , un Changeur.

Nevers , cinq Orfévres.

Neuvy-Saint-Sépulcre , un Changeur.

Selles , un Changeur.

CAEN.

Il y a en cette Ville un Hôtel des Monnoies dont les Officiers font :

Un Directeur.

Deux Juges-Gardes.

Un Contrôleur.

Un Procureur du Roi.

Un Avocat du Roi.

Un Effayeur.

Un Graveur.

Il y a dans la Ville huit Orfévres , deux Changeurs.

Cet Hôtel des Monnoies a dans fon reffort ,

Alençon , fix Orfévres , fixés à ce nombre par Arrêt de la Cour des Monnoies du 5 Avril 1718.

Argentan , trois Orfévres.

Avranches , un Orfévres , un Chang.

Coutance , deux Orfévres.

Falaife , trois Orfévres.

Lizieux, trois Orfévres, fixés à ce nombre par Arrêt du 30 Décemb. 1750.

Mortagne,

Mortagne, deux Changeurs.

Pontorſon, un Orfévre.

Séez, un Changeur.

Saint-Lo, quatre Orfévres.

Tarigni, un Orfévre.

Vallogne, trois Orfévres.

Vire, deux Orfévres.

D I J O N. P

Il y a dans cette Ville un Hôtel des Monnoies, dont les Officiers ſont :

Un Général Provincial.

Un Directeur.

Deux Juges-Gardes.

Un Contrôleur.

Un Procureur du Roi.

Un Eſſayeur, un Graveur.

Il y a dans cette Ville vingt Orfévres, fixés à ce nombre par Arrêts & Statuts à eux donnés le 3 Septembre 1728, confirmés par Arrêts du Conſeil des 28 Mars 1730 & 19 Mars 1737.

Cet Hôtel des Monnoies a dans ſon reſſort,

Avalon, quatre Orfévres.

Auxerre, ſix Orfévres, fixés à ce nombre par Arrêt de la Cour des Monnoies du 18 Janvier 1731.

Beaune, quatre Orfévres, fixés à ce nombre par Arrêt de la Cour des Monnoies du 16 Mars 1742.

Châtillon ſur Seine, deux Orfévres, un Changeur.

Mâcon, ſix Orfévres.

Nuis, un Orfévre.

Saulieu, un Changeur.

Sévre, un Orfévre, un Changeur.

Viteaux, un Changeur.

LA ROCHELLE. H

Il y a en cette Ville un Hôtel des Monnoies dont les Officiers ſont :

Un Directeur.

Deux Juges-Gardes.

Un Contrôleur.

Un Procureur du Roi.

Un Eſſayeur.

Un Graveur.

Il y a dans la Ville douze Orfévres qui ont des Statuts, en datte du 11 Février 1698.

Cet Hôtel des Monnoiès a pour reſſort,

Charente, un Changeur.

Cognac, deux Orfévres.

Janſac, un Orfévre, un Changeur.

Iſle de Rhé, deux Orfévres.

La Flotte, un Changeur.

Marans, trois Orfévres, fixés à ce nombre par Statuts à eux donnés par la Cour des Monnoies le 31 Mai 1758.

Marennes, trois Orfévres.

Montfort, ſix Orfévres, fixés à ce nombre par Arrêt du 18 Avril 1719.

Saintes, ſix Orfévres, fixés à ce nombre par Arrêt du 12 Mai 1758.

Saint-Jean-d'Angely, ſept Orfévres.   Saujean, un Orfévre.

Lille. W

Il y a dans cette Ville un Hôtel des Monnoies dont les Officiers font:

Un Général Provincial.	Un Procureur du Roi.
Un Directeur.	Un Avocat du Roi.
Deux Juges-Gardes.	Un Essayeur.
Un Contrôleur.	Un Graveur.

Il y a en cette Ville foixante Orfévres, fixés à ce nombre par Arrêt du 21 Mars 1753. Le même Arrêt en forme de Réglement, fixe le nombre des Orfévres dans chaque Ville du reflort de la Monnoie de Lille.

Cet Hôtel des Monnoies a dans fon reflort,

Aire, deux Orfévres,

Armentieres, trois Orfévres.

Arras, douze Orfévres, fixés à ce nombre par Statuts du 30 Juin 1751, confirmés par Lettres Patentes du mois de Décembre fuivant.

Avenes, trois Orfévres, un Chang.

Bailleul, fix Orfévres,	Gravelines, un Orfévre.
Bapaume, deux Orfévres.	Laire, un Changeur.
Bergue, cinq Orfévres.	Maubeuge, quatre Orfévres.
Béthune, trois Orfévres.	Quefnoy, deux Orfévres.
Cambray, dix Orfévres.	Saint-Amand, un Orfévre.
Caffel, deux Orfévres.	Saint-Omer, douze Orfévres.
Condé, deux Orfévres.	Valenciennes, douze Orfévres.
Douay, quatorze Orfévres.	

Dunkerque, huit Orfévres, qui ont des Statuts à eux donnés par la Cour des Monnoies le 4 Mai 1753, homologués par Arrêt du Confeil.

Limoges. I

Il y a en cette Ville un Hôtel des Monnoies dont les Officiers font:

Un Directeur.	Un Procureur du Roi.
Deux Juges-Gardes.	Un Avocat du Roi.
Un Contrôleur.	Un Essayeur.
Un Garde-Scel.	Un Graveur.

Il y a fix Orfévres en cette Ville.

L'Hôtel des Monnoies a pour reflort,

Angoulêmes, fix Orfévres, fixés à ce nombre par Statuts du 19 Avril 1719, homologués le 28 Juin fuivant: deux Changeurs.

Argentat, un Changeur.	Doiat, un Changeur.
Bellac, un Changeur.	Maimau, un Changeur.
Benevent, un Changeur.	Ruffec, deux Orfévres.
Brives, un Orfévre, un Changeur.	Rochefoucaut, un Orfévre.

Saint Jumien , un Changeur.   Tulles, trois Orfévres, deux Chang.
Saint Léonard , un Changeur.   Verteuil , un Changeur.
Souterrain , un Changeur.   Userches , un Changeur.

M E T Z. AA

Il y a dans cette Ville un Hôtel des Monnoies dont les Officiers font:

Un Directeur.   Un Procureur du Roi.
Deux Juges-Gardes.   Un Effayeur.
Un Contrôleur.   Un Graveur.

La Cour des Monnoies de Paris juge le travail qui fe fait en cette Monnoie.

La Jurifdiction contentieufe fe porte au Parlement de Metz.

N A N T E S. T

Il y a en cette Ville un Hôtel des Monnoies, dont les Officiers font :

Un Général Provincial.   Un Avocat du Roi.
Un Directeur.   Un Garde-Scel.
Deux Juges-Gardes.   Un Effayeur.
Un Contrôleur.   Un Graveur.
Un Procureur du Roi.

Il y a dans la Ville douze Orfévres, fixés à ce nombre par Arrêt de la Cour des Monnoies du 6 Octobre 1752 : deux Changeurs.

Cet Hôtel des Monnoies a dans fon reffort,

Avray , un Changeur.   Pontin, deux Orfévres.
Châteaubriant , un Orfévre.   Port-Louis , trois Orfévres.
Craifie , un Changeur.   Quimpert, trois Orfévres.
Guérande , un Orfévre,   Rhedon , un Orfévre.
Orient, trois Orfévres.   Vannes , trois Orfévres.

O R L E A N S. R

Il y a en cette Ville un Hôtel des Monnoies ; les Officiers qui le compofent, font :

Un Directeur.   Un Subftitut.
Deux Juges-Gardes.   Un Effayeur.
Un Contrôleur.   Un Graveur.
Un Procureur du Roi.   Un Greffier.

Il y a dans la Ville vingt-quatre Orfévres, fixés à ce nombre par Arrêt du 21 Juin 1758 : un Changeur.

Cet Hôtel des Monnoies a dans fon reffort,

Attenay , un Changeur.
Beaugency , un Changeur.

Blois, quinze Orfévres, fixés à ce nombre par Statuts du 6 Avril 1737.

Boine, un Changeur.

Bois-Commun, un Changeur.

Bonneval, un Changeur.

Broue, un Changeur.

Châteaudun, trois Orfév. fixés à ce nombre par Arrêt du 22 Juin 1757: un Changeur.

Châteauneuf, un Changeur.

Châtillon, un Changeur.

Clamecy, un Orféyre, un Chang.

Cofac, un Orfévre.

Dourdan, un Changeur.

Gien, quatre Orfévres, fixés à ce nombre par Arrêt du 30 Juin 1757: un Changeur.

Jargeau, un Orfévre.

La Ferté, un Changeur.

Laris, un Changeur.

Menards, un Changeur.

Meung, un Changeur.

Montargis, trois Orfévres, fixés à ce nombre par Arrêt du 30 Juin 1757.

Neuville, un Changeur.

Othon, un Changeur.

Pithiviers, deux Orfévres.

Puifeau, un Changeur.

Remorentin, un Changeur.

Saint Aignant, un Changeur.

Saint Fargeau, un Changeur.

Sully, un Changeur.

Thoury, un Changeur.

Thouffy, un Changeur.

Vendôme, trois Orfévres, fixés à ce nombre par Arrêt du 15 Juin 1757.

PARIS. A

Il y a en cette Ville un Hôtel des Monnoies.

Officiers Généraux des Monnoies.

Directeur général,	Guyon.
Tréforier général,	Defchamps.
Contrôleur général,	Hery.
Graveur général,	Roettier.
Effayeur général,	Quevanne.
Infpecteur général,	Vairon de Forbonnais.
Directeur & Contrôleur de la Monnoie des Médailles,	De Cotte.

Officiers particuliers de la Monnoie de Paris.

Directeur & Tréforier particulier de la Monnoie de Paris,	Du Peyron.
Premier Juge-Garde,	Cognard.
Second Juge-Garde,	Lheritier.
Contrôleur Contre-Garde,	Ratgras.
Receveur au Change,	Becet.
Contrôleur du Receveur au Change	Loir.

. Essayeur particulier,	Racle.
Graveur particulier,	Roettier , fils.
Inspecteur du Monnoyage ,	Le Quin.
Affineur de la Monnoie de Paris,	Figuieres.
Fermier des affinages ,	Girard.
Payeur des gages des Officiers des Monnoies ,	Labouret.
Payeur des gages des Officiers de la Cour des Monnoies ,	Bellaud.
Contrôleur ancien ,	De la Manche.
alternatif ,	Le Févre.
triennal , .	Audinot.

Le nombre des Maîtres Orfévres de la Ville de Paris est fixé à trois cens Maîtres : dans ce nombre ne sont point compris les Orfévres privilegiés, les Orfévres des galeries du Louvre, des Gobelins, de l'Hôtel de la Trinité, &c. Voyez ORFEVRES.

Toutes les affaires entre les Justiciables pour ce qui regarde l'emploi & le titre des matieres d'or & d'argent, se portent directement à la Cour des Monnoies , qui a pour ressort immédiat ,

Beaumont sur Oyse , un Orfévre.
Beauvais , six Orfévres, un Chang.
Chartres , six Orfévres, trois Chang.
Châteaulandon , un Changeur.
Chevreuse , un Changeur.
Compiegne , cinq Orfévres.
Corbeil , un Changeur.
Coulommiers , un Orfévre.
Cravaut , un Changeur.
Crespy , trois Orfévres , un Chang.
Etampes , deux Orfévres.
Fontainebleau , un Orfévre.
Houdan , un Changeur.
Lagny , un Orfévre.
Mantes , trois Orfévres.
Meaux , quatre Orfévres.
Melun , un Orfévre.

Milly , un Changeur.
Montfort , un Changeur.
Monlery , un Changeur.
Montreau , un Orfévre.
Mouy , deux Changeurs.
Nangis , un Changeur.
Nemours , un Orfévre.
Pontoise , deux Orfévres.
Pont-Saint-Maixence , un Orfévre.
Rosay , un Changeur.
Saint Arnoul , deux Changeurs.
Saint Denis , trois Orfévres.
Senlis , cinq Orfévres.
Sens , six Orfévres, fixés à ce nombre par Arrêt du 12 Janvier 1745.
Versailles , cinq Orfévres.

POITIERS. G

Il y a en cette Ville un Hôtel des Monnoies, dont les Officiers font :

Un Directeur.

Deux Juges-Gardes.

Un Contrôleur.

Un Procureur du Roi.

Un Effayeur.

Un Graveur.

Il y a en cette Ville quinze Orfévres, fixés à ce nombre par Arrêt du 13 Septembre 1730 : deux Changeurs.

Cet Hôtel des Monnoies a dans fon reffort,

Beauvoir,

Chalans,

Châtelleraut, cinq Orfévres, fixés à ce nombre par Arrêt de la Cour des Monnoies du 4 Février 1758.

Couché, un Orfévre.

Fontenay, cinq Orfévres, fixés à ce nombre par Arrêt du 19 Février 1726.

La Châtaigneraye, un Orfévre.

La Motte, deux Orfévres.

La Trimouille, un Changeur.

Luçon, trois Orfévres, fixés à ce nombre par Arrêt de la Cour des Monnoies du 26 Juin 1758.

Melle, deux Orfévres.

Montmorillon, un Changeur.

Mirebeau, un Orfévre, un Changeur.

Portenay, cinq Orfévres, fixés à nombre par Arrêt du 18 Mars 1758.

Saint-Maixent, quatre Orfévres.

Thouars, cinq Orfévres.

REIMS. S

Il y a en cette Ville un Hôtel des Monnoies, dont les Officiers font :

Un Directeur.

Deux Juges-Gardes.

Un Contrôleur Contre-Garde.

Un Procureur du Roi.

Un Avocat du Roi.

Un Effayeur.

Un Graveur,

Il y a dans la Ville dix Orfévres, un Changeur.

Cet Hôtel des Monnoies a dans fon reffort,

Amery, un Changeur.

Chaalons, huit Orfévres.

Charleville, fix Orfévres.

Châteauportien, un Changeur.

Châteauthierry, deux Orfévres.

Chauny, un Orfévre.

Dormans, un Changeur.

Fimes, un Changeur.

Guife, trois Orfévres.

La Fère, trois Orfévres.

La Ferté-Milon, un Changeur.

Léon, quatre Orfévres, fixés à ce

nombre par Arrêt du 26 Août 1744.

Montmirel, un Changeur.

Mezieres, deux Orfévres.

Matles, un Orfévre, un Changeur.

Marchaife ou Lieffe, fix Orfévres.

Soiffons, cinq Orfévres.

Sedan, quatre Orfévres.

Sainte-Menehould, deux Orfévres.

Vertus, un Orfévre.

Vervins, trois Orfévres.

RENNES. 9

Il y a en cette Ville un Hôtel des Monnoies, dont les Officiers font :

Un Général Provincial.

Un Directeur.

Deux Juges Gardes.

Un Contrôleur.

Un Procureur du Roi.

Un Effayeur, un Graveur.

Il y a dans la Ville douze Orfévres, fixés à ce nombre par Arrêt de la Cour des Monnoies du Décembre 1745 : trois Changeurs.

Cet Hôtel des Monnoies a dans fon reffort,

Breft, fept Orfévres, un Chang.

Carhaix, un Orfévre, un Changeur.

Dinan, trois Orfévres, un Chang.

Guemenée, un Changeur.

Guincamp, un Changeur.

Lamballe, un Changeur.

Lamnion, deux Orfévres.

Landernau, deux Orfév. un Chang.

Laval, trois Orfévres.

Lefneven, un Changeur.

Morlaix, quatre Orfévres.

Ploermel, un Changeur.

Pontivy, deux Changeurs.

Quimpert, un Changeur.

Quintin, un Changeur.

Sainte Brieve, deux Orfévres.

Saint-Malo, neuf Orfévres, fixés à ce nombre par Arrêt du 17 Sept. 1732.

Saint Paul de Léon, un Orfévre.

Vitré, fix Orfévres.

ROUEN. B

Il y a en cette Ville un Hôtel des Monnoies, dont les Officiers font :

Un Général Provincial.

Un Directeur.

Deux Juges-Gardes.

Un Contrôleur.

Un Garde-Scel.

Un Procureur du Roi.

Un Avocat du Roi.

Un Effayeur, un Graveur.

Il y a dans la Ville quarante Orfévres, fixés à ce nombre par Arrêt du Juin 1758 : deux Changeurs.

Cet Hôtel des Monnoies a pour reffort,

Andelis, un Changeur.

Aumale, un Changeur.

Bernay, un Changeur.

Bolbec, un Orfévre.

Cany, un Changeur.

Caudebec, un Orfévre.

Conches, un Changeur.

Cormeil, un Changeur.

Darnétal, un Changeur.

Dieppe, fix Orfévres, fixés à ce nombre par Arrêt du 11 Juin 1757 : deux Changeurs.

Dito, un Changeur.

Doudeville, un Changeur.

Duclair, un Changeur.

Elbœuf, un Changeur.

Emery, un Changeur.

Evreux, un Orfévre.

Eu, un Arrêt de la Cour des Monnoies du 22 Avril 1673, rendu sur la Requête de Mademoiselle de Montpensier, fixe les Orfévres de cette Ville à six Maîtres : ils sont soumis par le même Arrêt à la Jurisdiction immédiate de la Cour, qui a ordonné qu'ils y seroient reçus, conformément à cet Arrêt : l'Orfévre unique & actuel de cette Ville, a été reçu en la Cour le 2 Août 1749.

Fécamp, cinq Orfévres, fixé à ce nombre, par Arrêt du 15 Décembre 1745: un Changeur.

Gisors, trois Orfévres, fixés à ce nombre par Arrêt du 19 Février 1755.

Gournay, un Orfévre.

Honfleur, deux Orfévres.

Le Havre, huit Orfévres, fixés à ce nombre par Arrêt du 13 Août 1750: un Changeur.

Louviers, un Orfévre.

Magny, un Orfévre, un Changeur.

Montivilliers, 2 Orfév. 2 Chang.

Neufbourg, un Changeur.

Neufchâtel, deux Orfév. un Chang.

Pavilly, un Changeur.

Ponteaudemer, un Orfévre.

Pontlevêque, un Changeur.

Saint Romain de Colbec, un Chang.

Saint Saëns, un Changeur.

Saint Vallery, un Changeur.

Vernon, deux Orfév. un Changeur.

Yvetot, un Changeur.

STRASBOURG.　BB

Il y a en cette Ville un Hôtel des Monnoies : les Officiers qui la composent, sont :

Un Général Provincial.

Un Directeur.

Deux Juges-Gardes.

Un Contrôleur.

Un Procureur du Roi.

Un Essayeur.

Un Graveur.

Cet Hôtel des Monnoies a pour ressort,

Colmart, six Orfévres.

Scheleftat, un Orfévre.

Neuf-Brisack, un Orfévre.

Berfort, un Orfévre.

Landau, un Orfévre.

Haguenau, quatre Orfévres.

Salerne, un Orfévre.

Wissemhourg, un Orfévre.

Le nombre de ces Orfévres a été fixé par la Déclaration du Roi du 29

Décembre

Décembre 1727, portant Reglement pour l'Orfévrerie dans la Province d'Alsace. Voyez ORFEVRES; elle y est rapportée en entier.

La Cour des Monnoies de Paris juge le travail qui se fait dans cet Hôtel; les affaires contentieuses se portent au Parlement de Metz.

TOURS. E

Il y a dans cette Ville un Hôtel des Monnoies, dont les Officiers sont :

Un Directeur.

Deux Juges-Gardes.

Un Contrôleur.

Un Procureur du Roi.

Un Essayeur.

Un Graveur.

Il y a dans la Ville quatorze Orfévres, fixés à ce nombre par Arrêt du 22 Décembre 1722.

Cet Hôtel des Monnoies a pour ressort,

Amboise, un Changeur.

Baugé, un Changeur.

Bonnetable, un Changeur.

Château-sur-Loir, un Changeur.

Chinon, un Changeur.

Montrichard, un Changeur.

Richelieu, un Changeur.

Saint Calais, un Changeur.

La Fleche, quatre Orfévres.

Loudun, huit Orfévres, fixés à ce nombre par Arrêt du 22 Octobre 1757.

Le Mans, huit Orfévres, fixés à ce nombre par Arrêt du 14 Juin 1727.

TROYES. V

Il y a dans cette Ville un Hôtel des Monnoies, dont les Officiers sont:

Un Directeur.

Deux Juges-Gardes.

Un Contrôleur.

Un Procureur du Roi.

Un Avocat du Roi.

Un Essayeur.

Un Graveur.

Un Greffier.

Il y a dans la Ville dix Orfévres, fixés à ce nombre par Arrêt du 19 Mars 1727.

Cet Hôtel des Monnoies a pour ressort,

Arcis, un Orfévre.

Bar-sur-Aube, trois Orfévres, fixés à ce nombre par Arrêt du 8 Août 1721.

Bar-sur-Seine, un Changeur.

Bray, un Changeur.

Briesnon, un Changeur.

Châteauvillain, un Changeur.

Chaumont, 3 Orfévres, 3 Chang.

Chavange, un Changeur.

Ervy, un Changeur.

Joigny, deux Changeurs.

Joinville, 3 Orfévres, un Changeur.

Langres, quatre Orfévres.

Provins, deux Orfévres.

Ricey, un Changeur.

St Diziet, deux Orfév. un Chang.
Saint Florentin, un Changeur.
Sézanne, deux Orfévres.
Tonnerre, un Orfévre, un Chang.
Vaſſy, deux Orfévres, un Changeur.
Vermanton, un Changeur.

Villenaux, un Changeur.
Villeneuve le-Roi, un Changeur.
Villeneuve-l'Archevêque, un Chan
Vitry-le-François, quatre Orfévres,
un Changeur.

La Cour des Monnoies de Paris a été pendant long-tems ſeule dans le Royaume ; en 1594, Henri IV en créa trois autres, une à Lyon, une à Toulouze, & la troiſieme à Poitiers, leſquelles furent auſſi-tôt ſupprimées.

En 1645, Louis XIV, par Edit du mois de Mars créa deux autres Cours des Monnoies, une à Lyon & l'autre à Libourne.

Libourne vil-
le de France
en Guyenne ;
dans le Bour-
delois.

L'Etabliſſement de ces deux Cours fut eſtimé tellement préjudiciable au bien de l'Etat, qu'il fut révoqué & ſupprimé le même mois de Mars de la même année.

COUR DES MONNOIES CRÉÉE EN LA VILLE DE LYON, PAR EDIT DU MOIS DE JUIN 1704.

En 1704, le Roi Louis XIV créa & érigea par Edit du mois de Juin en la Ville de Lyon une Cour des Monnoies à l'inſtar de la Cour des Monnoies de Paris.

Les motifs de cette création ſont contenus en cet Edit, ainſi qu'il ſuit :

» Louis, par le Grace de Dieu Roi de France & de Navarre : à tous pré-
» ſens & à venir, Salut. La Ville de Lyon ayant toujours été regardée
» comme une des plus floriſſantes de notre Royaume pour le commerce par
» le bonheur de ſa ſituation ſur deux grandes rivieres, & ſon voiſinage
» de Geneve, de la Suiſſe, de l'Allemagne & de l'Italie, les Rois nos pré-
» déceſſeurs ni Nous n'avons jamais voulu dans les beſoins les plus preſſans
» entendre les propoſitions d'y établir aucune de nos Cours ſupérieures de
» Parlement, de Chambre des Comptes, ni Cour des Aydes, quelque ſe-
» cours que Nous euſſions lieu d'en attendre, & quelqu'apparente utilité
» que nos Sujets euſſent pu en recevoir par une plus prompte expédition de
» la Juſtice, qui leur auroit été rendue ſur les lieux, dans la crainte que la
» famille des principaux Marchands & Négocians, tentés d'entrer dans les
» Charges ne mépriſaſſent inſenſiblement le Commerce, & n'y cauſaſſent
» dans la ſuite un préjudice très important ; mais conſidérant en même
» tems combien cette ſituation de la Ville de Lyon, ſi voiſine de Genéve, de
» l'Allemagne & de l'Italie, favoriſe le tranſport des eſpeces, les fauſſes
» réformations, le billonage & tous les autres abus qui ſe commettent

" dans le fait des monnoies , & que les fréquentes punitions qui en ont été
" faites , en conféquence des jugemens rendus par les Confeillers & Com-
" miffaires de notre Cour des Monnoies de Paris envoyés dans les Provin-
" ces , n'en ont pu jufqu'ici arrêter le cours : étant d'une fenfible conféquen-
" ce de les reprimer dans le tems préfent ; A ces causes , voulant faire
" rendre la juftice à nos Sujets avec le moins de frais qui fe pourra , de l'avis
" de notre Confeil , & de notre certaine fcience , pleine puiffance & auto-
" rité Royale , Nous avons , par le préfent Edit perpétuel & irrévocable ,
" créé & érigé , créons & érigeons une Cour des Monnoies qui fera établie
" en la Ville de Lyon à l'inftar de celle de Paris pour juger en dernier reffort
" toutes les caufes , tant civiles que criminelles , dont notre Cour des Mon-
" noies prenoit connoiffance , en quelque forte & maniere que ce foit , dans
" l'étendue des Provinces , Généralités & Départemens de Lyon , Dau-
" phiné , Provence , Auvergne , Toulouze , Montpellier , Montauban ,
" Bayonne , dans lefquelles Provinces & Généralités font les Monnoies de
" Lyon , Grenoble , Aix , Riom , Bayonne , Toulouze & Montpellier , & gé-
" néralement dans tous les lieux dépendans de ces Provinces , Généralités
" & Monnoies , & pour juger les deniers de boetes qui font ou feront envoyés
" au Greffe de la Cour , lui attribuant à cet effet la même autorité que celle
" qui eft attribuée à notre Cour des Monnoies de Paris par les Edits , Dé-
" clarations & Réglemens fur ce intervenus , aux gages qui feront par
" Nous ordonnés.

" Et pour compofer la dite Cour , Nous avons crée & érigé en titre d'of-
" fice un notre Confeiller en nos Confeils Premier Préfident , quatre nos
" Confeillers Préfidens , dix-huit nos Confeillers & huit Commiffions ,
" dont deux feront exercées par deux Confeillers Préfidens , & les fix autres
" par fix Confeillers qui voudront les acquérir conjointement avec leurs
" Offices de Confeillers & de Préfidens , avec faculté néanmoins de s'en
" démettre & en difpofer en faveur des autres Confeillers & Préfidens ,
" ainfi qu'ils aviferont ; un notre Confeiller Procureur Général , & deux
" nos Confeillers Avocats Généraux , deux Subftituts de notre Procureur
" Général , un Greffier héréditaire Civil & Criminel des Préfentations ,
" Affirmations & Gardes-Sacs , Place de Clerc Parifis & Contrôle , huit
" Procureurs poftulans héréditaires , un premier Huiffier Concierge du
" Palais , Garde-meuble héréditaire de ladite Cour , deux Huiffiers-Au-
" dienciers & dix Huiffiers héréditaires ; un notre Confeiller Receveur &
" Payeur héréditaire des gages , épices , amendes & confignations , deniers
" de boetes , ancien , alternatif & triennal ; un notre Confeiller Contrôleur
" du Receveur Payeur , un Receveur des amendes & néceffités de la Cour.

" Pour jouir par lefdits Préfidens , Confeillers , Procureur , Avocats-Gé-

» néraux & autres Officiers dont Nous avons compofé ladite Cour des mê-
» mes droits d'épices , privileges , honneurs , franchifes , libertés , franc-
» falé , droit de *Committimus* aux Requêtes du Palais à Paris , fuivant no-
» tre Ordonnance du mois d'Avril 1699 , & autres droits , fruits , profits ,
» émolumens dont jouiffent les Préfidens , Confeillers & autres Officiers
» de notre Cour des Monnoies de Paris.

» Voulons que les Préfidens , Confeillers , Avocats & Procureur-Géné-
» raux puiffent porter la robbe longue , & qu'ils ayent la préféance en tou-
» tes Affemblées générales & particulieres fur les autres Officiers de l'éten-
» due du Reffort de ladite Cour , excepté les Officiers des autres Cours
» Supérieures.

» Voulons qu'ils foient reçus en toutes les Charges des autres Compa-
» gnies Supérieures , même aux Charges de nos Confeillers en nos Confeils,
» Maîtres des Requêtes ordinaires de notre Hôtel , fans être tenus de fubir
» nouvel examen , après avoir fervi dans ladite Cour le tems porté par les
» Réglemens , de même que s'ils avoient fervi dans notre Cour de Parle-
» ment , après information de vie , mœurs , Religion Catholique , Apofto-
» lique & Romaine , & avoir prêté nouveau ferment.

» Et pour prévenir & empêcher les abus & malverfations dans la fabri-
» cation , débit des monnoies , fabrication des ouvrages d'or & d'argent ,
» Voulons que les deux Préfidens Commiffaires foient diftribués en deux
» départemens où ils feront leur réfidence quatre mois de l'année au moins,
» l'un , dans les Monnoies , Provinces & Généralités de Dauphiné , Pro-
» vence & Auvergne , & l'autre dans les Monnoies , Provinces & Généra-
» lités de Montpellier ; Toulouze , Bayonne & Montauban ; & à l'égard
» des fix Confeillers Commiffaires , ils feront départis par ladite Cour
» dans l'étendue de fon reffort , ainfi qu'elle avifera pour la plus grande
» commodité des Confeillers Commiffaires , dérogeant à cet effet à nos
» Edits du mois de Mars 1645 , & Octobre 1647.

» Entendons néanmoins que les Préfidens & Confeillers de notre Cour
» des Monnoies de Paris exerçans des Commiffions dans l'étendue du ref-
» fort de ladite Cour jouiffent des mêmes gages & droits dont ils ont
» joui jufqu'à préfent , encore qu'ils ne puiffent les exercer à l'avenir dans
» le reffort de la Cour des Monnoies de Lyon créé par le préfent Edit.

» Et pour obferver & faire obferver un bon ordre dans la fabrication des
» monnoies ; Voulons que ladite Cour puiffe députer annuellement , ou
» tous les fix mois , un Confeiller pour faire la fonction de Contrôleur Gé-
» néral du Comptoir & Bureau des Monnoies , étant dans les départemens
» ci-deffus & reffort de ladite Cour , aux mêmes honneurs & exemptions ,
» droits & émolumens dont jouiffent les Contrôleurs Généraux du Comptoir

» & Bureau établi dans notre Cour des Monnoies de Paris.

» Voulons qu'à l'avenir les appellations des Généraux Provinciaux de
» nos Monnoies dans les Provinces du reſſort de notre Cour des Mon-
» noies créée par le préſent Edit, & les appellations des Juges-Gardes établis
» dans nos Monnoies, Provinces & Généralités, ſoient relevées en notre
» Cour des Monnoies à Lyon ; faiſant très expreſſes inhibitions & défen-
» ſes à notre Cour des Monnoies de Paris de prendre à l'avenir connoiſ-
» ſance des Procès civils & criminels du reſſort de la Cour des Monnoies
» de Lyon & aux parties de ſe pourvoir ailleurs, & aux Huiſſiers, Sergens,
» Archers & tous autres ayant pouvoir d'exploiter, de donner dans l'éten-
• due des Provinces ci-deſſus des aſſignations en notre Cour des Monnoies
» à Paris, à peine de nullité, caſſation de procédures, dépens, dommages
» & intérêts des parties.

» A tous leſquels Officiers Nous avons attribué 56333 l. 6 ſ. 8 d. de gages
» dont les Pourvus jouiront de trois quartiers à répartir entr'eux ſuivant le
» rôle qui ſera arrêté en notre Conſeil dont le fond ſera fait dans l'état de
» la recette générale des Finances de Lyon, outre leſquels gages ſera fait
» fonds pareillement dans le dit état de la ſomme de 2000 l. pour les menues
» néceſſités, & de ce qu'il conviendra pour les taxations des Receveurs &
» Payeurs pour les épices & façons de leurs Comptes ; & pour traiter favo-
» rablement ceux qui ſeront pourvus des Offices de cette même Cour non
» héréditaires, Voulons qu'ils jouiſſent de la diſpenſe des quarante jours pen-
» dant l'année en laquelle ils ſeront reçus juſqu'à l'ouverture des Bureaux,
» & qu'à l'avenir ils ſoient admis au Payement du droit annuel ſuivant l'é-
» valuation de leurs Offices, ſans payer aucun prêt pour y être par Nous dès-
» à préſent pourvû de perſonnes capables de les exercer.

» Et pour autoriſer l'exécution des Arrêts, Mandemens & autres Actes dif-
» férens émanés de notre Cour des Monnoies à Lyon, Nous avons créé &
» érigé, créons & érigeons par notre préſent Edit, une Chancellerie en la-
» quelle ſeront ſcellés les Commiſſions, reliefs d'apel, anticipations, reſci-
» ſions, Requêtes civiles, Arrêts, & autres actes concernant la Juriſdic-
» tion de ladite Cour, à l'inſtar des autres Chancelleries près nos Cours :
» Voulons qu'à cet effet il ſoit fabriqué un ſceau à nos Armes de trois fleurs
» de Lys autour duquel ſera écrit, *Sceau pour la Cour des Monnoies de Lyon* ;
» & pour compoſer ladite Chancellerie, avons créé & érigé, créons & éri-
» geons en titre d'office, un notre Conſeiller Garde-ſcel, laquelle Charge
» ne pourra être poſſédée que par un des dix-huit Conſeillers créés par le
» préſent Edit ; un notre Conſeiller-Sécretaire Maiſon Couronne de Fran-
» ce Audiencier, un notre Conſeiller-Sécretaire Maiſon Couronne de Fran-
» ce Contrôleur, un notre Conſeiller-Sécretaire Maiſon & Couronne de

» France , lequel , outre les fonctions ordinaires fera celles de l'Audiencier
» ou du Contrôleur en cas d'absence : deux nos Conseillers Référendaires,
» un notre Conseiller Chauf-cire , Porte-coffre ; un notre Conseiller-Gref-
» fier , Garde-minutes Expéditionnaire des Lettres de Chancellerie , lequel,
» outre les gages qui lui feront fixés , jouira des droits & fera les fonctions
» attribuées à pareils Offices établis dans les Chancelleries près nos Cours
» Supérieures par notre Edit du mois de Mars 1692 , & tarif attaché fous
» le contre-fcel d'icelui , & deux Huissiers avec faculté d'exploiter par-tout
» le Royaume.

» Auxquels Officiers Nous avons attribué 7366 liv. 13 f. 4 den. dont les
» Pourvus jouiront de trois quartiers à répartir entr'eux fuivant le rôle qui
» en fera arrêté en notre Conseil , dont le fond fera fait dans l'état de la re-
» cette générale des Finances de Lyon , fans pouvoir au furplus rien préten-
» dre fur les émolumens du fceau qui appartiendront aux Officiers de notre
» Grande Chancellerie , du produit duquel le Tréforier Receveur des émo-
» lumens leur rendra compte fans frais.

» Voulons que nos Conseillers Sécretaires Maison Couronne de France,
» Audiencier & Contrôleur , Référendaire , Tréforier & Receveur de l'é-
» molument du fceau, Greffier , Garde-minute & Chauf-cire , Porte-coffre,
» jouissent du droit de *Committimus* aux Requêtes de notre Hôtel ou du
» Palais à Paris , fuivant notre Ordonnance du mois d'Août 1699 , & que
» les droits du fceau foient taxés de la même maniere que dans la Chan-
» cellerie établie près notre Parlement de Paris.

» Jouiront nos Conseillers-Sécretaires Maison Couronne de France, Au-
» diencier & Contrôleur , des mêmes privileges , exemptions dont jouissent
» nos Conseillers-Sécretaires Maison Couronne de France & de nos Finan-
» ces , conformément à notre Edit du mois d'Avril 1672 , Déclaration du
» 7 Février 1673 , & Edits des mois d'Octobre 1701 & Février 1703 , fans
» aucune réferve , différence , ni diftribution , enfemble de deux minots de
» fel de franc-falé.

» Voulons pareillement qu'après avoir fervi vingt ans dans lefdites
» Charges , ou lorfqu'ils feront décédés revêtus defdits Offices , leurs veu-
» ves , enfans & poftérité jouissent de la qualité de Nobles & d'Ecuyer, tant
» & fi longuement qu'ils vivront noblement & ne feront acte dérogeant,
» & fera par Nous pourvû auxdits Offices de perfonnes capables , fans que
» les Pourvus foient tenus de nous payer ni à notre très cher & féal Chan-
» celier Garde des Sceaux de France aucun droit de furvivance dont nous
» les avons difpenfés , & difpenfons pour cette premiere fois feulement.

» Voulons qu'à l'avenir vacation arrivant par mort, réfignation ou autre-
» ment defdits Officiers de la Chancellerie , à la réferve dudit Conseiller

» Garde-fcel, il foit par nous pourvû audit Office fur la nomination de
» notredit Chancelier Garde des Sceaux de France, & que tous les Offi-
» ciers de ladite Chancellerie jouiffent du droit de furvivance en lui
» payant à chaque mutation les fommes ci-après, favoir :

» L'Audiencier, ... 400 liv.

» Le Contrôleur, ... 300

» Notre Sécretaire, ... 200

» Chaque Référendaire, ... 150

» Le Greffier Garde-minute, . . . 240

» Le Tréforier Receveur de l'émolument du fceau, 150

» Le Chauffe-cire Porte-coffre, . . 150

» Chacun des Huiffiers, ... 120

» Au moyen du payement defquelles fommes par Nous fixées, tous lef-
» dits Officiers de ladite Chancellerie jouiront dudit droit de furvivance.

» Et d'autant qu'il eft néceffaire que les Arrêts de la Cour foient exécutés
» avec autorité afin que la force demeure à juftice, Nous avons par le pré-
» fent Edit fupprimé le Lieutenant du Prévôt Général des Monnoies,
» l'Exempt & les huit Archers établis dans le département du Lyonnois,
» ordonnons qu'ils remettront les quittances de Finances, provifions & au-
» tres titres par-devers le Contrôleur Général de nos Finances dans un mois
» après la publication du préfent Edit, pour être procédé à la liquidation de
» leurs finance & pourvû à leur rembourfement.

» Et par le même préfent Edit, Nous avons créé & érigé, créons & éri-
» geons en titre d'Office héréditaire pour fervir dans l'étendue du reffort
» de notre Cour des Monnoies à Lyon, un notre Confeiller Prévôt Géné-
» ral de nos Monnoies, un notre Confeiller Lieutenant, un notre Confeil-
» ler Affeffeur & un notre Confeiller Procureur pour Nous, quatre Exempts,
» un Greffier, trente Archers & un Archer trompette, auxquels Officiers
» Nous avons attribué 8466 l. 13 fols 4 den. de gages au denier quinze dont
» les Pourvus jouiront de trois quartiers à répartir entr'eux fuivant le rôle
» qui fera arrêté en notre Confeil, dont fera laiffé fonds dans la recette gé-
» nérale des Finances à Lyon qui fera délivré au Receveur Payeur des gages
» de notre Cour des Monnoies, pour payer par lui les gages defdits Officiers
» auxquels nous avons attribué & attribuons les mêmes privileges, fran-
» chifes, exemptions, droits & émolumens attribués aux autres Prévôts des
» Maréchaux avec faculté d'exploiter tous Mandemens, Arrêts & Commif-
» fions dans l'étendue du reffort de notre Cour des Monnoies à Lyon.

» Voulons que les Prévôts, Lieutenans & Exempts portent le baton en
» figne de commandement qu'ils ont fur les Archers de leur Compagnie qui
» porteront leurs cafaques chargées de nos armes & d'une L couronnée.

„ Sera tenu le Prévôt de faire juger en notre Cour des Monnoies les procès
„ qu'il aura inſtruits contre les accuſés & délinquans dont il aura fait les cap-
„ tures dans l'étendue de la Généralité de Lyon, Foreſt & Beaujolois, & à
„ cet effet lui avons donné rang & féance entre les Conſeillers de ladite
„ Cour à la Charge par lui & ſes Lieutenans ; Aſſeſſeur, Exempts & Archers
„ d'y prêter ſerment.

„ Et pour ôter tout prétexte de conflict de juriſdiction, Voulons que
„ le Prévôt connoiſſe privativement à tous les autres Prévôts, & par con-
„ currence avec les Juges-Gardes des Monnoies de tous les crimes & délits
„ commis par les Juſticiables de ladite Cour, juſqu'à ſentence définitive
„ incluſivement, ſauf l'appel en la Cour, & par prévention & concurrence
„ des faux Monnoyeurs, Billoneurs, Rogneurs, tranſport des monnoies
„ & marchandiſes d'or & d'argent prohibés dedans & dehors notre Royaume
„ avec pouvoir & faculté auxdits Prévôt, Lieutenant, Aſſeſſeur & Exempt
„ d'informer & décréter pour tous les cas ci-deſſus contre les coupables, aux-
„ quels il fera le procès, appellant un Aſſeſſeur avec lui pour les récolle-
„ lemens & confrontations.

„ Voulons que les procès par lui inſtruits hors la Généralité de Lyon,
„ Foreſt & Beaujolois, ſoient jugés par le plus prochain Préſidial avec le
„ nombre des Juges gradués porté par nos Ordonnances, après néanmoins
„ que la compétence en aura été jugée.

„ Et d'autant que depuis le pouvoir donné à notre Cour des Monnoies
„ à Paris de juger en dernier reſſort, il eſt intervenu pluſieurs Edits, Décla-
„ rations & Réglemens concernant ſa juriſdiction & compétence, ſes pri-
„ vileges & exemptions, Nous voulons que tout ſoit commun avec notre
„ Cour qui ſera établie à Lyon.

„ Et afin que la juſtice y puiſſe être exercée avec décence & commodité,
„ Nous aſſignerons un lieu propre & commode ſur les avis qui nous en fe-
„ ront donnés par notre Amé & Féal Conſeiller d'Etat & Commiſſaire
„ départi pour l'exécution de nos ordres dans la Généralité de Lyon.

„ Si Donnons en mandement à nos Amés & Féaux Conſeillers les Gens
„ tenans notre Cour de Parlement, Chambre des Comptes, Cour des Ay-
„ des, & Cour des Monnoies à Paris, que notre préſent Edit ils aient
„ à faire lire, publier & regiſtrer, & le contenu en icelui faire exécuter ſelon
„ ſa forme & teneur, ſans permettre qu'il y ſoit contrevenu en quelque ma-
„ niere que ce ſoit, nonobſtant tous Edits, Déclarations, Réglemens & au-
„ tres choſes à ce contraires, auxquels nous avons dérogé & dérogeons par le
„ préſent Edit. Car tel eſt notre plaiſir &c, donné à Verſailles au mois de
„ Juin 1704, ſigné LOUIS, &c „.

Regiſtré en la Cour des Monnoies de Paris le 24 Mars ſuivant.

Au

Au mois d'Avril 1705, le Roi, par Edit de ce mois & an, unit & incorpora la Sénéchauffée & Siége Préfidial de Lyon & leur reffort à la Cour des Monnoies créé par Edit du mois de Juin 1704, pour ne faire qu'un même Corps fous le titre de Cour des Monnoies, Sénéchauffée & Siége Préfidial de Lyon, ainfi qu'il fuit.

» Louis, par la grace de Dieu, &c. Nous avons par notre Edit du » mois de Juin 1704, & pour les caufes y contenues créé & érigé une Cour » des Monnoies dans notre Ville de Lyon, pour juger, dans l'étendue du ref- » fort que nous lui avons attribué, les caufes civiles & criminelles dont no- » tre Cour des Monnoies de Paris prenoit connoiffance : Nous avons jugé » depuis également important, pour prévenir toutes les difficultés qui peu- » vent naître entre les différentes Compagnies que nous établiffons pour » rendre la juftice aux Sujets, & donner en même tems une plus grande occu- » pation aux Officiers qui feront pourvus des Offices nouvellement créés » pour ladite Cour des Monnoies, d'en faire l'union avec la Sénéchauffée & » Siége Préfidial de Lyon que Nous avons ci-devant établi en notredite Vil- » le, ainfi que Nous réunîmes dans la même vue par notre Edit du mois de » Mai 1655, la jurifdiction des Juges Confervateurs des privileges des Foires » de Lyon au Corps Confulaire de ladite Ville, avec pouvoir par autre Edit » du mois de Juillet 1699, de connoître & juger en dernier reffort des diffé- » rends qui y font expliqués jufqu'à la fomme de 500 liv.

» A ces causes, &c. Nous avons uni & incorporé, uniffons & incor- » porons par notre Edit perpétuel & irrévocable, la Sénéchauffée & Siége » Préfidial de Lyon & leur reffort à la Cour des Monnoies créée en ladite » Ville par notre Edit du mois de Juin 1704, pour ne faire à l'avenir qu'un » feul & même Corps fous le titre de Cour des Monnoies, Sénéchauffée & » Siége Préfidial de Lyon; & d'autant que le nombre des Officiers créés par » ledit Edit du mois de Juin 1704, pour compofer la Cour des Mounoies, ne » fuffiroit pas pour rendre la juftice dans les affaires de la Cour des Mon- » noies, de la Sénéchauffée & Siége Préfidial de la Ville de Lyon, Nous » avons par le préfent Edit créé & érigé en titre d'Office formé, douze nos » Confeillers en ladite Cour des Monnoies pour, avec les dix-huit créés par » ledit Edit du mois de Juin 1704, faire le nombre de trente.

» Voulons que les Offices de Lieutenant Général & Préfident premier de » la Sénéchauffée & Siége Préfidial de Lyon foient & demeurent réunis à » l'Office de Premier Préfident en ladite Cour des Monnoies créée par ledit » Edit du mois de Juin 1704.

» Les quatre Offices du Second Préfident, de Lieutenant Criminel, de » Lieutenant Particulier, & de Lieutenant Affeffeur Criminel de ladite Sé- » néchauffée & Siége Préfidial de la Ville de Lyon foient & demeurent réu-

» nis aux quatre Offices de Préſident de ladite Cour des Monnoies créés
» par ledit Edit.

» Que les Offices de Conſeillers, de notre Procureur & de nos deux Avo-
» cats en ladite Sénéchauſſée & Siége Préſidial ſoient & demeurent réunis
» aux Offices de nos Conſeillers, de nos Procureurs & Avocats-Généraux en
» la Cour des Monnoies créés par ledit Edit.

» Et que l'Office de Chevalier d'Honneur audit Préſidial ſoit & demeu-
» re Chevalier d'Honneur en ladite Cour des Monnoies, Sénéchauſſée &
» Siége Préſidial de Lyon, à la Charge par tous les Officiers de payer les ſom-
» mes qui ſeront fixées en notre Conſeil pour ladite union, & pour leſquelles
» nous leur accordons des augmentations de gages, à raiſon du denier ſeize.

» Et étant informé qu'en exécution de l'Edit du mois d'Octobre 1703,
» portant création en titre d'Office héréditaire d'un notre Conſeiller Lieu-
» tenant Général d'épée en chaque Baillage & Sénéchauſſée & autres Juſtices
» reſſortiſſantes duement en nos Cours de Parlement, notre Amé & Féal
» Gabriel Dervien a été par Nous pourvu de l'Office de Lieutenant Général
» d'épée en la Sénéchauſſée de Lyon, pour laquelle il nous a payé une Finan-
» ce conſidérable, & comme en cette qualité il ne pourroit pas aſſiſter aux
» Séances & Aſſemblées générales & particulieres de notre Cour des Mon-
» noies, Sénéchauſſée & Siege Préſidial de Lyon, mais ſeulement aux ſéan-
» ces de ladite Sénéchauſſée s'il n'y étoit par nous pourvu : Voulons que
» ledit Dervien faſſe corps avec ladite Compagnie, & aſſiſte quand bon lui
» ſemblera à toutes les Séances & Aſſemblées générales & particulieres qui
» ſe tiendront par les Officiers de ladite Cour des Monnoies, Sénéchauſſée
» & Siége Préſidial de Lyon, en qualité de Premier Chevalier de ladite Cour,
» & ce immédiatement avant le Chevalier d'honneur du Préſidial uni à la-
» dite Cour des Monnoies, Sénéchauſſée & Siége Préſidial, en Nous payant
» ſeulement comme les autres Officiers de ladite Sénéchauſſée où il reſtera
» toujours Lieutenant Général d'épée, la ſomme pour laquelle il ſera em-
» ployé dans le rôle que Nous ferons arrêter en notre Conſeil pour acquérir
» par leſdits Officiers des augmentations de gages, à raiſon du denier ſeize.

» Seront expédiées des Lettres de proviſions à tous les Officiers ſous le
» titre de notre Conſeiller en nos Conſeils, Premier Préſident, nos Con-
» ſeillers Préſidens, notre Conſeiller Chevalier d'honneur, nos deux Con-
» ſeillers d'honneur, nos Conſeillers, notre Conſeiller Procureur Général,
» & nos Conſeillers Avocats Généraux en la Cour des Monnoies, Séné-
» chauſſée & Siége Préſidial de Lyon, ſans payer par leſdits Officiers aucun
» droit du ſceau, ni de marc d'or & ſans qu'ils ſoient aſſujettis à aucune ré-
» ception, inſtallation & nouvelle preſtation de ſerment.

» Nous avons créé en titre d'Office formé & héréditaire un notre

» Conseiller Commis au Comptoir & Bureau des Monnoies de Lyon, & un
» notre Conseiller Contrôleur dudit Comptoir ; Nous avons aussi créé en
» titre d'Office formé & héréditaire un Huissier Audiencier pour faire, avec
» les deux créés par ledit Edit du mois de Juin 1704, le nombre de trois,
» ensemble trois Greffiers Commis héréditaires pour servir dans les trois
» Jurisdictions de la Cour des Monnoies, Sénéchaussée & Siége Présidial
» de Lyon.

» Nous avons encore créé en titre d'Office formé un notre Conseiller
» Sécretaire Maison Couronne de France, pour être possédé & uni à l'Office
» de Greffier en chef héréditaire civil & criminel, Greffier des Présenta-
» tions, Affirmations & Gardes-sacs, Place de Clerc Parisis & Contrôle.

» Les Présidens, Conseillers, Avocats & Procureur Généraux de la Cour
» des Monnoies, Sénéchaussée & Siége Présidial de Lyon, serviront & assis-
» teront tour à tour au jugement des affaires civiles & criminelles de la
» compétence de ladite Cour des Monnoies, Sénéchaussée & Siége Présidial
» de Lyon.

» Voulons que les causes & affaires de ladite Sénéchaussée & Siége Pré-
» sidial soient jugées par lesdits Officiers comme elles l'ont été jusqu'à pré-
» sent : connoîtront lesdits Officiers dans les affaires qui sont dans le premier
» & second chef de l'Edit des Présidiaux, tant en premiere instance que par
» appel des premiers Juges, que Nous voulons par eux être jugées en dernier
» ressort jusqu'à la somme de 500 l. & de 25 liv. de rente inclusivement, no-
» nobstant la restriction portée par l'Edit du mois de Janvier 1551, à la-
» quelle Nous avons dérogé en considération de la réunion faite par le pré-
» sent Edit de la Sénéchaussée & Siége Présidial de Lyon à ladite Cour des
» Monnoies, sans néanmoins qu'ils puissent connoître en dernier ressort
» des causes concernant notre Domaine & les Eaux & Forêts, ni de celles qui
» regarderont les états des personnes, des matieres bénéficiales & crimi-
» nelles, des inscriptions de faux, tant principales qu'incidentes, des
» droits seigneuriaux & honorifiques & des autres matieres qui ne peuvent
» souffrir de restriction, de toutes lesquelles choses ils ne pourront connoître
» qu'à la charge de l'appel en notre Parlement de Paris : connoîtront lesdits
» Officiers de notre Cour des Monnoies, Sénéchaussée & Siége Présidial de
» Lyon, des apellations des Sentences qui seront rendues par les Juges de
» Police de ladite Ville de Lyon & même en dernier ressort, de celles qui
» n'excéderont la somme de cinq cens livres, à l'exception néanmoins de
» celles dans lesquelles notre Procureur de Police de ladite Ville sera partie
» principale ou intervenante, dont lesdits Officiers ne connoîtront qu'à la
» charge de l'appel en notre Cour de Parlement à Paris : connoîtront pareil-
» lement les Officiers de ladite Cour des Monnoies, Sénéchaussée & Siége

» Préſidial de Lyon de tous les crimes inſtruits par les Prévôts , Vice-Baill
» & autres , lorſque la compétence aura été jugée ſuivant l'Ordonnance cri-
» minelle de 1670 , faiſant cependant défenſes aux parties de ſe pourvoir
» par appel contre les jugemens qui ſeront rendus dans les cauſes qui n'ex-
» céderont pas cinq cens livres en principal & vingt cinq livres de rente,
» & à nos Cours de recevoir les appellations & d'en connoître à peine de nul-
» lité à l'exception des cas ci-deſſus exprimés.

» Jouiront les Préſidens , Conſeillers & autres Officiers de ladite Cour,
» Sénéchauſſée & Siége Préſidial de Lyon , des mêmes gages dont ils jouiſ-
» ſoient avant ladite union , même des nouveaux gages que Nous leur attri-
» buons ſur le pied du denier ſeize de la nouvelle Finance , qu'ils Nous paye-
» ront ſuivant les rôles qui ſeront arrêtés en notre Conſeil , ſans que pour
» raiſon de la nouvelle dignité & qualité de Conſeiller en la Cour des
» Monnoies , le droit annuel qu'ils ont accoutumé de Nous payer ſoit aug-
» menté , ni qu'ils ſoient tenus de Nous payer aucun prêt dont nous les diſ-
» penſons comme Officiers de Cour Supérieure.

» Les Procureurs poſtulans en la Sénéchauſſée & Siége Préſidial de Lyon
» exerceront leurs fonctions dans les cauſes de la compétence de la Cour
» des Monnoies de Lyon en vertu de notre préſent Edit , ſans prendre de
» nouvelles proviſions , ni que dans les mutations ils ſoient tenus de payer
» plus grands droits à cauſe de la qualité de Procureur en la Cour des
» Monnoies , en payant par eux la Finance à laquelle ils ſeront modérément
» taxés par les rôles qui ſeront arrêtés en notre Conſeil ; en conſéquence
» avons ſupprimé & ſupprimons les huit Procureurs poſtulans créés par no-
» tre Edit du mois de Juin 1704 , que Nous voulons au ſurplus être exécuté
» ſelon ſa forme & teneur.

» Si Donnons en mandement à nos Amés & Féaux Conſeillers les gens
» tenans notre Cour de Parlement , Chambre des Comptes , Cour des Aydes
» & Cour des Monnoies à Paris , que notre préſent Edit ils aient à faire li-
» re , publier & regiſtrer &c , donné à Verſailles au mois d'Avril 1705 ,
» ſigné, LOUIS, &c.

Regiſtré en la Cour des Monnoies à Paris le 24 Mars 1706.

Par autre Edit donné à Fontainebleau au mois d'Octobre 1705 , le Roi
ajouta au reſſort de la Cour des Monnoies de Lyon les Provinces & Pays
de Breſſe , Bugey , Valromey & Gex , & pour prévenir les conteſtations
qui pourroient ſe former entre les Officiers de cette Cour , Sénéchauſſée
& Siége Préſidial à cauſe de leurs différentes fonctions , rang , ſéance , attribution , privileges & prérogatives , Sa Majeſté fit un Réglement pour
les expliquer , & créa en même tems quelques nouveaux Officiers ainſi qu'il
eſt plus au long expliqué dans l'Edit dont la teneur ſuit.

» Louis , par la grace de Dieu, &c. Nous avons par notre Edit du mois
» de Juin 1704 , créé & érigé en notre Ville de Lyon une Cour des Mon-
» noies à l'inftar de celle de Paris, pour juger en dernier reffort toutes les
» caufes civiles & criminelles dont ladite Cour des Monnoies connoiffoit
» & avoit droit de connoître dans l'étendue des Provinces, Généralités &
» Départemens de Lyon , Dauphiné , Provence , Auvergne , Toulouze ,
» Montpellier , Montauban & Bayonne , & par autre notre Edit du mois
» d'Avril dernier , Nous avons uni & incorporé la Sénéchauffée & Pré-
» fidial de ladite Ville de Lyon, & leur reffort à ladite Cour des Monnoies
» pour ne faire qu'un feul & même Corps , fous le titre de Cour des Mon-
» noies , Sénéchauffée & Siége Préfidial de Lyon : & comme lefdits Offi-
» ciers qui compofent ladite Sénéchauffée & Siége Préfidial pour fe confor-
» mer à nos intentions, & Nous donner des marques de leur zèle , font fur le
» point d'exercer ledit Edit d'union , Nous avons cru , pour prévenir toutes
» les conteftations qui pourroient fe former entr'eux à caufe de leur diffé-
» rentes fonctions , rang , féance , attributions , privileges & prérogatives,
» devoir les expliquer par un Réglement qui les mette en état de continuer
» à exercer leurs Charges, avec le même zèle & la même attention qu'ils ont
» fait paroître jufqu'à préfent ; fur ce que Nous avons d'ailleurs confidéré
» que les Officiers de la Cour des Monnoies de Lyon étoient bien plus à
» portée que ceux de la Cour des Monnoies de Paris, d'empêcher les con-
» traventions & abus qui fe commettent affez fréquemment dans les Pro-
» vinces & Pays de Breffe, Bugey, Valromey & Gex , à caufe de leur
» proximité des Pays, étrangers, Nous avons réfolu , tant pour le bien
» de notre fervice, que pour le foulagement de nos Sujets defdites Pro-
» vinces , de les ajouter au reffort de ladite Cour des Monnoies de Lyon ,
» en y créant en même tems quelques nouveaux Officiers qui Nous ont
» paru néceffaires.

» A ces causes, &c. Nous avons par le préfent Edit, perpétuel &
» irrévocable , & en interprètant en tant que de befoin feroit nos Edits
» des mois de Juin 1704 & Avril 1705 , Voulons & Nous plaît ce qui fuit :

ARTICLE PREMIER.

» Que le reffort de ladite Cour des Monnoies de Lyon s'étende tant
» dans les Provinces, Généralités & Département de Lyon , Dauphiné,
» Provence , Auvergne , Haut & Bas Languedoc, Montauban , Ville &
» Gouvernement de Bayonne , & Monnoies en dépendantes ; que dans
» les Provinces & Pays de Breffe, Bugey, Valromey & Gex , & que dans
» toutes lefdites Provinces & lieux en dépendans , ladite Cour des Mon-
» noies de Lyon , connoiffe de toutes affaires civiles & criminelles con-

» cernant les Monnoies , mines & autres matieres généralement quelcon-
» ques , ainſi de la même maniere & entre les mêmes perſonnes que la
» Cour des Monnoies de Paris , ſans aucune reſtriction ni réſerve ,
» dérogeant à cet effet en tant que beſoin ſeroit , à tous Edits , Dé-
» clarations , Arrêts & Réglemens qui pourroient être à ce contraires ;
» Voulons que tous les procès & différens de la compétence de ladite Cour
» y ſoient portés & évoqués pour y être jugés , à l'exception néanmoins
» de ceux dont Nous avons renvoyé l'inſtruction & jugement par Arrêt
» de notre Conſeil , aux Commiſſaires députés pour l'exécution de nos
» ordres dans les Provinces & Départemens du reſſort de ladite Cour ,
» ou au Sieur de Saint Maurice , Préſident en la Cour des Monnoies de
» Paris , & Commiſſaire au Département de Lyon.

I I.

» Et afin de rendre ladite Cour des Monnoies de Lyon entierement
» conforme à celle de Paris , Nous avons par le preſent Edit éteint & ſup-
» primé , éteignons & ſupprimons les Offices de Général Provincial , de
» Juges-Gardes , de notre Procureur , de ſon Subſtitut , de Greffier , & autres
» dont la Juriſdiction particuliere de la Monnoie de Lyon eſt compoſée ;
» Voulons que les Pourvus deſdits Offices ſoient tenus de rapporter &
» mettre ès mains du Contrôleur de nos Finances leurs quittances de fi-
» nances , proviſions & autres titres , pour être procedé à la liquidation deſ-
» dites finances , & enſuite pourvu à leur rembourſement.

I I I.

» Au lieu deſquels Offices ſupprimés , Nous avons par notre preſent
» Edit , créé & érigé en titre d'office , deux nos Conſeillers Juges-Gardes
» en la Monnoie de Lyon , aux mêmes gages de trois cens livres attribués
» aux Juges-Gardes des autres Monnoies de notre Royaume.

I V.

» Leſdits deux Juges-Gardes auront dans ladite Monnoie les logemens
» dont jouiſſent les Pourvus des deux Offices ci-devant établis & ſuppri-
» més par le préſent Edit , & jouiront ſur le travail de converſion & de
» réformation & ſur les affinages , des mêmes droits , fonctions & généra-
» lement de tous les privileges , prérogatives , ſéance & émolumens dont
» jouiſſent les Juges-Gardes en la Monnoie de Paris , le tout en Nous
» payant par les acquéreurs les ſommes auxquelles la finance deſdits Of-
» fices ſera reglée.

V.

» Voulons que le nombre des trente Offices de Conſeillers , créés en

» ladite Cour des Monnoies , foit & demeure réduit à celui de vingt-neuf
» pour être unis & poffédés par les vingt-neuf Confeillers de la Sénéchauf-
» fée & Préfidial , à l'effet dequoi Nous avons éteint & fupprimé par le
» préfent Edit un defdits trente Offices , fans que ledit nombre de vingt-
» neuf Confeillers puiffe être augmenté à l'avenir fous quelque prétexte que
» ce foit.

V I.

» Les huit Commiffions créées par notre Edit du mois de Juin 1704 , en
» notre dite Cour des Monnoies de Lyon , à l'inftar de celles établies en
» notre Cour des Monnoies de Paris , feront & demeureront unies en la-
» dite Cour des Monnoies , Sénéchauffée & Siége Préfidial de Lyon , avec
» des gages au denier feize de la fomme à laquelle feront réglées les Fi-
» nances defdites Commiffions , qui feront exercées par ceux des Préfidens
» & Confeillers qui feront à ce commis & députés par ladite Cour , & fans
» que le nombre puiffe être augmenté fous le prétexte de l'augmentation du
» reffort porté par le préfent Edit ; Voulons néanmoins que nonobftant la-
» dite union les Officiers de ladite Cour puiffent difpofer defdites Com-
» miffions en faveur de ceux d'entr'eux qui voudront les acquérir , quoi
» faifant , il leur fera expédié toutes Lettres néceffaires.

V I I.

» Et afin de donner aux Officiers de ladite Cour des Monnoies , Séné-
» chauffée & Siége Préfidial de Lyon , les moyens d'y établir le même ordre
» qui eft dans celle de Paris , Nous avons par le préfent Edit réuni & réu-
» niffons à ladite Cour les Offices de Confeillers Commis au Comptoir &
» Bureau des Monnoies de Lyon , celui de Confeiller Contrôleur audit
» Comptoir ; enfemble l'Office de Confeiller Garde-facs créé par notre Edit
» du mois de Juin 1704 , avec des gages au denier feize de la Finance def-
» dits Offices , pour être exercées par ceux des Officiers de ladite Cour qui
» feront par elle commis & députés , lefquels jouiront des mêmes honneurs ,
» exemptions , droits & émolumens dont jouiffent les Confeillers Commis
» Contrôleurs du Comptoir & Garde-fcel en notre Cour des Monnoies à
» Paris , avec faculté aux Officiers de ladite Cour des Monnoies de Lyon ,
» de défunir lefdits Offices & d'en difpofer ainfi qu'ils le jugeront à propos ,
» quoi faifant , il fera expédié aux Acquéreurs toutes Lettres de provifion
» & autres qui feront néceffaires.

V I I I.

Nota. Cet article ne regarde que le fieur de Saint Maurice ci-devant
Préfident de la Cour des Monnoies de Paris , en faveur duquel le Roi
crée une Charge de Préfident en la Cour des Monnoies de Lyon , outre les

quatre créées ci-devant fans aucun rang , féance , ni voix délibérative dans la Sénéchauffée & Siége Préfidial de Lyon &c.

I X.

» Comme auffi par le préfent Edit , Nous avons créé & érigé en titre
» d'Office deux Offices de nos Confeillers Subftituts de notre Procureur
» Général en ladite Cour des Monnoies , pour faire avec les deux créés par
» Edit du mois de Juin 1704 , le nombre de quatre , lefquels Nous avons
» unis & uniffons aux quatre Offices de Subftituts créés & établis dans la
» Sénéchauffée & Siége Préfidial de Lyon aux mêmes fonctions , droits &
» privileges attribuéés auxdits Offices par ledit Edit du mois de Juin 1704.

X.

» Voulons que les Pourvus des Offices de Commiffaire aux faifies réelles,
» & de Contrôleur defdites faifies réelles en la Sénéchauffée & Siége Pré-
» fidial, exercent en conféquence de l'union portée par notredit Edit , les
» mêmes Offices dans ladite Cour des Monnoies de Lyon dans laquelle
» Nous avons à cet effet , & en tant que befoin feroit , créé & érigé en titre
» par le préfent Edit deux Offices , l'un de notre Confeiller Commiffaire &
» l'autre de notre Confeiller Contrôleur des faifies réelles de ladite Cour ,
» pour être unis auxdits Offices de Commiffaire & de Contrôleur aux fai-
» fies réelles dans la Sénéchauffée & Siége Préfidial , & jouir par lefdits
» Pourvus des mêmes droits , privileges & exemptions attribuées à leurs
» Offices, en Nous payant les fommes auxquelles ils ont été ou feront pour
» ce modérément taxés.

X I.

» Voulons que conformément à notre Edit du mois d'Avril dernier , le
» Pourvû & ceux qui le feront ci-après de l'Office de Lieutenant Général
» d'épée , ait rang & féance en ladite Cour des Monnoies après les Préfidens
» d'icelle en qualité de premier Chevalier d'honneur , & le Pourvû de la
» Charge de Chevalier d'honneur de la Sénéchauffée & Siége Préfidial en
» qualité de fecond Chevalier d'honneur de ladite Cour , fans néanmoins
» que le Lieutenant Général d'épée puiffe fous prétexte de ce que deffus
» prétendre aucune entrée, rang , ni féance au Préfidial , mais feulement
» dans la Sénéchauffée , dans laquelle il confervera les rang , féance & droits
» qui lui font attribuées par l'Edit de création de fon Office.

XII.

» Le fecond Préfident au Préfidial , le Lieutenant Criminel , le Lieu-
» tenant Particulier , & le Lieutenant Particulier Affeffeur Criminel en la
　　　　　　　　　　　　　　　　　　　　　Sénéchauffée

Sénéchauffée & Siége Préfidial , conferveront pour les Charges de Préfi-
» dens en la Cour des Monnoies qu'ils doivent remplir en exécution de
» l'Edit du mois d'Avril dernier, les mêmes rangs qu'ils ont préfentement
» par les titres de leurs Charges dans lefdits Siéges ; & à l'égard de ceux qui
» feront ci-après pourvus defdits Offices de Préfident en la Cour , ils n'y
» auront rang & féance que fuivant leur réception , à l'exception du Pre-
» mier Préfident qui y confervera toujours le premier rang , fans néanmoins
» que fon fucceffeur audit Office puiffe prétendre au Préfidial d'autre rang
» que celui que lui donnera fa réception en la Charge de Préfident au
» Préfidial.

X I I I.

» Et comme au moyen de ce que deffus , ceux qui font ou feront ci-après
» pourvus des Offices de Préfidens au Préfidial , perdront les premieres
» places fixes qu'ils avoient dans les Affemblées générales & particulieres ;
» Voulons , pour en quelque façon les indemnifer , qu'ils aient à l'avenir
» rang , féance & voix délibérative , tant à l'Audience qu'en la Chambre
» du Confeil dans toutes les affaires civiles & criminelles de la Sénéchauffée
» immédiatement après celui qui y préfidera , fans néanmoins qu'ils puiffent
» y préfider , ni prendre aucune part aux épices & émolumens qui provien-
» dront des affaires de la Sénéchauffée.

X I V.

» Voulons par les mêmes confidérations que le Lieutenant Criminel & fes
» fucceffeurs audit Office aient rang , féance & voix délibérative , tant au
» Préfidial qu'en la Sénéchauffée dans toutes les affaires criminelles , avec
» rang & féance , favoir , à l'Audience dans fon rang ordinaire , & à la
» Chambre du Confeil au Bureau fuivant l'ufage , fans qu'il puiffe pareille-
» ment prétendre préfider , ni avoir part aux épices & émolumens des af-
» faires civiles ; & au furplus l'avons maintenu dans toutes les fonctions ,
» prérogatives & privileges attribués à fon Office , tant pour l'inftruction ,
» rapport , que jugement des affaires criminelles.

X V.

» N'entendons par le Réglement ci-deffus à l'égard des places que lefdits
» Préfidens au Préfidial auront à l'avenir dans ladite Sénéchauffée & Préfidial,
» préjudicier au rang qu'ils doivent avoir par leurs Charges & fuivant l'ufa-
» ge , foit à l'entrée ou à la fortie defdites Jurifdictions.

X V I.

» Les Confeillers d'honneur de ladite Sénéchauffée & Siége Préfidial

» conferveront en la Cour des Monnoies le rang qu'ils ont en ladite Séné-
» chauffée & Siége Préfidial.

XVII.

» Voulons que le franc-falé attribué aux Officiers de ladite Cour des
» Monnoies, Sénéchauffée & Siége Préfidial de Lyon leur foit délivré an-
» nuellement par le Fermier de nos Gabelles du Lyonnois, & qu'à cet effet
» il en foit fait fonds dans les états de nofdites Gabelles, favoir; de deux
» minots & demi pour le Premier Préfident; de deux minots pour chacun
» des autres Préfidens; d'un minot & demi pour chacun des vingt-neuf
» Confeillers; d'un minot & demi pour le Lieutenant Général d'épée de
» la Sénéchauffée en qualité de premier Chevalier d'honneur, & pour le
» Chevalier d'honneur du Préfidial en qualité de fecond Chevalier d'hon-
» neur de ladite Cour; d'un minot & demi pour chacun des deux Confeil-
» lers d'honneur; de deux minots pour chacun des Avocats & Procureur
» Généraux; d'un minot pour chacun des quatre Subftituts; d'un demi mi-
» not pour le premier Huiffier; d'un minot pour le Commiffaire aux faifies
» réelles; d'un demi minot pour le Contrôleur dudit Commiffaire; d'un
» minot pour notre Confeiller-Sécretaire Greffier en chef de ladite Cour;
» d'un quart de minot pour chacun des trois Greffiers commis héréditaires;
» d'un minot pour le Receveur Payeur ancien, alternatif & triennal des
» gages, épices, amendes, confignations & deniers de boëtes; d'un demi
» minot pour le Contrôleur du Receveur; d'un minot pour chacun des trois
» Offices de nos Confeillers-Sécretaires créés en la Chancellerie près ladite
» Cour; d'un demi minot pour chacun des Confeillers référendaires de
» ladite Chancellerie; d'un demi minot pour le Tréforier de l'émolument
» du fceau; d'un demi minot pour le Greffier Garde minute expéditionnaire
» des Lettres de ladite Chancellerie; d'un demi minot pour le Chaufe-cire
» Porte-coffre, & d'un demi minot pour le Prévôt Général de ladite Cour.

XVIII.

» Le fond des gages & augmentation de gages attribuées aux Officiers de
» de notredite Cour des Monnoies fera fait annuellement dans les états de
» la recette générale de nos Finances de Lyon pour être remis ès mains du
» Receveur Payeur des gages & augmentation de gages créés par notre Edit
» du mois de Juin 1704.

XIX.

» L'Adreffe des provifions qui feront expédiées à l'avenir pour ladite
» Cour des Monnoies, Sénéchauffée & Siége Préfidial, fera faite aux Offi-
» ciers de ladite Cour, pour être par eux procédé à la réception des Pourvus
» dans toutes lefdites Jurifdictions.

X X.

» Les Officiers de ladite Cour des Monnoies Sénéchauffée & Siége Préfi-
» dial de Lyon, prendront en toutes affemblées générales ou particulieres,
» Cérémonies, Proceffions & marche publique, ordinaire & extraordi-
» naire, rang fur les Officiers, tant du Bureau des Finances qu'autres Com-
» pagnies & Chapitres de ladite Ville de Lyon, à l'exception néanmoins
» des Chapitres & Comtes dudit lieu; à l'égard defquels, attendu les pri-
» vileges à eux accordés par les Rois nos Prédéceffeurs, n'entendons
» qu'il foit rien innové.

X X I.

» Ladite Cour des Monnoies marchera la premiere feule & féparément,
» fans pouvoir être mêlée ni cotoyée par aucune defdites Compagnies,
» Corps & Chapitre.

X X I I.

» Voulons que ladite Cour foit convoquée aux Cérémonies, *Te Deum*
» & Prieres publiques, de la même maniere & avec les mêmes formalités que
» les autres Cours Supérieures de notre Royaume; que les jours defdites
» cérémonies foient pris & convenus avec les Officiers de ladite Cour, fui-
» vant l'article X L V I de notre Edit du mois d'Avril 1695, con-
» cernant la Jurifdiction Eccléfiaftique.

X X I I I.

» Le Prévôt créé dans ladite Cour des Monnoies de Lyon par ledit
» Edit du mois de Juin 1704, & les autres Officiers & Archers de la Pré-
» vôté, feront tenus d'exécuter & de faire exécuter les Arrêts & Mande-
» mens de ladite Cour des Monnoies, & de l'efcorter dans les marches &
» cérémonies publiques.

X X I V.

» Ledit Prévôt ne pourra informer, décréter ni faire aucune vifite &
» perquifition dans la Ville, Fauxbourgs & Banlieue de Lyon fans mande-
» ment de ladite Cour, & jouira au furplus des fonctions, privileges & pré-
» rogatives à lui attribuées par notre Déclaration du 22 Juillet dernier,
» fans néanmoins que ceux qui feront ci-après pourvus dudit Offiçe, puif-
» fent prétendre dans ladite Cour d'autre rang, féance & voix délibéra-
» tive en icelle, qu'ainfi & de la même maniere qu'en jouit le Prévôt en
» notre Cour des Monnoies de Paris.

X X V.

» Les appellations des jugemens qui feront rendus par les Officiers des

» Monnoies du reſſort de ladite Cour , ne pourront être portées que devant
» elle : faiſons défenſes à toutes nos autres Cours & Juges d'en recevoir au-
» cunes à peine de nullité des jugemens qui ſeront rendus , & à tous Par-
» ticuliers de les porter ailleurs , à peine de 500 liv. d'amende.

XXVI.

» L'Inſtruction de toutes les affaires civiles ou criminelles qui ſeront de
» la compétence de ladite Cour des Monnoies de Lyon , ſera faite confor-
» mément à ce qui ſe pratique en la Cour des Monnoies de Paris.

XXVII.

» Les défenſes faites par notre Edit du mois d'Avril dernier aux Parties
» de ſe pourvoir par appel contre les jugemens qui ſeront rendus par ladite
» Cour , Sénéchauſſée & Siége Préſidial dans les cauſes qui n'excéderont
» pas 500 liv. de principal , & 25 livres de rente , & à nos Cours de rece-
» voir leſdites appellations à peine de nullité , ſeront exécutées ſelon leur
» forme & teneur ; & , en y ajoutant , faiſons pareillement défenſes à tous
» Huiſſiers , Sergens ou autres Officiers de ſignifier aucuns actes ni reliefs
» d'appel des Jugemens rendus dans leſdits cas , à peine d'interdiction &
» de 500 liv. d'amende , & aux Parties de s'en ſervir , à peine d'une pareille
» amende de 500 liv.

XXVIII.

» Dans les affaires que les Prévôts , Vice-Baillifs & Lieutenant de Robe-
» courte du reſſort dudit Préſidial , auront inſtruites , & qu'ils rapporteront
» à ladite Cour , conformément à notre Edit du mois d'Avril 1705 , ils y
» auront entrée & ſéance après les Conſeillers de ladite Cour des Mon-
» noies , Sénéchauſſée & Siége Préſidial.

XXIX.

» Déclarons n'avoir entendu par l'Edit de création de notre Cour des
» Monnoies de Lyon à l'inſtar de celle de Paris , & par celui d'union du
» Siége Préſidial & Sénéchauſſée à ladite Cour , rendre les Officiers de ladite
» Cour ſemeſtres , mais ſeulement marquer qu'ils doivent avoir des ſéances
» & jours différents pour les affaires de ladite Cour des Monnoies , & deſ-
» dites Sénéchauſſée & Siége Préſidial.

XXX.

» N'entendons auſſi par ladite union rien innover ni changer à l'uſage
» obſervé dans ladite Sénéchauſſée & Siége Préſidial , tant ès affaires civiles
» que criminelles , ni aux rang , ſéance & autres fonctions des Officiers ,
» à l'exception de ce que Nous avons ci-deſſus reglé en faveur des Préſidens,
» du Préſidial & du Lieutenant Criminel.

X X X I.

" Voulons que conformément à notre Edit du mois d'Avril 1705, les
" Officiers de notredite Cour des Monnoies, Sénéchauffée & Siége Pré-
" fidial de Lyon, demeurent déchargés comme Officiers de Cours Supé-
" rieures, de Nous payer aucun prêt pour raifon defdits Offices réunis, &
" ne puiffent être tenus de Nous payer à l'avenir le droit annnel de leurs
" Offices fur un pied plus fort que celui qu'ils ont ci-devant payé, comme
" auffi qu'ils ne puiffent être fujets aux taxes qui pourroient être faites pour
" raifon de création ou de réunion de nouveaux Offices dans les Baillages,
" Sénéchauffées & Siéges Préfidiaux, & autres Finances que Nous pourrions
" demander aux Officiers defdits Siéges, & en conféquence les avons dé-
" chargés & déchargeons du payement de la fomme qui pourroit leur avoir
" été ou être demandée pour raifon des Offices de Confeillers Auditeurs
" des Comptes, des Receveurs des Configations & Commiffaires aux Sai-
" fies réelles créés dans les Baillages & Sénéchauffées du Royaume par no-
" tre Edit du mois de Septembre 1704, comme auffi avons déchargé & dé-
" chargeons les Pourvus des deux Offices de Préfident au Préfidial dudit
" Lyon, du payement des fommes auxquelles ils pourroient avoir été taxés
" en exécution de notre Edit du mois de Février dernier & Déclaration du
" 4 Août auffi dernier, moyennant quoi les augmentations de gages &
" droits attribués auxdits Offices par lefdits Edit & Déclaration feront &
" demeureront éteints & fupprimés.

X X X I I.

" Ceux defdits Officiers de la Sénéchauffée & Siége Préfidial de Lyon
" qui poffedent des Offices dans d'autres Jurifdictions de ladite Ville, pour-
" ront continuer d'en jouir & de les exercer fans incompatibilité, nonob-
" tant l'union defdites Senéchauffée & Siége Préfidial à ladite Cour des
" Monnoies, dérogeant à cet effet à tous Edits, Déclarations & autres
" chofes à ce contraires.

X X X I I I.

" Voulons que le Pourvu de l'Office de Greffier héréditaire civil & cri-
" minel de notredite Cour, créé par ledit Edit du mois de Juin 1704, foit
" reçû & reconnu en qualité de Greffier en chef que Nous lui avons en
" tant que befoin feroit, attribué & attribuons par le préfent Edit, & qu'il
" jouiffe de tous les privileges & prérogatives attribuées aux Greffiers en
" chefs des autres Cours de notre Royaume.

X X X I V.

" Les Pourvus tant des Offices de nos Confeillers-Sécretaires, Maifon,

» Couronne de France , Audienciers, & de Contrôleurs de la Chancellerie
» près ladite Cour , que de l'Office de notre Conseiller-Sécretaire Maison
» Couronne de France , pour faire outre & sans préjudice des fonctions
» ordinaires & en cas d'absence & autres empêchemens , celles de l'Au-
» diencier & du Contrôleur créées par l'Edit du mois de Juin 1704 ; en-
» semble le Pourvu de l'Office de notre Conseiller-Sécretaire Maison Cou-
» ronne de France , créé par l'Edit du mois d'Avril 1705 , pour être joint
» & uni à l'Office de Greffier en chef de ladite Cour , jouiront également
» de tous les privileges , honneurs & exemptions attribuées par notre Edit
» du mois de Mars 1692 , & autres , aux Offices de nos Conseillers-Sécre-
» taires , Maison Couronne de France établis dans les Chancelleries près
». nos Cours Supérieures.

X X X V.

» Encore que par notre Edit du mois d'Avril 1705 , Nous ayons créé
» trois Greffiers Commis héréditaires pour servir dans les trois Jurisdictions
» de la Cour des Monnoies , Sénéchaussée & Siége Présidial ; n'entendons
» cependant rien innover pour ce regard à ladite Sénéchaussée & Siége Pré-
» sidial , ni aux droits des Propriétaires des Greffes desdites Jurisdictions ;
» Voulons que les Greffiers Commis héréditaires soient établis seulement
» dans la Jurisdiction de la Cour des Monnoies.

X X X V I.

» Voulons au surplus que nos Edits des mois de Juin 1704 , & Avril
» 1705 , soient exécutés selon leur forme & teneur, que les Edits, Dé-
» clarations , Arrêts & Réglemens intervenus en faveur de notre Cour des
» Monnoies de Paris concernant la Jurisdiction , privileges & exemptions
» des Officiers de ladite Cour , soient & demeurent communs avec ceux
» de ladite Cour des Monnoies , Senéchaussée & Siége Présidial de Lyon ,
» & qu'elle jouisse comme Cour Supérieure & la premiere établie en ladite
» Ville , des honneurs , privileges , prérogatives & prééminences qui ap-
» partiennent aux premieres Compagnies Supérieures dans les Villes de
» leur établissement.

X X X V I I.

» Et afin de donner aux Officiers qui doivent composer le Corps de la-
» dite Cour des Monnoies , Chancellerie & Prévôté d'icelle , les moyens
» de trouver plus facilement les fonds qu'ils seront obligés de Nous payer,
» soit à cause de la Finance portée par le rôle arrêté en notre Conseil pour
» ladite union , soit pour le prix & acquisition des Offices de nouvelle
» création , tant en ladite Cour que Chancellerie près d'icelle & Prévôté
» générale ; Voulons que ceux qui prêteront leurs deniers pour l'acquisition

» des nouveaux Offices aient un privilege fpécial & par préférence à tous
» Créanciers fur lefdits Offices, gages & droits y attribués, & que ceux
» qui prêteront leurs deniers pour le payement des Finances, des augmen-
» tations de gages & autres droits attribuées aux Offices anciens de la Sé-
» néchauffée & Siége Préfidial, pour raifon de ladite union, aient un pa-
» reil privilege fur lefdites augmentations de gages & nouveaux droits,
» même fur lefdits anciens Offices avant tous Créanciers, à l'exception
» feulement de ceux qui fe trouveront avoir prêté leurs deniers pour l'ac-
» quifition defdits anciens Offices, à l'effet de quoi mention fera faite def-
» dits emprunts dans les quittances de Finances qui feront expédiées.

    » Si donnons en mandement à nos amés & féaux Confeillers les gens te-
» nant notre Cour de Parlement, Chambre de nos Comptes, Cour des Ay-
» des & Cour des Monnoies à Paris, que notre préfent Edit ils aient à faire
» lire, publier & regiftrer, & le contenu en icelui faire exécuter &c. Car
» tel eft notre plaifir. Donné à Fontainebleau au mois d'Octobre 1705, &c.
» *Signé*, Louis, &c.

    » Regiftré en la Cour des Monnoies de Paris le 24 Mars 1706.

Par autre Edit du mois de Décembre 1705, le Roi défunit l'Office de
Lieutenant Général en la Sénéchauffée & Siége Préfidial de Lyon, de celui
de Premier Préfident en la Cour des Monnoies & Préfident au Préfidial de
Lyon, nonobftant l'union portée par les Edits des mois d'Avril & Octobre
1705; & afin de conferver à ceux qui feront pourvus de la Charge de Lieutenant Général, une partie des rang & préféance qui y étoient attachés, le
même Edit crée & érige en titre un Office de Confeiller Préfident en la
Cour des Monnoies de Lyon, outre les cinq créés par les Edits des mois de
Juin 1704 & Octobre 1705, avec des augmentations de gages, deux minots de franc-falé, & aux mêmes honneurs, rangs, féances, prérogatives &
privileges attribuées à ces Offices, auquel Office de Préfident créé par le préfent Edit, Sa Majefté joint & unit celui de Lieutenant Général en la Sénéchauffée & Siége Préfidial, pour ne faire à l'avenir qu'un feul & même
Corps d'Office fous le titre de Confeiller Préfident en la Cour des Monnoies, Lieutenant Général & Siége Préfidial de Lyon; Veut Sa Majefté que
conformément aux Edits des mois d'Avril & Octobre 1705, l'Office de Préfident premier au Préfidial, foit & demeure uni à celui de Premier Préfident
en la Cour des Monnoies, foit que fes fucceffeurs fe trouvent premier ou
fecond Préfident au Préfidial; permet de poffeder conjointement l'Office
de Premier Préfident en la Cour des Monnoies & Préfident au Préfidial,
enfemble celui de Préfident en la Cour des Monnoies & de Lieutenant Général en la Sénéchauffée & Siége Préfidial, fans aucune incompatibilité,
même de vendre & difpofer de ces Offices féparément ou conjointement; à la

Charge, lorfque ces Offices feront poffédés par une même perfonne, de prendre des Provifions diftinctes & féparées pour chacun d'iceux, & que le Pourvu n'aura qu'une feule voix, & ne pourra prétendre dans les épices & vacations des affaires de la Cour des Monnoies, d'autre part que celle qui lui appartiendra en qualité de Premier Préfident en icelle; Veut en outre qu'en cas de vente de l'Office de Préfident en la Cour des Monnoies & de Lieutenant Général, il foit expédié aux acquereurs toutes Lettres de Provifions néceffaires pour en jouir par eux aux gages, augmentations de gages, droits, privileges, rangs & féances dans la Cour des Monnoies du jour de leur réception, fuivant & aux termes portés, tant par le préfent Edit que par ceux des mois de Juin 1704, Avril & Octobre 1705.

Cet Edit a été adreffé aux Gens tenans la Cour de Parlement, Chambre des Comptes & Cour des Aydes à Paris & donné au mois de Décembre 1705.

Régiftré en Parlement le 10 Février 1706.

LISTE des Officiers qui compofent la Cour des Monnoies de Lyon.

M. LE PREMIER PRESIDENT.

Quatre Préfidens, dont les Offices font réunis à ceux de Lieutenant Criminel, Lieutenant Particulier, Affeffeur Criminel.

La Charge de Préfident créé en faveur du fieur de Saint Maurice par Edit du mois d'Avril 1705, réunie à la Cour des Monnoies, par Déclaration du 30 Septembre 1706.

En tout fix Préfidens,

Et le Préfident créé par Edit du mois de Décembre 1705.

Deux Chevalier d'Honneur.

Deux Confeillers d'Honneur.

Vingt-neuf Confeillers.

Le Procureur Général.

Deux Avocats Généraux.

Quatre Subftituts.

Un Greffier en chef.

Un Greffier plumitif.

Trois Huiffiers Audienciers.

Trois Greffiers Commis.

Dix Huiffiers.

Chancellerie près de la Cour des Monnoies.

Un Garde des Sceaux.

Quatre Audienciers.

Quatre Contrôleurs.

Quatorze Secretaires.

Deux

Deux Referendaires.

Un Receveur des émolumens du Sceau.

Un Chauffe-cire, porte coffre.

Un Greffier Garde minute expéditionnaire des Lettres de la Chancellerie, deux Huissiers.

Prévôté générale des Monnoies, près ladite Cour.

Le Prévôt Général.

Un Lieutenant.

Quatre Exempts.

Trente Archers.

Un Archer Trompette.

Un Assesseur.

Un Procureur du Roi.

Un Greffier.

La Cour des Monnoies de Lyon, créée à l'instar de celle de Paris, jouit des mêmes privileges que cette Cour : ils sont contenus ainsi que les Réglemens dans les Edits des mois de Juin 1704, Avril & Octobre 1705, rapportés ci-dessus.

Premiers Présidens, depuis la création de la Cour des Monnoies de Lyon par Edit du mois de Juin 1704.

PIERRE DE SEVE, Baron de Flechieres, Président Premier au Présidial, & Lieutenant Général en la Sénéchaussée & Siége Présidial de Lyon, prit séance en qualité de Conseiller du Roi en ses Conseils, Premier Président en la Cour des Monnoies, Président Premier au Présidial, Président, Lieutenant Général en la Sénéchaussée & Siége Présidial, conformément aux Lettres de Sa Majesté, qui lui furent expédiées le 6 Mars 1706, mort en 1726.

BARTHELEMI-JEAN-CLAUDE PUPIL, Chevalier, Seigneur de Mions, Courbas, la Tour en Jarrêt, Saint Jean de Bonne-fond, Saint Christot & Sourbier, reçu le 27 Mars 1726 ; Premier Président de la Cour des Monnoies, actuellement (1761) exerçant.

Il avoit été reçu en 1712 Conseiller, & le 29 Avril 1721 Président en ladite Cour, & Lieutenant Général en la Sénéchaussée & Présidial sur la démission de M. de Séve.

Barthelemy Léonard Pupil, de Mions, en survivance.

Présidens.

LAURENT DUGAS, Second Président au Présidial, prit séance le 22 Mars 1706, en qualité de Second Président en la Cour des Monnoies.

Tome I.

O o

JACQUES CLARET DE LA TOURETTE, Lieutenant Criminel en la Sénéchauffée & Siége Préfidial, fut reçu le 22 Mars 1706 Préfident en la Cour des Monnoies dont il fe démit en 1718.

GEORGE-ANTOINE CHARRIER DE LA ROCHE, Lieutenant Particulier en la Sénéchauffée & Préfidial, reçu quatrieme Préfident en la Cour des Monnoies le 22 Mars 1706.

PIERRE CHOLIER DE CIBEINS, Lieutenant Particulier Affeffeur Criminel en la Sénéchauffée & Préfidial, reçu cinquieme Préfident le 22 Mars 1706.

NICOLAS FOY DE SAINT MAURICE, Préfident & Commiffaire de la Cour des Monnoies de Paris au Département de la Monnoie de Lyon, fut reçu le 19 Avril 1705, dans une Charge de Préfident en la Cour des Monnoies de Lyon, créée en fa faveur par Edit du mois d'Octobre 1705; s'en étant démis depuis, cette Charge a été réunie à la Cour des Monnoies par une Déclaration du 30 Septembre 1736.

JACQUES ANNIBAL CLARET DE LA TOURETTE, pourvu le 14 Avril, reçu le 8 Août 1718 en place de fon pere, fe démit en 1740.

BARTHELEMI-JEAN-CLAUDE PUPIL, reçu le 29 Avril 1722; à préfent Premier Préfident.

PIERRE DUGAS fuccéda le 5 Juin 1726, aux Charges de fon pere.

GUILLAUME CHARRIER DE LA ROCHE, Succeffeur de fon pere, fut reçu le 5 Juin 1728.

LOUIS HECTOR CHOLIER DE CIBEINS, reçu le 12 Mai 1722; en place de fon pere.

JEAN-FRANÇOIS NOYEL DE SERMESY, ci devant Confeiller, fut reçu le 28 Novembre 1737, en l'Office de Préfident en la Cour des Monnoies, & Préfident au Préfidial fur la démiffion de M. Pupil, en faveur duquel le Roi, par Déclaration du 14 Juin 1735, avoit défuni ces Offices de ceux de Premier Préfident & de Lieutenant Général; il fe démit en 1748.

HUGUES RIVERIEULX DE VARAX, ci-devant Confeiller, pourvu fur la démiffion de M. Claret de la Tourette, fut reçu en fes Charges le 12 Septembre 1740.

JEAN-BAPTISTE BASSET, ci-devant Confeiller reçu dans les Charges de M. Noyel de Sermezi, le 18 Janvier 1748, mort en 1752.

PIERRE POSNEL DE VERNEAUX, Confeiller reçu en place de M. Baffet le 6 Décembre 1752.

JEAN BAPTISTE CHARRIER DE LA ROCHE, reçu le 13 Avril 1753.

ETIENNE DUGAS 13 Décembre 1757.

JEAN-BAPTISTE SABOT DE SUGNY DE PISAY, 24 Mars 1759.

Chevaliers d'Honneur.

Pierre-François de Treslon, qui étoit Chevalier d'honneur en la Séné-chauffée & Siège Préfidial de Lyon, fut reçu en la même qualité en la Cour des Monnoies, le 11 Août 1706 ; il réfigna en 1720.

Gabriel Dervieu, qui étoit Lieutenant Général d'épée en la Sénéchauf-fée, fut reçu Chevalier d'honneur en la Cour des Monnoies, le 18 Août 1706.

Charles-Vincent du Lieu, reçu fur la réfignation de M. de Treflon le 19 Juin 1720.

Barthelemi-Denis Dervieu de Villieu, reçu le 25 Février 1739 en place de fon pere.

Laurent Planelli de Mascrani de la Valette de Charly, reçu en place de M. du Lieu, le 17 Août 1740.

Confeillers d'Honneur.

Passerat de la Chapelle, reçu le 11 Septembre 1738.

De Mayeul le 25 Février 1745.

Avocats Généraux.

Gabriel de Glatigny, Avocat du Roi en la Sénéchauffée & Préfidial, fut reçu en l'Office d'Avocat Général du Roi en la Cour des Monnoies, le 22 Mars 1706.

François Rigaud, Avocat du Roi en la Sénéchauffée & Préfidial, reçu Avocat Général le 22 Mars 1706.

Gabriel de Glatigny, fur la démiffion de fon pere, reçu le 27 Janvier 1717.

Pierre Aulaz de Moleize, reçu le 19 Février 1723 en place de François Rigaud.

Jean-François Tolozan, pourvu fur la réfignation de Gabriel de Glatigny, & reçu le 9 Mars 1746.

Palerne de Savy reçu en.....

Procureurs Généraux.

Jean Vaginay, Procureur du Roi en la Sénéchauffée & Préfidial, reçu en la Cour des Monnoies Procureur Général, le 22 Mars 1706 mort en 1721.

François Jourdan de Saint Leger, ci-devant Confeiller, reçu le 22 Novembre 1711, réfigna en 1741.

Jean-François-Louis de Quinson, Subftitut du Procureur Général du Parlement de Paris, reçu Procureur Général le 20 Février 1741, fe démit en 1752.

Jean-Philibert Peysson de Bacot, ci-devant Confeiller reçu le 6 Décembre 1752, actuellement exerçant.

Hôtel des Monnoies du Reſſort de la Cour des Monnoies de Lyon.

Lettres de la Monnoie.

Lyon,	D.
Bayonne,	L.
Toulouze,	M.
Montpellier,	N.
Riom,	O.
Grenoble,	Z.
Aix,	&.

Reſſort.

Le reſſort de la Cour des Monnoies de Lyon s'étend, conformément à l'Edit du mois de Juin 1704, dans les Provinces & Généralités de Lyon, Dauphiné, Provence, Haut & Bas Languedoc, Montauban, Ville & Gouvernement de Bayonne, dans les Provinces & Pays de Breſſe, Bugey, Valromey & Gex, & Monnoies en dépendantes.

COURONNE ou CROOTON, monnoie d'argent d'Angleterre au titre de 11 deniers deux grains, valans 5 livres, 15 ſ. 11 den. Tournois; il y a des demi-couronnes du poids de trois gros & demi trente grains, & des quarts de couronne à proportion.

Les quatre couronnes ou crooton ou écu d'Angleterre du poids d'une once font toujours une livre ſterling, revenant la livre ſterl. à 23 l. 3 ſ. 8 den.

Eſſays faits en 1757, à la monnoie de Paris.

5 liv.	15 ſ.	11 den.
5	15	11
5	15	11
5	15	11
23 liv.	3 ſ.	8 den.

COURONNE, monnoie d'argent de Dannemark du poids de quatre gros & demi quatorze grains, au titre de 10 deniers, valant 34 ſols lubs d'Hambourg évalués à un denier un cinquieme argent de France.

COURONNE, écus à la Couronne. Voyez au mot, Ecus a la Couronne.

COUTELIER, Artiſan qui fait & vend des couteaux.

En Avril 1756, la Cour des Monnoies fit un Réglement pour les Couteliers, en ce qui concerne la fonte & l'emploi des matieres d'or & d'argent qu'ils ont droit de fondre & fabriquer.

Ce qui donna lieu à ce Réglement fut une ſaiſie faite par les Maîtres & Gardes du Corps de l'Orfévrerie au mois de Décembre 1755, ſur quelques

membres de la Communauté des Couteliers de la Ville de Paris, de quelques couteaux garnis d'argent, par les Maîtres & Gardes du Corps de l'Orfévrerie : cette faifie fut portée au Greffe de la Cour des Monnoies : en conféquence, les Jurés & Communauté des Maîtres Couteliers préfenterent une Requête au Roi en fon Confeil, contenant que quoiqu'aux termes de leurs
Statuts de l'an 1565, & notamment des articles 13, 14, 16, 18, 31, 32
& 33, ils aient été confirmés dans le droit & poffeffion, où ils font encore
actuellement, de fondre & employer les matieres d'or & d'argent dans leurs
ouvrages en garnitures & ornemens, de dorer d'or moulu, de faire tous
manches d'argent & virolles auffi d'argent, cependant ils avoient déja effuyé
en la Cour des Monnoies différentes conteftations avec les Orfévres fur la
prétention vague, que ces derniers ont feuls le droit d'employer les matieres
d'or & d'argent, & fur le fondement que les Statuts des Supplians ne leur
permettent pas nommément d'en employer aux inftrumens de Chirurgie,
lames de couteaux & branches de cizeaux ; que fur cette prétention ils ont
faifis & enlevé tous les couteaux à doubles lames dont l'une d'argent, & tous
les cizeaux à branches d'argent qu'ils ont trouvés chez deux Maîtres Couteliers dont ils pourfuivent la confifcation en la Cour des Monnoies où cette
conteftation eft pendante : Surquoi les Jurés & Communauté des Maîtres
Couteliers obferverent que fi le goût, le luxe & l'utilité même ont introduit
par rapport à un plus grand nombre d'ouvrages dépendans de l'art de la Coutellerie, la néceffité d'y employer les matieres d'or & d'argent, le changement dans les matieres qui compofent ces fortes d'ouvrages, n'a pu rien changer dans l'art de les fabriquer ; & que comme ils étoient Couteliers vis-à-vis
le fer & l'acier, ils le font également vis-à-vis l'or & l'argent ; que la faculté de fondre & d'employer ces mêmes matieres leur doit être d'autant moins
interdite, que les Horlogers & les Fourbiffeurs ont ce même droit, quoique
leur droit & la confection de leurs ouvrages femblent ne pas l'exiger auffi néceffairement que l'art de la Coutelletie : que d'ailleurs cette concurrence ne
peut être qu'utile au commerce & contribuer à la perfection des arts ; que
l'emploi que les Supplians font de ces matieres, ne peut être d'un objet affez
confidérable pour intereffer le commerce de l'Orfévrerie & lui porter préjudice ; enfin que tous les ouvrages qui ont été faifis fe font trouvés au titre,
ainfi qu'il eft conftaté par le procès verbal d'effai qui en a été fait à la Cour
des Monnoies ; qu'il eft vrai que les Supplians n'ont point été jufqu'à préfent
affujettis à l'obfervation des Réglemens fur le fait du titre, alliage, fonte &
poinçons qui s'obfervent par tous ceux qui ont droit de fondre & employer
en leurs ouvrages les matieres d'or & d'argent, que leurs Statuts n'ont point
été adreffés, ni enregiftrés en la Cour des Monnoies, à quoi néanmoins ils
étoient prêts d'obéir & de fe foumettre, s'il étoit ainfi ordonné par Sa

*Expofé de
la Requête.*

Majefté; pourquoi ils fupplioient Sa Majefté , en évoquant à Elle & à fon Confeil, la conteftation pendante en la Cour des Monnoies entre les Suppliants & les Orfévres fur la faifie des couteaux à doubles lames , l'une d'argent & l'autre d'acier, & de cizeaux à branche d'argent & lame d'acier, déclarer cette faifie nulle, en faire main-levée pure & fimple ; ordonner qu'ils feront rendus ; confirmer en tant que de befoin les Statuts de la Communauté des Couteliers , leur permettre de fondre & employer pour tous les ouvrages de leur art feulement , les matieres d'or & d'argent, à la charge par eux de fe conformer aux Réglemens concernant le titre , alliage , fontes , marques & poinçons , & à cet effet les renvoyer à la Cour des Monnoies ; ordonner que toutes Lettres fur ce néceffaires feront expédiées.

Sur cette Requête eft intervenu un Arrêt du Confeil revêtu de Lettres Patentes du 2 Mars 1756 , par lequel le Roi en fon Confeil évoqua la conteftation , enfemble la faifie faite par les Orfévres , déclara la faifie nulle , fit main-levée des ouvrages faifis , ordonna qu'ils feroient rendus & reftitués ; & en confirmant , en tant que de befoin les Statuts de la Communauté des Couteliers , leur permit de fondre & d'employer pour la confection des inftrumens de Chirurgie , manches & lames de couteaux , branches de cizeaux & généralement de tous les ouvrages de leur art , les matieres d'or & d'argent ; fit défenfes aux Maîtres Orfévres de les troubler dans leur poffeffion & commerce , à la charge par les Maîtres Couteliers de fe conformer aux Réglemens concernant la fonte , le titre , l'alliage des matieres , marques & poinçons , à l'effet dequoi feront tenus de faire enregiftrer leurs Statuts en la Cour des Monnoies.

Les Lettres Patentes contiennent les mêmes difpofitions.

La Cour des Monnoies en procédant à l'enregiftrement de cet Arrêt du Confeil & des Lettres Patentes , ordonna par Arrêt du 7 Avril 1756 , que les Statuts de la Communauté des Maîtres Couteliers de Paris , feroient regiftrés, pour jouir par la Communauté & par les Suppliants de l'effet y contenu , fuivant & après le Réglement qui fera par elle fait, concernant la fonte & l'emploi des Matieres d'or & d'argent qu'ils ont droit de fondre & de fabriquer , en conféquence que conformément à l'Arrêt du Confeil & Lettres Patentes ci-deffus rapportés , les Ouvrages de Coutellerie faifis feroient rendus & reftitués ; permit aux Maîtres Couteliers de faire imprimer & afficher le préfent Arrêt, &c.

Et le dixieme du même mois (Avril 1756.) eft intervenu l'Arrêt de Réglement concernant la Communauté des Maîtres Couteliers par lequel la Cour des Monnoies ordonne.

» 1°. Que tous les Maîtres Couteliers de la Ville de Paris feront tenus de travailler les ouvrages de leur profeffion qu'ils fabriqueront en or & en ar-

» gent au titre prescrit par les Ordonnances & Réglemens ; savoir , l'or à
» vingt karats & un quart , au remede d'un quart de karat , & l'argent à on- Titre prescrit.
» ze deniers douze grains , au remede de deux grains , le tout sous les peines
» portées par les Ordonnances & Réglemens.

» 2°. Que tous ceux des Maîtres Couteliers qui travailleront en or & en
» argent, auront chacun un poinçon particulier & différent de ceux des autres
» Communautés qui employent ces matieres : & les Compagnons gagnans
» Maîtrise dans l'Hôpital de la Trinité auront de plus dans leurs poinçons
» une marque particuliere pour les distinguer de ceux des Maîtres de leur
» Communauté.

» 3°. Que tous les Maîtres Couteliers & Compagnons gagnans Maîtrise
» dans l'Hôpital de la Trinité , seront tenus de faire insculper leurs poinçons
» sur une table de cuivre qui sera , à cet effet , déposé au Greffe de la Cour
» des Monnoies , & sur celle qui sera aussi déposée au Bureau de leur Com-
» munauté , desquelles poinçons ils marqueront en lieu apparent tous les
» ouvrages qu'ils fabriqueront en or & en argent : leur fait défenses de
» prêter ou louer leurs poinçons à aucun Ouvrier sans qualité , le tout sous
» les peines portées par les Ordonnances ; & seront les Maîtres Couteliers
» & Compagnons gagnans Maîtrise dans l'Hôpital de la Trinité responsa-
» bles des ouvrages qui se trouveront marqués de leurs poinçons.

» 4°. Qu'après avoir marqué de leur poinçon les ouvrages qu'ils auront
» commencés & avant de les mettre à la perfection, ils seront tenus de porter
» au Bureau de la Maison Commune de l'Orfévrerie tous ceux de leurs
» ouvrages qui peuvent supporter la contre-marque, pour y être essayés &
» marqués par les Gardes de l'Orfévrerie , s'ils se trouvent au titre prescrit,
» sinon rompus ; leur fait défenses de porter dans un même sac des ouvra-
» ges de différentes fontes ; & d'exposer en vente aucun de leurs ouvrages
» s'ils ne sont marqués de leur poinçon , & du poinçon de contre-marque
» s'ils sont de nature à être contremarqués ; le tout à peine de confiscation
» & d'amende , même de plus grande peine suivant l'exigence des cas.

» 5°. Que tous les Maîtres Couteliers seront tenus d'avoir leurs forges
» & fourneaux dans leur boutique en vue & sur rue, sans pouvoir par eux
» fondre, ni travailler aucune matiere d'or & d'argent en chambre , ni ail-
» leurs , ni autrement qu'aux heures prescrittes par les Ordonnances &
» sans pouvoir se retirer , ni travailler ces matieres dans aucun lieu clos
» & privilégié , ou prétendu tel , sous les peines portées par les Ordonnances.

» 6°. Que pour l'observation de ce que dessus , tous les Maîtres Couteliers
» actuellement reçus & les Compagnons gagnans Maîtrise dans l'Hôpital
» de la Trinité seront tenus de se présenter à la Cour dans huitaine , à comp-
» ter du jour de la signification du présent Arrêt de Réglement , à l'effet de

» prêter ferment , & d'y faire infculper les poinçons qu'ils font tenus d'avoir ;
» & ceux qui feront reçus par la fuite Maîtres Couteliers , ou admis en la
» qualité de Compagnons gagnans Maîtrife dans l'Hôpital de la Trinité,
» fitôt après leur réception ou admiffion audit Hôpital, & fans pouvoir
» par les uns & par les autres faire travailler, vendre , ni débiter aucun
» ouvrage de leur profeffion en or & en argent, jufqu'à ce qu'ils aient
» prêté le ferment en la Cour, & fait faire l'infculpation de leurs poin-
» çons.

» 7°. Qu'en cas de décès ou renonciation à la Maîtrife d'aucun des
» Maîtres, eux, ou leurs veuves & héritiers feront tenus de rapporter
» leur poinçon dans quinzaine aux Jurés en Charge de la Communauté ,
» pour être par eux biffés & difformés , dont ils feront tenus de certifier la
» Cour tous les ans, & que dans le cas où quelque Maître viendroit à quit-
» ter boutique pour un tems , ils feront pareillement tenus de remettre
» leur poinçon au Bureau de la Communauté pour être cachetés par les
» Jurés en charge , & y demeurer en dépôt, jufqu'à ce qu'ils reprennent
» boutique.

» 8°. Que les Jurés de la Communauté feront tenus de faire obferver
» & exécuter par les Maîtres d'icelle les différens Réglemens concernant
» la fonte & fabrication, titres, marques & poinçons des ouvrages de
» leur profeffion , forges & fournaux pour fondre & apprêter les matieres
» d'or & d'argent , vifiter les Maîtres, dreffer & faire dreffer bons &
» loyaux procès verbaux de toutes les contraventions au préfent Réglement,
» defquels procès verbaux ils laifferont copie conformément aux Ordonnan-
» ces , enfemble des faifies qu'ils feront pour raifon defdites contraven-
» tions, tant chez les Maîtres de la Communauté & Compagnons gagnans
» Maîtrife dans l'Hôpital de la Trinité, que chez tous autres Ouvriers
» fans qualité qui travailleront des Ouvrages de leur profeffion en or & en
» argent, lefquels procès verbaux ils feront tenus d'apporter au Greffe de
» la Cour des Monnoies, avec les chofes faifies dans trois jours au plus
» tard après qu'ils auront été faits, pour être les faifies jugées par la Cour
» en la maniere accoutumée, & qu'à l'effet de ce que deffus, les Jurés
» actuellement en charge, & ceux qui leur fuccéderont dans la fuite en la
» même qualité, feront tenus de fe préfenter en la Cour, & d'y prêter
» ferment; favoir, ceux qui font de préfent en charge dans huitaine au
» plus tard, à compter du jour de la fignification du préfent Arrêt, &
» ceux qui feront élus par la fuite, au plus tard dans huitaine après leur
» élection.

» 9°. Que les Maîtres Couteliers feront tenus de fouffrir les Vifites des
» Commiffaires de la Cour; & fera le préfent Arrêt lu , publié & regiftré
                                                     » au

" au Bureau de la Communauté des Maîtres Couteliers affemblée à cet " effet.

" Donné en la Cour des Monnoies le dixieme jour d'Avril 1756 ".

En 1748 la Cour des Monnoies, par Arrêt du 4 Mai, conformément à celui du 30 Mars 1740, rendu entre les Maîtres Orfévres & les Maîtres Couteliers, avoit fait défenfes aux Maîtres Couteliers de fon reffort, de faire fabriquer aucuns ouvrages d'or & d'argent, pleins & maffifs, & leur avoit permis feulement de faire les viroles, rofettes, & autres ouvrages légers dont ils peuvent orner & incrufter les ouvrages de coutellerie conformément à leurs Statuts, à la charge par eux de travailler ces mêmes ouvrages au titre prefcrit, & d'acheter chez les Maîtres Orfévres les matieres qu'ils emploieront.

CRAZI, petite Monnoie qui a cours dans le grand Duché de Tofcane, & qui revient à un peu plus de 4 fols tournois.

CRENELAGE, terme de Monnoyeur. Donner le crenelage à une monnoie, c'eft faire un cordon, ou grenetis fur l'épaiffeur d'une piece de monnoie, ou y mettre l'empreinte de la légende prefcrite par les Ordonnances.

Les pieces peu épaiffes, comme les louis d'or, les demi louis, les cinquiemes, dixiémes & vingtiemes d'écus n'ont pour crenelage qu'un grenetis; les pieces plus épaiffes, comme les écus & demi écus ont pour crenelage la légende, *Domine falvum fac Regem.*

Cette façon qu'on donne aux monnoies, affez nouvelle en France, vient d'Angleterre, où elle a été inventée pour empêcher l'altération des efpeces dans leur contour. Nous parlons de la maniere de donner le crenelage & de la machine dont on fe fert pour le donner dans les Hôtels des Monnoies, au mot MONNOYAGE AU MOULIN.

Après la mort de Céfar, M. Antoine fit fourrer la monnoie d'argent, & mêler du fer dans celle de cuivre, foit pour en profiter, ou par néceffité. Cette fauffeté donna lieu à la fabrication des pieces crenelées, & coupées par les bords, afin de pouvoir plus facilement découvrir s'il y avoit fous la fuperficie quelqu'autre métal. On les nommoit *Serratos nummos*, à caufe que la crenelure étoit femblable aux dents d'une fcie.

CRENELER la monnoie, c'eft lui donner le crenelage. Voyez MONNOYAGE AU MOULIN.

M. Fauchet, Premier Préfident en la Cour des Monnoies, propofa en 1584 de creneler les monnoies pour en empêcher la rognure; mais on ne le fit pas, parcequ'on reconnut que pour rogner les efpeces, ou plutôt pour les diminuer, on fe fervoit d'une eau forte qui en pouvoit tirer cinq grains en un quart d'heure fans les difformer. Reg. Y, fol. 43.

CREUSET. Vaiffeau de terre ou de fer, dont les Monnoyeurs, les

Fondeurs, les Chymiſtes & pluſieurs autres Artiſtes, Ouvriers ou Artiſans, ſe ſervent pour mettre en fuſion les différens métaux, & les diverſes matieres ſur leſquelles ils travaillent.

Les creuſets de terre ſont faits de terre glaiſe & de teſſons de pots de grès, pilés & tamiſés. Il y en a de différentes grandeurs, mais à peu près tous de la même forme qui approche de celle d'une eſpece de pyramide, & de cône renverſé.

Les creuſets de terre qui ſervent au monnoyage & dans leſquels ſeulement on peut mettre l'or en fuſion, parcequ'il s'aigriroit dans ceux de fer, tiennent depuis cent juſqu'à quatre cens marcs, quoique cependant l'on ne ſe ſerve que de ceux de cent qu'on n'emplit pas même entierement, tant pour la commodité du braſſage que pour celle du Fondeur, quand il eſt obligé de les verſer dans les moules, comme auſſi pour éviter la perte de la matiere au cas que le creuſet vînt à ſe caſſer.

Les creuſets de fer ſont faits en maniere de petits ſeaux, ſans anſes, d'un fer bien forgé & bien battu : on y fond l'argent, le billon & le cuivre dans les Hôtels des Monnoies, & il n'y a gueres que là où ils ſoient en uſage. Il y en a qui contiennent juſqu'à quinze cens marcs de métal, & même quelquefois dix-ſept cens.

On ne déplace pas ces ſortes de creuſets de deſſous les fourneaux, quand on veut déplacer les lames : mais on y prend le métal avec de longues cuillers dont le cueilleron eſt de fer, d'un demi pied & plus de diametre, & preſque d'autant de profondeur, avec un manche de bois de ſix pieds de long du côté par où on le prend. Voyage. MONNOYAGE.

A l'égard des creuſets dont ſe ſervent les Orfévres & les Fondeurs en ſable, ils approchent beaucoup des creuſets des Monnoyeurs. Ceux des Chymiſtes & des autres Ouvriers ſont de toute grandeur, ſuivant la quantité & la qualité des fontes qu'ils entreprennent.

Les Doreurs ſur métal ſe ſervent auſſi de creuſet pour amalgamer l'or moulu avec le vif argent. Voyez DORURE AU FEU.

Il n'eſt permis par les Ordonnances, qu'à ceux qui ont droit d'employer les matieres d'or & d'argent, d'avoir chez eux des creuſets propres à fondre & de s'en ſervir. *Voyez Fournaliſtes.*

CRIEURS de galons & Paſſemens d'or & d'argent.

Les Crieurs de paſſement d'or & d'argent, ainſi que toute autre ſorte de perſonnes travaillans ou trafiquans en matieres d'or & d'argent, ſont ſoumis à la Juriſdiction privative de la Cour des Monnoies, par les Edits de ſouveraineté de 1551, 1554, & autres ſubſéquens.

L'emploi exceſſif des galons, paſſemens, cannetilles, broderies, creſpines, ou moulets d'or & d'argent, que les Crieurs de vieux galons achetent tant dans Paris, que dans les Provinces, lorsqu'ils sont à demi usés, fit craindre en 1644 au Procureur Général de la Cour des Monnoies, que ces Crieurs ne les vendissent ailleurs qu'aux Fermiers des Monnoies du Roi, même à des personnes qui pouvoient en abuser, & en fabriquer de fausse monnoie.

Ces raisons l'obligerent de poursuivre un Réglement pour les Crieurs de galons & passemens d'or & d'argent. Sur son requisitoire la Cour des Monnoies par Arrêt du 21 Novembre 1644, fit défenses à toutes personnes de s'entremettre de crier, ni d'acheter des vieux galons & passemens d'or & d'argent dans tout le Royaume, sans en avoir obtenu la permission de la Cour ou des Généraux Provinciaux, ou en leur absence des Officiers des Monnoies particulieres de leur ressort, desquels ils seroient tenus de souffrir les visites, pour, ces passemens d'or & d'argent brûlés, être portés dans les Monnoies & chez les Changeurs, & y être convertis en especes aux coins & armes du Roi, & la valeur rendue à qui il appartiendra; avec défenses de les porter ailleurs qu'aux Maîtres des Monnoies & aux Changeurs, qui tiendront registre des achats qu'ils en feront suivant les Ordonances; avec pareilles inhibitions & défenses à toutes personnes de quelque condition & qualité qu'elles soient d'en acheter aux Crieurs, sur peine de mille livres d'amende, confiscation des passemens d'or & d'argent & de punition corporelle. Cet Arrêt fut publié à Paris le 7 Decembre 1644; mais n'étant point exécuté, le Procureur Général en fit sa remontrance à la Cour, qui par autre Arrêt du 27 Septembre 1649, fit itératives inhibitions & défenses à tous Crieurs de passemens d'or & d'argent du Royaume, d'en acheter aucuns sans permission de la Cour, ou des Présidens & Conseillers d'icelle étant sur les lieux, & en leur absence des Généraux Provinciaux, & Officiers des Monnoies particulieres de leur ressort, desquels ils seroient tenus souffrir les visites; pour les passemens d'or & d'argent brûlés être par eux portés chez les Changeurs & dans les Monnoies, pour y être convertis en especes aux coins & armes du Roi, & la juste valeur leur en être rendue, avec telles autres ou semblables défenses, que celles portées au précédent Arrêt.

Dès qu'il fut publié, plusieurs Particuliers donnerent leur Requête à la Cour, tendante à ce qu'il lui plût, attendu qu'ils étoient en possession depuis longues années, d'acheter les vieux galons & passemens provenans des Manufactures sur soie; lorsqu'ils ne pouvoient servir qu'à brûler, leur permettre d'acheter ces sortes d'ouvrages, à la charge de les vendre aux Maîtres des Monnoies à raison de vingt-six livres le marc, & défenses être faites à toutes personnes de les troubler en cet exercice.

Sur cette Requête la Cour par Arrêt du 29 Septembre de la même année

» (1649 ,) leur permit d'acheter cordons de chapeau , poignées d'épée &
» paſſemens d'or & d'argent , de les brûler & de les vendre aux Maîtres des
» Monnoies à raiſon de vingt-ſix livres le marc, avec défenſes de les ven-
» dre à d'autres , à peine d'être privés de ladite permiſſion & de cent livres
» d'amende , & encore à la charge d'exécuter les ſuſdits Arrêts de 1644 &
» de 1649 , ſous les peines y portées. Faiſant ladite Cour défenſes à toutes
» autres perſonnes de s'immiſcer en ladite fonction à peine du fouet , &c.

La Cour des Monnoies a renouvellé ces défenſes par Arrêt du 17 Septembre 1750 , rendu ſur le requiſitoire du Procureur Général.

CROCHE , petite monnoie de billon fabriquée à Baſle en Suiſſe , qui a
cours dans les treize Cantons , & qui vaut deux deniers un huitieme tournois.

CROHOL , monnoie de compte du Canton de Berne, qui vaut vingt-cinq
baſches.

CROIZADE , monnoie d'argent de Portugal fixée à 480 rés peſant 293
grains poids de marc de Portugal , & 275 grains poids de marc de France
au titre de 10 deniers 19 grains , valant 2 l. 19 ſols argent de France.

CROIZAT , monnoïe d'argent qui ſe fabrique à Gênes , fixée par Edit
du mois de Janvier 1755 , à 9 l. 10 ſols hors banque , du poids de 837
grains poids de Gênes , & 724 grains poids de marc de France , au titre de
11 deniers 9 grains , valant 8 l. 3 ſols 9 den. de France.

CROON SIMPLE , monnoie d'argent ayant cours à Coppenhague ,
valant quatre marks Danois & quatre ſchelings , en France 3 l. 4 ſ. $\frac{17}{24}$.

CROON DOUBLE , monnoïe d'argent valant à Coppenhague 8 marks
Danois & 8 ſchelings , en France 6 l. 8 ſ. 2 den. $\frac{5}{12}$.

CROON QUADRUPLE , monnoie d'argent valant à Coppenhague
17 marks Danois , en France 12 l. 16 ſ. 4 den. $\frac{5}{6}$.

Il ſe fabriquoit anciennement des Croon en Hollande , il s'en trouve
encore dans le commerce particulierement à Amſterdam.

CROONE , monnoie de compte dont on ſe ſert dans le Comté de Berne.

CROUTAC , monnoie d'argent fabriquée à Dantzik , & qui a cours à
Riga , à Koniſberg & autres Villes du Nord ; il vaut la moitié d'un dantzick-
hors.

CROWN , monnoie d'argent d'Angleterre fixée à cinq ſchelings ou ſols
ſterlings ou 60 deniers ſterlings , fabriquée à la taille de 12 $\frac{3}{5}$ à la livre poids
de Troye , peſant 464 $\frac{17}{61}$ grains de ce poids , & 565 grains poids de marc
de France , au titre de 11 deniers : comme l'écu de ſix livres de France peſe
555 grains au titre de 11 deniers au remede de trois grains , le Crown ou
l'écu d'Angleterre doit valoir quelque choſe de plus , & revenir à 6 l. 3 ſ.
7 den. de France.

CRUYS-DAELDER , monnoie d'argent qui ſe fabrique à Koniſberg

Ville de la Pruſſe Ducale , & qui a cours dans les Etats du Roi de Pruſſe & dans pluſieurs autres , particulieremeut à Dantzik & à Riga , au titre de 8 deniers 25 grains , & qui vaut 7 l. 1 ſ. 10 den. tournois.

CRUZADE , monnoie d'or de Portugal du poids de 18 à 19 grains , au titre de 21 karats $\frac{18}{32}$. On en frappa ſous Alphonſe V, vers l'an 1457 , lorſque le Pape Calixte envoya dans ce Royaume ſa Bulle pour la Croizade contre les Infideles. Elle a pris ſon nom de la croix qui eſt gravée ſur l'empreinte d'effigie ; voyez au mot MONNOIE, LES MONNOIES DE PORTUGAL.

CRUZADE, monnoie d'argent de Portugal , dont il y a de deux ſortes , ſavoir , les vieilles & les neuves ; les premieres valent 2 l. 16 ſ. 3 den. tournois , & les ſecondes 2 l. 4 ſ.

CRYSTINE , monnoie d'argent fabriquée & ayant cours en Suede ; elle vaut 14 ſ. 11 den. tournois.

CUEILLEURS D'OR DE PAILLOLE. Dans les mines obliques on trouve ſouvent de l'or qu'on appelle or de paillole , autrefois recherché & recueilli avec beaucoup de ſoins en divers endroits du Royaume , & à préſent très négligé. Il s'en recueilloit autrefois en Languedoc une quantité aſſez conſidérable qui alloit juſqu'à cinquante & ſoixante marcs par chacune année ; cet or de paillole ſe trouvoit dans le ſablon de certains ruiſſeaux & rivieres proche les Pyrennées. La riviere qui ſe joint à la Garonne au-deſſus de Toulouze appellée l'auriegue , *quaſi Aurigera* , en a retenu le nom , parceque dans le ſablon de cette riviere & lieux circonvoiſins , il ſe trouvoit beaucoup de cet or de paillole , que les pauvres gens du pays s'occupoient à ramaſſer ; ils furent troublés ſouvent dans cette recherche par les Seigneurs Juſticiers qui avoient leurs terres proche ces rivieres & ruiſſeaux : ils s'oppoſoient à cette recherche , & exigeoient même de ces Cueilleurs un certain droit qu'ils nommoient *de Graʒalaige* , mot dérivé du nom propre du vaiſſeau de bois dont ils ſe ſervoient pour tirer l'or de paillole du ſable , communément appellé dans le pays un *Graʒal* , ſemblable à ces plats de bois dont les Monnoyeurs & les Orfévres ſe ſervent pour faire leurs lavûres.

Conſtant page 433.

La Chambre des Monnoies informée de la taxe impoſée & exigée par les Seigneurs Fonciers & Juſticiers du pays de Languedoc ſur le travail des Cueilleurs d'or de paillole , fit des remontrances au Roi contenant les êmpêchemens cauſés au travail des Cueilleurs d'or de paillole par les Seigneurs Juſticiers , & le tort & préjudice que cela faiſoit à Sa Majeſté & à ſes Sujets de cette Province.

Surquoi le Roi par Lettres Patentes du 23 Mai 1472 , commit l'un des Généraux de la Chambre des Monnoies qui réſidoit en Languedoc avec plein pouvoir de régler les Cueilleurs d'or de paillole avec les Seigneurs

Fonciers & hauts Jufticiers auxquels furent faites très expreffes défenfes de troubler les Cueilleurs d'or de paillole dans leur travail & recherche.

Cette Jurifdiction privative de la Cour des Monnoies & de fes Commiffaires députés dans les Provinces du Royaume fur les Cueilleurs d'or de paillole, lui a été confirmée par divers Edits & Déclarations, notamment par l'Edit du mois de Janvier 1551, par Lettres Patentes du 3 Mars 1554, par autre Edit du mois de Juin 1635, & Décembre 1638, dont les difpofitions font rapportées à l'article Cour des Monnoies.

Au mois de Novembre 1751, il intervint un Arrêt du Confeil revêtu de Lettres Patentes en datte du 9 dudit mois adreffées & enregiftrées en la Cour des Monnoies le 2 Décembre fuivant, portant Réglement au Sujet des Cueilleurs de pailloles d'or & d'argent. Par cet Arrêt, Sa Majefté, en renouvellant la difpofition des anciennes Ordonnances à cet égard, ordonne » que les Edits, Arrêts & Réglemens concernant la cueillette des pailloles » d'or & d'argent dans la Province du Languedoc, ou autres Provinces » du Royaume, & notamment celui du 23 Mai 1472, & Lettres Patentes » du 12 Octobre 1481, feront exécutés felon leur forme & teneur, & en » conféquence ordonne que lefdits or & argent de paillole de la Province » de Languedoc feront portés au Change de la Monnoie de Toulouze, & » pour les autres Provinces dans les Monnoies les plus prochaines auxquelles » elles doivent fervir d'aliment pour y être converties en efpeces. Fait dé- » fenfes à toutes perfonnes de quelque qualité & condition qu'elles foient, » de faire ladite cueillete fans commiffion valable de Sa Majefté, ou de fes » Cours des Monnoies & Juges y reffortiffans, même d'en acheter, ven- » dre, ni employer en quelque maniere que ce foit; & aux Pourvus def- » dites Commiffions de porter & vendre lefdits or & argent de paillole ail- » leurs qu'aux Hôtels des Monnoies, ou aux Changes les plus prochains, » le tout à peine contre les uns & contre les autres d'être pourfuivis & pu- » nis comme Billonneurs fuivant la rigueur des Ordonnances; comme » auffi fait Sa Majefté défenfes à tous Seigneurs, ou autres propriétaires de » biens aboutiffans aux lieux où ladite cueillette fe fait, de troubler dans » leurs recherches lefdits Pourvus de Commiffions, ni d'en exiger aucun » droit de touage, taulage, grazelage, ou autre impôt, à peine d'être pour- » fuivis comme concuffionaires & ufurpateurs defdits droits du Roi, fauf » les dommages qui pourroient être caufés fur leur terrein, pour raifon » defquels, ainfi que pour les autres conteftations qui pourroient fur- » venir à ce fujet, ils feront tenus de fe pourvoir par devant les Cours des » Monnoies, ou Juges y reffortiffans, qui en connoîtront privativement » à tous autres Juges chacun dans leur reffort; leur faifant défenfes de fe » pourvoir ailleurs, & à tous autres Juges d'en connoître: enjoint Sa

» Majefté aux Officiers de fes Cours des Monnoies , de tenir la main à
» l'exécution du préfent Arrêt , fur lequel toutes Lettres néceffaires feront
» expédiées. Fait au Confeil d'Etat du Roi , Sa Majefté y étant, à Fontaine-
» bleau le 9 Novembre 1751.

Les Lettres font de même datte , & le tout régiftré au Greffe de la Cour
des Monnoies le 2 Décembre fuivant.

CUIVRE, métal très fonore , très dur , ductile & malléable.

On en emploie dans les Monnoies pour les alliages des autres métaux
& pour en fabriquer cette commune monnoie qu'on appelle Liard.

Le cuivre differe des autres métaux , non-feulement par fa couleur ,
mais encore par le fon qu'il poffede à plus haut dégré que tous les autres :
fon poids eft à celui de l'or comme quatre eft à neuf ; il eft moins péfant
que l'argent. Il n'y a que le fer qui foit plus dur & plus difficile à fondre
que lui : il ne differe du plomb & de l'étain qu'en ce que fon fel eft plus
âcre & plus fixe , que fon foufre eft plus abondant & plus volatil , & fes
pores plus ouverts.

Le cuivre rougit long tems au feu avant d'entrer en fufion ; il donne à
la flamme une couleur qui tient du bleu & du verd : un feu violent & continué pendant long-tems diffipe une portion de ce métal fous la forme de
vapeurs ou de fumée , tandis qu'une autre partie eft réduite en une chaux
rougeâtre qui n'a plus fa forme métallique ; c'eft ce qu'on appelle chaux de
cuivre ou *as uftum*.

La nature ne nous préfente que rarement & en petite quantité le cuivre
fous fa véritable forme, il faut pour cela qu'il foit tiré de fa mine féparé
d'une infinité de fubftances étrangeres , qui contribuent à le mafquer tant
qu'il eft dans le fein de la terre ; cependant il fe trouve quelquefois tout
formé , alors il n'eft point fi pur que celui qui a paffé par les travaux de
la métallurgie.

Il y a des mines de cuivre dans prefque toutes les parties du monde
connu ; il s'en trouve en Europe , en Afie & en Amérique : celles de l'Ifle
de Chypre étoient les plus riches que les Anciens connuffent ; aujourd'hui
la Suede & l'Allemagne font les pays qui fourniffent le plus de ce métal : il
s'en trouve auffi en France que l'on travaille avec affez de fuccès. Le cuivre
qui vient du Japon eft fort eftimé : il eft en petits lingots affez minces ;
fon mérite confifte à être extrêmement pur , mais il n'a d'ailleurs aucun
avantage fur le cuivre de rofette d'Europe qui a été bien purifié.

Le cuivre eft de tous les métaux celui dont les mines font les plus variées
foit pour les couleurs , foit pour l'arrangement des parties ; quelquefois on
le trouve par filons, quelquefois par couches dilatées , d'autrefois par morceaux détachés répandus dans la terre.

Avant que de le fondre, il faut beaucoup le laver afin d'en féparer la terre qui y eft mêlée; & quand il eft fondu, on le jette dans des efpeces de moules pour en former ce qu'on appelle des faumons de cuivre.

Le cuivre qui n'a reçu que cette premiere fonte eft le cuivre commun & ordinaire.

Lorfqu'il a foutenu plufieurs fois le feu, & qu'on en a féparé les parties les plus groffieres, on l'appelle rofette, & c'eft le cuivre le plus pur & le plus net.

On appelle cuivre vierge celui qui fort de la mine fans avoir fouffert le feu.

Boizard, page 173.

Le cuivre naturel eft rouge : quand il a été fondu avec la calamine, quintal pour quintal, alors il devient jaune & on l'appelle léton. L'expérience fait connoître que ces deux quintaux fondus enfemble ne reviennent plus après l'opération qu'à cent trente ou cent quarante livres, & qu'on en retire quelquefois jufqu'à cent cinquante, ce qui dépend de l'adreffe des Ouvriers.

Le cuivre rouge fondu avec vingt-deux à vingt-trois livres d'étain fin par quintal eft appellé métal; & c'eft celui dont on fe fert pour les cloches.

Boizard, page 174.

Quand le cuivre rouge & le jaune font fondus enfemble quintal par quintal, alors on l'appel Bronze, & on en fait les figures, les ftatues & autres ornemens.

Les cuivres qu'on appelle Monnoies de Suede font de petites planches ou pieces quarrées & épaiffes de trois écus blancs, & du poids de cinq livres & demi, aux quatre coins defquelles eft gravée une couronne.

Ce cuivre eft le meilleur, le plus doux & le plus malléable de tous les cuivres rouges.

Il vient encore de Suede une efpece de cuivre rouge qu'on appelle rofette quoiqu'affez improprement, puifqu'il n'a reçu d'autre façon que celle de la premiere fonte au fortir de la mine.

Ce cuivre, qui eft en grands pains ronds d'environ un pouce & demi d'épaiffeur, s'emploie communément dans les Monnoies pour les alliages des autres métaux & pour fabriquer des liards. Les Fondeurs en font auffi entrer dans divers de leurs ouvrages.

CUIVRE TENANT OR. Lorfque l'or eft au-deffous de dix-fept karats, & qu'il paroît rouge, il perd fon nom & fa qualité d'or, & n'eft plus que cuivre tenant or. Voyez OR.

CUIVRE TIRE' D'OR OU D'ARGENT, ou tiré en or & en argent faux, c'eft ce qu'on appelle plus communément du cuivre paffé à la filiere, & réduit en un fil de léton très délié, il y en a de trait & de filé. Voyez TIREUR D'OR.

CUIVRE

CUIVRE TIRE' EN VERGES, eſt le cuivre paſſé groſſierement par les premieres filieres, on l'appelle ordinairement fil de léton.

CUIVRE de tambac ou tombac eſt une compoſition d'or & de cuivre que quelques peuples d'Orient, particulierement les Siamois, eſtiment au prix de l'or pur.

CUIVRE DE TINTENAQUE, métal qui approche du cuivre, fort eſtimé dans les Indes & que l'on tire de la Chine.

CULOT, chez les Monnoyeurs, Fondeurs & Orfévres, ſignifie le morceau de métal qu'on trouve au fond du creuſet, après que la matiere qui avoit été miſe a été fondue & refroidie. Les culots ſont pour l'ordinaire de forme cylindrique, un peu en pointe par le bas, qui eſt la figure que le creuſet leur a donnée.

Il vient des Indes & de l'Eſpagne de l'argent en culots, de différens poids & titres.

CULOT, eſt auſſi le nom que l'on donne à une ſorte de creuſet, dans lequel on fond de l'or ou de l'argent.

D

DALLER GERMANIQUE. On apppelle ainſi une monnoie d'argent qui a cours en Allemagne, qui eſt au titre de onze deniers onze grains, du poids de ſept gros 1 den. 20 grains, & qui vaut cinq liv. 9 ſols 5 deniers.

DALLER de Hollande ou Daller oriental, monnoie d'argent au titre de huit deniers, vingt grains, eſtimé argent de France trois livres quatre ſols deux deniers. La République en fait paſſer chez les Turcs & dans l'Orient pour ſon commerce. Comme cette monnoie a pour empreinte un lion qu'on appelle en turc aſlani, les Turcs lui ont donné ce dernier nom; mais ce lion eſt ſi mal repréſenté que les Arabes le prennent pour un chien, & lui en donnent le nom en l'appellant abukaſh. Cette monnoie n'eſt pas beaucoup recherchée au Levant, la variation continuelle de ſon titre, ſoit par politique, ſoit par d'autres motifs, en eſt la cauſe.

Il y a une monnoie d'argent qui a cours à Bâle & à S. Gal appellée auſſi daller qui eſt au titre de dix deniers, huit grains, du poids de ſept gros un denier, vingt grains, & vaut argent de France quatre livres, ſix ſols quatre deniers.

DANCK, petite monnoie d'argent de Perſe, peſant un ſixieme d'une dragme d'argent.

DEALDER, monnoie d'argent qui ſe fabrique & qui a cours en Hollande; elle eſt au titre de 10 den. 5 grains, & vaut 3 liv. 3 ſ. 4 den. tournois.

Il y a des Dealder à Hambourg qui valent argent de France ; favoir ,

Le Dealder banco . . . . . 3 liv. 11 f.

Le Dealder courant . . . . 3 liv. 0 3 d. ⅟.

DECANTATION, DECANTER , terme d'affinage ; on fe fert de ces mots pour exprimer l'action de verfer doucement & fans la troubler , une liqueur qui s'eft clarifiée d'elle-même par le dépôt qui s'eft formé au fond du vafe où elle eft contenue : ce qu'on nomme auffi verfer par inclination.

Dans le lavage de la chaux d'or départie par l'eau-forte , & dans la dé-cantation de la diffolution de l'argent de deffus cette chaux, la liqueur & le dépôt font fort précieux , & l'Artifte doit les ménager également.

DECHET fur les fontes d'or & d'argent. Ces déchets font la perte qui fe trouve fur l'or & fur l'argent qui ont été fondus & convertis en efpeces ; cette perte eft caufée , tant par l'action du feu lors de la fonte qui a été faite de ces métaux, que par ce qui s'en eft perdu en petites parties dans les lieux ordinaires des travaux des monnoies , & encore par ce qui en eft refté dans les vieilles terres de lavûres qui ont été abandonnées.

Boizard , page 229.

Sur cent marcs d'efpeces d'or paffées en délivrance , c'eft-à-dire , délivrées par les Juges-Gardes au Maître pour être expofées dans le commerce, les déchets ordinairement font d'une once ; ceux de l'argent font ou de trois onces , ou quatre onces : ils font de trois onces lorfqu'on a travaillé fur des barres d'argent , & de quatre onces quand on a travaillé fur de vieilles efpeces , ou autres ouvrages d'argent.

La raifon de cette différence , eft que les efpeces & autres ouvrages d'ar-gent contiennent & plus de craffe & plus d'alliage que les barres qui ont moins de furface , & font à un plus haut dégré de fin , & que les déchets de l'argent augmentent ou diminuent à proportion de la craffe & de l'alliage. On fait par expérience qu'il y a moins de déchet lorfqu'on allie du billon avec des barres d'argent que quand on y emploie du cuivre de rofette , parceque le cuivre de billon ayant porté un premier déchet , lorfqu'il a été allié avec l'argent , il en doit moins porter quand on le fond la feconde fois.

Quant au cuivre de rofette , les déchets ordinaires font de quatre à cinq & jufqu'à fix pour cent, fuivant la qualité du cuivre.

DECOUVERT , fe dit de la matiere d'or ou d'argent qui eft fondue & bien nette.

DEGRÉS de bonté de l'or & de l'argent.

Pour entendre ce que c'eft que les différens dégrés de bonté de l'or & de l'argent ; il faut favoir :

1°. Que l'or eft partagé en vingt-quatre dégrés de bonté, que chaque dégré eſt appellé karat, nom de poids qui a été jugé propre pour exprimer le titre & la bonté de l'or ; enſorte que l'or à vingt-quatre karats eſt au ſuprême dégré de bonté.

Ces différens dégrés n'ont été employés que pour marquer l'alliage ; enſorte que quand on dit de l'or à vingt karats, on entend de l'or qui a perdu quatre dégrés de ſa bonté intérieure, & dans lequel on a mêlé un ſixieme d'argent ou de cuivre ; mais comme l'or n'eſt pas à un plus haut titre lorſqu'il eſt allié avec le cuivre, on ne ſe ſert ordinairement que de cuivre pour cet alliage.

2°. Que l'argent, n'étant pas ſi précieux que l'or, n'eſt diviſé qu'en douze dégrés de bonté dont chacun eſt nommé denier, nom de poids auſſi jugé propre pour exprimer le titre de la bonté de l'argent, enſorte que quand on dit que l'argent eſt à douze deniers, on veut dire qu'il eſt au ſuprême dégré de bonté.

Ces différens dégrés ont été de même employés pour marquer l'alliage, enſorte que quand on dit de l'argent à onze deniers, douze grains, on en-tend de l'argent qui a perdu douze grains de ſa bonté intérieure par le mêlange d'une vingt-quatrieme portion de cuivre.

Les dégrés de bonté de cuivre ne ſe comptent pas, parceque ſa valeur n'eſt pas conſidérable, & qu'il n'eſt jamais mêlé qu'avec des métaux plus précieux qui ſont l'or & l'argent.

DEGROSSAGE, en terme de tireur d'or, ſe dit de l'art de réduire les lingots qu'on veut tirer en fil d'or ou d'argent à une certaine groſſeur, après qu'ils ont été tirés à la grande argue.

Les filieres du dégroſſage ſont environ au nombre de vingt, à commencer depuis la derniere de l'argue.

DEGROSSER ou DEGROSSIR l'or & l'argent, c'eſt en faire paſſer les lingots par les divers pertuis ou trous d'une ſorte de moyenne filiere que l'on nomme ras, pour les réduire à la groſſeur d'un ferret de lacet.

Le dégroſſage ſe fait par le moyen d'une eſpece de banc ſcellé en plâtre que l'on appelle banc à dégroſſir, qui eſt une maniere de petite argue que deux hommes font tourner.

DEGROSSI. Terme de monnoie. C'eſt une partie du moulin qu'on nomme à préſent laminoir, dont les Ouvriers monnoyeurs ſe ſervent pour réduire les lames d'or, d'argent & de cuivre à leur véritable épaiſſeur.

Le nom de cette piece marque aſſez ſon uſage, qui eſt de dégroſſir les lames pour qu'elles puiſſent paſſer au laminoir.

Le dégroſſi eſt compoſé principalement de deux rouleaux d'acier, entre leſquels paſſent les lames au ſortir des moules où elles ont été fondues ; une des différences du dégroſſi & du laminoir, c'eſt que les lames paſſent horifontalement entre les rouleaux du laminoir , & perpendiculairement entre ceux du dégrofli. Voyez LAMINOIR.

DEGROSSIR, en monnoie, c'eft, lorfque le métal a été fondu en lames, le recuire, enfuite le faire paffer à travers le premier laminoir, dont les deux rouleaux ou cylindres font mûs par des axes de fer, paffant à travers les roues dentées, & fufceptibles par ce moyen d'une plus grande action : l'efpace des cylindres étant plus confidérable au laminoir qu'aux autres, il ne fait que commencer à unir & préparer la lame à acquérir l'épaiffeur de l'efpece pour laquelle eft elle deftinée, & c'eft ce qu'on appelle la dégroffir.

En terme d'Orfévrerie , dégroffir c'eft donner aux métaux leur premier travail en mettant au marteau les pieces d'épaiffeur , en corroyant & épaillant à la lime ou à l'échope les lingots , & les purgeant des impuretés provenues de la fonte.

En terme de Batteur d'or , dégroffir eft battre la feuille d'or ou d'argent dans une forte de moule de velin appellé *petit moule à caucher* , c'eft par cette façon qu'on commence à étendre le métal. Voyez BATTEUR D'OR.

DELIVRANCE , en terme de Monnoie , c'eft la permiffion qui eft accordée par les Juges-Gardes aux Maîtres des Monnoies d'expofer dans le Public des efpeces d'or , d'argent ou de billon nouvellement fabriquées.

Les Juges-Gardes font obligés de faire un acte de cette permiffion qui doit être fignée d'eux, du Contre-Garde , de l'Effayeur qui a fait l'effai, & du Maître auquel la délivrance a été faite.

Les Ordonnances de 1549, 1554, 1586, 1590, veulent que les Juges-Gardes pefent les efpeces piece à piece au trébuchet, pour examiner fi elles font de recours de la piece au marc, & rebuter & cizailler toutes celles qu'ils trouvent trop fortes, ou trop foibles, ou mal monnoyées, pour faire refondre les unes & les autres aux dépens des Monnoyeurs.

Les peines établies contre les Juges-Gardes qui font la délivrance des efpeces qui ne font ni du poids, ni de l'alloi & remede octroyés par les Ordonnances, font la privation de leur état, la punition corporelle, & une amende arbitraire, ou la fufpenfion de leurs fonctions, fuivant l'exigence des cas, quand ils paffent en délivrance des efpeces mal monnoyées, & qui ne font pas de bonne rotondité, affiette & impreffion. Voyez DENIERS DE BOETE, & JUGES-GARDES.

Le 22 Août 1750, la Cour des Monnoies a fait un Réglement qui prefcrit la façon dont doivent être faites les délivrances, & ordonne ; 1°. que conformément aux Ordonnances, Arrêts & Réglemens des Monnoies, & notamment ceux des années 1540, 1549, 1554 & 1590, les regiftres des délivrances, feront cottés & paraphés par le Contrôleur Contre-Garde de chaque Monnoie où il n'y aura point de Commiffaire de la Cour.

2°. „ Que le procès verbal de paraphe fera écrit fur le premier feu.llet
„ cotté, & contiendra les noms & furnoms des Juges-Gardes, Contrô-
„ leur Contre-Garde, Directeur, Graveur, & Effayeur de ladite Mon-
„ noie, enfemble la lettre de la Monnoie ; les différens du Directeur &
„ du Graveur, & l'endroit de l'efpece où ils devront être mis, le tout con-
„ formément au modele inferé en fin du préfent Arrêt.

„ 3°. Qu'en cas de changement de Directeur ou de Graveur, il fera mis
„ un différent nouveau fur les efpeces qui feront fabriquées, dont fera dreffé
„ nouveau procès verbal ; ce qui fera pareillement obfervé pour les Juges-
„ Gardes & Effayeur pour le tems de leur exercice, dans l'année où leurs
„ prédéceffeurs feront morts ou auront quitté.

„ 4°. Que le procès verbal de chaque délivrance fera figné des Juges-
„ Garde, du Contrôleur-Contre-Garde, de l'Effayeur & du Directeur, &
„ qu'audit procès verbal les Juges-Gardes feront tenus de fe conformer à
„ ce qui eft prefcrit par l'Arrêt du Confeil du 3 Octobre 1690 ; qu'il con-
„ tiendra le jour de la délivrance, la quantité, la qualité, la valeur & le
„ poids des efpeces qui feront délivrées, le foiblage qui aura été trouvé en
„ trois marcs lors de la délivrance des efpeces d'or & d'argent après qu'elles
„ auront été pefées à la piece & au marc, le titre auquel elles auront été
„ rapportées par l'Effayeur, & la quantité des deniers mis en boete, le
„ tout fans chiffre & conformément au modele qui fera inferé en fin du
„ préfent Arrêt.

„ 5°. Que les deniers mis en boete feront pris dans la maffe, au hafard
„ & fans choix, par le Contrôleur - Contre Garde, & en fon abfence par
„ le Subftitut du Procureur Général du Roi en ladite Monnoie, & qu'il
„ fera régulièrement obfervé de prendre ; favoir, pour l'or de chacune
„ délivrance qui n'excedera pas 400 pieces, deux pieces ; de chaque déli-
„ vrance qui excedera 400 pieces, & n'excedera pas 600, trois pieces ;
„ de chaque délivrance qui excédera 600 pieces, & n'excédera pas 800,
„ quatre pieces ; & ainfi à proportion fi les délivrances font plus fortes.

„ Et pour l'argent, de chaque délivrance d'écus qui n'excédera pas 50
„ marcs, une piece ; de chaque délivrance qui excedera 50 marcs & n'ex-
„ cédera pas 100 marcs, deux pieces ; de chaque délivrance qui excédera
„ 100 marcs & n'excédra pas 150 marcs, trois pieces ; & ainfi à propor-
„ tion fi les délivrances font plus fortes.

„ De chaque délivrance de demi écus qui n'excédera pas 50 marcs,
„ deux pieces ; de chaque délivrance qui excédera 50 marcs & n'excédera
„ pas 100 marcs, quatre pieces ; & ainfi à proportion fi les délivrances
„ font plus fortes : comme auffi qu'il en fera ufé de même pour les cin-
„ quiemes, dixiemes & vingtiemes d'écus, en mettant cinq cinquiemes,

» dix dixiemes , & vingt vingtiemes par chaque délivrance qui n'excédera
» pas 50 marcs ; & ainſi à proportion , ſi les délivrances ſont plus fortes ;
» & pour le billon il ſera pareillement mis en boete par chaque délivrance
» qui n'excédera pas 50 marcs , ſix pieces de vingt-quatre deniers , ou
» douze pieces de douze deniers , & ainſi à proportion , ſi les délivrances
» ſont plus fortes.

» 6°. Qu'à la fin de chacune année le regiſtre des délivrances ſera clos
» & arrêté , dont ſera dreſſé procès verbal en préſence des mêmes Officiers
» qui auront aſſiſté auxdites délivrances , qui contiendra le nombre total
» des eſpeces délivrées , le poids d'icelles , & le nombre des deniers qui
» auront été emboetés.

» 7°. Ordonne en outre que les Edits , Déclarations , Arrêts & Régle-
» mens concernant les eſſais , la conſervation des peuilles & emboetés ,
» l'envoi d'iceux & tout ce qui concerne la fabrication , ſeront exécutés.
» Enjoint aux Subſtituts du Procureur Général du Roi , de tenir la main à
» l'exécution du préſent Arrêt. Regiſtré au Greffe de chacune Monnoie.

Modele de Procès verbal , du paraphe des Regiſtres des délivrances d'or , d'argent , ou de billon.

Le preſent regiſtre contenant   feuillets , celui-ci compris , a été cotté & paraphé par premier & dernier , par nous   de la Monnoie de   ſouſſigné pour ſervir à Meſſieurs   & Conſeillers du Roi , Juges-Gardes de ladite Monnoie , à enregiſtrer toutes les délivrances d'eſpeces d'or , d'argent ou de billon , qui ſeront par eux faites pendant la préſente année à M Conſeiller du Roi , Directeur & Tréſorier Particulier de ladite Monnoie, après qu'elles auront été eſſayées par le ſieur   Eſſayeur Parti-culier d'icelles ; leſquelles eſpeces porteront pour marque de cette Monnoie la lettre   au bas de la pile ou revers d'icelle , & pour différent du Directeur   qui ſera placé   enſemble pour   différent de   Graveur Particulier de cette Monnoie, conformément & en exécution de l'Arrèt de la Cour des Mon-noies du vingt deux Août 1750. Fait en l'Hôtel de ladite Monnoie ce   Janvier mil ſept cens

Modele de chacune délivrance à enregiſtrer.

Le   Janvier mil ſept cens   a été délivré par
Nous   Juges-Gardes de la Monnoie de   ſouſſignés
à M   Directour & Tréſorier Particulier de cette Monnoie,

en préfence de   Contrôleur Contre-Garde de ladite Monnoie, la quantité de   louis d'or à vingt-quatre livres piece , fabriqués en exécution de l'Edit du mois de Janvier 1726 pefans   & va- lans la fomme de   foibles en trois marcs de   & d'alloi à   fuivant le rapport de   Effayeur Particulier de cette Monnoie , de laquelle quantité en avons emboeté . . . . .

Les doubles ou demi louis d'or, ainfi que les écus, demi écus, cin-quiemes , dixiemes & vingtiemes d'écus, les fols de vingt quatre , ou de douze deniers, doivent être pareillement enregiftrés , en obfervant d'em-boeter de chacune de ces efpeces le nombre porté par l'Arrêt ci-deffus rapporté , pour chacune d'icelles.

DENERAL, & DENERAUX au pluriel , terme de Monnoie. Ce font les poids dont les Ouvriers & les Taillereffes qui travaillent dans les Hôtels des Monnoies , font obligés de fe fervir pour ajufter les flaons qui doivent être monnoyés & les réduire au poids des diverfes efpeces à fabriquer. Ainfi le deneral eft une efpece de petit étalon que doit pefer jufte le poids que doit avoir l'efpece. C'eft auffi à ces deneraux que les Juges-Gardes doivent pefer les efpeces qu'on leur rapporte au fortir du balancier où elles ont été frappées, avant que d'en faire la délivrance au Maître de la Monnoie pour les expofer en public.

Boizard, p. 255, 256.

Chaque deneral doit être étalonné fur le fort de l'efpece, en forte que le trébuchant y foit compris ; ce font proprement les étalons ou poids ma-trices des Monnoies, qui font eux-mêmes étalonnés fur les poids originaux qui font dépofés à Paris dans le cabinet à ce deftiné en la Cour des Mon-noies.

Les dénéraux s'appelloient autrefois fiertons , & les Officiers qui pefoient les efpeces, Fiertonneurs. Voyez FIERTONNEURS. Ils avoient été créés en l'année 1214 par Philippe le Bel : mais ayant été depuis fupprimés, leurs fonctions font aujourd'hui remplies par celui des Ouvriers qui eft commis pour la vérification du poids des flaons.

Le mot *deneral* s'entend de plufieurs manieres.

1°. Pour denier de poids, qui pefe un denier ou vingt-quatre grains.

2°. Pour denier de fin ou de loi qui marque les dégrés de bonté de l'argent.

3°. Pour le denier de prix qui eft le denier tournois, qui eft compté pour la douzieme partie d'un fou.

4°. Pour denier de monnoyage qui fe dit de toute efpece de monnoie de quelque qualité qu'elle foit : en ce fens, un louis d'or eft un denier de monnoyage , & un flaon monnoyé , un denier de monnoie.

5°. Pour denier de boete, c'eft-à-dire pour les pieces ou efpeces qui font emboetés pour être jugées par les Officiers des Monnoies.

6ᵛ. Pour un denier courant, ce qui comprend toutesefpeces expofées dans le commerce.

Les Romains fe fervoient du mot *exagium* pour exprimer ce mot : cependant les *exagia*, dont il eft parlé dans les Novelles de Théodofe, étoient proprement les étalons de poids de la livre Romaine & de fes diminutions, qui fe gardoient dans les Hôtels & Maifons des principales Villes foumifes à l'Empire, ainfi qu'il fe pratique encore en Efpagne.

DENIER, monnoie. C'étoit autrefois le fou Romain qui équivaloit à dix fous de France.

Les Romains fe font fervis pendant long-tems de monnoie d'airain qu'ils appelloient *As* au lieu d'*Æs*, ou *Libra* ou *Pondo*, parceque cette monnoie s'appelloit une livre. Ce fut l'an de Rome 485 que l'on commença à battre de la monnoie d'argent. La premiere qui parut fut le denier *Denarius*, qui étoit marqué de la lettre X, parcequ'il valoit dix as : il étoit divifé en deux quinaires marqués d'un V, & ces deux quinaires fe divifoient en deux fefterces marqués de ces trois lettres L. L. S. que les Copiftes ont changées en celle ci H S.

Ce denier fut nommé Confulaire, à la différence de celui qu'on frappa fous les Empereurs & qui fut furnommé Impérial. Le denier Confulaire pefoit une dragme jufte, ou la feptieme partie d'une once, & valoit environ fept fols trois liards monnoie d'Angleterre. Le denier Impérial n'étoit que la huitieme partie d'une once, & valoit à peu près fix fous & demi d'Angleterre.

M. de Tillemont remarque que le *Denarius* fuffifoit par jour pour entretenir une perfonne, & il préfume que le denier Romain équivaloit à la piece de douze fols de notre monnoie, ou aux onze fous d'Angleterre. M. Rollin, après plufieurs autres, évalue le denier Romain à dix fols monnoie de France.

Le denier Confulaire portoit pour empreinte d'un côté une tête aîlée de Rome, & de l'autre un chariot à deux ou quatre chevaux, pour quoi ces deniers étoient appellé *Bigati* & *Quadrigati* : dans la fuite on mit fur le revers *Caftor & Pollux*, & quelquefois une Victoire fur un char tiré à deux ou quatre chevaux.

Sous la premiere race de nos Rois, on fe fervoit de deniers d'argent qui étoient d'argent fin, & pefoient vingt-un grains ou environ.

Sous la feconde, ils furent beaucoup plus pefans, ceux de Charlemagne pefoient vingt-huit grains, & ceux de Charles le Chauve environ trente-deux. Il n'eft pas facile de marquer les différens changemens qui leur arri-

verent

verent pendant le reſte de cette ſeconde Race, qui fut remplie de guerre & de déſordre.

Sous le commencement de la troiſieme, les deniers étoient encore d'argent fin, du poids d'environ vingt-trois à vingt-quatre grains. Vers la fin du regne de Philippe Premier on commença à mêler du cuivre dans les deniers d'argent : ſous Saint Louis ils n'étoient que de billon, & ne contenoient plus que près de ſix grains & demi d'argent; depuis, leur dégré de bonté a toujours diminué, de ſorte que ſous Henri III, & dans la ſuite, ils n'ont été, que de cuivre pur.

Aujourd'hui le denier eſt dans preſque toutes les grandes Villes une monnoie idéale dont la valeur eſt par-tout différente,

A Bâle, le denier vaut	1 d.	$\frac{2}{3}$
A Bergame,		$\frac{4}{7}$
A Paris,	1	
A Rome,	4	
A Valence,	3	$\frac{9}{17}$
A Veniſe,		$\frac{1}{2}$
A Gênes, le denier de Banque		$\frac{23}{24}$
A Amſterdam le denier commun	2	$\frac{1}{21}$
A Anvers, *idem.*	2	$\frac{1}{21}$
A Florence, *idem.*		$\frac{5}{6}$
A Livourne, *idem.*		$\frac{5}{6}$
A Gênes, le denier courant		$\frac{58}{73}$
A Genêve, *idem.*	1	$\frac{2}{3}$
A Milan,		$\frac{61}{80}$
A Florence le denier d'or,	5	$\frac{1}{18}$
A Livourne le denier d'or,	5	$\frac{1}{8}$
A Amſterdam le denier de gros,	1 ſ. 0	$\frac{7}{8}$
A Anvers le denier de gros,	1 ſ. 0	$\frac{7}{8}$
A Hambourg le denier lubs banco,	2	$\frac{1}{8}$
A Genêve, le denier petite monnoie		$\frac{3}{4}$
A Londres, le denier ſterling	1 9	$\frac{3}{4}$

DENIER. On donne encore ce nom à une ancienne monnoie qui, ſelon les tems, fut fabriquée d'or, d'argent, ou de cuivre, & d'une valeur proportionnée à ſa matiere; au tems de Charlemagne, & encore pendant deux ſiecles après, le denier étoit la cent vingt-quatrieme partie d'une livre ponderale d'argent compoſée de douze onces, ce qui a reçu depuis diverſes diminutions : dans les tems ſuivans les deniers ont été compoſés de cuivre.

DENIER, fignifie auffi une valeur numéraire qui eft la douzieme partie d'un fol. Le denier a lui-même fes parties, il fe divife en deux oboles, l'obole en deux pites,

La pite en deux femi-pites, de forte qu'un denier vaut deux oboles, ou quatre pites, ou huit femi-pites.

On ne diftingue prefque plus ces portions du denier que par rapport aux cenfives, & alors on les réduit en fols.

DENIERS d'or à l'aignel, monnoie d'or fin fabriquée fous le regne de Saint Louis, &c. qui le premier fit faire cette monnoie : elle étoit d'or fin du poids de trois deniers cinq grains trébuchans, & valoit douze fols, fix deniers tournois : mais les fols étoient d'argent fin, & pefoient environ autant que l'aignel, de forte que le denier d'or valoit de notre monnoie dix livres dix fols, cinq deniers. Voyez AIGNEL.

DENIERS D'OR AUX FLEURS DE LYS, monnoie d'or qui fut commencée fous le regne du Roi Jean, on en fabriqua fort peu fous fon regne & point fous les fuivans : cette efpece étoit d'or fin, à la taille de cinquante au marc & avoit cours pour quarante fols : elle fut ainfi nommée de ce qu'elle étoit femée de fleur de lys du côté de la pile.

DENIERS TOURNOIS, appellés ainfi parceque les premiers furent frappés à Tours : petite monnoie de cuivre fans mélange de fin, qui a eu autrefois grand cours en France, & qui même y eft encore reçue dans quelques Provinces au-delà de la Loire.

Les Officiers des Monnoies donnent au denier tournois le nom de dénéral, ou denier de prix, pour le diftinguer de celui qu'ils appellent denier de poids.

Il y a eu peu de deniers tournois frappé en France depuis l'année 1649 : ceux ci & ceux qui avoient été fabriqués vers la fin du regne de Louis XIII, étoient de la gravure du célebre Varin, & font des chef-d'œuvres en fait de monnoie.

A Paris, & dans prefque toutes les Villes du Royaume, le denier tournois n'eft plus une efpece réelle ; on ne l'y regarde que comme une monnoie de compte imaginaire ; cependant foit que le denier tournois foit regardé ou comme monnoie réelle & courante, ou comme monnoie imaginaire, ou de compte, fa valeur ne change point, & fes fubdivifions font toujours les mêmes.

Le denier tournois fe fubdivife en deux mailles ou oboles, la maille ou obole en deux pites, & la pite en deux femi-pites. Le denier tournois eft la douzieme partie d'un fol tournois ; le fol tournois eft la vingtieme partie de la livre tournois, & la foixantieme de l'écu ; en forte que le fol tournois eft compofé de douze deniers tournois, la livre tournois de deux cens quarante deniers tournois, & l'écu de sept cens vingt de ces deniers.

DENIER PARISIS, est une menue monnoie imaginaire en usage en France ; il est d'un quart en sus plus fort que le denier tournois : douze deniers parisis font un sol parisis, vingt sols parisis font une livre parisis, & la livre parisis est de vingt-cinq sols tournois. Voyez LIVRE.

DENIER STERLING, que l'on appelle aussi Penin & en Anglois *Penny*, est une monnoie de compte dont on se sert en Angleterre. Le denier sterling est la douzieme partie d'un sol sterling, & le sol sterling fait un vingtieme de la livre sterling, en sorte qu'il faut deux cens quarante deniers sterlings pour faire une livre sterling. Voyez LIVRE.

DENIER DE GROS, est une monnoie de compte en usage en Hollande, en Flandre, & en Brabant. Douze deniers de gros font un sol de gros : la livre de gros est composée de deux cens quarante deniers de gros : il y a quelque différence entre le denier de gros de Hollande, & le denier de gros de Flandre & de Brabant, la livre de gros n'y étant pas égale en valeur.

DENIER DE FIN, est la douzieme partie de fin que l'argent tient lorsqu'il est à douze deniers.

DENIER DE LOI, qu'on appelle aussi de fin, est celui qui tire la valeur du prix que le Souverain donne par son Ordonnance au marc d'or ou d'argent pour être employé en especes, ou pour mieux dire, c'est cette partie du marc d'argent, sur quoi s'évalue le titre ou le fin d'une espece, soit d'argent, soit de billon.

DENIER DE FIN OU DE LOI, chez les Monnoyeurs & les Orfévres, s'entend du titre de l'argent, de même que le karat se dit du titre de l'or.

Ce denier est un poids ou estimation, composé de vingt-quatre grains qui font connoître les différens dégrés de la pureté, ou de la bonté de l'argent. Il se divise en demi, en quart, & en huitieme. Le plus fin argent est à douze deniers, comme l'or le plus fin est à vingt-quatre karats ; l'argent peut être purifié jusqu'au douzieme dégré ; il ne laisse pas cependant d'être très pur au titre de onze deniers dix-huit grains, c'est-à-dire, quoique le déchet soit de six grains.

On dit un denier de fin ou d'aloi.

Quand la monnoie d'argent n'est pas à dix deniers de fin, on doit la regarder comme billon.

L'argent d'orfévrerie doit être à onze deniers, douze grains de fin, suivant l'Ordonnance de 1640, non compris les deux grains de remede. Lorsque l'argent est à ce titre, on l'appelle argent de Roi ou argent le Roi, à cause que le Roi abandonne cette vingt-quatrieme partie de bénéfice en faveur des Etrangers qui apportent ce métal dans le Royaume.

DENIERS COURANS, se dit des especes qui s'exposent dans le commerce après que la délivrance des especes nouvellement fabriquées, a été faite au Maître, & qu'il les a exposées dans le commerce.

Depuis la fabrication ordonnée par Edit du mois de Janvier 1726, les deniers courans où les especes qui ont cours en France, sont :

Or.
- Le double louis valant   48 liv.
- Le louis,   24
- Le demi louis,   12

Argent.
- L'écu valant,   6 liv.
- Le demi écu,   3
- Les cinquiemes d'écus,   1   4 s.
- Les dixiemes d'écus,   12
- Les vingtiemes,   6

Billon.
- Les sols neufs valans,   2
- Les demi sols neufs,   1
- Les pieces d'un sol six deniers,   1   6 d.

- Gros sol dit Law valans,   12
- Les pieces de deux liards,   6
- Le liard,   3

DENIER DE POIDS, est la vingt-quatrieme partie d'une once, & la cent quatre-vingt-douzieme partie d'un marc, ou d'une demie livre de Paris ; le denier pese vingt-quatre grains, & trois deniers font un gros.

DENIER DE MONNOYAGE, s'entend de toutes sortes d'especes d'or, d'argent, de billon & de cuivre, qui ont reçu leur derniere façon par les Monnoyeurs qui les ont frappés au balancier. Dans cette signification un louis d'or est un denier de monnoyage, comme un écu, un sol, un liard, &c. quoique la matiere & le prix en soient différens.

DENIERS DE BOETE. Ce sont des pieces de monnoie de chaque espece, matiere & prix qui se fabriquent dans les Hôtels des Monnoies, que les Juges-Gardes, lorsqu'ils en font la délivrance, sont obligés de mettre dans une boete pour servir au jugement que la Cour des monnoies doit faire des especes qui ont été fabriquées chaque année.

Depuis l'Ordonnance de 1586, il avoit toujours été pratiqué d'emboeter à chaque délivrance de deux cens pieces d'or, une, & de dix-huit marc d'especes d'argent auſſi une piece : cet uſage a été changé par l'Ordonnance de 1682, ſuivant laquelle on emboetoit à chaque délivrance de 400 pieces d'or, une, & de ſoixante-douze marcs d'argent, auſſi une piece. Mais par l'Arrêt de la Cour des Monnoies du 22 Août 1750, portant Réglement pour le nombre des deniers qui doivent être emboetés par chaque délivrance, il eſt ordonné que,

» Les deniers mis en boete ſeront pris dans la maſſe au haſard & ſans » choix par le Contrôleur-Contre-Garde, & en ſon abſence par le Subſtitut » du Procureur Général du Roi en ladite Monnoie, & il ſera réguliere- » ment obſervé de prendre; ſavoir, pour l'or de chacune délivrance qui » n'excedera pas 400 pieces, deux pieces; de chaque délivrance qui excé- » dera 400 pieces, & n'excédera pas 600, trois pieces; de chaque délivrance » qui excedera 600 pieces & n'excedera pas 800, quatre pieces, & ainſi » à proportion ſi les délivrances ſont plus fortes. Et pour l'argent, de cha- » que délivrance d'écus qui n'excédera pas 50 marcs, une piece; de chaque » délivrance qui excédera 50 marcs, & n'excédera pas 100 marcs, deux » pieces; de chaque délivrance qui excédera 100 marcs & n'excédera pas 150 » marcs, trois pieces, & ainſi à proportion ſi les délivrances ſont plus fortes. » De chaque délivrance de demi écus qui n'excédera pas 50 marcs, deux » pieces; de chaque délivrance qui excédera 50 marcs, & n'excédera pas » 100 marcs, quatre pieces, & ainſi à proportion ſi les délivrances ſont plus » fortes. Comme auſſi qu'il en ſera uſé de même pour les cinquiemes, di- » xiemes & vingtiemes d'écus, en mettant cinq cinquiemes, dix dixiemes » & vingt vingtiemes par chaque délivrance qui n'excédera pas 50 marcs, » & ainſi à proportion ſi les délivrances ſont plus fortes.

» Et pour le billon, il ſera pareillement mis en boëte, par chaque délivrance » qui n'excédera pas 50 marcs, ſix pieces de 24 deniers; & ainſi à propor- » tion ſi les délivrances ſont plus fortes ».

Ces pieces doivent être miſes dans une boëte fermant à trois clefs dont l'ancien Garde, l'Eſſayeur & le Directeur doivent avoir chacun une, ainſi qu'il eſt preſcrit par l'Ordonnance de 1554, ſur peine de faux aux uns & aux autres, là où ils auroient été de connivence & de mauvaiſe foi.

Ce ſont ces pieces emboetés que l'on appelle denier de boîte, qui en doi- vent être tirés à la fin de l'année par les Officiers qui en ont les clefs, ainſi que le preſcrivent les ordonnances des années 1543, 1549, 1554 & 1586 en ces termes :

» En la fin de chaque année & le dernier jour de Décembre, les Gardes » clôront les boîtes de tout l'ouvrage qui aura été fait en la Monnoie durant » icelle année.

» Avec lequel ouvrage, leſdits Gardes mettront le papier, ou parchemin

» original des délivrances qui en auront été faites , fans le faire copier , **ou**
» envoyer la copie fignée à la fin feulement. La clôture fe fera en préfence
» du Maître & de tous les Officiers de ladite Monnoie, fans toutesfois
» permettre qu'autre perfonne , que lefdits Gardes , manie lefdits deniers
» pour mettre en la boîte, laquelle à l'inftant ils fcelleront de leurs fceaux
» & de ceux des autres Officiers de ladite Monnoie.

» Garderont lefdits Officiers ladite boîte, ainfi fcellée dans leur coffre,
» étant au comptoir de l'Hôtel de la Monnoie, & ce jufqu'à ce qu'ils aient
» mandement de la Cour des Monnoies pour l'envoyer , ou l'apporter,
» auquel mandement ils obéiront , &c.

Anciennement ces deniers fe mettoient féparément , chacun felon la qualité de l'ouvrage , dans de grandes boîtes de cuivre fermantes à clefs, & fen-
dues par-deffus le couvercle à la façon des tirelires ; enfuite les Gardes fe
font contentés de mettre ces deniers dans de grandes boîtes de bois tournées
autour , les féparant chacun felon la qualité de fon ouvrage , & de les enfermer dans un coffre de bois que les anciennes Ordonnances appellent *huche*,
fermant à trois clefs différentes dont le Maître en a une , les Gardes l'autre,
& l'Effayeur la troifieme.

DEPART. Le Départ eft un procédé , une fuite d'opération , par lefquelles on fépare l'or d'avec l'argent.

L'opération principale , ou le premier moyen de féparation , eft fondé fur
la propriété qu'ont certains menftrues d'attaquer l'argent fans toucher à l'or,
ou de s'unir à ce dernier métal , en épargnant le premier (1).

Le départ par le moyen des menftrues qui attaquent l'argent, eft celui qu'on
pratique le plus ordinairement.

Cet ufage des acides-minéraux a été découvert & mis en ufage à Venife,
peu de tems après la découverte de ces acides vers l'an 1400.

L'argent eft foluble par l'eau forte ; il ne perd pas cette propriété , lorfqu'il eft mêlé à l'or en une certaine proportion. Cette proportion eft telle
que l'argent doit être prefque le triple de l'or dans la maffe à départir ; & cette
proportion eft la plus exacte qu'il eft poffible, c'eft-à-dire, la plus avantageufe pour le fuccès, pour la perfection & pour l'élégance de l'opération.
Si le mélange eft compofé de trois parties d'argent & d'une partie d'or , l'a-
vantage fingulier que cette proportion procure , c'eft que fi l'on ne brufque
pas trop la diffolution de l'argent tenant or , la chaux d'or , reftée après cette
diffolution, retient la figure qu'avoit l'argent tenant or avant l'opération,
ce qui fait qu'on ne perd aucune portion de cette chaux ; aulieu que fi l'or

_____

(1) Menftrue, en termes de Chimie , eft un diffolvant humide qui pénétrant dans les
intimes parties d'un corps fec, fert à en tirer les extraits & les teintures , & ce qu'il y a de
plus fubtil & de plus effentiel.

eſt contenu en moindre proportion dans l'argent tenant or, il n'eſt pas poſſible de lui conſerver de la continuité, & que dans cet état de poudre ſubtile,
on n'en perde néceſſairement quelque partie.

C'eſt le départ d'une maſſe formée par l'or & l'argent, mêlés dans la proportion qu'on vient d'aſſigner qui s'appelle proprement inquart, *quartatio*. Ce
nom ſe donne auſſi aſſez communément à tout départ par l'eau-forte.

L'acide vitriolique très concentré & bouillant, diſſout l'argent, mais n'at-
taque point l'or. Quelques Déparieurs ſe ſervent de cet acide pour ſéparer
l'or d'avec l'argent : mais cette méthode eſt beaucoup moins uſitée que celle
où l'on emploie l'eau forte ; voici comment on procede en ſuivant cette derniere méthode.

On commence par mettre en grenailles la maſſe d'argent tenant or, propre à être départie par l'eau-forte, c'eſt-à dire, contenant au moins trois
parties d'argent ſur une d'or. Si l'on veut départir par l'eau-forte un alliage
où l'argent ne domine pas aſſez pour que l'eau-forte puiſſe l'attaquer, il faut
ajoûter à cette maſſe une quantité ſuffiſante d'argent, pour qu'il en réſulte
un nouveau mélange, dans lequel les deux métaux ſe trouvent en proportion
convenable ; on fond enſuite cette maſſe, on braſſe exactement le mélange,
& on le réduit en grenailles, comme il a été dit ci-deſſus.

On prend enſuite des cucurbites coniques, ou des matras qu'on place ſur
des bains de ſable : c'eſt ſelon la quantité d'argent tenant or qu'on veut départir, qu'on choiſit les cucurbites ; ſi le départ eſt fort, il ne faut prendre
cependant tout au plus que ſix marcs d'argent par cucurbite : ainſi ſi l'on a
beaucoup d'argent, on le diſtribue dans pluſieurs de ces vaiſſeaux qu'on peut
mettre juſqu'à dix en œuvre, s'il eſt néceſſaire ; ce qui fait une diſſolution
de ſoixante marcs à la fois : ſi l'on veut aller doucement, on ne verſe que
quatre livres d'eau-forte dans chacun des vaiſſeaux contenant ſix marcs de
grenaille d'argent ; mais ſi on veut accélérer le départ, on peut d'abord en
verſer ſix livres, comptant ordinairement une livre d'eau-forte pour un marc
d'argent : c'eſt de l'eau-forte précipitée & purifiée par l'argent qu'il faut
employer. La cucurbite ne doit être remplie qu'aux deux tiers par ces ſix
marcs d'argent, & ſix livres d'eau-forte. C'eſt ce qui détermine ſur le choix
des cucurbites où il doit toujours reſter un vuide, parceque l'eau-forte ſe
gonfle, quand elle commence à agir.

On place enſuite toutes les cucurbites ſur le bain de ſable qui doit être
froid ; on allume deſſous un feu modéré pour que le ſable s'échauffe peu-à peu,
quoique l'eau-forte, quand elle eſt bonne & que les grenailles ont été rougies, commence auſſitôt à agir ſur l'argent ; cependant la chaleur facilite

*Départ par
les acides.*

(1) Extrait du Traité de la Fonte des Mines, &c. de Schlutter, publié en François par
M. Hellot.

la diſſolution , & la liqueur devient blanche , de ſorte qu'il faut prendre garde qu'elle ne ſoit échauffée dans le commencement , parcequ'elle monteroit facilement , ſurtout quand les capſules des bains de ſable ſont de fer , ou que les cucurbites ſont placées ſur la plaque de fer du bain de ſable commun : car le fer s'échauffe davantage , & garde plus long-tems ſa chaleur , que des capſules de terre : s'il arrivoit cependant que la liqueur montât trop haut , il faudroit ôter le feu auſſitôt , & enſuite le ſable qui eſt autour du vaiſſeau , pour le mêler avec du ſable froid & le remettre. Il ne faut jamais y mettre du ſable froid ſeul , il feroit féler la cucurbite : même pendant l'opération , il ne faut pas toucher ce vaiſſeau avec les mains froides , ou en approcher quoi que ce ſoit de froid ; lorſque la premiere chaleur eſt paſſée, la diſſolution commence à être plus calme , & quand la liqueur n'eſt plus blanche , ni écumeuſe, on peut augmenter modérément le feu : néanmoins la chaleur du vaiſſeau doit être telle qu'on puiſſe le prendre & le lever avec un linge.

Quand on veut ſavoir s'il reſte au fonds de la cucurbite de la grenaille d'argent qui ne ſoit pas encore diſſoute , on y ſonde avec une baguette debois bien nette, dans la ſuite on ſe ſert toujours de la même baguette, parcequ'elle s'imbibe de la diſſolution de l'argent Lorſqu'elle a long-tems ſervi, on la brûle , & l'argent qu'elle donne , ſe fond enſuite avec d'autre. Si l'on ne ſent plus de grenaille & que l'eau-forte ne paroiſſe plus travailler, la diſſolution de cette partie d'argent eſt achevée ; mais pour en être plus certain , on ôte la cucurbite de deſſus le ſable : ſi l'on remarque encore dans la liqueur des filets de globules partant du fond , & ſi cette liqueur n'eſt pas parfaitement limpide , c'eſt une marque que l'eau-forte travaille encore ſur un reſte d'argent ; par conſéquent il faut remettre le vaiſſeau ſur le ſable chaud. Si cependant ces filets de petits globules d'air ſont accompagnés de groſſes bulles d'air , & que la diſſolution ſoit claire , l'eau-forte a ſuffiſamment diſſous , & l'on ne doit pas s'embarraſſer que cette liqueur qui eſt ſaturée d'argent , ſoit de couleur verte ; mais ſi malgré la proportion employée d'une livre d'eauforte par marc d'argent , il reſtoit encore quelques grenailles non diſſoutes , il faudroit décanter (1) cette eau-forte & en remettre de la nouvelle , ſouvent la livre d'argent ne ſuffiſant pas , quand l'argent contient fort peu d'or.

Lorſqu'on a deſſein de précipiter l'argent de cette diſſolution dans une baſſine de cuivre , on peut verſer cette eau-forte ſaoulée d'argent & toute chaude dans cette baſſine , où l'on aura mis auparavant de l'eau de riviere bien pure On poſe enſuite la cucurbite contenant la chaux d'or , ſur un rond ou valet de paille un peu chauffée ; mais ſi l'on veut précipiter l'argent dans

(1) On entend par décanter l'action de verſer doucement & ſans troubler une liqueur qui s'eſt clarifiée d'elle-même par le départ qui s'eſt formé au fond du vaſe où elle eſt contenue , c'eſt ce qu'on appelle auſſi verſer par inclination.

des vaisseaux de terre ou de grès par le moyen des lames de cuivre, ou si l'on veut faire la reprise de l'argent par la distillation de l'eau-forte, on peut la verser par inclinaison dans d'autres vaisseaux, & la garder jusqu'à ce qu'on la distille. Il faut observer que si c'est dans des vaisseaux de verre qu'on décante cette dissolution, on ne peut le faire que lorsqu'elle est froide, car quand même on les chaufferoit auparavant, il y auroit toujours risque de les rompre.

Quand tout est refroidi, & que l'eau-forte saoulée d'argent est décantée, on remet de nouveau six marcs d'argent en grenailles, & recuit dans les mêmes cucurbites avec six livres d'eau-forte; on les replace sur le bain de sable, on rallume le feu dans le fourneau, & l'on procède, comme on l'a dit ci-dessus. Si l'on se sert de la bassine de cuivre, dant on parlera dans un moment, on avance beaucoup les opérations, parcequ'on y verse les dissolutions d'argent à mesure qu'elles finissent. Les cucurbites sont bien plûtôt froides, quand il n'y reste que la chaux d'or, que lorsqu'on y laisse l'eau-forte chargée d'argent; & aussitôt qu'on a décanté ces dissolutions, on y remet de l'argent en grenailles, & de nouvelle eau-forte; on ôte le sable chaud des capsules pour y en mettre de froid, & l'on replace les cucurbites sur ce sable qui est bientôt échauffé par la capsule de fer & par le feu qui est dessous; par ce moyen les opérations se suivent presque sans interruption.

Après que tout l'argent qu'on avoit mis en grenaille est dissous, & qu'il y a tant de chaux d'or accumulée dans les cucurbites, on sonde avec la baguette de bois blanc; & si l'on y sent encore quelque grenaille, on remet de l'eau-forte par-dessus : ce qu'il faut répéter non-seulement jusqu'à ce qu'on ne sente plus de grenaille, mais même jusqu'à ce que, regardant avec une bougie la surface de la liqueur, on n'y apperçoive plus le moindre pétillement, ni la plus petite bulle d'air.

Lorsque la derniere eau-forte ne travaille plus, on la décante comme la précédente, & l'on édulcore (1) la chaux d'or. Pour aller plus vîte, il faut avoir de l'eau de fontaine chauffée au même degré de chaleur que la cucurbite, & la verser sur cette chaux aussitôt qu'on a vuidé l'eau-forte. Si l'on a fait le départ dans plusieurs cucurbites à-la-fois, & que cependant il n'y ait point beaucoup d'or dans chacune, on peut réunir toutes ces petites parties de chaux dans une seule cucurbite, afin que l'édulcoration ne soit pas si embarrassante. Il faut verser de l'eau chaude nouvelle jusqu'à trois fois au moins sur cette chaux, agitant le vaisseau à chaque fois, & laissant bien déposer l'or au fond avant que de décanter l'eau à chaque fois qu'on la change : à la quatrieme ou cinquieme lotion, on pose la cucurbite avec l'eau dans le sable chaud, & on la fait bien chauffer pour mieux enlever

(1) On entend par édulcorer, adoucir en ôtant par plusieurs lotions d'eau froide, les sels qui se trouvent dans diverses matieres.

l'acidité de la chaux d'or ; cette derniere eau ayant été versée par inclinaison, on remplit la cucurbite d'eau tiéde pour faire sortir la chaux & rincer le vaisseau : on met cette chaux d'or dans un vaisseau de verre, ou dans une jatte de fayance, ou de porcelaine.

Comme l'eau des lotions de la chaux d'or contient beaucoup d'argent, il n'en faut rien perdre, & si l'on a dessein de retirer l'eau-forte de dessus l'argent par distillation, il ne conviendroit pas d'y mêler cette eau des lotions, parceque ce seroit en augmenter inutilement le volume : mais il faut la verser dans un chaudron ou bassine de cuivre rouge, ou dans un autre vaisseau où l'on aura mis des lames de cuivre.

Après avoir bien égouté la chaux d'or rassemblée au fond de la jatte de fayance, on la verse dans un creuset de hesse ayant soin de n'en rien perdre ; on le couvre d'un couvercle de terre, on construit sur le foyer un fourneau avec des briques, sans terre & sans grille : on place le creuset au milieu sur un morceau de brique, & on l'entourre de charbon qu'on allume par-dessus afin que le feu descende peu-à-peu, & fasse évaporer l'humidité de la chaux d'or à un feu très doux ; car un feu violent & subit, pourroit en faire sauter quelques parties en l'air ; aussitôt que l'or est séché, on le fait rougir autant qu'il est nécessaire pour lui faire reprendre sa couleur naturelle. La raison pourquoi on ne met pas le creuset à vent, c'est que le feu y descend trop vîte, & devient trop violent, ce qui pourroit faire fondre l'or, & même outre cela les creusets mouillés se fendant aisément lorsqu'on les expose à un feu trop subit, on courroit le risque de perdre l'or.

La chaux d'or ayant rougi, si l'on ne veut pas que ce métal soit à un plus haut titre que celui où il est sorti du départ, on le met dans un creuset de hesse, & on le place devant la tuyere d'un soufflet, ou au fourneau à vent, sur-tout lorsqu'il y a beaucoup d'or. Après que le feu a fait rougir l'or, on jette dessus un peu de borax pour aider la fusion : dès qu'il est bien en fonte, & qu'il affine ou circule, il est suffisamment fondu ; alors on sort le creuset, & on verse l'or dans une lingotiere, ou bien on le laisse figer dans le creuset quand il y a beaucoup d'or, & l'on casse ensuite ce creuset pour l'avoir en culot. Soit qu'on veuille avoir un lingot ou un culot, on chauffe assez fort la lingotiere ou le cône, si l'on en fait usage, pour qu'on puisse à peine les tenir avec la main ; car il ne faut jamais verser de l'or, de l'argent, ou d'autres métaux en fusion, dans des vaisseaux froids, autrement on risque de les faire pétiller & sauter.

Schlutter, ch. 42 & 43.

Le départ se fait en Hongrie par l'eau-forte. Comme les départs sont considerables en ces pays-là, on y a établi un très bon ordre. Entr'autres laboratoires de Hongrie & de Transilvanie destinés pour les départs des

matieres d'or & d'argent, il y en a un très beau à Schemnitz : comme
on n'y paffe pas l'or à l'antimoine pour le porter au plus haut titre, on
regle le départ de façon que l'or en forte au titre des ducats : ainfi le
marc contient fouvent jufqu'à vingt-trois karats dix grains de fin.

Le bon ordre, l'œconomie & la plus grande perfection de cette opération confiftent :

1°. En ce qu'on exécute toutes les manœuvres particulieres avec toute
l'exactitude poffible ; par exemple, qu'on réduit l'argent en grenailles très
menues, & tranfverfalement creufes.

2°. Qu'on prend toutes les précautions néceffaires contre les inconvéniens de la fracture des vaiffeaux & de la perte de l'eau-forte, en luttant
exactement les cucurbites dans lefquelles on fait les diffolutions, & en y
adaptant un chapiteau avec fon récipient, dans lequel on a mis quantité
fuffifante d'eau de fontaine, afin de ne pas perdre les vapeurs acides qui
s'échappent de la diffolution.

3°. En appliquant des eaux-fortes diverfement concentrées, de façon
qu'après avoir décanté l'eau-forte faoulée d'argent, on verfe une meilleure
eau-forte fur la matiere non diffoute, jufqu'à ce qu'on en vienne au diffolvant le plus actif, appellé eau-forte double, qui, lorfqu'il a agi un
quart d'heure fur cette matiere, la dépouille affez exactement de l'argent,
pour que la chaux d'or foit reftée au titre ci-deffus énoncé.

On ne paffe point cet or à l'antimoine, comme on l'a déja obfervé : après
l'avoir bien lavé ou édulcoré, féché & rougi dans un creufet, on le fond
dans un nouveau creufet avec le flux noir.

Schlutter a donné une méthode de procéder au départ par la voie humide
qui differe de la méthode ordinaire, en ce que cet Artifte fe fervoit de
vaiffeaux de verre à fonds plats & large, dont les parois fe rapprochoient en
s'élevant, en forte que leur ouverture étoit comme celle d'une bouteille,
& qu'il chauffoit ces vaiffeaux au bain marie dans un chauderon de cuivre,
fur une petite croix de bois, pour empêcher que le verre ne touchât le fond
du chauderon.

On vient de voir la maniere d'appliquer l'eau-forte à l'argent tenant or,
d'en féparer la chaux d'or, de laver cette chaux, & de la fondre ; il refte
à favoir comment on retire l'argent de départ, c'eft-à-dire, comment on
fépare ce métal du menftrue auquel il eft uni.

On procéde à cette féparation par deux moyens, favoir la précipitation
& la diftillation.

Pour retirer l'argent de départ par la précipitation, on fe fert du cuivre
qui a plus d'affinité avec l'eau-forte que l'argent, & qu'on fait par expérience être le précipitant qu'on peut employer dans ce cas avec le plus d'a-
vantage.

Cette maniere de retirer l'argent de l'eau-forte eſt la plus ſure & la plus courte, quoique peut-être la plus chere, parcequ'on perd communément la plus grande partie de l'eau-forte par cette méthode.

La précipitation de l'argent ſe fait ou à chaud dans des baſſines de cuivre, ou à froid dans des vaiſſeaux de verre, ou de grès, avec des lames de cuivre.

Schlutter.

La précipitation à chaud eſt la plus expéditive, elle rend beaucoup d'argent en un jour; car avec un chauderon ou baſſine contenant la diſſolution de vingt marcs, on peut faire trois précipitations par jour, & par conſéquent précipiter ſoixante marcs en vingt-quatre heures. Les chauderons les plus forts en cuivre, & en même tems les moins profonds ſont les meilleurs, ils doivent être de bon cuivre rouge, & battus d'une égale épaiſſeur, afin qu'il ne s'y faſſe point de crevaſſes, autrement on ne s'en ſerviroit pas long-tems. Un chauderon propre à cet uſage doit avoir deux pieds & demi de diametre en haut; ſa profondeur au milieu eſt d'un pied, & il peſe cinquante-cinq à ſoixante livres: on peut y mettre environ quarante-cinq pintes de liqueur: on y verſe l'eau-forte chargée d'argent, & on place ce chauderon ou baſſine avec ſon trépied ſur un foyer muré de briques: on y fait du feu pour faire bouillir l'eau & la diſſolutiou; auſſitôt qu'elle a commencé à bouillir, l'argent ſe dépoſe ſur le cuivre, puis s'en détache par flaons qui ſurnagent d'abord; mais lorſque l'argent tombe au fonds, & que l'eau qui eſt de couleur verte s'éclaircit & devient limpide, c'eſt une marque que la précipitation eſt preſque finie. Pour être aſſuré qu'il ne reſte plus d'argent à précipiter, on jette quelques grains de ſel dans l'eau du chauderon, ſi elle blanchit & que ces grains de ſel en ſe diſſolvant, faſſent des filets blancs, c'eſt une marque que tout l'argent n'eſt pas précipité: ainſi il faut encore faire bouillir l'eau, juſqu'à ce qu'elle ne donne plus la moindre teinte de blanc avec le ſel, dont les grains doivent tomber au fond, ſans changer la couleur de l'eau, enſuite on y jette par ſurcroit une ou deux petites poignées de ſel, & on ôte le chauderon de deſſus le feu.

Il faut autant de tems pour la précipitation d'une quantité quelconque d'argent, qu'il en a fallu pour le diſſoudre; ainſi auſſitôt que la précipitation de la premiere miſe eſt finie, on peut verſer dans la baſſine de cuivre la diſſolution d'une autre quantité d'argent qui vient d'être achevée. On y ajoute en même tems l'eau chaude du bain marie où l'on avoit mis le vaiſſeau contenant cette diſſolution, obſervant ſeulement que la baſſine ſervant à préciter ne ſoit pas trop remplie, afin qu'il y ait de la place pour la diſſolution ou eau forte chargée d'argent. Si l'on ſe ſert ſouvent d'un vaiſſeau de cuivre pour précipiter l'argent, il faut le viſiter pour voir s'il ne s'affoiblit point trop dans quelques endroits, & s'il ne laiſſe pas tranſpirer de la liqueur, ce qui ne peut pas manquer d'arriver tôt ou tard, puiſqu'il y a étoſion de cuivre à chaque précipitation ; ainſi pour prévenir les accidens , il faut toujours avoir une baſſine toute prête , dans laquelle on puiſſe toujours recevoir ce qui fuit par quelque trou de la premiere ; on s'en apperçoit avant qu'elle ſoit percée tout-à-fait, par de petites gouttes d'eau qui ſe forment ordinairement au-dehors de la baſſine ; alors il eſt tems d'empêcher qu'une partie de la précipitation ne ſe perde dans les cendres.

Quand le chauderon eſt retiré du feu, & que la chaux d'argent s'eſt totalement dépoſée, l'eau s'éclaircit, & l'on voit le fond de ce vaiſſeau : alors il faut verſer l'eau par inclinaiſon, & prendre garde qu'elle n'emporte de l'argent avec elle : ce qui cependant arrive rarement, parceque cette chaux eſt aſſez péſante ; ſi l'on veut continuer de précipiter, il faut ôter cette chaux, & la mettre dans une autre baſſine de cuivre où l'on verſe de l'eau claire par-deſſus. On remet comme auparavant de l'eau douce dans le chauderon à précipiter ; on y ajoute l'eau-forte chargée d'argent avec l'eau chaude du bain marie, & on procéde comme on vient de le dire.

On peut mettre la chaux d'argent de quatre précipitations dans la même baſſine pour l'édulcorer tout à la fois.

A l'égard de la précipitation à froid, elle ne coute pas tant, mais elle *Précipitation à froid.* demande plus de tems, & n'eſt guere commode dans les départs en grand, parcequ'il faut beaucoup de place & un grand nombre de vaiſſeaux ; ainſi elle n'a ſon utilité que dans les petits départs. Il faut pour cette précipitation des vaiſſeaux de verre (ce ſont les meilleurs, ou des terrines de grès bien cuites & preſque vitrifiées). Celles d'un grès poreux ou tendre ne réſiſtent pas long-tems, & ſont bientôt percées. On remplit ces vaiſſeaux d'eau douce, de maniere cependant qu'il y ait de la place pour une ſeptieme partie, qui eſt l'eau-forte chargée d'argent, qu'on doit y verſer auſſi Dès que ces deux liqueurs y ſont, on y ſuſpend avec une ficelle des lames de cuivre rouge, qui ne ſoient ni ſales, ni graſſes : on les laiſſe en repos dans le même endroit, juſqu'à ce que tout l'argent ſoit précipité, ce qui n'arrive qu'au bout de ſept à huit jours, ſur-tout quand on ménage le cuivre, & qu'on ne veut pas y en mettre beaucoup à la fois. Il eſt bon auſſi de profiter du petit avantage qui peut réſulter de la chaleur de la diſſolution d'argent, en la verſant toute chaude dans l'eau des terrines, laquelle, par ce moyen, prendra un dégré de chaleur incapable de les caſſer ; mais il faut avoir attention de verſer cette eau-forte preſque bouillante, au milieu de l'eau, & non vers les bords du vaiſſeau, parceque la grande chaleur les feroit caſſer. Cette chaleur douce accélerera un peu la précipitation de l'argent ſur les lames de cuivre.

On eſſaie par les grains de ſel ſi tout l'argent eſt précipité, comme on l'a dit ci-deſſus ; & ſi la précipitation eſt achevée, on décante l'eau des terrines. Quant à la chaux d'argent qui reſte attachée aux lames de cuivre, on la fait tomber dans l'eau douce avec une grate-boſſe ou avec une broſſe de poil de ſanglier fort court , puis on les lave avec l'eau verte de la précipitation ; en cas qu'on ne pût pas en détacher tout l'argent , on les garde pour une autre opération.

On met toute la chaux d'argent qu'on a précipité dans une baſſine de cuivre de capacité proportionnée , on y verſe de l'eau commune , & on la fait bouillir pour en enlever toute l'acidité. Le chauderon ou baſſine de cuivre dont on s'eſt ſervi pour la précipitation à chaud peut être employé à l'édulcoration d'environ cent marcs d'argent. Quand la chaux a reſté aſſez long-tems dans l'eau bouillante , on ôte le vaiſſeau du feu pour la laiſſer dépoſer , puis on verſe l'eau par inclinaiſon : on répete trois ou quatre fois la même choſe , en changeant d'eau à chaque fois , afin d'enlever toute l'acidité du diſſolvant. Plus on a ſoin de laver cette chaux pour l'adoucir , plus elle devient legere ; ainſi vers la fin des lotions , on ne doit pas ſe preſſer de décanter l'eau que cette chaux ne ſoit bien dépoſée. Ces lotions étant finies , on met la baſſine de côté , afin que le peu d'eau qui reſte ſe raſſemble , & que l'argent ſoit mieux égouté. On fait des pelottes de cette chaux , & l'on met ſur un filtre ce qui en reſte de trop humide. Ce filtre ſe fait avec des plumes à écrire qu'on raſſemble en forme de cône avec un fil d'archal , & on le garnit de papier à filtrer. Comme la matiere que l'on met deſſus eſt peſante , on place le filtre dans un entonnoir de verre , on met de petits brins de paille , ou de rouleau entre deux , afin que l'eau filtre mieux : cet entonnoir étant ainſi préparé , on le poſe ſur un vaiſſeau de terre ou de verre. Si l'on a beaucoup d'argent à deſſécher de cette maniere , on peut ôter celui qui eſt au milieu du filtre pour faire place à d'autre ; mais il faut prendre garde d'endommager le papier. Lorſque l'eau du filtre eſt écoulée , on met auſſi cette chaux d'argent en pelottes , & on les fait ſécher au ſoleil ou dans un lieu chaud. Si on veut aller plus vîte , on les fait ſécher dans un creuſet à petit feu , puis on fait fondre l'argent au fourneau à vent , mais il faut en conduire le feu doucement pour donner le tems à l'argent de rougir avant que de fondre ; lorſqu'il eſt bien fondu , on le coule dans un cône , ou lingotiere de fer chauffé & graiſſé avec du ſuif ; auſſitôt qu'ils ſont coulés , on jette deſſus du pouſſier de charbon tamiſé. Le marc d'argent fondu provenant de la chaux précipitée par le cuivre , contient ordinairement depuis ſept onces & demie ſix grains , juſqu'à ſept onces & demie douze grains de fin. Si on veut porter cet argent à un plus haut titre , on y réuſſit par le raffinage.

Le départ eſt proprement fini lorſqu'on a ſéparé l'or & l'argent , & qu'on a ramaſſé chacun de ces métaux en culot ou en lingot , comme on vient de le dire. Il eſt cependant une opération d'œconomie que le Départeur doit ſavoir exécuter , ſavoir la repriſe du cuivre qui ſe fait ordinairement par la précipitation avec le fer. Cette méthode eſt fort ſimple. Il faut jetter dans des baquets de bois à demi remplis de vieilles férailles, les moins rouillées qu'il eſt poſſible, la diſſolution de cuivre décantée de deſſus la chaux d'argent encore chaude, ſi on le peut commodément, & à meſure que l'on en a, cette diſſolution de cuivre s'appelle *eau ſeconde* ou verte dans le langage des ouvriers; on doit laiſſer cette eau verte dans les baquets, juſqu'à ce qu'un morceau de fer poli trempé dedans pendant quelques minutes ne ſe couvre d'aucune particule de cuivre; alors on décante cette liqueur, qui n'eſt qu'une diſſolution de fer, on la rejette comme très inutile, & l'on ſépare le cuivre du vieux fer, par le moyen de l'eau commune qu'on jette dans le baquet dans laquelle on lave le fer, en le roulant fortement dans cette eau qu'on verſe ſur-le-champ à grands flots en agitant toujours; on ramaſſe enſuite le cuivre qu'elle a entraîné & qui s'eſt dépoſé par le repos, & on le fond ſelon l'art.

Dans ces repriſes de l'argent & du cuivre toute l'eau-forte eſt perdue; on trouve dans les Mémoires de l'Académie des Sciences un moyen de la conſerver qui avoit été communiqué à M. du Fay par Antoine Amand, qui conſiſte à retirer par la diſtillation une partie de l'eau-forte, de l'eau-ſeconde, ou de l'eau verte; mais comme on peut auſſi bien diſtiller l'eau-forte chargée d'argent, il paroît que c'eſt multiplier les manœuvres ſans néceſſité, que de précipiter l'argent par le cuivre pour diſtiller enſuite la diſſolution de ce dernier métal; & il ne paroît pas que l'avantage d'être expoſé à une moindre perte par la fracture des cucurbites qui contiennent une diſſolution de cuivre, que ſi ces vaiſſeaux étoient chargés d'une diſſolution d'argent; il ne paroît pas, dis-je, que cet avantage puiſſe être aſſez conſidérable pour que le procédé d'Amand puiſſe être regardé comme utile, quand même on retireroit plus d'eau-forte de la diſſolution du cuivre, que de la diſſolution d'argent; ce qui n'eſt point dit dans la deſcription du procédé. Il paroît donc qu'on doit ſe borner à profiter de quelque circonſtance de manuel, & des commodités de l'appareil, s'il y en a en effet, pour en perfectionner la diſtillation de la diſſolution d'argent. *Voyez* les Mémoires de l'Académie des Sciences, année 1758, ou la Traduction de Schlutter par M. Hellot, pag. 368, Tom. I.

Quoi qu'il en ſoit, voici comme on s'y prend pour retirer immédiatement une partie de l'eau-forte de la diſſolution d'argent, en même tems qu'on retire l'argent.

Cette opération demande beaucoup d'attention pour éviter que les cucurbites ne ſe caſſent; parceque l'argent diſſous s'étant répandu, il faut le chercher dans les débris des fourneaux. Cette diſtillation ſe fait en Allemagne dans des cucurbites de verre dont le ventre n'eſt enduit que d'argile préparée; auſſitôt que cette terre eſt ſéche, la cucurbite peut ſervir. On choiſit ces vaiſſeaux plus ou moins grands, ſelon la quantité d'eau-forte chargée d'argent qu'on a à diftiller, ou fuivant celle qu'on veut y mettre à la fois. Si d'abord on y en met beaucoup, c'eft le moyen d'accélerer le travail, & l'on peut prendre une cucurbite dont le ventre contienne trois à quatre pintes. On pourra y mettre l'eau-forte chargée de dix à douze marcs d'argent. Si l'on ne veut pas tant hazarder à la fois, on prend une cucurbite plus petite ; on place cette cucurbite avec la liqueur dans un bain de fable ; on y adapte un chapiteau & un récipient de verre, & on lutte bien les jointures ; après quoi on couvre la cucurbite avec une chape de terre pour la défendre de l'air extérieur. Quand le tout eft ajufté, on commence par un feu modéré de bois ou de charbon pour mettre la diftillation en train. On continue le même dégré de feu jufqu'à ce qu'on ait fait diftiller la moitié ou environ de l'humidité : alors on laiffe diminuer le feu, & l'on ôte promptement le chapiteau ; on met à la place fur la cucurbite un entonnoir de verre qu'on a chauffé pour introduire par fon moyen de nouvelle eau-forte chargée d'argent, mais de maniere qu'elle tombe au milieu, & qu'elle ne touche point les parois du vaiffeau qui pourroit facilement fe fêler fi quelque chofe de froid y touchoit ; mais pour moins rifquer, il eft à propos de chauffer un peu l'eau forte chargée d'argent, avant que de la verfer par l'entonnoir ; on remet enfuite le chapiteau & le récipient, & on lutte les jointures pour recommencer la diftillation. Lorfque cette feconde mife d'eau forte faoulée d'argent a donné fon flegme, on découvre de nouveau & on en remet d'autre, ce qu'on continue de faire jufqu'à ce qu'il y ait vingt ou vingt-cinq marcs d'argent dans la cucurbite. Lorfqu'on ajoute ainfi à différentes fois l'eau forte chargée d'argent, il ne faut pas attendre pour découvrir le vaiffeau jufqu'au moment que l'efprit acide monte, parcequ'alors il feroit trop tard pour la verfer. Quand la derniere eau-forte chargée d'argent eft dans la cucurbite, on peut y faire tomber une demi-once de fuif pur : les Ouvriers croient qu'il empêche les efprits acides d'emporter l'argent. On continue enfuite de diftiller, de maniere qu'on puiffe compter les nombres 1, 2 & 3 entre deux gouttes : il faut modérer un peu le feu avant que l'efprit monte, afin qu'il ne vienne pas trop rapidement : mais quand il a diftillé quelque tems, on peut augmenter le feu jufqu'au plus fort, afin de faire paffer tout cette efprit acide. On le diftingue aifément par la couleur rouge dont le chapiteau fe remplit. Comme on a dû mettre dans le récipient les flegmes acidules des opérations précédentes, il leur communique en fe mêlant avec eux affez d'acidité nitreufe pour en faire de très bonne eau-forte. S'il arrivoit qu'elle ne fût pas affez active, ce feroit une marque qu'on auroit trop mis dans le récipient de flegme acidule. On peut corriger ce défaut à la premiere reprife de l'eau-forte, en laiffant moins de ces flegmes dans le récipient. Si l'efprit nitreux monte trop abondamment, ce qui n'arrive que trop fouvent, il eft bon d'avoir un récipient qui ait un petit bec ou col par le

côté

côté auquel on puisse adapter un autre récipient où il y aura un peu d'eau commune , pour condenser une partie des vapeurs rouges acides qui sortent avec trop de rapidité : l'eau acidulée de ce second récipient s'emploie dans la suite aux mêmes usages que les flegmes acides dont il est parlé ci-dessus. Si l'on veut avoir de l'eau-forte telle qu'on l'emploie en Hongrie , on change le premier récipient dans le tems que l'argent est comme en gelée ou sirop dans la cucurbite , & on en remet un autre avec environ vingt livres d'eau-forte ordinaire , & l'on y fait passer le reste de cet esprit concentré après avoir bien luté les vaisseaux , & adapté le second récipient au bec du côté du premier.

Pour connoître si tout l'esprit est monté , on prend un bâton que l'on brûle & qu'on réduit en charbon par un bout ; on l'éteint ensuite : si ce charbon ne se rallume pas aussitôt par la vapeur acide nitreuse qui monte & qui le touche , c'est une marque que tout l'esprit est passé : mais si ce charbon prend feu , il ne l'est pas encore ; quand l'opération est finie , on laisse éteindre le feu & refroidir les vaisseaux afin de pouvoir les démonter. On bouche les récipiens , on casse la cucurbite , on sépare le verre de l'argent autant qu'il est possible , après quoi on met l'argent dans un baquet , où on le coupe avec une hache ; on le rassemble dans un creuset , & on le fond dans un fourneau à vent : les petits morceaux de verre qui peuvent s'y trouver surnagent , on les retire , puis on jette ce métal en culot ou en lingot.

Le départ par l'eau régale est encore un excellent moyen de séparer l'or de l'argent , & même d'avoir un or d'une très grande pureté & bien mieux séparé de l'argent & même du cuivre , que par la méthode ordinaire qui emploie l'eau-forte & l'antimoine, parceque ces opérations laissent toujours, l'une & l'autre, un peu d'argent avec la chaux d'or. On emploie cette méthode lorsque la masse à départir est un or de bon titre , ou que l'argent n'en constitue pas les trois quarts , & qu'on ne veut point ajoûter de nouvel argent à cette masse.

Départ par l'eau régale.

Pour faire le départ dont il s'agit à présent , prenez de bonne eau régale préparée avec l'esprit de nitre ordinaire & le sel marin ; grenaillez l'or de bas titre qui contient de l'argent & même du cuivre , puis les mettez dissoudre dans un matras d'abord sans feu , ensuite sur le sable chaud , jusqu'à ce que le dissolvant n'agisse plus ; il faut dix parties de cette eau régale pour une partie de matiere tenant or. Décantez la liqueur claire qui contient l'or & le cuivre , s'il y avoit de ce dernier métal dans le mélange , & l'argent se trouvera en poudre ou en chaux au fonds du matras ; édulcorez cette chaux & la faites sécher , puis imbibez-la d'huile de tartre ou de nitre fixé *en deliquium* ; mettez un peu de borax dans un bon creuset ou bien du sel de tartre : & quand l'un ou l'autre sera en fusion liquide , jettez-y votre argent précipité en chaux , tenez en fusion pendant quelque minute , & vous aurez de l'argent pur, fans alliage & de la plus grande fineffe : quant à la diffolution de l'or, verfez-y de l'huile de tartre par défaillance, édulcorez la matiere qui fe précipitera par plufieurs lotions, puis la jettez peu-à-peu dans un creufet où vous aurez mis en fufion du borax fixe ou calciné, ou du fel de tartre, & vous aurez de l'or de la plus grande pureté.

Autre façon de faire le départ, tirée de M. Boizard.

Pour faire cette opération, on mêle au moins les deux tiers d'argent avec l'or que l'on veut affiner : on met un creufet dans le fourneau à vent, on charge le creufet de ces métaux, & on fait grand feu. Quand ces métaux font en bain, on les braffe bien avec le braffoir ordinaire, puis on retire le creufet du fourneau ; on verfe enfuite la matiere par inclination dans un baquet plein d'eau commune, & cependant on remue l'eau avec un bâton jufqu'au fonds du baquet, pour faire enforte que les goutes des métaux ne s'attachent pas les unes aux autres ; mais qu'elles foient réduites en grenailles creufes & concaves ; c'eft-à-dire en grains fort menus, parceque plus ils font menus, mieux on en fait le départ.

On retire après cela les grenailles du baquet : on les fait fécher : on en met une partie dans un vaiffeau de terre appellé pot à départir, ou matras, dans lequel on met auffi de l'eau-forte, à proportion de la quantité de grenailles, c'eft-à-dire une livre d'eau-forte par marc de grenaille. On entend par une livre d'eau-forte un peu plus de demi-feptier de liqueur, parceque treize onces d'eau-forte font le demi-feptier. On met le matras fur un trépied fous lequel il y a un feu de braife pour faire bouillir l'eau-forte, afin qu'elle agiffe fur l'or, de maniere qu'elle faffe diffoudre l'argent, & que les efprits de l'eau-forte s'en chargent ; on remue fouvent les grenailles avec la verge de terre cuite, pour faciliter l'opération & empêcher que le creufet ne foit caffé.

Quand l'eau-forte ne jette plus de fumées rouges, mais de blanches, on retire le matras du feu : on en verfe l'eau par inclination, elle entraîne l'argent qui s'eft incorporé avec elle pendant l'opération, & ainfi il ne refte que l'or en chaux ou fable dans le matras. On remet après cela de l'eau-forte dans le même matras, favoir demi livre pour marc de grenaille, on remet auffi le matras fur un pareil feu de braife, & on y laiffe bouillir l'eau-forte jufqu'à ce qu'on ait entendu un certain bourdonnement dans le matras, parceque c'eft le figne ordinaire que l'eau forte n'agit plus, à caufe qu'elle ne trouve plus d'argent à diffoudre & féparer de l'or : alors on retire le matras du feu, on en verfe l'eau-forte par inclination, & elle entraîne l'argent qui s'eft incorporé avec elle pendant l'opération, de maniere que l'or demeure feul en poudre ou en chaux au fond du matras. Mais comme il en refte ordinairement quelque partie en grenaille, on la verfe dans une terrine pour broyer & écrafer avec un liffoir de verre ce qui eft refté en grenaille, afin d'achever de réduire l'or en chaux, & que les efprits de l'eau-forte détachent plus facilement l'argent qui y eft refté. On remet après cela l'or pour la troifieme fois dans le même matras, on y remet auffi de l'eau-forte, favoir le tiers de ce qu'on en avoit mis la premiere fois, & on remet le matras fur un pareil feu de braife, où on laiffe bouillir l'eau forte jufqu'à ce qu'on ait entendu bourdonner la matiere, après quoi on verfe l'eau par inclination dans un autre vaiffeau, de maniere qu'elle entraîne l'argent qui eft incorporé avec elle, & l'or demeure ainfi feul & pur dans le matras. Quand l'or eft entierement réduit en chaux, cela marque qu'il eft épuré, & que l'opération eft achevée.

On connoît par expérience que quand l'eau-forte eft bonne, l'opération doit être achevée par la troifieme eau.

L'expérience fait auffi connoître que la premiere eau forte que l'on a mife dans le matras agit bien plus que celle qu'on y met la feconde fois, & celle-ci plus que celle qu'on y met la troifieme fois, parceque la premiere eau trouve toujours plus d'argent à détacher & à diffoudre que la feconde, & la feconde que la troifieme.

Quand l'opération eft achevée, on ne remet plus d'eau-forte dans le matras, mais de l'eau de riviere pour y laver l'or à plufieurs eaux, afin que l'impreffion des efprits & des fels corrofifs de l'eau-forte foit ôtée & emportée par les lotions & effufions réitérées, ce que les Chymiftes appellent édulcorer. On réitere ces lotions & effufions jufqu'à ce que l'eau foit fi claire qu'il n'y paroiffe aucune teinture de l'or, ni des fels corrofifs de l'eau-forte : à l'égard de la teinture de l'or, il eft facile de la connoître à la vue, mais on ne peut juger des fels corrofifs qu'en mettant une goute de cette eau fur la langue, & fi elle eft prefque infipide, alors on peut être affuré qu'il n'eft rien refté des fels corrofifs. Enfuite on verfe l'eau du matras par inclination, enforte que l'or y demeure à fec; on le retire en chaux de la terrine, on le met dans des creufets, & on met ces creufets fur le feu, mais on ne les met d'abord que fur un feu lent, parceque l'or pourroit être extravafé par les premieres ébullitions de l'humidité qui refte ordinairement, ce qui feroit caffer les creufets & perdre l'or; mais quand ces premieres ébullitions font paffées, on augmente le feu de dégré en dégré jufqu'à ce que l'or foit prêt à fondre, alors on peut être certain que l'or eft bien defféché & recuit, & qu'il a repris fa couleur naturelle : on retire à l'inftant les creufets du feu, on les laiffe refroidir, on en retire l'or qu'on appelle or en chaux, ou or de départ, ou or mollu; on le fond dans un creufet, & on en fait des lingots dont l'or fe trouve très fin,

ou bien on emploie cet or à dorer des ouvrages qu'on appelle vermeil doré,
& pour cela on l'amalgame avec du mercure & on l'emploie enfuite à ces
fortes d'ouvrages.

On amalgame l'or en chaux dans un fourneau à vent, on y met un creufet,
on charge le creufet de l'or en chaux, & on fait grand feu : quand l'or eft en
pâte, on jette dans le creufet deux fois autant de mercure qu'il y a d'or, on
le couvre, & on retire auffitôt le creufet du fourneau ; lorfque le creufet eft
un peu refroidi, on verfe l'or & le mercure dans un vaiffeau plein d'eau commune, d'où on le retire en pâte blanche, & on l'étend fur l'ouvrage à dorer :
on met après cela l'ouvrage au feu fur une plaque ou grille de fer, où le mercure s'évapore à mefure que l'ouvrage fe recuit & rougit ; mais on ne le laiffe
pas trop rougir, parceque cela feroit pénétrer l'or dans les pores de l'ouvrage
qui fe dédoreroit ainfi. Quand l'ouvrage eft affez recuit, il paroit de couleur
jaunâtre, & il ne refte plus qu'à le brunir pour lui donner la couleur ordinaire du vermeil doré.

Il eft à remarquer que la couleur de l'or en chaux eft plus belle quand l'or
dont on a fait le départ eft au-deffus de vingt-karats, & l'argent qu'on y a
mêlé au-deffus de dix deniers, parceque quand l'or & l'argent font au-deffous de ces titres, l'expérience fait connoître qu'en lavant l'or en chaux avec
de l'eau de riviere, il s'éleve une quantité de paillettes d'or impalpables fur
fa furface, qu'on n'en peut recueillir qu'avec beaucoup de perte & de déchet, outre que l'or paroît de couleur pâle qu'on appelle veufle ; en ce cas on
affine l'or & l'argent avec le plomb, comme on fait les affinages d'argent,
avant que d'en faire le départ.

Procédé pour retirer l'argent des eaux fortes après les départs d'or.

Boizard.

Quand on veut retirer l'argent des eaux fortes qui ont fervi au départ,
on met l'eau-forte dans une boffe de terre ou de verre lutée de terre, appellée matras : on fait entrer le col du matras dans un alembic, on les lutte bien
enfemble, & on fait diftiller l'eau forte dans un récipient. Quand cette
diftillation eft environ au tiers, on retire l'eau qui a été diftillée, & on l'appelle eau fimple, parcequ'elle ne contient que des flegmes, mais quoique
fimple, elle peut encore fervir de premiere eau pour commencer à amollir
la grenaille en d'autres départs. On remet enfuite le récipient pour continuer la diftillation. Quand elle eft achevée, l'eau qui a été diftillée eft appellée
eau repaffée, & fe trouve alors en état de fervir de derniere eau pour perfectionner d'autres départs ; elle y eft même plus propre qu'auparavant parceque les eaux fortes qui n'ont pas encore fervi, font chargées de flegmes
qui les rendent plus corrofives que diffolvantes, & ces flegmes ne peuvent

être diſſipées que par des diſtillations réitérées. On retire après cela l'eau repaſſée du matras en la verſant par inclination, de manière qu'il n'y reſte que l'argent, alors on caſſe le matras, on en retire l'argent en une maſſe appellée par les Chimiſtes *caput mortuum*, parcequ'il ne reſte plus que l'argent dans le matras, & qu'il y eſt en manière de tête morte : on fond l'argent dans un creuſet, & on en fait des lingots dont l'argent ſe trouve très fin.

On retire encore l'argent des eaux fortes, d'une autre manière : on verſe l'eau dans des terrines de grès, on y met ſept ou huit fois autant d'eau de rivière, afin d'éteindre l'eau forte & la rendre moins corroſive, & cette eau eſt appellée eau éteinte : on met deux ou trois lingots plats de cuivre rouge dans chaque terrine, & on les y laiſſe pendant vingt quatre heures, afin que les eſprits de l'eau-forte quittent l'argent pour s'attacher au cuivre, parceque comme il eſt plus terreſtre & moins compacte que l'argent, il eſt d'autant plus poreux, & ainſi plus facile à être pénétré par les eſprits corroſifs de l'eau-forte, qui quittent l'argent pour s'attacher au cuivre dont ils ſe chargent. La raiſon en eſt que les parties d'argent qui ſont emportées par celles du liquide venant à heurter contre le cuivre, elles s'y arrêtent & s'y fixent ; les vingt quatre heures paſſées, on retire l'eau éteinte des terrines, en la verſant par inclination en d'autres terrines de grès, de manière qu'elle entraîne avec elle le cuivre dont elle eſt chargée ; ainſi l'argent demeure en chaux au fond des terrines d'où on le retire avec de petites broſſes.

Boizard.

On met après cela deux ou trois autres pareils lingots de cuivre rouge dans les terrines où l'eau éteinte a été verſée, & on les y laiſſe pendant douze heures, afin d'achever l'opération, c'eſt-à-dire, pour achever de faire précipiter le reſte de l'argent dont l'eau éteinte étoit chargée : après quoi on la verſe par inclination en d'autres pareilles terrines, où elle emporte les parties de cuivre dont elle eſt chargée, ainſi il ne reſte que l'argent que l'on en retire enſuite, comme il a été dit. Il ne reſte plus après cela qu'à bien laver l'argent qu'on a retiré des terrines, à le faire ſécher & à le recuire de la même manière que l'or en chaux. Lorſque l'opération eſt ainſi achevée, l'eau paroît fort claire, mais verdâtre ou bleuâtre, parceque l'argent l'avoit rendue bleuâtre, & le cuivre dont elle eſt chargée la rend verdâtre : c'eſt cette eau qu'on appelle eau ſeconde, à cauſe qu'elle eſt chargée de vitriol qui étoit dans le cuivre par la diſſolution qui en a été faite : les Chirurgiens & les Maréchaux l'appellent eau bleue lorſqu'ils s'en ſervent dans les opérations où elle leur eſt néceſſaire.

Cette eau ſeconde peut être rectifiée de manière à ſervir encore aux départs ; mais on ne fait point cette opération dans les Hôtels des Monnoies, ce ſont les Diſtillateurs qui la font dans leurs laboratoires.

Maniere de retirer le cuivre de l'eau feconde.

POUR retirer les parties de cuivre dont l'eau feconde eft chargée, on met deux ou trois lingots plats de fer dans les terrines où eft l'eau feconde, & on les y laiffe pendant vingt-quatre heures, parceque pendant ce tems les efprits de l'eau-forte quittent le cuivre & s'attachent au fer, de la même maniere qu'ils ont quitté l'argent pour s'attacher au cuivre : la raifon en eft que le fer étant plus terreftre & plus poreux que le cuivre ; les efprits de l'eau-forte quittent le cuivre & le font précipiter en chaux au fond des terrines, & ainfi les parties de fer prennent la place de celles de cuivre.

Après cela on verfe l'eau feconde par inclination en d'autres pareilles terrines, & elle entraîne les parties de fer dont elle eft chargée, enforte qu'il ne refte que les parties de cuivre qu'on retire enfuite avec de petites broffes, comme il a été dit.

On met d'autres pareilles plaques de fer dans les terrines où eft l'eau feconde, pour achever de faire précipiter les parties de cuivre qui y font reftées ; on les y laiffe pendant douze heures que dure l'opération, après quoi on verfe l'eau par inclination en d'autres pareilles terrines, & on retire les parties de cuivre ; on lave enfuite le cuivre, on le fait fécher & recuire, & on y obferve les mêmes circonftances que pour l'or & l'argent en chaux, après quoi on fond le cuivre & on en fait des lingots. Cependant comme ce cuivre peut encore tenir quelques parties d'argent, on s'en fert en d'autres départs afin de les retirer, ou bien on en fait des alliages, & on retrouve ainfi les parties d'argent qu'il peut tenir.

Pour retirer le fer de l'eau feconde.

QUAND on veut retirer auffi les parties de fer dont l'eau feconde s'eft chargée pendant l'opération, quoique cela ne fe pratique gueres, on fe fert de calamine ou de zin, ces mineraux étant plus terreftres & plus poreux que le fer ; ainfi les efprits de l'eau-forte quittent les parties du fer, & fe chargent de celles de ces mineraux.

Enfin, fi oh veut faire précipiter ce que l'eau feconde retient de ces mineraux, il faut y verfer goutte à goutte de la liqueur de nitre fixe : par ce moyen on ne perd aucune partie ni des métaux, ni des mineraux, ni des eaux-fortes, & autres eaux chargées de métal, qui y ont été employées.

Procedé des Affineurs de Lyon pour faire le départ des matieres d'or & d'argent, exécuté en préfence du fieur Hellot, de l'Académie des Sciences, Commis à cet effet par le Confeil en 1746, & extrait de fon Mémoire lu à la même Académie en 1747.

Départ fait fur quarante-fix marcs quatre gros de retailles dorées tant en traits qu'en lames.

Nota. Sur cette quantité il y a un déchet néceffaire occafionné par la cire dont les traits rompus ont été enduits pour paffer plus aifément par les trous des différentes filieres. Voyez l'Art des Tireurs d'or de Lyon, au mot TIRER L'OR.

L'Ouvrier, qui devoit faire la fonte de cette partie de retailles, avoit fait rougir d'avance un creufet de terre de larnage de la capacité de cinquante marcs : il roula ces retailles en groffes pelottes pour les faire entrer fucceffivement dans le creufet, & à mefure que les premieres fe fondoient : ce qui fut commencé à neuf heures quarante-cinq minutes du matin. Tout l'argent étant en bain, il couvrit le creufet d'un couvercle plat, & au bout de trois quarts d'heures, il braffa cet argent auriferé avec une palette rougie au feu, pour bien mêler l'or avec l'argent. On apperçut fur la furface du bain de la litarge en flux, à la vérité en petite quantité ; mais cette petite quantité fuffifoit pour prouver que l'alliage de cet argent, ordinairement à onze deniers dix-huit grains, étoit partie en plomb & partie en cuivre. Sur la palette qui fervoit à l'enlever avec les petits charbons furnageans, on voyoit une petite fumée qu'on ne peut attribuer qu'à un refte de plomb qui s'évapore, & non à la cire, puifqu'il y avoit plus d'une heure que l'argent étoit en bain, & par conféquent la cire entierement brûlée & confommée.

Lorfqu'on jette cet argent auriferé en grenailles, pour en faire enfuite le départ par l'eau-forte, la différence de la péfanteur fpécifique des deux métaux, dont l'un eft à l'autre comme 1200 à 654, felon les obfervations de M. Wolf, devoit occafionner une inégalité de richeffes dans les grenailles, c'eft à-dire que les unes devoient contenir plus d'or que les autres. Or l'ufage eft de porter à l'Effayeur la baffine où l'on a mis fécher toutes les grenailles d'une fonte ; il prend au hafard une de ces grenailles, il en coupe le poids d'un gros, mais il ne fait fon effai que fur la moitié afin de pouvoir le recommencer, s'il eft néceffaire de faire une *reprife :* c'eft ainfi qu'on nomme le fecond effai. Si les grenailles font de richeffe inégale, il peut en prendre une pauvre, & dans ce cas fon rapport fera tort aux propriétaires des retailles dorées, auxquels les Affineurs prétendent ne devoir tenir compte de l'or que fur le pied de l'effai. S'il en prend une riche, fon rapport portera préjudice aux

Officiers Affineurs qui, jufqu'à préfent, ont cru avoir droit de retenir la chaux d'or des départs.

L'argent du creufet étant en état d'être grenaillé, le Fondeur prit ce creufet avec fes tenailles & verfa lentement le bain dans un grand baquet rempli d'eau à la hauteur de vingt à vingt-deux pouces, & au fond duquel il y a une grande baffine pour recevoir ces grenailles.

Les grenailles retirées avec leur baffine furent deffechées fur le feu, puis pefées. Il s'en trouva quarante-trois marcs fix onces quatre gros, (à quoi il faut ajouter le poids, alors ignoré de trois échantillons de grenailles que le fieur Hellot avoit reçu avec une cuillerée de fer enfoncée dans l'eau fous le jet, une autre partie de la furface du creufet, une autre petite quantité du milieu, autant du fond pour en faire trois effais.) Plus une once fix gros d'argent provenant des lavûres du creufet pillé, & un marc, une once, un gros, de ce que le Fondeur nomme *Lavûre* ; c'eft la couche d'argent qui refte dans le creufet, après ce lent écoulement de ce métal dans l'eau du baquet.

Les quarante-trois marcs, fix onces, quatre gros de grenailles auriférées furent diftribués à peu-près également, en fix matras de verre lutés ; on verfa dans chacun une premiere quantité déterminée arbitrairement ou par habitude, de l'efprit de nitre diftillé chez les affineurs, mais reconnu pur par les épreuves qui en avoient été faites ; on plaça chacun de ces matras fur un bain de fable déja brûlant : deux heures après, on retira les matras de deffus le fable & les ayant laiffé refroidir, on en verfa l'efprit de nitre chargé d'argent dans des cornues de verre lutées pour la diftillation, car c'eft par la diftillation du diffolvant qu'on eft dans l'ufage à Lyon de deffécher l'argent pour le remettre enfuite en fufion & en lingots : on n'y connoît pas le départ par les lames de cuivre. La chaux d'or commençoit à fe raffembler au fonds des matras ; mais comme il reftoit encore quelques grenailles d'argent non diffoutes, on y verfa de nouvel efprit de vin, & l'on replaça les matras fur le fable où on les laiffa jufqu'à près de quatre heures, qu'on les retira pour en verfer l'efprit de nitre dans les cornues & pour y en remettre de nouveau, afin d'éviter que vers la fin du *verfement* de la liqueur chargée d'argent, il ne paffât avec elle dans la cornue quelque mollecule de chaux d'or, ce qui auroit rendu l'expérience douteufe : on fit égouter ce refte de liqueur de chaque matras dans des *coupons* ou jattes de fayence blanche : au moyen de cette précaution, il n'y eut pas un atôme de chaux d'or de perdu.

Il fe trouva quatre matras, qui apparemment contenoient plus de grenailles que les deux autres, dans lefquels il fallut verfer une quatrieme fois de l'efprit de nitre, puis les remettre au feu ; enfin lorfqu'en les examinant attentivement avec une bougie allumée, on fut affuré que le diffolvant, quoi-

que

que mis en plus grande quantité qu'il n'en falloit, n'agiſſoit plus ; qu'il n'y avoit plus de vapeurs rouges dans les matras, ni aucune élévation de bulles d'air ſur la ſurface de la liqueur, on verſa l'eſprit de nitre dans les ſix cornues ; & les matras ayant été égoutés dans les jattes de fayence, on les remplit d'eau, & on la verſa avec la chaux d'or qu'elle entrainoit dans une grande jatte de fayence. Les matras furent rincés, & toute la chaux d'or ayant été raſſemblée exactement, on lava cette chaux douze fois de ſuite avec de l'eau chaude. On mit cette chaux d'or dans un petit creuſet de terre de larnage avec toute l'attention requiſe pour qu'il n'y en eût rien de perdu. Ce creuſet fut placé à cinq heures & demi dans un fourneau allumé. On le recouvrit d'un autre creuſet de même grandeur, placé en ſens contraire, & à ſix heures, douze minutes, ces creuſets étant rougis, preſque blancs, on les retira du feu dans la crainte que la chaux d'or ne ſe fondît. Le creuſet contenant étant refroidi, on retira avec une pince la chaux d'or raſſemblée en une maſſe ſpongieuſe & preſque cilindrique que l'on mit dans un plus petit creuſet.

Le lendemain le Sieur Hellot s'étant rendu chez l'Eſſayeur repréſenta les trois petits paquets de grenailles à celui qui les avoit cachetés ; ces grenailles furent peſées ſéparément & replacées dans leur papier, elles ſe trouverent peſer en total deux onces, un gros, vingt grains, leſquelles jointes au montant des grenailles ci devant détaillé font quarante cinq marcs, trois onces, quatre gros, vingt grains. Ainſi il n'y eut que quatre onces, ſept gros, deux deniers, quatre grains de déchet ſur les quarante ſix marcs, quatre gros, que peſoient les rétailles dorées.

L'Eſſayeur prit un gros d'argent, ſelon l'uſage, dans les trois paquets décachetés, & les mit en trois papiers numérotés 1, 2, 3. Il en peſa trente ſix grains qu'il paſſa à l'ordinaire à la coupelle avec huit parties de plomb pauvre. Il n'y avoit ſous la moufle de ſon fourneau que ces trois eſſais pour éviter toute erreur. Les boutons d'argent étant refroidis & broſſés, il les rapporta quant à l'argent à onze deniers dix huit grains ; enſuite il fit le départ de chaque bouton dans trois matras numérotés : il lava la chaux d'or qui s'en étoit ſéparée avec de l'eau chaude, & l'ayant reverbérée aſſez foiblement dans de petits creuſets de terre fine & unie, il fit la péſée de chaux d'or de ces trois eſſais, & en rapporta le poids, comme il ſuit.

Le numéro premier, trois deniers, dix grains.

Le ſecond, trois deniers, cinq grains.

Le troiſieme, trois deniers, ſix grains.

Alors on décaheta le creuſet qui contenoit la chaux d'or départie, la veille, des quarante trois marcs, ſix onces, quatre gros de grenailles auriférées, dont perſonne ne ſavoit le poids. Le Sieur Hellot peſa cette chaux avec des balances qu'il avoit apportées de Paris, & avec des poids étalonnés à la Monnoie :

elle se trouva du poids de six onces, un gros, deux deniers, douze grains, par conséquent plus pesante de cinq deniers neuf grains qu'elle n'auroit dû être selon les trois produits réunis des trois essais ci-dessus énoncés.

DERLINGUE, monnoie d'argent fabriquée à Venise, qui a pour empreinte d'un côté un Christ soutenant de sa main un globe, & de l'autre côté un Saint Marc. Cette espece est du poids de cinq deniers quelques grains, & tient de fin onze deniers deux grains; quatre derlingues font l'écu de France de soixante sols.

DIFFERENT, en terme de Monnoie, est une petite marque que les Tailleurs particuliers & les Directeurs des Monnoies sont obligés de mettre sur chaque espece; cette marque se met dans la légende du côté de l'effigie ou du côté de l'écusson ou au bas de l'effigie; ils la choisissent à leur gré, tel qu'un soleil, un croissant, une étoile, une fleur, un fruit, un animal, &c.

Le différent du Directeur se place au bas de l'effigie, & ne doit pas être le même que celui du Tailleur, qui se met avant le millesime. Outre ces différens il y a encore celui de la Monnoie qui est ordinairement une lettre qui se place au bas de l'écusson. Voyez LETTRE.

Ces différens ont été établis pour répondre de la bonté des especes, & pour marquer le lieu où elles ont été fabriquées, ainsi qu'il s'est pratiqué du tems des premiers Rois, alors le Monétaire faisoit mettre son nom & sa qualité entiere ou en abrégé sur les especes.

Le différent doit être particulier & ne peut être marqué sur les especes, ni être changé que par ordre de la Cour des Monnoies, ou des Juges-Gardes; mais ils doivent être changés toutes les fois qu'il y a ou de nouveaux Juges-Gardes, ou Essayeurs, ou Tailleurs particuliers, ou Directeurs; & en ce cas, on fait une boete particuliere des deniers qui ont été fabriqués depuis le nouveau différent, afin que l'ouvrage qui a été fabriqué depuis le changement des Officiers, ou du Maître, puisse être reconnu & jugé séparément; sans cette précaution on pourroit condamner les uns pour les autres, pour raison des foiblages & écharsetés qui se trouveroient hors des remedes de l'Ordonnance.

L'Arrêt de la Cour des Monnoies du 22 Août 1750 portant Réglement pour les délivrances des especes monnoyées, prescrit qu'en cas de changement „ de Directeur, ou de Graveur, il sera mis un différent nouveau sur les „ especes qui seront fabriquées dont sera dressé nouveau procès verbal, ce „ qui sera pareillement observé pour les Juges-Gardes & Essayeurs pour le „ tems de leur exercice dans l'année où leurs prédécesseurs seront morts, „ ou auront quittés.

DIMPB, petite monnoie d'argent qui a cours en Pologne & qui vaut 1 creutzers d'Allemagne & 15 fols tournois environ.

DINAR-BISTI, monnoie de compte dont fe fervent les Perfans pour tenir leurs livres ; il vaut dix dinars fimples.

DINAR-CHERAY, c'eft en Perfe le poids ou la valeur de l'écu ou du ducat d'or.

DIRECTEUR GENERAL DES MONNOIES.

Cet Officier a été créé en titre d'office formé par Edit du mois de Juin 1696, fous le titre de Directeur & Tréforier Général des Monnoies, pour en faire la régie, arrêter les comptes des Directeurs particuliers, & en compter enfuite tant au Confeil du Roi, qu'en la Chambre des Comptes.

Le titre de Tréforier Général attribué au Directeur Général a été fupprimé par Edit du mois de Janvier 1705.

Par autre Edit du mois de Février 1717, Sa Majefté a éteint & fupprimé l'Office de Directeur Général des Monnoies créé par Edit du mois de Juin 1696 ; & par le même Edit, Sa Majefté a créé & érigé en titre d'office formé & à titre de furvivance un Confeiller Directeur Général des Monnoies du Royaume, pour régir toutes les monnoies & prendre connoiffance de ce qui s'y fera pour fon fervice, arrêter les comptes du travail & fabrication des Monnoies, & faire exécuter les ordres qui lui feront adreffés pour tout ce qui concerne leur régie.

Le même Edit ordonne que les comptereaux du travail des Monnoies, après qu'ils auront été apoftillés & arrêtés par le Directeur Général, feront remis avec les pieces Juftificatives par les Directeurs particuliers des Monnoies au Tréforier Général, pour lui fervir à faire compter les Directeurs du bénéfice du travail, fuivant la liquidation faite par l'Arrêt des compereaux, & à former les comptes généraux, à rendre par le Tréforier Général tant au Confeil qu'en la Chambre des Comptes, ainfi qu'il eft plus au long expliqué dans les articles fuivant de l'Edit. (1)

ARTICLE PREMIER.

» Nous avons par notre préfent Edit éteint & fupprimé, éteignons & » fupprimons l'Office de Directeur Général de nos Monnoies créé par Edit » du mois de Juin 1696.

VI.

» Nous avons créé & érigé, créons & érigeons en titre d'office formé & » à titre de furvivance un notre Confeiller Directeur Général des Mon- » noies de notre Royaume, lequel régira toutes nos monnoies, & prendra

(1) Nota. On ne rapporte de cet Edit que les Articles qui concernent le Directeur Général, le furplus au mot TRESORIER GENERAL.

» connoiſſance de ce qui s'y fera pour notre Servic Pourra, quand il le ju-
» gera néceſſaire, ſe faire repréſenter les régiſtres tenus par les Officiers de
» nos Monnoies, & examiner toutes les caiſſes d'icelles.

VII.

» Le Pourvu dudit Office remettra tous les mois en notre Conſeil de Fi-
» nances un état du travail & des fonds de chacune deſdites Monnoies, à
» l'effet dequoi le Tréſorier & le Contrôleur Général de nos Monnoies ſe-
» ront tenus de lui fournir les premiers jours de chaque mois un état d'eux
» certifié véritable, des recettes & dépenſes faites par ledit Tréſorier Géné-
» ral pendant le mois précédent.

VIII.

» Pour mettre ledit Directeur Général de nos Monnoies en état d'avoir
» une connoiſſance des caiſſes d'icelles, Nous voulons que le Tréſorier Gé-
» néral de noſdites Monnoies ſoit auſſi tenu de lui fournir, au plûtard qua-
» tre mois après l'arrêté de chacun compte du travail par ledit Directeur
» Général, une expédition du compte courant ou de caiſſe, que ledit Tré-
» ſorier Général aura arrêté avec chacun des Directeurs particuliers de nos
» Monnoies, viſée par le Contrôleur Général de noſdites Monnoies.

IX.

» Le Directeur Général tiendra un regiſtre exact des ordres que nous fe-
» rons donner concernant la régie, les dépenſes & diſtributions de nos Mon-
» noies, leſquels ordres lui ſeront tous adreſſés à cet effet.

X.

» Il appoſtillera & arrêtera dorénavant les comptereaux du travail de nos
» Monnoies qui lui ſeront préſentés par les Directeurs particuliers d'icelles,
» à commencer par ceux de la préſente année 1717, pour être enſuite remis
» avec les pieces juſtificatives par les Directeurs particuliers au Tréſorier
» Général, & lui ſervir à faire compter leſdits Directeurs du bénéfice du
» Travail ſuivant la liquidation faite par l'arrêté deſdits comptereaux, & à
» former les comptes généraux à rendre par ledit Tréſorier Général, tant
» en notre Conſeil qu'en notre Chambre des Comptes. Le Directeur Gé-
» néral de nos Monnoies pourra à cet effet obliger les Directeurs particu-
» liers à lui préſenter leurs comptereaux de travail de chacune année dans le
» mois de Mars de l'année ſuivante, & en cas de retardement décerner des
» contraintes contr'eux, comme s'ils étoient débiteurs de la totalité des de-
» niers à eux délivrés.

X I.

» Il fera tenu d'arrêter les quatre expéditions du compte du travail, qui
» lui feront préfentées par chacun defdits Directeurs particuliers au plûtard
» dans le courant de l'année de la préfentation , fous peine d'être refponfa-
» ble des amendes qui pourroient par fon retardement être prononcées con-
» tre le Tréforier Général de nos Monnoies.

X I I.

» Ceux qui fe préfenteront à l'avenir pour obtenir des provifions des Of-
» fices de nos Monnoies, feront tenus de juftifier de notre agrément par le
» certificat du Directeur Général, vifé par celui des Confeillers de notre
» Confeil des Finances, qui fera chargé du détail de nos Monnoies , lequel
» certificat fera attaché fous le contre-fcel des provifions.

X I I I.

» Voulons que pour entretenir la relation & la correfpondance qui doit
» être entre les affaires de nos Monnoies & celles du Commerce, le Direc-
» teur Général de nofdites Monnoies ait pareille entrée & féance en notre
» Confeil établi pour le fait du commerce, que les deux Fermiers Généraux
» qui y font appellés, pour être oui fur les affaires qui auront rapport aux
» Monnoies : auquel Directeur Général de nofdites Monnoies , Nous avons
» attribué & attribuons quinze mille livres de gages actuels & effectifs par
» chacun an , qui lui feront payés par le Payeur des gages des Officiers de
» nos Monnoies ; à l'effet de quoi il fera fait fond dans les états defdits ga-
» ges qui feront arrêtés en notre Confeil, ainfi que des gages des autres
» Officiers de nos Monnoies : & pour le dédommager des frais de Bureau
» & autres qu'il pourra faire pour notre fervice, Nous lui avons en outre
» accordé la fomme de huit mille livres par chacun an pour lui tenir lieu de
» cahier de frais , laquelle nous voulons lui être payée fur fa fimple quittance
» par le Tréforier Général de nos Monnoies, foit qu'elles foient en régie ou
» non , auquel Tréforier elle fera paffée & allouée fans difficulté dans la
» dépenfe de fes comptes, tant en notre Confeil qu'en notre Chambre des
» Comptes, fur ladite quittance feulement , fans qu'il foit obligé de rap-
» porter aucun état ou mémoire defdites dépenfes ou cahier de frais dont
» en tant que befoin eft ou feroit, Nous l'avons déchargé & déchargeons : &
» comme les fonctions dudit Directeur Général l'engagent à être continuel-
» lement en la Monnoie de Paris pour y donner les ordres néceffaires pour
» le bien de notre fervice, notre intention eft qu'il y ait un logement con-
» venable , ainfi qu'il fera par Nous ordonné : Voulons auffi qu'il jouiffe des

» mêmes honneurs, franchifes, immunités, prééminences, exemptions,
» droit de *committimus*, de franc falé, & de tous autres droits & préro-
» gatives attribués au Directeur Général de nos Monnoies par l'article IV
» de l'Edit du mois de Juin 1696.

XIV.

Cet article fixe la finance de cet Office à la fomme de trois cens mille livres, & agrée le Sieur Graffin pour le remplir.

Nota. Le furplus des articles concerne l'Office du Tréforier Général des
Monnoies, voyez ce mot à la lettre T.

XX.

» Les Pourvus de l'Office de Directeur Général créé par le préfent Edit
» prêteront ferment & feront reçus tant en notre Chambre des Comptes
» qu'en notre Cour des Monnoies à Paris.

Regiftré en la Chambre des Comptes le 20 Mars 1717.

En la Cour des Monnoies le 7 Avril fuivant.

Avant l'année 1645, les Monnoies étoient affermées par des Baux particuliers à fait-fort qui fe faifoient en l'Audience de la Cour des Monnoies
à des Marchands & Gens du commerce, chacun dans leur détroit, au plus
offrant & dernier encheriffeur.

Le 8 Mars 1645, le Roi changea cette adminiftration par le bail général
qui fut fait au fujet du nouvel établiffement de la fabrication des Monnoies
d'or & d'argent par la voie du moulin, à la charge de faire fabriquer pendant neuf années dans les Hôtels des Monnoies qui feroient établis par Sa
Majefté des écus d'or, louis d'or & louis d'argent du poids & du titre portés
par les Ordonnances : de payer à Sa Majefté les foiblages & écharfetés : de
payer 70000 par chacun an, & de fatisfaire aux autres claufes ordinaires
des Baux des Monnoies : ce bail fut regiftré le 11 Septembre fuivant.

Ce bail fut révoqué par Lettres Patentes du 28 Septembre 1647 regiftrées
le 11 Janvier fuivant, par lefquelles Sa Majefté ordonna qu'à la diligence de
fon Procureur Général en la Cour des Monnoies, les proclamations pour
affermer les Monnoies & les adjudications feroient faites à l'avenir à fort-
fait, pour être les efpeces fabriquées par la voie du moulin ; c'eft en conféquence de ces Lettres que la Cour des Monnoies a procédé aux adjudications
des Monnoies à fait-fort par des Baux particuliers.

En 1662, le bail général des Monnoies fut paffé à Geniffeau pour la fomme de 100000 l. par chacun an, à condition de faire travailler les Monnoies
de Paris, de Rouen, de Rennes, de Bayonne, de Lyon & d'Aix, & telles
autres qui feroient ordonnés par Sa Majefté, d'y faire fabriquer des louis d'or

& louis d'argent des poids & titre portés par les Ordonnances ; de payer les foiblages & écharfetés, & autres claufes & conditions des baux des Monnoies. Ce bail général fut regiftré le fept Juillet fuivant.

Par les articles 6, 13, 14 & 15, le Roi s'engageoit à n'accorder aucun paffeport pour faire fortir des ouvrages & matieres d'or & d'argent, à ne donner cours en aucune façon aux efpeces étrangeres, avec défenfe même aux Affineurs d'en fondre aucune fans la permiffion du Fermier, qui enfin avoit la faculté de prendre par préférence au prix du tarif, toutes les matieres qu'il jugeroit à propos.

De pareilles claufes étoient incompatibles avec les vues qu'avoit M. Colbert pour fonder un grand Commerce, & élever des Fabriques, tant en dorures qu'en bijouteries. M. Colbert éprouva tant de difficultés à faire un bail à des conditions plus douces qu'il réfolut d'établir l'adminiftration des Monnoies en régie dans l'année 1666.

Alors le bail de 1662 fut révoqué par Déclaration du 28 Janvier 1666, regiftré le 13 Février fuivant pour les mettre en direction fous la régie du Sieur Thomas, que Sa Majefté établit Directeur Général des Monnoies de France, avec pouvoir de commettre telle perfonne que bon lui fembleroit, pour y recevoir les matieres d'or, d'argent & de billon, & les fondre & convertir en louis d'or & louis d'argent du poids & titre ordinaires, & que les Commis & Prépofés du Sieur Thomas feroient les emboetés des efpeces d'or & d'argent, ainfi qu'il étoit porté par les Ordonnances pour être procédé au jugement du travail, ainfi qu'il étoit accoutumé, fans qu'il fût obligé de rendre compte de la fabrication, & des frais par lui faits ailleurs qu'au Confeil.

Chaque Directeur acheta, fabriqua, & vendit avec les fonds & pour le compte du Roi, moyennant un prix fixe par marc qui lui fut alloué.

Le Directeur Général veilloit à cette manutention, il étoit chargé de rendre compte au Confeil de la fabrication & des frais. La Cour des Monnoies continua toujours les jugemens des boetes dans la forme ordinaire, & de condamner les Directeurs à payer au Roi les foiblages ou remedes de poids, & les écharfetés ou remedes de fin employés fur la Monnoie ; mais le Directeur Général comptant au Confeil du détail de la fabrication, c'eft-à dire, de la recette & de l'emploi, tant du poids que de fin, certifiés par les Officiers particuliers des Monnoies, les Directeurs particuliers furent déchargés au Confeil des condamnations de la Cour fur le certificat du Directeur Général.

La Cour des Monnoies montra dans le tems, & depuis beaucoup d'oppofition à cette forme d'adminiftration ; elle prétendit qu'on étoit plus porté à ufer d'indulgence envers des Régiffeurs qu'envers des Fermiers; que les certificats de recette de fonte & de délivrance des Officiers des Monnoies ne pouvant être recufés, à moins de les accufer de faux, ce qui feroit même impoffible lors même qu'on en auroit les plus violens foupçons, il pouvoit réfulter beaucoup d'abus de leur connivence avec les Régiffeurs; qu'il étoit même moralement impoffible que ces Officiers viffent toutes les opérations dont ils certifioient, ou qu'ils les viffent de maniere à prévenir tout inconvénient; enfin, que l'autorité du Directeur Général pour la décharge des Régiffeurs dépouilloit la Cour d'une des plus importantes fonctions qui lui euffent été attribuées dans tous les tems, &c.

Cette régie fut révoquée le 28 Septembre 1672, par le bail général des Monnoies fait au Sieur Fortier pour fix années, enfemble du droit de contrôle de 30 fols pour once d'or, & 20 fols pour marc d'argent qui avoit été établi par Déclaration du dernier jour de Mars précédent : ce bail fut fait pour fix années moyennant 100000 liv. pour chacune année, & Sa Majefté remit à Fortier les foiblages & les écharfetés dans les remedes de l'Ordonnance. Ce bail fut regiftré le 11 Octobre fuivant, mais il fut révoqué par celui que Sa Majefté fit au Sieur Levot le 4 Septembre 1674, auquel elle joignit la fabrication des pieces de deux fols & de quatre fols, qui avoit été ordonnée par la fabrication du 8 Avril précédent. Ce bail fut fait aux mêmes claufes & conditions que celui de Fortier, avec cette feule différence, que Levot étoit tenu de payer à Sa Majefté 630000 liv. par chacune des trois années de fon bail qui fut regiftré le 6 Octobre fuivant. Les trois années du bail de Levot & de la fabrication des pieces de quatre fols étant expirées le premier Octobre 1677, Sa Majefté remit fes Monnoies en régie par Lettres Patentes du 10 du même mois, regiftrées le 21 fous la Direction générale du Sieur de la Live, aux mêmes claufes & conditions de la régie du Sieur Thomas, enfemble pour faire la régie du droit de contrôle fur les ouvrages d'or & d'argent, & du doublement du même droit ordonné par Déclaration du 17 Février 1674, dont Sa Majefté avoit ordonné la furféance par Arrêt du Confeil du 22 Mai fuivant, laquelle avoit été levée par autre Arrêt du 30 Septembre 1677 : mais Sa Majefté ayant révoqué le Sieur de Live par Lettres Patentes du 18 Décembre 1683, regiftrées le 22, elle nomma le Sieur Rouffeau Directeur Général aux mêmes claufes & conditions de la Régie du Sieur de la Live, à la réferve du droit de contrôle fur les ouvrages d'or & d'argent, & du doublement du même droit que Sa Majefté unit à fes Fermes Générales.

Au Sieur Rouffeau fucceda le Sieur Graffin en Mai 1717,

Au

Au Sieur Graffin le Sieur Guyon, actuellement poffeffeur & exerçant ledit Office, 1762.

Par Edit du mois de Décembre 1719, regiftré en la Cour des Monnoies le 2 du même mois (1), Sa Majefté en accordant aux Directeurs des Monnoies le quart des remedes fur les foiblages & écharfetés, a ordonné que cette remife leur feroit faite en juftifiant par les certificats du Directeur Général des Monnoies, le bénéfice que Sa Majefté auroit fait des foiblages & écharfetés énoncés par les Jugemens à un quart de remede près, &c.

Pour mettre le Directeur Général en état de donner ce certificat, par lequel il reconnoît & certifie quel a été le bénéfice du Roi, pour raifon de l'écharfeté d'une fabrication, le Directeur particulier établit d'abord fa recette, dont le premier article eft pour les cizailles qui lui font reftées de la derniere fabrication; enfuite il pofe en recette les différens articles du Regiftre du Change, à chacun defquels il marque le titre des matieres conformément au Tarif, fuivant lequel le Changeur les a reçues fans en faire effai; il porte en ligne de compte les 32mes de fin que le Changeur fuppofe être contenus dans chaque matiere: voilà ce qui forme fa recette.

Pour mieux entendre ceci, prenons un Exemple.

Certificat du Directeur Général.

R E C E T T E.

	marcs,	onces,	gros,	grains,	32me
Cizailles portées au dernier compte à 21 karats $\frac{28}{32}$,	1	0	0	0	700
Reçu au Change, ducats & fequins à 23 karats $\frac{14}{32}$,	10				7500
Louis d'ancienne fabrique à 22 karats,	20				14080
Vieux ouvrages à 21 karats $\frac{8}{32}$,	5				3240
Florins du Rhin à 18 karats,	12	4 onc.			7200
Total de la recette,	48	4			32720

(1) Art. IV. Voyez cet article rapporté au mot DIRECTEURS PARTICULIERS.

Tome I. X x

ÉTAT DES FONTES.

Premiere fonte à 21 karats $\frac{28}{32}$mes

	marc.	32mes
Cizailles,	1	700
Louis d'or,	8	5632
Ducats,	4	3000
Vieux ouvrages,	2	1296
Florins,	5	2880

13508 32mes

	20	13508

	onces,	gros,	grains.
Déchet d'affinage,	5	6	27

	marcs,	onces,	gros,	grains.	
mis en fonte,	19	2	1	45	pour 13508 32mes

Deuxieme fonte à 21 karats $\frac{28}{32}$ mes.

	marcs.		mes
Louis d'or,	12		8448
Ducats,	6		4500
Vieux ouvrages,	3		1944
Florins,	7	4 onc.	4320

19212 mes

	28	4	19212

	marc.	gros.	grains.
Déchet d'affinage,	1	2	7

	marcs.	onces,	gros.	grains.	
mis en fonte,	27	3	5	65	pour 19212 32mes
Les deux fontes	46	5	7	38	contiennent 32720 32mes

	marcs.	onces,	gros.	grains.	32 de 32mes.	
Cizailles,	2	7	3	35	2050	$\frac{11}{32}$
Déchet de fonte,		0	5	16	56	26
Délivré en 1312 louis,	43	5	6	59	30612	27
	46	5	7	38	32720.........	

Il a été employé 1312 louis des 30 au marc, fi ces louis avoient été droit de loi à 22 karats, on y auroit employé   .   .   30787 $\frac{1}{2}$ 32mes.

Il n'en a été compté au Roi fuivant le calcul de l'autre part que 30612 ½.

Ainfi il y a eu de bénéfice pour le Roi à caufe de l'écharfeté . 175 ½mes

On voit par cet exemple que la recette du Directeur monte à 48 marcs 4 onces qui doivent contenir fuivant le Tarif 32720 ½mes de fin.

La dépenfe, quant au fin, confifte dans les fontes que le Directeur a fait; il en donne des états détaillés. Il met en tête de chaque fonte le titre auquel il a prétendu allier les matieres; dans l'exemple ci-deffus, il s'eft propofé de les allier à 21 karats 28/32. Ce titre peut paroître un peu fort, mais il faut confiderer les rifques que court le Directeur; il perdroit les frais de de fa fonte, fi les matieres fe trouvoient par l'effai à 21 karats 19/32 ou au-deffous; or il n'eft pas fûr du titre auquel fa matiere fera rapportée, non-feulement parcequ'il y a quelque incertitude dans les effais, mais principa-lement parceque les matieres qu'il jette en fonte, font probablement au-deffous du titre du tarif fur le pied duquel il fait fon alliage. En effet, le Tarif évalue les matieres comme fi elles étoient droites de loi: cependant il y a toutes apparence qu'en fabriquant ces anciennes matieres, on a pris quelque remede; par conféquent l'effai de la fonte du Directeur, fe trou-vera toujours au-deffous de l'alliage qu'il a calculé fur le Tarif; ainfi il eft de fa prudence d'allier à haut titre pour ne pas fe trouver par l'évenement au-deffous du remede.

Dans l'exemple propofé, les vingt marcs mis en fonte la premiere fois ne fe trouvent pas au titre de 21 karats 28/32, même par le calcul du Tarif. Pour les mettre à ce titre, le Directeur a été obligé d'affiner fa matiere, ce qui a fait fur cette premiere fonte 5 onc, 6 gros, 27 gr. de déchet de poids feu-lement; ainfi il ne lui refte en fonte que 19 marcs 2 °, 1 gros, 45 gr. qui con-tiennent tout le fin qui étoit renfermé dans les 20 marcs jettés en fonte; car l'affinage n'a diffipé que le cuivre.

Il en eft de même de la deuxieme fonte dont les matieres ne pefent plus après l'affinage que 27 marcs, 3 onc. 5 gros, 65 gr.

De ces deux fontes, il en a paffé net en délivrance 1311 louis d'or pe-fant 43 marcs 5 onc. 6 gros, 59 gr. Le Directeur tire cet article en ligne dans le compte de fin fur le pied de ce qu'il repréfente en conféquence de l'alliage des fontes; il en eft de même des cifailles qui lui reftent dont il fe charge, ainfi que des déchets de fonte.

Lorfqu'on fond des matieres, il s'en attache aux creufets, il s'en diffipe par l'activité du feu; les Ajufteurs ne laiffent pas d'en perdre. Pour indem-nifer les Directeurs de ces pertes indifpenfables, le Roi leur accorde par l'Edit du mois de Juin 1696 Art. XI, 1 onc. 4 gros fur 100 marcs d'or paf.

X x ij

fés net en délivrance : 4 $^{onc.}$, 4 ^{gros} pour 100 marcs d'argent ; & 6 marcs pour 100 marcs de fols & de liards : cela monte dans l'exemple propofé à 5 grains, 168.

	46 ^{marcs}	5 $^{onc.}$	7 ^{gros}	38 $^{grains.}$
Après l'affinage il reftoit de matieres	46	5	7	38
Les délivrances & les déchets ne montent qu'à	43	6	4	3
	2	7	3	35

dont le Directeur fe chargera en recette dans le compte prochain.

Nous avons dit que ces trois articles étoient tirés en ligne pour le fin fur le titre de l'alliage des fontes, & non fur le titre trouvé par l'Effayeur : cela eft jufte, car le Directeur n'ayant pas fait effayer les matieres, mais les ayant reçues fur le pied du Tarif, on doit les lui paffer en dépenfe fur le même pied, autrement le Directeur feroit lezé de toute la différence qu'il y auroit entre le titre trouvé par l'effai & le titre du Tarif qui fuppofe les matieres apportées au Change droites de loi, quoique certainement on ait pris quelque remede en les fabriquant.

Au refte, le Roi ne peut être lezé dans ce calcul, puifque le Directeur fe charge en recette de tout ce qu'il a reçu, & le porte en dépenfe fur le même pied qu'il l'a reçu.

Lorfque le Directeur Général a ainfi établi ce que la fabrication contient de fin, il lui eft aifé d'en conclure le bénéfice.

Si les matieres paffées en délivrance euffent été droites de loi à 22 karats, elles auroient contenu à raifon de 704 ^{32mes}, 30787 ^{32mes} $\frac{2}{3}$, fuivant l'état des fontes conforme au Regiftre du Change ; le Directeur n'avoit reçu de fin que . . . . 31720 ^{32mes}

Il lui doit être alloué pour déchet de fonte, 56 ^{32mes} $\frac{2}{3}$

Il lui en refte dans les cifailles dont il fe chargera l'année prochaine, . . 2050 $\frac{2}{3}$ $\Big\}$ 1107 $\frac{1}{3}$

Ainfi il n'en compte au Roi comme employé dans les efpeces délivrées, que . . . . 30612 $\frac{1}{3}$

Partant le bénéfice du Roi a été de 175 ^{32mes} pour l'écharfeté de cette fabrication.

Puifque le Directeur particulier en prenant 4 ^{32mes} de remede, fuivant l'alliage de fes fontes, a dépenfé fur le total 175 ^{32mes} de moins qu'il n'eut fait s'il eut allayé droit de loi, & defquels il tient compte au Roi vis-à-vis le Directeur Général qui en compte avec lui fuivant ledit alliage des fontes, il eft jufte que cette quantité de trente-deuxiemes lui foit paffée en déduction des condamnations prononcées par la Cour des Monnoies, qui juge l'ouvrage fur le rapport des Effayeurs, & non fur le pied du Tarif fuivi dans l'alliage des fontes.

En 1761, le Roi a fixé par Déclaration (1) du 26 Mai regiftrée en la Chambre des Comptes & en la Cour des Monnoies les 30 Juin & 5 Août fuivant, la maniere & par qui les comptes des Monnoies feront rendus à l'avenir. Cette Déclaration a pour but de faciliter au Tréforier Général des Monnoies les moyens de rendre fes comptes en la Chambre des Comptes, & de conferver en même-tems & maintenir le Directeur Général dans les droits & prérogatives attribués à fon Office pour la régie & infpection de tout ce qui fe paffe dans les Monnoies, relativement au fervice de Sa Majefté, & à l'exécution de fes ordres pour ce qui concerne leur régie & manutention : les difficultés qui s'étoient élevées tant à l'occafion des comptes préfentés en la Chambre des Comptes par le Tréforier Général des Monnoies depuis l'année 1717 jufqu'à préfent, que lors du jugement de ces comptes (la Chambre y avoit appofé des charges & fouffrances confidérables, faute par le Tréforier Général d'avoir apporté au foutien de fes comptes les pieces juftificatives d'iceux dans la forme prefcritte par les différens Arrêts) ont donné lieu à cette Déclaration.

Voyez cette Déclaration rapportée en entier au mot Tresorier-General &c.

DIRECTEURS et Tresoriers particuliers des Monnoies, appellés Maîtres des Monnoies dans le tems qu'elles étoient affermées : Officiers créés par Edit du mois de Juin 1696 regiftré en la Cour des Monnoies le 30 des mêmes mois & an, pour, dans chacune des Villes de Paris, Rouen, Caen, Rennes, Tours, Poitiers, Limoges, Bourges, la Rochelle, Bordeaux, Bayonne, Pau, Toulouze, Montpellier, Lyon, Aix, Riom, Dijon, Befançon, Metz, Amiens, Lille, Reims & Troyes, régir aux termes de cet Edit les Monnoies, y faire le change des matieres d'or, d'argent & de billon, deftinées à être converties & fabriquées en efpeces courantes ; fe charger des deniers paffés en délivrance & faire toutes les dépenfes concernant la régie des Monnoies dont ils doivent rendre compte au Directeur & Tréforier Général à la fin de chaque année, & lui envoyer au moins de mois en mois des bordereaux de leur recette & dépenfe.

Le Directeur eft chargé de la manutention de la Monnoie : il rend trois comptes différens, favoir le compte en matiere & le compte de fin au Directeur Général, & le compte de caiffe au Tréforier Général.

Le compte en matiere eft arrêté par le Directeur Général & jugé par la Chambre des Comptes.

Nota, Cette Déclaration eft rapportée en entier au mot Tresorier General.

Le Compte de fin eft jugé fur le certificat du Directeur Général. Voyez Directeur Général où les opérations de ce compte font expliquées.

Le compte de caiffe eft rendu au Confeil par le Tréforier Général. Voyez au mot Tresoriers Général la Déclaration du 26 Mai 1761.

Les Ordonnances de 1507, 1540, 1543, 1551, 1554, 1563, 1566, 1586, 1596 &c. prefcrivent aux Maîtres & Directeurs des Monnoies ce qui fuit.

Charles IX, Ordonnance de 1566.

» Aucun Etranger ou Parent des Préfidens ou Généraux de nos Monnoies, ou autre ayant charge de nos Finances, ne pourra être Maître de Monnoie.

Idem.

» Les Monnoies feront baiffées à ferme pour fix ans au plus, à celui qui voudra fe charger de faire plus grande quantité d'ouvrage.

Idem.

» Les Maîtres Particuliers & Fermiers defdites Monnoies payeront tous remedes & feigneuriages de tout l'ouvrage qu'ils auront fait, encore qu'il excedât la quantité dont ils feront chargés.

Henri II, 1554.

» Et s'il fe trouve aucune largeffe de loi en l'ouvrage, ne lui en fera rien compté.

art 24.

» Auffi s'il fe trouve aucuns deniers forts en poids, & excédant les remedes, n'en fera rien compté au Maître, mais en fera averti, afin qu'il donne ordre que fon ouvrage foit taillé dedans les remedes octroyés par les Ordonnances, & que fes alliages foient auffi faits dedans lefdits remedes d'icelui ouvrage; fauf toutes-fois audit Maître de reprendre & refondre, fi bon lui femble, les ouvrages ainfi larges de loi ou forts de poids;

François I, 1540.

» & en ce cas feulement reprendre les deniers defdits ouvrages qui auront été mis en boîte.

Art. 42.

» Retiendront leur braffage par leurs mains.

Charles IX, 1566.

» Pourront fondre toutes efpeces ayant cours ou non par les Ordonnances & bailleront bonne & fuffifante caution bien & duement certifiée.

François I, 1543.

» Et ne feront aucun ouvrage qu'ils n'aient baillé bonne & fuffifante caution ès mains des Gardes.

Garraut.

Les cautions & ceux qui les certifioient étoient préfentés & reçus par devant le Juge ordinaire des lieux, en préfence du Procureur du Roi & des Gardes, (aujourd'hui les Juges-Gardes): cette caution étoit de mille trois cens trente-trois écus un tiers (environ 4000 l.) pour la fureté des deniers des Marchands qui apportoient des matieres en la Monnoie, & envers le Roi de la fomme à laquelle fe montoit le fait-fort: cet acte de caution étoit remis aux Gardes pour être par eux envoyé à la Chambre des Monnoies.

Henri II, 1554, art. 10.

» Ne pourront recevoir ni acheter aucune matiere fujette à être convertie en monnoie fans appeller les contre-Gardes, & en leur abfence les Gardes defdites Monnoies; lefquels font ordonnés pour arrêter les comptes entre

» lefdits Maîtres & les Marchands ou autres qui livrent efdites monnoies ;
» & tiendront lefdits Maîtres bons regiftres, efquels ils écriront par chacun
» jour, les noms de ceux qui livrent ou rendent aucunes defdites matieres,
» les lieux de leur demeure, & la qualité & quantité defdites matieres.

» Lefdits Maîtres feront tenus convertir en efpeces de nos monnoies à *Idem,*
» nos coins & armes, & des poids & loi contenus en nofdites Ordonnan- art. 11.
» ces, toutes les matieres d'or, d'argent & de billon qui leur auront été
» livrées, ou par eux achetées, & qui feront efdits Regiftres, fans en pou-
» voir affiner pour revendre & tranfporter hors ladite Monnoie, fur peine
» de confifcation de corps & de biens.

» Ne pourront affiner aucune matiere d'argent ou billon fans la pré- *Idem,*
» fence des Gardes & Effayeurs, defquelles auffi lefdits Maîtres feront art. 15.
» pareillement Regiftre, contenant la quantité & prix de ladite matiere
» avant que d'être mife dedans l'affinoire : & femblablement le prix de
» l'argent qui en proviendra, & le fin qui fera trouvé tenir fuivant l'effai
» qui en fera fait par ledit Effayeur, fur peine auxdits Maîtres d'être pu-
» nis comme de faux.

» Lefdits Maîtres répondront de leurs Serviteurs & Commis pour les Art. 12.
» fautes qu'ils peuvent commettre aux alliages, fontes & autres affaires de
» la Monnoie ; lefquels alliages lefdits Maîtres feront dedans les remedes
» de nos Ordonnances, & fous les peines contenues en icelles. Et tien-
» dront leurs tables fi nettes que les royaux jettés en icelles ne foient char-
» gés, afin que cela n'empêche les Ouvriers de rendre leur ouvrage net ;
» & ne pourront lefdits Maîtres bailler, ni retirer aucunes breves des
» Ouvriers & Monnoyers, qu'en la préfence de l'un des Gardes ou du
» Contre-Garde, fur peine de confifcation d'icelles.

» Ne feront contraints bailler breves à aucuns Ouvriers ni Monnoyers, Art. 13.
» encore qu'ils foient d'eftoc & ligne, s'ils ne font fuffifans, bien enten-
» dus & bien ouvrans de leurfdits états, & defquels ils auront le choix &
» eflation.

» Lefdits Maîtres tiendront leur Monnoie garnie de balances bonnes & Art. 14.
» juftes, & de poids qui auront été étalonnés fur ceux étant en la Cour des
» Monnoies.

» Envoieront leurs boîtes à Paris en la Cour des Monnoies par homme Charles IX,
» exprès garni du debet huit jours après le tems préfix, à peine de cinquante 1563.
» livres d'amende, qui doublera de mois en mois.

» Eliront domicile en la Ville de Paris, trois mois après la délivrance *Idem.*
» de la Ferme de la Monnoie, efquels domiciles, après les affignations
» échues (auxquelles ils feront tenus apporter leurs boîtes) fe feront tous

» ajournemens & commandemens néceſſaires, qui vaudront comme faits
» parlant à leurs perſonnes & domiciles.

L'article VIII de l'Edit du mois de Juin 1696, porte : » avons
» attribué & attribuons à chacun deſdits Directeurs & Tréſoriers Parti-
» culiers les gages ci-après mentionnés, ſavoir : à celui de notre Mon-
» noie de Paris trois mille livres pour trois quartiers de quatre mille li-
» vres ; à celui de notre Monnoie de Lyon, pareille ſomme de trois mille
» livres ; à ceux de nos Monnoies de Rouen, Rennes & Aix, 2400 liv.
» chacun pour trois quartiers de 3200 : liv. à ceux de nos Monnoies de
» Montpellier, Reims, Bordeaux, Touloufe, Dijon, Tours, Lille &
» Bayonne 1800 liv. chacun pour trois quartiers de 2400 liv.; & à ceux de
» nos Monnoies de la Rochelle, Troyes, Amiens, Limoges, Poitiers,
» Metz, Bourges, Riom, Pau, Nantes, Caen & Beſançon, chacun 1200
» liv. pour trois quartiers de 1600 liv. Jouiront en outre des franchiſes,
» exemptions & privileges attribués par les Ordonnances aux autres
» Officiers, Ouvriers & Monnoyeurs des Monnoies, & auront un loge-
» ment convenable dans leſdits Hôtels des Monnoies, à la charge par eux
» de l'entretenir de toutes réparations néceſſaires.

» IX. Pourront leſdits Directeurs & Tréſoriers Particuliers ſe ſervir de
» tels Commis, Fondeurs, Serruriers & autres Ouvriers que bon leur
» ſemblera, dont ils demeureront reſponſables, & à qui ils payeront tels
» appointemens qu'ils jugeront à propos, ſans qu'ils puiſſent les employer
» dans la dépenſe de leurs comptes : & pour les dédommager des appoin-
» temens qui feront par eux payés aux Commis qu'ils auront prépoſés pour
» faire le change des anciennes eſpeces à réformer, Nous leur avons attri-
» bué & attribuons par ces Préſentes trois deniers par marc d'or, d'argent
» & de ſols, ou douzains reformés ſur le pied de net paſſé en délivrance,
» ſans néanmoins qu'ils puiſſent prétendre un pareil droit ſur le travail de
» converſion, ou de nouvelle réformation.

» X. Pour faciliter la reddition des comptes de ceux qui feront pourvus
» deſdits Offices de Directeurs & Tréſoriers Particuliers, Nous ordonnons,
» ſans tirer à conſéquence pour le paſſé, que les frais de braſſage des eſpe-
» ces de converſion compris ceux de la fonte des matieres, de l'entretien des
» fourneaux, moulins & coupoirs, le recuit & blanchiment, demeure-
» ront fixés, ſavoir : à cinq ſols par marc d'or & d'argent, à ſix ſols par
» marc de ſols ou douzains, & à quatre ſols par marc de liards, le tout ſur
» le pied du net paſſé en délivrance. Voulons que leſdits droits ſoient al-
» loués en dépenſe dans les comptes des Directeurs Particuliers par le Di-
» recteur Général, & par tout où il appartiendra, ainſi qu'il ſe pratique
» pour les droits des autres Officiers, Ouvriers & Monnoyeurs, & au
» moyen

" moyen defdits droits, il ne fera alloué aucune dépenfe pour frais de
" Bureau, ni de braffage en détail, ou autrement, & feront tenus lefdits
" Directeurs d'entretenir de menues réparations les fourneaux, moulins,
" coupoirs, outils & uftenfiles, même de fournir les chevaux fervans audit
" moulin, après que les outils & machines leur auront été fournis en bon
" état, dont ils feront tenus de fe charger par les inventaires qui en feront
" dreffés par les Commiffaires de Paris & de Lyon, & par les Juges-Gardes
" des Monnoies en préfence de notre Procureur Général en la Cour des
" Monnoies ou de fes Subftituts, lefquels inventaires feront faits doubles,
" pour être l'une des expéditions remife au Greffe de notredite Cour, &
" l'autre à notre Confeiller Directeur Général : N'entendons néanmoins
" comprendre dans les réparations les corps des balanciers, coupoirs, &
" laminoirs, lefquels venant à manquer par le grand travail ou autrement,
" il en fera dreffé procès verbal par les Commiffaires & Juges-Gardes en
" préfence de notredit Procureur Général, ou de fes Subftituts, des Di-
" recteurs & Contrôleurs en chaque Monnoie, pour être envoyé au Direc-
" teurs Général qui les fera remplacer à nos frais & dépens, à moins qu'ils
" ne manquent par la faute ou négligence des Directeurs, leurs Commis
" ou Prépofés, auquel cas ils en demeureront refponfables.

" Les déchets qui fe trouvent ordinairement dans le travail de conver-
" fion n'ayant point encore été fixés par aucun Réglement depuis que Nous
" le faifons faire par régie, & la fixation en étant néceffaire afin de faci-
" liter la confection & l'appurement des comptes, Nous ordonnons pour
" l'avenir, & fans tirer à conféquence pour le paffé, que dans les comptes
" qui feront rendus par ceux qui feront pourvus defdits Offices de Direc-
" teurs Particuliers, il leur fera paffé & alloué en dépenfe à caufe des dé-
" chets, favoir : une once quatre gros fur cent marcs d'or, quatre onces &
" demi fur cent marcs d'argent, fix marcs fur cent marcs de fols, & fix
" marcs fur cent marcs de liards qui feront fondus & fabriqués dans lef-
" dites Monnoies, le tout fur le pied de net paffé en délivrance.

" XII. Nous accordons en outre à ceux qui feront pourvus defdits Of-
" fices de Directeurs & Tréforiers Particuliers le bon poids appellée Tré-
" buchant, qui fe trouvera fur les pefées qui auront été faites en détail
" pendant chaque journée, fans que pour raifon de ce ils puiffent être in-
" quiétés, ni recherchés : leur défendons néanmoins de pefer en détail &
" à la piece les piftoles d'Efpagne & autres efpeces de fabrique étrangeres
" appartenantes à une même perfonne, & leur enjoignons de les pefer au
" marc, enforte qu'il ne foit fait qu'aucune pefée de tout ce qui aura été ap-
" porté, & qui appartiendra à chaque Particulier, à peine de concuffion.

» Les Directeurs-Tréforiers particuliers des Monnoies prêteront ferment
» & feront reçus en notre Cour des Monnoies.

En 1719, le Roi par Edit du mois d'Août, Regiftré en la Cour des
Monnoies le 18, a éteint & fupprimé l'Office de Directeur & Tréforier
particulier de la Monnoie de Paris, & Sa Majefté a créé & érigé en titre
d'office formé & héréditaire un Confeiller Directeur & Tréforier particulier de la Monnoie de Paris aux gages de 3300 liv. pour jouir par le Pourvu
des franchifes, exemptions & privileges dont jouiffent les Officiers des
Monnoies, enfemble du logement deftiné en l'Hôtel de la Monnoie de
Paris au Directeur de cette Monnoie, & de tous les droits & déchets attribués aux Directeurs des Monnoies par l'Edit du mois de Juin 1696,
rapporté ci-deffus, & autres Edits & Réglemens fubféquens, même pour
droit de marque fur tranche, d'un fol par marc d'or de converfion, & de
fix deniers par marc d'argent attribués aux Directeurs par Edit du mois de
Janvier 1606.

La finance de cet Office fixée à la fomme de 60000 liv. les droits du fceau
& du marc d'or des provifions payés fur le pied des modérations portées
par les Tarifs arrêtés au Confeil.

Le tiers des droits ordinaires au Garde des rôles.

Remife du
quart des re-
medes.

Par autre Edit du mois de Décembre 1719 regiftré en la Cour des Monnoies le 2 du même mois, Sa Majefté informée que fur le pied qu'il lui
eft compté de la Régie des Monnoies, les foiblages & écharfetés tournent
naturellement à fon profit, & que s'il ne paroît quelquefois y tourner entierement, la différence provient plutôt des incertitudes des effais, ou du
frai des efpeces, que d'une fraude faite de concert entre tous les Officiers
de chaque Monnoie : laquelle n'étant pas à préfumer : » Nous voulons bien
» (dit l'Edit, art. IV) pour mettre les Directeurs des Monnoies à couvert
» des pertes que leur cauferoient les condamnations fi elles s'exécutoient
» à la lettre, ordonner ainfi que Nous ordonnons par le préfent Edit,
» qu'en juftifiant par les Certificats du Directeur Général des Monnoies
» que Nous avons profité des foiblages & écharfetés énoncés par les juge-
» mens, à un quart des remedes près, lefdits Directeurs en foient déchar-
» gés; Voulons qu'au cas que par lefdits certificats, la différence d'entre
» les comptes & les jugemens fe trouve nous caufer un préjudice de plus
» d'un quart des remedes, lefdits Directeurs foient tenus de payer l'excé-
» dent entre les mains du Receveur des boîtes de la Cour des Monnoies;
» lequel en comptera : & pour empêcher que lefdits Directeurs ne puiffent
» même profiter dudit quart des remedes, Nous enjoignons aux Officiers
» defdites Monnoies d'exercer leurs Offices avec tant d'exactitude chacun

» à leur égard , que toutes les matieres mises en fonte , soient exactement
» regiſtrées, & les eſpeces délivrées employées ſur le papier des délivran-
» ces préciſément comme elles ſe trouveront par le compte & les péſées
» qui en ſeront faites en leur préſence.

Le 12 Mai 1744 , la Cour des Monnoies a fait un Réglement pour les
regiſtres de change & de fonte, qui porte : » que les Directeurs des Monnoies
» ſeront tenus de remettre & dépoſer aux Greffes de leurs Monnoies tous
» les regiſtres de change & de fonte deſdites Monnoies, chacun en droit
» ſoi, pour y reſter en dépôt & y avoir recours toutes fois & quantes que
» beſoin ſera , à l'exception néanmoins des regiſtres courans qui demeu-
» reront entre leurs mains, ainſi que ceux qu'ils tiendront par la ſuite juſ-
» qu'à ce qu'ils ne ſoient plus d'un uſage courant, après quoi ils ſeront
» pareillement dépoſés par leſdits Directeurs auxdits Greffes dont & de tout
» ſera dreſſé procès verbal ſans frais par les Juges-Gardes deſdites Mon-
» noies en préſence du Subſtitut du Procureur Général , à fur & à meſure
» de la repréſentation qui leur ſera faite deſdits regiſtres, à l'effet dequoi
» ſera le préſent Arrêt envoyé en chacune Monnoie du reſſort à la dili-
» gence du Procureur Général, pour y être enregiſtré & exécuté ſelon ſa for-
» me & teneur ».

Ces précautions priſes par la Cour des Monnoies pour la tenue exacte
des regiſtres de change & les regiſtres de fonte par les Directeurs des Monnoies, ſont d'autant plus néceſſaires, & ces regiſtres d'autant plus importans,
que non-ſeulement ils ſervent à conſtater les matieres qui ſont entrées dans
les Monnoies, & la quantité de ces mêmes matieres qui ont été converties
en eſpeces & conſéquemment à juſtifier l'emploi de ces matieres & le compte
de fin que les Directeurs en doivent rendre, & qu'ils ne peuvent établir que
par des extraits de ces regiſtres : mais auſſi parcequ'on eſt ſouvent obligé d'y
avoir recours & de les faire repréſenter, ou d'en tirer des extraits, ſoit pour
conſtater les différentes eſpeces ou matieres qui ont été portées ou fondues,
ſoit par rapport aux affaires qui s'inſtruiſent en la Cour , ou dans les diffé-
tens Sieges des Monnoies, ſoit pour aſſurer l'état particulier des familles
qui ſouvent ſont obligées d'y venir chercher des preuves dont elles ont
beſoin.

DISTILLATEUR , Artiſte qui diſtille & travaille à cette partie de la
Chymie qui , par le moyen du feu pouſſé à certains dégrés ſépare & tire des
mixtes les eaux , les eſprits , les eſſences , les liqueurs , & les extraits.

Les Diſtillateurs d'eau-de-vie & d'eau-forte font à Paris une Communauté ;
les Ordonnances de 1554, 1570, 1571, 1635, 1636, 1638, 1645, 1646,
1660, la ſoumettent à la Juriſdiction de la Cour des Monnoies, ainſi qu'ils
l'étoient à celle des Généraux des Monnoies, en ce qui concerne les métaux

& la confection des eaux-fortes propres à leur diffolution. En 1637, le Roi érigea cette Communauté en Métier juré à l'inftar des autres Métiers de la Ville de Paris, par Lettres Patentes en forme d'Edit du mois de Janvier 1637. Par autres Lettres de reliefs du 5 Août 1638, ces lettres furent adreffés à la Cour des Monnoies & par Elle regiftrées.

Elles furent auffi regiftrées au Châtelet.

En 1638, les Maîtres Diftillateurs fe pourvurent par devers le Roi, & demanderent qu'il plût à Sa Majefté leur donner des Statuts & Réglemens, fur quoi Sa Majefté par Arrêt du 5 Octobre de la même année, les renvoya, de leur confentement, en la Cour des Monnoies, à laquelle S. M. en attribua toute Cour, Jurifdiction privative & connoiffance, icelle interdifant à tous autres Juges, en conféquence la Cour des Monnoies par Arrêt du même mois d'Octobre, ordonna que les Lettres Patentes du mois de Janvier 1637, l'Arrêt du Confeil du 5 Octobre 1638 avec les lettres y attachées feroient regiftrées au Greffe d'icelle, ce faifant que le métier de Diftillateurs d'eau-forte, eau-de-vie, & autres eaux, efprits, huiles & effences feroit Juré en la Ville Fauxbourg & Banlieue de Paris, que les Diftillateurs feroient reçus en faifant par eux le ferment en tel cas requis & accoutumé, & que le Réglement fait ce jour-là même par la Cour concernant ce Métier, tiendroit lieu de Satuts & Réglemens pour être gardé & obfervé de point en point.

Suivant ce Réglement, ou Statut contenus en vingt cinq articles, cette Communauté ne peut être compofée que de douze Maîtres tant en cette Ville de Paris, que dans les Fauxbourgs & Banlieues d'icelle, lefquels y font qualifiés Maîtres de l'Art & Métier de Diftillateurs d'eaux-fortes, eaux-de-vie & autres eaux, efprits, huiles & effences, circonftances & dépendances.

Deux Jurés ou Gardes du Métier dont l'un eft élu chaque année, font chargés de les faire exécuter conjointement avec deux des plus anciens Maîtres.

Ces Jurés ont droit de vifite non-feulement chez les Maîtres, mais encore chez tous ceux qui fe mêlent de diftillations chymiques, & autres perfonnes qui ont des fourneaux & laboratoires pour diftiller, fors & excepté chez les Maîtres & Affineurs de la Monnoie.

Outre ces vifites des Jurés, il s'en faifoit encore de tems en tems par deux Officiers de la Cour des Monnoies nommément députés pour ces vifites extraordinaires.

Suivant les Statuts de cet art, nul ne peut exercer le métier de Diftillateur s'il n'eft Maître; ni être reçu Maître, s'il n'a fait apprentiffage.

Les Apprentifs ne peuvent être obligés pour moins de quatre ans, & en fortant d'apprentiffage, ils ne peuvent afpirer à la Maîtrife qu'ils n'aient encore fervi deux années en qualité de Compagnon.

Chaque Maître n'a droit d'obliger qu'un feul Apprentif à la fois.

Tout Apprentif, s'il n'eft fils de Maître, eft tenu au chef-d'œuvre pour être reçu à la Maîtrise, le fils de Maître doit cependant justifier de ses quatre ans de service chez son pere, ou chez un autre.

Le chef-d'œuvre se fait en présence des Jurés & d'un Conseiller de la Cour des Monnoies : l'Aspirant doit être examiné indépendamment de ce qui regarde la distillation, s'il sait lire & écrire, & justifier par son Extrait Baptistaire qu'il est âgé de vingt-quatre ans.

Les fils de Maîtres ne sont point exempts de ces deux articles, non plus que de l'examen qu'ils sont tous obligés de subir, lorsqu'ils se présentent à la Cour pour la prestation du serment.

Les Veuves restans en viduité peuvent avoir des fourneaux & faire travailler des Compagnons, mais non pas obliger des Apprentifs.

Il est permis aux Maîtres Distillateurs de faire toutes sortes de distillations d'eaux-fortes, huiles, esprits & essences, à la réserve des eaux régales qu'il est défendu de faire ni de vendre à toutes personnes de quelque qualité qu'elles soient, à cause qu'on peut s'en servir pour affoiblir les Monnoies, sans en altérer la figure.

Les Maîtres sont obligés de tenir registre de la quantité des eaux fortes qu'ils vendent, & de la qualité, nom & demeure des personnes à qui ils les ont vendues, ne pouvant en vendre plus de deux livres à la fois sans permission de la Cour, si ce n'est aux Maîtres de la Monnoie & aux Affineurs.

Ils ne peuvent prêter leurs fourneaux, ni laisser travailler des étrangers, à ceux qu'ils ont chez eux, sans en avoir préalablement obtenu permission, ils sont même tenus de donner avis à la Cour des Monnoies des personnes qu'ils savent tenir des laboratoires & avoir des fourneaux sans en avoir la permission.

Les Marchandises foraines doivent être apportées par les Marchands au Bureau de la Communauté pour y être visitées, nul Distillateur de Paris ne devant en acheter, ni le Marchand Forain leur en vendre avant la visite.

Enfin toutes les contestations concernant ce métier, les visites des Jurés, les Apprentifs & les Compagnons doivent être apportées, à peine de cinq-cens livres d'amende, à la Cour des Monnoies, à qui seule la connoissance en est reservée.

Indépendemment du nombre de douze Maîtres Distillateurs fixé par ce Réglement, le Roi donne quelquefois permission à quelques personnes de travailler aux distillations ; cette permission alors est adressée à la Cour des Monnoies pour l'enregistrer, & ceux qui l'obtiennent, sont soumis de même à la Jurisdiction de la Cour des Monnoies & à la visite de ses Officiers. Louis XIII donna une pareille permission à M. Jean de la Combe Distillateur ordinaire de Sa Majesté, à qui elle permit de faire & d'avoir des fourneaux dans sa maison par Lettres Patentes du 28 Juin 1632, à la charge de sout-

frir les vifites des Commiffaires de la Cour & d'en fuivre les Réglemens ;
en conféquence de la Combe préfenta fes lettres à la Cour où elles furent vérifiées & regiftrées le 5 Juillet 1638.

La Cour des Monnoies a donné & donne quelquefois, fous le bon plaifir du Roi, de femblables permiffions quand l'expérience & la prudence
de ceux qui les demandent, lui font connues, & quand il lui paroît devoir
réfulter un bien pour l'Etat des nouvelles découvertes par le moyen de cet
art ; ainfi elle en donna une le 15 Juillet 1638, au Sieur Condrieu du Moulin Diftillateur & Opérateur ordinaire de M. le Prince de Condé, ces permiffions font toujours données à la charge de prêter ferment en la Cour &
de fouffrir les vifites de fes Commiffaires.

Il eft défendu très expreffément à toutes perfonnes, autres que les Maîtres
Diftillateurs de tenir en leur maifon, ni ailleurs, aucuns fourneaux fervans à la diftillation, faire, ni vendre aucunes eaux-de-vie, efprits de vin,
eaux-fortes, régales, huiles, ni autres ouvrages de diftillation fous les peines portées par les Ordonnances, notamment par Arrêt de la Cour des
Monnoies du 9 Juin 1666, lequel « fait défenfes à toutes perfonnes,
» autres que les Maîtres Diftillateurs de tenir en leurs maifons, ni ailleurs
» aucuns fourneaux fervans à la diftillation, faire ni vendre aucunes eaux
» de-vie, efprits de vin, eaux-fortes, régales, huiles, ni autres ouvrages de
» diftillation fous les peines portées par les Edits, Arrêts, Réglemens &
» Statuts ; permet néanmoins à ceux qui crient & étalent par les rues des
» eaux-de-vie d'en vendre en détail en les achetant des Maîtres Diftillateurs
» de cette Ville & Fauxbourgs de Paris & non d'autres, à peine de confif-
» cation defdites eaux-de-vie, & d'amende arbitraire, & à la charge de
» fouffrir les vifites des Jurés dudit Métier ; fait pareilles défenfes à tous
» Chimiftes & autres d'avoir & de tenir des fourneaux en leurs maifons,
» ni ailleurs fervans à la diftillation, fans permiffion de Sa Majefté, vérifiée
» en la Cour fous les mêmes peines ».

Telle a été la Jurifprudence de la Cour des Monnoies à l'égard des Diftillateurs, mais en 1746, le Roi, par Arrêt du Confeil rendu contradictoirement
le 23 Mai, entre les Jurés Gardes de la Communauté des Maîtres Diftillateurs,
Marchands d'eaux-de-vie & autres eaux, & de toutes fortes de liqueurs, &
Marchands Limonadiers de la Ville, Fauxbourgs & Banlieue de Paris, entre les Syndics & Jurés de la Communauté des Maîtres Difti lateurs en chymie de la même Ville, reçus en la Cour des Monnoies, entre le Procureur
Général de la Cour des Monnoies, & le Procureur du Roi au Châtelet de
Paris, a réglé la Jurifdiction de la Cour des Monnoies fur les Maîtres Dif-
tillateurs & Limonadiers, & celle des Juges ordinaires, ainfi qu'il fuit.

» Le Roi en fon Confeil a ordonné & ordonne que les Lettres Patentes,
» Edits, Arrêts & Réglemens concernant la Communauté des Maîtres

» Diſtillateurs, Limonadiers de Paris ſeront exécutés ; en conſéquence a
» maintenu & maintient ladite Communauté, & les Maîtres dont elle eſt
» compoſée dans le droit & poſſeſſion de ſe dire & qualifier Maîtres Diſ-
» tillateurs d'eaux-de-vie, & de toutes autres eaux, Marchands d'eaux-de-
» vie & de toutes ſortes de liqueurs ; d'exercer en conſéquence toutes les
» fonctions & uſer de tous les droits & privileges appartenans à ladite
» Profeſſion, conformément auxdits Edits & Déclarations, Lettres Paten-
» tes, Arrêts & Réglemens ; fait défenſes Sa Majeſté à toutes perſonnes
» qui n'auront été reçues Maîtres en ladite Communauté, de s'immiſcer
» dans ladite profeſſion, & d'entreprendre ſur les fonctions qui en dépen-
» dent : Ordonne que ladite Communauté des Maîtres Diſtillateurs, Limo-
» nadiers ſera & demeurera entierement ſoumiſe à la Juriſdiction des Of-
» ficiers de Police du Châtelet de Paris, pour tout ce qui regarde l'admi-
» niſtration d'icelle, l'exercice & ouvrages de leur métier & profeſſion,
» & l'exécution des Statuts & Réglemens faits à ce ſujet ; & quant à ce qui
» concerne l'art de diſtillation en Chymie, veut & entend Sa Majeſté
» que, conformément à l'article XI, de l'Edit du mois de Juillet 1682,
» aucunes perſonnes de quelque condition & profeſſion qu'elles ſoient,
» excepté les Médecins approuvés & dans le lieu de leur réſidence, les
» Profeſſeurs en Chymie & les Maîtres Apotiquaires, ne puiſſent avoir au-
» cun laboratoire, & y travailler à aucune préparation de drogues ou diſ-
» tillation, ſous pretexte de remedes chymiques, expériences, ſecrets
» particuliers, recherche de la pierre philoſophale, converſion, multipli-
» cation ou rafinement des métaux, confection de criſtaux ou pierres de
» couleurs, confection des eaux-fortes & autres ſemblables pretextes, ſans
» avoir auparavant obtenu de Sa Majeſté par Lettres de ſon grand ſceau
» la permiſſion d'avoir leſdits laboratoires, & de faire leſdites opérations ;
» leſquelles Lettres ſeront adreſſées & enregiſtrées au Parlement, pour
» ce qui concerne la confection des remedes, & en la Cour des Mon-
» noies pour ce qui concerne les métaux, & confection des eaux-fortes
» propres à leur diſſolution, après avoir fait, par ceux qui les auront ob-
» tenues, les expériences qui ſeront jugées néceſſaires par leſdites Cours,
» pour, après ledit enregiſtrement, être fait par eux les Déclarations preſ-
» crites par l'article XI dudit Edit ; ordonne que leſdits privilégiés ſe-
» ront & demeureront immédiatement ſoumis à la Juriſdiction des Juges
» ordinaires, en ce qui concerne les préparations des drogues & remedes,
» & à la Cour des Monnoies en ce qui concerne les métaux & la confec-
» tion des eaux-fortes propres à leur diſſolution ; ſans préjudice au ſur-
» plus de la juriſdiction attribuée à ladite Cour des Monnoies pour ce
» qui a rapport à la fuſion, mélange & altération des métaux, & à la
» confection, vente & débit des eaux-fortes qui peuvent y être employés,

» & en général pour ce qui regarde le fait des Monnoies, circonstances
» & dépendances, pour raison de quoi, pourront être faites de l'autorité
» de ladite Cour toutes visites qu'il appartiendra, même chez les Maîtres
» de ladite Communauté des Distillateurs Limonadiers, pour ce qui con-
» cerne leurs fourneaux & l'abus qu'ils en pourroient faire, ainsi que chez
» tous autres, & connoîtra ladite Cour des contraventions qui pourroient
» être faites à ce sujet.

» Fait au surplus très expresses défenses auxdits Marchands Distillateurs
» Limonadiers de faire aucunes eaux, & de s'immiscer directement ni
» inditectement dans aucunes des opérations appartenantes à l'art de la
» Chymie : voulant & entendant qu'il ne puisse même leur être accordé
» aucune lettre de privilege pour exercer ledit art, s'ils n'ont préala-
» blement renoncé au métier de Distillateur Limonadier.... Fait au Con-
» seil d'Etat le 23 Mai 1746 » & signifié aux Parties le 3 Août suivant.

Conformément à ce Réglement & aux Ordonnances précédentes, la Cour
des Monnoies par Arrêt du 20 Septembre 1758, a fait défenses à toutes
» personnes, autres que ceux qui par état sont autorisés aux diférentes opé-
» rations de Chymie, de faire, composer, vendre & débiter, faire ven-
» dre, ou débiter aucunes eaux ou liqueurs capables & ayant la propriété
» de changer la couleur des métaux, les altérer ou imiter, blanchir le cui-
» vre, ou autrement abuser desdits métaux par quelque composition que
» ce soit, ou puisse être : fait pareillement défenses à toutes personnes de se
» servir desdites eaux, liqueurs ou compositions, à l'effet que dessus, &
» de faire passer pour especes d'argent aucunes especes de cuivre blanchi,
» le tout à peine d'être poursuivis extraordinairement comme Billonneurs
» & punis de telles peines qu'il appartiendra, à l'effet de quoi permet au
» Procureur Général du Roi d'informer contre les contrevenans. Ordon-
» ne que le présent Arrêt sera imprimé, publié & affiché &c. Fait en la
» Cour des Monnoies le vingtieme jour de Septembre 1758.

DOREUR, Artiste qui dore en se servant du feu pour appliquer l'or ou
l'argent en feuille sur les métaux, ou qui les dore en or moulu.

Les Doreurs aussi nommés Damasquineurs dans les Ordonnances, sont
soumis à la Jurisdiction de la Cour des Monnoies, quant au titre des matieres d'or & d'argent qu'ils emploient,

Conformément aux Réglemens de cette Cour, les Maîtres Doreurs Damasquineurs sont obligés d'employer dans leurs ouvrages l'or à 23 karats
vingt-six trente-deuxiemes au moins, l'argent à onze deniers dix-huit
grains : de prendre des Batteurs d'or les feuilles d'or & d'argent qui leur
sont nécessaires pour la confection de leurs ouvrages, & des Affineurs les
autres matieres d'or & d'argent dont il auront besoin, le tout à peine de
confiscation & d'amende.

En

En 1573, Charles IX érigea les Doreurs en Corps de Métier après avoir communiqué leur Requête & le projet de leurs Statuts au Prévôt de Paris & au Procureur du Roi, pour avoir leur avis qui fut attaché avec la Requête des Doreurs sous le contre-scel des lettres qui furent adressées au Parlement pour y être registrées, &c.

Ces Statuts contenus en vingt-un articles, furent registrés au Parlement le 9 Juillet 1586 après que Henri IV eut confirmé cette érection par Let-tres Patentes du mois de Mai 1586, qui furent adressées au Parlement & au Prévôt de Paris.

En vertu d'une Délibération des Maîtres Doreurs du 31 Mars 1604, ils se pourvurent par devant le Prévôt de Paris & demanderent que le nombre des Maîtres fût réduit à l'avenir, ce qui fut ordonné par Sentence du Prévôt de Paris du 14 Avril 1604, confirmée au Parlement, sur les con-clusions du Procureur Général le 8 Février 1607.

Ce vingt-deuxieme article porte : que » dorénavant les Maîtres du Mé-
" tier de Doreur sur fer, cuivre & léton ne pourront avoir qu'un Appren-
" tif en dix ans, & que les Maîtres qui seront ci-après reçus audit Mé-
" tier, ne pourront prendre Apprentif que dix ans après leur réception,
" excepté les enfans des Maîtres, lesquels étant reçus, jouiront de pareil
" privilege que leur pere.

Henri III érigea les Doreurs en Corps & Métier par Lettres Patentes du mois de Décembre, & ce Prince renvoya par autres Lettres du même mois, les Statuts présentés par les Doreurs en la Cour des Monnoies, pour avoir son avis sur le contenu aux Lettres Patentes & Articles en forme de Statuts qui y étoient attachés & cellés, conformément à celles données au même mois de Décembre 1581, pour tous les Métiers & Artisans éri-gés en Maîtrise dans le Royaume : en conséquence de ces Lettres adressées à la Cour des Monnoies, elle fit un Réglement pour les Doreurs Damas-quineurs le 16 Juillet 1583 ; en exécution duquel les Maîtres Doreurs se pourvurent en la Cour, pour y demander l'enregistrement des Lettres Pa-tentes, ce qui leur fut accordé par Arrêt du 17 Août 1583.

En 1577 Henri III, par Ordonnance du mois de Septembre donnée à Poitiers, article 34, fit très expresses défenses à toutes personnes de dorer & argenter sur bois, plâtre, cuir, plomb, cuivre, fer & acier, si ce n'est pour les Princes, &c. » Enjoignons à tous Juges d'y veiller, même à la " Cour des Monnoies, laquelle pourra en ces cas, par-tout le Royaume, " par prévention & concurrence avec les Juges ordinaires, visiter, punir " & mulcter les contrevenans.

Conférence des Ordon-nances.

En 1650 la Cour des Monnoies, par Arrêt du 17 Novembre, a ordonné que tous Artisans de la Ville de Paris qui se mêloient de faire des ouvrages de cuivre blanchi, feroient tenus de les marquer du poinçon particulier du Maître qui les fabriqueroit, & d'un poinçon commun qui resteroit entre les mains des Jurés, sur lequel seroit gravé le mot de *laton argenté*, & que la lettre A seroit aussi gravée en quelque lieu commode; sans qu'il pût être taillé dans le poinçon, qui devoit être fait par le Tailleur particulier de la Monnoie de Paris, aucune couronne ni fleur-de-lys; ordonnant en outre qu'il feroit mis une table de cuivre au Greffe, sur laquelle les Maîtres Doreurs insculperoient leurs poinçons, avec défenses à tous Compagnons, Apprentifs, ou tels autres, de travailler en chambre ou lieux privilégiés, sous telles peines que de raison.

En 1674, la Cour des Monnoies, par Arrêt du 18 Septembre, a fait défenses aux Merciers, Lunetiers, Joailliers, Miroitiers, Doreurs, & autres Ouvriers, d'exposer en vente, ni débiter aucun ouvrage de cuivre en couleur pour ouvrage d'or avivé & moulu, & sans une marque mise en lieu apparent sur ces ouvrages, contenant ces mots, *cuivre en couleur*.

La Cour des Monnoies renouvella ces défenses par Arrêt du 4 Mai 1684.

En 1685 le Roi a ordonné par Arrêt du Conseil du 9 Avril adressé à la Cour des Monnoies, de faire des visites chez les Doreurs, pour savoir s'ils employoient l'or en feuilles au titre prescrit par les Ordonnances.

En conséquence de cet Arrêt, la Cour par Arrêt du 5 Septembre suivant, a commis les Jurés de la Communauté des Maîtres Doreurs pour faire les visites.

En 1699 la Cour a permis à deux anciens Maîtres de faire des visites chez les Maîtres Doreurs, en place de deux Jurés qui étoient décédés; cet Arrêt du 25 Novembre porte, que ces visites se feront en présence d'un Conseiller de la Cour. Le motif de cet Arrêt a été que le Roi ayant donné pouvoir, en érigeant cette Communauté en Corps de Métier, aux seuls Jurés de ce Corps de faire les visites, il n'est pas permis aux autres Maîtres de les faire, mais seulement aux Juges qui ont autorité sur eux & sur les Jurés.

En 1711 la Cour des Monnoies, par Arrêt du 29 Août rendu contradictoirement entre quelques Maîtres Doreurs de la Ville de Paris, & quelques Particuliers se disans Doreurs & demeurans au Fauxbourg Saint Antoine, & entre les Dames Abbesse, Religieuses & Couvent de l'Abbaye Royale de Saint Antoine des Champs, a fait défenses à tous Ouvriers de faire aucun ouvrage du Métier de Doreur dans le Fauxbourg Saint Antoine, ni en autre lieu privilegié, à peine de mille livres d'amende & de confiscation.

Ces défenses ont été renouvellées par autres Arrêts de la Cour des 30 Janvier 1712 & 4 Avril 1717.

DOREUR EN HUILE, eſt l'Artiſte qui dore en appliquant des feuilles d'or ſur une couleur à huile que l'on nomme *Or couleur.*

DOREUR EN DÉTREMPE ou à COLLE, eſt celui qui applique les feuilles d'or ſur un fonds fait de pluſieurs couches de blanc en détrempe, qu'on couvre d'un mêlange de diverſes ſortes de drogues qu'on nomme l'aſſiette de l'or, parcequ'on y place & aſſied les feuilles de ce métal.

DORURE, eſt l'art d'employer l'or en feuilles & l'or moulu, & de l'appliquer ſur les métaux, le marbre, les pierres, le bois & diverſes autres matieres.

Cet art, quoique connu aux Anciens, n'a point été pouſſé par eux au point de perfection où il eſt aujourd'hui : ils ignoroient la peinture à l'huile qui eſt une invention des derniers tems ; ils n'avoient pas la maniere de ſe ſervir de cette liqueur pour employer l'or, qui eſt plus belle & plus durable pour les ouvrages qui ſont expoſés à l'air, que le blanc d'œufs dont ils ſe ſervoient pour la dorure des corps qui ne pouvoient ſouffrir le feu.

Il y a deux ſortes de dorures dont ſe ſervent les Ouvriers qu'on appelle communément Maîtres Doreurs, & une troiſieme qui eſt propre aux Doreurs ſur cuivre & ſur divers métaux. Les deux premieres ſont la dorure à huile & la dorure en détrempe ; la troiſieme eſt la dorure au feu. On va expliquer ici ces trois manieres de dorer, ainſi que les Doreurs les mettent en uſage.

Maniere de dorer à l'huile.

On ſe ſert pour la dorure à l'huile de ce qu'on appelle en termes de l'art de l'or couleur, c'eſt-à-dire, de reſtes de couleurs qui tombent dans les pinceliers ou godets, dans leſquels les Peintres nettoyent leurs pinceaux.

Cette matiere qui eſt extrêmement graſſe & gluante, ayant été broyée & paſſée par un linge, ſert de fonds pour y appliquer l'or en feuille qui a été préparé par les Batteurs d'or. Elle ſe couche avec un pinceau comme les vraies couleurs, après néanmons avoir encolé l'ouvrage, & ſi c'eſt du bois, après lui avoir donné quelques couches de blanc en détrempe. Lorſque l'or couleur eſt preſque ſec, enſorte néanmoins qu'il ſoit encore aſſez onctueux pour aſpirer & retenir l'or, on en étend les feuilles par-deſſus, ſoit entieres, ſoit coupées par morceaux : on ſe ſert pour les prendre de coton bien doux & bien cardé, ou de la palette des Doreurs en détrempe, ou même ſimplement du couteau avec lequel on les a coupées, ſelon les parties de l'ouvrage que l'on veut dorer, ou la largeur de l'or que l'on veut appliquer.

A méſure que l'or eſt poſé, on paſſe par-deſſus une broſſe ou gros pinceau de poil très doux pour l'attacher & comme l'incorporer avec l'or couleur ; & avec le même pinceau, ou un autre plus petit, on le ramende s'il y a des caffures, de la même maniere qu'on le dira de la dorure qui fe fait avec la colle.

C'eft de la dorure à l'huile, dont on fe fert ordinairement pour dorer les Dômes des Eglifes & des Palais, & les Figures de plâtre & de plomb qu'on veut expofer à l'air & aux injures du tems. C'eft auffi à l'huile que l'on dore les ornemens des plats-fonds, les corniches, les moulures des lambris, & d'autres femblables ouvrages ; foit de peinture, foit de ftuc, foit de bois, dont on embellit les Galeries & les Cabinets.

Dorure en détrempe.

La dorure en détrempe fe fait avec plus de préparatifs & plus d'art que la dorure à l'huile, mais auffi elle ne peut être employée en autant de divers ouvrages, ni fi grands, ni dans les mêmes lieux que celle qui fe fait avec l'or couleur ; les ouvrages de bois & de ftuc étant prefque les feuls que l'on dore à la colle, encore faut il qu'ils foient à couvert, cette dorure ne pouvant refifter ni à la pluie, ni aux impreffions de l'air qui la gâtent & l'écaillent aifément.

La colle dont on fe fert pour dorer, doit être faite de rognures de parchemin, ou de gands qu'on laiffe bouillir dans l'eau, jufqu'à ce que cette eau s'épaiffiffe en confiftance de gelée.

Si c'eft du bois qu'on veut dorer, on y met d'abord une couche de cette eau toute bouillante, ce qui s'appelle encoller le bois ; après cette premiere façon & que la colle eft féche, on lui donne le blanc ; c'eft-à-dire qu'on l'imprime à plufieurs reprifes d'une couleur blanche détrempée dans cette colle qu'on rend plus foible, ou plus forte avec de l'eau, fuivant que l'ouvrage le demande.

Ce blanc eft de plufieurs fortes, quelques Doreurs le font de plâtre bien battu, bien broyé & bien tamifé ; d'autres y employent le blanc d'Efpagne & celui de Rouen : d'autes fe fervent d'une efpece de terre blanche qu'on tire des carrieres de féve près Paris qui eft affez bonne, quand elle eft affinée.

On fe fert d'une broffe de poil de Sanglier pour coucher le blanc. La maniere de le mettre & le nombre de couches font différentes, fuivant l'efpece des ouvrages : à ceux de fculpture, il ne faut que fept à huit couches, aux ouvrages unis, il en faut jufqu'à douze : à ceux-ci elles fe mettent en adouciffant, c'eft-à-dire en traînant la broffe par-deffus, aux autres on les donne en tappant, c'eft-à-dire en frappant plufieurs coups du bout de la broffe, pour faire entrer la couleur dans tous les creux de la fculpture. Il faut obferver aux unes & aux autres de n'en point donner de nouvelles que la précédente ne foit bien féche.

L'ouvrage étant extrêmement fec, on l'adoucit, ce qui fe fait en le mouillant avec de l'eau nette, & en le frottant avec quelques morceaux de groffe toile s'il eft uni ; & s'il eft de fculpture en fe fervant de legers bâtons de fapin auxquels font attachés quelques petits lambeaux de cette même toile, pour pouvoir plus aifément fuivre tous les contours, & pénétrer dans tous les enfoncemens du relief. L'adouciffement fe fait quelquefois avec de la prêle, mais le plus fouvent avec la toile neuve.

Le blanc étant bien adouci, on y met le jaune : mais fi c'eft un ouvrage de relief, avant de le jaunir, on le répare, on le recherche, on le coupe, & on le bretelle : toutes façons qui fe donnent avec de petits outils de fer, comme les fermoirs, les gouges & les cizeaux qui font des inftrumens de Sculpteurs, ou d'autres qui font propres aux Doreurs, tels que font le fer quarré qui eft plat, & le fer à retirer qui eft crochu.

Le jaune que l'on emploie, eft fimplement de l'ocre commun bien broyé & bien tamifé, qu'on détrempe avec la même colle qui a fervi au blanc, mais plus foible de la moitié ; cette couleur fe met chaude, elle fupplée dans les ouvrages de fculpture à l'or qu'on ne peut quelquefois porter jufques dans les creux & les revers des feuillages & des ornemens.

L'affiette fe couche fur le jaune en obfervant de n'en point mettre dans les creux des ouvrages de relief. On appelle affiete la couleur ou compofition fur laquelle doit fe pofer & s'affeoir l'or des Doreurs : elle eft ordinairement compofée de bol d'Arménie, de fanguine, de mine de plomb, & d'un peu de fuif ; quelques-uns y mettent du favon & de l'huile d'olive, & d'autres du pain brûlé, du biftre, de l'antimoine, de l'étain de glace, du beurre & du fucre candi. Toutes ces drogues ayant été broyées enfemble, on les détrempe dans de la colle de parchemin toute chaude & raifonnablement forte, & l'on en applique fur le jaune jufqu'à trois couches, les dernieres ne fe donnant que lorfque les premieres font parfaitement féches.

La broffe, pour coucher l'affiette, doit être douce ; mais quand elle eft couchée, on fe fert d'une autre broffe plus rude pour froter tout l'ouvrage à fec, ce qui enleve tous les petits grains qui pourroient être reftés, & facilite beaucoup le bruniffement de l'or.

Lorfqu'on veut dorer, on prépare trois fortes de pinceaux : des pinceaux à mouiller, des pinceaux à ramender, des pinceaux à matter.

Il faut auffi un couffinet de bois couvert de peau de veau, ou de mouton, & rembouré de crin ou de bourre, pour étendre les feuilles d'or battu au fortir du livre, un couteau pour les couper, & une palette, ou un bilboquet pour les placer fur l'affiette. La palette eft faite d'une queue de petit gris enmanché de bois qui porte à l'extrêmité de fon manche, un pinceau du même poil. Le bilboquet eft un inftrument de bois plat par deffous, où eft attaché un morceau d'étoffe & rond par deſſus, pour le prendre & manier plus aiſément.

On ſe ſert d'abord des pinceaux à mouiller pour donner de l'humidité à l'aſſiette, en l'humectant d'eau, afin qu'elle puiſſe aſpirer & retenir l'or ; on met enſuite les feuilles d'or ſur le couſſinet qu'on prend avec la palette ſi elles ſont entieres, ou avec le bilboquet, ou le couteau même dont on s'eſt ſervi pour les couper, ſi on les emploie par morceaux, & on les poſe & on les étend doucement ſur les endroits de l'aſſiette fraîchement mouillés.

Lorſque l'or s'eſt caſſé en l'appliquant, on le ramende en bouchant les caſſures avec de petits morceaux d'or qu'on prend au bout des pinceaux à ramender ; & avec les mêmes pinceaux ou de ſemblables, mais un peu plus gros, on l'unit par tout, & on l'enfonce dans tous les creux de la ſculpture, où on l'a pu porter avec la palette, ou avec le bilboquet.

Voyez Brunir l'or.
L'or en cet état, après qu'on l'a laiſſé parfaitement ſécher, ſe brunit & ſe matte.

Enfin, pour derniere façon on couche le vermeil dans tous les creux des ornemens de ſculpture, & l'on ramende les petits défauts & gerſures avec de l'or en coquille, ce qui s'appelle boucher d'or moulu.

La compoſition à laquelle on donne le nom de vermeil eſt faite de gomme gutte, de vermillon, & d'un peu de brun rouge broyé enſemble, avec le vernis de Veniſe & l'huile de térébenthine. Quelques Doreurs ſe contentent de laque fine, ou de ſang de dragon en détrempe, ou même à l'eau pure. C'eſt cette drogue qui donne du feu à l'ouvrage & ce brillant qui approche de celui qu'on remarque dans l'Orfévrerie.

On appelle dorer d'or verd lorſqu'on brunit l'aſſiette, avant que d'y poſer l'or, & qu'enſuite ſans brunir de nouveau l'or qu'on a appliqué, on ſe contente de le repaſſer à la colle, comme on fait pour matter.

On ſe ſert ordinairement de cette maniere de dorer pour le viſage, les mains & les autres parties nues des figures de relief. Cet or n'eſt pas ſi brillant que l'or bruni, mais il l'eſt beaucoup plus que l'or qui n'eſt que ſimplement matté.

Quand on dore des ouvrages où l'on conſerve des fonds blancs, on a coutume de les réchampir, c'eſt-à-dire de coucher du blanc de céruſe détrempé avec une légere colle de poiſſon dans tous les endroits des fonds ſur leſquels le jaune ou l'aſſiette ont pu couler, ou bavocher, comme on parle en termes de l'art : pour que ces fonds puiſſent être bien, il eſt mieux de les repaſſer tous à la céruſe.

Si c'eſt un ouvrage de ſtuc qu'on veuille dorer en détrempe, il faut d'abord le blanchir pour le rendre uni, puis l'encoller deux fois avec la colle ou de gands, ou de parchemin toute pure ; & enſuite y coucher le jaune & l'aſſiette ; le reſte ſe fait comme à la dorure ſur bois.

On dore auffi avec des feuilles d'argent foit fines , foit fauffes , fur lefquel-les on met un vernis qui lui donne la couleur d'or ; cette maniere n'eft ni de durée , ni de beaucoup d'éclat : le vernis eft fait de carabé , de fang de dragon , de gomme gutte , & d'huile de térébenthine.

Il y a encore une autre forte de dorure qui fe fait en mêlant du miel avec de l'eau de colle & un peu de vinaigre pour le rendre plus facile à employer ; on ne s'en fert gueres que pour donner des rehauts fur les ouvrages de peinture en détrempe , ou à frefque , où il n'eft gueres poffible d'appliquer l'or avec l'huile , ou pour faire des filets fur du ftuc. Cet or fe gerfe & fe fend fort aifément. On appelle cette maniere , colle à miel , ou bature.

Enfin fi l'on veut repréfenter des efpeces de relief , comme des feuillages & d'autres ornemens fur des bordures , ou des vafes de bois qui font unis , il faut doubler & même tripler les couches du premier blanc des Doreurs , & quand il eft fec , y deffiner , tracer & entailler les figures & feuillages qu'on y veut repréfenter , avec les outils qui fervent à la fculpture ; & enfuite y mettre le jaune & l'affiette pour les dorer. Il faut être un peu Sculpteur , pour entreprendre ces fortes d'ouvrages.

Maniere de dorer au feu.

On dore au feu de trois manieres , favoir en or moulu , en or en feuille , & en or haché.

Pour bien entendre comment on parvient à mettre en ufage ces différentes façons de dorer , il faut avoir quelque connoiffance des outils & des inftrumens dont les Doreurs fur métaux fe fervent.

Les principaux de ces outils font le grateau , le poliffoir de fer , le poliffoir de pierre de fanguine , que les Ouvriers nomment plus communément pierre à dorer , l'avivoir , les grates-boeffes , le couteau à hacher , le crochet , la grille , ou le panier à dorer , le creufet & le braffelet.

Le grateau eft un fer acéré à quatre carres tranchantes femblables au fer d'un dard , il a deux à trois pouces de long , & tient à un manche de douze à quinze pouces auffi de longueur. On en prépare le cuivre ou le fer pour le dorer , en les gratant & uniffant , d'où lui vient fon nom de grateau.

Le poliffoir de fer eft un outil d'acier ou de fer bien acéré en forme de lame de canif , mais plus épais & plus long dont le tranchant eft émouffé. Il eft emmanché dans un morceau ou poignée de bois de près d'un pied de long, que l'Ouvrier tient à deux mains lorfqu'il s'en fert : fon ufage eft pour polir le fer & l'argent avant de le dorer.

Le poliffoir de pierre de fanguine eft emmanché de même que celui de fer ; cette pierre qui vient d'Efpagne , mais affez-fouvent par la voie d'Angleterre ou de Hollande, prend son nom de sa couleur : elle est fort douce & fort polie, & taillée ordinairement de la figure d'une dent de Loup : elle sert à polir l'or & l'argent, quand ils ont été appliqués sur les métaux.

L'avivoir sert au lieu de grate-boesse à étendre l'or moulu amalgamé avec le vif-argent sur le métal qu'on veut dorer : il est de cuivre applati & arrondi par le bout, avec un assez long manche de bois : la partie qui est de cuivre est de trois ou quatre pouces de longueur, & de trois à quatre lignes d'épaisseur.

Voyez grate-boesse.

Les grates-boesses sont des brosses faites de petits fils de léton ; les Doreurs en ont de fines & de médiocres, les unes pour aviver & étendre l'or moulu, les autres pour le grate-boesser, & le finir avant de le mettre en couleur.

Le couteau à hacher est un petit couteau à lame courte & large, enmanché de bois ou de corne, qui sert à faire les hachures sur les métaux, avant que d'y appliquer l'or, que de ces hachures on nomme or haché, quoiqu'elles ne paroissent pas au-dehors.

Le crochet est un morceau de fer rond, au bout duquel est un bouton aussi de fer, il a un manche de bois, son nom marque sa figure. A l'égard de son usage, il sert à mêler ou à amalgamer l'or moulu avec le vif-argent, quand on les a mis ensemble sur le feu dans un creuset.

Le creuset des Doreurs est petit & peu épais, en tout de deux ou trois pouces de haut, d'un pouce & demi de diamètre, & de deux ou trois lignes d'épaisseur. Il approche plus de la figure triangulaire que de la sphérique par son ouverture : on y met amalgamer sur le feu l'or & le vif-argent, quand on se prépare à dorer d'or moulu.

La grille à dorer est un petit treillis de fil d'archal, dont on couvre la poîle pleine de feu dont les Doreurs se servent pour appliquer les feuilles d'or ou d'argent sur les métaux. On y met seulement les ouvrages qu'on dore, ceux qu'on argente n'ayant pas besoin d'une aussi grande propreté. Le panier est aussi de fil de fer, mais concave & enfoncé de quelques pouces, il sert au même usage.

Enfin le brasselet est une espece de brassar de plusieurs cuirs les uns sur les autres, rembouré en dedans, & qui s'attache avec une ou deux couroies & autant de boucles de fer. Le Doreur le met au bras gauche qu'il garnit encore de plusieurs bandes d'étoffes molettes ; il sert à s'appuyer plus facilement & sans se blesser sur l'étau lorsque l'on veut brunir les métaux, soit avant de les dorer, soit après qu'ils ont été dorés.

Dorure d'or moulu.

La dorure d'or moulu se fait avec de l'or réduit en chaux qu'on met amalgamer

gamer fur le feu dans un creufet avec du vif argent dans certaine proportion qui eft ordinairement d'une once de vif-argent fur un gros d'or.

Par cette opération, on fait d'abord rougir le creufet ; puis l'or & le vif-argent y ayant été mis, on les remue doucement avec le crochet, jufqu'à ce qu'on s'apperçoive que l'or foit fondu & incorporé au vif-argent : après quoi on les jette ainfi unis enfemble dans de l'eau pour les appurer & les laver, d'où ils paffent fucceffivement dans d'autres eaux où cet amalgame, qui eft prefque auffi liquide que s'il n'y avoit que du vif-argent, fe peut con-ferver très long-tems en état d'être employé à la dorure.

Avant que d'appliquer cet or ainfi amalgamé, il faut dérocher, c'eft-à-dire décraffer le métal qu'on veut dorer, ce qui fe fait avec de l'eau-forte, ou de l'eau feconde dont on frotte l'ouvrage avec la grate-boeffe ; après quoi le métal ayant été lavé dans de l'eau commune, on l'écure enfin legerement avec du fablon.

Le métal bien déroché, on le couvre de cet or mêlé avec du vif argent que l'on prend avec la grate-boeffe fine, ou bien avec l'avivoir, l'étendant le plus également qu'il eft poffible, en trempant de tems en tems la grate-boeffe dans l'eau claire, ce qui fe fait à trois ou quatre reprifes, & c'eft ce qu'on appelle parachever.

En cet état le métal fe met au feu, c'eft-à-dire fur la grille à dorer, ou dans le panier, au-deffous defquels eft une poîle pleine de feu qu'on laiffe ardent jufqu'à certain dégré que la feule expérience apprend bien : à mefure que le vif-argent s'évapore, & que l'on peut diftinguer les endroits où il manque de l'or, on répare l'ouvrage en y ajoutant de nouvel amalgame où il en faut.

Enfin il fe grate-boeffe avec la groffe broffe de léton, & alors il eft en état d'être mis en couleur qui eft la derniere façon qu'on lui donne, & dont les Ouvriers qui s'en mêlent, confervent le fecret avec un grand myftere, ce qui pourtant ne doit être gueres différent de ce qu'on dira dans l'article du mon-noyage, de la maniere de donner de la couleur aux efpeces d'or.

Lorfque c'eft de l'argent qu'on a doré d'or moulu, on l'appelle vermeil doré, quelquefois même on nomme de la forte le cuivre doré de cet or. Voyez VERMEIL.

Dorure au feu avec de l'or en feuille.

Pour préparer le fer ou le cuivre à recevoir cette dorure, ce qui s'entend des autres métaux qui peuvent être dorés de la forte, il faut les bien grater avec le grateau & les polir avec le poliffoir de fer, puis les mettre au feu pour les bleuir, c'eft-à-dire pour les chauffer, jufqu'à ce qu'ils prennent une cou-leur bleue.

Tome I. A a a

Lorſque le métal eſt bleui, on y applique la premiere couche d'or qui ſe ravale legerement avec un poliſſoir, & qui ſe met enſuite ſur un feu doux.

On ne donne ordinairement que trois ou quatre couches au plus, chaque couche d'une ſeule feuille d'or dans les ouvrages communs, & de deux feuilles dans les beaux ouvrages, & à chaque couche qu'on donne on les remet au feu; après la derniere couche l'or eſt en état d'être bruni clair : ce qui ſe fait avec le poliſſoir de ſanguine, ou pierre à dorer.

Lorſque c'eſt de l'argent qu'on a deſſein d'employer, la préparation des métaux qu'on veut argenter eſt la même que celle pour les métaux qu'on deſtine à dorer, avec cette ſeule différence que chaque couche d'argent eſt de trois feuilles, & qu'on en donne depuis quatre juſqu'à dix couches, & même plus ſuivant les ouvrages : une autre différence encore, mais qui regarde la cuiſſon ou chauffage, c'eſt que l'argent ſe met ſous les cendres, ſans courir riſque de ſe gâter, & qu'au contraire l'or ſe met ſur une grille, ou dans un panier à dorer, parceque ce métal ſe ternit aiſément, quelquefois cependant on le poſe ſur les charbons, mais jamais dans les cendres.

Dorure d'or haché.

L'or haché ſe fait auſſi avec des feuilles d'or battu, mais il ne s'emploie gueres que ſur des ouvrages unis.

Quand le métal qu'on veut dorer de la ſorte a été graté & poli de la maniere qu'on l'a dit ci-deſſus, on le hache avec le couteau à hacher; c'eſt-à-dire, qu'on y fait de legeres entailles de divers ſens aſſez ſemblables à celles qui ſont ſur les limes les plus fines; les hachures étant faites, on bleuit l'ouvrage, on y met les couches d'or, on les ravale, on les recuit, & après la derniere couche, on les bleuit à clair : mais ce qui fait une grande différence pour la beauté & le prix de l'ouvrage, c'eſt que dans la dorure hachée, il faut juſqu'à huit, dix, douze couches à deux feuilles d'or par couche, & qu'il n'en faut que trois ou quatre pour la dorure unie, c'eſt-à-dire, pour cette dorure qui ſe fait ſans hachures ſur le métal.

Dorure des livres.

Il y a deux ſortes de dorures pour les livres; l'une qui s'applique ſur la tranche, & l'autre qui ſe fait ſur la couverture. Chaque eſpece de dorure a ſes Ouvriers particuliers, ſes outils & ſa pratique. Ce ne ſont cependant que des Maîtres Relieurs de Livres, à qui il ſoit permis d'y travailler.

L'on dore les livres ſur tranche, après qu'ils ont été paſſés en carton, rabatus, & endoſſés, avant néanmoins de les couvrir de la peau.

L'or que l'on emploie eſt de l'or en feuilles, préparé par les Batteurs d'or.

Les inſtrumens, dont on ſe ſert ſont la preſſe pour y ſerrer le livre qu'on veut dorer, les ais pour le tenir, le racloir, pour ratiſſer & unir la tranche : le couſſinet des Doreurs en détrempe pour y étendre l'or, le compas briſé pour l'appliquer ; divers pinceaux pour coucher le blanc d'œuf & l'aſſiette, & une broſſe de petit gris pour étendre l'or.

Le Livre étant fortement preſſé entre deux ais, afin que le glaire d'œufs, ou l'aſſiette ne faſſent point de bavures en dedans, on en ratiſſe la tranche avec le racloir qui eſt un petit outil de fer recourbé, & large par le bout, avec un manche de bois ; & qui étant un peu tranchant, enleve aiſément ce qui peut être reſté de défauts, & de moins uni après la rognure.

Sur la tranche ainſi ratiſſée, ſe couche l'aſſiette : compoſition où il entre du bol d'Arménie, de la ſanguine, & quelques autres drogues de celles dont ſe ſervent les Doreurs en détrempe. L'aſſiette ſuffiſamment ſéchée ſe glaire legerement avec le blanc d'œuf battu, après quoi on applique l'or qui s'étend avec la broſſe du poil de petit gris.

C'eſt avec le compas briſé que ſe prend l'or ſur le couſſine t, après que l'Ouvrier pour y faire tenir ſur ſes deux branches plus ou moins ouvertes, les portions des feuilles de ce métal qu'il veut placer ſur la tranche, les a frottées contre ſa joue, ce qui leur communique une chaleur ſuffiſante pour haper l'or. Ce compas, qui eſt de fer, reſſemble plus à une paire de cizeaux ſans anneaux, qu'à l'outil dont il porte le nom, auquel il ne reſſemble gueres ; le clou, qui en unit les deux branches, n'étant pas au bout comme au compas, mais au milieu comme aux cizeaux.

Quand la tranche eſt dorée, on la fait ſéchet au feu, ſans la tirer de la preſſe, après quoi on la brunit. C'eſt ſur cet or ainſi appliqué, qu'on faiſoit avec de petits fers chauds ces ornemens que l'on a voulu renouveller au commencement du dix-huitieme ſiecle, & dont l'art, par un terme nouvellement inventé, s'appelle antiquer.

La dorure des livres ſur cuir ne ſe fait qu'après que la couverture eſt entierement achevée. Dans les relieures ordinaires, on ne dore que le dos des livres & les bords extérieurs de la couverture. Outre les fleurons, les roſes, les points, & les étoiles, dont on orne communément le dos des livres, & qui rempliſſent l'entre-deux de chaque nervure, l'on y met en lettres d'or capitales le titre de chaque livre, & le numéro des tomes ; quelquefois dans l'eſpace d'une ſeule nervure, quelquefois dans deux nervures, qui ſont la ſeconde & la troiſieme d'en haut.

Les dorures extraordinaires couvrent ſouvent toute la couverture extérieure & intérieure du livre, quand l'intérieur eſt de peau & non de papier marbré, ce qu'on a toujours coutume de faire lorſqu'on veut une relieure propre.

Souvent cette dorure n'eſt qu'une eſpece d'ornement en forme de dentelle & de broderie, qui fait des encadremens autour. Mais ſouvent auſſi les armes, de celui auquel doit appartenir le livre, augmentent cette magnificence, ſoit qu'on en mette de petites au dos entre chaque nervure, ſoit que l'on n'en place qu'une grande au milieu de l'un & de l'autre côté de la couverture.

Tous ces ornemens ſe font avec des fers à dorer, qu'en général on nomme de petits fers, & qui en particulier ont des noms différents ſuivant les choſes qui y ſont gravées.

La gravure de ces fers eſt de relief, ſoit qu'elle ſoit ſur la pointe du poinçon comme aux lettres, aux points, aux vaſes, aux étoiles &c, ſoit qu'elle ſoit faite autour d'un petit cylindre d'acier, comme aux lignes, & aux broderies.

Les poinçons font leur empreinte en les preſſant à plat, & les cylindres en les roulant le long d'une regle de fer, dans le milieu de laquelle elles tiennent par une broche pareillement de fer qui traverſe le milieu de leur diamètre : les uns & les autres ont des manches de bois.

Pour appliquer l'or, on glaire le cuir legerement avec un pinceau ou une petite éponge aux endroits ſur leſquels doivent ſe paſſer les fers : & après que le cuir eſt demi-ſec, on place deſſus les feuilles d'or taillées avec un couteau de la largeur convenable, ſur leſquelles enſuite on preſſe les poinçons, ou bien l'on roule les cylindres, les uns & les autres raiſonnablement chauds. Si ce ſont des poinçons d'armoirie, & que l'on veuille que l'empreinte ait beaucoup de relief, on les frappe avec un maillet ou avec un marteau.

Quand la dorure eſt achevée, on recueille avec une broſſe médiocrement rude le ſuperflu de l'or, ne reſtant de dorés que les endroits où les fers chauds ont fait leur impreſſion ; ce qui n'eſt pas de ſi petite importance qu'il n'y ait des Doreurs de livres ſur cuirs qui ramaſſent de cet or pour une ſomme aſſez conſidérable par an.

Brunir l'or, dont il eſt ſouvent parlé dans cet article, c'eſt le polir & le liſſer fortement avec le bruniſſoir qui eſt ordinairement une dent de loup ou de chien, ou un de ces cailloux qu'on appelle pierre de ſanguine emmanché de bois, ce qui lui donne un brillant & un éclat extraordinaire.

Matter l'or, c'eſt paſſer legerement de la colle ou détrempe dans laquelle on délaie quelquefois un peu de vermillon ſur les endroits qui n'ont pas été brunis ; on appelle auſſi ce procédé repaſſer, ou donner couleur à l'or : cette façon le conſerve & l'empêche de s'écorcher, c'eſt-à-dire de s'enlever quand on le manie ; on nomme pinceaux à matter, ceux qui ſervent à donner cette eſpece de glacis de colle.

DOUBLA, monnoie d'argent qui se fabrique à Alger, ou à Tunis ; il vaut environ vingt-quatre aspres ou 12 sols tournois.

DOUBLE, petite espece de billon qui valoit deux deniers ; ce qui le fit appeller double denier ou simplement double. De même qu'il y eut sous la troisieme Race deux sortes de deniers, le parisis & le tournois, il y eut aussi le double parisis & le double tournois. On ne trouve rien de certain sur cette monnoie avant Philippe le Bel, qui en 1293 ordonna qu'on fabriquât de ces deux sortes de monnoies ; s'il nous restoit des Ordonnances de ses Prédécesseurs sur le fait des Monnoies, peut-être trouverions-nous que la monnoie des doubles est plus ancienne que ce Prince.

Philippe de Valois ordonna le 15 Avril 1339, qu'il seroit fabriqué des deniers d'or appellées doubles d'or, & des demi doubles d'or qui eurent cours pour soixante sols tournois, les demi pour trente sols tournois.

DOUBLE HENRI, monnoie d'or fabriquée sous le regne de Henri III, du poids de cinq deniers dix-sept grains trébuchans, les simples & demi à proportion, au titre de vingt-deux karats trois quarts, qui valoit autrefois environ douze livres. C'est à cette monnoie que Henri III, faisoit allusion, lorsque son Armée étant jointe à celle de Henri IV, alors Roi de Navarre, il refusa de combattre celle de Charles Duc de Mayenne Chef de la Ligue, disant qu'il n'étoit pas prudent de risquer un double Henri contre un simple Carolus.

DOUBLE LOUIS, espece d'or qui a cours en France pour quarante-huit livres, elle est le double du louis de vingt-quatre livres, dont la fabrication a été ordonnée par Edit du mois de Janvier 1726, pour avoir cours pour vingt livres, le double à proportion ; & augmentée à vingt-quatre livres, le double à quarante-huit livres par Arrêt du Conseil du 26 Mai 1726, registrée en la Cour des Monnoies le 27 du même mois. Les doubles louis sont au titre de 22 karats, à la taille de quinze au marc, & valent quarante huit livres piece.

Voyez au mot Monnoie, les remarques après les monnoies de Louis XV.

DOUDOU, monnoie de cuivre qui a cours dans quelques lieux de l'Orient, particulierement à Surate & à Pondicheri principal Etablissement de la Compagnie Françoise aux Indes Orientales. Le doudou dans sa valeur intrinseque vaut un peu moins de six deniers, il en faut quatorze pour le fanon d'or des mêmes lieux qui y revient à six sols de France ; chaque doudou vaut deux caches.

DOUTEUX, en termes de Monnoyeur & de Changeur s'entend des especes d'or ou d'argent dont on n'est pas sûr de la bonté de l'aloi. Les pieces douteuses qu'on porte à la Monnoie ou au Change doivent être cizaillées, c'est-à-dire coupées avec des cizailles pour mieux juger de leur dégré de bonté.

DOUX, les Monnoyeurs & les Fondeurs difent que les métaux font doux, lorfqu'ils ne font pas faciles à fe caffer : la douceur des métaux leur vient d'une fonte fouvent réitérée, ou de ce qu'on les a fouvent & long-tems battus à chauds fur l'enclume. L'or perd fa douceur & devient aigre, quand on fe fert de cannes de fer pour le remuer lorfqu'il eft en fufion.

DOUZAIN, petite monnoie de billon de la valeur de douze deniers tournois, d'où elle a pris fon nom. Elle commença fous François Premier & prit la place des grands blancs, & les fixains la place des petits blancs. On continua fous les regnes fuivans de faire des douzains feulement.

Quoique l'on confonde préfentement en France les fols & les douzains, il y avoit néanmoins autrefois quelque différence, ceux-ci tenans moins de fin que les autres ; les vieux douzains à la croix étoient au titre de quatre deniers, & les douzains de Henri II, de trois deniers dix grains.

Lorfque les gros payemens en douzains étoient tolérés, on en faifoit des facs de vingt-cinq, de cinquante, de cent & de deux cens : mais comme cet ufage étoit une contravention à un Arrêt du Confeil du mois d'Octobre 1666, qui ordonnoit que les fols on douzains ne pourroient être expofés qu'en détail & à la piece, Louis XIV renouvella cette défenfe en 1692, par un fecond Arrêt du 16 Septembre de la même année, fous peine de trois mille livres d'amende, avec permiffion d'en donner feulement jufqu'à la fomme de dix livres dans les plus gros paiemens.

DRAGME, ancienne monnoie d'argent qui avoit cours parmi les Grecs.

Plufieurs Auteurs croient que la dragme des Grecs étoit la même chofe que le *Denarius* ou denier des Romains qui valoit quatre fefterces. Budée eft de ce fentiment dans fon livre *de Affe*, il s'appuie fur l'autorité de Pline, Strabon & Valere Maxime, qui tous font le mot dragme fynonyme à *Denarius*. Mais cela ne prouve pas abfolument que ces deux pieces de monnoies fuffent précifément de la même valeur ; car comme ces Auteurs ne traitoient pas expreffément des Monnoies, il a pu fe faire qu'ils fubftituaffent le nom d'une piece à celui d'une autre, lorfque la valeur de ces pieces n'étoit pas fort différente : or c'eft précifément ce qui arrivoit ; car, comme il y avoit quatre-vingt-feize dragmes attiques à la livre, & qu'on comptoit quatre-vingt-feize deniers à la livre Romaine, on prenoit indifféremment la dragme pour le denier, & le denier pour la dragme : il y avoit pourtant une différence affez confidérable entre ces deux Monnoies, puifque la dragme pefoit neuf grains plus que le denier ; mais on les confondoit, puifqu'on recevoit l'une pour l'autre dans le commerce, & c'eft apparemment dans ce fens que Scaliger dans la Differtation de *re Nummaria* ne dit pas abfolument que le denier & la dragme fuffent la même chofe, mais il rapporte un paffage grec d'une ancienne loi, Chap. XXVI, *Mandati*, où il eft dit que la dragme étoit compofée de fix oboles , & il en conclut au moins qu'au tems de Severe le denier & la dragme étoient la même chofe. Voici en quel fens le denier & la dragme étoient à peu près égaux dans le commerce. Cent dragmes étoient égales pour le poids à cent-douze deniers , & le huitieme de cent-douze eft quatorze, ainfi on donnoit à la Monnoie quatre-vingt-dix-huit deniers pour cent dragmes , & la dragme & le denier étant ainfi à peu près de même valeur, fe recevoient indifféremment dans le commerce des denrées , dans le paiement des Ouvriers , & dans toutes les affaires journalieres & de peu de conféquence. Il falloit en effet que cette différence fût bien legere , puifque Fannius qui avoit étudié à fonds , & évalué avec la derniere précifion , les Monnoies grecques & latines , confond la dragme attique avec le denier Romain , comme il paroît par ces vers :

> Accipe præterea parvo quam nomine Graii ,
> Μναι Vocitant , noftrique minam dixere priores :
> Centum hæ funt dragmæ ; quod fi decerpferis illis
> quatuor , efficies hanc noftram denique libram.

Quatrevingt-feize dragmes attiques faifoient la livre Romaine ; or il eft demontré que la livre Romaine étoit de quatre-vingt-feize deniers , & parconféquent la dragme attique & le denier Romain étoient précifément la même chofe.

Cette conféquence conduit naturellement à évaluer la dragme ancienne avec nos monnoies : le denier Romain valoit dix fols de France : la dragme attique ne valoit donc que dix fols : fix mille dragmes attiques valoient donc trois mille livres : or il falloit fix mille dragmes pour faire le talent attique ; il eft conftant par le témoignage des Auteurs qui ont le plus approfondi cette matiere , que le talent attique valoit trois mille livres de notre monnoie.

La dragme étoit auffi une ancienne monnoie chez les Juifs qui portoit d'un côté une harpe , & de l'autre une grappe de raifin : il en eft fait mention dans l'Evangile. Cette piece valoit un demi ficle , & le didragme valoit le double d'une dragme , ou un ficle.

Encyclopéd.

DREYES , petite monnoie qui a cours dans la Saxe & dans les Etats de Brandebourg : elle vaut quelque chofe de moins que 12 den. ou 1 fol tournois.

DREYLING ou **DREYHELLER** , monnoie de cuivre qui a cours dans le Duché de Holftein , & qui vaut environ huit deniers tournois.

DRIEGULDEN , monnoie d'argent qui fe fabrique en Hollande , & qui a cours pour trois florins.

DROIT DE POIDS , en terme de monnoie , s'entend des efpeces qui ont le poids jufte qu'elles doivent avoir. Par exemple , fi trente louis pefent

4608 grains, ces trente louis de 24 liv. piece font droits de poids, parcequ'ils pefent un marc jufte.

DUBBELTIE, petite monnoie d'argent qui a cours dans les Provinces-Unies, où elle vaut deux ftuyvers ou fols de Hollande, ce qui revient à environ 4 fols de France.

DUCAT, monnoie d'or qui a cours dans plufieurs Etats de de l'Europe; il y en avoit autrefois de frappés en Efpagne, qui avoient cours pour fix livres quatre fols monnoie de France. Le double ducat qui fut frappé depuis, qu'on appelloit à deux têtes, valoit fous le regne de Louis XIII dix livres, auffi monnoie de France, mais enfuite il fut mis à un plus haut prix que la piftole d'Efpagne. A prefent le ducat d'Allemagne vaut cinq florins, & cinq ftuivers argent de Hollande, ce qui fait environ 10 liv. 10 fols argent de France. Les autres ducats d'or font les ducats doubles & fimples d'Allemagne, de Genes, de Portugal, de Florence, de Hongrie, de Venife, de Dannemarck, de Pologne, de Zurick, de Suede, de Hollande, de Flandre & d'Orange. Les plus forts de ces divers ducats font du poids de cinq deniers dix-fept grains, & les plus foibles de cinq deniers dix grains, ce qui s'entend des doubles ducats, & des fimples à proportion.

On porte aux Indes Orientales quantité de ducats d'or frappés aux coins des Princes & Etats cités ci-deffus; mais de quelque fabrication qu'ils foient, ils doivent pefer neuf vals & cinq feiziemes d'un karat poids des Indes.

Lorfque les payemens ou les ventes font confidérables, les Indiens ont un poids de cent ducats réduit à leur valeur, & fi les cent ducats n'ont pas ce poids, on ajoute ce qui manque; dans le détail le ducat d'or pefant vaut neuf mamoudis, & trois péchas ou peffas, le mamoudi fur le pied de treize fols quatre deniers, monnoie de France, & le pécha huit deniers: le mamoudi eft évalué quelquefois un peu plus bas. Voyez MAMOUDI.

Il n'y a plus préfentement en Efpagne de ducats d'or, mais l'on fe fert pour les comptes de ducats d'argent, à peu près comme on fait en France de la piftole de dix livres, qui n'eft pas une efpece courante, mais une monnoie imaginaire & de compte.

Le ducat de compte eft de deux fortes, l'un qu'on appelle ducat de plata, ou d'argent, l'autre ducat de vellon, ou de cuivre.

Le ducat d'argent vaut onze réaux de plata, & le ducat de vellon auffi onze réaux, mais feulement de vellon, ce qui eft une différence de près de la moitié: le réal de plata s'eftimant fur le pied de fept fols fix deniers, & celui de vellon feulement fur le pied de quatre fols, le tout monnoie de France.

Le ducat de change, foit qu'il foit de plata, foit qu'il foit de vellon, eft
toujours

toujours d'un maravedis plus que le ducat ordinaire, chacun néanmoins suivant son espece; c'est-à-dire, celui d'argent augmentant d'un maravedis aussi d'argent, & le ducat de vellon pareillement d'un maravedis de vellon. On ne peut apporter aucune raison de cette différence des maravedis, que l'usage & la coutume que les Banquiers ont de faire cette legere augmentation pour le ducat courant.

Le ducat est aussi une monnoie de compte en plusieurs Villes d'Italie, comme à Naples, Venise & Bergame.

	liv.	s.	d.
En Autriche le ducat vaut	10	5	$8\frac{2}{5}$
A Bâle,	10	15	10
A Cologne,	10	5	$8\frac{2}{5}$
En Empire,	9	10	8
A Florence,	5	10	3
En Hollande,	10	17	0
En Hongrie,	10	19	$4\frac{1}{5}$
A Naples,	4	3	40
A Venise,	7	10	0
Ducat de Wirtemberg,	10	17	0
Ducat de Saxe,	10	17	0
Ducat de Mayence,	10	13	8
Ducat d'Hanovre, George II,	10	10	3
Ducat de Suede,	10	17	0
Ducat de Dannemarck,	10	19	4
Ducat courant de Dannemarck,	7	15	2
Ducat de Hesse d'Armstat,	10	14	8
Ducat d'Hambourg,	10	15	10
Ducat Royal de Bohême,	11	2	6
Ducat de Francfort,	10	18	2
Ducat du Pape,	10	14	10
Ducat de Prusse,	10	19	4
Ducat double Palatin,	21	14	0
Le Ducat d'argent à Venise,	4	0	0
De Place,	3	2	0
Ducat d'argent double à Cadix,	5	3	$9\frac{15}{17}$
D'argent nouveau à Cadix,	4	2	6
De vellon à Cadix,	2	15	$1\frac{13}{17}$
De change à Cadix,	5	3	$1\frac{1}{2}$
Ducat d'or, espece à Coppenhague,	10	10	$11\frac{1}{5}$
Ducat d'or courant à Coppenhague,	7	10	$8\frac{1}{3}$
Ducat d'or en Suede,	18	18	0

Tome I.

On appelle or de ducat le meilleur or que l'on emploie pour dorer.

Le ducat d'Hambourg qui vaut environ fix marcs lubs de banque, ou fept marcs lubs courans, eft fabriqué à la taille de 67 au marc, poids de Cologne, & pefe 65 grains ½ poids de marc de France au titre de 23 karats ⅞. Ce ducat d'or vaut 10 liv. 15 f. 10 d. argent de France.

Voyez au mot EVALUATION, celle conftatée par les Commiffaires de la Monnoie de Paris en 1760.

Les ducats d'or de Cremnitz en Hongrie s'allient à 23 karats 3 grains, ou $\frac{9}{13}$ de karats. La haute couleur qu'on donne à ces ducats par la fonte, eft un mêlange de cuivre & de foufre cémentés enfemble, ce qui fournit une poudre noire dont on met dans l'or en fufion proportionnellement au titre des ducats avec un peu d'orpiment. Voyez ORPIMENT.

Les écus ou pieces de deux florins de la Reine de Hongrie font, fuivant le dernier Reglement au titre de 13 loths 26 grains; 100 marcs font 1000 pieces de deux florins.

DUCATON, monnoie d'or & d'argent qui a cours en plufieurs Villes & Etats.

Les ducatons d'or en Hollande

	liv.	f.	d.
valent,	33	13	3
Ceux d'argent valent à Livourne,	5	18	0
En Hollande,	6	14	3
A Milan,	6	3	2
En Piémont,	6	1	0
A Venife,	6	4	0

Tous ces ducatons font à peu-près du même poids & au même titre, ils pefent prefque tous une once un denier, à l'exception de quelques-uns de Florence qui font d'une once, un denier & douze grains. Quant au titre ils font tous d'onze deniers & quelques grains, c'eft-à-dire depuis huit grains qui font ceux du plus haut titre, jufqu'à deux qui font les moindres.

Les ducatons d'Italie font ceux de Milan, de Venife, de Florence, de Gênes, de Savoye, des Terres de l'Eglife, de Luques, de Mantoue, & de Parme. Comme ils pefent environ trois deniers plus que l'écu de France de foixante fols, & qu'ils font à un titre un peu plus haut, ils fe prennent pour trois ou quatre fols davantage.

On appelle auffi ducaton en Hollande les pieces de trois florins, dont il y a de deux fortes, les anciennes qui valent foixante fols, monnoie du Pays, & les nouvelles, c'eft-à-dire, celles qui furent frappées pendant la guerre qui fuivit la Ligue d'Aufbourg, qui ne valent que foixante fols, le fol fur le pied de quinze deniers, monnoie de France: ces derniers ducatons ont pour diminution des demis, des tiers & des quarts, ils furent presque tous fabriqués des matieres qui furent tirées d'Angleterre.

Outre les ducatons, il se fabrique à Milan d'autres especes d'argent à peu-près du même poids; mais qui ne s'appellent pas ducatons; elles tiennent de fin, comme le ducaton, & ne valent que l'écu de France.

Le ducaton d'argent des Pays-Bas fabriqué & fixé par Edit de la Reine de Hongrie du 19 Septembre 1749 à trois florins argent de change, & à trois florins & demi argent courant, au titre de dix deniers $\frac{10}{24}$ à la taille de $7\frac{7}{10}$ au marc, poids de Troyes, pesant 696 as $\frac{81}{147}$ de ce poids & 626 grains poids de marc de France, vaut 6 liv. 9 s. 8. d. argent de France.

Cette monnoie est très recherchée en Hollande, comme étant d'un argent très pur.

DUCTIBILITÉ est une propriété de certains corps qui les rend capables d'être battus, pressés, tirés, étendus sans se rompre, de maniere que leur figure & leurs dimensions peuvent être considérablement altérées, en gagnant d'un côté ce qu'elles perdent d'un autre. *Encycloped.*

Tels sont les métaux qui gagnent en long & en large ce qu'ils perdent en épaisseur lorsqu'on les bat avec le marteau, ou bien qui s'allongent à mesure qu'ils deviennent plus minces & plus déliés quand on les fait passer à la filiere.

DUCTIBILITÉ DE L'OR, une des propriétés de l'or est d'être le plus ductile de tous les corps: les Batteurs & les Tireurs d'or en fournissent un grand nombre d'exemples. Voyez BATTEUR D'OR.

Le P. Mersenne, M. Rohault, Halley, &c. en ont fait la supputation; mais ils se sont appuyés sur le rapport des Ouvriers. M. de Réaumur a pris une route plus sure; il en a fait l'expérience lui-même: il trouve qu'un seul grain d'or, même dans nos feuilles d'or communes, peut s'étendre, jusqu'à occuper trente-six pouces carrés & demi; & une once d'or qui, mise en forme de cube n'est pas la moitié d'un pouce en épaisseur, longueur, ou largeur, battue avec le marteau, peut s'étendre en une surface de cent quarante-six pieds quarrés & demi, étendue plus de la moitié plus grande que celle que l'on pouvoit lui donner, il y a quatre-vingt dix ans. Du tems du Pere Mersenne, on regardoit comme une chose prodigieuse qu'une once d'or pût former seize cens feuilles, lesquelles réunies ne faisoient qu'une surface de cent cinq pieds carrés. *Mém. de l'Acad. Royale des Sciences, ann. 1713.*

Mais la distention de l'or sous le marteau, quoique très considérable, n'est rien en comparaison de celle qu'il éprouve en passant par la filiere. Il y a des feuilles d'or qui ont à peine l'épaisseur de $\frac{1}{360000}$ de pouce; mais $\frac{1}{360000}$ partie d'un pouce est une épaisseur considérable en comparaison de l'épaisseur de l'or filé sur la soie dans nos galons d'or.

Pour concevoir cette ductilité prod igieuſe, il eſt néceſſaire d'avoirau moins quelqu'idée de la maniere dont procedent les Tireurs d'or. Le fil que l'on appelle communément du fil d'or, & qu'on ſait n'être autre choſe qu'un fil d'argent doré ou recouvert d'or, ſe tire d'un gros lingot d'argent peſant ordinairement quarante-cinq marcs. On lui donne une forme de cylindre d'un pouce & demi environ de diametre, & long de vingt-deux pouces ; on le recouvre de feuilles préparées par le Batteur d'or, les poſant l'une ſur l'autre, juſqu'à ce qu'il y en ait aſſez pour faire une épaiſſeur beaucoup plus conſidérable que celle de nos dorures ; & néanmoins dans cet état, cette épaiſſeur eſt très mince, comme il eſt aiſé de le concevoir par la quantité d'or que l'on emploie à dorer les quarante-cinq marcs d'argent : deux onces ſuffiſent ordinairement, & fort ſouvent un peu plus qu'une. En effet, toute l'épaiſſeur de l'or ſur le lingot excede rarement $\frac{1}{400}$ ou $\frac{1}{500}$ partie d'un pouce, & quelquefois elle n'en eſt pas la $\frac{1}{1000}$ partie ; mais il faut que cette enveloppe d'or ſi mince le devienne bien d'une autre maniere. On fait paſſer ſucceſſivement le lingot par les trous de différentes filieres toujours plus petites les unes que les autres, juſqu'à ce qu'il devienne auſſi fin & même plus fin qu'un cheveu. Chaque nouveau trou diminue le diametre du lingot ; mais il gagne en longueur ce qu'il perd en épaiſſeur, & par conſéquent ſa ſurface augmente : néanmoins l'or le recouvre toujours ; il ſuit l'argent dans toute l'étendue dont il eſt ſuſceptible, & l'on ne remarque pas, même au microſcope, qu'il en laiſſe à découvert la plus petite partie. Cependant à quel point de fineſſe doit-il être porté, lorſqu'il eſt tiré en un filet dont le diametre eſt neuf mille fois plus petit que celui du lingot.

M. de Réaumur, par des meſures exactes & un calcul rigoureux, trouve qu'une once de ce fil s'allonge à 3232 pieds, & tout le lingot à 1163520, meſure de Paris, ou 96 lieues françoiſes ; étendue qui ſurpaſſe de beaucoup ce que Merſenne, Rohault, Halléy &c. avoient imaginé.

Merſenne dit qu'une demi once de ce fil eſt longue de cent toiſes : ſur ce pied, une once de ce fil ne s'étendroit qu'à douze cens pieds, au lieu que M. de Réaumur l'a trouvé de 3232. M. Halley dit que ſix pieds de fil ne peſent qu'un grain, & qu'un grain d'or s'étend juſqu'à quatre-vingt-ſeize verges, & que par conſéquent la dix millieme partie d'un grain fait plus d'un tiers de pouce ; mais ce compte eſt encore au-deſſous de celui de M. de Réaumur ; car ſur ce principe l'once de fil ne devroit être que de 1680 pieds.

Cependant le lingot n'eſt pas encore parvenu à ſa plus grande longueur, la plus grande partie de l'or trait eſt filé, ou travaillé ſur ſoie, & avant de le filer, on l'applatit, en le faiſant paſſer entre deux rouleaux, ou roues d'un acier exceſſivement poli, ce qui le fait allonger encore d'un ſeptieme ; M.

de Réaumur trouve alors que la largeur de ces petites lames ou plaques n'est que la huitieme partie d'une ligne, ou la quatre-vingt-seizieme partie d'un pouce, & leur épaisseur une 3072me, l'once d'or est alors étendu en une surface de 1190 pieds carrés, au lieu que la plûpart des Batteurs d'or ne l'étendent qu'à cent quarante-six pieds carrés.

Mais quelle doit être la finesse de l'or étendu d'une maniere si excessive ? Suivant le calcul de M. de Réaumur, son épaisseur est la 175000me partie d'une ligne, ou la 2100000me partie d'un pouce, ce qui n'est que la treizieme partie de l'épaisseur déterminée par M. Halley : mais il ajoute que cela suppose l'épaisseur de l'or par tout égale, ce qui n'est pas probable ; car en battant les feuilles d'or, quelqu'attention que l'on y ait, il est impossible de les étendre également : c'est de quoi il est facile de juger par quelques parties qui sont plus opâques que d'autres. Ainsi la dorure du fil doit être plus épaisse aux endroits où la feuille est plus épaisse.

M. de Réaumur supputant quelle doit être l'épaisseur de l'or aux endroits où elle est la moins considérable, la trouve seulement d'une 3150000^m partie d'un pouce. Mais qu'est-ce qu'une 3150000me partie d'un pouce ? Ce n'est pas encore la plus grande ductilité de l'or : car au lieu de deux onces d'or que nous avons supposé au lingot, on peut n'y employer qu'une seule once, & alors l'épaisseur de l'or aux endroits les plus minces ne seroit que 6300000me partie d'un pouce. Néanmoins quelque minces que soient les lames d'or, on peut les rendre deux fois plus minces, sans qu'elles cessent d'être dorées, en les pressant seulement beaucoup entre les roues, elles s'étendent au double de leur largeur, & proportionnellement en longueur, de maniere que leur épaisseur sera réduite enfin à une treize ou quatorze millonieme partie d'un pouce.

Quelqu'incroyable que soit cette ténuité de l'or, il recouvre parfaitement l'argent qu'il accompagne. L'œil le plus perçant & le plus fort microscope ne peuvent y découvrir le moindre vuide, ou la moindre discontinuité ; le fluide le plus subtil & la lumiere elle-même ne peuvent y trouver un passage : ajoutez à cela que si l'on fait dissoudre dans de l'eau-forte une piece de cet or trait ou de cet or laminé, on appercevra la place de l'argent tout excavée, l'argent ayant été dissous par l'eau-forte, & l'or tout entier en forme de petits tubes.

DUNG, monnoie d'argent qui se fabrique & qui a cours en Perse dont le poids est de douze grains.

DUTE ou DUYTE, petite monnoie de cuivre qui se fabrique & qui a cours en Hollande. La dute ou duite vaut environ deux à trois deniers de France : huit font le sol commun d'Amsterdam, qu'on nomme vulgairement stuyver, & trois font le gros, ou denier de gros.

DUTGEN , petite monnoie courante en Dannemàrk qui vaut environ quatre à cinq fols tournois.

E

EAU-FORTE , eau ainſi nommée à cauſe de la force extraordinaire avec laquelle elle agit ſur tous les métaux , hors ſur l'or.

L'eau-forte eſt un compoſé d'eſprits de nitre & de vitriol , tirés par un feu de réverbere dans un fourneau , où la flamme eſt déterminée à réverberer ſur les matieres par le chapiteau qui eſt au-deſſus.

Les Monnoyeurs , Orfévres , Fourbiſſeurs , &c. en font une aſſez grande conſommation.

Celle dont ſe ſervent les Graveurs eſt ou blanche , ou verte ; la blanche qu'on appelle eau d'Affineur eſt de l'eau-forte commune : la verte eſt faite avec du vinaigre , du ſel commun , du ſel ammoniac & du verd de gris.

L'invention de cette eau n'eſt pas ſi ancienne que quelques Chymiſtes le prétendent , ils croient trouver dans les Saintes Ecritures que Moyſe en avoit connoiſſance : on trouve dans le ſecond Tome de la Bibliotheque des Philoſophes , qu'elle n'a été trouvée que dans l'an 1300 ou environ , il n'y a pas d'Auteur qui en ait parlé avant ce tems.

EAU SECONDE ; eau-forte ordinaire à laquelle on a ajouté une diſſolution de ſel ammoniac dans l'eſprit de nitre ; on l'appelle alors eau régale , parcequ'elle diſſout l'or , qu'on regarde comme le Roi des métaux. Quand l'eau-forte a été ainſi régaliſée , elle diſſout l'or ſans faire impreſſion ſur l'argent & ſur les autres métaux. La raiſon en eſt que l'eau-forte étant compoſée d'eſprits de nitre , les particules pointues de ces eſprits ſont tellement proportionnées , aux pores de l'argent , qu'elles y entrent facilement , enſorte qu'elles ſont capables de déranger toutes les parties de ce métal. Mais quand les particules de nitre ont été groſſies par l'addition du ſel ammoniac , alors ces particules ne font plus que gliſſer ſur les pores de l'argent ſans pouvoir y entrer , à cauſe qu'ils ſont trop étroits ; mais elles s'introduiſent facilement dans les pores de l'or , qui ſont aſſez larges , & enſuite l'acide du nitre ayant ébranlé les parties de l'or , à cauſe de la grande viteſſe qu'il a acquiſe par l'addition du ſel , il donne lieu au ſel de les déranger entierement ; & même de les tenir ſuſpendus dans la diſſolution , après qu'elles ont été dérangées.

Cette différence des pores de l'or & de l'argent ſur laquelle les différens effets de l'eau régale ſont fondés , ſe peut très aiſément appercevoir avec le microſcope , avec lequel on voit que les pores de l'or ſont bien plus larges que ceux de l'argent ; ce qui n'empêche pas néanmoins que l'or ne ſoit plus peſant que l'argent ; parceque ſi d'un côté les pores de l'argent ſont plus petits , ils ſont d'un autre côté en ſi grand nombre que les petits vuides qu'ils laiffent étant pris tous enfemble, font un vuide beaucoup plus grand que les pores de l'or pris tous enfemble ne fauroient faire. Dans deux maffes éga- les de ces deux métaux, les pores de l'or font en beaucoup plus petit nom- bre que ceux de l'argent. La petite quantité des pores de l'or, & la raifon pourquoi ces pores font moins larges que dans les autres métaux, provient de ce que dans l'or, le fel, le foufre, & le mercure digérés & purifiés au plus haut point, font beaucoup plus unis que dans l'argent, & font par là une matiere plus unie & plus compacte ; au lieu que dans l'argent, ces prin- cipes étant moins unis, fouffrent des féparations moins fréquentes, lefquel- les féparations font d'autant plus petites que la matiere eft moins compacte. Une expérience fort facile peut faire comprendre clairement ce que l'on vient de dire ; fi l'on prend deux vafes de même grandeur, & de même ca- pacité qu'on remplira de balles de calibre & de dragées de plomb ; on trou- vera que les vuides qui font entre les balles de calibre font plus grands que ceux qui font entre les dragées de plomb ; mais on trouvera auffi que ceux qui font entre les dragées de plomb, font en plus grand nombre que ceux qui font entre les balles de calibre, avec telle proportion que la quantité des plus petits eft plus confidérable que la largeur des plus grands ; auffi eft-il vrai que le vafe rempli de balles de calibre pefe davantage que celui qui eft plein de dragées de plomb ; cette expérience peut donner une idée par- faite de ce que l'on vient de dire de l'or & de l'argent.

Boizard.

Encyclop.

EAU-SIMPLE, eau-forte qui a été diftillée & qui ne contient que des flegmes ; on s'en fert dans les Monnoies & chez les Orfévres, pour com- mencer à amollir les grenailles.

EAU ÉTEINTE, eau-forte où l'on a mis de l'eau de riviere afin de l'é- teindre, & la rendre moins corrofive. Son ufage eft pour tetirer l'argent des eaux-fortes qui ont fervi aux départs.

EAU REPASSÉE, quand la diftillation du départ eft achevée, l'eau qui a été diftillée eft appellée eau repaffée, & fe trouve alors en état de fervir de derniere eau pour perfectionner d'autres départs ; elle y eft même plus propre qu'auparavant, parceque les eaux-fortes qui n'ont pas encore fervi, font chargées de flegmes qui les rendent plus corrofives que diffolvantes, & ces flegmes ne peuvent être diffipés que par des diftillations réitérées.

ÉCACHER L'OR ou L'ARGENT, autrement le battre, ou le mettre en lame, c'eft après qu'il a été réduit en fil trait de la groffeur d'un cheveu, le faire paffer entre deux petits rouleaux d'acier très ferrés l'un contre l'autre fur leur épaiffeur, pour l'applatir de telle forte, qu'il puiffe facilement fe filer fur la foie, & la couvrir de façon qu'on ne puiffe plus l'appercevoir ; Voyez OR.

ÉCACHEUR, Artifte qui écache l'or & l'argent, Voyez TIREUR & BAT- TEUR D'OR.

ÉCHARS, terme de Monnoie, il s'entend de la loi d'une piece un peu au-deſſous du titre preſcrit par les Ordonnances ; ainſi une monnoie eſt en échars, lorſqu'elle eſt un peu au-deſſous du dégré de fin qu'elle devroit avoir.

Ce mot eſt fort vieux & ſignifioit autrefois avare , meſquin : ſelon Borel il vient du mot françois Charſe , qui ſignifioit maigre, il a cette ſignification dans le Roman de Perceval ; d'autres le dérivent du latin *exparcus* , d'où on a fait enſuite *Scarſus* ; du Cange le dérive du ſaxon *Scheard* qui ſignifie fragment & morceau.

ÉCHARSETÉ , terme de Monnoie qui vient de l'ancien mot échars ; c'eſt proprement l'épargne que l'on fait de l'or & de l'argent dans la fabrique des monnoies , en y ſubſtituant d'autres métaux dont on fait ce qu'on appelle l'alliage ; ainſi on appelle un louis échars, celui où le titre de l'or eſt un peu trop affoibli. Exemple :

Les Directeurs doivent travailler l'or à vingt deux karats, autrement à vingt-un karats, trente-deux-trente-deuxieme ; ſi les louis d'or ne ſont qu'à 21 karats $\frac{1}{4}$ ou à 21 karats $\frac{24}{32}$ il s'en faudra de huit trente-deuxiemes que le Directeur n'ait travaillé à 22 karats ou à 21 karats $\frac{32}{32}$ mes : partant les louis ſeront échars de huit trente-deuxiemes, parceque 24 & 8 font 32.

Si les louis d'or étoient à 21 karats $\frac{22}{32}$ mes ils feroient échars de $\frac{10}{32}$ mes : ſi ſeulement ils étoient à 20 karats $\frac{20}{32}$ mes ils feroient échars de $\frac{11}{32}$ mes qui eſt tout le remede permis.

De même les Directeurs doivent travailler l'argent à onze deniers , autrement à dix deniers, vingt-quatre grains.

Si l'argent eſt rapporté à dix deniers , vingt-un grains , il ſera échars de trois grains ; s'il eſt rapporté à vingt-un & demi , il eſt échars de deux grains & demi ou de 10 quarts. Pour entendre ceci , il faut ſavoir qu'il eſt d'uſage dans les calculs de monnoie de réduire ces grains en quarts, en les multipliant par quatre. Ainſi trois grains valent 12 quarts, 2 grains $\frac{1}{2}$ 10 quarts, 2 grains 8 quarts , 1 grains $\frac{1}{2}$ vaut 6 quarts.

De façon que ſi l'argent eſt rapporté à dix deniers 21 grains $\frac{1}{2}$, l'écharſeté ſera de 10 quarts.

Si à 21 $\frac{1}{4}$ l'écharſeté ſera de 9 quarts.

Si à 22 grains l'écharſeté ſera de 8 quarts, &c.

On voit par là que l'écharſeté eſt la quantité du remede de loi, ou de la bonté intérieure que le Directeur a priſe en alliant ſon métal ſur chaque marc d'or & d'argent ouvré en eſpeces au-deſſous du titre ordonné.

Il y a deux ſortes d'écharſetés ; l'une qui eſt permiſe, qu'on appelle écharſeté de loi dans le remede ; l'autre qui eſt puniſſable , qu'on nomme écharſeté de loi hors du remede.

La premiere, eſt lorſque le titre des eſpeces n'eſt point affoibli au-delà du remede permis par l'Ordonnance, en ce cas le Directeur eſt tenu ſeulement de payer cette écharſeté au Roi.

L'autre écharſeté eſt quand le titre de l'or & de l'argent eſt affoibli, même au-delà du remede; en ce cas, outre la reſtitution des ſommes à quoi monte cette écharſeté reglée par les Jugemens de la Cour des Monnoies, le Directeur eſt condamné à l'amende, & même puni quelquefois de plus grande peine, ſuivant l'exigence des cas & des circonſtances.

Ce terme d'écharſeté étoit autrefois inconnu dans la fabrication des monnoies, parcequ'on y travailloit ſur le fin; il n'y a été introduit que depuis qu'on a commencé de s'y ſervir d'alliage, & à regler le titre des matieres à certain degré.

ECU, monnoie d'argent fabriquée en exécution de l'Edit du mois de Janvier 1726, au titre de onze deniers de fin au remede de trois grains, à la taille de huit trois dixiemes au marc, & au remede de poids de 36 grains par marc, au cours d'abord de 5 liv. & fixée à 6 liv. par Arrêt du 26 Mai ſuivant, valeur qui n'a pas varié depuis.

L'écu a pour diminution le demi écu valant . . . 3 liv.
Le cinquieme d'écu valant . . . . 24 ſ.
Le dixieme d'écu valant . . . . . 12 ſ.
Le vingtieme valant . . . . . 6 ſ.

Les cinquiemes & dixiemes ſont au même titre & au même remede de fin que les écus.

Les cinquiemes ſont à la taille de 41 pieces au marc.

Les dixiemes à la taille de 83 pieces, & les uns & les autres au remede de poids de 41 grains ½.

Les vingtiemes ſont à la taille de 166 pieces au marc, & au remede de poids de 83 grains par marc.

L'écu a été ainſi nommé de l'écu ou écuſſon qu'il eut d'abord pour empreinte d'effigie, & de ce qu'il eſt chargé de l'écu de France, ou de l'écu des armoiries de nos Rois.

Louis VII, ſucceſſeur de Louis VI ſon pere mort en 1137, eſt le premier qui fit ſemer de fleur-de-lys ſans nombre l'écuſſon de la monnoie qu'il fit fabriquer; ces fleurs-de-lys ſans nombre étoient alors les armoiries des Rois de France; c'eſt cette monnoie qui, pour cette raiſon a la premiere porté le nom d'écu.

L'écu de France, autrement appellé écu blanc d'argent, vaut ordinairement ſoixante ſols : c'eſt à ce prix que ſe réduiſent dans les comptes toutes les autres monnoies d'or & d'argent.

Philippe de Valois, fils de Charles Comte de Valois, petit-fils de Philippe le Bel & fucceffeur de Charles le Bel en 1327, fit fabriquer fept différentes monnoies qu'on n'avoit pas connues fous les Regnes précédens, à la fixieme defquelles il donna le nom d'écu, ou de denier d'or à l'écu. Les premiers de ces écus, fous ce Regne, ou de ces deniers d'or à l'écu furent commencés l'an 1336. Le Roi y eft repréfenté tenant de la main gauche l'écu femé de fleurs de lys fans nombre, ce qui leur fit donner le nom d'écus, de denier, ou de florin à l'écu. Ils étoient d'or fin, on leur donna le nom d'écus premiers. Voyez au mot MONNOIE, les Monnoies fabriquées fous le regne de ce Prince.

Le Blanc, page 206.

En 1347 ils n'étoient qu'à 23 karats, puis à 22 karats ¼, on les nomma écus deuxiemes : fur la fin du Regne de Philippe de Valois ils n'étoient qu'à 21 karats.

Le Roi Jean qui fuccéda à fon pere en 1350, fit auffi fabriquer des deniers d'or à l'écu qui n'étoient qu'à 21 karats, c'eft-à-dire, au même titre que ceux qui furent faits fur la fin du Regne précédent.

Ecus a la Couronne. Charles VI qui regna en 1380, fit faire des écus à la Couronne, ainfi appellés à caufe de la Couronne qui étoit au-deffus de l'écu.

Les écus d'or n'étoient pas nouveaux, ils avoient eu grand cours fous les regnes de Philippe de Valois & de Jean fon fils, mais les écus d'or à la Couronne étoient faits d'une maniere différente des deniers d'or à l'écu.

La fabrication de ces écus d'or à la Couronne fut ordonnée par Lettres expédiées à Paris le 11 Mars 1324, afin de bannir les monnoies d'or étrangeres. Ils étoient d'or fin, pefoient trois deniers quatre grains ⁴⁄₇; ils étoient de foixante au marc, & avoient cours pour 22 fols fix deniers tournois la piece. Le marc d'or monnoie 67 liv. 10 f. & aux Monnoies 65 liv. 10 f. On fabriqua beaucoup de cette nouvelle monnoie fous ce Regne, & beaucoup plus encore fous le regne fuivant; & enfin fous Louis XI on ne fabriqua point d'autre monnoie d'or.

Dans le même tems qu'on fit les écus d'or à la Couronne, on fit auffi les blancs & les demi blancs à l'écu; c'eft l'époque où l'on commença à ne plus trouver fur les monnoies de France que trois fleurs-de-lys dans l'écu.

Ecus heaumes. Charles VI fit fabriquer le 9 Novembre 1417 une autre forte d'écu d'or qu'on nomma écus heaumes, ainfi nommés de ce que au-deffus de l'écu, au lieu d'une couronne, il y avoit un heaume ou cafque. Cette monnoie étoit plus péfante que les écus couronnés; elle étoit de quarante-huit au marc, mais non d'or fin, elle n'étoit qu'à 22 karats du poids de 96 grains.

& avoit cours pour deux livres, le marc d'or 92 liv. & le marc d'argent 8 liv.

Il n'y a point eu de monnoie qui ait été plus célebre dans l'Europe que les écus d'or. Les Etrangers en firent à notre imitation. Ceux qu'on fit en France n'eurent point toujours ni le même titre, ni le même poids; l'un & l'autre varierent extrêmement pendant les regnes de Charles VI & de Charles VII : ils souffrirent aussi quelques changemens sous les Regnes suivans, mais à la vérité moins considérables que ceux qui furent faits sous ces deux Regnes. On peut voir toutes ces variations dans les Tables des Monnoies d'or & d'argent, & au mot MONNOIE, aux regnes de ces Princes. On n'en rapportera ici que les principales.

On a vu ci-dessus, que lorsque Charles VI fit faire les écus d'or à la Couronne, ils étoient d'or fin & de soixante au marc, ils changerent en-suite souvent de poids, & les moindres qu'il fit fabriquer, furent à vingt-trois karats & de soixante sept au marc, excepté cependant les écus heau-mes; & enfin l'an 1421, la derniere année du regne de Charles VI, ils étoient d'or fin, & de soixante six au marc.

Sous Charles VII ils changerent de même souvent de poids & de titre: on en fit qui n'étoient qu'à seize karats; mais l'an 1436 le Roi les fit faire d'or fin & de soixante dix au marc, valant vingt-cinq sols piece; depuis ce tems, on ne s'écarta gueres de ce poids, ni de ce titre.

En 1455 ils étoient à vingt-trois karats un huitieme, & de soixante-au marc, valant vingt-sept sols la piece.

Louis XI, Charles VIII, & Louis XII garderent le même titre, & ne s'écarterent que très peu de ce poids.

En 1473 Louis XI les fit faire de soixante douze au marc.

ECUS D'OR AU SOLEIL. Le 2 Novembre 1475, Louis XI, qui succeda en 1461 à Charles VII son pere, fit cesser la fabrication des écus d'or à la Couronne, & fit faire les écus d'or au Soleil : ils portoient un Soleil au-dessus de la Couronne, & point de fleur-de-lys à côté de l'écu. Depuis ce tems, on a toujours continué de mettre un Soleil sur les écus d'or, qui à cause de cela, furent nommés très souvent *Ecus Sol.*

Charles VIII, qui succéda à son pere Louis XI en 1483, fit faire des écus d'or à la Couronne & au Soleil, de même titre & des même poids que ceux de son pere : passé ce Regne, on ne fit plus que des écus d'or au Soleil.

En 1487 Charles VIII augmenta le prix de ces especes qui furent mises dans le commerce; l'écu à la Couronne valut trente-cinq sols, l'écu au So-leil trente-six sols trois deniers.

Louis XII successeur de Charles VIII en 1497, ne fit fabriquer sous son regne que des écus & demi-écus d'or au Soleil & au Porc-épi : les uns & les autres étoient de même titre & de même poids que les écus d'or au

Soleil du Regne précédent, c'eſt-à-dire, de ſoixante-dix au marc, & à vingt-trois karats un huitieme, à un huitieme de remede.

Ecus au Porc-épi. On ne commença les écus d'or & les écus au porc-épi que le dix-neuf Novembre 1510 après avoir diſcontinué la fabrication des autres eſpeces. Ils étoient du même titre & du même poids que les écus d'or au Soleil fabriqués ſous le regne de Charles VIII, c'eſt-à-dire, de ſoixante-dix au marc, & à vingt-trois karats un huitieme, à un huitieme de remede.

Le nom de Porc-épi fut donné à ces nouvelles eſpeces à cauſe que la figure de cet animal, que le Roi avoit choiſi pour ſa deviſe, y fut gravée.

François I, ſucceſſeur de Louis XII en 1515, fit fabriquer des écus & des demi écus au Soleil qui ne furent pas toujours de même titre, de même poids, ni de même forme : cependant les premiers écus d'or qu'on fabriqua ſous ce Regne, étoient de même poids & de même titre que ceux du regne précédent.

L'an 1519, on en diminua le titre d'un quart de karat, leur poids fut affoibli d'un grain trois quarts. Pour les diſtinguer des premiers, on mit deux F couronnées à côté de l'écu.

En 1538, on en fabriqua de même poids dont le titre étoit encore plus foible de trois karats : ces deux fabrications ne durerent que quelques mois.

En 1539 on fit des écus d'or au titre de vingt-trois karats, un huitieme de remede, de ſoixante-onze un huitieme au marc, peſant deux deniers ſeize grains trébuchant la piece ; ce titre & ce poids durerent preſque pendant tout le regne de François Premier, & pendant tout celui de Henri II.

On fabriqua encore ſous ce Regne des écus nommés par le Peuple à la croiſette, à cauſe d'une petite croix quarrée qui eſt au milieu de l'écuſſon & des écus dits à la ſalamandre, à cauſe des deux ſalamandres qui ſont à côté de l'écu.

Henri II, qui ſuccéda à François Premier ſon pere en 1547, fit fabriquer des écus d'or, des demi écus d'or & des quarts d'écus d'or. Ces eſpeces étoient de même titre & de même poids que celles que François I fit faire depuis l'an 1519, c'eſt-à-dire à vingt-trois karats, un huitieme de remede, & à la taille de ſoixante-onze ⅟ au marc.

On fabriqua à la Monnoie de Paris des doubles écus d'or qu'on nomma Henris ; ils devoient avoir d'un côté la tête du Roi couronnée, & de l'autre en forme de croix quatre H couronnés, dans les angles une fleur-de-lys & pour légende, *Donec impleat orbem* ; ces mots étoient la deviſe du Roi ; au haut de la croix un Soleil qui étoit la marque des écus d'or, introduite par Louis XI.

Le dernier jour du mois de Janvier 1548, le Roi ordonna qu'aux écus & demi écus au foleil, on mettroit fon effigie *d'après le naturel*, avec la couronne fur la tête & pour légende *Henricus II Dei gratiâ Francorum Rex*, de l'autre côté l'écuffon aux armes de France, la couronne fermée au-deffus ; de chaque côté un H couronnée avec la légende ordinaire X P S *vincit*, &c.

On ne fabriqua aucune forte d'écu, ni aucune monnoie d'or fous le Regne de François II qui parvint au Trône en 1559.

Sous celui de Charles IX fon frere, qui lui fuccéda en 1560, on fit des écus d'or dont le poids fut diminué d'un grain. On augmenta fon prix de quatre fols, de forte que l'écu valut en 1561, lorfqu'on commença à en fabriquer, cinquante fols, mais le Peuple en augmenta la valeur, & on fut obligé de le fixer à cinquante-quatre fols en 1573.

Sous le Regne de Henri III, Succeffeur de Charles IX fon frere, en 1574, les écus d'or & les demi écus d'or furent, comme fous le précédent à vingt-trois karats, un quart de remede, & de foixante-douze & demi au marc. On trouve auffi des doubles écus d'or & des quadruples d'écus d'or de Henri III, quoiqu'il n'en foit pas parlé dans les Ordonnances. On fit encore fous ce Regne des quarts d'écus & des demi quarts d'écus.

Les quarts d'écus furent fabriqués au mois d'Octobre 1580 ; ils étoient à onze deniers d'argent de fin, de vingt-cinq un cinquieme au marc, du poids de fept deniers douze grains trébuchans, valans quinze fols, & par conféquent les demi quarts d'écu fept fols fix deniers. On donna le nom de quart d'écu à cette efpece à caufe qu'elle valoit le quart de l'écu d'or qui fut fixé à foixante fols en 1575 ; & en 1577, pour faire connoître que le quart d'écu d'argent valoit le quart d'écu d'or, on mit ces chiffres IIII, à côté de l'écuffon, & fur le demi quart d'écu d'argent pour faire voir qu'il n'en valoit que la huitieme partie, on y met ceux-ci V. III.

Les défordres de l'Etat continuerent fous le Regne de Henri III, & le furhauffement des Monnoies augmentoit tous les jours, de forte qu'on fut obligé le 22 Septembre 1574, de fixer par provifion l'écu d'or à cinquante-huit fols, en 1575 à foixante fols.

Le Peuple donnant toujours cours aux Monnoies, comme bon lui fembloit, & en augmentant le prix fuivant fon caprice, pouffa le prix de l'écu jufqu'à foixante-huit fols. Pour arrêter ce défordre qui auroit infailliblement ruiné le Royaume, le Roi fit faire plufieurs affemblées de gens les plus expérimentés dans cette partie, pour trouver un remede à ce mal.

Sur ce que la Cour des Monnoies remontra alors au Roi, *qu'il feroit befoin de faire Affemblée generale de gens de bien, verfés en ce fait, zélés pour le bien public fans affection de leur profit particulier, avec les qualités requifes par les anciennes Ordonnances faites fur le fait des Monnoies & non autres, &c.* les

Remontran-
ces de la Cour
desMonnoies.

Etats Généraux du Royaume furent convoqués à Blois pour le 19 Décembre, alors la Cour des Monnoies préfenta au Roi & aux Etats Généraux des remontrances fur le Réglement des Monnoies.

Les Etats après avoir examiné ces remontrances avoient réfolu de réduire l'écu d'or qui couroit pour foixante-huit fols, à foixante fols : la néceffité des affaires & l'agitation de l'Etat ne permirent pas de faire cette réduction, on le fixa feulement pour un tems & par provifion à foixante-cinq fols.

La Cour des Monnoies fit encore des remontrances, elle repréfenta que cette fixation de l'écu d'or à foixante-cinq fols ne feroit qu'augmenter le mal, d'autant que l'expérience avoit fait connoître plufieurs fois que lorfque, pour fe prêter au cours que le Peuple donnoit aux monnoies, on avoit furhauffé la valeur de l'écu, ils croyoient en fixer la valeur à certain prix, cette condefcendance n'avoit fait que donner occafion à de nouveaux furhauffemens, le peuple étant en poffeffion d'excéder toujours le prix de l'Ordonnance, & même depuis le dernier Réglement, la Cour étoit bien informée que dans les Provinces, on avoit encore augmenté le prix de l'écu de quatre à cinq fols.

La Cour des Monnoies infifta fur la néceffité de l'abolition de la maniere de compter par fols & par livres. Ses remontrances furent fort examinées; l'avis de changer le compte de livres à écus fut jugé de telle importance que le Roi qui étoit à Pontoife fit affembler à Paris chez le Cardinal de Bourbon ce qu'il y avoit de gens favans pour l'examiner : on infifta fort pour & contre : enfin on fe détermina à fuivre l'avis de la Cour des Monnoies; l'Edit pour ce Réglement fut fait au mois de Septembre 1577, publié & enregiftré au Parlement les 13 & 18 Novembre fuivant, & en la Cour des Monnoies le 20 du même mois.

Par cet Edit le prix des écus d'or fut fixé à foixante fols, & par l'article fecond, il fut ordonné que la fabrication des écus feroit continuée, ainfi que celle des demi écus & des francs d'argent, & que nouvelle fabrication feroit faite des quarts & demi quarts d'écus d'argent &c, fur le prix & pied de foixante-quatorze écus le marc d'or fin, & fix écus & un tiers le marc d'argent le Roi, de haute loi.

Depuis la mort de Henri III jufqu'en l'an 1594, que Henri IV qui lui fuccéda en 1589 fut maître de Paris, le Peuple avoit hauffé le cours des monnoies & faifoit valoir l'écu d'or, foixante-quatre fols & plus. On fit défenfes le 30 Mars de les expofer, ni recevoir à plus haut prix qu'il n'étoit porté par le celebre Edit de 1577, favoir l'écu d'or pour foixante fols, le quart d'écu pour quinze fols, & le refte à proportion. Mais l'an 1602, au mois de Septembre, le compte à écu fut aboli, & on rétablit celui à livre. On augmenta le prix des monnoies d'or & d'argent, de forte que l'écu d'or fut mis à trois livres cinq fols, les quarts & demi quarts à proportion.

Louis XIII fit fabriquer les mêmes efpeces qui avoient été faites fous le regne précédent, c'eft-à-dire des écus d'or, des quarts d'écu d'argent, des francs d'argent, &c. avec leurs diminutions : on ne changea rien au titre, au poids, ni à l'alloi de ces monnoies.

Cependant pour empêcher que ce qui reftoit de bonnes efpeces en France, ne fut tranfporté, alteré, ou billonné, pour rétablir le commerce & rendre la réduction qu'on vouloit faire plus facile à fupporter, on réfolut de tenir un milieu entre le prix qu'Henri IV avoit donné à l'écu d'or par fon Ordonnance de 1602, & le cours exceffif qu'on donnoit aux efpeces ; ainfi on augmenta le prix de l'écu d'or & de foixante-cinq fols, à quoi il étoit fixé par l'Edit de 1602, on le mit à trois livres quinze fols par Ordonnance du 5 Décembre 1614, publiée au commencement de l'année 1615.

Au mois de Février 1630, on permit encore par provifion que l'écu d'or s'expofât pour quatre livres ; au mois d'Août 1631, pour quatre livres, trois fols ; au mois de Juillet 1633, pour quatre livres fix fols. Toutes ces augmentations n'étoient accordées que par provifion. Enfin le 5 Mars 1636, l'écu d'or fut fixé par un Edit à quatre livres quatorze fols, mais il fallut encore paffer outre, & le 28 Juin de la même année, on l'augmenta de dix fols tout-à-coup, il valut alors cinq livres quatre fols ; le marc d'or valut trois cens quatre-vingt-quatre livres, & celui d'argent, vingt-cinq livres.

Nous obferverons que par-tout où il eft parlé d'écus avant l'année 1641, il faut toujours l'entendre de l'écu d'or : depuis cette année, à moins qu'on ne le fpécifie en le nommant écu d'or, il ne s'entend plus que de l'écu d'argent, ou du louis d'argent qui s'eft comme approprié le nom d'écu.

ÉCU BLANC OU LOUIS D'ARGENT. Louis XIII, par Edit du mois de Septembre 1641, ordonna la fabrication de cette monnoie. Il en fut alors fabriqué de quatre fortes, favoir des louis de foixante fols, de trente, de quinze & de cinq fols. De ces quatre efpeces de louis, il n'y eut que le louis de cinq fols qui garda fa premiere dénomination, le louis de foixante fols prit bientôt le nom d'écu, & les deux autres furent appellés fimplement pieces de trente & de quinze fols. La piece de trente fols étoit la moitié de l'écu, celle de quinze fols le quart, & le louis de cinq fols le douzieme.

Cette nouvelle monnoie dont les creux & les poinçons furent gravés par le celebre Varin, fut frappée au titre de onze deniers de fin au remede de deux grains, les louis de foixante fols du poids de vingt-un deniers huit grains trébuchant, chacun à la taille de huit pieces onze douziemes, au remede d'un douzieme de piece, & les diminutions à proportion.

Sous le regne de Louis XIV qui fuccéda à Louis XIII fon pere en 1643, on fabriqua des écus d'or & des demi, des quarts d'écu & des demi, des écus blancs ou louis d'argent de foixante fols, de trente, de quinze & de cinq fols.

Le furhauffement du prix des monnoies qui avoit caufé tant de défordres pendant les regnes précédens, continua d'en faire fous celui ci, tant qu'on permit le cours des monnoies étrangeres, le Peuple ufoit toujours de la liberté qu'il s'étoit donnée depuis long-tems d'augmenter le prix des efpeces, & faifoit valoir les écus blancs à trois livres dix fols, & leurs diminutions à proportion.

Pour empêcher ce défordre, on décria les monnoies étrangeres, on décria même les quarts d'écu, & on fixa par une Déclaration vérifiée le 4 Avril 1652 le prix de l'écu d'or à cinq livres quatre fols, & leurs diminutions à proportion.

Mais le Peuple continuant toujours de hauffer le cours des monnoies, on fut obligé de permettre le 7 Mars 1653, que cette diminution du prix des efpeces fe feroit à diverfes reprifes, afin que comme on avoit profité infenfiblement de l'augmentation qui avoit été faite du prix des Monnoies, on en fupportât la diminution de la même maniere, de forte que l'écu d'or valut

En Mars 1653,	.	.	6 liv.	4 f.
Les écus blancs,	.	.	3	10
En Juin l'écu d'or,	.	.	5	19
L'écu blanc,	.	.	3	9
En Septembre l'écu d'or,	.	.	5	14
L'écu blanc,	.	.	3	6
En Décembre l'écu d'or,	.	.	5	9
L'écu blanc,	.	.	3	3 jufqu'au
dernier Mars 1654.				
En Avril 1654 l'écu d'or	.	.	5	4

L'écu blanc 3 liv, & les diminutions de ces efpeces à proportion.

Le premier Janvier 1666, les écus d'or furent mis au prix de 5 liv 11 f. 6 d. & les écus blancs à 2 liv. 18 f. leurs diminutions à proportion.

Le 10 Septembre 1666, on remit les écus blancs à trois livres, & les autres monnoies à proportion.

Par Edit du mois de Décembre 1689, il fut fabriqué de nouveaux écus, de neuf au marc, du poids de vingt-un deniers, & qui eurent cours pour trois livres fix fols.

Par Arrêt du 6 Décembre 1691, les écus furent réduits à 3 liv. 4 f.

Par Arrêt des 16 Juin & 26 Juillet 1693, les écus furent réduits à trois livres deux fols.

Par Edit du mois de Septembre 1693, il fut ordonné une réforme de louis & d'écus; & il fut fabriqué des écus de neuf au marc du poids de vingt-un deniers

deniers, qui eurent cours pour trois livres douze fols.

Le premier Janvier 1700, les écus ont été réduits à 3 liv. 10 f.

Le premier Avril les écus ont été réduits à 3 liv. 9 f.

Le premier Juin à 3 liv. 8 f.

Par Arrêts des 30 Novembre & 21 Décembre, les écus ont été réduits à 3 liv. 7 f.

Le premier Avril à 3 liv. 6 f.

Par Arrêt du 28 Juin 1701, les écus ont été réduits à 3 liv. 5 f.

Par Arrêt du 19 Septembre 1701, les écus ont été augmentés & ont eu cours pour 3 liv. 7 f. 6 d.

Par Déclaration du 27 Septembre, ils ont eu cours pour 3 liv. 10 f.

Par Edit du même mois de Septembre & Déclaration du 27 dudit mois, il fut ordonné une nouvelle fabrication d'écus de neuf au marc & du poids de vingt-un deniers, qui eurent cours pour trois livres, quinze fols.

Le 22 Août 1702, les écus ont été réduits à 3 liv. 14 f.

Et par Arrêt du 17 Octobre 1702, à 3 liv. 12 f.

Par Arrêt du 14 Juillet 1703, les écus furent réduits à 3 liv. 11 f.

Par autre du vingt-un Août suivant à 3 liv. 10 f.

Par Arrêt du premier Avril 1704, les écus ont été réduits au premier Mai suivant à 3 liv. 9 f. Par le même Arrêt au 15 Mai à 3 liv. 8 f.

Par Edit du mois de Mai 1704, il fut ordonné une nouvelle fabrication & réformation de louis & d'écus; en conséquence de cet Edit, il fut fabriqué des écus de neuf au marc, du poids de vingt-un deniers, qui eurent cours pour 4 liv.

Par Arrêt du 20 Janvier 1705, les écus ont eu cours pour 3 liv. 18 f. & furent réduits par Arrêt du 7 Juillet de la même année à 3 liv. 17 f. 6 d.

Par Arrêt du 17 Septembre suivant, les écus ont été réduits pour avoir cours au premier Janvier 1706, pour 3 liv. 16 f.

Le premier Mars 1706, les écus ont été réduits à 3 liv. 14 f.

Par les Arrêts des 25 Mai & 8 Juin suivant, à 3 liv. 12 f.

Par Arrêt du 27 Novembre 1706, les écus ont été réduits pour avoir cours au premier Janvier 1707, pour 3 liv. 11 f.

Le premier Avril 1708, les écus par Arrêts des 31 Janvier & 14 Février de ladite année, ont été réduits à 3 liv. 10 f.

Par Arrêt du 20 Novembre suivant à 3 liv. 8 f.

Par Arrêt du 19 Février 1709 ils ont été réduits à 3 liv. 5 f.

Par Edit du mois de Mai suivant, il fut ordonné une nouvelle fabrication d'écus de huit au marc, du poids de vingt-trois deniers dix-huit grains, qui furent appellés écus aux trois Couronnes, à cause des trois qui étoient sur l'écusson, & qui eurent cours pour 5 liv.

Par Arrêt du 30 Septembre 1713, les écus dont la fabrication avoit été ordonnée par l'Edit du mois de Mai 1709 furent réduits à 4 liv 17 f. 6 d.

Au premier Février 1714, les mêmes écus furent réduits à 4 liv. 15 f.

Au premier Avril suivant, par Arrêt du 30 Septembre 1713 les écus ont été réduits à 4 liv. 12 f. 6 d.

Au premier Juin suivant à 4 liv. 10 f.

Au premier Septembre à 4 liv. 5 f.

Par Arrêt du 15 Août 1714, il fut ordonné que les écus des huit au marc n'auroient cours que pour 4 liv. 2 f. 6 d. jusqu'au 15 Octobre suivant, & au premier Décembre pour 4 liv.

Par Arrêt du 8 Décembre suivant, il y eut trois diminutions indiquées; savoir au premier Février 1715, l'écu à 3 liv. 17 f. 6 den. au premier Avril suivant à 3 liv. 15 f. au premier Août à 3 liv. 10.

Louis XV, qui succeda à Louis XIV son Bisayeul le premier Septembre 1715, ordonna par Edit du mois de Décembre suivant, une réformation des especes fabriquées en conséquence de l'Edit de Mai 1709, & des écus de huit au marc du poids de vingt-trois deniers dix-huit grains, qui ont eu cours pour cinq livres, les écus non reformés ont été augmentés, & ont eu cours pour quatre livres.

Par Edit du mois de Mai 1718, il a été ordonné une refonte générale des especes & une fabrication d'écu à la taille de dix au marc du poids de dix-neuf deniers, qui ont eu cours pour six livres.

Par le même Edit il a été ordonné que les écus de huit au marc auroient cours pour six livres, & ceux de neuf au marc pour cinq livres six sols.

Par Arrêt du 20 Septembre suivant, les écus de huit au marc ont eu cours pendant le mois d'Octobre pour six livres, & les écus de neuf au marc furent décriés.

Par Arrêt du 20 Novembre suivant, les demi, quarts, dixiemes & vingtiemes d'écus au marc, ont eu cours pendant le mois de Décembre sur le même pied de six livres l'écu.

Par la Déclaration du 19 Décembre suivant : il a été fabriqué des sixiemes & douziemes d'écus à la taille de dix au marc, du titre porté par l'Edit du mois de Mai audit an, lesquels ont eu cours à proportion de ce que lesdits écus valoient pour lors, savoir, les sixiemes pour vingt sols, & les douziemes pour dix sols.

Par Arrêt du 23 Septembre 1719, les écus de dix au marc ont eu cours pour cinq livres seize sols, les diminutions à proportion.

Par Arrêt du 3 Décembre suivant, les écus de dix au marc ont eu cours pour cinq livres douze sols.

Par Edit du même mois de Décembre les especes ont été augmentées;

& les écus de dix au marc ont eu cours pour six livres ; les écus de huit au marc pour sept livres dix sols, les anciens écus des précédentes fabrications des neuf au marc pour six livres treize sols quatre deniers, les diminutions à proportion.

Le premier Janvier 1720 les écus de dix au marc ont eu cours pour cinq livres treize sols six deniers ; les écus de huit au marc pour sept livres un sol huit deniers ; les écus de neuf au marc pour six livres six sols.

Le marc d'or 600 liv.
Le marc d'argent 60 liv.

Par Arrêt du 25 Février 1720, les écus de dix au marc ont eu cours pour six livres ; les écus de huit au marc pour sept livres dix sols ; les écus de neuf au marc pour six livres treize sols quatre deniers.

Par Arrêt du 5 Mars 1720 les efpeces ont été augmentées, & ont eu cours les écus de dix au marc pour huit livres ; les écus de neuf au marc pour huit livres dix-sept sols neuf deniers ; les écus de huit au marc pour dix livres ; les sixiemes d'écus pour trente sols, & les douziemes pour quinze sols.

Par Déclaration du 11 Mars suivant, les écus de dix au marc ont eu cours pendant le mois de Mai pour six livres dix sols ; ceux de huit au marc pour huit livres deux sols six deniers, & ceux de neuf au marc pour sept livres quatre sols.

Pendant le mois de Juin 1720 les écus de dix au marc ont eu cours pour six livres ; ceux de huit au marc pour sept livres dix sols, & ceux de neuf au marc pour six livres treize sols quatre deniers.

Par Arrêt du 29 Mai 1720, les efpeces ont été augmentées & ont eu cours les écus de dix au marc pour huit livres cinq sols ; les écus de huit au marc pour dix livres six sols, & les écus de neuf au marc pour neuf livres deux sols.

Par Arrêt du 10 Juin 1720, les écus de dix au marc ont eu cours pour sept livres dix sols ; les écus de huit au marc pour neuf livres sept sols six deniers, & les écus de neuf au marc pour huit livres sept sols.

Le 16 Juillet suivant les efpeces ont été réduites, & les écus de dix au marc ont eu cours pour six livres quinze sols ; les écus de huit au marc pour huit livres huit sols neuf deniers, & les écus de neuf au marc pour sept livres dix sols.

Par Arrêt du 30 Juillet 1720 les efpeces ont été augmentées & les écus de dix au marc ont eu cours pour douze livres ; les écus de huit au marc pour quinze livres ; les écus de neuf au marc pour treize livres six sols huit den.

Au premier Septembre 1720 les efpeces ont été diminuées, & les écus de dix au marc ont eu cours pour dix livres dix sols ; ceux de huit au marc pour treize livres deux sols six deniers, & ceux de neuf au marc pour onze livres treize sols quatre deniers.

Le 16 Septembre 1720 les écus de dix au marc ont eu cours pour neuf livres ; ceux de huit au marc pour onze livres cinq sols, & ceux de neuf au marc pour dix livres.

Par Edit du même mois de Septembre les écus de dix au marc furent reformés & eurent cours pour neuf livres.

Au premier Octobre 1720 les écus de dix au marc, pour sept livres dix sols ; les écus de huit au marc pour neuf livres sept sols six deniers ; ceux de neuf pour huit livres six sols huit deniers.

Au premier Décembre suivant les anciens de dix au marc eurent cours pour six livres ; ceux de huit au marc pour sept livres dix sols ; ceux de neuf au marc pour six livres douze sols.

Les especes fabriquées ou reformées, en conséquence de l'Edit du mois de Décembre, ont été réduites ledit jour premier Décembre, & les écus de dix au marc à l'empreinte de l'écusson de France, ont été réduits à sept livres dix sols.

Par Edit du mois d'Août 1723, il a été ordonné que les écus de dix au marc fabriqués par l'Edit du mois de Septembre 1720, du même poids & titre que ceux fabriqués par l'Edit du mois de Mai 1718 qui avoient cours pour sept livres dix sols, seroient réduits à six livres dix-huit sols, les tiers & demis à proportion.

Le même Edit a augmenté les écus de dix au marc non reformés, pour avoir cours dans le commerce sur le même pied de six livres dix-huit sols, les demis & les tiers à proportion.

Par Arrêt du 4 Février 1724, les écus de dix au marc ont été réduits à cinq livres, & les demis & les tiers à proportion.

Par Edit du mois de Septembre suivant, il a été fabriqué des écus de dix trois huitiemes au marc du poids de dix-huit deniers douze grains qui ont eu cours pour quatre livres.

Les Arrêts des 16 Janvier & 24 Juillet 1725, donnent cours aux écus de dix au marc, fabriqués ou reformés par les Edits des mois de Mai 1718 & Septembre 1720, jusqu'au premier Novembre sur le pied de quatre livres l'écu, les tiers & sixiemes à proportion.

Par Arrêt du 4 Décembre suivant, les écus de dix & de dix trois huitiemes au marc, ont eu cours pour trois livres dix sols.

Par Edit du mois de Janvier 1726, il a été ordonné une refonte générale des especes d'or & d'argent, & en conséquence il a été fabriqué des écus de onze deniers de fin, au remede de trois grains, à la taille de huit & trois dixiemes au marc, du poids de vingt-trois deniers un grain, qui ont eu cours pour cinq livres. Les demis, cinquiemes, dixiemes & vingtiemes à proportion.

Il a été ordonné par le même Edit, que toutes les anciennes especes d'or & d'argent seroient décriées de tout cours à commencer du jour de sa publication.

Par Arrêt du 26 Mai suivant, les écus fabriqués en conséquence de l'Edit du mois de Janvier 1726 ont été augmentés & ont eu cours pour six livres, les demis pour trois livres, les cinquiemes pour vingt-quatre sols, les dixiemes pour douze sols, & les vingtiemes pour six sols.

Depuis ce tems, ces especes n'ont pas varié, elles continuent d'avoir cours pour le même prix.

Voyez au mot MONNOIE, les especes fabriquées sous le regne de Louis XV.

Ecu d'argent de Savoye fixé à six livres, argent du pays, en vertu de l'Edit du Roi de Sardaigne du 15 Février 1755; il est au titre de dix deniers douze grains, à la taille d'environ sept au marc, du poids de 662 grains poids de marc de France, & vaut sept livres trois sols un denier argent de France.

TABLEAU DU PAIR DE NOTRE ECU DE COMPTE

de trois livres, en Monnoies étrangeres, calculé sur le pied de 50 liv. le marc d'argent monnoyé, au lieu de 49 liv. 16 s. pour éviter la multiplication des Fractions.

L'écu de change de 60 sols vaut valeur intrinseque,

A Amsterdam,   .   .   54 deniers de gros.

Anvers,   .   .   51 deniers de gros.

Cologne,   .   .   42 albus 1 denier $\frac{54}{78}$.

    78 albus font la rixdale de Cologne, l'albus est de 12 deniers.

Coppenhague,   .   .   2 orts 2 schellings.

    4 orts font la rixdale de Coppenhague, l'ort de 18 schellings.

Dantzick,   .   .   48 gros $\frac{4}{5}$.

Florence,   .   .   3 liv. 4 s. 9 den.

Francfort,   .   .   48 creutzers $\frac{4}{7}$.

Gênes,   .   .   2 liv. 11 s. 10 den.

Hambourg,   .   .   25 s. lubs 11 den. $\frac{1}{17}$.

Leipsick,   .   .   12 groches 11 den. $\frac{11}{17}$.

    24 groches font la rixdale de Leipsick, la groche est de 12 den.

Liege,   .   .   2 liv. 3 s. 2 den.

Lisbonne,   .   .   324 rés . . . .

Livourne,   .   .   3 liv. 4 s. 9 den.

Londres,   .   .   29 den. sterlings $\frac{1}{11}$.

Madrid,   .   .   160 maravedis $\frac{1}{11}$.

Meſſine,	⁝	⁝	⁞	4 carlins 8 grains ⅓.
Milan,	.	.	⁞	2 liv. 10 ſ. 9 den.
Naples,]	⁝	⁝	⁝	2 tarins 8 grains ⅓.
Rome,	.	.	.	4 jules 4 bajocs 1 quart.
Stokolm,	.	⁝	⁝	12 marcs ¹⁴⁄₁₇.

24 marcs font la rixdale de cuivre de Stokolm.

Turin,	.	.	.	2 liv. 6 den.

3 liv. 15 ſ. font l'écu de 9 au marc.

Veniſe,	.	.	.	12 ſ. 11 den.

Nous avons dit au mot CHANGE, que le cours du Change n'eſt jamais le même; que c'eſt une eſpece de balance qui hauſſe ou qui baiſſe ſelon la multiplicité plus ou moins grande des dettes, & des créances réciproques d'un Etat. Pour calculer ces mouvemens & les apprécier, il faut partir d'un point fixe, il faut connoître l'équilibre de la balance, c'eſt-à-dire, la parité de la valeur intrinſeque des Monnoies. En comparant le cours du change actuel, ou le change de néceſſité avec le change de parité repréſenté dans ce tableau, on pourra voir ſi la balance nous eſt favorable, ſi les Places étrangeres de Commerce nous donnent plus qu'elles ne reçoivent, ſi la France eſt créanciere des autres Etats, ou ſi ces Etats ſont créanciers de la France.

EFFIGIE, ou Portrait du Souverain gravé ſur les monnoies qu'il fait fabriquer.

Le dernier jour du mois de Janvier 1548, le Roi Henri II ordonna qu'aux écus & demi écus au ſoleil, on mettroit ſon effigie d'après le naturel, ayant la couronne ſur la tête & pour légende Henricus II, Dei gratia Francorum Rex, de l'autre côté l'écuſſon aux armes de France, la couronne fermée au-deſſus & de chaque côté de l'écu une H couronnée avec la légende ordinaire XPS. vincit, &c. & à la fin, l'année 1549. Cette Ordonnance introduiſit dans les Monnoies deux nouveautés qu'on a depuis toujours obſervées, ſavoir d'y marquer l'année de leur fabrication, & de faire connoître par des chiffres, ſi le Roi de qui elle portoit l'image étoit le premier, le ſecond &c, de ce nom.

Il ne paroît pas qu'on ait mis aucune tête de Conſul ou de Magiſtrat ſur les eſpeces d'or ou d'argent pendant l'exiſtence de la République Romaine, ſi ce n'eſt vers ſa fin que les trois Maîtres des Monnoies nommés Triumvirs Monétaires qui avoient à Rome l'Intendance des fabriques des eſpeces, commencerent de mettre ſur quelques-unes celles de telle perſonne qu'il leur plaiſoit qui s'étoit diſtinguée dans les Chargés de la République, obſervant

néanmoins qu'elle ne fût plus vivante, crainte d'exciter contre elle la ja-
loufie des autres Citoyens ; mais après que Jules Céfar fe fut arrogé la Dicta-
ture perpétuelle, le Sénat lui accorda exclufivement à tout autre, de faire
mettre l'empreinte de fa tête fur les Monnoies. Il fut le premier **Romain**,
à qui le Sénat déféra cet honneur qui paffa enfuite aux Empereurs, dont plufieurs firent fabriquer des efpeces d'or & d'argent qui porterent leur nom,
comme des Philippes, des Antonins, quelques-uns firent mettre auffi pour
empreinte la tête des Impératrices. Conftantin fuivant cet exemple fit battre
des pieces d'or fur lefquelles il fit mettre la tête de fa mere, & après avoir
embraffé la Religion Chrétienne, il ordonna qu'on marquât d'une croix,
toutes les pieces de monnoie qu'on fabriqueroit.

EMBOETÉS terme de monnoyage. On appelle emboëtés des pieces de
monnoie de chaque efpece que les Juges-Gardes, par l'Ordonnance de 1554,
font obligés à chaque délivrance de mettre dans une boîte fermante à trois
clefs, dont l'ancien Garde, l'Effayeur & le Maître ou Directeur doivent
avoir chacun une, » fur peine, dit la même Ordonnance, de faux aux uns &
» aux autres, là où ils auroient été de connivence & de mauvaife foi ». On
appelle emboetés ou deniers de boîte les efpeces ainfi renfermées, & refervées.

A la fin de chaque année, ces emboetés ou deniers de boîte font envoyés
à la Cour des Monnoies, pour fervir au jugement que cette Cour doit faire
des efpeces qui ont été fabriquées & délivrées au Maître.

Par le Réglement de la Cour des Monnoies du 22 Août 1750, il a été ordonné d'emboeter, favoir, pour l'or de chacune délivrance qui n'excédera
pas 400 pieces, deux pieces ; de chaque délivrance qui excédera 400 pieces
& n'excédera pas 600 trois pieces ; de chaque délivrance qui excédera 600
pieces & n'excédera pas 800, quatre pieces, & ainfi à proportion fi les délivrances font plus fortes : & pour l'argent, de chaque délivrance d'écus qui
n'excédera pas 50 marcs, une piece ; de chaque délivrance qui excédera 50
marcs & n'excédera pas 100 marcs, deux pieces ; de chaque délivrance qui
excédera 100 marcs, & n'excédera pas 150 marcs, trois pieces, & ainfi à proportion, fi les délivrances font plus fortes ; de chaque délivrance de demi
écus qui n'excédera pas 50 marcs, deux pieces ; de chaque délivrance qui
excédera 50 marcs & n'excédera pas 100 marcs, quatre pieces, & ainfi à
proportion fi les délivrances font plus fortes : comme auffi qu'il en fera ufé
de même pour les cinquiemes, dixiemes & vingtiemes d'écus, en mettant
cinq cinquiemes, dix dixiemes & vingt vingtiemes par chaque délivrance
qui n'excédera pas 50 marcs, & ainfi à proportion fi les delivrances font
plus fortes.

A l'égard du billon, il doit être pareillement emboeté par chaque délivrance qui n'excédera pas 50 marcs fix pieces de vingt-quatre deniers,

& ainſi à proportion , ſi les délivrances ſont plus fortes.

Toutes ces pieces doivent être miſes dans une boîte fermant à trois clefs dont l'ancien Garde, l'Eſſayeur & le Directeur doivent avoir chacun une , ainſi qu'il eſt preſcrit par l'Ordonnance de 1554.

Ces pieces emboetées appellées deniers de boîtes, doivent être tirées de la boîte à la fin de l'année par les Officiers qui en ont les clefs & envoyées au Greffier de la Cour des Monnoies, pour y être jugées par les Officiers d'i-celle ; ainſi le preſcrivent les Ordonnances des années 1543 , 1549 , 1554 , 1586. Voyez DELIVRANCE & DENIERS DE BOETE.

EMPIRANCE terme de Monnoie ; ce mot ſignifie la défectuoſité ou l'al-tération qui ſe trouve dans la monnoie , ſoit à l'égard du titre ou de l'aloi, ſoit à l'égard du poids , proportion , taille , cours, valeur de la matiere &c.

Boizard.

Il y a ſix ſortes d'empirances, c'eſt-à-dire , ſix moyens dont les Princes ſe ſont ſervis pour affoiblir leurs monnoies dans certaines circonſtances.

1°. En diminuant le poids des eſpeces d'or & d'argent.

2°. En diminuant leur bonté intérieure.

3°. En ſurhauſſant également le cours des bonnes eſpeces d'or & d'argent.

4°. En chargeant de traite exceſſive, ou les eſpeces d'or ſeulement, ou cel-les d'argent, ou les unes & les autres enſemble.

5°. En s'éloignant beaucoup de la proportion reçue dans les Etats voiſins, ou en la changeant ſouvent par le ſurhauſſement du prix de l'une des bonnes eſpeces , ſans toucher à l'autre.

6°. En faiſant fabriquer une ſi grande quantité d'eſpeces de bas billon , ou de cuivre, que l'on eſt obligé de les faire entrer dans le commerce , & de les recevoir en ſommes notables, au lieu des bonnes eſpeces d'or & d'argent.

On a rarement recours à ces moyens, parcequ'ils donnent occaſion au tranſport & à la fonte des bonnes eſpeces étrangeres, à l'enchériſſement de toutes choſes , à l'appauvriſſement des particuliers, à la diminution des re-venus qui ſe payent en foibles monnoies , & quelquefois à la ceſſation du commerce.

Cette vérité a été ſi reconnue de tous les tems, que les Princes qui ont eu recours à quelqu'un de ces affoibliſſemens dans des tems fâcheux, ont ceſſé de le pratiquer au moment que la néceſſité a ceſſé.

L'Ordonnance de Philippe le Bel du mois de Mai 1295 ; porte, que le „ Roi étant à Paris ayant aucunement affoibli les monnoies en poids & loi, „ eſpérant encore les affoiblir pour ſubvenir à ſes affaires, & connoiſſant „ être chargé en conſcience du dommage qu'il avoit fait & feroit porter à „ ſa République pour raiſon de cet affoibliſſement, le Roi s'oblige par „ charte autentique au Peuple de ſon Royaume que ſes affaires paſſées, il „ remettra la monnoie en bon ordre & valeur à ſes propres couts & dépens,
„ &

" & portera la perte & tarre fur lui, & outre cette obligation Madame
" Jeanne Reine de France & de Navarre, oblige fes revenus & appanages
" aux conditions fufdittes.

L'Ordonnance du Roi Jean donnée à Paris le 28 Décembre 1355, porte,
que " par clameier de nos peuples, il eft venu à notre connoiffance qu'ils
" ont été grévés & travaillés plus que nous ne vouluffions . . . pour la grande
" compaffion & pitié que Nous avons des griefs qu'ils ont fouffert à caufe
" de nos Guerres, leur avons promis. . . . que Nous & nos Succeffeurs Rois
" feront dorefnavant perpétuellement bonne monnoie & ftable en notre
" Royaume.... Nous ordonnons, promettons dès maintenant pour lors, que
" Nous ferons très force monnoie ; c'eft à favoir &c, à ramener un marc de
" fin or à onze marcs d'argent juftement defdites monnoies, les Archevê-
" ques, Evêques, Chapitres Cathédraux, & des Nobles plus notables en cha-
" cune cité auront un étalon ou un patron, afin que le poids ou loi ne leur
" puiffe être mué ne changé, & ne pourront ne Nous ne nos Succeffeurs
" jamais dorefnavant muer ne changer nofd. monnoies, ne autrement que
" deffus eft dit & déclaré, fauf les modifications ci-deffus écrites.

" Item, que Nous en notre perfonne, avons promis & promettons de bon-
" ne foi, & auffi ferons promettre à notre très cher & amé fils le Duc de Nor-
" mandie & à nos autres Enfans, & auffi à ceux de notre fang & lignage,
" & auffi le jureront aux Saints Evangiles de Dieu notre Chancelier, les
" gens tenans notre Grand Confeil de nos Comptes, nos Tréforiers Maî-
" tres, Gardes & autres Officiers des Monnoies, préfens & avenir que con-
" tre les chofes deffus dites ne confeilleront, ne confentiront être fait le
" contraire, mais procureront & pourchafferont de tout leur pouvoir que
" l'Ordonnance deffus dite foit tenue perpétuellement ferme & ftable, &
" fe par aventure Nous appercevons qu'aucun par délibération Nous con-
" feille le contraire des chofes deffus dites, Nous le priverons de tous Offi-
" ces fans aucun rappel, & que contre les chofes deffus dites n'impétrerons
" difpenfation aucune, ni de celle n'uferons ".

C'eft depuis ce tems & en exécution de cette Ordonnance, que les Préfidens & Confeillers de la Cour des Monnoies font toujours ferment à leur
réception de ne confeiller ni jamais confentir l'empirance.

C'eft auffi en exécution de cette même Ordonnance que les Officiers de
cette Cour, jouiffent d'un droit appellé deniers forts ou poids forts à chaque
changement de nouvelle valeur de monnoie, à caufe qu'ils font obligés de
confeiller aux Rois ce qu'il convient faire pour donner les ordres fur le fait
des Monnoies. Voyez PIED FORT.

ENFORCIR la Monnoie, c'eft augmenter le fin de poids d'or ou d'argent qui eft en l'efpece.

La différence qui eft entre les affoibliffemens & les enforciffemens , eft qu'aux affoibliffemens la perte fe continue & fe repete toutes les fois que l'on fait un paiement ; & aux enforciffemens au contraire , s'il y a perte , ce n'eft que pour une fois , après laquelle l'augmentation de fin de poids d'or ou d'argent fe continue & fe repete autant de fois que l'on fait un payement.

Il y a fix fortes d'enforciffemens de monnoies , de même qu'il y a fix fortes d'affoibliffemens.

1°. En augmentant le poids de l'efpece.

2°. En augmentant leur bonté intérieure.

3°. En rabaiffant également le cours des bonnes efpeces.

4°. En les diminuant également , ou ne les chargeant d'aucune traite.

5°. En s'approchant de la plus haute ou de la plus baffe proportion reçue & obfervée par les Voifins , ou revenant à la commune de la plupart des Etats voifins.

6°. En défendant le cours , ou du moins interdifant la fabrication des efpeces de billon ou de cuivre quand le Royaume en eft fuffifamment rempli.

Aux enforciffemens des monnoies , toutes denrées & marchandifes baiffent & diminuent de leur prix , de même qu'aux affoibliffemens elles augmentent & encheriffent.

Lorfque le Prince enforcit les efpeces , on ne reffent point auffi vîte le rabais des denrées & marchandifes , que l'on a reffenti leur encheriffement quand les efpeces ont été affoiblies.

Le Marchand prompt à encherir fa marchandife lors d'un affoibliffement de monnoie , eft lent à la rabaiffer , quand les enforciffemens font ordonnés.

Le rabais du prix des marchandifes ne fe fait gueres reffentir qu'après que les Marchands fe font défaits des vieilles , & qu'ils commencent à vendre les nouvelles achetées depuis l'enforciffement.

Souvent , afin que l'on profite de cet enforciffement pour le rabais des denrées & marchandifes , il faut qu'il arrive quelqu'abondance qui foit fenfible , & qui rende les denrées très communes.

Souvent auffi pour profiter d'un tel rabais , il faut que le Magiftrat interpofe fon autorité & tienne la main à ce que les marchandifes & denrées foient vendues à bas prix.

ESLAIZER , terme de monnoyage au marteau , c'eft redreffer le flaon du rechauffage en le battant , l'étendant & le dreffant fur le tas ou enclume à coups de marteau : ce mot vient du verbe grec ἐλαύνω , au futur ἐλάσω , pulfo , ferio , excutio feriundo , forger en frappant , d'où ἐλασία , cufio , ouvrage & fabrication qui fe fait par le marteau : quelques Auteurs écrivent *elifer*, comme s'il venoit du latin *elidere*, qui fignifie preffer & écacher : mais les vieilles Ordonnances qui font dans les regiftres de la Cour des Monnoies portent Eflaizer, & non Elifer, & nous fuivons cet orthographe.

ESPECES. En terme de Monnoie (1), ce font les différentes pieces d'or, d'argent, de billon & de cuivre, qui ayant reçu par les Monnoyeurs les façons, légendes & empreintes portées par les Réglemens & Ordonnances des Souverains, ont cours dans le Public pour le prix prefcrit par le Souverain, & fervent dans le commerce, ou dans différentes actions de la vie civile, à payer le prix de la valeur des chofes. Ce mot vient de *fpecio*, verbe ancien qui fignifie voir, d'où l'on a fait *fpecies*, efpece, nom que l'on donne aux monnoies, *ex eo quod multarum collectio, uno quafi fpectu vel afpectu, unâ quafi vifione comprehendatur.* Boutteroue, page 141.

Les efpeces courantes dans un Etat font celles autorifées par le Prince, & le droit d'en faire fabriquer n'appartient qu'au Souverain ; c'eft un droit domanial de la Couronne.

Si anciennement divers Seigneurs, Barons & Evêques avoient droit de battre monnoie, c'eft que, fans doute ce droit leur avoit été cedé avec la jouiffance du fief, ou qu'ils le poffedoient à titre de Souveraineté, ce qui fous les deux premieres Races fut fouffert dans le tems foible de l'autorité Royale, tems où s'établit le genre d'autorité nommé Suzeraineté, efpece de Seigneurie que le bon droit eut tant de peine à détruire, après que le mauvais droit l'eut ufurpée fi facilement.

En 1262 l'Ordonnance fur le fait des Monnoies porte, » que dans les » terres où les Barons n'avoient pas de Monnoie, il n'y aura que celle du » Roi qui y aura cours ; & que dans les terres où les Barons auroient une » Monnoie, celle du Roi aura cours pour le même prix qu'elle auroit dans » fes Domaines ».

Philippe le Bel força le premier les hauts Seigneurs à vendre leur droit de battre monnoie ; & l'Edit de 1313 gêna fi fort la fabrication, qu'ils y renoncerent.

Philippe le Long vouloit quand il mourut, dit le Préfident Henault, faire en forte que dans la France on fe fervît de la même monnoie, & à rendre les poids & les mefures uniformes. Louis XI eut depuis le même defir.

Les efpeces qui ont cours en France font les pieces d'or nommées anciennement écus. On a dit au mot Ecu, que la fabrication des écus d'argent ne fut ordonnée qu'en Septembre 1641 ; & lorfqu'avant ce tems on parle d'écus, on n'entend que les écus d'or. Ce n'eft pas qu'avant ce tems, il n'y eût

(1) On traite dans cet article de la circulation, du furhauffement & de l'abbaiffement des Monnoies.

des efpeces d'argent : la fabrication des groffes efpeces d'argent avoit commencé fous Louis XII, qui fit ouvrer les gros teftons ; ils ont continué jufqu'à Henri III, qui, en interdifant leur fabrication, ordonna en 1575 celle des pieces de vingt fols, & en 1577 celle des pieces de moindre valeur ; mais aucune n'étoit nommée écu. A prefent nos monnoies d'or s'appellent *Louis* foit doubles, fimples ou demi Louis.

Les pieces d'argent nommées Ecus doubles que l'on appelle vulgairement gros Ecus font à fix livres : les écus fimples ou petits écus à trois livres.

Les pieces de bas billon & de cuivre font les fols & les liards.

L'or, l'argent & le cuivre ont été préferés pour la fabrication des efpeces ; ces métaux s'allient enfemble, le cuivre s'emploie feul. L'or s'allie avec l'argent & le cuivre, l'argent avec le cuivre feulement, & lorfque la partie de cuivre eft plus forte que celle d'argent, on l'appelle Billon. Voyez BILLON & ALLIAGE.

En Angleterre on ne prend rien pour le droit du Roi, ni pour les frais de la fabrication ; en forte l'on rend poids pour poids aux Particuliers qui vont porter des matieres à la Monnoie : cela a été pratiqué plufieurs fois en France : à prefent on prend le droit de Seigneuriage, on ajoute le grain de remede. Voyez REMEDE & FABRICATION.

Les efpeces ont différens noms fuivant leur empreinte, comme les moutons, les angelots, les couronnes : quelquefois elles portent le nom du Prince, comme les Louis, les Henris. La premiere monnoie qui ait eu un bufte en France (1) eft celle que la Ville de Lyon fit frapper pour Charles VIII & pour Anne de Bretagne. La Ville d'Aquila battit une Monnoie en l'honneur de ce Prince dont la légende étoit françoife : fouvent elles tirent leurs noms de leur valeur, comme un écu de trois livres, une piece de vingt quatre fols ; ou du lieu où elles ont été frappées comme un parifis, un tournois.

Les efpeces ont deux valeurs, une réelle & intrinféque qui dépend de la taille, laquelle eft fixée maintenant en France pour l'or à trente louis au marc, lequel marc monnoyé vaut, en mettant le louis à vingt-quatre livres prix actuel, fept-cent-vingt livres, & pour les efpeces d'argent à huit écus trois dixiemes d'écus au marc, qui vaut monnoyé, en mettant l'écu à fix livres prix actuel, quarante-neuf livres feize fols.

L'autre valeur eft imaginaire : elle fe nomme valeur de compte, parcequ'il eft ordonné par l'Ordonnance de 1667, de ne pas fe fervir dans les comptes, d'autres dénominations que de celles de livres, fols & deniers ; cette valeur a eu beaucoup de variations : elle étoit d'abord relative à la valeur intrinféque : une livre fignifioit une livre pefant de la matiere dont il étoit queftion : un fol étoit la vingtieme partie du poids d'une livre, & le

(1) Abregé de l'Hiftoire de France par le Préfident Henault.

dernier la douzieme partie du fol ; mais il y eut tant d'altérations dans les
efpeces que l'on s'eft écarté au point où l'on eft à préfent. On lit dans le Préfident Hénault que le fol & le denier n'avoient plus de valeur intrinféque
que les deux tiers de ce qu'ils avoient valu fous Saint Louis : il en attribue
la caufe à la rareté de l'efpece dans le Royaume appauvri par les Croizades ,
ce qui ne contribuoit pas feul à augmenter la valeur numéraire , attendu que
précédemment cette rareté étoit plus confidérable , & la valeur beaucoup
moindre. On en trouve la preuve dans deux faits rapportés par le même Auteur fous le regne de Charles le Chauve. Vers l'an 857 , il y eut un Edit qui
ordonna qu'il feroit tiré des coffres du Roi cinquante livres d'argent pour
être répandues dans le commerce , afin de réparer le tort que les efpeces décriées par une nouvelle fabrication avoient caufé. Le fecond exemple eft
que le Concile de Toulouze tenu en 846 , fixa à deux fols la contribution que
chaque Curé étoit tenu de fournir à fon Evêque qui confiftoit en un minot
de froment , un minot de feigle , une mefure de vin & un agneau , & l'Evêque pouvoit prendre à fon choix ou ces quatre chofes , ou les deux fols.

Suivant le premier exemple , les cinquante livres d'argent tirées des coffres
du Roi , doivent revenir à quatre mille neuf cens quatre-vingt livres , en fuppofant la livre de feize onces : il y a lieu de croire que femblable à la livre
romaine , elle ne valoit que douze onces qui n'en valoient pas même douze
de notre poids de marc. Si cette fomme étoit capable de rétablir le crédit ,
il falloit effectivement que l'argent fût bien rare : au refte , fuivant le fecond exemple , deux fols qui valoient tout au plus cinq livres d'apréfent ,
payant un minot de froment , un minot de feigle , une mefure de vin & un
agneau , montrent que peu d'argent procuroit beaucoup de denrées ; d'où il
faut conclure que l'augmentation numéraire de la valeur de compte , n'augmente pas les richeffes , on n'eft pas plus riche pour avoir plus à nombrer.

En tout pays , l'efpece d'or achete & paie celle d'argent , & plufieurs
efpeces d'argent paient & achetent celles d'or , fuivant & ainfi que la proportion de l'or à l'argent y eft gardée , étant loifible à chacun de payer ce
qu'il achete en efpeces d'or ou d'argent , au prix & à la proportion reçue
dans le pays.

En France cette proportion eft réduite & fixée par Edit du mois de Septembre 1724 de quatorze fols & demi environ , car il y a quelque différence. Voyez PROPORTION.

Quatorze marcs & demi d'argent valent fept cens vingt-deux livres deux
fols , & le marc d'or ne vaut que fept cens vingt livres , comme on l'a dit
ci deffus , ce qui fait une différence de deux livres deux fols. Dans les autres
pays , cette proportion n'eft pas uniforme , mais en général la différence
n'eft pas confidérable.

Cette proportion diverſement obſervée, ſuivant les différentes Ordonnances des Princes entre les Villes qui commercent enſemble, fait la baſe du pair dans l'échange des monnoïes : en effet, ſi toutes les eſpeces & monnoies étoient dans tous les Etats au même titre, & à la même loi qu'elles ſont en France, les changes ſeroient au pair, c'eſt-à dire que l'on recevroit un écu de trois livres dans une Ville étrangere pour un écu que l'on auroit donné à Paris : ſi le change produiſoit plus ou moins, ce ſeroit un effet de l'agiot & une ſuite néceſſaire de la rareté ou de l'abondance des lettres, ou de l'argent : ce qui n'eſt d'aucune conſidération, attendu que ſi aujourd'hui les lettres ſur Paris ſont rares, elles le ſeront un autre jour ſur Amſterdam, ainſi des autres Villes : au lieu que l'on perd ſur les remiſes qui ſe font dans les Pays étrangers où l'argent eſt plus bas qu'en France. On veut remettre, par exemple, cent écus monnoie de France à trois livres à Amſterdam, en ſuppoſant le change à cinquante-deux deniers de gros, on ne recevra que cent trente livres, parceque cinquante-deux deniers de gros ne font que vingt-ſix ſols, & qu'il y a trente-quatre ſols de différence par écu ; ſi au contraire on veut faire payer à Paris cent écus de trois livres, & qu'on en remette à Amſterdam la valeur en eſpeces courantes audit lieu, en ſuppoſant le change au même prix, il n'en coute que cinq mille deux cens deniers de gros, qui, diviſés par cinquante-deux donneront à recevoir à Paris cent écus valans trois cens livres.

Article de M. Dufour dans l'Encyclopedie.

DE LA CIRCULATION, DU SURHAUSSEMENT ET DE L'ABBAISSEMENT DES ESPECES.

La multiplication des beſoins des hommes par celles des denrées (1), introduiſit dans le Commerce un changement conſidérable. Les échanges des denrées entr'elles étant devenues impoſſibles, on chercha par une convention unanime quelques ſignes des denrées, dont l'échange avec elles fût plus commode, & qui puſſent les repréſenter dans leur abſence. Afin que ces ſignes fuſſent durables & ſuſceptibles de beaucoup de diviſions ſans ſe détruire, on choiſit les métaux, & parmi eux les plus rares pour en faciliter le tranſport. L'or, l'argent & le cuivre devinrent la repréſentation de toutes les choſes qui pouvoient être vendues & achetées.

Alors il ſe trouva trois ſortes de richeſſes ; les richeſſes naturelles, c'eſt à dire, les productions de la nature ; les richeſſes artificielles ou les productions de l'induſtrie des hommes, & ces deux genres ſont compris ſous le nom de richeſſes réelles ; enfin les richeſſes de convention, c'eſt à-dire, les métaux établis pour repréſenter les richeſſes réelles. Toutes les denrées n'é-

(1) Traité des Elémens du Commerce par M. de Forbonney.

tant pas d'une égale abondance, il eſt clair qu'on devoit exiger en échange des plus rares, une plus grande quantité des denrées abondantes; ainſi les métaux ne pouvoient remplir leur office de ſigne qu'en ſe ſubdiviſant dans une infinité de parties.

Les trois métaux reconnus pour ſignes des denrées ne ſe trouvent pas non plus dans la même abondance: de toute comparaiſon réſulte un rapport; ainſi un poids égal de chacun des métaux devoit encore néceſſairement être le ſigne d'une quantité inégale des mêmes denrées.

D'un autre côté, chacun de ces métaux tel que la nature le produit, n'eſt pas toujours également parfait; c'eſt à dire, qu'il entre dans ſa compoſition plus ou moins de parties hétérogenes. Auſſi les hommes en reconnoiſſant ces divers degrés de fineſſe, convinrent-ils d'une expreſſion qui les indiqua.

Pour la commodité du Commerce, il convenoit que chaque portion des différens métaux fût accompagnée d'un certificat de ſa fineſſe & de ſon poids; mais la bonne foi diminuant parmi les hommes à meſure que leurs deſirs augmentoient, il étoit néceſſaire que ce certificat portât un caractere d'autenticité. C'eſt ce que lui donna chaque Légiſlateur dans ſa ſociété en mettant ſon empreinte ſur toutes les portions des divers métaux, & ces portions s'appellerent *Monnoie en général*.

La dénomination particuliere de chaque piece de monnoie fut d'abord priſe de ſon poids; depuis la mauvaiſe foi des hommes le diminua & même les Princes en retrancherent dans des tems peu éclairés, où l'on ſéparoit leur intérêt de celui du Peuple & de la confiance publique. La dénomination reſta, mais ne fut qu'idéale, d'où vint une diſtinction entre la valeur numéraire ou la maniere de compter, & la valeur intrinſeque ou réelle.

De l'autenticité requiſe pour la ſureté du commerce dans les diviſions des métaux appellées Monnoies, il s'enſuit que le Chef de chaque Société a ſeul droit de les faire fabriquer, & de leur donner ſon empreinte.

Des divers degrés de fineſſe & de peſanteur, dont ces diviſions de métaux ſont ſuſceptibles; on doit conclure que les monnoies n'ont d'autres valeur intrinſeque que leur poids & leur titre, auſſi eſt-ce d'après cela ſeul que les diverſes Sociétés reglent leur paiement entr'elles, c'eſt-à-dire, que ſe trouvant une inégalité dans l'abondance des trois métaux, & dans les divers degrés de fineſſe dont chacun eſt ſuſceptible, les hommes ſont convenus en général de deux choſes:

1°. De termes pour exprimer les parties de la plus grande fineſſe, dont chacun de ces métaux ſoit ſuſceptible.

2°. A fineſſe égale, de donner un plus grand volume des moins rares en échange des plus rares.

De ces deux proportions, la premiere eft déterminée entre tous les hommes; la feconde ne l'eft pas avec la même précifion, parceque outre l'inégalité générale dans l'abondance refpective des trois métaux, il y en a une particuliere à chaque pays, d'où il réfulte que les métaux étant fuppofés de la plus grande fineffe refpective chez un Peuple, s'il échange le métal, le plus rare avec un plus grand volume des autres métaux que ne le font les voifins, on lui portera ce métal rare en affez grande abondance, pour qu'il foit bientôt dépouillé des métaux dont il ne fait pas une eftime proportionnée à celle que les autres Peuples lui accordent.

Comme toute Société a des befoins extérieurs, dont les métaux font les fignes ou les équivalens, il eft clair que celle dont nous parlons, paiera fes befoins extérieurs relativement plus cher que les autres Sociétés, enfin qu'elle ne pourra acheter autant de chofes au-dehors. Si elle vend, il eft également évident qu'elle recevra de la chofe vendue une valeur moindre qu'elle n'en avoit dans l'opinion des autres hommes.

Tout ce qui n'eft que de convention a néceffairement l'opinion la plus générale pour mefure; ainfi les richeffes en métaux n'ont de réalité pour leurs poffeffeurs que par l'ufage que les autres hommes permettent d'en faire avec eux : d'où nous devons conclure que le Peuple qui donne à l'un des métaux une valeur plus grande que fes voifins, eft réellement & relativement appauvri par l'échange qui s'en fait avec les métaux qu'il ne prife pas affez.

L'exemple fuivant rendra plus fenfible la vérité de cet article.

Soit en Europe la proportion commune d'un poids d'or équivalent à un poids d'argent, comme un à quinze. Soit A une livre d'or, & B une livre d'argent, $A = 15 B$.

— fignifie eft égal.

Si un Peuple hauffe cette proportion en faveur de l'or, & que $A = 16 B$, les Nations voifines lui apporteront A pour recevoir 16 B; leur profit B fera la perte de ce Peuple par chaque livre d'or qu'il échangera contre l'argent.

Il ne fuffit pas encore que le Légiflateur obferve la proportion du poids que fuivent les Etats voifins; comme le degré de fineffe ou le titre de fes monnoies dépend de fa volonté, il faut qu'il fe conforme à la proportion unanimement établie entre les parties de la plus grande fineffe dont chaque métal eft fufceptible.

S'il ne donne pas à fes monnoies le plus grand dégré de fineffe, il faut que les termes diminués foient continuellement proportionnels aux plus grands termes.

Soient les parties de la plus grande fineffe de l'or repréfentées par 16 C, les parties de la plus grande fineffe de l'argent par 6 D : fi l'on veut

monnoyer

monnoyer de l'or qui ne contienne que la moitié des parties de la plus grande fineſſe dont ce métal eſt ſuſceptible, elles ſeront repréſentées par 8 C. Conſervant la proportion du poids entre l'or & l'argent, il faut que le titre de ce dernier ſoit équivalant à 3 D, parceque 8 C, 3 D, ∷ 16 C, 6 D.

∷ Signifient ſont a 16 C comme 6 D.

Si la proportion du titre eſt hauſſée en faveur de l'or, & que 8 C ⊷ 4 D, les Etrangers apporteront de l'or de pareil titre pour l'échanger contre l'argent. La différence D ou la quatrieme partie de fin de chaque piece de monnoie d'argent enlevée ſera leur profit; dès lors l'Etat ſur qui il eſt fait en eſt appauvri réellement & relativement; la même choſe s'operera ſur l'or ſi la proportion du titre eſt hauſſée en faveur de l'argent.

Ainſi l'intérêt de chaque Société exige que la monnoie fabriquée avec chaque métal, ſe trouve en raiſon exacte & compoſée de la proportion unanime des titres, & de la proportion du poids obſervée par les Etats voiſins.

Dans les ſuppoſitions que nous avons établies :

$$A + 16 C = 15 B + 6 D.$$
$$A + 8 C = 15 B + 3 D.$$

& ainſi du reſte, ou bien ſi l'une de ces proportions eſt rompue, il faut la rétablir par l'autre :

$$A + 16 C = 30 B + 6 D \, ∷ \, A + 16 C = 15 B + 6 D$$
$$A + 8 C = 7\tfrac{1}{2} B + 3 D \, ∷ \, A + 8 C = 15 B + 3 D.$$

D'où il s'enſuit, que l'alliage ou les parties hétérogenes qui compoſent avec les parties de fin le poids d'une piece de monnoie, ne ſont point évaluées dans l'échange qui s'en fait avec les Etrangers, ſoit pour d'autres monnoies ſoit pour des denrées.

Ces parties d'alliage ont cependant une valeur intrinſeque, dès lors on peut dire que le Peuple qui donne le moindre dégré de fineſſe à ſes monnoies, perd le plus dans l'échange qu'il fait avec les Etrangers, qu'à volume égal de la maſſe des ſignes, il eſt moins riche qu'un autre.

De ce que l'on vient de dire, on doit encore conclure que les titres étant égaux, c'eſt la quantité qu'il faut donner du métal le moins rare pour l'équivalant du métal le plus rare qui forme le rapport ou la proportion entr'eux.

Lorſqu'un Etat a coutume de recevoir annuellement une quantité de métaux pour compenſer l'excédent des denrées ſur celles qu'il achete, & que ſans s'écarter des proportions dont on vient de parler au point de laiſſer une différence capable d'encourager l'extraction d'un de ſes métaux monnoyés, il préſente un petit avantage à l'un des métaux hors d'œuvre ſur l'autre, il eſt clair que la balance lui ſera payée avec le métal préféré; conſéquemment après un certain nombre d'années, ce métal ſera relativement plus abondant dans le commerce que les autres : ſi cette préférence étoit réduite, ce ſeroit augmenter la perte du peuple qui paye la majeure partie de cette balance. Si ce métal préferé eſt le plus précieux de tous, étant par cela même moins ſuſceptible de petites diviſions & plus portatif, il eſt probable que beaucoup de denrées, mais principalement les choſes que le riche paie lui-même, hauſſeront plus de prix que ſi la préférence eut été donnée à un métal moins rare.

On conçoit que plus il y a dans un pays de ſubdiviſions des valeurs dans chaque eſpece des métaux monnoyés, plus il eſt aiſé aux Acheteurs de diſputer ſur le prix avec les Vendeurs & de partager le différent.

Conféquemment ſi les ſubdiviſions de l'or, de l'argent & du cuivre ne ſont pas dans une certaine proportion entr'elles, les choſes payées par le riche en perſonne doivent augmenter de prix dans une proportion plus grande que les richeſſes générales, parceque ſouvent le riche ne ſe donne ni le tems, ni la peine de diſputer ſur le prix de ce qu'il deſire, quelquefois même il en a honte. Cette obſervation n'eſt pas auſſi frivole qu'elle pourra le paroître au premier aſpect, car dans un état où les fortunes ſeront très inégales hors du commerce, l'augmentation des ſalaires commencera par un mauvais principe, & preſque toujours par les Profeſſions les moins utiles, d'où elle paſſe enſuite aux Profeſſions plus néceſſaires; alors le commerce étranger pourra en être affoibli avant d'avoir tiré la quantité convenable d'argent étranger : ſi l'augmentation du ſalaire des Ouvriers néceſſaires trouve des obſtacles dans la pauvreté d'une partie du peuple, l'abus eſt bien plus conſidérable, car l'équilibre eſt anéanti entre les profeſſions : les plus néceſſaires ſont abandonnées pour embraſſer celles qui ſont ſuperflues mais plus lucratives. Ce n'eſt pas que l'on deſire que le peuple ne ſe reſſente pas d'une aiſance dont l'état n'eſt redevable qu'à lui, au contraire le dépot des richeſſes n'eſt utile qu'entre ſes mains, & le commerce ſeul peut le lui donner, le lui conſerver. Mais ces richeſſes devroient être partagées le plus également qu'il eſt poſſible, & aucun des petits moyens généraux qui peuvent y conduire n'eſt à négliger.

Par une conféquence naturelle de ce que l'on vient de dire, il eſt évident qu'à meſure que les monnoies de cuivre diſparoiſſent du commerce, les denrées hauſſent de prix. Cette double proportion entre les poids & les titres des divers métaux monnoyés, n'eſt pas la ſeule que le Légiſlateur doive obſerver. Puiſque le poids & le titre ſont la ſeule valeur intrinſeque des monnoies, i. eſt clair qu'il eſt une autre proportion également eſſentielle entre les diviſions & les ſubdiviſions de chaque eſpece de métal.

Soit, par exemple, une portion d'argent M, d'un poids A, d'un titre quelconque ſous une dénomination C, on aura A = C.

Si on altere le titre, c'eſt-à-dire, ſi l'on ſubſtitue dans la portion d'argent

M à la place d'une quantité quelconque X de cet argent, une quantité Y d'alliage, telle que la portion d'argent M reste toujours du même poids A.

Soit Z, la différence en valeur réelle & générale de la quantité X & de la quantité Y, il est clair qu'on aura un poids A — C & un poids A — C — Z.

Si le Législateur veut qu'un poids A, quel qu'il soit indistinctement, paie C, c'est précisément comme s'il ordonnoit que C soit égal à C — Z. Qu'arrivera-t-il de là ? que chacun s'efforcera de faire le paiement C avec le poids A — C — Z, plutôt qu'avec le poids A — C, parcequ'il gagnera la quantité Z. Par la même raison personne ne voudra recevoir le poids A — C — Z ; d'où naîtra une interruption de commerce, un resserrement de toutes les quantités A , — C, & un désordre général.

Ce n'est pas cependant encore tout le mal. Ceux qui se feront les premiers apperçus des deux valeurs d'un même poids A, auront acheté des poids A — C avec des poids A — C — Z ; ils auront fait passer les poids A — C dans les Etats voisins pour les refondre, & rapporter des poids A — C moins Z, avec lesquels ils feront le paiement C tant que le désordre durera.

Si le bénéfice se partage avec l'étranger moitié par moitié, il est incontestable que sur chaque A — C reformé par l'Etranger en A — C — Z, l'Etat aura été appauvri réellement & relativement de la moitié de la quantité Z.

Le cas seroit absolument le même si le Législateur ordonnoit que de deux quantités A + B égales pour le titre & le poids, l'une passât sous la dénomination C en vertu de sa forme nouvelle, & l'autre sous la dénomination C — Z. Car pour gagner la quantité Z, le même transport se fera à l'Etranger qui donnera la forme nouvelle à l'ancienne quantité ; même bouleversement dans le commerce, mêmes raisons de resserrer l'argent, mêmes profits pour les Etrangers, mêmes pertes pour l'Etat.

D'où résulte de ce principe, qu'un Etat suspend pour long-tems la circulation & diminue la masse de ses métaux lorsqu'il donne à la fois deux valeurs intrinseques à une même valeur numéraire, ou deux valeurs numéraires différentes à une même valeur intrinseque.

Tous les Etats qui font des refontes ou des reformes de monnoies pour y gagner, s'écartent nécessairement de ce principe, & paient d'un secours leger la plus énorme des usures aux dépens des Sujets.

Dans les pays où la fabrication des monnoies se fait aux dépens du Public, jamais un semblable désordre n'arrive ; indépendamment de l'activité qu'une conduite si sage donne à la circulation intérieure & extérieure des denrées, & au crédit public par la confiance qu'elle inspire, elle met encore les Sujets dans le cas de profiter plus aisément des fautes des Etats voifins fur les monnoies : on fait que dans certaines circonftances ces profits peuvent être immenfes.

Nota. M. de Forboney n'ayant effleuré la matiere des Monnoies qu'autant que ce préambule a paru néceffaire à fon objet paincipal qui eft la circulation de l'argent, il ne parle du furhauffement & de la diminution des monnoies, qu'à l'endroit où les principes de la circulation l'exigent.

L'argent, continue-t-il, eft un nom collectif fous lequel l'ufage comprend toutes les richeffes de convention. La raifon de cet ufage eft probablement que l'argent tenant une efpece de milieu entre l'or & le cuivre pour l'abondance & pour la commodité du tranfport, il fe trouve plus communément dans le commerce.

Il eft effentiel de diftinguer d'une maniere très nette les principes que l'on va pofer, parceque leur fimplicité pourra produire des conféquences plus compliquées, & fur-tout de refferer fes idées dans chacun des cercles qu'on fe propofe de parcourir les uns après les autres.

On l'a déja remarqué, l'introduction de l'argent dans le commerce n'a évidemment rien changé dans la nature de ce commerce ; elle confifte toujours dans un échange des denrées contre les denrées, ou dans l'abfence de celles que l'on defire contre l'argent qui en eft le figne.

La répétition de cet échange eft appellée circulation.

L'argent n'étant que figne des denrées, le mot de circulation qui indique leur échange devroit donc être appliqué aux denrées & non à l'argent ; car la fonction du figne dépend abfolument de l'exiftence de la chofe qu'on veut repréfenter. Auffi l'argent eft-il attiré par les denrées, & n'a de valeur repréfentative qu'autant que fa poffeffion n'eft jamais féparée de l'affurance de l'échanger contre les denrées. Les Habitans du Potofy feroient réduits à déplorer leur fort auprès de vaftes monceaux d'argent, & à perir par la famine, s'ils reftoient fix à fept jours fans pouvoir échanger leurs tréfors contre des vivres.

C'eft donc abufivement que l'argent eft regardé en foi comme le principe de la circulation, c'eft ce qu'on va tâcher de développer.

Il faut diftinguer d'abord deux fortes de circulation de l'argent, l'une naturelle, l'autre compofée.

Pour fe faire une idée jufte de cette circulation naturelle, il faut confidérer les fociétés dans une pofition ifolée, examiner quelle fonction y peut faire l'argent en raifon de fa maffe.

Suppofons deux Pays qui fe fuffifent à eux-mêmes fans relations extérieures, également peuplés, poffédant un nombre égal des mêmes denrées : que dans l'un la maffe des denrées foit repréfentée par cent livres d'un métal quelconque, & dans l'autre par deux cens livres du même métal, ce qui vaudra une once dans l'un, vaudra deux onces dans l'autre.

Les habitans de l'un & de l'autre pays feront également heureux, quant à l'ufage qn'ils peuvent faire de leurs denrées entr'eux : la feule différence confiftera dans le volume du figne, dans la facilité de fon tranfport ; mais fa fonction fera également remplie.

On concevra facilement d'après cette hypothefe deux vérités très importantes.

1°. Par-tout où une convention unanime a établi une quantité pour figne d'une autre quantité, fi la quantité repréfentante fe trouve accrue tandis que la quantité repréfentée refte la même, le volume du figne augmentera, mais la fonction ne fera pas multipliée.

2°. Le point important pour la facilité des échanges ne confifte pas en ce que le volume des fignes foit plus ou moins grand, mais dans l'affurance où font les propriétaires de l'argent & des denrées de les échanger quand ils le voudront dans leurs divifions fur le pied établi par l'ufage en raifon des maffes réciproques.

Ainfi l'opération de la circulation n'eft autre chofe que l'échange réitérée des denrées contre l'argent, & de l'argent contre les denrées ; fon origine eft la commodité du commerce. *Origine de la circulation.*

Son motif eft le befoin continuel & réciproque où les hommes font des uns des autres. *Son motif.*

On peut donc définir la circulation naturelle de l'argent, la préfence continuelle dans le commerce de la portion d'argent qui a coûtume de revenir à chaque portion des denrées en raifon des maffes réciproques. *Sa définition.*

L'effet de cette circulation naturelle eft d'établir entre l'argent & les denrées une concurrence parfaite qui les partage fans ceffe entre tous les habitans d'un pays ; de ce partage continuel il réfulte qu'il n'y a point d'Emprunteurs, que tous les hommes font occupés par un travail quelconque, ou font Propriétaires des terres. Tant que rien n'interrompra cet équilibre exact, les hommes feront heureux, la fociété très floriffante, foit que le volume des fignes foit confidérable, foit qu'il ne le foit pas. Il ne s'agit point ici de fuivre la condition de cette fociété ; le feul but qu'on s'eft propofé eft de déterminer en quoi confifte la fonction naturelle de l'argent comme figne, & de prouver que par-tout où cet ordre naturelle exifte actuellement, l'argent n'eft point la mefure des denrées ; qu'au contraire la quantité des denrées mefure le volume du figne. *Effet de la circulation.*

Comme les denrées font fujettes à une grande inégalité dans leur qualité, qu'elles peuvent fe détruire plus aifément que les métaux ; que ceux ci peuvent fe cacher en cas d'invafion de l'Ennemi, ou de troubles domeftiques, uq'ils sont plus commodes à transporter dans un autre pays si celui qu'on habite cesse de plaire, enfin que tous les hommes ne sont pas également portés à faire des consommations, il pourra arriver que quelques Propriétaires de l'argent fassent des amas de la quantité superflue à leurs besoins.

A mesure que ces amas accroîtront, il se trouvera plus de vuide dans la masse de l'argent qui compensoit la masse des denrées; une portion de ces denrées manquant de son échange ordinaire, la balance panchera en faveur de l'argent. Alors les Propriétaires de l'argent voudront mesurer avec lui les denrées qui seront plus communes dont la garde est moins sûr, & l'échange moins commode: l'argent ne fera plus son office; la perte que feront les denrées mesurées par l'argent précipitera en sa faveur la chute de l'équilibre: le désordre sera grand en raison de la somme resserrée. L'argent sorti du commerce ne passant plus dans les mains où il avoit coutume de se rendre, beaucoup d'hommes seront forcés de suspendre ou de diminuer leurs achats ordinaires.

Pour rappeller cet argent dans le commerce, ceux qui en auront un besoin pressant offriront un profit à ses Propriétaires pour s'en défaisir pendant quelques tems; ce profit sera en raison du besoin de l'Emprunteur, du bénéfice que peut lui procurer cet argent, du risque couru par le Préteur.

Cet exemple engagera beaucoup d'autres hommes à se procurer par leurs réserves un pareil bénéfice d'autant plus doux qu'il favorise la paresse. Si le travail est honteux dans une Nation, cet usage y trouvera plus de Protecteurs, & l'argent qui circuloit y sera plus souvent resserré que parmi les Peuples qui honorent les Travailleurs. L'abus de cet usage étant très facile; le même esprit qui aura accrédité l'usage, en portera l'abus à un tel excès que le Législateur sera obligé d'y mettre un frein; enfin lorsqu'il sera facile de retirer un profit ou un intérêt du prix de son argent, il est évident que tout homme qui voudra employer le sien à une entreprise quelconque commencera par compter parmi les frais de l'entreprise ce que son argent lui eût produit en le prêtant.

Telle a été, ce semble, l'origine de l'usure ou de l'intérêt de l'argent.

Plusieurs circonstances dérivent de ce que l'on vient de dire.

1°. La circulation naturelle est interrompue, à mesure que l'argent qui circuloit dans le commerce en est retiré.

2°. Plus il y a de motifs de défiance dans un Etat, plus l'argent se resserre.

3°. Si les hommes trouvent du profit à faire sortir l'argent du commerce, il en sortira en raison de l'étendue de ce profit.

4°. Moins la circulation est naturelle, moins le Peuple industrieux est en état de consommer, moins la faculté de consommer est également répartie.

5°. Moins le Peuple industrieux est en état de consommer, moins la faculté de confommer eft également repartie ; & plus les amas d'argent feront faciles, plus l'argent fera rare dans le commerce.

6°. Plus l'argent fort du commerce, plus la défiance s'établit.

7°. Plus l'argent eft rare dans le commerce, plus il s'éloigne de la fonction de figne pour devenir mefure des denrées.

8°. La feule maniere de rendre l'argent au commerce, eft de lui adjuger un intérêt relatif à la fonction naturelle du figne, & à fa qualité ufurpée de mefure.

9°. Tout intérêt affigné à l'argent, eft une diminution de valeur fur les denrées.

10°. Toutes les fois qu'un Particulier aura amaffé une fomme d'argent dans le deffein de la placer à intérêt, la circulation annuelle aura diminué fucceffivement jufqu'à ce que cette fomme reparoiffe dans le commerce. Il eft donc évident que le commerce eft la feule maniere de s'enrichir utile à l'Etat. Or le commerce comprend la culture des terres, le travail induftrieux & la navigation.

11°. Plus l'argent fera éloigné de fa fonction naturelle de figne, plus l'intérêt fera haut.

12°. De ce que l'intérêt de l'argent eft plus haut dans un Pays que dans un autre, on en peut conclure que la circulation s'y eft plus écartée de l'ordre naturelle ; que la claffe des Ouvriers y jouit d'une moindre aifance ; qu'il y a plus de pauvres : mais on n'en pourra pas conclure que la maffe des fignes y foit intrinfequement moins confidérable, comme nous l'avons démontré par notre premiere hypothefe.

13°. Il eft évident que la diminution des intérêts de l'argent ne peut s'operer utilement que par le rapprochement de la circulation vers l'ordre naturel.

14°. Enfin par-tout où l'argent reçoit un intérêt, il doit être confidéré fous deux faces à la fois : comme figne, il fera attiré par les denrées ; comme mefure, il leur donnera une valeur différente fuivant qu'il paroîtra, ou difparoîtra dans le commerce, dès lors l'argent & les denrées s'attireront réciproquement.

Ainfi on peut définir la circulation compofée, *une concurrence inégale des denrées & de leurs fignes en faveur des fignes.*

Circulation
compofée.

Rapprochons à préfent les fociétés les unes des autres, & fuivons les effets de la diminution, ou de l'augmentation de la maffe des fignes par la balance des échanges que ces fociétés font entr'elles. Si cet argent que nous fuppofons s'être abfenté du commerce pour y rentrer à la faveur de l'ufure eft paffé pour toujours dans un Pays étranger, il eft clair que la partie des denrées qui manquoit de fon équivalent ordinaire, s'abfentera auffi du commerce pour toujours, car le nombre des acheteurs fera diminué fans retour. Les hommes que nourriſſoit le travail de ces denrées, feroient forcés de mandier, ou d'aller chercher de l'occupation dans d'autres Pays. L'abſence de ces hommes ainſi expatriés formeroit un vuide nouveau dans la conſommation des denrées ; la population diminueroit fucceſſivement juſqu'à ce que la rareté des denrées les remit en équilibre avec la quantité des ſignes circulans dans le commerce.

Conſéquemment ſi le volume des ſignes ou le prix des denrées eſt indifférent en ſoi pour établir l'aſſurance mutuelle de l'échange entre les Propriétaires de l'argent & des deurées, en raiſon des maſſes réciproques, il eſt au contraire très eſſentiel que la maſſe des ſignes ſur laquelle cette proportion & l'aſſurance de l'échange ont été établies, ne diminue jamais.

On peut donc avancer comme un principe, que la ſituation d'un peuple eſt beaucoup plus fâcheuſe lorſque l'argent qui circuloit dans ſon commerce en eſt ſorti, que ſi cet argent n'y avoit jamais circulé.

Après avoir développé les effets de la diminution de la maſſe de l'argent dans la circulation d'un Etat, il faut chercher à connoître les effets de ſon augmentation.

On n'entend point ici par augmentation de la maſſe de l'argent la rentrée dans le commerce de celui que la défiance ou la cupidité lui avoient enlevé : il n'y reparoit que d'une maniere précaire, & à des conditions qui en avertiſſent durement ceux qui en font uſage ; enfin avec une diminution ſur la valeur des denrées ſuivant la neuvieme conſéquence : auparavant cet argent étoit dû au commerce qui le doit aujourd'hui : il rend au peuple les moyens de s'occuper, mais c'eſt en partageant le fruit de ſon travail, en bornant ſa ſubſiſtance.

On parle donc ici d'une maſſe d'argent qui n'entre point précairement dans la circulation d'un Etat. Il n'eſt que deux manieres de ſe la procurer par le travail des mines, ou par le commerce étranger. L'argent qui vient de la profeſſion des mines peut n'être pas mis dans le commerce de l'état par diverſes cauſes, il eſt entre les mains d'un petit nombre d'hommes ; ainſi quand même ils uſeroient de l'augmentation de leur faculté de dépenſer, la concurrence de l'argent ne ſera accrue qu'en faveur d'un petit nombre de denrées. La conſommation des choſes les plus néceſſaires à la vie n'augmente pas avec la richeſſe d'un homme ; ainſi la circulation de ce nouvel argent commencera par les denrées les moins utiles & paſſera lentement aux autres qu'ile ſont davantage.

La Claſſe des hommes occupés par le travail des denrées utiles & néceſſaires eſt cependant celle qu'ils convient de fortifier davantage, parcequ'elle ſoutient toutes les autres. L'argent qui entre en échange des denrées ſu

perflues

perflues eft néceffairement réparti entre les Propriétaires de ces denrées par les négocians qui font les Economes de la nation. Ces Propriétaires font, ou des riches qui travaillant avec le fecours d'autrui font forcés d'employer une partie de la valeur reçue à payer des falaires ; ou des pauvres qui font forcés de dépenfer prefqu'en entier leur rétribution pour fubfifter commodément. Le commerce étranger embraffe toutes les efpeces des denrées, toutes les claffes du peuple. Nous établirons donc pour maxime, que la circulation s'accroîtra plus furement & plus promptement dans un Etat par la balance avantageufe de fon commerce avec les étrangers que par la poffeffion des mines. C'eft auffi uniquement de l'augmentation de la maffe d'argent par le commerce étranger que nous parlerons.

Par-tout où l'argent n'eft plus fimple figne attiré par les denrées, il en eft devenu en partie la mefure, & en cette qualité il les attire réciproquement : ainfi toute augmentation de la maffe d'argent fenfible dans la circulation, commence par multiplier fa fonction de figne avant d'augmenter fon volume de figne, c'eft-à-dire, que le nouvel argent, avant de hauffer le prix des denrées, en attirera dans le commerce un plus grand nombre qu'il n'y en avoit ; mais enfin ce volume de figne fera augmenté en raifon compofée des maffes anciennes & nouvelles, foit des denrées, foit de leur figne. En attendant, il eft clair que cette nouvelle maffe d'argent aura néceffairement réveillé l'induftrie à fon premier paffage : tâchons d'en découvrir la maffe en général.

Toute concurrence d'argent dans le commerce en faveur d'une denrée, encourage ceux qui peuvent fournir la même denrée à l'apporter dans le commerce afin de profiter de la faveur qu'elle a acquife. Cela arrive furement fi quelque vice intérieur dans l'Etat ne s'y oppofe point : car fi le Pays n'avoit point affez d'hommes pour accroître la concurrence de la denrée, il en arrivera d'étrangers fi l'on fait les accueillir & rendre leur fort heureux. Cette nouvelle concurrence de la denrée favorifée rétablit une efpece d'équilibre entr'elle & l'argent ; c'eft-à-dire, que l'augmentation des fignes deftinés à échanger cette denrée, fe répartit entre un plus grand nombre d'hommes ou de denrées. La fonction du figne eft multipliée ; cependant le volume du figne augmente communément de la portion néceffaire pour entretenir l'ardeur des Ouvriers ; car leur ambition fe regle d'elle-même, & borne tôt ou tard la concurrence de la denrée en proportion du profit qu'elle donne. Les Ouvriers occupés par le travail de cette denrée, fe trouvant une augmentation de figne, établiront avec eux une nouvelle concurrence en faveur des denrées qu'ils voudront confommer ; par un enchaînement heureux les fignes employés aux nouvelles confommations, auront à leur tour la même influence chez d'autres citoyens ; le bénéfice fe répétera jufqu'à ce qu'il ait parcouru toutes les claffes d'hommes utiles à l'Etat , c'eft-à-dire occupés. Si nous fuppofons que la maffe d'argent introduite en faveur de cette denrée à une ou plufieurs reprifes, ait été partagée fenfiblement entre toutes les autres denrées par la circulation , il en réfultera deux effets.

1°. Chaque efpece de denrées s'étant approprié une portion de la nouvelle maffe des fignes, la dépenfe des Ouvriers au travail defquels fera dû ce bénéfice fe trouvera augmentée & leur profit diminué. Cette diminution des profits eft bien différente de celle qui vient de la diminution de la maffe des fignes. Dans la premiere l'Artifte eft foutenu par la vue d'un grand nombre d'Acheteurs ; dans la feconde, il eft défefpéré par leur abfence : la premiere exerce fon génie : la feconde le dégoute de fon travail.

2ᵛ. Par la répartition exacte de la nouvelle maffe de l'argent, fa préfence eft plus affurée dans le commerce : les motifs de défiance qui pouvoient fe rencontrer dans l'Etat , s'évanouiffent : les Propriétaires de l'ancienne maffe la répandent plus librement ; la circulation eft rapprochée de fon ordre naturel ; il y a moins d'Emprunteurs , l'argent perd de fon prix. L'intérêt payé à l'argent étant une diminution de la valeur des denrées fuivant notre neuvieme conféquence , la diminution de cet intérêt augmente leur valeur ; il y a dès lors plus de profit à les apporter dans le commerce : en effet, il n'eft aucune de ces branches à laquelle la réduction des intérêts ne donne du mouvement. Toute terre eft propre à quelqu'efpece de production , mais fi la vente de ces productions ne rapporte pas autant que l'intérêt de l'argent employé à la culture , cette culture eft négligée , ou abandonnée , d'où il réfulte que plus l'intérêt de l'argent eft bas dans un Pays , plus les terres y font réputées fertiles. Le même raifonnement doit être employé pour l'établiffement des Manufactures , pour la navigation, la pêche , le défrichement des colonies. Moins l'intérêt des avances qu'exigent ces entreprifes eft haut, plus elles font réputées lucratives : de ce qu'il y a moins d'Emprunteurs dans l'Etat , & plus de profit proportionné dans le commerce , le nombre des Négocians s'accroît , la maffe d'argent groffit , les confommations fe multiplient , le volume des fignes s'accroît , les profits diminuent alors , & par une gradation continuelle l'induftrie devient plus active , l'intérêt de l'argent baiffe toujours, ce qui rétablit la proportion des bénéfices , la circulation devient plus naturelle. Etendons nos regards, & parcourons le fpectacle immenfe d'une infinité de moyens réunis d'attirer les efpeces étrangeres par le commerce : mais fuppofons-en d'abord un feulement dans chaque Province d'un Etat : Quelle rapidité dans la circulation ! Quelle effor la cupidité ne donnera-t-elle point aux Artiftes ? leur émulation ne fe borne plus à chaque claffe particuliere ; lorfque l'appas du gain s'eft montré à plufieurs, la chaleur & la confiance qu'il porte dans les efprits deviennent générales ; l'aifance réciproque des hommes les aiguillonne à la vue les uns des autres, & leurs prétentions communes font le fceau de la profpérité publique.

Ce que l'on vient de dire de l'augmentation de la maffe de l'argent par le commerce étranger eft la fource de plufieurs conféquences.

1°. L'augmentation de la maffe d'argent dans la circulation ne peut être appellée fenfible qu'autant qu'elle augmente la confommation des denrées néceffaires, ou d'une commodité utile à la confervation des hommes, c'eft-à-dire à l'aifance du Peuple.

2°. Ce n'eft pas tant une grande fomme d'argent introduite à la fois dans l'Etat qui donne du mouvement à la circulation, qu'une introduction con-tinuelle d'argent pour être repartie parmi le Peuple.

3°. A mefure que la répartition de l'argent étranger fe fait plus également parmi les Peuples, la circulation fe rapproche de l'ordre naturel.

4°. La diminution du nombre des Emprunteurs ou de l'intérêt de l'ar-gent, étant une fuite de l'activité de la circulation devenue plus naturelle, & l'activité de la circulation ou de l'aifance publique n'étant pas elle-même une fuite néceffaire d'une grande abondance d'argent introduite à la fois dans l'Etat, autant que de fon accroiffement naturel pour être reparti parmi les Peuples, on en doit conclure que l'intérêt de l'argent ne diminuera point par-tout où les confommations du Peuple n'augmenteront pas; que fi les confommations augmentoient, l'intérêt de l'argent diminueroit naturelle-ment fans égard à l'étendue de la maffe, mais en raifon compofée du nom-bre des Prêteurs & des Emprunteurs; que la multiplication fubite des ri-cheffes artificielles, ou des papiers circulans comme monnoie, eft un remede violent & inutile, lorfqu'on peut employer le plus naturel.

5°. Tant que l'intérêt de l'argent fe foutient haut dans un pays qui commerce avantageufement avec les étrangers; on peut décider que la circu-lation n'y eft pas libre. On dit en général dans un Etat, car quelques cir-conftances pourroient raffembler une telle quantité d'argent, dans un feul endroit, que la furabondance forceroit les intérêts de diminuer. Mais fouvent cette diminution même indiqueroit une interruption de circula-tion dans les autres parties du corps politique.

6°. Tant que la circulation eft interrompue dans un Etat, on peut af-furer qu'il ne fait pas tout le commerce qu'il pourroit entreprendre.

7°. Toute circulation qui ne réfulte pas du commerce intérieur eft lente & inégale, à moins qu'elle ne foit devenue abfolument naturelle.

8°. Le volume des fignes étant augmenté à raifon de leur maffe dans le commerce; fi cet argent en fortoit quelque tems après, les denrées feroient forcées de diminuer de prix ou de maffe, en même tems que l'intérêt de l'argent hausseroit , parceque sa rareté augmenteroit les motifs de défiance dans l'Etat.

9°. Comme toutes choses auroient augmenté dans une certaine proportion par l'influence de la circulation, & que personne ne veut commencer par diminuer son profit , les denrées les plus nécessaires à la vie se soutiendroient. Les salaires du peuple étant presque bornés au nécessaire , il faudroit absolument que les ouvrages se tinssent chers , pour continuer de nourrir les artistes. Ainsi ce seroit la masse du travail qui commenceroit par diminuer, jusqu'à ce que la diminution de la population & des consommations fît rétrograder la circulation & diminuer les prix ; pendant cet intervalle les denrées étant cheres , & l'intérêt de l'argent haut , le commerce étranger déclineroit, le corps politique seroit dans une crise violente.

10°. Si une nouvelle masse d'argent introduite dans l'état , n'entroit pas dans le commerce , il est évident que l'Etat en seroit plus riche, relativement aux autres états, mais que la circulation n'en accroîtroit , ni n'en diminueroit.

11°. Les fortunes faites par le commerce en général ayant nécessairement accru ou conservé la circulation , leur inégalité n'a pû porter aucun dérangement dans l'équilibre , outre les diverses classes du peuple.

12°. Si les fortunes faites par le commerce étranger en sortent , il y aura un vuide dans la circulation des endroits où elles répandroient l'argent , elles y resteront si l'occupation est protégée & honorée.

13° Si ces fortunes sortent non-seulement du commerce étranger , mais encore de la circulation intérieure , la perte en sera ressentie par toutes les classes du peuple en général , comme une diminution de masse d'argent. Cela ne peut arriver , lorsqu'il n'y a point de moyens de gagner plus prompts, plus commodes ou plus sûrs que le commerce.

14° Plus le commerce étranger embrassera d'objets différents , plus son influence dans la circulation sera prompte.

15°. Plus les objets embrassés par le commerce étranger, approcheront des premieres nécessités communes à tous les hommes , m.eux l'équilibre sera établi par la circulation entre toutes les classes du peuple , & dès-lors plutôt l'aisance publique fera baisser l'intérêt de l'argent.

16°. Si l'introduction ordinaire d'une nouvelle masse d'argent dans l'Etat par la vente des denrées superflues venoit à s'arrêter subitement, son effet seroit le même absolument que celui d'une diminution de la masse : c'est ce qui rend les guerres si funestes au commerce. D'où il s'ensuit que le peuple qui continue le mieux son commerce à l'abri de ses forces maritimes, eſt moins incommodé par la guerre : il faut remarquer cependant que les artiſtes ne déſertent pas un pays à raiſon de la guerre, auſſi facilement que ſi l'interruption ſubite du commerce provenoit d'une autre cauſe : car l'eſpérance les ſoutient : les autres parties belligérantes ne laiſſentpas d'é prouver auſſi un vuide dans la circulation.

17°. Puiſque le commerce étranger vivifie tous les membres du corps politique par le choc qu'il donne à la circulation, il doit être l'intérêt le plus ſenſible de la ſociété en général & de chaque individu qui s'en dit membre utile.

Ce commerce étranger dont l'établiſſement coute tant de ſoins ne ſe ſoutiendra pas, ſi les autres peuples n'ont un intérêt réel à l'entretenir ; cet intérêt n'eſt autre que le meilleur marché des denrées.

On a vû ci-deſſus qu'une partie de chaque nouvelle maſſe d'argent introduite dans le commerce, augmente continuellement le volume des ſignes. Ce volume indifférent en ſoi à celui qui le reçoit, dès qu'il ne lui procure pas une plus grande abondance de commodités, n'eſt pas indifférent à l'étranger qui achete les denrées ; car ſi elles lui ſont données dans un autre pays en échange de ſignes d'un moindre volume, c'eſt là qu'il fera ſes emplettes : également les peuples acheteurs chercheront à ſe paſſer d'une denrée, même unique, dès qu'elle n'eſt pas néceſſaire, ſi le volume de ſon ſigne devient trop conſidérable relativement à la maſſe de ſignes qu'ils poſſédent.

Il paroîtroit donc que le commerce étranger dont l'objet eſt d'attirer continuellement de nouvel argent, travailleroit à ſa propre deſtruction en raiſon des progrès qu'il fait dans ce genre ; & dès-lors, que l'Etat ſe priveroit du bénéfice qui en revient à la circulation. Si réellement la maſſe des ſignes étoit augmentée dans un Etat à un point aſſez conſidérable pour que toutes les denrées fuſſent trop cheres pour les étrangers, le commerce avec eux ſe réduiroit à des échanges ; ou ſi ce pays ſe ſuffiſoit à lui-même le commerce étranger ſeroit nul. La circulation n'augmenteroit plus, mais elle n'en ſeroit pas moins affoiblie, parceque l'introduction de l'argent ceſſeroit par une ſuite de gradations inſenſibles. Ce pays contiendroit autant d'hommes qu'il en pouroit nourrir & occuper par lui-même. Ses richeſſes en métaux ouvragés, en diamans, en effets rares & précieux, ſurpaſſeroient infiniment ſes richeſſes numéraires ſans compter la valeur des autres meubles plus communs ; ſes hommes, quoique ſans commerce extérieur, ſeroient très-heureux tant que leur nombre n'excéderoit pas la proportion des terres; enfin l'objet du Légiſlateur ſeroit remplie, puiſque la Société qu'il gouverne ſeroit revêtue de toutes les forces, dont elle eſt ſuſceptible.

Les hommes n'ont point encore été aſſez innocens pour mériter du ciel une paix auſſi profonde , & un enchaînement de proſpérités auſſi conſtant : des fléaux terribles , continuellement ſuſpendus ſur leurs têtes , les avertiſſent de tems en tems par leurs chûtes , que les objets périſſables dont ils ſont idolâtres étoient indignes de leur confiance. Ce qui purge les vices des hommes , délivre le commerce de la ſurabondance des richeſſes numéraires.

Quoique le terme où nous avons conduit un corps politique ne puiſſe moralement être atteint , nous ne laiſſerons pas de ſuivre encore un moment cette hypothéſe , non pas dans le deſſein chimérique de pénétrer dans un lieu innacceſſible , mais pour recueillir ſur notre paſſage des vérités utiles.

Le pays dont nous parlons , avant d'en venir à l'interruptions totale de ſon commerce avec les étrangers, auroit diſputé pendant une longue ſuite de ſiécles le droit d'attirer leur argent. Cette méthode eſt toujours avantageuſe à une Société qui a des intérêts extérieurs avec d'autres Sociétés, quand même elle ne lui ſeroit d'aucune utilité intérieure. L'argent eſt un ſigne général reçu par une convention unanime de tous les peuples policés : peu content de ſa fonction de ſigne , il eſt devenu meſure des denrées , & enfin même les hommes en ont fait celle de leurs actions. Ainſi le peuple qui en poſſede le plus eſt le maître de ceux qui ne ſavent pas le réduire à leur juſte valeur. Cette ſcience paroit aujourd'hui abandonnée en Europe à un petit nombre d'hommes que les autres trouvent ridicules s'il n'ont pas ſoin de ſe cacher. Nous avons vû d'ailleurs que l'augmentation de la maſſe des ſignes anime l'induſtrie, accroît la population ; il eſt interreſſant de priver ſes rivaux des moyens de devenir puiſſans , puiſque c'eſt gagner des forces relatives. Il feroit impoſſible de déterminer dans combien de tems le volume des ſignes pourroit s'accroître dans un Etat au point d'interrompre le commerce étranger : mais on connoît un moyen général.

Nous avons vû naître de l'augmentation des ſignes bien répartis dans un Etat , la diminution du nombre des emprunteurs , & la caiſſe des intérêts de l'argent. Cette réduction eſt la ſource d'un profit plus facile ſur les denrées, d'un moyen aſſuré d'obtenir la préférence des ventes, enfin d'une plus grande concurrence des denrées, des artiſtes & des négocians. Calculer les effets de la concurrence , ce ſeroit vouloir calculer les efforts du génie , ou meſurer l'eſprit humain. Du moindre nombre des emprunteurs & du bas intérêt de l'argent réſultent encore deux grands avantages.

Nous avons vû que les propriétaires des denrées ſuperflues vendues à l'étranger , commencent par payer ſur les métaux qu'ils ont reçus en échange, ce qui appartient aux ſalaires des ouvriers occupés du travail de ces denrées. Il leur en reſte encore une portion conſidérable ; & s'ils n'ont pas beſoin pour le moment d'un aſſez grand nombre de denrées pour employer leurs métaux en entier, ils en font ouvrager une partie, ou bien ils la convertissent en pierres précieuses, en denrées d'une rareté assez reconnue pour devenir dans tout le monde l'équivalent d'un grand nombre de métaux. La circulation ne diminue pas pour cela, suivant notre dixieme conséquence, sur l'augmentation de la masse de l'argent. Lorsque cet usage est le fruit de la surabondance dans la circulation générale, c'est une très-grande preuve de la prospérité publique. Il suspend évidemment l'augmentation du volume des signes, sans que la force du corps politique cesse d'être accrue. Nous parlons d'un pays où l'augmentation des fortunes particulieres est produite par le commerce & l'abondance de la circulation générale ; car s'il s'y trouve d'autres moyens de faire de grands amas de métaux, & qu'une partie soit convertie à cet usage, il est clair que la circulation diminuera de la somme de ces amas ; que toutes les conséquences qui résultent de nos principes sur la diminution de la masse d'argent, seront ressenties, comme si cet argent eût passé chez l'étranger, à moins qu'il ne soit aussitôt remplacé par une nouvelle introduction équivalente ; mais dans ce cas le peuple n'auroit point été enrichi. Le troisieme avantage qui résulte du bas intérêt de l'argent donne une grande supériorité à un peuple sur un autre. A mesure que l'argent surabonde entre les mains des propriétaires des denrées, ne trouvant point d'emprunteurs, ils font passer la portion qu'ils ne veulent point faire entrer dans le commerce chez les nations où l'argent mesure les denrées ; ils le prêtent à l'Etat, aux Négocians, à un gros intérêt qui rentre annuellement dans la circulation de la Nation créanciere, & prive l'autre du bénéfice de la circulation. Les Ouvriers du peuple emprunteur, ne font plus que des esclaves auxquels on permet de travailler pendant quelques jours de l'année pour se procurer une subsistance médiocre. Tout le reste appartient au Maître, & le tribut est exigé rigoureusement, soit que cette subsistance ait été commode ou misérable. Le Peuple emprunteur se trouve dans un état de crise dont nos huitiemes & neuviemes conséquences sur l'augmentation de la masse de l'argent donnent la raison. Après quelques années révolues, le capital emprunté est sorti réellement par le paiement des arrérages quoiqu'il soit encore dû en entier, & qu'il reste au Créancier un moyen infaillible de porter un nouveau désordre dans la circulation de l'état débiteur, en retirant subitement ses capitaux ; enfin pour peu qu'on se rappelle le gain que fait sur les charges une nation créanciere des autres, on sera intimement convaincu de l'avantage qu'il y a de prêter son argent aux Etrangers.

Diverses causes naturelles peuvent retarder la préférence de l'argent dans le commerce, lors même que la circulation est libre ; son transport d'ailleurs est long & couteux. Les hommes ont imaginé de le représenter par deux sortes de signes. Les uns sont momentanés & de simples promesses par écrit de fournir de l'argent dans un lieu & à un terme convenu. Ces promeſſes paſſent de main en main en payement ſoit des denrées, ſoit de l'argent même juſqu'à l'expiration du terme. Par la ſeconde ſorte de ſignes de l'argent, on entend des obligations permanentes comme la monnoïe même dans le public, & qui circulent également.

Ces promeſſes momentanées & ces obligations permanentes n'ont de commun que la qualité de ſignes ; & comme tels les uns ni les autres n'ont de valeur qu'autant que l'argent exiſte, ou eſt ſuppoſé exiſter.

Mais ils ſont différens dans leur nature & dans leur effet. Ceux de la première ſorte ſont forcés de ſe balancer au tems preſcrit avec l'argent qu'ils repréſentent ; ainſi leur quantité dans l'Etat eſt toujours en raiſon de la répartition proportionnelle de la maſſe de l'argent. Leur effet eſt d'entretenir ou de répéter la concurrence de l'argent avec les denrées en raiſon de la répartition proportionnelle de la maſſe de l'argent. Cette propoſition eſt évidente par elle-même dès qu'on fait réflexion que les billets & les lettres de change paroiſſent dans une plus grande abondance ſi l'argent eſt commun, & ſont plus rares ſi l'argent l'eſt auſſi. Les ſignes permanens ſont partagés en deux claſſes : les uns peuvent s'anéantir à la volonté du Propriétaire, les autres ne peuvent ceſſer d'exiſter, qu'autant que celui qui a propoſé aux autres hommes de les reconnoître pour ſignes, conſent à leur ſuppreſſion. L'effet de ces ſignes permanens eſt d'entretenir la concurrence de l'argent avec les denrées, non pas en raiſon de ſa maſſe réelle, mais en raiſon de la quantité de ſignes ajoutée à la maſſe réelle de l'argent. Le monde les a vu deux fois uſurper la qualité de meſure de l'argent, ſans doute afin qu'aucune eſpece d'excès ne manquât dans les faſtes de l'humanité. Tant que ces ſignes quelconques ſe contentent de leur fonction naturelle & la rempliſſent librement, l'Etat eſt dans une poſition intérieure très heureuſe, parceque les denrées s'échangent auſſi librement contre les ſignes de l'argent, que contre l'argent même : mais avec les deux différences que nous avons remarquées. Les ſignes momentanés répetent ſimplement la concurrence de la maſſe réelle de l'argent avec les denrées. Les ſignes permanens multiplient dans l'opinion des hommes la maſſe de l'argent, d'où il réſulte que cette maſſe multipliée, a dans l'inſtant de ſa multiplication, l'effet de toute nouvelle introduction d'argent dans le commerce, dès lors que la circulation répartit entre les mains du Peuple une plus grande quantité des ſignes des denrées qu'auparavant, que le volume des ſignes augmente, que le nombre des emprunteurs diminue. Si cette multiplication eſt immenſe & ſubite, il eſt évident que les denrées ne peuvent ſe multiplier dans la même proportion. Si elle n'étoit pas ſuivie d'une introduction annuelle de nouveaux ſignes quelconques, l'effet de cette ſuſpenſion ne ſera pas auſſi ſenſible que dans le cas où l'on n'auroit ſimplement
ment

ment que l'argent pour monnoie ; il pourroit même arriver que la masse réelle de l'argent diminuât, sans qu'on s'en apperçût, à cause de la surabondance des signes, mais l'intérêt de l'argent resteroit au même point, à moins de réductions forcées, & le commerce ni l'agriculture ne gagneroient rien dans ces cas. Enfin, il est important de remarquer que cette multiplication n'enrichit un Etat que dans l'opinion des Sujets qui ont confiance dans les signes multipliés, mais que ces signes ne sont d'aucun usage dans les relations extérieures de la société qui les possede. Il est clair que tous ces signes de quelque nature qu'ils soient, sont un usage de la puissance d'autrui, ainsi ils appartiennent au crédit ; il a diverses branches, & la matiere est si importante que M. de Forboney l'a traitée séparément. Comme elle n'est point du ressort de cet ouvrage, on ne peut que renvoyer au livre même de M. de Forboney ; mais il faudra toujours se rappeller que les principes de la circulation de l'argent sont nécessairement ceux du crédit qui n'en est que l'image.

Des principes dont la nature même des choses nous a fourni la démonstration, nous en pouvons déduire trois qu'on doit regarder comme l'analyse de tous les autres & qui ne souffrent aucune exception.

1°. Tout ce qui nuit au commerce, soit intérieur, soit extérieur, épuise les sources de la circulation.

2°. Toute sureté diminuée dans l'Etat suspend les effets du commerce, c'est-à-dire, de la circulation, & détruit le commerce même.

3°. Moins la concurrence des signes existans sera proportionnée dans chaque partie d'un Etat à celle des denrées, c'est-à-dire, moins la circulation sera active, plus il y aura de pauvres dans l'Etat, & conséquemment plus il sera éloigné du degré de puissance dont il est susceptible. Nous avons tâché jusqu'à présent d'indiquer la source des propriétés de chaque branche du commerce, & de développer les avantages particuliers qu'elles procurent au corps politique. Les suretés qui forment le lien d'une société sont l'effet de l'opinion des hommes, elles ne regardent que les Légistateurs chargés par la Providence du soin de les conduire pour les rendre heureux, ainsi cette matiere est absolument étrangere à celle que nous traitons.

Il est cependant une espece de sureté, qu'il est impossible de séparer des considérations sur le commerce, puisqu'elle en est l'ame.

L'argent est le signe & la mesure de ce que tous les hommes se communiquent ; la foi publique & la commodité ont exigé, comme nous l'avons dit au commencement, que le poids & le titre de cet équivalent fussent autentiques. Les Légistateurs étoient seuls en droit de lui donner ce caractere ; eux seuls peuvent faire fabriquer la monnoie, lui donner une empreinte, en regler le poids, le titre, la dénomination. Toujours dans un état forcé, relativement aux autres Légistateurs, ils sont astreints à observer certaines proportions dans leur monnoie, pour la conferver ; mais lorfque ces proportions réciproques font établies, il eft indifférent à la confervation des monnoies que leur valeur numéraire foit haute ou baffe, c'eft-à-dire, que fi les valeurs numéraires font furhauffées ou diminuées tout d'un coup dans la même proportion où elles étoient avant ce changement, les Etrangers n'ont aucun intérêt d'enlever une portion par préférence à l'autre.

Dans quelques Etats on a penfé que ce changement pouvoit être utile dans certaines circonftances ; Mrs. Melon & Dutot ont approfondi cette queftion dans leurs excellens ouvrages, fur-tout le dernier. On n'entreprendroit pas d'en parler fi l'état même de la difpute ne paroiffoit ignoré par un grand nombre de perfonnes : cela ne doit point furprendre, puifque hors du commerce, on trouve plus de gens en état de faire le livre de M. Melon, que d'entendre celui de fon adverfaire ; ce n'eft pas tout, la querelle s'embrouilla dans le tems au point que les Parties de M. Melon publierent que les deux parties étoient d'accord ; beaucoup de perfonnes le crurent, & le répetent encore ; il en réfulte, que fans s'engager dans la lecture pénible des calculs de M. Dutot, chacun reftera perfuadé que les furhauffemens des monnoies font utiles dans quelques circonftances.

Voici ce qu'en mon particulier j'ai pu recueillir de plufieurs lectures des deux ouvrages.

Recherches & conf. fur les Finances.

Tous les deux conviennent unanimement qu'on ne peut faire aucun changement dans les monnoies d'un Etat, fans altérer la confiance publique ; que les augmentations des monnoies par les réformes au profit du Prince font pernicieufes, parcequ'elles laiffent néceffairement une difproportion entre les nouvelles efpeces & les anciennes qui les font fortir de l'Etat, & qui jettent une confufion déplorable dans la circulation intérieure. M. Dutot, en expliquant dans un détail admirable par le cours des changes les effets d'un pareil défordre, prouve la néceffité de rapprocher les deux efpeces, foit en diminuant les nouvelles, foit en hauffant les anciennes, que l'un ou l'autre opéroit également la ceffation du défordre dans la circulation & la fortie de l'argent ; mais il n'eft pas convenu que la diminution ou l'augmentation du numéraire fiffent dans leur principe & dans leur fuite aucun bien à l'Etat ; il y a même avancé en plus d'un endroit qu'il valoit mieux rapprocher les deux efpeces en diminuant les nouvelles, & il l'a démontré.

M. Melon a avancé que l'augmentation fimple des valeurs numéraires dans une exacte proportion entr'elles, étoit néceffaire pour foulager le Laboureur, accablé par l'impofition, qu'elle étoit favorable au Roi & au Peuple comme Débiteurs ; qu'à chofes égales c'eft le Débiteur qu'il convient de favorifer.

M. Dutot a prouvé par des faits & par des raifonnemens qu'une pareille opération étoit ruineuſe à l'Etat & directement oppoſée aux intérêts du Peuple & du Roi.

Examinons l'opinion de M. Melon de la maniere la plus ſimple, la plus courte & la plus équitable qu'il nous ſera poſſible : cherchons même les raiſons qui ont pu ſéduire cet Ecrivain, dont la lecture d'ailleurs eſt ſi utile à tous ceux qui veulent s'inſtruire ſur le commerce. Si le numéraire augmente, le prix des denrées doit hauſſer ; ce ſera dans une des trois proportions ſuivantes. 1°. Dans la même proportion que l'eſpece. 2°. Dans une proportion plus grande. 3°. Dans une moindre proportion.

Premiere ſuppoſition. Le prix des denrées hauſſe dans la même proportion que le numéraire. Il eſt conſtant qu'aucune denrée n'eſt produite ſans travail, & que tout homme qui travaille, dépenſe. La dépenſe augmentant dans la proportion de la recette, il n'y a aucun profit dans ce changement pour le Peuple induſtrieux, pour les Propriétaires des fruits de la terre ; car les Propriétaires des rentes féodales auxquels il eſt dû des cens & rentes en argent, reçoivent évidemment moins ; les frais des réparations ont augmenté, cependant dès lors ils ſont moins en état de payer les impôts.

Ceux qui ont emprunté ou qui doivent de l'argent, acquitteront leur dette avec une valeur moindre en poids & en titre ; ce que perdra le Créancier ſera gagné par le Débiteur : le premier ſera forcé de dépenſer moins, & le ſecond aura la faculté de dépenſer davantage. La circulation n'y gagne rien, le changement eſt dans la main qui dépenſe. Diſons plus, l'argent étant le gage de nos échanges, ou pour parler plus exactement, le moyen terme qui ſert à les évaluer, tout ce qui affecte l'argent ou ſes Propriétaires porte ſur toutes les denrées, ou leurs Propriétaires, c'eſt ce qu'il faut expliquer.

S'il y avoit plus de Débiteurs que de Créanciers, la raiſon d'Etat, (quoique mal entendue en ce cas) pourroit engager le Légiſlateur à favoriſer le plus grand nombre ; cherchons donc qui ſont les Débiteurs & l'effet de la valeur qu'on veut leur procurer.

Les Créanciers dans un Etat ſont les Propriétaires de l'argent ou des denrées ; il eſt ſûr que l'argent eſt inégalement partagé dans tous les Pays, principalement dans ceux où le commerce étranger n'eſt pas le principe de la circulation. Si les Propriétaires de l'argent ont eu la confiance de le faire rentrer dans le commerce, ſurhauſſer l'eſpece, c'eſt les punir de leur confiance, c'eſt les avertir de mettre leur argent à plus haut prix à l'avenir, effet certain & directement contraire au principe de la circulation ; enfin c'eſt non-ſeulement introduire dans l'Etat une diminution de ſureté, mais encore autoriſer une mauvaiſe foi évidente entre les Sujets ; je n'en demande pas d'autre preuve que le ſyſtême où ſont quantité de familles dans le Royaume de devoir toujours quelque choſe. Qu'attendent-elles que l'occaſion de pouvoir manquer à leurs engagemens en vertu de la loi ? quel en est l'effet, sinon d'entretenir la méfiance entre les Sujets, de maintenir l'argent à un haut prix, & de grossir la dépense du Prince. Quoiqu'une longue & heureuse expérience nous ait convaincu des lumieres du gouvernement actuel, le préjugé subsiste, & subsistera encore jusqu'à ce que la génération des hommes, qui ont été témoins du désordre des surhaussemens, soit entierement éteinte. Effet terrible des mauvaises opérations. C'est donc le principe de la répartition inégale de l'argent qu'il faut attaquer, ou réformer, au lieu de dépouiller ses Possesseurs par une violence dangereuse dans ses effets pendant des siecles; mais ce n'est pas tout : observons que si les Propriétaires de l'argent l'ont rendu à la circulation, elle n'est donc pas interrompue; c'est le cas cependant où M. Melon conseille l'augmentation des Monnoies. Si l'argent est resserré ou caché, il y a un grand nombre de Demandeurs, & point de Prêteurs : dès-lors le nombre des Débiteurs sera très médiocre, & ce seroit un mauvais moyen de faire sortir l'argent que de rendre les propriétés plus incertaines. Ce ne peut donc être des Prêteurs, ni des Emprunteurs de l'argent que M. Melon a voulu parler. D'un autre côté, le nombre des Emprunteurs & des Prêteurs des denrées est égal dans la circulation intérieure. Les denrées appartiennent aux Propriétaires des terres, ou aux Ouvriers qui sont occupés par le travail de ces denrées. Par l'enchaînement des consommations tout ce que reçoit le Propriétaire d'une denrée passe nécessairement à un autre: chacun est tout à la fois Créancier & Débiteur, le superflu de la nation passe aux Etrangers; il n'y a donc pas plus de Débiteurs à favoriser que de Créanciers. Il n'y a que les Débiteurs étrangers de favorisés; car dans le moment du surhaussement payant moins en poids & en titre, ils acquitteront cependant le numéraire de leur ancienne dette : examinons l'intérêt du Prince & celui du Peuple relativement aux impôts.

Il est clair que le Prince reçoit le même numéraire qu'auparavant, mais qu'il reçoit moins en poids & en titre. Ses dépenses extérieures restent absolument les mêmes intrinséquement, & augmentent numérairement; le prix des denrées ayant augmenté avec l'argent, la dépense sera doublée, il faudra donc recourir à des aliénations plus funestes que les impôts passagers, ou doubler le numéraire des impôts pour balancer la dépense; où est le profit du Prince & celui du Peuple ? Le voici sans doute. Si le Prince a un besoin pressant d'argent, & qu'il lui soit dû beaucoup d'arrérages, la facilité de payer ces arrérages avec moins de poids & de titre, en accélerera la rentrée: cela ne souffre aucun doute, mais il suffisoit de diminuer tant pour livre à ceux qui auroient payé leurs arrérages dans un certain terme, & dans la proportion qu'on se résoudroit à perdre en cas de l'augmentation de l'espece; ceux qui n'auroient pas d'argent en trouveroient facilement, en partageant le bénéfice de la remife, au lieu qu'en augmentant les efpeces, il n'en vient pas à ceux qui en manquent. Tout feroit refté dans fon ordre naturel, le Peuple eut été foulagé & le Prince fecouru d'argent.

Si le Prince a des fonds dans fon Tréfor & qu'il veuille rembourfer des Fourniffeurs avec une moindre valeur, il fe trompe lui-même par deux raifons.

1°. Le crédit accordé par les Fourniffeurs eft ufuraire en raifon des rifques qu'ils courent, c'eft une vérité d'expérience de tous les tems, de tous les Pays.

2°. Ces Fourniffeurs doivent eux-mêmes : recevant moins, ils rembourferont moins, & à qui ? à des Ouvriers, à des Artiftes, aux Propriétaires des fruits de la terre. La dépenfe étant augmentée, combien de familles privées de leur aifance ? quel vuide dans la circulation, dans le paiement des impôts qui n'en font que le fruit ? fi c'eft pour diminuer les rentes fur l'Etat, c'eft encore perdre, puifque les nouveaux emprunts fe feront à des conditions plus dures ; l'intérêt de l'argent hauffant pour le Prince, il devient plus rare dans le commerce : la circulation s'affoiblit, & fans circulation, point d'aifance chez le Peuple. Si cependant on fe réfout à perdre la confiance & à faire une grande injuftice, il eft encore moins dangereux de diminuer l'intérêt des rentes dûes par l'Etat, que de hauffer les efpeces : la confufion feroit moins générale : la défiance n'agiroit qu'entre l'Etat & fes Créanciers, fans s'étendre aux engagemens particuliers : mais ni l'un, ni l'autre n'eft utile.

Conclufion : en fuppofant le prix des denrées hauffé en proportion de l'argent, il en naît beaucoup de défordres, pas un feul avantage réel pour le Roi, ni pour le Peuple.

Seconde fuppofition : le prix des denrées hauffe dans une plus grande proportion que le numéraire. Le mal fera évidemment le même que dans la premiere hypotèfe, excepté que les rentiers feront encore plus malheureux, & confommeront encore moins ; mais celle-ci a de plus un inconvénient extérieur, car le fuperflu rencheriffant, il n'eft par fûr que les Etrangers continuent de l'acheter, du moins eft-il conftant qu'il arrivera quelque révolution dans le commerce. Or ces révolutions font dans un Etat commerçant le même effet que chez les Négocians ; elles l'enrichiffent, ou l'appauvriffent : il s'en préfente affez de naturelles fans les provoquer & multiplier fes rifques. Il eft même un préjugé bien fondé pour croire que le commerce étranger diminuera : car l'argent fe foutiendra cher en raifon des motifs de défiance qui font dans l'Etat, & les denrées augmentant encore par elles-mêmes, il eft évident que l'Etat aura un défavantage confidérable dans la concurrence des autres Peuples.

Avant de paffer à la troifieme fuppofition, il faut remarquer que l'expérience a prouvé que celle-ci eft l'effet véritable des augmentations des monnoies, non pas tout d'un coup, mais fucceffivement ; les denrées hauffant continuellement, les dépenses de l'Etat augmentent, & par la même raison, le numéraire des impots. Le Peuple, dont la recette est ordinairement bornée au simple nécessaire, quelque soit le numéraire, n'est pas plus riche dans un cas que dans l'autre ; il n'a jamais de remboursement à faire, & s'il vient à payer plus de numéraire à l'Etat, en proportion de celui qu'il reçoit, il est réellement plus pauvre.

Les observations de M. l'Abbé de Saint-Pierre, & les comparaisons que fait M. Dutot des revenus de plusieurs de nos Rois, ne laissent aucun doute sur cette vérité que les denrées haussent successivement dans une plus haute proportion que la monnoie ; cependant examinons la troisieme supposition, & voyons les effets qui résultent de son passage.

Troisieme supposition : le prix des denrées n'augmente pas proportionnellement avec l'argent.

C'est la plus favorable au système de M. Melon. Considérons quelle aisance le Peuple & l'Etat en retirent, & ce qui est le plus important, combien en durent les effets. Supposons la journée des Ouvriers à vingt sols, la dépense nécessaire à la subsistance quinze sols, ce seront cinq sols pour le superflu.

Supposons l'augmentation numéraire de moitié, & l'augmentation du prix des denrées d'un quart ; la journée montera à vingt-cinq sols, qui ne vaudront intrinséquement que seize sols huit deniers ; sur l'ancien pied la dépense nécessaire sera de dix-huit sols neuf deniers, il restera pour le superflu six sols trois deniers, mais comme les denrées ont augmenté d'un quart, l'Ouvrier n'achetera pas plus de choses qu'avec les quinze sols qu'il avoit coutume de recevoir. Ainsi de ce côté, l'Ouvrier ne gagne point d'aisance : la circulation ne gagne rien.

Examinons la position du commerce étranger.

Supposons son ancienne valeur de quarante-huit, les denrées ayant augmenté d'un quart, la nouvelle valeur sera soixante.

Il n'est point de Nation qui ne reçoive de denrées des Peuples auxquels elle vend ; c'est l'excédent des exportations sur les importations qui lui procure de nouvel argent ; évaluons les échanges en nature aux trois quarts de l'ancienne valeur, c'est-à-dire à trente-six, le profit de la balance eut été douze, il est évident que l'Etranger paye ses achats sur le pied établi dans le Pays du Vendeur, mais qu'il se fait payer ses rentes sur le pied établi chez lui, c'est-à-dire en poids & en titre. Cela posé, on achetera de l'Etranger cinquante-quatre, ce qu'on payoit trente-six, les rentes seront soixante, la balance restera six ; elles étoit de douze auparavant ; par conséquent la circulation perd six, & ces six n'équivaudront intrinséquement qu'à quatre, sur l'ancien pied.

Par la même raison, tout ce que l'Etranger devra au moment du surhauffément fera payé la moitié moins, & ce qui leur fera dû, coûtera la moitié de numéraire en fus. Cette double perte pour les Négocians en ruinera un grand nombre au profit des Etrangers ; les faillites rendront l'argent rare & cher, enfin l'Etat aura perdu tout ce que l'Etranger aura payé de moins ; ces objets feuls font de la plus grande importance ; car fi l'Etat ajoute l'incertitude des propriétés aux rifques naturels du commerce, perfonne ne fera tenté d'y faire circuler fes capitaux ; le crédit des Négocians fera foible, l'ufure s'en prévaudra : jamais les intérêts ne baifferont, & jamais l'Etat ne jouira de tous les avantages qu'il a pour commercer.

On objectera fans doute que les prix étant diminués d'un quart, les Etrangers acheteront un quart de plus de denrées ; fi cela arrive il eft évident que l'induftrie fera animée par cette nouvelle demande ; que la circulation recevra une très grande activité, que la balance numéraire fera 18, puifque la rente fera 72 ; enfin que l'Etat recevra autant de valeur intrinfeque qu'auparavant ; mais il y a plufieurs obfervations à faire fur cette objection.

1°. S'il eft vrai de dire en général, comme on doit en convenir, que le bon marché de la denrée en procure un plus grand débit, il n'arrive pas toujours pour cela que le débit s'accroiffe dans une proportion exacte de la baiffe des prix ; outre qu'il eft des denrées dont la confommation eft bornée par elle-même, le Marchand qui les revend fait tout fon poffible pour retenir une partie du bon marché à fon profit particulier.

2°. L'argent fe foutiendra cher par la diminution de la confiance, & le grand nombre de faillites qu'aura occafionné le paffage du furhauffement : ainfi, quoique la main d'œuvre & les denrées n'aient hauffé que d'un quart en numéraire, il eft certain que l'intérêt des avances faites par les Négocians, fera de moitié plus fort en numéraire, & que cette moitié en fus du numéraire de l'intérêt doit être ajoutée au furhauffement des denrées que nous avons fuppofé être d'un quart.

Si cet intérêt étoit de 6 pour $\frac{o}{o}$ ce feroit un douzieme & demi en fus ; celui qui poffédoit dans fon commerce 100 liv. avant le furhauffement, fe trouvera poffeder numérairement 150 liv. l'augmentation des denrées étant du quart, il fembleroit qu'avec ces 100 liv. on pourroit commercer fur 25 liv. de plus en denrées.

Mais il faut obferver que l'intérêt de 150 liv. eft 9 liv. à 6 pour $\frac{o}{o}$; ainfi il faut retrancher fur 150 liv. à raifon de cet intérêt, ... 9 liv.

reftent	141
l'augmentation du prix des denrées a été du quart . .	25
	116

refte donc pour 16 l. de plus en denrées qu'on en avoit avant l'augmentation des efpeces. Cependant comme l'intérêt de ces 100 liv. étoit de 6 pour $\frac{0}{0}$ également, il convient d'ajouter 6 liv. aux 16 liv. ce qui en fera 22 liv.

Mais le plus fort numéraire des intérêts a évidemment diminué 3 liv. fur les 25 liv. que l'on efperoit trouver de plus en denrées, à raifon de l'inégalité du furhauffement des denrées en proportion de celui des efpeces.

Ce calcul pourroit encore être pouffé plus loin, fi l'on évalue le bénéfice du Commerçant qui eft toujours au moins du double de l'intérêt.

3°. Toutes les Manufactures où il entre des matieres étrangeres hauffe-ront non-feulement d'un quart, comme toutes les autres denrées, mais encore de l'excédent du numéraire qu'on donnera de plus qu'auparavant pour payer ces matieres.

4°. Si le Pays qui a hauffé fa monnoie tire de l'Etranger une partie des matieres néceffaires à la navigation, fon fret renchérira d'autant en numéraire ; il faudra encore y ajouter le plus grand numéraire, & à raifon de l'intérêt de l'argent, & à raifon du prix des affurances. Toutes ces augmentations formeront une valeur intrinfeque qui donnera la fupériorité dans cette partie effentielle aux Etrangers qui paient l'argent moins cher.

5°. Tout ce qui manquera à l'achat des Etrangers pour répondre à ce quart de diminution fur le prix diminuera la balance intrinfeque de l'Etat : fi dans l'exemple propofé au lieu d'exporter 72, on n'exporte que 66, la balance numéraire fera de 12, comme auparavant, mais la balance intrinfeque ne fera que 8.

6°. En fuppofant même le quart entier d'accroiffement fur les rentes, ce qui n'eft pas vrai femblable cependant, il eft clair fuivant la remarque de M. Dutot que l'Etranger n'aura donné aucun équivalent en échange.

7°. Je conviens que l'Etat aura occupé plus d'hommes : c'eft un avantage très réel : mais il faut reconnoître auffi que les denrées hauffant fucceffive-ment comme l'expérience l'a toujours vérifié, les rentes diminueront fucceffivement dans la même proportion. La balance diminuera avec elles nu-mérairement & intrinféquement, & fuivant les principes établis fur la cir-culation, le Peuple fera en peu de tems plus malheureux qu'il n'étoit : car fon occupation diminuera : le nombre des fignes qui avoit coutume d'entrer en concurrence avec les denrées, n'entrant plus dans le commerce, la cir-culation s'affoiblira, l'intérêt de l'argent fe foutiendra toujours. Telle eft la vraie pierre de touche de la profpérité intérieure d'un Etat : je veux bien compter pour rien le dérangement des fortunes particulieres & des familles, puifque la maffe de ces fortunes reftera la même dans l'Etat ; mais je deman-derai toujours s'il y a moins de pauvres, s'il y en aura moins par la fuite, parceque la reffource de l'Etat peut être mefurée fur leur nombre.

Je ne crois pas qu'on m'accufe d'avoir diffimulé les raifons favorables à
l'opinion

l'opinion de M. Melon : je les ai cherchées avec foin, parcequ'il ne me paroiſſoit pas naturel qu'un habile homme avançât un ſentiment ſans l'avoir
médité : j'avoue même que d'abord j'ai héſité ; mais les ſuites pernicieuſes
& prochaines de cet embonpoint paſſager du corps politique m'ont intimement convaincu qu'il n'étoit pas naturel ; enfin que l'opération n'eſt utile en
aucun ſens. C'eſt ainſi qu'en ont penſé Mun, Locke & le célebre Law qu'on
peut prendre pour Juges en ces matieres, lorſque leur avis ſe réunit. Il ne faut
pas s'imaginer que l'utilité des augmentations numéraires n'ait pû ſe développer que parmi nous, à moins que l'influence du climat ne change auſſi
quelque choſe dans la combinaiſon des nombres.

Enfin, je ne me ſerai point trompé ſi malgré une augmentation de denrées
à raiſon de l'agrandiſſement du Royaume, malgré une augmentation de valeur de 150 millions dans nos Colonies, la balance du commerce étranger
n'eſt pas plus conſidérable depuis 23 ans, que de 1660 à 1683.

Nous avons évidemment gagné, puiſque depuis la derniere réforme, il a
été monnoyé plus de 1300 millions, mais il s'agit de ſavoir ſi nous n'aurions
pas gagné davantage, en cas qu'on n'eût point hauſſé les monnoies ? ſi l'on
verroit en Italie, en Allemagne, en Hollande ſur-tout, & en Angleterre,
pour des centaines de millions de vieilles monnoies de France.

Jean de Wit évaluoit la balance que la Hollande payoit de ſon tems à la
France à trente millions qui en feroient aujourd'hui plus de cinquante-cinq.
Je ſais que nous avons étendu notre commerce ; mais ſans compter l'augmentation de nos terres & l'amélioration de nos Colonies, ſuppoſons (ce qui
n'eſt pas) que nous avons fait par nous mêmes, ou par d'autres peuples, les
trois quarts du commerce que la Hollande faiſoit pour nous en 1655, la balance avec elle devroit reſter de plus de treize millions ; en 1752, elle n'étoit
que de huit.

Regle generale à laquelle j'en reviendrai toujours, parcequ'elle eſt d'une
application très étendue : par-tout où l'intérêt de l'argent ſe ſoutient haut,
la circulation n'eſt pas libre : c'eſt donc avec peu de fondement que M. Melon
a comparé les ſurhauſſemens des monnoies, même ſans réforme, ni refonte,
aux multiplications des papiers circulans ; je regarde ces papiers comme un
remede dangereux par les ſuites qu'ils entraînent : mais ils ſe corrigent en
partie par la diminution des intérêts, & donnent au moins les ſignes & les
effets d'une circulation intérieure, libre & durable. Ils peuvent nuire un jour
à la richeſſe de l'Etat, mais conſtamment le Peuple vit plus commodément.
S'il étoit poſſible même de borner le nombre des papiers circulans, & ſi la
facilité de dépenſer n'étoit pas un préſage preſque certain d'une grande dépenſe, je les croirois fort utiles dans les circonſtances d'un épuiſement général dans tous les membres du corps politique : diſons plus, il n'en eſt pas

d'autre fous quelque nom ; ou quelque forme qu'on les préfente ; il ne s'agit que de favoir ufer de la fortune, & fe ménager des reffources.

Cette difcuffion prouve invinciblement que le commerce étranger eft le feul intérêt réel d'un Etat au-dedans. Cet intérêt eft celui du Peuple, & celui du Peuple eft celui du Prince. Ces trois parties forment un feul tout. Nulle diftinction fubtile, nulle maxime d'une politique fauffe & captieufe ne prouvera jamais à un homme qui jouit de fa raifon, qu'un tout n'eft point affecté par l'affoibliffement d'une de fes parties. S'il eft fage de favoir perdre quelquefois, c'eft dans le cas où l'on fe réferve l'efpérance de fe dédommager de fes pertes.

M. Melon propofe pour dernier appui de fon fentiment le problême fuivant.

» L'impofition néceffaire au paiement des Charges de l'Etat étant telle, » que les contribuables, malgré les exécutions militaires, n'ont pas de » quoi les payer par la vente de leurs denrées : que doit faire le Légiflateur ?

J'aimerois autant que l'on demandât ce que doit faire un Général dont l'Armée eft affiégée tout à la fois par la famine & par les ennemis dans un pofte très défavantageux. Dire qu'il ne falloit pas s'y engager feroit une réponfe affez naturelle, puifque l'on ne défigneroit aucune des circonftances de cette pofition : mais certainement perfonne ne donneroit pour expédient, de livrer la moitié des armes aux ennemis, afin d'avoir du pain pendant quatre jours.

C'étoit fans doute par modeftie que M. Defmarets difoit qu'on avoit fait fubfifter les Armées & l'Etat en 1709 par une efpece de miracle. Quelque cruelle que fût alors notre fituation, il me femble que les mots de *miracle* & *d'impoffibilité* ne font point faits pour les hommes d'Etat.

Toute pofition a fes reffources quelconques pour qui fait l'envifager de fang froid & d'après de bons principes : il eft vrai que dans ces occafions critiques, comme dans toutes les autres, il faut fe rappeller la priere de David, *infatua, Domin, confilium Achitopel.*

Ce que nous avons dit fur la balance de notre commerce en 1655, prouve combien peu eft fondé ce préjugé commun que notre argent doit être plus bas que celui de nos voifins, fi nous voulions commercer avantageufement avec eux : M. Dutot l'a également démontré par les changes.

La vraie caufe de cette opinion parmi quelques Négocians, plus Praticiens qu'Obfervateurs des caufes & des principes, eft que nos furhauffemens ont été prefque toujours fuivis de diminutions.

On a toutes les peines du monde alors à faire confentir les Ouvriers à baiffer leurs falaires, & les denrées fe foutiennent jufqu'à ce que la fufpenfion du commerce les ait réduites à leur proportion ; c'eft ce qui arrive mê-

me après les chertés confidérables , l'abondance ne ramene que très lentement les anciens·prix.

Ce paffage eft donc réellement très défavantageux au commerce , mais il
n'a point de fuites ultérieures. Obfervons encore que l'Etranger qui doit, ne
tient point compte des diminutions , & que cependant le Négociant eft obligé de payer fes dettes fur le pied établi par la loi. Il en réfulte des faillites
& un grand difcrédit général.

C'eft donc la crainte feule des diminutions qui a enfanté cette efpece de
maxime fauffe en elle-même , que notre argent doit être bas.

La vérité eft qu'il eft important de le laiffer tel qu'il fe trouve : que parmi
les profpérités de la France , elle doit compter principalement la ftabilité
actuelle des monnoies.

ESPECES ALTERÉES, font celles où il y a quelque décher & diminution faite exprès & à mauvaife intention ; comme l'altération qu'on fait aux
efpeces d'or par le moyen de l'eau régale , & à celles d'argent en les trempant dans de l'eau-forte.

ESPECES DE MAUVAIS ALLOI , font celles qui ne font pas au titre
prefcrit par la loi.

ESPECES DÉCRIÉES , font celles que le Prince a défendu être reçues
dans le commerce.

ESPECES ÉTRANGERES , font celles qui font fabriquées dans les Etats
& Royaumes étrangers. L'abondance des matieres d'or & d'argent ayant toujours été regardée comme un des objets le plus interreffant dans un Etat , un
des moyens les plus propres à la procurer dans le Royaume étoit de permettre le commerce & même la fonte des piaftres & des réaux : le Roi , par Arrêt
du Confeil du 4 Novembre 1727 , donna cette permiffion , & voulant de
plus en plus augmenter cette abondance fi utile , faciliter le travail des Manufactures & donner aux Commerçans une nouvelle preuve de fa protec-
tion , Sa Majefté jugea que la liberté du commerce de toutes les matieres d'or
& d'argent , même des efpeces fabriquées dans les Pays étrangers , étoit une
des voies les plus fûres pour y parvenir , en conféquence elle a ordonné par
Déclaration donnée à Fontainebleau le 7 Octobre 1755, regiftrrée en la Cour
des Monnoies le 24 des mêmes mois & an.

ARTICLE PREMIER.

» Que dorefnavant il foit permis à tous Marchands, Banquiers & Négo-
» cians , de faire librement & fans aucune efpece de reftriction le commerce
» de toutes les matieres d'or & d'argent , même des efpeces étrangeres , fans
» que pour raifon de ce, aucun des Sujets de S. M. puiffe être inquiété :
» pourquoi défend Sa Majefté aux Officiers de fes Cours des Monnoies ou

» autres, toutes pourfuites & procédures, même en vertu des articles IV,
» V, IX & XII de l'Edit de Février 1726 & autres, contraires aux difpo-
» fitions de la préfente Déclaration, ainfi que des Arrêts de fon Confeil,
» intervenus depuis fur cette matiere, auxquels Sa Majefté a expreffément
» dérogé en ce qui concerne la liberté du commerce defdites matieres &
» efpeces.

II.

» Ne pourront néanmoins lefdites efpeces étrangeres avoir aucun cours
» dans le Royaume, ni être données, reçues, ou expofées à la piece en au-
» cun cas, fous les peines portées par les Ordonnances.

III.

» Pour faciliter l'ufage defdites efpeces étrangeres dans le commerce, Sa
» Majefté permet à toutes fortes de perfonnes ayant droit & caractere, ou
» fa permiffion, ou celle des Cours des Monnoies, de fondre lefdites efpe-
» ces étrangeres, en fe conformant à ce qui eft prefcrit pour la fonte & le
» commerce des lingots, barres, barretons, culots & autres matieres par
» les Arrêts du Confeil des 20 Avril 1726 & 30 Avril 1751, ou autres
» concernant les marques & poinçons qui doivent être mis & appliqués fur
» lefdites matieres commerçables : dérogeant à cet effet à la difpofition de
» l'article XIII de l'Edit du mois de Février 1726, en ce qui concerne lefd.
» efpeces étrangeres ; & en conféquence veut Sa Majefté qu'elles ne foient
» plus dans le cas de la confifcation prononcée par les articles IV & V de
» l'Edit du mois de Février 1726

IV.

» A l'égard des efpeces vieilles de France, qui fe trouveront entre les
» mains des Dépofitaires, ou fous des fcellés, parmi les meubles & effets
» des parties faifies : dans des démolitions de maifons ou autrement de telle
» maniere que ce foit, veut Sa Majefté qu'elles foient portées au plus tard
» dans la quinzaine du jour où elles auront été trouvées, aux Hôtels des
» Monnoies, ou aux Changes les plus prochains : pour le montant defdites
» efpeces, être payé fans difficulté felon leur valeur, y compris les huit
» deniers pour livre accordés par l'Arrêt du 25 Août dernier aux Porteurs
» d'icelles qui feront tenus d'en retirer un certificat des Changeurs ou Re-
» ceveurs au Change des Monnoies, auxquels ils les auront remis ; & paffé
» ledit tems de quinzaine, lefdites efpeces vieilles feront dans le cas de la
» confifcation prononcée par le même Edit du mois de Février 1726.

Cette Déclaration donnée à Fontainebleau le 7 Octobre 1755, adreffée aux Officiers de la Cour des Monnoies de Paris, & par eux regiftrée le
24 du même mois. Voyez VAISSELLE.

Par l'Arrêt du Conseil du 25 Août 1755, cité dans l'article IV de la Déclaration rapportée ci-dessus, « Sa Majesté accorde, à commencer du premier
» Septembre suivant jusqu'à ce qu'il en soit autrement ordonné, aux Chan-
» geurs, & à tous ceux qui remettront, en quelque quantité que ce soit, aux
» Hôtels des Monnoies des especes vieilles ou étrangeres, & autres matieres
» d'or & d'argent, huit deniers pour livre au-dessus des prix fixés par le ta-
» rif, au lieu des quatre précédemment accordés. Ordonne Sa Majesté que
» lesd. huit deniers pour livre seront payés aux Propriétaires desd. matieres
» sur leurs simples quittances contrôlées par les Contrôleurs des Monnoies,
» & que lesd. paiemens seront alloués dans la dépense des comptes des Di-
» recteurs des Monnoies, ainsi que dans ceux du Trésorier Général, par-
» tout où besoin sera, en rapportant seulement lesdites quittances avec des
» états arrêtés, savoir, à l'égard des monnoies de Paris & de Lyon, par les
» Commissaires du Conseil établis pour les Hôtels desd. Monnoies; & pour
» les autres Monnoies, par les Sieurs Intendans & Commissaires départis
» dans les Provinces & Généralités du Royaume : enjoint Sa Majesté aux
» Officiers des Cours des Monnoies, ainsi qu'aux Sieurs Intendans & Com-
» missaires départis dans les Provinces, de tenir la main chacun en droit
» soi, à l'exécution du présent Arrêt qui sera lû, &c.

Le présent Arrêt fait au Conseil d'Etat du Roi, Sa Majesté y étant, tenu
à Versailles le vingt-cinquieme jour d'Août 1755, adressé aux Officiers de
la Cour des Monnoies & aux Sieurs Intendans, par commission du même jour,
& registrée au Greffe de la Cour des Monnoies de Paris le 17 Septembre
suivant.

ESPECES FAUSSES, sont celles qui sont d'un autre métal qu'elles ne
devroient être.

ESPECES FOURÉES, celles où les Faux-Monnoyeurs ont enfermé une
lame de faux métal entre deux lames de métal bon & légitime.

ESPECES LEGERES, celles qui ne sont pas du poids ordonné par la loi.

ESPECES ROGNÉES, celles dont on a ôté de la tranche quelque morceau d'or ou d'argent, avec des cizailles, ou des limes.

ESPECES d'or, d'argent, de cuivre ou de billon, sont celles qui sont
faites des uns & des autres de ces métaux. Les especes n'ont cours en France
qu'après que les Juges-Gardes des Hôtels des Monnoies en ont fait la délivrance aux Maîtres des mêmes Monnoies.

ESSAI. On nomme ainsi dans les Monnoies & dans l'art de l'Orfévrerie
le procédé dont on se sert pour connoître le titre de l'or & de l'argent, que l'on
doit employer dans la fabrication des especes, ou qui y ont été employées,
& le titre de ces métaux employés ou destinés aux ouvrages d'Orfévrerie.

On essaie deux fois les matieres qui doivent servir à la fabrication des mon-

noies : le premier effai fe fait pendant la fonte, & c'eft ce qu'on appelle effayer la goutte : l'autre après la fabrication des efpeces, pour favoir fi elles font
au titre prefcrit par l'Ordonnance.

Pour faire ces effais, les Effayeurs prennent ordinairement quinze grains,
fi c'eft effai d'or, & trente-fix grains, fi c'eft effai d'argent. (1)

De ces grains d'or ou d'argent pris des matieres deftinées à être effayées,
l'Effayeur en prend une portion pefée à la balance d'effai avec le poids d'effai
nommé femelle.

L'effai fait, ces portions d'or ou d'argent s'appellent boutons d'effai, ou
boutons de retour.

Après la fabrication des efpeces, l'effai fe fait avec une piece de la monnoie dont on veut juger le titre : on la coupe à cet effet en quatre, & on la
difforme avec le marteau de façon que l'Effayeur ne puiffe diftinguer en
quelle monnoie la piece a été fabriquée ; chaque partie ainfi coupée s'appelle
Peuille. Voyez PEUILLE.

L'Effayeur pefe exactement la matiere dont il veut faire l'effai & tient une
note de fon poids.

Effai de
l'argent.

Pendant ce tems, on fait un feu de charbon dans un fourneau appellée fourneau de coupelle d'une capacité fuffifante & garni de fa moufle (2). On laiffe
entre fes parois intérieures, garnies d'un bon pouce de terre à creufet, le
fond & les côtés de la moufle, un efpace d'un pouce & demi, ou de deux
pouces pour la chûte libre des charbons qui doivent être ronds & de bois
de chêne ou de hêtre, fans fumerons, & non de bois blanc.

On arrange les coupelles (3) à quatre ordinairement de face fur deux lignes paralleles, à la face du fourneau ; rarement doit-on en mettre plus de
huit : trois, quatre & cinq rangées exigent un feu très violent, & les effais

(1) Les Effayeurs prennent 18 grains fur les matieres d'or qu'ils effaient pour les Particuliers, & 72 grains ou un gros fur les matieres d'argent.

(2) La moufle eft un vaiffeau de terre de la figure d'une pantoufle, dont on auroit tout-
à-fait coupé le talon ; & la femelle à niveau du deffus. Ce vaiffeau eft d'une longueur, largeur & hauteur proportionnée au fourneau d'effai : il eft entierement ouvert par l'un des
bouts, & c'eft par cette ouverture que l'on place les coupelles ; à l'autre bout il y a une
ventoufe ou petite ouverture en croix, aux côtés il y a d'autres petites ventoufes faites à-peu-
près de même.

(3) Les coupelles font de petits vaiffeaux propres à contenir la matiere qu'on veut effayer : ils font peu élevés & peu creux, compofés affez ordinairement de cendres de farment & d'os de pieds de mouton calcinés & bien leffivés, pour en féparer les fels qui feroient pétiller la matiere de l'effai : pour les former on bat bien le tout enfemble, après
quoi on met dans l'endroit où on a fait le creux une goutte de liqueur qu'on a braffée auparavant, qui n'eft autre chofe que de l'eau dans laquelle on a délayé de la machoire de
brochet ou de la corne de cerf calcinée, ce qui fait une efpece de vernis blanc dans la

du fond qu'on ne peut retirer les premiers en fouffrent : les huit coupelles étant placées, on garnit l'embouchure de la moufle de charbons noirs un peu longs : on remplit le fourneau de charbons noirs, jufqu'à la hauteur de la voute de la moufle : on y met alors du charbon allumé, & on acheve de le remplir de charbon noir.

C'eft principalement la voute de la moufle qu'on échaufe vivement : le deffous de fon fol fe chauffe le dernier : on ne lui donne pas une auffi grande chaleur, du moins au commencement (1).

Les charbons noirs qu'on a mis à l'entrée de la moufle s'allument peu-à-peu, & chauffent les coupelles : mais c'eft le charbon qui eft entre la moufle & les parois intérieures du fourneau qui leur donne la plus grande chaleur : on attend trois quarts d'heure, ou une heure que l'intérieure de la moufle & les coupelles foient tellement chauffées qu'on ne puiffe prefque les diftinguer : ce que les Effayeurs nomment le *feu blanc*. Alors ces coupelles font en état de recevoir les bales de plomb de différens poids qu'on leur deftine. On dé-

creux de la coupelle, afin que la matiere de l'effai y puiffe être plus nettement, & que le bouton d'effai s'en détache plus facilement. Cependant, cette précaution eft inutile quand les coupelles font de pure chaux d'os, & lorfque la matiere dont elles font compofées eft fine & bien préparée, alors les boutons s'en détachent nettement, & fans qu'il y ait d'adhérence. Voyez ce qui eft dit ci-après des coupelles.

(1) Dans les affinages en grand, tant à Lyon qu'en Allemagne, le teft, cendrée, ou grande coupelle, eft formé avec des cendres de bois leffivées, bâties fur un arceau, ou voute qui donne entrée à l'air libre : jamais on ne fait de feu fous cette voute; c'eft la flamme du bois qu'on a mis dans la chauffe, ou fourneau conftruit à l'un des côtés de l'air de cette coupelle qui, entrant fous le chapeau dont on la couvre pour fortir par une ouverture oppofée, & léchant, pour ainfi dire, le bain de plomb, opere la dépuration de l'argent, convertiffant ce plomb en litharge à l'aide d'un foufflet double, dont le vent qui rafraîchit la fuperficie de ce plomb en fufion très rouge, facilite fa converfion en litharge. Comme elle eft plus legere que le plomb, elle le furnage; l'Ouvrier qui conduit l'affinage, fait avec une tringle de fer, une rigole creufe, au niveau jufte du plomb en bain, & non plus bas, de crainte qu'il ne coule avec la litharge, en enfilant avec elle la route que la litharge lui trace. Cette litharge emporte ordinairement avec elle prefque tout l'alliage de l'argent qui eft en bain avec le plomb : le refte de ce plomb non litharge ne fe convertit en litharge qu'à mefure qu'il s'imbibe dans la cendrée avec le furplus de l'alliage, & avec une portion du fin qui n'eft pas perdue, parcequ'on revivifie cette cendrée en plomb, en la mêlant avec les charbons dans un fourneau à l'allemande qu'on nomme *fourneau à manche* : on affine de nouveau ce plomb pour en retirer l'argent dont la cendrée s'étoit enrichie.

Les effais faits au fourneau de coupelle font une imitation de l'affinage en grand, mais imparfaite; attendu qu'on ne peut en faire écouler la litharge à mefure qu'elle fe forme; ainfi il faut néceffairement qu'elle s'imbibe dans la coupelle, & auffi avec une petite portion de l'argent affiné, comme nous avons dit qu'il s'en introduit dans la cendrée de l'affinage en grand.

range pour les y placer quelques-uns des charbons de l'entrée de la moufle, & on les y replace pour attendre que le plomb soit entierement découvert, & que sa pellicule noire ait disparu. Les plombs étant en bain très clair, on y porte avec une longue pince les petites pesées d'argent (1) tournoyées dans du papier, ou dans une feuille de plomb laminé très mince, qui cependant pese 18 à 20 grains dont il faut tenir compte en limant pareille quantité de la balle de plomb dont on connoît le poids. Aussitôt que l'argent est fondu avec le plomb, on ôte les charbons de l'entrée de la moufle pour ralentir le feu : on rapproche les deux coulisses ou regiftres qui ferment cette embouchure, n'y laiffant qu'un pouce & demi d'ouverture, & feulement un charbon allumé avec lequel on régit la chaleur des petits bains de plomb en l'avançant vers les coupelles, & le retirant à propos ; c'est ce qu'on nomme *donner froid* ou *donner chaud* ; car si le feu blanc subsistoit, le plomb agiroit mal sur l'alliage, on ne le verroit pas circuler : il faut donc qu'on puiffe

M. Hellot.

distinguer la coupelle, par sa couleur legerement obscure, du bain de plomb qui doit être clair & blanc dans son baffin. Il faut aussi que le plomb fume & que sa fumé s'éleve jusqu'à la voute de la moufle ; si elle s'éleve peu & se rabat sur la coupelle (2), l'essai se réfroidit ; il faut en augmenter la chaleur en avançant le charbon allumé, après en avoir souflé la cendre. Enfin si l'essai tend à se figer, ou si le baffin de la coupelle paroît se remplir d'une litharge fluide comme l'huile, il faut porter sur la coupelle un charbon plat bien allumé, au bout de quelques minutes le bain de plomb & d'argent circulera de nouveau & l'essai s'achevera.

La fin prochaine d'un essai, ou la fixation du bouton d'argent est annoncée par le mouvement rapide de plusieurs filets coloriés des belles couleurs de l'iris, & enfin par une espece d'éclair. Aussitôt le bouton d'argent se fige en une petite portion de sphere. Plus le bouton est arrondi & bombé, plus l'essai est parfait. Il faut encore que le bouton se détache aisément avec la pointe d'un couteau du fond du baffin, pendant que la coupelle est chaude, & que le deffous presque plat de ce bouton soit rond, blanc, net & sans souflures. S'il adhere fortement à la coupelle, & qu'on voie autour des especes de griffes ; c'est une marque qu'il n'est pas affez affiné, & qu'il y reste du cuivre.

Si le deffous de ce bouton n'est pas parfaitement blanc, s'il y paroît un cercle obscur, si le deffus est terne & un peu jaunâtre, c'est ce qu'on nomme *saccum plombi*, un reste de plomb, alors on ne compte pas sur cet essai, on

(1) L'Effayeur attentif évite d'employer des parties presqu'impalpables : il aime mieux diminuer à la lime un morceau que les doigts peuvent tenir.

(2) Suivant la prétention de certains Chymistes, il n'y a encore rien de bien éclairci sur ces fumées du plomb & sur l'effet qu'elles peuvent produire en se rabattant sur les essais.

en refait un autre : au contraire, fi le bouton fuffifamment bombé eft brillant par deffus, blanc, rond & net par deffous, fi de plus en l'examinant avec une loupe, fa furface paroît fendillée & comme divifée en petites écailles fort minces, on peut affurer à la vue que l'argent de ce bouton eft fin : pour en connoître plus particulierement le dégré, dès que le bouton eft détaché de la coupelle, on le nétoye exactement du côté qu'il y étoit attaché ; avec la grate-boeffe : après quoi on le pefe à la même balance & avec le même poids de la femelle dont on s'étoit fervi avant l'effai : on obferve exactement la différence & la diminution du poids de la pefée qui a été faite avant l'effai, & de celle que l'on fait du bouton après l'effai : c'eft cette différence de poids qui établit une preuve certaine de l'impureté de l'alliage qui a été chaffé par l'action du feu & par celle du plomb, & fait juger à l'Effayeur par le plus ou le moins de déchet qui fe trouve, de la quantité d'alliage qui y étoit mêlée. C'eft fur ce pied que les Effayeurs font leur rapport du titre auquel eft l'argent dont ils viennent de faire effai. Cet argent ainfi paffé eft très fin, c'eft-à-dire, à onze deniers vingt-trois grains (1) ; on l'appelle alors argent de coupelle.

Il arrive fouvent qu'en retirant trop précipitamment les coupelles, le bouton végete en une efpece de rocher informe, & lance des globules d'argent fur la coupelle & au dehors, ce que les Effayeurs nomment *veffir* ; comme on ne peut raffembler tous ces globules, on ne peut par conféquent faire un rapport exact du titre après un tel effai.

La caufe de cet accident eft que la furface du bouton d'argent étant trop réfroidie par l'air extérieur, qui entre par la moufle, elle fe fige pendant que l'intérieur du bouton eft encore en fufion : alors comme cet argent bouillonne, il fe gonfle, perce cette furface figée & fort avec rapidité ; c'eft un volcan en petit ; on prévient cette végétation, 1°. en fermant les regiftres ou portes d'en bas du fourneau, afin de diminuer la chaleur du dedans de la moufle ; 2°. en donnant le tems aux boutons d'argent de fe fixer entierement. Ces boutons végetent auffi quelquefois fous la moufle, ce qui cependant eft rare ; alors on peut préfumer que c'eft encore par la même caufe : on aura imprudemment agité l'air du laboratoire, & introduit de l'air froid dans la moufle.

L'Effayeur, qui veut faire exactement l'effai d'un lingot d'argent allié, coupe deux parties de ce lingot, l'une par-deffus à l'un des bouts, l'autre par-deffous à l'autre bout ; il pefe partie égale de ces deux portions pour en for-

_____

(1) Il doit être cenfé à douze deniers ; & c'eft fur ce principe que l'opération eft fondée : mais fi on ne trouve jamais d'argent à douze deniers, c'eft que les coupelles abforbent de fin certainement & d'une maniere conftante, & qu'il y a une diminution plus ou moins forte à chaque opération.

mer le poids de la femelle. Cette attention est nécessaire, attendu que quelque bien brassé que soit le cuivre de l'alliage avec l'argent, la pesanteur spécifique de ces deux métaux n'étant pas la même, il arrive souvent qu'en lingotant ce mélange, l'argent qui est plus pesant prend le dessous dans la lingotiere ; alors le dessous du lingot sera d'un plus haut titre que le dessus. Cette différence seroit encore bien plus frappante dans un lingot composé d'or & d'argent.

L'exactitude scrupuleuse que nous venons de décrire & qui nous paroît nécessaire pour parvenir à fixer d'une maniere certaine le titre de l'argent est un *maximum* qu'on ne trouvera peut-être jamais : il y a d'autres causes d'imperfection dont nous n'avons pas encore parlé : dans un tems pluvieux, le feu du fourneau est plus foible & plus inégale que dans un tems sec & froid. Le feu agit lentement quand le soleil est sur le haut du tuyau de la cheminée où l'on a placé le fourneau de coupelle. Nous pensons que le laboratoire des essais devroit toujours être au rez-de-chaussée, placé sur une voute de cave & sur le derriere de la maison ; jamais sur le devant, surtout si la rue est passante, parceque le mouvement des voitures donne des secousses à la balance pendant qu'on pese les essais & leurs boutons de retour, ce qui peut occasionner des erreurs ; si en été, le soleil chauffe inégalement les deux bras de la balance d'essai, l'un des deux s'allongera plus que l'autre, il n'y aura plus d'équilibre, & l'on sait que l'allongement des métaux par la chaleur n'est pas une chimere ; ainsi la balance & sa lanterne ne doivent jamais être exposés au soleil.

M. Hellot.

L'argent affiné & l'argent raffiné qu'on nomme aussi *brûlé* (nous entendons par argent brûlé celui qui est affiné par un second feu) sont de différens titres : ils exigent par conséquent différentes doses de plomb quand on les essaie. L'argent simplement affiné est celui qu'on retire du plomb d'une mine riche en argent, en l'affinant par lui-même, sans ajoûter de nouveau plomb.

Plomb.

L'argent brûlé ou raffiné est la platine de cet argent affiné qui reste sur la grande coupelle de ce premier affinage. Elle n'est pas encore entierement purifiée ; car elle tient un reste de plomb & un peu de cuivre, tant parceque presque toutes les mines de plomb sont unies à des pyrites toujours un peu cuivreuses, que parceque la mine d'argent qui se trouve dans les filons jointe à la mine ou minéral propre du plomb, & qui l'enrichit dans la fonte, est rarement sans cuivre. Ainsi pour purifier cette platine, on la met sans plomb sur une coupelle de capacité suffisante, qu'on recouvre d'une voute de moufle proportionnée ; on entoure le tout à la distance de cinq ou six pouces d'un petit mur de brique : on remplit le vuide circulaire ou pentagone, de charbons, on en met aussi un monceau sur la voute de la moufle dont nous venons de parler : on allume ces charbons & l'on souffle avec un ou deux fouflets à main : car il faut donner à cet argent la plus grande chaleur, tant pour le fondre, que pour le tenir en fufion, jufqu'à ce qu'il fe foit affiné par lui-même. On dérange quelques charbons pour voir ce qui fe paffe dans la coupelle ; le Rafineur connoît que fon argent eft rafiné en tenant horizontalement fur le bain de ce métal une baguette de fer. Si ce bain la réfléchit auffi terminée & auffi nette que la réfléchiroit une glace de miroir, il juge que fon argent eft pur ; alors il dérange les charbons autour de la coupelle, & porte fur le bain un peu d'eau avec un long tuyau : ce réfroidiffement fubit en fige la furface. L'argent qui eft encore en fufion brife cette croute qui le gêne en bouillonnant, & s'éleve en une infinité de petits rochers.

Cet argent effayé à deux parties de plomb, fe trouve à onze deniers vingt-deux grains & demi : quand on l'effaie à huit parties, on ne le trouve qu'à onze deniers vingt grains, ce qui caufe de la perte au Propriétaire.

M. Hellot.

L'argent fimplement affiné eft quelquefois de huit à dix grains plus bas, l'un & l'autre ne nous paroît pas devoir être indifféremment effayé avec la même quantité de plomb. Enfin pour favoir fi un bouton de coupelle eft fin, on le réduit en une lame mince fur un tas d'acier, on en coupe huit à dix grains pour les diffoudre dans un gros ou environ d'efprit de nitre ou d'eau forte, on étend cette diffolution par douze ou quinze gouttes d'eau pure, on verfe le tout dans un verre à vin non perlé, puis on y fait tomber huit ou dix gouttes d'efprit d'urine ou de fel ammoniac. Si le mêlange de ces deux liqueurs prend une belle couleur bleu, on peut être affuré que le bouton de coupelle tient encore du cuivre ; plus le bleu fera foncé, plus il en tiendra : mais fi cette couleur étoit fort foible, elle pouroit faire foupçonner que l'eau forte même feroit cuivreufe ; car le falpêtre de l'arfenal que les Diftillateurs emploient pour faire cette eau forte, eft rafiné d'abord dans de grandes chaudieres de cuivre, puis mis dans de petits baffins auffi de cuivre, pour s'y congeler en pain : il fe forme dans ces vaiffeaux beaucoup de verd de gris qui peut altérer la pureté du falpêtre, & le cuivre de ce verd de gris peut monter avec les vapeurs acides de ce fel, & rendre l'eau forte cuivreufe : le même efprit de fel ammoniac volatil verfé par gouttes fur le diffolvant fera connoître auffi s'il contient du cuivre ou non.

Quoiqu'une partie des Effayeurs de France foient dans l'ufage de n'employer que deux dofes de plomb pour tous les effais, favoir celle de deux gros ou de huit parties pour tout l'argent, depuis celui des affinages, jufques & compris l'argent à fept deniers, & celle de feize parties pour tout l'argent au deffous de ce titre : cependant dans une fuite d'expériences ordonnées par Arrêt du Confeil du 26 Novembre 1762, auxquelles nous avons affiftés en exécution dudit Arrêt,

Dofes du plomb.

Nous avons remarqué 1°. qu'ayant mis dans une coupelle fimple du Bureau

Argent de départ.

K k k ij

des Orfévres 18 grains ou la demi femelle d'argent de depart (1) avec huit parties de leur plomb reconnu très pauvres par l'effai qui en avoit été précédemment fait; l'effai a très bien circulé; l'iris & l'éclair fe font fuccédés, & l'argent du bouton fin s'eft trouvé à 11 deniers 20 grains ¼ foibles, 3 grains ¼ abforbés.

Argent de dépait. 2°. que dans une autre coupelle fimple du même Bureau, on a mis trente-fix grains ou deux parties du même plomb avec dix-huit grains du même argent fin de départ, l'effai conduit au même feu a très bien réuffi, & l'argent du bouton s'eft trouvé à 11 deniers 22 grains jufte, 2 grains abforbés, 1 grain ¼ de plus que l'argent effayé à huit parties de plomb.

3°. Que dans une coupelle fimple du Bureau des Orfévres, on a mis deux gros ou huit parties de plomb du même Bureau, avec 18 grains d'argent des affinages grénaillé à l'eau, cet argent s'eft trouvé à 11 deniers, 21 grains ¼ forts.

Argent des affinages. 4°. Que dans une autre coupelle du même Bureau, on a mis trente-fix gr. ou deux parties du même plomb pour dix-huit grains du même argent des affinages, le bouton de retour s'eft trouvé à 11 deniers 22 grains ¼ forts, 1 grain ¼ de plus que le même argent effayé à huit parties de plomb.

Argent à 12 d. 5°. Qu'ayant paffé fur deux coupelles fimples du même Bureau, dix-huit grains de l'argent fimplement revivifié de la lune cornée, & dix-huit grains de l'argent (2) purifié par le nitre pour l'avoir au plus haut titre, en n'employant pour chacun de ces deux effais que dix-huit grains ou parties égales du plomb des Orfévres, le premier argent fimplement revivifié a donné 11 deniers, 21 grains ¾.

Le fecond argent purifié par le nitre s'eft trouvé à 11 deniers 22 grains ½.

Argent à 12 d. 6°. Que dix-huit grains du même argent purifié par le nitre ayant été mis au fourneau dans une coupelle fimple du Bureau des Orfévres avec un gros ou quatre parties de plomb, le bouton de retour s'eft trouvé à onze deniers, vingt-deux grains forts.

Idem. 7°. Que dix-huit grains du même argent ayant été paffé en coupelle avec huit parties du même plomb des Orfévres, le bouton de retour s'eft trouvé à 11 deniers, 21 grains ½ forts (3).

(1) Nous difons argent de départ & non pas d'affinage, attendu que l'argent d'affinage pourroit tenir de l'or, s'il n'avoit été épuré que par l'intermede du plomb; au lieu qu'on doit entendre par argent de départ celui qui a été féparé de l'or par la voie de l'eau-forte.

(2) Voyez au mot LUNE CORNE'E, le détail de cette opération.

(3) On a pilé la coupelle qui a fervi à cette expérience avec deux gros de borax calciné, on y a joint du flux noir compofé d'une once & demie de tartre blanc & de fix gros de nitre pur; le tout mis dans un creufet en cône renverfé a été mis en fufion pendant 62 minutes: on a trouvé dans le creufet refroidi de belles fcories & un culot de plomb bien formé, qui des deux gros n'avoit perdu que fept grains. Ce culot paffé dans

8°. Que dans une coupelle simple du Bureau des Orfévres placée dans la mouffle du fourneau, ayant mis deux gros ou huit parties de plomb pour 17 grains $\frac{1}{4}$ de l'argent d'un bouton de coupelle & trois quarts de grains de cuivre rosette représentant de l'argent à onze deniers douze grains, titre de la vaisselle platte, où il y a parconséquent un vingt-quatrieme d'alliage, le bouton de retour s'est trouvé à 11 deniers 8 grains $\frac{1}{4}$, ce qui fait 3 grains de fin absorbés outre les $\frac{3}{4}$ de grains de cuivre. *Argent à 11 d. 12 gros.*

9°. Qu'ayant mis dans une des mêmes coupelles un gros ou quatre parties du même plomb du Bureau des Orfévres pour dix-sept grains $\frac{1}{4}$ du même argent, & $\frac{3}{4}$ de grain de cuivre, le bouton de retour s'est trouvé à onze deniers 8 grains, $\frac{3}{4}$ forts, un demi grain de fin absorbé de moins. *Idem.*

10. Que dans une des mêmes coupelles n'ayant mis que dix-huit grains ou partie égale du même plomb pour dix-sept grains $\frac{1}{4}$ d'un bouton de coupelle & $\frac{1}{4}$ de grains de cuivre, le bouton de retour trop adhérent à la coupelle, s'est trouvé à onze deniers neuf grains $\frac{3}{4}$. *Idem.*

11°. Que, sur de l'argent mis à onze deniers, titre des écus, où il y a un douzieme d'alliage, huit parties de plomb mises en coupelles du Bureau des Orfévres le rapportent à dix deniers vingt grains $\frac{1}{2}$, trois grains $\frac{1}{2}$ absorbés y compris le cuivre. *Argent à 11 d.*

12°. Qu'essayé à quatre parties du même plomb, le bouton de retour s'est trouvé à dix deniers, vingt-un grains $\frac{1}{4}$, $\frac{3}{4}$ de grains plus haut. *Idem.*

13°. Que, dans plusieurs essais faits d'un écu de la Monnoye de Paris avec huit parties de plomb en coupelles du Bureau des Orfévres, l'argent s'est trouvé à dix deniers 21 grains $\frac{1}{4}$. *Idem.*

14°. Que le même écu essayé avec six parties du même plomb en coupelles rectifiées (1) du sieur Quevanne Essayeur Général; l'argent s'est trouvé à dix deniers vingt-deux grains forts, $\frac{1}{4}$ de grains plus haut. *Idem.*

15°. Que le même écu essayé avec cinq parties de plomb en coupelles fines du sieur Tillet, s'est trouvé à dix deniers, vingt-trois grains foibles. *Idem.*

16°. Qu'ayant mis en coupelles quinze grains d'argent fin & trois grains de cuivre pour avoir de l'argent à dix deniers, avec huit parties de plomb, cet argent s'est trouvé à neuf deniers, dix-huit grains $\frac{3}{4}$. *Argent à 10 d.*

17°. Que pour de l'argent à neuf deniers ayant mis deux gros & demi ou dix parties du même plomb pour treize grains $\frac{1}{2}$ d'argent fin, & quatre gr. *Argent à 9 d.*

une coupelle fine du sieur Tillet tenoit 2 grains $\frac{1}{2}$ d'argent fin du poids de la demie semelle, ce qui, avec les 11 deniers 21 grains $\frac{1}{2}$ du bouton, fait 12 deniers.

Cette expérience prouve que l'argent étoit au plus haut titre, & que huit parties de plomb raviffent à l'argent le plus fin deux grains & demi par marc.

(1) Nous difons coupelles rectifiées du sieur Quevanne, parcequ'informé que l'on trouvoit fes coupelles infideles par le vice du pétillement, il les a composées depuis différemment pour les corriger de ce vice.

$\frac{1}{2}$ de cuivre, le bouton s'eſt trouvé à huit deniers dix-neuf grains $\frac{1}{2}$ fort.

Argent à 8 d.   18°. Que pour de l'argent à huit deniers, on a mis trois gros ou douze parties du même plomb avec douze grains d'argent fin & ſix grains de cuivre, cet argent s'eſt trouvé à ſept deniers vingt grains forts.

Argent à 7 d.   19°. Que pour de l'argent à ſept deniers, on a mis ſur une coupelle double des Orfévres quatorze parties de leur plomb pour dix grains $\frac{1}{2}$ d'argent fin & ſept grains & demi de cuivre, le bouton de retour a donné cet argent à ſix deniers vingt-un grains $\frac{3}{4}$.

Idem.   20°. Que dans une autre coupelle ſimple du même Bureau, on a mis huit parties du même plomb pour une partie ou dix-huit grains d'alliage à ſept deniers, comme ci-deſſus; le bouton de retour s'eſt trouvé à ſept deniers $\frac{1}{4}$. c'eſt un quart de denier d'augmentation, mais il étoit fort adhérent à la coupelle, au lieu de diminuer de poids, tant à cauſe du dechet ordinaire de l'argent ravi par le plomb, que par la deſtruction totale du cuivre de l'alliage : ce bouton eſt devenu à un quart de denier d'augmentation, on voyoit à ſa ſurface noirâtre & ſale le cuivre qui faiſoit cette augmentation de poids.

Argent à 6 den.   21°. Que pour de l'argent à ſix deniers, on a mis quatre gros ou ſeize parties de plomb des Orfévres dans une de leur coupelle ſimple avec neuf grains d'argent fin & neuf grains de cuivre, le bouton bien formé, facile à détacher, eſt revenu à cinq deniers vingt-un grains $\frac{1}{4}$.

Des coupelles.   On voit par ce que nous avons dit & rapporté ci-deſſus, que les coupelles ſont un agent néceſſaire pour faire les eſſais : de leur bonté dépend auſſi la perfection des eſſais; ſi elles ſont mal compoſées, trop poreuſes & trop minces l'eſſai ne peut être bien fait; au contraire ſi elles ſont d'un grain très fin, le baſſin liſſe & uni, on s'appercevra qu'elles retiendront moins de particules d'argent que celles qui ſont compoſées d'une matiere groſſierement tamiſée. En effet, pour prouver ce que nous avançons, nous avons remarqué dans les expériences auxquelles, comme il eſt dit ci-deſſus, nous avons aſſiſté; 1°. qu'ayant mis dans une coupelle très fine du ſieur Tillet, dont le baſſin eſt preſqu'auſſi liſſe que s'il étoit d'ivoire, deux gros ou huit parties du plomb des Orfévres pour une partie ou dix-huit grains d'argent grenaillé des affinages, cet argent s'eſt trouvé à onze deniers vingt-deux grains $\frac{1}{4}$ foibles.

2°. Que dans une coupelle ſimple du Bureau des Orfévres d'un grain plus gros, on a mis deux gros ou huit parties de leur plomb pour une partie ou dix-huit grains du même argent grenaillé des affinages. Cet argent s'eſt trouvé à onze deniers vingt-un grains $\frac{3}{4}$.

3°. Que dans une autre coupelle ſimple du Bureau des Orfévres chargée comme la précédente de la même quantité de plomb, & de la même quantité d'argent, cet argent eſſayé au même feu a rapporté onze deniers vingt-un grains $\frac{1}{4}$.

Les coupelles faites de cendres de bois , quelques leſſivées qu'aient été les cendres , contiennent toujours une petite portion d'alkali fixe avide de l'humidité de l'air , ce qui les rend humides , & à moins qu'on ne les tienne rouges ſous la moufle pendant une heure & demie ou deux heures , on les voit ſe refendre & petiller , parceque l'humidité forcée par la chaleur du fourneau à s'évaporer trouvant le bain du plomb & d'argent qui y met obſtacle , elle oblige ce bain de ſe diviſer avec violence , ce qui occaſionne des jets de goutelettes qui ſe répandent de tous côtés.

Les coupelles dans la compoſition deſquelles on fait entrer du ſpath qui au feu ſe convertit en chaux , contiennent auſſi une matiere avide d'humidité : elles ont le même défaut que les précédentes : elles ſont cependant préférables aux coupelles ordinaires d'un grain trop groſſier , parcequ'elles abſorbent moins de fin , mais on n'eſt jamais aſſuré qu'elles aient été ſuffiſamment deſſechées , & quoiqu'on les ait fait rougir ſous la moufle , ſi on les y laiſſe paſſer la nuit , elles s'humectent de nouveau & petillent le lendemain : ce qui rend douteux tous les eſſais qui environnent celle qui petille , attendu qu'il y tombe des goutelettes d'argent qui en augmentent le poids.

Les coquilles d'huitres calcinées fourniſſent une matiere fort blanche & très fine dont on forme aiſément des coupelles ; mais quoiqu'après leur calcination on les ait fait bouillir dans l'eau pure pour les deſſaler , le plomb en bain les traverſe , y fait même des trous , & ſe répand avec l'argent ſur le plancher de la moufle : ainſi cette matiere ne peut être employée à cet uſage.

Le bois de cerf calciné fournit une très bonne matiere pour les coupelles , mais il eſt trop cher. Les os des animaux ne coûtent rien , on peut en ramaſſer en Eté vers les voiries & le long des grands chemins & de leurs foſſés où on a abandonné ces animaux après leur mort. Ils ſont préférables à ceux des Boucheries , & ſurtout les *vertebres* , parceque les pluies les ont mieux deſſalées eu les lavant , & que le Soleil les a blanchis & preſque calcinés : il ne s'agit plus que de les laver , les ſécher , les mettre en poudre & les tamiſer. Cette chaux animale eſt homogene : elle ne s'humecte point à l'air : elle prend corps dans le moule ; & la coupelle qu'on en a formée , ſechée ſur un careau devant le feu pendant trois ou quatre heures , peut être employée & miſe dans la moufle : elle s'y réunit à meſure que le feu s'allume ; & après qu'elle a ſervi , ce qui en reſte blanc , peut ſervir à faire de nouvelles coupelles.

Les Eſſayeurs , qui penſent qu'une coupelle dont la matiere a été paſſée par un tamis trop fin & qu'on a frappée dans le moule , ne peut pas ſervir à leurs Eſſais , que les Eſſais y demeurent trop longtems , que ſouvent ils s'y noyent , étant ſurmontés par la litharge qui ne s'imbibe pas aſſez vîte , préferent les coupelles dont le grain eſt aſſez gros pour être diſtingué ſans loupe , & qui ſont foiblement frappées avec le maillet , lequel ne donne jamais une preſſion

égale , parcequ'elle dépend & de sa pesanteur & de la force du bras qui frappe.
Il est vrai qu'ils enduisent le bassin d'une *claire* délayée pour remplir les interstices des grains : cette claire est ordinairement du crâne de veau calciné , broyé très fin & délayé dans l'eau : mais ce correctif n'unit pas les rugosités du bassin de leurs coupelles : ainsi elles ont toujours deux défauts essentiels. 1°. Celui de boire ou absorber plus d'argent que les coupelles d'un grain très fin & également comprimé. 2°. Celui de laisser sur la surface du bassin plusieurs petits globules d'argent qu'on distingue avec une loupe , & que l'aspérité de ce bassin mal uni a empêché de se réunir au bouton principal.

Dans une coupelle trop mince , la litharge perce le fonds du bassin , & se répand sur le plancher de la moufle , ce qui le détruit à la longue parcequ'elle le vitrifie peu à peu. De plus, comme on ne peut rassembler cette litharge perdue il est impossible d'avoir par la réduction de cette coupelle le plomb qu'on a employé à l'Essai , pour connoître la perte du fin.

Suivant les sieurs Hellot & Tillet , on doit donner aux coupelles de pure chaux d'os (matiere préférable à toute autre) au moins quatre lignes d'épaisseur & pas plus de six. Si l'on a à passer un Essai de bas billon avec seize parties de plomb , celle dont le fonds du bassin aura six lignes d'épaisseur , y servira en la posant sur un petit soc ou pied d'estal de même matiere , ou sur une coupelle de quatre lignes, renversée.

Le sieur Tillet pour faire ses coupelles choisit les *vertébres* dont on a parlé ci-dessus ; il les calcine jusqu'au blanc parfait , les jerte dans l'eau chaude pour les dessaler exactement , les fait sécher , puis il les pile dans un mortier de fer en triturant : il met cette poudre dans un tamis d'une toile de soie crue très serrée , qu'on nomme *Tamis à poudre pour les Dames* : ce qui prend beaucoup de tems, surtont si l'on ne fait pas chauffer cette poudre pour la tenir séche ; quand le sieur Tillet a suffisamment de cette poudre tamisée , il l'humecte en y aspergeant de l'eau pure , jusqu'à ce que la pressant dans les mains elle s'y pelotte sans s'y attacher : il en remplit la virole de son moule qu'on nomme vulgairement *La none* , & la presse fortement avec les deux pouces. Cette virole étant remplie au niveau de ses bords , il y échancre le commencement du bassin avec une lame de léton sur laquelle il a tracé une ligne droite & une petite portion de cercle saillante , avant que de la limer : il met alors sur la virole ainsi remplie de chaux d'os, la partie du moule qui acheve de former le bassin ; mais au lieu de frapper dessus avec le maillet , il place ces deux piéces de son moule sous la vis d'une presse qui ressemble en petit à une presse d'Imprimerie. Avec une manivelle , il fait baisser verticalement cette vis sur la partie supérieure du moule, espece de pilon arrondi qu'on nomme *le moine* , & le serre fortement dans l'échancrure demi sphérique dont on a parlé , ce qui acheve de former le bassin & de le rendre lisse

&

& uni. Cette preſſion eſt égale & uniforme pour toutes les coupelles qu'il fait ſucceſſivement : il eſt rare d'en trouver qui péſent deux ou trois grains de plus les unes que les autres ; il les fait ſortir de la virole avec un petit cilindre de bois ſur lequel il poſe le deſſus de la coupelle qui eſt à nud, puis il les arrange ſur une planche pour les faire ſécher ; elles ont du corps & deviennent ſuffiſamment dures. Nous avons remarqué que l'Eſſai dure ſix à ſept minutes de plus que dans celles du Bureau : mais comme le baſſin en eſt extrêmement uni, quoique ſans *claire* on n'y trouve pas le plus petit globule d'argent : enfin elles abſorbent moins de fin.

Avant que d'employer le plomb que l'on deſtine à faire les Eſſais, & de ſe fixer à la doſe la plus convenable, il faut en connoître le grain de fin, car hors celui de Vilache en Carinthie (1), il n'y en a point qui ne tienne plus ou moins d'argent.

Eſſai du plomb.

Pour le connoître, on en fait l'Eſſai, & c'eſt le vœu de l'Ordonnance de 1343 qui porte que » le Général Eſſayeur ou l'Eſſayeur Particulier auront » plomb bon & net, & dont ils auront fait l'Eſſai.

Cet Eſſai du plomb ſe fait au même fourneau, & dans les mêmes coupelles qui ſervent aux Eſſais d'or & d'argent, mais il eſt plus ſimple que celui de ces deux métaux ; il ſuffit quand les coupelles ſont recuites d'y mettre un morceau du plomb dont on veut ſe ſervir aux Eſſais : ſi ce plomb s'évapore & ne laiſſe qu'une très petite partie d'argent preſqu'imperceptible, & qui ne ſoit preſque point ſenſible à la balance, il eſt bon à cet uſage, s'il en laiſſe plus, il faut le rejetter.

Dans les expériences citées ci-deſſus, nous avons remarqué que le plomb, dont on ſe ſert au Bureau de la Maiſon commune des Orfévres, eſt très pauvre, qu'ayant fait paſſer à l'Eſſai dans une des coupelles doubles du même Bureau, une bale de leur plomb du poids de quatre gros moins quelques grains, le grain d'argent imperceptible qu'elle y a laiſſé, n'a pu être péſé.

En Saxe, après avoir affiné le plomb des mines pour en retirer l'argent, on révivifie en plomb la litharge de ce premier affinage ; on affine ce ſecond plomb pour en retirer un reſte d'argent : la ſeconde litharge eſt encore révivifiée en plomb qui eſt très pauvre alors, puiſqu'il ne tient plus que quatre à cinq grains par quintal. C'eſt ce plomb pauvre qu'on diſtribue à tous les Eſſayeurs de Leypzick, de Dreſde & des autres Villes de l'Electorat. Il leur eſt défendu d'en employer d'autre.

M. Hellot

En France, on choiſit entre pluſieurs Saumons celui dont le plomb eſt moins riche en argent ; on obſerve que ce plomb ſoit de plomb neuf, car s'il étoit de plomb refondu de tuyaux de conduite, chenaux ou goutiere, comme il pourroit y être entré de la ſoudure, & par conſéquent de l'étain, alors ce

(1) Carinthie Province d'Allemagne.

plomb impur feroit hériffer les Effais dans la coupelle, & il cauferoit une perte confidérable de l'argent ; on obferve encore qu'il ne tienne pas d'antimoine, parcequ'il détruiroit de l'argent.

Dans le cours des expériences citées ci-deffus, nous avons remarqué qu'ayant mis dans une coupelle fimple du Bureau des Orfévres une bale du plomb du fieur Hellot, du poids de deux gros, puis dix huit grains ou la demie femelle, d'argent de vaiffelle plate du poinçon de Paris, cet argent après l'Effai eft devenu à onze deniers, dix grains $\frac{1}{4}$.

Que dans une coupelle fimple (1) du fieur Racle ayant mis deux gros ou huit parties de fon plomb (reconnu très pauvre par l'Effai qui en avoit été fait auparavant & dont le grain d'argent laiffé dans la coupelle, étoit prefqu'imperceptible, & n'a pu être pefé) fur dix-huit grains d'argent de vaiffelle plate auffi du poinçon de Paris, le bouton de retour s'eft trouvé à onze deniers onze grains $\frac{1}{4}$.

La différence des deux Effais eft d'un grain de fin entier, parceque la bale de plomb du fieur Hellot avoit été moulée d'un morceau de plomb aigre venant d'une mine de l'Auvergne qui a, à peu de diftance, des mines d'antimoine.

Effais de l'or.

On pefe la matiere d'or comme celle d'argent, mais on mêle avec l'or environ le double d'argent fin qui ne tient point or : s'il en tenoit, les Effais ne pourroient pas être rapportés auffi juftes qu'ils doivent l'être : c'eft pourquoi on n'emploie aux Effais d'or, que de l'argent retiré des départs d'or, appellé argent de départ (2).

On mêle donc les deux tiers d'argent fin avec l'or, c'eft-à-dire deux parties d'argent fur une d'or, quand l'or eft à 22 karats ou environ : s'il eft à plus bas titre, on y en mêle moins : par exemple, fi le poids de fin ou femelle pefe fix grains (3), & que l'or foit à 22 karats ou environ, on y mêle douze grains d'argent fin ; fi l'or ne paroît à la vue ou à la touche qu'à 20 karats, on n'y mêle que dix grains d'argent fin : s'il n'eft qu'à dix-huit karats, il n'en faut que neuf grains, & ainfi des autres titres à proportion, de maniere que plus l'or eft bas, moins on y emploie d'argent fin.

(1) Le fieur Racle Effayeur particulier prend fes coupelles au Bureau des Orfévres.

(2) Voyez ce que nous avons dit de l'argent de départ aux effais d'argent.

(3) Nous penfons que ce poids de 6 grains eft trop petit, attendu que le dernier ou plus petit poids de la femelle de 6 grains repréfentant un trente-deuxieme de karat, n'eft réellement qu'un cent vingt-huitieme de grain poids de marc, & que les balances d'effai ne font pas toutes affez agiles pour s'incliner à ce petit poids, fur-tout quand les plateaux font un peu chargés des deux côtés, au lieu qu'elles s'inclinent d'une maniere fort fenfible à un foixante-quatrieme de grain, qui repréfente un trente-deuxieme de karat dans la femelle de 12 grains, poids de marc.

Si l'or qui paroît bas eft allié avec de l'argent comme on le peut juger à fa couleur pâle, on diminue à proportion le double d'argent qu'on y mettroit s'il étoit allié avec du cuivre. On fe fert du même fourneau & de la même moufle que pour les Effais d'argent; on y fait un pareil feu de charbon, on y met des coupelles, & quand elles font bien recuites, on y met du plomb, comme nous avons dit ci-deffus.

Quand le plomb eft fondu, on prend la matiere de l'Effai enveloppée dans une petite feuille de plomb, ou dans du papier avec une longue pincette pour la porter dans la coupelle, & on la laiffe bouillir jufqu'à ce qu'elle ait paru de couleur d'opale, & qu'elle ait été fixée en forme de bouton au fonds de la coupelle.

Dès que les coupelles font forties du fourneau (1), on détache les boutons, & on les nétoye exactement avec la grateboëffe du côté qu'ils étoient adhérens. On bat enfuite chaque bouton fur une efpéce d'enclume nommée *tas* ou *taffeau*, afin de l'étendre & de le rendre mince autant qu'il peut l'être : pour l'étendre plus facilement, on le fait recuire plufieurs fois en le faifant rougir fur les charbons.

Quand le bouton eft bien mince, on le roule en maniere de cornet fans le preffer (2), enfuite on le met dans une phiole de verre à long col appellé *matras* qui tient environ quatre cuillerées d'eau : on met dans le même matras de l'eau forte corrigée, c'eft-à-dire mêlée avec un tiers & plus d'eau de riviere : fi on mettoit d'abord l'eau-forte toute pure, elle pourroit par la violence de fes efprits faire rompre & réduire en chaux une partie du cornet, en diffolvant tout d'un coup avec trop de force l'argent qui eft mêlé avec l'or, auquel cas on auroit beaucoup de peine à faire un rapport jufte de l'Effai : pour y parvenir, il faudroit beaucoup d'attention pour recueillir parfaitement toutes les particules qui fe feroient détachées du cornet.

On met enfuite le matras fur un feu de braife ; on fait bouillir l'eau-forte pendant quelques tems, afin qu'elle fe charge de l'argent qui eft mêlé avec l'or : lorfque l'eau-forte ne jette plus de fumée rouge, & qu'elle ne fait que frémir, on juge qu'elle n'agit plus ; on retire alors le matras du feu, on en retire l'eau en la verfant par inclinaifon, de façon que le cornet refte à fec: on met de l'eau-forte pure dans le matras pour achever de féparer & de détacher l'argent que l'eau-forte corrigée & affoiblie n'a pu diffoudre & em-

(1) Les boutons des effais d'or n'étant pas fujets à *veffir* comme les boutons d'argent, il n'y a point d'inconvéniens à craindre à les retirer de la moufle dès qu'ils font fixés.

(2) On ne court aucun rifque de le preffer, car l'eau-forte qui agit puiffamment fur le corps même du cornet, & qui le perce quelquefois de part en part, peut aifément fe gliffer entre les bords roulés du cornet, quelque comprimés qu'ils foient; dès là, le cornet eft moins fujet à fe brifer, quand on le preffe en le roulant.

porter ; on remet le matras fur un pareil feu de braife : on y fait bouillir
l'eau-forte pendant quelque tems ; quand il ne refte plus d'argent au cornet ,
elle ceffe de bouillir , & il n'en fort que des fumées blanches ; alors on peut
affurer que l'or eft pur autant que cette opération peut le procurer (1) , & on
retire le matras du feu.

On retire l'eau-forte en la verfant par inclinaifon hors du matras , de maniere que le cornet y demeure à fec , & même collé contre les côtés du matras :
quand le matras eft refroidi & bien égouté , on le remplit d'eau de riviere
pour laver le cornet.

On fe fert d'eau de riviere dans ces fortes d'opérations parcequ'elle eft la
plus légere , & qu'elle conferve mieux le cornet , outre que les autres eaux tenans des fels deviendroient blanches & épaiffes comme du lait , à proportion
de la quantité de fels qu'elles tiendroient.

Quand le cornet a été bien lavé , on verfe l'eau du matras dans un creufet
d'argent , de maniere que l'on y fait couler doucement le cornet , afin de le
conferver en entier : lorfqu'il eft à fec dans le creufet , on met le creufet garni de fon couvercle dans la moufle pour y recuire l'or , & on l'y laiffe jufqu'à
ce qu'il ait paru un peu plus que couleur de cerife : fi on attendoit qu'il
parût de couleur blanche il feroit trop chaud , & cela feroit caufe que le cornet fe chargeroit d'argent (2) , & que fon poids pourroit être ainfi augmenté
de quelques trente-deuxiemes qui empêcheroient que l'effai ne fût rapporté
auffi jufte qu'il le doit être : il fuffit donc que le cornet ait paru un peu plus
que couleur de cerife pour être affuré que le cornet qui avoit un peu changé
de couleur , a repris fa couleur naturelle , pourquoi on retire auffitôt le creufet du feu.

On met enfuite le cornet dans les mêmes balances , on le pefe avec le même
poids de fin , & on obferve exactement quelle différence en diminution il
y a de la pefée qui a été faite de l'or avant l'effai , & de celle que l'on fait du
cornet après l'effai , parceque cette diminution du poids de la matiere établit
une preuve certaine de l'impureté de l'alliage qui a été chaffé ; & c'eft fur ce
pied que les Effayeurs font leur rapport du titre auquel eft l'or dont ils ont

___

(1) Cette opération feroit plus certaine fi on mettoit affez d'argent pour que l'or tom-
bât en chaux : il eft vrai qu'il y auroit à craindre d'un autre côté , que les Effayeurs ne
perdiffent quelques parties prefqu'impalpables de la chaux : ils éviteront cet accident en
y mettant toute l'attention qu'exige l'importance de cette opération.

(2) C'eft ce que prétendent une partie des Effayeurs , cependant il n'eft pas bien certain
qu'en recuifant un peu trop le cornet , on s'expofe à le charger de quelques parties d'argent ; on l'a cru ainfi parcequ'il prenoit une couleur blanchâtre , & n'avoit pas cette belle
nuance jaune qui caractérife l'or : nous avons remarqué que la couleur ne change un peu
que par un rapprochement plus intime des parties du cornet , & qu'il y a moins de rifque
à le recuire un peu plus qu'il ne faut , qu'à ne pas lui donner un recuit fuffifant.

fait l'eſſai : cet or ainſi paſſé par l'eſſai eſt très fin , c'eſt-à dire fort approchant de 24 karats.

Telle eſt l'opération en uſage pour eſſayer l'or en France où l'on ne met communément & tout au plus que deux parties d'argent ſur une partie d'or. Ce n'eſt pas là l'inquart *quartatio*, auquel il faudroit toujours trois parties d'argent contre une partie d'or, alliage ſouſtrait, comme on le pratique en Saxe & en Hongrie : c'eſt, dit-on, pour mieux conſerver la forme du cornet qu'on ne met que deux parties d'argent, parcequ'alors les parties de l'or étant moins diviſées que par trois parties d'argent, on court moins de riſque de voir précipiter en chaux l'or qu'on eſſaie ; mais l'or en chaux ſeroit à ſon vrai titre de fin : l'or en cornet n'y eſt pas, quelque choſe que l'on puiſſe dire, parcequ'il ne peut conſerver cette forme qu'à l'aide d'une très petite portion d'argent qui ſoude, pour ainſi dire, les particules d'or ; c'eſt ce que les meilleurs Métallurgiſtes Allemands ont nommé *Surcharge*, ou *interhalt*, cette petite portion d'argent ſuffit pour prouver que l'or précipité en chaux dans un eſ-ſai, puis bien lavé & bien recuit, donneroit plus ſurement le titre de l'or que l'on eſſaie qu'en conſervant la forme du corner ; à la vérité cette méthode exigeroit beaucoup plus d'attention & de précaution que l'uſage du cornet conſervé dans ſa forme.

Pour connoître la différence du titre donné par le cornet d'or, d'avec le titre donné par l'eſſai de l'or réduit en chaux, nous avons remarqué dans le cours des expériences citées ci deſſus ; 1°. qu'on a fondu enſemble dix grains d'or fin & deux gros de cuivre, en y ajoûtant 20 grains d'argent de départ ; ainſi on étoit ſûr d'avoir de l'or à 20 karats. Ce mélange a été mis en cou-pelles du Bureau des Orfévres avec deux gros de leur plomb : le bouton étoit d'une belle forme, bien nette, laminé & roulé en cornet, il a été départi dans de l'eau forte affoiblie, enſuite dans de l'eau-forte pure ; lavé trois fois dans l'eau chaude, ſéché, recuit ſans aucune perte, ce cornet d'or s'eſt trouvé à 20 karats foibles.

2°. Qu'on a fondu enſemble 10 grains du même or fin, & deux gros de cuivre pour avoir pareillement de l'or à 20 karats, mais on y a ajoûté 40 grains d'argent de départ, le tout a été mis en coupelles d'Orfévres avec deux gros de plomb de leur Bureau ; le bouton bien formé a été laminé, puis dé-parti en eau-forte pure & ſans eau, il s'y eſt précipité en chaux ; cette chaux a été lavée trois fois en eau chaude raſſemblée dans un petit creuſet de terre fine, elle a été reverbérée ſous la moufle, juſqu'à ce qu'elle ait repris une bel-le couleur d'or, & cet or s'eſt trouvé à 19 karats $\frac{26}{32}$me. La différence qui réſulte de ces deux expériences eſt de $\frac{6}{32}$me.

3°. Que, pour vérifier ſi le cornet d'or conſerve de l'argent, on a peſé 12 grains de la même chaux d'or, à laquelle on a ajoûté 24 grains d'argent de départ : le tout a été passé en coupelles des Orfévres avec 8 parties de plomb ; le bouton bien venu a été laminé & départi dans de l'eau-forte affoiblie, enfuite dans de l'eau-forte pure, lavé & recuit, cet or du cornet s'est trouvé à 23 karats $\frac{10}{32}$me, il auroit eu plus de poids s'il fut resté de l'argent dans le cornet.

4°. Qu'on a fait un autre essai de six grains de la même chaux d'or avec 12 grains d'argent de départ pour avoir un petit cornet suivant l'usage des Essayeurs ; ce petit cornet traité comme le précédent qui est double, mais qui n'a été passé en coupelles qu'avec 4 parties de plomb, s'est trouvé de même à 23 karats $\frac{10}{32}$me, c'est la preuve que le cornet provenant de l'or en chaux ne retient pas d'argent.

Ancienne façon de faire les essais. Avant l'invention d'essayer à la coupelle, quand on vouloit savoir le titre d'une monnoie, ou autre matiere d'argent, on en tiroit un à deux grains avec un petit instrument appellé *Eschoppe*, on les mettoit sur des charbons ardens, & on jugeoit par leur couleur plus ou moins blanche du titre de l'argent, ce que l'on appelloit faire l'essai à la *rature* ou à *l'échoppe*.

Pour essayer l'or, on se servoit de la pierre de touche & de petits morceaux d'or à différent titre éprouvés qu'on appelloit *touchaux*, ils étoient comme des ferrets d'aiguillette assez plats, sur chacun desquels le titre étoit marqué, on frottoit l'espece ou autre matiere d'or sur la pierre de touche : on y frottoit aussi les touchaux que l'on croyoit les plus approchans du titre & comme le titre de chaque touchau y étoit marqué, on jugeoit à peu-près de son titre par sa couleur en la comparant avec celle qu'imprimoient les touchaux.

Ce procédé ne pouvoit pas être fort certain, on en a cherché d'autres qui assurassent mieux le vrai titre de l'or, enfin on s'est fixé à celui de la coupelle & de l'eau-forte, comme devant être plus juste. Les Essayeurs depuis ne se sont servis que de cette façon : les Orfévres de quelques Provinces ont continué de faire leurs essais d'argent à la *rature*, & ceux d'or à la *touche*; & au lieu de touchaux ils se sont servis des especes d'or ayant cours dont on étoit assuré du titre par l'essai à l'eau-forte & à la coupelle ; on leur a fait depuis une loi de ne faire leurs essais qu'à la coupelle & à l'eau-forte.

On croit que l'essai à la coupelle a été inventé vers l'an 1300, sous Philippe le Bel, peu de tems après que le titre des ouvrages d'argent eut été amélioré : cette maniere d'essayer l'argent paroît avoir été portée d'abord au point où nous la voyons à présent ; nous lisons dans des registres du même siecle que dans les rapports des essais que les Gardes-Orfévres faisoient en la maison commune, ils distinguoient non-seulement les deniers, les grains & les demi grains de fin, mais aussi le quart de grain de fin.

Quant à l'essai de l'or par voie de départ ou de dissolution, cette façon n'a été découverte, ou du moins mise en usage que plus de 200 ans après la coupelle. Les premieres expériences que nous trouvons avoir été faites à Paris font de l'an 1518 sous François Premier ; ce fut en ce tems, que le titre des ouvrages d'or fut porté à 22 karats de fin, au lieu de 19 karats un *quint* qu'il étoit auparavant.

On continua cependant encore affez long-tems de se servir de l'effai à la touche dans la maison commune des Orfévres, où il y avoit toujours eu un nombre de touchaux de tous titres allayés tant sur le blanc que sur le rouge, de huitieme en huitieme de karat, pour juger par comparaison du titre connu de ces touchaux, de celui des ouvrages touchés.

On n'usoit qu'affez rarement de la façon d'effayer à l'eau-forte, sans doute à cause des frais que cet effai occasionnoit. François Premier dans son Edit du mois de Septembre 1543, veut qu'on ne s'en serve que lorsqu'il surviendra des différends sur le titre des ouvrages d'or effayés à la touche, Article XII, " & pour connoître l'aloi desdits ouvrages ordonnons que l'effai s'en fera " à la touche, & s'il se trouve aucun différend, ledit effai se pourra faire à " l'eau-forte ".

Cet usage d'effayer à la touche est totalement proscrit, excepté pour les menus ouvrages qui ne peuvent être effayés à l'eau-forte : c'est la disposition du VII Art. de la Déclaration du 23 Novembre 1721 : qui porte, " & quant " aux menus ouvrages d'or qui ne pourront souffrir les effais à la coupelle & " à l'eau-forte, ils seront effayés aux touchaux.

Marius Gratidianus Triumvir de la Chambre de l'Ærin à Rome, fit un Edit en forme de Réglement pour les monnoies, contenant leur loi, leur poids, & la maniere d'en faire l'effai : ce qui plut tant au Peuple, qu'on dreffa par les rues de Rome des Statues d'argent en son honneur. Pline ne décrit pas ce qui fut ordonné pour les effais.

Pline, Chap. 8. Liv. 33, Hist. Nat.

ESSAI, OR D'ESSAI, ARGENT D'ESSAI. On appelle ainsi l'or & l'argent quand ils sont à leur plus haut titre : c'est-à-dire, l'or approchant de vingt-quatre karats, & l'argent a environ onze deniers vingt-trois grains.

ESSAIERIE. Lieu destiné dans les Hôtels des Monnoies à faire les effais : dans ce lieu sont les fourneaux, les moufles, les coupelles, les creuzets, les matras & les autres outils & instrumens ou drogues propres à l'opération de l'effai.

ESSAYEUR. Officier des Monnoies qui, par ses opérations, éprouve si les matieres destinées à la fabrication des efpeces & si les efpeces fabriquées sont au titre prescrit par les Ordonnances.

Chaque Hôtel des Monnoies de France a son Effayeur ; au-deffus de ces Officiers Particuliers est un Effayeur Général qui réside en l'Hôtel de la Monnoie de Paris.

Nous ne trouvons pas précisément le tems de l'établissement de cet Officier; il exerçoit du tems des Généraux Maîtres des Monnoies qui, sur son rapport, jugeoient du foiblage & de l'écharseté des especes; cet Officier étoit appellé Essayeur Général, attendu qu'il y en avoit un particulier en chaque Monnoie.

La plus ancienne mention que l'on trouve de cet Essayeur Général est dans l'Ordonnance de 1343, & dans plusieurs comptes rendus à la Chambre des Monnoies, qui justifient que l'Essayeur Général avoit cent vingt livres tournois de gages pour faire les essais des boîtes de toutes les Monnoies.

Conſt. pag. 66.

L'Essayeur Général des Monnoies de France établi pour le service de la Chambre des Monnoies, n'a été créé en titre d'office que long-tems après l'érection de cette Chambre : il est fait mention dans un des registres de la Cour des Monnoies appellé registre velu, & dans une cédule du Changeur du Trésor de l'an 1451, des gages du Commis Essayeur de cette Chambre; cet Officier faisoit les essais des deniers des boîtes qui étoient apportées au Bureau & des deniers courans qui étoient recherchés par les Conseillers-Généraux, pour être jugés en même tems que les deniers de boîtes.

Ces essais ne se faisoient anciennement par l'Essayeur Général ni à l'eau-forte, ni à la coupelle, mais à la touche avec les touchaux d'or & d'argent qui étoient en la Chambre des Monnoies, tant pour l'usage des Généraux séans à Paris, que pour celui de leurs Commissaires lorsqu'ils alloient dans les Monnoies particulieres y faire toucher les especes qui s'y fabriquoient, & les monnoies courantes tant de France qu'étrangeres.

Dans ces Monnoies particulieres il y avoit de même parmi les outils & ustensiles appartenans au Roi des touchaux d'or & d'argent pour le service & l'usage des Essayeurs & Maîtres Particuliers des Monnoies; mais depuis que les essais des especes d'or & d'argent furent inventés & faits à l'eau-forte & à la coupelle, il y a toujours eu un Essayeur Général dépendant de la Chambre des Monnoies. Peut être y en avoit-il un auparavant qui exerçoit par commission & à la nomination des Généraux de la Chambre.

On lit dans un compte de l'an 1389 jusqu'en 1408 que le nommé Carrus qui auparavant avoit été Garde & Essayeur de la Monnoie de Cremieu, fut Essayeur Général des Monnoies de France; en 1419, cet Officier, outre les cent vingt livres tournois de gages attribuées à ses fonctions, avoit encore quatre-vingts livres tournois pour faire les essais pour les Orfévres.

Germain de Valenciennes faisoit les fonctions d'Essayeur Général & exerçoit en 1498. Nous lisons dans les registres de la Chambre des Monnoies, qu'en 1518 on faisoit encore les essais des deniers de boîtes à la touche & non à l'eau-forte : que François Premier envoya le deux Février de cette année
lettres

lettres miſſives à la Chambre des Monnoies par leſquelles eſt mandé aux Officiers de cette Chambre, » de faire faire les eſſais des écus faits à la Mon-
» noie de Lyon par Michel Guillou à l'eau-forte & non à la touche , comme
» l'onavoit accoutumé de faire audit tems », & ce , ſur la plainte que Guillou en avoit faite au Roi.

En 1705 , le Roi par Edit du mois de Septembre regiſtré le 18, ſupprima
l'Office d'Eſſayeur Général des Monnoies vacant alors aux revenus caſuels,
& créa & érigea en titre d'Office formé & héréditaire un Conſeiller Eſſayeur
Général des Monnoies du Royaume, pour en faire les fonctions conformément à l'Edit de création dudit Office : auquel Office Sa Majeſté attribua
douze cens livres de gages actuels & affectifs par chacun an pour trois quartiers de ſeize cens livres , & en outre un droit de trois deniers par marc d'argent & de ſix deniers par marc d'or , avec un logement convenable dans la
Monnoie de Paris, aux honneurs, prérogatives , exemptions & privileges
accordés aux autres Officiers des Monnoies & d'un minot de ſel franc-ſalé.

C'eſt ſur le rapport de l'Eſſayeur Général & ſur celui de l'Eſſayeur Particulier (1) de la Monnoie de Paris, que la Cour des Monnoies juge le titre
des eſpeces qui ont été fabriquées dans les Monnoies de ſon reſſort.

Les Ordonnances de 1540, 1551 , 1554 , preſcrivent aux Eſſayeurs ce
qui ſuit : » l'Eſſayeur fera les eſſais de toutes matieres d'or, d'argent & de   Henri II ,
» billon qui ſeront livrées au Maître de la Monnoie , leſquels il communi-   1554, art. 33.
» quera pour arrêter le compte entre ledit Maître & ceux qui auront livré ,
» & des eſſais fera bon regiſtre , contenant les noms , ſurnoms & demeures
» de ceux qui auront vendu ou livré audit Maître , la qualité & prix de
» la matiere, & le jour de la délivrance.

» Quand les Ouvriers & Monnoyeurs travailleront, ledit Eſſayeur fera
» priſe de l'ouvrage qu'ils feront & d'icelui ſera fait eſſai, lequel il rap-
» portera aux Gardes , afin que s'il y a deſdits ouvrages qui ne ſoient dans
» les remedes, qu'il les faſſe refondre , & ſpécialement ne pourra refuſer
» de faire leſdits priſe & eſſai, lorſqu'il lui ſera ordonné par leſdits Gardes ,
» & deſdites priſes rendra le reſte des pieces audit Maître, & ne pourra re-
» tenir à ſon profit que le fin deſdits eſſais du blanc, & quant à l'or rendra
» tout le fin des douze grains qu'il doit prendre en chaque fournaiſe ſuivant
» les Ordonnances.

» Et quant à l'or prendront les Eſſayeurs devant les Ouvriers en chacune
» fournaiſe & de chaque breve douze grains d'or poids de marc dont ils fe-
» ront eſſai, & icelui fait , rendront audit Maître le fin d'icelui eſſai.

» Aſſiſtera ledit Eſſayeur à toutes les délivrances qui ſeront faites ; après
» le poids fait , ſera priſe pour faire ſes eſſais , & baillera les peuilles aux

(1) *Nota.* On appelle ainſi l'autre Eſſayeur qui réſide en l'Hôtel de la Monnoie de Paris.

» Gardes & Maîtres, enclofes en papier, ou parchemin, auquel fera écrit ce
» que contiendra en quantité & poids la délivrance de l'or & blanc ouvré,
» la loi d'icelui & le jour de la délivrance, & quant au fin de l'or & ce qui
» pourra refter de la quatrieme partie dont il aura fait effai, fera tenu le ren-
» dre au Maître incontinent après le rapport fait dudit effai, & defquelles
» délivrances ledit Effayeur fera pareillement regiftre, comme auffi de tous
» autres effais que lefdits Maîtres & Gardes lui feront faire, foit de ma-
» tieres affinées par ledit Maître, grenailles ou autres; & après le jugement
» des boîtes fera ledit Effayeur tenu rendre au Maître les peuilles d'or qu'il
» aura.

» Lefdits Effayeurs auront à leur profit la moitié des peuilles & fin de toute
» la monnoie blanche & noire, & les Gardes l'autre moitié comme ils ont
» accoutumé fuivant nos Ordonnances; & avant la délivrance dudit or mon-
» noyé en écu foleil, prendront pareillement lefdits Effayeurs un écu foleil
» de ce qui fera à délivrer, lequel écu fe coupera en quatre parties égale-
» ment, l'une rendue au Maître, une autre mife ès mains des Gardes & les
» deux autres ès mains de l'Effayeur; de l'une defquelles ledit Effayeur fera
» fon effai avant ladite délivrance & l'autre gardera fcellée du fcel des Gardes
» & du Maître, celles des Gardes fcellées du Maître & de l'Effayeur, &
» celles du Maître fcellées defdits Gardes & Effayeurs; chacune defquelles
» parties appellées peuilles enclofes en papier ou parchemin, auquel fera
» écrit ce que contiendra en quantité & poids la délivrance dudit or ouvré,
» la loi d'icelui & le jour de la délivrance dont chacun defdits fufdits Gar-
» des, Effayeurs & Maîtres fera en fon droit regiftre, celui des Gardes fi-
» gné d'eux & defdits Maîtres & Effayeurs, la fin duquel effai tiré dudit
» quart d'écu fera rendu aux Maîtres de ladite délivrance : & au regard des
» trois peuilles faifant trois quarts d'écu ainfi départis aux Gardes, Effayeurs
» & Maîtres, ils, & chacun d'eux feront tenus les garder jufqu'à ce que le
» jugement foit fait des boîtes par lefdits Généraux pour les leur préfenter,
» fi befoin eft, & par eux ordonné en procédant au jugement: lequel fait,
» feront tenus lefdits Gardes & Effayeurs, rendre icelles peuilles d'or audit
» Maître fans en payer aucune chofe à iceux Gardes & Effayeurs: auffi fera
» & tiendra ledit Effayeur regiftre & papier ordinaire de tous les effais qui
» lui feront baillés à faire, foit grenaille ou autre matiere d'argent d'entre le
» Maître & le Marchand, où il couchera le tems, poids & loi d'iceux, &
» icelui regiftre & papier gardera devers lui pour le repréfenter quand be-
» foin fera.

Garant.

Sous cette efpece d'écu au foleil mentionné au préfent article, fe doivent
entendre toutes efpeces d'or, & le femblable s'obferve aux délivrances des
efpeces d'argent & de billon, defquelles efpeces, les peuilles reftans des ef-

fais font portées par les Gardes & Effayeurs après le jugement des boîtes au Maître de la Monnoie, mais ils ne prennent aucune chofe des effais & des prifes faites devant les Ouvriers & Monnoyers, fauf l'Effayeur le fin de fon effai d'argent & billon réglé par Arrêt de la Cour des Monnoies du 15 Mars 1583, » que l'Effayeur prendra en chacune fournaife un flaon, devant les » Ouvriers duquel il fera fes effais, & n'en pourra retenir à fon profit de » toutes lefdites prifes plus de trois deniers de poids qui font la valeur de » deux effais, & fera femblable prife d'un denier d'argent monnoyé devant » les Monnoyers, defquels il fera femblablement effai, & ne pourra retenir » defdites prifes à fon profit plus de trois deniers de poids & rendra audit » Maître le furplus defdits flaons & deniers par lui pris, devant les Ouvriers » & Monnoyeurs : & pour le regard des ouvrages de billon, prendra ledit » Effayeur devant lefdits Ouvriers en chacune fournaife deux gros & flaons » dudit billon, & autant devant les Monnoyers de chacune breve dont il » fera fes effais, comme dit eft, & ne pourra retenir à fon profit davantage » que deux gros de la prife faite devant lefdits Ouvriers, & autant de la » prife faite devant les Monnoyers & le furplus defdites prifes fera ledit » Effayeur tenu le rendre audit Maître.

» Si en faifant l'effai des deniers de délivrance, l'Effayeur trouve quel- » que largeffe de loi, il n'en avertira les Maîtres, mais feulement les Gar- » des & Contre-Gardes, jufqu'à ce que les deniers qui devront être mis en » boîtes y aient été mis, auquel cas le Maître pourra faire refondre ledit » ouvrage, fi bon lui femble.

Henri II, 1554, art. 36.

» Si au jugement des boîtes, ou autrement fe trouve faute en aucune de » nos monnoies tant de rouge, que de blanc, ou noir, les Gardes répon- » dront du poids, & l'Effayeur & le Maître Particulier de la loi : toutefois » où lefdits Gardes Effayeurs & Maître Particulier fe trouveroient par non » réfidence contemneurs du fervice requis à l'exercice de leurs Offices, » ou autrement participant des fautes les uns des autres, ils en feront ref- » pectivement punis à la rigueur de nos Ordonnances.

François I, 1540, art. 37.

Sur peine d'être punis comme faux Monnoyeurs, ledit Effayeur n'aura part » ni affociation avec le Maître ou fon Commis, & ne prendra deniers, » dons, ni préfens de lui directement ou indirectement; mais s'il eft du » ferment des Ouvriers & Monnoyers, il pourra bien ouvrer & mon- » noyer, nonobftant fondit état d'Effayeur.

Henri II, 1554, art. 37.

» Le Général Effayeur ou l'Effayeur Particulier doit avoir fes balances » bonnes & légeres, loyaux & juftes qui ne jaugent d'un côté ne d'autre.

Ordonnance de 1343.

» *Item*, quand on pefe les effais il doit être en lieu où il n'y ait vent ne » froidure, & garder que fon halaigne ne charge la balance.

» *Item*, les poids pour effayer doivent être bons & juftes au marc de feize

» fois parifis en multipliant le menu contre le gros, & en defcendant le gros
» contre le menu, fans aucun avantage ou difcord.

» Le Général Effayeur ou l'Effayeur Particulier doit avoir bon plomb
» & net, & qui ne tienne or, argent, cuivre, ne foudure, ne nulle autre
» communication, & de celui doit faire effai, & favoir que tient de plomb,
pour en faire contre-poids à porter fon effai. » Voyez ESSAIS.

A Paris & à Lyon où les affinages font établis, les Effayeurs font obligés,
fuivant l'Ordonnance de 1689, de faire effai de tous les lingots affinés, d'y
mettre leur poinçon avec celui des Affineurs, & d'être garands de leur titre
conjointement avec eux : pourquoi il leur eft attribué un fol par marc d'or
& deux deniers par marc d'argent des lingots qui paffent en délivrance.

Les Effayeurs prennent ordinairement quinze grains d'or & un demi gros
d'argent pour chacun des effais qui doivent fervir au jugement des monnoies:
quant aux effais qu'ils font pour les Particuliers, ils prennent dix-huit
grains pour chaque effai d'or, & un gros pour chaque effai d'argent ; & de
ces prifes ou levées des matieres deftinées à faire les effais, les Effayeurs en
prennent une portion pefée au poids d'effai nommé femelle, pour faire leurs
opérations. Voyez SEMELLE.

L'Arrêt du Confeil du 4 Octobre 1670 défend aux Effayeurs de retenir les
boutons & cornets des monnoies qu'ils auront effayées, & leur ordonne de les
remettre dans le jour au Directeur &c.

Celui du 30 Août 1723 regiftré en la Cour des Monnoies le 9 Septembre
porte (1).

» Sa Majefté ordonne que dorefnavant & à commencer du jour de la pu-
» blication dudit Arrêt, les Effayeurs Général & Particulier des Monnoies
» feront tenus d'obferver ce qui fuit à peine de 500 liv. d'amende pour la
» premiere contravention, & de privation de leurs Offices en cas de récidive.

» 1°. De marquer de leurs poinçons chacun à leur égard tous les lingots
» d'or & d'argent qui leur feront portés à effayer dans l'inftant même qu'ils
» leur feront remis.

» 2°. De tenir regiftre particulier duement paraphé, fur lequel ils écriront
» conformément à l'Ordonnance de 1554, art. 33. le poids defdits lingots
» avec les noms, demeures & qualités des Propriétaires, ainfi que le titre
» qu'ils auront trouvé, en obfervant de numéroter de fuite tous les articles
» dudit regiftre, de n'interrompre l'ordre des numéro qu'au commence-
» ment de chaque année, & d'infculper fur chacun defdits lingots le même
» poinçon fous lequel il aura été regiftré, enforte que ces numero ne foient
» rendus aux Porteurs, qu'après avoir été ainfi marqués & numerotés.

(1) Arrêt qui rogle la maniere de fixer le titre des lingots par les Effayeurs général &
particulier des Monnoies, du 30 Août 1723.

» 3°. Lorfque les Particuliers viendront chercher le rapport des Eſſayeurs,
» leſdits Eſſayeurs auront ſoin de vérifier leurs numéros, après quoi ils mar-
» queront le titre ſur leſdits lingots.

» 4°. Si les Propriétaires deſdits lingots jugent néceſſaire d'en faire faire
» pluſieurs eſſais, leſdits Eſſayeurs ſeront tenus de les regiſtrer autant de fois
» qu'ils les eſſayeront, & d'obſerver à chaque fois ce qui eſt ci-deſſus ordonné
» en ajoûtant ſeulement au nouvel enregiſtrement les numeros ſous leſquels
» leſdits lingots auront déja été regiſtrés.

» 5°. Au cas que les titres marqués ſur les lingots ſe trouvent différents,
» ſoit parcequ'ils auront été eſſayés à Paris ou à Lyon par les Eſſayeurs Gé-
» néral & Particulier ou pour autres raiſons, les Directeurs des Monnoies
» pourront, ainſi que les Affineurs, Orfévres & autres Ouvriers travaillans
» en or & en argent qui acheteront leſdits lingots, les évaluer ſur le pied
» commun de tous les titres marqués par leſdits Eſſayeurs.

» 6°. N'entend Sa Majeſté que le Directeur d'une Monnoie ſoit obligé
» de recevoir des lingots ſur les titres marqués par les Eſſayeurs d'autres
» Monnoies.

Autre Arrêt du Conſeil du 3 Mai 1753, avec commiſſion ſur icelui regiſtré en la Cour des Monnoies le 23 des mêmes mois & an, par lequel Sa
Majeſté, en ordonnant l'exécution de l'Arrêt du Conſeil du 4 Octobre 1670,
» Fait défenſes conformément à cet Arrêt aux Eſſayeurs des Monnoies
» de rien retenir ſur les cornets & boutons qu'ils feront tenus de remettre
» dans le jour au Directeur, ainſi que tout le fin qu'ils auront pris pour faire
» leurs eſſais : fait pareillement défenſes aux Directeurs des Monnoies d'en
» rien laiſſer entre les mains de l'Eſſayeur, ni de lui faire aucun préſent
» directement ni indirectement ſous les peines portées par les anciens Ré-
» glemens, qui ſeront au ſurplus auſſi exécutées ſuivant leur forme & teneur,
» en ce qui n'y eſt point dérogé par le préſent Arrêt, à l'exécution duquel
» Sa Majeſté enjoint aux Officiers de ſes Cours des Monnoies de tenir la
» main, & feront ſur icelui toutes lettres néceſſaires expédiées. Fait au Con-
» ſeil d'Etat du Roi, Sa Majeſté y étant, tenu pour les Finances à Verſail-
» les le trentieme jour de Mai 1753.

En 1581, Henri III par Edit du mois de Juillet regiſtré en la Cour des
Monnoies le 18 Décembre ſuivant, a accordé aux Eſſayeurs des Monnoies le
droit d'hérédité & de logement dans les Hôtels des Monnoies : en conſéquence, en cas de mort ou de réſignations, ils ſont obligés de prendre des
proviſions du Roi, & ſont reçus par la Cour des Monnoies après information
de vie & de mœurs, & après expérience faite de leur art, s'ils en ſont trouvés ſuffiſans & capables.

Eſſayeur Général en (1763) le Sieur Jullien Quevanne reçu en..... 1746.

Essayeur Particulier, le Sieur Joseph Racle, reçu en l'Office d'Essayeur Particulier de l'ancienne Monnoie de Paris, & en celle ci-devant appellée la Monnoie des étuves & du moulin transférée aux Galleries du Louvre où se fabriquent à présent les médailles & Jettons, après avoir prêté serment en la Cour des Monnoies le 4 Juillet 1738.

ESSAYEURS & CONTROLEURS DES OUVRAGES DE L'ORFEVRERIE. La réunion faite par Edit du mois d'Août 1718 à la ferme de la marque de l'or & de l'argent, des droits qui avoient été attribués aux Offices de Contrôleurs des ouvrages d'Orfévrerie de la Ville de Paris, en conséquence de la suppression de ces Offices portée par le même Edit, ayant été très avantageuse au Public, principalement aux Orfévres & autres qui travaillent les matieres d'or & d'argent : cet avantage détermina Sa Majesté à faire une pareille réunion des droits de vingt-quatre sols par once d'or, & de seize sols par marc d'argent qui ont été attribués aux Offices d'Essayeurs & de Contrôleurs des Essayeurs établis dans vingt-six Villes du Royaume, & de supprimer tant ces Offices que ceux de Contrôleurs, Ambulans, Vérificateur ancien, alternatif & triennal des poinçons de l'Orfévrerie de la Ville de Paris, de Peseur ancien, alternatif & triennal des ouvrages d'Orfévrerie au Bureau de l'Orfévrerie de la même Ville, de Marqueur ancien alternatif & triennal de ces ouvrages au même Bureau, de Contrôleur, Ambulant, Vérificateur ancien, alternatif & triennal des poinçons de l'Orfévrerie de la Ville de Lyon, tous ces Offices créés par Edits de Novembre 1707 & Janvier 1708, & autres Edits avec les gages qui y étoient attachés ; c'est ce que Sa Majesté a ordonné par Edit du mois de Mai 1723, par lequel Sa Majesté « éteint & supprime les Offices d'Essayeurs & leurs Contrôleurs créés » dans vingt-six Villes du Royaume par Edit du mois de Janvier 1708, & » autres Edits, tant ceux aliénés & réunis aux Orfévres desdites Villes, que » ceux qui ont été levés en ses revenus casuels, ensemble les Offices de » Contrôleur, Ambulant, Vérificateur ancien, alternatif & triennal des » poinçons de l'Orfévrerie de la Ville de Paris, de Peseur ancien, alter- » natif & triennal des ouvrages d'Orfévrerie au Bureau de l'Orfévrerie de » la même Ville, de Marqueur ancien, alternatif & triennal desdits ou- » vrages au même Bureau, de Contrôleur, Ambulant, Vérificateur ancien, » alternatif & triennal des poinçons de l'Orfévrerie de la Ville de Lyon, » qui avoient été créés par Edits des mois de Novembre 1707 & Janvier » 1708, ensemble tous les gages attachés à tous lesdits Offices qui seront » rayés des états où ils sont employés : veut Sa Majesté, que les droits desdits » Essayeurs & leurs Contrôleurs, montant à vingt-quatre sols par once d'or » & à seize sols par marc d'argent, demeurent réunis à la Ferme de la mar- » que d'or & d'argent ; & qu'ils soient perçus par le Fermier dudit droit

» dans tous les Lieux, Pays, &c. où ladite Ferme de la marque d'or & d'ar-
» gent eft établie, conjointement avec les droits de ladite ferme & fous les
» peines & amendes portées par l'Ordonnance du mois de Juillet 1681,
» au titre concernant ladite marque d'or & d'argent, ainfi & de la même
» maniere que fe perçoivent au profit dudit Fermier, les autres droits des
» fermes, conformément aux Ordonnances fur le fujet defdites Fermes, &
» au moyen de la fuppreffion defdits Offices d'Effayeurs & de leurs Con-
» trôleurs, l'effai des ouvrages d'or & d'argent fera fait comme auparavant
» la création defdites Charges, & ainfi qu'il fe fait actuellement par les
» Maîtres & Gardes de l'Orfévrerie en la Ville de Paris. Veut pareillement
» Sa Majefté, que la Finance defdits Offices foit liquidée en fon Confeil,
» fur les quittances de Finance & autres titres de propriété, qui feront à cet
» effet repréfentés pour être enfuite pourvû à leur remboursement.
» Si donnons en Mandement à nos amés & féaux Confeillers, les Gens te-
» nans notre Cour des Monnoies, à Paris &c, donné au mois de Mai
» 1723 ».

Regiftré en la Cour des Monnoies, le dix-huitieme jour d'Août fuivant.

ESCALIN ou SCALIN, petite monnoie d'argent de Hollande & de Flandre qui a cours pour fept fols fix deniers de France.

ESTELIN ou ESTERLIN, petit poids en ufage dans les Monnoies &
chez les Orfévres, c'eft la vingtieme partie d'une once.

L'eftelin contient vingt-huit grains quatre cinquiemes de grains ; il faut
vingt eftelins pour l'once & cent-foixante pour le marc.

ESTERLIN, monnoie d'Angleterre qui a eu cours en France, pendant
que les Rois d'Angleterre y poffédoient quelques Provinces, quelques
tems même après qu'ils en furent chaffés.

Le Blanc, page 166.

Le marc d'argent un peu avant l'an 1158, fous le Regne de Louis VI, valoit
treize fols quatre deniers efterlins.

Saint Louis, par Ordonnance faite au Parlement, de la Touffaint de l'an
1262, donne cours aux efterlins, jufqu'à la mi-Août, pour quatre deniers
tournois, paffé lequel tems il les décrie de tous cours, & défend que l'on faffe
dans fon Royaume aucun marché à la monnoie des efterlins, ce qui prouve
que cette monnoie avoit grand cours en France.

En 1189, Philippe le Bel par Ordonnance de cette année, ordonne que
les efterlins d'Angleterre qui étoient de poids, n'ayent cours en France que
pour quatre deniers tournois feulement, & dans un Traité fait l'an 1290,
entre le Roi de Caftille & Philippe le Bel, le bon denier efterlin eft évalué
à quatre deniers tournois.

En 1295, l'Ambaffadeur du Roi de Norwege reconnoît par fa quittance,
avoir reçu du Roi cinq cens marcs de bons & loyaux efterlins monnoie d'An-

gleterre & d'Ecoſſe, du poids de treize ſols quatre deniers pour marc, pour un navire équipé. Ces titres prouvent que les eſterlins furent de même poids & de même loi pendant cent trente-ſept ans, ils valoient de notre monnoie courante environ trois ſols ſept deniers.

ÉTALON, poids original gardé & conſervé à la Cour des Monnoies, pour regler, ajuſter & étalonner tous les poids & meſures qui ſervent aux Marchands, Ouvriers, Artiſans & autres dans l'uſage commun & le détail du négoce. Voyez POIDS ORIGINAL.

Avant François I, les étalons des poids pour l'or & pour l'argent, étoient ſoigneuſement gardés dans le Palais des Rois de France : ce Prince ordonna en 1540, qu'ils ſeroient dépoſés & gardés en la Chambre des Monnoies, où ils ſont reſtés depuis.

C'eſt à la Cour des Monnoies, que l'on s'adreſſe préſentement, pour faire étalonner tous les poids qui ſervent à peſer les métaux, & autres marchandiſes, comme les poids de trébuchet, les poids de marc & les poids maſſifs de cuivre, enſuite on les marque d'une fleur-de-lys ; ſavoir ceux de Paris en préſence de l'un des Conſeillers de la Cour commis à cet effet, & ceux des autres Villes en préſence des Juges-Gardes des Monnoies, ou autres Juges commis par la Cour ; il y a, pour cet effet, des poids de chaque ſorte qu'on nomme Etalons, dans les Hôtels des Monnoies du Royaume, étalonnés ſur les poids dépoſés en la Cour des Monnoies.

Cet étalon du poids de marc ſe nomme *archetype*, mot grec qui ſignifie original, patron, ou modele. Il eſt gardé dans le Cabinet de la Cour, dans un coffre fermé à trois clefs, dont l'une eſt entre les mains de M. le Premier Préſident, l'autre en celle du Conſeiller Commis aux mandemens, & la troiſieme en celle du Greffier.

Ce fût ſur ce poids original qu'en 1494, le ſixieme du mois de Mai, le poids de marc qui eſt en dépôt au Châtelet fut étalonné par Arrêt du Parlement ; qui en même tems ordonna que tous Changeurs, Orfévres & autres uſans du poids de marc pour peſer l'or & l'argent, ſeroient pareillement tenus de les y faire ajuſter & étalonner, avec défenſes ſous peine arbitraire & de punition corporelle en cas de récidive, de ſe ſervir de poids non étalonnés en la Cour des Monnoies.

C'eſt encore ſur l'étalon de cette Cour, que doivent être étalonnés les poids dont ſe ſervent les Maîtres & Gardes du Corps de l'Epicerie & les Maîtres Apoticaires, lorſqu'ils font leurs viſites générales ou ordinaires chez les Marchands de leur Corps & chez tous les autres Marchands, Ouvriers & Artiſans qui vendent leurs ouvrages & marchandiſes au poids. Cet étalonnage ſe fait en préſence de deux Conſeillers de la Cour des Monnoies à ce commis.

Boizard,
pag. 260.

L'étalon

L'étalon des poids du marc de France a toujours été fi eftimé pour fa juf-teffe & fa précifion, que les Nations étrangeres ont quelquefois envoyé rec-tifier leurs propres étalons fur celui de la Cour des Monnoies.

On remarque entr'autres exemples que l'Empereur Charles-Quint envoya à Paris, en 1529, M. Thomas Grammaye Confeiller & Général de fes Mon-noies, pour faire étalonner un poids de deux marcs, dont on fe fervoit alors pour étalon dans les Monnoies de Flandres. Cet étalon s'étant trouvé trop fort de vingt-quatre grains par marc, fut réduit fur celui de la Cour des Monnoies, dequoi il fut tenu regiftre, & fait procès verbal par les Officiers commis pour cette opération. Pour conferver la mémoire de cet étalonne-ment, il fut fondu trois poids de léton par ordre de François I lors regnant, fur lefquels furent empreintes d'un côté les armes du Roi, & de l'autre celles de l'Empereur.

De ces trois poids ainfi étalonnés, l'un fut envoyé à l'Empereur, l'autre à Marguerite d'Autriche Gouvernante des Pays-Bas, & le troifieme fut préfenté au Roi par des Députés de la Chambre des Monnoies. On joignit à ces trois poids, trois procès verbaux dreffés le 13 Août de cette même année 1529, l'un pour le Roi, l'autre pour l'Empereur, & le troifieme pour la Chambre des Monnoies.

En Février 1756, il fut vérifié, ajufté & étalonné en la Cour des Mon-noies fur le même poids original de France dépofé en cette Cour, une pile de foixante-quatre marcs pour le Gouvernement des Pays-Bas marquée aux armes de Sa Majefté Impériale & Royale Reine de Hongrie Gouvernante des Pays-Bas; & l'ancien poids de quatre marcs vérifié en la Cour en l'année 1529, & confié par le Gouvernement au Sr. Marquart Effayeur Général des Monnoies de Sa Majefté Impériale & Royale aux Pays-Bas, fut confronté au poids original de France.

Ces opérations furent demandées à la Cour par Requête du Sieur Marquart Effayeur, & fur la permiffion qu'en donna la Cour, elles y furent faites le 20 Février 1756, en préfence de M. le Comte de Starhemberg Confeiller au Confeil Aulique de l'Empire, Chambellant actuel de leurs Majeftés Im-périale & Royale & leur Miniftre Plenipotentiaire à la Cour de France, le-quel, en conféquence des ordres de leurs Majeftés, s'étoit à cet effet tranf-porté en la Cour des Monnoies, accompagné du Sieur Barré Sécretaire de Légation de leurs Majeftés, du Sieur Marquart Effayeur Général, accompa-gné de fon Procureur, & en préfence des deux Confeillers commis pour la vérification & étalonnement des poids, fur les poids originaux de France, de deux Maîtres Balanciers commis à cet effet par Arrêt de la Cour, d'un Subftitut du Procureur Général & du Commis Greffier.

Ce même jour 20 Février 1756, la vérification de la pile de foixante quatre marcs & de toutes ses diminutions a été faite sur le poids original, & cette pile & toutes ses diminutions se sont trouvées peser juste le poids qu'elles devoient avoir suivant le poids original, en conséquence elles furent marquées de la fleur de lys empreinte sur le poinçon de la Cour des Monnoies, dont il fut dressé procès verbal.

Quant au poids de quatre marcs étalonné, comme il est dit ci-dessus, en 1519, sur le même poids original, il s'est trouvé, par la confrontation faite en ce même jour sur ce poids original, peser quatre marcs, un gros, douze grains ; la boîte renfermant ce poids, peser deux marcs quarante-deux grains, la premiere piece un marc vingt-un grains, & les autres divisions fortes à proportion.

Le 11 Juillet 1759, il fut de même vérifié & étalonné à la requête du Sieur Antoine Arnaud Regisseur Général des subsistances des armées de Sa Majesté, sur les poids originaux de France, une pile de soixante-quatre marcs avec ses divisions pour servir à vérifier les poids des Magasins des vivres, & cette pile & ses divisions furent marquées du même poinçon de la Cour, en présence du Conseiller aux Mandemens à ce commis, & du Substitut du Procureur Général, dont il fut dressé procès verbal conformément à l'Arrêt de la Cour du 11 Juillet 1759, qui, sur la requête des Parties, avoit ordonné ces étalonnemens & vérifications.

ÉTALONNER, faire marquer dans le lieu à ce destiné, les mesures & les poids pour faire connoître qu'ils sont justes, & qu'ils ont été confrontés & ajustés sur les étalons, ou mesures originales. C'est à la Cour des Monnoies en présence du Conseiller à ce commis que cet étalonnement doit être fait, Voyez ÉTALON.

Les Ordonnances de 1540, 1554, 1567, ordonnent aux Orfévres Joyailliers, &c. d'avoir & tenir bonnes balances & poids justes & raisonnables étalonnés : savoir, ceux de Paris en la Cour des Monnoies, & ceux des autres Villes aux plus prochaines Monnoies de leur *demeurance*, aux remedes sur le fort & foible contenus en l'Ordonnance de 1540.

L'Ordonnance de 1641, porte en termes exprès que les Balanciers, Marchands, Fondeurs, & toutes autres personnes se servant de poids & mesures feront étalonner, ajuster & marquer au Greffe de la Cour des Monnoies, les poids dont ils voudront se servir, auxquels le poinçon sera appliqué gratuitement, avec défenses de se servir d'aucun autre poids, à peine de confiscation desdits poids & de deux cens livres d'amende.

EVALUATION, est le prix que l'on met à quelque chose suivant sa valeur.

Pour faire à la Monnoie l'évaluation des especes, il faut observer & avoir égard au prix du marc des especes sur le pied de leur exposition.

2°. Au titre des mêmes especes.

3°. Au prix du marc d'or fin, ou d'argent fin.

Le prix du marc des especes est toujours constant, suivant les Ordonnances qui en ont reglé l'exposition dans laquelle les droits de Seigneuriage & de Brassage sont compris.

Il n'en est pas de même du titre, à cause des remedes permis par les Ordonnances, que les Maîtres des Monnoies emploient ordinairement, & même excedent quelquefois; c'est pourquoi on fait une recherche exacte des especes dont il s'agit, & on fait ensorte d'en trouver de différentes années fabriquées en différentes Monnoies, pour les fondre toutes ensemble. On en fait ensuite des essais & des reprises; c'est par ce moyen que l'on peut être certain du titre, & que l'on peut faire l'évaluation juste sur ce pied.

Quant au prix du marc d'or fin, ou du marc d'argent fin, on se sert de la derniere évaluation qui a été faite.

Cette évaluation se fait par la Cour des Monnoies, conformément au prix que le Roi veut & ordonne être payé aux Hôtels des Monnoies & par les Changeurs, des barres, lingots, especes anciennes, matieres & vaisselles d'or & d'argent qui y sont apportées.

La derniere évaluation a été faite en 1726, le 7 Février, après la fabrication des nouvelles especes d'or & d'argent en exécution de l'Edit du mois de Janvier, registré en la Cour des Monnoies le 4 Février suivant, ainsi qu'il suit:

ESPECES D'OR.

ECU VIEIL.

*Franc à pied & à Cheval , Noble à la Rose , Angelot d'Angleterre ,
Salut d'Angleterre , & Noble Henri.*

Le Marc defdites Efpeces , fera payé 531 l. 2 f. 8 d.
Les quatre Onces , 265 l. 11 f. 4 d.
Les deux Onces , 132 l. 15 f. 8 d.
L'Once, 66 l. 7 f. 10 d.
Les quatre Gros , 33 l. 3 f. 11 d.
Les deux Gros , 16 l. 11 f. 11 d.
Le Gros 8 l. 5 f. 11 d.
Le Denier, 2 l. 15 f. 3 d.
Les douze Grains , 1 l. 7 f. 7 d.
Les fix Grains , 13 f. 9 d.
Le Grain , 2 f. 3 d.

DUCATS DE TOUTES SORTES,
& Sequins de Venife.

Le Marc fera payé 524 l. 2 f. 11 d.
Les quatre Onces, 262 l. 1 f. 5 d.
Les deux Onces, 131 l. 8 d.
L'Once, 65 l. 10 f. 4 d.
Les quatre Gros, 32 l. 15 f. 2 d.
Les deux Gros, 16 l. 7 f. 7 d.
Le Gros , 8 l. 3 f. 9 d.
Le Denier, 2 l. 14 f. 7 d.
Les douze Grains , 1 l. 7 f. 3 d.
Les fix Grains , 13 f. 7 d.
Le Grain , 2 f. 3 d.

LYS D'OR.

Le Marc fera payé 517 l. 3 f. 2 d.
Les quatre Onces, 258 l. 11 f. 7 d.
Les deux Onces, 129 l. 5 f. 9 d.

L'Once, 64 l. 12 f. 10 d.

Les quatre Gros, 32 l. 6 f. 5 d.

Les deux Gros, 16 l. 3 f. 2 d.

Le Gros, 8 l. 1 f. 7 d.

Le Denier, 2 l. 13 f. 10 d.

Les douze Grains, 1 l. 6 f. 11 d.

Les fix Grains, 13 f. 5 d.

Le Grain, 2 f. 2 d.

ECU D'OR DOUBLE HENRI.

Le Marc defdites Efpeces, fera payé 504 l. 11 f. 7 d.

Les quatre Onces, 252 l. 5 f. 9 d.

Les deux Onces, 126 l. 2 f. 10 d.

L'Once, 63 l. 1 f. 5 d.

Les quatre Gros, 31 l. 10 f. 8 d.

Les deux Gros, 15 l. 15 f. 4 d.

Le Gros, 7 l. 17 f. 8 d.

Le Denier, 2 l. 12 f. 6 d.

Les douze Grains, 1 l. 6 f. 3 d.

Les fix Grains, 13 f. 1 d.

Le Grain, 2 f. 2 d.

LOUIS D'OR LEOPOLDS,

Piftoles d'Efpagne, Millerets de Portugal & Guinées.

Le Marc defdites Efpeces, fera payé 492 l.

Les quatre Onces, 246 l.

Les deux Onces, 123 l.

L'Once, 61 l. 10 f.

Les quatre Gros, 30 l. 15 f.

Les deux Gros, 15 l. 7 f. 6 d.

Le Gros, 7 l. 13 f. 9 d.

Le Denier, 2 l. 11 f. 3 d.

Les douze Grains, 1 l. 5 f. 7 d.

Les fix grains, 12 f. 9 d.

Le Grain, 2 f. 1 d.

SAINT-ESTIENNE DE PORTUGAL;
Portugaifes, Jacobus, vieux & nouveaux d'Angleterre,
Souverains de Flandres, & Efcalins au Lyon.

Le Marc defdites Efpeces, fera payé 489 l. 4 f. 1 d.
Les quatre Onces, 244 l. 12 f.
Les deux Onces, 122 l. 6 f.
L'Once, 61 l. 3 f.
Les quatre Gros, 30 l. 11 f. 6 d.
Les deux Gros, 15 l. 5 f. 9 d.
Le Gros, 7 l. 12 f. 10 d.
Le Denier, 2 l. 10 f. 11 d.
Les douze Grains, 1 l. 5 f. 5 d.
Les fix Grains, 12 f. 8 d.
Le Grain, 2 f. 1 d.

PISTOLES DU PEROU
de nouvelle Fabrication,

Le Marc defdites efpeces, fera payé 483 l. 12 f. 3 d.
Les quatre Onces, 241 l. 16 f. 1 d.
Les deux Onces, 120 l. 18 f.
L'Once, 60 l. 9 f.
Les quatre Gros, 30 l. 4 f. 6 d.
Les deux Gros, 15 l. 2. f. 3 d.
Le Gros, 7 l. 11 f. 1 d.
Le Denier, 2 l. 10 f. 4 d.
Les douze Grains, 1 l. 5 f. 2 d.
Les fix Grains, 12 f. 7 d.
Le Grain, 2 f. 1 d.

PISTOLES D'ITALIE,
Ecus Philippe, Ecus Reine, Ecus de Flandres, Albertus
de Flandres.

Le Marc fera payé 482 l. 4 f. 3 d.
Les quatre Onces, 241 l. 2 f. 1 d.
Les deux Onces, 120 l. 11 f.

L'Once, 60 l. 5 f. 6 d.

Les quatre Gros, 30 l. 2 f. 9 d.

Les deux Gros, 15 l. 1 f. 4 d.

Le Gros, 7 l. 10 f. 8 d.

Le Denier, 2 l. 10 f. 2 d.

Les douze Grains, 1 l. 5 f. 1 d.

Les six Grains, 12 f. 6 d.

Le Grain, 2 f. 1 d.

FLORIN DU RHIN, ECU DE LIEGE.

Le Marc defdites Efpeces, fera payé 402 l. 10 f. 10 d.

Les quatre Onces, 201 l. 5 f. 5 d.

Les deux Onces, 100 l. 12 f. 8 d.

L'Once, 50 l. 6 f. 4 d.

Les quatre Gros, 25 l. 3 f. 2 d.

Les deux Gros, 12 l. 11 f. 7 d.

Le Gros, 6 l. 5 f. 9 d.

Le Denier, 2 l. 1 f. 11 d.

Les douze Grains, 1 l. 11 d.

Les six Grains, 10 f. 5 d.

Le Grain, 1 f. 8 d.

Le prix des Barres, Barretons, Culots, Poudre de Guinée, Chaînes, gros & menus Ouvrages, & autres Matieres d'Or, fera payé à proportion de leur Titre.

SAVOIR,

Le Marc d'Or à 24 karats, fera payé 536 l. 14 f. 6 d.

Les quatre Onces, 268 l. 7 f. 3 d.

Les deux Onces, 134 l. 3 f. 7 d.

L'Once, 67 l. 1 f. 9 d.

Les quatre Gros, 33 l. 10 f. 10 d.

Les deux Gros, 16 l. 15 f. 5 d.

Le Gros, 8 l. 7 f. 8 d.

Le Denier, 2 l. 15 f. 10 d.

Les douze Grains, 1 l. 7 f. 11 d.

Les six Grains, 13 s. 11 d.

Le Grain, 2 s. 3 d.

Le Marc d'Or à 23 karats, sera payé 514 l. 7 s. 3 d.

Les quatre Onces, 257 l. 3 s. 7 d.

Les deux Onces, 128 l. 11 s. 9 d.

L'Once, 64 l. 5 s. 10 d.

Les quatre Gros, 32 l. 2 s. 11 d.

Les deux Gros, 16 l. 1 s. 5 d.

Le Gros, 8 l. 8 d.

Le Denier, 2 l. 13 s. 6 d.

Les douze Grains, 1 l. 6 s. 9 d.

Les six Grains, 13 s. 4 d.

Le Grain, 2 s. 2 d.

Le Marc d'Or à 22 karats, sera payé comme celui des Louis d'or,
Piſtoles d'Eſpagne, & Millerets de Portugal ci-deſſus,
& les Diminutions à proportion.

Le Marc d'Or à 21 karats, sera payé 469 l. 12 s. 8 d.

Les quatre Onces, 234 l. 16 s. 4 d.

Les deux Onces, 117 l. 8 s. 2 d.

L'Once, 58 l. 14 s. 1 d.

Les quatre Gros, 29 l. 7 s.

Les deux Gros, 14 l. 13 s. 6 d.

Le Gros, 7 l. 6 s. 9 d.

Le Denier, 2 l. 8 s. 11 d.

Les douze Grains, 1 l. 4 s. 5 d.

Les six Grains, 12 s. 2 d.

Le Grain, 2 s.

Le Marc d'Or à 20 karats, sera payé 447 l. 5 s. 5 d.

Les quatre Onces, 223 l. 12 s. 8 d.

Les deux Onces, 111 l. 16 s. 4 d.

L'Once, 55 l. 18 s. 2 d.

Les quatre Gros, 27 l. 19 s. 1 d.

Les deux Gros, 13 l. 19 f. 6 d,
Le Gros, 6 l. 19 f. 9 d.
Le Denier, 2 l. 6 f. 7 d.
Les douze Grains, 1 l. 3 f. 3 d.
Les fix Grains, 11 f. 7 d.
Le Grain, 1 f. 11 d.

Le Marc d'Or à 19 karats, fera payé 424 l. 18 f. 2 d.
Les quatre Onces, 212 l. 9 f. 1 d.
Les deux Onces, 106 l. 4 f. 6 d.
L'Once, 53 l. 2 f. 3 d.
Les quatre Gros, 26 l. 11 f. 1 d.
Les deux Gros, 13 l. 5 f. 6 d.
Le Gros, 6 l. 12 f. 9 d.
Le Denier, 2 l. 4 f. 3 d.
Les douze Grains, 1 l. 2 f. 1 d.
Les fix Grains, 11 f.
Le Grain, 1 f. 10 d.

Le Marc d'Or à 18 karats, fera payé comme celui des Florins du Rhin & Ecus de Liege ci-devant, & les Diminutions à proportion.

Le Marc d'Or des Titres plus bas, & les fractions des demis, quarts, huitiemes, feiziemes & trente-deuxiemes de karats des Titres ci-deffus & des autres qui pourront fe trouver au-deffous, feront payés fuivant l'évaluation ci-après.

EVALUATION
des Karats d'Or fin, sur le pied de 536 l. 14 f. 6 den. $\frac{6}{11}$ mes.

Karats	liv.	fols	den.	11e
1 vaut	22	7	3	3
2 ...	44	14	6	6
3 ...	67	1	9	9
4 ...	89	9	1	1
5 ...	111	16	4	4
6 ...	134	3	7	7
7 ...	156	10	10	10
8 ...	178	18	2	2
9 ...	201	5	5	5
10 ...	223	12	8	8
11 ...	246	0	0	0
12 ...	268	7	3	3
13 ...	290	14	6	6
14 ...	313	1	9	9
15 ...	335	9	1	1
16 ...	357	16	4	4
17 ...	380	3	7	7
18 ...	402	10	10	10
19 ...	424	18	2	2
20 ...	447	5	5	5
21 ...	469	12	8	8
22 ...	492	0	0	0
23 ...	514	7	3	3
24 ...	536	14	6	6

EVALUATION
des 32mes de fin Or, sur le pied 536 l. 14 f. 6 den. $\frac{6}{11}$ mes le marc.

32mes	liv.	fols	den.	11e
1 vaut	0	13	11	8
2 ...	1	7	11	5
3 ...	2	1	11	2
4 ...	2	15	10	10
5 ...	3	9	10	7
6 ...	4	3	10	4
7 ...	4	17	10	1
8 ...	5	11	9	9
9 ...	6	5	9	6
10 ...	6	19	9	3
11 ...	7	13	9	0
12 ...	8	7	8	8
13 ...	9	1	8	5
14 ...	9	15	8	2
15 ...	10	9	7	10
16 ...	11	3	7	7
17 ...	11	17	7	4
18 ...	12	11	7	1
19 ...	13	5	6	9
20 ...	13	19	6	6
21 ...	14	13	6	3
22 ...	15	7	6	0
23 ...	16	1	5	8
24 ...	16	15	5	5
25 ...	17	9	5	2
26 ...	18	3	4	10
27 ...	18	17	4	7
28 ...	19	11	4	4
29 ...	20	5	4	1
30 ...	20	19	3	9
31 ...	21	13	3	6
32 ...	22	7	3	3

ARGENT.

ESPECES ETRANGERES,
Pieces de Brunfwick.

Le Marc, fera payé 36 l. 1 f. 2 d.
Les quatre Onces, 18 l. 7 d.
Les deux Onces, 9 l. 3 d.
L'Once, 4 l. 10 f. 1 d.
Les quatre Gros, 2 l. 5 f.
Les deux Gros, 1 l. 2 f. 6 d.
Le Gros, 11 f. 3 d.
Le Denier, 3 f. 9 d.
Les douze Grains, 1 f. 10 d.
Les fix Grains, 11 d.
Le Grain, 1 d.

LYS D'ARGENT.

Le Marc, fera payé 35 l. 8 f. 4 d.
Les quatre Onces, 17 l. 14 f. 2 d.
Les deux Onces, 8 l. 17 f. 1 d.
L'Once, 4 l. 8 f. 6 d.
Les quatre Gros, 2 l. 4 f. 3 d.
Les deux Gros, 1 l. 2 f. 1 d.
Le Gros 11 f.
Le Denier, 3 f. 8 d.
Les douze Grains, 1 f. 10 d.
Les fix Grains, 11 d.
Le Grain, 1 d.

DUCATONS DE HOLLANDE ET DE COLOGNE,
Bajoires de Flandre, Croifats de Genes,

Le Marc, fera payé 34 l. 5 f. 1 d.
Les quatre Onces, 17 l. 2 f. 6 d.
Les deux Onces, 8 l. 11 f. 3 d.
L'Once, 4 l. 5 f. 7 d.

Les quatre Gros, 2 l. 2 f. 9 d.

Les deux Gros, 1 l. 1 f. 4 d.

Le Gros, 10 f. 8 d.

Le Denier, 3 f. 6 d.

Les douze Grains, 1 f. 9 d.

Les six Grains, 10 d.

Le Grain, 1 d.

QUARTS D'ECUS.

Ecus d'Angleterre, & Chelins.

Le Marc defdites Efpeces, fera payé 33 l. 12 f. 3 d.

Les quatre Onces, 16 l. 16 f. 1 d.

Les deux Onces, 8 l. 8 f.

L'Once, 4 l. 4 f.

Les quatre Gros, 2 l. 2 f.

Les deux Gros, 1 l. 1 f.

Le Gros, 10 f. 6 d.

Le Denier, 3 f. 6 d.

Les douze Grains, 1 f. 9 d.

Les six Grains, 10 d.

Le Grain, 1 d.

ECUS DE FRANCE, PIASTRES OU REAUX,

& Léopolds de Lorraine.

Le Marc, fera payé 34 l.

Les quatre Onces, 17 l.

Les deux Onces, 8 l. 10 f.

L'Once, 4 l. 5 f.

Les quatre Gros, 2 l. 2 f. 6 d.

Les deux Gros, 1 l. 1 f. 3 d.

Le Gros, 10 f. 7 d.

Le Denier, 3 f. 6 d.

Les douze Grains, 1 f. 9 d.

Les six Grains, 10 d.

Le Grain, 1 d.

PIASTRES NEUVES DU MEXIQUE.

Le Marc , fera payé 33 l. 16 f.
Les quatre Onces, 16 l. 18 f.
Les deux Onces, 8 l. 9 f.
L'Once , 4 l. 4 f. 6 d.
Les quatre Gros , 2 l. 2 f. 3 d.
Les deux Gros, 1 l. 1 f. 1. d.
Le Gros , 10 f. 6 d.
Le Denier, 3 f. 6 d.
Les douze Grains , 1 f. 9 d.
Les fix Grains , 10 d.
Le Grain , 1 d.

TESTONS DE FRANCE , Ecus de Monaco.

Le Marc defdites Efpeces , fera payé 33 l. 4 f. 6 d.
Les quatre Onces, 16 l. 12 f. 3 d.
Les deux Onces, 8 l. 6 f. 1 d.
L'Once , 4 l. 3 f.
Les quatre Gros , 2 l. 1 f. 6 d.
Les deux Gros, 1 l. 9 d.
Le Gros , 10 f. 4 d.
Le Denier , 3 f. 5 d.
Les douze Grains , 1 f. 8 d.
Les fix Grains, 10 d.
Le Grain , 1 d.

ECUS OU DALLES DE L'EMPIRE.

Le Marc , fera payé 31 l. 18 f. 9 d.
Les quatre Onces, 15 l. 19 f. 4 d.
Les deux Onces , 7 l. 19 f. 8 d.
L'Once , 3 l. 19 f. 10 d.
Les quatre Gros , 1 l. 19 f. 11 d.
Les deux Gros, 19 f. 11 d.
Le Gros , 9 f. 11 d.
Le Denier , 3 f. 3 d.

Les douze Grains 1 f. 7 d.
Les six Grains, 9 d.
Le Grain, 1 d.

PATAGONS DE FLANDRE, ECUS DE HOLLANDE,
Ecus de Cologne, Pieces de Brunfvick, Pieces de Quatre livres de Flandre.

Le Marc fera payé 31 l. 11 f.
Les quatre Onces, 15 l. 15 f. 6 d.
Les deux Onces, 7 l. 17 f. 9 d.
L'Once, 3 l. 18 f. 10 d.
Les quatre Gros, 1 l. 19 f. 5 d.
Les deux Gros, 19 f. 8 d.
Le Gros, 9 f. 10 d.
Le Denier, 3 f. 3 d.
Les douze Grains, 1 f. 7 d.
Les six Grains, 9 d.
Le Grain, 1 d.

F R A N C S.
Anciennes Pieces *dites* de Vingt fols, Dix fols & Quatre fols.

Le Marc, fera payé 30 l. 10 f. 5 d.
Les quatre Onces, 15 l. 5 f. 2 d.
Les deux Onces, 7 l. 12 f. 7 d.
L'Once, 3 l. 16 f. 3 d.
Les quatre Gros, 1 l. 18 f. 1 d.
Les deux Gros, 19 f.
Le Gros, 9 f. 6 d.
Le Denier, 3 f. 2 d.
Les douze Grains, 1 f. 7 d.
Les six Grains, 9 d.
Le Grain, 1 d.

P I E C E S D E L I E G E.
Les bons Florins d'Allemagne.

Le Marc en fera payé 27 l. 8 f. 7 d.

Les quatre Onces, 13 l. 14 f. 3 d.
Les deux Onces, 6 l. 17 f. 1 d.
L'Once, 3 l. 8 f. 6 d.
Les quatre Gros, 1 l. 14 f. 3 d.
Les deux Gros, 17 f. 1 d.
Le Gros, 8 f. 6 d.
Le Denier, 2 f. 10 d.
Les douze Grains, 1 f. 5 d.
Les six Grains, 8 d.
Le Grain, 1 d.

E S C A L I N S

Le Marc , fera payé 20 l. 1 f. 9 d.
Les quatre Onces, 10 l. 10 d.
Les deux Onces, 5 l. 5 d.
L'Once, 2 l. 10 f. 2 d.
Les quatre Gros, 1 l. 5 f. 1 d.
Les deux Gros, 12 f. 6 d.
Le Gros, 6 f. 3 d.
Le Denier, 2 f. 1 d.
Les douze Grains, 1 f.
Les six Grains, 6 d.
Le Grain, 1 d.

LIVRES D'ARGENT.

Le Marc fera payé, 36 l. 6 f. 4 d.
Les quatre Onces, 18 l. 3 f. 2 d.
Les deux Onces, 9 l. 1 f. 7 d.
L'Once, 4 l. 16 f. 9 d.
Les quatre Gros, 2 l. 8 f. 4 d.
Les deux Gros, 1 l. 2 f. 8 d.
Le Gros, 11 f. 4 d.
Le Denier, 3 f. 9 d.
Les douze Grains, 1 f. 10 d.
Les six Grains, 11 d.
Le Grain, 1 d.

JETTONS DE FRANCE.

Le Marc , fera payé 35 l. 5 f. 9 d.
Les quatre Onces , 17 l. 12 f. 10 d.
Les deux Onces , 8 l. 16 f. 5 d.
L'Once , 4 l. 8 f. 2 d.
Les quatre Gros , 2 l. 4 f. 1 d.
Les deux Gros , 1 l. 2 f.
Le Gros 11 f.
Le Denier , 3 f. 8 d.
Les douze Grains , 1 f. 10 d.
Les fix Grains , 11 d.
Le Grain , 1 d.

VAISSELLE PLATTE DU POINÇON DE PARIS.

Le Marc fera payé 35 l. 7 d.
Les quatre Onces , 17 l. 10 f. 3 d.
Les deux Onces , 8 l. 15 f. 1 d.
L'Once , 4 l. 7 f. 6 d.
Les quatre Gros , 2 l. 3 f. 9 d.
Les deux Gros , 1 l. 1 f. 10 d.
Le Gros , 10 f. 11 d.
Le Denier , 3 f. 7 d.
Les douze Grains , 1 f. 9 d.
Les fix Grains , 10 d.
Le Grain , 1 d.

VAISSELLE MONTÉE DUDIT POINÇON.

Le Marc , fera payé 34 l. 10 f. 3 d.
Les quatre Onces , 17 l. 5 f. 1 d.
Les deux Onces , 8 l. 12 f. 6 d.
L'Once , 4 l. 6 f. 3 d.
Les quatre Gros , 2 l. 3 f. 1 d.
Les deux Gros , 1 l. 1 f. 6 d.
Le Gros , 10 f. 9 d.

Les

Le Denier, 3 f. 7 d.

Les douze Grains, 1 f. 9 d.

Les fix Grains, 10 d.

Le Grain, 1 d.

VAISSELLE PLATTE ET MONTÉE
des Provinces.

Le Marc & fes Diminutions en feront payés comme les Ecus de France, Piaftres, & Léopolds de Lorraine, ci-devant.

Les Barres, Lingots, Culots, Vaiffelles, autres que celles ci-deffus, Chaînes, Boutons & autres Matieres & Ouvrages d'Argent, feront payés à proportion de leurs Titres.

S A V O I R,

Le Marc d'Argent fin à douze Deniers, fera payé 37 l. 1 f. 9 d.

Les quatre Onces, 18 l. 10 f. 10 d.

Les deux Onces, 9 l. 5 f. 5 d.

L'Once, 4 l. 12 f. 8 d.

Les quatre Gros, 2 l. 6 f. 4 d.

Les deux Gros, 1 l. 3 f. 2 d.

Le Gros, 11 f. 7 d.

Le Denier, 3 f. 10 d.

Les douze Grains, 1 f. 11 d.

Les fix grains, 11 d.

Le Grain, 1 d.

Le Marc d'Argent à onze Deniers douze Grains, fera payé 35 l. 10 f. 10 d.

Les quatre Onces, 17 l. 15 f. 5 d.

Les deux Onces, 8 l. 17 f. 8 d.

L'Once, 4 l. 8 f. 10 d.

Les quatre Gros, 2 l. 4 f. 5 d.

Les deux Gros, 1 l. 2 f. 2 d.

Le Gros, 11 f. 1 d.

Le Denier, 3 f. 8 d.
Les douze Grains , 1 f. 10 d.
Les fix Grains , 11 d.
Le Grain , 1 d.

Le Marc d'Argent à 11 deniers dix grains , fera payé comme les Jettons ci deſſus , & les diminutions à proportion.

Le Marc d'Argent à onze deniers , fera payé comme les Ecus de France , Piaſtres , ou Réaux , Léopolds de Lorraine, ci-deſſus , & les Diminutions à proportion.

Le Marc d'Argent à dix deniers douze grains , fera payé 32 l. 9 f. 1 d.
Les quatre Onces , 16 l. 4 f. 6 d.
Les deux Onces , 8 l. 2 f. 3 d.
L'Once , 4 l. 1 f. 1 d.
Les quatre Gros, 2 l. 6 d.
Les deux Gros, 1 l. 3 d.
Le Gros, 10 f. 1 d.
Le Denier , 3 f. 4 d.
Les douze Grains , 1 f. 8 d.
Les fix Grains , 10 d.
Le Grain , 1 d.

Le Marc d'Argent à dix deniers , fera payé 30 l. 18 f. 2 d.
Les quatre Onces , 15 l. 9 f. 1 d.
Les deux Onces , 7 l. 14 f. 6 d.
L'Once , 3 l. 17 f. 3 d.
Les quatre Gros , 1 l. 18 f. 7 d.
Les deux Gros , 19. f. 3 d.
Le Gros, 9 f. 7 d.
Le Denier , 3 f. 2 d.
Les douze Grains , 1 f. 7 d.
Les fix Grains , 9 d.
Le Grain , 1 d.

Le Marc d'Argent à neuf deniers douze Grains, fera payé 29 l. 7 f. 3 d.

Les quatre Onces, 14 l. 13 f. 7 d.

Les deux Onces, 7 l. 6 f. 9 d.

L'Once, 3 l. 13 f. 4 d.

Les quatre Gros, 1 l. 16 f. 8 d.

Les deux Gros, 18 f. 4 d.

Le Gros, 9 f. 2 d.

Le Denier, 3 f.

Les douze Grains, 1 f. 6 d.

Les six Grains, 9 d.

Le Grain, 1 d.

Le Marc d'Argent à neuf deniers, fera payé 27 l. 16 f. 4 d.

Les quatre Onces, 13 l. 18 f. 2 d.

Les deux Onces, 6 l. 19 f. 1 d.

L'Once, 3 l. 9 f. 6 d.

Les quatre Gros, 1 l. 14 f. 9 d.

Les deux Gros, 17 f. 4 d.

Le Gros 8 f. 8 d.

Le Denier, 2 f. 10 d.

Les douze Grains, 1 f. 5 d.

Les six Grains, 8 d.

Le Grain, 1 d.

Le Marc d'Argent des Titres plus bas , & les fractions des Grains de fin , demis & quarts , des Titres ci-dessus & de ceux au-dessous , feront payés à proportion de l'Evaluation ci-après.

EVALUATION
des Deniers de fin argent, sur le pied de 37 livres 1 s. 9 d. $\frac{9}{11}$ le Marc.

Den.	liv.	sols	den.	$\frac{9}{11}$
1 vaut	3	1	9	9
2 ...	6	3	7	7
3 ...	9	5	5	5
4 ...	12	7	3	3
5 ...	15	9	1	1
6 ...	18	10	10	10
7 ...	21	12	8	8
8 ...	24	14	6	6
9 ...	27	16	4	4
10 ...	30	18	2	2
11 ...	34	0	0	0
12 ...	37	1	9	9

EVALUATION
des Grains de fin argent, sur le pied de 37 livres 1 s. 9 d. $\frac{9}{11}$ le Marc.

Grains,	liv.	sols,	den.	$\frac{9}{11}$
1 vaut	0	2	6	10
2 ...	0	5	1	9
3 ...	0	7	8	8
4 ...	0	10	3	7
5 ...	0	12	10	6
6 ...	0	15	5	5
7 ...	0	18	0	4
8 ...	1	0	7	3
9 ...	1	3	2	2
10 ...	1	5	9	1
11 ...	1	8	4	0
12 ...	1	10	10	10
13 ...	1	13	5	9
14 ...	1	16	0	8
15 ...	1	18	7	7
16 ...	2	1	2	6
17 ...	2	3	9	5
18 ...	2	6	4	4
19 ...	2	8	11	3
20 ...	2	11	6	2
21 ...	2	14	1	1
22 ...	2	16	8	0
23 ...	2	19	2	10
24 ...	3	1	9	9

Fait & arrêté en la Cour des Monnoies, à Paris le septieme jour de Février mil sept cent vingt-six.

Par Arrêt du 15 Juin 1726, & Lettres Patentes sur icelui, le tout registré en la Cour des Monnoies le 18 des mêmes mois & an, le Roi a ordonné qu'à commencer du jour de la publication dudit Arrêt, le marc des anciens louis d'or fabriqué dans les Hôtels des Monnoies, ensemble des pistoles du titre porté par les anciennes Ordonnances des Rois d'Espagne; le marc des millerets de Portugal & des Guinées d'Angleterre feroit payé dans les Hôtels des Monnoies, ainfi que par les Changeurs, à raifon de fix cens dix-huit livres quinze fols.

Le marc des piftoles neuves du Perou, à raifon de fix cens foixante-fept livres trois fols, & les autres efpeces & matieres à proportion de fept cens quarante livres neuf fols un denier $\frac{1}{11}$ le marc d'or fin, ou de vingt-quatre karats fuivant les évaluations qui feroient arrêtées par les Officiers des Cours des Monnoies.

2°. Qu'à commencer du même jour le marc des écus ou des vaiffelles des Provinces feroit payé dans les Hôtels des Monnoies & par les Changeurs, à raifon de quarante-fix livres dix-huit fols.

Le marc de la vaiffelle plate du poinçon de Paris, à raifon de quarante-huit livres fix fols cinq deniers.

Le marc de la vaiffelle moutée du même poinçon, à raifon de quarante-fept livres douze fols deux deniers.

Le marc des piaftres neuves du Mexique, à raifon de quarante fix livres douze fols, & les autres efpeces & matieres à proportion de leur titre, & de cinquante-une livres trois fols trois deniers $\frac{1}{11}$; le marc d'argent fin ou de douze deniers, même celles des vaiffelles qui pourroient être effayées.

Prix du Marc d'argent.

» 3°. Veut Sa Majefté que lefdites efpeces & matieres d'or & d'argent » continuent d'être reçues fur ledit pied dans les Hôtels des Monnoies, » & par lefdits Changeurs jufqu'au premier Janvier de l'année 1727, au-» quel jour tous lefdits prix feront réduits à proportion de fix cens foixante-» fix livres dix fols dix deniers $\frac{10}{11}$ le marc d'or fin, & de quarante-fix li-» vres huit deniers $\frac{8}{11}$ le marc d'argent fin, fuivant les évaluations qui en » feroient auffi arrêtés par lefdits Officiers des Cours des Monnoies, &c ».

Lettres Patentes du même jour fur ledit Arrêt adreffantes à la Cour, à ce qu'elle eût à tenir la main à l'exécution dudit Arrêt, regiftré au Greffe d'icelle, à la charge que le marc des piftoles neuves du Perou fera payé dans les Hôtels des Monnoies & par les Changeurs, fur le pied de fix cens foixante-fept livres trois fols fept deniers, & le marc des piaftres neuves du Mexique, fur le pied de quarante-fix livres douze fols huit deniers.

EVALUATION EN MONNOIE DE FRANCE DES ESPECES

d'or, d'argent & de billon, ci-après dénommées, réfultante des effais faits defdites efpeces en l'Hôtel des Monnoies de Paris, & conftatée par les procès verbaux des Commiffaires de ladite Monnoie, en 1760.

ESPECES D'OR.

Dénominations.	Poids communs.			Titres communs.		Valeur.		
	Gros,	Demi,	Grains.	Karats,	32 es.	liv.	fols.	d.
Louis vieux de France antérieurs à 1709,	1	$\frac{1}{2}$	18	21	24	19	1	0
Louis au Soleil,	2	0	9	21	24	23	5	0
Louis, dit Noailles,	3	0	14	21	24	34	16	0
Ducat de Wurtemberg,		$\frac{1}{2}$	29	23	16	10	17	0
Ducat de Saxe,		$\frac{1}{2}$	29	23	16	10	17	0
Ducat de Mayence,		$\frac{1}{2}$	28	23	16	10	13	8
Ducat d'Hanovre, George II,		$\frac{1}{2}$	27	23	16	10	10	5
Ducat de Suede,		$\frac{1}{2}$	29	23	16	10	17	0
Ducat de Hollande,		$\frac{1}{2}$	29	23	16	10	17	0
Ducat de Dannemarck,		$\frac{1}{2}$	29	23	24	10	19	4
Ducat de Heffe d'Armftat,		$\frac{1}{2}$	29	23	8	10	14	8
Ducat courant de Dannemarck,		$\frac{2}{2}$	16	21		7	15	2
Ducat de Hambourg,		$\frac{1}{2}$	29	23	12	10	15	10
Ducat royal de Bohême,		$\frac{1}{2}$	30	22	24	11	2	8
Ducat de Francfort,		$\frac{1}{2}$	29	23	20	10	18	2
Ducat du Pape,		$\frac{1}{2}$	28	23	20	10	14	10
Ducat de Hongrie,		$\frac{1}{2}$	29	23	24	10	19	4
Ducat de Pruffe,		$\frac{1}{2}$	29	23	24	10	19	4
Augufte de Saxe double,	3			35	21	16	38	6	9
Augufte de Saxe alteré 1756,	1	$\frac{1}{2}$	16	15	8	13	8	8
Carolin de Wurtemberg,	2	$\frac{1}{2}$		18	10	23	8	4
Carolin Palatin,	2	$\frac{1}{2}$	$1\frac{1}{3}$	18	10	23	15	5
Double Ducat Palatin,	1	$\frac{1}{2}$	22	23	16	21	14	1
Carolin de Bade Dourlach,	2	$\frac{1}{2}$	1	18	8	22	9	4
Carolin de Heffe d'Armftat,	2	$\frac{1}{2}$		18	21	23	17	2
Carolin de Baviere,	2	$\frac{1}{2}$	3	18	$14\frac{2}{3}$	23	19	11
Carolin d'Anfpach,	2	0	$29\frac{2}{3}$	18	$6\frac{2}{3}$	22	8	5
Carolin de Heffe-Caffel,	2	$\frac{2}{2}$	1	18	16	23	15	9
Carolin de Heffe,	2	$\frac{1}{2}$		18	16	23	13	8
Carolin de Fulde,	2	0	$35\frac{2}{3}$	18	8	23	5	2
Carolin de Montfort,	2	0	33	18	4	22	15	9
Carolin de Cologne,	2	$\frac{1}{2}$		18	16	23	13	1
Piftole, ou Fréderic de Pruffe,	1	$\frac{1}{2}$	18	21	24	19	9	4

ESPECES D'OR.

Dénominations.	Poids communs.			Titres communs.		Valeur.		
	Gros,	Demi,	Grains.	Karats,	32 es.	Liv.	sols,	d
Nouvelle Piftole ou Frederic alterée 1756,	1	2/3	18	15	12	13	15	3
Louis ou Piftole du Palatinat,	1	1/2	16	21	21	19	1	6
Louis ou Piftole de Lunebourg,	1	1/2	17	21	20	19	4	1
Florin double d'Hanovre,	1	1/2	14	18	24	16	5	
Florin d'Hanovre,	.	1/2	25	18	24	8	2	6
Charles de Brunfwick,	1	1/2	15	21	24	19	0	1
Rider de Hollande,	2	1/2	7	22		29	4	6
Souverain des Pays-Bas Autrichiens 1749,	2	1/2	29	22	6	32	18	11
Demi Souverain 1750,	1	0	32	21	24	16	1	4
Maxe,	1	1/2	13 1/2	18	8	15	15	
Demi Maxe,	.	.	30	18	12	7	16	8
Albertus de Flandre,	1	0	24	21	12	14	11	7

ESPECES D'ARGENT ET DE BILLON.

Dénominations.	Pieds communs.			Titres communs.		Valeur.		
	Gros,	Demi,	Grains.	Den.	Grains de fin.	Liv.	sols,	d.
Pieces de 32 gros de Saxe,	7	1/2	10	9		4	17	3
Timpf de Pologne,	1	0	35	6	4	0	12	11
Gros Ecu Palatin,	6	1/2	20	11	20	5	13	6
Petit Ecu de Bade Dourlach,	3	1/2	6	8	22	2	5	2
Demi Florin, Idem.	1	1/2	25	8	22	1	3	3
Florin Palatin de 60 creutzers,	3		25	11	20	2	16	0
Demi Florin de Brunfwick,	2		1	9	23 1/2	1	8	5
Idem, de Bade Bade,	1	1/2	13	8	20	1	1	0
Idem, d'Anfpach,	1	1/2	9	8	23	1	0	7
Idem, de Bareith,	1	1/2	9	9		1	0	8
Idem, de Cologne,	1	1/2	16	8	22	1	1	8
Idem, de Montfort,	1	1/2	16	9		1	1	11
Idem, du Comté de Newied,	1	1/2	15	9		1	1	9
Ecu, efpece de Hanovre,	7	0	25	10	14	5	10	0
Ecu, efpece de Hambourg,	7	1/2	9	10	14	5	14	2
Ecu de Baviere,	7	0	24	9	21	5	2	6
Ecu de Ratifbonne,	7	0	23	9	23	5	3	1
Ecu de Bareith,	3	1/4	2	8	19 1/2	2	4	0
Ecu d'Anfpach,	7	0	22	9	21	5	2	1

ESPECES D'ARGENT ET DE BILLON.

Dénominations.	Poids communs.				Titres communs.		Valeur		
	Onces,	Gros,	Demi,	Grains.	Den.	Grain de fin.	Liv.	fols.	d.
Ecu de Suéde ,		7	$\frac{1}{2}$	10	10	$10\frac{1}{2}$	5	12	10
Double Ecu de Dannemarck ,	1	7	0	7	10	9	11	1	8
Ecu à l'Aigle & au Trophée de Pruſſe ,		5	$\frac{1}{2}$	21	9	0	5	15	9
Gros Ecu de Naſſau-Weilbourg,		6	$\frac{1}{2}$	18	11	18	5	12	3
Rixdaler de Lubeck ,		7	0	10	8	20	4	9	5
Ducaton de Hollande ,	1		$\frac{1}{2}$	2	11	3	6	14	5
Drie-Gulde de Hollande ,	1	0	0	19	10	21	6	7	2
Rykſdalder de Hollande ,		7	0	20	10	8	5	6	5
Couronne de Dannemarck ,		4	$\frac{1}{2}$	14	10		3	6	5
Rixdaler Couronne de Danne-marck ,		7	0	6	9	23	4	19	2
Ducaton des Pays-Bas Autrich.	1	0	$\frac{1}{2}$	15	10	8	6	7	4
Double Eſcalin , idem.		2	$\frac{1}{2}$	6	6	18	1	4	8
Piece de ſix creutzers de Wir-temberg ,			$\frac{1}{2}$	17	4	10	0	4	7
Piece de douze creutzers de Bade Dourlach ,			$\frac{1}{2}$	33	6	15	0	9	0
Siebeuzebuter ou Piece de 17 creutzers des Pays Hérédi-taires de l'Imperat. Reine ,		1	$\frac{1}{2}$	6	6	19	0	14	4
Demi Florin ou Piece de trente creutzers de l'Imper. Reine,		1	$\frac{1}{2}$	26	10	12	1	7	7
Polduras ou Poltrachs d'un creut-zer $\frac{1}{4}$ idem.		0		16	2	20	0	0	11
Piece d'un gros de Dreſde ,			$\frac{1}{2}$	5	3	19	0	3	0
Piece de 32 gros de Dreſde ,		7	$\frac{1}{2}$	11	10	15	5	15	1
Piece de huit bons gros de Mec-kelbourg ,		2	0	14	7	8	1	2	6
Demi Kopfstuck de Heſſe d'Armſtat ,			$\frac{1}{2}$	$9\frac{1}{2}$	8	$21\frac{1}{2}$	0	7	11
Kopfſtuck de Cologne ,			1	18	8	$21\frac{1}{4}$	0	15	9
Timptr de Pruſſe ,		1	$\frac{1}{2}$	0	5	20	0	12	4
Ducaton de Liege ,	1	0	0	31	11	$1\frac{1}{2}$	6	11	11
Florin de Liege ,		2	0	27	6	16	1	2	2
Demi Florin de Mayence ,		2	$\frac{1}{2}$	1	9		1	12	
Piece appellée préſence d'Aix-la-Chapelle ,		1	$\frac{1}{2}$	11	6	23	0	16	3
Piece d'un ſtuber du Comté de la Marck ,			$\frac{1}{2}$	1	2	16	0	2	11
Piece de Pologne ayant cours pour un ſtuber ,		0	0	23	4	4	0	1	10

ESPECES

ESPECES D'ARGENT ET DE BILLON.

Dénominations.	Poids communs.			Tittes communs.		Valeur.		
	Gros,	Demi,	Grains.	Den.	Grains de fin.	Liv.	fols,	d.
Piece d'un Stuber de Bergues & de Juliers (1756), .		$\frac{1}{2}$		2	20	0	2	0
Idem, (1758), . .		$\frac{1}{2}$	»	2	.	0	1	9
Piece d'un Stuber de l'Electeur de Cologne, . .			35	2	16	0	1	10
Vieilles pieces d'un Stuber de Cleves, . . .		$\frac{1}{2}$	2	2	4	0	1	7
Piece de deux Stubers de Cleves,	1	0	15	2	. . ?	0	3	5
Piece de 2 Stubers de Diatorff,	1	$\frac{1}{2}$	33	2	10	0	6	8
Piece de deux Stubers de Cologne, ...		$\frac{1}{2}$	21	3	16	0	4	1
Piece de trois Stubers de Cologne, (1720), . .		$\frac{1}{2}$	32	4	20	0	6	5
Piece de trois Stubers *idem*, 1750, . . .		$\frac{1}{2}$	32	4	18	0	5	11
Piece de Brandebourg de quatre Stubers, . . .	1	»	12	1	. ?	0	8	1

F

FABRICATION, en terme de monnoyage signifie l'action du Monnoyeur qui fabrique les especes en leur donnant le poids & la figure ordonnés par le Prince.

» Les matieres d'or & d'argent qui sont portées dans les Monnoies, doivent y être converties en especes aux coins & armes du Roi, » dit l'Ordonnance de 1566 : mais comme il arrive ordinairement que ces matieres sont à différens titres, les Directeurs, avant de les employer, en font l'alliage sur le pied du titre des especes à fabriquer.

Pour y parvenir, on pese les matieres d'or séparément selon leur qualité & la différence de leur titre, on fait un calcul exact (si c'est de l'or) des trente-deuxiemes qui sont au-dessus du titre des especes à fabriquer, & des trente-deuxiemes qui sont au-dessous du même titre, ensorte que le plus ou le moins mêlés ensemble ne soit ni au-dessus, ni au-dessous du titre des especes, mais autant juste qu'il peut l'être.

On pese de même séparément les matieres d'argent selon leur qualité & la différence de leur titre, on fait un calcul exact des grains de fin qui sont au-dessus du titre des especes à fabriquer & des grains de fin qui sont audessous du même titre, afin que le plus ou le moins alliés ensemble ne soit ni au dessus ni au-dessous du titre des especes, mais autant juste qu'il le peut être. Voyez ALLIAGE.

Quand les matieres ont été alliées, on les fond dans des creusets de fer si elles sont d'argent, & de terre si elles sont d'or, que l'on met dans des fourneaux de brique qui sont bâtis contre le mur sous de grands manteaux de cheminées ; ces fourneaux sont à vent ou à soufflet. Voyez FOURNEAUX.

Quand on a chargé le creuset de matieres d'or, ou d'argent, on les laisse fondre jusqu'à ce qu'elles soient en bain, alors on charge le creuset de nouvelles matieres, & on charge pareillement le fourneau de charbon : quand ces dernieres matieres sont en bain, on charge encore le creuset de nouvelles matieres, & le fourneau de charbon ; on réitere ainsi les mêmes choses jusqu'à ce qu'il y ait suffisamment de matieres pour remplir à peu-près le creuset de matieres en bain, parceque les matieres qui emplissent d'abord le creuset tiennent bien moins de place quand elles sont en bain, & les matieres en bain échauffent celles dont on charge le creuset, ensorte qu'elles contribuent beaucoup à les fondre. Pendant que les matieres fondent dans les creusets, on prépare des moules pour les jetter en lames : ces moules sont de deux pieces de bois dont chacune est en maniere de cadre appellé chassis, de deux pieds de long sur un & demi de large, ayant des quatre côtés un bord élevé

d'un bon pouce, à la réserve d'un petit endroit à l'un des bouts de la longueur où il y a une petite ouverture appellée le jet du moule pour recevoir les
matieres fondues : il y a deux planches pour chaque moule, un lien de bois
en façon de petit cadre appellée *serre*, & des coins de bois pour enfoncer entre la serre & les planches, pour tenir le moule en état, que l'on prépare
ainsi qu'il suit.

On prend du sable à mouler, qu'on fait sécher dans un vaisseau de cuivre
appellée *bouilloir*, pour en chasser la plus grande humidité, parceque la grande fraîcheur feroit pétiller l'or & l'argent dans le moule ; ensorte que les lames deviendroient creuses & venteuses, & par conséquent inutiles : on est
aussi obligé de mêler du sable nouveau avec le vieux, pour le rafraîchir &
même d'y jetter un peu d'eau chaque fois que l'on démoule, pour l'humecter
& lui donner ainsi plus de liaison, parceque sans cela les lames deviendroient
toutes sablées.

On pose l'une des planches du moule sur la caisse où est le sable ; on met
l'un des chassis sur la planche, & on pose des lames en distance égale, sur
la longueur de la planche en dedans du chassis. Ces lames appellées modeles
sont de cuivre, longues d'environ quinze pouces, & à peu-près de l'épaisseur
des especes à fabriquer ; on en met huit pour faire des lames de louis d'or,
dix pour les demi louis d'or, cinq pour les écus, six pour les demi écus, &c.
On couvre ces modeles de sable, on en emplit le chassis, on le foule avec les
poings, on le bat ensuite avec une batte de bois, & on le ratisse par-dessus,
ensorte que la planche puisse tenir le sable également par-tout.

Quand on a posé la planche sur le sable ; on retourne le chassis, ensorte
que la planche qui étoit d'abord au-dessous se trouve au-dessus. On leve cette
planche, & on découvre ainsi les modeles qui ont fait leur empreinte dans
le sable.

On pose après cela l'autre chassis, on les emboîte ensemble par le moyen
des chevilles qui sont sur l'épaisseur de l'un, & des trous qui sont dans l'é-
paisseur de l'autre à l'endroit des chevilles ; on remplit ce second chassis de
sable, on foule le sable avec les poings, on le bat avec la batte de bois, &
on le ratisse bien, afin que la planche qu'on doit mettre dessus puisse tenir
le sable également par tout.

On ouvre après cela le chassis, & on découvre les modeles qui ont fait
leur empreinte dans le sable du premier chassis : on retire ces modeles adroi-
tement, & comme les arrêtes des modeles sont adoucies d'un côté, on les
leve facilement sans que les empreintes en soient endommagées ; quand ils
ont été levés, on jette de la farine aux endroits des empreintes, pour faire
ensorte que les matieres d'or ou d'argent ne s'attachent pas au sable : on ne
se sert pas pour cela de farine ordinaire, qui n'y est pas propre, mais on em-

ploie de celle qu'on appelle folle farine, ou bien du pouſſier de charbon paſſé au tamis, ou dans un nouet de toile.

On rejoint après cela les deux chaſſis de ſorte qu'ils ſe trouvent entre deux planches, on met la ſerre par-deſſus, & on enfonce des coins de bois entre la ſerre & les planches, pour tenir le moule en état; alors on le poſe à terre ſur un des bouts de ſa longueur, de maniere que le jet qui eſt à l'autre bout, ſoit en évidence; quand les matieres d'argent ont été bien braſſées, on prend une cuiller dont le manche de ſix pieds de long eſt de bois par le bout, & dont le cuilleron eſt de fer d'un bon demi pied de diametre, & preſqu'autant de profondeur: on fait rougir ce cuilleron: on ſe ſert de la cuiller pour retirer les matieres d'argent du creuſet, on les jette par le goulot qui eſt au cuilleron dans le jet du moule, & en coulant, l'argent remplit les creux des empreintes des modeles dont il prend la figure, & c'eſt ce qu'on appelle *jetter en lames.*

Matieres d'or. A l'égard des matieres d'or en bain, on ne les retire pas avec une cuiller comme l'argent, mais on retire le creuſet du fourneau, avec des tenailles en maniere de croiſſant par le bout, pour mieux embraſſer & ſerrer le creuzet; on le verſe par le jet du moule, & en coulant elles rempliſſent les creux des empreintes des modeles dont elles prennent la figure, ce qui s'appelle auſſi jetter en lames.

On jette l'or en lames dès qu'il eſt en bain, parceque le creuſet de terre ne pourroit ſoutenir la violence du feu pendant le tems qu'il faut employer pour faire l'eſſai preſcrit par l'Ordonnance de 1511, afin que ſi l'or ſe trouve plus haut, ou plus bas que le titre des eſpeces à fabriquer, il ſoit refondu avec de l'or plus fin, ou de l'alliage.

Il n'en eſt pas de même des matieres d'argent, on ne les jette pas en lames auſſitôt qu'elles ſont fondues, parcequ'on les fond dans des creuſets de fer, & comme ces ſortes de creuſets peuvent ſoutenir la violence du feu, pendant le tems qu'il faut employer à faire l'eſſai requis par la même Ordonnance de 1511, & même pendant pluſieurs jours s'il étoit néceſſaire, l'Eſſayeur tire du creuſet quelques goutes des matieres en bain pour en faire eſſai, & cela s'appelle faire eſſai en bain, ou eſſayer la goute.

On en agit ainſi pour éviter de refondre les lames qu'on auroit faites, ſi l'argent ſe trouvoit au-deſſus ou au-deſſous du titre des eſpeces à fabriquer; parcequ'on n'a qu'à jetter de l'argent plus fin, ou de l'alliage dans le creuſet pour mettre la fonte au titre qu'elle doit être. Lorſque l'argent s'eſt trouvé au titre, on le jette auſſitôt en lames, comme on l'a dit ci-deſſus.

Matieres de cuivre. Les matieres de cuivre en bain, ſe jettent auſſi en lames de la même maniere que celles d'or & d'argent. Quand le Fondeur s'apperçoit qu'à peu-près les lames ſont réfroidies dans les chaſſis, on les démonte, on enleve les lames; l'on jette au rebut celles qui font défectueufes, on ébarbe les autres.

Comme les lames foit d'or , foit d'argent, foit de cuivre font toujours plus épaiffes que les efpeces à fabriquer, on les paffe entre deux rouleaux d'acier faits en forme de cylindre environ de deux pouces d'épaiffeur & de quatre de diametre qui font fort ferrés fur leur épaiffeur, enclavés par le milieu dans des branches de fer carrées, & tournées par les roues d'un moulin que des chevaux font tourner, & toutes ces pieces enfemble compofent ce qu'on appelle *le laminoir*.

On fait recuire les lames, autant de fois que l'on veut les faire paffer entre ces cylindres , & chaque fois on eft obligé de rapprocher les cylindres, afin que le vuide qui fe trouve entre deux fe trouvant plus petit, preffe d'avantage la lame & l'aminciffe en y paffant. L'on continue de cette façon jufqu'à ce que l'on voie qu'elles font de l'épaiffeur des efpeces à fabriquer ; après quoi on les coupe par le moyen d'un outil qui fe nomme *emporte-piece*.

On pofe un bout de la lame fur le bas de cet outil, où il y a un rebord en rond qui eft trenchant ; enfuite l'Ouvrier qui tient la lame de la main gauche , tourne de la droite une manivelle, en forme de demi balancier, qui tombant fur la lame, coupe par le moyen de fon tranchant le volume de la lame qui fe trouve appuyé fur le tranchant du bas ; le flaon tombe dans un baquet mis deffous exprès pour le recevoir ; on continue ainfi jufqu'au bout de la lame, & comme chaque flaon laiffe un vuide dans cette lame, il ne refte plus que les extrêmités ou bords de la largeur de la lame que l'on nomme cizailles ; tant que les efpeces ne font pas monnoyées, on les nomme toujours *flaons*. Il ne refte plus à cette lame que les extrêmités, & d'un bout à l'autre, on ne voit que des trous de la groffeur du flaon qui en eft forti.

Le Prévôt diftribue enfuite les flaons, aux Ajufteurs & Tailleresses, pour les ajufter au poids des efpeces ; on met au rebut ceux qui fe trouvent trop legers. Chaque Ouvrier de cet Attelier eft affis devant une efpece de grand comptoir, ayant devant lui un trébuchet, & le poids que l'efpece doit pefer : il les pefe les unes après les autres, avec le poids appellé deneral ou deneraux ; & quand il en trouve une trop pefante, il la frotte fur une lime en maniere de rape faite avec des cannelures par angles entrans & fortans que l'on nomme *efcouenne* : il pefe fon flaon de tems en tems, crainte de le rendre trop leger, quand il l'a rendu au poids où il doit être, il le met avec les autres ajuftés.

Cet Ouvrier a foin de conferver la limaille pour la rendre avec les flaons ajuftés, parcequ'il faut qu'il rende le même poids qu'il a reçu.

Le Directeur de la Monnoie doit faire mention fur fon regiftre, du nom de celui qui s'eft chargé des flaons & de leur poids. Le Prévôt des Ajufteurs en doit auffi faire mention fur fon regiftre, ainfi que l'exige l'Ordonnance de 1554.

Les flaons ainſi ajuſtés, ſont remis par le Prévôt entre les mains du Direc-teur avec ceux qui ont été rebutés comme foibles, & les limailles : le tout poids pour poids, comme il s'en étoit chargé, ce qui s'appelle *rendre la breve*.

Quand on veut étendre les lames d'or, on les fait recuire dans une eſpece de fourneaux dont l'âtre eſt de carreaux ou de briques, ayant, huit à neuf pou-ces au-deſſus, des barreaux de fer en maniere de grille : on jette les lames deſ-ſus, on les couvre de braize & on les laiſſe en cet état juſqu'à ce qu'elles ſoient aſſez recuites ; alors on les retire du fourneau & on les jette dans un baquet plein d'eau commune pour les adoucir, enſorte qu'elles s'étendent plus facilement ; on les paſſe enſuite entre les rouleaux, les roues du moulin font tourner ces rouleaux, & les lames s'étendent ainſi en paſſant ; on les re-paſſe de même entre les rouleaux, juſqu'à ce qu'elles ſoient à peu près de l'é-paiſſeur des eſpeces à fabriquer : on ſerre à cet effet les rouleaux plus ou moins, par le moyen des écroux & des viſſes qui ſervent à cet uſage.

On en uſe de même pour étendre les lames d'argent, on les paſſe d'abord avant que de les recuire, comme celles de l'or, mais on les laiſſe refroidir ſans les jetter dans l'eau qui les aigriroit, de maniere qu'elles ne pourroient plus s'étendre facilement, & courroient riſque même de ſe caſſer en paſ-ſant par les rouleaux. Quand elles ſont refroidies, on les paſſe entre les rou-leaux juſqu'à ce qu'elles ſoient à peu-près de l'épaiſſeur des eſpeces à fabri-quer, & en état d'être coupées en flaons, on ſe ſert à cet effet de vis & d'é-croux pour ſerrer les rouleaux, comme il a été dit ci-deſſus.

Le Blanchi-
ment.

On porte les flaons qui ont été ajuſtés, dans un lieu qu'on appelle le blan-chiment, pour donner la couleur aux flaons d'or, & blanchir les flaons d'ar-gent.

On y parvient en faiſant recuire les flaons ſoit d'or, ſoit d'argent, dans un fourneau d'environ quatre pieds en carré, dont l'âtre eſt de barreaux de fer en façon de grille : on y met une poële carrée & ſans manche, dont le fonds eſt de fer battu appellé fer de tôle, & les bords d'un fer plus épais ; on jette environ deux cens marcs de flaons dans cette poële : on fait un feu de bois en maniere de réverbere pour les recuire, & on les y laiſſe juſqu'à ce qu'ils ſoient aſſez recuits.

Quand les flaons ſont en cet état, on retire la poële du fourneau avec de groſſes tenailles crochues par le bout, on verſe les flaons dans un crible de cuivre rouge, on les y laiſſe refroidir. Quand ils ſont froids, on les jette dans un autre vaiſſeau de cuivre appellé bouilloir, où il y a de l'eau bouillante avec du ſel commun & du tartre de Montpellier ou gravelée, où on les fait bouillir pour les décraſſer, après quoi on les jette dans un autre bouilloir rempli de même que le premier, où on les fait bouillir pour achever de les nétoyer juſqu'à ce qu'ils ſoient devenus tout-à-fait blancs, ce qu'on appelle *donner le bouillitoire* ; on retire ensuite le bouilloir du feu, on met sur un cuvier le crible de cuivre, & on verse les flaons & l'eau du bouilloir dans le crible, de maniere que l'eau coule dans le cuvier & les flaons restent dans le crible ; on jette du sablon commun sur les flaons, on les frotte avec des torchons, & on jette plusieurs seaux d'eau, jusqu'à ce qu'ils soient bien nets.

Donner de la
couleur aux
flaons d'or,
blanchir les
flaons d'ar-
gent.

On met après cela le crible sur un trépied, sous lequel on fait un feu de braize pour sécher les flaons, & on les frotte avec des torchons jusqu'à ce qu'ils soient bien secs, & qu'ils ne laissent plus de tache au linge, & c'est ce qu'on appelle donner de la couleur aux flaons d'or & blanchir les flaons d'argent.

Quant aux flaons de cuivre on en use de la même maniere marquée ci-dessus.

Quand les flaons d'or ont été mis en couleur & les flaons d'argent blanchis, l'Ordonnance du mois d'Octobre 1690, veut qu'ils soient livrés par nombre & par poids à l'Entrepreneur de la machine à marquer sur la tranche, & qu'il s'en charge sur le registre du Commis & sur celui qu'il tiendra, lesquels registres doivent être cotés & paraphés par les Juges-Gardes.

Cette machine à marquer sur la tranche est simple, mais très ingénieuse ; elle consiste en deux lames d'acier, faites en forme de regles, épaisses environ d'une ligne, sur lesquelles sont gravées, ou les légendes, ou les cordonnets, moitié sur l'une, & moitié sur l'autre. Une de ces lames est immobile & fortement attachée avec des vis sur une plaque de cuivre qui l'est elle-même à une table ou établi de bois fort épais : l'autre lame est mobile, & coule sur la plaque de cuivre par le moyen d'une manivelle & d'une roue, ou de pignon de fer, dont les dents s'engrainent dans d'autres especes de dents qui sont sur la superficie de la lame coulante.

Le flaon placé horizontalement entre ces deux lames est entraîné par le mouvement de celle qui est mobile, ensorte que lorsqu'il a fait un demi tour, il se trouve entierement marqué.

Cette machine est si facile, qu'un seul homme peut marquer vingt mille flaons en un jour. Voyez MACHINE A MARQUER SUR TRANCHE.

Quand les flaons, tant d'or que d'argent ont été marqués, la même Ordonnance du mois d'Octobre 1690, porte que les Ouvriers Monnoyeurs seront tenus de les aller prendre dans la Chambre de la Machine, où ils s'en chargeront tant sur le registre que tiendra l'Entrepreneur, que sur celui qu'ils tiendront de leur part, lesquels registres (1) seront cottés & paraphés par les Commissaires, ou Juges-Gardes, & signés à chaque livraison tant des Monnoyeurs, que de l'Entrepreneur de la marque sur la tranche, qui, en ce faisant, en demeurera bien & valablement déchargé (2) ; desquels registres,

(1) Ces Registres dans les autres Hôtels des Monnoies, sont signés par les Juges-Gardes.
(2) C'est le Prévôt des Monnoyeurs qui fait à présent ce que devoit faire l'Entrepreneur de la machine.

l'Entrepreneur fournira au Directeur de la Monnoie, à la fin de chaque journée un extrait signé & certifié de lui ; ce qui s'appelle *donner la bréve* ; comme il a été dit ci-dessus des Ouvriers Ajusteurs.

On monnoie les flaons tant d'or , que d'argent avec un balancier auquel
les carrés à monnoyer (1), vulgairement appellés coins , font attachés , celui
de l'effigie en dessous du balancier dans une boëte carrée garnie de vis &
d'écroues pour le serrer & tenir en état ; & l'autre en dessus dans une pareille
boëte aussi garnie de vis & d'écroues pour retenir le carré à monnoyer : on
pose le flaon sur le carré d'effigie , on tourne à l'instant la barre du balancier
qui fait tourner la vis qui y est enclavée ; la vis entre dans l'écroue qui
est au corps du balancier, & la barre fait ainsi tourner la vis avec tant de
force que poussant l'autre carré sur celui de l'effigie , le flaon violemment
pressé des deux carrés en reçoit les empreintes d'un seul coup en un moment.

Denier de
monnoyage.

Quand ce flaon est ainsi monnoyé , on l'appelle denier de monnoyage.

L'Ordonnance du mois d'Octobre 1690 , » porte qu'aussitôt que les es-
» peces auront été monnoyées , elles feront portées par les Monnoyeurs à la
» Chambre de la délivrance , & remises entre les mains des Juges-Gardes
» qui s'en chargeront par nombre tant sur le registre des monnoyeurs , que
» sur un autre registre qu'ils tiendront de leur part , lesquels registres feront
» cotés & paraphés par le Commissaire de la Cour : qu'il en sera de jour en
» jour donné des extraits par lesdits Monnoyeurs qui feront certifiés par
» leur Prévôt , ou leur Lieutenant.

» Que les Juges-Gardes ne feront aucune délivrance, que l'effigie, l'écus-
» son , la légende , le différent , le grenetis , le millesime , la marque sur
» la tranche ne soient bien empreintes , & les especes rondes & bien mon-
» noyées, qu'ils ne les aient pesées à la piece & au marc, & qu'elles ne soient
» de poids , sur les peines portées par les Ordonnances & les Reglemens.

» Que lorsque les especes auront été ainsi pesées , l'Essayeur prendra une
» desdites especes en présence du Substitut du Procureur Général, qui sera
» pour ce appellé pour en faire l'essai dont il fera son rapport par-devant
» les Juges-Gardes , lesquels , après avoir mis à part les morceaux de la piece
» qui aura été essayée ordinairement appellés les peuilles , & les deniers de
» boëte, en présence du Substitut , de l'Essayeur & du Directeur de la Mon-
» noie, feront mention sur le registre des délivrances de la quantité des
» especes & de leur poids & titre, lesquelles feront remises entre les mains
» du Directeur qui s'en chargera , & à cet effet , feront lesdits registres signés
» des Juges-Gardes , du Substitut , de l'Essayeur & du Directeur.

(1) Voyez le mot B A L A N C I E R , où sa description est amplement & exactement
détaillée.

Les

Les Ordonnances de 1549, 1554, & 1586 veulent », que les Gardes
» pefent les efpeces piece à piece au trébuchet, avant que d'en faire la déli-
» vrance au Maître, pour examiner fi elles font de recours de la piece
» au marc.

» Que les Gardes rebutent & cizaillent les efpeces qu'ils trouveront trop
» fortes, ou trop foibles, ou mal monnoyées ; & faffent refondre celles qui
» font trop fortes, ou trop foibles, aux dépens des Ouvriers, & celles qui
» font mal monnoyées aux dépens des Monnoyers.

Les peines établies par ces Ordonnances contre les Gardes qui pafferont
en délivrance aucunes efpeces qui ne feront de poids & loi, & remedes
octroyés par les Ordonnances, font de punition corporelle & privation de
leur état : s'ils paffent aucune efpece qui ne foit bien ouvrée, monnoyée &
de bonne rotondité, affiette & impreffion, & fur lefquelles les lettres & caracteres, cordons & différens ne feront bien apparens, les peines font d'a-
mende arbitraire, de fufpenfion & de privation de leur état.

» Il eft dit par les mêmes Ordonnances que des quatre peuilles coupes
» par l'Effayeur, il en laiffe une aux Gardes & une au Maître, & qu'il fe
» charge des deux autres, favoir une pour garder, & l'autre pour lui fervir
» à faire l'effai requis.

» Que chacune des trois peuilles foit enclofe dans un papier ou parche-
» min ; que celle des Gardes foit cachetée par l'Effayeur, & le Directeur ;
» celle de l'Effayeur par les Gardes & le Directeur, & celle du Directeur
» par les Gardes & l'Effayeur : que fur chacune des peuilles enclofes en pa-
» pier ou parchemin, il foit écrit ce que la délivrance contiendra en quan-
» tité, poids & loi, & le jour de la délivrance : que ces trois peuilles foient
» confervées en cet état pour les repréfenter fi befoin eft, & que par la Cour
» des Monnoies, il foit ainfi ordonné en procédant au jugement des boîtes ;
» & que ces peuilles foient gardées jufqu'à ce que par mandement exprès
» de la Cour après le jugement des boîtes, il leur foit permis de les ouvrir.

Ces formalités ont été ainfi ordonnées pour avoir recours à ces peuilles,
au cas que les deniers des boîtes & les regiftres des délivrances foient égatés,
ou perdus.

Quand l'Effayeur a fait l'effai requis par les Ordonnances, il en doit faire
fon rapport aux Gardes, & fi la peuille ne s'eft pas trouvée au titre, les mêmes Ordonnances défendent expreffément aux Gardes de les paffer en délivrance, celle de 1549, Article V porte, » que les Maîtres, Gardes, & Ef-
» fayeurs feront refpectivement privés de leur état & offices, qu'il fera pro-
» cédé contr'eux par mulctes & amendes tant pécuniaires que corporelles.

Si la peuille eft rapportée au titre de l'Ordonnance, en ce cas les Juges-
Gardes pefent les efpeces tant d'or que d'argent en trois marcs, dont ils dref-

fent procès verbal, dans lequel ils font mention tant du foiblage & de l'écharfeté dans les remedes, que des autres circonstances dont on trouve le détail au mot Delivrance & Juges Gardes.

Lorsque ce procès verbal a été signé des Officiers & du Directeur, les especes nouvellement fabriquées font délivrées au Directeur ou Maître qui paie alors au Prévôt des Ajusteurs deux fols pour marc d'or & un sol pour marc d'argent sur le pied de ce qui a été passé de net en délivrance, & pareils droits au Prévôt des Monnoyeurs sur le même pied, pour être distribués par le Prévôt des Ajusteurs, aux Ajusteurs & Taillereffes qui ont ajusté la bréve, & par le Prévôt des Monnoyeurs à ceux qui ont monnoyé la même bréve, & ce, à proportion de leur travail.

Voyez au mot *Monnoyage* la façon de monnoyer au marteau & au moulin.

FAIT FORT, ET FORT FAIT. Lorsque les monnoies étoient affermées, on se servoit du terme de *fait fort*, quand le Maître de la Monnoie se faisoit fort de fabriquer certaine quantité de marc, *l'or portant l'argent*, & de payer au Roi telle somme pour droit de seigneuriage à proportion de la quantité de marcs qu'il se chargeoit de fabriquer. Par exemple, si le Maître de la Monnoie se chargeoit de fabriquer 3000 marcs, il se chargeroit de payer au Roi dix sols par marc pour le seigneuriage à raison de ces trois milles marcs : il étoit obligé de payer le droit en entier quand même il n'auroit pas fabriqué la susdite quantité de 3000 marcs, & au cas qu'il en fabriquât davantage, il en payoit l'excédent à quelque quantité qu'il pût monter, toujours à raison de dix sols par marc ; il devoit aussi les foiblages & écharsetés sur le pied du nombre des marcs mentionnés au registre des délivrances.

On se servoit du terme de *fort fait*, lorsque par les adjudications le Fermier de la Monnoie, en conséquence des Lettres Patentes du 28 Septembre 1647, registrées en la Cour des Monnoies le 11 Janvier suivant, se chargeoit de payer au Roi, pour la fabrication d'une certaine quantité de marcs, *l'or portant l'argent*, dix sols par marc pour le seigneuriage ; par exemple, si le Fermier se chargeoit de fabriquer 4000 marcs par an, il devoit payer au Roi deux mille livres par chacune année de son bail, quand même il n'auroit pas fabriqué les 4000 marcs : mais il ne devoit rien de l'excédent à quelque somme qu'il pût se monter, étant adjudicataire sur ce pied, & n'étant tenu que de payer les deux mille livres par chacun an, avec les foiblages & écharsetés mentionnés au registre des délivrances.

FALLE ou **FOLLE**, petite monnoie qui a cours en Egypte ; il en faut huit pour un Médin en comptant le medin sur le pied de deux aspres de dixhuit deniers de France. Les Turcs l'appellent *mangour*.

FANON, monnoie de la côte de Malabar : le fanon est une piece d'or extraordinairement petite dont la valeur est d'environ huit sols tournois de France.

FANOS, monnoie des Indes qui s'y fabrique & qui a cours en divers endroits, particulierement le long de la côte de Coromandel, depuis le Cap de Comorin jusques vers le Bengale.

Les fanos ont pareillement cours dans l'Isle de Ceylan, mais il ne s'en fabrique pas.

Il y a des fanos d'or & des fanos d'argent.

Les fanos d'or ne sont pas tous ni du même poids, ni du même titre, ce qui fait une grande différence pour leur valeur, il en faut dix des plus forts pour l'écu de France de 60 sols : les plus foibles pesent aux environs de 7 grains, mais l'or est si bas qu'il en faut 22 pour l'écu ; ceux-là se fabriquent à Asem. Les fanos du Pegu tiennent le milieu ; ils pesent de même que ceux d'Asem : mais l'or en étant à plus haut titre, les quinze font l'écu, c'est-à-dire, qu'ils valent quatre sols tournois.

Il y a aussi des fanos d'or qui ont cours à Pondycheri & qui valent environ six sols, ils sont faits à peu près comme la moitié d'un pois & ne sont pas plus gros.

Les fanos d'argent ne valent pas tout-à-fait dix-huit deniers de France, il en faut vingt pour le Pardo, monnoie que les Portugais font fabriquer à Goa & qui y a cours pour vingt-sept sols.

FARDOS, monnoie d'argent qui a cours à Bantam, & qui vaut environ trois livres tournois.

Le Fardos est encore une monnoie de compte.

FARTHING ou FARDIN, petite monnoie de cuivre qui se fabrique en Angleterre, & qui y a cours environ pour trois deniers de France ; il y en a de quadruples, de doubles & de simples ; quatre farthings simples font un peny ou denier d'Angleterre, le denier d'Angleterre vaut 2 sols de France.

Les Farthings ont la même commodité de nos liards, & sont aussi nécessaires, mais ils n'ont cours que dans de fort petits payemens, & l'on ne peut obliger personne à en recevoir autrement.

FAUSSE MONNOIE. Le crime de fausse monnoie est un crime public, que l'on commet en abusant de la monnoie en quelque maniere que ce puisse être contre la prohibition de la loi.

Ce crime de faux est de toutes les especes de faux la plus punissable, parceque le Souverain ayant seul le droit de faire fabriquer les monnoies, ceux qui les fabriquent sans sa permission expresse, commettent un crime de leze-Majesté au second chef qui est puni de mort.

Ce crime peut être commis de plusieurs manieres.

Boizard, p. 351.

Leg. 8. & 9. Cod. ad legem Corneliam de falfis.

Leg. 8. de fals. monet.

Ordon. de 1554.

Ordon. de 744, 819, 1549.

Ordon. de 1536, 1540, 1549, 1560.

Leg. unic. cod. Theodof. fi quis folid.

Ordon. de 1543, 1554.

Décl. du 12 Décem. 1693 & 9 Juillet 1697.

Boizard.

Ordon. de Louis Hutin, de 1315, de 1670, tit. 1 art. 11.

De Charles IX de 1560.

Premierement, quand on fabrique de la monnoie fans la permiffion du Souverain, quoiqu'elle foit du poids & du titre ordonnés.

2°, Quand la monnoie eft fauffe par la matiere.

3°. Quand on fabrique la monnoie en d'autres lieux que ceux établis pour fa fabrication.

4°. Quand on falfifie l'image du Prince ou l'infcription qui y doit être.

5°. Quand on fe charge fciemment de fauffe monnoie pour l'expofer, & qu'on participe avec les faux Monnoyeurs.

6°. Quand on rogne ou que l'on altere la monnoie qui a été faite & marquée légitimement, pour affoiblir le jufte poids qu'elle doit avoir, ou quand on en achete les rognures fciemment, & qu'on participe avec les Altérateurs.

7°. Quand ceux qui fabriquent la monnoie avec la permiffion du Souverain, la font plus foible ou de moindre titre qu'il n'eft porté par les Ordonnances.

8°. Quand on réforme les monnoies en fraude & pour fon compte particulier.

9°. Enfin quand on fond la monnoie, ou que l'on difforme les efpeces pour les employer en d'autres ouvrages.

Le crime de fauffe monnoie eft, comme on l'a dit plus haut, un crime de Leze-Majefté au fecond Chef, dont les Officiers Royaux ont feuls droit de connoître.

Les Edits, Ordonnances & Reglemens des années 1388, 11 Septembre 1392, 9 Septembre 1480, 25 Mars 1549, Janvier 1551, 1561, 1570, 1635, 1638, 1645 & autres concernant la Chambre, enfuite la Cour des Monnoies & les Monnoies, ont attribué aux Généraux Maîtres des Monnoies & aux Officiers des Cours des Monnoies & des Monnoies, la connoiffance par prévention & concurrence avec les Baillifs, Sénéchaux, Prévôts des Maréchaux & autres Juges, du crime des faux Monnoyeurs, Rogneurs, Altérateurs, Diftributeurs, &c.

Le Roi en attribuant à d'autres Officiers que ceux des Cours des Monnoies le droit de connoître de la fauffe monnoie, ne leur a pas permis de connoître de l'altération & de l'empirance des monnoies, mais feulement de l'expofition de la fauffe monnoie qui dans toutes les circonftances eft un crime public, dont l'accufation eft permife à un chacun tant contre les faux Monnoyeurs que contre ceux qui les recélent, ceux qui diftribuent la fauffe monnoie, ou qui en ayant connoiffance, ne les dénoncent pas aux Magiftrats.

Ce crime a toujours été eftimé de telle conféquence que Conftantius ne trouvant pas les peines ordonnées par les loix précédentes affez rigoureufes pour l'arrêter, ordonna que ceux qui en feroient convaincus, feroient punis par le feu, & promit une récompenfe aux Dénonciateurs.

» *Præmio accufatoribus propofito quicumque folidorum adulter potuerit re-*
» *periri, vel à quoquam fuerit publicatus, illico omni dilatione fubmotâ,*
flammarum exuftionibus mancipetur ».

Quoique les Empereurs aient employé toute leur prudence & leur autorité
pour empêcher ce crime en ordonnant la peine du feu, & qu'ils aient déclaré facrileges ceux qui le commettroient, la crainte de la peine n'ayant pu
arrêter un mal fi dangereux, ils crurent, en le mettant au nombre des crimes qui bleffent la Majefté du Prince, que le refpect & le lien de l'obéiffance
auroient plus de pouvoir fur l'efprit de leurs Sujets: c'eft par cette raifon que
les Empereurs Valentinien, Théodofe & Arcadius ordonnerent que ceux
qui en feroient convaincus, feroient punis de même fupplice que les Criminels de leze-Majefté.

Les Rois de France ont fuivi cet exemple, & ont mis le crime de fauffe
monnoie au nombre de ceux de leze-Majefté, & ont ordonné qu'il n'y auroit
que les Officiers Royaux qui en pourroient connoître.

Louis I, dit le Débonnaire, par le Reglement que ce Roi fit fur les monnoies en 819, ordonna une peine contre les faux Monnoyeurs; c'eft la premiere qui fe trouve dans les Ordonnances des Rois de France; *de falfâ mo-*
» *netâ jubemus ut qui eam percuffiffe comprobatus fuerit, manus ei amputetur,*
» *& qui hoc confenferit, fi liber eft, 60 folidos componat, fi Servus, 60 ictus*
» *accipiat.*

L'Ordonnance de Louis Hutin de l'année 1315, porte: » que la correc-
» tion de ceux qui auront malverfé aux monnoies du Roi, ou forgé fauffe
» monnoie fur le patron de fon coin, appartiendra aux Officiers du Roi
» & non à d'autres.

Quant à la peine du feu ordonnée par la loi, elle a été en ufage en France
conformément à l'Ordonnance de Charles le Chauve, & aux coutumes de
Bretagne & de Loudun.

L'Ordonnance de Charles le Chauve donnée à Pifte le 7 des kalendes de
Juillet en l'année 864, porte: » que le faux Monnoyeur qui fera convaincu,
» fera puni felon la loix romaine dans les lieux où elle étoit obfervée, ou bien
» qu'il perdra la main, ainfi qu'il eft prefcrit dans le quatrieme livre des
» Capitulaires ».

La Coutume de Bretagne porte en termes exprès, *les faux Monnoyeurs feront*
bouillis, puis pendus.

Celle de Loudun Chapitre I Article 39, porte: qui *fait ou forge fauffe mon-*
noie doit être traîné, bouilli ou pendu.

Le compte des Baillages de France rendu à la Chambre des Comptes en
l'année 1305, fait mention dans le Chapitre de la Dépenfe qui avoit été faite

pour le Baillage de Paris, d'un article conçu en ces termes : *pro liciis & parcis* » *factis, pro falsis monetariis bullitis, & duabus mulieribus ardendis per dictum* » *Henricum Magistrum,* 27 liv. 14 sols.

Manfuetus, *tit. de pœnis, num.* 1 dit : » *qui falsam monetam fabricavit,* » *debet in oleo & aquâ suffocari, seu bulliri* ».

Childeric III, ordonna que celui qui feroit convaincu d'avoir fabriqué de la fauffe monnoie, auroit le poing coupé, fes Complices, s'ils étoient de condition libre, payeroient l'amende de foixante fols, & s'ils étoient efclaves, recevroient foixante coups de fouet : on croit que cette Ordonnance eft de l'année 744. Elle ne fe trouve point dans celle de ce Prince, mais dans celles de Louis I, dit le Débonnaire, comme nous l'avons rapporté plus haut.

Rogneurs. Saint Louis ordonna l'an 1248, que les Rogneurs de monnoies feroient pendus comme Voleurs publics, » *juffit..... falfarios monetarum tonfores* » *patibulis laqueatos vento prefentari.*

Les Ordonnances de François I, de 1536 & 1540 portent : » quant aux » Rogneurs d'écus & autres efpeces d'or & d'argent ayant cours en notre » Royaume, & qui les rendent en fonte du fort au foible, confidéré que » c'eft un larcin public participant de fauffe monnoie dont la fauffeté ne » peut confifter qu'en poids & alloi, Voulons, ftatuons, ordonnons & Nous » plaît, que là & au cas que aucun ou aucune foient repris, chargés ou con- » vaincus de rognement d'efpeces ayant cours, ou qui les auront difformés, » altérées & rendues du fort au foible, autrement qu'il n'eft permis par les » Ordonnances, ils foient punis tout ainfi & de même punition que les faux » Monnoyeurs, fans y faire aucune différence, à ce que la qualité defdites » peines foit tant exemplaire & de telle trémeur aux délinquans, qu'elles » faffent ceffer tels cas & délits.

L'Ordonnance de Henri II, de l'an 1549, Article 21 conforme à l'Ordonnance de 1536, fur le fait des monnoies porte : » Voulons que fi aucuns ont » été depuis ledit tems, & font ci-après trouvés faifis de rognures & de bil- » lon, procédant des rognures de monnoies, repris, atteints & convaincus » fuffifamment d'avoir acheté rognures de monnoies, ou fciemment d'avoir » participé avec les Rogneurs & les faux Monnoyeurs, & acheté d'eux » fciemment de la monnoie fauffe, ou billon procédant des rognures des » monnoies, ils foient punis de femblable punition que les faux Mon- » noyeurs, fans y faire aucune différence.

Les mêmes Ordonnances, celle de 1540 Article 38, celle de 1549 Article 20 portent, » en enfuivant l'Indult de Notre Saint Pere, le Pape & les Or- » donnances par lefquelles fi aucuns de nos Officiers font trouvés délinquans » en leurs Offices, ils doivent être privés de leur cléricature : Nous déclarons

» non-seulement que les Maîtres Gardes & Contre-Gardes, Tailleurs &
» Essayeurs de nos Monnoies, mais aussi les Prévôts, Ouvriers & Mon-
» noyers d'icelles, Changeurs, Orfévres, Affineurs, & Départeurs qui
» ont serment à Nous ; ensemble les faux Monnoyeurs, Rogneurs & Billon-
» neurs, ou leurs Réceleurs ne seront reçus, en cas de délit commis au fait
» des Monnoies, à alleguer, ni eux aider d'aucunes lettres de cléricature.

L'Ordonnance de Charles IX, de 1560 Article 149, défend à tous Orfévres & à toutes personnes quelconques d'altérer, souder ou changer aucunes
especes d'or ou d'argent, à peine d'être punis comme faux Monnoyeurs.

Arrêt du Conseil du 20 Février 1675, rendu sur les requêtes respectives
du Procureur Général de la Cour des Monnoies & du Promoteur de l'Ar-
chevêché de Paris, qui sur ce que le Promoteur prétendoit que deux Religieuses accusées du crime de fausse monnoie devoient être renvoyées par-
devant l'Official pour le délit commun, déboute le Promoteur de sa prétention & renvoie les Religieuses en la Cour pour y être jugées, sauf après
le jugement du procès être par la Cour fait droit sur le renvoi requis par le
Juge d'Eglise pour le délit commun s'il y échéoit.

Les Ordonnances de 1549 Article 13, de 1566 Article 5, de 1640 Article 9, & celles des mois d'Octobre & Décembre 1689, défendent la fonte
& difformation des monnoies à toutes personnes sur peine de confiscation
de corps & de biens particulierement aux Orfévres, Affineurs & autres Ouvriers travaillans en or & en argent, à peine des Galeres perpétuelles.

M. le Maître dans son vingt-cinquieme Plaidoyer au sujet de la fausse
monnoie, dit, pour en marquer les dangereuses conséquences, que » ce cri-
» me ne reçoit point d'excuse, qu'il viole toujours la Majesté du Souverain,
» qu'il arrache l'un des fleurons de sa Couronne, qu'il rompt le lien du com-
» merce, qu'il altére la regle & la mesure de toutes les choses, qu'il empoi-
» sonne une fontaine publique, & ne peut tomber que dans une ame basse.

Les Rois ont aussi obtenu des Papes, des Bulles contre les faux Monnoyeurs,
Rogneurs, & Expositeurs : savoir, Philippe le Bel une Bulle de Clément V,
en 1308, Charles le Bel une Bulle de Jean XXII, en 1320, Philippe de
Valois une Bulle de Clément VI en 1349, & Henri III, de Grégoire XIII,
en 1533.

Ces Papes ont fulminé des excommunications contre les faux Monnoyeurs,
les Rogneurs & les Expositeurs de fausse monnoie.

La Déclaration du Roi du 5 Octobre 1715 registrée en la Cour des Monnoies le douze des mêmes mois & an, porte :

» Voulons & nous plaît que les Ordonnances du Royaume rendues con-
» tre les faux Monnoyeurs & contre tous ceux qui altérent ou contrefont les
» monnoies, de quelque maniere & en quelque sorte que ce puisse être,

» foient exécutés felon leur forme & teneur ; ce faifant que tous Particuliers ;
» Régnicoles, ou Etrangers, qui feront convaincus d'avoir fabriqué fans ca-
» ractere & fans notre permiffion , ou d'avoir altéré dans notre Royaume ,
» Pays , Terres & Seigneuries de notre obéiffance , des efpeces , tant à nos
» coins & armes , qu'aux coins & armes de toute autre Couronne ou Puiffan-
» ce Souveraine , feront également punis de mort , encore bien que lefdites
» efpeces étrangeres n'aient aucun cours dans notre Royaume , & n'y foient
» regardées & reçues que comme matieres , fans que fous aucun prétexte
» cette peine puiffe être remife ni modérée par les Juges à qui la connoif-
» fance en appartient.

Les mêmes défenfes fous les mêmes peines ont été renouvellées par l'Edit
du mois de Mai 1718 , & par celui du mois de Février 1726 , regiftré en la
Cour des Monnoies le 15 du même mois & an , ainfi qu'il fuit :

Art. I. » que , conformément à l'Edit du mois de Mai 1718 & autres Edits
» & Reglemens , toutes perfonnes qui contreferont ou altéreront nos ef-
» peces , contribueront à l'expofition de celles contrefaites ou à leur intro-
» duction dans notre Royaume , foient punis de mort ».

» Art. II. Pour empêcher l'abus qui s'eft gliffé dans les caiffes & dans cel-
» les de tous les Receveurs particuliers par rapport aux efpeces de fauffe fa-
» brique qui s'y recevoient fans prendre les précautions néceffaires , défen-
» dons à tous Payeurs & Receveurs , même à ceux de nos deniers de recevoir ,
» ni faire entrer dans aucun paiement des efpeces qui leur paroîtront fufpec-
» tes de fauffe fabrique , à peine de fupporter la perte qui fe trouvera fur
» lefdites efpeces , lefquelles feront cizaillées , portées aux Hôtels des Mon-
» noies , & la valeur à eux rendue , feulement comme matiere , & où il feroit
» prouvé que lefdits Receveurs ou Payeurs auroient reçu ou diftribué
» fciemment lefdites efpeces de fauffe fabrique , Voulons qu'ils foient punis
» comme faux Monnoyeurs.

» Art. III. Pour engager tous nos Sujets à veiller à ce qu'il ne foit fait au-
» cune fabrication en fraude , Nous ordonnons que par les Directeurs de nos
» Monnoies , il fera payé immédiatement après le jugement à mort de cha-
» cun des faux Monnoyeurs , Réformateurs ou Fabricateurs d'efpeces fauf-
» fement fabriquées , une gratification de la fomme de trois cens livres à ceux
» qui les auront dénoncés ou arrêtés , fur les certificats qui leur en feront
» donnés par les Procureurs Généraux de nos Cours des Monnoies , & ce
» outre les falaires ordinaires qui feront payés comme ci-devant : lefquelles
» gratificatioas ainfi payées feront allouées dans la dépenfe des comptes def-
» dits Directeurs , par-tout où befoin fera , en rapportant feulement par eux
» des extraits des jugemens , & lefdits certificats de nos Procureurs Généraux
» ès Cours des Monnoies ou de leurs Subftituts , quittancés , &c.

Les

Les autres articles de l'Edit concernent les especes décriées, voyez-en les dispositions au mot ESPECES DECRIÉES.

FAYOLE, monnoie de compte dont on se sert au Japon.

On évalue le fayole tantôt sur le pied de la pistole de France, c'est-à-dire, à dix livres, tantôt à douze livres dix sols ; peut-être cette différence vient-elle de ce que la premiere évaluation est faite sur la livre de France qui ne vaut que 20 sols, & la seconde sur la livre ou florin de Hollande qui vaut 2 liv. 2 s. 9 den.

FELIN, petit poids dont se servent les Orfévres & les Monnoyeurs. Ce poids pese sept grains & un cinquieme de grain. Les deux felins font la maille, le marc est composé de 640 felins, & l'once de 80 felins.

FELOURS, monnoie de cuivre qui se frappe à Maroc ; c'est une espece de gros double comme ceux de France : il en faut huit pour faire une blanquille, menue monnoie d'argent qui se fabrique dans la même Ville, & qui vaut deux sols, six deniers de France.

FENIN, petite monnoie de compte qui est en usage pour tenir les livres à Naumbourg Ville Episcopale d'Allemagne : c'est aussi une espece courante de cuivre. L'un & l'autre fenin vaut deux deniers & demi de France : il en faut douze pour le gros & vingt-quatre gros pour la rixdalle prise sur le pied de l'écu de France de soixante sols.

FER, métal dur & sec, difficile à fondre, mais ductile, composé d'un sel, d'un soufre & d'une terre, mal digérés & mal unis : ses parties ont de petites branches plus grosses & plus roides que celles des autres métaux quoiqu'en moindre quantité, pourquoi il obéit difficilement au marteau sans l'aide du feu, & on ne le fond qu'avec peine : cependant le fer est un des métaux le moins pesant, parceque les branches de ses parties étant fort éloignées les unes des autres, il est d'autant plus poreux & spongieux, & par conséquent plus facile à être pénétré par les eaux-fortes & par la rouille. *Boizard, p. 275.*

La matiere d'où se tire le fer, ou plutôt la mine de fer, se trouve dans les mines, à différentes profondeurs, & est de diverses figures.

Pour fondre ce métal, après qu'on a amassé la quantité de matiere qu'on veut fondre, & qu'elle a été bien lavée pour en séparer la terre, on la met dans de grands fourneaux avec du charbon qu'on couvre de gastine, espece de minéral ou terre particuliere qui se trouve mêlée avec la mine de fer. Après que le feu a été mis au charbon, on le rend de plus vif en plus vif en l'excitant par le moyen de plusieurs gros soufflets.

Quand la mine est fondue & bien écumée, on la fait couler par un trou réservé exprès à l'avant du fourneau d'où sortant avec rapidité, & comme un torrent de feu, elle tombe dans les moules diversement préparés suivant la diversité des ouvrages qu'on veut fondre.

Dans le départ on retire les parties de fer dont l'eau feconde s'eft chargée pendant l'opération, en fe fervant de calamine & de zin : ces minéraux étant plus terreftres & plus poreux que le fer, les efprits de l'eau-forte quittent les parties de fer, & fe chargent de celles de ces minéraux. Voyez DEPART & METAL.

FER A TIRER, efpece de très petite filiere qui fert à réduire le fil d'or ou d'argent tant fin que faux à fon dernier point de fineffe. Voyez FILIERE.

FERLIN, ancienne monnoie qui valoit le quart d'un denier & qui ne fe trouve plus que dans les Cabinets des Curieux.

FERMIERS ou MAITRES DES MONNOIES. Nous difons, au mot *Directeur Général* des Monnoies, qu'avant l'année 1645 les monnoies étoient affermées par des baux particuliers à Fait-fort qui fe faifoient en l'Audience de la Cour des Monnoies à des Marchands & Gens du commerce, chacun dans leur détroit, au plus offrant & dernier encheriffeur. Ceux à qui elles étoient adjugées étoient appellés Fermiers & Maîtres Particuliers des Monnoies. Les anciennes Ordonnances qui les concernent, & dont une partie font communes aux Directeurs des Monnoies, contiennent les différentes obligations auxquelles ils étoient affujettis, ainfi qu'il fuit :

Charles IX, 1566. » Aucun Etranger ou Parent des Préfidens ou Généraux de nos Monnoies, ou autre ayant charge de nos Finances, ne pourra être Maître de Monnoie.

Idem. » Les monnoies feront baillées à ferme pour fix ans au plus, à celui qui voudra fe charger de faire plus grande quantité d'ouvrage.

» Les Maîtres Particuliers & Fermiers defdites Monnoies, payeront tous remedes & feigneuriages de tout l'ouvrage qu'ils auront fait, encore qu'il excédât la quantité dont ils feront chargés.

Henri II, 1554, art. 24. » Et s'il fe trouve aucune largeffe de loi en l'ouvrage, ne lui en fera rien compté.

» Auffi s'il fe trouve aucuns deniers forts & poids & excédans les remedes, n'en fera rien compté au Maître, mais en fera averti, afin qu'il donne ordre que fon ouvrage foit taillé dedans les remedes octroyés par les Ordonnances ; & que fes alliages foient auffi faits dans les remedes d'icelui ouvrage ; fauf toutefois audit Maître de reprendre & refondre, fi bon lui femble, les ouvrages ainfi larges de loi, ou forts de poids. Et en ce cas feulement reprendre les deniers defdits ouvrages qui auront été mis en boîte.

François I, 1540, Art. 42. » Retiendront leur braffage par leurs mains.

Charles IX, 1566. » Pourront fondre toutes efpeces ayant cours ou non par les Ordonnances, & bailleront bonne & fuffifante caution bien & duement certifiée.

» Et ne feront aucun ouvrage qu'ils n'ayent baillé bonne & suffisante
» caution (1) ès mains des Gardes.

» Ne pourront recevoir ni acheter aucune matiere sujette à être convertie **Henri III**
» en monnoie sans appeller les Contre-Gardes , & en leur absence les Gardes **1554, art. 10.**
» defdites Monnoies, lefquels font ordonnés pour arrêter les comptes entre
» lefdits Maîtres & les Marchands ou autres qui livrent esdites monnoies ;
» & tiendront lefdits Maîtres bons regiftres , efquels ils écriront par chacun
» jour , les noms de ceux qui livrent ou vendent aucunes defdites matieres ,
» les lieux de leur demeurance , & la qualité & quantité defdites matieres.

» Art. II. Lefdits Maîtres feront tenus convertir en efpeces de nos mon-
» noies à nos coins & armes , & des poids & loi contenus en nofdites Or-
» donnances , toutes les matieres d'or , d'argent & de billon , qui leur au-
» ront été livrées , ou par eux achetées , & qui feront efdits regiftres , fans
» en pouvoir affiner pour revendre & transporter hors ladite monnoie fur
» peine de confifcation de corps & de biens.

» Art. XV. Ne pourront affiner aucune matiere d'argent ou billon fans
» la préfence des Gardes & Effayeurs , defquelles aussi lefdits Maîtres feront
» féparément regiftre , contenant la quantité & prix de ladite matiere avant
» que d'être mife dans l'affinoir : & femblablement le prix de l'argent qui
» en proviendra , & le fin qui fera trouvé tenir fuivant l'effai qui en fera fait
» par ledit Effayeur , fur peine auxdits Maîtres d'être punis comme de faux.

» Art. XII. Lefdits Maîtres répondront de leurs Serviteurs & Commis
» pour les fautes qu'ils peuvent commettre aux alléages , fontes & autres
» affaires de la monnoie. Lefquels alléages lefdits Maîtres feront dans les
» remedes de notredite Ordonnance , & fous les peines contenues en icelles.
» Et tiendront leurs tables fi nettes que les royaux jettés en icelles ne foient
» chargés , afin que cela n'empêche les Ouvriers de rendre leur ouvrage
» net , & ne pourront lefdits Maîtres , bailler ni retirer aucunes breves des
» Ouvriers & Monnoyers qu'en la préfence de l'un des Gardes ou du Contre-
» Garde , fur peine de confifcation d'icelles.

» Art. XIII. Ne feront contraints bailler breves à aucuns Ouvriers ni
» Monnoyers encore qu'ils foient d'eftoc & ligne efdits états , s'ils ne font
» suffifans , bien entendus & bien ouvrant de leurfdits états , & defquels
» ils auront le choix & élection.

(1) Les Cautions & les Certificateurs étoient préfentés & reçus pardevant le Juge ordinaire des lieux , en préfence du Procureur du Roi & des Gardes ; cette caution étoit de
mille trois cens trente-trois écus un tiers , failant environ la fomme de quatre mille livres , pour la fureté des deniers des Marchands qui livroient en la Monnoie & envers le
Roi de la fomme à laquelle fe montoit le fait fort : cet acte à caution étoit livré aux Gardes pour envoyer à la Cour des Monnoies.

» Art. XIV. Lefdits Maîtres tiendront leur monnoie garnie de balances
» bonnes & juftes, & de poids qui auront été étalonnés fur ceux étant en la
» Cour des Monnoies.

Charles IX, 1563.

» Envoyeront leurs boîtes à Paris en la Cour des Monnoies par homme ex-
» près garni du debet huit jours après le tems préfix à peine de 50 liv. d'a-
» mende qui doublera de mois en mois.

Idem.

» Éliront domicile en la Ville de Paris trois mois après la délivrance de
» la Ferme de la Monnoie, efquels domiciles après les affignations échues,
» auxquelles ils font tenus apporter leurs boîtes, fe feront tous ajournemens
» & commandemens néceffaires, qui vaudront comme faits parlant à leurs
» perfonnes & domiciles».

FERRAGE, droit qui fe paye aux Tailleurs Particuliers des Monnoies
de France.

Suivant les Ordonnances des années 1549, 1554 & 1586, les Tailleurs
font obligés d'affifter aux délivrances, & de les figner pour la confervation de
leur droit de ferrage.

Ce droit a été établi, parceque les Tailleurs Particuliers font obligés de
fournir les fers néceffaires pour monnoyer les efpeces; ce droit eft de feize
deniers pour marc d'or, & de huit deniers pour marc d'argent, que le Directeur eft tenu de payer fur le pied de la quantité des marcs d'or & d'argent
qui ont paffé de net en délivrance, fuivant le Reglement de 1670.

FETMEN, monnoie d'Allemagne. C'eft la moitié de la petrem ene' ou le
demi-albs, ou fol ou la vingt-quatrieme partie du kopftyck ou 6 f. 8 den.
tournois.

FEUILLES DOR, D'ARGENT, &c. Ce font des parties des différents
métaux qui font réduites avec le marteau en lames très plates & quelquefois fi
minces & fi légeres que le moindre fouffle les peut enlever, il y a de l'or, de
l'argent, du cuivre & de l'étain en feuilles; les Batteurs d'or réduifent l'or
& l'argent en feuilles en les battant à froid fur une enclume dans la baudruche.

FIERTONS, on nommoit autrefois fiertons les poids fur lefquels fe faifoit la vérification des flaons.

Les fiertons contenoient les poids du remede de l'ouvrage qui devoit être
monnoyé; on les nomme à préfent dénéraux.

FIERTONNEURS. Officiers Monnoyeurs crées en 1214, par Philippe
le Bel.

Ces Officiers devoient aller vifiter deux fois le jour, le matin & de relevée,
les Ouvriers de chaque fourneau dans les Hôtels des Monnoies, & dans leurs
vifites être munis de leurs balances & fiertons pour recevoir au poids du fierton l'ouvrage qui étoit devant les Ouvriers, ce fierton devoit contenir en
foi le poids du remede de l'ouvrage qui étoit ordonné devoir être fabriqué.

FILÉ D'OR, FILÉ D'ARGENT. Ce qu'on appelle du filé d'or, ou du filé d'argent n'eſt autre choſe que de l'or, ou de l'argent trait, qu'on a écaché ou mis en lame très mince & très flexible, qu'on a enſuite filé ſur de la ſoie, ou ſur du fil de chanvre ou de lin, par le moyen d'un rouet ou de quelques bobines paſſées dans de menues broches de fer.

Il y a du filé d'or fin & du filé d'or faux, du filé d'argent fin & du filé d'argent faux; on ſe ſert de ſoye pour les filés d'or & d'argent fin, & pour les filés d'or & d'argent faux, on ne doit employer que du fil, n'étant pas permis, ſuivant les Ordonnances, d'y faire entrer de la ſoie.

Le filé rebours eſt du filé d'or ou d'argent ſoit fin, ſoit faux, qui a été filé à contre-ſens. Voyez GALONS, &c.

FILIERE, plaque d'acier ou de fer plus longue que large, percée à jour de pluſieurs trous qui vont toujours en diminuant de groſſeur, que l'on nomme perruis, par leſquels on fait paſſer les métaux pour les réduire en fils. C'eſt à travers de cette ſorte de filiere que ſe tirent les fils d'or & d'argent trait tant fin que faux, deſtinés pour la fabrique des étoffes & autres marchandiſes.

Les Tireurs d'or ſe ſervent de cinq ſortes de filieres différentes qui ont chacune leur nom particulier.

La premiere, dont les perruis ſont les plus gros & qui ſert à tirer à l'argue ſe nomme calibre; la ſeconde s'appelle ſimplement filiere; la troiſieme ras; la quatrieme, prégaton; la cinquieme & derniere qui eſt la plus menue de toutes, ſe nomme fer à tirer.

L'ouverture la plus grande du perruis, c'eſt à-dire, celle par où l'on commence à faire entrer le bout du lingot ou du fil s'appelle l'embouchure, la plus petite qui eſt celle par où il ſort du côté qu'on le tire, ſe nomme l'œil.

Avant que le lingot ou le fil d'or ou d'argent ſoit parvenu à ce dernier dégré de fineſſe que les Tireurs d'or appellent fil trait ſuperfin, qui ordinairement n'eſt pas ſi gros qu'un cheveu, il faut qu'il paſſe par plus de cent quarante perruis, ſoit du calibre, ſoit de la filiere, ſoit du ras, ſoit du prégaton, ſoit enfin du fer à tirer. Voyez TIREURS D'OR.

L'Arrêt du Conſeil du 24 Avril 1725, révêtu de Lettres Patentes du 7 Mai ſuivant, regiſtrées en la Cour des Aydes & en la Cour des Monnoies, ordonne que les Tireurs d'or de Paris ſeront tenus huit jours après la publication de cet Arrêt, de remettre au Bureau de l'argue du Fermier à Paris, toutes les filieres qu'ils auroient propres à ſervir audit argue, avec défenſes aux Tireurs d'or, ainſi qu'aux Orfévres & à tous autres Particuliers, d'avoir & tenir chez eux, ni partout ailleurs, aucune filiere de la groſſeur des trous de celles ſervant à l'argue, à peine de confiſcation & de trois mille livres d'amende, même de déchéance de Maîtriſe contre les Maîtres Tireurs d'or & Orfévres chez leſquels il ſeroit trouvé quelques-unes de ces filieres, & à tous

Ouvriers d'en faire, ni faire faire aucune defdites groffeurs pour autres que pour le Fermier defdits droits fous les mêmes peines ; & le 26 Janvier de la même année, les Tireurs d'or firent leur foumiffion envers Charles Cordier, chargé alors de la régie des Fermes unies, régiffant auffi celle de la marque d'or & d'argent, & fes Succeffeurs, de payer trente fols par lingot d'argent du poids de trente-cinq à quarante-cinq marcs qu'ils pafferoient à l'Argue Royale à Paris, en fourniffant par lui & fes Succeffeurs les filieres néceffaires pour paffer les lingots à l'argue, & ce, pour indemnifer ledit Cordier & fes Succeffeurs du prix des filieres qu'ils feroient obligés de fournir & d'entretenir à tous les Tireurs d'or qui n'en auroient point ; & d'autant que par l'article fecond de l'Arrêt du 24 Avril 1725, il étoit défendu à tous Ouvriers de faire aucune filiere pour autre que pour le Fermier de la marque d'or & d'argent, ce qui mettoit ceux des Tireurs d'or qui n'avoient point de filiere dans l'impoffibilité de travailler de leur art & métier, à quoi Sa Majefté voulant pourvoir, a, par Arrêt du 7 Mai 1725, ordonné, » que Charles Cordier

» & fes Succeffeurs, Fermiers de la marque d'or & d'argent, feront tenus
» d'avoir des filieres propres à tirer & dégroffir les lingots qui feront portés
» audit argue par les Maîtres Tireurs d'or qui n'auront point de filieres à
» eux appartenantes, en payant par eux trente fols par chacun lingot du poids
» de trente-cinq à quarante cinq marcs, pour indemnifer ledit Cordier &
» fes Succeffeurs, du prix & entretien des filieres qu'ils feront obligés d'a-
» voir conformément à la foumiffion du 26 Janvier dernier, non compris les
» vingt fols par lingot qui fe paient par tous les Tireurs d'or pour la façon
» des lingots qui paffent audit argue, lequel droit de trente fols ne pourra
» être perçu que fur ceux defdits Tireurs d'or qui fe ferviront des filieres
» du Fermier ».

Lettres Patentes fur ledit Arrêt en datte du même jour adreffées à la Cour des Aydes & par elles regiftrées le 13 Août fuivant, à la charge que les conteftations qui pourront naître au fujet defdites Lettres, feront portées en premiere inftance en l'Election de Paris & par appel en ladite Cour.

FIN, terme confacré aux opérations de monnoies & à toutes celles qui ont rapport à la fonte de l'or & de l'argent, pour exprimer le dégré de bonté qui fe trouve dans ces différens métaux.

Pour bien entendre cette définition, il faut favoir que l'or pur fans aucun mélange d'alliage, doit être à vingt-quatre karats & l'argent pur à douze deniers, divifions auffi arbitraires que celle de 360 dégrés à l'égard d'un cercle.

Ces divifions fe fubdivifent, favoir, le karat en trente-deux parties qu'on appelle trente-deuxiemes, & le denier en vingt-quatre parties qu'on appelle grains.

Ce principe pofé, on voit que lorfque le Roi, par fon Edit de 1726, a ordonné que les efpeces d'or feroient à vingt deux karats, & les efpeces d'argent à onze deniers, Sa Majefté a entendu que les louis d'or auroient vingt-deux dégrés de bonté, ou de fin, & deux degrés ou un douzieme d'alliage.

Mais en ordonnant à fes Directeurs de Monnoies, de fabriquer l'or à vingt-deux karats, & l'argent à onze deniers, Sa Majefté prévit l'embarras où ils fe trouveroient pour pouvoir fabriquer les efpeces à ce titre jufte, & l'impoffibilité morale d'y pouvoir réuffir, enforte que Sa Majefté leur a accordé un remede de douze portions ou douze trente-deuxiemes de karat pour l'or, & de trois portions de deniers, ou trois grains pour l'argent.

Ainfi lorfque le Directeur de Monnoie a travaillé l'or à vingt-un karats vingt deux trente-deuxiemes, cet or fe trouve échars de dix trente-deuxiemes, c'eft-à-dire, qu'il fe trouve en fin dix trente-deuxiemes de moins pour que l'or foit au titre de vingt-deux karats prefcrit par le Roi, car les dix trente deuxiemes ajoutés aux vingt-deux trente-deuxiemes ci-deffus forment un entier, lequel joint aux vingt un karats compofent les vingt-deux karats.

Il en eft de même de l'argent : fi le Directeur a travaillé l'argent à dix deniers vingt-deux grains, cet argent fe trouve échars de deux grains, c'eft-à-dire, que le Directeur a mis dans fa fonte deux grains d'alliage au delà de ce qui eft prefcrit par la loi.

Dans ces deux cas le Directeur n'a point paffé la regle que le Roi lui a refcrite, puifque Sa Majefté lui a accordé douze trente-deuziemes pour l'or, & trois grains pour l'argent, ainfi il a travaillé dans le remede prefcrit par l'Ordonnance.

Mais fi le Directeur a travaillé l'or à vingt-un karats dix-huit trente-deuxiemes, & l'argent à dix deniers vingt grains, alors il eft reprehenfible, & tombe dans le cas d'être condamné à la reftitution de ce dont il a excedé la permiffion à lui accordée, & à l'amende.

Dans l'efpece ci-deffus où le Directeur a travaillé l'or à 21 karats $\frac{18}{32}$ me & l'argent à 10 den. 20 grains; il fe trouve $\frac{14}{32}$ me d'écharfeté pour l'or, & quatre grains pour l'argent. Or comme le Roi n'a accordé que douze trente-deuxiemes de remede pour l'or, & trois grains de remede pour l'argent, le Directeur a donc excedé fon pouvoir de deux trente-deuxiemes pour l'or & d'un grain pour l'argent, & alors il doit être condamné à la reftitution, tant de ce qui fe trouve dans le remede, que de ce qui fe trouve hors le remede. Voyez DIRECTEURS DES MONNOIES, & TITRE où il eft parlé du compte fin.

FLAONS, termes de monnoyage. Ce font les morceaux des divers métaux qu'on emploie dans le monnoyage, coupés de la grandeur, de l'épaiffeur & de la rondeur des efpeces, & réduits au poids porté par les Ordonnances.

en un mot, les efpeces neuves à qui il ne refte plus que de recevoir au balancier les empreintes de pile & de croix qui leur donne cours dans le commerce.

Les flaons font apparemment ainfi nommés, ou du terme de flatir, qui eft la derniere façon qu'ils recevoient avant de les marquer, lorfque l'on fabriquoit la monnoie au marteau, ou de celui de flatoir, qui eft l'inftrument avec lequel on leur donnoit cette façon. Voyez Monnoyage.

FLATIR, terme de monnoyage au marteau, qui fignifie battre, étendre & dreffer le flaon fur le tas ou enclume, à grands coups de marteau, àpeu-près du volume que doit être l'efpece. Ce mot vient du grec φλαω, contundo, vel mollio contundendo ; comprimer, amollir en frappant du marteau.

FLETT, ou FLECHTE-DALLER. Monnoie d'argent qui a cours en Dannemarck, & qui vaut quatre marcs ou foixante-quatre fchellings Danois, ce qui revient à 3 liv. ou 3 liv. 5 f. tournois : il y a auffi des demi fletts qui ont cours pour la moitié.

FLETT-MARC-DANSCHE. Monnoie d'argent qui vaut feize fchillings Danois, ou huit fchillings lubs, c'eft-à-dire : environ 16 f. de France. Il y a auffi des demi fletts-marcs qui valent 8 f.

FLEURS-DE-LYS D'OR. Monnoie d'or fin du poids d'un gros que fit fabriquer Charles V, le 5 Mai 1365. Elle fut nommée fleur de-lys d'or, de ce que la cotte d'arme du Roi étoit femée de fleurs-de-lys, ainfi que le champ de la piece du même côté, par conféquent fort différente du denier d'or aux fleurs-de-lys, qui étoit femé de fleurs-de-lys du côté de la pile, & que fit faire le Roi Jean.

Ces fleurs-de-lys d'or étoient de même valeur que le franc d'or, c'eft-àdire de vingt fols : on leur donna dans la fuite le nom de franc, parceque la maniere de compter par livres compofée de vingt fols devoit fon origine aux Francs, & pour les diftinguer des deniers d'or aux fleurs-de-lys fabriquées fous le regne du Roi Jean, on les nomma franc à pied, le Roi y étant repréfenté à pied ; & ceux du Roi Jean, francs à cheval, le Roi y paroiffant à cheval.

FLORIN. Les termes de florin & de denier étoient anciennement des noms généraux qu'on donnoit également à toutes les monnoies d'or. On trouve indifféremment dans les Auteurs, dans les Actes & dans les Ordonnances, denier d'or ou florin d'or à l'agnel, à l'écu, aux fleurs-de-lys, à la maffe, &c.

Il paroît qu'on fe fervoit dans les Ordonnances pour les monnoies plus ordinairement du terme de denier que de celui de florin ; mais le Peuple donnoit généralement le nom de florin à toutes les monnoies d'or, peut être à caufe des fleurs-de-lys d'or qui y étoient marquées : cet ufage reçu avoit plus

de

de force que les Ordonnances du Roi. Lorſque le Roi Jean fit faire les *mou-tons d'or*, il les nomma dans ſon Ordonnance *denier d'or à l'aignel* : cependant quand Froiſſard l'Hiſtorien en parle, il dit que le Roi Jean fit faire un florin de *fin or à l'aignel* , & *défendit le cours de tout autre florin.*

Sous les Regnes de Louis VI & de Louis VII, on trouve une monnoie d'or appellée florin de Florence, à cauſe de ſa reſſemblance avec ceux de Florence, excepté que le nom du Roi étoit du côté de la fleur-de-lys, *Ludovicus Fr. Rex*, de l'autre côté un Saint Jean-Baptiſte Patron de la Ville de Florence, où l'on prétend que cette monnoie a pris ſon origine, & pour légende *S. Joannes B.* ou à cauſe de la fleur-de-lys dont elle porte la figure. Cette monnoie a été fort célebre dans l'Europe, il y a peu de Souverains qui n'en ait fait frapper ſous cette figure : on donna même le nom de florin à toutes les monnoies d'or, quoique différentes de celles-ci. Les premiers florins , ſuivant Villany, furent faits à Florence en 1251 , ils étoient d'or fin & de huit à l'once. On fit en France de cette monnoie juſques ſous le Regne de Charles V qu'elle fut défendue.

Le Blanc, pag. 154.

L'Hiſtoire de Normandie fait mention des florins d'or ſous l'an 1067 : on y lit que le Duc de Normandie donna à celui qui lui vint dire de la part de Harald, de ſortir d'Angleterre, un courſier, une robe & quatre florins d'or.

Aujourd'hui on entend par florin une monnoie réelle & courante, ou une monnoie imaginaire de compte. Pluſieurs Marchands, Négocians & Banquiers de Hollande , & de pluſieurs Villes d'Allemagne & d'Italie , ſe ſervent du florin pour tenir **leurs livres & dreſſer leurs comptes ; mais ces** florins ſont de différentes valeurs & ont diverſes diviſions.

En Hollande , le florin de compte ou courant eſt de 40 deniers de gros , & ſe diviſe en patards & en penins. Le florin de Banque vaut 4 à 5 pour cent plus que le florin courant ; on l'eſtime à 42 ou 43 ſols de France.

A Straſbourg, il eſt de 20 ſols & ſe diviſe en kruis & en penins , monnoie d'Alſace.

A Lille , Liege , Maſtricht, le florin eſt de 20 ſols ou patards, & vaut 25 ſols de France.

A Embden , le florin vaut 28 ſols de France : on comptoit autrefois par florins en Provence , en Languedoc & dans le Dauphiné.

Le florin d'Allemagne eſt de 60 creutzers, ou 15 batz, ou 30 albus & vaut 50 ſols de France; le florin de Brabant eſt d'un tiers moins fort , & ne peſe que 20 albs ou 1 liv. 13 ſ. 4 den. de France.

Le florin de Dantzick & de Koniſberg eſt de 30 groſch, le groſch de 18 penins ; trois florins font la rixdale : le florin vaut 27 ſols de France.

Le florin de Breſlaw eſt de 20 ſilvers gros.

Le florin de Geneve vaut 12 fols de Geneve; il en faut 10 ½ pour un écu de 3 liv. qui en font 5 de France.

Le florin de Suiffe vaut 4 batz ou 16 creutzers.

Le florin de Coire vaut 26 fols 8 den. à Berne.

Le florin de Bâle de 56 creutzers, 31 ¼ f. de Berne.

Le florin de Zurfach de 60 creutzers, 33 f. 4 den. de Berne.

Le florin de Saint Gal de 60 creutzers, 35 fols 4 den. de Berne.

Le florin de Saint Gal, 1 liv. 15 fols 3 den. de Berne.

Le florin de compte de Piémont ou de Savoye eft de 12 f. monnoie de ce Pays, ce qui fait un florin ½ ou 18 fols de Geneve.

FLORIN, monnoie réelle. Les florins, foit d'or, foit d'argent, étoient autrefois très communs dans le commerce; on en voit encore, mais moins communément, quoiqu'il y en ait eu quantité de frappés en Hollande de l'argent d'Angleterre, pendant la guerre terminée par la Paix ap Ryfwick. Cette monnoie, à ce qu'on croit, a eu le nom de florin, ou de la Ville de Florence, où elle fut d'abord fabriquée vers l'an 1251, ou d'une fleur-de-lys qu'elle avoit pour empreinte. La plupart des florins d'or font d'un or très bas: les vieux florins de Bourgogne font du poids de deux deniers 13 grains au titre de 17 karats ½; ceux d'Allemagne & de Metz font de la même pefanteur, mais les uns ne tiennent de fin que 14 karats, & les autres quelquefois 15 ½, quelquefois feulement 13. Parmi les florins d'argent, ceux de Genes de 1602 & 1603 pefent 3 deniers 6 grains, & tiennent de fin 11 deniers 6 grains, ce qui revient environ à 15 fols de France: les pieces de trois florins de Hollande s'appellent ducatons, mais valent plus que le ducaton ordinaire. Voyez DUCATON.

Une Ordonnance de 1444 fur les monnoies, rendue par Frederic II Electeur de Saxe, & par Guillaume fon frere Landgrave de Thuringe, expofe qu'il entroit au marc d'Erford Capitale de la Thuringe, 66 ¾ florins du Rhin, & qu'un homme de journée gagnoit ce florin en 26 ou 27 jours.

Gerard Malines, Commis par le Gouvernement d'Angleterre pour l'évaluation des efpeces étrangeres, établit le florin d'or du Rhin au titre de 18 karats 3 grains, c'eft-à-dire, comme le karat s'y partage en 4 grains, de 18 ¾ karats, & de 112 ½ pieces à la livre angloife de Troyes, qui reviendroient à 75 pieces au marc de Paris; par conféquent leur poids alloit à 61 11/25 de nos grains: & le marc d'Erford feroit à celui de Paris comme 66 ¾ à 75.

Selon Goldaft, les florins du Rhin tenoient communément 18 karats 6 à 9 grains de fin, ou de 18 karats ½ à 18 ¾, le karat ne fe divifant en Flandre & en Allemagne qu'en 12 grains. Il entroit 72 florins au marc de Cologne qui eft à celui de Paris, comme 4352 à 4377 ¾; ils pefoient donc environ 60 grains ¾ poids de marc.

L'inſtruction de 1633 pour les Changeurs d'Anvers, fixe leur titre à 18 karats 4 grains, ou à 18 karats $\frac{1}{3}$, & leurs poids à deux eſterlins 4 as, égaux à 61 grains $\frac{1}{3}$ de France.

Une vingt-ſixieme ou vingt-ſeptieme partie de la différence entre ces trois eſtimations ſur la paie d'un jour deviendroit inſenſible, & le cuivre ne mérite d'attention qu'autant qu'il reſtreint la quantité d'or. Laiſſons le poids de ces florins du Rhin à 61 grains, & leur titre à 18 karats $\frac{1}{2}$: ils contenoient 46 grains $\frac{1}{18}$ d'or fin, 14 grains $\frac{27}{28}$ de cuivre.

Le Journalier, qui gagnoit en 26 ou 27 journées de travail un pareil florin, recevoit par jour environ 1 grain $\frac{20}{27}$ d'or fin.

FOIBLAGE, terme de monnoie. C'eſt un affoibliſſement du poids des eſpeces, permis par les Ordonnances aux Maîtres ou Directeurs des Monnoies.

Il y a deux ſortes de foiblages: l'un dans les remedes, lorſque le Maître n'excede pas le remede permis; l'autre hors des remedes, lorſqu'il l'excede.

Dans le cas du foiblage dans le remede, les Maîtres ou Directeurs ne ſont tenus qu'à reſtituer au Roi le foiblage, c'eſt à dire, ce qui manque au poids des eſpeces: dans l'autre cas, outre la reſtitution, les Maîtres ſont condamnés à l'amende, & quelquefois à de plus grandes peines, ſuivant la qualité du foiblage. Voyez REMEDE.

FOIBLAGE d'aloi; quand la monnoie n'eſt pas au titre ordonné, & qu'elle n'a pas les degrés de bonté qui ſont preſcrits, on dit alors qu'elle eſt foible d'aloi.

FOILE, monnoie de cuivre qui ſe fabrique & qui a cours en Egypte; on la nomme auſſi *Bulbe* ou *Bulba*. Cette eſpece vaut environ trois deniers; huit foiles font le meidin: il y a des demi foiles.

FONDEUR, Ouvrier qui fond les métaux.

Les Fondeurs compoſent à Paris une Communauté ſous le nom de Fondeurs & Mouleurs en terre & ſable, Boſſetiers, Sonnetiers, Cizeleurs & Fondeurs d'inſtrumens de Mathematique, dont l'art a pour objet de fondre l'or, l'argent, le cuivre, le laiton, le bronze, ou purs, ou alliés: de-là cette Communauté eſt ſoumiſe à la Juriſdiction privative de la Cour des Monnoie, aux viſites de ſes Commiſſaires & des premiers Juges y reſſortiſſans, tant pour la ſituation de leurs fourneaux, que pour le titre des matieres qu'ils fondent; c'eſt le vœu des Ordonnances & des Edits des mois de Janvier & Février 1551, confirmés par ceux des mois de Juin 1635, Décembre 1638 Mars 1645 & 1651.

La Communauté des Maîtres Fondeurs avoit des Statuts dès l'an 1281 qui furent renouvellés, augmentés, corrigés & approuvés par Lettres Patentes de Charles IX, dattées du mois de Janvier 1572, regiſtrées en Par lement le deux Janvier 157?, au Châtelet le huit du même mois & de la même année, & en la Cour des Monnoies le vingt-six Novembre 1640, sur la Requête des Maîtres Fondeurs.

Les Jurés de cette Communauté ayant été érigés en Charge, ainsi que les autres par la Déclaration du mois de Juillet 1691 : ces Charges ont été incorporées & réunies au Corps par Lettres Patentes du neuf Novembre suivant, & il a été ajouté à leurs Statuts quelques articles, dont les principaux concernent les droits de réception des Apprentifs & des Maîtres.

Les ouvrages de cuivre qu'ils peuvent fondre, commencer, parachever, & réparer, sont des croix garnies de leur crucifix, des encensoirs & chandeliers, pour le service & la décoration des Eglises ; tous les ouvrages de cuivre & laiton servans aux harnois de chevaux & mulets, comme bossettes, boucles, &c. ceux propres aux carosses, berlines, litieres tant de dedans que du dehors, des clous de fontes de toutes sortes, des mortiers, cloches, sonnettes, timbres d'horloge ; enfin, tout ce qui peut se mouler & fondre en sable avec le cuivre, le laiton & l'airain.

Police du Corps.   La Communauté est conduite par quatre Jurés, dont deux sont élus chaque année : c'est à eux à faire les visites, & ils doivent avoir un poinçon pour marquer la marchandise visitée.

Chaque Maître ne peut avoir qu'un seul Ouvrier & un seul Apprentif, l'Apprentif doit être engagé au moins pour cinq ans.

Les Fils de Maîtres font leur apprentissage pendant cinq ans chez leur pere : en quelque nombre qu'ils soient, ils n'excluent pas l'Apprentif étranger : celui-ci doit faire chef-d'œuvre pour être reçu à la Maîtrise, les autres ne sont tenus que de simple expérience.

Les Apprentifs des Villes où il y a Maîtrise, sont reçus à celle de Paris, en apportant leurs Brevets d'apprentissage, & en servant quatre ans chez les Maîtres.

Les Veuves restans en viduité jouissent de toutes les prérogatives des Maîtres, hors qu'elles ne peuvent faire d'Apprentifs, mais seulement continuer l'apprentissage commencé.

Les Compagnons de la Ville doivent être préférés aux étrangers en se contentant du même prix qu'eux.

Enfin, aucun Fondeur ne peut fondre ni mouler or & argent que pour les Maîtres Orfévres de Paris & à leur requête.

Les sages précautions, qui ont été prises pour obvier aux abus qui s'ensuivroient, s'il étoit permis à toute sorte de personne de fondre les métaux, de tenir & avoir chez eux des chassis, sable & terre pour mouler & jetter en sable toutes pieces, médailles, figures & autres pieces de curiosité en or ou argent, fin ou allié, cuivre, bronze ou autre métal simple ou mixte, dont on pourroit faire de fausse monnoie en les moulant sur les bonnes même les contrefaire, font contenues dans les Ordonnances dont le détail est ci-après.

En 1640, la Cour des Monnoies permit aux Maîtres Fondeurs, par Arrêt du 26 Novembre » de vendre des poids de marc tant gros, moyens que » menus, de leur façon feulement, pour pefer or & argent, iceux préala- » blement ajuftés par les balanciers, & marqués, tant du poinçon du Maî- » tre Balancier, qui les ajuftera furl'étalon qui leur a été baillé par la Cour » des Monnoies, que marqués du poinçon de fleur-de-lys qui eft au Greffe » d'icelle.

Les Jurés Fondeurs s'oppoferent à cet Arrêt, en ce qu'il y eft dit, que les poids feront préalablement ajuftés par un Maître Balancier & marqués de fa marque, & en refuferent l'exécution ; ils y furent contraints par les Jurés Balanciers qui procederent par faifie de leurs poids : cette faifie fut déclarée bonne & valable par Arrêt de la Cour des Monnoies du 8 Janvier 1641 : les Jurés Fondeurs condamnés aux dépens & en l'amende. Ces der- niers de leur côté fe pourvurent en premiere inftance devant le Prévôt de Paris, où ils obtinrent deux Sentences des cinq & neuf Janvier portant main-levée des faifies.

Sur ces conteftations, le Roi, par Arrêt du Confeil du 17 Septembre fuivant, » a permis aux Fondeurs en terre & fable de fabriquer toutes for- » tes de poids de marc, à condition qu'ils ne pourront en faire vente ou » débit qu'ils n'aient été préalablement ajuftés fur l'étalon qui fera fourni » aux Jurés defdits Fondeurs par le Greffier de la Cour des Monnoies, & » marqués de la fleur-de-lys qui eft au Greffe de ladite Cour : fans dépens » entre lefdits Fondeurs & Balanciers.

Par Arrêt de la Cour des Monnoies du 17 Novembre 1650, il eft or- donné » qu'il fera mis au Greffe d'icelle une table de cuivre, fur laquelle » les Maîtres Fondeurs feront tenus d'infculper leurs poinçons, & fur la- » quelle table fera auffi frappé le poinçon commun de la Communauté pour » y avoir recours quand befoin fera. Fait défenfes à tous Compagnons & » Apprentifs Fondeurs, & à tous autres de travailler en chambre & lieux Pri- » vilegiés fous telle peines que de raifon, leur enjoint de fe retirer chez les » Maîtres ».

Par autre Arrêt du 13 Décembre 1670, la même Cour fait défenfes aux » Fondeurs de fondre aucunes matieres d'or & d'argent pour les ouvrages » des Fourbiffeurs, Orfévres & autres, qu'elles ne foient en maffe ou lingot » marquées du poinçon de l'Orfévre, Affineurs ou autres qui les auront » vendus.

Le Reglement du 30 Décembre 1679, porte, art. 17 : » Seront les Arrêts & Reglemens concernant l'Orfévrerie exécutés felon

» leur forme & teneur ; & ce faifant, feront les Fondeurs & autres qui
» emploient les matieres d'or & d'argent, tenus de faire leurs ouvrages au
» titre, & dans les remedes portés par les Ordonnances.

L'Arrêt de la Cour des Monnoies du 21 Mai 1704, » défend aux Maî-
» tres Orfévres & autres de donner aucunes matieres d'or & d'argent aux
» Maîtres Fondeurs, & aux Fondeurs de les recevoir, qu'en maffe & en
» lingot, qui fera marqué du poinçon defdits Fondeurs ou autres, laquelle
» marque lefdits Fondeurs feront tenus de conferver pendant dix jours,
» pour être repréfentée en cas de faifies, à peine de confifcation defdites
» matieres d'or & d'argent & de cinquante livres d'amende.

Celui de la même Cour du 11 Mars 1730, condamne un Maître Fondeur
en l'amende pour avoir fondu à heure indue ; fait défenfes aux Maîtres Fondeurs & autres fondans des matieres d'or & d'argent, de fondre nuitamment
à peine de trois cens livres d'amende.

Les outils & inftrumens dont fe fervent les Fondeurs des menus ouvrages, font le couroi ou baton à courroyer le fable, la planche de la fabloniere,
fur laquelle il fe courroie, le coupoir pour le couper ; la fabloniere ou coffre à fable, la batte pour le battre quand les moules en font remplis ; le
tranchet de cuivre ou de fer pour dépouiller l'ouvrage & faire les jets ; des
moules ou chaffis à moules, des preffes à vis, des ferres, ou preffes fans vis,
des coins de bois, des creufets avec leurs couvercles ; le mortier aux pelottes, le mailler pour les battre, le fourneau, fon foufflet, fon carreau & fon
fourgon ; la cuiller aux pelottes ; des tenailles ou pinces à crochet, des tenailles communes, des marteaux, des limes, des cizailles ; un établi, & les
petits outils de l'établi, comme le tas, la bigorne, l'étau à main, & quelques autres outils de Serruriers ; un tamis pour tamifer & paffer le charbon,
dont on poudre les moules avant de les couvrir de fable.

Quoiqu'il ne femble pas, par ce que nous avons dit d'abord des ouvrages
permis aux Fondeurs par leurs Statuts, qu'ils en puiffent faire de très confidérables, il y a eu cependant des Maîtres de cette Communauté qui fe font
diftingués par la beauté de ceux qui font fortis de leur fonderie : tel a été
fur la fin du dix-feptieme fiecle Pierre le Clerc, & depuis fes Enfans qui
ont fondu pour l'Eglife Métropolitaine, & pour plufieurs autres Eglifes de
Paris & des Provinces, des Aigles ou Pupitres, des Lampes, des Taberna-
cles, des Croix & des Chandeliers d'un poids & d'un deffein au-deffus de
tout ce qu'on avoit vu jufqu'alors en ce genre.

Ce n'eft pas dans les Fonderies de Paris que fe jettent les grands Ouvrages
de bronze : les Sculpteurs, ou autres perfonnes qui les entreprennent,
choififfent à leur gré les Fondeurs, foit parmi les François, foit parmi les
Etrangers.

Procedé des Fondeurs dans la fonte des menus Ouvrages.

Le fable que les Maîtres Fondeurs de Paris emploient pour leur fonte, se prend aux fablonieres de Fontenay à deux lieues de cette Capitale : il est d'abord d'une couleur tirant sur le jaune, fort doux & un peu gras. Lorsqu'il a servi il devient noir à cause du charbon en poudre, dont on se sert pour les moules.

Chaque fois qu'on veut se servir de ce fable, on le courroie à plusieurs reprises sur une planche large environ d'un pied qui porte sur les bords d'une espece de coffre ou bahut aussi de bois dans lequel ce fable est enfermé, & où il retombe à mesure qu'il est courroyé ; ce courroi se fait avec un bâton ou cylindre long de deux pieds, & d'environ deux pouces de diametre, & une espece de couteau fait d'une lame d'épée rompue emmanchée de bois par un bout, dont on se sert alternativement en le recoupant avec le couteau, quand il a été plusieurs fois passé sous le rouleau.

Tandis qu'un Compagnon courroie le fable, un autre prépare les moules en plaçant sur une planche de longueur & de largeur proportionnée à la quantité & à la forme des ouvrages qu'on veut fondre, les modeles en bois ou en cuivre, dont le fable doit recevoir l'empreinte. Au milieu de la planche, & dans toute sa longueur, se met une moitié de petit cylindre de cuivre qui doit faire le maître jet pour couler le métal, en observant qu'il touche d'un bout le bord de la planche, & qu'il aille de l'autre jusqu'au dernier modele qui y est placé.

Au jet du milieu aboutissent aussi plusieurs petits jets de traverse pareillement de cuivre pour porter le métal également par-tout.

Lorsque tout est ainsi disposé sur la planche, on y met un chassis de bois d'un pouce environ de largeur & d'une hauteur convenable à l'élévation des modeles ; ensuite on couvre légerement la planche, & les modeles de charbon pulvérisé & passé au tamis, pour qu'ils se puissent lever plus aisément de dessus le fable auquel ils s'attacheroient sans cette précaution, à cause qu'on l'emploie un peu humide : cete poudre mise, on remplit tout le chassis de fable qu'on applatit & qu'on presse fortement avec une espece de barre de bois de figure triangulaire.

Ce premier chassis ainsi fini, on le renverse pour en dépouiller les pieces, c'est-à-dire, pour les tirer du fable, ce qui se fait en les cernant un peu tout au tour avec un petit instrument de fer plat, coupant par un bout qu'on appelle une tranche.

On travaille tout de suite à la contre-partie du moule dans un chassis tout semblable au premier à la réserve qu'il a des chevilles, qui entrant dans des trous qui font à l'autre chaffis, font, quand ils font joints, que les cavités du modele que doit remplir le métal, fe trouvent parfaitement oppofées l'une à l'autre.

A mefure que les chaffis font ainfi modélés, ils fe portent au Fondeur qui, ayant avec une tranche de cuivre, augmenté dans la contre partie le maître jet, & joint aux modeles les jets de traverfe dans tous les deux, les foupoudre de folle farine, & les met fécher fur le fourneau.

Quand les deux pieces du moule font fuffifamment féches, elles fe joignent par le moyen des chevilles & afin qu'elles ne puiffent s'écarter par la violence du métal qui doit y entrer tout enflammé par une ouverture ménagée à l'endroit du maître jet, on le ferre dans des preffes, les unes à vis fi les moules ne font pas épais, & les autres à coins qui fe nomment des ferres, s'ils le font trop pour entrer dans les preffes à vis.

Les ferres font de forts chaffis de bois, qu'on met au bout de chaque moule, & dans lefquels on les maintient auffi unis par le moyen des coins auffi de bois, qu'on ychaffe avec autant de force qu'il en eft befoin, enforte néanmoins que le fable de dedans ne puiffe en être ébranlé, les moules auffi en preffe s'arrangent auprès du fourneau pour être plus à portée de recevoir le métal au fortir du creufet.

Pendant que ces trois Ouvriers préparent de la forte leurs moules, on met le métal en fufion dans un creufet de terre de dix pouces de hauteur & de quatre de diametre : le fourneau qui fert à cette fonte eft affez femblable en plufieurs de fes parties à la forge des Maréchaux & des Serruriers : il a, comme elle, une cheminée au-deffus pour la fumée, un foufflet à un côté pour exciter le feu, & un maffif où fe met le creufet ; c'eft proprement dans l'ufage de ce dernier que confifte toute la différence du fourneau & de la forge.

Au milieu de ce maffif, eft une cavité quarrée de dix à douze pouces de large qui perce jufqu'au fonds : elle eft partagée en deux par une grille de fer, la partie fupérieure fert à mettre le creufet & le charbon, l'inférieure reçoit les cendres.

Quand le charbon, qui doit être du bois bien fec, eft raifonnablement allumé, on place au milieu le creufet rempli de métal, on le couvre d'un couvercle auffi de terre ; & pour augmenter l'ardeur du feu qu'on excite par le vent du foufflet, on met encore un carreau de terre fur une partie de la cavité où eft renfermé le creufet.

Lorfque le métal fe met en fufion, on remplit le creufet de pelottes de cuivre battues dans un mortier ; & pour les y mettre, on fe fert d'une efpece de cuiller de fer à long manche, faite par le bout en forme de cylindre creux dont l'extrêmité eft ouverte pour que la pelotte en coule plus aifément.

Lorfque la fufion eft en état, le Fondeur qui eft le troifieme des Ouvriers dont

dont on vient de parler, prend le creuſet tout en feu, & le porte aux moules avec des tenailles de fer dont les tenaillons ſont recourbés en figure ſphérique, pour mieux embraſſer le haut du creuſet.

Le métal ſe coule par l'ouverture qui aboutit au maître jet de chaque moule, le Fondeur les parcourant tous ſucceſſivement juſqu'à ce que le creuſet reſte vuide, ou du moins qu'il n'y ait point aſſez de matiere pour emplir un nouveau moule. La fonte finie, un quatrieme Compagnon, qui eſt auſſi celui qui prépare & qui bat les pelottes pour le creuſet, jette de l'eau fraîche dans les moules pour affiner le cuivre, & preſqu'aſſitôt après tire les chaſſis des preſſes, & débarraſſe l'ouvrage du ſable qu'on courroie de nouveau pour en faire d'autres moules.

Les Fondeurs ſe contentent de couper les jets des ouvrages qu'ils ont jettés, & les vendent ſans les réparer à ceux qui les ont commandés & aux divers Ouvriers qui en ont beſoin.

Des Fondeurs en bronze, & de la maniere de jetter les Statues & autres grands ouvrages de cuivre.

Les Fondeurs Lorrains ſont ceux de l'Europe qui ſont le plus en réputation pour ces ſortes d'ouvrages : cependant on a vu ſortir des fonderies Françoiſes & des mains des Ouvriers de la Nation, d'auſſi excellens morceaux ſoit pour l'artillerie, ſoit pour les cloches, ſoit pour les ſtatues.

A l'égard des ouvrages de ſculpture, ceux qui ont été jettés à Paris ſur les modeles & ſous l'inſpection des Girardon, des Déjardin, des Coyzeveaux, des Bouchardon, & de tant d'autres habiles Sculpteurs ſeront toujours dignes d'admiration.

Les métaux qu'on emploie à ces ſortes d'ouvrages ſont le cuivre, le bronze & la fonte ; ces deux derniers ne ſont pas des métaux naturels, mais un mêlange de pluſieurs métaux fondus enſemble, où il entre auſſi quelques autres matieres.

De la fonte des Statues.

Trois choſes ſont principalement néceſſaires pour jetter en bronze des ſtatues, des bas reliefs, des vaſes & autres ouvrages de ſculpture, ſavoir, le noyau, la cire & la chape.

Le noyau qu'on appelle auſſi l'ame, parcequ'il ſe trouve dans le centre de la Statue, & qu'il la ſoutient, eſt une figure informe, mais approchante de celle qu'on veut jetter : on la dreſſe ſur une grille de fer forte ſelon le poids de la Statue, & en dedans on la fortifie par pluſieurs barres & verges auſſi de fer, à qui on donne à peu-près les mêmes contours que doit avoir l'ouvrage.

Ce noyau ſe peut faire de deux ſortes de matiere au choix du Fondeur ; l'une compoſée de terre à Potier mêlée de fiente de cheval & de bourre, l'autre de plâtre & de brique bien battue & bien paſſée.

On fe fert du noyau dans les Statues, pour en diminuer le poids & en épargner le métal : dans les cloches il occupe tout le dedans , & conferve ce vuide où fe fufpend le battant & qui leur donne le fon : dans les pieces d'artillerie, fi ce font des canons , il fait ce canal intérieur, qui perçant depuis la bouche jufqu'à la culaffe, fert à les charger ; fi ce font des mortiers , il ménage le lieu où fe met la bombe, & la chambre où fe met la poudre.

La cire eft la repréfentation de la Statue , telle qu'on veut qu'elle foit en bronze au fortir du moule ; ce qui s'entend auffi pour les autres ouvrages que l'on deftine à la fonte, & où la cire a coutume d'être employée. Si ce font des ouvrages de fculpture, la cire doit être toute de la main du Sculpteur, qui la travaille ordinairement fur le noyau même : on peut néanmoins la travailler à part dans des creux moulés fur le modele qu'on arrange enfuite fur la grille, & autour des barres de fer ; rempliffant le vuide qui refte au milieu avec du plâtre & de la brique liquide , ce qui forme le noyau à mefure que le Sculpteur éleve fes cires encore enfermées dans les chapes.

Quand la cire qui doit être de l'épaiffeur qu'on veut donner au métal eft achevée & bien réparée, on y attache du haut en bas , & toujours perpendiculairement des tuyaux auffi de cire qui fervent à faire les jets & les évents ; les jets pour porter le métal à toutes les parties de l'ouvrage, & les évents pour donner iffue à l'air qui cauferoit de grands défordres dans les cavités, s'il s'y trouvoit enfermé quand le métal enflammé & liquide y tombe avec impétuofité.

L'ouvrage en cet état n'a plus befoin que d'être couvert de fa chape.

Il ne faut pas oublier que c'eft fur le poids de la cire qui a été employée, que fe proportionne celui du métal , en mettant dix livres de ce dernier pour chaque livre de l'autre, & en y ajoutant quelques-unes de plus pour le déchet, fuivant la grandeur de l'ouvrage.

La chape eft une efpece d'enduit ou de croute dont on couvre toute la cire , & qui étant d'une matiere molle & même d'abord liquide, en prend & en conferve l'empreinte & les contours qu'elle doit enfuite communiquer au métal , quand il prend la place de la cire entre la chape & le noyau.

La matiere dont on fait cet enduit, change à mefure qu'on met différentes couches. D'abord c'eft une compofition de potée & de ciment de vieux creufets bien broyés & bien tamifés, à qui l'on donne avec de l'eau la confiftance des couleurs propres à peindre, auffi fe fert-on du pinceau pour l'appliquer à fept ou huit reprifes, mais jamais que les premieres couches ne foient parfaitemnt féches.

A cette premiere impreffion en fuccede une autre, & encore une troifieme auffi au pinceau : la feconde impreffion fe fait en ajoutant à la premiere compofition, de la terre franche & de la fiente de cheval, la troifieme feulement avec de la fiente de cheval & la terre franché.

Enfin la chape s'acheve, en mettant à la main, à la façon des Maçons, plusieurs enduits de cette derniere matiere fort épaissie, suivant qu'il convient
à la force & à la grandeur de l'ouvrage.

La chape, quand elle est ainsi finie, s'assure & se fortifie par plusieurs bandes de fer plat qui l'environnent à six pouces de distance l'une de l'autre, &
qui s'attachant par en bas à la grille qui est sous la Statue, & par en haut à
un cercle aussi de fer où elles aboutissent toutes, sont encore bandées & serrées
par plusieurs autres cercles dans toute leur hauteur.

Il faut remarquer que si les Statues qu'on veut jetter sont d'un volume &
d'un poids trop grand, pour qu'on ne puisse remuer le moule après qu'il est
fait, il faut le travailler dans le lieu même où il doit être fondu. On le peut
faire de deux manieres, dont l'une qui est l'ordinaire & de moindre dépense,
a été pratiquée à Paris, pour la Statue de la Place des Victoires, & l'autre qui
engage à de grands frais a servi pour fondre la Statue Equestre de la Place de
Vendôme, les deux plus grands ouvrages de bronze qui aient été fondus par
les Statuaires, depuis ces siecles si heureux pour les beaux arts, où Rhodes
& ensuite Rome ont vu ces colosses qu'on met au nombre des merveilles du
monde, & qu'on croit à peine sur la foi de tant d'Auteurs celebres qui en
ont parlé.

La premiere maniere de placer un moule, consiste à creuser dans la terre
un trou carré beaucoup plus haut que le moule qu'on doit faire, & d'en re-
vêtir les côtés intérieurs avec des murs de grai & de brique : ensuite il se
fait au fonds de ce trou, & des mêmes matériaux une espece de fourneau
qui doit avoir son ouverture en dehors pour pouvoir allumer & entretenir
le feu qui doit servir à fondre la cire & à sécher le moule : sur les arcades de
ce fourneau, se place la grille faite avec de grosses barres de fer sur quoi doit
se travailler le moule, tel qu'on l'a ci-dessus expliqué. Enfin sur un des bords
du carré, à quelques pouces d'élévation, on construit un autre grand fourneau pour la fonte du métal, comme on le dira par la suite.

Pour l'autre maniere, il suffit de travailler le moule au rez de chaussée de
l'attelier, avec la même précaution pourtant d'un fourneau & d'une grille
au-dessous : mais quand il est achevé, il faut l'enfermer entre quatre murailles de grai & de brique, bien soudées & bien soutenues de puissans arcs-
boutans : on éleve ensuite à l'un des côtés un massif de même matiere pour y
construire le fourneau à fondre, ensorte que c'est en quelque façon travailler en l'air ; voilà la seule différence des deux pratiques, le reste étant tout
semblable, & c'est ce qu'on va continuer d'expliquer.

Lorsque le moule est achevé & enfermé entre les murailles, soit du trou fait
dans la terre, soit de l'élévation construite pour lui en tenir lieu, on allume
un feu modéré dans le fourneau de dessous, & l'on couvre le trou de planche,

afin que la cire puiſſe fondre doucement & s'écouler par les conduits que l'on a ménagés au pied du moule qu'on ferme enfuite exactement avec de la terre quand toute la cire en eſt ſortie , ce qui ſe connoît , ſi elle rend un poids à peu-près pareil à celui que le Sculpteur a employé.

Après cela l'on emplit tout le trou de briques jettées au hazard, & l'on augmente le feu du fourneau , juſqu'à ce que & les briques & le moule deviennent toutes rouges ; ce qui ſe fait ordinairement en vingt-quatre heures, & lorſque le feu eſt éteint & que tout eſt refroidi, l'on ôte les briques à la place deſquelles on met de la terre un peu moite qu'on bat & qu'on éleve juſqu'au haut du moule , afin de l'affermir encore davantage.

Les choſes en cet état, il ne reſte plus qu'à fondre le métal , & à le couler, & c'eſt à quoi ſert le fourneau d'en haut.

Ce fourneau en forme de four eſt fait avec de la terre franche & des tuilaux , & avec trois ouvertures , l'une pour y mettre le bois , l'autre pour ſervir d'évent , & la troiſieme par où doit couler le métal.

On pratique depuis cette derniere ouverture qu'on tient bien fermée pendant que le bronze eſt en fuſion , une eſpece de petit canal par lequel le métal fondu puiſſe ſe communiquer à l'échêne , c'eſt-à-dire , à un grand baſſin de terre qui eſt au-deſſus du moule, au fonds duquel aboutiſſent les groſſes branches des jets qui doivent ſervir à le porter dans toutes les parties du moule.

Il faut remarquer que ces jets ſont toujours terminés par des godets auſſi de terre que des Ouvriers de la fonderie tiennent exactement bouchés avec des quenouillettes , afin qu'à l'ouverture du fourneau , le bronze qui en ſort comme un torrent de feu, n'y entre que lorſque l'échêne eſt aſſez rempli de matiere pour couler dans tous les godets à la fois ; ce qui arrive lorſque les Compagnons Fondeurs levent ces quenouillettes qui ſont de longues verges de fer avec une tête à un bout auſſi de fer , capable d'occuper tout le diametre de chaque godet.

On appelle un *perrier* le long morceau de fer emmanché au bout d'une perche dont on ſe ſert pour déboucher le trou du fourneau & donner iſſue au métal qui, en un moment remplit le moule & acheve l'ouvrage, au moins pour ce qui regarde le miniſtere du Fondeur , le reſte étant de l'art du Sculpteur qui , quand la figure eſt débaraſſée de la terre & du moule qui l'environne , en ſcie les jets dont elle paroît toute couverte comme un corps de ſes veines , & la repare avec les inſtruments convenables à ſon art, comme ſont les burins, les échopes, les cizelets, les poinçons, les rifloirs, &c.

De la fonte des Cloches.

Tout ce qu'on vient de dire de ce qui s'obſerve pour jetter des Statues en bronze, convient auſſi avec proportion à la fonte des cloches : voici ce qui leur eſt particulier.

Premierement, le métal eſt différent, n'y entrant aucun étain dans celui des Statues, & y en ayant un cinquieme dans le métal des cloches : en ſecond lieu le noyau & la cire des cloches, du moins ſi c'eſt un accord de pluſieurs cloches qu'on veuille fondre, ne ſe font pas au hazard, ni au gré de l'Ouvrier, ils doivent ſe meſurer par le Fondeur ſur la brochette, ou échelle campanaire qui ſert à leur donner la hauteur, l'ouverture & l'épaiſſeur convenables à la diverſité des tons qu'on veut qu'elles aient.

Il n'eſt pas néceſſaire d'avertir, que c'eſt ſur la cire que ſe travaillent les moulures & autres ornemens, & que ſe grave en relief les inſcriptions qu'on trouve à propos d'y mettre.

Les différentes parties de la cloche ſont les anſes, le cerveau, les fauſſures & les panſes.

Les anſes ſont ces eſpeces d'anneaux ou de liens fondus en même tems que la cloche, par leſquels on la ſuſpend dans le béfroi. Le cerveau c'eſt le haut de la cloche par où les anſes tiennent, & où par dedans eſt l'anneau auquel s'attache le batant ; les fauſſures ſont les endroits recourbés en dehors d'où la cloche commence à s'élargir ; & les panſes ſont les bords ſur leſquels ſe fait la percuſſion du battant ; à l'égard du battant, il ne fait pas partie de la cloche, mais ſert à en tirer du ſon.

En Europe, le battant eſt de fer avec une groſſe tête au bout par l'endroit qu'il doit frapper les panſes, & il eſt ſuſpendu au milieu de la cloche afin qu'à chaque vibration, lorſqu'elle a été miſe en branle, il redonne de nouveaux coups qui augmentent par la force du mouvement.

Dans la Chine, ce n'eſt qu'un peſant marteau de bois avec lequel on frappe deſſus la cloche à force de bras, ce qui fait qu'on n'y peut avoir ces accords de cloches où les Connoiſſeurs trouvent tant d'harmonie, & que l'on eſtime ſi fort à Paris dans celles de l'Egliſe Métropolitaine, auſſi bien que dans celles de l'Abbaye de Saint Germain des Prés. Les Chinois ont une pratique extraordinaire, pour augmenter le ſon des cloches qui conſiſte à y laiſſer un trou au-deſſous des anſes, ce que nos Fondeurs regarderoient comme un défaut.

Les proportions des cloches de l'Europe & celles de la Chine ne ſont pas ſemblables ; en Europe même, il y en a de différentes ; le Pere le Comte & le Pere Verbieſt ont donné les meſures de celles de la Chine dans leur Relation ; pour les nôtres les proportions modernes, ſont de donner à leur diametre quinze fois l'épaiſſeur du bord, & douze à la hauteur.

Fonte des Pieces d'Artillerie.

La fonte des canons, des mortiers, ou autres pieces d'Artillerie eſt, comme on l'a dit des cloches, aſſez ſemblable à celles des ſtatues, ſur-tout pour ce qui regarde le noyau, la cire, la chape, les fourneaux, &c. A l'égard du métal, il eſt différent de celui des uns & des autres, y ayant dans le métal des canons un mélange d'étain, ce qui n'eſt pas dans celui des ſtatues, & n'y entrant que la moitié de l'étain que l'on met pour les cloches ; c'eſt-à-dire, ſeulement dix livres pour chaque cent de cuivre. A l'égard des proportions des diverſes pieces d'Artillerie, nous nous contenterons, afin d'en donner ſeulement une idée, de dire quelque choſe des proportions d'un canon de trente-quatre livres de bale.

Ses parties ſont la bouche, le colet, la culaſſe, le noyau, les anſes & les tourillons. Le canon va toujours en augmentant de diametre extérieur, depuis le colet juſqu'à la culaſſe, afin de fortifier cet endroit où ſe fait le plus grand effet de la poudre, de ſorte que ſi le colet a deux pouces d'épaiſſeur de métal, la culaſſe en a ſix.

La longueur ſe meſure par calibre, c'eſt-à-dire, par le diametre de la bouche ; ſix pouces d'embouchure demandant vingt calibres de longueur, ce qui revient à dix pieds. On donne toujours deux lignes ou environ pour l'évent du boulet.

Les anſes ſont embellis de divers ornemens de ſculpture, comme de dauphins, de ſerpens & de dragons. La culaſſe eſt auſſi chargée de ſemblables embelliſſemens, & finit ordinairement par des muffles de lion, des hures de ſanglier, ou des têtes d'autres animaux redoutables, quelquefois ſimplement par des fleurons, ou des moulures.

Enfin, on grave en relief en pluſieurs endroits du fuſt du canon les armes du Prince ſous le regne duquel la piece a été fondue, l'année de la fonte, & quelque légende ou inſcription convenable à la terreur que peut inſpirer, ou aux autres effets que peut produire un machine ſi meurtriere.

La légende gravée ſur les canons de France eſt très énergique, on la lit ainſi : *Ultima ratio Regum.*

FONDRE. Se dit des métaux, ſoit qu'on les mette à la fonderie lorſqu'ils ſont encore renfermés dans la pierre de mine ou globe minérale pour les en ſéparer par le moyen du feu, ſoit qu'en ayant été ſéparés, purifiés & réduits en barres, en lingots, en ſaumons, en navettes, ſuivant la différence des métaux, on les veuille de nouveau liquéfier dans des creuſets pour les employer à divers ouvrages. Voyez aux articles de chaque métal la maniere de les fondre.

FONTE. Efpece de cuivre mélangé d'autres métaux, dont la plus grande partie doit être de cuivre rouge.

Il n'y a proprement point de différence entre le bronze & la fonte, ou du moins ce n'eft que le plus ou le moins d'alliage qui en puiffe mettre.

L'alliage ordinaire de l'un & de l'autre eft l'étain & quelquefois le plomb : il eft vrai cependant qu'il ne doit entrer ni de l'un ni de l'autre dans le meilleur bronze dont on fait les ftatues, & qu'il doit être compofé de moitié de cuivre rouge ou de rofette, & moitié de cuivre jaune ou léton.

L'alliage d'étain dans la fonte fe met fuivant les différens ouvrages auxquels elle eft deftinée. Pour les canons de fonte on met dix ou douze livres d'étain fur cent livres de cuivre rouge ou airain : pour les cloches, vingt ou vingt quatre livres, à quoi on ajoute deux livres d'antimoine pour rendre le fon plus doux, & on en met feulement trois ou quatre livres pour les uftenfiles de cuifine. La fonte verte fe fait avec le cuivre tel qu'il vient de la mine & peu d'étain, ce cuivre fe nomme *Polofum*.

FONTE. Action par laquelle on liquéfie au feu diverfes matieres, entr'autres les métaux, le verre, quelque minéraux, &c.

Pour faire la fonte de l'or & de l'argent dans les Hôtels des Monnoies, on fe fert de creufets de terre pour l'or, & de fer pour l'argent. On y emploie auffi deux fortes de fourneaux, dont l'un s'appelle fourneau à vent, & l'autre fourneau à foufflet. *Voyez* CREUSET & FOURNEAU.

FONTE GENERALE DES MONNOIES, fe dit de la fonte de toutes les efpeces qui ont cours dans un Etat, lefquelles le Prince décrie & ordonne qu'elles feront portées à l'Hôtel des Monnoies pour être fondues & fabriquées en de nouvelles efpeces, qui doivent feules être reçues dans le Public, après le tems & les délais portés par les Edits & Déclarations qui ordonnent la fonte générale.

La fonte générale des monnoies eft différente de la converfion générale des efpeces, qui, dans ce cas font feulement reformées & marquées de nouvelles empreintes, & non pas fondues comme dans la fonte générale.

La derniere fonte générale a été faite en 1726, en conféquence de l'Edit du mois de Janvier de la même année.

L'Ordonnance des Généraux des Monnoies du 25 Novembra 1421, défend de fondre monnoies ne autres matieres fans permiffion de ces Officiers, fous peine d'amende.

Celle de 1425 fait défenfes fous peine de confifcation de corps & de biens, de difformer & de fondre les efpeces de monnoies.

L'Ordonnance de Charles VIII, donnée à Orléans le 31 Août 1493, porte : » Nul, de quelqu'état qu'il foit, ne foit fi hardi de fondre ou affiner aucune monnoie, foit des nôtres, ou autres défendues, ni aucune

» matiere d'or ou d'argent, finon en nos Monnoies, & pour l'ouvrage d'i-
» celles, fans le congé de Généraux ».

L'Arrêt du Confeil du quinze Octobre 1572, fait défenfes aux Orfévres
de fondre monnoie fur les peines de droit.

La Déclaration du 14 Décembre 1689, défend aux Orfévres & autres
Ouvriers qui travaillent en argent, de fondre ou difformer aucune efpece
de monnoie pour employer à leurs ouvrages.

L'Edit du mois d'Octobre 1693 fait défenfes aux Orfévres de fondre
monnoies décriées ou non, à peine de galeres à perpétuité.

L'Arrêt du Confeil du dix-fept Janvier 1696, fait défenfes à tous Orfévres Jouailliers, & autres Ouvriers travaillans en or & en argent, de fondre
ou difformer aucune efpece de monnoie décriée ou ayant cours, à peine des
galeres à perpétuité.

Autre Arrêt du Confeil du 28 Juillet 1699, regiftré en la Cour des Monnoies le 19 Août fuivant, par lequel il eft défendu à tous Orfévres Jouailliers, Chaudronniers & autres Ouvriers de quelque qualité & condition
qu'ils puiffent être, de fondre ou difformer aucunes efpeces de monnoie décriées ou ayant cours, foit d'or, d'argent, billon où cuivre pur, à peine des
galeres à perpétuité & d'amende, qui ne pourra être moindre du double de
la valeur des efpeces fondues.

L'Edit donnée à Marly au mois de Septembre 1701, regiftré en la Cour
des Monnoies le dix-fept, renouvelle les défenfes aux Orfévres de fondre
monnoies décriées ou non, à peine des galeres à perpétuité, conformément
à l'article feize de l'Edit du mois d'Octobre 1693. Voyez au mot ESPECES la
Déclaration du 7 Octobre 1755.

FORÇAGE, terme de Monnoie. On entend par ce mot l'excédent du
poids reglé pour les efpeces, c'eft-à-dire, ce qu'il y a de plus que le poids
permis. Le forçage eft en pure perte pour les Directeurs des Monnoies, le
Roi ne leur en tient point compte, & ce conformément à l'Ordonnance de
1554, dans laquelle il eft dit : » fi ès boîtes fe trouvent aucuns deniers
» forts de poids, ou larges de loi au-deffus de l'Ordonnance, ne fera d'i-
» celui forçage & largeffe, aucune chofe allouée en la dépenfe des états des
» Maîtres.

Le terme de forçage eft toujours employé pour exprimer le poids, & celui de largeffe pour exprimer la loi ou le titre des efpeces, ainfi on dit forçage de poids, largeffe de loi.

FOURBISSEUR, qui fourbit & éclaircit les épées, qui les monte & qui
les vend.

Il y a à Paris une Communauté de Maîtres Fourbiffeurs. Cette Communauté eft foumife à la Jurifdiction de la Cour des Monnoies, en ce qui
regarde

regarde le titre des matieres d'or & d'argent, qu'il leur est permis d'employer par Lettres Patentes de l'année 1627.

L'Arrêt de la Cour des Monnoies du 13 Décembre 1670, défend à tous Fourbisseurs de tenir en leurs boutiques, ni vendre aucuns ouvrages d'or ou d'argent qu'ils ne soient au titre porté par l'Ordonnance; savoir, l'or à vingt-un karats trois quarts au moins, & l'argent à onze deniers dix grains, dont ils demeureront responsables.

L'article XVII du Reglement général du 30 Décembre 1679, leur prescrit d'envoyer leurs ouvrages à la marque, & les délinquans, tant au titre que pour le défaut de marque, condamnés en cinquante livres d'amende pour la premiere fois, outre la confiscation des ouvrages, & cent livres pour la seconde fois, & interdits de la Maîtrise à la troisieme fois, sans que ces peines puissent être modérées, ni remises sous quelque prétexte que ce soit.

L'article XVIII du même Reglement, conformément à l'Ordonnance de 1506 article VIII, & au Reglement du mois de Mars 1554 article X, ordonne aux Fourbisseurs d'avoir leurs forges & fourneaux scellés en plâtre dans leurs boutiques & sur rue : défenses à eux, à peine de punition exemplaire, de fondre & de travailler ailleurs qu'en leurs boutiques sous quelque prétexte que ce soit, & aux heures portées par les Ordonnances.

L'Arrêt de la Cour des Monnoies du dix Janvier 1676, leur défend, ainsi qu'aux Fondeurs, Orfévres & autres Ouvriers de faire, ni de se servir d'aucuns modeles d'argent qui ne soient au titre.

Conformément à l'Arrêt de la même Cour du 10 Décembre 1681, les Fourbisseurs ont un poinçon qu'ils sont obligés de faire insculper sur la table de cuivre, qui est au Greffe de cette Cour.

Et suivant celui du 10 Décembre de la même année 1681, les Maîtres Fourbisseurs qui travaillent en or & en argent, sont tenus d'en faire leur déclaration au Greffe.

Arrêt du 27 Novembre 1715, rendu sur le requisitoire du Procureur Général en la Cour des Monnoies, qui ordonne que les insculpations des poinçons des Fourbisseurs se feront en présence d'un Conseiller & d'un Substitut dont sera dressé procès verbal, sans néanmoins qu'il puisse être pris desdits Fourbisseurs un plus fort droit pour chaque insculpation que trois livres, ainsi qu'il a été payé par eux jusqu'à présent.

Le trois Septembre 1710 la Cour des Monnoies, enregistra les Lettres Patentes obtenues par les Maîtres Fourbisseurs de Paris le 24 Mai 1707, adressantes au Parlement & à la Cour des Monnoies, par lesquelles, pour les causes y contenues, les Offices de Contrôleurs, Visiteurs de Poids & Mesures, & de Greffier des enregistremens des Brevets d'apprentissage, Lettres de Maîtrises & autres, auroient été unies à cette Communauté en payant les fommes y portées : & pour maintenir la difcipline dans ladite Communauté, il fut ordonné l'exécution des quatorze Articles fuivans, en forme de Statuts & de Reglemens.

ARTICLE PREMIER.

» Qu'il foit reçu dans ladite Communauté deux Maîtres fans qualité » par chacun an, jufqu'à l'entier rembourfement des deniers empruntés » par ladite Communauté pour le fervice de Sa Majefté, en exécution des » Edits des mois de Mars 1694, Mars 1695, Juillet 1702, Janvier & » Août 1704, fans que les fommes qui proviendront de la réception defdits Maîtres fans qualité puiffent être employées à d'autres ufages.

II.

» Tous les Anciens qui feront appellés au Bureau pour vifiter les chefs-d'œuvres feront tenus de s'y trouver, finon déchus de leurs droits qui » demeureront au profit de ladite Communauté, s'il eft ainfi ordonné par » le Lieutenant Général de Police, defquels droits lefdits Jurés Gardes fe » chargeront en recette, pour en répondre en leur propre & privé nom, » Voulons que, dans toutes les Affemblées qui feront convoquées audit » Bureau, chacun des Anciens, Modernes & Jeunes qui y feront mandés, » donne fa voix à fon tour fuivant le rang de fa réception à la Maîtrife, & » que ceux qui y cauferont quelque trouble ou y manqueront de refpect, » foient privés defdites Affemblées, de l'Ordonnance dudit Lieutenant » Général de Police.

III.

» Les Afpirans à la Maîtrife feront conduits par un Ancien à fon tour, » fuivant l'ordre du tableau des Maîtres de ladite Communauté, à moins » que l'Afpirant ne fût Apprentif d'un Ancien, auquel cas ledit Ancien » pourra le conduire fans être déchû des droits qui lui appartiendront comme caution.

IV.

» Il y aura au Bureau de ladite Communauté des regiftres bien & duement paraphés par premier & dernier, par le Lieutenant Général de Police pour y enregiftrer les réceptions des Maîtres & des Apprentifs, les » ouvertures de boutique, lettres de jurande, poinçons, tranfports de » brevets contracts paffés au profit des Créanciers de ladite Communauté, rembourfement defdits contracts, reddition de compte, délibérations, la recette, en détail des droits de vifites & généralement toutes » les affaires qui concerneront ladite Communauté, leur défendant de laiffer dans lefdits regiftres aucuns feuillets en blanc, & feront les Contre-

» venans condamnés en la somme de cinquante livres envers ladite Com-
» munauté, ou telle autre que ledit Lieutenant Général de Police estimera
» convenable.

V.

» Les Jurés sortans de Charge, seront tenus la premiere année après leur
» Jurande, d'assister les Jurés qui leur succéderont & d'être présens à tous les
» actes qui seront passés au Bureau sous pareilles peines contre les contreve-
» nans, sans qu'il soit attribué autres droits auxdits Jurés sortans, que
» l'exemption des droits de visites pendant ladite année seulement comme il
» s'est toujours pratiqué.

V I.

» Il sera fait un inventaire de tous les papiers & autres effets qui seront
» trouvés au Bureau de ladite Communauté, dont les Jurés, tant présens
» qu'à venir, se chargeront successivement sur un registre aussi duement signé
» & paraphé par premier & dernier par ledit Lieutenant Général de Police,
» & ils en seront déchargés à côté de l'article qui les chargera, après qu'ils
» en auront rendu un fidele compte, conformément audit inventaire à la fin
» de leur Jurande.

V I I.

» Les visites seront faites en la maniere ordinaire, & les Jurés tenus de
» compter de la totalité desdits droits, suivant le Catalogue des Maîtres
» de ladite Communauté, conformément à notre Déclaration du 3 Mars
» 1693 & Arrêts de notre Conseil du 14 Juin 1696, & faute par aucun
» desdits Maîtres & Veuves de payer lesdits droits, ils seront déchus de
» la Maîtrise, s'il est ainsi ordonné par le Lieutenant Général de Police.

V I I I.

» Les Jurés Gardes de ladite Communauté seront tenus de se rendre au
» Bureau tous les Jeudis de chaque semaine s'il n'est pas fête, sinon le len-
» demain, & y demeurer depuis trois heures après midi jusqu'à six heures
» du soir, pour agir sur tout ce qui concerne ladite Communauté; leur dé-
» fendons d'emporter les deniers, papiers & autres effets chez eux à peine
» de cent cinquante livres, dont cinquante livres envers le Roi, pareille
» somme au profit de ladite Communauté & le surplus pour le Dénon-
» ciateur, & seront tous lesdits deniers, papiers & effets déposés dans l'ar-
» moire du Bureau sous les quatre clefs ordinaires, à peine de pareille som-
» me applicable comme dessus.

I X.

» Toutes les dépenses qui seront faites par les Jurés sans une Délibéra-

» tion arrêtée au Bureau de ladite Communauté seront nulles &. en pure
» perte pour ceux qui les auront ordonnées.

X.

» Et d'autant que les Maîtres Fourbisseurs ont la faculté, conformément
» à l'article XVIII du Reglement de l'Orfévrerie du 30 Décembre 1679, de
» fondre & apprêter les matieres d'or & d'argent; & qu'il seroit entierement
» impossible d'arrêter le cours des fraudes & malversations qui se commet-
» tent à ce sujet, qu'en ôtant toute occasion & prétexte aux faux Ouvriers
» de travailler dans les lieux privilégiés, ou prétendus tels, ordonnons
» conformément à l'Arrêt de notre Conseil du 18 Mars 1684, & à notre
» Déclaration du 28 Juin 1705, concernant le corps des Marchands Or-
» févres & la Communauté des Maîtres Graveurs de la Ville de Paris;
» que tous Compagnons Fourbisseurs qui se font refugiés dans les Cloîtres,
» Hôtels, Prieurés, Colleges & autres lieux, & notamment dans l'enclos
» du Temple de Saint Denis de la Chartre, de Saint Jean de Latran &
» de l'Abbaye de Saint Germain, seront tenus huitaine après la publication
» des présentes duement registrées en notre Parlement de Paris, de sortir
» desdits lieux & de se retirer chez les Maîtres de notredite Ville de Paris
» à peine de punition exemplaire.
» Défendons à eux & à tous autres de travailler en chambre, ni ailleurs
» que chez lesdits Maîtres Fourbisseurs, conformément à l'article treize des
» Statuts de ladite Communauté; permettons aux Jurés-Gardes d'icelle
» de faire librement leurs visites chez tous ceux qui exercent la profession
» de Fourbisseurs en vertu de lettres du Prévôt de notre Hôtel, ou autrement,
» sans néanmoins qu'ils puissent exiger ni recevoir d'eux aucuns droits de
» visites, s'ils ne sont Maîtres de ladite Communauté, & en cas que lesdits
» Jurés Gardes trouvent quelque contravention à leurs Statuts ou à ces Pré-
» sentes, ils en feront leur rapport par-devant les Officiers de notre Châtelet
» en la maniere ordinaire.

X I.

» Voulons que conformément à notre Déclaration du 3 Mars 1693 & à
» l'Arrêt de notre Conseil du 27 Mai 1702, chacun des Jurés qui seront
» élus & choisis entre les Anciens, Modernes & Jeunes Maîtres de ladite
» Communauté indistinctement, paie lorsqu'il entrera en Charge la somme
» de 150 liv. ce qui sera continué jusqu'à l'entier & parfait remboursement
» des sommes empruntées en exécution de nosdits Edits, & après ledit
» remboursement, ladite somme de 150 liv. & tous les droits ordonnés par
» augmentation en conséquence de notre Edit du mois de Mars 1691, &

» des autres Edits & Déclarations intervenues depuis ledit tems cesseront
» d'être perçus ; Voulons aussi que lesdits Jurés en charge soient tenus soli-
» dairement des deniers de ladite Communauté , & tenus d'en faire la re-
» cette en la forme portée par la Sentence du Lieutenant Général de Police
» du 15 Septembre 1699.

X I I.

» Voulons que conformément aux Reglemens des Arts & Métiers , il
» soit loisible à tous Maîtres de ladite Communauté dans quelques Villes ,
» Bourgs & lieux que bon leur semblera de notre Royaume , de s'y établir
» & d'y exercer librement leur profession , & notamment dans les Villes
» de Lyon , Caen , Tours , Bordeaux & Orléans , en justifiant par lesdits
» Maîtres de leur réception à la Maîtrise dans notredite Ville de Paris.

X I I I.

» Défendons à tous Maîtres de ladite Communauté qui auront des poin-
» çons de les prêter à d'autres Maîtres ni aux Privilegiés ou autres , en quel-
» que sorte & maniere que ce soit ou puisse être , à la réserve des Veuves
» des Maîtres , à peine de 150 liv. applicable comme dessus , contre cha-
» cun desdits Maîtres contrevenans pour la premiere fois , & d'interdiction
» de leur Maîtrise en cas de récidive ; s'il est ainsi ordonné par ledit Lieu-
» tenant Général de Police : Voulons que conformément aux Reglemens
» rendus au sujet du Corps desdits Marchands Orfévres , les Veuves de
» ladite Communauté des Fourbisseurs , apportent quinze jours après la
» publication des Présentes au Bureau de ladite Communauté , leurs poin-
» çons pour y être rompus , à peine de pareille somme , sauf à elles à faire
» marquer leurs ouvrages duement essayés par tel Maître de ladite Com-
» munauté qu'elles voudront choisir.

X I V.

» Voulons au surplus que les Statuts , Articles & Ordonnances concer-
» nant la Communauté desdits Maîtres Marchands Fourbisseurs , Déclara-
» tions , Arrêts & Réglemens rendus en conséquence soient exécutés selon
» leur forme & teneur. Si donnons en mandement à nos amés & féaux Con-
» seillers , les Gens tenans notre Cour de Parlement & Cour des Monnoies
» à Paris , que ces Présentes ils aient à faire registrer , & d'icelles faire
» jouir & user les Jurés , Corps & Communauté des Maîtres Fourbis-
» seurs , &c. ».

Registré en Parlement , pour jouir par ladite Communauté de leur effet &
contenu , & être exécuté selon leur forme & teneur , suivant & aux charges
portées par l'Arrêt de ce jour douze Août 1710.

» Regiſtré en la Cour des Monnoies le trois Septembre 1710 , à la charge
» que les Maîtres Fourbiſſeurs travaillans en or & en argent, feront inſcul-
» per leurs poinçons au Greffe de la Cour , & que les Jurés de ladite Com-
» munauté, feront tenus de faire leur rapport à ladite Cour des contra-
» ventions qu'ils trouveront en faiſant leurs viſites , tant du titre des ma-
» tieres d'or & d'argent miſes en œuvre, que pour la défectuoſité des
» poinçons ; & que les Maîtres dudit mérier qui voudront travailler en or
» & en argent, ne pourront s'établir que dans les Villes où il y Jurande
» d'Orfévrerie, pourquoi ils feront inſculper leurs poinçons dans les Greffes
» des Monnoies des Provinces ſuivant les Ordonnances , Arrêts & Regle-
» mens ».

Le 30 Décembre 1743 , la Cour des Monnoies , par Arrêt ſur la Requête
des Jurés-Gardes de la Communauté des Maîtres Fourbiſſeurs , a » ordon-
» né que les Edits , Déclarations , Arrêts , Statuts & Réglemens de la Com-
» munauté deſdits Maîtres Fourbiſſeurs en ce qui concerne les matieres d'or
» & d'argent qui s'emploient aux ouvrages de leur profeſſion , & les
» poinçons , feront exécutés ſelon leur forme & teneur ; en conféquence,
» permet aux Jurés-Gardes de la Communauté de préſent en charge , &
» ceux qui leur ſuccéderont à l'avenir , de faire toutes viſites & perquiſi-
» tions néceſſaires chez tous ceux qui travaillent de leur profeſſion dans la
» Ville, Fauxbourgs & Banlieue de Paris, même dans les lieux clos ou
» prétendus privilegiés, comme dans les Enclos de l'Abbaye de Saint Ger-
» main des Prés, Saint Martin des Champs, le Temple, les Quinze-Vingts,
» Saint Jean de Latran , Saint Denis de la Chartre , Hôtel de Soiſſons &
» autres lieux ; fait défenſes aux Officiers des Juriſdictions ſubalternes deſ-
» dits lieux, & autres perſonnes de les troubler & empêcher ſous les peines
» portées par leurs Statuts , & autres plus grandes s'il y écheoit : ordonne
» que ceux qui travaillent de leur profeſſion en or & en argent, feront te-
» nus de repréſenter les titres qui leur en donnent le droit , & en cas de
» contravention de la part de ceux qui n'en repréſenteront aucuns , comme
» ceux qui en repréſenteront, permet auxdits Jurés - Gardes dans l'un &
» l'autre cas de ſaiſir & enlever les marchandiſes, matieres & outils, les
» porter en leur Bureau, ou les mettre ſous bonne & ſure garde , du tout
» en dreſſer procès verbal , en faire leur rapport à la Cour & dépoſer au
» Greffe d'icelle les procès verbaux , ouvrages & matieres d'or & d'argent qui auront été par eux ſaiſis & enlevés, & ce dans les vingt-quatre
» heures, ou au plutard dans les trois jours ».

FOURNALISTES , faiſeurs de fourneaux. On n'entend parler dans cet
Article que de ces Ouvriers qui , ſeuls, à l'excluſion des Potiers de terre &
autres Ouvriers, font les ouvrages de terre réſiſtans au feu à ſec ; qui peu-

vent fervir à la fonte & fufion de tous les métaux & minéraux & aux cal-
cinations, diftillations, & autres opérations de Chymie.

Ces Ouvriers ont été créés en Corps de Communauté, Maîtrife & Jurande, & foumis à la Jurifdiction de la Cour des Monnoies par Edit du
mois d'Avril 1701, regiftré en cette Cour.

En exécution de cet Edit, la Cour leur a donné des Statuts le 31 Mai
fuivant.

Art. I. La Communauté eft compofée de dix Maîtres.

II. Les Jurés font élus au nombre de deux au Parquet, & en préfence du
Procureur Général de la Cour des Monnoies.

III. Pour la premiere fois les Jurés le feront deux ans, & n'en fera élu
qu'un dans deux ans.

IV. Feront vifites à jour & heures non prévus, accompagnés des Huiffiers
de la Cour lorfqu'ils le requerront.

V. Nombre fixé à dix Maîtres pendant dix ans, après ce tems à douze,
fi la Cour le juge à propos.

VI. Chaque Maître ne pourra avoir à la fois qu'un Apprentif.

VII. Les Apprentifs auront au moins douze ans, apprentiffage de cinq ans,
les brevets enregiftrés au Greffe de la Cour des Monnoies, & fur le regiftre
de la Communauté.

VIII. Les Apprentifs, avant d'être admis à la Maîtrife, ferviront les
Maîtres pendant trois ans en qualité de Compagnons, feront chef-d'œuvre,
payeront 300 liv. pour tous droits de réception & Communauté.

IX. Les Fils de Maîtres qui auront travaillé chez leur Pere pendant cinq
ans pourront être admis à la Maîtrife, pourvu qu'ils aient atteint l'âge de
dix-huit ans accomplis, en faifant chef-d'œuvre, en payant 150 liv. pour
leur réception, & rapportant certificat de leur Pere qu'ils ont travaillé chez
lui durant ledit tems,

X. Compagnon qui époufera une Fille de Maître paiera 150 liv. & les
frais de réception.

XI. Veuve jouira de la Maîtrife pendant fa viduité : fi élle fe rémarie à
un Compagnon, elle paiera 150 liv. pour fa réception & les frais.

XII. Apprentif pourra demeurer chez la Veuve de fon Maître ; Veuve ne
pourra commencer, ni faire un Apprentif.

XIII. Ne pourront débaucher les Apprentifs ni les Compagnons les uns des
autres.

XIV. Apprentif ne pourra quitter ni changer de Maîtres fans permiffion.

XV. Si un Maître ne peut occuper un apprentif, il pourra le remettre
à un autre Maître.

XVI. Maître ne fera fociété avec les Potiers de terre.

XVII. Apprentifs, Compagnons, Fils de Maîtres, ne pourront aller travailler chez les Potiers de terre & autres, que chez les Maîtres de leur métier.

XVIII. Tous les ouvrages que feront lefdits Faifeurs de fourneaux feront de terre graffe, dite glaife, avec les armants, grais & de tuile feulement, fans autre mélange.

Défenfes à toutes perfonnes de fe fervir de machefer pour contrefaire lefdits ouvrages.

XIX. Pourront lefdits Maîtres faire toutes fortes de creufets, moufles, fourneaux de toute maniere, grands, petits, ronds, quarrés, ovales, attanors, fourneaux à lampes, fourneaux à vent, reverbere, fers à fondre, alludelles, chapes, contre-cœurs, cheminaux, alambics, coupelles, lingotieres, capfules, cornues, poeles fervans à la calcination, & autres machines fervans pour l'ufage des Orfévres, Fondeurs, Apoticaires, Diftillateurs, Chymiftes, & autres qui ont droit de s'en fervir & en auront befoin, le tout de terre réfiftant au feu à fec, pour la cuiffon defquels pourront lefdits Faifeurs de creufets, avoir un four chacun dans le lieu de leur demeure.

XX. Pourront auffi faire des caffes & petits fourneaux à cornes ovales & carrés fervans aux Affineurs & Effayeurs, aux Doreurs, Emailliftes, Apoticaires, Peintres, Diftillateurs, Potiers d'étain & autres à l'ufage de leur métier; pourront auffi faire des carreaux de toutes figures, grandeurs & façons, cuits, & non cuits, réfiftans au feu à fec, fervans pour les fourneaux des Monnoies, Fondeurs, Orfévres & autres, avec défenfes à toutes perfonnes de faire, vendre, ni débiter lefdits ouvrages; à peine de confifcation & de cent livres d'amende.

XXI. Tous les ouvrages feront faits à la main.

XXII. Défenfes à toutes perfonnes de vendre ces fortes d'ouvrages, à peine de confifcation & de cent livres d'amende.

XXIII. Maîtres feuls pourront acheter les marchandifes de leur métier pour les vendre.

XXIV. Maîtres ne vendront leurs ouvrages en gros qu'aux Marchands de campagne.

XXV. Ne fera fait chez les Maîtres aucune fonte ni effai.

XXVI. Ne pourront travailler, ni faire travailler hors de leurs maifons, ne pourront fe fervir que d'Apprentifs ou Compagnons dudit métier.

XXVII. Auront deux marques gravées au Greffe de la Cour des Monnoies fur une table de cuivre pour en marquer leurs ouvrages.

XXVIII. Seront vifités quatre fois l'année au moins, payeront pour chacune des quatre vifites, quinze fols.

XXIX. Auront une Chapelle en l'Eglife de Saint Julien des Ménétriers

avec

avec Confrairie ; payeront tous les ans pour droit, les Maîtres trente sols, les Compagnons vingt sols, les Apprentifs dix sols.

XXX. Chaque Apprentif en entrant chez un Maître paiera dix livres aux Jurés en Charge pour les besoins de la Communauté, & quarante sols pour droit de Confrairie : les Fils de Maîtres & Compagnons trois livres, lorsqu'ils seront reçus à la Maîtrise.

XXXI. Lesdits Maîtres auront une Chambre de Communauté.

XXXII. Ne pourront les Jurés recevoir aucun Maître, ni faire aucune innovation touchant leur métier, sans le consentement unanime de tout le Corps, & sans l'approbation de la Cour des Monnoies.

XXXIII. Il sera permis à chaque Maître en particulier de s'opposer à la réception de l'Aspirant à la Maîtrise, & l'Aspirant sera tenu de faire vuider l'opposition.

XXXIV. Les Jurés auront un Regiftre pour les Apprentifs, pour les Maîtres, pour inscrire l'argent qu'ils recevront & pour leur dépense.

XXXV. Les Jurés rendront compte tous les ans : si la recette excede la dépense, le reliquat sera mis entre les mains de celui qui restera, lequel s'en chargera pour en rendre compte l'année suivante ; si la dépense excede la recette, le reliquat sera payé par égale portion par tous les Maîtres.

XXXVI. Maîtres ni Veuves ne pourront afferner leurs Privileges, à peine de décheance & de deux cens livres d'amende.

XXXVII. Sur les contestations entre les Maîtres pour lesdits Statuts, ils se pourvoiront en la Cour des Monnoies.

Ces Statuts ont été confirmés par Lettres Patentes du mois d'Août 1701, regiftrées au Greffe de la Cour le treize desdits mois & an.

FOURNEAU A SOUFFLET. C'est un des deux fourneaux dont on se sert dans les Hôtels des Monnoies pour fondre les métaux.

Ce fourneau est composé dans le bas d'un foyer dont la surface est platte, & où l'air peut entrer par une ventouse qui y est ménagée. A fleur du foyer il y a une seconde ouverture qui donne passage au tuyau du soufflet qui a donné le nom au fourneau : au-dessus, environ à un demi pied de hauteur, est une grille de fer plat en forme de croix, qui est mobile & qui peut se mettre & s'ôter facilement : enfin plus haut que la grille, est l'endroit du fourneau où se met le creuset ; cet endroit est carré, fait de la même terre que le creuset même, & de hauteur & largeur suffisante pour qu'il reste environ deux pouces d'espace autour du creuset, & quatre ou cinq au-dessus pour l'entourer de charbon.

Quand on veut fondre des matieres dans ce fourneau, on couvre la grille d'une petite platine de fer forgé, puis on met dessus un creuset de terre qu'on charge de matiere, & qu'on couvre d'un couvercle ou de terre, ou de fer. On charge enfuite le fourneau de charbon , & quand il eft bien allumé, & le creufet bien recuit & bien chaud, on bouche la ventoufe : enfin, après avoir de nouveau bouché le fourneau de charbon rond , on le couvre auffi d'un couvercle de fer, ne difcontinuant point de faire agir le foufflet, & de fournir de charbon , jufqu'à ce que les métaux foient en bain.

FOURNEAU A VENT. C'eft le fecond fourneau deftiné à la fonte des métaux pour les monnoies.

Ce fourneau a par bas un foyer creux en maniere de coupelle avec fa ventoufe au devant : au-deffus de la ventoufe, eft une grille de fer fcellée dans le maffif du fourneau, dont les barres qui font carrées font couchées fur l'arrête, afin que la pouffiere du charbon n'y refte pas : au-deffus de la grille eft l'endroit où fe met le creufet, qui ordinairement eft de fer forgé ; c'eft auffi par où l'on met le charbon pour entretenir le feu du fourneau.

Quand le creufet eft chargé de matiere, on le couvre de fon couvercle, & quand le fourneau eft chargé de charbon, on couvre le tout d'une chape de fer ou de terre ; cette chape a par le haut une ouverture de cinq à fix pouces de diametre, & pour plus de commodité, elle peut fe féparer en deux ; on fépare ainfi la chape afin de pouvoir en ôter la partie de devant avec des tenailles à crochet, foit pour remettre des matieres au creufet & du charbon au fourneau, foit pour retirer tout-à-fait le creufet, lorfque le métal eft en bain.

Ce fourneau s'appelle fourneau à vent, parceque l'air qui entre par la ventoufe qui eft au bas, & qu'on laiffe ouverte, tient lieu du foufflet qui fournit le vent dans les autres fourneaux. L'or fe fond ordinairement dans des fourneaux à foufflet, parcequ'il a befoin d'une chaleur plus forte & plus violente ; l'argent, le billon & le cuivre fe fondent au fourneau à vent.

FOURRER LA MONNOIE. Cette fraude fe pratique de plufieurs manieres, où, en couvrant avec des lames d'or ou d'argent foudées par les bords un flaon, foit de cuivre, ou de fer, ou de métaux mêlés, que l'on fait paffer enfuite dans les fers pour le monnoyer : ce faux flaon fe frappe comme les véritables, & peut même recevoir la légende & le cordonnet de la tranche, ce qui rend ces fortes de pieces très difficiles à reconnoître, & c'eft ainfi que font fourrées les anciennes médailles : ou en appliquant l'or ou l'argent fur le flaon, en forte qu'il ne faffe qu'un corps, & ait un fon femblable à celui des bonnes efpeces ; c'étoit l'invention d'un nommé Merlin fameux faux Monnoyeur.

Cette fraude fe peut découvrir ou par le poids, ou par le volume qui ne font jamais bien femblables à ceux des bonnes efpeces, fur tout le volume, qui eft toujours ou plus épais, ou plus étendu

FRAI, en terme de monnoie, eft l'altération ou diminution qui arrive au poids des efpeces par fucceffion de tems, ou pour avoir été trop maniées Plufieurs Ordonnances reglent le pied fur lequel les efpeces doivent être reçues quand leur diminution vient du frai & maniement; celles de Louis XIV fixent le frai à fix grains; lorfque ces caufes font les feules qui ont diminué le poids d'une piece, elle ne peut être refufée dans le commerce.

FRAIS. Anciennement la monnoie fe fabriquoit aux dépens du public, ce qui l'entretenoit en fa bonté proportionnée en œuvre & hors œuvre. Depuis pour la conferver en ufage, & éviter la fonte que les Orfévres & autres en pouvoient faire pour employer la matiere en différens ouvrages, on rejetta les frais de la fabrication fur l'ouvrage même, d'autant qu'en la fondant on perdroit ces frais qui font comptés dans la valeur de l'efpece. On a depuis ordonné que les ouvrages d'Orfevrerie & autres feroient faits à plus haut titre ou loi que la monnoie, afin d'empêcher auffi la fonte, d'autant qu'en fondant pour convertir en ouvrage, il faudroit affiner la matiere, ce qui couteroit beaucoup. Lorfqu'on a fabriqué l'or à 23 karats, on a diminué le titre d'un vingt-quatrieme pour l'employer aux frais de la fabrication, ou plutôt au rendage, ainfi qu'il eft porté dans l'Article XXIX du grand Reglement fait pour les Monnoies fous Philippe de Valois, dans lequel il eft dit: » Que l'on faffe monnoie d'or à 23 karats, & rendra-t-on aux Marchands » un marc d'or fin d'un marc d'or ouvré & monnoyé à ladite loi ».

Ordonnance du 31 Mai 1575.

Nous remarquerons que le mot Loi eft employé dans ce mandement pour exprimer la bonté de l'or.

FRANC D'OR FIN. Monnoie qui fut fabriquée & qui eut cours vers la fin du regne du Roi Jean, l'an 1360 lorfqu'il fut revenu d'Angleterre; le franc pefoit un gros un grain, & valoit vingt fols ou une livre.

Cette efpece fut appellée franc à caufe qu'elle valoit un franc ou une livre, c'eft-à-dire, vingt fols; ceux fabriqués fous le regne de Charles VII étoient pareillement d'or fin, mais ils étoient beaucoup plus legers, ils étoient de quatre-vingts au marc. Henri VI Roi d'Angleterre, en fit faire de pareils pendant qu'il étoit en France: ces francs d'or eurent grand cours en ce tems-là, tant à caufe de leur bonté & de leur prix fixe, que parcequ'ils valoient juftement une livre, maniere de compter, dont on s'eft fervi en France depuis Charlemagne.

FRANCS, DEMI FRANCS, QUARTS DE FRANC, monnoie d'argent fabriquée fous Henri III, par Ordonnance du 31 Mai 1575, à dix deniers d'argent fin, deux grains de remede, à la taille de dix fept pieces un quart du poids de onze deniers un grain trébuchant, au cours de vingt fols piece, ce qui leur fit donner le nom de franc; alors la livre de compte fut une monnoie réelle, comme elle l'avoit été lorfqu'on fabriqua les francs d'or.

On entend aujourd'hui par franc une monnoie de compte dont on fe fert en France qui eſt de la même valeur que la livre , c'eſt à-dire , de vingt ſols tournois , ou du tiers de l'écu ; ainſi on dit également vingt francs , ou vingt livres , mille francs & mille livres.

FRANC A CHEVAL. Monnoie d'or fabriquée en Février 1423 , ſous le regne de Charles VII , au titre de vingt-quatre karats à la taille de quatre-vingt , du poids de cinquante-ſept grains trois cinquiemes , qui eut cours d'abord pour une livre , le marc d'or valant 84 liv. le marc d'argent ſept livres. Voyez au mot *Monnoie*, les eſpeces fabriquées ſous le regne de Charles VII.

FRANCESCONI. Monnoie d'argent de Toſcane fixée à ſix livres treize ſols quatre deniers , bonne monnoie , ſuivant la façon d'évaluer de Livourne , ce qui fait une piaſtre trois ſols deux deniers de huit réaux. Elle peſe 559 grains poids de Livourne , & 516 grains poids de marc de France au titre de onze deniers. Le Franceſconi de Livourne vaut argent de France , 5 liv. 12 ſols 10 den.

FREDERICS , eſpeces d'or au titre de 21 karats $\frac{24}{32}$ qui ont cours à Berlin & dans toute la Pruſſe , pour cinq écus d'Allemagne.

En 1759 il ſe répandit dans le Commerce des eſpeces d'or , monnoies de Pruſſe , nommées *Frederics*, fabriquées ſous le milleſime 1756 , du même poids que celles connues juſques à préſent ſous la même dénomination , & ayant cours également pour cinq écus d'Allemagne , mais bien différentes quant au titre. La Cour des Monnoies , pour connoître & conſtater la différence qui pouvoit s'y trouver , ordonna par Arrêt du 17 Mars 1759 , qu'eſſai feroit fait par l'Eſſayeur Général des Monnoies de France , & l'Eſſayeur particulier de la Monnoie de Paris , conjointement , de l'une de ces pieces nouvellement fabriquées ſous le milleſime de mil ſept cent cinquante-ſix , & d'une autre de ces eſpeces anciennement fabriquées ſous le milleſime de mil ſept cent cinquante-deux , à l'effet d'être enſuite la valeur de ces eſpeces nouvelles fixée & déterminée , ou être par la Cour autrement ordonné ce qu'il appartiendroit.

En exécution de cet Arrêt , les eſſais ayant été faits dans la forme preſcrite , il fut conſtaté par le rapport des Eſſayeurs , & par le procès verbal qui en fut dreſſé , que celle de ces eſpeces fabriquée ſous le milleſime de 1756 , étoit au titre de 15 karats $\frac{14}{32}$, & que celle fabriquée ſous le milleſime de 1752 , étoit au titre de 21 karats $\frac{24}{32}$, titre connu juſqu'à préſent , & ſur lequel ces eſpeces avoient toujours été reçues dans les Monnoies du Roi : ce qui operoit entre les unes & les autres de ces eſpeces , une différence de 6 karats $\frac{1}{32}$ dans le titre , & de cent quatre-vingt-douze livres ſeize ſols ſix deniers dans la valeur du marc , non compris le bénéfice de huit deniers pour livre attribués aux porteurs des eſpeces & matieres par l'Arrêt du Confeil du 25 Août 1755, regiftré en la Cour le 17 Septembre fuivant, ce qui portoit la différence de la valeur à deux cens quinze livres quatre fols fix deniers, quoique les unes & les autres étoient connues fous le même nom ; qu'elles avoient le même cours & qu'elles pouvoient être également reçues dans le Commerce comme matieres, ainfi que les autres efpeces étrangeres, d'où il pouvoit réfulter des inconvéniens trop préjudiciables, non-feulement aux Particuliers qui pouvoient être d'autant plus aifément furpris, qu'ils n'avoient pu jufqu'à préfent favoir & connoître cette différence : mais auffi aux Directeurs des Monnoies & aux Changeurs qui pouvoient être contraints de recevoir ces efpeces nouvellement fabriquées, au même prix & fur le pied du titre connu jufqu'à préfent des efpeces d'or nommées *Frederics*, & dont elles portent le nom.

Pourquoi & attendu que les efpeces étrangeres ne peuvent avoir aucun cours à la piece dans tous les pays foumis à l'obéiffance de Sa Majefté, mais feulement au marc dans le Commerce ; que d'ailleurs la différence qui fe trouve entre celles des efpeces qui ont été effayées, pouvoit donner lieu de craindre qu'il ne s'en trouvât encore d'autres de même forte & de même dénomination, à des titres différens ; que les unes & les autres pouvoient n'être pas connues de tous les Commerçans, & qu'il eft effentiel que le titre des matieres néceffaires au Commerce foit certain pour éviter toutes furprifes, & d'autant plus affurer la bonne foi qui eft la bafe & le fondement du Commerce ;

» La Cour des Monnoies, par Arrêt du 28 Avril 1759, a décrié de tout
» cours & mifes lefdites efpeces d'or, monnoies de Pruffe, nommées *Frede-*
» *rics*, de telle fabrication qu'elles puiffent être : a fait défenfes à toutes
» perfonnes de quelqu'état, qualité & condition qu'elles foient de les don-
» ner, recevoir ou expofer à la piece, pour quelque valeur & occafion que
» ce foit : fait pareillement défenfes à tous Particuliers, Commerçans ou
» autres, même aux Directeurs des Monnoies, Changeurs & autres Offi-
» ciers publics de les prendre, recevoir & s'en charger autrement qu'au
» marc, après la fonte & l'effai qui en fera fait par les Effayeurs des Mon-
» noies, & fur le pied du titre qu'ils auront rapporté, & dont ils auront
» marqué les lingots qui en feront provenus, le tout à peine contre les con-
» trevenans de confifcation defdites efpeces, & de mille livres d'amende.
» Ordonne l'exécution des différens Réglemens intervenus au fujet des ef-
» peces étrangeres, & notamment celle de la Déclaration du Roi du 7
» Octobre 1755 ».

FUMIGATION ou FUMAGE fur les galons, lames, traits, filés, ou autres ouvrages d'or & d'argent. On fume les galons, filés, traits, lames, &c. en faifant paffer à la fumée des filés peu chargés d'or, pour leur donner une couleur plus vive & plus reffemblante à l'or appellé Or de Paris.

Cette fumigation ou fumage peut fe faire de deux façons, ou en fumant les filés avant de les employer, ou en fumant les galons, dentelles, ou autres ouvrages après qu'ils font fabriqués.

Cette contravention peut fe faire par le Fabriquant ou par le Marchand, pour le compte du Fabriquant, ou pour le compte du Marchand.

L'objet de cette fumigation eft de donner à l'or bas, c'eft-à-dire, aux filés peu chargés d'or la couleur du furdoré, & par ce moyen vendre cet or bas lorfqu'il eft fumé fur le même pied que le furdoré, de maniere que l'or fimple de Lyon qui vaut environ foixante-quatre livres l'once, fe vendra par le moyen de cette fumigation foixante-douze livres, comme l'or double de Lyon. On prétend même que cette fumigation peut le rendre femblable en couleur à l'or de Paris qui fe vend quatre-vingt-quatre livres, au moyen de quoi le Public trompé, fe trouve avoir du galon qui blanchit en très peu de tems, au point de ne paroître prefque plus chargé d'or, & qui noircit à être renfermé, ou à paffer la mer.

Cette fraude peut fe faire par le Fabriquant en fumant les filés qu'il emploie pour fon compte, ou les galons qu'il a fabriqués : elle peut fe faire par le Marchand de deux manieres, ou en chargeant le Fabriquant de fumer les filés qu'il lui donne à employer, ou en fumant lui-même chez lui les galons & ouvrages fabriqués après que le Fabriquant les lui a livrés.

Cette fumigation peut fe faire de deux façons, ou avec des aîles de perdrix, ou avec des rognures de draps d'écarlate & du fucre en poudre, on y ajoute un peu d'eau-de-vie pour empêcher la mauvaife odeur : la premiere de ces deux façons étoit plus en ufage autrefois ; on fe fert plus volontiers aujourd'hui de la feconde, comme étant plus aifée, plus belle, ayant moins d'odeur, & par conféquent plus difficile à découvrir.

Elle fe fait pour les filés en mettant cette rognure d'écarlate, & ce fucre en poudre fur du feu dans une petite poele de terre qu'on met dans un tonneau, au couvercle duquel tient par le moyen d'un crochet la lanterne autour de laquelle eft dévidé le filé. Le tonneau bien couvert, la fumée de ce fucre & de la rognure, forment une efpece de gomme qui donne le vernis & augmente la couleur, fans qu'on puiffe s'en appercevoir.

Par rapport aux galons ou autres ouvrages fabriquées, elle fe fait de la même maniere, à la différence feulement que le tonneau n'eft point couvert, & que deux perfonnes font paffer ces ouvrages fur la fumée en les étendant, & répétant cette opération autant de fois qu'ils jugent à propos, pour leur donner plus ou moins de couleur.

Pour empêcher les inconvéniens réfultans de cette fumigation ou fumage, toutes les Ordonnances & Reglemens intervenus au fujet des Tireurs d'or,

Tiffutiers, **Rubaniers**, Marchands Merciers & autres qui fabriquent, emploient ou vendent des filés & ouvrages de filés, ont toujours expreffément défendu d'employer aucun parfum ni fumage, tant fur les lames que fur le trait & filé, ainfi que dans les galons, dentelles, paffemens, boutons & autres ouvrages de cette nature : les Statuts des Tireurs d'or, y font précis, le Code Henry rapporte différentes Ordonnances à ce fujet.

L'Arrêt du Confeil du 23 Novembre 1680, & les Lettres Patentes fur icelui enregiftrées en la Cour des Monnoies le 29 du même mois, celui du 10 Novembre 1691, regiftré en ladite Cour le 16, porte les mêmes défenfes, fous peine de confifcation & de trois mille livres d'amende.

L'Arrêt de la Cour des Monnoies du 7 Avril 1693, renouvelle les mêmes défenfes, ainfi que celui de cette Cour du 8 Avril 1750, qui, à l'occafion d'une faifie faite fur quelques Maîtres de cette Communauté, & conformément à la difpofition des Arrêts du Confeil & de la Cour cités ci-deffus ;
» fait très expreffes inhibitions & défenfes à tous Maîtres Tireurs d'or, Paf-
» fementiers, Tiffutiers, Rubaniers, Boutonniers, Frangers, & autres
» Ouvriers, & à toutes perfonnes de quelque qualité & condition qu'elles
» foient, d'employer aucun parfum ou fumage, en quelque forte & ma-
» niere que ce foit, tant fur les lames que fur les traits, ou filés d'or &
» d'argent, & d'employer dans les galons, dentelles, paffemens, boutons,
» & autres ouvrages d'or & d'argent, aucunes lames, traits ou filés qui
» aient été fumés ou parfumés : fait pare.llement défenfes à tous Marchands
» de vendre & débiter aucuns defdits ouvrages qui aient été fumés ou fa-
» briqués avec des traits, lames ou filés fumés, le tout fous les peines por-
» tées par lefdits Réglemens ; à l'effet de quoi le préfent Arrêt fera fignifié
» à la Requête du Procureur Général du Roi, aux Gardes & Jurés defdits
» Corps & Communautés Ordonne que les lanternes, boîtes, outils &
» uftenfiles propres & fervant au fumage defdites matieres & ouvrages qui
» peuvent être en la poffeffion des Maîtres & Ouvriers defdits Métiers de
» Tireurs d'or, Paffementiers, Tiffutiers, Rubaniers, Boutonniers & au-
» tres, feront inceffamment & au plus tard dans huitaine, du jour de la
» fignification du préfent Arrêt, rompus, brifés & difformés. Fait défen-
» fes à tous Ouvriers généralement quelconques, de faire à l'avenir de
» pareilles machines pour un femblable ufage, à peine de punition cor-
» porelle. Ordonne en outre que les Marchands qui peuvent avoir actuel-
» lement en leur poffeffion, des galons ou autres ouvrages d'or & d'argent
» fumés, ou fabriqués avec des lames, traits, ou filets fumés, feront tenus
» dans quinzaine d'en faire leurs déclarations, & les porter au Bureau
» des Gardes de la Mercerie, pour y être lefdits ouvrages marqués par
» lefdits Gardes, d'une marque portant ces mots : *galons ou ouvrages d'or*

» *fumé*, lefquels Gardes de la Mercerie tiendront un état de toutes les
» déclarations qui leur en feront faites & des ouvrages qu'ils auront ainfi
» marqués ; lequel état ils feront tenus de repréfenter en la Cour, & de
» la certifier de l'exécution du préfent Arrêt en ce qui les concerne; &
» feront lefdits Marchands tenus de fe défaire defdits galons ou ouvrages
» ainfi marqués, dans le cours de fix mois pour toute préfixion & délai :
» paffé lequel tems tous les ouvrages fumés qui fe trouveront en la poffef-
» fion defdits Marchands & autres qui en venderoient, débiteroient & ex-
» poferoient en vente, feront confifqués, & lefdits Marchands ou autres,
» condamnés en toutes les peines portées par les Réglemens.

G

GALERIES DU LOUVRE. Orfévres des Galeries du Louvre. Voyez au

mot ORFEVRES, où les Privileges de ces Orfévres & tout ce qui concerne
ce Corps font amplement expliqués.

GALLO, monnoie d'argent du Royaume de Camboya dans les Indes
Orientales ; elle pefe un mas cinq condorins chinois. Le titre de cette monnoie étoit autrefois de 80 tocques : depuis il eft defcendu à 60.

GALONS, efpece de tiffu qui fe fait d'or, d'argent, de foye, ou de laine,
& quelquefois feulement de fil.

La Déclaration du Roi portant Reglement pour la fabrication des galons
& autres ouvrages d'or & d'argent fin & faux, donnée au Château de Bou-
chout le 21 Mai 1746, adreffée à la Cour des Monnoies & par elle enregif-
trée le 18 Juin fuivant, porte :

» Art. I. Défendons très expreffément aux Fabriquans d'étoffes d'or & d'ar-
» gent, aux Tiffutiers, Paffementiers travaillans à la fabrique des galons
» d'or & d'argent fin, aux Boutoniers & à tous autres Fabriquans & Artifans,
» de mêler des traits, lames, ou filés d'or & d'argent faux, ou autres métaux
» avec l'or & l'argent fin, à peine des galeres pour neuf ans.

» II. Défendons pareillement aux Tireurs, Ecacheurs d'or & d'argent
» & à tous autres de filer le trait d'or & d'argent faux, & de toutes autres
» matieres, à l'exception de l'or & de l'argent fin, autrement que fur fil; &
» à tous Fabriquans & Artifans d'en employer de filé fur foie, à peine des
» galeres pour 5 ans ; dérogeant à cet effet à l'article XIX, des Statuts des
» Boutonniers de Paris du mois de Septembre 1736, & à tous autres Regle-
» mens contraires aux difpofitions des Préfentes.

» III. En interprêtant autant que de befoin, les différens Statuts & Regle-
» mens concernant la fabrique des galons d'or & d'argent faux, permettons
» d'employer à l'avenir le fleuret, filofelle & galette pour la chaîne de ces
galons,

» galons, & de la foie crue pour la trame & le liage des glaces & autres fa-
» çons & enjolivemens defdits galons, à la charge cependant par les Tiffu-
» tiers, Paffementiers & Fabriquans de galons en faux, d'y inférer dans la
» chaîne & dans toute la longueur des deux lifieres, bords, ou roctins,
» un fil ou filofelle rouge, qui foit apparent en quelqu'endroit qu'on coupe
» lefdits galons pour fervir de marque diftinctif du fin d'avec le faux, à peine,
» tant contre les Fabriquans, que contre les Marchands qui fe trouveroient
» en débiter en contravention au préfent Réglement, de confifcation def-
» dites marchandifes, de cinq cens livres d'amende & de fermeture de
» boutique, ou interdiction de la fabrique pendant trois mois, pour la pre-
» miere contravention, & de deux mille livres d'amende & déchéance de
» Maîtrife en cas de refcidive.

» IV. Défendons à tous Fabriquans d'étoffes, Fabriquans de gazes & de
» rubans, & à tous autres Ouvriers travaillans en foie, d'inférer dans les
» étoffes, gazes, rubans & autres ouvrages de pure foie des fleurs, bouquets,
» ou autres enjolivemens d'or & d'argent faux, & à tous Marchands d'en
» vendre & débiter fous les peines énoncées en l'article ci-deffus.

» Les bouquets & autres ornemens de mode dont la lame, le filé & le frifé
» feront d'or ou d'argent fin, pourront néanmoins être montés fur des queues
» de rofette ou laiton, pourvu toutesfois que le fil de laiton fervant à faire
» lefdites queues foit employé dans fa couleur naturelle, fans qu'il puiffe être
» doré, argenté & blanchi, & fans qu'il puiffe pareillement être recouvert
» de trait, ou fil d'or & d'argent, foit fin, foit faux, mais fimplement de
» foie, fi la propreté de l'ouvrage le requiert, à peine de confifcation & de
» cinq cent livres d'amende. Si donnons en mandement à nos amés & féaux
» Confeillers les Gens tenans notre Cour des Monnoies à Paris, &c.

Ladite Déclaration regiftrée au Greffe de la Cour des Monnoies le 18 Juin
1746. Voyez TISSURIERS, RUBANIERS, &c.

GARI, efpece de monnoie de compte, dont on fe fert dans plufieurs
endroits des Indes Orientales, particulierement dans les Etats du Mogol;
un gari de roupies vaut environ quatre mille roupies. Voyez ROUPIES.

GAZANA ou GAZAVA, monnoie d'argent des Indes Orientales, c'eft
une des roupies qui ont cours dans les Etats du Grand Mogol, particulierement
à Amadabath : elle vaut 50 fols monnoie de France.

GAUZA, monnoie de cuivre & d'étain qui a cours dans le Royaume de
Pegu : malgré le mauvais alloi de cette monnoie, on n'en a point d'autre
pour payer l'or, l'argent & autres précieufes marchandifes.

GAZE, petite monnoie de cuivre qui fe fabrique & qui a cours en Perfe ;
elle vaut environ fix deniers de France ; quelques-uns la confondent avec le

kabefqui ; d'autres eftiment que ce n'eft que le demi kabefqui , c'eft-à-dire, le liard perfan. Vozez KABESQUI.

GANZAS , monnoie d'alliage de cuivre & d'étain qui fe fabrique dans le Royaume de Pegu ; ces efpeces ne fe font point dans les Monnoies Royales ; il eft libre à chacun d'en faire en payant les droits du Roi.

La valeur des ganzas n'eft pas fixe, ordinairement ils valent deux ou trois fols de France ; il y a auffi des demi ganzas & des quarts de ganzas qui valent à proportion.

GARDES-SCELS des Monnoies, Officiers créés par Edit du mois d'Octobre 1699 , qui ordonne que les Gardes-fcels des Monnoies fcelleront tous les Jugemens, Ordonnances & Actes émanés de la Monnoie en laquelle ils feront établis ; leur enjoint de fceller *gratis* tous ceux qui feront paffés & expédiés pour le compte du Roi ; veut Sa Majefté qu'ils aient rang , féance & voix délibérative avec les autres Officiers des Monnoies, tant à la Chambre du Confeil, qu'aux Audiences, qu'ils aient part aux épices, & à la diftribution des procès, qu'ils faffent même les inftructions en l'abfence des autres Officiers ; & qu'ils n'aient voix délibérative dans les matieres de grand criminel qu'en cas qu'ils foient gradués & non autrement ; veut au furplus Sa Majefté qu'ils foient examinés, reçus & prêtent ferment en fes Cours des Monnoies , chacun en fon détroit & reffort.

GARNITURE , en terme d'Orfévrerie , Bijouterie s'entend de la matiere d'or ou d'argent qu'on emploie pour faire un bijou compofé de telle piece quelconque, comme cailloux en plaque ou cuvette , porcelaines , plaques de cuivre émaillées , ou peintes en vernis.

L'or ou l'argent qu'on emploie à ces ouvrages fert à retenir toutes les différentes pieces pour en faire un feul & même ouvrage , comme tabatieres, boîtes à mouches , étuis , flacons , tablettes & autres ouvrages qui font fufceptibles de ces fortes d'ornemens, fuivant les différens goûts du tems : fans ces garnitures l'ouvrage ne fe peut pas former ; elles lui donnent la folidité au moyen des doublures d'or ou d'argent qu'on y emploie pour foutenir les pieces qui par leur legereté peuvent en avoir befoin ; & de plus les doublures contribuent à la propreté & perfection du bijou, en cachant ce qui peut être défectueux dans le deffous des pieces qu'on a garnis , particulierement aux plaques émaillées ou vernies.

On comprend encore fous la dénomination de garniture les cages qui fervent également à raffembler différentes pieces , telles que celles qu'on vient de nommer pour en faire des boîtes quarrées ou d'autres formes : les différentes pieces qui compofent la cage font en couliffes, dans lefquelles on ajufte les morceaux de bois de la Chine , cailloux , ou plaques de métaux émaillés ou vernis dont on veut compofer les bijoux, & ces boîtes à cage font également fufceptibles de doublures d'or ou d'argent, & pour les mêmes raifons que les autres bijoux garnis. Voyez Bijoux.

GENERAUX PROVINCIAUX. Les Généraux Provinciaux font des Juges établis dans différentes Provinces du Royaume, pour préfider aux jugemens qui fe rendent dans les Jurifdictions fubordonnées à la Cour des Monnoies, telles que celles qui font établies dans les Hôtels des Monnoies du Royaume.

Les Généraux Provinciaux étoient appellés Généraux Subfidiaires dans le tems qu'ils ne connoiffoient que fubfidiairement aux Généraux Maîtres des Monnoies des matieres & affaires, dont ces derniers leur renvoyoient la connoiffance.

Boizard, p. 373.

Ils ont été premierement établis pour régir & gouverner les monnoies des Anciens Comtes de Toulouze & de Provence, des Ducs de Guyenne & de Bretagne, de Normandie, de Bourgogne & des Dauphins de Viennois, lefquels ayant *propres coins* dans leurs Terres & Seigneuries, avoient un Général pour les policer & gouverner ; mais comme ces Seigneurs ne pouvoient faire fabriquer aucune monnoie dans leurs terres & feigneuries, fans avoir préalablement pris & reçu de nos Rois les Reglemens, le titre & le poids de leurs propres monnoies, lefquels leur étoient baillés par les Anciens Généraux Maîtres des Monnoies du Roi qui leur prefcrivoient & ordonnoient la forme & la figure, le poids, la taille & le fin des efpeces que lefdits Seigneurs devoient faire fabriquer dans leurs terres, & le tems qu'ils devoient faire faire la fabrication, conformément au cinquieme article de cette vieille Ordonnance qui fe voit dans le regiftre de la Cour, marqué d'une double croix & qui eft extraite du Tréfor des Chartes de nos Rois, laquelle eft fans datte en ces termes.

Conftant, p. 499.

» *Item*, que nuls Barons ou Prélats du Royaume ne façent monnoie, fi » n'eft du congié, poids & loi & valeur qu'il peut & doit faire, à la valeur » des monnoies que le Roi fait ».

De même ne pouvoient ils commettre aucuns Officiers pour régir & gouverner leurs monnoies & leur fabrication ; mais c'étoient les Rois & les Généraux Maîtres de leurs Monnoies qui les commettoient.

Ces Officiers avoient pouvoir chacun dans leur département, d'empêcher que, par les Maîtres & Officiers des Prélats & Barons, les monnoies du Roi ne fuffent fondues & difformées, & de leur donner cours dans toutes les terres defdits Barons prix pour prix & valeur pour valeur à leurs propres monnoies, defquelles le cours étoit permis feulement dans les limites & enclaves de leurs terres & feigneuries.

Ils avoient encore le foin de faire garder & publier les Ordonnances des

Rois, pour le prix & cours, tant de leurs monnoies, que de celles des Prélats & Barons : d'empêcher le transport d'icelles hors du Royaume, & l'introduction des étrangeres dans l'étendue de leurs Généralités, d'y veiller & d'informer contre les faux Monnoyeurs, Rogneurs des Monnoies, & contre toute sorte de personnes qui y travailloient ou trafiquoient en matieres d'or & d'argent, l e tout sous le bon plaisir du Roi & de ses Généraux Maîtres des Monnoies, desquels ils étoient entierement dépendans & justiciables.

Mais les Généraux Provinciaux ayant commis plusieurs malversations, ils furent supprimés par Edit du mois de Mars 1549, registré en la Chambre des Monnoies, le 18 du même mois.

Henri III les rétablit dans les mêmes Provinces sous le titre de Généraux Provinciaux, par Edit du mois de Mars 1577, registré le 9 Septembre 1578, & leur attribua la même jurisdiction qu'aux Présidens & aux Conseillers de la Cour des Monnoies dans les Provinces de leurs départemens. Voyez au mot PREVOTS ROYAUX, l'enregistrement de l'Edit du mois de Juillet 1581, & les Charges portées par cet enregistrement.

Par Arrêt du Conseil du 1 Juillet 1625, rendu sur une instance entre le Procureur Général de la Cour des Monnoies & lesdits Généraux, il est ordonné 1°. qu'ils seront appellés Conseillers Généraux Provinciaux des Monnoies, suivant l'Edit de 1577.

2°. Qu'ils auront entrée, rang, séance & voix délibérative en la Cour des Monnoies après le dernier Conseiller d'icelle.

3°. Que les commissions décernées par ladite Cour pour être exécutées esdites Provinces seront adressées auxdits Généraux Provinciaux, chacun en sa Province, en cas que les Présidens & les Conseillers de la Cour des Monnoies ne les veuillent exécuter.

4°. Qu'ils pourront recevoir les Officiers & Monnoyeurs des Monnoies où ils sont établis.

En 1695, sur une contestation qui s'éleva entre le Général Provincial des Monnoies en Bretagne & les Juges Gardes de la Monnoie de Rennes; la Cour des Monnoies, par Arrêt du 30 Décembre, a ordonné » que le Général » Provincial sera maintenu dans tous les droits, pouvoirs, honneurs & pré- » rogatives attribuées a son Office par les Edits, Déclarations Arrêts & Re- » glemens; qu'il fera les visites dans les Hôtels des Monnoies de Rennes » & Nantes, dont il sera requis : que les Juges Gardes seront tenus de lui » porter honneur & respect, & de lui donner la qualité de Conseiller du » Roi, Général Provincial des Monnoies de Bretagne, & que de leur con- » sentement, celle de Garde qu'ils lui ont donné par leurs défenses du 12 » Août 169 , sera rayée; fait défenses auxdits Juges Gardes de prendre » d'autres qualités que celles portées par l'Edit de création de leurs Offices,

» & de leurs provisions ; ordonne que le Génréal Provincial sera invité à
» toutes les Assemblées pour y présider, à la réserve de celles où il s'agira
» de regler le travail des Ouvriers & Monnoyeurs , & de faire la clôture
» des boîtes ; qu'il fera registrer tous les Edits & Déclarations de Sa Majesté ,
» Arrêts & Reglemens du Conseil & de la Cour , qui seront envoyés aux
» Monnoies de Rennes & de Nantes , s'il est sur les lieux , auquel enregis-
» trement les Juges-Gardes seront appellés , ce qui sera fait par les Juges-
» Gardes seuls, en son absence ; ordonne ladite Cour que le Général Provin-
» cial recevra les Officiers desdites Monnoies , lorsque le renvoi lui en sera
» par elle fait ; qu'il recevra les Orfévres , Changeurs & autres ; & qu'à
» l'égard des Ouvriers & Monnoyeurs desdites Monnoies , le Général Pro-
» vincial ne pourra les recevoir , sans y appeller les Juges-Gardes , qui en
» ce cas ne prendront aucuns droits ; toutes lesquelles receptions seront
» faites par les Juges-Gardes , en cas d'absence du Général Provincial ; que
» les registres seront représentés au Général Provincial , pour être par lui
» cottés & paraphés , s'ils ne l'ont été ; que ledit Général Provincial fera
» inventaire des outils & machines servans à la fabrication , quand le cas
» le requierra. Ordonne en outre que les procédures , tant civiles que cri-
» minelles , commencées par les Juges-Gardes , seront par eux continuées
» jusqu'à jugement diffinitif , exclusivement , lors duquel ils seront tenus
» d'avertir le Général Provincial qui assistera & présidera aux jugemens des-
» dits procès , lorsqu'il se trouvera sur les lieux ; lequel Général Provincial ,
» de sa part , sera tenu d'avertir lesdits Juges-Gardes , & de les appeller aux
» jugemens des procès qu'il aura instruits & qu'il jugera dans les Villes de
» Rennes & de Nantes ; que les jugemens rendus par ledit Général Provin-
» cial seront intitulés de son nom seul , lorsqu'il aura présidé ; comme aussi
» ceux rendus par les Juges-Gardes , seront intitulés du nom seul de celui
» des deux qui aura présidé auxdits jugemens ; que le Greffier sera tenu de
» déferer aux ordres dudit Général Provincial , pour instruction des procès
» & jugemens , sinon , en cas de refus , absence ou légitime empêchement ,
» permis audit Général Provincial de commettre telle personne qu'il avisera.
» Fait ladite Cour défenses aux Juges-Gardes de plus troubler ledit Général
» Provincial dans l'exercice & fonction de sa Charge ; & sur le surplus des
» demandes des Parties , les a mis & met hors de Cour ; ordonne que le pré-
» sent Arrêt sera lu , publié aux Greffes des Monnoies de Rennes & de Nan-
» tes ; condamne lesdits Juges-Gardes à la moitié des dépens , l'autre moi-
» tié compensée.

En 696 le Roi , par Edit du mois de Juin registré en la Cour des Monnoies le 10 du même mois, supprima les Généraux Provinciaux , & par le
même Edit , Sa Majesté créa vingt-huit Conseillers du Roi Généraux Provinciaux, ainsi qu'il suit.

» I. Nous avons, par notre préfent Edit perpétuel & irrévocable, éteint
» & fupprimé, éteignons & fupprimons les fept Offices de Genéraux Pro-
» vinciaux Subfidiaires des Monnoies rétablis & créés de nouveau par Edit
» du mois de Mai 1577, dans le reffort de nos Parlemens de Languedoc,
» Guyenne, Bretagne, Normandie, Bourgogne, Dauphiné & Provence,
» & les Offices de Généraux des Monnoies en Bearn & Baffe Navarre &
» dans le Comté de Bourgogne. Ordonnons que les titulaires defdits Offi-
» ces fupprimés rapporteront dans un mois du jour & datte de notre préfent
» Edit, par-devant le Contrôleur Général de nos Finances, leurs quittances
» de Finances, &c..... & au lieu defdits Généraux Provinciaux Subfidiaires,
» & autres, Nous avons créé & érigé, créons & érigeons en titre d'Office
» formé vingt-huit nos Confeillers Généraux Provinciaux Subfidiaires :
» favoir :

» Un pour la Ville & Généralité de Rouen.

» Un pour les Villes de Caen & d'Alençon.

» Un pour la Ville & Diocèfe de Rennes, de Dôles, S. Malo, Saint
» Brieux, Treguier, & Saint Pol de Léon.

» Un pour la Ville & Diocèfe de Nantes, de Vannes & Cornouaille.

» Un pour la Ville de Tours, la Touraine & l'Orléanois.

» Un pour la Ville d'Angers, & pour les Provinces d'Anjou & le Maine.

» Un pour la Ville & Généralité de Limoges.

» Un pour la Ville & Généralité de Bourges & le Nivernois.

» Un pour la Ville & Généralité de Poitiers.

» Un pour la Ville de la Rochelle, le Pays d'Aunis, & la Province de
» Xaintonge.

» Un pour la Ville de Bordeaux & les Elections de Bordeaux, Perigueux,
» Agen, Condom & Sarlat.

» Un pour la Ville de Bayonne, l'Election d'Acqs, le Pays du Soule &
» de la Cour & le Comté de Marfan.

» Un pour la Ville de Pau & reffort du Parlement de Pau.

» Un pour la Ville & Diocèfe de Touloufe, & ceux de Mirepoix, Albi,
» Lavaur, Rieux, Cominges Montauban, Pamiers, Conferans, Leictoure,
» Aufch, Lombes, Cahors, Rhodes & Vabres.

» Un pour la Ville & Diocèfe de Narbonne, Beziers, Lodeve, Saint-
» Pons, Carcaffonne, Saint Papoul, Caftres, Alet & Limours.

» Un pour la Ville & Diocèfe de Montpellier, de Nifmes, Alais,
» Viviers, le Puy, Ufés & Mande.

» Un pour la Ville de Lyon, le Lyonnois & le Pays de Foreft & de
» Beaujollois :

» Un pour la Ville de Grenoble, le Dauphiné, la Savoye & le Piémont.

» Un pour la Ville & le reffort du Parlement d'Aix.

» Un pour la Ville de Riom & les Provinces d'Auvergne & de Bourbonnois.

» Un pour la Ville & reffort du Parlement & Chambre des Comptes de Dijon.

» Un pour la Ville & reffort du Parlement de Befançon.

» Un pour la Ville & reffort du Parlement de Metz, Ville & Province du Luxembourg.

» Un pour la Ville & Généralité d'Amiens, le Boulonnois, le Pays conquis & reconquis.

» Un pour la Ville de Lille, la Province d'Artois, & les Pays nouvellement conquis en Flandre & Haynaut, ou cedés par les derniers Traités.

» Un pour la Ville de Reims & les Elections de Reims, de Châlons, Epernay, Rhetel, Sainte Menehout, & le Barrois.

» Un pour la Ville de Troyes, Cézanne, Langres, Charmont, Bar-fur-Aube, & Vitry-le-François.

» Et un pour les Villes & Provinces d'Alface & autres lieux de la frontiere d'Allemagne.

» A chacun defquels Généraux Provinciaux Subfidiaires créés par notre préfent Edit, Nous avons attribués & attribuons les mêmes pouvoirs, jurifdictions, honneurs, autorités, prééminences, franchifes & privileges portés par l'Edit du mois de Mai 1577, dont jouiffent nos Confeillers de notre Cour des Monnoies; Voulons que lefdits Généraux Provinciaux foient gradués, & que, conformément audit Edit, ils puiffent, de même que les Préfidens & Confeillers Commiffaires de notre Cour des Monnoies, connoître par prévention & concurrence avec les Baillifs, Sénéchaux, Officiers des Prefidiaux, & Juges-Gardes de nos Monnoies, qui font gradués, du billionage, altération des monnoies, & fabrication de fauffe monnoie, & juger lefdites matieres en dernier reffort, avec le nombre de huit ou fept au moins, Officiers, ou gradués.

(*Nota* Le pouvoir de juger en dernier reffort a été reftraint à l'appel aux Cours des Monnoies par Arrêt du 3 Décembre 1711, rendu contre le Général Provincial de Rennes.)

» Comme auffi pourront connoître par concurrence avec lefdits Commiffaires & Juges-Gardes des Monnoies, des matieres concernant la jurifdiction privative de notre Cour des Monnoies, & juger feuls, ou avec lefdits Juges-Gardes, celles tant de la Jurifdiction privative que cumulative où il n'échéra que de prononcer des amendes & confifcations mobiliaires, à la charge de l'appel en nos Cours des Monnoies. Voulons auffi que, conformément audit Edit du mois de Mai 1577, & à l'Arrêt

» de notre Conseil du 1 Juillet 1625 , lesdits Généraux Provinciaux aient » entrée, séance , rang , opinion & voix délibérative en notre Cour des » Monnoies après le dernier Conseiller en toutes matieres de leur Jurisdic- » tion , & de leur ressort seulement, lorsqu'ils s'y trouveront pour le fait » de leurs Charges.

» II. A chacun desquels Généraux Provinciaux Subsidiaires, Nous attri- » buons mille livres pour trois quartiers de 1333 liv 6 s. 8 d. de gages par » an , dont ils seront payés en la même maniere & par même assignation » que les Officiers de notredite Cour des Monnoies, suivant le fonds qui » en sera fait par les états qui seront arrêtés d'année en année en notre Con- » seil Royal des Finances.

» XXXI. Les Généraux Provinciaux seront reçus & prêteront serment » en notre Cour des Monnoies, &c.

GENOISE ou GENOUINE , monnoie qui a cours à Gênes.

GOLTSCHUT, espece de monnoie ou plutôt de petit lingot d'or qui vient de la Chine & qui y est regardé comme marchandise , plutôt que comme espece courante ; ce sont les Hollandois qui lui ont donné le nom de goltschut, qui en leur langue signifie bateau d'or , parceque le goltschut en a la figure, les autres Nations l'appellent pains d'or. Il pese ordinairement 32 onces , ce qui fait 2692 liv. 2 s. 6 d. $\frac{9}{12}$ sur le pied de 84 liv. 16 s. 10 d. $\frac{1}{8}$ l'once à 678 liv. 15 s. le marc d'or à 22 karats.

Comme dans toute la Chine & le Tunquin , il ne se bat aucune monnoie d'or, ni d'argent on y coupe ces deux métaux en morceaux de divers poids; ceux d'argent s'appellent taels ; ceux d'or, sont le goltschut, ils servent dans les gros paiemens, & lorsque les taels & les monnoies de cuivre ne suf- fisent pas.

Quand les Chinois transportent leurs pains d'or ou goltschuts dans les différentes parties des Indes où ils trafiquent, ceux avec qui ils en traitent, les font ordinairement couper par le milieu, les Chinois étant de si mau- vaise foi qu'on en a souvent trouvé de ces morceaux d'or fourés jusqu'à un tiers de cuivre, ou d'argent.

Les Japonois ont aussi des goltschuts, mais qui ne sont que d'argent; il y en a de divers poids & par conséquent de diverses valeurs. Voyez MONNOIE.

GERAH , poids dont se servent les Juifs , qui pese 16 grains d'orge.

Voyez au mot MONNOIE , les monnoies des Juifs.

GRACE , monnoie de billon qui se fabrique & qui a cours à Florence & dans tous les Etats du Grand Duc ; elle vaut cinq quatrains ou 1 s. $\frac{2}{3}$ on n'en donne presque point dans les grands paiemens, on ne s'en sert que dans le négoce journalier des denrées & menues marchandises.

GRAIN,

GRAIN, le plus petit des poids dont on se sert pour peser l'or, l'argent & autres matieres précieuses.

Il faut 9216 grains pour faire une livre de Paris. Chacun de ces grains est estimé peser un grain de bled; & 4608 grains pour faire un marc.

Le denier se divise en 24 grains. Le grain en 24 primes, &c. pour peser les diamans & autres pierres précieuses, on se sert d'un poids particulier appellé karat en France & quitable en Espagne. Ce poids se divise en quatre grains, & ces grains sont moins pesans que ceux du marc. Voyez karat, livre, marc, &c.

Grain, se dit encore des Morceaux d'or très pur qui se trouvent quelquefois sur la terre & dans quelques rivieres. De quelque volume & de quelque poids que soit cet or, on lui donne toujours le nom de grain.

GRAIN D'ORGE, poids dont se servent les Juifs & qui compose tous les autres; il pese quasi les quatre cinquiemes de notre grain poids de marc.

Voyez au mot MONNOIE, la monnoie des Juifs.

Grain est aussi à Malthe une monnoie réelle, dont il y a des pieces de différente valeur, savoir, de 15 grains, de 10 & de 5.

GRAVEUR. Artiste qui grave. Il y a des Graveurs en or, en argent sur pierres précieuses, des Graveurs en taille douce, des Graveurs en bois, des Graveurs & Doreurs sur fer, des Graveurs sur acier & des Graveurs en métal.

Les Graveurs en métal sont ceux qui gravent & font toutes sortes de cachets, les Sceaux de la Chancellerie, & autres Sceaux Particuliers, les marteaux à marquer les cuirs dans les Halles, ou les bois dans les Forêts: les poinçons pour frapper les plombs des marchandises & étoffes, les poinçons de frise, de bordure & autres ornemens pour les Orfévres; les poinçons pour les Relieurs, les Doreurs sur cuir & les Potiers d'étain, enfin tels autres ouvrages de gravure, soit en creux, soit en relief, soit sur l'or & l'argent, soit sur le cuivre, le léton, l'étain, le fer ou l'acier.

Cette Communauté est de la jurisdiction privative de la Cour des Monnoies; l'Edit de 1571, porte » notre Cour des Monnoies connoîtra sans » appel & en dernier ressort, privativement à tous Juges, soit de nos Cours » Souveraines, Chambres des Comptes & autres, des fautes & malversa- » tions commises & qui se commettront par les Graveurs, circonstances & » dépendances, en ce qui concerne leurs charges & métiers, visitation » & rapports.

Les Edits de 1554, 1555 confirment cette Jurisdiction.

L'Edit de Reglement du mois de Juin 1635, sur la jurisdiction de la Cour des Monnoies dit, » Voulons que privativement à tous autres Juges, » les Officiers de notre Cour des Monnoies, connoissent privativement à » tous autres Juges des fautes & malversations commises & qui se commet-

» tront par les Graveurs, en ce qui concerne leur métier, vifitations & rap-
» ports, que les Maîtres dudit métier foient tenus de fe faire recevoir;
» favoir, à Paris en la Cour des Monnoies, & dans les Provinces devant
» les Juges-Gardes & Prévôts des Monnoies.

L'Edit du mois de Mars 1645, confirme cette Jurifdiction en ordonnant
que ladite Cour connoiffe fans aucune exception, ni limitation des Reglemens, abus, délits & malverfations des Graveurs, en ce qui concerne leurs
Charges & Métier.

L'Arrêt du Confeil du 29 Août 1651, portant confirmation de la Jurifdiction de la Cour des Monnoies, ordonne » que privativement à tous autres
» Juges, les Commiffaires de la Cour connoîtront des Reglemens, abus
» & malverfations des Graveurs, en ce qui concerne leur métier, vifita-
» tions, rapports & autres, comme preftation de ferment en leurs Jurandes
» & Maîtrifes, circonftances & dépendances.

Au commencement du fiecle dernier, il n'y avoit pas dans Paris de Particuliers établis & autorifés à compofer une Communauté fous le titre de
Graveurs; on ne connoiffoit que ceux qui étoient employés dans l'Hôtel
des Monnoies à graver les matrices & quarrés d'acier pour la fabrique des
efpeces, médailles & jettons; jufques-là, le talent de la gravure fur l'or &
l'argent étoit dépendant de l'Art de l'Orfévrerie, comme celui de tailler les
pierres précieufes avoit toujours été uni à cette autre partie du même art qui
concer ne la Joaillerie, & de même que les Orfévres avoient occupé des
Compagnons à la taille de la pierrerie, ils en occupoient auffi à la gravure
de leurs ouvrages.

Ces Compagnons s'affemblerent le 1 Décembre 1623, & convinrent
entr'autres chofes de fe retirer vers le Roi à la fin d'obtenir de Sa Majefté des
Statuts & Ordonnances pour fe faire ériger en Communauté avec Maîtrife
& Jurande à Paris, à la charge de faire enregiftrer lefdits Statuts & Ordonnances en la Cour des Monnoies, de laquelle convention ils pafferent Acte
pardevant Notaires ledit jour 1 Décembre 1623; cet Acte fut regiftré en
la Cour des Monnoies par Arrêt du 9 Mars 1626, qui ordonna en outre
qu'à l'égard des Statuts par eux requis, ils fe retireront par-devers Sa Majefté
pour leur y être pourvu fuivant fon bon plaifir; ce qui ayant été exécuté par
les Graveurs en or, argent, cuivre, léton, fer, acier, & étain de la Ville
de Paris, le Roi par Lettres Patentes données à Valence le 10 Mars 629,
les renvoya en la Cour des Monnoies, pour voir & examiner les dix-fept
articles des Statuts par eux préfentés, les Reglemens & Ordonnances concernant les Graveurs, & fur ces articles donner par la Cour fon avis, pour
ce fait & rapporté par-devers Sa Majefté être pourvu à ces Artiftes, ainfi
que de raifon.

En exécution de ces lettres, la Cour sous le bon plaisir du Roi, ordonna par Arrêt du 10 Septembre 1629, que le métier seroit à l'avenir érigé en Maîtrise & Jurande, & pour cet effet que les Statuts rédigés en dix-sept articles, auxquels elle n'auroit rien trouvé qui ne fut conforme aux Ordonnances, seroient admis, comme très utiles au public.

Le Roi confirma, approuva & homologua ces Statuts par Lettres Patentes données à Fontainebleau au mois de Mai 1631, par lesquelles Sa Majesté ordonna que ces Statuts seroient inviolablement entretenus, gardés & observés, selon leur forme & teneur, sous les peines y contenues, & érigea en Maîtrise & Jurande l'Art & Métier de Graveur Tailleur, réduisit & limita le nombre des Maîtres à vingt seulement, conformément à l'avis de la Cour des Monnoies, pour être à l'avenir exercés par lesdits Maîtres & autres de qualité requise, sans qu'il en puisse entrer un plus grand nombre. Ces lettres furent adressées à la Cour des Monnoies, pour en ordonner l'enregistrement & connoître à l'avenir de l'observation de ces Statuts & Reglemens, & par Arrêt du 12 Août 1632, elle ordonna que lesdites Lettres Patentes seroient registrées au Greffe d'icelle, pour en jouir par les Impétrans en qualité de Maîtres Tailleurs & Graveurs en la Ville de Paris, érigés en Maîtrise & Jurande suivant lesdites lettres jusqu'au nombre de vingt, &c.

ARTICLE PREMIER.

Par le premier article de ces Statuts, il est dit que l'Art & Métier de Graveur en or, argent, cuivre, léton, fer, acier & étain en cette Ville & Fauxbourgs de Paris sera érigé en Maîtrise, & le nombre des Maîtres limité & réduit à vingt.

Extrait des Statuts des Graveurs.

I I.

Qu'aucun desdits Maîtres ne pourra prendre plus d'un Apprentif, & pour moins de six années consécutivement, & qu'il n'ait atteint l'âge de douze ans & le brevet d'apprentissage enregistré au Greffe de la Cour des Monnoies, huit jours après l'obligation faite, &c.

I I I.

Lesdits Maîtres ne travailleront, ni feront travailler en chambre, Compagnons, Etrangers ou autres en or, argent, cuivre ou autres métaux pour cachets, sceaux, &c.

I V.

Ne pourront lesdits Maîtres ou autres vendre & débiter aucuns cachets aux Marchands Merciers, Joailliers ou autres personnes, de quelque métal, pierres ou matieres que ce soit, pour en faire trafic & revente.

V.

Nulles personnes, de quelque vacation que ce soit, autres que lesdits Maîtres Graveurs ne pourront tenir aucunes lettres d'alphabet à droite, fervans à faire marques, ou cachets de quelque grandeur que ce soit, ni avoir aucunes fleurs de lys, couronnes & écuffons pour éviter à tous abus & malverfations.

V I.

Nul que lefdits Maîtres ne pourra graver de grands & petits fceaux ; cachets, chiffres, marques & généralement tous & chacun les ouvrages concernant leurdit Art & Profeffion ci-deffus déclarés.

V I I.

Sera procédé à la pluralité des voix defdits Maîtres de deux en deux ans, à l'élection d'un ou de deux Gardes de ladite Profeffion de Graveurs de fceaux & de cachets, &c. par-devant le Procureur Général en la Cour des Monnoies, le lendemain de Saint Eloi au mois de Décembre de chaque année, & fortira par chacun an le plus Ancien Garde, l'autre reftant deux ans confécutifs pour inftruire le nouvel élu, &c.

V I I I.

Aucun defdits Maîtres ne pourra tenir qu'une boutique ouverte.

I X.

Jouiront les Veuves defdits Maîtres Graveurs pendant leur viduité feulement de pareils privileges que leurs défunts Maris, pourront achever le tems de leur Apprentif au cas qu'il y ait plus de deux ans qu'il fut chez eux.

X.

Les Enfans defdits Maîtres Graveurs ne feront tenus d'aucun apprentiffage ; néanmoins avant que d'être reçus Maîtres feront chef-d'œuvre ou expérience, & ne pourra un defdits Maîtres qui aura un fils en âge compétent d'apprendre, prendre un Apprentif, s'il ne fait déclaration au Greffe, en faifant regiftrer le brevet dudit Apprentif, qu'il ne veut & n'entend que fondit fils foit de ladite Profeffion.

X I.

Les Filles de Maîtres Graveurs venant à être pourvues par Mariage avec un de la vacation qui aura fait fon tems d'apprentiffage, s'il eft fils de Maître fera préféré pour fa réception, y ayant place vacante & non remplie à tout autre, au cas qu'il ait fiancé ladite fille ; & s'il n'eft fils de Maître, fera feulement préféré aux Compagnons & exempté defdites deux années de fervice après l'apprentiffage expiré.

X I I.

Pourront lefdits Maîtres Graveurs incifer tous métaux.

XIII.

Seront tenus les Jurés & Gardes de faire leurs visites de deux mois en deux mois, &c.

XIV.

Nuls Maîtres, autres que lesdits Jurés pendant leur Jurande, ne s'entre-mettront de donner leur avis comme experts sur les faussetés, reconnois-sances, &c.

XV.

Ne sera loisible à aucun Artisan, Marchand Mercier ou autre, mettre en étalage ou autrement au-devant de sa boutique, tableaux d'empreinte de sceaux & cachets des armes de France, Princes & Princesses & autres armes, sinon auxdits Maîtres Graveurs.

XVI.

Et seront les présents Statuts & Reglemens gardés & observés de point en point selon leur forme & teneur, à peine contre lesdits Maîtres & autres contrevenans d'amende arbitraire, ou autre plus grande s'il y échet, ainsi qu'il sera ordonné par la Cour des Monnoies.

A ces Statuts faits en la Cour des Monnoies le 10 Septembre 1629, confirmés par Lettres Patentes du mois de Mai 1631, il a été ajouté un article qui porte:

XVII.

Pourront lesdits Maîtres Tailleurs Graveurs fondre & apprêter la matiere pour faire des sceaux, cachets, soit or, argent, cuivre, léton, fer & acier, même faire leurs modeles en cire, bois, plomb, ainsi qu'ils verront bon être, sans qu'ils puissent être empêchés par qui que ce soit, néanmoins le tout sujet à la visite des Maîtres Jurés, comme dessus, pour voir par eux s'il y a en ce abus & malversation.

Au mois de Juin 1722, les Maîtres Graveurs présenterent Requête à la Cour des Monnoies, afin d'avoir un poinçon pour marquer les ouvrages qu'ils feroient en or, ou en argent, ce que la Cour leur a accordé par Arrêt du 6 Juin de la même année, ainsi qu'il suit: » la Cour a permis & permet » aux Maîtres de la Communauté des Graveurs de cette Ville de Paris d'a- » voir un poinçon pour marquer les ouvrages d'or & d'argent qu'ils fabri- » queront, à la charge par eux de les faire insculper sur une table de cuivre, » qui sera à cet effet déposée au Greffe de la Cour.

GRAVEURS SUR ACIER, sont ceux qui gravent les poinçons, les matrices, & les quarrés propres à frapper & à fabriquer toute sorte de monnoies, de médailles & de jettons.

Ces Graveurs sont appellés plus ordinairement Tailleurs, & sont en titre d'office; ce qui est presque la seule différence qu'il y ait entr'eux

& les Graveurs de médailles & jettons, à la réferve cependant que les Tailleurs des Monnoies peuvent graver des médailles & des jettons, & que nul Graveur, s'il n'eft Tailleur, ne peut, fous peine de punition corporelle, & d'être réputé coupable du crime de fauffe monnoie, graver des poinçons & matrices fervans au monnoyage. Voyez. TAILLEURS.

La gravure des monnoies & celle des médailles & des jettons fe font de la même maniere & avec les mêmes inftrumens.

Toute la différence ne confifte qu'au plus & au moins de relief qu'on leur donne ; le relief des monnoies eft peu confidérable en comparaifon de celui des médailles, & le relief des jettons l'eft encore moins que celui des monnoies.

L'ouvrage des Graveurs en acier fe commence ordinairement par les poinçons qui font en relief, & qui fervent à faire les creux des matrices & des quarrés. Quelquefois cependant on travaille d'abord en creux, mais feulement quand ce qu'on veut graver a peu de profondeur.

Maniere de graver les monnoies, médailles & jettons.

La premiere chofe que fait le Graveur, c'eft de deffiner fes figures, & enfuite de les modeler & ébaucher en cire blanche, fuivant la grandeur & la profondeur qu'il veut donner à fon ouvrage. C'eft d'après cette cire que fe grave le poinçon.

Ce poinçon eft un morceau d'acier, ou de fer bien acéré, c'eft-à-dire, compofé de fer & d'acier, fur lequel, avant de l'avoir trempé, on cizele en relief la figure, foit tête, foit revers que l'on veut graver & frapper en creux fur la matrice ou quarrée. Voyez POINÇON.

Les outils dont on fe fert pour cette gravure en relief, & qui font prefque les mêmes pour achever la gravure en creux font d'acier, les uns s'appellent des cizelets, d'autres des échopes, quelques-uns des rifloirs, des onglets & des matoires. Il y a auffi diverfes fortes de burin, & quantité d'autres petits inftrumens fans nom, defquels il y en a de tranchans, de hachés, de droits, de coudés, enfin de différentes manieres, fuivant le génie & le befoin du Graveur qui les invente & qui s'en fert.

Tous ces outils fe trempent, & après qu'ils ont été trempés, ils fe découvrent en les fichant dans un morceau de pierre-ponce.

Quand le poinçon eft achevé, on lui donne une forte trempe pour le durcir, afin qu'il puiffe réfifter aux coups de marteau, ou de cet inftrument qu'on appelle une fonnette, dont on fe fert pour faire l'empreinte en creux fur la matrice.

Ce qu'on entend par une matrice que l'on appelle auffi quarré à caufe de fa figure, eft un morceau de bon acier de forme cubique, fur lequel on grave en creux le relief du poinçon : il eft appellé matrice, parceque c'eft dans ce creux, que les monnoies & les médailles paroiffent être engendrées.

Pour adoucir le morceau d'acier dont eſt fait le quarré, & le rendre plus facile à prendre l'empreinte du poinçon, lorſque ce dernier ſe frappe deſſus, on le recuit, c'eſt-à-dire, qu'on le fait rougir au feu, & quand il a été frappé à chaud ou à froid, autant qu'il eſt poſſible, on le répare; c'eſt-à-dire, qu'avec quelques-uns des outils dont nous avons parlé ci-deſſus, on acheve dans le creux de perfectionner les traits, ou les parties qui, à cauſe de leur délicateſſe, ou du trop grand relief du poinçon, n'ont pu ſe marquer ſur la matrice.

La grate-boëſſe eſt une eſpece de broſſe de fil de léton avec laquelle on nettoie le creux du quarré, à meſure qu'on y a réparé quelqu'endroit.

La figure parfaitement finie, on acheve de graver le reſte de la médaille, comme ſont les moulures de la bordure, les grenetis, les lettres, &c. qui, preſque tous, particulierement les lettres & le grenetis, ſe font avec de petits poinçons fort acérés & bien trempés.

Comme l'on ſe ſert de poinçons pour graver en creux des quarrés, on ſe ſert auſſi en certains cas des quarrés pour graver des poinçons en relief; mais ce n'eſt gueres que dans les Hôtels des Monnoies que l'on fait ce travail; le Tailleur Général envoie aux Tailleurs Particuliers des matrices pour y fabriquer des poinçons, auſſi bien que des poinçons pour fabriquer des quarrés.

Comme les Graveurs ne peuvent voir l'ouvrage en creux avec la même facilité que celui qu'ils font en relief, ils ont imaginés diverſes manieres d'en avoir l'empreinte, à meſure que leur quarré s'avance.

Quelquefois ils ſe ſervent d'une compoſition de cire ordinaire, de térébenthine & d'un peu de noir de fumée, qui ſe conſervant toujours aſſez molle, prend aiſément l'empreinte de l'endroit du creux contre lequel on le preſſe; mais cette cire préparée ne pouvant ſervir que pour voir la gravure partie par partie, ils ont deux ou trois autres moyens de tirer la figure toute entiere.

Le premier moyen eſt ce qu'ils appellent du plomb à la main, c'eſt-à-dire, du plomb fondu qu'ils verſent ſur un morceau de papier ſur lequel renverſant le quarré & le frappant de la main, le plomb à demi liquide en prend & en conſerve aiſément le relief.

La ſeconde maniere de prendre une empreinte eſt avec du ſoufre lentement liquifié & à feu doux, dont après l'avoir verſé ſur du papier, on s'en ſert comme du plomb à la main, avant qu'il ſoit réfroidi.

Enfin la troiſieme maniere, mais qui n'eſt propre qu'à tirer des empreintes peu profondes, telles que ſont celles des monnoies & des jettons, conſiſte à mettre ſur le creux un morceau de carte légere, & l'ayant couvert d'une lame de plomb, donner ſur le plomb quelques coups de marteau juſqu'à ce que la carte ait pris l'empreinte du quarré.

Quand le quatré eſt entierement achevé, on le trempe comme on a fait le poinçon, puis on le découvre & on le frotte avec la pierre ponce, enſuite on le nettoie avec des broſſes de poil; enfin on ſe ſert de la pierre à huile, & pour achever de le polir, on prend de l'huile & de l'émeril que l'on porte dans tous les enfoncemens du creux avec un petit bâton pointu, mais émouſſé.

Le quarré en cet état peut être porté au balancier pour y frapper des médailles, des eſpeces, ou des jettons. La maniere de s'en ſervir, & les machines qui ſervent à en tirer les empreintes n'étant point l'ouvrage du Graveur, on en a parlé à l'article du balancier. Voyez BALANCIER MONNOYAGE, ET MONNOIE.

GREFFIER EN CHEF de la Cour des Monnoies.

Nous diſons au mot Cour des Monnoies en traitant des Officiers de la Chambre des Mounoies, que Maître Girard de la Folie porta le premier la qualité de Greffier de la Chambre des Monnoies, dont il avoit été pourvu par le Roi Charles VII en 1448. Nous donnons la liſte de ceux qui lui ont ſuccédé pendant la durée de la Chambre des Monnoies, en cet Office.

Regiſtre K de la Cour des Monnoies. Depuis l'Erection de la Chambre en Cour Souveraine en 1551, Maître Harman obtint le 16 Novembre 1552, des proviſions de l'Office de Greffier en la Cour & y fut reçu à la charge de prendre le bonnet rond & la robe longue comme il étoit d'uſage aux autres Cours.

Le 3 Février 1581, André Hac ſe rendit adjudicataire du Greffe de la Cour & places de Clercs en payant 3300 écus ſol & 165 écus pour le ſol pour livre pour le Greffe, & 200 écus ſol & 10 écus ſol pour livre pour les places de Clercs.

En 1583, la Cour des Monnoies, par Arrêt du 14 Novembre, fit défenſes au Greffier, ſon Commis & ſes Clercs de laiſſer entrer perſonne au Greffe avant dix heures.

Le 20 Juin 1603, François Hac obtint des lettres de proviſions de cet Office qui furent regiſtrées le premier Juillet ſuivant, à la charge par ledit Hac d'entretenir le Greffe de Clercs ſuffiſans & faire ſa demeure en l'Hôtel de la *Logement.* Monnoie, ſans pouvoir louer à d'autres ſon logement, *afin que la Cour & les Députés d'icelle puiſſent faire leurs commiſſions quand beſoin ſera.*

Le 3 Juillet 1607, le Sr Pataut fut reçu en cet Office aux mêmes conditions.

Par Edit du 20 Février 1621, le droit de préſentation des Plaideurs aux Greffiers fut réglé à quatre ſols pariſis.

En Février 1631, la Cour fit un Reglement qui porte, " que le Greffier " recueillera les Arrêts en feuilles que le Préſident paraphera à l'iſſue de la " levée de la Cour, qu'il fera les enregiſtremens d'ordre de tous les Arrêts, " Mandemens & Ordonnances chacun en un regiſtre particulier, dont feuilles " cottées par nombre, pourquoi pourra emporter les minutes chez lui " &

» & les rapporter à mesure des enregistremens.

» Nul procès & instance ne sera par lui baillée avant la distribution, tiendra
» registre particulier des envois d'Arrêts, du jour de l'envoi, donnera trois
» jours après la signature les grosses des Arrêts au Procureur Général,
» pour les faire exécuter dont il se chargera : deux Conseillers commis
» pour examiner de tems en tems les registres dont feront rapport de l'état.

» Le Greffier mettra la taxe des expéditions, continuera l'ordre en un
» registre particulier des saisies au rapport des Conseillers, de celles des Maî-
» tres & Gardes de l'Orfévrerie, & l'apport & déclaration sommaire de la
» qualité, quantité, sur qui & le jour ; deux Généraux Commis pour véri-
» fier les saisies ci-devant faites, dont dresseront procès verbaux.

» Prononcera au Receveur les amendes & confiscations huit jours après
» les Arrêts rendus, dont sera acte au bas, deux Généraux Commis tous les
» ans pour en faire le contrôle. Ce Reglement fut mis alors en tableau
au Greffe.

Le premier Avril 1659, la Cour fit un autre Reglement pour le Greffe,
tant pour les baux des monnoies, reception des Officiers, des Aspirans,
droits pour reception, productions, adjudications, expéditions, taxes
des états, &c.

Le premier Février 1661, la Cour adjugea le Greffe au Sr Hérardin.

La Cour, par Arrêt du 16 Mars 1663, fit défenses au Greffier de donner
à aucun des Conseillers de la Cour aucune minute, à peine d'en répondre en
son nom, » seront tenus les Conseillers qui prendront au Greffe procès, re-
» gistres & autres pieces, de s'en charger par écrit ».

Par autre Arrêt du 7 Mai 1666, défenses au Greffier de se défaisir des
minutes, si autrement n'est ordonné, » expédira grosses pour le jugement,
» donnera en communication au Procureur Général suivant les Ordon-
» nances, les Arrêts à exécuter lui seront délivrés dont se chargera sur le
» registre ».

Lettres Patentes de l'année 1670, portant que le Greffier recevra les
amendes, &c.

Le 22 Avril 1698, le Sieur Pierre Gallois fut reçu Greffier en Chef au
lieu & place de George Hérardin, à la charge de loger dans la maison du
Greffe en l'Hôtel de la Monnoie, d'y livrer une Chambre aux Commissaires de la Cour pour les affaires qu'ils instruiront dans ledit Hôtel
de la Monnoie, comme aussi à la charge de donner caution de la somme de
deux mille livres pour la fonction de Receveur des Consignations de la Cour
qui sera reçue par-devant le Conseiller Rapporteur avec le Procureur Général, & à condition que ledit Gallois ne sera mis en possession des registres,
minutes & autres effets qui sont au Greffe, qu'inventaire & recollement n'ait

été préalablement fait d'iceux, dont fera dreſſé procès verbal en préſence d'un des Subſtituts du Procureur Général.

Le 22 Février 1706, Daniel Bocquillon Sr de Bouchoir fut reçu en l'Etat & Office de Conſeiller Sécretaire du Roi près la Cour, créé par Edit du mois de Septembre 1705, enregiſtré le 22 Janvier ſuivant, auquel il n'avoit encore été pourvu.

Par cet Edit, veut Sa Majeſté » que les Greffiers en Chef qui auront loué » leſdits Offices puiſſent ſigner les Arrêts & autres expéditions des Greffes » deſdites Cours, de même que font les Conſeillers Sécretaires en la grande » Chancellerie, & qu'en l'abſence ou légitime empêchement deſdits Gref- » fiers en Chef, les Particuliers qui auront acquis leſdits Offices puiſſent » ſigner leſdites expéditions, comme auſſi ceux qui s'en feront pourvoir, » enſemble leurs Veuves demeurantes en viduité, leurs Enfans & Deſcen- » dans tant mâles que femelles nés & à naître en légitime mariage, ſoient » réputés Nobles & comme tels, jouiſſent de tous les droits, privilèges, fran- » chiſes, immunités, rang, ſéance & prééminence, dont jouiſſent les au- » tres Nobles du Royaume, pourvu que leſdits Officiers aient ſervi vingt » ans, ou qu'ils décedent revêtus deſdits Offices.

» Veut en outre Sa Majeſté que leſdits Officiers & leurs Veuves demeu- » rantes en viduité, ſoient exemptes tant en vendant qu'acquérant même » par échange, de tous profits de fiefs, lots & ventes, rachats, reliefs & » généralement de tous droits ſeigneuriaux & féodaux qui pourroient être » dûes à Sa Majeſté à cauſe des ventes & acquiſitions par ſucceſſion, dona- » tion, ou autrement qu'ils pourront faire dans le reſſort deſdites Cours, » de maiſons, terres & ſeigneuries & autres héritages mouvans du Roi à » cauſe de ſes domaines.

» Ordonne pareillement Sa Majeſté que ceux qui ſeront pourvus deſdits » Offices aient rang, ſéance dans leſdites Cours, en toutes Aſſemblées & cé- » rémonies générales & particulieres près & au-deſſous des Greffiers en Chef » d'icelles avec même & ſemblable robe, jouiront des gages qui ſeront por- » tés par les rôles de fixation du prix deſdits Offices, d'un minot de ſel & » du droit de *Committimus* au grand ſceau.

» Veut Sa Majeſté qu'ils ſoient admis à l'annuel que Sa Majeſté a fixé à » trente livres par an ſans payer aucun prêt, de même que les Conſeillers » des Cours d'icelle, & qu'ils ſoient diſpenſés dudit droit d'annuel dans » l'année dans laquelle ils ſeront pourvus.

» Permet, tant auxdits Greffiers qu'à tous autres qui acquerront leſdits » Offices de les poſſeder ſans incompatibilité, ledit Edit adreſſé à la Cour » des Monnoies.

Le huit Mai 1709, le Sieur Pierre Gueudré fut reçu en l'Office héréditaire de Greffier en chef de la Cour, de même & aux mêmes Charges que le Sr Gallois reçu en 1698. Voyez ci-deffus.

Ledit Sieur Pierre Gueudré Greffier en chef de la Cour fut reçu le 20 Février 1713, en l'Office de Sécretaire du Roi près d'icelle créé par Edit du mois de Septembre 1705, au lieu & place du feu Daniel Bocquillon de Bouchoire qui avoit payé la Finance pour le rachat & amortiffement du droit annuel ordonné par Edit du mois de Décembre 1709.

Au Sieur Pierre Gueudré a fuccédé, le 17 Juillet 1726, le Sieur Pierre Jean Félix Gueudré en l'Office de Greffier en chef de la Cour, Notaire & Sécretaire du Roi près icelle fur la réfignation de Pierre Gueudré fon pere à condition de furvivance.

Et au Sieur Pierre Jean Félix Gueudré aux mêmes Offices le Sieur Pierre Louis Gueudré de Ferriere fon frere, le 18 Mars 1744, actuellement exerçant.

GREFFIERS DES HOTELS DES MONNOIES, créés par Edits des années 1548 & 1555, fupprimés & rétablis par Henri III au mois de Mai 1577.

Conft. pag. 563.

Par Arrêt de la Cour des Monnoies du 25 Février 1695, il eft ordonné aux Greffiers des Hôtels des Monnoies de faire inventaire des regiftres par eux tenus, & de les remettre & conferver à l'avenir dans chaque Hôtel des Monnoies.

Par autre Arrêt du 5 Septembre 1697, la Cour a ordonné » que l'Arrêt » du 25 Février 1695, fera exécuté felon fa forme & teneur, en confé-
» quence que les Greffiers & autres dépofitaires de procédures de Greffe » de chaque Monnoie feront tenus de remettre toutes les pieces & procé-
» dures du Greffe dans les armoires qui ont été, ou qui doivent être placées » dans le Greffe de chacune defdites Monnoies, à quoi faire ils feront con-
» traints même par corps..... ordonne que les Greffiers auront des regiftres » paraphés, dans l'un defquels ils infcriront tous les Edits, Déclarations, » Arrêts & Reglemens, & dans l'autre les procédures faites en chaque » Monnoie, qui feront remifes dans les armoires du Greffe; enjoint aux » Juges-Gardes de chaque Monnoie & aux Subftituts dudit Procureur Gé-
» néral d'y tenir la main à peine d'en répondre en leur propre & privé nom.

Par Edit du mois de Juin 1712, le Roi a éteint & fupprimé les Offices de Greffiers des Hôtels des Monnoies alors vacans, enfemble ceux de ces Offices auxquels il n'avoit pas encore été pourvu depuis leur création, & les a créé, érigé & établi de nouveau en titre d'Offices héréditaires, avec exemptions & privileges & autres dont jouiffent les Pourvus de femblables Offices dans les Monnoies, fans aucune différence ni exception, aux gages de cinquante livres pour trois quartiers de foixante-fix livres treize fols quatre deniers, defquels gages il fera fait fonds annuellement dans l'état des gages des Officiers des Monnoies, & payés à ceux qui feront pourvus de ces Offices nonobſtant que les Monnoies dans leſquelles ils ſeront établis fuſſent fermées dans la ſuite, leſquels Greffiers ſeront reçus par-devant les Juges-Gardes des Monnoies où ils ſeront établis; & afin de les engager de rendre le ſervice avec zele & application, Sa Majeſté veut que la Finance qu'ils doivent payer pour les nouveaux gages qui leur ont été attribués par l'Edit du mois de Mars 1701, ſoit réduite & modérée par le rôle qui en ſera arrêté au Conſeil, afin qu'ils puiſſent plus facilement en faire les paiemens dans le tems qui leur ſera accordé, ſinon & à faute de ce, qu'ils y ſeront contraints même dépoſ-ſédés de leurs Offices, & commis à l'exercice d'iceux; ne pourront les gages deſdits Greffiers être réduits ni modérés, ſous prétexte de la modicité de la Finance, attendu leur travail & application pour le fait des monnoies, à la charge par les Acquéreurs de ces Offices, d'en payer la Finance & des gages à eux attribués, & les deux ſols pour livre de la Finance.

Regiſtré au Greffe de la Cour des Monnoies le 11 Juin 1712.

GRENAILLES: on réduit l'or, l'argent, le cuivre & rarement l'étain en grenailles, c'eſt-à-dire, en menus grains, quand après les avoir fondus, on les jette dans de l'eau-froide. Cette façon ſe donne pour les épurer.

On entend par rocher de grenailles dans les monnoies, les grains des mé-taux qui s'amaſſent en une maſſe au fonds du baquet plein d'eau où on les ver-ſe quand ils ſont en bain.

On appelle grenailles creuſes & concaves les grains les plus menus du métal réduit en grenailles.

GRENETIS, terme de monnoie. C'eſt ce petit cordon en forme de grain d'orge qui regne tout autour des eſpeces ſur la ſuperficie, & qui dans ſon contour enferme les effigies, les écuſſons & leurs légendes.

Outre l'ornement que les pieces en reçoivent, il rend plus difficile l'al-tération des monnoies qui ſe fait par la rognure. On le met ſur la tranche des eſpeces qui ne ſont pas aſſez épaiſſes pour recevoir la légende qu'on met à celles qui ont une épaiſſeur convenable : toutes les eſpeces d'or ont des grenetis ſur la tranche, ainſi que toutes les diminutions de l'écu; on met auſſi un grenetis aux jettons.

Grenetis ſe dit encore du poinçon avec lequel on fait les petits grains du contour des pieces ſur la ſuperficie. Le grenetis de tranche ſe fait avec une machine très ingénieuſe, dont on donne la deſcription au mot fabrication. Voyez FABRICATION.

GREVEN, monnoie de Moſcovie qui eſt la même choſe que la grive ou le grif; le Capitaine Perry, dans ſa relation de l'Etat de la grande Ruſſie, éva-lue ſa valeur à dix ſols.

Cet Auteur rapporte que le Czar Pierre Alexiowitz voulant introduire la mode des habits courts parmi ſes Sujets, dont il croyoit l'uſage moins embarraffant que la vefte mofcovite, fit publier que toutes les perfonnes, excepté les Payfans qui apportoient des provifions & des denrées à Mofcou , euffent à faire faire leurs habits fur le modele qu'il en avoit fait mettre à toutes les portes de la Ville, finon qu'ils paieroient d'amende deux grevens, que cet Anglois apprécie à vingt fols.

GROS, forte de petit poids qui eft la huitieme partie d'une once. Il fe divife en trois deniers, & le denier en 24 grains.

GROS, petite monnoie de billon, tenant argent qui avoit cours en Franche Comté, avant que cette Province eut été réunie à la Couronne de France.

GROS ou GROSCHE, monnoie en ufage dans plufieurs Villes d'Allemagne, dont la valeur varie fuivant les lieux.

A Berlin la rixdale ou écu à la croix, vaut 24 bons gros, ou 30 gros ordinaires. C'eft fur ce gros que s'évaluent toutes les monnoies qui fe fabriquent dans cette Ville. Il y a des pieces de deux gros, d'un gros & de demi gros.

A Breme la rixdale vaut 3 marcs ou 72 gros, le marc valant 24 gros. Ainfi le gros vaut environ un fol de France, & le marc 24 fols.

A Breflaw en Siléfie, il faut 30 filvers gros pour faire la rixdale de 90 creutzers. Le gros de trois creutzers, vaut environ 2 f. 6 den. de France.

A Dantzick & à Konifberg, la rixdale vaut 3 florins ou 90 gros; le florin vaut 30 gros; le gros 18 pennins; 84 gros Polonois font une rixdale de Francfort.

A Hambourg, le marc lubs vaut 16 fols lubs, le fol lubs vaut 2 deniers de gros, la livre de gros 20 fols : trois marcs font la rixdale.

A Leipfick 24 gros font la rixdale, ce qui revient à environ 3 fols de France le gros.

A Naumbourg Ville Epifcopale d'Allemagne, de même.

A Venife, le gros vaut 5 ⅙ foldi banco ou 32 piccioli.

A Vienne en Autriche, 30 gros font la rixdale de 90 creutzers, ainfi le gros vaut 3 creutzers ou 2 f. 6 den. de France.

Le fol de banque vaut 12 gros ou ½ ducat de banque.

Le ducat de banque ou de change vaut 24 gros ou 124 foldi, ou marcheti, ou 6 liv. 4 piccioli, le gros étant de 5 ⅙ foldi.

La livre de banque vaut 240 gros, ou 10 ducats de banque, qui font 12 ducats courans; ainfi le gros de Venife vaut environ 2 f. 6 den. de France.

On appelle une livre de gros, une forte de monnoie de compte ou imaginaire dont on fe fert en Hollande, en Flandre & dans le Brabant. La livre de gros vaut plus ou moins fuivant les lieux où elle eft en ufage. Elle augmente ou diminue de valeur à proportion que le Change hauffe ou baiffe.

Le gros ou denier de gros vaut huit pennins.

GROS TOURNOIS, monnoie d'argent fabriquée fous Saint Louis; une Ordonnance de Philippe de Valois du 19 Septembre 1330 art. III, porte, » les gros tournois de Monfieur Saint Louis, les autres anciens, » & ceux que nous avons fait ouvrer maintenant bons & de poids, auront » cours pour douze bons tournois pet ts que nous faifons à préfent ouvrer.

Nous remarquons que dans toutes les Ordonnances de Philippe le Bel & de fes Succeffeurs, où il eft parlé des gros tournois, on commence toujours par ceux de Saint Louis, & qu'on n'y fait jamais mention de ceux de fes Prédéceffeurs.

Cette monnoie, dont il eft très fréquemment parlé dans les Titres & dans les Auteurs anciens, eft nommée, tantôt *argenteus Turonenfis*, & fouvent *Groffus Turonenfis*, & quelquefois *denarius groffus*. Le nom de gros fut donné à cette efpece, parceque c'étoit la plus groffe monnoie d'argent qu'il y eut alors en France, on l'appella tournois, à caufe qu'elle étoit fabriquée à Tours, comme le marque la légende, *turonus civis* pour *turonus Civitas*.

Cette monnoie qui, comme on vient de le dire, étoit l'efpece d'argent la plus groffe qui eut cours en France, étoit du poids de trois deniers fept grains $\frac{26}{58}$ trébuchans; & par conféquent de cinquante-huit au marc; cela fe prouve par un fragment d'Ordonnance de Saint Louis en 1266, donnée pour regler la maniere dont on devoit pefer la monnoie, avant de la délivrer au Public. » Et quand, dit l'Ordonnance, le Garde voudra délivrer » cette monnoie, il la mêlera toute enfemble, & de ces deniers mêlés, il » pefera trois marcs l'un après l'autre, & fe il les trouve fi foibles que en » nul de ces trois marcs en entre 58 $\frac{1}{2}$, qu'ils ne foient délivrés, tant il en » ait ôté tant de foibles, pourquoi l'y ramenant foit du poids qu'ils devoient » être, & quand l'en ne peut faire toutes œuvres que l'y 58 deniers poifent » un marc fans plus, ni fans moins, &c.

Ce poids du gros tournois eft encore prouvé par une Ordonnance de Philippe le Bel du 23 Janvier 1310, dans laquelle il eft dit que les *mailles tierces*, qui étoient de même loi que les gros tournois de Saint Louis étoient de 174 au marc, elles valoient juftement le tiers d'un gros tournois de Saint Louis, car fi l'on divife 174 par trois, on aura 58.

Quant à la loi de cette monnoie, on voit par deux titres qu'elle étoit à 11 deniers douze grains d'argent fin.

Le premier de ces titres eft une promeffe de Jacques Roi d'Arragon, du mois de Juin 1309, dans laquelle il eft parlé de 160000 tournois d'argent. *Sancti Ludovici bona memoria Regis Franciæ de lege undecim denariorum & oboli, quorum Turonentium 57 minus tertiâ parte unius, id eft, 56 $\frac{2}{3}$ ponderant unam marcham ad penfum Monfpefulii.*

L'autre titre eft de Jacques Roi de Majorque datté du mois de Mars 1338, par lequel il paroît auſſi que ces gros tournois étoient d'argent à 11 deniers douze grains de loi, & que les 56 ⅓, peſoient un marc de Montpellier.

Ainſi nous pouvons aſſurer que les gros tournois de Saint Louis valoient douze deniers tournois ; Louis Hutin s'étant propoſé d'imiter Saint Louis en tout pour ſes monnoies évalua le gros tournois à douze deniers tournois ; Philippe de Valois dit auſſi dans une de ſes Ordonnances :

» Qu'on faſſe faire gros tournois d'argent de la valeur & du tems de Mon-
» ſieur Saint Louis , & auront cours pour douze bons petits tournois, de la
» valeur & loi de Monſieur Saint Louis.

Philippe le Bel qui commença ſon regne en 1285 , fit fabriquer des gros tournois , des demi gros tournois , & des tiers de gros tournois.

Les gros étoient comme ceux de Saint Louis de 58 au marc & à 11 deniers douze grains.

Le demi gros étoit encore appellé maille ou obole d'argent , à cauſe qu'il valoit la moitié du gros tournois.

Le tiers de gros tournois ſe nommoit auſſi maille ou obole tierce , parce-qu'il valoit le tiers du gros tournois ; on nommoit quelquefois ces deux dimi-nutions de gros tournois, *petits tournois d'argent* , ou *maille blanche* qui eſt la même choſe que *maille d'argent* , parcequ'alors on ſe ſervoit ſouvent du terme de *monnoie blanche* , pour ſignifier la monnoie d'argent , & de celui de *monnoie noire* , pour marquer celle de billon ; nous le prouvons par une Or-donnance de Philippe le Long, où il eſt ſouvent fait mention de *Turones albi* qui étoient les tournois d'argent , & de *Turones parvi* ou *nigri* , qui étoient les petits tournois de billon.

En 1348 , Philippe de Valois manquant de matiere pour faire faire des gros tournois d'argent fin , & voulant d'ailleurs affoiblir la monnoie, en diminua la loi, & fit faire de gros tournois d'argent , qu'il nomma auſſi blancs, qui n'étoient qu'à ſix deniers de loi, & qu'il faiſoit valoir quinze deniers tournois.

Le Roi Jean fit faire de même au commencement de ſon regne en 1350 , des gros tournois qu'on nommoit blancs, leſquels n'étoient qu'à environ quatre deniers de loi, ils avoient cours pour huit deniers tournois; mais la guerre contre les Anglois continuant toujours avec violence , on fit pendant le regne du Roi Jean pluſieurs affoibliſſemens, & on revint pluſieurs fois à la forte monnoie , c'eſt-à-dire , comme elle étoit au commencement de ſon regne , ou ſur la fin de celui de Philippe de Valois ſon pere. Le plus grand affoibliſſement qui eut encore été fait depuis Saint Louis , fut celui du mois de Décembre 1355, alors le ſol ne contint plus que huit grains d'argent : on revint à la forte monnoie au mois de Janvier de la même année ; cepen-dant cette forte monnoie ne valoit que la moitié de celle de Saint Louis , puifque les gros tournois, qui ne valoient fous fon regne que douze deniers, en valurent alors vingt-quatre ; ainfi le fol de ce tems là ne contenoit plus que quarante grains d'argent ou environ. Quelque grand que fût cet affoibliffement, il étoit beaucoup moindre que celui du mois de Mars 1359 ; le fol alors ne tenoit qu'environ deux grains, de fin. Enfin le 12 Janvier 1360, le Roi étant de retour d'Angleterre renforça la monnoie d'argent, enforte qu'au dix Avril 1361, il fit faire des gros tournois d'argent fin qui pefoient environ deux deniers huit grains, & qui valoient quinze deniers tournois piece. Alors les gros tournois de Saint Louis en valurent vingt, de façon que le fol de ce tems-là ne tenoit que quarante-quatre grains d'argent.

Le 26 Juin 1421, on revint à la forte monnoie, & Charles VI fit faire de gros tournois qui étoient à 11 deniers 12 grains de loi de 86 $\frac{1}{4}$ au marc, valant 20 deniers la piece.

L'affoibliffement fut fi grand que l'écu d'or, qui au commencement valoit dix-huit fols, valut dans la fuite neuf livres ; quand on revint à la forte monnoie, il fut remis à vingt-quatre fols ; de forte que quiconque avoit la valeur de neuf livres en monnoie au commencement du mois de Juin 1421, n'eut plus qu'une livre quatre fols à la fin du même mois. On peut juger par-là du bouleverfement qu'il devoit y avoir dans les affaires & dans tout le Royaume.

Voyez au mot MONNOIE fous les regnes de Saint Louis, de Philippe le Hardi, de Philippe le Bel, de Philippe de Valois, &c. les variations du prix de cette monnoie.

GROS ET DEMI GROS de Nefle, monnoie de billon appellée ainfi de ce qu'ils furent fabriqués dans une monnoie établie exprès à l'Hôtel de Nefle le 25 Mars 1549 ; les gros valoient deux fols fix deniers & pour cela ils furent appellés pieces de fix blancs, les demi, pieces de trois blancs ; c'étoit à proprement parler, le fol & le demi fol parifis ; cette monnoie fut fabriquée fous Henri II. Voyez au mot MONNOIE, celles de ce Prince.

GUANIN, efpece de métal compofé d'or, d'argent & de cuivre dans lequel de trente-deux parts, il y en a dix-huit d'or, fix d'argent & huit de cuivre. Il y avoit autrefois des mines de guanin dans l'Ifle de Saint Domingue, mais depuis que les Habitans naturels de cette Ifle ont été exterminés par les Efpagnols, on en a entierement perdu la connoiffance.

GUINÉE, monnoie d'or d'Angleterre, ainfi nommée de ce que les premieres furent fabriquées de la poudre d'or apportée de Guinée par les vaiffaux anglois.

La guinée avoit d'abord été frappée pour valoir jufte vingt fchelings, ou la livre fterling ; depuis elle a été augmentée d'un fcheling & demi, mais feulement par un confentement tacite de la Nation, fans aucune loi publique ;

elle

elle a continué fur ce pied pendant plus d'un demi fiecle : depuis quelques années fa valeur eft fixée par acte du Parlement à vingt-un fchelings ou fols fterlings, & ne paffe jamais dans le commerce pour davantage.

La guinée au titre de 22 karats à la taille de $44\frac{1}{2}$ à la livre, poids de Troye, pefant 129 grains $\frac{18}{89}$ de ce poids, & 157 grains poids de marc de France, vaut argent de France vingt-deux livres, dix-huit fols un denier, en fuppofant le change à 33 (1). On fait que ce change ne varie que trop fouvent au gré des Agioteurs.

Il arrive de là que quelquefois la livre fterling équivaut à vingt-deux livres, dix fols, argent de France & pour lors la guinée eft évaluée à vingt-trois livres, dix fols fix deniers, de notre monnoie.

La guinée eft la monnoie d'or la plus commune en Angleterre; il y a néanmoins des jacobus, des angelots, des nobles Henri, des nobles à la rofe, des pieces à la croix, &c. mais on voit peu de ces efpeces en comparaifon des guinées, elles ont prefque toutes été converties en cette monnoie depuis le rétabliffement de Charles II.

La guinée, telle que celle de Jacques II en 1684, du titre de 22 karats & de 44 pieces $\frac{1}{2}$ à la livre de 12 onces d'Angleterre, devoit pefer 155 $\frac{29}{89}$ de nos grains. Notre louis de pareille loi & de 30 au marc pefe 153 grains $\frac{1}{5}$. En paffant un remede de poids de $\frac{7}{12}$ de pieces aux guinées & de 15 grains de France à nos louis avec égalité de titre, la guinée & le louis formeront exactement la même valeur : auffi dans plufieurs Villes le long de la mer & dans les Pays Etrangers, on les échange enfemble fans aucune difficulté.

GULDEN qu'on prononce goulde en françois, monnoie d'argent qu'on fabrique en Allemagne, de la valeur de 60 creutzers évalués à environ 50 fols de France.

Il y a des gulden de Flandre, qui ne valent que vingt-quatre fols de France : ceux d'Allemagne ont différentes empreintes ; chaque Prince qui les fait battre, y met fon effigie & fes armes.

Il y a de même en Hollande, particulierement à Amfterdam, deux fortes de monnoie d'argent à qui on donne le nom de gulden. L'une que l'on nomme fimplement gulden qui eft le florin ; l'autre qu'on appelle gout-gulden, ou florin d'or, quoiqu'il ne foit que d'argent & même d'affez bas titre, celui-ci vaut un florin huit fols.

Nota. Comme la guinée eft d'un or plus pur, & pefe quelque chofe de plus que le louis d'or de France, elle doit revenir à 24 liv. 16 f. 3 d. argent de France.

H

HALF RIX DAELDER, monnoie qui a cours à Copenhague : c'est la demi richedale, elle vaut trois marcs Danois, ou une livre dix sols de France.

Half signifie demi.

HALF SLECHT DALLER, ou le demi flecht daller ; il vaut deux marcs Danois, ou seize schelings lubs & vingt sols monnoie de France.

HALF RIXMARK Danois, c'est le demi half rixmark ; il vaut huit schelings lubs ou ftuivers Danois, dix sols monnoie de France.

HAZAER - DENARIE, monnoie d'argent qui a cours en Perse & qui vaut dix mamoudis. Voyez MAMOUDI.

HELLER, petite monnoie qui a cours à Cologne ; le heller revient à environ un denier un treizieme de deniers de France. Huit heller font l'albus ; il faut 78 albus pour la rixdale de 90 creutzers.

HENRIS D'OR. Cette monnoie commença & finit sous Henri II, il est très fréquent de trouver chez les Grecs, chez les Romains & chez les autres Peuples, des monnoies à qui on donnoit le nom du Prince dont elles portoient l'image, ainsi les Philippes, de Philippe Roi de Macédoine, les Dariques, de Darius, les Jacobus, du Roi Jacques, &c.

Ces Henris d'or étoient à 23 karats un quart de remede, de 67 au marc, du poids de deux deniers 10 grains trébuchans chaque piece, & de la valeur de cinquante sols au commencement ; on fit aussi des demi henris qui valoient vingt-cinq sols, & des doubles henris qui en valoient cent.

On fit trois coins différens pour cette monnoie : les premieres pieces furent fabriquées en 1549, les secondes en 1551 & les troisiemes en 1553, les dernieres ont sur leur revers une femme armée, représentant la France assise sur des Trophées d'armes, elle tient de la main droite une Victoire, elles ont pour légende *Gallia optimo Principi* ; ces especes furent frappées au moulin dont l'invention étoit alors nouvelle. Voyez au mot MONNOIE les especes fabriquées sous le regne des Henri.

HOLER, monnoie de cuivre qui se fabrique & qui a cours en quelques Etats d'Allemagne, il vaut environ un denier de France.

L'holer est si leger & si mince que pour le mieux prendre dans les paiemens qu'on en fait, on lui a donné la forme d'une tête de clou embouti, aussi le nom d'holer vient-il de hol qui signifie creux ou concave.

HONGRE, monnoie d'or, qui se fabrique en Hongrie, au titre de 23 karats 8 grains de fin : l'hongre vaut intrinsequement 4 florins d'Empire, & environ 10 liv. 10 f. tournois

Hongre est aussi une monnoie de compte dont se servent les Banquiers & Négocians de Hongrie, pour tenir leurs livres.

HORLOGER. Artiste qui fait des horloges, montres, pendules &c.
Les Horlogers font à Paris une Communauté des Arts & Métiers.

Cette Communauté est soumise à la Jurisdiction privative de la Cour des Monnoies en ce qui concerne le titre, la marque & la fonte des matieres d'or & d'argent que les Horlogers emploient dans leurs ouvrages ; conformément aux Edits des années 1551, 1554, 1570, 1635 & 1638 qui soumettent à la Jurisdiction privative de la Cour des Monnoies, tous les Ouvriers qui travaillent en or & en argent, pour ce qui regarde la fonte & le titre de ces matieres, poinçons & les marques qui doivent être appliqués sur leur souvrages.

Les Horlogers ont la faculté d'employer l'or & l'argent dans les ouvrages de leur Profession, aux conditions & charges portées par les Reglemens ainsi qu'il suit.

L'Arrêt du Conseil du huit Mai 1643, rendu contradictoirement entre le Corps des Maîtres Orfévres, & celui des Maîtres Horlogers de Paris, ordonne que les Maîtres Horlogers pourront faire, vendre & débiter toutes sortes de boîtes d'or & d'argent, émaillées, gravées avec toutes sortes d'ornemens, sans qu'ils puissent en être empêchés par les Maîtres & Gardes de l'Orfévrerie, ni autres ; à la charge qu'ils travailleront au même titre que font obligés de travailler les Maîtres Orfévres, sous les peines portées par les Ordonnances, & qu'à cette fin ils seront tenus de mettre leur nom sur leurs boîtes & ouvrages, pour en répondre chacun en leur propre & privé nom, & que la connoissance des malversations concernant le titre de l'or & de l'argent employés dans leurs ouvrages appartiendra à la Cour des Monnoies, sans que les Maîtres & Gardes de l'Orfévrerie, puissent entreprendre aucune visite sur eux, à peine de cinq cens livres d'amende, & qu'ils pourront avoir des fourneaux en leur boutique seulement, & en lieu public, pour leurs ouvrages.

Les Lettres Patentes adressées à la Cour des Monnoies, pour l'enregistrement de cet Arrêt, en reprenant les mêmes dispositions, confirment l'attribution de cette Jurisdiction, & interdisent à tous autres Juges la connoissance des malversations y énoncées : & par l'Arrêt d'enregistrement de ces mêmes lettres, la Cour a ordonné que, » les Maîtres Horlogers auront » chacun un poinçon portant telle marque qu'ils voudroient choisir, dont » ils seront tenus de marquer leurs boîtes d'or & d'argent ; lesquels poin- » çons seroient insculpés sur une table de cuivre qui sera mise au Greffe de la » Cour des Monnoies, & qu'ils prêteront serment en ladite Cour, ainsi » que leurs Gardes-Visiteurs, de bien & fidelement exercer ledit art & » jurande ». *8 Juillet 1643.*

L'Arrêt du Conseil privé du Roi du 11 Septembre 1671, aussi rendu contradictoirement entre les Maîtres Orfévres & les Maîtres Horlogers, en renouvellant & confirmant celui du huit Mai 1643, a fait défenses aux Maîtres Horlogers de travailler leurs boîtes & ouvrages d'or & d'argent, ailleurs que dans les boutiques & en lieux publics & apparens, sur peine de prison contre les Compagnons, & contre les Maîtres d'être déchus de la Maîtrise.

L'article XVII, du Reglement de 1679, ordonne que les Horlogers, ainsi que les Orfévres, les Fourbisseurs & autres qui emploient les matieres d'or & d'argent, seront tenus de faire leurs ouvrages au titre, & dans les remedes portés par les Ordonnances.

L'article XVIII du même Réglement, ordonne que les Horlogers, ainsi que les Orfévres seront tenus, suivant l'article VIII de l'Ordonnance de 1506, & l'article X du Reglement du mois de Mars 1554, d'avoir leurs forges & fourneaux scellés en plâtre, dans leurs boutiques & sur rue : leur fait défenses de travailler ailleurs que dans leurs boutiques, à peine de punition exemplaire.

L'article VII des Lettres Patentes du 26 Juillet 1707, ordonne que conformément à l'Arrêt du Conseil du 18 Mars 1684, & à la Déclaration du Roi du 28 Juin 1705, tous Compagnons Horlogers qui se sont refugiés dans les Cloîtres, Hôtels, Prieurés, Colléges & autres lieux clos, Privilegiés ou prétendus tels, & notamment dans l'enclos du Temple, de Saint Denis de la Chartre, de Saint Jean de Latran, & de l'Abbaye S. Germain, seront tenus dans huitaine de sortir desdits lieux & de se retirer chez les Maîtres Horlogers, à peine de punition exemplaire : permet aux Gardes-Visiteurs de la Communauté, de faire à cet effet, librement leurs visites dans les lieux Privilegiés ou prétendus tels, & défend de leur apporter aucun trouble dans leurs visites, sous telle peine qu'il appartiendra.

L'article VI de la Déclaration du Roi du 23 Novembre 1721, permet aux Horlogers de fabriquer & vendre des boîtes d'or au titre de vingt karats un quart, au remede d'un quart de karat : leur défend sous quelque prétexte que ce soit, d'en fabriquer & vendre au dessous du titre ci-dessus prescrit, sur peine de confiscation & de trois mille livres d'amende : & encore contre les Maîtres, de perte de la Maîtrise, & contre les Compagnons & Apprentifs, de ne pouvoir y parvenir.

L'Arrêt du Conseil du 5 Mai 1722, ordonne que les Maîtres Horlogers seront tenus de porter leurs ouvrages aux Bureaux des Maisons communes des Orfévres, pour y être essayés au gratoir, sur toutes les parties de chaque boîte, pour, après les essais faits & reconnus au titre, être les ouvrages marqués du poinçon de la Maison commune, & de celui du Fermier de la marque d'or & d'argent, conformément à la Déclaration du Roi du 23 Novembre 1721, fans néanmoins que les Maîtres & Gardes de l'Orfévrerie puiffent aller en vifite chez lefdits Horlogers.

L'Arrêt de la Cour des Monnoies du 17. Avril 1734, en ordonnant l'exécution des Edits, Déclarations & Arrêts intervenus au fujet des Maîtres Orfévres & des Maîtres Horlogers, fait défenfes à tous Maîtres Horlogers de vendre aucunes boîtes de montre d'or & d'argent, qu'elles ne foient au titre prefcrit par les Ordonnances ; favoir, les boîtes d'or à vingt karats un quart, au remede d'un quart de karat, & celles d'argent à onze deniers douze grains au remede de deux grains, & qu'elles ne foient marquées du poinçon particulier du Maître qui les aura fabriquées, & contre-marquées du poinçon de la Maifon commune des Orfévres : fait pareillement défenfes aux Gardes de l'Orfévrerie, d'appliquer leur poinçon fur aucune defdites boîtes, qu'il ne leur apparoiffe du poinçon du Maître qui les aura fabriquées, le tout, à peine de confifcation & d'amende : ordonne à cet effet, que tous les Maîtres Horlogers qui fabriqueront des boîtes d'or ou d'argent, feront tenus d'avoir un poinçon particulier dont ils marqueront leurs ouvrages, lequel poinçon aura une marque différente de celle des Orfévres, & qu'ils le feront infculper fur une table de cuivre qui fera dépofée au Greffe de la Cour : leur fait défenfes fous les mêmes peines de confifcation & d'amende, de travailler lefdites boîtes d'or & d'argent, ni d'avoir leurs forges & fourneaux ailleurs que dans leurs boutiques, en vue & fur rue, ni de les donner à travailler à leurs Compagnons, dans des chambres particulieres, ni ailleurs que dans leurs maifons & boutiques : fait pareillement défenfes à tous Compagnons Horlogers, de fabriquer & travailler aucunes boîtes d'or & d'argent dans des chambres particulieres, ni pour leur compte particulier, & leur enjoint de fe retirer chez les Maîtres, fur peine de punition exemplaire.

Titre des Matieres.

L'Arrêt de la même Cour du 18 Décembre 1738, ordonne qu'il fera pareillement mis une table de cuivre par les Gardes-Vifiteurs Horlogers, dans le Bureau de leur Communauté, fur laquelle les Poinçons particuliers de chacun de leurs Maîtres, feront infculpés après l'avoir été fur celle dépofée au Greffe de la Cour : que tous leurs ouvrages feront marqués de leur poinçon, non-feulement aux pieces principales, mais aux différentes pieces d'applique qui les compofent : & que leurs poinçons porteront une marque diftinctive pour l'Horlogerie, différente de celle de l'Orfévrerie.

L'Arrêt de la même Cour du 18 Décembre 1738, rendu fur le réquifitoire des Gens du Roi, ordonne « qu'en exécution de celui du 17 Avril » 1734 (rapporté ci-deffus) il fera mis inceffamment au Bureau des Maî- » tres Horlogers, par les Gardes maintenant en charge, une table de cuivre » fur laquelle les Maîtres Horlogers fabriquans des boîtes de montres, tant

» d'or que d'argent, infculperont les poinçons dont ils feront tenus de fe
» fervir, pour marquer lefdites boîtes, lefquelles feront à l'avenir mar-
» quées, tant aux pieces principales qu'aux différentes pieces d'appliques
» qui les compofent; lefquels poinçons porteront une marque diftinctive
» pour l'Horlogerie, différente de celle de l'Orfévrerie.

Par autre Arrêt du 24 Janvier 1739, » la même Cour a ordonné que les
» Arrêts & Reglemens de la Cour, & notamment ceux des 17 Avril 1734
» & 18 Décembre 1738 feront exécutés felon leur forme & teneur : ce
» faifant qu'il n'y aura à l'avenir fur le poinçon de chaque Maître Horlo-
» ger, pour marquer le fond des boîtes d'or & d'argent de montres & hor-
» loges, que les lettres initiales du nom & furnom du Maître, avec un petit
» poinçon de fix au-deffus ; fauf s'il arrivoit par la fuite, qu'un autre Maî-
» tre Horloger eût les mêmes lettres initiales pour nom & furnom, à ajouter
» dans fon poinçon une autre marque particuliere & diftinctive. Ordonne
» en outre que les poinçons qui ferviront & feront deftinés à marquer les
» pieces d'applique, qui font les bâtes & les lunettes des boîtes, qui ne
» peuvent fouffrir une fi grande empreinte, auront feulement les lettres
» initiales du nom & furnom du Maître, au cas que le petit poinçon de
» fix n'y puiffe pas être ajouté. Que les Compagnons Horlogers gagnans
» Maitrife dans l'Hôpital de la Trinité, feront tenus conformément à l'Arrêt
» de la Cour du 18 Decembre 1738, de mettre dans leurs poinçons deftinés
» à marquer les fonds des boîtes d'or & d'argent de montres & horloges, &
» d'ajouter aux lettres initiales de leurs noms & furnoms, & au-deffus du
» petit pignon de fix, un delta ou triangle, qui eft la figure ordinaire fous
» laquelle on repréfente, & on défigne communément la très Sainte Tri-
» nité, lefquels ils feront tenus de faire infculper au Greffe de la Cour, &
» au Bureau de la Communauté des Horlogers : lequel delta ou triangle,
» il leur fera enfuite loifible, & permis de fupprimer de leurs poinçons,
» après qu'ils feront fortis dudit Hôpital, & qu'ils auront été reçus Maîtres
» dans la Ville, &c.

Par autre Arrêt du 11 Décembre 1739, la Cour a ordonné que conformément à la difpofition des anciennes Ordonnances, les Gardes Vifiteurs
Horlogers actuellement en charge, & ceux qui feront élus à l'avenir, feront tenus dans huitaine après leur élection, de fe préfenter à la Cour pour
y prêter ferment de faire obferver par les Maîtres de leur Communauté,
les Edits, Déclarations, Arrêts, Ordonnances & Reglemens concernant la
fonte & le titre des matieres d'or & d'argent qu'ils emploient, & les poinçons & marques qui doivent être fur leurs ouvrages : comme auffi les lieux
où doivent être placés leurs forges & fourneaux pour fondre & apprêter
lefdites matieres, & de dreffer ou faire dreffer des procès verbaux des con-

traventions qu'ils trouveront auxdits Reglemens, chez les Maîtres de leur Communauté, & tous autres qui travailleroient fans qualité, ou feroient commerce des ouvrages d'or & d'argent de leur Profeſſion, enſemble des faiſies qu'ils feront pour raiſon deſdites contraventions qui ſont de la Juriſdiction privative de la Cour des Monnoies : leſquels procès verbaux ils feront tenus d'apporter au Greffe de la Cour avec les choſes faiſies, dans trois jours au plus tard après qu'ils auront été dreſſés, pour être jugés par la Cour en la maniere accoutumée.

La diſpoſition de cet Arrêt a été confirmée par Arrêt du Conſeil du 19 Novembre 1740, contradictoire avec le Procureur du Roi au Châtelet, par lequel Sa Majeſté, ſans avoir égard à l'oppoſition que le Procureur du Roi au Châtelet avoit formée, & ſignifiée aux Gardes Viſiteurs de la Communauté des Horlogers, a ordonné que l'Arrêt de la Cour du 11 Décembre 1739, feroit exécuté, ſelon ſa forme & teneur ; enjoint aux Gardes Viſiteurs de s'y conformer & y ſatisfaire : en conſéquence de quoi, les Gardes Viſiteurs Horlogers prêterent ſerment en la Cour le 22 Décembre 1740, conformément & dans les termes portés par l'Arrêt du 11 Décembre 1739.

La Cour des Monnoies a réuni & renouvellé les diſpoſitions de toutes ces Ordonnances par l'Arrêt du 20 Mars 1741, portant Reglement, tant pour les Maîtres Horlogers de la Ville de Paris, que pour toutes les Communautés d'Horlogers des différentes Villes de ſon reſſort, en ce qui concerne les matieres d'or & d'argent qu'ils emploient, pour être exécuté à la diligence des Subſtituts du Procureur Général du Roi dans les Provinces, aſſurer le Public de la bonté du titre des matieres d'or & d'argent employées aux ouvrages d'horlogerie, & prévenir les abus & contraventions qui pourroient arriver dans cette Profeſſion, en ce qui eſt de ſa compétence & de ſa Juriſdiction, ainſi qu'il ſuit,

» La Cour a ordonné que les anciens Réglemens & Ordonnances, enſem-
» ble les Edits, Déclarations & Reglemens, Arrêts du Conſeil & de la Cour
» rendus & intervenus, tant ſur le titre des matieres d'or & d'argent que
» les Maîtres Horlogers peuvent employer dans leurs ouvrages, que par
» rapport aux poinçons qui doivent être appliqués ſur leurſdits ouvrages,
» & au ſujet de la fonte deſdites matieres, & des lieux ou doivent être
» placés leurs forges & fourneaux pour les fondre & apprêter, feront exé-
» cutés ſelon leur forme & teneur, & ſous les peines y portées, par tous les
» Maîtres Horlogers, & les Gardes Viſiteurs & Jurés deſdits Corps &
» Communautés établis dans les différentes Villes du reſſort de la Cour ;
» & en conſéquence a ordonné & ordonne ce qui enſuit :

ARTICLE PREMIER.

» Tous les Maîtres Horlogers feront tenus de travailler leurs boîtes &
» autres ouvrages d'or & d'argent, au titre prefcrit par les Ordonnances,
» & fous les peines y portées, favoir, les ouvrages d'or, au titre de vingt
» karats & un quart, au remede d'un quart de karat; & ceux d'argent, au
» titre de onze deniers douze grains, au remede de deux grains.

I I.

» Tous lefdits Maîtres Horlogers qui fabriqueront des ouvrages d'or &
» d'argent, de leur Profeffion, auront chacun un poinçon particulier dont
» ils marqueront leurs ouvrages, tant au corps & pieces principales, qu'aux
» différentes pieces d'applique, en forte que lefdites boîtes foient marquées
» aux fonds, aux bâtes & aux lunettes; lequel poinçon portera pour mar-
» que diftinctive de l'Horlogerie, différente de celle de l'Orfévrerie, un
» petit pignon de fix, au-deffous duquel feront les lettres initiales du nom
» du Maître, & au-deffus du petit pignon de fix fera la lettre initiale du
» nom de la Ville du domicile du Maître, pour ceux feulement qui ne font
» point de Paris.

I I I.

» Chacun defdits Maîtres Horlogers fera tenu, avant de pouvoir fe fervir
» de fon poinçon, le faire infculper fur une table de cuivre qui fera dé-
» pofée à cet effet au Greffe de la Cour, ou des Monnoies dans le reffort
» defquelles ils feront établis, & d'y prêter ferment lors de ladite infcul-
» pation.

I V.

» Ne pourront lefdits Maîtres Horlogers vendre, débiter, ni expofer en
» vente aucunes boîtes de montre, ni autres ouvrages de leur Profeffion,
» en or ou en argent, qu'ils ne foient au titre prefcrit, & marqués de leur
» poinçon, & du poinçon de contre-marque des Orfévres du lieu de leur
» établiffement, ou de la plus prochaine Jurande, s'il n'y en a point dans
» le lieu de leur établiffement : effai préalablement fait par les Gardes
» ou Jurés Orfévres, lefquels ne pourront cependant, fous ce prétexte, ni
» pour quelque caufe que ce foit, entreprendre aucune vifite ni infpection
» fur lefdits Maîtres Horlogers : mais feront tenus lefdits Gardes ou Jurés
» Orfévres de marquer les ouvrages s'ils les trouvent au titre ci-deffus
» prefcrit, & qu'il leur apparoiffe fur iceux, du poinçon du Maître Hor-
» loger qui les aura fabriqués, fauf à les rompre & rendre à ceux qui les
» auront apportés, fi par l'effai ils ne les ont pas trouvés au titre.

V.

V.

» Ne pourront lefdits Maîtres Horlogers travailler ni fabriquer leurs boî-
» tes & autres ouvrages d'or & d'argent, ailleurs que dans leurs bouti-
» ques, en vue & fur rue publique, où ils feront obligés d'avoir leurs for-
» ges & leurs fourneaux fcellés en plâtre : leur eft fait défenfes de les avoir
» ailleurs, ni de travailler dans des chambres particulieres, ou d'y donner
» à travailler à leurs Compagnons pour leur compte particulier, fous tel
» prétexte que ce puiffe être.

V I.

» Ne pourront pareillement lefdits Maîtres Horlogers fondre lefdites
» matieres ailleurs que dans leurfdites boutiques, en vue & fur rue, ni
» autrement qu'aux heures portées par les Ordonnances, favoir, du pre-
» mier Avril au premier Octobre, depuis fix heures du matin jufqu'à huit
» heures du foir, & du premier Octobre jufqu'au premier Avril, depuis
» huit heures du matin jufqu'à fix heures du foir : le tout fous peine de con-
» fifcation des ouvrages & d'amende, même de plus grande peine s'il y
» échet.

V I I.

» Ne pourront lefdits Maîtres Horlogers demeurer dans aucuns Cloîtres,
» Hôtels, Prieurés, Colleges, ou autres lieux clos, privilegiés, ou pré-
» tendus tels ; eft pareillement défendu aux Compagnons dudit métier, &
» à tous autres fans qualité, de s'y refugier pour y travailler, en matieres
» d'or & d'argent, des ouvrages d'horlogerie, ou pour en faire commerce :
» & leur eft enjoint de fortir defdits lieux, & de fe retirer chez les Maîtres
» quinze jours après la publication du préfent Arrrêt : le tout fous les pei-
» nes portées par les Ordonnances, & notamment par l'Article X de la
» Déclaration du 23 Novembre 1721.

V I I I.

» Les Gardes Vifiteurs & Jurés des Communautés defdits Maîtres Hor-
» logers de Paris, & des Villes dans lefquelles il y a Jurande établie, au-
» ront infpection fur les Maîtres de leur Communauté, les vifiteront exac-
» tement, tiendront la main à l'exécution du préfent Reglement, dreffe-
» ront ou feront dreffer des procès verbaux des contraventions qu'ils trou-
» veront dans les matieres qui font de la Jurifdiction privative de la Cour,
» tant chez lefdits Maîtres que chez les Compagnons & tous autres qui
» travaillent fans qualité des ouvrages de leur profeffion, en or & en argent

» ou qui en feront commerce, & des faifies qu'ils feront pour raifon def-
» dites contraventions : lefquels procès verbaux & faifies, ils feront tenus de
» porter dans trois jours au plus tard, au Greffe de la Cour ou des Mon-
» noies de leur reffort, pour y être jugé en la maniere accoutumée.

I X.

» Lefdits Jurés actuellement en charge, & ceux qui feront élus à l'avenir,
» feront tenus, huit jours au plus tard après leur élection, de fe préfenter
» à la Cour, ou pardevant les Officiers des Monnoies dans le reffort def-
» quelles fe trouveront les Villes de leur établiffement ; & y prêteront fer-
» ment de bien & fidelement obferver & faire obferver par les Maîtres de
» leur Communauté, les Edits, Déclarations, Arrêts du Confeil & de la
» Cour, Ordonnances & Reglemens concernant la fonte & le titre des
» matieres d'or & d'argent qu'ils emploient, & les marques ou poinçons
» qui doivent être fur leurs ouvrages, enfemble les lieux où doivent être
» placés leurs forges & leurs fourneaux fcellés en plâtre, pour fondre &
» apprêter lefdites matieres : & de dreffer ou faire dreffer des procès ver-
» baux des contraventions qu'ils trouveront auxdits Reglemens, & des fai-
» fies qu'ils feront pour raifon defdites contraventions, qui font de la
» Jurifdiction privative de la Cour & des Juges y reffortiffant.

X.

» Et fera le préfent Arrêt lu, publié & enregiftré dans tous les Sieges
» des Monnoies du reffort de la Cour, pour être exécuté felon fa forme &
» teneur, à la diligence du Procureur Général & de fes Subftituts, auxquels
» il eft enjoint d'y tenir la main ; & copies d'icelui envoyées aux Gardes-
» Vifiteurs des Maîtres Horlogers de Paris, & aux Jurés des Communautés
» des Horlogers des différentes Villes des Provinces du reffort de la Cour,
» pour qu'ils aient à le notifier aux Maîtres de leur Communauté, afin qu'ils
» n'en ignorent, & que chacun ait à s'y conformer, fous les peines por-
» tées, par les Ordonnances, Arrêts & Réglemens fur ce faits, dont ils
» certifiront la Cour dans un mois. Fait en la Cour des Monnoies le vingtie-
» me jour du mois de Mars 1741.

Les ouvrages trouvés, lors des vifites des Jurés, en contravention aux
Ordonnances & Reglemens concernant le titre & les marques defdits ouvrages, doivent être faifis & enlevés conformément aux difpofitions portées dans l'Arrêt de la Cour des Monnoies du 16 Octobre 1751.

Notredite Cour a autorifé & autorife les Gardes-Vifiteurs en Charge
» du Corps & Communauté des Maîtres Horlogers de la Ville & Faux-
» bourgs de Paris & leurs Succeffeurs en ladite qualité, à faifir & enlever

» chez les Maîtres de la Communauté les ouvrages d'or & d'argent de leur
» Profeſſion qu'ils trouveront en contravention aux Ordonnances & Regle-
» mens concernant le titre & les marques deſdits ouvrages, & ce, ſans
» être aſſiſtés d'Officiers de Juſtice, à la charge de dreſſer par eux ſur le
» champ procès verbal de leur ſaiſie, & des contraventions qu'ils auront
» trouvées concernant leſdits ouvrages & matieres d'or & d'argent, lequel
» procès verbal, ils ſeront tenus de faire ſigner par la Partie ſaiſie ou par
» ceux en préſence deſquels elle ſera faite, dont ſeront interpellés, & en cas
» de refus en feront mention ; & encore à la charge d'enfermer les ouvrages
» ſaiſis dans un paquet qu'ils ſeront tenus de faire cacheter auſſi ſur le champ
» du cachet de la Partie ſaiſie, ou de l'un de ceux en préſence deſquels ladite
» ſaiſie aura été faite & qui auront ſigné ledit procès verbal, pour icelui
» avec les choſes ſaiſies être par eux apportés au Greffe de notredite Cour
» dans les vingt-quatre heures après qu'elle aura été faite : autoriſe pareil-
» lement leſdits Gardes-Viſiteurs & leurs ſucceſſeurs en ladite qualité, à
» emporter de chez les Maîtres de leur Communauté, les ouvrages d'or &
» d'argent, & les matieres qu'ils trouveront préparées pour leſdits ouvrages
» qu'ils ſuſpecteront de défectuoſité dans le titre, à l'effet d'en être fait eſſai
» par l'Eſſayeur Général des Monnoies que notredite Cour a commis à cet
» effet, qui ne pourra prendre plus de ſix grains d'or & douze grains d'ar-
» gent pour ledit eſſai ; à la charge par eux de dreſſer ſur le champ procès
» verbal de ce qu'ils emporteront en la même forme & maniere que deſſus,
» & de faire faire ledit eſſai dans les vingt-quatre heures dudit procès verbal,
» pour ſur le bulletin d'eſſai, être leſdits ouvrages & matieres qui n'auront
» point été trouvés au titre, apportés au Greffe de notredite Cour avec le
» procès verbal de ſaiſie, ou être par eux rendus dans le jour à ceux ſur qui
» ils auront été enlevés, ſi par le bulletin d'eſſai leſdits ouvrages ou ma-
» tieres ſe ſont trouvés au titre, auquel cas ils ſeront ſeulement tenus de re-
» mettre au Greffe de notredite Cour leur procès verbal & leur bulletin
» d'eſſai, pour juſtifier de leur conduite, &c.

Les droits, les privileges, les devoirs & les obligations des Maîtres Horlogers de la Ville de Paris ſe trouvent réunis dans un livre qui a pour titre,
Extraits des Principaux Articles des Statuts des Maîtres Horlogers de la Ville
& Fauxbourgs de Paris, des années 1544, 1583, 1646, 1707 & 1719 regiſtrés en Parlement, avec le précis des Principaux Edits, Lettres Patentes,
Déclarations, Ordonnances, Arrêts, Sentences & Reglemens anciens &
nouveaux du Conſeil, du Parlement, de la Cour des Aides, de la Cour
des Monnoies, du Châtelet & du Baillage du Palais.

Le tout recueilli & mis en ordre & diſtribué par matietes, par Claude
Raillard, ancien Garde-Viſiteur ; imprimé à Paris en 1752.

HOTEL DES MONNOIES, lieu où l'on fabrique les diverses especes de monnoies qui doivent avoir cours.

Sous les premiers Rois, il y avoit plusieurs fabriques des monnoies en
Baluz. Capit.
Tom. I. lib. 3.
fol. 427. différentes Villes de France. Ce fut Charlemagne qui le premier ordonna que la monnoie ne seroit plus fabriquée que dans son Palais ; on lit dans les Capitulaires de ce Roi de l'année 805, *De falsis monetis , quia in multis locis contra justitiam & contra edictum fiunt , Volumus ut in nullo alio loco moneta sit , nisi in Palatio nostro , nisi forte à nobis iterum fuerit ordinatum.*

Le même Roi en l'année 808 , ordonna : *Ut in nullo loco moneta percutiatur, nisi ad curtem, & illi denarii Palatini mercentur & per omnia discurrant.*

Charles le Chauve ayant ordonné que la monnoie seroit fabriquée dans son Palais, & dans les Villes de Quentouvic , de Rouen , de Reims , de Sens , de Paris , d'Orléans , de Châlons , de Nesle & de Narbonne , il établit un Maître en chaque fabrique , & les Officiers nécessaires pour y faire observer la police , & empêcher toutes les fraudes & les malversations qui pourroient être commises par ceux qui seroient employés à la fabrication de la monnoie.
Baluz. Capit.
lib. 36. Tom.
21. fol. 174,
178. C'est ce qui est justifié par le Capitulaire de ce Roi de l'année 864. Chap. 12. *Constituimus ut in nullo alio loco moneta fiat , nisi in Palatio & in Quentouvico , ac Rotomago , & in Remis & in Senonis & in Parisiis , in Aurelianis , &c.*

Depuis ce tems , nos Rois ont établi des Hôtels des Monnoies en plusieurs autres Villes du Royaume.

Les Villes où ces Hôtels sont actuellement établis, & qui sont du ressort de la Cour des Monnoies de Paris sont :

Paris , qui est désigné sur les especes par la Lettre A.

Rouen ,	B.	Nantes ,	T.
Caen,	C.	Troyes ,	V.
Tours ,	E.	Amiens ,	X.
Poitiers ,	G.	Bourges ,	Y.
La Rochelle ,	H.	Rennes ,	9.
Limoges ,	J.	Lille ,	W.
Bordeaux ,	K.	Metz ,	AA.
Dijon ,	P.	Strasbourg ,	BB.
Orléans ,	R.	Besançon ,	CC.
Reims ,	S.		

Les Hôtels des Monnoies qui ressortissent à la Cour des Monnoies de Lyon , sont :

Lyon ,	D.	Perpignan ,	Q.
Bayonne ,	I.	Grenoble ,	Z.
Toulouse ,	M.	Aix ,	&.
Montpellier ,	N.	Pau ,	une Vache.
Riom ,	O.		

Chaque Hôtel des Monnoies a une Jurisdiction composée,

du Général Provincial.

de deux Juges-Gardes.

d'un Contrôleur Contre-Garde.

d'un Garde Scel.

d'un Avocat du Roi.

d'un Procureur du Roi.

d'un Greffier,

& de deux Huissiers.

Voyez la création & les fonctions de ces Officiers chacun à leur mot, dans l'ordre alphabetique.

Quant aux Villes où il n'y a pas d'Hôtel des Monnoies, la Cour des Monnoies commet les Présidens, Commissaires & Conseillers de cette Cour qui y résident; en leur absence & au défaut des Généraux Provinciaux & des Juges Gardes, les Juges ordinaires de ces Villes pour faire les fonctions des Officiers des Monnoies: ces Juges commis prennent la qualité de Commissaires de la Cour, dans les jugemens & procédures concernant le fait de leur commission.

Les Ordonnances exigent que les appellations de tous ces Juges soient relevées en la Cour des Monnoies & qu'elles y soient jugées.

Les Journaliers & Ouvriers même, les Commis & Inspecteurs qui sont ou seront employés aux travaux courans des monnoies tant par les Tréforiers & Directeurs qu'autres Officiers des Monnoies, & seront trouvés coupables & convaincus d'avoir fait des vols & larcins dans l'exercice de leurs fonctions, doivent être punis de mort avec telle réparation qui est jugée convenable, quoique pour semblables cas, ils n'aient jamais été repris, ni punis, & ce, sans avoir égard à la valeur & estimation de ce qu'ils pourroient avoir volé, ni sans que sous quelque prétexte que ce puisse être, cette peine puisse être modérée par les Juges à qui la connoissance en appartient; c'est le vœu de la Déclaration du trois Décembre 1709, regiftrée en la Cour des Monnoies le 7 Janvier fuivant.

Les dispositions de cette Déclaration ont été renouvellées par celle du 18 Avril 1724, regiftrée en la Cour des Monnoies le 11 Mai fuivant, qui porte les mêmes défenses sous les mêmes peines; & la Cour des Monnoies par Arrêt du premier Février 1758, a ordonné que les deux Déclarations feroient réimprimées à la fuite l'une de l'autre, & nouveaux exemplaires du tout en placards feroient mis & affichés dans tous les Ouvroirs, Bureaux, Laboratoires & autres lieux & endroits nécessaires des différens Hôtels des Monnoies du reffort de la Cour.

Cet Arrêt est pareillement imprimé à la fuite des deux Déclarations.

Voyez au mot OFFICIERS, les Officiers des Hôtels des Monnoies.

Commiſſaires de l'Hôtel de la Monnoie de Paris.

L'Ordonnance de François Premier de l'année 1540, article VIII, porte :

» Voulons que les Généraux des Monnoies réſidans à Paris ou l'un d'eux
» député par la Compagnie, viſite de quinze jours en quinze jours le Maître
» de la Monnoie d'icelle, & les Gardes, Contre-Gardes, Eſſayeurs, Affi-
» neurs, Changeurs, Orfévres-Joyailliers & leurs regiſtres & maiſons, pour
» ſavoir & entendre l'apport & réception de billon en nôtredite Monnoie,
» s'il a été cizaillé & mis en fonte, ainſi qu'il appartient, les paiemens de
» ce faits, & comment chacun d'eux à ſon égard obſerve les Ordonnances
» au bien de Nous & de la choſe publique de notre Royaume ; & s'ils y trou-
» vent aucune faute & malverſation, abus ou négligence, procéder à la
» punition & correction de ce, & à la démolition de fourneaux prohibés,
» ſi aucun il y en a, & autrement, ainſi qu'ils verront être à faire ſuivant la
» teneur de nos Ordonnances, &c ».

En 1690, le Roi, par Arrêt du 4 Avril commit le Sieur Hourlier Préſident & Commiſſaire de la Cour des Monnoies, pour connoître de la Police
& veiller à l'accélération du travail qui ſe faiſoit alors en la Monnoie de
Paris. Après la mort du Sieur Hourlier, Sa Majeſté par Arrêt du Conſeil
du 31 Août 1700, regiſtrée en la Cour des Monnoies le 10 Septembre ſuivant, commit le Sieur Hoſdier Premier Préſident en la Cour des monnoies,
pour faire les fonctions de Commiſſaire dans la Monnoie de Paris, cotter
& parapher les regiſtres, dreſſer quand beſoin ſera les inventaires des eſpeces, des matieres d'or, d'argent & de billon, faire la vérification des caiſſes
quand il le jugera à propos, & tenir la main à l'exécution des Ordonnances,
Arrêts & Reglemens ſur le fait des monnoies & pour tout ce qui regarde le
travail & la Police de la monnoie & celui des affinages, circonſtances &
dépendances, même informer, ſi beſoin eſt, des délits, abus & contraventions, faire & parfaire le procès aux coupables & l'inſtruire juſqu'à jugement
définitif excluſivement, pour être les procès jugés par la Cour des Monnoies ;
voulant Sa Majeſté, que ce qu'il ſera ordonné par le Commiſſaire, ſur le requiſitoire de ſon Procureur Général en ladite Cour, pour ce qui regarde
le travail de la monnoie, la Police qui doit y être obſervée, & l'obſervation
des Ordonnances, Arrêts & Reglemens, ſoit exécuté par proviſion, nonobſtant oppoſition, ou appellation quelconque & ſans préjudice d'icelles.

En 1704, le Roi, par Déclaration du 13 Novembre a uni & fixé à l'Office de Premier Préſident la qualité & fonction de Commiſſaire en l'Hôtel
de la Monnoie de Paris, ainſi qu'il ſuit :

» Nous avons, par ces Préſentes, déclaré & ordonné, déclarons & or-

» donnons qu'en tous actes & en toutes occasions, le Premier Président
» de notre Cour des Monnoies de Paris, se puisse dire & soit qualifié de
» *notre Conseiller en nos Conseils*, nonobstant l'omission qui pourroit
» avoir été faite de cette qualité dans aucune de nos lettres de provisions, ou
» ailleurs, lui en attribuant le titre autant que besoin seroit, & par ces mê-
» mes Présentes, Nous avons fixé & fixons à cent quatre vingt mille livres,
» au lieu de cent cinquante mille livres, le prix dudit Etat & Office de no-
» tre Conseiller en nos Conseils, Premier Président en notredite Cour des
» Monnoies, auquel Nous avons pareillement uni & unissons (1) à tou-
» toujours la qualité & fonction de notre Commissaire en notredit Hôtel
» des Monnoies de Paris, que Nous avons accordé par Arrêt de notre Con-
» seil du 31 Août 1700, audit Sieur Hosdier personnellement pour ne faire
» à l'avenir qu'un seul & même corps d'Office avec celui du Premier Prési-
» dent, sans pouvoir en être désuni pour quelque raison que ce soit ; pour-
» quoi Nous lui avons accordé & accordons & à ses Successeurs en sadite
» Charge une pension annuelle de quinze cens livres, outre & par-dessus
» celles dont lui & ses Prédécesseurs dans ladite Charge de Premier Président
» ont joui en conséquence de nos Brevets & Lettres Patentes à eux accordés :
» comme aussi avons à l'Office de notre Conseiller & Procureur Général
» de ladite Cour des Monnoies de Paris, Commissaire né en notredit Hôtel
» des Monnoies, uni & unissons une pareille pension de quinze cens
» livres..... lesquelles pensions Nous voulons être payées à l'avenir auxdits
» Sieur Premier Président & Procureur Général & à leurs Successeurs par
» les Receveurs, Payeurs des gages & autres droits de ladite Cour des
» Monnoies & sur la même nature de deniers que leurs autres gages & pen-
» sions que Nous avons ci-devant accordé à eux & à leurs Prédécesseurs dans
» leursdites Charges par nos Brevets & Lettres Patentes, & à cet effet, vou-
» lons que dans les Etats qui seront à l'avenir arrêtés en notre Conseil pour
» les gages, taxations, droits & pensions de la Cour des Monnoies, il soit
» fait fonds annuellement desdits quinze cens livres que nous avons accordé
» & accordons par ces Présentes, à chacun desdits Sieurs Premier Président
» & Procureur Général, lequel fonds sera remis & délivré ainsi que le sur-
» plus de leurs gages, auxdits Receveurs & Payeurs, sans que pour ce, l'un
» & l'autre desdits Officiers ou leurs Successeurs soient tenus en aucun cas
» Nous payer autres & plus grands droits, pour l'annuel de leurs Offices &
» autres que ceux qu'ils ont coutume de payer : Voulons & Nous plaît que,
» rapportant par lesdits Payeurs & Receveurs des gages de ladite Cour des
» Monnoies, dans les comptes de leur exercice, la quittance desdits Sieur

Nota. La même Déclaration fixe & unit à l'Office de Procureur Général Commissaire né
de l'Hôtel de la Monnoie de Paris une même pension de 1500 liv.

» Premier Préſident & Procureur Général & de leurs Succeſſeurs, pour la
» dite augmentation de penſion de quinze cens livres pour chacun, elle leur
» ſoit paſſée & allouée de même que les autres gages & penſions que Nous
» leur avons ci-devant accordés, ſans aucune difficulté. Si donnons en man-
» dement à nos amés & féaux Conſeillers, les Gens tenans notre Cour des
» Monnoies à Paris, que ces Préſentes ils aient à faire lire, publier &
regiſtrer &c. donné le 13 Novembre 1704 & regiſtré le   au Greffe
de la Cour des Monnoies de Paris.

Le 22 Décembre 1708 ; la Cour des Monnoies ordonna, que conformément à l'Arrêt du trois Octobre 1690, les Officiers & Commis des Monnoies, qui ſont tenus par ledit Arrêt de faire parapher leurs regiſtres, ſe
chargeront deſdits regiſtres après qu'ils auront été paraphés & enregiſtrés
ſur un regiſtre particulier, que les Commiſſaires de la Cour, Généraux Provinciaux, ou Juges Gardes feront tenir à cet effet, dans leſquels les Juges-
Gardes, ſeront auſſi tenus de ſe charger de ceux qui leur ſeront paraphés
par leſdits Commiſſaires ou Généraux Provinciaux, ou par les Contre-Gardes
pour y avoir recours au beſoin.

HUISSIER. En général eſt l'Officier qui exécute les Jugemens rendus
par les Magiſtrats, en ſignifie les Sentences & Arrêts, qui dreſſe divers Actes de Procédures, Procès verbaux, &c.

Au tems que les Généraux des Monnoies n'étoient que trois en nombre,
ils n'avoient avec eux d'autres Officiers que leur Greffier, appellé alors le
Clerc des Monnoies, ou des Généraux Maîtres des Monnoies, & l'Huiſſier
de leur Chambre auſſi appellé Tabletier, Varlet & Huiſſier de la Chambre
des Monnoies. De ces Généraux dépendoit la nomination du Clerc & de
l'Huiſſier. Cet Huiſſier fut encore appellé Portier de la Monnoie de Paris,
dénomination qu'il porta ſans difficulté, de ce que les Généraux Maîtres
des Monnoies, tenoient quelquefois dans ce tems leurs Séances dans l'Hôtel
de la vieille Monnoie de Paris, où ils exerçoient la Juſtice dans le Bureau
qu'ils y avoient établi : c'eſt depuis ce tems que le premier Huiſſier de la
Cour des Monnoies, a toujours eu ſon logement à côté de la grande porte
de la vieille Monnoie de Paris, où il fut lors placé pour la garde de cette
porte, afin d'empêcher qu'aucun n'entrât dans le Bureau des Généraux,
qu'il ne les eut préalablement avertis, & qu'il n'eut permiſſion de les introduire.

Nous liſons dans un Mandement du Roi Charles VI du mois de Décembre 1412, adreſſant aux Généraux des Monnoies, de faire payer au Portier de la Monnoie de Paris, depuis Huiſſier de la Chambre des Monnoies,
vingt livres qui lui étoient dues pour dix mois, à raiſon de quarante ſols
par mois pour la garde de la porte, dont il n'avoit pu être payé pour
n'y

Regiſtre jour-
nalier, année
1350, pag. 14.

Livre intitu-
lé, Meſſagerie
de la Mon-
noie de Paris,
année 1345.

n'y avoit point eu de Maître Particulier en cette Monnoie.

Les premieres provisions de l'Office de premier Huissier font du 30 Août 1552.

Quelques-unes de ces Provisions ont donné à cet Officier le titre de Buvetier de la Cour, conformément auxquelles cette Cour le 6 Février 1587, commit par Arrêt du même jour le premier Huissier pour Buvetier & Régisseur des menues nécessités de la Cour des Monnoies, à la charge de demeurer en son logis affecté en l'Hôtel des Monnoies.

Le quatorze Mars 1597, Martin Bourgoin fut reçu aux mêmes conditions.

Ce titre donné au premier Huissier, de Buvetier de la Cour, qui se trouve dans quelques Provisions de cet Office des années 1585, 1596, 1653, ne lui fut pas long-tems conservé ; la Cour des Monnoies, en procédant à la réception d'Adrien Bassuel, à la charge de premier Huissier & de Portier de l'Hôtel de la Monnoie de Paris le 27 Octobre 1653, lui fit défenses de prendre la qualité de Buvetier de la Cour portée par ses Lettres de Provision : depuis ce tems, ils ne prennent plus ce titre ; ainsi le 23 Novembre 1663, Louis Noblet fut reçu par Arrêt de ce jour sous la dénomination de premier Huissier Audiencier en la Cour, Portier & Garde-clefs de la Monnoie de Paris.

Quand l'Office de premier Huissier est vacant, l'Huissier le plus ancien en remplit les fonctions conformément à l'Arrêt de la Cour des Monnoies, du 21 Octobre 1652 & 5 Janvier 1666.

En 1666, Parent succéda en cet Office à Louis Noblet.

A celui-ci, Jean-Baptiste de Voulges le 13 Juin 1692.

A Jean-Baptiste de Voulges, Adrien de Bourges, le 28 Novembre 1712.

Et à Adrien de Bourges Richard Rousseau, qui fut reçu premier Huissier Audiencier en la Cour, Portier Garde-clefs de la Monnoie de Paris le 19 Novembre 1736, actuellement exerçant.

En Avril 1551 le Roi créa par Edit de ce mois deux Huissiers pour le service de la Cour, & trois autres pour le même service en Septembre de la même année.

Par Edit du mois d'Août 1555, registré en la Cour des Monnoies le 24 Avril suivant, le Roi créa deux Huissiers en chaque Hôtel des Monnoies, pour exploiter & mettre à exécution les Arrêts, Jugemens & Ordonnances tant de la Cour des Monnoies, que des Juges-Gardes en leur Jurisdiction, &c.

Le onze Février 1558 la Cour des Monnoies fit un Reglement qui porte ; que les Huissiers serviront trois à la fois par trois mois, » ne sortiront de » la Ville, ni laisseront le service sans congé, seront habillés comme ceux

» des Comptes ; le premier portera robe honnête, leur défend de porter » capes ni manteau, faisant le service.

Par autre Reglement de la Cour des Monnoies du 14 Mars 1603, la Cour défend aux Huissiers qui ne font point de service, de faire aucune signification de Requêtes & autres Actes préparatoires émanés de la Cour, à peine du quadruple, & ordonne que les droits des boîtes & réception seront partagés en commun, également entre les Huissiers présens.

Reg. 99. fol. 238.

Le vingt-six Janvier 1629 la Cour regla la taxe des Huissiers ; savoir, à trois livres pour l'assistance à la publication des Edits, quatre livres à Saint Denis, trois sols par affiches, six sols par Exploit pour le Procureur Général, trois sols pour avertir Messieurs ; taxe raisonnable pour autres cas.

L'Edit du mois de Juin 1635, porte création de douze Huissiers héréditaires pour le service de la Cour des Monnoies, avec pouvoir & faculté à ces Huissiers d'exploiter par tout le Royaume, & mettre à exécution tous Arrêts en forme & Mandemens, tout ainsi que les Huissiers du Châtelet de Paris, excepté pour ce qui est du scellé du Châtelet, avec attribution de leurs journées & vacations sur la recette des amendes & confiscations de la Cour des Monnoies, suivant la taxe qui en sera par elle faite sur leurs exploits & procès verbaux.

Le nombre des Huissiers de la Cour a depuis été augmenté, & compose à présent le nombre de dix-huit.

L'Arrêt de la Cour du premier Mars 1652, ordonne que ses Huissiers partageront également les émolumens de tous les Actes qu'ils feront concernant la Cour dont ils retiendront le parisis, & remettront le surplus en la bourse commune ; celui du 28 Juin commet quatre de ces Huissiers pour le service du présent quartier, & ordonne qu'à l'avenir il y en aura toujours quatre de service suivant l'ordre du tableau.

Par l'Arrêt de Reglement de la Cour des Monnoies du 4 Décembre 1677, pour le service de ses Huissiers, il est ordonné, que ceux qui seront de service seront tenus de se trouver à l'entrée de la Cour, & d'y demeurer jusqu'à ce qu'elle soit levée, & que M. le Premier Président soit sorti, & contre ceux qui y auront manqué huit jours, d'être privés de leur droit & salaires qui pourroient leur appartenir pendant leur quartier, & contre ceux qui auront manqué pendant la moitié de leur quartier d'interdiction de leurs Charges pour trois mois, & qu'à cet effet, il sera tenu registre au Parquet, des Huissiers qui auront été présens, & que toutes les Expéditions, Requêtes, Avenir, &c. seront signifiés dorésnavant par les Huissiers qui seront de service, &c.

L'Arrêt de la Cour du trois Février 1680, renouvelle les mêmes obligations, à peine d'amende & d'interdiction.

En 1682 les Huiffiers de la Cour des Monnoies, defirant pour la confervation de leur bien commun, en ce qui regarde la fonction & exercice
de leurs Charges, fe réduire en société, afin de vivre dorefnavant en paix,   Termes du Concordat.
amitié & concorde, jouir également entr'eux des émolumens de leurs Char-
ges, garder & obferver les Arrêts & Reglemens qu'il a plu à la Cour leur
donner, s'acquitter de leur mieux du fervice qu'ils doivent à la Cour, conferver entr'eux la fidélité, & par ce moyen jouir avec honneur des émolumens attribués à leurs Charges, après s'être fouvent affemblés à ce fujet,
ayant conferé de ce entr'eux, & regardé ce qui étoit de leur bien commun,
font réciproquement demeurés d'accord, fous le bon plaifir de la Cour, en
exécution de fes Arrêts & Reglemens des 19 Janvier 1641, 23 Janvier
1646, 28 Juin 1652, 16 Juillet 1675, 7 Mai & 7 Décembre 1680, &
17 Décembre 1681, de ce qui fuit :

ARTICLE PREMIER.

» Premierement, qu'à l'avenir, fuivant & conformément audit Arrêt du
» 28 Juin 1652, il y aura quatre Huiffiers de fervice, outre le premier
» par chacun quartier, qui feront nommés par M. le Procureur Général le
» premier jour d'icelui, fuivant l'ordre du tableau pofé au Parquet defdits
» Huiffiers felon l'ordre de leurs réceptions ; & en cas d'abfence, d'inter-
» diction ou autrement, le tableau fera fuivi, & qu'à cette fin ceux qui fe-
» ront nommés, feront tenus de fe rendre au Parquet defdits Huiffiers en
» robe, favoir deux à l'entrée de M. le Premier Préfident, & les deux au-
» tres à dix heures du matin, & ainfi alternativement jufqu'enfin de leur
» quartier, à peine contre les défaillans de payer en leurs noms l'amende.

I I.

» Et s'il avient que l'un defdits Huiffiers de fervice manque à venir à ladite
» Cour, aux jours & heures qu'il fera obligé, fera privé de participer aux
» droits avenus audit jour, & lui fera déduit trois livres fur ce qui lui
» pourra revenir de la bourfe commune, en fin de fon quartier, finon en
» cas de légitime empêchement ou maladie, de quoi il fera obligé d'avertir
» fes Confreres, auquel cas de maladie, ou que le défaillant fût employé
» à quelques affaires pour le profit de la Communauté, ne laiffera de par-
» ticiper à ladite bourfe commune comme s'il y étoit préfent, & à cette fin
» fera tenu regiftre par le Doyen de chacun quartier.

I I I.

» Que toutes les fignifications d'Arrêts, Reglemens, appointemens,
» défenfes, dupliques, qualités, contredits, griefs, Ordonnances de Mef-
» fieurs les Commiffaires de ladite Cour, & tous Actes & Expéditions

» généralement quelconques émanés de ladite Cour par mandement d'i-
» celle, à la Requête de M. le Procureur Général, ou de quelque Partie
» que ce soit, feront faites indifféremment par l'un ou l'autre defdits Huif-
» fiers de fervice pour être les profits partagés également, en fin de chacun
» quartier, comme auffi tous droits d'évidence, émolumens qui provien-
» dront de toutes réceptions d'Officiers de quelque qualité que ce foit,
» même des arts & métiers jufticiables de ladite Cour, ou autres qui prê-
» teront le ferment en icelle ; affiches par les carrefours, publications fai-
» tes à fon de trompe & cri public en la Ville & Fauxbourgs de Paris, &
» ès environs en la Banlieue d'icelle, tant d'Arrêts, Lettres Patentes,
» Ajournemens à trois briefs jours, baux de Monnoies, affiches mifes ès
» lieux accoutumés pour les remifes des encheres, droits d'adjudication def-
» dites Monnoies, jugemens des boîtes, enregiftrement de Lettres, &
» généralement tous autres droits & profits quelconques fans aucune chofe
» réferver, feront entierement communes, fuivant ledit Arrêt du 20 Juin
» 1652 & Juillet 1675, pour être partagés & diftribués également auxdits
» Huifliers qui feront de fervice enfin de chacun quartier, enfemble de ce
» qui fe trouvera avoir été reçu par le Greffier de ladite Cour, des droits à
» eux appartenans.

IV.

» Que les Huifliers qui ne feront de fervice ne pourront faire aucunes
» fignifications, publications d'affiches, ne autres chofes généralement quel-
» conques émanées de ladite Cour, à peine contre ceux qui feront trouvés
» contrevenir, de rapporter l'émolument & de dix livres d'amende par
» chacune contravention, s'il ne leur étoit expreffément commandé par
» ladite Cour pour l'abfence defdits Huifliers de fervice.

V.

» Que toutes les vifites qui fe feront avec les Jurés des Arts & Métiers
» & jufticiables de la Cour, fe pourront faire par tous les Huifliers indif-
» féremment de quartier ou non de quartier, en rapportant par eux à ceux
» de quartier le tiers des émolumens feulement.

V I.

» Que toutes les fignifications, généralement quelconques à domicile de
» Procureurs & de Parties, concernant la Jurifdiction de la Cour, fe fe-
» ront comme deffus par lefdits Huifliers de fervice, qui en rapporteront
» l'émolument tout entier fans aucun préciput, pour être partagé entr'eux
» également à la fin de chacun quartier.

V I I.

» Et pour ce qui eſt des autres actes auxquels il y aura vacation , comme
» viſite faite avec les Jurés des métiers juſticiables de ladite Cour , aſſiſ-
» tances de Meſſieurs , même de garniſons où leſdits Huiſſiers pourront être
» établis , en ſera par eux rapporté le tiers ſeulement à ladite bourſe com-
» mune , & les deux autres tiers demeureront à celui qui ſera employé, en
» participant au quartier , comme préſent, s'il en eſt.

V I I I.

» Et quant aux publications des encheres faites à la Barre de la Cour pour
» baux judiciaires ou des adjudications faites au Greffe , en ſera rapporté
» par l'Huiſſier de ſervice , qui aura proclamé leſdites encheres , moitié à
» ladite bourſe commune.

I X.

» Que tous les procès & productions nouvelles dont les Procureurs vou-
» dront prendre communication , il en ſera rapporté par leſdits Huiſſiers
» de ſervice , qui auront communiqué leſdits procès & productions nou-
» velles , les émolumens à ladite bourſe commune comme à l'article ſixieme

X.

» Que toutes les collations des pieces qui ſeront faites par leſdits Huiſ-
» ſiers de ſervice , en ſera pareillement rapporté à ladite bourſe commune ,
» les émolumens comme audit article ſix.

X I.

» Que leſdits Huiſſiers de ſervice ſeront tenus de faire parapher par celui
» d'entr'eux qui ſera prépoſé pendant chacun quartier pour tenir ladite
» bourſe, comme toutes ſignifications , procès verbaux , & expéditions par
» eux faites chacun jour , & en payer à ladite bourſe commune ce qu'ils
» ſeront tenus d'en rapporter , dont ſera fait regiſtre par celui qui ſera com-
» mis audit paraphe ; & d'autant que leſdits Huiſſiers peuvent être preſſés
» de rendre des ſignifications à l'inſtant qu'ils les ont faites , ſans pouvoir
» les faire parapher , il en ſera tenu mémoire par celui qui les aura faites
» pour en rapporter l'émolument ; deſquelles ſignifications ainſi délivrées
» ſans être paraphées ſera tenu regiſtre , & s'il s'en trouve aucunes qui ne
» ſoient paraphées ou déclarées ſur ledit regiſtre dans la huitaine, celui
» qui l'aura faite ſera tenu en rapporter l'émolument & dix livres auxdits
» Huiſſiers de ſervice pour la contravention & fraude , ainſi qu'il eſt ci-
» devant dit , comme généralement de toutes vacations , procès-verbaux
» & autres choſes provenant de ladite Cour , même des informations qui
» ſeront faites par leſdits Huiſſiers en vertu des Arrêts d'icelle.

XII.

» Que toutes les vacations qui feront faites par lefdits Huiffiers de fer-
» vice , tant de l'ordonnance de la Cour, verbalement ou par écrit, que
» de MM. les Commiffaires d'icelle, & à la Requête de M. le Procureur
» Général, dont les Huiffiers de fervice n'auront été payés, même des aver-
» tiffemens de Meffieurs, il en fera fait mémoire par chacun defdits Huif-
» fiers de fervice qui y aura été employé qu'il fera parapher, tant à M.
» le Premier Préfident qu'à M. le Procureur Général ; lequel mémoire,
» chacun defdits Huiffiers fera tenu rapporter à la fin du quartier, pour être
» fur leurs noms préfenté Requête à la Cour, & en retirer mandement ;
» defquels mandemens fera pareillement tenu regiftre par celui qui tiendra
» ladite bourfe commune, pour en tirer paièment, & le partager à chacun
» de ceux qu'il appartiendra.

XIII.

» Qu'il ne fera loifible aux Huiffiers qui ne feront de fervice, d'aller aux
» Commiffions pour l'exécution des contraintes des Receveurs Généraux
» des boîtes des Monnoies de France, fans en rien rapporter à la bourfe
» commune ; & ne fera toleré ni permis que lefdits Receveurs, ni les
» Receveurs des amendes en confifcation de ladite Cour , fe fervent d'au-
» tres Huiffiers que de ceux de ladite Cour.

XIV.

» Et pour ce qui eft des contraintes à faire pour lefdits Receveurs
» dans la Ville & Fauxbourgs de Paris, ne pourront être faites par autres
» que par lefdits Huiffiers de fervice pour en rapporter l'émolument aux
» termes ci-deffus.

XV.

» Ne pourront lefdits Huiffiers faire aucunes fignifications *gratis*, fi ce
» n'eft pour les Procureurs en leurs noms ou pour les Officiers en ladite
» Cour , & en cas qu'il fe trouve defdits Huiffiers qui marquent leurs figni-
» fications *néant* pour autres que ceux ci-deffus, feront tenus rapporter l'é-
» molument à ladite bourfe commune, & payer dix livres pour chaque con-
» travention.

XVI.

» Que le compte & partage de ladite bourfe fe fera entre lefdits Huif-
» fiers de fervice le dernier jour du mois de chacun quartier, laquelle
» bourfe commune commencera le jour qui fera ordonné par la Cour, en-
» femble l'exécution de ce qui eft mentionné au préfent Concordat.

X V I I.

» Et s'il advient qu'il soit baillé en garde à l'un desdits Huissiers de ser-
» vice quelque prisonnier, ou qu'il ait ordre de les mener à la Cour, il
» rapportera à ladite bourse commune le tiers de l'émolument qui en pro-
» viendra, préalablement pris les frais & dépens, si aucuns il fait, comme
» au ssides vacations aux exécutions de mort ou de peine afflictive, ou se-
» ront tenus d'aller les plus jeunes en réception dudit quartier de service.

X V I I I.

» Si quelqu'un desdits Huissiers de service prend commission pour aller
» aux champs, il sera croisé, & privé des émolumens communs pendant
» son absence, si mieux n'aime rapporter le tiers à la bourse commune, de
» ce qu'il aura profité en ladite commission pendant le quartier.

X I X.

» Que chacun de nous voulant traiter & se démettre de son Office au
» profit de tel qu'il voudra, sera tenu d'obliger son résignataire à l'entre-
» tenement du présent Concordat, & sera aussi tenu ledit Résignataire de
» signer icelui avant sa réception, même s'obliger solidairement aux som-
» mes de deniers qui pourroient avoir été empruntés par la Communauté
» pour les affaires d'icelle, autrement pourront s'opposer à sa réception &
» l'empêcher.

X X.

» Que tous les Pourvus auxdits Offices, seront obligés de bailler la som-
» me de deux cens livres avant leur réception, qui seront reçus par le
» Syndic de ladite Communauté pour employer aux affaires d'icelle ; lequel
» Syndic en baillera quittance au Pourvu, qui sera tenu de communiquer
» les Lettres, & faire les droits & devoirs à ses Confreres avant sa récep-
» tion, ainsi qu'il est accoutumé entr'eux.

X X I.

» Que les deniers qui seront reçus par le Syndic, tant des droits de deux
» cens livres baillées par les Pourvus, que des autres sommes qu'il lui se-
» ront mises ès mains par ladite Communauté lorsqu'il en aura besoin pour
» fournir aux affaires d'icelle, il s'en chargera & en tiendra compte à ladite
» Communauté, lequel Syndic sera sujet à révocation par ladite Commu-
» nauté en cas de négligence, malversation ou mauvaise intelligence pour
» les affaires d'icelle, lequel Syndicat ne pourra durer qu'un an, s'il n'est
» continué par ladite Communauté pour pareil tems.

X X I I.

» En cas que ledit Syndic aille en Commission ou qu'il soit employé

„ aux champs, il en commettra un autre en sa place dont il sera responsable,
„ si mieux il n'aime remettre à la Communauté d'en nommer un autre en
„ son lieu, auquel cas sera tenu rendre compte à ladite Communauté, &
„ vuider ses mains du reliquat si aucun y a, en celles de celui qui sera
„ commis en son lieu, à quoi faire il sera contraint même par corps, &
„ l'office duquel Syndic demeurera responsable & spécialement affecté &
„ hypoteque à la somme de deniers qui pourra être demeurée en ses mains.

XXIII.

„ Que nous serons obligés nous assembler extraordinairement lorsque le
„ Syndic le requerra en le faisant savoir à ladite Communauté par le der-
„ nier reçu, qui à cette fin sera tenu de laisser un billet à chacun en particu-
„ lier à son logis, bien qu'il lui eût dit de bouche, pour résoudre des affaires
„ de notre Communauté, à peine de dix livres d'amende contre chacun des
„ défaillans, lequel Syndic ne pourra engager ladite Communauté en quoi
„ que ce soit sans en avoir pouvoir signé.

XXIV.

„ Et pour l'exécutiou du présent Concordat, avons ci-devant nommé &
„ élu pour Procureur Syndic de notre Communauté, les personnes de
„ Maître Pierre Thevenyn, & de Maître Anne le Comte pour Greffier, le-
„ quel Syndic participera à tous droits généralement quelconques présent
„ & absent, lorsqu'il sera de quartier seulement, & pour les affaires de la-
„ dite Communauté seulement.

XXV.

„ S'il se trouve quelqu'un de nous qui refuse payer sa part de ce qu'il
„ conviendra pour fournir aux procès & différens concernans notredite
„ Communauté & le fait de nos Charges & Offices, les deniers qui se
„ trouveront lui appartenir, & qui pourroient être, soit à ladite bourse ou
„ ès mains du Greffier de la Cour, seront baillés audit Syndic jusques à
„ concurrence de sa part & portion, & pour le paiement du surplus y sera
„ contraint par toutes voies.

XXVI.

„ Que ce qui sera arrêté & résolu en notredite Communauté par le plus
„ grand nombre, sera exécuté, & les refusans tenus y consentir, encore
„ bien qu'ils n'y aient signé, & à cette fin sera tenu registre des Assemblées
„ & des résolutions qui y seront arrêtées, qui demeurera ès mains dudit
„ Syndic, qui en délivrera autant signé de lui, au Doyen ou plus ancien
„ de nous présent à ladite Assemblée, pour y avoir recours quand besoin
„ sera.

XXVII

XXVII.

» Et d'autant qu'il y a plufieurs des Huiffiers de ladite Cour qui ne
» rendent fervice à icelle, & qui délaiffent les intérêts de ladite Commu-
» nauté, ne voulant fournir aux frais qu'il convient de faire pour les affai-
» res d'icelle, encore que ce foit pour le bien de leurs Charges, pour lef-
» quels il n'eft pas jufte que ladite Communauté s'engage, feront tenus de
» contribuer pour leurs parts & portions, aux frais & dépens qu'il con-
» viendra faire ; & en cas qu'ils vinffent à décéder ou vendre leurs
» Charges fans y avoir fatisfait en tout ou partie, les Réfignataires feront
» tenus, avant leur réception, payer & rembourfer leurs parts defdites
» avances, fauf leur recours contre ceux qui leur auront vendu, & en cas
» de refus, pourra ladite Communauté s'oppofer à leur réception & l'em-
» pêcher.

XXVIII.

» Si l'un de nous eft troublé en l'exercice & fonction de fa Charge, la-
» dite Communauté fera tenue d'intervenir & de fournir aux frais, pourvu
» que ce foit pour le bien de nofdites Charges.

XXIX.

» S'il arrive que quelqu'un de nous tombe malade ou dans quelques in-
» fortunes & indigences, & qu'il eut befoin de quelque fecours pécuniaire,
» le Syndic fera tenu, lorfqu'il en aura connoiffance, de convoquer l'Af-
» femblée pour y pourvoir.

XXX.

» Arrivant la mort de l'un de nous, il fera dit & célébré un Service au
» lieu où fe dira la Meffe d'affemblée ci-deffus : à cette fin l'on avertira, par
» billets, la Cour, & nous autres aux dépens de la bourfe commune fans
» aucune répétition.

XXXI.

» Après le décès de l'un de nous, la Veuve & fes Enfans feulement, au-
» ront droit & part pour un fixieme en la bourfe commune pendant l'année,
» au cas que la Charge du défunt ne foit remplie ; & du jour qu'elle fera
» remplie, en fera déchue, lequel fixieme fe partagera entre une ou plu-
» fieurs s'il y écheoit.

XXXII.

» Si un fils de nous vient à fuccéder ou acheter la Charge de fon pere,
» ou autre pareille charge, il fera reçu en payant feulement la fomme de
» cent livres au lieu de deux cens qui fe payent par lefdits Récipiendaires,
» pareille grace eft accordée au profit de celui qui époufera la fille de l'un
» de nous, pourvu que ce foit la charge du beau pere.

Tome I.   F f f f

XXXIII.

» Ce que nous promettons chacun à notre égard, entretenir & observer
» inviolablement selon sa forme & teneur sur les peines y contenues, &
» de la somme de cent livres contre les contrevenans à l'entiere exécution
» du présent Concordat, qui sera employée au profit de ladite Commu-
» nauté, & au paiement de laquelle somme ils seront contraints par toutes
» voies, même par corps.

XXXIV.

» Et s'il advient quelque différend entre nous pour raison de tout ce que
» dessus, il ne pourra être procedé qu'en la Cour, à peine de nullité, &
» de telle amende qu'il lui plaira.

XXXV.

» Et pour obvier aux importunités qui se font journellement à la Cour,
» par les différends qui arrivent entre les Confreres de ladite Communauté
» les uns à l'encontre des autres, seront tenus de vuider fraternellement
» entr'eux, lors de l'Assemblée qui se fera en leurdite Communauté, & en
» cas qu'il n'y eût lieu de les accorder, ils les vuideront au Parquet, & par
» l'avis de Messieurs les Gens du Roi.

XXXVI.

» Que le présent Concordat sera imprimé en un cahier, & à chacun de
» nous baillé une copie, comme aussi aux Pourvus qui se feront recevoir à
» nos Charges afin que chacun sache à quoi il est obligé, tant pour les ser-
» vices dûs à ladite Cour, & les autres fonctions de leurs Charges, que pour
» l'exécution & l'entretenement de ladite Communauté & des émolumens
» suivant ledit Arrêt du 28 Juin 1652 & 16 Juillet 1675, se contenir chacun
» en son devoir & société, & ne s'en puisse, ci-après, valablement excuser:
» même sera lu à l'Assemblée ordinaire qui se fera dorénavant à l'issue de la
» Messe que ladite Communauté fera dire & célébrer tous les seconds Diman-
» ches du mois neuf heures précises du matin, au lieu qui sera résolu par la-
» dite Communauté, auxquelles assemblées tous les Huissiers seront tenus
» de se trouver ; car ainsi le tout a été convenu, stipulé & accordé entre nous
» aux conditions spécifiées & déclarées par le présent Concordat que nous
» avons signé, étant à cette fin assemblés à Paris le 7 Décembre 1682, ainsi
» signé Cadot, Regnaut, Brison, Picard, le Conte, de Voulges, Theve-
» nyn, le Févbre, Pallu, Josse, le Maire, Douaire & du Ménil ».

Ce Concordat a été homologué par Arrêt de la Cour des Monnoies du
10 Avril 683, qui par le même Arrêt a ordonné que ..... » toutes significations, publications, procédures & autres actes quelconques de l'Ordonnance de la Cour, & en vertu des Arrêts d'icelle, seront faits & ex-

» ploirés par les Huissiers de service en chacun quartier, autres que le pre-
» mier Huissier, & que tous profits & émolumens qui en proviendront, en-
» semble tous droits d'Huissier appartiendront aux Huissiers de service par
» maniere de bourse commune, en laquelle le Premier Huissier aura la
» cinquieme partie en chacun quartier présent ou absent, à l'exception tou-
» tesfois des matieres criminelles, visites avec les Jurés des Communautés,
» & autres actes à leur requête, & des voyages hors la Ville & Fauxbourg
» de Paris, pour l'exécution des contraintes des Receveurs Généraux des
» boîtes, qui seront faits & exploités par le Premier Huissier & autres Huissiers
» de service & non de service indifféremment, sans qu'ils soient tenus rap-
» porter aucunes choses des émolumens des matieres criminelles; & en rap-
» portant par eux à la bourse commune, un tiers de ceux qui proviendront
» des visites & autres actes pour les Jurés, & des voyages pour le Receveur
» des boîtes, non compris esdites matieres criminelles, les saisies ordinaires
» des ouvrages d'or & d'argent, esquelles il n'y aura pas d'accusation capi-
» tale: & au surplus le Concordat du 7 Décembre 1682 sera exécuté sous
» les peines y contenues, lesquelles ne pourront être réputées commina-
» toires. Fait en la Cour des Monnoies le 10 Avril 1683 ».

L'Arrêt de la Cour des Monnoies du mois d'Août 1694, porte que les
Huissiers feront à l'avenir les significations aux bancs des Procureurs suivant
l'usage des autres Cours, pourquoi n'auront que deux sols, six deniers.

Celui du 11 Février 1701, rendu sur la requête des Huissiers de la Cour
des Monnoies, à laquelle la Cour ayant égard, » a ordonné qu'ils feront
» seuls dans la Ville, Fauxbourgs & Banlieue de Paris, toutes les significa-
» tions aux Parties & aux Procureurs, des Arrêts préparatoires, interlocu-
» toires, instructifs, Offres, Requêtes, Ordonnances de ladite Cour &
» des Conseillers d'icelle, sans préjudice aux Huissiers du Châtelet & autres
» concurremment avec lesdits Huissiers, de mettre à exécution tous les Ar-
» rêts définitifs & provisoires de ladite Cour expédiés en forme & sur les-
» quels il y aura des commissions scellées, à l'exception toutesfois de la pre-
» miere signification qui se fera aux Procureurs, laquelle ne pourra être fai-
» te que par lesdits Huissiers de la Cour : fait défenses à tous Huissiers tant
» à verge qu'à cheval dudit Châtelet, & autres de contrevenir au présent Ar-
» rêt à peine de nullité, restitution d'émolument & de cent livres d'amen-
» de, laquelle demeurera encourue, en vertu du présent Arrêt qui sera
» lu, publié & affiché par-tout où besoin sera ».

Lifte des Huiffiers de la Cour des Monnoies en 1762.

Années de feurréception.	1736,	Rouffeau, premier Huiffier.
	1738,	Parquoy, Doyen.
	1742,	Du Puis.
	1742,	La Caille.
	1745,	Bonef.
	1745,	Laifnel.
	1747,	Poullet.
	1749,	Rouffeau, le jeune.
	1751,	Boudrainghain.
	1751,	Petit-Jean.
	1753,	Lardy.
	1756,	Adam.
	1756,	Le Gros.
	1756,	Paupardin.
	1757,	De la Ville.
	1760,	Charpentier.
	176	Deux Charges vacantes.

HUISSIERS DES MINES ET MINIERES DE FRANCE, créés par Edit du mois de Mars 1645.

Termes de l'Edit.

» Et pour faire que les Arrêts & Commiffions de notre Cour des Mon-
» noies, Ordonnances & Mandemens des Commiffaires d'icelle, foient
» promptement & ponctuellement exécutés, Nous avons créé, érigé & éta-
» bli, créons, érigeons & établiffons en titre d'office formé & hérédirai-
» re..... dix Huiffiers de la Cour des Monnoies, & mines pour exploiter
» dans les Provinces de leur Département, avec pouvoir d'exploiter tous
» autres Mandemens, Arrêts & Sentences de quels Juges qu'ils foient éma-
» nés, Prifeurs & Vendeurs de biens par tout notre Royaume, fans qu'à
» l'occafion de ladite hérédité, lefdits Offices d'Huiffiers foient cenfés &
» réputés domaniaux, ni fujets à vente, revente, fuppreffion, rembourfe-
» ment ou réduction en rente ; lefquels Huiffiers feront reçus en leurs Char-
» ges, & prêteront le ferment par devant les Préfidens de la Cour des Mon-
» noies, ou Confeillers Commiffaires, ou leurs Subdélégués.

Par Arrêt contradictoirement rendu le 22 Mai 1666, entre la Communauté des Huiffiers de la Cour des Monnoies, étant au nombre de dix-huit
d'une part, & les Huiffiers des mines & minieres d'autre part, la Cour des
Monnoies a fait défenfes aux Huiffiers des mines & minieres de prendre la
qualité d'Huiffiers en la Cour des Monnoies, leur enjoint de fe retirer dans

les départemens dépendans de leur réfidence, le tout à peine de faux, d'interdiction de leurs Charges, & de quatre-vingts livres *Parifis* d'amende, au paiement de laquelle feront les Contrevenans contraints par corps en vertu du préfent Arrêt, fignifié aux Parties, & lu, publié & affiché, &c.

Ces Huiffiers ont la faculté de réfider par-tout où ils veulent, même à Paris, conformément aux Edits du Roi & Arrêts de la Cour des Monnoies, rendus en différentes occafions.

En 1681, la Cour des Monnoies par Arrêt du premier Juillet, a renouvellé aux Huiffiers des mines & minieres & aux Archers du Prévôt Général des Monnoies, les défenfes de prendre autres qualités que celles portées par l'Arrêt du 22 Mai 1666, à peine de faux, de 300 liv. d'amende & 200 liv. d'aumône à l'Hôpital.

En 1760, la Cour des Monnoies par Arrêt du premier Mai, a reçu un Huiffier des Monnoies, mines & minieres au département de la Généralité de Touraine, conformément aux Provifions qu'il en avoit obtenues, à la charge de n'exploiter & inftrumenter que dans cette Généralité, fans pouvoir prendre la qualité d'Huiffier en la Cour.

J

JACOBUS, monnoie d'or d'Angleterre frappée fous le regne de Jacques Premier, d'où elle a pris fon nom : cette efpece valoit quatorze livres, dix fols, c'eft-à-dire, environ le prix de la guinée en ce tems-là. Son poids eft de 7 deniers 20 grains, & ne tient de fin que 22 karats; il s'en trouve peu préfentement en Angleterre, la plûpart des jacobus ayant été convertis en guinées ou efpeces au coin de Charles II & de Jacques II, depuis 1660, jufqu'en 1689.

JAFISMKE. Les Mofcovites appellent ainfi les richedalles ou rixdales, ou écus blancs d'Allemagne, à caufe de la figure de Saint Joachim, qui eft empreinte fur ces fortes d'efpeces dont les premieres furent frappées en 1519, dans la Ville de Jochimftal en Bohême.

Les richedalles ou rixdalles font reçues en Mofcovie, fur le pied des écus de France, c'eft-à-dire, pour cinquante copecs, à raifon de 15 deniers tournois le copec; mais comme il s'en faut deux gros que les cent copecs ne pefent deux richedalles, les Mofcovites pour en profiter & pour gagner ces deux gros les portent à la Monnoie, pour y être convertis en petites efpeces ce qu'ils font auffi des réales ou pieces de huit d'Efpagne.

JERUN-CROCHEN, monnoie du Grand Seigneur qui a cours dans fes Etats, pour un demi ducat.

JETTER L'OR, l'argent, ou le cuivre en lames; c'eft en terme de monnoies remplir de ces métaux quand ils font en bain, c'eft-à-dire, quand ils font parfaitement en fufion, les moules ou chaffis qui ont été préparés avec de la terre à Fondeur pour fervir à cet ufage.

Quand on jette de l'or en lames, on le verfe dans le jet du moule avec le creufet où il a été fondu, mais pour verfer l'argent ou le cuivre, on fe fert de grandes cuilleres de fer à manche de bois, avec lefquelles on puife les métaux ardens & liquides dans les creufets de fer où il ont été mis en fufion.

JETTONS, petite piece ronde ordinairement d'or, ou d'argent, de cuivre, ou d'autre métal. La fabrique & la vente des jettons d'or, d'argent & de cuivre ne font permis en France qu'au Garde de la Monnoie des médailles ou balanciers du Roi. Il eft défendu par plufieurs Ordonnances, notamment par Arrêt de la Cour des Monnoies, des 10 Mars & 18 Janvier 1672, Lettres Patentes & Arrêts du Confeil du 15 Janvier 1685, & Arrêt de la Cour des Monnoies du 14 Juillet 1685, à tous autres d'en fabriquer, ni d'en faire venir des Pays Etrangers, aux Orfévres de vendre & de tenir des jettons d'or & d'argent dans leurs boutiques, & à tous autres Marchands qui font négoce de ceux de cuivre, d'en tenir, vendre, ni débiter autres que ceux fabriqués en la Monnoie des médailles des Galeries du Louvre.

IMAGE ou IMPRESSION des Monnoies, marque mise sur les monnoies qui servoit autrefois à désigner & certifier le poids & le prix de l'espece.

Cette invention de marquer le poids par une figure imprimée, a été introduite parmi les diverses Nations en différens tems.

On trouve dans quelques Auteurs que les premieres marques que l'on mit sur la monnoie, n'étoient que de simples points; dans les tems où les hommes n'avoient d'autre commerce entr'eux, que celui du troc & de l'échange des choses nécessaires à l'usage de la vie, il n'y avoit aucune monnoie; les richesses consistoient en bestiaux, comme bœufs, moutons, &c. ce qui fit que la monnoie dont l'usage succéda immédiatement à ce commerce du troc & d'échange, fut marqué de la figure de ces mêmes animaux qui avoient fait la richesse des tems précédens, & qui faisoient partie de celle de ce tems-là. On imprima donc sur les especes ou la figure entiere, ou la seule tête des animaux, soit bœufs, soit moutons que les Latins appelloient *Pecudes*, d'où est venu selon plusieurs Auteurs, le mot de *pecunia* : dans la suite des tems, les Peuples firent graver sur leurs monnoies, les marques de leur origine, & les actions les plus notables arrivées dans les Pays qu'ils habitoient.

Les Princes ensuite y firent mettre des monumens de leur religion, de leur piété, de leur grandeur, de leurs conquêtes, leurs noms, leurs armes & enfin leurs effigies.

Dans les monnoies de France, on trouve l'effigie du Prince gravée dès le commencement de la Monarchie, & pendant toute la premiere race de nos Rois.

Dans la seconde, cet usage ne fut pas continué, on trouve peu de monnoies ainsi gravées après le regne de Louis le Débonnaire; ce fut Henri II, qui le premier ordonna par Edit du mois d'Août 1548, » que sa pourtraiture d'après le naturel seroit gravée & empreinte à l'avenir sur les monnoies d'or & d'argent, au lieu de la croix qu'il voulut être ôtée, comme trop aisée à être falsifiée, & que les matrices en seroient fournies par le Tailleur Général des Monnoies de France, créé par Edit du mois d'Août 1547, par lequel il est qualifié, Tailleur, Sculpteur & Graveur des formes & figures des monnoies de France, avec défenses à tous Maîtres de Monnoies, de forger, battre, ni ouvrer aucunes especes à autres coins que ceux qui seroient taillés, sculptés & gravés par le Tailleur Général sur peine de privation de leurs Offices, confiscation des especes & d'encourir la peine de faux, & ce, pour obvier aux falsifications des monnoies qui se forgeoient & ouvroient journellement, provenans de l'ignorance des Tailleurs, Graveurs & Sculpteurs, des formes & figures taillées &

„ gravées fur le coin des monnoies, lefquels par faute d'art & de vrai fcien-
„ ce tailloient & gravoient lefdites formes & figures, fi lourdement & fi
„ groffierement, qu'ils donnoient le moyen & hardieffe aux Falfificateurs
„ d'icelles figures, par une grande facilité d'imiter, tailler & graver : étant
„ requis & néceffaire, pour plus facilement difcerner & connoître la vraie
„ & bonne monnoie, en laquelle l'art de fculpture eft gardé & obfervé,
„ d'avec la fauffe & adulterine, manifeftée & connue par le défaut de favoir
„ dudit art, &c.

INSPECTEUR Général des Monnoies.

En 1756, Sa Majefté jugea qu'il étoit du bien de fon fervice de faire faire
différentes opérations dans fes monnoies, & néceffaire qu'elles fuffent faites
fous les yeux & par les foins d'une perfonne capable & intelligente qui pût
même fe tranfporter quand befoin feroit dans les différens Hôtels des Monnoies où fe feroient les opérations, & y faire exécuter fes ordres : à cet effet
Sa Majefté commit le Sieur François Veron de Fortbonnais Infpecteur Général des Monnoies de fon Royaume, pour en cette qualité & pendant le
tems qu'il plaira à Sa Majefté, fe tranfporter toutesfois & quantes que befoin
fera & en vertu de fes ordres dans celle des Monnoies où fe feront les opérations, à l'effet d'en avoir l'infpection & la conduite, & ordonner relativement à icelles ce qu'il croira néceffaire & convenable, avec attribution
de cinq mille livres par an, par forme d'appointemens fixes qui lui feront annuellement payés fur fes fimples quittances, par le Tréforier Général des
Monnoies, fe réfervant Sa Majefté de pourvoir au rembourfement des frais
extraordinaires de voyage qu'il pourra faire en exécution de fes ordres par
des Ordonnances particulieres, n'entendant cependant qu'en ladite qualité
d'Infpecteur Général des Monnoies & en vertu de la préfente commiffion,
le Sieur de Fortbonnais puiffe s'immifcer en aucune maniere, dans ce qui
eft de la Jurifdiction & connoiffance des Officiers des Cours des Monnoies
& des Juges y reffortiffans, ni entreprendre fur les fonctions, pouvoir & autorité des Commiffaires des Monnoies de Paris & de Lyon.

En vertu de cette commiffion en date du 29 Mars 1756, adreffante à la
Cour des Monnoies de Paris & par elle regiftrée le 28 Avril fuivant, le Sieur
de Fortbonnais prêta ferment en ladite Cour & fut par elle reçu en qualité
d'Infpecteur Général des Monnoies du Royaume, pour jouir de l'effet contenu en fa commiffion & fous les réferves y portées, fans pouvoir en ladite
qualité faire aucune fonction ou opération, ni rien ordonner relativement à
icelle que conformément aux Ordonnances, Edits & Déclarations regiftrés
en la Cour, Arrêts & Reglemens d'icelle.

En 1505, le Roi créa un Office d'Infpecteur Général de la Monnoie de
Paris qui fut fupprimé par Edit du mois de Février 1717.

INSPECTEUR

INSPECTEUR DU MONNOYAGE. Officier créé en titre d'office formé & héréditaire par Edit du mois de Janvier 1705 , regiſtré en la Cour des Monnoies le 21 Février ſuivant.

» Art. III. Nous avons créé & érigé , créons & érigeons en titre d'office
» formé & héréditaire , un notre Conſeiller Inſpecteur du monnoyage de la
» Monnoie de Paris, lequel tiendra regiſtre de toutes les eſpeces qui ſeront
» livrées aux Monnoyeurs pour être monnoyées ; fera entretenir par leſdits
» Monnoyeurs les balanciers en bon état , afin que leur travail ſe faſſe ſans
» interruption , & qu'il n'y ait aucun retardement : fera porter les eſpeces
» à la Chambre de la délivrance, ſitôt qu'elles ſeront monnoyées ; & s'il ar-
» rive que quelque breve d'eſpeces à réformer ne puiſſe être achevée, le
» même jour que les Monnoyeurs s'en ſeront chargés , celles qui n'auront
» pu être réformées , ne pourront être portées à la Chambre de la délivran-
» ce , & ſeront enfermées dans un coffre fermant à deux clefs qui à cet effet
» ſera mis dans le monnoyage , dont l'une ſera gardée par le Prévôt des
» Monnoyeurs , & l'autre par ledit Inſpecteur du monnoyage juſqu'à ce
» qu'on les retire pour les réformer , après quoi elles pourront être portées
» à la délivrance. Auquel Inſpecteur du monnoyage , Nous avons attribué
» & attribuons huit cens livres de gages actuels & effectifs par chacun an
» pour trois quartiers de mille ſoixante-ſix livres treize ſols quatre deniers
» avec un droit de deux deniers par marc d'eſpeces d'argent , & quatre de-
» niers par marc d'eſpeces d'or de converſion , & la moitié de ce droit ſur
» les eſpeces de réformation , le tout ſur le pied du her paſſé en délivran-
» ce , avec un logement convenable dans l'Hôtel de la Monnoie ».

ISLES DU VENT. Par Edit de Déc. 1730, le Roi pour faciliter le commerce d'entre les Négocians de ſon Royaume & ſes Sujets des Iſles du Vent, a ordonné:

Premierement , » qu'il ſeroit fabriqué dans la monnoie de la Rochelle
» dès eſpeces d'argent particulieres pour les Iſles du vent de l'Amérique , juſ-
» qu'à concurrence de quarante mille marcs , au titre de 11 deniers de fin ,
» trois grains de remede : ſavoir , des pieces de douze ſols , à la taille de
» quatre vingt-dix au marc , deux pieces de remede ; & des pieces de ſix ſols
» à la taille de cent quatre vingt au marc , quatre pièces de remede , leſ-
» quelles eſpeces ſeront marquées ſur la tranche , & auront cours dans les Iſ-
» les de la Martinique , la Guadeloupe , la Grenade , Marie Galante , Sainte
» Alouzie , & autres Iſles de l'Amérique ſeulement.

» II. Défend Sa Majeſté à tous ſes Sujets de quelques Pays & qualités
» qu'ils ſoient , d'expoſer leſdites eſpeces dans le Royaume , ni dans aucunes
» des autres Colonies , à peine d'être pourſuivis comme Billonneurs , &
» comme tels punis ſuivant la rigueur des Ordonnances.

» III. Défend ſous les mêmes peines aux Capitaines , Facteurs, Paſſa-

» gers & autres gens composans les équipages des vaisseaux de ses Sujets,
» & à tous autres qui navigueront & commerceront dans les Isles désignées
» à l'article premier du présent Edit , de se charger de porter dans le Royau-
» me , & dans les autres colonies , aucunes desdites especes.

» Veut Sa Majesté que les frais du brassage , ajustage & monnoyage des-
» dites especes , soient payés conformément à ce qui a été réglé pour les
» dixiemes & vingtiemes d'écus , par Arrêt du Conseil du 19 Janvier 1715.

Cet Edit fut adressé à la Cour des Monnoies & par elle registré les semestres assemblés le 19 Janvier 1731 , à la charge que le travail d'argent ordonné par le présent Edit sera fabriquée de recours de la piece au marc & du
marc à la piece , & qu'il sera jugé en la Cour , en la maniere ordonnée , tant
sur les registres de délivrance , que deniers de boîtes & courans ; à l'effet dequoi les Juges-Gardes de la Monnoie de la Rochelle seront tenus de faire
les emboîtés à chaque délivrance , conformément aux Ordonnances & aux
Réglemes de la Cour , & sera au surplus fait très humbles remontrances au
Roi sur les inconvéniens résultans de l'exécutions dudit Edit.

Ces especes ont pour empreintes d'un côté le buste du Roi avec la légende *Lud. XV Franc. & Nav. Rex* ; & la lettre de la Monnoie où elles
ont été fabriquées ; de l'autre côté une espece de chevron surmonté de trois
fleurs-de-lys , & pour légende *Isles du Vent 1731.*

JUGES-GARDES , Officiers établis dans les Monnoies par le Roi Charles le Chauve , par l'Edit de Piste du mois de Juillet 864.

Cet Edit porte que la monnoie qui étoit fabriquée dan son Palais , seroit aussi fabriquée dans les Villes de Quentouvic , de Rouen , de Reims ,
de Sens , de Paris , de Châlons , d'Orléans , de Mesle & de Narbonne : ce
Roi établit des Hôtels des Monnoies en chacune de ces Villes , & en chaque Hôtel les Officiers nécessaires pour la fabrication. Ces Officiers réunissent toute la Jurisdiction qu'exerçoient autrefois les Gardes & Prévôts
des Monnoies , & ont leur logement dans les Hôtels des Monnoies.

C'étoit les anciens Généraux Maîtres des Monnoies qui donnoient
les Offices particuliers des Monnoies : mais Philippe Auguste ayant créé
en titre d'office des Gardes , des Contre-Gardes , des Essayeurs , des Tailleurs , des Ouvriers & des Monnoyers par Edit du mois de Juillet 1214 ,
ordonna que ces Officiers nouvellement créés , prendroient des Lettres de
Provision des Généraux Maîtres des Monnoies , auxquels il donna la faculté
d'y pourvoir : ce qui fut ainsi observé jusqu'en l'année 1426 , que Charles VII accorda des Lettres de Provision de ces Offices dont l'adresse a
toujours été faite aux Généraux Maîtres des Monnoies.

Charles V réduisit le nombre des Gardes à deux dans chaque Monnoie :
Custodes moneta in unâ quâque officinâ monetariâ ad duos reduxit Carolus V,
Regens 27 Februarii 1369.

Premier Jour-
nal , année
1350 fol. 22,
41, 42.

Glossaire de
Du Cange.

Leurs fonctions & leurs obligations font contenues dans les Ordonnances suivantes :

» Les Gardes des Monnoies ne laisseront aller, venir, ni entrer en nos   François I,
» Monnoies aucuns personnages, sinon ceux qui auront le serment à Nous,   1540.
» & pour le fait de nos Monnoies, ou qui auront quelque chose à faire
» avec le Maître de nosdites Monnoies, sur peine d'amende arbitraire.

» Les Gardes des Monnoies auront l'œil que les Maîtres des Monnoies   Henri II,
» ne changent les poids qui auront été étalonnés sur celui de la Cour des   1554, art. 19.
» Monnoies, & que leurs balances soient justes, pour éviter aux abus qui
» en pourroient ensuivre, & assisteront souvent aux essais que fera l'Es-
» sayeur, & verront son registre pour entendre de quelle loi font toutes
» les matieres que le Maître aura reçues, & aussi fondues & livrées aux
» Ouvriers & Monnoyers.

» Seront présens à tous les affinemens, essais & poids, esquels Nous, &   François I,
» la chose publique de notre Royaume pouvons avoir intérêt : assisteront   1540, art. 32.
» à toutes délivrances, tant de rouge, blanc que noir, ouvrés & à ouvrer :
» semblablement soient présens à venir mettre en boîtes les deniers accou-
» tumés pour le jugement de nosdites Monnoies, & tous autres actes qu'il
» est & sera requis du dû de leurs Offices suivant nos Ordonnances, & de
» tout fassent & tiennent registres & papiers ordinaires.

» Assisteront aux baux qui seront faits de toutes breves aux Ouvriers &   Henri II,
» Monnoyers, & tiendront bons registres contenans par journées les noms   1554.
» de tous les Ouvriers & Monnoyers & de leurs demeurances, auxquels
» lesdits baux auront été faits : la qualité & la quantité de la matiere li-
» vrée, & de ce qui en sera par eux rendu de net & de cizaillé séparé-
» ment par articles.

» Art. XVII. Lesdits Gardes bailleront les déneraux auxdits Ouvriers,
» pour sur iceux ajouter leurs ouvrages tant en poids, grandeur, que ro-ton-
» dité : & seront lesdits déneraux marqués, à ce que lesdits Ouvriers ne
» les puissent changer; & visiteront souvent iceux Gardes, pour connoître
» s'ils ajousteront bien leurs catreaux sur lesdits déneraux, afin d'éviter la
» refonte de l'ouvrage : & suivant l'Ordonnance, feront faire prise quand
» bon leur semblera par l'Essayeur devant les Ouvriers & Monnoyers, afin
» que s'ils connoissent que l'ouvrage ne soit dans les remedes ordonnés,
» ils les fassent refondre incontinent qu'ils en auront la connoissance,
» aux dépens du Maître s'il y a faute en la loi.

» Art. XVIII. Si en la reddition qui sera faite des breves, iceux Gardes
» connoissent qu'il y ait aucun' flaon qui ne soit bien rond & ouvré, ils les
» feront refondre aux dépens des Ouvriers, & s'ils connoissent que lesdits
» Ouvriers récidivent en telle faute, procéderont contr'eux par amendes

» arbitraires , & fufpenfion d'ouvrer efdites Monnoies, & par privation, s'ils
» voient que faire fe doive.

» Lefdits Gardes recevront des Tailleurs defdites Monnoies, tous les
» fers qui feront néceffaires pour monnoyer efdites monnoies, defquels ils
» tiendront bons regiftres , & contraindront lefdits Tailleurs que leurs fers
» foient dé la grandeur & rotondité qui fera gravée en la matrice , à eux
» baillée par le Tailleur Général.

» Art. XX. Et que les lettres de la légende foient affifes d'une même
» diftance & femblablement les différends des Villes , du Maître & dudit
» Tailleur apparens, & qu'iceux fers foient bien polis & gravés , & que les
» poinçons defquels ils gravent , foient frappés fur la matrice qui leur fera
» envoyée par le Tailleur général des Monnoies , & non fur autres fur
» peine de faux : & livreront lefdits Gardes chacun jour lefdits fers auxdits
» Monnoyers , & les retireront d'eux avant la nuit pour les enfermer dans
» leur coffre , lequel fera dans le comptoir de la Monnoie, fans qu'il leur
» foit loifible de les tranfporter hors ladite Monnoie, fur les peines que
» deffus.

François I,
1540, art. 34.

» Seront préfens à venir monnoyer, aient l'œil que les fers foient bons ,
» que toutes les lettres d'alentour foient bien formées, que chacune piece
» tant d'or , d'argent , que de monnoie blanche , foient de bon recours, ro-
» tondité , affiette & impreffion : d'un même poids revenant au marc , &
» & le marc à la piece également au nombre qu'en doit contenir chacun
» marc, & à cette fin les pefent & trébuchent : & s'il y a aucun ou aucuns
» defdits Ouvriers & Monnoyers qui ne faffent en ce leur devoir, ou n'é-
» toient affez diligens de fervir , quand il eft befoin au fait des monnoies ,
» Nous voulons que lefdits Gardes les contraignent à ce par les voies en
» tels cas acco utumés , & néanmoins en avertiffent les Généraux de nos
» Monnoies , pour par eux être procédé, à l'encontre de ceux qui feront trou-
» vés en ce mal ufans ou abufans de leurs états, par fufpenfion ou priva-
» de leurs privileges ou autrement, ainfi qu'ils verront être à faire pour rai-
» fon , & de toutes autres fautes ou nouvelletés fi aucunes furviennent au
» fait defdites monnoies, chacun defdits Officiers en fa charge avertiffe lef-
» dits Généraux.

» Art. XXXV. Voulons qu'en vifitant par lefdits Gardes les deniers dont
» fera ouvré & monnoyé en icelles Monnoies, s'ils en trouvent aucuns
» qui ne foient formés, ainfi qu'il appartient , qu'ils les féparent des autres
» & les remettent à la fonte, & que lefdits Ouvriers & Monnoyers foient
» non-feulement privés de leurs falaires de tels ouvrages, mais contraints
» réaument & de fait rembourfer le Maître Particulier, de la perte & dé-
» chet qui en pourra être de nouvelle fonte, finon leur en faire déduction

» fur leurs falaires d'autres ouvrages ou monnoyage, & que en ce ledit
» Maître Particulier puiffe ufer de rétention.

» Art. XL. Enjoignons auxdits Gardes avoir l'œil, qu'en faifant & exer-
» çant par lefdits Ouvriers & Monnoyers leur état ainfi qu'il appartient,
» ils foient par les Maîtres Particuliers de nos Monnoies, fatisfaits &
» contentés du falaire que par nos Ordonnances il doivent avoir en icelles
» monnoies, & que à ce, en cas de refus ou délai, contraignent lefdits Maî-
» tres Particuliers de nos Monnoies, par rétention de leurs deniers, &
» autres voies dues & raifonnables.

» Pour avérer & vérifier les ouvrages qui feront faits efdites Monnoies,
» lorfque befoin fera, lefdits Gardes envoieront de fix mois en fix mois
» deux pilles & deux trouffeaux, fur lefquels on aura monnoyé en leurs
» Monnoies, & dont l'on ne pourra plus monnoyer, auxdits Généraux des
» Monnoies; lefquels les feront enfermer dans un coffre, duquel l'un des
» Préfidens, un Général & le Greffier auront les clefs différentes les unes
» des autres.

» Et quant au furplus defdits fers fur lefquels aura été monnoyé incon-   Henri II,
» tinent une année expirée, lefdits Gardes feront tenus de les mettre en   1554, art. 21.
» inventaire dans une toile qu'ils lieront & fcelleront de leurs fceaux pour
» être par eux gardés furement, jufqu'à ce que le jugement des boîtes des
» ouvrages qui auront été monnoyés fur lefdits fers, ait été fait par la
» Cour des Monnoies, & que par icelle Cour ait été ordonné faire rompre
» & caffer lefdits fers, & dont lefdits Gardes feront certifiés par ladite
» Cour, le tout fur peine de 500 liv. tournois d'amende.

» Art. XXII. Après que lefdits Monnoyers auront rendu leurs breves,
» tout l'ouvrage fera mis ès mains defdits Gardes, lefquels feront tenus les
» pefer au trébuchet une piece après l'autre : & s'il s'en trouve excédens
» les remedes fur ce ordonnés, ou des pieces eftellées ou mal rondes, les
» cizailleront & feront refondre aux dépens des Ouvriers : & s'ils trouvent
» defdites pieces mal monnoyées, les cizailleront & feront refondre aux
» dépens des Monnoyers; & s'ils connoiffent aucuns des Ouvriers ou Mon-
» noyers récidivans en telles fautes, les puniront par mulctes d'amendes
» arbitraires, fufpenfion & privation d'états, comme ils verront être à
» faire.

» Art. XXIII. Lefdits ouvrages étant pefés au trébuchet par lefdits Gar-
» des, & après avoir rejetté ce, qui étoit mal ouvré & monnoyé, comme
» dit eft, feront iceux ouvrages mis dans un coffre, duquel les Gardes &
» Effayeur auront chacun une clef différente, & demeurera au comptoir en
» la garde du Maître, pour la fureté de fes deniers.

» Art. XXVIII. Pour éviter que les Maîtres des Monnoies ne demeurent

» en arriere & redevables, tant à Nous qu'à ceux qui livreront en nofdites
» Monnoies, lefdits Gardes, à toutes heures qu'ils voudront, contraindront
» lefdits Maîtres à leur montrer leur état, & le fond de tout ce qu'ils de-
» vront avoir en leurs mains pour le fait & maniement defdites monnoies,
» dont lefdits Gardes feront procès verbal & en avertiront fouvent ladite
» Cour des Monnoies, pour pourvoir à ce qui fera néceffaire.

Louis XIV,
Déclarat. du
25 Oct. 1689,
Art. VIII.

» Tiendront regiftre des délivrances cotté & paraphé par les Commif-
» faires Généraux, dans lequel feront écrits la quantité, le poids & le
» titre des lingots affinés fur lefquels les poinçons auront été appliquées,
» lequel regiftre doit être figné à chaque délivrance par le Commiffaire de
» la Cour des Monnoies, s'il y eft préfent, par les Juges Gardes, ou l'un
» d'eux au moins.

» Feront clore par chacun an les boîtes de tout l'ouvrage qui aura été
» fait en chaque Monnoie, le dernier Décembre de chaque année, & toutes
» & quantes fois que par les Généraux leur fera mandé, ainfi qu'ils verront
» être à faire.

» Envoieront les deniers de boîtes & le regiftre des délivrances clos &
» fcellés au Greffier de la Cour au commencement de chaque année, & ce
» aux dépens du Maître.

» Et rendront au Maître toutes les peuilles d'or & d'argent, après que les
» boîtes auront été jugées définitivement.

Pour engager les Juges-Gardes d'affifter affiduement aux affinages, de
tenir regiftre des matieres affinées, & d'être préfens aux délivrances & application des poinçons fur les lingots; la même Déclaration du 25 Octobre
1689, ordonne aux Affineurs de leur payer à chacun fix deniers pour chacun marc d'or, & deux deniers pour chacun marc d'argent, & en cas d'abfence de l'un d'eux, celui qui fera préfent jouira entierement du fol pour le
marc d'or, & des quatre deniers pour marc d'argent qui leur font attribués
par cette Déclaration.

Edits de 1555,
1577.

Les Juges-Gardes connoiffent par concurrence avec les Préfidiaux, Baillifs
& Sénéchaux & autres Juges, des crimes de fabrication & expofition de
fauffe monnoie, rognure, fourure, altération, fonte & fauffe reforme,
billonnage, tranfport d'efpeces, & autres crimes de la Jurifdiction concurrente des Cours des Monnoies; le tout à la charge de l'appel aux Cours des
Monnoies chacun à fon égard, & dans l'étendue de leur reffort.

L'Arrêt du Confeil du 9 Août 1680 ordonne, que » les Juges-Gardes
» des Monnoies & autres Juges, inférieurs dépendans de la Cour des Mon-
» noies, connoîtront en premiere inftance, & lad. Cour par appel, des Élec-
» tions & Serment des Jurés & Gardes de l'Orfévrerie, réception des Com-
» pagnons Orfévres à la Maîtrife, & conteftations qui furviendront pour

» raifon de ce, avec défenfes à tous Juges d'en connoître ».

Celui du fix Septembre 1695 ordonne que, » les Juges-Gardes de la
» Monnoie de Befançon, créés par l'Edit du mois de Décembre 1693,
» exerceront la même Jurifdiction que les autres Juges Gardes des Mon-
» noies du Royaume en première inftance, dont les appellations refforti-
» ront en matiere criminelle au Parlement de Befançon, en matiere civile
» en la Chambre des Comptes, & le Jugement des boîtes appartiendra à la
» Cour des Monnoies. **Befançon.**

L'Arrêt du Confeil du 21 Septembre 1700, regiftré en la Cour des Mon-
noies le 22, fervant de Reglement dans les Villes conquifes & cedées aux
Pays-Bas concernant le fait de l'Orfévrerie ordonne que, » les Juges-
» Gardes de la Monnoie de Lille, enfemble les Jurés & Gardes des Or-
» févres pourront faire leurs vifites chez les Orfévres & autres Ouvriers
» & Marchands travaillans & fabriquans en or ou argent, même que les
» Sentences des Officiers de la Monnoie feront exécutées, le tout fans de-
» mander la permiffion des Magiftrats des Villes & Bourgs, & fans que les
» Jurés & Gardes foient tenus de fe faire affifter d'aucuns Echevins ». **Pays-Bas.**

La Déclaration du 11 Avril 1702, regiftrée en la Cour des Monnoies
le 6 Mai fuivant, enjoint aux Juges-Gardes d'affifter aux affinages, & d'en
tenir regiftre conformément aux anciennes Ordonnances & à la Déclaration du 25 Octobre 1689.

L'Arrêt du Confeil du 9 Décembre 1702, regiftré en la Cour des Monnoies le 30, ordonne aux Juges-Gardes des Monnoies dans lefquelles il fe
doit faire quelque travail pour le compte de Sa Majefté, & dont il doit être
fait recette à fon profit par les Directeurs defdites Monnoies, de faire mention dans les papiers, des délivrances, du nombre & de la valeur des efpeces
paffées en délivrance, des foiblages & écharfetés qui s'y trouvent, du total
du poids & de la fomme à laquelle fe montera chaque délivrance, encore
bien que les efpeces ne foient pas de recours au marc, ni du marc à la piece,
fans toutefois rien innover à l'ufage obfervé quant au poids dans le travail
de réformation.

» Veut Sa Majefté, que dans tout le mois de Janvier de chaque année qui
» fuivra celle de l'exercice, les Juges-Gardes dreffent par eux-mêmes les
» états des délivrances en préfence des Contrôleurs Contre Gardes, pour,
» après avoir été figné du Contrôleur Contre-Garde, & de l'un des Juges-
» Gardes au moins, être délivré *gratis* au Directeur de la Monnoie, pour
» fervir de piece juftificative dans fes comptes de la recette qu'il en fera,
» & conformément aux anciennes Ordonnances ; d'envoyer dans le mois ès
» Cours des Monnoies dont ils reffortiffent, les papiers des délivrances
» pour fervir au jugement du travail qui y aura été fait : le tout à peine de

» privation de leurs droits : & afin que les Contrôleurs Contre-Gardes
» puiffent avec plus de connoiffance, certifier avec eux les états des déli-
» vrances de chaque année ; ordonne Sa Majefté fous les mêmes peines aux
» Contre-Gardes d'affifter, & aux Juges-Gardes de les appeller, à toutes
» les délivrances & à toutes les fontes qui fe feront des rebuts & cizailles
» pour en tenir le contrôle, conformément à l'Article XIII de l'Edit du
» mois de Juin 1696. Fait défenfes aux Juges-Gardes de faire dans le même
» jour aucune délivrance d'une même forte d'efpeces de différent prix d'ex-
» pofition, ni d'en mettre aucune au rebut fans auparavant les cizailler ;
» enjoint Sa Majefté . . . . aux Officiers des Cours des Monnoies, de tenir
» la main à l'exécution du préfent Arrêt, &c.

JUGES DES MINES ET MINIERES, Officiers des mines créés par Charles
VI, par Lettres Patentes du 30 Mai 1413 qui portent, » que les Marchands

Boizard,
page 375.

» & Maîtres faifant faire l'ouverture des mines qui ouvreront & feront ré-
» fidence fur le lieu du martinet ou mines, auront à l'avenir un Juge &
» Commiffaire, pour connoître & déterminer de tous cas meus & à mouvoir
» qui pourront toucher lefdits Marchands, Maîtres & Ouvriers ; auquel
» Juge & Commiffaire fera baillé par les Généraux de la Chambre des
» Monnoies, les Ordonnances & les inftructions pour le fait defdites mi-
» nes, duquel Juge nul ne pourra appeller fe fentant grevé, & le cas y
» échéant, ailleurs que par-devant les Généraux des Monnoies, en leur Sié-
» ge & Auditoire fifes dans le Palais à Paris ». Ce qui a été confirmé par
autres Lettres Patentes des années 1437, 1483 & 1508.

Henri II créa un Maître Général & fur-Intendant Général des mines &
minieres de France, par Lettres Patentes du 23 Mars 1554, qui portent
entr'autres chofes, que les appellations feront relevées en la Cour des
Monnoies.

Louis XIV créa auffi deux Sur-Intendans des mines & minieres de France,
à l'inftar des Charges de Grands Maîtres & Généraux Réformateurs des eaux
& Forêts de France, par Edit du mois de Décembre 1644.

JULES ou PAULES, monnoie d'argent qui fe fabrique & qui a cours
à Rome où elle vaut dix bayocs ; il en faut 10 pour faire l'écu Romain, le
Jule eft évalué à environ 10 f. 6 den. de France.

JUSTINE, monnoie d'argent fabriquée à Venife, au titre de 11 den. 6
grains de fin ; on l'appelle autrement ducaton, & vaut 11 liv. de Venife ;
cette monnoie eft ainfi appellée de ce qu'elle a été frappée fous un Doge de la
famille des Juftiniani.

KABESQUI,

K

KABESQUI, petite monnoie de cuivre qui ne se fabrique & qui n'a cours qu'en Perse, le kabesqui vaut 9 deniers, il en faut dix pour faire le chayé. Il y a aussi des demis kabesquis. En général la monnoie de cuivre s'appelle *pul* en Perse. Voyez PUL.

KARA GROCHE; c'est ainsi que l'on nomme à Constantinople le rixdaler d'Allemagne. Le kara-groche est reçu sur le pied de l'écu de France de soixante sols, c'est-à-dire, pour quatre-vingts aspres de bon aloi, & pour cent vingt de mauvais.

KARAT, nom du poids dont on se sert pour exprimer les différens dégrés du titre, ou de la bonté intérieure de l'or.

On divise la bonté ou le fin de l'or en 24 parties dont chacune s'appelle karat. Ainsi lorsque l'on dit que l'or est à 24 karats, on entend de l'or fin & sans mélange. Quand on dit que l'or est à 22 karats, on veut dire qu'il n'y a que 22 parties d'or, & que les deux autres parties sont d'un autre métal qui est toujours compté pour rien, & qui n'est d'aucune valeur.

Chaque karat se divise en demi, en quart, en huitieme, en seizieme & en trente-deuzieme, on ne fait pas de division en de plus petites parties, & on ne passe pas plus avant en fait de monnoie.

Ce mot vient du grec κεράτον qui signifie un petit poids. Savot en son Discours des Médailles croit qu'on pourroit le dériver de καρατζιον qui est pris pour un denier de tribut, par Meursius : Bulenger le prend aussi pour une espece de monnoie destinée à pareille fin. Car de même que pour la division du fin de l'argent, on s'est servi d'une espece de monnoie nommée denier, il y a beaucoup d'apparence que pour celle de l'or on s'est servi d'une espece de monnoie nommée karat qui étoit d'or & dont le nom nous est resté. Il se prend en plusieurs sens, ou pour karat de fin qui est un vingt-quatrieme dégré de bonté de quelque portion d'or que ce soit ; ou pour karat de prix qui est une vingt-quatrieme partie de la valeur d'un marc d'or fin ; & pour le karat de poids qui est un petit poids de quatre grains dont les Orfévres se servent pour l'estimation & appréciation des pierres précieuses, lequel se subdivise en demis, quarts, huitiemes, &c. & ces grains sont un peu moins pesans que ceux du marc.

Le Pois Médecin en son Traité des Médailles rend la raison, pourquoi ce karat de poids est de quatre grains, il le fait dériver du mot κεράτον. Silique, dit-il, est un fruit nommé κεράτον par les Grecs, & carouge, ou caroube par les François, & vient de l'arbre nommé par Galien *keratonia*, il est enfermé dans des écosses ou gousses, comme les féves, courbes, & de la lon-

Chap. 6. Seconde Part.

Poulain, en son Gloss. fol. 2.

Traité des Médailles, fol. 23.

Tome I.   H h h h

gueur d'un doigt : ce fruit ainfi enfermé eft en petit nombre , dont chacun peut pefer quatre grains foit de bled , orge ou autres , de là le nom de filique eft toujours refté pour exprimer le poids de quatre grains.

Boutteroue ajoute à ces remarques, qu'il y a encore un autre karat de poids qui pefe la vingt-quatrieme partie du marc, dont on fe fervoit autrefois; pour le prouver, il rapporte deux pieces d'or frappées fous le regne de Charles VII , dont l'une porte en fa légende ,

De fin or fuis , un droit karat pefant.

Cette piece pefe juftement 192 grains qui font la vingt-quatrieme partie du poids de marc, compofé de 4608 grains , l'autre piece a pour légende ,

D'or fin fuis , extrait de ducats ,
Et fut fait pefant trois karats.

Le poids de cette piece eft de 576 grains qui contiennent trois fois 192 ; c'eft-à-dire , trois fois la vingt-quatrieme partie du marc : ainfi karat étant la vingt-quatrieme partie du poids de marc, c'eft la raifon pourquoi on a employé ce mot pour exprimer un vingt-quatrieme dégré de la bonté de l'or.

Krat eft nomen ambiguum corrupte characlus. 1°. Significat filiquam à Græco χεράτον *valentem quatuor grana. 2°. Gemmulariis pondus eft pendens 24 minutula , grana romana duo. 3°. Monétariis funt fcrupula oclo , feu grana 192. 4°. Aurificibus auri nota feu indicatura quâ fignificant vigefimam-quartam cuiuslibet aurei corporis partem. Henifch. de affe fol. 102.*

KESTITAH , monnoie des Juifs. Voyez au mot Monnoie , la monnoie des Juifs.

KONNINGS-DAELDER , monnoie d'argent qui a cours en plufieurs lieux d'Allemagne , au titre de 9 deniers 22 grains , & vaut environ 5 liv. 5 f. 5 den. tournois.

KONIGSDALLRE , monnoie d'argent qui a cours en plufieurs lieux d'Allemagne , particulierement fur les frontieres de France. Il vaut 50 f. du Pays , c'eft-à-dire , 3 liv. 6 f. 8 den. de France.

KOPFTUCK , monnoie d'Allemagne qui vaut 10 f. du Pays , ou 13 f. 4 den. de France.

KOPFSTYCK , monnoie d'Allemagne qui vaut 18 creutzers ; fon titre eft à 9 den. 18 ou 22 grains.

KREUTZER ou CREUTZER , monnoie de cuivre qui a cours en Allemagne, au titre de 5 den. $\frac{1}{4}$, elle y fert auffi de monnoie de compte. Le creutzer vaut 8 penins , ou 10 den. tournois. Il faut 88 kreutzers d'Aufbourg , 89 de Nuremberg & 90 de Francfort , pour faire l'écu d'Allemagne qui vaut à préfent en France 3 liv. 15 f. à 4 liv. Quand on tient les livres en dallers ou rixdales, le daler vaut 90 kreutzers : si c'est en florins, le florin est de 60 kreutzers ; si c'est en rixdales, on estime la rixdale sur le pied de 90 kreutzers.

KROSNE ou KROON, c'est l'écu d'Angleterre, Voyez CROON & COURONNE.

L

LACRE ou ACRE ou LAK, qu'on prononce aussi *Lecth*, ou *Lecque*, monnoie de compte de Surate & des autres Etats du Mogol qui vaut cent mille : un lacre de roupies vaut cent mille roupies ; ce qui fait en livres sterlings, onze mille deux cens cinquante livres, en donnant à la roupie la valeur de deux sols trois deniers aussi sterlings : c'est à peu-près comme ce qu'on appelle une tonne d'or en Hollande & un million en France, non pour la valeur mais pour l'usage qu'on en fait en France.

LAES, espece de monnoie de compte, dont on se sert dans quelques endroits des Indes orientales, particulierement à Amadabath : un laes vaut cent mille roupies, cent laes valent un crou, & chaque crou quatre arebs.

LAMES, en terme de monnoies & de fabrication de médailles, sont des morceaux longs & étroits, d'or, d'argent ou de cuivre, coulés & jettés en terre dans des moules ou chassis pareils à ceux des Fondeurs de menus ouvrages.

C'est de ces lames, après qu'elles ont passé par le dégrossi & par le laminoir pour les réduire à l'épaisseur & au poids des especes, des médailles ou des jettons qu'on veut fabriquer, qu'on coupe les flaons qui doivent être monnoyés & frappés.

Lame est aussi le modele qui sert à faire les moules dans lesquels doivent être moulés les lames d'or, d'argent ou de cuivre qui servent au monnoyage des especes & des médailles.

Ce modele est ordinairement de cuivre long de douze à quinze pouces, & à peu-près de la largeur & épaisseur de l'ouvrage qu'on veut faire. On en met huit dans chaque chassis pour les louis d'or, dix pour les demi louis, cinq pour les écus, six pour les demi écus, & huit pour les quarts. On en fait de même à proportion pour les monnoies de cuivre, & pour les médailles & jettons ; chaque chassis tenant plus ou moins de lames, à proportion de l'épaisseur & du diametre des pieces qu'on veut frapper. Voyez MONNOYAGE ET FABRICATION où est expliqué ce que c'est que jetter en lames, étendre les lames, recuire les lames, &c.

LAMINOIR, espece de machine ou de moulin dont on se sert dans les Hôtels des Monnoies & dans les balanciers des médailles, pour applatir les lames d'or, d'argent & de cuivre, & les réduire à l'épaisseur & au poids qu'on veut donner aux especes ou aux médailles.

Savary

Le laminoir est composé de deux parties principales, du dégrossi & du laminoir proprement dit; les autres parties qui servent à donner le mouvement à ces deux pieces, sont l'arbre de la grande roue, la grande roue, deux lanternes & un hérisson aussi chacun avec leurs arbres.

Dans le milieu de la machine est posé le dégrossi, & à une des extrémités le laminoir; chacune de ces deux pieces a deux rouleaux ou cylindres d'acier que l'on peut approcher ou éloigner avec des vis à discrétion, selon que l'on veut donner plus ou moins d'épaisseur aux lames que l'on passe entre deux: un ou deux chevaux attachés à un morceau de bois qui traverse l'arbre de la grande roue, la font tourner, & par le moyen des lanternes & du hérisson, donnent le même mouvement aux cylindres du dégrossi & du laminoir.

On comprend aisément que le laminoir prend son nom des lames qu'on y réduit à l'épaisseur convenable; & le dégrossi, de ce qu'entre ses rouleaux on dégrossit les lames, en les y passant au sortir des moules, après les avoir ébarbées & boëssées.

Le laminoir qui semble donner le nom à toute la machine n'en est cependant qu'une partie. Le tout ensemble s'appelle un moulin, & quelquefois une jument. Cette derniere dénomination lui vient de ce qu'au commencement qu'elle fut inventée on se servit d'une jument pour la faire tourner. A l'égard du terme de moulin qui est son véritable nom, c'est de lui qu'on a appellée monnoie au moulin celle dont les lames sont réduites à leur épaisseur par le moyen de cette machine, pour la distinguer de celle qu'on fabrique au marteau, c'est-à-dire, dont les lames sont dégrossies & ajustées avec le marteau sur l'enclume.

LAPIDAIRE. Ouvrier qui taille les pierres précieuses. On entend aussi sous ce nom les Marchands qui en font commerce, les personnes qui en ont une parfaite connoissance, & les Auteurs qui ont écrit des pierres précieuses, comme Boot, Berguen, Ruxus, Gesner, du Rondel, &c.

Le Corps des Maîtres Lapidaires de Paris, qui ne cede en antiquité qu'à peu des autres Communautés, quoiqu'assez informe avant l'année 1584, a toujours été, conformément aux Edits des mois de Janvier 1551, Mars 1554, Juin 1635, Décembre 1638, soumis à la Jurisdiction de la Cour des Monnoies, en ce qui concerne le titre, l'alliage & la bonté des matieres d'or & d'argent qu'ils emploient.

L'art de tailler les pierres précieuses est très ancien, mais à en juger par quelques pierres qui restent encore de leur premiere taille, cet art, ainsi que les autres, a eu des commencemens bien imparfaits.

Cette Communauté a eu ses premiers Statuts en 1260, par le Roi Saint Louis qui ont été depuis confirmés par Philippe de Valois; les Maîtres y sont appellés Estailliers & Pierriers de pierres naturelles.

L'article onzieme de ces Statuts qui défend de travailler en pierres fauffes ; ou comme on parloit alors, *de joindre verre en couleur de criftal par tainclure, ne par painclure nulle*, a été confirmé par Sentence du Châtelet du 23 Janvier 1331 : par l'article 17 de l'Ordonnance de Henri II, donnée à Fontainebleau le 14 Janvier 1549, les Maîtres & Gardes de l'Orfévrerie de Paris, ont été maintenus dans le droit de vifitation chez les Lapidaires.

Déclaration du 14 Janvier 1549.

En 1584, en conféquence de l'Edit donné par Henri III, trois ans auparavant pour ériger en corps de Jurande toutes les Communautés de Paris, les Maîtres Eftailliers-Pierriers eurent de nouveaux Statuts, & même un nouveau nom, mais ce ne fut proprement qu'en 1613, qu'ils furent mis en entiere jouiffance de leurs droits, par l'Arrêt du Confeil qui intervint entr'eux & les Maîtres Orfévres qui s'étoient oppofés à leurs Lettres.

Arrêt du Confeil en 1613.

Ces Lettres confirmatives de leurs nouveaux Statuts les érigent en corps de nouvelle Jurande, les qualifient Maîtres de l'art & métier de Lapidaires, Tailleurs de diamans, rubis, &c. Tailleurs de camayeux, Graveurs & Criftaillers, ouvrans ès pierres précieufes & naturelles de la Ville & Fauxbourg de Paris.

Quatre Jurés, gouvernent la Communauté, veillent fur la confervation de fes droits, font les vifites chez les Maitres, donnent les chef-d'œuvres & expédient les lettres d'apprentiffage & de maîtrife. Ils font élus à la pluralité des voix deux par chaque année.

L'Apprentiffage eft de 7 ans; chaque Maître ne peut obliger qu'un Apprentif à la fois, il peut cependant en prendre un fecond fur la fin de la derniere année du premier.

L'Apprentif au fortir de l'apprentiffage doit fervir deux ans de Compagnon chez les Maîtres.

Tout Afpirant à la Maîtrife même par privilege & par lettres du Roi, eft tenu de faire chef-d'œuvre.

Les Maîtres ne peuvent avoir plus de deux roues tournantes, ni plus de trois moulins.

Les Forains n'ont droit d'expofer en vente les pierres précieufes & naturelles tant brutes que taillées, même les Perles, ni les Maîtres d'en acheter d'eux, qu'elles n'aient été vifitées par les Jurés.

Ces mêmes marchandifes ne peuvent être vendues que par les Maîtres Lapidaires, les Joyalliers Orfévres, & il eft défendu à quelque perfonne que ce foit, de les regrater & colporter.

Quelques-uns de ces articles ont été depuis interprétés, modifiés, ou même changés.

1º. Par Arrêt du Confeil du quatre Mai 1613, regiftrée en la Cour des Monnoies au mois de Juin fuivant, il eft fait défenfes à tous Marchands

Forains, Etrangers & autres, d'apporter & vendre dans le Royaume aucunes pierreries & diamans taillés & façonnés, sinon en tems de foire, qui même alors ne les dispense pas de la visite des Jurés Lapidaires.

2°. Par autre Arrêt du Conseil du 16 Décembre 1614, le précédent est confirmé, il y est de plus ordonné que le commerce des diamans & autres pierres brutes & taillées apportées par les Marchands Forains, demeurera libre tant aux Orfévres qu'aux Lapidaires, sans que les derniers les puissent visiter ni lotir entr'eux, étant d'ailleurs défendu aux uns & aux autres de se rendre Commissionaires des Marchands Etrangers.

3°. La connoissance des contestations entre les Lapidaires & les Orfévres pour le fait de leurs Maîtrises & Privileges est renvoyée par un troisieme Arrêt du Conseil du 14 Janvier 1615, au Prévôt de Paris & par appel au Parlement, & à la Cour des Monnoies pour ce qui regarde le fin, l'alliage & la bonté des métaux.

Par Arrêt du Parlement du 7 Mars 1625, il est fait défenses à tous Maîtres Lapidaires d'avoir plus de trois moulins simples, chacun garni de sa roue de fer, ou un double tenant lieu de deux simples, avec un simple à leur choix, sans pouvoir faire tourner plus de trois roues de fer pour tailler les diamans; & pour les Tailleurs de rubis, émeraudes & autres semblables pierreries, aussi seulement trois moulins convenables à tailler ces sortes de pierres.

Par Arrêt du Parlement du 6 Septembre 1631, il est défendu aux Lapidaires d'exposer en vente aucunes pierres garnies & mises en œuvre à peine d'amende & de confiscation, mais ils peuvent vendre des pierres brutes, taillées & non garnies.

Par Arrêt du Conseil rendu entre les Orfévres & les Lapidaires le 28 Janvier 1673, il est fait défenses aux Lapidaires de garnir & mettre en œuvre aucunes pierreries en or & en argent, & à tous autres, qu'aux Orfévres, à peine de trois mille livres d'amende, & de tous dépens, dommages & intérêts.

Louis XIV ayant par Edit du mois de Mars 1691, créé des Charges de Jurés en titre d'Office pour les Communautés des arts & métiers, celle des Lapidaires en demanda la réunion & l'incorporation, ce qu'elle obtint par une Déclaration du 15 Juin 1692, portant en même tems une nouvelle confirmation de leurs Statuts & Reglemens.

Par Arrêt du Parlement du 9 Février 1740, contradictoirement rendu au profit des Maîtres & Gardes du Corps des Marchands Orfévres-Joyalliers de Paris, contre les Jurés de la Communauté des Maîtres Lapidaires, & plusieurs Maîtres Lapidaires, il est fait défenses aux Lapidaires de vendre des pierreries garnies & mises en œuvre, mais seulement brutes, taillées & non garnies, à peine d'amende & de confiscation : de même, d'avoir aueuns étalages peints de pierreries montées ; de prendre la qualité de Marchands Joyalliers , & de donner à leurs Jurés celles de Gardes , mais feulement de fe dire Maîtres Lapidaires , Tailleurs , Graveurs & Ouvriers en toutes fortes de pierres précieufes , fines & naturelles : cet Arrêt confirme les faifies de pierreries garnies & mifes en œuvre faites fur plufieurs Maîtres Lapidaires , & les condamne en tous les dépens.

On emploie pour tailler les pierres précieufes diverfes machines fuivant la qualité des pierres.

Procédé & ufage pour tailler les pierres précieufes.

Le diamant , qui eft extrêmement dur , fe taille fur une roue de fer doux que fait tourner une efpece de moulin. La poudre de diamant même, délayée dans de l'huile d'olive , fert & pour le tailler & pour le polir.

Les rubis , faphirs & topafes d'Orient , fe taillent & fe forment fur une roue de cuivre avec l'huile d'olive & la poudre de diamant : leur poliment fe fait fur une autre roue pareillement de cuivre , mais feulement avec du tripoli détrempé dans de l'eau.

Les rubis balais , émeraudes , hyacintes , ametiftes , grenats , agates & autres pierres moins dures , n'ont befoin pour la taille que d'une roue de plomb avec de l'émail & de l'eau , & pour le poliment , d'une roue d'étain & de tripoli.

La turquoife de vieille & de nouvelle roche , le lapis , le girafole , l'opale ne fe poliffent que fur une roue de bois , auffi avec le tripoli.

Les Graveurs fur pierres précieufes qui ont l'art de faire , fur diverfes efpeces de pierres précieufes , des repréfentations en creux & en relief, appellés auffi Criftalliers , parcequ'ils gravent fur le criftal , font du corps des Maîtres Lapidaires , & ne font qu'une Communauté avec eux.

L'art de graver fur les pierres précieufes , eft un de ceux où les anciens ont le plus excellé; & l'on voit encore quantité d'agates , de cornalines & d'onices antiques , qui furpaffent de beaucoup tout ce que les modernes ont pu faire de meilleur en ce genre.

Pyrgoteles chez les Grecs , & Diofcorides fous les premiers Empereurs Romains , font les plus célebres Graveurs dont les noms foient paffés jufqu'à nous. L'un fut tellement eftimé d'Alexandre, que ce Prince défendit que d'autres que lui gravaffent fon portrait ; & la tête d'Augufte , que l'autre avoit gravée , étoit fi belle , que les Succeffeurs de cet Empereur le choifirent par préférence pour leur fervir de cachet.

Savary.

La plupart des beaux arts ayant été enfevelis dans la ruine de l'Empire Romain , l'art de graver fur les pierres précieufes eut le fort commun. Il reparut néanmoins en Italie dans le commencement du quinzieme fiecle , Jean de Florence , & après lui Dominique de Milan fe diftinguerent dans cet Art , qui depuis ce tems eft devenu très commun en Europe & fur-tout en Allemagne, d'où les ouvrages en ce genre se répandent en France & ailleurs ; ces gravures n'ont presqu'aucun goût, particulierement celles sur les pierres précieuses, il n'en est pas de même du cristal sur lequel les Allemands & les François à leur imitation, réussissent beaucoup mieux.

Pour graver sur les pierres précieuses, on se sert du diamant ou de l'émeril, & d'un tour semblable à celui des Potiers d'étain, si ce sont de grands ouvrages, ou seulement du touret, si ce sont des cachets & de petites pierres.

Les instrumens qui usent les endroits de la pierre qui doivent être en creux, & qui donnent les contours aux autres qui doivent être en relief, sont des bouts, des bouterolles, des pointes, des charnieres, & des scies, tous de fer ou de cuivre, qui tournant avec vîtesse en même-tems que l'arbre du tour ou touret où ils sont attachés, enlevent ou usent les endroits de la pierre qui leur sont présentés par le Graveur.

Les gravûres de relief sont les plus faciles, parceque l'Ouvrier voit son ouvrage ; au lieu que dans celles en creux, il faut qu'il ait continuellement recours à des empreintes ou sur de la cire, ou sur de la pâte.

Lorsque les pierres sont gravées, on les polit avec du tripoli sur des roues de brosses faites de poil de cochon.

LARGE DE LOI, se dit dans les Hôtels des Monnoies de France, & s'entend des especes dont le titre est plus haut que celui reglé par les Ordonnances.

LARGESSE, terme de Monnoie ; c'est ce qui se trouve de plus dans les especes au-dessus de la loi & du titre prescrit par l'Ordonnance : celle de 1554, veut qu'on n'y ait aucun égard.

» Si ès boîtes se trouvent aucuns deniers forts de poids, ou larges de loi
» au-dessus de l'Ordonnance, ne sera d'icelui forçage & largesse aucune chose
» allouée en la dépense des états des Maîtres.

Boizard, pag. 906.

La raison en est, que quand on trouve quelque forçage de poids, ou largesse de loi, on peut présumer que de tels deniers ont été choisis, ou faits exprès pour mettre dans la boîte, ou pour les faire trouver dans les lieux ordinaires où le Conseiller commis va chercher des deniers courans.

L'Ordonnance de 1586, prescrit aux Juges-Gardes d'avertir le Maître & lui faire entendre qu'il ne lui sera tenu aucun compte de cette largesse, afin qu'il puisse faire refondre ces especes avant qu'elles lui soient délivrées par les Juges-Gardes pour être exposées dans le commerce.

Ce qu'on appelle largesse par rapport au titre, se nomme forçage par rapport au poids.

LARIN. C'est également dans tout l'Orient une monnoie de compte & une monnoie réelle, l'une & l'autre de la même valeur, c'est-à-dire, suivant
Savary,

Savary, de douze fols, monnoie de France, quoique la valeur intrinfeque du larin efpece courante, ne foit que d'onze fols trois deniers.

Le larin, ainfi nommé de la Ville de Lar capitale de la Caramanie déferte, où l'on en a d'abord fabriqué, eft d'argent, d'un titre plus haut que l'écu de France. Sa figure eft finguliere ; c'eft un fil rond de la longueur d'un travers de pouce, de la groffeur du tuyau d'une plume à écrire, plié en deux, & un peu plus applatti pour recevoir l'empreinte de quelques caracteres Perfans ou Arabes, qui lui tiennent lieu du coin du Prince ; il y a auffi des larins frappés aux différens coins des Emirs qui les font fabriquer. On donne pour le larin depuis 105 jufqu'à 108 bafarucos, petite monnoie des Indes.

Quoique le larin, comme on l'a dit ci-deffus, ne vaille véritablement que onze fols trois deniers, il a cours pour douze fols, & l'on n'en donne que cinq pour l'écu de France. Cette différence de trois fols neuf deniers, vient, fuivant les Voyageurs, de ce que les Emirs ou Princes Arabes, dans les Etats defquels les nouveaux larins font fabriqués, retiennent neuf deniers par larins pour leur droit de monnoyage : auffi ne voit-on prefque que de vieux larins qui font plus eftimés que les nouveaux.

En Perfe les larins font reçus fur le pied de deux chayés & demi, ce qui revient à leur valeur intrinfeque de onze fols trois deniers.

Huit larins font un or ou hor, & dix hors font un toman de Perfe qui vaut 45 à 46 liv.

Les larins ont préfentement beaucoup plus de cours dans le Golfe Perfique, le long de celui de Cambaye, & dans quelques lieux voifins de ces deux Golfes, que par-tout ailleurs.

Quand autrefois ils étoient reçus par tout l'Orient, la monnoie de compte le plus en ufage étoit le larin. On s'en fert encore dans tous les lieux où cette efpece eft une monnoie courante, & même dans quelques lieux des Indes, où l'on ne voit plus de larins en efpeces.

LARRÉS, monnoie dont on fe fert aux Indes : cinq larrés font une piaftre.

LAVER AU PLAT, terme de monnoyage, c'eft laver dans un plateau ou baffin de bois, les cendres, balayeures & autres chofes femblables pour en tirer les plus gros morceaux d'or ou d'argent qui y font mêlés. Voyez LAVURES.

LAVURES, terme ufité dans les Monnoies, chez les Orfévres, & autres travaillans en or & en argent : ce font les particules d'or & d'argent que l'on retire des cendres, terres & balayeures en les lavant à plufieurs reprifes, ou en les faifant paffer dans cette efpece de cuvier qu'on appelle moulin aux lavûres.

Tome I.   I i i i

Quand on veut faire les lavûres, on raſſemble non-ſeulement les cendres des fourneaux & les balayeures des lieux où ſe font les travaux des monnoies & de l'orfevrerie, mais encore l'on concaſſe les vieux creuſets de terre & les loupes des fourneaux même, c'eſt-à-dire, les briques & carreaux dont ils ſont faits, auxquels quelques parties d'or ou d'argent ſe ſont attachées par le perillement qui eſt ordinaire à ces métaux, quand ils ſont dans leur dernier dégré de chaleur.

Toutes ces matieres qu'on appelle terres de lavûres ayant été bien concaſſées & mêlées enſemble, on les met dans de grands plateaux de bois en forme de baſſins, où elles ſont lavées à pluſieurs repriſes, & dans pluſieurs eaux, qui coulant par inclination dans les cuviers qui ſont au-deſſous, entraînent avec elles les terres & les parties les plus imperceptibles de l'or & de l'argent, ne reſtant au fonds des plateaux que les particules les plus conſidérables & les plus groſſes que l'on apperçoit aiſément à l'œil, & qui peuvent ſe retirer à la main, ſans y employer d'autre induſtrie. On appelle ce procedé *laver au plat*.

Après avoir, par le moyen de cette ſimple lavûre tiré le plus gros de l'or & de l'argent, on ſe ſert du vif-argent & du moulin aux lavûres pour en tirer auſſi les parties imperceptibles qui ſont encore reſtées dans les terres.

Ce moulin eſt un grand cuvier de bois relié de fer, à peu près de la forme d'un demi muid dont le fond de deſſus peut ſe lever; au fonds d'en-bas du cuvier eſt une eſpece de moulin de fer ou de fonte, compoſé de deux pieces principales dont celle de deſſous eſt convexe, & celle qui la couvre par-deſſus, & qui a la forme d'une croix eſt concave; ce ſont ces deux pieces qui ſervent comme de meule au moulin : au-deſſus du cuvier eſt une manivelle couchée horiſontalement, qui par le moyen d'une axe où elle eſt attachée, fait tourner la piece ou meule ſuperieure; enfin, il y a en bas un bondon pour faire écouler l'eau & les terres quand elles ont été aſſez moulinées.

Un ſeul Ouvrier, aſſis ſur un ſiege élevé & placé au milieu de deux de ces cuviers, ſuffit pour donner le mouvement à deux moulins dont il tourne les manivelles, l'une à droite & l'autre à gauche.

Quand les moulins ſont préparés & qu'on veut faire les lavûres, on emplit les cuviers d'eau commune, dans laquelle on jette trente ou quarante livres de vif-argent plus ou moins ſuivant leur capacité, & environ deux plateaux ou un boiſſeau des terres qui ſont reſtées de la premiere lavure qu'on a faite à la main.

Tout cela étant enfermé enſemble dans un cuvier, on tourne la manivelle, qui donnant le mouvement à la piece ſuperieure du moulin, agite & broie fortement les terres & le vif-argent, qui par ce mouvement attire

& amalgame plus facilement les parties de l'or & de l'argent qui y font mêlées.

Ce travail dure deux heures entieres, après lesquelles on ouvre le bondon par où l'eau & les terres s'écoulent dans un cuvier. De nouvelle eau & de nouvelles terres ayant été remises dans le cuvier du moulin, on continue les lavûres jufqu'à ce que toutes les terres y aient paffé.

Les terres des lavûres paffent ordinairément trois fois au moulin, & c'eft rarement qu'on les y met une quatrieme fois : c'eft auffi ordinairement le même vif-argent qui fert les trois fois. Si cependant il fe trouve trop chargé dès la premiere, il le faut changer & de même à la feconde, parcequ'il empêche alors le mouvement du moulin qu'on ne tourne que trop difficilement, à caufe du trop grand poids de l'amalgame.

Quand il ne refte plus dans le moulin que le vif-argent uni à l'or ou à l'argent qu'il a amalgamé, on l'en retire, & après l'avoir lavé à plufieurs eaux, on le met en preffe enfermé dans du chamois ou du coutil bien ferré, afin d'en exprimer toute l'eau & tout le vif-argent clair; après quoi on fait évaporer au feu ce qui refte de vif-argent par le moyen des cornues & des autres vaiffeaux propres à ces fortes d'opérations.

Il faut remarquer que l'or qu'on tire des lavûres n'eft pas à proportion à fi haut titre que l'argent qui en provient : le titre de ce dernier fe trouve quelquefois à onze deniers dix-fept à dix-huit grains, ce qui vient de ce que l'argent qui fe trouve mêlé avec l'or, ne fe réduit pas en fcories comme le cuivre qui peut être avec l'argent.

LAURET, monnoie d'argent qui fut battue en Angleterre fous le regne de Jacques I vers l'an 1619; elle fut ainfi appellée à caufe de la branche de laurier dont la tête de ce Prince y étoit couronnée. Le grand lauret qui valoit vingt fols, avoit deux diminutions, c'eft-à-dire, des demi laurets & des quarts de lauret : le prix de ces efpeces étoit marqué au revers, aux unes par deux X X, aux autres par un X, & aux troifiemes par un V. La plupart de ces laurets furent fondus dans la fabrique générale des nouvelles monnoies d'Angleterre qui fe fit fous le regne de Charles II, quelques-unes eurent encore cours fous celui de Guillaume III.

LEAM, morceau d'argent qui fe prend au poids & qui fert dans la Chine comme d'une efpece de monnoie courante; les Portugais l'appellent telle ou tiël. Voyez TAEL.

LECHE. On nomme ainfi dans le monnoyage de l'Amérique Efpagnole, particulierement au Mexique, une efpece de vernis de lie que l'on donne aux piaftres qui s'y fabriquent, afin de les rendre d'un plus bel œil. Ce vernis fait qu'on préfere les piaftres Colonnes aux Mexicaines, à caufe du déchet qu'il laiffe à la fonte, de près d'un pour cent.

LEGENDE. Ce qui se lit sur les monnoies, les médailles & les jettons, & qui y est gravé par le moyen des coins ou des poinçons, s'appelle légende. On dit un poinçon de légende pour celui avec lequel le Tailleur grave les légendes ; il y en a autant que de lettres : on y comprend ceux des points & des virgules.

Le Blanc, pag. 14.

Ce fut sous le regne de Louis VI qui regnoit en 1137, qu'on a commencé à mettre pour légende sur les monnoies, *Ludovicus Dei gratiâ Francorum Rex*, sur le revers *XPC (Christus) vincit* ; *XPC regnat*, *XPC Imperat.*

Foucher rapporte que ce fut le mot de l'Armée Chrétienne dans une bataille qu'elle donna contre les Sarrazins sous le regne de Philippe Premier. Depuis ce tems, on les a toujours fait graver sur les monnoies, particulierement sur celles d'or ; quelques autres Nations nous ont en cela imités ; les Empereurs de Constantinople ont quelquefois mis quelque chose de semblable sur leurs monnoies d'or, où l'on voit souvent, *Jesus Christus Rex*, *regnantium*, ou *Jesus Christus. Basileus Basilea*, ou *IHS. XPS. NIKA. Jesus Christus regnat.*

LEONDALE. Monnoie qui a cours dans plusieurs endroits des Etats du Grand Seigneur. Ces especes prennent leur nom d'un lion qui sert d'empreinte à un des côtés de la piece : elles ne sont gueres différentes des richedalles ou écus de Hollande pour la forme, mais le prix n'en est pas si fort, l'écu valant depuis 48 jusqu'à 50 afpres, & la leondale seulement 40.

Pour les distinguer on appelle l'écu de Hollande **caragroch**, & les leondales simplement **groch** : on voit beaucoup de ces dernieres sur les frontieres de Russie, parceque tout le commerce de Valachie & de Constantinople, qui passe par les Provinces d'entre le Dniestre & le Danube, ne se fait guere qu'en leondales.

LEOPOLD, monnoie fabriquée en Lorraine depuis le rétablissement du Duc Leopold Joseph dans ses Etats en conséquence du Traité de Riswick.

Les leopolds ainsi nommés du nom de ce Prince sont de deux sortes, les uns d'or & les autres d'argent ; ceux d'or sont au titre & du poids des anciens louis d'or de France, & ceux d'argent semblables aux écus ou louis blancs.

Louis XIV par un Arrêt du Conseil du trois Août 1700, ordonna qu'ils auroient cours les uns & les autres sur le pied des louis & écus de France, conformément à l'Arrêt du Conseil du 13 Juillet précédent ; depuis ils ont été comme les autres especes étrangeres seulement reçues dans les Hôtels des Monnoies au marc & pour le prix fixé par les Ordonnances.

Celui fixé par l'évaluation & le tarif fait en conséquence de l'Edit du mois de Janvier 1726, est à trente-quatre livres le marc.

LETTRE SUR LES MONNOIES. Lorsque sous le regne de François I, on fabriqua les écus d'or à la salamandre, on fit un notable Reglement pour la marque des monnoies. Les Maîtres des Monnoies obligés de mettre fur toutes les efpeces une certaine marque , pour connoître celui qui avoit mon-noyé la piece , fe difpenfoient depuis quelques tems de mettre cette marque. François I, par Ordonnance du 14 Janvier 1539 , leur enjoignit de mettre fur toutes les efpeces, les mefures & différences felon qu'elles étoient fpécifiées par les Ordonnances, avec une lettre de l'alphabet , tant du côté de la croix , que du côté de la pile , favoir , le Maître de la Monnoie de

Paris , la Lettre	A.	Saint Pourcin ,	O.
Rouen ,	B.	Dijon ,	P.
Saint Lo ,	C.	Chaalons ,	Q.
Lyon ,	D.	Saint André ,	R.
Tours ,	E.	Troyes ,	S.
Angers ,	F.	Sainte Menehoult ,	T.
Poitiers ,	G.	Turin ,	V.
La Rochelle ,	H.	Villefranche en Rouerg.	X.
Limoges ,	J.	Bourges ,	Y.
Bordeaux ,	K.	Dauphiné ,	Z
Brionne ,	L.	Provence ,	&c.
Touloufe ,	M.	Bretagne ,	y.
Montpellier ,	N.		

Cette Police a toujours depuis été obfervée : en conféquence de cette Or-donnance, on fit faire de nouvelles piles & de nouveaux trouffaux fur lefquels étoit gravée la lettre de la Ville où fe fabriquoit la monnoie.

Cet ufage de marquer fur les monnoies le lieu où elles avoient été fa-briquées, fut obfervé pendant la premiere , la feconde & le commencement de la troifieme race.

L'ufage à préfent eft de graver la lettre de la monnoie du côté & au bas de l'écuffon feulement.

LEUWEDAALDERS , monnoie d'argent qui fe fabrique exprès en Hol-lande pour le commerce de Smirne. Ils valent 42 fols monnoie courante d'Amfterdam. Les pieces de 28 fols de la même fabrication , font auffi def-tinées pour le Levant , où les trois font reçues pour deux leuwedaalders.

LIARD , petite monnoie de cuivre fabriquée en France & qui y a cours pour trois deniers.

On ne trouve aucune mention des liards avant Louis XI. Cependant il paroît par une Ordonnance de ce Prince qu'il y avoit long-tems qu'on fe fer-voit en Dauphiné d'une monnoie qui ne valoit que trois deniers : dans cette Ordonnance, les liards font auffi nommés blancs, ils avoient particuliere-ment cours en Bourgogne , Lyonnois, Dauphiné & Provence.

Il y a en France deux fortes de liards, les uns de pur cuivre & les autres avec quelque mélange de fin : ces derniers dont il ne se fabrique plus , n'ont cours que dans le Lyonnois & dans le Dauphiné : il y en a de diverse fabrication , comme de Chambery , de Dombes , d'Orange , & d'Avignon. Les premiers tiennent de fin un denier dix grains , les autres trois grains de moins.

Louis XIV ordonna une fabrication de liards de cuivre par Déclaration du premier Juillet 1654 , ils furent nommés dans la légende d'écusson *liards de France* , pour les distinguer des petits liards dont on vient de parler. La Déclaration porte qu'ils seront fabriqués de cuivre pur & sans mélange de fin , à la taille de soixante-quatre pieces au marc , au remede de quatre pieces , le fort portant le foible , le plus également que faire se pourra , pour avoir cours pour trois deniers , piece.

Quatre ans après , ces especes furent réduites à deux deniers par Lettres Patentes du quatre Juillet 1658 , enfin ils ont repris leur ancien prix depuis 1694 , qu'il en fut ordonné une nouvelle fabrication , & les anciens remis à trois deniers.

Lorsque les liards commencerent à avoir cours en France , l'usage s'établit d'appeller deux liards la moitié du sol tournois , quoiqu'il n'y eut point alors d'especes de cette valeur : depuis on en a fabriqué dans quelques monnoies de France , & l'Edit de 1709 en ordonne la fabrication dans celles d'Aix , de Montpellier , de la Rochelle , de Bordeaux & de Nantes jusqu'à la concurrence de deux millions de marc passés de net en délivrance. Ces pieces sont, comme les liards, de cuivre sans aucun mélange de fin , de quarante au marc , au remede de trois pieces par marc , le fort portant le foible.

Il y a des sols de cuivre appellés gros sols , ou law , de ce qu'ils ont été fabriqués dans le tems que Law étoit Contrôleur Général des Finances en 1710 ; ces sols ont cours en France pour douze deniers.

Outre les liards de cuivre de France , il y en a plusieurs de fabrication étrangere , entr'autres ceux de Bouillon de 1681 , de Loraine de 1700 & de 1708 , ceux de Montbeliard de 1712 , &c.

Les doubles de Bouillon , de Dombes & autres semblables ont cours sur le pied de trois deniers , quoiqu'ils ne soient pas de véritables liards.

Il y a encore des liards de Savoye qu'on nomme liards à la grosse échelle qui sont des especes de sols qui tiennent un denier six grains de fin , & d'autres marqués d'un E , un F ; qui n'en ont qu'un denier deux grains.

Les liards fabriqués par Edit de Juillet 1719 , valent chacun trois deniers , ils sont de quatre-vingts au marc , au remede de quatre pieces , c'est-à-dire , que chaque piece doit peser sans égard au remede de poids cinquante-sept grains ⅓. Les quatre-vingts liards qui composent un marc produisent vingt sols; si l'on épargne entierement le remede de poids (il n'y a point de remede de loi fur les monnoies de cuivre) , les quatre-vingt-quatre pieces formant un marc , ne peferont plus chacune que cinquante-fept grains $\frac{5}{15}$, & le marc de cuivre monnoyé rendra vingt-un fols.

Les fols , demi fols , & quarts de fols de cuivre , réglés par l'Arrêt du Confeil du trois Février 1720 , font abfolument fur le même pied. On voit par-là qu'actuellement le cuivre monnoyé fe trouve à peu-près avec l'argent pur fin monnoyé dans la proportion d'un à cinquante-quatre ; c'eft-à-dire , qu'un marc d'argent fin monnoyé fe balance contre cinquante-quatre marcs de cui-vre monnoyé , tandis qu'un marc d'or fin monnoyé , fans avoir égard aux re-medes , vaut quatorze marcs $\frac{18}{83}$ d'argent fin monnoyé.

Le Roi , par Arrêt du Confeil du 27 Juillet 1728 , a défendu d'expofer , donner , ou recevoir en paiement les liards de Lorraine , ou d'autres fabri-ques étrangeres : Sa Majefté a renouvellé les mêmes défenfes par Arrêt du 27 Mars 1729 , regiftré en la Cour des Monnoies le premier Avril fuivant , à peine de confifcation & de cinq cens livres d'amende , payable folidaire-ment par les Particuliers qui en auront donné en paiement , & ceux qui les auront reçus , même de trois mille livres d'amende contre chacune des per-fonnes qui auront contribué fciemment à la diftribution de ces éfpeces dans le commerce.

LINGOTS , morceau de métal brut qui n'eft ni monnoyé , ni mis en œu-vre , n'ayant reçu d'autre façon que celle qu'on lui a donnée dans la mine , en le fondant & le jettant dans une efpece de moule ou creux que l'on appelle lingotiere.

Les lingots font de divers poids & figures fuivant les différens métaux dont ils font formés ; il n'y a que l'or , l'argent , le cuivre & l'étain qui fe jet-tent en lingots.

L'article XV de l'Edit du mois de Décembre 1721 , regiftré en la Cour des Monnoies le 29 , porte :

» Pour affurer au Public le titre des lingots , les Affineurs , avant que de les expofer en vente , feront tenus de les faire porter dans la Chambre des délivrances , où en préfence des Juges-Gardes après l'effai fait de chacun lingot , le poinçon des Affineurs & celui des Effayeurs Particuliers y feront appliqués , avec la marque du titre auquel fe feront trouvés lefdits lingots , & enfuite le poinçon de l'Effayeur fera remis dans la Chambre des délivran-ces en un coffre fermant à trois clefs , dont les Juges-Gardes , l'Effayeur & les Affineurs auront chacun une : lefquels poinçons feront infculpés aux Greffes des Cours des Monnoies de Paris & de Lyon , pour y avoir recours en cas de befoin. Voyez la fuite de l'Edit au mot AFFINEUR. »

L'Arrêt du Confeil d'Etat du Roi du 20 Avril 1726 porte article premier, » qu'il ne pourra être vendu , ni acheté aucunes matieres d'or & d'argent fondues fans être travaillées, qu'elles ne foient en barres, barretons, lingots ou culots, fi ce n'eft l'or & l'argent en chaux provenant des affinages établis dans les Hôtels des Monnoies, à peine de confifcation defdites matieres & de trois mille livres d'amende ».

» II. Que toutes perfonnes ayant permiffion de fondre des matieres d'or & d'argent qui feront des barres, barretons, lingots ou culots, feront tenus dans l'inftant même de les marquer de leurs poinçons, à peine de confifcation defdites barres, barretons, lingots & culots trouvés en leur poffeffion fans poinçon, même de trois mille livres d'amende contre ceux qui les expoferont en vente, avant de les avoir poinçonnés ».

» V. Défend Sa Majefté à toutes perfonnes de vendre ou acheter à l'avenir aucunes barres, barretons, lingots & culots d'or & d'argent, qu'ils ne foient marqués & numérotés conformément au préfent Arrêt, à peine de confifcation & de trois mille livres d'amende pour chacune contravention, même de plus grande peine fuivant l'exigence des cas ; à l'effet dequoi Sa Majefté entend que lefdits lingots foient marqués fur les deux bouts par les Effayeurs, lorfqu'ils en feront requis, pour donner la facilité de les couper en cas de befoin ».

Cet Arrêt a été regiftré en la Cour des Monnoies le trois Mai 1726.

Par Arrêt du Confeil du trois Mai 1723, adreffé à la Cour des Monnoies & regiftré en icelle le 30 des mêmes mois & an, Sa Majefté fait très expreffes défenfes à tous Orfévres & autres perfonnes de quelque qualité & condition qu'elles foient de jetter aucunes matieres d'or & d'argent en barres ou lingots, qu'elles n'aient été bien braffées ; enforte que les matieres foient uniformes dans toutes les parties des barres & lingots, à peine de confifcation des matieres, de trois mille livres d'amende, & d'être procédé extraordinairement contre ceux qui auront fondu frauduleufement les barres, ou lingots d'argent. Veut Sa Majefté que les confifcations & amendes foient prononcées contre les Propriétaires defdites barres & lingots, fauf leurs recours contre ceux de qui ils les tiendront : & que la diftribution des amendes & confifcations fe faffe, favoir, un tiers au profit des Directeurs des Monnoies, Affineurs, ou autres perfonnes qui auront reconnu les barres & lingots ainfi falfifiés, un tiers au profit des Hopitaux les plus prochains, & l'autre au profit de Sa Majefté, les frais de Juftice préalablemeet pris fur le tout.

Par autre Arrêt du Confeil du 30 Août 1713, revêtu d'une commiffion adreffée à la Cour des Monnoies & regiftrée en icelle le 9 Septembre fuivant, Sa Majefté regle la maniere de fixer le titre des lingots par les Effayeurs Général & Particulier des Monnoies, ainfi qu'il fuit:

» Ordonne Sa Majefté aux Effayeurs Général & Particuliers des Monnoies,

noies, fous peine de cinq cens livres d'amende pour la première contravention, & de privation de leurs Offices en cas de récidive.

» I. De marquer de leur poinçon chacun à leur égard tous les lingots d'or
& d'argent qui leur feront portés à effayer, dans l'inftant même qu'ils leur feront remis.

» II. De tenir regiftre particulier duement paraphé, fur lequel ils écriront conformément à l'Ordonnance de 1554, art. XXXIII le poids defdits
lingots avec les noms, demeures & qualités des Propriétaires, ainfi que le
titre qu'ils auront trouvé, & de numéroter de fuite tous les articles dudit
regiftre, de n'interrompre l'ordre defdits numéro qu'au commencement de
chaque année, & d'infculper fur chacun defdits lingots le même numéro
fous lequel il aura été regiftré : en forte que ces lingots ne foient rendus aux
Porteurs qu'après avoir été ainfi marqués & numérotés ».

» III. Lorfque les Particuliers viendront chercher le rapport des Effayeurs,
lefdits Effayeurs auront foin de vérifier leurs numéro, après quoi ils marqueront le titre fur lefdits lingots. »

»IV. Si les Propriétaires des lingots jugent néceffaire d'en faire faire plufieurs effais, lefdits Effayeurs feront tenus de les regiftrer autant de fois qu'ils les
effayeront, & d'obferver à chaque fois ce qui eft ci-deffus ordonné, en ajoutant feulement au nouvel enregiftrement les numéro fur lefquels lefdits lingots auront déjà été regiftrés ».

» V. Au cas que les titres marqués fur les lingots fe trouvent différents
foit parcequ'ils auront été effayés à Paris ou à Lyon par les effayeurs Général
& Particuliers, ou pour autres raifons, les Directeurs des Monnoies pourront ainfi que les Affineurs, Orfévres & autres Ouvriers travaillans en or
& en argent qui acheteront lefdits lingots, les évaluer fur le pied commun
de tous les titres marqués par lefdits Effayeurs.

» VI. N'entend Sa Majefté que le Directeur d'une Monnoie foit obligé
de recevoir des lingots fur les titres marqués par les Effayeurs d'autres Monnoies. Enjoint Sa Majefté aux Officiers des Cours des Monnoies, de tenir
la main à l'exécution du préfent Arrêt.

Il fe fabrique aux affinages deux fortes de lingots qui different l'un &
l'autre par la forme & par le titre.

Par la forme ; lorfque l'argent eft féparé de l'or, & affiné au titre de onze
deniers dix-huit grains au moins, on le coule en barres plattes dont la
forme eft indifférente : c'eft cette matiere qui n'a que la valeur du titre, qui
fe délivre aux Orfévres pour les ouvrages de leur commerce, qui, pour
l'employer en baiffent le titre par la fonte & l'alliage avec des matieres baffes,
& le réduifent au titre de la vaiffelle, c'eft-à-dire, à 11 d. 10 grains.

L'autre eft de forme cylindrique & n'a qu'un feul côté plat : on le façonne de cette maniere pour qu'il devienne ductile & propre à l'ufage des Tireurs d'or, d'où il eft appellé lingot de tirage ; ce lingot ne fauroit être au-deffous de 11 d. 18 grains.

Pour former ces lingots, on jette d'abord la matiere affinée provenante du départ en grenailles, on pouffe enfuite cette grenaille au falpêtre dans des fourneaux de reverbere, par cinq marcs fucceffivement jufqu'à cinquante, ce qui dure huit à dix heures : après que cette matiere eft réduite en culots & refroidie, on la fait refondre & on la coule en barre platte : on coupe enfuite de la barre la quantité de 46 à 47 marcs que l'on allie affez ordinairement avec des piaftres (1) : on refond le tout encore deux fois, & l'on coule toute la matiere dans une lingotiere de forme cylindrique : ce procedé rend le lingot propre à l'ufage du Tireur d'or. Telles font les opérations

*Voyez duc-
tilité.*

réitérées, qui, donnant à la matiere un grain plus poli, la rendent affez ductile pour recevoir les feuilles d'or, qui en pénétrant l'argent, produifent cet effet merveilleux de fe divifer prefqu'à l'infini, & donner au trait le plus mince la couleur & l'éclat de l'or.

Cette converfion de la barre en lingot de tirage n'a rien de commun avec le fimple affinage, elle entraîne des frais confidérables en charbons, falpêtres, creufets, fourneaux & main d'œuvre, & elle produit par les fontes réitérées fur la matiere même, ordinairement un déchet d'un pour cent.

De cette différence phyfique qui eft dans la nature même des chofes ; il réfulte avec évidence qu'il y a auffi une différence de valeur entre les lingots en barre & ceux qui ont été rendus propres au tirage : les premiers n'ont que le mérite du titre : les feconds ont de plus la propriété de pouvoir être employés au tirage, propriété acquife par des opérations difpendieufes ; auffi eft-il conftant que le lingot de tirage fe vend à plus haut prix que le lingot en barre.

Cette différence de valeur eft autorifée par l'Art. 9 des Lettres Patentes du 20 Avril 1726. Sa Majefté y défend » à toutes perfonnes de vendre, ou acheter aucunes barres, barretons, lingots & culots d'or & d'argent, à plus haut prix que celui fixé par celui du mois de Janvier précédent, fi ce n'eft pour les lingots provenans des affinages, lefquels pourront feuls être vendus au cours, à caufe des frais & crédits ».

Ainfi lorfqu'un Négociant ou un Ouvrier apporte des matieres pour en faire le départ & l'affinage, c'eft la même matiere dont on lui rend le fin, & c'eft alors que le droit reglé par l'Edit du mois d'Août 1757, eft dû, favoir, 16 fols par marc d'argent, & 8 livres par marc d'or.

(1) Dans les lingots de tirage nommés *lingots doux*, il n'entre que deux marcs de piaftre fur 48 marcs de fin. Dans d'autres lingots de tirage qu'on nomme *lingots durs*, l'alliage eft de cinq marcs environ de piaftres, fur 42 marcs de fin.

Mais lorfqu'on vient fe fournir à l'affinage de lingots propre au tirage , alors c'eft un autre négoce qui fe paffe : l'Affineur rend fes lingots & le prix de cette vente qui fe fait fuivant le cours de cette efpece de matiere, conformément aux Lettres Patentes rapportés ci-deffus, & renferme en foi la jufteindemnité des frais & du déchet occafionnés par la préparation du lingot propre au tirage.

LION D'OR , monnoie d'or fabriquée en 1338 fous Philippe de Valois ; elle fut ainfi nommée du lion qu'elle portoit pour effigie.

Cette monnoie étoit d'or fin , à la taille de cinquante au marc, & eut cours pour vingt-cinq fols , le marc d'or valant alors cinquante huit livres.

LIS D'OR ET D'ARGENT, monnoie fabriquée en Janvier 1656 fous le regne de Louis XIV, par Ordonnance du mois de Décembre 1655 ; mais qui furent décriés, ceux d'argent dès le mois d'Avril de l'année fuivante, & ceux d'or par une Déclaration du 28 Mars 1679 ; ces derniers, avant d'être mis hors de cours , valoient fept livres piece.

Les lis d'or étoient à vingt-trois karats un quart , à la taille de foixante & demi au marc, ils pefoient trois deniers trois grains & demi trébuchant la piece, & avoient cours pour fept livres ; les lis d'argent étoient à onze deniers douze grains d'argent fin , de trente pieces & demi au marc, de fix deniers cinq grains trébuchant de poids chacun : ils avoient cours pour vingt fols , les demis lis pour dix fols , & le quart de lis pour cinq fols , ces efpeces étoient à plus haut titre & de plus haute loi que toutes les autres monnoies ; voyez au mot MONNOIE les efpeces fabriquées fous le regne de Louis XIV.

LIVRE , poids d'une certaine proportion qui fert à juger de la pefanteur des corps graves & , pour ainfi dire , à la mefurer.

Selon Ciaconius , du Moulin q. 100. n. 780 , Scaliget de re numm. Gronovius de pecun. veter. lib. 3. & Julius Pollux , lib. 4. cap. 24. ce mot dans la fignification de poids ou de quantité vient du grec λιτρα dont les Siciliens fe font fervis dans le même fens. Ce poids étoit divifible en 12 parties, chacune nommée οnγκια d'où les Latins ont fait uncia qui eft notre once ; de là vient que dans les diminutions de ce poids, il s'en trouve qui ont des noms grecs, comme la dragme , le fcrupule , l'obole , &c.

La livre eft différente fuivant les lieux : à Paris elle eft de 16 onces, & fe divife en deux manieres.

La premiere divifion fe fait en deux marcs , chaque marc en huit onces , chaque once en huit gros , chaque gros en trois deniers , chaque denier en vingt-quatre grains , & chaque grain pefe environ un grain de bled.

Ce font ordinairement les poids de cette premiere divifion qui font proprement les poids de marc dont on se sert pour peser l'or , l'argent & les autres choses précieuses.

La seconde division se fait en deux demi livres ,

La demi livre en deux quarterons, le quarteron en deux demi quarterons , le demi-quarteron en deux onces , & l'once en deux demi-onces. On se sert des poids de cette seconde division pour peser les marchandises communes.

Suivant la premiere division, on peut peser en diminuant depuis une livre jusqu'à un grain qui est la 9216me partie de la livre, & suivant la deuxieme division, on peut peser en diminuant depuis une livre jusqu'à une demie once qui est la trente-deuxieme partie de la livre.

On se sert ordinairement des poids de la premiere division qui sont proprement les poids de marc pour peser l'or , l'argent & les marchandises précieuses, & l'on emploie les poids de la seconde qui sont les poids ordinaires pour peser celles qui ne sont pas d'un prix si considérable.

Les poids de marc sont ordinairement de cuivre, & les poids ordinaires sont de fer ou de plomb.

Difference de la Livre de Paris avec celles des principales Villes du Royaume.

A Lyon , la Livre du poids de Ville est de 14 onces , les 100 l. de Lyon font à Paris 86 l. & les 100 l. de Paris font à Lyon 116 liv.

Outre la livre de poids de Ville, il y en a un dont on se sert pour peser les soies : elle est de 15 onces , ce qui est une once moins que celle de Paris , & une once de plus que celle du poids de Ville.

A Toulouse, & dans le haut Languedoc , la livre est de 13 onces & demi ou environ, poids de Paris; de maniere que 100 l. de Toulouse font 84 l. $\frac{3}{4}$ de Paris , & 100 l. de Paris font à Toulouse 118 liv.

―――――――――――――――――――――――

Nota. Pour réduire les livres du poids de Ville de Lyon en livres de Paris, il faut se servir de la regle de trois, & dire, si 100 l. de Lyon font à Paris 86 l. combien tant de livres de Lyon feront-elles de livres à Paris ?

Et au contraire, pour réduire les livres de Paris en livres de Lyon poids de Ville , il faut dire, en se servant de la même regle , si 100 livres de Paris font à Lyon 116 l. combien tant de livres de Paris feront-elles de livres à Lyon?

Cette maniere de réduire les livres de Lyon en livres de Paris, & les livres de Paris en livres de Lion, peut servir d'exemple & d'instruction pour toutes les réductions que l'on voudra faire de toutes sortes de poids différens les uns des autres.

A Marfeille, & dans toute la Provence , la livre eft de 13 onces ou environ , poids de Paris, en forte que 100 l. de Marfeille font à Paris 81 l. &
100 l. de Paris font à Marfeille 123 l. ½.

A Rouen , la livre du poids de Vicomté eft de 16 onces & demie fix cinquiemes ; les 100 l. de Rouen font à Paris 104 livres , & les 100 l. de Paris
font à Rouen 96 l. 2 onces & demie.

Egalité ou inégalité qui fe trouve entre la livre de Paris & celles des Villes
des Pays étrangers.

A Amfterdam , à Strafbourg & à Befançon , la livre eft égale à celle de
Paris.

A Geneve , la livre eft de 17 onces , les 100 l. de Geneve font à Paris 112 l.
& les 100 l. de Paris font à Geneve 89 liv.

Une livre de Londres eft à Paris 14 onces cinq huit , & une livre de Paris
eft à Londres une livre une once , trois huit ; en forte que 100 l. de Londres
font à Paris 91 livres , & 100 l. de Paris font à Londres 109 liv.

A Londres , il y a une livre particuliere qui eft en ufage dans les Monnoies & ailleurs : on la nomme livre de Troye , elle ne pefe que 12 onces.
Voyez à la fin de cet article.

La livre d'Anvers eft à Paris 14 onces un huit , & une livre de Paris eft à
Anvers une livre deux onces & un huit ; de maniere que 100 l. d'Anvers
font à Paris 88 livres , & 100 l. de Paris font à Anvers 113 & demi.

Une livre de Venife eft à Paris 8 onces ¾ , & une livre de Paris eft à Venife
une livre trois onces ; de forte que 100 l. de Venife font à Paris 55 l. &
100 l. de Paris font à Venife 181 l. ¼.

La livre de Milan eft à Paris 9 onces 3 huit , & une livre de Paris eft à
Milan une livre onze onces un huit ; de maniere que 100 l. de Milan font à
Paris 59 l. & 100 l. de Paris font à Milan 169 l. & demie.

Une livre de Meffine eft à Paris neuf onces trois quarts , & une livre de
Paris eft à Meffine une livre dix onces ¼ ; de forte que 100 liv. de Meffine
font à Paris 61 l. & 100 l. de Paris font à Meffine 163 l. ¾.

La livre de Boulogne , de Turin , de Modene , de Raconis & de Reggio,
eft à Paris dix onces ¼ , & une livre de Paris eft à Boulogne , &c. une livre
huit onces & ¼ ; de maniere que 100 l. de Boulogne , &c. font à Paris 66 l.
& 100 l. de Paris font à Boulogne 151 l. ¼.

Nota. Pour les marchandifes qui fe vendent & achetent à Rouen , dont
le poids eft au-deffous de 13 liv. , on ne fe fert point du poids de Vicomté ,
mais de celui de Paris , dont la livre eft de 16 onces.

Une livre de Naples & de Bergame eft à Paris huit onces $\frac{1}{4}$, & une livre de Paris eft à Naples & à Bergame une livre onze onces un huit; en forte que 100 l. de Naples & de Bergame font à Paris 59 livres, & 100 l. de Paris font à Naples & à Bergame 169 l. $\frac{1}{4}$.

La livre de Valence & de Sarragoffe eft à Paris dix onces, & la livre de Paris eft à Valence & à Sarragoffe une livre neuf onces un huit; de façon que 100 l. de Valence & de Sarragoffe font à Paris 63 l., & 100 l. de Paris font à Valence & à Sarragoffe 158 l. $\frac{1}{2}$.

Une livre de Gênes & de Tortofe eft à Paris neuf onces fept huit, & la livre de Paris eft à Gênes & à Tortofe une livre neuf onces trois quarts; de maniere que 100 l. de Gènes & de Tortofe font à Paris 62 livres, & 100 l. de Paris font à Gênes & à Tortofe 161 l. $\frac{1}{4}$.

La livre de Francfort, de Nuremberg, de Bâle & de Berne eft à Paris une livre $\frac{1}{4}$, & la livre de Paris eft à Francfort, &c. 15 onces cinq huit; de forte que 100 l. de Francfort, &c. font à Paris 102 l. & 100 l. de Paris font à Francfort, &c. 98 liv.

100 l. de Lifbonne font à Paris 87 l. huit onces, peu plus, & 100 l. de Paris font à Lifbonne 114 l. 8 onces peu moins; en forte que fur ce pied une livre de Lifbonne doit être à Paris 14 onces, & une livre de Paris doit être à Lifbonne, une livre deux onces.

Différence du poids de Villes de Lyon, des poids de plufieurs Villes de France.

100 l. de Lyon font en Avignon, à Touloufe & à Montpellier 104 l. & 100 l. d'Avignon, &c. font à Lyon, &c. 96 l. La livre d'Avignon, Touloufe & Montpellier eft à Lyon 15 onces.

100 l. de Lyon font à Rouen 83 liv. & 100 l. de Rouen font à Lyon 120 l. La livre de Lyon eft à Rouen 13 onces, & la livre de Rouen eft à Lyon une livre trois onces.

100 l. de Lyon font à Marfeille 106 l. & 100 l. de Marfeille font à Lyon 94 l. La livre de Marfeille eft à Lyon, 15 onces.

Différence du poids de Ville de Lyon & des poids de plufieurs Villes Etrangeres.

100 l. de Lyon font à Londres 94 l. $\frac{1}{4}$, & 100 l. de Londres font à Lyon 106 liv.

100 l. de Lyon font à Anvers 98 l. & 100 l. d'Anvers font à Lyon 102 l.

100 l. de Lyon font à Venife 158 l. $\frac{1}{2}$ & 100 l. de Venife font à Lyon 63 l.

100 l. de Lyon font à Florence, à Ligourne & à Pife 131 l. $\frac{1}{2}$ & 100 l. de Ligourne, &c. font à Lyon 76 liv.

100 l. de Lyon font à Naples & à Bergame 147 l. & 100 l. de Naples & de Bergame font à Lyon 68 liv.

100 l. de Lyon font à Turin , à Modene, à Boulogne, à Raconis & à Reggio 130 l. & 100 l. de Turin , &c. font à Lyon 77 l.

100 l. de Lyon font à Milan 145 l. & 100 l. de Milan font à Lyon 69 l. La livre de Milan est à Lyon , onze onces.

100 l. de Lyon font à Messine 141 l. & 100 l. de Messine font à Lyon 71 l. La livre de Mssine est à Lyon 11 onces.

100 l, de Lyon font à Gênes & à Tortose 139 l. & 100 l. de Gênes & de Tortose font à Lyon 72 l. La livre de Gênes & de Tortose est à Lyon onze onces $\frac{3}{4}$.

100 l. de Lyon font à Geneve 77 l. & 100 l. de Geneve font à Lyon 130 l. la livre de Geneve est à Lyon , une livre cinq onces.

100 l. de Lyon font à Francfort , à Nuremberg , à Bâle & à Berne 84 l. $\frac{1}{2}$, & 100 l. de Francfort , &c. font à Lyon 118 l. La livre de Francfort , &c. est à Lyon une livre trois onces.

100 l. de Lyon font à Valence & à Sarragosse 135 l. & 100 l. de Valence & de Sarragosse font à Lyon 74 l. La livre de Valence & de Sarragosse est à Lyon 12 onces.

Différence du poids de Vicomté de Rouen , des poids de plusieurs Villes tant de France qu'Etrangeres.

100 l. de Rouen font à Londres 113 l. $\frac{1}{2}$, & 100 l. de Londres font à Rouen 88 l. La livre de Londres est à Rouen 14 onces.

100 l. de Rouen font à Anvers 117 l. $\frac{1}{2}$, & 100 l. d'Anvers font à Rouen 85 l. la livre d'Anvers est à Rouen 13 onces.

100 l. de Rouen font à Avignon , à Touloufe & à Montpellier 125 l. & 100 l. d'Avignon , &c. font à Rouen 80 l. La livre d'Avignon est à Rouen 12 onces $\frac{3}{4}$.

100 l. de Rouen font à Venise 188 l. $\frac{1}{2}$, & 100 l. de Venise font à Rouen 53 l. La livre de Venise est à Rouen 8 onces $\frac{1}{2}$ & $\frac{2}{3}$ d'once.

100 l. de Rouen font à Florence , à Ligourne & à Pise 156 l. & 100 l. de Florence , &c. font à Rouen 64 l. La livre de Florence est à Rouen 10 onces.

100 l. de Rouen font à Naples , à Bergame & en Calabre 175 l. $\frac{1}{2}$, & 100 l. de Naples , &c. font à Rouen 57 l. La livre de Naples , &c. est à Rouen neuf onces.

100 l. de Rouen font à Turin , à Modene , à Boulogne , à Raconis & à Reggio 157 l. $\frac{1}{2}$, & 100 l. de Turin , &c. font à Rouen 63 l. $\frac{1}{2}$, La livre de Turin , est à Rouen 10 onces $\frac{1}{4}$.

100 l. de Rouen font à Milan 172 l. ¼ & 100 l. de Milan font à Rouen 58 l. La livre de Milan eſt à Rouen neuf onces ¼.

100 l. de Rouen font à Meſſine 169 l. ½, & 100 l. de Meſſine font à Rouen 59 l. La livre de Meſſine eſt à Rouen 9 onces ½.

100 l. de Rouen font à Gênes & à Tortoſe 166 l. ½, & 100 l. de Gênes & de Tortoſe font à Rouen 60. La livre de Gênes & de Tortoſe eſt à Rouen 9 onces ½.

100 l. de Rouen font à Geneve 92 l. ½, & 100 l. de Geneve font à Rouen 108 l. La livre de Geneve eſt à Rouen une livre une once & ¼ d'once.

100 l. de Rouen font à Francfort, à Nuremberg, à Bâle & à Berne 102 l. & 100 l. de Francfort, &c. font à Rouen 98 l. La livre de Francfort, &c. eſt à Rouen 15 onces ½.

100 l. de Rouen font à Valence & à Sarragoſſe 163 l. ¼, & 100 l. de Valence & de Sarragoſſe font à Rouen 61 livre; la livre de Valence & de Sarragoſſe eſt à Rouen 9 onces ¼.

La livre de la Chine a 16 onces comme celle de France; chaque once a 10 gros que les Chinois appellent *Tcien*, chaque gros 10 deniers, & chaque denier 10 grains. Le grain a ſes diviſions & ſes ſubdiviſions toujours de dix en dix; mais il n'y a point de termes François pour les exprimer.

Les Marchands & Négocians ſe ſervent de ce caractere ℔, pour marquer que c'eſt de la **livre de poids** dont ils entendent parler, & non des livres de comptes qui s'expriment par d'autres caracteres, ſuivant leurs différens noms & valeurs.

Les Anglois ont deux ſortes de poids ou de livres, celle de Troy & celle qu'ils nomment *aver* ou *avoir du poids*.

Conformément au vingt-ſeptieme Chapitre de la Charte que les Anglois nomment par excellence *Magna Charta*, tous les poids doivent être étalonnés ſur les étalons ou matrices qui ſont gardés dans l'Echiquier par l'Officier, qui pour cela s'appelle le Clerc ou Contrôleur du Marché. On y conſerve les étalons du poids de Troy, & celui d'Avoir du poids.

Le poids ou la livre de poids de Troy n'eſt que de 12 onces; c'eſt à ce poids que ſe peſent les perles, les pierreries, l'or, l'argent, le pain & toutes ſortes de bled & de graines. Chaque once eſt de 20 deniers, & chaque denier de vingt-quatre grains, en ſorte que 480 grains font une once, & 5760 grains une livre. C'eſt auſſi de ce poids que les Apoticaires ſe ſervent; mais ils le diviſent autrement: vingt grains font un ſcrupule, trois ſcrupules une dragme, huit dragmes une once, & douze onces une livre.

La livre d'*aver* ou *d'avoir du poids* peſe 14 onces 11 d. ½ 9 grains, poids de la livre de Troy (1).

(1) Voyez ce qu'en dit Savary.

» La livre d'avoir du poids est de quatre onces plus forte que celle du poids
» de Troye : mais aussi il s'en faut 42 grains que l'once avoir du poids ne
» soit aussi pesante que celle du poids de Troye, ce qui revient à peu-près
» à un douzieme : de sorte qu'une once avoir du poids n'est que de 438 grains,
» lorsque celle du poids de Troye est de 480, ce qui fait une différence,
» comme de 73 à 80 ; c'est-à-dire, que 73 onces du poids de Troye, feront
» 80 onces aver de poids, (& que 80 livres d'avoir du poids, ne feront que
» 73 livres poids de Troye.)

Il faut réformer ce qui est dans la parenthèse, 80 livres avoir du poids Essai sur les monnoies. feroient environ 96 livres poids de Troye, car la livre de Troye est à celle avoir du poids, comme 14 à 17, ou 51 à 56.

Wiberd avance que 14 livres avoir de poids égalent 17 livres de Troye, & Moore confirme ce que nous lisons dans Savati : » 80 ounces aver de poids » make near 73 ounces Troy : which is 5 lib. aver de poids to 6 lib. Troy. » which shews the ounces aver de poids lesser, and the lib. aver de poids » greater, than the ounces or lib. of Troy ».

La livre avoir du poids pese 14 onces 11 d. $\frac{1}{2}$ 9 grains, poids de la livre Troy.

La livre Troy répond à 12 onces 1 gros 38 grains $\frac{1}{2}$ de la livre de France.

La livre avoir du poids répond à 14 onces 6 gros $\frac{1}{2}$ 6 grains de la livre de France.

C'est à la livre d'avoir du poids, que se pese toutes les marchandises grossieres & de volume, comme fer, chanvre, filasse, &c.

Cent douze livres d'avoir du poids, font le *hundret* ou quintal, cinquante-six livres le demi quintal, & vingt huit le *jod* ou quart de quintal. Les Bouchers appellent *stone* un poids de huit livres d'avoir du poids dont ils se servent à peser la viande, qui revient à 7 l. 2 on. 4 gros 48 grains de la livre de France.

LIVRE, est aussi une monnoie imaginaire, dont on se sert pour les comptes : elle vaut plus ou moins suivant le nom qu'on ajoute & qu'on donne à *livre*, ou suivant le Pays où elle est en usage. Ainsi l'on dit en France une livre tournois, une livre parisis, en Angleterre une livre sterling, &c.

La livre tournois est de vingt sols tournois, & chaque sol de douze deniers aussi tournois. Cette livre étoit la valeur d'une ancienne monnoie d'argent qu'on appelloit *franc*, terme qui est encore synonyme avec livre, car l'on se sert souvent de franc au lieu de livre, ainsi l'on dit deux cens livres, ou deux cens francs, &c. On y a joint le mot de tournois pour différencier la livre de vingt sols d'avec les autres monnoies de compte auxquelles l'on donne pareillement le nom de livre ; on la diftingue auffi par cette dénomination de la livre de poids.

La livre parifis eft de vingt fols parifis, & le fol parifis de douze deniers parifis ; chaque fol parifis valant quinze deniers tournois, enforte qu'une livre parifis vaut vingt-cinq fols tournois, ce qui eft un quart en fus plus que la livre tournois ; le mot parifis fe dit par oppofition à tournois, à caufe du prix de la monnoie qui valoit un quart de plus à Paris qu'à Tours.

La livre de compte numéraire eft compofée de vingt fols & chaque fol de douze deniers.

Ces monnoies de compte ont été inventées chez toutes les Nations, pour la facilité des calculs & du commerce : les Juifs & les Grecs fe font fervis de la mine & du talent, les Romains du fefterce, & les François de la livre depuis Charlemagne avec prefque toute l'Europe. La mine attique qu'on appelloit nouvelle, contenoit cent drachmes qui étoit une petite monnoie d'argent, du poids d'une drachme, ou d'un denier.

Le talent attique contenoit 60 mines ou 600 drachmes, mais les Juifs & les Grecs n'avoient aucune monnoie qui valût une mine ou 100 drachmes, ni un talent ou 6000 drachmes.

L'ancienne livre gauloife étoit parfaitement égale à la livre romaine. Boutteroue l'a prouvé par les premieres monnoies des Gaules & de Rome.

Les Romains devenus les Maîtres de l'Univers l'établirent dans toute l'étendue de leur domination.

Effai fur les monnoies.

Quant à la diverfité des opinions fur l'ancienne livre romaine, elle vient de ce que les Auteurs monétaires ont tantôt pris des médailles pour les efpeces courantes, & tantôt des poids qui n'avoient peut-être d'ufage que dans la vente des marchandifes, pour les poids originaux des monnoies ; appliquant ces fauffes mefures à divers periodes de tems, où les efpeces ne fe rencontroient plus les mêmes, ils ont fait différens rapports de la livre romaine.

Budée l'eftime un peu plus de douze onces & demie de France.

Boutteroue fuppofe la derniere livre romaine égale à dix & demie de nos onces.

Le Blanc a adopté le fentiment de Garrault qui ne s'éloigne pas beaucoup de celui de Boutteroue ; ils la comparent l'un & l'autre à dix onces, deux tiers, ou à dix onces cinq gros un denier, poids de marc.

Le Pere Merfenne confrontant à notre marc une lame d'airain du poids de 36 grains romains, qui lui fut envoyée par le P. Niceron, & qui faifoit la dix-feptieme partie d'une once romaine, trouva qu'elle pefoit feulement 31 ½ de nos grains ; d'où il conclud que la drachme égaloit 67 grains poids de marc, qu'ainfi elle étoit de cinq grains plus legere que notre gros, & qu'une livre

romaine de douze onces ou de 288 dragmes reviendroit à 268 deniers poids
de marc, c'est-à-dire, à onze & un huitieme de nos onces.

Cette opinion paroît favorisée par les Auteurs Grecs & Latins, qui confondent perpétuellement la valeur du denier romain, & celle de la drachme
attique. Nous avons vu plusieurs quadruples de ces drachmes, ainsi que des
doubles drachmes, caractérisés de même par une Pallas du côté de l'effigie,
& par une Chouette au revers, dont les quadruples, selon les Anglois, reviennent à 268, & les doubles à 134 grains de leur poids de Troye. Ainsi la
drachme attique, ou le denier Romain seroit de 67 grains Anglois. Gréaves
convient du fait; cependant il atteste qu'il a pesé scrupuleusement un très
grand nombre de deniers consulaires qui lui ont passé par les mains en Italie
& ailleurs, & il dit que ceux qui s'étoient le mieux conservés, pesoient 62
grains anglois du poids de troye, vérifié auparavant avec soin sur les originaux
qu'on garde à la Tour de Londres, à la Bourse & dans l'Université d'Oxford.

Il tire la même induction sur le Conge (*) de Vespasien qui pesoit dix
livres d'eau, la premiere par Villapandus sur le conge même, & l'autre de
Gassendi sur un modele. Par la premiere le poids du denier, ou la septieme

---

(*) Les Romains nommoient *congium* le vaisseau dont ils se servoient
pour mesurer les liqueurs.

On mesuroit le vin, l'huile & les liqueurs que l'on distribuoit au Public;
on nommoit ces libéralités *congiaria*, & les Antiquaires nomment *congiaires*,
les médailles où l'on voit l'Empereur présider à la distribution : on en trouve
plusieurs ainsi dans les cabinets des Curieux : il y a dans celui de Sainte
Genevieve à Paris, un Conge que l'on croit être celui que M. de Perresch
apporta de Rome, & qu'il fit faire sur un original que l'on conservoit dans
le Palais Farnese. On voit sur la figure cette inscription :

Le Pere du
Moulinet.

IMP. CAESARE.
VESPAS. VI. COS.
T. CAES. AUG. F. IIII.
MENSURAE
EXACTAE IN
CAPITOLIO.
P. . . . . . X.

ces deux der nieres lettres font conjecturer que ce vaisseau contenoit le poids
de dix livres de liqueur; ce qui composoit six septiers, *sex sextarios*, lesquels
faisoient douze hemines selon Agricola, & ce fut ce qui donna lieu à Fabius
Maximus de dire, en se raillant de la médiocrité des liberalités qu'Auguste faisoit à ses amis, que c'étoient des Hemines, & non pas des Conges.

Quintilien
pag. 6,

partie de l'once Romaine, revient à 62 grains, quatre cinquiemes ; & par la seconde à 62 grains $\frac{361}{430}$. Gréaves concilie les Auteurs Grecs & Latins, en disant que le denier Romain & la drachme attique pouvoient s'échanger réciproquement, sans être tout-à-fait du même poids ; comme dans plusieurs Etats, on ne fait point de difficulté de prendre en paiement des pieces étrangeres, lorsqu'elles contiennent sur l'estimation la même quantité de fin, que celles du Pays où l'on se trouve.

Hooper résout la difficulté autrement ; il avoue que les anciennes drachmes, comme les Dariques & celles de Philippe & d'Alexandre, pesoient 65 grains poids de Troye d'Angleterre : mais il avance que celles qu'on fabriqua dans la suite, perdirent peu-à-peu de leur poids. Sous les premiers Empereurs Romains, ces pieces n'étoient plus que de 63 des mêmes grains ; quelque tems après elles vinrent au-dessous de 55 ; elles firent alors la huitieme partie d'une once Romaine.

Le Docteur Arbuthnot pense que l'once avoir du poids ou aver de poids d'Angleterre, est précisément la même que l'once Romaine, & il conclud que les Romains l'ont portée dans cette Isle. Je me suis, dit-il, un peu écarté dans mes Tables du sentiment de M. Gréaves, sur la quantité de grains de Troye qui entrent dans une once avoir du poids : en supposant que la livre aver de poids composée de 16 onces, est à la livre de Troye, comme 175 à 144, l'once Romaine ou avoir du poids revient à 437 grains $\frac{1}{2}$ de Troye, & la livre Romaine à 5250 des mêmes grains ; cependant la vraie proportion est de 17 à 14, ainsi l'once Romaine ou avoir du poids est exactement à l'once de Troye, comme 51 à 56, à ce compte la livre Romaine n'est plus que de 5245 grains de Troye & $\frac{5}{7}$, ce qui fait quatre grains & deux septiemes à retrancher ; & le denier Romain pese 62 grains & $\frac{22}{49}$ poids de Troye d'Angleterre.

Ces contrariétés au sujet de la livre Romaine n'ont rien de surprenant. On n'a que peu de pieces de comparaison, sur lesquelles il faut conclure du particulier au général, ce qui est une source d'erreurs. De plus les Auteurs qui ne se sont pas rencontrés dans le même tems, ont envisagé les choses sous différens points de vue, & les especes que nous pouvons confronter avec leurs témoignages, different toujours un peu. Quelques-unes ont été faites plus legeres que d'autres par la précipitation, le peu d'habileté, ou la friponnerie d'un Ouvrier ; d'autres ont été rognées, ou ont perdu de leur poids à force de frayer. C'est cependant sur le pied où se trouvent ces especes, qu'on porte un jugement : doit-on s'étonner qu'il y ait quelque variation entre les Auteurs ?

» Il y a vingt ans, dit Gérard Malines, (1.) que Thomas Lord Kniver jole

(1) Chap. 8 of the weight, and fineness of moneys, and theyr several stands.

» Chevalier Richard Martin, avec plusieurs autres Echevins & Officiers de la
» Ville de Londres, Jean Williams Argentier ou Orfévre de Sa Majesté & moi,
» nous fûmes commis pour examiner la monnoie de la Tour de Londres.
» Après avoir comparé la livre du poids de Troye de douze onces, avec le
» marc de Troye de huit onces, & balancé un marc & demi avec cette livre,
» nous trouvâmes que douze de nos onces pesent trois *penniweights* ou estelins
» plus que les 12 onces de France, deux estelins & demi plus que les douze
» onces des Pays Bas & d'Allemagne, quatre estelins & neuf grains plus que
» douze onces d'Ecosse ; & que notre once étoit plus forte que celle de tous
» les Pays ».

Sous Ofric vers l'an 900, les Saxons divisoient la livre de Troye de douze
onces en deux cens quarante deniers, sterlins, ou sols communs, & l'once
en vingt de ces mêmes pieces qu'ils appellerent *pfenning* ; d'où s'est formé
le mot anglois *penni*. C'est pour cela que l'once de Troye angloise est estimée,
pour le poids & pour le titre, vingt *penniweights* ou deniers sterlins, dont
chacun représente 24 grains. Ces estimations demeurerent à peu-près sur le
même pied jusqu'à Edouard III.

Sous Henri VI, l'once d'argent se divisa en trente *pence* ou deniers. Pendant le regne d'Edouard IV, elle répondit à 40 *pence* ou deniers, sous Henri
VIII à quarante-cinq. La Reine Elizabeth augmenta d'un tiers la valeur de
l'once qu'elle porta à 60 deniers, ou cinq sols sterling.

Nous obferverons que, lorsque les Saxons divisoient la livre de Troye de
12 onces, en 240 deniers sterlins, ou sols communs, la livre de douze onces
d'argent monnoyé auroit produit à ce compte vingt sols sterling, dont chacun
répondoit à peu-près à trois sols tournois, ensorte que les douze onces pro-
duisoient environ trois livres tournois. Nous estimons que ces especes étoient
au titre de huit deniers de fin & au dessous. Dès lors le marc de fin monnoyé pouvoit produire aux environs de trois livres tournois.

Arbuthnot prétend qu'une once de France composée de 576 grains, égale
dix-neuf deniers seize grains & demi, ou 472 grains ⅓ de Troye d'Angleterre : c'est-à-dire, qu'il s'en faut sept grains & demi anglois de Troye, que
l'once de France ne soit aussi pesante que celle d'Angleterre, qui n'a que 480
grains, tandis qu'il en entre dans la nôtre 576.

Il pourroit bien y avoir quelque chose à rectifier dans l'exposition de Gérard Malines & dans le calcul du Docteur Arbuthnot.

Le premier convient que 72 angelots avec un O dans le flanc de la nef,
pesent douze onces poids de Troye d'Angleterre. Or l'évaluation de la Cour
des Monnoies du 6 Août 1549, détermine à quatre deniers le poids de ces
mêmes angelots, en sorte qu'il y en avoit 48 à notre marc, & 72 dans douze
de nos onces, comme dans la livre de Troye d'Angleterre.

Fontanon, pag. 131.

Les Impériales , fuivant Malines , étoient de 69 à la livre de Troye angloife. Dans l'évaluation que nous venons de citer , & dans l'Ordonnance
de François I , du 19 Mars 1540 , ces mêmes pieces étoient de 46 à notre marc ,
& par conféquent il en falloit 69 pour faire 12 de nos onces.

Fontanon ,
Pag. 114.

Au rapport de Malines , 126 Carolus de Flandres compofoient 12 onces
de Troye d'Angleterre. Par les mêmes Ordonnances , il entroit dans notre
marc 84 de ces pieces , & il y avoit en 12 de nos onces 126 carolus.

Selon le même Malines , 105 ducats de Portugal à la longue ou à la petite
croix , pefoient une livre de Troye angloife. Suivant l'Ordonnance de François I , du 15 Avril 1545 , il y avoit à notre marc 70 defdits ducats , & dans
12 de nos onces 105 de ces pieces.

Idem, p. 129.

Les réales d'Efpagne étant de 108 à la livre de Troye angloife de douze
onces fuivant la Table de Malines , fe trouvent de 72 à notre marc , comme
il eft porté dans l'Ordonnance du 23 Janvier 1549.

Fontanon ,
pag. 138.

La différence qui fe trouve dans le rapport de quelques autres efpeces ,
vient du remede de poids ménagé diverfement fur les pieces dont on s'eft fervi pour regler les effais , ou de ce que les pefées n'ont pas été faites avec la
même précifion.

Donc pour former le rapport du marc de Troye anglois au marc de Troye
françois , il faut comparer l'efterlin qui pefe 24 grains anglois , à 28 grains $\frac{4}{5}$
de France , comme on a toujours fait , & non pas à 29 grains $\frac{243}{945}$: fur ce pied
un efterlin ou 24 grains anglois égalent 28 grains $\frac{4}{5}$ de France , vingt efterlins ou une once ou 480 grains anglois font 576 grains de France , & 160 efterlins qui répondent à un marc , ou à 3840 grains de Troye d'Angleterre , égalent 4608 grains ou le marc de Paris , & le grain anglois ne fait qu'un grain
& un cinquieme des nôtres.

L'once de Troye angloife fe trouve de la forte égale à notre once de Troye.
Toute la différence confifte dans la divifion des grains.

On appelle indifféremment en Angleterre huit onces de Troye un marc de
Venife , & le marc de Venife eft femblable à celui de France. M. de Lomenie
marque même dans une lettre au feu Roi , que 100 marcs poids de Paris
faifoient 101 marcs poids de Venife.

La livre d'Amfterdam compofée de deux marcs poids de Troye , eft auffi
pareille à celle de Paris , & le petit nombre de grains , dont quelques-uns
font la livre de Paris plus forte que l'autre , n'entre prefque point en confidération. L'inégalité qui s'y trouve peut provenir de plufieurs caufes. Le P.
Merfenne , dans fon Traité intitulé , *Parifienfia pondera* prétend avoir remarqué que les trois poids qu'on garde à la Cour des Monnoies , l'un de 64
marcs , l'autre de 32 marcs , & le moindre de 16 marcs , fur lefquels on éta-

lonne les autres poids, different entr'eux de quelques grains, ce qu'il attribue au frottement qui a diminué l'un plus que l'autre.

A l'égard du marc de Cologne dont on se sert en Allemagne, il se divise en huit onces, l'once en deux loths, le loth en quatre drachmes, la drachme en trois engels, & l'engel en 32 as, qui reviennent, suivant Ricard, à trente grains de France, & suivant le Docteur Arbuthnot, à 29 grains $\frac{563}{945}$; de sorte que l'as ou ess d'Allemagne, est un peu moins que le grain françois, & le marc de Cologne composé de 152 engels represente, selon Ricard, 4560 grains de France, & selon l'autre, 4402 grains $\frac{778}{945}$.

Nous observerons qu'en 1529 Charles V Empereur fit vérifier le marc de l'Empire sur le marc original de la Cour des Monnoies, & que celui de l'Empire se trouva plus fort d'un denier ou de 24 grains.

En Espagne, on se sert de différens poids, le quintal, l'arrove, la livre, l'once, l'adarame; le quintal pese quatre arroves, l'arrove vingt-cinq livres, la livre seize onces, l'once 16 adarames.

Il y a de menus poids pour l'or, qui sont le marc, le castillan, le tomin, le grain. Un marc est une demie livre des livres communes ou huit onces; il se partage en 50 castillans, le castillan en huit tomins, le tomin en douze grains.

Pour l'argent, le marc se divise en huit onces, l'once en huit octaves, l'octave en 75 grains. Le grain est du même poids que dans l'or.

A Venise, le marc a huit onces, l'once quatre quarts ou silicos, le quart trente-six karats ou siliquas, le karat quatre grains, le marc 4608 grains ou 1152 siliquas.

A Florence la livre se divise en douze onces, l'once en 24 deniers, le denier en 24 grains, dont il y a 6912 à la livre.

A Gênes, il y a deux poids, le marc pour l'or, & la livre pour l'argent. Le marc a huit onces, l'once 24 deniers, le denier 24 grains.

A Naples, la livre a douze onces, & l'once huit octaves.

Le marc de Meissen en Saxe, se divise en huit onces, l'once en 24 sols ou deniers, le sol en 24 grains, le marc contient 4608 grains.

A Dantzik, le marc est composé de huit onces, l'once de 32 sols, le sol de deux hellers, le marc contient 512 hellers.

Le marc de Nuremberg est de 16 loots ou de huit onces; le loot de quatre quintes; la quinte de quatre primes, deniers ou nommules; le denier de quatre sesterces: le marc contient 256 deniers ou 1024 sesterces.

En Portugal, le marc contient huit onces, l'once huit octaves, & chaque octave quatre grands grains & demi.

Le marc d'Anvers est plus pesant que la livre ordinaire, de cinq pour cent.

il fe divife en huit onces, l'once en vingt engels, l'engel en trente-deux grains, marc contient 5120 grains. Voyez Marc.

La livre de compte au numéraire de France, eft compofée de vingt fols qui fe divifent chacun par douze deniers, mais nous n'avons pas d'efpeces qui foit précifément de cette valeur.

Voyez Livres d'argent à la lin de cet article.

Il y a eu cependant des monnoies d'or & d'argent réelles qui ont valu juftement une livre, ou vingt fols, comme les francs d'or des Rois Jean I & de Charles V, & les francs d'argent de Henri III, mais cette valeur n'a été que momentanée : dans la fuite leur prix a confidérablement augmentée, ce qui n'arrive point à la livre numéraire qui ne change jamais de valeur, & qui, depuis le tems de Charlemagne que nous nous en fervons, a toujours valu vingt fols, & le fol douze deniers, & quoique le prix des autres monnoies réelles ait changé fouvent. On peut dire que la livre de compte, & même le fol & le denier qui en font les parties, font des monnoies imaginaires, puifque nous n'avons eu jamais d'efpeces qui aient valu conftamment vingt fols, ou douze deniers. Cependant en remontant au tems où l'on a commencé en France à compter par livres, on trouve que cette monnoie imaginaire doit fon origine à une chofe réelle ; car fur la fin de la premiere Race, on fe fervoit déja du fol qui valoit douze deniers ; fous Charlemagne on commença à fe fervir de la livre de compte valant vingt de ces fols de douze deniers.

Pour bien entendre ceci, il faut favoir que pendant la premiere & la feconde race de nos Rois, on ne fe fervoit point pour pefer l'or & l'argent du poids de marc compofé de huit onces, mais de la livre romaine qui en pefoit douze.

Pepin ordonna au commencement de fon regne qu'on tailleroit vingt-deux fols dans cette livre de poids d'argent. Ce métal étant devenu plus abondant en France par les conquêtes de Charlemagne, ce Prince fit faire les fols d'argent plus pefans, & on n'en tailla plus que vingt dans une livre d'argent, c'eft-à-dire, qu'alors vingt fols pefoient une livre de douze onces ; depuis ce tems-là, on s'eft toujours fervi en France du mot de livre, quand on a voulu exprimer une fomme de vingt fols ; voilà de quelle maniere la livre de compte a été introduite : elle doit fon origine à la livre de poids ; elles étoient toutes deux de même valeur dans leur commencement, puifque les vingt fols d'argent, dont eft compofée la livre de compte, pefoient une livre de poids de douze onces.

La livre numéraire du tems de Charlemagne étoit donc reputée le poids d'une livre d'argent de douze onces. Cette livre fe divifoit numériquement comme aujourd'hui en vingt parties, mais il y avoit des fols d'argent femblables

blables

blables à nos écus dont chacun pesoit la vingtieme ou vingt deuxieme, ou vingt-quatrieme partie d'une livre de douze onces, & ce sol se divisoit, le nôtre, comme en douze deniers, & Charlemagne ayant ordonné que le sol d'argent seroit précisément la vingtieme partie de douze onces, on s'accoutuma à regarder dans les comptes numéraires vingt sols pour une livre.

La livre de Charlemagne a conservé sa valeur intrinseque jusqu'à la fin du regne de Louis VI, mais petit à petit les Rois dans leurs besoins, tantôt chargerent les sols d'alliage, tantôt en diminuerent le poids, de sorte que ce sol qui étoit autrefois ce qu'est à-peu-près un écu d'argent, n'est plus qu'une legere piece de cuivre avec un onzieme d'argent tout au plus, & la livre qui étoit le signe représentatif de douze onces d'argent, n'est plus en France que le signe représentatif de vingt de nos sols de cuivre. Le denier qui étoit la cent vingt-quatrieme partie d'une livre d'argent, n'est plus que le tiers de cette monnoie qu'on appelle un liard ; en supposant donc qu'une Ville de France dût à une autre cent vingt livres de rente, c'est-à-dire quatorze cens quarante onces d'argent du tems de Charlemagne, elle s'acquitteroit aujourd'hui de sa dette en payant un écu de six livres.

La livre de compte des Anglois, & celle des Hollandois ont moins varié ; une livre sterling d'Angleterre vaut environ vingt-deux livres de France, & une livre de compte Hollandoise vaut environ douze livres de France ; ainsi les Hollandois se sont écartés moins que les François de la loi primitive, & les Anglois encore moins.

L'an 837, sous le regne de Charles le Chauve, il y eut un Edit qui ordonna qu'il seroit tiré des coffres du Roi 50 liv. pesant d'argent pour répandre dans le Commerce, afin de réparer le tort que les especes décriées avoient causé par une nouvelle fabrication : nous observerons que ces 50 livres en valoient 425 du tems de Saint Louis, & 318 ¾ d'aprésent, parceque la livre avant Saint Louis valoit 8 livres ½ d'apresent, c'est-à dire 104 onces ; & sous Saint Louis elles furent réduites à 12 onces ; sous François I la livre de 16 onces commença & fut appellée livre de marc ; ainsi ces 50 livres faisoient environ 3900 livres de ce tems-là, & 78900 d'apresent, sur le pied de 12 onces pour la livre, & sur le pied de 16 onces la somme de 104000 livres, c'est à-dire, que la livre pesant d'argent pesoit 6 livres ¼ d'apresent.

TABLE des réductions que la Livre de Charlemagne a souffertes jufqu'à préfent, extraite de la Table de M. Dernis.

ROIS,			liv.	fols,	den.
Charlemagne, depuis l'an	768 juqu'en	1113	66	8	0
Louis VI & VII, . . .	1113	1158	18	13	6
Philippe Augufte, . . .	1158	1222	19	18	4 $\frac{4}{5}$
Saint Louis & Philippe le Hardi,	1222	1226	18	4	11
Philippe le Bel, . . .	1226	1285	17	19	0
Louis Hutin & Philippe le Long,	1285	1313	18	8	10
Charles le Bel, . . .	1313	1321	17	3	7
Philippe de Valois, . . .	1321	1344	14	11	10
Le Roi Jean, ...	1344	1364	9	19	2 $\frac{2}{5}$
Charles V, ...	1364	1380	9	9	8
Charles VI, ...	1380	1422	7	2	3
Charles VII, ...	1422	1461	5	13	9
Louis XI, ...	1461	1483	4	19	7
Charles VIII, ...	1483	1497	4	10	7
Louis XII, ...	1497	1514	3	19	8
François I, ...	1514	1543	3	11	2
Henri II & François II. . .	1543	1559	3	6	4 $\frac{2}{5}$
Charles IX, ...	1559	1574	2	18	7
Henri III, ...	1574	1589	2	12	11
Henri IV, ...	1589	1611	2	8	0
Louis XIII, ...	1611	1642	1	15	3
Louis XIV, ...	1642	1715	1	4	11
Louis XV, ...	1715	1720		8	
depuis 1720 jufqu'à préfent . . .			1		

On voit par cette Table 1°. qu'en calculant d'après le prix actuel du marc d'argent de huit onces porté à 49 liv. 10 f. la livre de Charlemagne vaudroit auj urd'hui, poids pour poids, titre pour titre 66 liv. 8 f.

2°. Que notre livre d'aujourd'hui eft en rapport avec trois deniers $\frac{3}{5}$ du tems de Charlemagne, & qu'un million du tems de cet Empereur vaudroit foixante-fix millions deux cens mille livres de la monnoie actuelle.

3°. Il eft également facile de reconnoître la proportion de la valeur des monnoies des différens Regnes les unes avec les autres.

4°. La livre fous François Premier ne valoit que fept fols fix deniers de la monnoie du tems de Charles V, au contraire, la livre fous Charles V valoit 2 liv. 13 f. 4 d. de la monnoie du tems de François Premier.

LIVRES D'ARGENT fabriquées en exécution de l'Edit du mois de Décembre 1719, regiftré en la Cour des Monnoies le deux dudit mois au titre de douze deniers de fin à la taille de 65 1/11 par marc, au remede de fix grains pour le fin, & de dix-fept onziemes de piece pour le poids, au cours de vingt fols chacune, des demies à proportion.

Par Edit du mois de Septembre 1720, regiftré en la Cour des Monnoies le 30 du même mois, il a été ordonné Art. IV, que les livres d'argent feroient portées inceffamment après le 15 d'Octobre fuivant aux Hôtels des Monnoies pour y être fondues & converties en efpeces de la fabrication ordonnée par le préfent Edit.

LIVRE STERLING. La livre fterling d'Angleterre que l'on nomme aufli *pund*, & quelquefois piece, vaut vingt fols fterling ou vingt fchelins, le fol fterling valant douze deniers fterling ou douze penins ; & le denier fterling ou pennin eftimé treize deniers un tiers tournois. Il n'eft pas poffible de déterminer d'une maniere fixe & permanente une jufte proportion entre la valeur des efpeces courantes de France & d'Angleterre, à caufe des différens changemens qui arrivent en France où l'argent eft tantôt plus haut, tantôt plus bas, au lieu que les Anglois ne changent point la valeur de leurs Monnoies.

A préfent (1764) fur le pied que l'argent eft en France, l'écu ou crooton d'Angleterre, qui eft du poids d'une once, dont quatre font toujours une livre fterling vaut environ cinq livres dix fols, ce qui revient à vingt-deux livres tournois pour une livre fterling : ou comme une livre eft toujours environ un demi marc ou quatre onces d'argent pefant, il faut favoir ce que vaut le marc en France, & de là, conclure qu'un demi marc & une livre fterling font à peu près la même chofe pour la valeur courante.

La livre fterling au pair à 48 livres le marc d'argent monnoie de France vaut, ... 23 l. 14 f. 1 d.

A 49 liv. 16 f. le marc fuivant l'Arrêt du mois de Mai 1726, elle vaut . . . 24 11 10

A préfent 1764, elle ne vaut que . 22 10 fur le pied de 32 deniers fterlings pour un écu de France.

La livre de gros de Hollande fe divife en vingt fols de gros, & le fol de gros en douze deniers de gros ; elle vaut fix florins ou vingt fchelings, le florin eftimé vingt-qutre fols tournois, en forte que la livre de gros de Hollande fait fept livres quatre fols monnoie de France, mais il faut obferver qu'elle ne conferve ce prix que tant que le change eft au pair ; c'eft-à-dire, à cent deniers de gros pour un écu de trois livres tournois ; car le change venant à augmenter ou diminuer, la livre de gros augmente ou diminue à proportion que le change a augmenté ou diminué.

TABLE de la quantité de schellings fabriqués en Angleterre avec une livre pesant d'argent dans différens tems , extraite de M. Lowndes & de l'Evêque Fleetwood.

Années ;	Titre.	deniers,	grains,	fchellings,	den.	
28ᵉ	d'Edouard I.	11	2	20	3	
20	Edouard III.	11	2	22	6	
27	Edouard III.	11	2	25	.	.
9	Henri V.	11	2	30	.	.
1	Henri VI.	11	2	37	6	
4	Henri VI.	11	2	30	.	.
24	Henri VI.	11	2	30	.	.
39	Henri VI.	11	2	37	6	
5, 8, 11, 16, 24	Edouard IV. }					
1	Robert III. }	11	2	37	6	
9	Henri VII. }					
1	Henri VIII.	11	2	45	.	.
34	Henri VIII.	10	.	48	.	.
36	Henri VIII.	6	.	48	.	.
37	Henri VIII.	4	.	48	.	.
1	Edouard VI.	4	.	48	.	.
3	Edouard VI.	6	1	72	.	.
6	Edouard VI.	11	1	60	.	.
2	Marie,	11	0	60	.	.
2	Elifabeth,	11	2	60	.	.
19	Elifabeth,	11	2	60	.	.
43	Elifabeth,	11	2	62	.	.

Ce dernier taux eft toujours refté de même.

Valeur d'une Livre de France en Monnoies étrangeres.

Amſterdam, . .	9 ſols communs & 5 fenins.
Anvers, . .	9 ſols communs & 6 fenins.
Augſbourg, .	22 creutzers & 2 fenins.
Avignon, . .	comme en France.
Bâle, . .	22 creutzers.
Bergame, . .	40 ſols de change.
Berlin, . .	6 bons gros.
Breſlaw, . .	22 creutzers & 6 fenins.
Cadix, . .	4 réaux de vellon.
Conſtantinople, .	40 aſpres.
Cracovie, .	22 gros Polonois & 6 fenins.
Coppenhague, ꝃ	15 ſchelins Danois & 11 fenins.
Dantzick, : .	22 gros Polonois & 6 fenins.
Dreſde, . .	6 ſilvers gros.
Florence, ; .	3 ſols & 11 deniers d'or.
Francfort, . .	22 creutzers & 2 fenins.
Gênes, . .	24 ſols & 8 deniers courans.
Géneve, . .	26 ſols ½ petite monnoie.
Hambourg, . .	9 ſols lubs de banque.
Koniſberg, . .	22 gros Polonois & 6 fenins.
Leypſick, . .	6 ſilvers gros.
Liſbonne, .	166 rés & deux tiers.
Livourne, . .	3 ſols & 11 deniers d'or.
Londres, . .	11 deniers ſterlings.
Madrid, . .	4 réaux de vellon.
Meſſine, . .	48 grains.
Milan, . .	26 ſols & 3 deniers courans.
Naples, . .	14 grains.
Nuremberg, . .	22 creutzers & 2 fenins.
Palerme, . .	48 grains.
St Peterſbourg, .	19 copechs.
Rome, . .	19 bayoques & 1 quatrino.
Stokolm, . .	24 ſtuyvers de cuivre.
Turin, . .	18 & deux deniers.
Valence, . .	5 ſols & 8 deniers.
Varſovie, . .	n florin & demi.
Veniſe, . .	deux livres.
Vienne, . .	22 creutzers & 2 fenins.

LOUIS D'OR, efpece d'or qui fe fabrique & qui a cours en France ; favoir, le louis d'or pour vingt-quatre livres, le double louis d'or pour quarante-huit livres, & le demi louis d'or pour douze livres.

La fabrication de cette efpece (1) a été ordonnée par Edit du mois de Janvier 1726, qui en fixe le titre à vingt-deux karats, au remede de fin de douze trente-deuxiemes par marc, la taille à trente au marc, le poids à deux gros neuf grains ⅔ au remede de poids de quinze grains par marc, la valeur à vingt livres, les doubles & les demis à proportion.

Par Arrêt du Confeil & Lettres Patentes du 26 Mai 1726, adreffés à la Cour des Monnoies, & par elle regiftrés le 27 du même mois, Sa Majefté a augmenté le Louis d'or fabriqué en exécution de l'Edit cit éci-deffus pour avoir cours pour vingt livres, à vingt-quatre livres, les doubles & les demis à proportion.

Cette efpece a pour empreinte d'un côté le bufte du Roi, pour légende *Ludovicus XV Dei gratiâ Franciæ & Navarræ Rex* ; au revers les Armes de France & de Navarre, furmontées de la Couronne de France avec cette légende, *Chriftus regnat, vincit, imperat* : enfuite le milléfime, la lettre de la Monnoie où l'efpece a été fabriquée, le différent du Directeur, du Graveur, un grenetis au contour, &c. Voyez au mot MONNOIE, celles fabriquées fous Louis XV.

Louis XIII eft le premier Roi qui ait fait fabriquer une monnoie fous le nom de louis d'or : la fabrication en fut ordonnée par Edit du 31 Mars 1640, au titre de vingt-deux karats, au remede d'un quart de karat, à la taille de trente-fix louis d'or un quart : ainfi chaque louis pefoit cinq deniers fix grains ou cent vingt grains, & valoit dix livres, le double & le demi à proportion. On fit auffi des pieces de quatre, de fix, de huit & de dix louis, elles n'eurent point de cours dans le commerce & ne pafferent que pour pieces de plaifir.

Voyez au mot MONNOIE, celles fabriquées fous Louis XIII & Louis XIV, pour y trouver les variations du louis d'or fous le regne de ces Princes.

Nous obferverons feulement ici, que fous le regne de Louis XIV, les louis d'or n'ont pas valu au-delà de 20 liv. & que dès le commencement du regne de Louis XV ils ont valu jufqu'à 30 liv. & enfuite jufqu'à 36 liv. & au-delà ; avec cette différence, que dans quelques-unes des dernieres fabrications : le poids a été augmenté à proportion du prix, ce qui n'avoit été que peu ou point obfervé dans les augmentations arrivées dans le Regne précédent.

Les louis aux 8 LL de l'année 1720, du poids de fix deniers neuf grains valent 14 liv. à Geneve.

Les louis à la croix de malthe & aux LL couronnées auffi de l'année 1720,

(1) Voyez au mot MONNOIE, après celles de Louis XV, l'analyfe de cette fabrication.

du poids de fept deniers feize grains , à la taille de 25 au marc , valent 16 liv. 16 fols à Genêve.

Les louis aux deux LL dits mirlitons de 37 ½ au marc , du poids de cinq deniers deux grains , de l'année 1723 , font fixés à 15 liv. 5 fols à Genêve.

Les louis fabriqués en exécution de l'Edit du mois de Janvier 1726 , valent à Genêve 14 liv. 12 fols à 13 fols argent courant ; & en Allemagne un carolin fixé à neuf florins & 36 creutzers , qu'on eftime une guinée d'Angleterre.

LOUIS D'ARGENT , connu fous le nom d'écu blanc dont la fabrication a été ordonné par Edit de Louis XIII du 23 Décembre 1641 , au titre de onze deniers de fin , de huit pieces 11/12 au marc , du poids de vingt-un deniers huit grains , trébuchant chacune , a eu cours pour foixante fols.

On fabriqua dans le même tems des louis de trente fols , de quinze fols & de cinq fols , dont la marque étoit entierement femblable à celle des louis de foixante fols ; toutes ces efpeces dont le célebre Varin avoit fait les coins , furent fabriquées au moulin. Jufques là on n'avoit encore fabriqué d'efpeces d'argent aufli pefantes que le furent les écus blancs.

Nous obferverons que par-tout où il eft parlé d'écus avant l'an 1641 , il faut toujours l'entendre de l'écu d'or.

Voyez au mot MONNOIE , celles fabriquées fous le regne de Louis XIII.

Par Edit du mois de Mars 1720 , regiftré en la Cour des Monnoies le 15 dudit mois , Sa Majefté a ordonné qu'il feroit fabriqué des louis d'argent au titre de onze deniers de fin , à la taille de trente au marc , au remede de trois grains pour le titre , & d'une demie piece pour le poids , lefquels ont eu cours jufqu'au dernier Avril fuivant pour foixante fols , pendant le mois de Mai pour 55 fols pendant le mois de Juin , pour 50 fols.

Juillet,	45
Août,	40
Septembre,	35
Octobre,	30
Novembre ,	25

Réduits au premier Décembre à 20

LOUIS de CINQ SOLS ; petite efpece d'argent qui ne fut fabriquée d'abord que dans les Monnoies de France.

Le louis de cinq fols eft une diminution de l'écu de foixante fols , il en fait le douzieme : la fabrication en a été ordonnée par Louis XIII en 1641 , d'où de même qu'au louis d'or , il lui fut donné le nom de Louis d'argent.

Louis XIV , par Déclaration du mois de Décembre 1690 augmenta fa valeur de fix deniers , & en ordonna une fabrication fur ce pied , au titre &

du poids à proportion que les écus de soixante six sols fabriqués en conséquence de l'Edit du mois de Décembre 1689.

Cette petite monnoie d'argent, dont le commerce a fait un si grand bruit
dans toutes les Echelles du Levant vers le milieu du dix-septieme siecle, y
étoit appellée par les Turcs, *timmins*, l'empreinte en étoit si belle & si nette
qu'aussitôt que les Provençaux en eurent porté, les Turcs ne voulurent plus
d'autres especes : des Marchands, la mode passa aux femmes, & bientôt leurs
coëffures & leurs habits en furent brodés.

Les François profitans de leur bonne fortune faisoient prendre d'abord ces
timmins pour dix sols, ce qui étoit gagner cent pour cent : ils baisserent ensuite à sept sols, six deniers & enfin en 1670 ils furent totalement décriés.

LOI, terme de monnoie par lequel on exprime le titre, le fin, ou la bonté
intérieure des especes. Comme nous parlons ailleurs de la loi des monnoies
d'or & d'argent de France (Voyez Fin, Titre, Monnoies, &c.) nous
dirons seulement ici sur quel pied la loi de l'or & de l'argent s'évalue en
Espagne.

La valeur de l'argent par rapport à la loi s'estime par maravedis, ensorte
que le marc ou huit onces d'argent valent huit piastres ou 2376 maravedis
qui en font la loi.

Quatre onces valent quatre piastres ou 1188 maravedis.

Deux onces valent 2 piastres ou 594 maravedis.

Une once vaut une piastre ou 297 maravedis.

La demie once vaut 4 reaux ou 148 maravedis. Le quart de l'once vaut 2
reaux ou 74 maravedis. Le huitieme ou demi quart d'once, une réale ou 37
maravedis.

Poids de l'or pour les réductions en Espagne.

Un castillan d'or de loi qui est 22 karats ; contient 90 grains ou 8 tomins ;
le tomin vaut 11 grains ¼ qui est la huitieme partie de 90, & le karat d'or de
loi vaut quatre grains.

En France, le marc d'argent de haute loi se divise en 12 deniers & en Espagne en 2376 maravedis.

LUBS, on appelle sols lubs à Hambourg & en plusieurs Villes d'Allemagne, une monnoie de compte dont 48 sols lubs de banque font environ
5 liv. de France.

Quand on tient les livres par rixdales, marcs, sols & deniers lubs, la
rixdale vaut 48 lubs, la dalle 32, le marc 16, & le sol 12 deniers lubs ;
Voyez Marc Lubs.

Nous observerons qu'on ne met jamais ce mot lubs qu'après les mots de
marc, sol, ou denier : ainsi l'on dit un marc lubs, un sol lubs, un denier lubs.

LUNE

LUNE CORNÉE , on nomme ainſi de l'argent de coupelle diſſous dans de l'eſprit de nitre pur, étendu enſuite dans une ou deux fois autant d'eau de riviere filtrée : on verſe dans cette diſſolution affoiblie une ſaumure ou ſolution de ſel marin filtré , ce qui fait tomber ou précipiter l'argent en une eſpece de caillé, qu'on lave deux ou trois fois avec de l'eau chaude pour en enlever , autant qu'il eſt poſſible, l'excédent de l'acide nitreux & le ſel marin ſurabondant : on fait ſécher le reſidu , & ce reſidu ſéché eſt *la lune cornée ,* laquelle fondue à petit feu donne une ſubſtance tranſparente & pliante comme de la corne, d'où lui vient ſon nom : pouſſée à plus grand feu elle s'évapore, parcequ'elle eſt volatile , de plus, elle eſt ſi pénétrante qu'elle paſſe à travers du creuſet dans tous les endroits où elle le touche.

Il eſt aiſé de juger par cette deſcription que la lune cornée eſt extrêmement difficile à réviviſier en argent malléable ſans perte ; mais cet argent eſt alors auſſi pur qu'il peut l'être, parcequ'en le précipitant de l'eſprit de nitre par l'addition du *ſel marin* , on compoſe une eau régale dans laquelle reſte ſuſpendu le peu de cuivre que peut contenir encore l'argent de coupelle qu'on a employé dans l'opération : ainſi cet argent corné ſe retire pour l'ordinaire exemt de tout le cuivre de ſon alliage. Pour être encore plus certain qu'il ne tient plus la moindre parcelle de cuivre , on verſe ſur un gros de cet argent corné deux à trois gros d'eſprit volatile de ſel ammoniac , pour voir s'il n'y prend pas une couleur bleue plus ou moins intenſe, à proportion du cuivre qui pourroit s'y trouver.

LYANG , monnoie de la Chine qui vaut une piece & un quart de huit réaux.

FIN DU TOME PREMIER.

TABLE

DES CHARTRES, EDITS, ORDONNANCES, DECLARATIONS,
Arrêts & Réglemens, tant du Conseil, regiftrés en la Cour des Monnnoies,
que des Arrêts & Reglemens de cette Cour, rapportés, cités & extraits
dans le Tome Premier.

*Nota. Les Matieres font par ordre alphabétique ; les **Ordonnances**, **Décla-***
rations, Edits, Arrêts & Reglemens, par ordre chronologique.

C.

J.

FIN DE LA TABLE DU TOME PREMIER.

REGLEMENS

INTERVENUS SUR LES ESSAIS

Pendant l'impreſſion du Dictionnaire.

EN 1762 le Roi ayant été informé qu'il ſe trouvoit fréquemment des différences notables dans les Eſſais des matieres d'or & d'argent, ce qui provenoit en partie de ce qu'il n'y avoit point encore de loi qui preſcrivît une méthode uniforme pour les Eſſais, & que pour la fixer, il étoit néceſſaire de faire des Expériences qui puiſſent la déterminer d'une façon invariable, & prévenir ſur cette matiere toutes les incertitudes & variations, également nuiſibles au Commerce en général & à l'intérêt des Particuliers; Sa Majeſté auroit ordonné par Arrêt de ſon Conſeil en date du 26 Novembre audit an 1762, que pardevant les Sieurs d'Auvergne & Abot de Bazinghen, Conſeillers en la Cour des Monnoies de Paris, & en préſence du Sieur de Gouve ſon Procureur Général en ladite Cour, il feroit inceſſamment procedé par les Sieurs Hellot, Macquer & Tillet de l'Académie Royale des Sciences, que Sa Majeſté a commis à cet effet, à toutes les expériences qu'ils jugeroient convenables pour déterminer la meilleure méthode d'eſſayer les matieres d'or & d'argent, donner leurs avis tant ſur les doſes de plomb, que ſur l'eſpece & qualité des coupelles qu'il faut y employer, & faire telles obſervations qu'ils jugeroient néceſſaires à la perfection deſdits Eſſais, dont il feroit dreſſé procès verbal; pour, le tout ainſi fait & rapporté, être par Sa Majeſté ordonné ce qu'il appartiendroit.

En exécution de cet Arrêt les Expériences ont été faites par leſdits Académiciens, en préſence des Commiſſaires nommés, dans le courant des mois de Décembre 1762, Janvier & Février 1763, en conſéquence deſquelles Sa Majeſté a expliqué ſes intentions par Arrêt de ſon Conſeil, revêtu de Lettres Patentes, qui contient ce qui ſuit.

EXTRAIT DES REGISTRES DU CONSEIL D'ETAT.

Vû par le Roi étant en ſon Conſeil l'Arrêt rendu en icelui le 26 Novembre 1762, par lequel, pour remédier à l'incertitude, qui ſe trouve ſouvent dans les Eſſais des matieres d'or & d'argent, portées dans les Hôtels des

Monnoies, Sa Majesté auroit résolu de prendre les précautions nécessaires pour en connoître la cause, & établir en conséquence une regle certaine & uniforme, pour qu'une opération aussi importante à l'Etat & au Commerce, ne dépendît point à l'avenir de la méthode différente d'essayer ; auquel effet Elle auroit ordonné par ledit Arrêt, que pardevant les Sieurs d'Auvergne & Abot de Bazinghen, Conseillers en sa Cour des Monnoies de Paris, & en présence du Sieur de Gouve, son Procureur Général en ladite Cour, il seroit procédé par les Sieurs Hellot, Macquer & Tillet de l'Académie des Sciences, à toutes les Expériences qu'ils jugeroient convenables pour déterminer la meilleure méthode d'essayer les matieres d'or & d'argent ; donner leur avis tant sur les doses de plomb que sur l'espece & qualité des coupelles, & faire sur les autres objets relatifs à la perfection des Essais, telles observations qu'ils jugeroient nécessaires : lesdits Académiciens ayant en conséquence procédé depuis le 10 Décembre 1761, jusques & compris le 28 Février suivant, aux opérations prescrites par le susdit Arrêt ; Sa Majesté auroit fait examiner, en son Conseil, le Procès verbal qui contient toutes les Expériences qu'ils ont faites à ce sujet, ainsi que leurs avis sur icelles, d'où il résulte, que les différentes coupelles dont on a fait usage jusqu'à présent, ont pû par elles-mêmes, & indépendamment de toute autre cause occasionner des différences dans des rapports d'Essais qui auroient dû être semblables, comme relatifs à une seule & même piece de monnoie, ou à la petite portion d'un même lingot, & que ces différences ont pû provenir, soit de la matiere qui entre dans la composition des coupelles, soit de la maniere dont elles sont formées, attendu que quelques-unes de ces coupelles, composées en partie de spath ou de cendres lessivées, sont sujettes quelquefois à faire pétiller la matiere en bain, & ont l'inconvénient de tomber en poudre, si l'on tarde trop à les employer après qu'elles ont été recuites ; d'autres, n'ayant point assez d'épaisseur en dessous du bassin, laissent échapper une partie de la litharge pendant l'opération, la plupart étant composées d'une matiere grossierement tamisée, & n'ayant point un bassin lisse & parfaitement uni, y retiennent quelques particules d'argent, lesquelles ne se réunissent pas toujours au bouton d'Essai : enfin, d'autres de ces coupelles ne sont pas assez comprimées ou le sont inégalement, & absorbent par-là un peu plus de fin que d'autres, en s'imbibant trop promptement de la litharge : il a été prouvé en outre que le plomb employé pour les Essais dans la moindre quantité qu'ils exigent, entraîne toujours dans les coupelles en se réduisant en litharge, ou laisse à la surface de leur bassin, une portion du fin des matieres. Cette portion du fin n'étant point comptée lorsqu'on établit le poids du bouton d'Essai, il en résulte une perte fur la matiere eſſayée, & cette perte devient plus ſenſible lorſqu'on ne proportionne pas la doſe du plomb au titre des matieres, & qu'on en emploie beaucoup plus qu'elles ne le demandent, fur-tout s'il s'agit de celles qui ſont à haut titre, telles que les lingots d'affinage & l'argent de départ : les Académiciens ont enfin reconnu que le poids principal de ſemelle, tant pour les Eſſais de l'or que pour ceux de l'argent dont pluſieurs Eſſayeurs ſe ſervent, n'étant pas aſſez conſidérable, les diminutions de ce poids, fur-tout celles qui deſcendent juſqu'au huitieme de grain, deviennent très foibles & incapables quelquefois de faire trébucher des balances qui ne ſont pas bien ſenſibles, & la plupart des Eſſayeurs ayant adopté l'uſage de n'employer que la demie-ſemelle, & même le quart de ſemelle lorſqu'il s'agit d'eſſayer du billon, & ne ſe ſervant point alors, ſoit du poids principal, ſoit des deux poids principaux, mais ſe contentant de doubler ou de quadrupler idéalement la quantité de fin que les autres poids repréſentent ; il réſulte de cette méthode que les dernieres diminutions, déja foibles par elles-mêmes, repréſentent un poids plus fort que leur chiffre ne l'indique : de-là les pertes legeres qu'on éprouve dans les Eſſais, & qui ſeroient ſans conſéquence dans le cas où on feroit uſage de la ſemelle entiere, ſont plus conſidérables lorſqu'on n'emploie que la demi-ſemelle, & deviennent fur-tout eſſentielles quand on ſe borne par abus à n'employer que le quart de la ſemelle. Et Sa Majeſté voulant arrêter l'effet qui peut réſulter de ſemblables abus, & expliquer ſes intentions à ce ſujet, par un Reglement qui aſſurera, autant qu'il eſt poſſible, la perfection des Eſſais d'or & d'argent, en déterminant la meilleure maniere d'y procéder, & en établiſſant l'uniformité ſi néceſſaire entre tous les Eſſayeurs pour la certitude des rapports deſdits Eſſais. Oui le Rapport du Sieur Bertin, Conſeiller ordinaire au Conſeil Royal, Contrôleur Général des Finances ; le Roi étant en ſon Conſeil, a ordonné & ordonne ce qui ſuit.

ARTICLE PREMIER.

Il ne ſera fait à l'avenir aucun Eſſai d'or & d'argent dans les Hôtels des Monnoies, par les Eſſayeurs deſdites Monnoies, que dans les coupelles, ſoit doubles, ſoit ſimples, qui ſeront faites & formées de la maniere preſcrite par les Articles ſuivans, leſquelles ſeront priſes à Paris au Bureau des Orfévres, & dans les Monnoies du Royaume chez celui qui ſera indiqué & nommé par les Juges-Gardes de chacune deſdites Monnoies leſquels veilleront à la fabrication & perfection deſdites coupelles, & à ce qu'il ne ſoit fait d'Eſſai que dans icelles.

I I.

Lefdites coupelles ne feront compofées que de pure chaux d'os calcinés jufqu'au blanc, parfairement leffivée, paffée dans un tamis de foie très fin, & formées fous une preffe deftinée à cet effet, dont la coupe & le modele feront envoyés dans chaque Monnoie, pour être remis à celui qui fera chargé de fournir lefdites coupelles.

I I I.

Lees coupelles fimples auront quatre lignes au moins d'épaiffeur, en partant du fonds du baffin; & les coupelles doubles feront faites relativement à leur étendue, dans les mêmes proportions que les coupelles fimples, pour que le bain de plomb foit contenu facilement, & qu'elles aient affez de matiere pour abforber toute la litharge.

I V.

Il ne fera employé pour tous les Effais qui feront faits à l'avenir que le plomb neuf le plus pauvre, lequel, pour établir l'uniformité, fera fourni par le Clerc de la Communauté des Orfévres de Paris, auquel Sa Majefté enjoint de le tenir toujours au même degré de pauvreté.

V.

Les dofes de plomb qui feront employées aux différens Effais, refteront fixées dans les proportions fuivantes, fans qu'aucun Effayeur puiffe s'en écarter, à peine de cinq cens livres d'amende, favoir : pour l'argent d'affinage, il fera employé deux parties dudit plomb pur, ou le double du poids de l'argent deftiné à l'effai ; pour l'argent à onze deniers douze grains, titre prefcrit pour la vaiffelle platte, quatre parties de plomb ; pour l'argent à onze deniers & au-deffous, fix parties de plomb ; pour l'argent à dix deniers & au-deffous, huit parties de plomb ; pour l'argent à neuf deniers & au-deffous, dix parties de plomb ; pour l'argent à huit deniers & au-deffous, douze parties de plomb ; pour l'argent à fept deniers & au-deffous, quatorze parties de plomb ; & pour l'argent à fix deniers & au-deffous, feize parties de plomb.

V I.

Il fera dépofé au Greffe de chacune de fes Cours des Monnoies, pour fervir d'étalon, un poids de femelle entiere, dont le poids principal fera de trente-fix grains poids de marc, fur lequel fera infcrit, *douze deniers*, & les diminutions de ce poids jufqu'au quart de grain de fin, feront dans un rapport exact entre elles, & avec ledit poids repréfentant douze deniers de fin, & lefdites diminutions feront pareillement numérotées par des chiffres qui en défignent le poids.

V I I.

Permet néanmoins Sa Majeſté à tous les Eſſayeurs, de ſe ſervir de la demi-ſemelle ou de dix-huit grains d'argent, pour la matiere de l'Eſſai ; & veut en conſéquence qu'il ſoit dépoſé auſſi au Greffe de chacune deſdites Cours un poids de ſemelle ſur lequel ſera auſſi inſcrit *douze deniers*, dont le poids principal ne ſera que de dix-huit grains, poids de marc, & dont les diminutions juſqu'au quart de grain de fin, ſeront pareillement numérotées par des chiffres qui en déſignent le poids.

V I I I.

Il ſera pareillement dépoſé au Greffe de chacune de ſeſdites Cours des Monnoies, pour ſervir d'étalon, une ſemelle pour les Eſſais d'or, dont le poids principal ſera fixé à vingt-quatre grains poids de marc, & le poids principal de la demi-ſemelle à douze grains, avec inſcription de vingt-quatre karats ſur leſdits poids principaux, tant de la ſemelle que de la demi-ſemelle ; & ſeront les diminutions deſdits poids, juſqu'au trente-deuxieme de fin, dans un rapport exact entre elles & avec leſdits poids principaux, numérotées avec les chiffres qui en déſigneront le poids : défendant de ſe ſervir à l'avenir d'une ſemelle pour l'or dont le poids principal, ne ſeroit que de ſix grains, à peine de cinq cens livres d'amende.

I X.

Fait S. M. défenſes à tous Eſſayeurs de faire uſage des poids de ſemelle, ou de demi-ſemelle tant pour l'or que pour l'argent, que le poids principal tant de la ſemelle, que de la demi-ſemelle, n'ait été étalonné en ſeſdites Cours des Monnoies, & marqué du poinçon qui ſera par elles déſigné à cet effet ; & ſera pareillement dépoſé au Greffe de ſeſdites Cours un extrait du Procès-verbal ſigné des mêmes Commiſſaires, contenant le détail des opérations y énoncées avec le tableau deſdites opérations, qui ſera par ſeſdites Cours envoyé au Greffe de chaque Monnoie de leur reſſort : enjoint Sa Majeſté aux Officiers de ſes Cours des Monnoies, de veiller & de tenir la main à l'exécution du préſent Arrêt, ſur lequel toutes Lettres néceſſaires ſeront expédiées. Fait au Conſeil d'Etat, Sa Majeſté y étant, tenu à Verſailles le cinq Décembre 1763, *ſigné*, PHELYPEAUX.

Suivent les Lettres Patentes en date du même jour contenant les mêmes diſpoſitions, & le tout regiſtré en la Cour des Monnoies les Semeſtres aſſemblés, le neuf Mars ſuivant, pour être exécuté ſelon ſa forme & teneur ;

à la charge que la Preſſe mentionnée en l'article II dudit Reglement, ſervant de modele à celles qui feront envoyées ès Sieges du Reſſort, ſera dépoſée au Greffe de la Cour, comme auſſi qu'il y ſera pareillement dépoſé une lanterne & balance d'Eſſai, pour ſervir à l'étalonnement des poids de ſemelle preſcrits par l'Article IX; & pour l'uniformité dans la maniere de procéder aux Eſſais, Sa Majeſté ſera très humblement ſuppliée d'étendre ledit Reglement aux Maiſons communes des Orfévres du Reſſort de la Cour: Enjoint au Procureur Général du Roi de tenir la main à l'exécution dudit Reglement & du préſent enregiſtrement, & de le notifier aux Eſſayeurs général & particulier de la Monnoie de Paris à ce qu'ils aient à s'y conformer; & Copies collationnées dudit Arrêt du Conſeil & Lettres Patentes envoyées ès Sieges des Monnoies du Reſſort de la Cour pour y être regiſtrées. Enjoint aux Subſtituts du Procureur Général du Roi d'y tenir la main, de notifier ledit Reglement à chacun des Eſſayeurs deſdites Monnoies à ce qu'ils aient à s'y conformer, & du tout en certifier la Cour au mois.

Nota. Le Roi ayant réſolu d'établir dans tout ſon Royaume l'uniformité dans la façon de procéder aux eſſais des matieres d'or & d'argent, Sa Maieſté a expliqué ſes intentions par un Arrêt du Conſeil revêtu de Lettres Patentes en date du 19 Mars 1764, ainſi qu'il ſuit.

LE Roi s'étant fait repréſenter l'Arrêt rendu en ſon Conſeil le cinq Décembre 1763, & les Lettres Patentes expédiées ſur icelui, par lequel Sa Majeſté auroit fait un Reglement pour aſſurer la perfection des eſſais des matieres d'or & d'argent dans les Monnoies de ſon Royaume, & voulant établir l'uniformité ſur un objet ſi important. Oui le Rapport du Sieur de LAVERDY, Conſeiller ordinaire au Conſeil Royal, Contrôleur Général des Finances: le Roi étant en ſon Conſeil a ordonné & ordonne que l'Arrêt en forme de Reglement du cinq Décembre 1763, concernant les eſſais des matieres d'or & d'argent, ſera exécuté ſelon ſa forme & teneur, par tous les Orfévres de ſon Royaume, qui ſeront tenus de ſe conformer aux diſpoſitions dudit Arrêt, à peine de mille livres d'amende. Enjoint Sa Majeſté aux Gardes de la Communauté des Orfévres de Paris, & des autres Villes de ſon Royaume, de tenir la main à l'exécution du préſent Arrêt, ſur lequel toutes Lettres néceſſaires ſeront expédiées. Fait au Conſeil d'Etat du Roi, Sa Majeſté y étant, tenu à Verſailles le dix neuvieme jour de Mars 1764. *Signé,* PHELYPEAUX.

LETTRES PATENTES.

LOUIS par la Grace de Dieu, Roi de France & de Navarre : A nos amées & féaux Conseillers les Gens tenans notre Cour des Monnoies à Paris, Salut : Nous étant fait représenter en notre Conseil l'Arrêt rendu en icelui le 19 Mars 1764, par lequel il est ordonné à tous les Orfévres de notre Royaume de se conformer aux dispositions de l'Arrêt rendu en notre Conseil en forme de Reglement le cinq Décembre 1763, concernant les Essais des matieres d'or & d'argent, à peine de mille livres d'amende, avec injonction aux Gardes de la Communauté des Orfévres de Paris & des autres Villes du Royaume, de tenir la main à l'exécution dudit Arrêt. A ces causes, de l'avis de notre Conseil, qui a vu ledit Arrêt du 19 Mars 1764, dont l'expédition est ci attachée sous le contre-scel de notre Chancellerie, & conformément à icelui, Nous avons ordonné, & par ces Présentes signées de notre main, ordonnons, que tous les Orfévres de notre Royaume seront tenus de se conformer aux dispositions dudit Arrêt de Reglement du cinq Décembre 1763 pour les Essais des matieres d'or & d'argent, aux peines portées par notredit Arrêt du 19 Mars 1764. Si vous mandons que ces Présentes vous ayez à faire regiftrer, & le contenu en icelles, ensemble ledit Arrêt exécuter selon leur forme & teneur ; car tel est notre plaisir. Donné à Versailles le dix-neuvieme jour de Mars l'an de grace 1764, & de notre Regne le cinquante-neuvieme. *Signé*, LOUIS, & plus bas, par le Roi, *Signé*, PHELYPEAUX.

Regiftrées, oui ce requérant le Procureur Général du Roi, pour être exécutées selon leur forme & teneur, en conséquence ordonne qu'à la diligence du Procureur Général du Roi, copies collationnées dudit Arrêt & Lettres Patentes, ensemble de l'Arrêt & Lettres Patentes portant Reglement sur la maniere de procéder aux Essais des matieres d'or & d'argent du cinq Décembre dernier, regiftrées en la Cour le neuvieme jour de Mars dernier, seront envoyées à chacune des Communautés d'Orfévres du Ressort immédiat de la Cour, pour y être lües, la Communauté assemblée à cet effet, & transcrites sur leur Regiftre : enjoint aux Gardes & Jurés de chacune des Communautés de s'y conformer sur les peines y portées, & d'en certifier la Cour au mois ; ordonne que copies collationnées des susdits Arrêts & Lettres Patentes, seront pareillement envoyées ès Sieges du Ressort de la Cour, pour, à la diligence des Subftituts du Procureur Général du Roi y être regiftrées, & envoyées à chacune des Communautés d'Orfévres de leur ressort, à l'effet d'y être pareillement lües & regiftrées, & à ce qu'ils aient à s'y conformer sous les peines y portées. Enjoint aux Subftituts du Procureur Général du Roi, de tenir la main à l'exécution du present Arrêt & Lettres Patentes, & d'en certifier la Cour au mois. Fait en la Cour des Monnois, à Paris, les Semeftres assemblés, le septieme jour d'Avril 1764. *Signé*, GUEUDRÉ.

TABLEAU

DES ESSAIS D'OR ET D'ARGENT

Faits par MM. Hellot, Macquer & Tillet, de l'Académie Royale des Sciences, pardevant MM. d'Auvergne & de Bazinghen, Confeillers en la Cour des Monnoies, & en préfence de M. de Gouve Procureur Général en ladite Cour, en exécution de l'Arrêt du Confeil du 26 Novembre 1762.

ESSAIS D'ARGENT, POIDS DE SEMELLE DE 36 GRAINS.

Nota. *On entend par 8 parties de Plomb 8 fois le poids de l'Argent qu'on veut essayer : ainsi 8 parties de Plomb sur 36 grains d'argent font 4 gros ou 288 grains ; 4 parties sur 18 grains d'Argent, 2 gros ou 144 grains. Le Sieur* QUEVANNE *Essayeur général ; le Sieur* RACLE, *Essayeur particulier.*

NUMERO DES ESSAIS.	QUALITÉ DES MATIERES.	POIDS.	TITRE.	QUALITÉ DES COUPELLES.	QUALITÉ DU PLOMB.	QUANTITÉ DU PLOMB.	RAPPORT DE L'ESSAI.	DECHET DU TITRE.	OBSERVATIONS.
1 . . .	VAISSELLE Platte . .	grains. 36 . .	den. gr. 11 12 .	Coupelles des Orfévres.	Plomb du Sieur Hellot.	8 parties.	den. grains. 11 10 ¼	grain 1 ¾ . .	L'argent de vaisselle dont il est ici question est du poinçon de Paris, & doit être au titre de 11 den. 12 grains, non compris les 2 grains de remede.
2 . . .	*idem.*	18 . .	11 12 .	*idem.* . . .	*idem.* . . .	8 . . .	11 10 ¼	1 ¼ . .	
3 . . .	cinquieme d'Ecu .	18 . .	11 . .	du Sieur Tillet.	*idem.* . .	8 . . .	11 1 ¼	1 ¼ . .	d'excédent ; il n'est pas sûr que ce morceau d'argent provenoit d'un cinquieme d'écu, il étoit rond, mais sans marque, on l'avoit refusé par-tout comme monnoie.
4 . . .	Plomb	144 . .		du Sieur Hellot.	*idem.* . .		⅛ de grain poids de la ½ semelle.		Ce plomb ne fournit rien ou presque rien au bouton d'argent resté sur la coupelle.

5 . . . On a procédé à la révivification du Plomb lithargé dans la coupelle du n° 2 ; on en a retiré un culot de plomb du poids de 1 gros ½, qui passé à la coupelle y a déposé 1 gros ½ d'argent poids de la demi-semelle de 18 grains. Ainsi 2 gros de plomb ont ravi 2 grains ½ de fin à 18 grains d'argent poids de marc.

6 . . . On a fait la même opération qu'au n° 5 sur la coupelle du n° 1 : on en a retiré 2 gros ½ de plomb, qui passé à la coupelle ont déposé 1 grain & ⅞ de grain de fin de la grande semelle de 36 grains : comme il s'étoit écoulé dans l'opération du flux avec un peu de plomb déja réduit, on a recommencé cette opération, sur une coupelle double des Orfévres chargée de plomb lithargé.

7 . . . On en a retiré un culot de plomb du poids de 3 gros ½ foibles, qui passés dans une coupelle double des Orfévres, a laissé 3 grains d'argent fin, du poids de la semelle entiere. *Nota.* On met au Bureau des Orfévres une balle de plomb du poids de 4 gros dans une coupelle double sur 36 grains d'argent : donc 4 gros de plomb ravissent 3 grains de fin à 36 grains réels d'argent qui représentent le marc de poids.

8 . . .	Plomb	288 . .		des Orfévres.	des Orfévres.		1 grain d'argent presqu'imperceptible qui n'a pû être pesé.		
9 . . .	Vaisselle platte .	18 . .	11 12 .	Quevanne.	Hellot . .	8 parties . .	11 11 . .	1 . . .	Le plomb s'est bien découvert, il n'a point petillé ni jetté de goutelettes.

10 . . . On a procédé à la révivification du plomb lithargé dans une coupelle simple du Sieur Racle, provenant d'une de ses balles du poids de deux gros juste, sur laquelle cet Essayeur met 18 grains ou la demi-semelle de l'argent qu'il veut essayer, ce qui fait 8 parties de plomb contre une partie d'argent : on en a retiré un culot de plomb du poids de 1 gros ½ 21 grains, ou 129 grains, ce qui ne fait que 15 grains de déchet. Ce culot passé à la coupelle a laissé 3 grains de fin du poids de la ½ semelle : ainsi 2 gros de plomb mis sur 18 grains d'argent introduisent dans la coupelle autant de fin qu'en introduisent proportionnellement 4 gros sur 36 grains ; le Sieur Racle se sert des mêmes coupelles que les Orfévres.

11 . . .	Plomb	144 . .		Racle . .	Racle . .	. . . .	le grain presqu'imperceptible n'a pû être pesé.		

12 . . . On a révivifié les 2 gros de plomb lithargé dans la coupelle du Sieur Quevanne, n° 9. Le culot de plomb ressuscité pesoit 1 gros 54 grains ; ainsi il y a eu ⅛ de déchet : ce culot passé dans une coupelle du Sieur Quevanne a laissé 2 grains ¼ de fin poids de la ½ semelle. Ainsi le plomb lithargé dans cette coupelle ravit aux 18 grains d'argent ¼ de grain de fin moins que celui lithargé dans les coupelles des Orfévres, ou dans celles du Sieur Racle.

13 . . .	Plomb	144 . .			Quevanne .	. . . .	¼ de grain poids de la ½ semelle de 18 grains.		

NUMERO DES ESSAIS.	QUALITÉ DES MATIERES.	POIDS.	TITRE.	QUALITÉ DES COUPELLES.	QUALITÉ DU PLOMB.	QUANTITÉ DU PLOMB.	RAPPORT DE L'ESSAI.	DECHET DU TITRE.	OBSERVATIONS.
		grains.	den. grains.				den. grains.		
14 . .	VAISSELLE platte.	18 . .	11 12 .	Racle . . .	Racle . . .	8 parties . .	11 11 $\frac{3}{4}$.	$\frac{1}{4}$ . .	Par l'expérience rapportée n° 2. le même argent essayé avec 8 parties du plomb du Sr Hellot sur 18 gr. d'argent, s'est trouvé à 11 d. 10 gr. $\frac{3}{4}$: différence d'un grain fin entier.
15 . .	*idem.*	18 . .	11 12 .	*idem.* . . .	*idem.* . . .	4	11 12 . .		Partant la différence de l'essai fait à 8 parties de plomb d'avec celui fait à 4, est de $\frac{1}{4}$ de grain.
16 . . .	On a révivifié le plomb lithargé dans les coupelles du Sieur Racle des n° 14 & 15 sur les 8 & 4 parties de plomb employées aux deux essais faits dans ses coupelles : dans la coupelle n° 14, il y a eu 17 grains de déchet; sur les 4 parties du n° 15, il y en a eu 11. Les deux culots mis en coupelles au même feu, le plus pesant a laissé 2 grains de fin, l'autre a laissé 1 grain $\frac{1}{4}$ foible. Dans l'expérience n° 2, le même argent de vaisselle platte essayé à 18 grains avec 8 parties du plomb du Sieur Hellot, ne s'étoit trouvé qu'à 11 deniers 10 grains $\frac{3}{4}$: donc ce plomb auroit ravi 1 grain de fin plus que n'en a pris le plomb pauvre du Sieur Racle, puisqu'étant employé à 8 parties sur 18 grains du même argent de vaisselle platte, le bouton de retour s'est trouvé à 11 deniers 11 grains $\frac{3}{4}$. Ainsi il n'est pas étonnant que ce plomb ressuscité n'ait rendu que 2 grains de fin, au lieu de 3.								
17 . .	Plomb	72 . .	. . . .	. . . . .	Hellot . .	. . . . .			Un atôme de fin qu'on ne pouvoit appercevoir qu'à l'aide d'une loupe de 6 lignes de foyer : ce plomb a été ressuscité 7 fois.
18 . .	Argent fin de départ.	18 . .	12 . .	Orféves . .	Orféves . .	8 parties . .	11 20 $\frac{3}{4}$.	3 $\frac{1}{4}$ . .	
19 . .	*idem.*	18 . .	12 . .	*idem.* . . .	*idem.* . . .	2 parties . .	11 21 . .	2 . . .	Différence de 1 grain $\frac{1}{4}$ d'avec l'essai précédent à 8 parties de plomb.
20 . .	Bouton de l'essai du n°. 18	18 . .	11 20 $\frac{3}{4}$	*idem* . . .	*idem.* . . .	8 parties . .	11 17 $\frac{3}{4}$ foib.	3 . . .	Ce bouton du n°. 18 qui s'étoit trouvé à 11 den. 20 grains $\frac{3}{4}$ foibles, réaffiné de nouveau avec 8 nouvelles parties du même plomb ne s'est plus trouvé qu'à 11 den. 17 grains $\frac{3}{4}$ foibles : ce sont 3 grains de fin que 8 parties de plomb ont ravi à ce bouton d'argent fin de départ. Ces 3 grains de fin sont entrés dans la coupelle avec le plomb lithargé : on en a vû la preuve dans les expériences n°. 7 & 10, où le plomb ressuscité des coupelles, quoiqu'avec déchet d'$\frac{1}{8}$ ou environ, a laissé sur de nouvelles coupelles les 3 grains de fin qu'il avoit ravis au bouton d'essai fait de même à 8 parties de plomb.
21 . .	Bouton d'essai du n°. 19	18 . .	11 22 .	Orféves . .	Orféves . .	8 parties . .	11. 18. $\frac{3}{4}$ fort	3 $\frac{1}{4}$ . .	Ce bouton du n°. 19 étoit revenu à 11 deniers 22 grains. Il avoit passé à la coupelle avec 2 parties de plomb; réaffiné à 8 parties, il n'a donné que 11 den. 18 grains $\frac{3}{4}$ de fin : ce sont 3 grains $\frac{1}{4}$ de fin passé dans la coupelle avec le plomb lithargé.
22 . .	Argent grenaillé des affinages . . .	18 . .	12 . .	*idem.* . . .	*idem.* . . .	8 parties . .	11. 21. $\frac{1}{4}$ fort	2 $\frac{3}{4}$ . .	
23 . .	*idem.*	18 . .	12 . .	*idem.* . . .	*idem.* . . .	2 parties . .	11. 22. $\frac{3}{4}$ fort	1 $\frac{1}{4}$ . .	1 grain $\frac{1}{2}$ de différence de l'essai fait à 8 parties de plomb & de celui fait à deux.
24 . .	Argent allié . . .	17 $\frac{1}{4}$ argent $\frac{3}{4}$ de cuivre	11 12 .	*idem.* . . .	*idem.* . . .	8 parties . .	11. 8. $\frac{1}{4}$ . .	3 $\frac{3}{4}$ . .	Le cuivre employé dans ces Expériences est du cuivre rosette passé à la filiere, choisi comme le plus pur.

idem.

NUMERO DES ESSAIS.	QUALITÉ DES MATIERES.	POIDS.	TITRE.	QUALITÉ DES COUPELLES.	QUALITÉ DU PLOMB.	QUANTITÉ DU PLOMB.	RAPPORT DE L'ESSAI.	DECHET DU TITRE.	OBSERVATIONS.
		grains.	den. grains.				den. grains.	grains.	
25	*idem.*	*idem.*	11 12	*idem.*	*idem.*	4 parties	11 8 ¾	3 ¼	Différence de ½ grain entre l'essai fait à 8 parties de plomb & celui fait à 4.
26	*idem.*	*idem.*	11 12	*idem.*	*idem.*	1	11 9 ¾	2 ¼	Différence de 1 grain ½ du n°. 24 & de 1 grain du n° 26, le bouton de retour du n°. 26 étoit un peu trop adhérent à la coupelle.
27	Bouton fin sans alliage.	17 ¼	11 12	*idem.*	*idem.*	4	11 9 fort	3	Le bouton n'étoit pas adhérent à la coupelle, le plomb bien découvert.
28	Argent allié	18	11	*idem.*	*idem.*	8	10 20 ½	3 ½	L'argent à 11 deniers est le titre que doivent avoir les écus sans remede.
29	*idem.*	18	11	*idem.*	*idem.*	4	10 21 ¼	2 ¾	Différence en plus de ces deux essais de ¾ de grains de fin.
30	Bouton d'essai du n° 22	18	11 21 ½ fort	Hellot	*idem.*	8	11 21 juste	3	1 grain moins qu'au n°. 22. Cette Expérience & les cinq suivantes ont été faites pour connoître si en employant des coupelles de différente composition, il y a plus de fin absorbé dans les unes que dans les autres. Cette coupelle du Sieur Hellot, a été faite dans un moule à coups de maillet, de deux parties de cendres bien lessivées, & d'une partie de chaux d'os lavés : le bassin de cette coupelle étoit blanchi par de la claire fort fine faite de machoires de brochet calcinées au blanc.
31	Argent grenaillé des affinages.	18	11 21 ½	Hellot	Orfévres	8	11 21 ¼	¼	C'est ¼ de grain moins qu'au n°. 22.
32	*idem.*	18	11 21 ½	Tillet	*idem.*	8	11 21 fort	½	½ grain moins qu'au n°. 22. Cette coupelle aussi de pure chaux d'os, mais plus fine, a été formée par le Sieur Tillet sous presse à vis.
33	*idem.*	18	11 21 ½	Orfévres	*idem.*	8	11 21 ¼	¼	¼ de grain moins qu'au n°. 22.
34	*idem.*	18	11 21 ½	de Strasbourg	*idem.*	8	11 21 ½		Comme au n°. 22. Cette coupelle de Strasbourg à bassin moins large, a paru composée de chaux d'os & de spath calcaire : on appelle ainsi celui qui tombe en chaux & qui n'est pas fusible.
35	*idem.*	18	11 21 ½	Quevanne	*idem.*	8	11 21 ½		
36	*idem.*	18	12	*idem.*	*idem.*	8	11 13	11	L'argent mis sur le plomb, s'est découvert ; ce plomb a petillé & lancé en l'air des goutelettes d'argent, dont le plus grand nombre retomboit sur cette coupelle, & quelques-uns sur la coupelle voisine : cet accident n'étoit pas arrivé au n°. 35 qui étoit aussi une coupelle du Sieur Quevanne, composée comme celle de Strasbourg, & chargée de la même quantité de plomb & d'argent.

688

NUMERO DES ESSAIS.	QUALITÉ DES MATIERES.	POIDS.	TITRE.	QUALITÉ DES COUPELLES.	QUALITÉ DU PLOMB.	QUANTITÉ DU PLOMB.	RAPPORT DE L'ESSAI.	DECHET DU TITRE.	OBSERVATIONS.
		grain.	den. grain.				den. grains.	grains.	
37	idem.	18	12	de Strasbourg	idem.	8 parties	11 21 fort	4	
38	idem.	18	12	Orfèvres	idem.	8	11 21 foible	3	
39	idem.	18	12	idem.	idem.	8	11 21 ½	3 ½	
40	idem.	18	12	Tillet	idem.	8	11 21	2 ½	
41	idem.	18	12	Hellot	idem.	8	essai manqué		La coupelle faite comme celle du n°. 30, après que le plomb a été découvert & l'argent mis, le bain a commencé à pétiller & lancer des goutelettes d'argent : l'humidité, cause du petillement, a fait manquer le fuc-cès de l'essai lequel s'est noyé dans la litharge. On a rapporté cet essai manqué pour faire voir que ces sortes de coupelles sont infideles, & qu'il est beaucoup plus sûr de se servir de celles qui sont faites avec la chaux d'os lavés.
42	Argent grenaillé	18	12	Hellot	Orfèvres	8	11. 21 ¼	2 ¼	Cette coupelle du Sieur Hellot étoit formée de pure chaux d'os, frappée au maillet.
43	idem.	18	12	idem.	idem.	8	11 21 très fort	3	Cette coupelle formée comme celle ci-dessus, a été réd. à 8 lignes d'épaisseur & placée vers le fond de la coupelle.
44	idem.	18	12	idem.	idem.	8	11 21 fort	3	Idem , réduite à 6 lignes d'épaisseur & placée de même.
45	idem.	18	12	idem.	idem.	2	11. 21 ¼	2 ¼	Idem , réduite à 4 lignes d'épaisseur placée sur le de-vant de la moufle.
46	idem.	18	12	idem.	idem.	8	11 21 fort	3	Idem , réduite à deux lig. d'épaisseur placée de même. Il résulte de ces quatre Expériences que la diverse épaisseur des coupelles formées de même matiere n'oc-casionne qu'environ ¼ de grain de différence.
47	idem.	18	12	idem.	idem.	8	10 ½ fort	3 ½	Pour faire cet essai , on a garni l'entrée de la moufle de charbons allumés ; on a fait souffler avec un soufflet à main sur le bain circulant de la coupelle pour accé-lerer l'effumation du plomb : cet essai qui donnoit beau-coup plus de fumées de plomb que ceux de la méthode ordinaire, a donné les couleurs de l'éclair à 10 minutes plutôt : le bouton étoit très bien formé sans asperités & fort net, mais il ne donna l'argent qu'à 11 don. 20 grains ½ fort ; quelques particules d'argent qu'on voyoit sur la coupelle à l'aide d'une loupe d'un grand pouce de foyer, ont fait soupçonner que l'agitation du souf-flet à main les avoir fait éparpiller , ce qui a causé le déchet d'un grain au moins plus bas que les quatre es-sais précédens. 48. On

NUMERO DES ESSAIS.	QUALITÉ DES MATIERES.	POIDS.	TITRE.	QUALITÉ DES COUPELLES.	QUALITÉ DU PLOMB.	QUANTITÉ DU PLOMB.	RAPPORT DE L'ESSAI.	DECHET DU TITRE.	OBSERVATIONS.
48 . . .	On a réduit en cette séance de l'argent en lune cornée pour avoir de l'argent très pur qu'on a allié avec du cuivre rosette passé à la filiere & réduit à la grosseur d'une plume ; savoir, 17 grains ¼ de cet argent fin & ¾ de grains de cuivre pour avoir de l'argent à 11 den. 12 grains ; & 16 grains ½ du même argent & 1 grain ½ de cuivre pour avoir de l'argent à 11 den.								
		grains.	den. gr.				den. grains.	grain.	
49 . . .	Argent lune cornée.	18 . .	11 12 .	Orfévres . . .	Orfévres . .	4 parties .	11 8 ½	3 ½ . .	Argent à 11 den. 12 grains, titre de la vaisselle de Paris sans remede.
49 . . .	*idem.*	18 . .	11 12 .	*idem.* . . .	*idem.* . .	2 . . .	11 10 . .	2 . . .	
50 . . .	*idem.*	18 . .	11 . .	*idem.* . . .	*idem.* . .	4 . . .	10 20 . .	4 . . .	Argent à 11 den. titre des écus sans remede.
50 . . .	*idem.*	18 . .	11 . .	*idem.* . . .	*idem.* . .	2 . . .	10 20 ¼	3 ¾ . .	
51 . . .	On a allié de l'argent révivifié de la lune cornée avec du cuivre rosette, savoir ; pour faire de l'argent à 10 den., 15 grains d'argent fin, & 3 grains de cuivre, total 18 grains.								
52 . . .	Argent à 9 deniers 13 grains ½ d'argent fin, & 4 grains ½ de cuivre, total 18 grains.								
53 . . .	. . . . à 8 . . . 12 . . . . . . *idem.* & 6 . . . *idem.* . . . 18.								
54 . . .	. . . . à 7 . . . 10 . ½ . . . *idem.* . 7 . . ½ . *idem.* . . . 18.								
55 . . .	. . . . à 6 . . . 9 . . . . . . *idem.* . 9 . . . *idem.* . . . 18.								
56 . . .	Argent lune cornée.	18 . . .	12 . .	Orfévres . .	Orfévres . .	8 parties .	11 19 ¾	4 ¼ . .	Comme cet argent doit être reputé très fin, il y a eu au moins 4 grains de perte du poids de la ½ femelle.
57 . . .	*idem.*	18 . . .	12 . .	*idem.* . . .	*idem.* . .	1 . . .	11 21 . .	3 . . .	Cet essai a végeté avec perte de petites goutelettes d'argent.
58 . . .	On a placé sous la mouffle quatre coupelles qu'on a renversées pour servir de support à quatre coupelles des Orfévres, déja chargées dans de précédens essais de la litharge de deux gros de plomb ; on a mis sur chacune deux autres gros de plomb du même Bureau : toutes les quatre ont laissé un petit bouton d'argent qui pesoit ¾ de grain de la ½ femelle. On a vu par l'expérience du n°. 8, que quatre gros du même plomb passés seuls dans une coupelle neuve, n'ont laissé qu'un atôme de plomb qui n'a pû être pesé.								
59 . . .	Au même feu on a placé une coupelle du Sieur Tillet chargée dans un précédent essai de deux gros de plomb, mais sans support, elle est assez épaisse pour s'imbiber de nouveau ; on y a mis deux gros de plomb du Bureau des Orfévres qui ont laissé un petit bouton qui pesoit entre ¾ & ½ grain, poids de la ½ femelle.								
60 . . .	lune cornée . .	18 . . .	12 . . .	Orfévres . .	Orfévres . .	8 parties . .	11 20 fort .	4 . . .	1 grain ½ au moins plus bas qu'il ne devroit être, parceque communément huit parties de plomb ne ravissent à l'argent sans alliage que deux grains de fin, ou tout au plus deux grains ½ : on en a conclu que cet argent revivifié de la lune cornée n'étoit pas aussi fin qu'on l'avoit cru ; on l'a refondu deux fois avec suffisante quantité de nitre purifié pour le porter au plus haut titre.

NUMERO DES ESSAIS.	QUALITÉ DES MATIERES.	POIDS.	TITRE.	QUALITÉ DES COUPELLES.	QUALITÉ DU PLOMB.	QUANTITÉ DU PLOMB.	RAPPORT DE L'ESSAI.	DECHET DU TITRE.	OBSERVATIONS.
		grains.	den.				den. grains.	grains.	
61 . . .	Lune cornée purifiée par le nitre . . .	18 . . .	12 . . .	Orfévres . .	Orfévres . .	8 parties . .	11 21 ½ fort,	2 ½ . .	1 grain ½ plus haut que le nº. 60.
62 . . .	Lune cornée . . .	18 . . .	12 . . .	*idem.* . . .	*idem.* . . .	1 part. ou 18gr.	11 21 ¾ .	2 ¼ . .	Il résulte de ces deux essais que pour essayer de l'argent très fin, il ne faut mettre que parties égales de plomb pur & pauvre. Le bouton se détache très aisément de la coupelle quand l'argent est pur. Il n'en est pas de même de l'argent allié sur lequel on ne mettroit que parties égales de plomb, on n'en peut détacher le bouton sans qu'il n'emporte un peu de la coupelle.
63 . . .	*idem*, purifiée par le nitre	18 . . .	12 . . .	*idem* . . .	*idem.* . . .	1	11 22 ½ .	1 ½ . .	
64 . . .	Argent allié du nº. 51	18 . . .	10 . . .	*idem.* . . .	*idem.* . . .	8	9 18 ¾ .	5 ¼ . .	
65 . . .	*idem*, du nº. 52 .	18 . . .	9 . . .	*idem.* . . .	*idem.* . . .	10	8 19 ½ fort,	4 ½ . .	
66 . . .	*idem*, du nº. 53 .	18 . . .	8 . . .	*idem.* . . .	*idem.* . . .	12	7 20 fort,	4 . . .	
67 . . .	*idem*, du nº. 54 .	18 . . .	7 . . .	*idem.* . . .	*idem.* . . .	14	6 21 ¾ .	2 ¼ . .	
68 . . .	du nº. 54 .	18 . . .	7 . . .	*idem.* . . .	*idem.* . . .	8	7 ¼ . . .	. . . .	C'est ¼ de denier d'augmentation, parceque cet argent n'a pu s'affiner : on voyoit à sa surface noirâtre & sale, le cuivre qui faisoit cet augmentation de poids; cette expérience prouve évidemment que huit parties de plomb ne sont pas suffisantes pour affiner une partie d'alliage à sept deniers de fin.
69 . . .	du nº. 55 .	18 . . .	6 . . .	*idem.* . . .	*idem.* . . .	16	5 21 ¾ .	2 ¼ . .	Le bouton étoit bien formé & facile à détacher.
70 . . .	Argent des affinages.	18 . . .	12 . . .	Tillet . . .	Orfévres . .	8	11 22 ¾ .	1 ¼ . .	Les coupelles du Sieur Tillet sont très fines, & leur bassin presque autant que s'ils étoient d'ivoire : on a fait cette expérience & les trois suivantes, pour prouver que les coupelles, dont le grain est très fin, & dont le bassin est lisse & uni, retiennent moins de particules d'argent que celles composées d'une matiere tamisée grossierement.
71 . . .	*idem.*	18 . . .	12 . . .	Orfévres . .	*idem.* . . .	8	11 21 ¾ .	3 ¼ . .	
72 . . .	*idem.*	18 . . .	12 . .	*idem.* . . .	*idem.* . . .	8	11 21 ½ .	2 ½ . .	Ainsi la coupelle fine du Sieur Tillet retient moins de grains de fin que celle des Orfévres.
73 . . .	*idem.*	18 . . .	12 . . .	*idem.* . . .	*idem.* . . .	8	nul	. . . .	Après les couleurs de l'iris & l'éclair, le bouton a végété avec perte.

74 . . . . On a revivifié le plomb lithargé dans la coupelle de l'expérience du nº. 61 ; on en a retiré un culot de plomb, qui, des deux gros employés à l'essai, n'a perdu que sept grains. Ce culot passé à l'essai dans une coupelle fine du Sieur Tillet, a laissé deux grains ½ de fin du poids de la ½ semelle. Le bouton de l'essai du nº. 61 étoit revenu à 11 den. 21 grains ½ : en y ajoutant les deux grains ½ trouvés dans le plomb ressuscité, on voit que l'argent étoit à 12 den. Cette expérience prouve que huit parties de plomb revivifient à l'argent le plus fin deux grains ½ par marc.

NUMERO DES ESSAIS.	QUALITÉ DES MATIERES.	POIDS.	TITRE.	QUALITÉ DES COUPELLES.	QUALITÉ DU PLOMB.	QUANTITÉ DU PLOMB.	RAPPORT DE L'ESSAI.	DECHET DU TITRE.	OBSERVATIONS.
		grains.	den. grains.				den. grains.	grains.	
75	Argent des affinages.	18	12	Orfévres	Orfévres	4 parties	11 22	2	On a vu par l'expérience du n°. 63 , qu'il ne faut mettre sur cet argent très fin que parties égales de plomb , puisque le bouton étant revenu à 11 den. 22 grains ½ , cette unique partie de plomb absorboit encore 1 grain ½ de fin.
76	Argent allié	18	11 12	idem.	idem.	3	11 10 foible.	2	
77	idem.	18	11	idem.	idem.	5	10 22 fort.	3	L'argent de ce numero & du précédent , étoit de l'argent grenaillé des affinages, allié ; savoir ; celui du n°. 76, ⅔ de cet argent allié à ½e de cuivre , & celui du n°. 77 , ⅔ du même argent allié à ⁵⁄₁₂e de cuivre rosette.
78	Vaisselle platte	18	11 12	idem.	idem.	3	11 12		Portion d'une fourchette au poinçon de Paris.
79	idem.	18	11 12	idem.	idem.	4	11 12 fort.		Ces essais ont tous donné les couleurs de l'iris les plus rapides & l'éclair le plus prompt : aucun n'a végété ni sous la moufle, ni en les retirant, tous se sont détachés aisément, tous bien bombés & fort nets par-dessous.
80	Ecu de 1761	18	12	Tillet	Orfévres	4	10 22 ½ foible	1 ½	Le bouton étoit un peu plat, trop adhérant à la coupelle & d'un œil un peu louche. Il paroit par cette expérience que quatre parties de plomb ne suffisent pas pour essayer les monnoies d'argent.
81	idem.	18	11	Orfévres	idem.	5	10 20	4	
82	idem.	18	11	idem.	idem.	6	10 20	4	
83	Lune cornée alliée.	18	9	idem.	idem.	8	8 19 ½	4 ½	Quoiqu'affiné le bouton assez mal formé n'a pu se se détacher aussi aisément , quoique chaud & l'essai bien fait ; ainsi 8 parties de plomb ne suffisent pas pour de l'argent à 9 deniers.
84	idem.	18	8	idem.	idem.	8	7 11 ½	2 ½	Le bouton encore chargé de cuivre étoit fort adhérent à la coupelle. Ainsi huit parties de plomb ne suffisent pas pour de l'argent à huit deniers.
85	idem.	18	11 18	idem.	idem.	1	11 16 ½	1 ½	
86	Pieces de 2 sols	18	2 22	idem.	idem.	16	2 8 ¼	3 ½	

NUMERO DES ESSAIS.	QUALITÉ DES MATIERES.	POIDS.	TITRE.	QUALITÉ DES COUPELLES.	QUALITÉ DU PLOMB.	QUANTITE DU PLOMB.	RAPPORT DE L'ESSAI.	DECHET DU TITRE.	OBSERVATIONS.
		grains.	den.				den. grains.	grains.	
87 . .	Ecu de 6 liv. A 1761.	18 . .	11 . .	Hellot . .	*idem*. . . .	8 parties .	10 20 . .	4 . . .	En coupant cet écu en langnettes, on y a trouvé plusieurs soufflures remplies de parties terreuses; la coupelle du Sieur Hellot employée à cet essai, étoit de pure chaux d'os broyée à l'eau sur une glace dépolie avec une molette de caillou ou pierre à fusil, jusqu'à ce qu'elle fut de la plus grande finesse : elle a été placée sous la mouffle à gauche vers le fond.
88 . .	*idem*.	18 . .	11 . . .	Orfévres . .	*idem*. . . .	8 . .	10 19 $\frac{1}{2}$.	4 $\frac{1}{2}$ . .	On a mis de côté les parties terreuses trouvées dans l'écu lors du premier essai; la coupelle placée à droite sur la même ligne.
89 . .	*idem*.	18 . . .	11 . .	Tillet . .	*idem*. . .	8 . .	10 20 $\frac{1}{2}$.	3 $\frac{1}{2}$ . .	Quoiqu'il eût végété, la coupelle placée sur la même ligne.
90 . .	*idem*.	18 . .	11 . .	Orfévres .	*idem*. . .	8 . .	10 20 foible	4 . . .	La coupelle placée sur la même ligne.
91 . .	*idem*.	18 . .	11 . .	*idem*. . .	*idem*. . . .	5 . .	10 20 $\frac{1}{4}$.	3 $\frac{3}{4}$ . .	La coupelle placée à gauche sur la rangée de devant.
92 . .	*idem*.	18 . .	11 . .	Tillet . .	*idem*. . . .	5 . .	10 21 $\frac{1}{2}$.	2 $\frac{1}{2}$ . .	La coupelle placée sur la même ligne. En comparant les n°. 88 & 89, essayés à huit parties de plomb, on voit que la coupelle des Orfévres rapporte au moins un grain de fin moins que la coupelle fine du Sieur Tillet.
93 . .	*idem*.	18 . .	11 . .	*idem*. . .	*idem*. . . .	6 . .	10 20 $\frac{1}{2}$.	3 $\frac{1}{2}$ . .	
94 . .	Ecu de 6 liv. A 1761.	18 . .	11 . .	Hellot . . .	*idem*. . . .	6 . .	10 20 $\frac{1}{2}$.	3 $\frac{1}{2}$ . .	Ainsi les coupelles du Sieur Tillet rapportent $\frac{1}{2}$ grain de plus que celles du Sieur Hellot.
95 . .	Autre Ecu de 6 liv. *idem*.	18 . .	11 . .	Tillet . .	*idem*. . . .	8 . .	10 21 $\frac{1}{2}$.	2 $\frac{1}{2}$ . .	Cet écu pris au hasard étoit plus net que celui des essais des n°. 80, 81, 82, 88, 89, jusques & compris le n°. 94. Cet écu étoit net & sans soufflures : la coupelle de pure chaux d'os a été broyée sur une glace par le Sieur Tillet.
96 . .	*idem*.	18 . .	11 . .	Quevanne .	*idem*. . . .	8 . .	10 21 $\frac{3}{4}$.	2 $\frac{1}{4}$ . .	La coupelle de pure chaux d'os simplement tamisée avec un tamis fin.
97 . .	*idem*. . . .	18 . .	11 . .	Orfévres . .	*idem*. . . .	8 . .	10 21 $\frac{1}{4}$.	2 $\frac{1}{4}$ . .	
98 . .	*idem*.	18 . .	11 . .	Quevanne .	*idem*. . . .	8 . .	10 22 . .	2 . . .	Coupelles rectifiées du Sieur Quevanne moins sujettes au petillement.
99 . .	*idem*.	18 . .	11 . .	Tillet . .	*idem*. . . .	8 . .	10 22 $\frac{1}{2}$ foib.	1 $\frac{1}{2}$ . .	Il résulte de ces cinq essais faits à huit parties de plomb que la coupelle des Orfévres rapporte $\frac{1}{4}$ de grain moins que la coupelle rectifiée du Sieur Quevanne, & $\frac{1}{4}$ de grain moins que la coupelle fine du Sieur Tillet.

NUMERO DES ESSAIS.	QUALITE DES MATIERES.	POIDS.	TITRE.	QUALITE DES COUPELLES.	QUALITE DU PLOMB.	QUANTITE DU PLOMB.	RAPPORT DE L'ESSAI.	DECHET DU TITRE.	OBSERVATIONS.
		grains.	den. gr.				den. grain.	grains.	
100	idem.	18 . .	11 . .	Quevanne .	idem. . .	6 parties . .	10 22 fort .	1 . . .	Ainsi dans ces coupelles rectifiées du Sieur Quevanne qui n'ont pas perillé, les deux quantités de 6 & de 8 parties de plomb, n'ont occasionné que ¼ de grain ou environ de différence.
101	idem.	1 . .	11 . .	Tiller . .	idem. . . .	5	10 23 foible.	1 . . .	Le bouton a végété sans perte.
102	Argent affiné de Lyon	18 . .	11 11½	Orfévres . . .	idem. . .	8	11 21 fort .	½ . .	L'affinage de l'argent à Paris se fait par l'eau forte; à Lyon par le plomb : pour savoir si cela n'occasionne pas quelque différence dans le titre, on a fait venir une once d'argent des affinages de Lyon étiqueté sur l'enveloppe à 11 den. 11 grains ½, voyez le n°. 11. L'argent des affinages de Paris essayé avec huit parties du plomb des Orfévres & dans une de leurs coupelles, a été rapporté à 11 den. 11 grains ½ fort.
103	idem.	18 . .	11 11½	idem. .	idem. . . .	2 . . .	11 11 ½ .	fort .	L'argent des affinages de Paris essayé avec deux parties du même plomb, s'étoit trouvé au n°. 23 à 11 den. 11 grains ½ fort; ainsi les deux manieres d'affiner par l'eau forte & par le plomb, paroissent également bonnes & portent le titre au même degré.
104	Vaisselle platte .	36 . .	11 11	Orfévres . . .	Orfévres . .	4 . . .	11 10 ¼ . .	1 ¼ .	On essaie ordinairement à la Maison commune des Orfévres 36 grains d'argent de vaisselle platte avec 4 gros ou 8 parties de plomb. On n'a employé dans cette Expérience que 2 gros ou 4 parties, l'essai a bien passé, le bouton s'est trouvé bien rond, un peu moins bombé que s'il eût été essayé avec 8 parties, mais il étoit net & très blanc.
105	Argent affiné de Lyon & allié avec 1/14me de cuivre. .	36 . .	11 11	idem. .	idem. . .	2 . . .	11 10 fort .	1 . .	
106	Argent affiné de Lyon & allié, idem. .	36 . .	11 11	idem. ,	idem. . .	2 . . .	11 10 ½ . .	1 ½ .	Ainsi il a perdu outre l'alliage 1 grain ½ de fin : donc 4 parties de plomb suffisent pour l'affiner, puisque les deux boutons dont il s'agit, paroissent avoir été suffisamment affinés, quoiqu'on n'ait employé que 2 parties de plomb.

Fin des Essais d'Argent.

ESSAIS D'OR.

Ces Essais ont été faits pour connoître la différence du titre d'une matiere d'Or réputée à 22 karats, essayée par la méthode du cornet conservé dans sa forme, ou par la précipitation de cet Or en chaux.

Poids de femelle de 12 grains ou 22 demi-grains, chaque demi-grain repréfentant un karat.

NUMERO DES ESSAIS.	QUALITÉ DES MATIERES.	POIDS.	TITRE.	GRAINS D'ARGENT.	QUALITÉ DES COUPELLES.	QUANTITÉ DU PLOMB.	RAPPORT DE L'ESSAI.	DECHET DU TITRE.	OBSERVATIONS.
1	Or des affinages allié à 1 grain ou 2 karats de cuivre . . .	*grains.* 12 . . .	*karats.* 22 . . .	*grains.* 22 argent de départ . .	des Orfévres .	*gros.* 2 . . .	*karats* 22 $\frac{10}{12}$ *mes* . .	*mes.* 2 . .	Le bouton de retour a été laminé fur un tas d'acier, puis roulé en cornet, & a été départi fans détruire fa forme.
2	idem.	12 . . .	22 . . .	44	idem. . .	2 . . .	22 $\frac{10}{12}$ . .	2 . .	L'argent mis d'abord dans de l'eau-forte affoiblie, puis dans de l'eau-forte pure, n'a pas été totalement réduit en chaux.
3	½ Louis 1726 mon-noie de Riom . .	12 . . .	22 . . .	22	idem. . .	idem. . .	22 $\frac{11}{12}$ . .	19 . .	Le cornet mal formé, fans avoir rien perdu dans l'eau-forte.
4	idem.	12 . . .	22 . . .	48	idem. . .	idem. . .			Le bouton bien formé a été laminé & roulé en cornet.
5	Or fin allié . . .	12 . . .	20 . . .	10	idem. . .	idem. . .	} Le titre est rapporté dans les Expériences fuivan- tes		
6	idem.	12 . . .	20 . . .	40	idem. . .	idem. . .			
7	Or du n°. 5 . . .	12 . . .	22 . . .	24	idem. . .	idem. . .	22 $\frac{11}{12}$ . .	16 . .	5 *mes* plus haut que l'effai du n° 5, & 4 *mes* au moins plus bas qu'il ne devoit être, le bouton étoit bien formé & fans aucune végétation; il a été laminé & roulé en cornet puis départi dans l'eau-force affoiblie, enfuite dans l'eau-forte pure, le cornet recuit jufqu'à la couleur d'or.
8	idem.	12 . . .	22 . . .	48	idem. . .	idem. . .	22 $\frac{4}{12}$ . .	16 . .	7 *mes* plus bas que le n° 5, 10 plus bas que le n° 7, qui eft une fuite du n° 4, & 14 *mes* plus bas que le titre des louis, tous les remedes pris. Le bouton laminé comme au n° 4, puis départi dans de l'eau-forte pure, s'y eft précipité en chaux: cette chaux a été recuite dans un petit creufet de terre fine pefée avec la femelle de 12 grains pour l'or, & a rapporté le titre de ce demi louis de 21 karats 6 *mes*.

9 Or

NUMERO DES ESSAIS.	QUALITÉ DES MATIERES.	POIDS.	TITRE.	GRAINS D'ARGENT.	QUALITÉ DES COUPELLES.	QUANTITÉ DU PLOMB.	RAPPORT DE L'ESSAI.	DECHET DU TITRE.	OBSERVATIONS.
9 . .	Or fin 2 . . . grains.	12 . . grains.	10 . . karats.	10 . . . . grains.	des Orfévres .	2 . . . . gros.	10 foibles . . karats.	. . . .	Par le mélange de 10 grains d'or fin & de deux grains de cuivre fondus ensemble, en y ajoutant les 10 grains d'argent de départ, on étoit sûr d'avoir de l'or à 10 karats, le bouton étoit d'une belle forme bien nette, laminé & roulé en cornet : il a été départi dans de l'eau-forte affoiblie, puis dans de l'eau-forte pure, en-suite lavé trois fois dans l'eau chaude, feché, & recuit fans aucune perte.
10 . .	idem. . .	idem. . .	10 . .	40	idem. . .	idem. . . .	19 26 11 mes.	6 11 mes	Le bouton bien formé a été laminé, puis départi en eau-forte pure & fans eau, il s'y eft précipité en chaux : cette chaux a été lavée trois fois en eau chaude raffem-blée dans un petit creufet de terre fine & renverfée fous la mouffle jufqu'à ce qu'elle ait pris une belle cou-leur d'or : la différence qui réfulte de ces Expériences eft de 6 11 mes ; il femble qu'on en devroit conclure que l'eau-forte ne diffout pas tout l'argent du cornet, qu'il en refte pour lier ensemble les parties de l'or, & par conféquent que ce n'eft qu'en détruifant la forme du cornet, & en le réduifant en chaux qu'on a avec plus de certitude le véritable titre de l'or.
11 . .	Chaux d'or des n° 9 & 10.	12 . .	24 . .	24	idem. . .	8 parties . .	23 30 11 mes	2 11 mes	Cette expérience & la fuivante ont été faites pour vérifier fi le cornet d'or conferve de l'argent.
12 . .	idem. . . .	6 . .	24 . .	12 . .	idem. . .	4 . . .	23 30 11 mes	2 . . .	Preuve que le cornet ne retient pas d'argent. Ce petit cornet fait fuivant l'ufage des Effayeurs a été traité comme le précédent qui eft double, mais paffé en cou-pelle avec quatre parties de plomb feulement.

Voyez ce qui eft dit des Effais d'or à l'Article Essai.

Fin des Effais d'Or.